SCIENCE ET SANITÉ

UNE INTRODUCTION AUX
SYSTÈMES NON-ARISTOTÉLICIENS ET
À LA SÉMANTIQUE GÉNÉRALE

PAR

ALFRED KORZYBSKI

AUTEUR DE *MANHOOD OF HUMANITY*
FONDATEUR DE L'INSTITUT DE SÉMANTIQUE GÉNÉRALE

6ᴵᴱᴹᴱ ÉDITION

Préface de LANCE STRATE
Avec un index révisé et étendu
Traduit de l'anglais (États Unis) par Patrick HUG

Institute of General Semantics

New Non-Aristotelian Library
INSTITUTE OF GENERAL SEMANTICS
New York, New York, USA

Copyright Institute of General Semantics, 2024
Copyright, 1933, 1941, 1948 par Alfred Korzybski
Copyright, 1958 par Charlotte Schuchardt Read
Les diagrammes des pages : 388, 391, 393, 396, 398, 414, 427, 471
Copyright 1924, 1926, 1933, 1941, 1948 par Alfred Korzybski
Copyright, 1958 par Charlotte Schuchardt Read
Préface à la cinquième édition et index de la cinquième édition
Copyright Institute of General Semantics, 1994
Préface à la sixième édition et index et illustrations révisés
Copyright 2023 par l'Institut de sémantique générale, 1994
Sémantique Générale

Tous droits internationaux réservés

Première édition 1933
Deuxième édition 1941
Troisième édition 1948
Quatrième édition 1958
Cinquième édition 1994
Deuxième impression 2000
Sixième édition, 2023

ISBN 978-1-970164-33-6 Couverture rigide
ISBN 978-1-970164-34-3 Livre de poche
ISBN 978-1-970164-35-0 Ebook

Library of Congress Cataloging-in-Publication Data

Noms : Korzybski, Alfred, 1879-1950, auteur. | Strate, Lance, auteur du
texte complémentaire. | Hug, Patrick, auteur de la traduction de l'anglais (États Unis)
en français et de la préface à l'édition française.
Titre : Science and sanity : an introduction to non-Aristotelian systems and general semantics /
by Alfred Korzybski ; with preface by Lance Strate. Description : Sixième édition. | New York, New York, États-Unis :
Institute of General Semantics, 2023. | Titre français : Science et Sanité :
une introduction aux systèmes non-aristotéliciens et à la sémantique générale. / par Alfred Korzybski ; avec préface de
Lance Strate et pour l'édition française : préface française de Patrick HUG. Description :
Sixième édition. | New York, New York, États-Unis : Institute of General Semantics, 2023.
| Série : New non-Aristotelian library | Comprend des références bibliographiques et un index.
| Résumé : "L'exposé fondamental et irremplaçable de la sémantique générale. Dans cet ouvrage, Korzybski a développé
d'importantes lignes de formulation négligées par des auteurs ultérieurs.
Un ouvrage indispensable pour l'étudiant en sémantique générale intéressé par les formulations originales d'Alfred
Korzybski. La sixième édition de Science and Sanity : An Introduction to
Non-Aristotelian Systems and General Semantics (NdT : Science et Sanité, une introduction aux systèmes Non-
Aristotéliciens et à la sémantique générale) comprend une nouvelle préface de Lance Strate, président de l'Institute of
General Semantics" , et pour l'édition française, une préface
du traducteur Patrick Hug- Fourni par l'éditeur.

Identifiants: LCCN 2023039489 | ISBN 9781970164336 (couverture rigide) |
ISBN 9781970164343 (broché) | ISBN 9781970164350 (Ebook)

Sujets: LCSH: Sémantique Générale. | Sciences. | Mathématiques –Philosophie. | Psychophysiologie.

Classification: LCC B820 .K6 2023 | DDC 149/.94 –dc23/eng/20231002
LC enregistrement disponible à : https://lccn.loc.gov/2023039489

Pour plus d'information concernant le Institute of General Semantics et ses programmes et publications, merci de
visiter le site WEB à l'adresse https://generalsemantics.org

L'INSTITUT DE SÉMANTIQUE GÉNÉRALE a été fondé en 1938 à Chicago et se trouve aujourd'hui à New York, New York. Le programme de formation par séminaires se poursuit et un nombre croissant d'universités, de collèges, d'écoles secondaires et élémentaires proposent des cours de sémantique générale ou intègrent la méthodologie dans l'enseignement d'autres cours.

ALFRED KORZYBSKI appartenait à une vieille famille polonaise qui avait produit des mathématiciens, des ingénieurs, des scientifiques, etc. pendant des générations. Né à Varsovie en 1879, il a reçu une formation d'ingénieur et, pendant la Première Guerre mondiale, il a été rattaché au Département des Renseignements de l'État-Major Général de la Deuxième Armée russe. Plus tard, il a occupé diverses fonctions militaires dans ce pays et au Canada. Après la publication de Manhood of Humanity en 1921, il est resté aux États-Unis et a développé la méthodologie permettant d'appliquer sa nouvelle théorie du time-binding. Ces études ont abouti à la publication de Science and Sanity en 1933. Fondateur et Directeur de l'Institut de Sémantique Générale, créé en 1938 comme centre de formation à ses travaux, il a continué à donner des conférences et à écrire jusqu'à sa mort en 1950.

ÉGALEMENT PAR L'AUTEUR

Manhood of Humanity, 1921 ; 2ème éd. Institut de Sémantique Générale, 1950.

Time-Binding: Théorie Générale. Deux articles, 1924-1926.

Rôle du Langage dans les Processus Perceptuels. Thème IX, Symposium de Psychologie Clinique 1949-1950 dans Perception : An Approach to Personality, Ronald Press, New York, 1951.

Alfred Korzybski : Collected Writings, 1920-1950, Coll. & Arr. by M. Kendig. 1ère éd. Institut de Sémantique Générale, 1990.

'J'insiste sur le fait que je ne donne pas de panacée, mais l'expérience montre que lorsque les méthodes de la sémantique générale sont appliquées, les résultats sont généralement bénéfiques, que ce soit dans le domaine des affaires, de la gestion, etc., de la médecine, du droit, de l'éducation à tous les niveaux, ou des inter-relations personnelles, que ce soit dans le domaine familial, national ou international. Si elles ne sont pas appliquées, mais simplement évoquées, aucun résultat n'est à attendre.

En sémantique générale, nous nous intéressons à la sanité des civilisations, en particulier aux méthodes de prévention ; nous éliminons de l'éducation familiale, élémentaire et supérieure les types d'évaluation aristotélicienne inadéquats, qui conduisent trop souvent à la *non-sanité* des civilisations, et nous construisons pour la première fois une théorie positive de la sanité mentale, en tant que *système* non aristotélicien qui fonctionne.

La tâche qui nous attend est gigantesque si nous voulons éviter de nouvelles tragédies personnelles, nationales, voire internationales, fondées sur l'imprévisibilité, l'insécurité, les peurs, les angoisses, etc., qui ne cessent de désorganiser le fonctionnement du système nerveux humain. Ce n'est qu'en affrontant ces faits sans crainte et avec intelligence que nous pourrons sauver pour les civilisations futures ce qu'il reste à sauver, et construire sur les ruines d'une époque moribonde une société nouvelle et plus sane.

Une réorientation non-aristotélicienne est inévitable ; le seul problème aujourd'hui est de savoir quand et à quel prix.

EXTRAIT DE LA PRÉFACE À LA TROISIÈME ÉDITION
ET DE L'INTRODUCTION À LA DEUXIÈME ÉDITION
DE L'AUTEUR

"... Korzybski n'était pas seulement un innovateur audacieux, mais aussi un brillant synthétiseur des données disponibles en un système cohérent. Ce système, lorsqu'il est intériorisé et appliqué, peut créer un monde plus sane et plus pacifique, ce qui justifie le titre de ce livre, Science et Sanité".

EXTRAIT DE LA PRÉFACE DE LA CINQUIÈME
ÉDITION PAR ROBERT P. PULA

NEW NON-ARISTOTELIAN LIBRARY
INSTITUTE OF GENERAL SEMANTICS

SCIENCE ET SANITÉ

**Une Introduction Aux Systèmes Non-Aristotéliciens
Et À La Sémantique Générale**

Livres De L'institut De Sémantique Générale
Nouvelle Bibliothèque Non-Aristotélicienne

Korzybski, Alfred (2010). *Selections from Science and Sanity*. (2nd Ed.). Edited by Lance Strate, with a Foreword by Bruce I. Kodish. Fort Worth, TX: Institute of General Semantics.

Strate, Lance (2011). *On the Binding Biases of Time and Other Essays on General Semantics and Media Ecology*. Fort Worth, TX: Institute of General Semantics.

Anton, Corey (2011). *Communication Uncovered: General Semantics and Media Ecology*. Fort Worth, TX: Institute of General Semantics. Levinson, Martin H. (2012). *More Sensible Thinking*. New York, NY: Institute of General Semantics.

Anton, Corey & Strate, Lance (2012). *Korzybski and. . .* (Eds.) New York, NY: Institute of General Semantics.

Levinson, Martin H. (2014). *Continuing Education Teaching Guide to General Semantics*. New York, NY: Institute of General Semantics.

Berger, Eva & Berger, Isaac (2014). *The Communication Panacea: Pediatrics and General Semantics*. New York, NY: Institute of General Semantics.

Pace, Wayne R. (2017). *How to Avoid Making A Damn Fool of Yourself: An Introduction to General Semantics*. New York, NY: Institute of General Semantics.

Lahman, Mary P. (2018). *Awareness and Action: A Travel Companion*. New York, NY: Institute of General Semantics.

Levinson, Martin H. (2018). *Practical Fairy Tales For Everyday Living*, Revised Second Edition. New York, NY: Institute of General Semantics.

Levinson, Martin H. (2020). *Sensible Thinking For Turbulent Times: Revised Second Edition*. New York, NY: Institute of General Semantics.

Mayer, Christopher (2021). *How Do You Know?: A Guide to Clear Thinking About Wall Street, Investing, and Life. New York*, NY: Institute of General Semantics.

Levinson, Martin H. (2021). *Practical Fairy Tales For Everyday Living*, Revised Second Edition. New York, NY: Institute of General Semantics. (In Spanish)

Liñán, Laura Trujillo. (2022). *Formal Cause in Marshall Mcluhan's Thinking*. New York, NY: Institute of General Semantics.

Strate, Lance (2022). Concerning Communication: Epic Quests and Lyric Excursions Within the Human Lifeworld. New York, NY: Institute of General Semantics.

Korzybski, Alfred. (2024). *General Semantics Seminar 1937: Olivet College Lectures*. (4th Ed.) New York: Institute of General Semantics.

Strate, Lance. (2024). *Not A, Not Be, &C*. New York: Institute of General Semantics.

CONSEIL D'ADMINISTRATION DE L'INSTITUT DE SÉMANTIQUE GÉNÉRALE

Lance Strate, Président
Corey Anton, Vice-Président
Eva Berger, Secrétaire
Thom Gencarelli, Trésorier

Nora Bateson, Membre du conseil d'administration
Susan J. Drucker, Membre du conseil d'administration
Ben Hauck, Membre du conseil d'administration
Dominic Heffer, Membre du conseil d'administration
Mary P. Lahman, Membre du conseil d'administration
Martin H. Levinson, Membre du conseil d'administration
Michael Plugh, Membre du conseil d'administration
Jacqueline J. Rudig, Membre du conseil d'administration
Laura Trujillo-Liñán, Membre du conseil d'administration

AUTRES ÉCRITS D'ALFRED KORZYBSKI

Manhood of Humanity: The Science and Art Of Human Engineering, E.P. Dutton, 1921.

Manhood of Humanity: An Introduction to Non-Aristotelian Systems and General Semantics, 2nd Ed., Institute of General Semantics, 1950.

Adulthood of Humanity: An Introduction to the Theory of Time-Binding, 3rd Ed., Institute of General Semantics, in preparation.

Time-Binding: The General Theory, Institute of General Semantics, 1949.

Selections from Science and Sanity (compiled by G.E. Janssen), Institute of General Semantics, 1948.

Selections from Science and Sanity, 2nd Ed. (edited by Lance Strate), Institute of General Semantics, 2010.

General Semantics Seminar 1937: Transcription of Notes from Lectures in General Semantics Given at Olivet College, Institute of General Semantics, 1964

General Semantics Seminar 1937: Transcription of Notes from Lectures in General Semantics Given at Olivet College, 2nd Ed., Institute of General Semantics, 1977

General Semantics Seminar 1937: Olivet College Lectures, 3rd Ed., Institute of General Semantics, 2002

Science And Sanity: An Introduction to Non-Aristotelian Systems and General Semantics, Institute of General Semantics, 1933

Science And Sanity: An Introduction to Non-Aristotelian Systems and General Semantics, Institute of General Semantics, 2nd Ed., Institute of General Semantics, 1941

Science And Sanity: An Introduction to Non-Aristotelian Systems and General Semantics, Institute of General Semantics, 3rd Ed., Institute of General Semantics, 1948

Science And Sanity: An Introduction to Non-Aristotelian Systems and General Semantics, Institute of General Semantics, 4th Ed., Institute of General Semantics, 1958

Science And Sanity: An Introduction to Non-Aristotelian Systems and General Semantics, Institute of General Semantics, 5th Ed., Institute of General Semantics, 1994

AUX TRAVAUX DE :

Aristote	Cassius J. Keyser
Eric T. Bell	G. W. Leibnitz
Eugen Bleuler	J. Locke
Niels Bohr	Jacques Loeb
George Boole	H. A. Lorentz
Max Born	Ernst Mach
Louis De Broglie	J. C. Maxwell
Georg Cantor	Adolf Meyer
Ernst Cassirer	Hermann Minkowski
Charles M. Child	Isaac Newton
C. Darwin	Ivan Pavlov
René Descartes	Giuseppe Peano
P. A. M. Dirac	Max Planck
A. S. Eddington	Platon
Albert Einstein	H. Poincaré
Euclide	G. Y. Rainich
M. Faraday	G. F. B. Riemann
Sigmund Freud	Josiah Royce
Karl F. Gauss	Bertrand Russell
Thomas Graham	Ernest Rutherford
Arthur Haas	E. Schrödinger
Wm. R. Hamilton	C. S. Sherrington
Henry Head	Socrate
Werner Heisenberg	Arnold Sommerfeld
C. Judson Herrick	Oswald Veblen
E. V. Huntington	Wm Alanson. Blanc
Smith Ely Jelliffe	Alfred N. Whitehead

Ludwig Wittgenstein

**QUI ONT GRANDEMENT INFLUENCÉ MA RECHERCHE,
CE SYSTÈME LEUR EST DÉDIÉ**

'Lorsque je descendis, je fus entouré d'une foule de gens, mais ceux qui se tenaient le plus près semblaient être de meilleure qualité. Ils me regardèrent avec toutes les marques et les circonstances de l'étonnement, et je n'étais pas non plus très redevable à leur égard, n'ayant jamais vu jusqu'alors une espèce de mortels aussi singulière dans ses formes, ses habitudes et ses visages. Leurs têtes étaient toutes inclinées à droite ou à gauche, l'un de leurs yeux tournés vers l'intérieur et l'autre directement vers le zénith. Leurs vêtements extérieurs étaient ornés de figures de soleils, de lunes et d'étoiles, entremêlées de violons, de flûtes, de harpes, de trompettes, de guitares, de clavecins et de beaucoup d'autres instruments de musique inconnus en Europe. J'ai observé, çà et là, un grand nombre de serviteurs qui portaient une vessie gonflée, attachée comme un fléau au bout d'un petit bâton qu'ils tenaient à la main. Dans chaque vessie se trouvait une petite quantité de tourbe séchée, ou de petits cailloux (comme on me l'a dit par la suite). Avec ces vessies, ils frappaient de temps en temps la bouche et les oreilles de ceux qui se tenaient près d'eux, pratique dont je ne pouvais alors concevoir la signification ; il semble que l'esprit de ces gens soit tellement accaparé par d'intenses spéculations qu'ils ne peuvent ni parler, ni écouter les discours d'autrui, sans être excités par quelque faction extérieure sur les organes de la parole et de l'ouïe ; C'est pourquoi les personnes qui peuvent se le permettre gardent toujours un clapet (l'original est *climenole*) dans leur famille, comme l'un de leurs domestiques, et ne se promènent jamais à l'étranger, ou ne font jamais de visites, sans lui. Le rôle de cet officier est, lorsque deux ou trois personnes sont en compagnie, de frapper doucement avec sa vessie la bouche de celui qui doit parler, et l'oreille droite de celui ou de ceux à qui l'orateur s'adresse. Ce rabatteur est également employé avec diligence pour accompagner son maître dans ses promenades et, à l'occasion, pour lui donner un léger coup sur les yeux, parce qu'il est toujours tellement absorbé par sa réflexion qu'il risque manifestement de tomber dans tous les précipices et de se cogner la tête contre tous les poteaux ; et dans les rues, de bousculer les autres, ou d'être bousculé lui-même, et de se retrouver au chenil.

Il était nécessaire de donner au lecteur cette information, sans laquelle il aurait été tout aussi perdu que moi pour comprendre le comportement de ces gens, alors qu'ils me conduisaient par l'escalier au sommet de l'île, et de là au palais royal. Pendant que nous montions, ils oublièrent plusieurs fois de quoi il s'agissait, et me laissèrent à moi-même, jusqu'à ce que leurs souvenirs fussent de nouveau éveillés par leurs claquements de doigts ; car ils paraissaient tout à fait indifférents à la vue de mon habit et de mon visage étrangers, et aux cris du vulgaire, dont les pensées et l'esprit étaient plus désengagés.

... Et bien qu'ils soient assez adroits sur une feuille de papier pour manier la règle, le crayon et le diviseur, je n'ai jamais vu, dans les actions et les comportements courants de la vie, un peuple plus maladroit, plus gauche et plus malhabile, ni aussi lent et perplexe dans ses conceptions sur tous les autres sujets, à l'exception des mathématiques et de la musique. Ils raisonnent très mal et s'opposent avec véhémence, sauf lorsqu'ils ont raison, ce qui est rarement le cas. L'imagination, la fantaisie et l'invention leur sont totalement étrangères, et ils n'ont pas de mots dans leur langue pour exprimer ces idées ; l'ensemble de leurs pensées et de leur esprit est enfermé dans les deux sciences susmentionnées'.

JONATHAN SWIFT (*Les voyages de Gulliver*, Un voyage à Laputa)

TABLE DES MATIÈRES

LIVRES DE L'INSTITUT DE SÉMANTIQUE GÉNÉRALE NOUVELLE BIBLIOTHÈQUE NON-ARISTOTÉLICIENNE	iv
CONSEIL D'ADMINISTRATION DE L'INSTITUT DE SÉMANTIQUE GÉNÉRALE	vii
AUTRES ÉCRITS D'ALFRED KORZYBSKI	viii
PRÉFACE DE LA SIXIÈME ÉDITION, 2023	xvii
REMERCIEMENTS	xxxi
INTRODUCTION À LA TRADUCTION FRANÇAISE 2024	xxxiii
PRÉFACE À LA CINQUIÈME ÉDITION, 1993	xxxix
PRÉFACE À LA QUATRIÈME ÉDITION 1958	xlix
PRÉFACE À LA TROISIÈME ÉDITION 1948	lvii
INTRODUCTION À LA DEUXIÈME ÉDITION 1941	lxiii

SECTION   PAGE

- A. Développements récents et fondation de l'Institut de Sémantique Générale. ... lxiii
- B. Quelques difficultés à surmonter. ... lxv
    1. LES ATTITUDES DES 'PHILOSOPHES', ETC. ... lxv
    2. PERPLEXITÉS DANS LES THÉORIES DE LA SIGNIFICATION ... lxvii
    3. L'INADÉQUATION DES FORMES DE REPRÉSENTATION ET LEUR RÉVISION STRUCTURELLE ... lxx
    4. IDENTIFICATIONS ET ÉVALUATIONS ERRONÉES ... lxxi
    5. LES MÉTHODES DU MAGICIEN ... lxxiii
- C. Révolutions et évolutions. ... lxxiii
- D. Une révision non-aristotélicienne ... lxxvii
- E. Les nouveaux facteurs : les ravages qu'ils causent à nos généralisations. ... lxxx
- F. Méthodes non-aristotéliciennes. ... lxxxii
    1. MÉCANISMES NEUROLOGIQUES DE L'EXTENSIONALISATION ... lxxxii
    2. LA RELAXATION NEURO-SÉMANTIQUE ... LXXXIV
    3. PROCÉDÉS EXTENSIONNELS ET QUELQUES APPLICATIONS ... LXXXV
    4. IMPLICATIONS DE LA STRUCTURE du langage. ... lxxxvi
- G. les termes $\dfrac{sur}{sous}$ définis. ... lxxxviii
- H. La fin de l'ancienne époque aristotélicienne. ... xciii
    1. MENTALITÉS DE LA LIGNE MAGINOT ... XCIII
    2. LES GUERRES DE ET SUR LES NERFS ... XCV
    3. HITLER ET LES FACTEURS PSYCHO-LOGIQUES DE SA VIE ... XCVII
    4. ÉDUCATION POUR L'INTELLIGENCE ET LA DÉMOCRATIE ... XCVIII
- I. Suggestions constructives. ... ci
    - CONCLUSION ... ciii

BIBLIOGRAPHIE COMPLÉMENTAIRE À LA DEUXIÈME ÉDITION	cvii
PRÉFACE À LA PREMIÈRE ÉDITION 1933	cxiii

LIVRE I
UNE ENQUÊTE GÉNÉRALE SUR LES FACTEURS NON-ARISTOTÉLICIENS

PARTIE I
PRÉLIMINAIRES CORPUS ERRORUM BIOLOGICORUM

CHAPITRE		PAGE
I	BUTS, MOYENS ET CONSÉQUENCES D'UNE RÉVISION NON-ARISTOTÉLICIENNE	7
II	TERMINOLOGIE ET SIGNIFICATIONS	18
	SECTION	
	A. Sur les réactions sémantiques.	18
	B. Au niveau objectique indicible.	31
	C. Sur le 'copiage' dans nos réactions nerveuses.	33
III.	INTRODUCTION	35

PARTIE II
GÉNÉRAL SUR LA STRUCTURE

IV.	SUR LA STRUCTURE	51
V.	LINGUISTIQUE GÉNÉRALE	61
VI.	SUR LE SYMBOLISME	70
VII.	RÉVISION LINGUISTIQUE	78

PARTIE III
LES STRUCTURES NON-ÉLÉMENTALISTIQUES

VIII.	ÉPISTÉMOLOGIQUE GÉNÉRALE	93
IX.	COMPORTEMENT COLLOÏDAL	102
X.	"ORGANISME -COMME-UN-TOUT"	112
	SECTION	
	A. Illustrations tirées de la biologie.	112
	B. Illustrations d'expériences en nutrition.	114
	C. Illustrations de maladies 'mentales' et nerveuses.	116

PARTIE IV
LES FACTEURS STRUCTURELS DANS LES LANGAGES NON-ARISTOTÉLICIENS

XI.	SUR LA FONCTION	123
XII.	SUR L'ORDRE	139
	SECTION	
	A. Termes non-définis.	140
	B. Ordre et système nerveux.	144
	C. Structure, relations et ordre multidimensionnel.	148
	D. Ordre et les problèmes d'extension et d'intension	157
	E. Remarques finales sur l'ordre.	167
XIII.	SUR LES RELATIONS.	173
XIV.	SUR LA NOTION D'INFINI	188
XV.	L'"INFINITÉSIMAL" ET "CAUSE ET EFFET"	198
XVI.	SUR L'EXISTENCE DE RELATIONS	204

CHAPITRE		PAGE
XVII.	SUR LES NOTIONS DE 'MATIÈRE', 'ESPACE', 'TEMPS'	207
	SECTION	
	A. Considérations structurelles.	208
	B. La fonction neurologique d'abstraire.	218
	C. Problèmes d'ajustement.	222
	D. Considérations sémantiques.	224

PARTIE V

SUR LE LANGAGE NON-ARISTOTÉLICIEN APPELÉ MATHÉMATIQUES

XVIII.	LES MATHÉMATIQUES EN TANT QUE LANGAGE D'UNE STRUCTURE SIMILAIRE À LA STRUCTURE DU MONDE	231
XIX.	LES MATHÉMATIQUES EN TANT QUE LANGAGE À LA STRUCTURE SIMILAIRE À CELLE DU SYSTÈME NERVEUX HUMAIN	250
	SECTION	
	A. Introduction.	250
	B. Généralités.	256
	C. L'importance psychologique de la théorie des ensembles et de la théorie des groupes.	261
	D. Similarité de structure entre les mathématiques et notre système nerveux.	267

PARTIE VI

SUR LES FONDEMENTS DE LA PSYCHO-PHYSIOLOGIE

XX.	CONSIDÉRATIONS GÉNÉRALES	293
XXI.	SUR LES RÉFLEXES CONDITIONNELS	303
XXII.	SUR L'"INHIBITION"	317
XXIII.	SUR LES RÉACTIONS CONDITIONNELLES D'ORDRE SUPÉRIEUR ET LA PSYCHIATRIE	333

LIVRE II

UNE INTRODUCTION GÉNÉRALE AUX SYSTÈMES NON-ARISTOTÉLICIENS ET À LA SÉMANTIQUE GÉNÉRALE

PARTIE VII

SUR LE MÉCANISME DU TIMEBINDING

XXIV.	SUR ABSTRAIRE	345
XXV.	SUR LE STRUCTUREL DIFFÉRENTIEL	358
XXVI.	SUR 'CONSCIENCE' ET CONSCIENCE D'ABSTRAIRE	382
XXVII.	ABSTRACTIONS D'ORDRE SUPÉRIEUR	395
	SECTION	
	A. Généralités.	395
	B. Termes multiordinaux.	401
	C. Confusion d'ordres d'abstractions plus élevés.	410
XXVIII.	SUR LE MÉCANISME D'IDENTIFICATION ET DE VISUALISATION	418
XXIX.	SUR L'ENTRAÎNEMENT NON-ARISTOTÉLICIEN	434

CHAPITRE		PAGE
XXX.	IDENTIFICATION, INFANTILISME ET NON-SANITÉ VERSUS SANITÉ	454
	SECTION	
	A. Généralités.	454
	B. Conscience d'abstraire.	461
	C. L'infantilisme.	469
	D. Suggestions constructives.	486
XXXI.	REMARQUES CONCLUSIVES	496

LIVRE III
DONNÉES STRUCTURELLES SUPPLÉMENTAIRES SUR LES LANGAGES ET LE MONDE EMPIRIQUE

REMARQUES PRÉLIMINAIRES 521

PARTIE VIII
SUR LA STRUCTURE DES MATHÉMATIQUES

XXXII.	SUR LA SÉMANTIQUE DU CALCUL DIFFÉRENTIEL	529
	SECTION	
	A. Introduction.	529
	B. Sur le calcul différentiel.	530
	1. CONSIDÉRATIONS GÉNÉRALES	530
	2. MAXIMA ET MINIMA	545
	3. COURBURE	547
	4. VITESSE	548
	C. Sur le calcul intégral.	549
	D. Autres applications.	551
	1. DIFFÉRENCIATION PARTIELLE	551
	2. ÉQUATIONS DIFFÉRENTIELLES	552
	3. MÉTHODES D'APPROXIMATION	554
	4. FONCTIONS PÉRIODIQUES ET ONDES	555
XXXIII.	SUR LA LINÉARITÉ	561
XXXIV.	SUR LA GÉOMÉTRIE	573
	SECTION	
	A. Introduction.	573
	B. Sur la notion de 'Théorie Interne des Surfaces'.	579
	C. Espace-temps.	585
	D. L'application des notions géométriques à la localisation cérébrale.	588

PARTIE IX
SUR LA SIMILARITÉ DES STRUCTURES EMPIRIQUES ET VERBALES

XXXV.	ACTION PAR CONTACT	595
XXXVI.	SUR LA SÉMANTIQUE DE LA THÉORIE D'EINSTEIN	606
XXXVII.	SUR LA NOTION DE 'SIMULTANÉITÉ'	618
XXXVIII.	SUR LE 'MONDE' DE MINKOWSKI	624
XXXIX.	RÉFLEXIONS GÉNÉRALES SUR LA THÉORIE D'EINSTEIN	632

PARTIE X

SUR LA STRUCTURE DE LA 'MATIÈRE

CHAPITRE		PAGE
XL.	L'ANCIENNE 'MATIÈRE'	643
XLI.	LA NOUVELLE 'MATIÈRE'	656

SECTION

- A. Introduction. 658
- B. La nature du problème. 660
- C. Matrices. 664
- D. Le calcul des opérateurs. 671
- E. La nouvelle mécanique quantique. 673
- F. La mécanique ondulatoire. 680
- G. Aspects structurels des nouvelles théories. 684

SUPPLÉMENT I

LA LOGIQUE DE LA RELATIVITÉ 689

SUPPLÉMENT II

LA THÉORIE DES TYPES 697

SUPPLEMENT III

UN SYSTÈME NON-ARISTOTÉLICIEN ET SA NÉCESSITÉ POUR
LA RIGUEUR EN MATHÉMATIQUES ET EN PHYSIQUE 708

NOTES ET RÉFÉRENCES 725
BIBLIOGRAPHIE 731
OPINIONS SCIENTIFIQUES À PROPOS DE LA PREMIÈRE ÉDITION, 1933 753
INDEX 763
INDEX DES DIAGRAMMES 789

Je dédie la présente traduction en français de Science and Sanity *à tous les time-binders, passés, présents et futurs qui, recevant et faisant fructifier dans leur propre vie le cadeau de la Sémantique Générale, le partagent avec d'autres, depuis Alfred Habdank Skarbek KORZYBSKI à Lance STRATE, etc.*

PRÉFACE DE LA SIXIÈME ÉDITION, 2023

Cette nouvelle édition de *Science et Sanité*, la première depuis 30 ans, marque le 90ème anniversaire de la publication originale de l'opus magnum d'Alfred Korzybski. En tant qu'ouvrage nonagénaire, je pense qu'il est raisonnable de qualifier ce livre comme un *classique*. Par-là, je veux dire le placer dans la même catégorie que les grandes œuvres du passé, notre héritage humain commun, la manifestation intellectuelle de notre capacité unique de *time-binding*, pour reprendre le néologisme évocateur de Korzybski. Classer *Science et Sanité* dans la catégorie des classiques témoigne non seulement de son importance historique, mais aussi de la qualité générale de l'ouvrage et de sa pertinence actuelle. Il est indéniable que beaucoup de choses ont changé dans le monde depuis que l'encre de la première édition en 1933 a séché, notamment la Seconde Guerre mondiale, Auschwitz et la bombe A, la guerre froide et sa conclusion, la contre-culture et le Watergate, le passage à l'an 2000 et les attentats du 11 septembre 2001, ainsi que le changement climatique et le réchauffement global de la planète. Et pourtant, beaucoup de choses restent les mêmes en ce qui concerne les difficultés que nous rencontrons en raison de notre abus et de notre mauvaise utilisation du langage et des symboles, les problèmes contre lesquels nous nous heurtons en raison de nos hypothèses et de nos suppositions quant à l'exactitude de nos perceptions et de nos idées préconçues, les conflits et les luttes auxquels nous sommes confrontés en raison de notre ignorance et de notre méconnaissance des relations carte-territoire, et de notre tendance de faire s'équivaloir les deux. Il n'est donc pas étonnant que l'intérêt pour ce texte fondateur de sémantique générale persiste, que la demande soit toujours aussi forte et que les débats passionnés sur ses mérites et ses défauts n'aient pas diminué.

Sous-titré : *Une Introduction aux Systèmes Non-Aristotéliciens et à la Sémantique Générale*, *Science et Sanité* était le premier ouvrage de ce type, et il a effectivement introduit la sémantique générale auprès du public lecteur. En tant qu'introduction, le livre est un défi, et pas seulement parce qu'il a maintenant 90 ans et qu'il compte plus de 900 pages. Korzybski, après tout, était un ingénieur, pas un poète, et en tant qu'immigrant polonais, l'anglais n'était pas sa langue maternelle. Mais surtout, les pages de *Science et Sanité* sont denses en nouvelles découvertes et en larges synthèses. Pour ces raisons et d'autres encore, l'effort pour produire des entrées en matières plus accessibles à la discipline de la sémantique générale, et pour populariser le travail de Korzybski, a commencé peu après la parution du livre, et comprend *The Tyranny of Words* (*la Tyrannie des Mots*) de Stuart Chase et *Language in Action* (*Langage en Action*) de S.I. Hayakawa en 1938, *Language Habits in Human Affairs* (*Habitudes de Langage dans les Affaires Humaines*) d'Irving J. Lee en 1941, *People in Quandaries* (*Personnes dans l'Embarras*) de Wendell Johnson en 1946, *Language in Thought and Action* (*Langage en Pensée et en Action*) de S.I. Hayakawa en 1949, *Levels of Knowing and Existence* (*Niveaux de Connaissance et d'Existence*) de Harry L. Weinberg en 1959, *General Semantics : An Outline Survey* (*Sémantique Générale, les Grandes Lignes*) de Kenneth G. Johnson en 1960, *The Art of Awareness* (*L'art de la Prise de*

Conscience) de Samuel Bois en 1966, *Crazy Talk, Stupid Talk* (*Parler Fou, Paroles Stupides*) de Neil Postman en 1976, Drive Yourself Sane (*Conduisez-Vous de Façon Sane*) de Susan Presby Kodish et Bruce I. Kodish en 1993, *Sensible Thinking for Turbulent Times* (*Pensées Raisonnable pour des Temps Agités*) de Martin H. Levinson en 2006, Awareness and the Turbulent Times (*Vigilance et Temps Turbulents*) de Mary P. Lahman en 2013, et *How to Avoid Making a Fool of Yourself* (*Comment Éviter de Vous Ridiculiser*) de R. Wayne Pace en 2017, et *Dear Fellow Time-Binder* (*Cher Camarade Time-Binder*) de Christopher Mayer en 2022, pour n'en citer que quelques-uns (sans parler des nombreux articles, sites web, enregistrements audio et vidéo, etc., qui ont également une fonction d'introduction). En d'autres termes, de nombreuses ressources sont disponibles pour toute personne cherchant une introduction rapide et facile à la sémantique générale, y compris le volume de Korzybski publié à titre posthume, *General Semantics Seminar 1937: Olivet College Lectures* (*Séminaire de Sémantique Générale 1937, Transcriptions des Notes des Conférences de Sémantique Générale Données à Olivet College*). Les lecteurs novices dans la discipline pourront se prévaloir de certaines de ces ressources avant de se plonger directement dans *Science et Sanité*.

Bien qu'il soit conseillé de commencer son voyage en sémantique générale ailleurs, et bien que *Science et Sanité* puisse paraître intimidant même pour ceux qui ont une expérience considérable de la discipline, il n'en reste pas moins qu'il est impossible de comprendre ou d'apprécier pleinement la pensée et la méthode de Korzybski sans lire *Science et Sanité* pour soi-même. Comme c'est souvent le cas lorsqu'il s'agit de vulgariser un ouvrage classique, des aspects importants de l'ouvrage sont omis, édulcorés ou tout simplement perdus dans la transposition. En fin de compte, rien ne remplace la consultation de l'original, la rencontre directe avec les mots de l'auteur et, à travers eux, avec ses pensées. Vous pouvez apprendre beaucoup de choses sur la sémantique générale à partir d'autres sources, mais il y aura toujours une lacune importante dans vos connaissances si vous ne prenez pas le temps de lire *Science et Sanité*. Certes, les personnes familiarisées avec la sémantique générale reconnaissent généralement la nécessité de s'attaquer un jour au grand livre de Korzybski. Il sert comme un rite de passage pour certains, et le fait de l'avoir achevé est une marque de distinction pour d'autres.

La portée de *Science et Sanité* va bien au-delà de la sémantique générale, je m'empresse de l'ajouter, de sorte que l'intérêt pour cet ouvrage n'est pas et ne devrait pas être limité à ceux qui s'intéressent à cette discipline. Comme l'indique le sous-titre, l'ouvrage est également une introduction aux systèmes non-aristotéliciens, et Korzybski explique que la sémantique générale est un exemple de système non-aristotélicien, à ses yeux le premier exemple, mais très certainement pas le seul. Le terme '*non-aristotélicien*' peut être trompeur, car il conduit certains à conclure que Korzybski était en quelque sorte opposé à tout ce qu'Aristote a écrit et à tout ce qu'il a défendu. Rien n'est plus faux. Son respect pour Aristote transparaît tout au long de l'ouvrage, à commencer par la page de dédicace. Après plus de deux millénaires, cependant, Korzybski pensait qu'il était temps de mettre à jour notre mode de pensée, et en particulier notre dépendance à l'égard de la logique déductive. En cela, il faisait écho aux arguments des empiristes, arguments qui ont inspiré la méthodologie de la science moderne, selon lesquels l'induction doit être privilégiée par rapport à la déduction, les affirmations sur la nature de la réalité doivent être soumises à des tests rigoureux et nous devons prêter une attention particulière aux faits, aux données, aux preuves, dans nos évaluations. En agissant ainsi, il ne rejetait pas entièrement la logique aristotélicienne, qui remplit toujours une fonction importante dans l'évaluation des arguments et des raisonnements. Mais il affirmait l'importance de la science par rapport à l'idéologie et à la théologie (les théologiens des religions abrahamiques ayant adopté et adapté la logique aristotélicienne) ; il affirmait également l'importance de la science par rapport à certains courants philosophiques qui ne tiennent pas compte de la réalité matérielle.

Fondée sur la science moderne, la notion de non-aristotélicien de Korzybski était particulièrement une réponse aux nouvelles découvertes et percées théoriques du 19ème et du début du 20ème siècle, incluant les lois de la thermodynamique et le concept d'entropie ; la reconnaissance que l'univers est fondamentalement composé d'énergie plutôt que de matière ; la théorie de l'évolution et de la sélection naturelle ; la révolution d'Einstein en physique, la théorie de la relativité et la compréhension que toute réalité est constituée d'événements dans l'espace-temps ; la révolution en physique subatomique et quantique et le principe d'incertitude d'Heisenberg ; etc. Ces changements indiquent que la réalité est caractérisée par un changement et un flux constants, et qu'elle est un processus dynamique plutôt que stable et constituée d'objets ou de choses permanentes.

Albert Einstein, en particulier, joue un rôle important dans ce travail, car Korzybski s'est inspiré de la théorie *générale* de la relativité d'Einstein pour poser sa propre théorie *générale* du time-binding via le premier livre de Korzybski, *Manhood of Humanity* (*L'Âge Adulte de l'Humanité*), et deux articles supplémentaires regroupés par la suite sous le titre *Time-binding : The General Theory 1924-1926*, et enfin dans *Science et Sanité*, qui présente au monde sa théorie de la sémantique générale. Les théories d'Einstein ont établi un nouveau paradigme scientifique initialement connu sous le nom de physique non-newtonienne, faisant appel à un nouveau système mathématique connu sous le nom de géométrie non-euclidienne, et Korzybski a suivi cet exemple en se référant à la sémantique générale comme à un système non-aristotélicien. Encore une fois, il est nécessaire de souligner que non-aristotélicien ne signifie pas anti-aristotélicien, tout comme la physique non-newtonienne n'est pas anti-newtonienne. Le nouveau paradigme scientifique associé à Einstein n'a pas relégué les lois du mouvement de Newton aux oubliettes de l'histoire, mais les a plutôt intégrées comme un cas particulier dans un cadre beaucoup plus large qui a permis une nouvelle compréhension de la réalité physique. Et les géométries non-euclidiennes que ces ruptures scientifiques ont nécessitées n'étaient pas anti-euclidiennes et n'invalidaient pas le système géométrique d'Euclide. Pour faire simple, la géométrie euclidienne ne s'applique qu'à certains types de phénomènes, des phénomènes se produisant à l'intérieur d'un ensemble limité de paramètres, et des géométries alternatives, non-euclidiennes, sont utilisées pour travailler avec tous les autres aspects de l'univers ; en d'autres mots, la géométrie euclidienne est un cas particulier dans un spectre beaucoup plus large de géométries possibles (d'une variété potentiellement infinie). Compte tenu de ces révolutions dans les domaines de la science et des mathématiques, Korzybski a estimé qu'il était grand temps de révolutionner la raison elle-même, d'adopter un nouveau mode de pensée, et il a choisi le non-aristotélicien pour compléter la nouvelle science non-newtonienne et les mathématiques non-euclidiennes du début du 20ème siècle. S'il avait travaillé un demi-siècle plus tard, à la fin du 20ème siècle, période qui a vu l'introduction du *post-structuralisme* et du *post-modernisme*, sans parler du *post-industriel*, du *post-lettré* et du *post-humain*, il aurait presque certainement choisi à la place le terme *post-aristotélicien* ; après tout, il mettait l'accent sur la nécessité d'aller de l'avant, et non d'éliminer le passé. Pour Korzybski, la sémantique générale était au cœur de cet effort, mais en même temps, son introduction aux systèmes non-aristotéliciens ouvre un nouveau domaine d'exploration qu'il a laissé à d'autres de poursuivre, un domaine que nous pourrions appeler les *études non-aristotéliciennes*.

Ce n'est pas un hasard si Korzybski s'est inspiré de la terminologie des sciences et des mathématiques pour inventer le terme non-aristotélicien. Ingénieur de formation, Korzybski était tout à fait à l'aise pour travailler dans un cadre scientifique, et il a noté les énormes progrès que les êtres humains ont faits en matière de découverte scientifique et d'innovation technique. Dans *Manhood of Humanity*, il affirme que l'humanité doit faire le même type de progrès dans les relations humaines, en politique et en économie, dans nos institutions sociales et nos relations interpersonnelles, afin de surmonter les problèmes qui continuent à nous affliger. Des problèmes tels que la guerre et la violence, la pauvreté et l'inégalité, les préjugés et la haine. La science est la solution, conclut-il, et c'est pourquoi il intitule son livre *Science et Sanité*. La science est primordiale dans la pensée de Korzybski, et la sémantique générale est présentée ici comme une approche scientifique. Il ne s'agit pas d'une approche scientifique au sens où les chercheurs en sciences sociales et comportementales considèrent leurs recherches comme scientifiques, bien que Korzybski ait consacré du temps à travailler avec des individus considérés comme "malades mentaux" dans le cadre de son programme de recherche personnel. Mais ici, le terme *scientifique* fait référence à la *méthode* scientifique. Ce que Korzybski présente dans cet ouvrage est la sémantique générale comme une forme généralisée de méthode scientifique, une méthode qui n'est pas limitée à des spécialistes hautement qualifiés, mais plutôt un ensemble d'outils qui peuvent être appliqués par quiconque apprend le système, et qui peuvent être dirigés vers n'importe quel aspect de la condition humaine. Et l'on peut dire qu'il s'agit d'une méthode qui s'est avérée extrêmement utile pour ceux qui ont pris la peine de l'apprendre. Pour plus d'un, elle a constitué un changement de paradigme personnel, et pour beaucoup un ensemble d'idées et de techniques qui leur ont ouvert les yeux. Il s'ensuit que la publication de *Science et Sanité* représente un jalon dans l'histoire de la science, une contribution importante à la philosophie de la science et un travail significatif pour le domaine interdisciplinaire des études sur la science et la technologie.

L'importance accordée par Korzybski à la science s'explique en grande partie par sa formation et son travail d'ingénieur, mais aussi par le contexte du début du 20ème

siècle. C'était une époque où la foi en la science et la croyance en la valeur du progrès atteignaient des sommets, étaient dans une large mesure incontestées et assurément adoptées par la plupart des secteurs dominants de la société. Aux États-Unis en particulier, les scientifiques et les inventeurs étaient tenus en très haute estime, les preuves de leur efficacité étant devenues omniprésentes, comme par exemple la machine à vapeur, la locomotive, le télégraphe et le téléphone, la photographie et l'image animée, le phonographe et la radio, la lumière électrique, l'automobile et l'avion, la production à la chaîne, les nouveaux instruments médicaux, les procédures, et les médicaments, et toutes sortes de nouvelles découvertes et de nouveaux procédés. Néanmoins, des poches de résistance subsistaient et, pour ceux qui adhéraient au projet des Lumières de placer la raison au-dessus de tout, l'important était d'éliminer les superstitions et les types de pensée qui freinaient les gens et le progrès. Pour ce faire, il fallait également s'opposer à des aspects importants de la religion organisée. Il ne s'agit pas nécessairement d'une opposition à la croyance en Dieu, puisqu'il n'existe aucun moyen de prouver ou de réfuter l'existence de Dieu, et certainement pas aux enseignements moraux et éthiques associés aux différents systèmes de croyance. Mais les éléments superstitieux et la pensée magique ne peuvent être problématiques que dans la mesure où ils fournissent des formes alternatives de philosophie naturelle, des idées sur la nature du monde physique et biologique qui ne sont pas soutenues et finalement contredites par les faits scientifiques. Un texte sacré comme la Bible ne pouvait plus faire autorité sur la nature du système solaire ou l'origine des espèces, pas plus que les théologiens qui reprenaient les idées de Platon, d'Aristote et d'autres anciens. Cette bataille était menée, en grande partie avec succès, à l'époque où Korzybski travaillait sur *Science et Sanité*.

En tant que produit du positivisme du début du 20e siècle, ce livre prend pour acquis l'acceptation par les lecteurs de la légitimité et de la nature bénéfique de la science. Pour les lecteurs qui découvrent cet ouvrage à la fin du 20ème siècle et maintenant au 21ème, ce point de vue peut sembler quelque peu naïf. Certes, notre foi collective dans la science et la technologie a été ébranlée par divers événements, à commencer par la Seconde Guerre mondiale, lorsque l'Allemagne nazie a poursuivi le projet génocidaire connu sous le nom d'Holocauste avec une efficacité digne d'une usine, et que la bombe atomique a été introduite avec un effet dévastateur sur les villes d'Hiroshima et de Nagasaki, suivie de la course aux armements nucléaires et de la perspective d'un anéantissement total grâce à la destruction mutuelle assurée, les révélations sur les effets délétères des pesticides et de la pollution sur l'environnement, les craintes concernant le génie génétique et l'intelligence artificielle, la prise de conscience que l'industrialisation a coûté très cher à la vie humaine et à la biosphère, la compréhension que nous sommes entrés dans une nouvelle phase de l'histoire de notre planète, appelée l'Anthropocène, car l'activité humaine entraîne des changements climatiques extrêmes et la perspective d'extinctions massives qui pourraient peut-être inclure notre propre espèce, etc. Nous ne faisons plus confiance aux scientifiques et aux ingénieurs pour travailler dans le meilleur intérêt de l'humanité, ni même pour être au fait des implications morales, éthiques et environnementales de leur travail. Et nous sommes plus que jamais attentifs à la manière dont leur travail peut être détourné pour des applications militaires d'une valeur douteuse, ou pour la recherche du profit et du pouvoir pour quelques-uns au détriment des multitudes.

Aujourd'hui, le mot *science* véhicule des connotations qui sont loin d'être identiques à celles tenues par les pairs de Korzbyski, et beaucoup moins positives. Mais autant les choses ont changé au cours des 90 dernières années, autant est-il également vrai que le point de vue de Korzybski a évolué depuis la publication de *Manhood of Humanity* (*L'Âge Adulte de l'Humanité*) en 1921, alors sous-titré *The Science and Art of Human Engineering* (*La Science et l'Art de l'Ingénierie Humaine*). À cette époque, l'ingénierie était tenue en aussi haute estime que la science, et le terme d'*ingénierie humaine* n'avait pas encore été associé à des horreurs telles que l'eugénisme et le contrôle de l'esprit. Korzybski ne préconisait pas l'ingénierie des êtres humains, mais plutôt l'application des principes de l'ingénierie par les êtres humains dans leur conduite des affaires humaines et pour le bénéfice de l'humanité. Dans son premier livre, il se prononce en faveur d'une forme de gouvernement technocratique, c'est-à-dire qu'il mettait les ingénieurs et les scientifiques aux commandes, ou leur donnait autant de pouvoir politique que possible. Mais il s'est ensuite rendu compte que leur utilisation de la méthode scientifique ne s'étendait pas au-delà de leurs spécialisations étroites et qu'en ce qui concerne la politique, l'économie et les relations humaines, ils étaient tout aussi ignorants que n'importe qui d'autre. Et ils avaient tout autant besoin de son nouveau système non-aristotélicien que n'importe qui d'autre. Si les individus ayant une formation scientifique ou technique avaient un avantage sur les autres, c'était uniquement parce qu'ils étaient plus familiers avec les principes et les outils sous-jacents de la sémantique générale, et donc plus réceptifs à cette dernière que les autres. Et en effet, une bonne partie du soutien et de l'enthousiasme initial pour la sémantique générale provenait de ce secteur de la société.

Dans la mesure où la sémantique générale encourage une attitude saine de scepticisme, qui ne consiste pas à prendre les choses pour acquises ou à accepter des affirmations fondées sur l'autorité, mais plutôt à employer la méthode empirique et à vérifier les choses personnellement, l'approche de Korzybski suggère en fait que nous adoptions une approche critique à l'égard de la science. Nous devons garder à l'esprit que les ingénieurs, les techniciens et les scientifiques sont des êtres humains faillibles. Que nous ne devons pas traiter la science comme s'il s'agissait d'une nouvelle religion et d'accepter la théorie et la recherche scientifiques, ainsi que leurs applications et innovations technologiques, sur la seule base de la foi. La sémantique générale, après tout, est dédiée au développement et à l'amélioration de notre usage de la raison et de nos facultés critiques en tant qu'individus. En tant que tel, *Science et Sanité* reste pertinent malgré l'évolution des attitudes à l'égard de la science, de la technologie, de l'ingénierie et des mathématiques. Après tout, l'éducation continue de mettre l'accent sur ce quatuor de disciplines STIM (Science, Technologie, Ingénierie et Mathématiques), les personnes formées dans ces domaines sont encore généralement tenues en haute estime, leurs accomplissements sont encore largement reconnus et les preuves de leur efficacité sont partout autour de nous. Et pourtant, la résistance de la religion organisée n'a jamais complètement disparu et a été complétée par un flot de formes de désinformation et de propagande anti-science et anti-faits, transmises par le pouvoir amplificateur d'Internet et des médias sociaux. Nous sommes aujourd'hui confrontés à ce que l'on a appelé une crise épistémologique qui n'existait pas à l'époque de Korzybski. Et il peut être tentant de glaner de *Science et Sanité* la conclusion que nous ne pouvons seulement nous fier qu'aux connaissances que nous pouvons déterminer nous-mêmes par une expérience et un examen de première main ; certains peuvent même y trouver un soutien à la conclusion que nous ne pouvons jamais rien savoir du tout. Mais cette sorte de subjectivisme radical, de constructivisme et de solipsisme n'est pas cohérent avec le message de Korzybski. Au contraire, en accord avec la science moderne, la sémantique générale postule une réalité objective dans le monde extérieur. Notre connaissance de cet environnement extérieur ne pourra jamais être complète, sera toujours limitée d'une certaine manière, sera toujours sélective et quelque peu subjective, et donc d'une certaine manière erronée. Mais notre connaissance et notre compréhension de la réalité peuvent s'améliorer, tout comme elles peuvent se détériorer d'ailleurs, en fonction de la manière dont nous sommes en relation ou en médiation avec le monde extérieur.

Comme Korzybski l'a souvent dit, *une carte n'est pas le territoire*, l'idée étant que nous n'avons que nos cartes pour nous guider et que ce n'est qu'à travers nos cartes que nous faisons la médiation avec le territoire à l'extérieur. Il n'en reste pas moins vrai que certaines cartes sont meilleures que d'autres, que certaines cartes sont plus précises que d'autres, que certaines représentent mieux les territoires que d'autres - et que certaines cartes ne correspondent à aucun territoire réel du tout! Plus important encore, certaines cartes sont plus utiles et plus efficaces pour nous guider, pour nous amener là où nous voulons ou devons aller. Quand il s'agit de connaissances que nous ne pouvons pas vérifier directement, qui nous parviennent par le biais de rapports de scientifiques et d'ingénieurs, bien qu'elles ne doivent pas être assimilées à des connaissances de première main et ne doivent pas être acceptées sans esprit critique sur la base de la seule autorité, nous devons néanmoins comprendre et respecter le consensus scientifique. C'est ce que Korzybski considérait comme acquis à son époque ; c'est ce qui a été remis en question récemment. Nous accordons un statut spécial au consensus scientifique non pas parce que les scientifiques et les ingénieurs sont spéciaux, mais parce que la méthode qu'ils emploient, la méthode scientifique, nous fournit les meilleurs moyens de cartographier notre environnement, de comprendre notre réalité et de faire des prédictions précises sur notre monde. Parce que la méthode empirique privilégie les faits et les données par rapport aux hypothèses et aux suppositions, la raison par rapport à la croyance, l'induction par rapport à la déduction, le questionnement continu de la réalité et la réplication des résultats, ainsi que l'ouverture à la comparaison, à la réfutabilité et à la révision. Le consensus obtenu grâce au partage des connaissances, à l'analyse critique et aux tests effectués par les pairs, ainsi qu'à l'accumulation de preuves, ne constitue pas une preuve absolue, n'est pas l'équivalent d'une vérité inattaquable, mais représente plutôt des conclusions provisoires qui sont néanmoins les meilleures que nous puissions espérer à un moment donné. Le fait que Korzybski ne remette pas en question la validité du consensus scientifique apparaît clairement à la lecture de *Science et Sanité*, et bien que les lecteurs ne soient pas obligés d'accepter cette prémisse, elle indique la voie à suivre pour sortir de notre crise épistémologique actuelle. Si nous pouvons assimiler la méthode scientifique généralisée qui constitue la sémantique générale de Korzybski, nous pouvons également reconnaître ses applications plus spécialisées dans certains secteurs de la société. Et nous pouvons donner aux différentes professions fondées sur les faits ce qui leur revient.

En notant comment les attitudes envers la science et la technologie ont changé depuis l'époque de Korzybski, et comment des termes tels que sémantique générale et non-aristotélicien sont des produits de cette époque, il est également important de reconnaître que d'autres déclarations faites sur les sciences dures et les sciences sociales et comportementales dans ce livre ont également été faites il y a 90 ans et peuvent être supplantées par de nouvelles découvertes et compréhensions. Outre les connaissances dépassées, il peut y avoir des attitudes exprimées qui peuvent être dissonantes pour les sensibilités contemporaines, comme c'est le cas dans de nombreux livres produits à des époques antérieures. Il est nécessaire de reconnaître les limites qui existaient il y a un siècle, et avec cette compréhension, nous pouvons également reconnaitre que nous avons en fait réalisé d'énormes progrès en tant que société et culture au cours de cette période, peut-être pas autant que dans le domaine de la science et de la technologie, mais tout de même des progrès qui ont été énormément significatifs. Et nous pouvons compter la sémantique générale de Korzybski parmi les nombreux facteurs qui ont rendu ces progrès possibles, notamment en raison des contributions apportées à la compréhension du processus de stéréotypie (en tant que forme d'abstraction) et à la lutte contre les préjugés. Quels que soient les défauts que l'on puisse trouver dans *Science et Sanité* en tant que produit de son époque, ils doivent être mis en balance avec le rôle qu'il a joué dans la promotion de la paix et de la justice à son époque et à la nôtre.

Dans la mesure où ce livre promeut la raison et une relation précise avec la réalité sous la forme d'un ajustement positif à l'environnement, il s'aventure sur un terrain typiquement réservé à la psychologie, à la psychanalyse et à la psychothérapie. Plus précisément, *Science et Sanité* s'appuie sur les travaux du comportementaliste Ivan Pavlov et du psychanalyste Sigmund Freud. Par ailleurs, comme indiqué précédemment, Korzybski a mené des recherches pendant plusieurs années à l'hôpital St. Elizabeths, un établissement psychiatrique de Washington, DC, à la demande du Dr William Alanson White, psychiatre et ancien président de l'American Psychoanalytic Association, de l'American Psychopathological Association et de l'American Psychiatric Association. Si la pratique consistant à laisser un amateur travailler avec des personnes désignées comme "malades mentales" n'est plus acceptable, les recherches de Korzybski, l'expérimentation de ses idées sur des patients et sa relation avec le Dr White ont joué un rôle majeur dans le développement de la sémantique générale (et dans la poursuite de son travail en tant que conseiller et thérapeute non professionnel). L'intérêt de Korzybski pour la santé mentale est mis en évidence par le deuxième terme clé du titre de cet ouvrage, *Science et Sanité*, bien que son intérêt ne porte pas tant sur la forme extrême d'*in-sanité* (aliénation mentale) qu'il a rencontrée à St. Elizabeths, mais plutôt sur la forme plus commune de *non-sanité*, comme il le dirait, qui affecte l'ensemble de la population. Et bien que la sémantique générale ne représente pas techniquement une forme de psychothérapie, *Science et Sanité* est à bien des égards une étude psychologique et a inspiré le travail d'un certain nombre de psychothérapeutes, dont Albert Ellis, fondateur de la thérapie comportementale rationnelle et émotive et de la thérapie comportementale cognitive ; Fritz Perls, fondateur de la thérapie gestaltiste ; Harvey Jackins, fondateur du co-conseil et du conseil en réévaluation ; Isabel Caro, fondatrice de la thérapie cognitive de l'évaluation ; ainsi que L. Ron Hubbard dans sa formulation de la dianétique, qui est considérée comme pseudo-scientifique et qui a constitué la base de son mouvement religieux, la Scientologie. Outre la thérapie proprement dite, la sémantique générale a également été incorporée dans le mouvement du potentiel humain et a exercé une influence majeure sur Richard Bandler, fondateur de la programmation neurolinguistique ou PNL (le terme *neuro-linguistique* étant l'un des néologismes de Korzybski). Les idées introduites dans *Science et Sanité* ont également été incorporées dans d'autres formes de conseil et de coaching, de formation au leadership et d'éducation en général, y compris l'enseignement des arts du langage, et sur la stéréotypie et les préjugés, comme indiqué précédemment, ainsi que le management d'entreprise et les exercices de professions, y compris le droit et la médecine.

L'intérêt primordial de Korzybski pour la pensée et la raison place également *Science et Sanité* dans la catégorie des ouvrages philosophiques, et sa discussion d'Aristote et l'introduction du concept de non-aristotélicien suggèrent qu'il s'agit en fait d'un ouvrage majeur dans cette discipline. Notamment, Aristote est cité comme l'une des influences majeures de Korzybski sur la page de dédicace de ce livre, aux côtés d'autres philosophes tels que Socrate, Platon, René Descartes, John Locke, Gottfried Leibniz et Josiah Royce. La liste comprend également Alfred North Whitehead, Bertrand Russell, Ludwig Wittgenstein et Ernst Cassirer, dont les travaux philosophiques sur la logique symbolique et la phénoménologie ont eu une influence majeure sur cet ouvrage. La connexion avec la méthode scientifique est également essentielle ici, car Korzybski se tourne vers l'empirisme comme base de son *épistémologie appliquée*, une expression parfois utilisée pour décrire la sémantique générale. Pour ceux qui relèvent à la fois de la science et de la philosophie, en particulier de la logique symbolique, Korzybski cite également les mathématiciens Euclide, George Boole, Giuseppe Peano, Henri Poincaré, Bernhard Riemann, Oswald Veblen, Georg Cantor, Carl F. Gauss, Cassius J. Keyser et Herman Minkowski comme des influences importantes ; Isaac Newton est également cité, et en plus d'être un scientifique, il est crédité, avec Leibniz, de l'innovation du calcul, qui, en tant qu'étude mathématique du changement, fait l'objet d'une attention particulière dans ce livre en tant qu'exemple du potentiel non-aristotélicien des mathématiques.

En plus de Whitehead, Russell, Wittgenstein et Cassirer, Korzybski s'appuie sur les travaux du comportementaliste Ivan Pavlov et du psychanalyste Sigmund Freud, qui ont tous deux abordé le thème du symbolisme et de la signification qui est au cœur de *Science et Sanité*. Il reconnaît également la science du symbolisme présentée par C.K. Ogden et I.A. Richards dans leur livre de 1923, *The Meaning of Meaning* (*La Signification de la Signification*). L'utilisation du terme *sémantique* par Korzybski soulève la question de la relation entre la sémantique générale et la sémiotique. Bien qu'il reconnaisse plus tard la qualité non-aristotélicienne de la science des signes de Charles Sanders Peirce, et que la perspective de Korzybski soit à bien des égards ancrée dans le pragmatisme américain associé à Peirce, ainsi qu'à William James, John Dewey, Jane Adams, George Herbert Mead et W.E.B. Du Bois, les préoccupations de Korzybski divergent radicalement de celles de la sémiotique de Peirce et de la sémiologie de Ferdinand de Saussure. Malgré les nombreux parallèles entre ces différentes approches de l'étude de ce qui fait signification, Korzybski s'intéresse moins à la mécanique de la signification et au développement d'explications théoriques sur la relation entre le signifiant et le signifié qu'à la pratique de l'évaluation et aux techniques permettant de réduire les erreurs générées par nos modes de représentation. Son intérêt pour le comportement humain permet également d'établir un parallèle avec l'interactionnisme symbolique de George Herbert Mead, développé par Hugh D. Duncan et Erving Goffman, mais ici aussi, la sémantique générale est à la fois plus large et moins spécifiquement axée sur le développement de cadres théoriques au sein de la psychologie sociale. On peut en dire autant de la psychologie de Lev Vygotsky et du Cercle Vygotsky, y compris Alexander Luria. Prises ensemble, ces différentes approches se complètent, et *Science et Sanité* ouvre une voie pour des applications pratiques qui sont absentes des autres.

Tout comme le système non-aristotélicien de Korzybski est différent et distinct de la sémiotique et de la sémiologie, il est également nécessaire de distinguer la sémantique *générale* en tant que discipline de ce qui, dans le langage populaire, est dénigré comme étant de la *simple* sémantique, connotant un ergotage sur les définitions des mots. De même, il est important de distinguer la sémantique *générale* de la sémantique *spécifique* qui constitue un sous-ensemble du domaine de la linguistique. Il ne s'agit pas de rabaisser l'importance des définitions pour la discipline, mais seulement de noter qu'elles ne sont pas au centre des préoccupations. Le langage lui-même est un sujet d'intérêt majeur, et *Science et Sanité* aborde ce domaine d'étude et devrait être reconnu pour ses contributions au domaine de la linguistique, en particulier en ce qui concerne la relation entre le langage et la pensée, et le langage et le comportement. Korzybski a beaucoup à dire sur le langage en général, en tant que principale forme de représentation et de symbolisation, mais il s'abstient de faire des affirmations aussi radicales que celles de Noam Chomsky et de ses adeptes au sujet de la grammaire universelle. L'accent particulier que met Korzybski sur la manière dont le langage influence la pensée rejoint le relativisme linguistique des anthropologues Edward Sapir, Benjamin Lee Whorf et Dorothy Lee, dont les travaux suggèrent que différentes langues sont associées à différentes visions du monde, cultures et modes de vie. Cette perspective est parfois appelée *Hypothèse Sapir-Whorf*, parfois élargie à *l'Hypothèse Sapir-Whorf-Korzybski*, sans parler de l'hypothèse de Neil Postman et Charles Weingartner *Sapir-Whorf-Korzybski-Ames-Einstein-Heisenberg-Wittgenstein-McLuhan-et-autres* qui englobe tout. Contrairement à Sapir, Whorf et Lee, Korzybski ne s'intéresse pas aux différences entre les différentes langues parlées, mais il compare le langage lui-même à d'autres types de formes symboliques, notamment les mathématiques et les images. Le point commun ici est que le langage et les symboles servent d'outils de pensée, influençant la façon dont nous voyons le monde, et que, dans une mesure plus ou moins grande, la linguistique et la sémiotique sont à juste titre associées à la vaste catégorie des études non-aristotéliciennes. En outre, bien que *Science et Sanité* mette principalement l'accent sur la psychologie individuelle, le lien avec les anthropologues linguistiques Sapir, Whorf et Lee, le parallèle avec la sociologie de George Herbert Mead et la préoccupation pour la politique et l'économie établie dans *Manhood of Humanity* (*L'Âge Adulte de l'Humanité*) indiquent la pertinence supplémentaire de ce livre pour les sciences sociales.

En attirant l'attention sur les effets puissants du langage et des symboles sur la psyché et la société, *Science et Sanité* représente une première incursion dans la compréhension de la construction sociale de la réalité. Bien sûr, il ne se laisse pas aller à la version extrême promulguée dans des perspectives telles que le poststructuralisme et le postmodernisme, mais soutient plutôt qu'il existe une réalité objective et que nous pouvons en obtenir des descriptions assez précises par le biais de la méthode scientifique. En outre, il ne nous considère pas comme enfermés dans une prison de langage et de symboles, mais considère plutôt la perception comme le mode premier de l'expérience. Le lien qu'il établit entre la perception des sens et le langage, tous deux regroupés sous le terme de processus *d'abstraction*, revêt une importance particulière. Dans son système, nous abstrayons des informations de notre environnement via nos entrées sensorielles, nous abstrayons des portions de ce que nous percevons via notre utilisation du langage et des symboles, en commençant par nommer et décrire, et en montant dans l'ordre d'abstraction à travers la généralisation, la catégorisation, l'inférence et le jugement. Cette capacité doit être appréciée à sa juste valeur, car elle nous permet de survivre, de nous organiser, de coopérer et de faire des progrès. Mais elle peut aussi nous égarer, car elle nous éloigne de la réalité objective et nous plonge de plus en plus dans un monde de constructions symboliques. La méthode empirique commence par la collecte de données par le biais de nos organes sensoriels, ce qui fait de la conscience sensorielle un composant clé du système de Korzybski (en tant qu'ingénieur et scientifique, Korzybski a un penchant pour la sensorialité de la vision en particulier). L'objectif prédominant est la conscience d'abstraire, une attention vigilante au processus par lequel nous recevons et donnons signification à l'information sur notre environnement ; cela implique également de distinguer les faits et les preuves des théories et des hypothèses, et les deux des opinions et des croyances. L'appel de Korzybski à ouvrir les portes de la perception a eu une influence directe sur des intellectuels tels qu'Aldous Huxley, Alan Watts, Terence McKenna, Robert Anton Wilson et d'autres, et a suscité des comparaisons entre la sémantique générale et diverses formes de spiritualité et de mysticisme orientaux, tels que le bouddhisme Zen.

Les discussions sur le symbolisme, la perception et la conscience suggèrent également que *Science et Sanité* est pertinent pour les arts. Même si la science occupe une place centrale dans ce livre, nombreux sont ceux qui ont noté les liens entre la sémantique générale et l'art moderne, et une ligne d'influence directe peut être tracée de Korzybski à l'expressionniste abstrait Harry Holtzman, parmi beaucoup d'autres, y compris l'artiste contemporain Dominic Heffer. En outre, le diagramme et le modèle de Korzybski du processus d'abstraire connu sous le nom de différentiel structurel, qui apparaît dans ce volume sous forme bidimensionnelle et tridimensionnelle, a été largement salué comme une réalisation importante dans le domaine de la conception visuelle, qui a été imitée à de nombreuses reprises. Il convient également de noter que l'épouse de Korzybski, Mira Edgerly, était peintre et que le portrait qu'elle a réalisé de son époux, intitulé The *Time-Binder*, fait partie de la collection de l'Art Institute of Chicago. *Science et Sanité* a également stimulé diverses formes de composition musicale, dont deux albums récemment sortis, l'un intitulé *General Semantics* par le Geof Bradfield/Ben Goldberg/Dana Hall Trio, l'autre *On My Path* par le Antonio Simone Trio, dans lequel un enregistrement de la voix de Korzybski est incorporé dans la chanson-titre. Étant donné l'importance particulière qu'il accorde au langage, il n'est pas surprenant de constater que l'influence de Korzybski s'étend à des figures littéraires telles que William S. Burroughs, E.E. Cummings et Aldous Huxley, et en particulier à des auteurs de science-fiction tels que John W. Campbell Jr, A.E. van Vogt, Robert Heinlein, Frank Herbert, Philip K. Dick, Robert Anton Wilson et L. Ron Hubbard. La sémantique générale a également été intégrée à la théorie et à la critique littéraires, par l'intermédiaire de S.I. Hayakawa, étudiant de Korzybski et professeur d'anglais devenu politicien, ainsi que par l'intermédiaire du poststructuraliste français Jacques Derrida. Et elle a également été intégrée à l'enseignement de l'anglais et aux arts du langage, en particulier grâce aux travaux du pédagogue Neil Postman. L'objectif de Korzybski dans *Science et Sanité* était d'introduire un système enseignable et, à ce titre, l'introduction de la sémantique générale a eu un impact sur le domaine de l'éducation en général.

L'étude des symboles, du langage et de la signification est également essentielle dans le domaine de la communication, et *Science et Sanité* a joué un rôle dans la formation de ce domaine dans l'après-guerre, tantôt intégré dans l'étude du discours et de la rhétorique, tantôt dans la communication interpersonnelle, par l'intermédiaire de chercheurs tels que Wendell Johnson, Irving Lee, Elwood Murray, Tom Pace, Don Fabun, William V. Haney, Lee Thayer et, plus récemment, Mary Lahman. L'intérêt pour les travaux de Korzybski s'est également manifesté dans l'étude de la communication de masse, de l'éducation aux médias et des études sur les médias, par l'intermédiaire de chercheurs tels que Neil Postman, Terence P. Moran, Kenneth Johnson et Renee Hobbs. La sémantique générale a été particulièrement influente dans le domaine de l'écologie des médias, que Postman a qualifié de *sémantique générale au sens large et de sémantique générale pour le troisième millénaire*.

Les chercheurs fondateurs de l'écologie des médias, tels que Lewis Mumford et Marshall McLuhan, citent Korzybski avec admiration, tandis que Postman, Moran et Christine Nystrom en particulier intègrent la sémantique générale directement dans les études et l'enseignement de l'écologie des médias. Des chercheurs contemporains, tels que Corey Anton, Nora Bateson, Eva Berger, Susan Drucker, Thom Gencarelli, Martin Levinson, Michael Plugh, Lance Strate et Laura Trujillo-Liñán, poursuivent cet effort. Il convient de noter qu'à l'instar de la *sémantique générale*, le terme *d'écologie des médias* peut être trompeur, car ce domaine va bien au-delà des médias au sens habituel du terme et s'intéresse à toutes les formes de *médiation*, y compris le langage, les symboles, les codes et la perception sensorielle. Dans la mesure où le terme "*medium*" est synonyme d'*environnement*, la recherche sur l'écologie des médias étudie la manière dont nous sommes en relation avec notre environnement, y compris notre environnement symbolique, notre environnement technologique et notre environnement biophysique. C'est également l'intérêt clé de la sémantique générale, et les références de Korzybski à l'environnement *neuro-linguistique* et *neuro-sémantique* (abrégé par Wendell Johnson en *environnement sémantique*) indiquent que la sémantique générale représente une approche écologique et fournit une contribution importante au domaine non-aristotélicien de l'écologie des médias.

Science et Sanité représente une perspective holistique et non-élémentalistique des affaires humaines, mettant l'accent sur ce que Korzybski désigne d'abord comme l'approche de "l'organisme-comme-un-tout" et plus tard, dans la préface de la troisième édition, comme l'approche de "l'organisme-comme-un-tout-dans-un-environnement". L'organisme est un produit de son environnement, situé dans un environnement et en contact direct avec son environnement, mais limité dans sa relation avec son environnement. Ce que nous abstrayons de notre environnement par le biais de nos entrées sensorielles, ce sont des informations sur notre environnement et, sur la base de ces informations, nous construisons une carte interne de l'environnement externe. Bien que la carte ne soit pas le territoire et que les informations transmises par les entrées sensorielles et le système nerveux ne constituent pas un contact direct avec l'environnement, la carte interne doit présenter une certaine similarité structurelle avec l'environnement pour être fonctionnelle. La similarité structurelle et le couplage avec l'environnement peuvent varier et, avec cela, l'utilité de nos cartes internes. C'est pourquoi Korzybski conclut que la structure et les relations sont primordiales. En cela, *Science et Sanité* anticipe la théorie de l'information de Claude Shannon. La cybernétique de Norbert Wiener, et la théorie des systèmes ou la vision des systèmes telle qu'elle est présentée par Gregory Bateson, Buckminster Fuller et Ludwig von Bertalanffy, tous influencés par Korzybski ; Bertalanffy est allé jusqu'à utiliser l'expression "*théorie générale du système*" ou "*théorie générale des systèmes*", à l'instar de la *sémantique générale*. La ligne d'influence s'étend à des développements plus récents tels que le concept d'autopoïèse de Humberto Maturana et Francisco Varela, ainsi que la science et les mathématiques du chaos et de la complexité.

À la suite de la publication originale de *Science and Sanity* en 1933, Korzybski a créé l'Institut de Sémantique Générale en 1938, et l'IGS (Institute of General Semantics) s'est engagé à poursuivre le travail qu'il a commencé il y a plus d'un siècle. Cela inclut de préserver et de maintenir ce que Korzybski et d'autres ont accompli dans le passé, ainsi que d'améliorer et d'étendre ces connaissances pour l'avenir - deux éléments essentiels pour nos efforts de time-binding. Cette sixième édition de l'introduction de Korzybski à la sémantique générale et à la pensée non-aristotélicienne est emblématique de ce travail, tout comme la création et le développement de notre série de livres New Non-Aristotelian Library et de notre nouvelle série Language in Action. Cette nouvelle édition de *Science et Sanité* fait entrer le grand travail de Korzybski dans le 21ème siècle en le rendant plus accessible que jamais, grâce à la publication d'une version papier, avec une couverture rigide et d'une version avec couverture souple, et surtout grâce à la publication d'une édition Ebook entièrement fonctionnelle. Cela devrait non seulement conduire à une plus grande vigilance aux enseignements de Korzybski, et à une sorte de renaissance de Korzybski, mais aussi à un plus grand progrès et à une plus grande évolution au sein de la discipline de la sémantique générale, également étendue à d'autres systèmes et études non-aristotéliciens, aux autres sciences humaines avec lesquelles ils s'engagent, et à la connaissance humaine en général. C'est à cette fin, et plus encore à l'évolution progressive de la conscience et de la culture humaines vers plus de maturité et de sanité, et à l'avenir plus rationnel, plus pacifique, plus équitable, plus juste et plus productif qu'Alfred Korzybski appelait de ses vœux, que cette nouvelle édition est dédiée.

LANCE STRATE,
Président de l'Institut de Sémantique générale
25 juillet 2023

REMERCIEMENTS

L'Institut de Sémantique Générale tient à remercier Lance Strate pour avoir été le fer de lance de la publication de cette nouvelle édition de *Science et Sanité*, y compris les nouvelles éditions de poche et Ebook de l'ouvrage, et pour avoir préparé une nouvelle préface pour la 6ème édition, ainsi qu'un travail éditorial général. Nous tenons également à remercier Corey Anton, rédacteur en chef de la New Non-Aristotelian Library, ainsi que Lance Strate et Martin H. Levinson pour avoir relancé le programme d'édition de l'IGS. Nous sommes également reconnaissants à Patrick Hug et Michael Leifer pour leurs contributions à la relecture et à l'édition, ainsi qu'à Ben Hauck pour sa relecture des documents numérisés. Nous remercions également les autres administrateurs de l'IGS pour leur soutien : Nora Bateson, Eva Berger, Susan Drucker, Thom Gencarelli, Dominic Heffer, Mary P. Lahman, Martin Levinson, Michael Plugh, Jacqueline J. Rudig et Laura Trujillo-Liñán.

Nous sommes reconnaissants à Daniel J. Middleton et à Scribe Freelance Book Design pour tous leurs efforts dans la production de cette nouvelle édition, une tâche extrêmement difficile étant donné la taille et la complexité de ce volume, avec ses dizaines d'images et de diagrammes, dont beaucoup ont été améliorés ou remplacés pour ce volume, et son utilisation innovante des abréviations et de la ponctuation.

Enfin, dans l'intérêt de la continuité du temps, nous restons redevables à Alfred Korzybski et à tous ceux qui l'ont aidé à publier cet ouvrage en 1933, à tous ceux qui ont contribué aux 2ème, 3ème, 4ème et 5ème éditions de Science et Sanité.

INTRODUCTION À LA TRADUCTION FRANÇAISE 2024

Je pratique la Sémantique Générale depuis le mercredi 5 octobre 1977, à partir de 9h00, grâce à Henri LANDIER (1932-2005). Henri l'enseignait sous l'intitulé 'Cours de Méthodologie' à l'École Nationale Supérieure des Mines de Nancy, à l'époque où j'y étais élève-ingénieur de troisième année. Dès les premières minutes de son cours, j'ai ressenti le choc de cet enseignement révolutionnaire : j'ai su sans comprendre qu'il y avait là quelque chose de puissant et bénéfique qu'il fallait que j'apprenne. Ce cours avait fissuré mon système habituel de penser, celui que j'avais hérité de ma culture, de ma langue, etc. Il me faudra des années pour déblayer en moi les gravats et bâtir à la place le système-$\bar{A}$ [$\bar{A}$ pour non-Aristotélicien] proposé par KORZYBSKI. Le chantier n'est toujours pas terminé.

J'ai acheté Science and Sanity en février 1978, à la librairie Paris des Rêves, rue Galande à Paris, que tenait Marie SALLÉE. Nous avons tout de suite elle et moi sympathisé. Elle m'a fait entrer dans le cercle francophone des sémanticiens généralistes qu'elle animait depuis chez elle à Paris. J'ai lu, lu et relu (et annoté) Science and Sanity à partir de 1978. J'en ai fait mon livre de chevet pendant plusieurs années. Dès 1980, j'ai participé à des séminaires animés par Henri LANDIER, puis à ceux de l'offre de séminaires animés par Severen Light SCHAEFFER (1935-1993). Je me suis également fabriqué un Structurel Différentiel (voir le Chapitre XXV) complet en bois contreplaqué, avec ficelles, éléments mobiles vernis et chevilles. Ce Structurel Différentiel, accroché en bonne place au salon pendant de nombreuses années, a largement servi à mes entraînements. Il a aussi intrigué ceux qui venaient nous rendre visite à la maison. Cela m'a donné l'occasion d'expliquer à nos invités lors des repas amicaux comment je me servais de la Sémantique Générale.

Très tôt je devenais membre de l'Institut de Sémantique Générale de Lakeville (USA). J'achetais à peu près tous les livres que vendait l'Institut et les décortiquais dès réception. Et comme le martelait Henri LANDIER, il faut bien sûr lire, mais surtout pratiquer, pratiquer, pratiquer. Alors j'ai pratiqué, pratiqué, pratiqué la sémantique générale en pleine conscience dans mon quotidien, dans ma vie professionnelle (chercheur, puis directeur de recherche, et en parallèle enseignant à l'université). J'ai animé des nombreuses formations en sémantique générale, aux Mines de Nancy à la suite d'Henri, et par des séminaires de weekend. J'ai conservé un lien étroit avec Henri et Severen et jusqu'à leurs décès respectifs. Je les reconnais volontiers comme mes maîtres en Sémantique Générale, tout comme un élève Zen peut voir en Taisen DESHIMARU son maître. Grâce à mes interactions avec eux, j'ai pu intérioriser la Sémantique Générale. Je crois que cet apprentissage, comme bien d'autres, requiert de l'altérité avec des 'maîtres' pour que le time-binding (la 'transmission véritable' diraient les bouddhistes) opère ses effets. Il inclut également un énorme travail personnel.

J'ai pratiqué, pratiqué, pratiqué silencieusement dans mon quotidien et verbalement dans mes échanges avec Gérard GRIFFAY, avec Jean LESAGE (1923-2014), et bien d'autres encore collègues de travail. Mais j'ai surtout pratiqué en famille, avec Marie-Reine, mon épouse qui a vécu avec moi depuis l'origine mes (et nos) transformations non-aristotéliciennes, et nos enfants, Bénédicte, Béatrice, Thomas, mes petits-enfants, Mathis et Maël, tous sémanticiens généralistes depuis le berceau et dans la vie, et extraordinaires time-binders.

Par métier, je me suis nourri des travaux de savants géniaux comme EINSTEIN, POINCARÉ, RUSSELL, DE BROGLIE, BOHR, SCHRÖDINGER, LABORIT, etc. Je suis entré dans leurs représentations, leurs raisonnements et leurs équations et je m'en suis servi dans mon quotidien scientifique. À mes yeux, il fallait à KORZYBSKI le même génie que ces géants de la pensée et du time-binding pour inventer le présent système-$\bar{A}$. Je crois par ma propre expérience aux vertus du système-$\bar{A}$, car je le crois (le seul) capable de pouvoir aider l'humanité à sortir de ses spirales d'autodestruction.

C'est pourquoi j'ai traduit en français Science and Sanity, 90 ans après sa parution en octobre 1933. Je l'ai fait pour que la Sémantique Générale de KORZYBSKI touche le public francophone dans son langage maternel et l'aide dans son adaptation au monde moderne, dans sa frénésie de bouleversements. J'ai particulièrement travaillé le vocabulaire et les expressions pour qu'ils véhiculent vers les primo-entrants (et vers les initiés) en Sémantique Générale francophones les significations que je sais que Korzybski a voulu encapsuler dans son anglais. Je l'ai fait avec l'idée que Korzybski, qui parlait le français, l'allemand, le polonais et le russe comme langues maternelles, aurait validé mon texte. J'ai utilisé tout naturellement le vocabulaire de Severen SCHAEFFER pour traduire de l'anglais au français certaines expressions techniques de KORZYBSKI, et j'ai fait attention à traduire le langage actionnel, comportemental, fonctionnel, opérationnel, etc., anglais de KORZYBSKI en langage actionnel, comportemental, fonctionnel, opérationnel, etc., français dans mon texte. Bien que Science and Sanity ait 90 ans, je le trouve particulièrement éclairant sur le monde d'aujourd'hui, et profondément utile. Lisez, comprenez, utilisez, agissez, vous verrez le génie prédictif à long terme de KORZYBSKI et de son système-$\bar{A}$.

Nul ne naît violoniste (médecin, conducteur automobile, etc.), mais beaucoup peuvent le devenir. Pour cela il faut apprendre [si possible par l'entremise d'un formateur] le solfège (l'anatomie, le code de la route, etc.) et utiliser de façon appropriée les instruments adéquats (violon, stéthoscope, voiture, etc.). Et bien sûr jouer de cet art aussi souvent que possible dans les domaines les plus variés. Il en va similairement pour la Sémantique Générale. Dans les cultures du monde actuel, nul ne naît (du moins pas encore) Sémanticien Généraliste, mais chacun peut le devenir. Voici la promesse de ce travail. Chacun trouvera dans cet ouvrage le solfège (les mots et les idées qui sous-tendent la Sémantique Générale), le formateur (Alfred KORZYBSKI), l'instrument (le Structurel Différentiel + les procédés extensionnels incluant la suppression du ' est ' d'identification et la méfiance dans le 'et' d'addition) pour assimiler cette grille de lecture du monde, plus apte à l'adaptation et donc à la survie. Chacun pourra s'exercer à faire de chaque situation de sa vie une partition pour exprimer sa musique et enchanter le monde qui la reçoit, pour la sanité du monde.

J'ai reçu la Sémantique Générale en cadeau en 1977 par Henri, je l'ai faite fructifier depuis. Je l'offre à mon tour à l'Institut de Sémantique Générale pour qu'il le délivre aux francophones qui souhaitent s'en servir. Ainsi je joue mon rôle de time-binder.

Patrick Daniel HUG, le 21 mai 2024
FRANCE, (57) FÈVES

Recommandations

J'encourage les lecteurs primo-entrants en Sémantique Générale à commencer par la lecture de cet ouvrage par l'introduction 1993 (R. P. PULA). R. P. PULA y définit des idées essentielles de la Sémantique Générale et cela permet aux primo-entrants de pouvoir entrer dans la lecture de Science et Sanité avec ces repères.

MES CHOIX$_{2024}$ DE TRADUCTION

Alfred KORZYBSKI emploie certains mots dans une acception très particulière qui n'ont pas leur équivalent en français (et parfois pas dans l'anglais du dictionnaire d'Oxford utilisé par A. KORZYBSKI).

"Personne ne met du vin nouveau dans de vieilles outres . . . il faut mettre le vin nouveau dans des outres neuves" disait Jésus selon Luc (5:37-38). Suivons ici ces principes de sagesse sur les 3 mots clés que Korzybski introduit massivement dans Science and Sanity : **elementalistic**, **animalistic**, **objective**. Les significations et les processus $\bar{A}$ que sous-tendent ces mots constituent du vin nouveau ($\bar{A}$) que les outres anciennes (les mots Aristotéliciens de sonorité correspondante) ne supportent pas. **Pour stimuler les bonnes réactions sémantiques du lecteur quand il rencontre ces mots**, j'ai décidé de traduire les néologismes anglais :

'**elementalistic**'. par le néologisme français '**élémentalistique**', pour signifier : facteur - notamment langagier - qui nous conduit à découper indûment, ce qui empiriquement ne l'est pas et ne peut pas l'être (par exemple 'corps' et 'esprit', 'espace' et 'temps', 'matheux' ou 'littéraire', etc.

'**animalistic**'. par le néologisme français '**animalistique**', pour qualifier les facteurs qui nous empêchent d'accéder à la plénitude de nos capacités humaines, à commencer par l'absence de conscience d'abstraire, le toutisme, l'identification, etc., et nous maintiennent dans le registre de fonctionnement animal.

'**objective**' par '**objectique**'

Le mot anglais "objective" possède comme en français, 3 acceptions : 1/ but 2/ impartial 3/ 'qui existe hors de l'esprit, est indépendant de l'esprit'

On pourrait aussi penser au mot "objectal", mot de la psychologie défini par "Extérieur à la personne du sujet et indépendant de lui", sauf que cette définition ne renvoie à rien dans le vrai monde. Korzybski écrit p. 72 : "Avant qu'un bruit, etc., ne devienne un symbole, il faut qu'il existe quelque chose existe que le symbole symbolise". "Objectal" ne convient pas ici.

Donc, aucune de ces acceptions ne convient aux significations $\bar{A}$ que veut véhiculer Korzybski.

Comme '**objective**' renvoie dans le système-$\bar{A}$ aux processus qui nous placent au niveau indicible 'objet', j'ai décidé de traduire le mot anglais '**objective**' (et ses variantes) par le néologisme français '**objectique**'. Ainsi "an objective pencil" devient "un crayon objectique"

J'ai sinon utilisé massivement le vocabulaire que Severen LIGHT SCHAEFFER employait dans ses séminaires de Sémantique Générale. Severen avait appris la Sémantique Générale de Marjory KENDIG. Il parlait couramment le français, l'américain, et l'espagnol.

Sane	traduit par	**Sane**
Sain de corps-esprit (notez le trait d'union (non élémentaliste))		
Sanity	traduit par	**Sanité**
État sane		
unsanity	traduit par	**Non sanité**
Présente des écarts de sanité		
insanity	traduit par	**Insanité**
Renvoie à un état inverse de la sanité ('folie')		
Objectification **Objectify** **Objectivity**	traduit par	**Objectification** **Objectifier** **Objecticité**
Objectification : attribution illusoire de valeurs objectives à des formes verbales. Attribution sémantique d'une existence et de valeurs *objectiques* à des termes		
language	traduit par	**langage**
J'ai traduit comme 'langage informatique', ou 'langage mathématique', ou 'surveille ton langage'. Le français est mon langage maternel. Je réserve le mot 'langue' au mot 'tongue' (cité 3x) qui renvoie au muscle qu'on a dans la bouche		
time-binding	traduit par	**time-binding**
Décrit en détail dans la Partie VII (p371 et suivantes). Chaque génération commence là où la précédente s'est arrêtée. Time-binding : pour chaque génération, capacité de condenser, digérer et utiliser les expériences et les généralisations produites et accumulées par les générations précédentes. Et utiliser ce matériel pour leur développement actuel et leur transmission aux générations à venir.		
time-binder	traduit par	**time-binder**
qui fait du time-binding		
un-speakable	traduit par	**indicible**
Qui ne se situe pas au niveau des mots. Qu'on ne peut contempler que silencieusement, silence total interne-externe		
sameness	traduit par	**mêmeisme**
Grave et courante non-sanité, qui renvoie à la croyance impossible quant aux faits qu'il existe une 'identité' 'absolue 'à tous points de vue entre deux abstractions différentes.		
allness	traduit par	**toutisme**

Grave et courante non-sanité, qui renvoie à une croyance en un 'complètement tout', ce qui ne peut exister, sauf dans le langage		
elementalism	traduit par	**élémentalisme**
Action de diviser verbalement ce qui ne peut être divisé empiriquement		
elementalistic	traduit par	**élémentalistique**
Qui produit de l'élémentalisme		
race	traduit par	**civilisation**
Le mot race$_{1933\text{-USA}}$ n'est pas connoté comme le mot race$_{2024\text{-France}}$. Le mot race est encore maintenant couramment utilisé en anglais. Pour Alfred KORZYBSKI, il s'agit d'une représentation sociale, et non d'une réalité biologique. Pour signifier aujourd'hui ce que Korzybski voulait signifier en 1933, J'ai donc choisi de traduire principalement le mot "race" par "civilisation". "race blanche", ou "race aryenne" par "civilisation occidentale" "Race humaine" par "espèce humaine"		
-valued	traduit par	**-valué**
Les logiques polyvalentes (ou multivalentes, ou multivaluées) constituent des alternatives à la logique classique aristotélicienne, bivalente, dans laquelle toute proposition doit être soit vraie soit fausse. Elles apparaissent à partir des années 1920, surtout à la suite des travaux du logicien polonais Jan ŁUKASIEWICZ. Elles sont principalement étudiées au niveau du seul calcul propositionnel et peu au niveau du calcul des prédicats.		
one-valued	traduit par	**mono-valué**
Logique mono-valuée, qui ne considère qu'une valeur de vérité (identification)		
two-valued	traduit par	**deux-valué**
Logique deux-valuée : qui ne considère que deux valeurs de vérité, le vrai et le faux		
three-valued	traduit par	**trois-valué**
many-valued	traduit par	**beaucoup-valué**
few-valued	traduit par	**peu-valué**
∞-valued	traduit par	**∞-valué**
predication	traduit par	**prédication**
Dans la formule 'is of predication' prédication : action de prédiquer, énoncé par lequel on attribue un prédicat à un sujet, ou relation qui est établie entre le sujet et le prédicat par un tel énoncé Qu'on trouve dans sujet-prédicat		

PRÉFACE À LA CINQUIÈME ÉDITION, 1993

Six décennies se sont écoulées depuis la parution de ce livre en 1933. Dans l'intervalle, des milliers de personnes, à des degrés divers d'étendue et de profondeur, ont interagi avec les formulations présentées pour la première fois dans ce livre. À l'heure où nous écrivons ces lignes, des personnes de tous les continents (à l'exception peut-être de l'Antarctique) étudient et appliquent la sémantique générale.

Ceux qui ont été attirés par les formulations de Korzybski et qui ont travaillé avec elles proviennent en grande partie du segment de nos populations qui est énergique sur le plan de l'évaluation et qui s'auto-sélectionne. Ils ont eu tendance à être des leaders ou des personnes en formation pour devenir des leaders dans un large éventail d'intérêts et de disciplines. Grâce à leurs efforts en tant qu'enseignants, gestionnaires, chercheurs, etc. les formulations de Korzybski ont atteint explicitement et implicitement des milliers d'autres personnes.

Certains aspects de la sémantique générale ont tellement imprégné la culture (américaine) que les comportements qui en découlent sont courants ; par exemple, on agite les doigts en l'air pour mettre des 'guillemets' autour des termes parlés qui sont jugés suspects. Des termes korzybskiens originaux sont utilisés sans attribution, comme s'ils faisaient partie du vocabulaire général ; par exemple, un paragraphe long pour expliquer le 'time-binding' apparaît dans un texte d'études sociales d'un lycée.

Certaines des créations de Korzybski, en particulier 'neuro-linguistique', sont aujourd'hui monnaie courante et ont élargi le sous-ensemble de l'anglais comportant le préfixe 'neuro' (le *Random House Dictionary of the English Language, 2e édition*, p. 1291, donne par erreur '1960-65' comme dates d'origine de 'neuro-linguistique' et des termes qui en sont issus, 'neuro-linguistics' et 'neuro-linguist').

Au plus profond de la récente 'guerre froide', Harry Maynard et Wladyslaw Marth ont diffusé une interview sur les travaux de Korzybski en Pologne sur Radio Free Europe. Une nouvelle étude réalisée par un universitaire polonais, Karol Janicki, attribue à Korzybski le rôle de précurseur de ce que Janicki appelle la *sociolinguistique Non-Essentialiste*.

Science et Sanité (Science and Sanity) a maintenant donné naissance à toute une bibliothèque d'œuvres d'autres time-binders. Certains d'entre eux ont été cités dans les éditions précédentes. Depuis la publication de la quatrième édition, cette 'parentalité' s'est poursuivie. Les livres, les thèses de doctorat, les mémoires de maîtrise, les documents scientifiques, les essais et les articles de journaux abondent. Les principales revues de discussion et de développement de la sémantique générale sont le *General Semantics Bulletin,* publié par l'Institute of General Semantics, et *ETC ; A Review of General Semantics*, publié par l'International Society for General Semantics. D'autres revues, populaires ou savantes, publient des articles sur la sémantique générale, pour ou contre.

Pour un échantillon de livres traitant de sémantique générale publiés depuis 1970, voir la note bibliographique. Mes choix ne reflètent pas mes évaluations des livres cités. Ils sont inclus pour indiquer la croissance continue, la discussion et l'influence de la sémantique générale. Les livres critiques à l'égard de Korzybski et de la sémantique générale sont inclus. Ils sont étiquetés ainsi : (critique).

Je considère que le *recueil d'écrits* de Korzybski *1920-1950* est peut-être la publication la plus importante en sémantique générale depuis *Science and Sanity...*'. Ce livre rassemble tous les écrits publiés connus de Korzybski autres que ses principaux livres et un ensemble de conférences données à Olivet College en 1937.

Ce livre de 940 pages est un 'must' pour quiconque entreprend une étude sérieuse de la sémantique générale.

Trois ouvrages devraient être publiés en 1993 et 1994 : ceux de Susan Presby Kodish et Bruce I. Kodish, *Drive Yourself Sane !* Using the Uncommon Sense of General Semantics, Robert P. Pula, *Knowledge, Uncertainty and Courage : The Collected General Semantics Writings* of Robert P. Pula, et General Semantics in Psychotherapy, édité par Isabel Caro et Charlotte S. READ.

L'Institut de sémantique générale reste le principal centre de formation en sémantique générale. Les séminaires-ateliers, les séminaires de fin de semaine et les colloques se poursuivent. Un programme d'études avancées et de certification des enseignants a été mis en place pour former des leaders et des enseignants en sémantique générale.

La série annuelle de conférences commémoratives Alfred Korzybski, lancée en 1952, continue de présenter des conférenciers de renom dont les travaux reflètent ou complètent directement les orientations korzybskiennes. Ces conférenciers se sont distingués dans les domaines de l'anthropologie, de la philosophie, de la physique, de la chimie, de la physiologie, de l'embryologie, de la médecine, de la neurologie, de la chirurgie et de l'éducation, sociologie, linguistique, psychologie, gestion, bibliothéconomie, droit, . . . etc.[4]

Leur participation témoigne de la reconnaissance croissante des contributions de Korzybski et de l'importance de la sémantique générale en tant que système majeur du vingtième siècle.

L'index de cette cinquième édition a été amélioré pour faciliter l'étude générale et les recherches de formulation. Nous tenons à remercier Bruce I. Kodish et Milton Dawes pour leur travail de mise à jour de l'index, et à Bruce I. Kodish et Stuart Mayper pour la création de l'index des diagrammes. Nous remercions également Marjorie Zelner, secrétaire exécutive de l'Institut de sémantique générale, pour son travail en tant qu'éditrice de cette cinquième édition.

Ceci passe brièvement en revue les activités dans le domaine de la sémantique générale et montre que, comme pour tout système qui représente un défi à sa propre culture, il reste beaucoup de travail à faire, mais aussi que ce travail se poursuit vigoureusement.

Au cours des soixante années qui se sont écoulées depuis que Korzybski a proposé le premier (et non le dernier) système non-aristotélicien dans *Science and Sanity*, la réaction du public a été à la fois enthousiaste et critique. Qu'est-ce qui, dans l'œuvre de Korzybski, continue à susciter un tel intérêt et une telle activité? S'il était vrai, comme l'ont affirmé certains critiques, que 'tout' ce qu'il a fait a été d'organiser des idées, des formulations et des données éparses en un système, cela aurait constitué à lui seul un accomplissement majeur digne de la gratitude des archivistes qui lui succéderont au cours des siècles à venir. C'est ce qu'a fait Korzybski. Il a énoncé un système, incorporant des aspects de ses prédécesseurs mais allant au-delà, et a proposé une méthodologie pour faire de son système un outil vivant : la *sémantique générale* (le nom qu'il a choisi), le premier système non-aristotélicien *appliqué* et *enseignable*.

En outre, je peux énumérer ici une sélection de formulations et de points de vue, d'emphases, etc., que je considère comme originaux chez Korzybski.

1) Le *time-binding ; l'éthique du time-binding*. Rejetant les définitions théologiques et zoologiques, Korzybski a adopté une approche opérationnelle fondée sur les sciences naturelles et a défini les êtres humains par ce que l'on peut observer qu'ils *font*, ce qui les différencie des autres classes de vie ; il les a définis comme la *classe de vie de time-binding*, capable de transmettre des connaissances d'une génération à l'autre au fil du temps[6]

À partir de cette définition, qui considère les humains comme une classe de vie *naturellement* coopérative (les *mécanismes* de time-binding sont descriptivement sociaux, coopératifs), Korzybski a postulé une 'éthique' de time-binding - des modes de comportement, des choix appropriés aux organismes qui font du time-binding.

2) Korzybski a reconnu que le *langage (la symbolisation en général)* constitue l'outil de base du time-binding. D'autres avant lui avaient noté que le *langage*, au sens complexe du terme, était l'un des traits distinctifs de l'être humain. Ce que Korzybski a pleinement reconnu, c'est le rôle central et déterminant du langage. Sans langage, pas de time-binding. Si c'est le cas, les *structures des langages* doivent être déterminantes pour le time-binding.

3) La formulation à focus *neurologique* du *processus d'abstraire*. *Personne* avant Korzybski n'avait spécifié de manière aussi complète et inébranlable le *processus* par lequel les humains construisent et développent des théories, font leurs évaluations banales, s'enthousiasment pour les 'couchers de soleil', etc. La formulation de Korzybski sur abstraire, en particulier dans le domaine humain, peut servir de guide constructif aux recherches neuroscientifiques en cours.

4) En fonction de ce qui précède, mais méritant d'être mentionné séparément avec la notion rigoureusement formulée des *ordres* d'abstraire, il y a l'avertissement simultané que nous ne devrions pas les confondre (les identifier). Étant donné le caractère hiérarchique et séquentiel du système nerveux (qui permet également des structures horizontales et un traitement parallèle), il est inévitable que les résultats obtenus en cours de route se manifestent sous la forme d' (ou 'à' des) ordres ou de niveaux d'abstraire différents. Ces *résultats* sont inévitables. Le fait qu'ils soient *formulés* à un moment historique donné n'est pas inévitable. Korzybski l'a fait dans les années 1920, publiant ses descriptions sous leur forme mature en 1933.

5) *Conscience d'abstraire*. Si les organismes humains dans leur ensemble, les systèmes nerveux et les cerveaux *abstraient* comme il est dit plus haut et décrit ici (pp. 343–417 et passim (NdT : passim : çà et là (dans tel ouvrage), en différents endroits (d'un livre)), il est certain que la *conscience* de ces événements doit être cruciale pour le fonctionnement optimal de l'être humain. Les animaux (qui ne sont pas des time-binders)

abstraient ; mais, pour autant que nous le sachions (1993), ils ne *savent* pas qu'ils abstraient. En effet, beaucoup d'humains ne le savent pas non plus - mais ils ont la potentialité de le faire. Korzybski l'a reconnu, a réalisé que la *conscience d'abstraire* est essentielle pour que les humains 'fonctionnent pleinement', et en a fait un objectif principal de la formation à la sémantique générale.

6) La *structure du langage*. L'une des formulations les plus originales de Korzybski concernait le caractère *multiordinal* de nombreux termes que nous utilisons le plus souvent. Il a insisté sur le fait que, pour les termes multiordinaux, la 'signification' est strictement fonction de l'ordre ou du niveau d'abstraction auquel le terme est utilisé et que sa 'signification' est tellement liée au contexte qu'il ne signifie *rien* de précis tant que le contexte n'est pas spécifié ou compris.

7) *La structure comme seul 'contenu' de la connaissance*. C'est le summum du non-élémentalisme : ce que l'on appelait autrefois la 'forme' (la structure) et le 'contenu' sont si intimement liés qu'ils sont, pratiquement parlant, fusionnés, que la structure et le 'contenu' sont des fonctions l'une de l'autre. En outre, et plus profondément, tout ce que nous *pouvons* connaître exprime un ensemble ou des ensembles de *relations* et, plus fondamentalement, une *relation* ('au singulier') entre le 'connu' et l'organisme connaissant : le fameux produit commun de la structure observateur-observé. La 'structure est le seul 'contenu' de la connaissance' peut être considérée comme l'expression la plus profonde de l'anti-essentialisme de Korzybski. Nous *ne* pouvons *pas* connaître les 'essences', les *choses en elles-mêmes ;* tout ce que nous pouvons connaître, c'est ce que nous savons en tant que *systèmes nerveux abstrayant*. Bien que nous puissions en savoir toujours *plus*, nous ne pouvons pas nous 'transcender' en tant qu'organismes qui abstraient.

8) *Réactions sémantiques ; réactions sémantiques en tant qu'évaluations*. Conscient du caractère *transactif* de l'évaluation humaine et désireux de corriger la division élémentalistique impliquée dans des termes tels que 'signification', 'mental', 'concept', 'idée' et une légion d'autres, Korzybski a consciemment et délibérément formulé le terme de *réaction sémantique*. Il s'agit d'un élément central de son système.

9) *La notion mathématique de fonction appliquée au continuum cerveau-langage*. Saisissant avec audace la neurophysiologie de son époque, Korzybski a formulé ce que la recherche constate de plus en plus souvent : le langage est une fonction du (dérive du, est inventé par le) cerveau ; réciproquement, en fonction de mécanismes de rétroaction, le cerveau est une fonction du (est modifié par la structuration électro-chimique appelée) *langage*.

10) *Les environnements neuro-sémantiques en tant qu'environnements*. L'environnement neuro-sémantique constitue une question environnementale fondamentale propre à l'être humain.

11) Le système non-aristotélicien *en tant que système*. Korzybski avait des prédécesseurs non-aristotéliciens, comme il le savait très bien. Ce qui distingue sa position non-aristotélicienne, c'est le *degré de conscience de la formulation* qu'il y a apporté, et le courage énergique avec lequel il l'a construite en un *système* - offert à ses semblables comme une meilleure façon de s'orienter.

12) Le *Structurel Différentiel comme modèle du processus d'abstraire* et résumé de la sémantique générale. Korzybski a compris l'importance de la *visualisation* pour la compréhension humaine. Il savait donc que pour rendre accessibles et *visibles* certaines des *relations* globales d'ordre supérieur de son système, il devait créer un diagramme, un modèle, une *carte* que les gens pourraient *voir* et *toucher*. C'est ainsi qu'est né le Structurel Différentiel, un dispositif permettant de différencier les structures quand on *abstrait*. Pour autant que je sache, il s'agit du premier modèle *structurellement approprié* du processus d'abstraire.

13) Les langages, les systèmes de formulation, etc., comme des cartes et seulement des cartes de ce qu'ils sont censés représenter. Cette attitude consciente a conduit aux trois prémisses (exprimées de manière populaire) de la sémantique générale :

la carte *n'est pas* le territoire

aucune carte ne représente *tout* 'son' territoire présumé

les cartes sont autoréflexives, c'est-à-dire que nous pouvons cartographier nos cartes indéfiniment. En outre, toute carte est *au moins*, quoi qu'elle puisse prétendre cartographier, une carte du cartographe : ses hypothèses, ses compétences, sa vision du monde, etc.

Par 'cartes', nous devrions comprendre tout ce que les humains formulent - y compris ce livre et mes contributions actuelles, mais aussi (pour en prendre quelques-unes par ordre alphabétique), la biologie, le bouddhisme, le catholicisme, la chimie, l'évangélisme, le freudisme, l'hindouisme, l'islam, le judaïsme, le luthéranisme, la physique, le taoïsme, etc., etc. !

14) *Le toutisme/non-toutisme en tant que formulations claires, à traiter*. Si aucune carte ne peut représenter *tout* son territoire présumé, nous devons renoncer à l'usage habituel du terme 'tout' et de ses anciens corrélats philosophiques, les *absolus* de diverses sortes.

15) La *non-identité* et ses dérivés, corrélats, etc. À chaque tournant de la formulation de Korzybski, nous rencontrons son défi direct au cœur de l'aristotélisme – *et* de ses contreparties non-occidentales, tout aussi essentialistes.

'Tout ce que vous dites qu'une chose *est*, elle *ne l'est pas*. Ce rejet de la 'loi de l'identité' ('toute chose est identique à elle-même') est peut-être la formulation la plus controversée de Korzybski. Après tout, le traitement de Korzybski remet directement en question les 'lois de la pensée', vénérées depuis plus de deux mille ans en Occident et, exprimées différemment, dans les cultures non-occidentales. Le défi de Korzybski est donc *planétaire*.

Nous, Occidentaux, ne pouvons pas (comme certains l'ont tenté) nous réfugier à l'Est.

Les identifications, les confusions d'ordres d'abstraire, sont communes à tous les systèmes nerveux humains que nous connaissons.

16) *Extension du 'Destin Logique' de Cassius Keyser* : des prémisses découlent inexorablement des conclusions. Korzybski a reconnu que les conclusions constituent *des comportements, des conséquences, des actes*, et qu'il ne s'agit pas simplement de dérivés logiques mais d'inévitabilités *psycho-logiques*. Si nous voulons changer nos *comportements*, nous devons d'abord changer les prémisses qui ont donné naissance

à ces comportements. La *version forte* de Korzybski de la formulation 'logique' restreinte de Keyser a été évoquée pour la première fois dans l'article de Korzybski 'Fate and Freedom' de 1923 et a reçu sa pleine expression dans "l'Avant-propos" (avec M. Kendig) de *A Theory of Meaning Analyzed* en 1942, tous deux disponibles dans les *Collected Writings* (recueils d'écrits). Ces deux expressions sont bien antérieures aux 'changements de paradigme' de Thomas Kuhn et formulent, de manière plus pointue que Kuhn, les implications comportementales des systèmes logiques et philosophiques.

17) *La circularité de la connaissance* (caractère-en-spirale-dans-le-'temps'). Korzybski a noté que nos formulations les plus 'abstraites' concernent en fait des processus/événements non verbaux, et que la manière dont nous formulons à ce sujet à une date donnée, la manière dont nous nous parlons à nous-mêmes, par le biais de mécanismes de rétroaction neurale, *détermine* relativement la manière dont nous formulerons par la suite : sainement si notre capacité d'abstraire est ouverte, non-finalistique (non absolue) ; pathologiquement si ce n'est pas le cas.

18) *Processus électro-colloïdaux* (macro-moléculaires-biologiques) et *processus* connexes. Korzybski a souligné que la prise de conscience de ces processus était fondamentale pour comprendre les systèmes/organismes neurolinguistiques.

19) *Le non-élémentalisme appliqué* aux organismes humains comme-un-tout-dans-un-environnement. Certains des prédécesseurs de Korzybski dans l'étude du langage et de l'erreur humaine ont pu signaler ce qu'il a appelé 'l'élémentalisme' (diviser verbalement ce qui ne peut être divisé empiriquement) comme une habitude humaine ancrée dans le langage, mais aucun, à ma connaissance, ne *s'y est opposé* de manière aussi approfondie et n'a recommandé de le remplacer par un *non-élémentalisme habituel*. L'insistance pratique de Korzybski sur le fait que l'adoption de procédures et de termes non-élémentalistiques profiterait aux humains (y compris aux scientifiques) qui les adoptent est originale et, pour lui, urgente.

20) Extensions des *logiques* (au pluriel) en tant que sous-ensembles de l'évaluation non-aristotélicienne, y compris l'utilité limitée (mais *utile*) de la logique aristotélicienne'.

21) L'épistémologie centrée sur les questions *neuro-linguistiques* et *neuro-sémantiques*. Korzybski s'est carrément appuyé sur les neurosciences de son époque et a affirmé l'importance fondamentale de l'épistémologie (l'étude de la façon dont nous savons ce que nous disons savoir) comme la condition *sine qua non* de tout système solide sur lequel organiser nos interactions avec nos enfants, nos étudiants, nos amis, nos amants, nos patrons, les arbres, les animaux, le gouvernement – "l'univers". Devenir conscient d'abstraire constitue l'épistémologie *appliquée* : *sémantique générale*.

22) *La reconnaissance et la formulation des orientations extensionnelles et intensionnelles en tant qu'orientations*. C'est ici que nous voyons Korzybski à son plus haut niveau de diagnostic et de pronostic. Se rendant compte que le style épistémologique et évaluatif d'une personne, *sa façon habituelle d'évaluer, détermine* la façon dont la vie se déroulera, il recommande l'adoption d'une orientation extensionnelle, qui met l'accent sur les 'faits'. Si une personne est trop attachée aux constructions verbales,

aux définitions, aux formules, à la 'sagesse conventionnelle', etc., elle risque d'être piégée dans ces *décisions a priori* au point d'être incapable de répondre de manière appropriée aux nouvelles données du monde non-verbal et non-encore-anticipé. Par définition, la personne orientée *extensionnellement*, tout en restant aussi éloquente que n'importe lequel de ses voisins, est *habituellement* ouverte à de nouvelles données, est habituellement capable de dire : 'Je ne sais pas ; voyons voir'. Pour faciliter cette orientation plus saine, Korzybski a formulé les 'procédés extensionnels' expliqués dans son introduction à la deuxième édition du présent ouvrage.

23) *Facteurs neuro-linguistiques et neuro-sémantiques appliqués* aux procédures psychothérapeutiques et à la prévention des problèmes psycho-logiques.

24) *Les mathématiques*. L'utilisation par Korzybski de formulations et *de points de vue* mathématiques constitue l'une de ses contributions les plus audacieuses.

25) *Les sciences et les mathématiques en tant que comportements humains*. Peut-être sous l'influence de Korzybski (dont une grande partie est désormais 'dans l'air du temps'), les auteurs qui traitent de la science et des mathématiques s'intéressent de plus en plus à l'être humain qui *fait* de la science et/ou des mathématiques. Mais Korzybski semble être le premier, au *degré* où il l'a fait, à souligner que la compréhension de ces comportements humains est une condition préalable ou un accompagnement nécessaire pour comprendre pleinement les sciences et les mathématiques en tant que telles. Comme l'a fait remarquer Gaston Bachelard,

> les conditions psycho-logiques et même physiologiques d'une logique non-aristotélicienne ont été résolument affrontées dans le grand ouvrage du comte Alfred Korzybski, *Science and Sanity*.

26) *Limitations des langages sujet-prédicat* (modes de représentation) lorsqu'ils sont utilisés sans conscience d'abstraire. Korzybski aborde pleinement cette formulation centrale dans son livre.

27) Insistance sur "l'invariance sous transformation" des relations. Korzybski tenait à ce que l'invariance des relations ne soit pas confondue avec "l'invariance" des processus.

28) *L'incertitude générale* (toutes les affirmations sont simplement probables à des degrés divers) comme dérivé inévitable de *l'abstraire* korzybskien, de la *non-identité*, etc., Korzybski, s'inspirant en partie de son milieu polonais, a anticipé et dépassé la formulation de l'incertitude (restreinte) par Heisenberg au milieu des années vingt.

29) *La distinction mécanisme/machine-isme*. Cela peut sembler trop simple pour être considéré comme un point 'original' ou même majeur. Pourtant, il est essentiel, car il témoigne de l'engagement ferme de Korzybski à découvrir comment quelque chose fonctionne, par opposition à des explications vagues et 'spirituelles'.

Korzybski et certains de ses successeurs à l'Institut qui ont travaillé à la présentation de la sémantique générale *korzybskienne* se sont parfois heurtés à cette résistance : 'Je ne suis pas une machine ! Les personnes formées dans la myriade de systèmes/traditions 'intellectuels', 'mystiques' à des degrés divers, qu'elles apportent aux séminaires, réagissent souvent comme si elles craignaient de perdre leur 'humanité' si on leur demandait d'examiner les *mécanismes* qui sous-tendent ou constituent leur fonctionnement. Korzybski a pris soin d'expliquer qu'il ne fallait pas confondre mécanisme et 'machine-isme'. Son souci d'investigation à ce niveau est vivifiant et central dans son approche.

30) Évaluer 'infini'-valué et les *méthodes* sémantiques de la science (et *non* le 'contenu' de la science ou le comportement non professionnel des scientifiques à une date donnée) comme *méthodes de sanité*. D'où le titre de son livre. Les Sémanticiens Généralistes sont *obligés d'évaluer*, d'analyser, de critiquer et parfois de rejeter les produits de la 'science' à une date donnée. L'approche est scientifique et non scientiste.

31) *La prédictibilité comme première mesure de la valeur d'une formulation épistémologique*. Korzybski n'était en aucun cas un 'anti-esthète'. Il était profondément sensible à la musique (et la connaissait bien), avait épousé une portraitiste, lisait de la littérature (Conrad était son favori), y compris de la poésie, et aimait même se détendre avec un bon roman policier. Mais il insistait sur le fait que, pour les questions de vie, la beauté, l'intelligence ou la simple cohérence (logique, etc.) ne suffisaient pas. Korzybski a proposé son système non-aristotélicien avec la sémantique générale comme *modus operandi* en tant qu'acquisition humaine continue, néguentropique, ordonnatrice et auto-correctrice de bout en bout, puisqu'elle prévoit, de manière auto-réflexive, sa propre reformulation et assigne à ses utilisateurs la responsabilité de le faire si le besoin s'en fait sentir.

Les considérations ci-dessus m'ont amené à la conclusion que Korzybski n'était pas seulement un innovateur audacieux, mais aussi un brillant synthétiseur des données disponibles en un système cohérent. Ce système, lorsqu'il est intériorisé et appliqué, peut créer un monde plus sane et plus pacifique, ce qui justifie le titre de ce livre, *Science and Sanity*.

ROBERT P. PULA

Septembre 1993

NOTES DE FIN

1. KAROL, JANICKI, *Vers une sociolinguistique non essentialiste*. Berlin et New-York : Mouton de Gruyter, 1990.
2. Note bibliographique : échantillon de livres depuis 1970.

    J. SAMUEL BOIS, Breeds of Men : *Toward the Adulthood of Humankind*, Harper and Row, 1970.

    LEE THAYER, éd., Communication : *General Semantics Perspectives*, Spartan/Macmillan, 1970 (critique)

    WILLIAM YOUNGREN, *Semantics, Linguistics, and Criticism*, Random House, 1972 (critique)

    KENNETH G. JOHNSON, ed., *Research Designs in General Semantics*, Gordon and Breach, 1974.

    DONALD E. WASHBURN ET DENNIS R. *Coping With Increasing Complexity : Implications of General Semantics and General Systems Theory*, Gordon and Breach, 1974.

Kenneth G. Johnson, *Lineamenti di Semantica Generale*, Roma : Editore Armando Armando, 1978

Ross Evans Paulson, *Language, Science, and Action : Korzybski's General Semantics -A Study in Comparative Intellectual History*, Greenwood Press, 1983 (critique)

Harold L. Drake, *General Semantics Views*, Millersville, PA : Millersville State College, 1983

Mary Morain, éd. *Bridging Worlds Through General Semantics*, Société internationale de sémantique générale, 1984 ; et *Enrichissement Compétences professionnelles grâce à la sémantique générale*, International Société de sémantique générale, 1986

Gerard I. Nierenberg, *Workable Ethics*, Nierenberg et Zeif, 1987

Sanford I. Berman, éd. *Logic and General Semantics : Writings of Oliver Reiser* et autres, Société internationale de sémantique générale, 1989

Karol Janicki, *Vers une sociolinguistique non essentialiste*, Berlin : Mouton de Gruyter, 1990

Kenneth G. Johnson, éd. *Thinking Creatically : A Systematic, Approche interdisciplinaire de la pensée créative et critique*, 'Préface de Steve Allen, Institut de sémantique générale, 1991

D. David Bourland, Jr. et Paul Dennithorne Johnston, eds, *To Be or Not : An E-Prime Anthology*, Société internationale de sémantique générale, 1991

3. Korzybski, Alfred, Recueil d'écrits : 1920-1950. Rassemblés et arrangés par M. Kendig. Édition finale et préparation à l'impression par Charlotte Schuchardt Read, avec l'aide de Robert Pula. Englewood, NJ : Institute of General Semantics, 1990.

4. Les personnes suivantes ont donné des conférences dans le cadre de la série (par ordre chronologique) : William Vogt, M. F. Ashley Montagu, F. J. Roethlisberger, F. S. C. Northrop, Buckminster Fuller, Clyde Kluckhohn, Abraham Maslow, Russell Meyers (deux fois), Warren S. McCulloch, Robert R. Blake, Harold G. Cassidy, Henri Laborit, Joost A. M. Meerloo, Henry Lee Smith, Jr, Alvin M. Weinberg, Jacob Bronowski, Alastair M. Taylor, Lancelot Law White, Gregory Bateson, Henry Margenau, George Steiner, Harley C. Shands, Roger W. Wescott, Ben Bova, Elwood Murray, Don Fabun, Barbara Morgan, Thomas Sebeok, Robert R. Blake et Jane Srygley Mouton, Allen Walker Read, Karl H. Pribram, George F. F. Lombard, Richard W. Paul, Jerome Bruner, William V. Haney, Warren M. Robbins, Albert Ellis, Steve Allen et William Lutz. Les personnes suivantes ont participé aux colloques de la série : William J. Fry, James A. Van Allen, Charles M. Pomerat, Jesse H. Shera, Allen Kent, Paul Ptacek, J. Samuel Bois, Elton S. Carter, Walter Probert, Kenneth G. Johnson et Neil Postman.

5. Pour Korzybski en tant que bâtisseur de systèmes, voir Dr Stuart A. Mayper, 'La Place de La logique aristotélicienne dans l'évaluation non aristotélicienne : Einstein, Korzybski et Popper', *General Semantics Bulletin* No. 47, 1980, pp. 106-110. Pour des discussions sur la pertinence de l'approche de 'la science de Korzybski', voir Stuart A. Mayper, "Korzybski's Science and Today's Science,"

General Semantics Bulletin, No. 51, 1984, pp. 61-67 ; Barbara E. Wright, "Le continuum Hérédité-Environment : approaches holistiques at 'One Point in Time' and 'All Time'," *General Semantics* Bulletin No.52, 1985, pp. 36-50 ; Russell Meyers, MD, "les potentialités de la neuro-sémantique pour une neuropsychologie moderne" (The 1985 Alfred Korzybski Memorial Lecture), *General Semantics Bulletin*, No. 54, 1989, pp. 13-59, et Jeffrey A. Mordkowitz, "Korzybski, Colloïdes et Biologie Moléculaire : une vue de 1985," *General Semantics Bulletin*, No. 55, 1990, pp. 86- 89. Pour une mise à jour de détail dans les neurosciences par des non sémanticiens généralistes qui ont vu les formulations de Korzybski's 1933 comme consistantes avec les formulations de 1993, voir "Partie I" de la Neuro-philosophie de Patricia Smith Churchland: Vers une science unifiée de l'esprit/cerveau, MIT Press, 1986, pp. 14-235.)
6. KORZYBSKI, ALFRED, *Manhood of Humanity*.
7. Voir l'article du Dr Mayper intitulé 'The Place of Aristotelian Logic in Non- Aristotelian Evaluating...' (La place de la logique aristotélicienne dans l'évaluation non aristotélicienne), cité plus haut, et son article précédent intitulé 'Non-Aristotelian Foundations : Solides ou fluides? ETC : *A Review of General Semantics*, Vol. XVIII, No. 4, février 1962, pp. 427-443.
8. BACHELARD, GASTON, La philosophie du non, traduit du français par G. C. Waterson. New York : Orion Press, 1968, p. 108.

PRÉFACE À LA QUATRIÈME ÉDITION 1958

Un quart de siècle s'est écoulé depuis la parution de la première édition du principal ouvrage d'Alfred Korzybski, Science and Sanity (*Science et Sanité*). La deuxième édition a été publiée en 1941 et la troisième a été préparée en 1948, deux ans avant la mort de l'auteur. Bien que les deuxième et troisième éditions aient clarifié et amplifié certains aspects de l'orientation non-aristotélicienne proposée à l'origine par l'auteur, et bien qu'elles aient cité de nouvelles données importantes illustrant les bénéfices obtenus dans certains domaines de l'activité humaine (par exemple, la psychothérapie) à la suite de l'utilisation des orientations ardemment préconisées par l'auteur, elles ne représentaient pas d'écarts importants par rapport à la première édition en ce qui concerne les principes de base aux niveaux théoriques et pragmatiques. D'ailleurs, une rétrospective sérieuse ne permet pas de conclure que de tels changements ont été indiqués.

Si l'on considère que l'auteur lui-même, en appliquant la formule de la 'carte auto-réflexive' à son propre travail, a affirmé à plus d'une occasion qu'il fallait s'attendre à des révisions perceptibles de ses formulations et que celles-ci s'avéreraient très probablement assez convaincantes dans une période estimée à vingt-cinq ans, il est quelque peu surprenant qu'au moment où la réimpression de *Science and Sanity (Science et Sanité) de* 1958 est mise sous presse, aucune modification majeure ne semble encore s'avérer nécessaire. Dans ce monde moderne de changements rapides - où l'être Humain a acquis des informations sur les domaines intra- et extra-organiques de son univers à un rythme exponentiel sans précédent ; où l'ère atomique est devenue réalité ; où les conquêtes de l'espace qui n'étaient que des rêves fantaisistes encore hier sont devenues des réalités étonnantes ; où de nouvelles spécialités, comblant librement les fossés de l'inconnu entre les disciplines scientifiques conventionnelles, ont vu le jour et sont devenues à part entière en l'espace de quelques mois ; et dans lequel des êtres humains clairvoyants et de bonne volonté ont organisé leurs efforts pour unifier les sciences, les arts et les activités humanitaires au sens large et semblent plus que jamais déterminés (malgré des intérêts privés récalcitrants et réactionnaires) à mettre en œuvre un Monde Unique tel qu'il pourrait convenir à la dignité de l'humanité dans sa maturité - la substantialité persistante des formulations de Korzybski de 1933 doit être considérée comme un hommage à sa vision et à son génie d'intégration. Maintenant que nous sommes en mesure de prendre un peu de recul par rapport aux développements historiques et de considérer l'œuvre de sa vie dans une certaine perspective, on ne peut guère douter qu'il ait saisi, comme peu l'avaient fait avant lui et certainement aucun ne l'avait fait de manière aussi systématique et complète, l'importance permanente des habitudes linguistiques et des processus de communication en général pour toutes les pensées et actions de l'être humain, depuis ses efforts métaphysiques, épistémologiques et mathématiques les plus élevés jusqu'aux performances les plus occasionnelles, les plus triviales et les plus banales de sa vie de tous les jours.

PRÉFACE À LA QUATRIÈME ÉDITION 1958

Comme un habile diagnosticien, Korzybski a pénétré profondément dans les substrats étiologiques et pathologiques de ce qu'il percevait comme les plus sérieux obstacles aux efforts humains actuels et a réussi à identifier certaines graves restrictions imposées au potentiel créatif de l'être Humain et à sa propension à résoudre des problèmes par l'une des raisons *les moins soupçonnées*, à savoir les formulations aristotéliciennes de la logique, vénérées par les universitaires et omniprésentes dans la pratique. Cet acte de diagnostic était, bien sûr, l'équivalent analogique de la découverte d'une réaction positive de Wasserman dans le sérum sanguin d'un patriarche longtemps honoré et bien-aimé. Sa divulgation promettait et, en fait, s'est avérée n'être pas plus populaire. En ce sens, la position de Korzybski était tout à fait comparable à celle de Copernic et de Galilée, qui avaient été poussés par leurs recherches privées au début de la Renaissance à remettre en question la cosmologie ptolémaïque et la mécanique aristotélicienne en vogue à leur époque. Il a fallu une intégrité personnelle hors du commun, un courage inhabituel et une énergie physique considérable pour exposer les effets manifestes et cachés de ces processus neuro-sémantiques pathologiques largement répandus dans la communauté humaine. Korzybski était, comme nous le savons maintenant, tout à fait à la hauteur de cette formidable tâche.

Le fait d'avoir posé ce diagnostic constituait en soi un triomphe intellectuel. Mais Korzybski a fait plus que cela. Ses analyses lui ont permis de rédiger des prescriptions efficaces tant pour la prévention que pour le traitement des troubles qu'il rencontrait autour et au sein de la communauté des humains. Ces troubles, qui comprennent les erreurs d'évaluation et les illusions culturelles et institutionnelles, mais aussi personnelles, sont essentiellement dus à des réactions sémantiques inefficaces. Ils étaient pour lui les marques indubitables de la non-sanité, aussi 'normaux' qu'ils puissent paraître au sens statistique du terme.

Les effets collatéraux des formulations de Korzybski n'ont pas été moins importants que les dispositifs prophylactiques et thérapeutiques qu'elles ont engendrés. Elles ont notamment jeté une lumière indispensable sur la psychologie de la perception, la psychologie de l'enfant, l'éducation, les théories culturelles de l'anthropologie moderne, la méthode scientifique et l'éthique opérationnelle. Au moment où j'écris cette introduction, une révolution dans la neurologie, la psychologie, la psychiatrie et les disciplines connexes, comparable en tous points à celle qui a déferlé sur la discipline de la physique dans les premières années de ce siècle, semble à la fois imminente et inévitable. Les signes avant-coureurs de cette évolution semblent provenir en grande partie d'une orientation sémantique générale qui a suffisamment influencé les chercheurs les plus avancés dans ces domaines pour que son impact soit visible dans leurs écrits et dans le caractère de leurs recherches. Et voilà que les vieilles dichotomies qui ont été pour ces dernières années, les termes fondamentaux du discours intellectuel, auxquels les autres se référaient et dont ils tiraient leur signification - par exemple, mental et physique, conscient et inconscient, pensée et parole, structure et fonction, intellect et émotion, hérédité et environnement, organique et fonctionnel, réalité et non-réalité, masculin et féminin, autonome et cérébro-spinal, pyramidal et extrapyramidal, moteur et sensoriel, idiopathique et symptomatique, volontaire et involontaire, etc., - ont montré des signes visibles de désintégration. De nouvelles formulations, vérifiables sur le plan opérationnel, commencent à émerger à leur place et la théorie des champs, comparable à celle qui est actuellement développée dans le domaine de la physique nucléaire, commence à prendre en compte des données jusqu'alors considérées comme sans rapport. Nulle part ailleurs que dans la neurologie, la psychologie et les disciplines étroitement liées, il n'est plus évident que 'le mot n'est pas la chose'.

Ce serait une erreur, bien sûr, pour le lecteur de supposer que, parce qu'aucune modification ou ajout majeur aux formulations méthodologiques et appliquées de Korzybski n'a semblé nécessaire jusqu'à présent, ses étudiants et d'autres qui trouvent ses points de vue empathiques avec les leurs embrassent la foi démesurée que cela ne sera pas nécessaire un jour. Bien au contraire. Ils sont persuadés que des modifications, majeures ou mineures, devront être apportées au fur et à mesure que les informations nouvellement acquises le nécessiteront ; et ils ont délibérément prévu ces modifications. Dès sa création, la discipline de la sémantique générale a attiré des personnes d'une grande intégrité intellectuelle, indépendantes des engagements orthodoxes, agnostiques, désintéressées et critiques. Dans l'ensemble, il s'agit de personnes peu impressionnées par l'autorité intellectuelle immanente à un individu ou à un groupe d'individus. Pour eux, l'autorité ne réside pas dans un messie omniscient ou omniprésent, mais uniquement dans la fiabilité du contenu prédictif des propositions faites en référence aux événements non-verbaux de cet univers. Ils appliquent cette règle de base aussi facilement à la doctrine korzybskienne qu'à toutes les autres formulations et théories abstraites et, en bons scientifiques, ils sont prêts à les rejeter dès que les événements les révèlent inaptes, c'est-à-dire dépourvues d'un contenu prédictif fiable. Cette circonstance en elle-même devrait abroger une fois pour toutes les accusations imprudentes parfois portées par des critiques mal informés selon lesquelles la sémantique générale n'est qu'un culte de plus parmi une longue succession de cultes, avec son maître divin, ses disciples, une bible, son propre charabia et ses rites cérémoniels. En effet, s'il est un dénominateur que l'on peut considérer comme commun à tous ces cultes, c'est bien le caractère hermétique de leurs dogmes, qui doivent a priori s'imposer comme des vérités éternelles, indépendamment de l'avènement d'expériences incompatibles. En revanche, les sémanticiens généralistes sont pleinement conscients de l'origine humaine de la sémantique générale et se sont efforcés d'en maintenir la structure ouverte. Loin d'être enclins à repousser les changements qui semblent menacer la constitution de la sémantique générale, ils les anticipent activement et sont prêts à favoriser ceux qui semblent promettre de meilleures prédictions, une meilleure survie et une meilleure adaptation aux vicissitudes de cet habitat terrestre.

On ne peut s'empêcher de constater, en 1958, qu'il y a beaucoup moins de suspicion et de méfiance parmi les intellectuels à l'égard de la sémantique générale et des sémanticiens généralistes qu'il y a dix ou vingt ans. En effet, une certaine réceptivité est perceptible. Le terme 'sémantique' lui-même est désormais fréquemment entendu à la radio, à la télévision et sur les tribunes, et il apparaît presque aussi souvent dans la presse écrite. Il a même trouvé récemment une place dans un film hollywoodien et promet de faire partie intégrante de notre jargon domestique. Cela ne signifie nullement que tous ces utilisateurs du terme se sont familiarisés avec la signification restreinte du terme 'sémantique', et encore moins qu'ils ont intériorisé les implications évaluatives et les principes directeurs de l'action qui relèvent de la sémantique générale. Une situation comparable se produit, bien sûr, dans l'utilisation par les profanes en sciences d'autres termes, tels que 'électronique'.

Mais des gains plus palpables que ceux-ci peuvent être dénombrés. Nous avons fait allusion à certains d'entre eux concernant la psychologie, l'anthropologie et les sciences médicales. Les années qui ont suivi la fin de la Seconde Guerre mondiale ont également vu l'accès de la sémantique générale non seulement aux programmes d'enseignement primaire, secondaire et supérieur des continents nord et sud-américain, de certaines parties de l'Europe occidentale, de la Grande-Bretagne, de l'Australie et du Japon, mais aussi aux domaines très fréquentés du commerce, de l'industrie et des transports, de l'organisation militaire et de l'administration civile, du droit, de l'ingénierie, de la sociologie, de l'économie et de la religion. Il s'agit là d'extensions non négligeables de la sémantique générale dans le monde des affaires 'pratiques'. Les grandes entreprises, soucieuses d'améliorer les relations intra et extra-muros, de résoudre de manière plus satisfaisante les problèmes complexes qui se posent entre la main-d'œuvre et la direction, et d'améliorer le service rendu à leurs mandants immédiats et à leurs semblables en général, ont trouvé gratifiant, dans de nombreux cas, de réorganiser l'ensemble de leur structure de manière à assurer l'incorporation de formulations sémantiques générales. Plusieurs organisations se sont données pour mission de conseiller et d'aider à la mise en œuvre de ces changements. L'essentiel de leurs prescriptions consiste en une application appropriée de la sémantique générale. Les cadres supérieurs et intermédiaires de certaines industries, agences de publicité, établissements bancaires, etc., ont de plus en plus l'habitude de se retirer plusieurs jours d'affilée pour recevoir une formation intensive et participer à des séminaires-ateliers destinés à leur inculquer les principes de la sémantique générale. Des cours comparables ont été dispensés ces dernières années aux officiers de l'U.S. Air Academy, aux agents de la circulation de la police de Chicago et aux forces de vente de plusieurs grandes entreprises pharmaceutiques et biochimiques. Ces innovations dans les procédures commerciales entraînent, bien entendu, d'énormes dépenses de temps, d'énergie et d'argent. Elles doivent à terme produire des dividendes perceptibles ou être abandonnées. Le fait qu'elles soient en augmentation constante semble être un témoignage éloquent de leur efficacité.

D'autres preuves de la croissance et de l'élargissement de la sphère d'influence peuvent être soulignées. Le nombre de membres des deux principales organisations concernées par le développement, l'enseignement et l'utilisation de la sémantique générale, à savoir l'Institut de Sémantique Générale situé à Lakeville, Connecticut, et la Société Internationale de Sémantique Générale, dont le siège est à Chicago, a augmenté lentement mais régulièrement au fil des ans et, ce qui est gratifiant, a généralement évité la 'frange lunatique' qui semble toujours prête à s'attacher à des noyaux convenables. Les deux publications actuelles de ces organisations, le *General Semantics Bulletin* et *ETC : A Review of General Semantics,* continuent à fournir des articles originaux convaincants et des résumés des progrès réalisés dans le domaine. Leurs listes d'abonnés comprennent aujourd'hui des bibliothèques réparties sur l'ensemble du globe.

PRÉFACE À LA QUATRIÈME ÉDITION 1958

En 1949, le Troisième Congrès Américain de Sémantique Générale s'est tenu à l'Université de Denver. Ce fut la dernière occasion pour Alfred Korzybski de faire une apparition publique. Au cours de ces sessions stimulantes, il eut la satisfaction d'entendre de nombreux rapports sur les recherches menées par ses anciens étudiants et d'autres personnes qui avaient tiré un grand profit de leur familiarité avec les formulations non-aristotéliciennes. Un grand nombre de ces communications, représentant une couverture large et éclectique des intérêts humains, ont été publiées par la suite dans le *General Semantics Bulletin*. Deux autres conférences d'envergure nationale ont eu lieu entre-temps, l'une à Chicago en 1951 et l'autre à St. Louis en 1954. Une autre conférence de portée internationale est prévue pour le mois d'août 1958. Entre-temps, de nombreuses conférences de section ont eu lieu dans différentes villes chaque année et le nombre de cours demandés et offerts en sémantique générale est en nette augmentation.

Dans l'ensemble, il semble donc que la sémantique générale se porte bien. L'impact de l'œuvre de Korzybski sur la culture occidentale est désormais incontestable et il y a tout lieu d'être optimiste quant au fait que ses préceptes seront lus par des cercles de plus en plus larges d'étudiants sérieux et que ces derniers, à leur tour, influenceront profondément les générations d'étudiants à venir. Il reste à voir quels effets la mise en œuvre régulière de ces préceptes aura sur l'humanité. Nous sommes nombreux à être convaincus qu'ils seront hautement salutaires.

RUSSELL MEYERS, MD

Division de neurochirurgie
Collège de médecine
Université d'État de l'Iowa
Iowa City, Iowa
Octobre 1957

NOTE BIBLIOGRAPHIQUE, 1958

Dans la deuxième édition de ce livre, publiée en 1941, une courte liste de réimpressions et de monographies disponibles à l'Institut de Sémantique Générale a été incluse - pratiquement la seule littérature sur la sémantique générale depuis la première parution de *Science et Sanity (voir page lxxxvi de ce volume).* (Depuis cette date, le nombre de livres, d'articles et de revues s'est accru à profusion, et il n'est pas question ici de les recenser de manière exhaustive.

Les principaux articles dans ce domaine ont été publiés dans *Papers From the Second American Congress on General Semantics,* M. Kendig, Editor (1943), dans le *General Semantics Bulletin* et d'autres documents publiés par l'Institut pour ses membres, et dans *ETC : A Review of General Semantics,* l'organe officiel de la Société internationale de sémantique générale.

Le *Bulletin de Sémantique Générale,* fondé et édité par M. Kendig, est le journal officiel de l'Institut de Sémantique Générale, publié depuis 1949 'pour l'information et l'intercommunication entre les travailleurs de la discipline non-aristotélicienne formulée par Alfred Korzybski'. Il contient des articles sur de nombreux aspects de la sémantique générale, théoriques et pratiques, ainsi que des rapports, des discussions, des nouvelles, des commentaires de livres, etc. Les numéros un et deux à dix-huit et dix-neuf ont été publiés à ce jour.

Certains des articles distribués par l'Institut, 1947-1949, avant la création du *Bulletin,* sont énumérés ci-dessous :

KORZYBSKI ALFRED, Sémantique générale : An Introduction to Non-aristotelian Systems, 1947.
Note de l'auteur introduisant les *sélections de Science et Sanity,* 1948.
La compréhension des potentialités humaines, clé pour traiter avec l'Union soviétique, 1948. Résumé d'un discours et introduction de Stuart Chase.
Sémantique générale : Toward a New General System of Evaluation and Predictability in Solving Human Problems (Vers un nouveau système général d'évaluation et de prédictabilité dans la résolution des problèmes humains). *Encyclopédie populaire américaine,* édition 1949.
ENGLISH, EARL, A General Semantics Course in the School of Journalism, University of Missouri, 1949.
KELLEY, DOUGLAS M., The Use of General Semantics and Korzybskian Principles as an Extensional Method of Group Psychotherapy in Traumatic Neuroses. *The Journal of Nervous and Mental Disease,* Vol. 114, No. 3, 1951.
LA BRANT, LOU, Approche génétique du langage, 1951.
LOOMIS, WILLIAM F., A Non-aristotelian Presentation of Embryology, Massachusetts Institute of Technology, 1949.
NEWTON, NORMAN T., A Non-aristotelian Approach to Design. Introductory lectures in a course, School of Architecture, Harvard University, 1948.
READ, ALLEN WALKER, Une explication du mot 'sémantique'. *WORD,* août 1948.

Skynner, Robin, Choice and Determinism. Distribué aux membres de l'Institut en 1948 ; publié dans *Rationalist Annual* (Angleterre), 1949.

Également de Korzybski et d'autres, non inclus ailleurs :

Pollock, Thomas C., Une théorie de la Signification Analysée : Critique de la théorie du langage de I. A. Richards, et SPAULDING, J. GORDON, Élémentalisme : l'Effet d'un postulat Implicite de l'Identité sur la théorie de I. A. Richards' de la Valeur Poétique Avec un article supplémentaire de ALLEN WALKER READ, The Lexicographer and General Semantics. Préface d'ALFRED KORZYBSKI et de M. KENDIG. Monographies de sémantique générale n° III, 1942.

Korzybski, Alfred, Rôle du Langage dans les Processus Perceptuels, chapitre 7 in *Perception : An Approach to Personality* de Robert R. Blake et Glenn V. Ramsey, Ronald Press, 1951.

* *

Pour les livres publiés et en préparation, voir la liste de la Bibliothèque internationale non aristotélicienne en regard de la page de titre.

Les listes actuelles des publications dans le domaine de la sémantique générale sont disponibles auprès de l'Institute of General Semantics

PRÉFACE À LA TROISIÈME ÉDITION 1948

> Si les penseurs sont persuadés de mettre de côté leurs préjugés et de s'appliquer à étudier les preuves... je me contenterai d'attendre la décision finale. (402)
>
> CHARLES S. PEIRCE.
>
> Pour la masse de l'humanité [...] si leur plus grande impulsion est d'être des esclaves intellectuels, alors ils doivent rester des esclaves. (402)
>
> CHARLES S. PEIRCE.

Bien que depuis 1933 un grand nombre de nouvelles découvertes scientifiques aient été faites, qui seront analysées dans une publication séparée, les questions *méthodologiques* fondamentales qui ont conduit même à la libération de l'énergie nucléaire restent inchangées, et cette troisième édition ne nécessite donc pas de révision du texte.

Peu après la publication de la deuxième édition en 1941, le deuxième congrès américain de sémantique générale s'est tenu à l'université de Denver. Les articles qui y ont été présentés ont été compilés et édités par M. Kendig[1] et montrent des applications dans une grande variété de domaines. Un troisième congrès, de portée internationale, est prévu pour 1948. Les étudiants de nos travaux qui ont fait des applications dans leurs domaines d'intérêt sont invités à soumettre des articles à l'Institut. L'intérêt qui s'est rapidement manifesté sur tous les continents a mis en évidence la nécessité des nouvelles méthodes exposées ici et de nombreux groupes d'étude ont été constitués ici et à l'étranger.

En tant que centre de formation à ces méthodes non-aristotéliciennes, l'Institut de Sémantique Générale a été créé à Chicago en 1938. Au cours de l'été 1946, l'Institut s'est installé à Lakeville, dans le Connecticut, où il poursuit son programme initial.

J'insiste sur le fait que je ne donne pas de panacée, mais l'expérience montre que lorsque les méthodes de la sémantique générale sont *appliquées*, les résultats sont généralement bénéfiques, que ce soit dans le domaine des affaires, de la gestion, etc., de la médecine, du droit, de l'éducation à tous les niveaux, ou des inter-relations personnelles, que ce soit dans le domaine familial, national ou international. Si elles ne sont pas appliquées, mais simplement évoquées, aucun résultat n'est à attendre. Les applications les plus révélatrices sont peut-être celles qui ont été faites sur les champs de bataille de la Seconde Guerre mondiale, comme l'ont rapporté des membres des forces armées, y compris des psychiatres sur tous les fronts, et en particulier le Dr Douglas M. Kelley,* anciennement lieutenant-colonel dans le corps médical, qui rapporte en partie ce qui suit :

> La sémantique générale, en tant que méthode scientifique moderne, offre des techniques qui sont d'une extrême valeur à la fois dans la prévention et la guérison de tels schémas réactifs [pathologiques]. Dans mon expérience de plus de sept mille cas sur le théâtre d'opérations européen, ces principes de base ont été utilisés quotidiennement

---

* Consultant en chef en psychologie clinique et consultant adjoint en psychiatrie sur le théâtre d'opérations européen ; également psychiatre en chef chargé des prisonniers à Nuremberg. Auteur de 22 *Cells in Nuremberg,* Greenberg, New York, 1947.

comme méthodes de psychothérapie de groupe et comme méthodes de prévention psychiatrique. Il est évident que plus le cas est traité tôt, meilleur est le pronostic, et c'est pourquoi des centaines de chirurgiens des bataillons ont été formés aux principes de la sémantique générale. Ces principes ont été appliqués (sous forme de thérapies individuelles et de thérapies de groupe) à tous les niveaux de traitement, de la zone avant à l'échelon le plus arrière, dans les postes de secours de première ligne, dans les centres d'épuisement et dans les hôpitaux généraux. Le succès de leur application est démontré par le fait que les évacuations psychiatriques du théâtre européen ont été réduites au minimum.[2]

L'origine de ce travail est une nouvelle définition fonctionnelle de "l'être humain", telle que formulée en 1921,[3] fondée sur une analyse des *potentialités* humaines uniques, à savoir que chaque génération peut commencer là où la précédente s'est arrêtée. J'ai appelé cette caractéristique la capacité de 'time-binding'. Ici, les réactions des humains ne sont pas divisées verbalement et élémentalistiquement en 'corps', 'esprit', 'émotions', 'intellect', 'intuitions', etc., mais sont traitées du point de vue de l'organisme-comme-un-tout-dans-un-environnement (externe et *interne*). Cette approche est parallèle à l'intégration de l'espace-temps d'Einstein-Minkowski en physique, et toutes deux sont rendues nécessaires par l'évolution moderne des sciences.

Cette nouvelle définition de l'être humain, qui n'est ni zoologique ni mythologique, mais fonctionnelle et extensionnelle (factuelle), exige une révision complète de ce que nous savons de l'être humain. Si nous voulons juger les réactions humaines sur la base de données statistiques relatives aux patients psychiatriques ou à de nombreux autres groupes particuliers, notre compréhension de la 'nature humaine' doit être complètement déformée. Les hypothèses zoologiques et mythologiques doivent limiter la société humaine à des évaluations biologiques animalistiques, au lieu d'évaluations 'time-binding' psycho-biologiques, qui impliquent des responsabilités socio-culturelles et peuvent donc marquer une nouvelle période du développement humain.*

Dans *Manhood of Humanity*, j'ai insisté sur la caractéristique humaine *générale* et unique de time-binding, qui s'applique potentiellement à tous les humains et ne laisse aucune place aux préjugés civilisationnels. La structure de la science est imprégnée d'influences asiatiques qui, par l'intermédiaire de l'Afrique et de l'Espagne, se sont répandues sur le continent européen, où elles se sont développées. Grâce à la découverte des facteurs de sanité dans les *méthodes* physico-mathématiques, la science et

---

* Certains lecteurs n'ont pas apprécié ce que j'ai dit sur Spengler. C'est peut-être parce qu'ils n'ont pas lu attentivement. Spengler, le mathématicien et l'historien, a traité des spasmes des périodes de l'évolution humaine qui ont été parallèles au développement des sciences et des mathématiques, et son érudition doit être reconnue. En toute honnêteté, j'estime qu'il a donné "une grande description de l'*enfance de l'humanité*", qu'il n'a pas lui-même dépassée. En 1920, Sir Auckland Geddes a déclaré : "En Europe, nous savons qu'une époque est en train de mourir". Et en 1941, j'ai écrit : "Les terreurs et les horreurs dont nous sommes témoins à l'Est et à l'Ouest sont les agonies de cette époque qui s'éteint". Compte tenu des limites de Spengler, il n'est pas étonnant que les nazis se soient alliés à lui. Ils ont fait de bons compagnons de lit de mort, démontrant empiriquement le "déclin de l'Occident", en exposant, dans un final dramatique, les doctrines dominantes, dépassées, non révisées, aujourd'hui pathologiques, auxquelles la plupart des hommes politiques du monde continuent malheureusement de souscrire.

la sanité sont devenues liées dans une méthodologie structurellement non-aristotélicienne, qui est devenue le fondement d'une *science* de *l'être humain*.

Nous avons appris de l'anthropologie que les degrés de développement socio-culturel des différentes civilisations dépendent de leur capacité à produire des abstractions de plus en plus élevées, qui finissent par culminer dans une *conscience générale d'abstraire*, la clé même de la poursuite de l'évolution humaine et la thèse de ce livre. Comme l'a justement dit Whitehead, "une civilisation qui ne peut pas dépasser ses abstractions actuelles est condamnée à la stérilité après une période de progrès très limitée".

Au cours de l'évolution culturelle de l'humanité, ses abstractions actuelles ont été codifiées ici et là en systèmes, par exemple le système aristotélicien, qui nous intéresse principalement ici. De telles systématisations sont importantes, car, comme le dit le *Talmud*, "l'enseignement sans système rend l'apprentissage difficile". En analysant les codifications aristotéliciennes, j'ai dû faire face à des orientations deux-valuées, du type 'ou bien, ou bien'. J'admets que j'ai été déconcerté pendant de nombreuses années par le fait que pratiquement tous les humains, y compris les primitifs les plus bas, qui n'ont jamais entendu parler des philosophes grecs, ont une sorte d'évaluation de type 'ou bien, ou bien'. Puis j'ai fait la 'découverte' évidente que nos relations avec le monde à l'extérieur et à l'intérieur de notre peau sont souvent, *au niveau brut*, deux-valuées. Par exemple, nous avons affaire au jour *ou* à la nuit, à la terre *ou* à l'eau, etc. Au niveau vivant, nous avons la vie *ou* la mort, notre cœur bat *ou* ne bat pas, nous respirons *ou* suffoquons, nous avons chaud *ou* froid, etc. Des relations similaires existent à des niveaux plus élevés. Ainsi, nous avons l'induction *ou* la déduction, le matérialisme *ou* l'idéalisme, le capitalisme *ou* le communisme, le démocrate *ou* le républicain, etc. Et ainsi de suite à tous les niveaux.

Dans la vie, de nombreuses questions ne sont pas aussi catégoriques et, par conséquent, un *système qui postule la distinction catégorique générale du 'ou bien, ou bien'*, et qui *objectifie ainsi le 'type'*, est indûment limité ; il doit être révisé et rendu plus flexible en termes de 'degré'. Cela nécessite une 'façon de penser' physico-mathématique, qu'un système non-aristotélicien fournit.

Ces derniers temps, les mots 'les sémantiques' (NdT : l'étude des significations) et 'la sémantique' (NdT : signification des mots dans un langage) sont devenus largement utilisés, et généralement mal utilisés, même par des écrivains importants, ce qui conduit à une confusion sans espoir. Les 'sémantiques' est le nom d'une branche importante de la philologie, aussi complexe que la vie elle-même, formulée dans des termes philologiques appropriés, et qui, en *tant que telle*, n'a pas d'application directe aux problèmes de la vie. Le 'signifiant' de Lady Welby était plus proche de la vie, mais ne donnait pas de techniques d'application, et ne mettait donc pas en relation les structures linguistiques avec les structures des niveaux non verbaux par lesquels nous vivons vraiment. Dans les temps modernes, avec leurs complexités croissantes, une théorie des *valeurs*, avec des techniques d'extension pour l'inculcation et l'auto-orientation, est devenue impérative. Une telle théorie, la première à ma connaissance, nécessitait une approche scientifique moderne, que j'ai trouvée dans les méthodes physico-mathématiques (espace-temps) et les fondements des mathématiques. Elle a vu le jour en 1921 dans Manhood of Humanity, a été formulée dans une esquisse méthodologique dans mes articles de 1924, 1925 et 1926, et a culminé en 1933 dans le présent volume.

Mon travail a été développé de manière totalement indépendante des 'sémantiques', de la 'signifiance', de la 'sémiotique', de la 'sémasiologie', etc., bien que je connaisse aujourd'hui et respecte les travaux des chercheurs correspondants dans ces domaines, qui déclarent explicitement qu'ils ne s'occupent pas d'une théorie générale des valeurs. Ces travaux ne touchent pas à mon domaine, et au fur et à mesure que mon travail avançait, il est devenu évident qu'une théorie de la 'signification' est impossible (page xv et suivantes), et que les 'signifiances', etc., sont inopérants. Si je n'avais pas pris connaissance de ces réalisations peu avant la publication de ce livre, j'aurais donné un autre nom à mon travail, mais le système serait resté fondamentalement inchangé. Le manuscrit original ne contenait pas les mots 'sémantiques' ou 'sémantique', mais lorsque j'ai dû choisir certains termes, d'un point de vue time-binding, j'ai introduit le terme 'Sémantique *Générale*' pour désigner le *modus operandi* de ce premier système non-aristotélicien. Cela semblait approprié pour assurer la continuité historique. Une théorie de l'évaluation semblait suivre naturellement, dans un sens évolutif, de 1) 'signification' à 2) 'signifiance' à 3) *évaluation*. La Sémantique *Générale* s'est avérée être une science naturelle empirique de l'évaluation non-élémentalistique, qui prend en compte l'individu vivant, sans le dissocier de ses réactions, ni de ses environnements neuro-linguistique et neuro-sémantique, mais en le répartissant dans un *plenum* de certaines valeurs, quoi qu'il arrive.

La présente théorie des valeurs implique une discipline claire et opérante, limitée à ses prémisses, un fait qui est souvent ignoré par certains lecteurs et écrivains. Ils semblent aussi souvent ignorer le cœur des difficultés inhérentes à ces problèmes séculaires et les solutions disponibles en changeant non pas le langage, mais la *structure* du langage, obtenue par l'utilisation habituelle des procédés extensionnels dans nos réactions d'évaluation.

Par exemple, dans *Ten Eventful Years (dix années riches en évènements)*, une publication de l'*Encyclopaedia Britannica*, figure un article sur 'Semantics, General Semantics', qui accroît considérablement les confusions actuelles sur ces sujets. Il n'est même pas mentionné que la 'sémantique' est une branche de la philologie, et aucune distinction claire n'est faite entre le nom 'sémantiques' et l'adjectif 'sémantique'. En outre, il contient de nombreuses inexactitudes et même des falsifications de mon travail et de celui d'autres personnes, et certaines déclarations n'ont aucune signification.

Heureusement, il existe une autre publication populaire, l'*American People's Encyclopedia*, qui publie un article fiable sur la sémantique *générale*.

On ne se rend généralement pas compte qu'avec le progrès humain, les complexités et les difficultés dans le monde augmentent suivant une fonction exponentielle du 'temps', avec des accélérations indéfiniment plus rapides. Je suis profondément convaincu que ces problèmes ne peuvent être résolus que si nous recherchons et révisons avec audace nos notions désuètes sur la 'nature de "l'être humain"' et si nous appliquons des méthodes extensionnelles modernes pour les résoudre.

Heureusement, nous disposons actuellement d'un organisme international, l'Organisation des Nations Unies pour l'éducation, la science et la culture[4], qui, avec ses vastes fonds, dispose des services des meilleurs êtres humains du monde et d'un programme splendide. Il est vrai qu'il est très handicapé par la dépendance à l'égard des traductions, qui transmettent rarement les mêmes implications dans différents langages. Mais cela ne doit pas être un handicap, car les méthodes des sciences exactes ne tiennent pas compte des frontières nationales, et les méthodes et procédés extensionnels de la sémantique générale peuvent donc être appliqués à tous les langages existants, avec des effets psycho-logiques profonds sur les participants et, à travers eux, sur leurs compatriotes. Le monde disposerait ainsi d'un dénominateur commun international pour l'intercommunication, la compréhension mutuelle et, en fin de compte, la conclusion d'un accord. Je suggère que les étudiants en sémantique générale écrivent sur ce sujet. Les activités de cet organisme international nous concernent tous.

Nous *ne devons pas* nous aveugler avec le vieux dogme selon lequel 'la nature humaine ne peut être changée', car nous constatons qu'elle *peut l'être*. Nous devons commencer à nous rendre compte de nos potentialités en tant qu'êtres humains, et nous pourrons alors aborder l'avenir avec un peu d'espoir. Nous pourrons nous sentir comme Galilée, qui a tapé du pied sur le sol après avoir abjuré la théorie copernicienne devant la Sainte Inquisition : *'Eppur si muove !'* (NdT 'et pourtant elle tourne!'). L'évolution de notre développement humain peut être retardée, mais elle ne peut pas être arrêtée.

A. K.

Lakeville, Connecticut
Octobre 1947

RÉFÉRENCES

1. KENDIG, M., éditeur. *Papers from the Second American Congress on General Semantics* (Documents du deuxième congrès américain sur la sémantique générale). Institut de sémantique générale, 1943
2. KORZYBSKI, A. Le réajustement d'un vétéran et les méthodes extensionnelles. *ETC : A Review of General Semantics,* Vol. III, No. 4. Voir aussi
3. SAUNDERS, CAPITAINE JAMES, USN (Ret.). Mémorandum. *Training of Officers for the Naval Service : Hearings Before the Committee on Naval Affairs, United States Senate,* June 12 and 13, 1946, pp. 55-57. U. S. Government Printing Office, Washington, D.C., 1946.
4. KORZYBSKI, A. *Manhood of Humanity : La science et l'art du génie humain.* E. P. Dutton, New York, 1921, 2ème édition, Institute of General Semantics, Lakeville, Conn. Distributors, 1948.
5. HUXLEY, JULIAN. L'UNESCO : *Its Purpose and Its Philosophy* (Son but et sa philosophie). Public Affairs Press, Washington, D.C., 1947.

INTRODUCTION À LA DEUXIÈME ÉDITION 1941

> Il y a ce que l'on pourrait appeler la méthode de l'optimisme, qui nous conduit volontairement ou instinctivement à fermer les yeux sur la possibilité du mal. Ainsi, l'optimiste qui traite un problème d'algèbre ou de géométrie analytique dira, s'il s'arrête pour réfléchir à ce qu'il fait : "Je sais que je n'ai pas le droit de diviser par zéro ; mais il y a tant d'autres valeurs que l'expression par laquelle je divise pourrait avoir que je supposerai que le Malin n'a pas jeté un zéro dans mon dénominateur cette fois-ci".
>
> MAXIME BÔCHER*

> *Dieu peut vous pardonner vos péchés,*
> *mais votre système nerveux ne le fera pas.*
> VIEILLE MAXIME.

> *En cas de perplexité, lisez la suite.*
> VIEILLE MAXIME.

Section A. Développements récents et fondation de l'Institut de Sémantique Générale.

Science and Sanity : An Introduction to Non-Aristotelian Systems and General Semantics, (Science et Sanité : Une Introduction aux Systèmes non-Aristotéliciens et à la Sémantique Générale) publié pour la première fois en octobre 1933, se voulait un manuel montrant comment, dans les méthodes scientifiques modernes, on peut trouver des facteurs de sanité à tester empiriquement. Bien que de nombreuses découvertes scientifiques aient été faites depuis la première publication, il n'a pas semblé nécessaire de réviser le texte pour cette deuxième édition car les données méthodologiques à disposition, importantes pour notre propos, n'ont pas changé. Cependant, la liste des livres en préparation pour la Bibliothèque Non-aristotélicienne a été révisée, et dans cette introduction j'indique quelques nouveaux développements en sémantique générale et j'inclus une courte bibliographie nouvelle, complétant la bibliographie de 619 titres donnée à la page 731 et suivantes.

En 1935, j'ai commencé à animer des séminaires de sémantique générale dans des écoles, des collèges et des universités, et devant divers groupes d'éducateurs**, de scientifiques et de médecins, y compris des psychiatres. La même année, un groupe d'étudiants de Science and Sanity a organisé le premier congrès américain de sémantique générale au Washington College of Education à Ellensburg, où un certain nombre d'articles de divers domaines ont été présentés.

---

* Congrès des arts et des sciences, Saint-Louis, 1904, vol. I, p. 472.
** J'utilise le mot 'éducateur' dans son sens anglais standard, à savoir 'celui qui inculque ou ce qui inculque'. J'utilise 'inculquer' dans le sens de : élever... élever dès l'enfance, de manière à former des habitudes, des manières, des aptitudes mentales et physiques... etc. (The Shorter Oxford English Dictionary on Historical Principles, Oxford, at the Clarendon Press, 1933.) En ce sens, tout enseignant, de l'école maternelle aux professeurs d'université, est un 'éducateur'. Du point de vue de la vie, cela inclut même les parents, les infirmières, etc.

INTRODUCTION À LA DEUXIÈME ÉDITION 1941

Le présent auteur a prononcé trois discours sur l'application de la sémantique générale à l'éducation et à la médecine, qui sont publiés dans les actes du Congrès.* Le Deuxième Congrès Américain de Sémantique Générale se tiendra à l'université de Denver en août 1941. Ce congrès est organisé par le professeur Elwood Murray de l'Université et Marjory Kendig, directeur pédagogique de l'Institut.

En 1938, l'Institut de Sémantique Générale a été créé à Chicago pour la recherche scientifique et l'enseignement neurolinguistique et neuro-épistémologique. Depuis cette date, en tant que directeur de l'Institut, j'ai concentré mes efforts sur la poursuite de la recherche et la coordination des données empiriques qui s'accumulent rapidement, ainsi que sur l'organisation de séminaires de formation aux nouvelles méthodes extensionnelles applicables à l'adaptation personnelle et aux domaines spéciaux respectifs des étudiants. Actuellement, plusieurs universités proposent des cours accrédités de sémantique générale, et dans un certain nombre d'autres universités et collèges, la sémantique générale est incorporée dans la présentation d'autres cours.

Par nécessité scientifique, ce livre a été écrit de manière inductive ; les séminaires sont présentés de manière déductive, et les deux se complètent donc. Les séminaires comprennent beaucoup de matériel empirique illustratif accumulé au cours des cinq années d'application du système par mes collaborateurs et moi-même, ainsi que les découvertes pertinentes, factuelles et les plus récentes d'autres sciences.

Le système non-aristotélicien présenté ici s'est avéré être une science strictement empirique, comme prévu, avec des résultats qui ont largement dépassé mes attentes. La sémantique générale n'est ni une 'philosophie', ni une 'psychologie', ni une 'logique' au sens ordinaire du terme. Il s'agit d'une nouvelle discipline extensionnelle qui nous explique et nous apprend à utiliser nos systèmes nerveux de la manière la plus efficace possible. Ce n'est pas une science médicale, mais comme la bactériologie, elle est indispensable à la médecine en général, et à la psychiatrie, à l'hygiène mentale et à l'éducation en particulier. En bref, il s'agit de la formulation d'un nouveau système d'orientation non-aristotélicien** qui affecte toutes les branches de la science et de la vie. Les questions en jeu ne sont pas entièrement nouvelles ; leur formulation méthodologique sous la forme d'un système qui marche, enseignable et si élémentaire qu'il peut être appliqué par des enfants, est entièrement nouvelle.

---

* Distribué par l'Institut de sémantique générale, Lakeville, Connecticut.

** (Les termes 'ère', 'époque' et 'système' apparaîtront fréquemment ici et, pour éviter toute confusion, il peut être utile d'indiquer dans quel sens ces termes sont utilisés. 1) Époque : "Une date ou un événement qui commence une nouvelle période dans l'histoire de quelque chose ; une date importante. . . . Période marquée par la prédominance d'un état de choses particulier". Etc. 2) Époques : ". . une période de l'histoire définie par la prédominance d'un état de choses particulier. . . . Une période . . . . . . dans l'histoire d'un processus". Etc. 3) Système : "Ensemble ou assemblage de choses connectées, associées ou interdépendantes, de manière à former une unité complexe ; un tout composé de parties disposées de manière ordonnée selon un schéma ou un plan. . . . Un ensemble de principes, etc. ; un schéma, une méthode. L'ensemble des principes corollaires . . . . ou des déclarations appartenant à un certain domaine de la connaissance . . . un domaine de la connaissance . . . considéré comme un tout organisé ; un ensemble complet de doctrines, de conclusions . . . . . . Un schéma ou un plan d'action organisé ; une méthode de procédure ordonnée ou régulière. . . . Un schéma ou une méthode formaté, défini ou établi . . . une forme ou un ordre systématique. Etc. (The Shorter Oxford English Dictionary on Historical Principles

L'expérience de mes collaborateurs, principalement des éducateurs et des psychiatres, et la mienne, montrent qu'environ quatre-vingt-dix pour cent des personnes qui s'entraînent sérieusement aux nouvelles méthodes extensionnelles en tirent un bénéfice certain, à des degrés divers, et de manière si variée qu'elle est imprévisible.

La théorie et les résultats empiriques montrent que ces nouvelles méthodes font intervenir des facteurs psychosomatiques qui contribuent à l'équilibre et à l'intégration des fonctions du système nerveux, alors que les méthodes d'évaluation intensionnelles prévalentes et traditionnelles tendent à désintégrer ces fonctions. Les mécanismes nerveux impliqués fonctionnent automatiquement d'une manière ou d'une autre, de manière nuisible ou bénéfique, selon les méthodes avec lesquelles nous les utilisons. Cela n'a pas été pleinement réalisé jusqu'à présent.

Les nouvelles méthodes éliminent ou atténuent différents blocages sémantogènes, de nombreux 'troubles émotionnels', y compris des névroses et des psychoses, diverses difficultés d'apprentissage, de lecture, d'élocution, etc., et des inadaptations générales dans la vie professionnelle et/ou personnelle. Ces difficultés résultent en grande partie de l'absence d'utilisation adéquate de "l'intelligence" en vue d'une évaluation correcte.

Il est bien connu que de nombreux symptômes psychosomatiques, tels que certains troubles cardiaques, digestifs, respiratoires et sexuels, certaines maladies articulaires chroniques, l'arthrite, les caries dentaires, les migraines, les maladies de la peau, l'alcoolisme, etc., pour n'en citer que quelques-uns, ont une origine sémantogène, et donc neuro-sémantique et neuro-linguistique. Dans la formation en sémantique générale, nous n'abordons pas l'aspect médical en tant que tel. Nous éliminons les facteurs sémantogènes nocifs et, dans la plupart des cas, les symptômes correspondants disparaissent, à condition que l'étudiant soit disposé à travailler sérieusement sur lui-même.

Section B. Quelques difficultés à surmonter.

1. *LES ATTITUDES DES 'PHILOSOPHES', ETC.*

Les 'philosophes', les 'psychologues', les 'logiciens', les mathématiciens, etc., sont en quelque sorte incapables de comprendre que leur travail est le produit du fonctionnement de leur *propre système nerveux*. Pour la plupart d'entre eux, il ne s'agit que de verbalisme détaché, comme celui que l'on trouve souvent dans les hôpitaux pour malades 'mentaux'. Par exemple, un mathématicien très doué et bien intentionné, professeur de 'philosophie', m'a écrit : "Je ne pense pas, cependant, que la neuropsychologie soit pertinente pour l'analyse de la nature de la signification. . . Je ne crois pas qu'il faille confondre logique et neuropsychologie". Ces professionnels seraient choqués s'ils étudiaient les nombreux volumes de rationalisations verbales des patients dans les hôpitaux. Ils constateraient très rapidement que les mots interagissent d'une manière ou d'une autre avec d'autres mots, mais qu'ils n'ont que très peu, voire aucune connexion avec les faits, et c'est l'une des raisons pour lesquelles les patients sont enfermés. Pourquoi spéculer sur des définitions verbales académiques au lieu d'enquêter sur les faits dans de tels hôpitaux, où les patients ne prêtent pas non plus attention au fonctionnement de leur propre système nerveux? Même un disque de gramophone subit des modifications physiques avant que des mots ou des bruits puissent être 'stockés' et/ou reproduits. Est-il si difficile de comprendre que le système nerveux humain, extrêmement sensible et complexe, subit lui aussi des modifications électro-colloïdales avant que des mots, des évaluations, etc., ne soient stockés, produits ou reproduits? Dans le travail de sémantique générale, nous traitons des réactions *neuro*-sémantiques et *neuro*-linguistiques *vivantes*, et non d'un simple bavardage verbal détaché dans l'abstrait. Notre expérience nous a permis de constater que même les personnes gravement inadaptées en retirent un bénéfice considérable si nous parvenons à les faire 'penser' à elles-mêmes en termes neurologiques électro-colloïdaux (voir Chapitre IX).

La plupart des 'philosophes' qui ont critiqué ce livre ont fait des déclarations particulièrement choquantes. Les lecteurs moyennement intelligents peuvent comprendre ce livre, car ils ont généralement un certain contact avec la vie. Il n'en va pas de même pour ceux qui se complaisent dans le simple verbalisme. Je ne peux donner ici qu'un exemple classique de certaines performances 'philosophiques'. Dans le *Journal of Philosophy* du 1ᵉʳ février 1934, un critique écrit : " À l'exception de sa discussion stimulante sur l'infini mathématique (p. 189) et de ses indications sur la nature de la théorie (p. 237), il ne contribue en rien à la clarification des significations par des analyses précises de problèmes particuliers. En fait, il ne fait qu'ajouter à la confusion lorsqu'il déclare que les hypothèses contraires au fait sont sans signification (par exemple, p. 154) ; si ses vues étaient correctes, la science prendrait fin. Sa théorie de la signification, comme sa théorie de la causalité sociale, est pour le moins très naïve".

Je suggère au lecteur de vérifier si, à la page 154, il y a une telle affirmation, ou même une allusion à une telle notion, que je ne peux pas avoir. D'ailleurs, je ne donne aucune théorie de la 'signification' ou de la 'causalité sociale' !

La plupart des 'philosophes', des 'logiciens' et même des mathématiciens considèrent ce système *d'évaluation* non-aristotélicien comme un système de 'logique' formelle non-aristotélicienne, ce qui n'est pas le cas. Ils ne sont en quelque sorte pas capables d'adopter le point de vue des sciences naturelles selon lequel toutes les sciences, les mathématiques, la 'logique', la 'philosophie', etc., sont le produit du fonctionnement du système nerveux humain, impliquant une sorte d'orientations ou d'évaluations internes, qui ne sont pas nécessairement formalisées. L'analyse de ces *réactions vivantes* est le seul objet de la sémantique générale en tant que *science empirique* naturelle.

Ces 'philosophes', etc., semblent non attentifs du fait, pour ne donner qu'un seul exemple, qu'en enseignant et en prêchant "l'identité", qui est empiriquement non-existante dans ce vrai monde, ils éduquent *neurologiquement* les générations futures aux identifications pathologiques que l'on trouve chez les malades 'mentaux' ou les inadaptés. Comme expliqué à la page 379, et aussi au Chapitre XXVI, quoi que nous puissions *dire* qu'un objet *'est', il ne l'est pas*, parce que la déclaration est verbale, et que les faits ne le sont pas.

Il est pathétique, sinon tragique, que la société investisse des millions de dollars pour soutenir de tels spécialistes qui forment les générations futures à l'inadaptation, simplement parce qu'ils ignorent les effets neuro-linguistiques et neuro-sémantiques inévitables de leurs enseignements sur la vie de leurs élèves.

La plupart des scientifiques et des éducateurs sont soit totalement innocents de ces problèmes, soit indifférents et passifs, soit même négativistes. Comme certains animaux capables de déjouer les humains grâce à leur sens aigu de l'observation, les dirigeants totalitaires actuels, rusés, souvent pathologiques et totalement ignorants, n'ignorent pas les lacunes académiques fondées sur l'inertie, le verbalisme, etc., et utilisent ouvertement ces faiblesses nerveuses humaines à des fins destructrices, avec des résultats très éloquents. Le nazisme, les guerres *des* et *sur* les nerfs, les guerres de *distorsion verbale*, etc., avec les désastres qui s'ensuivent, n'en sont en 1941 que des exemples trop évidents. Je reviendrai sur ce sujet à la fin de cette introduction.

Les termes 'philosophie', 'système', etc., tels qu'ils sont utilisés habituellement, représentent des généralisations trop larges. Les différentes 'philosophies' ne représentent rien d'autre que des *méthodes d'évaluation,* qui peuvent conduire à une mauvaise évaluation empirique si l'on ne tient pas compte de la science et des faits empiriques.

Différents systèmes peuvent être très vastes et généraux, comme par exemple le système aristotélicien (A) (voir Fig. 1), au sein duquel se trouve un système plus limité et moins général comme le 'christianisme' (C), au sein duquel se trouve, par exemple, le système leibnitzien (L), et au sein duquel il y a des systèmes individuels et personnels (P). Chaque Dupond$_1$ a une interprétation individuelle des systèmes plus larges et possède donc en réalité *un système qui lui est propre*. En règle générale, les systèmes personnels font partie de systèmes plus vastes et sont influencés par ces derniers, qui à leur tour sont influencés par des systèmes encore plus généraux. De tels problèmes ne peuvent être traités actuellement que par les méthodes de la sémantique générale et par les méthodes topologiques.*

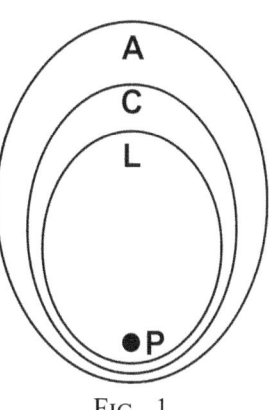

Fig. 1

La maladie 'mentale' et toute forme d'inadaptation doivent être considérées comme des évaluations erronées, impliquant certaines 'philosophies', publiques ou individuelles, l'une dans l'autre, comme d'habitude. Les 'philosophes', etc., qui souhaitent devenir attentifs à de tels dangers, feraient bien d'étudier les verbalisations et les évaluations erronées des malades 'mentaux' dans les hôpitaux.

2. *PERPLEXITÉS DANS LES THÉORIES DE LA SIGNIFICATION*

Il existe une confusion fondamentale entre la notion de 'sémantique' plus ancienne, connectée à une théorie de la 'signification' *verbale* et des mots définis par des mots, et la présente théorie de la 'sémantique générale', dans laquelle nous

---

* Lewin, Kurt. Principes de psychologie topologique. McGraw-Hill, New York, 1936.

traitons uniquement des *réactions neuro*-sémantiques et *neuro*-linguistiques de Dupond$_1$, Dupond$_2$, etc., à des *environnements* neuro-sémantiques et neuro-linguistiques *en tant qu'environnement*.

Les théories actuelles sur la 'signification' sont extrêmement confuses et difficiles, en fin de compte sans espoir, et probablement nuisibles à la sanité de l'espèce humaine. Récemment, aux États-Unis, certains membres du mouvement éducatif progressiste ont beaucoup écrit sur les 'référents' et les méthodes 'opérationnelles', dans l'abstrait, fondé sur le verbalisme. Examinons quelques faits et la manière dont les théories des référents et des méthodes opérationnelles s'adaptent aux *évaluations humaines*. Voici, par exemple, Dupond$_1$ qui, en raison de conditions familiales, sociales, économiques, politiques, etc., est devenu 'fou'. Dupond$_1$ finit, en langage courant, par tuer Dupond$_2$. D'un point de vue humain, il s'agit d'une situation très complexe et tragique. Rendons-en compte en termes de référents et d'opérations. Le corps et le cœur de Dupond$_2$, la main de Dupond$_1$, le couteau, etc., sont de parfaitement bons référents. La saisie du couteau par Dupond$_1$ et sa plongée dans le cœur de Dupond$_2$, la chute au sol de Dupond$_2$ et le battement de ses jambes sont des opérations tout à fait valables. Cependant, où est l'*évaluation humaine*? Où est la préoccupation de la 'sanité' et de "l'insanité"? Nous abordons ici certaines des tragédies humaines et sociales les plus profondes qui, dans ce cas, impliquent non seulement le meurtre de Dupond$_2$ par Dupond$_1$, mais la vie malade, malheureuse et tordue de Dupond$_1$, qui affecte toutes ses connexions de vie, et dont nous devons nous préoccuper si nous voulons être des *êtres humains* et différents des singes.

Cet exemple est bien sûr extrême et simplifié à l'extrême, même s'il illustre les principes. Cependant, l'enseignement officiel de ces *méthodes inadaptées* pour manier l'évaluation, et donc les valeurs humaines, a un effet sinistre certain, entre autres, sur la vie 'sexuelle' des étudiants. On apprend à beaucoup d'entre eux à s'orienter en général uniquement par rapport à des référents et des opérations ; ainsi, la simple performance physiologique est souvent *identifiée* à une vie amoureuse mûre, etc., et constitue un facteur causal dans le malheur conjugal généralisé, la promiscuité et d'autres abaissements des normes culturelles et éthiques humaines.

Ainsi, les théories de la 'signification' ou, pire encore, de la 'signification de la signification', fondées sur des 'référents' et des méthodes 'opérationnelles', sont tout à fait *inadaptées* pour rendre compte des valeurs humaines, alors qu'elles affectent le système nerveux de l'être humain. Il faut donc élaborer une *théorie de l'évaluation* fondée sur l'action et la réaction électro-colloïdale optimale du système nerveux.

Il ne fait aucun doute qu'une société civilisée a besoin d'une certaine 'morale', d'une certaine 'éthique', etc. Dans une théorie générale de l'évaluation et de la sanité, nous devons considérer sérieusement ces problèmes, si nous voulons être des humains sains. La théorie et la pratique montrent que les personnes en bonne santé et bien équilibrées sont naturellement 'morales' et 'éthiques', à moins que leur éducation n'ait déformé leurs types d'évaluation. En sémantique générale, nous ne 'prêchons' pas la 'morale' ou "l'éthique" *en tant que telles*, mais nous formons les étudiants à la conscience d'abstraire, à la conscience des mécanismes multiordinaux d'évaluation, aux orientations *relationnelles*, etc., qui amènent l'intégration cortico-thalamique, et par conséquent la 'morale', "l'éthique", la vigilance aux responsabilités sociales, etc., s'ensuivent automatiquement. Malheureusement, nos systèmes éducatifs ne s'intéressent pas à ces questions *neuro-sémantiques* et *neuro-linguistiques*, ou sont même négatifs à leur égard. Ce sont là de tristes constats que l'on peut faire sur nos systèmes éducatifs actuels.

Je me permets de suggérer aux lecteurs de consulter *Apes, Men and Morons* (Singes, hommes et crétins) et *Why Men Behave Like Apes* (Pourquoi les hommes se comportent comme des singes) de Earnest A. Hooton ; *The Mentality of Apes* (La mentalité des singes) de W. Kohler, *The Social Life of Apes and Monkeys* (La vie sociale des primates et des singes) de S. Zuckerman, et bien d'autres études de ce genre. Ils pourraient ainsi mieux comprendre comment l'éducation de type aristotélicien conduit à des orientations humainement néfastes, grossières, macroscopiques, brutalisantes, biologiques, animalistiques, qui se révèlent aujourd'hui *humainement inadéquates*. Celles-ci engendrent des 'führers' tels que les différents Hitler, Mussolini, Staline, etc., dans les domaines politique, financier, industriel, scientifique, médical,* éducatif ou même de l'édition, etc., se croyant les représentants de 'tout' le monde humain ! De tels délires doivent en fin de compte être destructeurs pour la culture *humaine*, et responsables du tragique 'retard culturel', tant souligné aujourd'hui par les anthropologues sociaux.

Les théories existantes sur la 'signification' de toute école ne tiennent pas compte du fait que toute définition de mots par des mots doit être fondée en fin de compte sur des *termes non-définis*. À ma connaissance, ce problème n'est pas du tout pris en compte dans les systèmes éducatifs actuels, à l'exception de certaines sciences, et les théories existantes tournent donc dans un cercle vicieux, comme un chien qui court après sa queue, et sont vouées à être inefficaces, voire nuisibles.

Comme le professeur Keyser le formule avec pertinence : "S'il soutient, comme il le fera parfois, qu'il a défini tous ses termes et prouvé toutes ses propositions, alors soit il fait des miracles logiques, soit c'est un stupide ; et, comme vous le savez, les miracles logiques sont impossibles".**

Similairement, les théoriciens de la 'théorie de la signification' telle que décrite ci-dessus ne tiennent pas compte de l'*inadéquation* de la forme de représentation sujet-prédicat pour l'orientation humaine. Je renvoie le lecteur à mon chapitre sur les relations, page 173 et suivantes, pour de plus amples informations.

En principe, un type d'orientation qui restreint formellement tout aux formes de représentation sujet-prédicat ne peut rendre compte que des relations symétriques, et nous pouvons tourner autour du pot à propos de 'signification' ; en principe, cependant, une théorie de l'évaluation est alors impossible. L'*évaluation* ne peut que se fonder sur des relations asymétriques telles que 'plus' ou 'moins', etc., qui ne peuvent être traitées de manière adéquate si elles sont restreintes formellement à des formes de représentation de prédicats-sujets, qui affectent nos orientations de manière préjudiciable.

Ce que j'ai dit ici est correct en principe ; cependant, en pratique, dans le développement neuro-sémantique et neuro-linguistique de la civilisations occidentales, nous avons dû inventer, par nécessité de vie, certaines relations asymétriques telles que 'plus' ou 'moins', etc. La difficulté réside dans le fait que ces méthodes permettant

---
*   Voir l'homme de Carrel, L'inconnu.
**   Keyser, Cassius J. Mathematical Philosophy. E. P. Dutton, New York, 1922, p. 152.

d'échapper à la structure grammaticale sujet-prédicat du langage n'ont été utilisées qu'au hasard et n'ont pas été formulées de manière générale dans un système fonctionnel fondé sur des relations asymétriques, qui pourrait être *enseignable*.

Il en va de même pour le problème de l'orientation intensionnelle par les définitions verbales et de l'orientation extensionnelle par les faits (voir p. 158) ; il y a également une certaine confusion à ce sujet. L'extension 'pure' est humainement impossible ; l'intension 'pure' est possible, et on la trouve souvent dans les hôpitaux pour malades 'mentaux' et dans certaines chaires de 'philosophie'. Ces questions et problèmes sont très déroutants pour le commun des mortels parce qu'ils n'ont jamais été formulés auparavant dans un système méthodologique.

3. *L'INADÉQUATION DES FORMES DE REPRÉSENTATION ET LEUR RÉVISION STRUCTURELLE*

On ne se rend généralement pas compte des graves difficultés qu'entraîne une *forme de représentation ou de théorie inadéquate et indûment limitée*. Cela est bien connu dans le domaine scientifique. Ainsi, par exemple, les systèmes euclidien et newtonien ne peuvent pas traiter avec succès l'électricité et il était donc impératif de produire des systèmes non-euclidiens et non-newtoniens, qui s'appliquent aux niveaux électriques submicroscopiques ainsi qu'aux niveaux macroscopiques bruts. Similairement dans la vie, le système aristotélicien deux-valués ne pouvait pas traiter de manière adéquate les niveaux submicroscopiques électrocolloïdaux du fonctionnement de nos systèmes nerveux, dont dépend la sanité. La formulation du présent système non-aristotélicien infini-valué est donc devenue une nécessité impérative.

Je dois souligner que, comme les anciens systèmes ne sont que des limitations spéciales des nouveaux 'non' systèmes plus généraux (voir p. 88), il serait incorrect d'interpréter un système 'non' comme un système 'anti'.

Un tel système non-aristotélicien aurait dû voir le jour il y a longtemps. Il a été retardé en raison des persécutions de l'Église et d'autres organismes influents, de la croyance générale selon laquelle 'Aristote avait dit le dernier mot', etc., et particulièrement en raison des difficultés inhérentes à une telle révision.

Le problème d'inadéquation des formes de représentation a considérablement handicapé la science et la vie jusqu'à ce que des systèmes relativement adéquats soient produits. Dans la vie, la situation est encore plus grave, car si nos orientations et nos évaluations sont inadéquates, notre prévisibilité est compromise et nous nous sentons avec le poète Housman, "étranger et effrayé, dans un monde que je n'ai jamais créé". Si nous avons une évaluation plus adéquate, nous aurons une prévisibilité plus correcte, etc., (voir p. 53 et suivantes et p. 711 et suivantes). Nous aurions alors le sentiment que 'nous *ne* sommes *pas* des étrangers et nous *n*'avons *pas* peur dans ce *désordre humain* que vous et moi avons créé.

Une autre des principales difficultés réside dans le fait qu'un langage ou un système d'une structure donnée peut être quelque peu modifié de l'intérieur, mais ne peut être *révisé structurellement* sans *sortir* de l'ancien système. Par exemple, toutes les tentatives de révision de la structure des systèmes euclidien et newtonien de l'intérieur ont été inefficaces. Ceux qui ont révisé la structure de ces systèmes ont d'abord dû sortir de ces systèmes, après quoi ils ont pu produire de nouveaux systèmes différents et indépendants. Ce n'est qu'ensuite qu'une évaluation efficace des anciens systèmes est devenue possible.

Similairement, le système aristotélicien deux-valué, intensionnel, ne peut être révisé structurellement et évalué correctement qu'en construisant indépendamment un système non-aristotélicien infini-valué, extensionnel. Cela confirme l'affirmation de Bertrand Russell, faite en 1922, selon laquelle il existe une 'possibilité' que "chaque langage possède . . . une structure au sujet de laquelle, *dans le langage*, rien ne peut être dit, mais qu'il puisse exister un autre langage traitant de la structure du premier langage, et ayant elle-même une nouvelle structure".* Ce que Russell appelle une 'possibilité' devient un fait une fois qu'un système de *structure différente* est construit. Les questions deviennent alors claires.

Russell se limite à la structure d'un langage et ne tient pas compte du fait que cette limitation est artificielle et que tout langage implique des hypothèses structurelles qui construisent un *système d'orientations* qui peuvent être civilisationnelles, nationales, personnelles, etc.

4. *IDENTIFICATIONS ET ÉVALUATIONS ERRONÉES*

Le problème de l'identification *générale* est un problème majeur qui ne semble pas du tout compris, même par les spécialistes. Les psychiatres connaissent professionnellement les conséquences tragiques des identifications chez leurs patients. Mais ce dont même les psychiatres ne se rendent pas compte, c'est que les identifications dans la vie quotidienne sont extrêmement fréquentes et entraînent toutes sortes de difficultés.

C'est un fait établi que nous vivons dans un monde où la non-identité est aussi entièrement générale que la gravitation, de sorte que *chaque identification* relève forcément, dans une certaine mesure, d'une erreur d'évaluation. Dans un monde quadridimensionnel où 'chaque point géométrique a une date', même un 'électron' à différentes dates n'est pas identique à lui-même, parce que les processus submicroscopiques qui se déroulent vraiment dans ce monde ne peuvent pas être arrêtés empiriquement, mais seulement transformés. Nous pouvons cependant, grâce à des méthodes extensionnelles et quadridimensionnelles, traduire la dynamique en statique et la statique en dynamique, et établir ainsi une similarité de structure entre le langage et les faits, ce qui était impossible avec les méthodes aristotéliciennes. Malheureusement, même certains physiciens modernes sont incapables de comprendre ces faits simples.

Pour communiquer à mes classes ce que je souhaite transmettre à mes lecteurs, la procédure suivante s'est avérée utile. Dans mes séminaires, je choisis une jeune étudiante et j'organise avec elle une démonstration dont la classe ne sait rien. Pendant la conférence, elle est appelée à l'estrade et je lui remets une boîte d'allumettes qu'elle prend négligemment et fait tomber sur le bureau. C'est le seul 'crime' qu'elle

---

* Wittgenstein, Ludwig. Tractatus Logico-Philosophicus, avec une introduction de Bertrand Russell. Harcourt, Brace, New York, 1922, p. 23.

ait commis. Je commence alors à l'insulter, etc., à faire étalage de ma colère, à agiter mes poings devant son visage, et finalement, d'un grand geste, je la gifle doucement. En voyant cette 'gifle', quatre-vingt-dix pour cent des élèves reculent et tremblent ; dix pour cent ne manifestent aucune réaction manifeste. Ces derniers ont vu ce qu'ils ont vu, mais ils ont *retardé leur évaluation*. Ensuite, j'explique aux étudiants que leur recul et leur frisson étaient une *évaluation organismale* très dommageable en principe, parce qu'ils *identifiaient* les faits vus avec leurs jugements, leurs croyances, leurs dogmes, etc., Leurs réactions étaient donc entièrement injustifiées, car ce qu'ils ont *vu* s'est avéré n'être qu'une démonstration scientifique du mécanisme d'identification, identification à laquelle je m'attendais.

De telles identifications sont très courantes. Le regretté Dr Joshua Rosett, ancien professeur de neurologie à l'université de Columbia et directeur scientifique de la Brain Research Foundation, à New York, donne un exemple tiré de sa propre expérience : "Une image frappante sur l'écran de cinéma représentait un garçon et une fille en train de tirer du foin d'une meule de foin pour en faire un couchage. J'ai éternué à cause de la poussière du foin qui apparaissait à l'écran".*

Le problème de l'identification des valeurs est neurologiquement étroitement connecté à l'inversion pathologique de l'ordre naturel d'évaluation, que l'on retrouve à des degrés divers chez les inadaptés, les névrosés, les psychotiques, et même chez certaines personnes 'normales'. Ainsi, le frisson et l'éternuement supposés innocents dans les exemples ci-dessus, ou la crise de rhume des foins lors de la présentation de roses *en papier* (voir p. 116), etc., peuvent tout aussi bien, dans d'autres cas, se terminer par une mort subite ou par une névrose ou une psychose. Les mécanismes neurologiques sont similaires, impliquant des identifications en valeurs de différents ordres d'abstractions, et donc l'inversion très fréquente de l'ordre naturel d'évaluation.

Dans l'évolution de l'espèce humaine et du langage, un ordre naturel d'évaluation a été établi : les faits de la vie venaient en premier et les étiquettes (les mots) venaient ensuite en importance. Aujourd'hui, dès l'enfance, nous inculquons d'abord les mots et le langage, et les faits qu'ils représentent viennent ensuite en valeur, un autre ordre pathologiquement inversé, par lequel nous sommes inconsciemment entraînés à identifier les mots avec les 'faits'. Même en médecine, nous évaluons trop souvent en fonction des définitions des 'maladies' au lieu de nous occuper d'un patient individuel, dont la maladie correspond rarement aux définitions des manuels.

Les considérations qui précèdent traitent directement des orientations aristotéliciennes par intension, ou définitions verbales, où le verbiage vient en premier en importance, et les faits ensuite. Par des méthodes non-aristotéliciennes, nous nous entrainons à l'ordre naturel, à savoir que les faits empiriques de premier ordre sont plus importants que les définitions ou le verbiage. Il convient de noter que l'enfant moyen naît extensionnel et que ses évaluations sont ensuite déformées à la suite d'une formation intensionnelle par les parents, les enseignants, etc., qui sont non-attentifs des lourdes conséquences neurologiques.

---

* Rosett, Joshua. Le mécanisme de la pensée, de l'imagerie et de l'hallucination. Columbia University Press, New York, 1939, p. 212.

Il s'agit de problèmes clés impliqués dans le passage d'orientations aristotéliciennes à des orientations non-aristotéliciennes, qui affectent nos futurs ajustements personnels, nationaux et internationaux. Pour une discussion détaillée, le lecteur est renvoyé à ce texte, voir l'index sous les termes 'identification', 'ordre', 'ordre naturel', etc.

5. *LES MÉTHODES DU MAGICIEN*

Une autre difficulté très sérieuse provient du fait que notre connaissance du monde et de nous-mêmes comporte des facteurs inévitables de tromperie et d'auto-tromperie. Une étude scientifique de la magie et de ses méthodes de tromperie psycho-logique est très révélatrice, car elle montre les mécanismes par lesquels nous sommes continuellement et à notre insu trompés dans la science et la vie quotidienne.* Pour tromper le public, le magicien a recours à des méthodes de détournement, d'évaluation erronée, de demi-vérités, etc., utilisées pour jouer sur les associations et les implications ordinaires, les habitudes de généralisation hâtive, etc., du public, conduisant ainsi à des interprétations erronées, des identifications, un manque de prédictibilités, etc. Ces mécanismes psycho-logiques généraux et si courants sont très profonds et, dans une large mesure, connectés aux orientations intensionnelles, sujet-prédicat, de type aristotélicien, qui peuvent en fin de compte devenir nuisibles.

Pour un ajustement maximal, et par conséquent pour la sanité, nous avons besoin de méthodes neurologiques pour prévenir et contrecarrer ces anciennes illusions et autotromperies jusqu'ici inévitables. Dans un système non-aristotélicien, ces difficultés sont reconnues et des méthodes empiriques sont découvertes pour les éliminer pas à pas. Ces méthodes de prévention et de contre-action culminent dans l'entraînement à la conscience d'abstraire (voir Chapitres XXVI, XXVII, XXIX et p. 461 et suivantes).

Je dois souligner qu'en ce qui concerne les êtres humains, il est impossible que nous soyons totalement ignorants de nous-mêmes ; nous ne pouvons avoir que des *connaissances erronées* ou des *demi-vérités*. Les psychiatres savent que, dans de nombreux cas, les connaissances erronées, en particulier sur nous-mêmes, engendrent des inadaptations, souvent graves, parce qu'elles reposent fondamentalement sur l'autotromperie. Entre-temps, nous réagissons et agissons *'comme si'* nos demi-vérités ou nos fausses connaissances étaient "tout ce qu'il y a à savoir". Nous sommes donc condamnés à être déconcertés, confus, obsédés par des peurs, etc., à cause d'erreurs dues à nos mauvaises évaluations, lorsque nous nous orientons en fonction de structures verbales qui ne correspondent pas aux faits.

Section C. Révolutions et évolutions.

L'une des plus grandes difficultés auxquelles le monde est confronté aujourd'hui est le passage d'une ère historique à une autre. Comme le montre l'histoire, de tels passages ont toujours été douloureux et lourds de conséquences. Par exemple, le passage du contrôle papal au contrôle non-papal, qui s'est accompagné de persécutions

---

* Kelley, Douglas M. Conjuring as an Asset to Occupational Therapy. Occupational Therapy and Rehabilitation. Vol. 19, n° 2, avril 1940.

et de massacres religieux meurtriers, dont la dévastatrice guerre de Trente Ans, etc. ; le passage du royalisme français au républicanisme, qui s'est accompagné de la féroce Révolution française et de la Commune ; le passage du tsarisme au capitalisme d'État, qui s'est accompagné de la dernière révolution russe sanglante et d'une période de prétendu 'communisme'. Aujourd'hui, nous assistons aux luttes des 'démocraties' contre les 'États totalitaires', en passant par la récente et impitoyable guerre d'Espagne, la deuxième Guerre Mondiale, etc.

Similairement, nous pouvons illustrer l'histoire des sciences par des transitions douloureuses d'un système à l'autre, qui ont également été accompagnées de perplexité et de travail : par exemple, le passage du système ptolémaïque au système copernicien, du système euclidien au système non-euclidien, du système newtonien au système non-newtonien (einsteinien), etc.

Dans toutes ces transitions, il a fallu une ou plusieurs générations pour que les bouleversements s'estompent et que l'on s'adapte aux nouvelles conditions.

Aussi douloureuses et perturbantes qu'aient été ces transitions, elles n'en restaient pas moins des changements et des révisions *au sein* du système aristotélicien intensionnel le plus général de l'époque. Ce système a été imposé aux civilisations occidentales par les 'pères de l'église'. Sa force et son influence étaient dues à ses formulations verbales générales, académiquement rationalisées, qui étaient présentées dans des manuels et devenaient ainsi enseignables. Dès le départ, le système aristotélicien tel qu'il était formulé était inadéquat et de nombreuses tentatives de correction ont été faites. Les civilisations occidentales ont été impressionnées par l'église selon laquelle 'Aristote a parlé' et qu'il n'y avait rien d'autre à dire. En fait, les tentatives de révision de ce système ont été interdites jusqu'à une époque très récente. Cependant, de nouveaux faits s'accumulaient, qui ne correspondaient pas aux modèles aristotéliciens et ecclésiastiques, ce qui nécessitait de nouvelles méthodes, des langages de structure particulière, etc.

Une illustration tirée de l'histoire des mathématiques peut peut-être nous aider. Pendant plus de 2000 ans, par nécessité, les mathématiciens ont différencié (NdT : au sens de calcul différentiel) et intégré (NdT : au sens de calcul intégral) de manière maladroite afin de résoudre des problèmes individuels. Mais ce n'est qu'après la formulation d'une *théorie générale* par Newton et Leibnitz que la *méthode générale* est devenue enseignable et communicable en tant que discipline pratique générale (voir p. 530) qui a jeté les bases des développements futurs des mathématiques.

Le système aristotélicien a été formulé de manière très rationnelle. Des tentatives non-aristotéliciennes ont été et sont continuellement faites dans des domaines limités. La difficulté réside dans le fait qu'aucune théorie générale méthodologique fondée sur les nouveaux développements de la vie et de la science n'a été formulée jusqu'à ce que la sémantique générale et un système général, extensionnel et enseignable soient formulés.

Les principales difficultés à venir sont d'ordre neuro-sémantique et neuro-linguistique, car depuis plus de 2000 ans, nos systèmes nerveux ont été canalisés dans les orientations aristotéliciennes inadéquates, intensionnelles et souvent délirantes, qui se reflètent même dans la *structure du langage* que nous utilisons habituellement.

Il peut être utile d'indiquer quelques faits historiques sur l'évolution de nos orientations depuis Socrate (469-399 av. J.-C.). Socrate était le fils d'un *sculpteur* et a lui-même *travaillé avec le ciseau et ses mains*. Il est devenu un important fondateur d'une école de 'philosophie'. En bref, cette école avait des exigences très élevées en matière de science, cherchant à appliquer la science de l'époque à la vie, de sorte qu'elle est devenue ce que l'on peut appeler une 'école de sagesse'.

L'un de ses élèves, Platon (427-347 av. J.-C.), issu d'une *famille aristocratique*, devint le fondateur d'une autre école, appelée 'Académie', et le 'père' de ce que l'on peut appeler la 'philosophie mathématique'. Contrairement à son maître, il commença, dans sa 'Doctrine des Idées', à scinder verbalement les êtres humains en 'corps' *et* 'esprit', comme s'ils pouvaient être ainsi scindés dans les êtres vivants. Il a construit un système "d'*immatérialisme*" ou "d'*idéalisme*".

Aristote (384-322 av. J.-C.), fils de *médecin*, fut l'élève de Platon et s'intéressa particulièrement à la *biologie, aux autres sciences naturelles*, etc. Il a fondé la plus influente des trois écoles, qui porte son nom. Il était sans aucun doute l'un des êtres humains les plus doués que l'humanité ait jamais connus. Comme toujours dans ce genre de cas, l'étude d'une branche de la connaissance en amène une autre, ainsi, Aristote a été amené à étudier la 'logique', la *structure linguistique*, etc., au sujet desquelles il a rédigé de savants traités ou manuels, pour finalement formuler le système le plus complet de son époque. En raison de l'exhaustivité de ce système, soutenu par de puissantes influences, il a façonné nos orientations et nos évaluations jusqu'à aujourd'hui. L'homme de la rue, notre éducation, notre médecine et même nos sciences sont encore sous l'emprise du système d'Aristote, un système *inadapté* pour 1941 mais peut-être satisfaisant il y a 2300 ans, lorsque les conditions de vie étaient relativement si simples, que les orientations ne se situaient qu'au niveau macroscopique et que la connaissance des faits scientifiques était pratiquement inexistante (voir Chapitre XXIV p. 345 et suivantes).

Dans le système d'Aristote *tel qu'il est appliqué*, la scission devient complète et institutionnalisée, avec des prisons pour "l'animal" et des églises pour "l'âme". Nous commençons maintenant à nous rendre compte à quel point cette scission est pernicieuse et retarde la civilisation. Par exemple, ce n'est que depuis Einstein et Minkowski que nous commençons à comprendre que 'espace' *et* 'temps' ne peuvent être scindés empiriquement, sinon nous nous créons des mondes délirants. Ce n'est que depuis leurs travaux que la physique submicroscopique moderne, avec tous ses accomplissements, est devenue possible.

Il en va de même, et c'est tragique, pour la médecine. Jusqu'à récemment, nous avons eu une médecine scindée. Une branche, la médecine générale, s'intéressait au 'corps' (soma), tandis que l'autre s'intéressait à "l'âme" ('psyché'). Le résultat net était que la médecine générale était une forme glorifiée de la science vétérinaire, tandis que la psychiatrie restait métaphysique.* Cependant, on a constaté empiriquement qu'un grand nombre d'affections 'physiques' ont une origine sémantogène. Il y a quelques années seulement, les médecins généralistes ont commencé à

---

* Korzybski, Alfred. Mécanismes neuro-sémantiques et neuro-linguistiques de l'extension. American Journal of Psychiatry, Vol. 93, No. 1, juillet 1936.

comprendre qu'ils ne pouvaient pas s'occuper d'êtres humains sans avoir des connaissances en psychiatrie, et la médecine psychosomatique a commencé à être formulée. Je ne peux pas entrer dans les détails ici, sauf pour mentionner qu'il s'agit d'un autre pas constructif par rapport au système aristotélicien, qui, tel qu'il est appliqué, nous entraîne dans des scissions verbales artificielles.

Si nous nous entraînons à des méthodes qui, en principe, conduisent à une scission de la personnalité, il est évident que nous formons ou préparons le terrain pour la dementia praecox ou la schizophrénie, qui implique très souvent une personnalité scindée. En tout état de cause, il ne semble pas souhaitable pour la sanité, et donc l'évaluation correcte des 'faits' et de la 'réalité', de former nos enfants à des méthodes délirantes. Personnellement, l'auteur est toujours profondément choqué que des parents, qui après tout s'occupent de leurs enfants, puissent tolérer que des éducateurs, des médecins, des scientifiques, etc., forment leurs enfants à des méthodes aussi pernicieuses et désespérément dépassées. Je me demande aussi toujours si les éducateurs, les médecins, les scientifiques et les autres professionnels se rendent compte du mal qu'ils peuvent faire en négligeant les facteurs de sanité, ou en les ignorant.

Il est pitoyable de constater que même certains des scientifiques les plus éminents du monde sont incapables de comprendre ce que signifie le passage d'un système à un autre. C'est ainsi, par exemple, qu'une encyclopédie des sciences unifiées a été projetée. Un certain nombre de traités très érudits y ont été publiés, et pourtant, parce que les difficultés n'ont pas été affrontées franchement, les auteurs ne comprennent pas que des mécanismes neuro-sémantiques et neurolinguistiques sont impliqués et que nous passons d'un système à un autre.

L'un des obstacles majeurs à la révision du système aristotélicien est précisément l'excellence de l'œuvre d'Aristote fondée sur les très rares faits scientifiques connus il y a 2300 ans. Le but de son travail *vers* 350 avant J.-C. était de formuler la *nature essentielle de la science* (350 avant J.-C.) ainsi que les formes et les lois de la science. Son objectif immédiat était entièrement *méthodologique* (350 av. J.-C.), et il visait à formuler une *méthode générale* pour 'tout' le travail scientifique. Il exposait même la théorie des relations symétriques, la relation du général au particulier, etc. À son époque, ces orientations étaient nécessairement deux-valuées et 'objectique' ; d'où son système complet, alors plus ou moins satisfaisant au niveau macroscopique. Une révision moderne du système aristotélicien ou la construction d'un système non-aristotélicien implique, ou se fonde sur, des objectifs similaires, à savoir la formulation d'une *méthode générale* non seulement pour le travail scientifique, mais aussi pour la vie, telle que nous la connaissons *aujourd'hui* (1941).

Les développements scientifiques modernes montrent que ce que nous appelons 'objets' ou 'objectiques' ne sont que de simples constructions nerveuses à l'intérieur de nos crânes, que nos systèmes nerveux ont abstraites électro-colloïdalement du vrai monde des processus électroniques au niveau submicroscopique. Nous devons donc faire face à une rupture méthodologique complète, en passant d'orientations 'objectiques' deux-valuées à des *orientations de processus générales infini-valuées*, comme l'exigent les découvertes scientifiques des soixante dernières années au moins.

INTRODUCTION À LA DEUXIÈME ÉDITION 1941

L'objectif de l'œuvre d'Aristote et de l'œuvre des non-aristotéliciens est similaire, à l'exception de la date de notre développement humain et du progrès de la science. Le problème est de savoir si nous devons traiter de la science et des méthodes scientifiques de 350 avant. J.-C. ou de 1941 après. J.-C. En sémantique générale, en construisant un système non-aristotélicien, les objectifs d'Aristote sont conservés, mais les méthodes scientifiques sont actualisées.

Section D. Une révision non-aristotélicienne.

Pour tenter de rendre compte de l'ampleur de la tâche à laquelle nous sommes maintenant confrontés, je ne peux faire mieux que de résumer grossièrement dans le tableau suivant certains des points de différence les plus marquants entre le système aristotélicien tel qu'il façonne nos vies aujourd'hui, et tel qu'il est *vécu*, et un système scientifique, non-aristotélicien, tel qu'il guidera peut-être nos vies un jour ou l'autre.

	ANCIENNES ORIENTATIONS ARISTOTÉLICIENNES (Vers 350 Avant. J.-C.)	NOUVELLES ORIENTATIONS SÉMANTIQUES GÉNÉRALES NON-ARISTOTÉLICIENNES (1941 Après J.C.)
1	Méthodes sujet-prédicat	Méthodes relationnelles
2	Relations symétriques, inadéquates pour une *évaluation* correcte	Des relations asymétriques, indispensables pour une bonne *évaluation*
3	Orientations *statiques, 'objectiques', 'permanentes', 'substance', 'matière solide'*, etc.	Orientations des *processus* électroniques *dynamiques, en* constant changement, etc.
4	Propriétés' de la 'substance', 'attributs', 'qualités' de la 'matière', etc.	Invariance relative de la fonction, de la structure dynamique, etc.
5	Orientations deux-valuées, 'ou bien ou bien', inflexibles et dogmatiques	Flexibilité infini-valuée, orientations des degrés
6	*'Toutisme'* statique et finaliste ; *un* nombre fini d'attitudes caractéristiques	*Non-toutisme* dynamique ; nombre infini d'attitudes caractéristiques
	ORIENTATIONS ARISTOTÉLICIENNES	ORIENTATIONS NON-ARISTOTÉLICIENNES
7	*Par définition*, 'absolu mêmeisme à 'tous' égards' ('identité')	La non-identité empirique, une loi naturelle aussi universelle que la gravitation
8	'Certitude' deux-valuée, etc.	Probabilité maximale infini-valuée

9	Absolutisme statique	Relativisme dynamique
10	*Par définition*, 'vide absolu', 'espace absolu', etc.	Plénitude *empirique* des champs électromagnétiques, gravitationnels, etc.
11	Par définition, 'temps absolu'	Espace-temps *empirique*
12	Par définition, 'simultanéité absolue'	Simultanéité relative *empirique*
13	Additif ('et'), linéaire	Fonctionnel, non-linéaire
14	'Espace' *et* 'temps' à (3+1) dimensions	Espace-temps à 4 dimensions
15	Système euclidien	Systèmes non-euclidiens
16	Système newtonien	Systèmes einsteiniens ou non-newtoniens
17	Prédominance des données 'sensorielles'	Les données inférentielles comme nouveaux facteurs fondamentaux
18	Niveaux macroscopiques et microscopiques	Niveaux submicroscopiques
19	Méthodes de magie (auto-tromperie)	Élimination de l'auto-tromperie
20	Fibres, neurones, etc., orientations 'objectiques'	*Processus* d'orientations électro-colloïdal
21	Éventuel 'organisme-comme-un-tout', sans tenir compte des facteurs environnementaux	Organisme-comme-un-tout-dans-ses-environnements, introduisant de nouveaux facteurs inévitables
22	*Structure* élémentalistique du langage et des orientations	*Structure* non-élémentalistique du langage et des orientations
23	Émotion *et* intellect, etc.	Réactions sémantiques
24	Corps *et* esprit, etc.	Intégration psychosomatique
25	Tendance à scinder la 'personnalité'	Intégrer la 'personnalité'
26	Handicap de l'intégration nerveuse	Produire automatiquement l'intégration thalamo-corticale
27	*Structure* intensionnelle du langage et des orientations, perpétuant :	*Structure* extensionnelle du langage et des orientations, produisant :
28	Identifications en valeur : (a) des étapes électroniques, électro colloïdales, etc., des processus avec les niveaux silencieux non verbaux, 'objectiques' b) des individus, des situations, etc. c) des ordres d'abstraction, etc.)	Conscience d'abstraire Procédés exentionnels

29	Ordre d'évaluation pathologiquement inversé	Ordre naturel d'évaluation
30	Propice à la tension neuro-sémantique	Produire une relaxation neuro-sémantique
	Orientations Aristotéliciennes	Orientations Non-Aristotéliciennes
31	Effets psychosomatiques néfastes	Effets psychosomatiques bénéfiques
32	Influencer vers la non-sanité	Influencer vers la sanité
33	'Action à distance', orientations métaphysiques fausses quant aux faits.	Action par 'contact', orientations scientifiques neuro-physiologiques
34	Causalité deux-valuée, et donc 'causalité finale' qui en découle	Causalité infini-valuée, pour laquelle l'hypothèse de la 'causalité finale' n'est pas nécessaire
35	Mathématiques dérivées de la 'logique', avec les paradoxes verbaux qui en résultent	Logique' dérivée des mathématiques, éliminant les paradoxes verbaux
36	Évitant les paradoxes empiriques	Faisant face aux paradoxes empiriques
37	Ajustant les faits empiriques aux schémas verbaux	Ajustant les schémas verbaux aux faits empiriques
38	La 'science' statique primitive (religions)	Les 'religions' dynamiques modernes (science)
39	Anthropomorphique	Non-anthropomorphique
40	Non-similarité de structure entre le langage et les faits	*Similarité de structure* entre le langage et les faits
41	Évaluations inadéquates, entraînant :	Évaluations correctes, testées par :
42	Altération de la prédictibilité	Prédictibilité maximale
43	Non pris en compte	Termes non-définis
44	Non pris en compte	L'autoréflexivité du langage
45	Non pris en compte	Mécanismes et termes multiordinaux
46	Non pris en compte	Caractère $\frac{sur}{sous}$ définis des termes
47	Non pris en compte	*Termes* inférentiels en tant que termes
48	Non pris en compte	Environnements neuro-linguistiques considérés comme environnement
49	Non pris en compte	Environnements neuro-sémantiques considérés comme environnements

	Orientations Aristotéliciennes	Orientations Non-Aristotéliciennes
50	Non pris en compte	Effet décisif et automatique de la *structure du langage* sur les types d'évaluation et donc sur les réactions neuro-sémantiques
51	'Signification' élémentalistique, verbale, intensionnelle, ou pire encore, 'signification de la signification'	Évaluations non-élémentalistiques, extensionnelles, par des faits
52	Désuète	Moderne, 1941

Les nouvelles orientations non-aristotéliciennes diffèrent autant des aristotéliciens que les aristotéliciens diffèrent des types primitifs d'évaluation.

Les anciennes orientations se perpétuent, le plus souvent à leur insu, à travers la structure aristotélicienne de notre langage, de nos institutions, etc. Les nouvelles orientations sont plus simples que les anciennes parce qu'elles sont plus proches des faits empiriques, et sont donc encore plus facilement assimilées par les enfants - à condition que les parents, les enseignants, etc., soient eux-mêmes attentifs aux nouvelles méthodes et puissent ainsi guider les enfants.

Les difficultés auxquelles nous sommes actuellement confrontés, avec les nombreux nouveaux facteurs importants introduits dans un système non-aristotélicien, énumérés grossièrement dans le tableau, ne peuvent être évaluées efficacement que si nous comprenons le rôle que jouent les *nouveaux facteurs* dans nos généralisations.

Section E. Les nouveaux facteurs : les ravages qu'ils causent à nos généralisations.

En mathématiques et en sciences, la méthode de l'interpolation est largement utilisée. Pour construire des courbes, nous ne disposons pas de tous les points ou de toutes les données. Nous en avons un certain nombre et nous connectons ensuite les points par une courbe lisse. L'équation de cette courbe est donnée sur la base des vraies données disponibles. Les processus nerveux impliqués dans les interpolations et la construction d'équations sont également impliqués dans la production de *généralisations ordinaires* dans la vie quotidienne, c'est-à-dire que nous interpolons à partir des données dont nous disposons et généralisons ensuite avec des mots au lieu d'équations. Il est bien connu que parfois, lorsqu'une nouvelle donnée est découverte, elle transforme complètement la courbe, avec un changement correspondant dans l'équation (généralisation).

L'illustration de la Fig. 2 permettra d'y voir plus clair. Si nous mesurons les points expérimentaux (1,0), (3,6), (5,12), nous constaterons qu'ils se situent sur la ligne *abc* avec l'équation $y = 3x - 3$, et nous pourrions en conclure que d'autres expériences similaires confirmeraient la linéarité de la relation étudiée. Mais si une analyse plus poussée donne le point (2,6), la courbe la plus simple correspondant à ces données est maintenant la courbe *adbec*, exprimée par l'équation $y = x^3 - 9x^2 + 26x - 18$, qui est différente et beaucoup plus complexe qu'auparavant, car il s'agit d'une équation cubique au lieu d'une équation linéaire.*

On ne se rend généralement pas compte des ravages que la découverte d'un seul nouveau facteur structurel important peut causer à nos généralisations. En science et dans la vie ordinaire, nous rencontrons assez souvent de tels nouveaux facteurs et nous devons modifier nos équations ou nos généralisations, et donc nos normes d'évaluation, si nous ne voulons pas créer des situations délirantes pour nous-mêmes.

À titre d'exemple, je peux citer les travaux du professeur W. Burridge,**, qui, dans ses recherches physiologiques, a introduit le nouveau facteur inévitable de la structure électro-colloïdale de la vie. Dans ce cas, il importe peu que la théorie colloïdale proposée par Burridge soit correcte ou

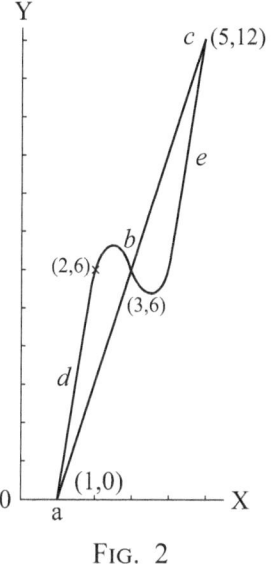

FIG. 2

non. Le fait qu'il ait introduit un nouveau facteur structurel important conduit à des interprétations, des généralisations, etc., entièrement différentes, bien que les faits empiriques de premier ordre demeurent. Une telle introduction nécessite une révision complète des généralisations de la biologie, de la physiologie, de la neurologie, etc., et donc même de la médecine et de la psychiatrie. Incidemment, les résultats psycho-somatiques deviennent au moins intelligibles.

D'autres exemples peuvent être cités, comme les travaux du professeur William F. Petersen,***, qui a introduit le nouveau facteur météorologique dans la médecine ; ou ceux de Freud, qui a introduit "l'inconscient", etc. ; ou ceux de Lorentz, Einstein et d'autres, qui ont introduit la vitesse finie de la lumière dans le système newtonien, etc. Comme on le sait bien, l'introduction de ces nouveaux facteurs a révolutionné de manière constructive les théories plus anciennes.

Les exigences scientifiques d'une nouvelle théorie sont très strictes. Une nouvelle théorie doit rendre compte des faits connus et prédire de nouveaux faits à la suite des nouvelles généralisations, qui dépendent à leur tour des nouveaux facteurs ou des hypothèses structurelles introduites. Les nouveaux faits prédits doivent ensuite être vérifiés empiriquement.

En sémantique générale, nous introduisons un certain nombre de nouveaux facteurs structurels inévitables, entre autres nos *environnements* neuro-sémantique (neuro-évaluation) et neuro-linguistique *en tant qu'environnement*. De telles introductions nécessitent également une révision radicale de ce que nous savons, et ont de vastes applications dans la vie quotidienne, ainsi que dans les sciences, y compris

---

* Je suis redevable de cet exemple au Dr. A. S. Householder, de l'Université de Chicago.
** Doyen de la faculté de médecine et directeur du King George's Medical College, Lucknow, Inde.
*** Professeur de pathologie, Université de l'Illinois, Collège de médecine.

les fondements des mathématiques (voir les Chapitres XIV, XV, XVIII et XIX) et de la physique (voir le Chapitre XVII). Ces nouveaux éléments devraient particulièrement intéresser les parents, les éducateurs, les médecins, les psychiatres et autres spécialistes.

L'introduction de nouveaux facteurs peut d'abord sembler difficile en raison de la méconnaissance d'une nouvelle terminologie qui incarne les nouvelles hypothèses structurelles, et de la nécessité d'une nouvelle analyse de nos habitudes neuro-linguistiques, etc. Cependant, une fois les nouvelles orientations acquises, les nouvelles questions deviennent beaucoup plus simples que les anciennes, car elles sont mieux comprises (voir p. 88).

Dans au moins un cas historique, c'est l'omission d'un postulat artificiel inutile qui a entraîné une transformation de l'ensemble du système. Je parle ici de la géométrie euclidienne, qui suppose l'égale distance des parallèles, et des géométries non-euclidiennes, qui ont éliminé ce postulat d'égale distance comme inutile. Les résultats sont très frappants. Ainsi, dans le système euclidien, nous construisons des courbes à partir de petits bouts de 'lignes droites'. Nous faisons le contraire dans les nouvelles géométries - nous commençons par des courbes, les distances les plus courtes, etc., et non par des 'lignes droites' (car personne ne sait ce que cela signifie), et nous construisons des 'lignes droites' comme la limite d'un arc de cercle avec un 'rayon infini' (voir p. 547).

D'autres explications sont données dans le texte, mais j'espère avoir transmis au lecteur le caractère fondamental de ces problèmes et certaines des difficultés rencontrées au début lors de l'introduction de nouveaux facteurs structurels. Même l'élimination d'un postulat peut se traduire par l'introduction d'un nouveau facteur négatif. Cette traduction est importante dans la vie, bien qu'elle puisse être sans importance dans les mathématiques techniques. En science comme dans la vie, nous sommes constamment confrontés à ce type de problèmes, et lorsqu'ils ne sont pas compris structurellement, nous sommes plongés dans le paradoxe et la perplexité, et dans une inadaptation potentielle.

Section F. Méthodes non-aristotéliciennes.

1. *MÉCANISMES NEUROLOGIQUES DE L'EXTENSIONALISATION*

Il existe une généralisation particulièrement large, déjà mentionnée, qui indique empiriquement une différence fondamentale entre les orientations traditionnelles, aristotéliciennes, intensionnelles, et les nouvelles orientations extensionnelles non-aristotéliciennes, et qui résume à bien des égards les différences radicales entre les deux systèmes. Il s'agit du problème de l'*intension* (orthographié avec un *s*) et de l'*extension*. Aristote, et ses disciples encore aujourd'hui, reconnaissaient la différence entre l'intension et l'extension. Cependant, ils ont considéré le problème dans l'abstrait, sans jamais l'appliquer aux *réactions vivantes* humaines en tant que *réactions vivantes*, qui peuvent être à prédominance intensionnelle ou à prédominance extensionnelle. Il est conseillé au lecteur intéressé de consulter tout manuel de 'logique' concernant l'intension et l'extension, ainsi que le matériel présenté dans ce texte (voir l'index).

La différence peut être brièvement illustrée par des exemples de 'définitions'. Ainsi, une 'définition' par intension est donnée en termes de 'propriétés' aristotéliciennes. Par exemple, nous pouvons verbalement 'définir' l'être humain comme un 'bipède sans plumes', un 'animal rationnel', etc., ce qui ne fait aucune différence, car aucune liste de 'propriétés' ne pourrait couvrir 'toutes' les caractéristiques de Dupond$_1$, Dupond$_2$, etc., et leurs inter-relations.

Par extension, 'être humain' est 'défini' par l'exhibition d'une classe d'individus composée de Dupond$_1$, Dupond$_2$, etc.

En apparence, cette différence peut sembler sans importance, mais ce n'est pas le cas dans les *applications de la vie quotidienne*. C'est là qu'interviennent les problèmes plus profonds des mécanismes neurologiques. Si nous nous orientons principalement en fonction de l'intension ou des définitions verbales, nos orientations dépendent principalement de la région corticale. Si nous nous orientons en fonction de l'extension ou des faits, ce type d'orientation suit nécessairement l'ordre naturel d'évaluation et implique des facteurs thalamiques, introduisant automatiquement des réactions corticalement retardées. En d'autres mots, les orientations par intension tendent à entraîner notre système nerveux dans une scission entre les fonctions des régions corticales et thalamiques ; les orientations par extension impliquent l'intégration des fonctions cortico-thalamiques.

Les orientations induisent par extension un retard *automatique* des réactions, qui stimule *automatiquement* la région corticale et régule et protège les réactions de la région thalamique habituellement surstimulée.

Ce qui a été dit ici est élémentaire du point de vue de la neurologie. Le problème est que ces quelques connaissances neurologiques ne sont pas appliquées dans la pratique. Les neurologues, les psychiatres, etc., ont traité ces problèmes d'une manière 'abstraite', 'académique', détachée, entièrement inattentifs au fait que les réactions humaines vivantes dépendent du fonctionnement du système nerveux humain, dépendance à laquelle il est impossible d'échapper. Il n'est pas étonnant que 'philosophes', 'logiciens', mathématiciens, etc., ignorent le fonctionnement de leur système nerveux si même les neurologues et les psychiatres s'orientent encore par des fictions verbales dans "l'*abstrait*".

Si nous investiguons, il est effrayant de constater à quel point les vastes connaissances dont nous disposons sont peu mises en pratique. Même les anciens Perses ont montré qu'ils comprenaient la différence entre *apprendre* et *appliquer* dans leur proverbe : "Celui qui apprend et apprend, mais ne *fait* pas ce qu'il sait, est celui qui laboure et laboure, mais ne sème jamais". Dans ce nouveau système moderne non-aristotélicien, nous devons non seulement '*connaître*' les faits élémentaires de la science moderne, y compris les recherches neuro-linguistiques et neuro-sémantiques, mais aussi les *appliquer*. En fait, tout le passage du système aristotélicien au système non-aristotélicien dépend de ce changement d'attitude, qui consiste à passer de l'intension à l'extension, des orientations macroscopiques à celles submicroscopiques, des orientations 'objective' à celles des processus, des évaluations sujet-prédicat à celles relationnelles, etc. C'est un processus laborieux et des mois d'autodiscipline sont nécessaires pour les adultes avant que ces nouvelles méthodes puissent être appliquées de manière générale ; les enfants, habituellement, n'ont pas de difficultés.

Toutefois, si nous nous arrêtons pour réfléchir, il semble évident que ceux qui sont formés uniquement à des orientations aristotéliciennes deux-valuées, macroscopiques, '*objectiques*', sont tout à fait incapables d'avoir des orientations modernes, électro-colloïdales, submicroscopiques, infini-valuées, et centrées *processus* dans la vie, qui ne peuvent être acquises que par un entraînement aux méthodes non-aristotéliciennes.

Il est triste en effet de constater que même de jeunes scientifiques des domaines colloïdal et quantique, après avoir enlevé leur blouse au laboratoire, retombent immédiatement dans les orientations aristotéliciennes dominantes deux-valuées, cessant ainsi d'être des scientifiques 1941. À bien des égards, ces scientifiques sont moins bien lotis que 'l'homme de la rue', en raison de la scission artificiellement *accentuée* entre leurs orientations scientifiques et leurs orientations de vie. Bien qu'ils travaillent dans un domaine non-aristotélicien infini-valué, même eux ont besoin d'une formation spéciale pour devenir conscients de la manière d'appliquer leurs propres méthodes scientifiques non-aristotéliciennes aux problèmes de la vie.

Empiriquement, les conséquences de l'entraînement aux nouvelles méthodes sont d'une portée étonnante. Cela se comprend aisément après réflexion, car l'intégration des fonctions des régions corticales et thalamiques permet un meilleur fonctionnement des glandes, des organes, etc. Bien que la sémantique générale ne soit pas une science médicale, on peut comprendre que les méthodes thalamo-corticales extensionnelles non-aristotéliciennes apportent beaucoup de stabilisation et même des conséquences psychosomatiques, comme l'indiquent les résultats empiriques obtenus par mes collègues psychiatres et moi-même.

2. *LA RELAXATION NEURO-SÉMANTIQUE*

Le fonctionnement optimal du système nerveux dépend, entre autres, d'une tension artérielle 'normale', qui est principalement une fonction thalamique, fournissant au système nerveux la circulation sanguine nécessaire. Comme les réponses affectives ou 'émotionnelles' et la tension artérielle sont étroitement connectées sur le plan neurologique, il est fondamental pour l'équilibre émotionnel d'avoir une tension artérielle 'normale', et *vice versa*.

En sémantique générale, nous utilisons ce que j'appelle la 'relaxation neuro-sémantique' qui, comme l'attestent les médecins, permet généralement d'obtenir une pression artérielle 'normale', c'est-à-dire qu'elle abaisse une pression anormalement élevée et augmente une pression anormalement basse, régulant ainsi la *circulation sanguine* essentielle, et donc l'approvisionnement en sang. Les critères de 'normalité' sont donnés sous forme de moyennes statistiques et ne sont pas exactes pour un individu donné et à des moments différents. Ces conditions et conséquences bénéfiques sont strictement empiriques et doivent être prises en compte, même si les théories scientifiques actuelles à ce sujet ne sont pas encore claires. Il faut se rendre compte que le fonctionnement 'normal' du système nerveux nécessite une bonne circulation sanguine, qui peut être affectée par la *tension* des vaisseaux sanguins et qui est également connectée à la *tension* 'émotionnelle'. Nous ne sommes jamais attentifs à ce type particulier de tension 'émotionnelle', qui implique des peurs cachées, des anxiétés, des incertitudes, des frustrations, etc., et qui, par le biais des mécanismes nerveux de projection, colore de manière néfaste nos attitudes envers le monde et la vie en général. De telles conditions entraînent une *attitude défensive, qui n'est pas une défense*, mais un gaspillage inutile des capacités nerveuses limitées.

Le professeur Wendell Johnson, de l'université de l'Iowa, donne quelques détails sur les mécanismes et les techniques impliqués, tels qu'ils affectent, entre autres, ce qu'on appelle les "difficultés d'élocution" (bégaiement, etc.), dans son ouvrage *Language and Speech Hygiene : An Application of General Semantics*, publié comme première monographie de l'Institut de sémantique générale. De plus amples détails concernant la relaxation neuro-sémantique seront présentés dans des articles professionnels.

3. *PROCÉDÉS EXTENSIONNELS ET QUELQUES APPLICATIONS*

Pour parvenir à l'extensionnalisation, nous utilisons ce que j'appelle des 'procédés extensionnels' :

1) Index
2) Dates   } Procédés de travail
3) Etc. (*et cetera*)
4) Guillemets   } Procédés de sécurité
5) Traits d' union

Il convient de noter que dans un monde quadridimensionnel, dater n'est qu'un indice temporel particulier qui nous permet de traiter efficacement l'espace-temps. Dans les orientations non-aristotéliciennes, ces procédés extensionnels doivent être utilisés de manière habituelle et permanente, avec un léger mouvement des mains pour indiquer des individus, des événements, des situations, etc., absolus, qui changent à différentes dates, ainsi que différents ordres d'abstraction, etc. C'est ainsi qu'interviennent les facteurs thalamiques, *sans lesquels l'intégration thalamo-corticale tant désirée ne peut s'accomplir*.

J'ajouterai que toutes les psychothérapies existantes, quelle que soit l'école, sont fondées sur l'extensionnalisation partielle et particulière d'un patient donné, en fonction de la chance et de l'habileté personnelle du psychiatre. Malheureusement, ces spécialistes pour la plupart ne sont pas au courant de ce qui est dit ici, et de l'existence d'une théorie de la santé qui donne des méthodes thalamo-corticales générales, simples et praticables pour l'extensionnalisation, et donc l'intégration thalamo-corticale.

Quelques illustrations des vastes applications pratiques de certains de ces procédés peuvent être données ici. Dans de nombreux cas, de graves désajustements se produisent lorsque la 'haine' absorbe la totalité de l'énergie affective d'un individu donné. Dans ces cas extrêmes, la haine épuise l'énergie affective *limitée*. Il ne reste plus d'énergie pour les sentiments positifs et l'image est souvent celle d'une dementia praecox, etc. Ainsi, un individu 'déteste' une *généralisation* 'mère', 'père', etc., et ainsi par identification 'déteste' 'toutes les mères', 'tous les pères', etc., en fait, déteste tout le tissu de la société humaine, et devient un névrosé ou même un psychotique. Il est évidemment inutile de prêcher "l'amour" pour ceux qui ont blessé et fait le mal. Au contraire, dans un premier temps, par l'acte d'*indexer*, nous *attribuons* ou *limitons* la 'haine' à l'individu Dupond$_1$, au lieu d'une 'haine' pour une généralisation qui s'étend au monde entier. Dans des cas concrets, nous pouvons observer comment cette allocation ou limitation de la 'haine' d'une généralisation à un individu aide la personne concernée. Plus elles 'détestent' l'individu Dupond$_1$ au lieu d'une généralisation, plus elles libèrent de l'énergie affective positive et plus elles deviennent 'humaines' et 'normales'. C'est un long combat, mais jusqu'à présent, il est empiriquement invariablement couronné de succès, à condition que l'étudiant soit disposé à travailler avec persévérance sur lui-même.

Mais même cette 'haine' *individuelle* indexée n'est pas souhaitable, et nous l'éliminons assez simplement en la *datant*. De toute évidence, Dupond$_1^{1920}$ *n'est pas* Dupond$_1^{1940}$ et, la plupart du temps, blessure$_1^{1920}$ ne serait pas 'blessure' en 1940. Avec de telles orientations, l'individu devient ajusté et de sérieuses améliorations dans les relations familiales et sociales s'ensuivent, parce que l'étudiant s'est formé à une méthode générale pour gérer ses propres problèmes.

Des mécanismes similaires de généralisation par identification sont impliqués dans les *peurs* morbides et autres *peurs* généralisées qui sont si désastreuses pour l'adaptation quotidienne. Parce que des *facteurs thalamiques sont impliqués*, ces difficultés sont grandement facilitées ou éliminées par une utilisation similaire des procédés extensionnels afin d'individualiser et de dater les peurs attribuées.

L'histoire et l'œuvre du Dr. Sigmund Freud illustrent parfaitement le lourd tribut que nous pouvons parfois payer à la méconnaissance des procédés extensionnels dans la structure du langage. Dans ses écrits, Freud a attribué *un* 'sexe' intensionnel non-différencié même aux nourrissons, ce qui a révolté l'opinion publique. Si Freud avait utilisé les procédés extensionnels, il ne se serait pas heurté à des difficultés professionnelles et autres aussi préjudiciables. Il n'aurait pas utilisé la fiction 'sexe' sans index, dates et guillemets, et il aurait expliqué qu'un nourrisson a un organe chatouilleux qui pourrait être étiqueté 'sexe$_0^0$' à la naissance, 'sexe$_1^1$' à l'âge d'un an, 'sexe$_2^2$' à l'âge de deux ans, etc. Ces organes sont évidemment différents dans la vie, mais les différences sont cachées par le terme abstrait de définition 'sexe' et ne sont mises en évidence que par les techniques extensionnelles.

Soyons francs. L'abstrait intensionnel 'sexe' désigne une fiction. Par extension ou par les faits, le 'sexe' varie chez chaque individu non seulement en fonction de l'âge (dates), mais aussi en fonction d'une infinité d'autres facteurs, et ne peut être traité de manière adéquate que par l'utilisation de procédés extensionnels.

4. *IMPLICATIONS DE LA STRUCTURE DU LANGAGE*

Dans ce qui précède, nous avons déjà traité du passage d'une *structure* intensionnelle à une *structure* extensionnelle du langage, et donc de l'orientation. Nous pouvons aller plus loin et constater que la structure aristotélicienne du langage est essentiellement *élémentalistique*, impliquant, par le biais de la structure, une scission ou une séparation de ce qui, en vrai, ne peut être scindé. Par exemple, nous pouvons scinder verbalement 'corps' *et* 'esprit', 'émotion' *et* 'intellect', 'espace' *et* 'temps', etc., qui, en fait, ne peuvent être scindés empiriquement et ne peuvent l'être que verbalement. Ces caractéristiques élémentalistiques, scindantes et structurelles du langage ont été fermement enracinées en nous par la formation aristotélicienne. Elle nous a construit un *monde animiste fictif qui* n'est pas beaucoup plus avancé que celui des primitifs, un monde dans lequel, dans les conditions actuelles, une adaptation optimale est en principe impossible.

Dans un système non-aristotélicien, nous n'utilisons pas de terminologie élémentalistique pour représenter des faits qui sont non-élémentalistiques. Nous utilisons des termes tels que 'réactions sémantiques', 'psychosomatiques', 'espace-temps', etc., qui éliminent les scissions verbales implicites et les mauvaises évaluations qui en découlent. Au début de mes séminaires, lorsque j'explique l'espace-temps, les étudiants réagissent souvent en disant : "Oh, vous voulez dire 'espace' *et* 'temps'". Cette traduction supprimerait toutes les avancées modernes de la physique, en raison des implications structurelles d'une scission verbale délirante. Similairement, l'utilisation habituelle du terme non-élémentalistique 'réactions sémantiques' élimine les spéculations métaphysiques et verbales sur des fictions élémentalistiques telles que 'émotion' *et* 'intellect', etc., considérées comme des entités distinctes.

Malheureusement, ces considérations sur les implications structurelles ont été totalement laissées de côté dans la vie quotidienne, même par les scientifiques, ce qui a souvent pour effet de brouiller très sérieusement les pistes. Ainsi, le terme 'concept' est largement utilisé, et les utilisateurs ne sont pas conscients que ce terme possède des implications élémentalistiques "d'esprit" ou "d'intellect" pris *séparément*, qui deviennent alors des fictions verbales. Les vrais faits, cependant, peuvent être exprimés simplement avec des implications structurelles correctes. Ce que l'on appelle 'concept' n'est ni plus ni moins qu'une *formulation* verbale, un terme qui élimine les implications fausses quant aux faits. Il est vivement conseillé aux étudiants en sémantique générale de ne jamais utiliser le terme élémentalistique 'concept', mais plutôt celui, non-élémentalistique, de 'formulation'. Nous pourrions éventuellement réprimander et ridiculiser les gens pour leurs vieilles habitudes neuro-linguistiques, mais dans notre travail, nous adoptons l'*attitude neurologique* et nous prenons en compte les difficultés des habitudes linguistiques et de la re-canalisation neurologique. De ce point de vue, nous ne faisons qu'affronter avec compréhension les difficultés inhérentes. J'entends déjà les réactions de certains de mes lecteurs : "Je suis tout à fait d'accord avec vous, et je pense que c'est un très bon *concept*"! Et c'est ainsi que les choses se passent.

Il ressort de ce qui précède que, sans changer le langage lui-même, ce qui est pratiquement impossible, nous pouvons facilement modifier la *structure* du langage pour qu'il soit exempt d'implications fausses ou erronées. Ce changement est possible.

Un autre exemple peut rendre les choses plus claires. Ainsi, la définition verbale intensionnelle d'un 'homme' ou d'une 'chaise', etc., amène à notre conscience des *similarités* et, pour ainsi dire, repousse les *différences* dans "l'inconscient". Dans un monde de processus et de non-identité, il s'ensuit qu'aucun individu, 'objet', événement, etc., ne peut être le 'même' d'un moment à l'autre. C'est pourquoi les procédés d'individualisation (indices) et les procédés temporels (dates), etc., doivent être utilisés *conjointement*. Ainsi, il est évident que la chaise$_1^{1600}$ n'est pas la 'même' que la chaise$_1^{1940}$, ni que Dupond$_1^{lundi}$ n'est pas le 'même' que Dupond$_1^{mardi}$.

Les orientations avec de tels termes extensionnels amènent à notre conscience non seulement des similarités, mais aussi des différences. En nous entraînant à la conscience d'abstraire, nous devenons vigilants de ce que des caractéristiques sont laissées de côté dans le processus avec lequel notre système nerveux abstrait, et nous devenons ainsi conscients de la possibilité que de nouveaux facteurs puissent surgir à tout moment, qui nécessiteraient une modification de nos généralisations.

Une fois de plus, nous pouvons tirer un peu de sagesse de la méthode mathématique. Je crois que c'est le grand mathématicien Sylvester qui a dit que 'en mathématiques, nous cherchons des similarités dans les différences et des différences dans les similarités', déclaration qui devrait s'appliquer à l'ensemble de notre orientation de vie. La nouvelle structure extensionnelle non-aristotélicienne du langage, et donc des orientations, rend ce principe applicable à la vie de manière unique.

Le lecteur trouvera dans ce travail l'utilisation de certains termes qui, bien qu'ils soient des mots anglais (français) standard, ne sont pas utilisés de manière habituelle. Les termes utilisés ici ont été soigneusement sélectionnés et testés, et se sont avérés plus proches de la structure des vrais faits. Le pouvoir de la terminologie, en raison de ses *implications structurelles*, est bien connu en science, mais est entièrement ignoré dans nos habitudes neuro-linguistiques quotidiennes.

Il est choquant de constater que même des aristotéliciens aussi érudits que les Jésuites, et d'autres dévots, ne peuvent pas *ou ne veulent pas* comprendre les faits structurels modernes évidents de la neuro-sémantique et de la neuro-linguistique. Quand ils y sont confrontés, ils se cachent derrière un écran de fumée verbal composé de termes médiévaux tels que 'nominalisme', 'réalisme', etc., qui, dans la science moderne, sont désespérément désuets, inutiles, déroutants et, en fin de compte, nuisibles. Aujourd'hui encore, leur attitude consiste à dire que tous ces problèmes ont été réglés et résolus par différents moines au Moyen-Âge. Les recherches modernes révèlent que rien de tel n'a été réglé et qu'une nouvelle révision actualisée est nécessaire pour éliminer les connaissances erronées qui sont à l'origine des tragédies actuelles. Le lecteur est invité à consulter l'Encyclopaedia Britannica pour des termes tels que 'nominalisme', 'réalisme' et autres termes apparentés.

Section G. les termes $\frac{sur}{sous}$ définis.*

Comme nous l'avons expliqué précédemment, pour réviser un système, nous devons d'abord sortir du système. Ce n'est qu'après avoir produit un système extensionnel non-aristotélicien que la structure intensionnelle aristotélicienne de notre système et de notre langage traditionnels peut être correctement évaluée.

Nous introduisons ici un terme technique très important qui décrit une caractéristique fondamentale d'une attitude correcte à l'égard du langage, à savoir que la

---

* L'expression 'classe sur-définie' a été introduite, à ma connaissance, par le Dr A. S. Householder. Ce terme n'est pas adapté à notre propos, car il ne tient pas compte des problèmes d'intension et d'extension, qui représentent des types d'évaluation différents. En outre, le terme 'classe' est très ambigu. En science et dans la vie, nous utilisons principalement des termes $\frac{sur}{sous}$ définis, comme nous allons l'expliquer.

plupart des termes sont '$\frac{sur}{sous}$ définis'. Ils sont sur-définis (sur-limités) par intension, ou la définition verbale, en raison de notre *croyance* en la définition, et sont désespérément sous-définis par extension ou les faits, lorsque les généralisations deviennent simplement hypothétiques. Par exemple, les parallèles euclidiennes avec leur distance égale sont sur-définies par intension et sous-définies par extension, car la 'distance égale' n'est pas nécessaire et est également démentie par les faits. Similairement, les équations newtoniennes sont sur-définies (sur-limitées) par intension, mais sous-définies par extension, qui inclut la vitesse finie nécessaire d'un signal (Lorentz-Einstein).

Ces deux exemples suffisent à montrer l'ampleur du problème, car la découverte d'un nouveau facteur important rend évident le fait que la plupart des généralisations doivent être $\frac{sur}{sous}$ définies, selon que notre attitude est intensionnelle ou extensionnelle.

Malheureusement, seuls ceux qui ont étudié la psychiatrie et/ou la sémantique générale peuvent comprendre pleinement les difficultés que cela implique. Les différents inadaptés, névrosés, psychotiques, etc., s'orientent la plupart du temps par intension. Cela signifie qu'ils évaluent par sur-définition, simplement parce qu'ils *croient* en leurs verbalismes limités, et non par des faits extensionnels, qui nous rendent conscients de la sous-définition.

Pour clarifier cette difficulté fondamentale, je prendrai une illustration assez triviale. Les dictionnaires définissent 'maison' comme un "bâtiment destiné à l'habitation ou à l'occupation humaine", etc., Imaginons que nous achetions une maison ; cet achat est une activité extensionnelle, qui a généralement des conséquences. Si nous nous orientons par intension, nous achetons en réalité une définition, bien que nous puissions même inspecter la maison, qui peut sembler désirable, etc. Supposons ensuite que nous emménagions dans la maison avec nos meubles et que toute la maison s'effondre parce que les termites ont détruit tout le bois, ne laissant qu'une coquille, peut-être satisfaisante à l'œil. La définition verbale de la maison correspond-elle aux faits extensionnels? Bien sûr que non. Il devient alors évident que, par intension, le terme 'maison' était sur-défini, ou sur-limité, alors que, par extension, ou dans les faits, il était désespérément sous-défini, car de nombreuses caractéristiques importantes étaient laissées de côté. Aucune définition de 'maison' dans le dictionnaire ne mentionne la possibilité de la présence de termites.

Les 'philosophes', etc., et les profanes en philosophie 'philosophant', s'ils sont un jour capables de faire face aux faits et aux paradoxes verbaux, s'amuseront à débattre de la situation humaine et neuro-linguistique décrite ci-dessus, parce qu'ils ne connaissent rien à la psychiatrie et aux données *empiriques* de la sémantique générale. Sans une étude neuro-linguistique sérieuse, y compris les 'traités philosophiques' des malades 'mentaux' dans les hôpitaux, ils ne seront pas en mesure de comprendre pourquoi, par intension ou *croyance* dans les définitions verbales, la plupart des termes sont désespérément sur-définis, alors que par extension ils sont désespérément sous-définis. Leur analyse des 'sur-définitions' intensionnelles sera *nécessairement extensionnelle*, et ils auront de grandes difficultés à se rendre compte du fait très important que nous *ne* traitons la plupart du temps *que* de termes $\frac{sur}{sous}$ définis.

J'insiste à nouveau sur le fait que cette difficulté n'est pas inhérente à notre langage en tant que telle, mais qu'elle dépend exclusivement de notre *attitude* à l'égard de l'*utilisation* du langage.

L'ignorance des 'philosophes', etc., sur les questions *neuro-sémantiques* et *neuro-linguistiques* n'est pas seulement consternante, elle est positivement nuisible à la sanité, à la civilisation et à la culture. Pour justifier leur propre existence dans la civilisation, ils auraient dû étudier ces problèmes de manière professionnelle il y a longtemps, et les intégrer dans leur travail. Même les tragédies mondiales actuelles sont l'un des résultats de leur détachement neuro-sémantique et *neurolinguistique* intensionnel et délirant. Les totalitarismes actuels ont été construits en déversant sur les systèmes nerveux humains des termes tels que 'communisme', 'bolchevisme', etc., qui ont induit des réactions de peur correspondantes (voir Chapitre XXI) dans les classes dirigeantes, entraînant leur comportement imbécile et suicidaire. Les classes dirigeantes ont accueilli à bien des égards les totalitaires comme un éventuel garde-fou de leurs intérêts égoïstes personnels. En conséquence, les redoutables 'communistes' et 'bolchevistes' se sont unis aux totalitaires et, aujourd'hui, en 1940, les 'communistes' sont aussi 'impérialistes' qu'aucun tsar ne l'a jamais été.

Pour donner un autre exemple des termes $\frac{sur}{sous}$ définis, il peut être utile de citer un paradoxe formulé par le mathématicien Frege en rapport avec les difficultés linguistiques sous-jacentes aux fondements mathématiques.

Dans un village, il n'y avait qu'un seul barbier, qui ne rasait que ceux qui ne se rasaient pas eux-mêmes. La question se pose de savoir si le barbier se rase lui-même ou non. Si nous répondons 'oui', c'est qu'il ne s'est pas rasé lui-même ; si nous répondons 'non', c'est qu'il s'est rasé lui-même. Dans la vie quotidienne, nous sommes constamment confrontés à de tels paradoxes qui, s'ils ne sont pas clarifiés, ne font qu'engendrer la perplexité.

Le *terme* 'barbier' *en tant que terme*, puisqu'il omet l'être humain vivant, est une étiquette pour une fiction, car il n'existe pas de 'barbier' en dehors d'un être humain vivant. Par extension, le spécialiste du rasage donné, Dupond$_1$, n'est pas si simple. Il est parsemé d'index en chaîne et de dates complexes. Ainsi, *Dupond*$_{1_1}$ peut être coiffeur de profession, *Dupond*$_{1_2}$ peut être père de famille, *Dupond*$_{1_3}$ peut être membre du conseil municipal, et de toute façon *Dupond*$_{1_n}$ est une personne vivante qui a sa propre vie et sa propre personnalité en dehors de sa profession, et en fin de compte il doit se raser lui-même s'il ne veut pas de barbe, verbalisme ou pas verbalisme. Il est évident que le *terme* 'barbier' est sur-défini, sur-limité, par intension, et qu'il est sous-défini par extension.

Un de mes collègues, commentant ce paradoxe, a suggéré que le barbier pouvait être une femme et ne pas avoir de barbe ; ou que le barbier pouvait être un hermaphrodite imberbe ou un eunuque ; ou encore que le barbier pouvait avoir une barbe complète. Ainsi, nous avons traditionnellement supposé, en analysant ce vieux paradoxe, que le barbier était un homme dont la barbe était rasée d'une manière ou d'une autre.

Les difficultés de cette situation en termes $\frac{sur}{sous}$ définis affectent non seulement notre vie quotidienne, mais aussi la science. Par exemple, H_2O est, par intension ou définition, sur-défini ; par extension ou dans la pratique, nous ne traitons pas de H_2O 'pur', qui n'est qu'un symbole sur le papier, parce qu'en réalité des impuretés inévitables sont toujours présentes.

Similairement, considérons la '*transfusion sanguine*'. Au début, nous avons utilisé le terme 'transfusion sanguine' comme étant sur-défini ; par extension, il s'est avéré être sous-défini, car les différents sangs ont des caractéristiques différentes, et souvent le sang d'un certain type a tué le patient qui avait du sang d'un autre type.

Je vais énumérer ici quelques-uns des nombreux termes lourds que nous utilisons dans la science et dans la vie quotidienne et qui sont la cause de querelles verbales et de confusions sans fin, parce que nous ne nous rendons pas compte de leur caractère $\frac{sur}{sous}$ défini, qui dépend uniquement de nos attitudes. Des termes tels que *variation* en biologie et anthropologie, *apprentissage, frustration, éducation, besoins, intelligence, instincts, génie, enseignant, leadership, amour, haine, peur, sexe, homme, femme, infantilisme, inadaptation, dementia praecox, personnalité, démocratie, totalitarisme, dollar, dieu, or, guerre, paix, agression, neutre, juif, nombre, vitesse, etc.*, peuvent servir d'illustration.

Un psychanalyste suggère *ego* et *super-ego* ; un autre écrit : 'Je pourrais vous citer une grande partie des termes psychanalytiques'. Un épistémologue dit : "*La signification* est un terme interdit dans mes cours. . . . En linguistique, les termes *phonème, mot, phrase* sont des labyrinthes de confusion. . . . La *philosophie* est dans une situation aussi mauvaise. La *métaphysique* est encore pire". Pour citer un éminent anthropologue : "la $\frac{sur}{sous}$ définition est particulièrement courante dans le domaine de l'anthropologie dite sociale, où les étudiants tentent d'ignorer l'organisme humain et de traiter les affaires humaines comme des phénomènes distincts". Par exemple, "la *culture* peut être une technologie, une morale, une philosophie ou une jambe de bois, toutes formulées de la manière la plus vague qui soit . . . . Quand un changement dans l'anatomie et la physiologie de l'organisme est attribué à l'*environnement*, ce dernier terme n'est pas décomposé en climat, précipitations, approvisionnement en nourriture, etc., L'*environnement social* peut être constitué par les arts, les industries, le droit, la morale, la religion, les institutions familiales, la tradition, etc."

Le commentaire suivant d'un mathématicien montre la généralité de ce problème : "Un terme semble être sous-défini du point de vue de l'extension tant que nous ne pouvons pas, dans la pratique, épuiser ses instances par énumération. Mais cela est vrai pour à peu près tous les termes du type traditionnellement connu sous le nom de 'concret général' ; par exemple, *maison, pièce de monnaie, étoile, neurone*".

Un journaliste suggère : "Comme exemple récemment porté à notre attention, je mentionnerais les mots magiques de la *Doctrine Monroe*. Même lorsque M. Hull en parle, comme il le fait aussi correctement que n'importe quelle personne 'au courant', il omet certains faits réels, tels que les implications économiques de l'inversion du *statu quo* international dans cet hémisphère. Mais lorsque le Japon et/ou l'Allemagne (abstractions de haut niveau utilisées ici) se réfèrent aux doctrines Monroe asiatiques et/ou européennes, la signification des mots originaux a été complètement métamorphosé par la $\frac{\text{sur}}{\text{sous}}$ définition. La signification américaine communément admise n'inclut aucun contrôle réel de ceux qui tombent dans la sphère de la doctrine, alors que le Japon et l'Allemagne signifient une hégémonie réelle dans leurs sphères respectives. La relation entre les nôtres et les leurs est donc une vaste confusion de termes.

"Il faut ensuite considérer les *incidents* qui découlent des *insultes* dans les domaines internationaux. Qu'est-ce qu'une insulte? C'est généralement du pur verbalisme doté de grandes caractéristiques affectives et manipulé pour influencer les autres selon les directives de l'auteur de l'insulte. Pour transposer cela dans le domaine national, traitez un *républicain* (qu'est-ce que cela?) de '*New Dealer*' (encore une fois, qu'est-ce que cela?) et ils se volent dans les plumes".

Un grand réalisateur de cinéma dit que les acteurs se disputent souvent verbalement sur ce qui est *drôle*. La seule chose à faire est d'essayer devant un public. Si cela les fait rire, on peut dire que c'est *drôle*, mais si cela ne les fait pas rire, ce *n'est pas drôle*. En attendant, "votre public vous dira peut-être que le sujet en question n'est ni drôle, ni pas drôle, mais simplement ennuyeux".

Il n'est pas nécessaire de donner d'autres exemples ici, car pratiquement tout le dictionnaire pourrait être cité. Dans mon enquête concernant les termes $\frac{\text{sur}}{\text{sous}}$ définis dans de nombreux domaines, j'ai reçu un certain nombre de réponses très fondamentales, que je reconnais avec gratitude. Certaines réponses étaient du type : 'Je vous donnerais volontiers des exemples tels que vous les demandez, mais je ne pense pas en avoir qui soient nouveaux pour vous', ce qui montre leur compréhension du problème. Dr. Robert M. Hutchins, qui m'a envoyé son discours de la cérémonie de remise des diplômes de juin 1940, accompagné d'une lettre qu'il m'a aimablement autorisé à citer comme suit : "Je crains que vous ne pensiez que tous les mots que j'utilise sont des exemples des erreurs que vous attaquez. Voici mon dernier discours de cérémonie de remise des diplômes, avec un exemple à chaque ligne". Un tel jugement est profondément justifié chaque fois que l'on utilise le langage. Ce discours est un travail splendide, et il implique la reconnaissance intuitive des difficultés neuro-linguistiques fondamentales auxquelles nous sommes confrontés.

Mais une compréhension intuitive par des personnes exceptionnelles ne rend pas cette reconnaissance *enseignable* dans l'enseignement général. Nous avons besoin de *formulations méthodologiques* claires et générales qui permettront aux gens d'être vigilant du rôle que joue la structure du langage dans nos types de réactions. Par exemple, notre langage peut être élémentalistique ou non-élémentalistique, intensionnel ou extensionnel, dans sa structure, etc. Nous découvrons également le caractère fondamentalement multiordinal des termes les plus importants que nous possédons, le caractère $\frac{\text{sur}}{\text{sous}}$ défini de la plupart de nos termes, etc.

Comme les difficultés mentionnées ici sont inhérentes à nos mécanismes neuro-sémantiques et neuro-linguistiques, qui contrôlent nos réactions, la seule protection possible contre les dangers de l'égarement désespéré, des peurs, des angoisses, etc., est la *conscience de ces mécanismes*. Les 'philosophes', les 'logiciens', les psychiatres, les éducateurs, etc., devraient certainement être attentifs à ces problèmes et introduire cette conscience dès l'enseignement élémentaire et en psychothérapie.

Le problème des termes $\frac{\text{sur}}{\text{sous}}$ défini est très difficile à expliquer brièvement. Il est abordé plus en détail dans deux des documents que j'ai présentés à des sociétés professionnelles.*

Section H. La fin de l'ancienne époque aristotélicienne.

1. *MENTALITÉS DE LA LIGNE MAGINOT*

Les recherches scientifiques actuelles et l'évolution historique du monde montrent qu'il ne fait aucun doute que l'ancienne époque aristotélicienne de l'évolution humaine est en train de mourir. Les terreurs et les horreurs dont nous sommes témoins à l'Est et à l'Ouest sont les agonies de cette époque révolue et non le début d'un nouveau système. Les changements de périodes historiques dans le développement humain s'accompagnent souvent d'une désorganisation, et parfois d'une souffrance aiguë, de l'humanité, et le prix doit en être payé par une ou plusieurs générations.

Je doute que, dans toute l'histoire de l'humanité, il y ait une illustration plus accentuée que l'effondrement tragique et soudain, au cours de l'été 1940, du gouvernement et de l'armée français, et finalement de la culture et de la 'démocratie' françaises. Le degré de stupidité, de trahison, de corruption, de malhonnêteté, d'ignorance et, en fin de compte, de décadence, etc., dont ont fait preuve les ploutocrates, les hommes politiques et la prétendue 'intelligentsia' française est sans précédent, surtout si l'on tient compte des excellents antécédents historiques des Français. Nous testons la fraîcheur ou la détérioration des poissons en sentant leur tête, et comme nous le savons à la date de cet article, la tête de la 'démocratie' française a une odeur putride. Cette détérioration a affecté les militaires français, qui étaient autrefois les meilleurs du monde, et l'effondrement a été complet. Je ne peux donner de meilleure illustration, plus pitoyable, plus choquante, de l'effondrement de l'ancien système.

La 'mentalité de la ligne Maginot' deviendra un classique historique et sera appliquée de manière tout à fait appropriée à d'autres domaines que le domaine militaire. Il s'agit d'une 'sécurité' irréfléchie, trompeuse, etc., dans des systèmes archaïques par rapport aux méthodes modernes de 1940. La Marianne française s'est sentie en sécurité sur le front et a été prise à revers par les soldats allemands qui, traditionnellement, ne prêtent pas attention à ce genre de détails.

---

* (a) termes $\frac{\text{sur}}{\text{sous}}$ définis, 1939, le troisième d'une trilogie de documents présentés avant les réunions annuelles de la Commission européenne.
Réunion de l'American Mathematical Society sur la sémantique générale : I. Extensionalization in Mathematics, Mathematical Physics and General Education, 1935 ; II. Symbolisme thalamique et mathématiques, 1938. Institut de sémantique générale, Lakeville, Connecticut. (b) General Semantics, Psychiatry, Psychotherapy and Prevention, présenté à la réunion annuelle de l'American Psychiatric Association, 1940.

Face à ces effondrements tragiques et douloureux des civilisations, et pour finir à un autre spasme de la civilisation, ce qui nous intéresse le plus dans l'examen des problèmes de la sanité, ce sont les méthodes psychopathologiques les plus récentes de destruction de la sanité, et pas seulement les orgies organisées de meurtres, de viols, d'incendies criminels, de pillages, de drogues et de destructions sous différents dictateurs, mikados, etc.

Je mentionne le 'mikado' en particulier ici en tant qu'exemple humain tragique de l'effet des termes $\frac{sur}{sous}$ définis, dont l'application dans la vie fait basculer l'histoire de l'humanité. Par définition et/ou croyance, le mikado est censé être une sorte de 'dieu', etc. Par extension ou par les faits, pour autant que nous le sachions, il est probablement une sorte de gentil collégien, supposé éduqué. Il a une femme et fait des enfants, mais on ne lui parle des Japonais, du comportement des troupes japonaises en Chine, etc., que dans la mesure où la clique au pouvoir au Japon lui permet d'en savoir plus. S'il était autorisé à savoir ce que 'ses' soldats, et donc ses représentants, font réellement en Chine avec leurs meurtres, viols, pillages, drogues, etc., organisés par le gouvernement, je doute qu'en tant que 'gentil collégien', il l'approuverait. Cependant, s'il essayait de faire quelque chose, il serait probablement 'liquidé' par la clique au pouvoir. D'un point de vue historique, civilisationnel et humain, il doit être jugé responsable, en tant que chef de son gouvernement, de ce que la clique au pouvoir et l'armée japonaise font en Chine en son nom.

Cela s'applique à de nombreux autres 'gouvernants', qui savent rarement ce qui se passe dans le monde entier parce qu'ils se fient à l'utilisation de termes $\frac{sur}{sous}$ définis dans les rapports de ceux qui contrôlent réellement la situation. L'ignorance en haut lieu ne peut humainement pas être une excuse.

Imaginez un empire britannique tolérant si longtemps un Chamberlain au gouvernement, ou les querelles sans fin, mesquines, déconcertantes, illusoires, etc., de l'esprit de parti, qui suffisent à ruiner tout système de 'démocratie' (dans la pratique, un autre terme $\frac{sur}{sous}$ défini).

Il semble cependant qu'il y ait au moins un point commun entre les politiciens totalitaires et les politiciens 'démocratiques', que Kipling a le mieux exprimé :

"Ow le butin !
Le butin, c'est le butin !
C'est ce qui fait que les garçons se lèvent et tirent !
C'est la même chose avec les chiens et les humains,
Si vous voulez les faire revenir
Frappez-les en avant avec un Loo ! loo ! Lulu ! Loot !"

2. *LES GUERRES DE ET SUR LES NERFS*

Il a déjà été expliqué comment l'introduction de nouveaux facteurs est vouée à modifier nos généralisations et, par conséquent, nos évaluations. Mais la plupart des dirigeants et des politiciens qui sont sur la défensive n'en tiennent pas compte, tandis que ceux qui sont à l'offensive introduisent de nouveaux facteurs psycho-logiques pour brouiller les anciennes généralisations, en général avec succès. Les politiciens, les gangsters, les militaires, etc., sans aucune compréhension de la profondeur de la destruction du système nerveux humain, utilisent ces méthodes avec succès. Les magiciens ont étudié ces méthodes de manière professionnelle, mais ils les utilisent à des fins de divertissement et non de destruction.

Ces méthodes destructrices sont à la base de la 'guerre *des* nerfs', de la 'guerre *contre* les nerfs', etc., au point d'utiliser des bombes '*hurlantes*', des déformations verbales, la 'psychologie' de la tromperie, etc. Ces méthodes *ne* pourront être contrées *que* lorsque les gouvernements, conscients de leur responsabilité non seulement envers les classes dirigeantes, mais aussi envers les *peuples* de leurs nations, feront appel à des experts en neuropsychiatrie, en anthropologie, en sémantique générale, etc., pour les guider, si l'on veut enrayer la névrose mondiale actuelle.

Des rapports persistants indiquent que le gouvernement nazi utilise une équipe d'experts psycho-logiques à des fins *destructrices*. D'autres gouvernements totalitaires s'inspirent de leurs méthodes élaborées et testées avec succès. Les gouvernements 'démocratiques', dans ce présent *affrontement des nerfs*, apparaissent comme une farce tragique faite d'ignorance, d'inefficacité, etc. En pratique, cela équivaut à une trahison, car ils ne parviennent pas à reconnaître l'importance capitale et la vulnérabilité du système nerveux humain, et n'utilisent pas ces experts de manière *constructive*. Le 'hurlement' d'une bombe, par exemple, est beaucoup plus destructeur pour "l'ennemi" que la destruction par la bombe elle-même, qui peut tuer quelques personnes au prix d'au moins 100 000 dollars par cadavre, alors que le 'cri' seul apporte une terreur démoralisante à des centaines, voire des milliers de personnes. Il s'agit certainement d'une 'guerre *sur* les nerfs *humains*' calculée de manière experte et efficace. Mais que faire si des gouvernements 'démocratiques' ignorants refusent d'assumer leurs responsabilités?

L'humanité, les civilisations, les cultures, etc., reposent en fin de compte sur l'utilisation constructive des mécanismes neuro-sémantiques et neurolinguistiques présents en chacun de nous. De nombreux dirigeants nazis pathologiques utilisent ces mécanismes constructifs de la civilisation à des fins égoïstes et destructrices. Sous la houlette d'experts, ils ont retourné contre l'humanité les atouts essentiels de l'humanité. Au départ, il s'agissait d'une maladie 'mentale' de quelques dirigeants, fondée sur la haine, la peur, la vengeance, etc. Plus tard, cette tâche destructrice a été confiée à des experts psycho-logiques gouvernementaux, chargés d'élaborer des méthodes visant à détruire les mécanismes *neuro-sémantiques* et *neurolinguistiques* humains, avec un succès certain, en raison de l'ignorance abyssale des questions scientifiques modernes dont font preuve les verbalisateurs et les enchanteurs politiques des autres nations.

L'une des méthodes les plus efficaces est l'utilisation de *distorsions verbales pathologiques* telles que celles que l'on trouve chez les malades 'mentaux'. Par exemple, un paranoïaque peut croire 'honnêtement' qu'il est persécuté, être dominé par la 'haine', etc., et finalement tuer pour se 'défendre'. Malheureusement, à présent, seuls les psychiatres, familiarisés avec les distorsions verbales et les 'rationalisations' des patients dans les hôpitaux, peuvent comprendre pleinement ces problèmes.

Un malade 'mental' n'est pas nécessairement un 'génie', mais les psychiatres savent bien que certains malades 'mentaux' sont souvent très rusés et parviennent à déjouer les plans de n'importe quel médecin ou infirmier. À l'heure actuelle, les populations du monde ne se rendent pas compte qu'elles sont formées à l'utilisation psychopathologique de leur système nerveux, et une ou deux générations futures seront paralysées sémantiquement parce qu'elles auront été formées à de telles distorsions.

La violation, par ignorance et/ou *non*-sanité, de la similarité de structure dans la relation carte-territoire (voir p. 53 et suivantes et p. 711 et suivantes), et/ou sa distorsion délibérée et planifiée par des professionnels, abolit la prévisibilité, l'évaluation correcte, la confiance, etc. Il n'en résulte que l'engendrement de peurs, d'angoisses, de haines, etc., qui désorganisent les individus et même les nations. Il doit y avoir une correspondance et une similarité de structure entre le langage et les faits, et donc une intégration thalamo-corticale conséquente, si nous voulons survivre en tant que civilisation 'civilisée' sane.

Dans quelques années, l'histoire jugera ces spasmes mourants du système aristotélicien, un système qui était le meilleur de son genre il y a 2300 ans, tel que formulé par un grand personnage dans les conditions du très petit nombre de faits scientifiques connus à cette date. Il n'en est pas de même aujourd'hui, en 1941. La plupart des connaissances des faits scientifiques et des méthodes d'Aristote sont aujourd'hui obsolètes, et pour l'essentiel nuisibles, comme l'orientation de la 'ligne Maginot'.

Par nécessité, le système aristotélicien était fondé sur des niveaux macroscopiques ou animaux, 'sensoriels', qui guident encore aujourd'hui les masses de manière prédominante. Il pouvait prendre en considération les données 'sensorielles', etc., mais ne pouvait pas traiter de manière adéquate les conditions culturelles et de sanité de 1941 qui, comme nous le savons aujourd'hui, sont le résultat de processus électro-colloïdaux submicroscopiques.

Dans un système non-aristotélicien, nous soulignons les différences entre le réflexe animal, les réactions automatiques aux *signaux*, qui n'impliquent pas la 'pensée', "l'intelligence" humaine, etc., et les réactions humaines aux *symboles*, avec leur flexibilité, fondées sur des évaluations conscientes, etc. Ces différences ne peuvent être mieux exprimées qu'en étudiant *The Rape of the Masses ; The Psychology of Totalitarian Propaganda*, (*Le viol des masses ; la psychologie de la propagande totalitaire*) par le Dr Serge Chakotin, (Alliance Book Corporation, New York, 1940). Ancien élève du professeur Pavlov, le Dr Chakotin fonde son analyse des méthodes totalitaires sur les recherches fondamentales de Pavlov sur les réactions conditionnelles chez les chiens.

3. HITLER ET LES FACTEURS PSYCHO-LOGIQUES DE SA VIE

Le mécontentement tâtonnant à l'égard de l'ancien système était si général qu'il suffisait d'un catalyseur pour précipiter la crise. Ce catalyseur a été trouvé en la personne du fils d'Alois Schicklgruber (également orthographié Schücklgruber), qui a plus tard changé son nom en 'Hitler'. La famille avait des antécédents d'illégitimité. Dans sa biographie d'Hitler, Rudolf Olden déclare : "Hitler a donné l'image la plus simple et la plus claire possible des conditions qui régnaient dans la maison de son père. Mais il suffit de regarder les faits pour voir que, loin d'être simple, la vie conjugale de son père était inhabituelle et tumultueuse. Trois femmes, sept enfants, un divorce, une naissance avant le mariage, deux peu après le mariage, une femme de quatorze ans plus âgée que lui et une autre de vingt-trois ans plus jeune - ce n'est pas peu dire pour un douanier".

D'autres circonstances importantes de la vie d'Adolf Hitler ont eu une influence et ont trouvé leur aboutissement dans les systèmes totalitaires.

(a) Il est né d'une famille de paysans, traditionnellement préparés à porter avec persévérance une lourde charge de travail.

(b) Il a été baptisé dans l'Église catholique, une institution bien connue pour ses orientations totalitaires et qui, jusqu'à ce jour, proclame en principe son autorité sur 'tous' les catholiques du monde. Ayant absorbé cette orientation totalitaire dès l'enfance, qui s'applique également à Mussolini, Staline, etc., il était facile pour les personnes ainsi formées de passer au totalitarisme d'État, où ces dirigeants pouvaient trouver un 'lebensraum' pour eux-mêmes en tant qu'individus, renforçant ainsi leur propre 'ego', et accessoirement se remplissant leurs poches. Quiconque a réellement étudié les apparitions publiques des différents 'führers' totalitaires ne peut manquer de remarquer la similarité frappante entre leurs réactions et celles des foules à leur égard. Ils agissent comme de petits 'dieux sur roues', et les foules réagissent par une soumission irraisonnée, aveugle et fanatique, que les 'führers' et leurs assistants savent comment fabriquer.

(c) Hitler est né dans la bureaucratie autrichienne, l'une des plus inefficaces, malhonnêtes, hypocrites, etc., du monde, imprégnée de la devise des Habsbourg, 'Divide et impera' (NdT : diviser et imposer). L'aîné Schicklgruber voulait que son fils devienne lui aussi un bureaucrate habsbourgeois. Schicklgruber Jr. avait une répulsion naturelle pour eux, et a donc délibérément boycotté toute éducation, afin de se disqualifier pour un tel destin. Ce manque d'éducation l'a ostracisé de la classe de la prétendue 'intelligentsia', à laquelle un bureaucrate de Habsbourg finissait par appartenir. En raison des nécessités de la vie, il a dû devenir un simple ouvrier, mais à cause de ses tendances paranoïaques, de sa folie des grandeurs fondée sur un culte malsain des 'héros' historiques, etc., il n'était pas non plus acceptable pour les simples travailleurs, qui sont généralement sanes et ne considèrent pas la vie comme un opéra wagnérien. En réalité, il s'est donc rendu compte qu'il n'était acceptable nulle part, qu'il n'avait sa place nulle part, qu'il était inadapté partout, jusqu'à ce qu'il adhère au totalitarisme en tant que 'religion' que lui et ses associés les plus proches ont modifié pour l'adapter au caractère prussien, qu'ils ont choisi comme norme de la perfection allemande, à imposer au reste du monde.

(d) Lorsqu'il s'engagea dans l'armée allemande, avec son efficacité ordonnée, etc., il trouva un idéal pour lui-même, échappant à la décadence des Habsbourg. Même s'il détestait la perfidie polie des Habsbourg, il était trop autrichien pour ne pas utiliser au maximum les méthodes des Habsbourg. En fin de compte, grâce à cette combinaison de méthodes, il a surpassé les Prussiens, dont les méthodes arrogantes et brutales n'ont jamais été approuvées et ont souvent été détestées dans le monde entier et même en Allemagne.

Je donne ces données pour expliquer en partie comment, à travers la vie et d'autres circonstances, toute la vie d'Hitler, ainsi que son programme politique, étaient fondés sur la haine, la vengeance et la destruction de ce qu'il craignait et haïssait en tant que personne, poussé par ses délires de persécution et de grandeur. Il était tout à fait naturel, dans son délire de 'peuple élu', qu'il haïsse et tente de détruire d'autres 'peuples élus' ; il est évident qu'il n'y a pas de place dans ce monde pour deux ou plusieurs 'peuples élus'. L'absurdité des théories anthropologiques ignares d'Hitler a été définitivement établie par la science et l'histoire et, en fait, elles ne sont pas prises au sérieux par bon nombre des dirigeants nazis informés eux-mêmes.

Une telle analyse de quelques-uns des facteurs les plus importants de la vie d'Hitler indique comment sa maladie 'mentale' s'est développée, impliquant des complexes "d'infériorité" et de 'persécution', etc., et explique pourquoi, pour son propre confort, il s'est entouré personnellement de personnes essentiellement psychopathologiques, bien que leurs classifications psychiatriques puissent être différentes.

Très bientôt, des traités de psychiatrie seront écrits sur le 'complexe de Jéhovah' de Schicklgruber Jr, etc. Les citations suivantes illustreront peut-être comment le 'Jéhovah', tel qu'il est décrit dans Exode 19 et 20, est copié aujourd'hui :

'Maintenant, si vous obéissez à ma voix et si vous gardez mon alliance, vous serez ma propriété parmi tous les peuples, car toute la terre m'appartient, et vous serez pour moi un royaume de prêtres et une nation sainte. Telles sont les paroles que tu diras aux enfants d'Israël [nazis].

Ou encore : 'Je suis Jéhovah ton Dieu, qui t'ai fait sortir... de la maison de servitude [l'Angleterre]'.

Ou encore : 'Car moi, Jéhovah ton Dieu, je suis un Dieu jaloux, faisant retomber l'iniquité des pères sur les enfants, sur la troisième et la quatrième génération de ceux qui me haïssent, et faisant miséricorde à des milliers de ceux qui m'aiment et qui gardent mes commandements'.

Ou encore : "Tu me feras un autel de terre, et tu y sacrifieras tes holocaustes et tes sacrifices d'actions de grâces, tes brebis et tes bœufs ; dans tous les lieux où j'inscrirai mon nom, j'irai à toi et je te bénirai". Etc., etc.

Ces suggestions ne sont données que pour indiquer comment les psychiatres peuvent aider les futurs historiens.

4. *ÉDUCATION POUR L'INTELLIGENCE ET LA DÉMOCRATIE*

On comprendra mieux pourquoi je parle d'un système aristotélicien, deux-valué qui se meurt en donnant des exemples de la façon dont ce type d'évaluation est à la base des confusions et des terreurs actuelles. Ainsi, par exemple, le délire militant nazi du 'peuple élu' nous donne une excellente illustration d'une orientation deux-valuée, du type 'ou bien, ou bien'. La distorsion sémantique deux-valuée de la 'neutralité réelle' est un autre exemple significatif. Cette distorsion a maintenu les 'neutres' dans la terreur, désorganisant leur vie nationale et politique jusqu'à l'effondrement complet, qui est aujourd'hui un fait historique. L'évaluation nazie deux-valuée de la 'neutralité' était la suivante : soit être 'réellement neutre' et approuver et combattre pour les nazis, soit être 'pas réellement neutre' et ne pas les aider. Selon cette orientation, une Belgique, une Hollande, un Danemark, une Norvège, etc., 'réellement neutres' devraient se battre contre l'Angleterre, la France, etc., pour prouver qu'ils sont 'réellement neutres' !

Une analyse similaire s'applique à "l'agression" de la Chine *contre* le Japon, de la Tchécoslovaquie *contre* l'Allemagne, de la Pologne *contre* l'Allemagne, de la Pologne *contre* la Russie, de la Finlande *contre* la Russie, de la Grèce *contre* l'Italie, etc., et ainsi de suite à l'infini, ce qui ne fait que montrer l'application pathologique des schémas deux-valués, 'ou bien, ou bien', *en action*. Cette analyse s'applique également à la première guerre mondiale et à la 'culpabilité de guerre'. Dans une orientation non-aristotélicienne, nous demandons des faits réels et n'acceptons pas le simple verbalisme. Qui a envahi qui? Les faits historiques sont simples. Nous savons maintenant *qui a envahi qui*, et peu importe les définitions verbales.

Analysées *d'un point de vue non-aristotélicien*, ces orientations apparaissent pathologiquement tordues. Pourtant, elles ont produit des résultats, comme le montre l'histoire. Ce n'est pas un hasard si, il y a quelques années, Hitler, dans l'un de ses discours, a pris clairement position pour l'aristotélisme dominant, les orientations deux-valuées, etc., et contre la science moderne, qui se développe naturellement dans une direction non-aristotélicienne. Bientôt, des volumes entiers seront écrits sur ce sujet ; il n'est possible ici que d'indiquer les principales questions *méthodologiques* en jeu.

Dr. Irving J. Lee, dans son article 'General Semantics and Public Speaking', *Quarterly Journal of Speech*, décembre 1940, formule un contraste fondamental entre les types de 'rhétorique' d'Aristote et d'Hitler, et le type de communication non-aristotélicien que l'on trouve dans la sémantique générale et qui est fondé sur une évaluation correcte, rendue possible par l'intégration thala-mocorticale.

Nous ne devons pas commettre l'erreur de croire qu'Hitler, etc., ou le mikado construisent un nouveau système non-aristotélicien et une nouvelle civilisation plus saine. Il ne s'agit que d'une rébellion *au sein de* l'ancien système du 'ou bien, ou bien', d'un passage d'un schéma d'égoïsme, de cupidité et de force à une autre cabale d'égoïsme, de cupidité et de force brute, cette fois-ci en abaissant inévitablement les normes culturelles humaines en formant les générations futures à des abus pathologiques des mécanismes neuro-sémantiques et neurolinguistiques, en émasculant et en utilisant la science à mauvais escient, etc.

Un système non-aristotélicien doit inclure des considérations sur les environnements neuro-sémantiques et neurolinguistiques en tant qu'environnement. Les introductions de tels nouveaux facteurs nécessitent une révision complète de toutes les doctrines connues, de tous nos credo d'animaux de compagnie, etc., et rend possible la construction d'une *science de l'être humain*, ce qui était impossible dans les anciennes conditions aristotéliciennes. Le tableau présenté ici indique quelques-uns des nombreux facteurs fictifs anciens qui ont été éliminés parce qu'ils étaient faux quant aux faits et destructeurs, tandis que de nouveaux facteurs constructifs ont été introduits. Cela nécessite nécessairement l'utilisation de méthodes et de techniques plus adéquates qui nous permettent de faire face à un monde nouveau.

Les nouveaux types d'évaluation non-aristotéliciens apparaissent dans tous les domaines de l'activité humaine, dans la science et/ou dans la vie, et sont rendus nécessaires par les urgences des conditions modernes. Le principal problème aujourd'hui est de formuler des *méthodes générales* par lesquelles ces nombreuses tentatives distinctes peuvent être unifiées en un système général d'évaluation, qui peut devenir communicable aux enfants et, plus difficilement, même aux adultes. L'histoire montre que chaque fois que des méthodes anciennes font la preuve de leur inefficacité, de nouvelles méthodes sont produites qui répondent plus efficacement aux nouvelles conditions. Mais il faut d'abord *formuler* clairement les difficultés avant de concevoir des méthodes et des techniques qui permettent de mieux les affronter.

Il ne semble pas nécessaire de s'étendre sur les tragédies mondiales actuelles, car de nombreux et excellents volumes ont déjà été écrits et continuent de s'accumuler, y compris les évaluations psychiatriques. Je dois cependant souligner qu'aucun auteur à ma connaissance n'a jamais compris la profondeur de la transition en cours du système aristotélicien vers un système non-aristotélicien déjà formulé. Cette transition est bien plus profonde que le passage d'un simple 'isme' aristotélicien à un autre.

Nous débattons tellement aujourd'hui de la 'démocratie' par rapport au 'totalitarisme'. La démocratie présuppose l'intelligence des masses ;* le totalitarisme ne le fait pas au même degré. Mais une 'démocratie' sans intelligence des masses dans les conditions modernes peut être un désastre humain pire que n'importe quelle dictature.** Il est certain que l'éducation actuelle, bien qu'elle puisse bourrer le crâne des étudiants de quelques données, sans leur donner une *synthèse méthodologique adéquate* et des méthodes de travail extensionnelles opérationnelles, ne forme pas à "l'intelligence" et à la façon de s'adapter à la vie, et ne travaille donc pas en faveur de la 'démocratie'. Les expériences montrent que même une racine peut apprendre une leçon (voir p. 110) et que les animaux peuvent apprendre par essais et erreurs. Mais nous, les humains, après ces millions d'années, devrions avoir appris à utiliser "l'intelligence" que nous sommes censés avoir, avec une certaine prévisibilité, etc., et à l'utiliser de *manière constructive*, et non *destructive,* comme le font, par exemple, les nazis sous la guidance de spécialistes.

En sémantique générale, nous croyons qu'une intelligence humaine saine est possible, et donc, d'une certaine manière, nous croyons en la possibilité éventuelle d'une 'démocratie'. Nous travaillons donc sur des méthodes qui pourraient être mises en œuvre dès l'enseignement élémentaire pour développer l'intégration thalamo-corticale tant convoitée, et donc une intelligence sane. Naturellement, dans notre travail,

---
* Mumford, Lewis. Les hommes doivent agir. Harcourt, Brace, New York, 1939.
** Consultez, par exemple, les commentaires des juges de la Cour suprême sur l'impossibilité de la 'justice' lorsque les jurys sont composés d'individus à la 'mentalité' peu développée, etc.

la *prévention* est l'objectif principal, et cela ne peut être accompli que par l'éducation et, en ce qui concerne le présent, par la *rééducation* et le *réentraînement* du système nerveux humain.

Section I. Suggestions constructives.

Dès 1933, aux pages 448 et suivantes du présent ouvrage, j'ai attiré l'attention sur les dangers pour l'humain de l'abus des mécanismes neuro-sémantiques et neuro-linguistiques, en suggérant des mesures préventives. En septembre 1939, j'ai fait d'autres suggestions constructives à certains gouvernements importants, en les exhortant à employer des comités permanents de neuropsychiatres, de psychologues et d'autres spécialistes, pour contrer des dangers similaires en rapport avec les crises mondiales actuelles. Je n'ai reçu que *deux* accusés de réception polis de mes lettres. Mais les deux avertissements de 1933 et 1939 ont été ignorés dans la pratique, même par des spécialistes, avec les résultats désastreux que l'on sait.

Entre-temps, le gouvernement nazi, plus clairvoyant, a employé une équipe de spécialistes travaillant sur des méthodes visant à *désorganiser* le fonctionnement nerveux de leurs adversaires qui, comme le montrent les faits, ont eu un effet très réussi et dévastateur sur les citoyens malchanceux que les gouvernements imprévoyants, non scientifiques, etc., n'ont jamais guidés vers une utilisation appropriée de leur système nerveux, ni protégés contre les abus.*

Peut-être qu'actuellement, en 1941, après que des dommages irréparables aient été causés, les gouvernements du monde se réveilleront et se rendront compte que le bon fonctionnement du système nerveux de leurs citoyens est à bien des égards plus important que n'importe quel fusil, navire de guerre ou avion, etc., car il doit y avoir un $Dupond_1$ derrière le fusil !

Quel que soit le 'vainqueur' final de la lutte mondiale actuelle, quel que soit le point de vue, le retour aux anciennes conditions est impossible. Une révision neuro-sémantique et neuro-linguistique complète est inévitable, et cette révision ne peut que s'éloigner de l'aristotélisme. Nous préparons les bases de cette révision dans les formulations de la sémantique générale. Avant de procéder à des ajustements durables dans les futurs domaines sociaux, économiques, politiques, éthiques, etc., nous devons être capables d'*évaluer correctement et de parler avec bon sens*. Sinon, la situation est désespérée.

Il est évident que, quoi qu'en disent les 'politiciens', dans tous les pays, le gouvernement et le pouvoir exécutif nous guident nécessairement d'une manière ou d'une autre, quelle que soit la direction prise. Même "l'absence totale d'orientation" doit être considérée comme une sorte d'orientation, dans le sens, par exemple, d'un 'individualisme exacerbé', etc., qui, s'il est poussé à la limite, devient l'idéal irréalisable de l'anarchie. Dans la vie pratique, de telles attitudes engendrent finalement la compétition animale au lieu de la coopération humaine, et tout le contraire de ce que nous considérons comme le sentiment social impératif pour la 'démocratie'.

---

* Taylor, Edmond. La stratégie de la terreur. Houghton-Mifflin, Boston, 1940.

La vraie question est de savoir si les gouvernements actuels sont suffisamment informés sur les problèmes neurologiques humains, la sanité, etc., et s'ils sont suffisamment intelligents, honnêtes, etc., pour guider et conseiller leur peuple de *manière constructive et efficace* dans des *situations neurologiques* en constante émergence, telles que celles qui se produisent dans la vie familiale et scolaire, dans les affaires nationales et internationales, etc. Malheureusement, la réponse est négative. À ma connaissance, un tel gouvernement n'existe pas à l'heure actuelle. Le gouvernement nazi, quant à lui, a mobilisé les connaissances psycho-logiques dont il dispose à des fins *destructrices*, qui doivent être *contrées professionnellement* par le reste des gouvernements du monde civilisé, si l'on veut que la sanité l'emporte

Dépendre de la science pour obtenir des *machines* à tuer plus nombreuses et plus performantes n'est certainement pas la solution aux problèmes, à la culture et à la civilisation de *l'être humain*. Sans être sentimental, dans une civilisation humaine, les personnes comptent plus que les machines, ou les symboles tels que le 'dollar', la 'livre sterling', la 'livre de chair', le 'scalp', etc., ou les généralisations verbales telles que la 'liberté', "l'égalité", etc. Les *réactions vivantes* de $Dupond_1$ sont plus importantes que les verbalisations de $Dupond_1$, qui peut néanmoins agiter l'air avec ses combines verbales, comme beaucoup d'entre nous le font trop souvent, en affectant le système nerveux des autres.

À l'heure actuelle, les totalitaires ont exploité les mécanismes neuro-sémantiques et neuro-linguistiques jusqu'à leur limite destructrice, du mieux qu'ils savaient le faire jusqu'à présent. La contre-action, la reconstruction et/ou la prévention sont impossibles à moins que ces mécanismes ne soient utilisés de *manière constructive* sous la supervision de spécialistes gouvernementaux dans les domaines de l'anthropologie, de la neuro-psychiatrie, de la sémantique générale, etc., qui comprendraient le langage de leurs collègues travaillant dans des domaines scientifiques connexes, et seraient LIBRES DE CONSACRER TOUT LEUR TEMPS ET LEURS EFFORTS À CETTE TÂCHE ET À D'AUTRES INVESTIGATIONS.

Bien que pratiquement tous les États civilisés emploient des psychiatres dans leurs hôpitaux gouvernementaux pour les malades 'mentaux', ces médecins sont nécessairement préoccupés par leurs patients et ne peuvent pas entreprendre les tâches spéciales du conseil que je suggère. Un tel conseil exigerait le temps et l'attention de ses membres, car ils seraient appelés à être consultés par divers autres départements gouvernementaux tels que l'Intérieur, l'État, le Travail, le Commerce, la Santé, l'Armée, la Marine, etc.

Il semble extrêmement peu perspicace, en 1941, que les gouvernements emploient en permanence des spécialistes en chimie, physique, ingénierie, etc. ; d'autres spécialistes qui conseillent sur la façon d'éliminer les poux de la volaille, d'élever les porcs, de conserver la vie sauvage, etc., et qu'ils n'aient pas de conseil *permanent* de spécialistes qui conseilleraient sur la façon de conserver et d'empêcher l'abus des systèmes nerveux humains. Même un Chamberlain aurait assez d'intelligence et/ou d'honnêteté pour confier un problème de 'mine magnétique' à des physiciens et à des ingénieurs, et non à des politiciens de parti, qui ne connaissent rien à ces mécanismes, mais qui seraient néanmoins prêts à débattre 'politiquement' sur le sujet.

Par exemple, s'il avait été consulté, un tel groupe de spécialistes gouvernementaux aurait étudié *Mein Kampf* et divers discours d'Hitler, Goebbels, etc., dans le cadre de ses fonctions, il y a longtemps, et aurait conseillé à ses gouvernements que des personnes psychopathologiques prennent le contrôle des affaires mondiales et qu'on ne peut absolument pas se fier à ce qu'elles disent. Il n'y aurait pas eu d'apaisement, etc., et d'autres mesures auraient été prises pour faire face à la profondeur des problèmes.

Il semble que les suggestions faites à la page 448 et suivantes, bien que nécessaires, ne soient pas suffisantes à la date de rédaction du présent document, et que les dernières suggestions deviennent impératives pour préserver notre avenir.

CONCLUSION

En résumé, dans les conditions mondiales actuelles, le rôle des gouvernements devient de plus en plus difficile et important. Avec toutes les complexités modernes, il est impossible pour les personnes de gouvernement d'être des spécialistes dans tous les domaines de la science, et ils doivent donc dépendre d'experts professionnels *attachés au gouvernement,* non seulement dans les domaines de la chimie, de l'ingénierie, de la physique, de l'agriculture, etc., qu'ils utilisent déjà, mais aussi en anthropologie, neuropsychiatrie, sémantique générale et autres professions connexes. Sinon, les gouvernements joueront indéfiniment le rôle de l'aveugle qui guide l'aveugle. Il n'est pas raisonnable d'attendre dix ou vingt ans pour apprendre par une expérience amère à quel point nos gouvernements ont été imprévoyants et incompétents. Pourquoi ne pas utiliser l'intelligence humaine, l'évaluation appropriée, etc., vers lesquelles mènent les méthodes extensionnelles, et ainsi avoir une certaine *prédictibilité*. Il s'agit là d'un besoin impératif et immédiat.

Nous ne devons pas nous faire d'illusions. Une fois que les détournements psychopathologiques des mécanismes neuro-sémantiques et neurolinguistiques auront été introduits avec succès, ils resteront en nous si des mesures gouvernementales de reconstruction et de prévention ne sont pas prises immédiatement par des experts.

Les conditions du monde sont telles aujourd'hui que les entreprises scientifiques privées et même les avis professionnels des sociétés scientifiques, ou les congrès internationaux, etc., sont voués à l'inefficacité. Seuls l'intérêt, l'appui, le financement, etc., des gouvernements peuvent organiser et imposer un mouvement sérieux en faveur de la sanité, d'autant plus que les scientifiques, les médecins, les éducateurs et les autres professionnels ne disposent pas du temps, de l'argent, de l'autorité ou même de l'initiative nécessaires pour mener à bien des plans concertés. Nous avons appris cette sagesse collective dans le cas de la vaccination contre la variole, du contrôle des épidémies, etc., et j'ose suggérer que seule une telle sagesse collective sera efficace en ce qui concerne la santé de nos systèmes nerveux. En termes d'argent, il serait certainement économique de dépenser pour des mesures *préventives* et *permanentes* une somme inférieure au coût d'un seul avion qui est fabriqué aujourd'hui et abattu demain.

Il faut malheureusement admettre que même les professionnels, aussi éminents soient-ils dans leurs spécialités étroites, en tant qu'individus ou groupes spécialisés, sont actuellement scientifiquement mal équipés pour faire face à des problèmes aussi vastes et complexes que le passage d'un système d'orientation à un autre, parce que ceux dont le devoir était d'intégrer méthodologiquement les vastes connaissances disponibles, ont échoué. Seules des recherches méthodologiques diversifiées, la coopération et l'*action concertée* de spécialistes de différents domaines, qu'aucune entreprise privée ne peut organiser efficacement, peuvent remédier à cette situation. Le lecteur est invité à se reporter aux pages 515 et suivantes, ainsi qu'à ma 'Science de l'Homme'.*

Il ne fait guère de doute que les politiciens intéressés, pour brouiller les pistes, s'opposeront à une telle orientation de sanité scientifique, mais l'opinion publique éclairée finira tôt ou tard par forcer les problèmes à trouver la seule solution intelligente possible.

La détérioration générale et croissante des valeurs humaines est une conséquence inévitable de l'utilisation abusive et paralysante des mécanismes *neuro*-linguistiques et *neuro*-sémantiques. En sémantique générale, nous nous intéressons à la sanité des civilisations, en particulier aux méthodes de prévention ; nous éliminons de l'éducation familiale, élémentaire et supérieure les types d'évaluation aristotélicienne inadéquats qui conduisent trop souvent à la *non-sanité* des civilisations, et nous construisons pour la première fois une théorie positive de la sanité, en tant que *système* non-aristotélicien qui fonctionne.

La tâche qui nous attend est gigantesque si nous voulons éviter de nouvelles tragédies personnelles, nationales, voire internationales, fondées sur l'imprévisibilité, l'insécurité, les peurs, les angoisses, etc., qui ne cessent de désorganiser le fonctionnement du système nerveux humain. Ce n'est qu'en affrontant ces faits sans crainte et avec intelligence que nous pourrons sauver pour les civilisations futures ce qu'il reste à sauver, et construire sur les ruines d'une époque moribonde une société nouvelle et plus sane.

Je lance un appel sérieux aux scientifiques, aux éducateurs, aux médecins, en particulier aux psychopathologues, aux parents et aux autres citoyens tournés vers l'avenir pour qu'ils enquêtent et coopèrent afin d'inciter les gouvernements à s'acquitter de leur devoir de guider la population de manière scientifique, comme cela est suggéré dans le présent document.

Une réorientation non-aristotélicienne est inévitable ; le seul problème aujourd'hui est de savoir quand et à quel prix.

A.K.

Chicago, Mars 1941.

Je remercie les personnes suivantes pour leurs précieux commentaires concernant les termes $\frac{sur}{sous}$ définis sur le site : Franz Alexander, M.D., Professeur Leonard Bloomfield, Douglas Gordon Campbell, M.D., Professeur Morris R. Cohen, C. B. Congdon, M.D., Professeur S. I. Hayakawa, Professeur Earnest A. Hooton, Docteur Robert M. Hutchins, N. E. Ischlondsky, M.D., Professeur Wendell Johnson, Professeur Kurt Lewin, les professeurs H. G. et L. R. Lieber, M. Robert Lord, Jules H.

---

* Korzybski, A. La Science de l'Homme. Amer. Jour. of Psychiatry. Mai 1937.

Masserman, M.D., M. H. L. Mencken, le professeur Charles W. Morris, le regretté professeur Raymond Pearl, le professeur W. V. Quine, le professeur Oliver Reiser, le professeur Bertrand Russell, le docteur Eugene Randolph Dupond, M. A. Ranger Tyler, et de nombreux étudiants et amis trop nombreux pour être cités ici.

Je tiens à remercier chaleureusement mes étudiantes et secrétaires, Mlle Charlotte Schuchardt et Mlle Pearl Johnecheck, pour l'aide constructive qu'elles m'ont apportée dans la préparation de cette introduction. Les dessins des pages xiv et xxviii ont été réalisés par Mlle Johnecheck. Je suis également très reconnaissant à Mlle Marjory Kendig, directrice pédagogique de l'Institut, et au docteur Irving J. Lee, de l'Université Northwestern, pour leurs importantes critiques et leur coopération.

RECONNAISSANCE SPÉCIALE

Au nom des étudiants en sémantique générale qui ont participé aux séminaires de l'Institut, et en mon nom personnel, je tiens à exprimer ma profonde gratitude à Cornelius Crane, dont la vision, l'intérêt et le financement ont permis la création de l'Institut en 1938. L'influence étendue et le développement rapide du travail de l'Institut dans cette tourmente mondiale sont devenus une réalité vivante grâce aux contributions généreuses de M. Crane au cours des deux premières années et demie de notre effort pionnier. Les forces de destruction ne cessent de travailler et M. Crane doit être crédité d'avoir aidé à organiser des efforts constructifs.

Je remercie également les autres étudiants qui contribuent aujourd'hui au travail de l'Institut.

ALFRED KORZYBSKI

BIBLIOGRAPHIE COMPLÉMENTAIRE
À LA DEUXIÈME ÉDITION

La bibliographie suivante n'est qu'une illustration des points soulevés dans l'introduction de la deuxième édition. Un certain nombre de volumes répertoriés ici donnent des bibliographies détaillées dans leur domaine. Par exemple, le livre du Dr Dunbar comporte 130 pages de bibliographie qui couvrent 2 358 articles. Certaines des données empiriques les plus importantes et les plus récentes sur les ondes cérébrales électriques, l'électrophysiologie, les réactions conditionnelles chez l'être humain, les processus électro-colloïdaux du système nerveux, les névroses et psychoses expérimentales chez les animaux, les réactions des singes, les données sur la psychothérapie humaine, les méthodes de tromperie et de détournement sensoriel utilisées par les prestidigitateurs, etc., sont données pour la plupart dans des revues techniques et des monographies, et le lecteur intéressé peut les trouver en bibliothèque.

Il en va de même pour les nombreuses applications des méthodes de la sémantique générale dans le domaine de l'éducation, de l'hygiène mentale, des difficultés d'élocution, etc., effectuées dans les universités et les collèges, ainsi que pour les applications dans la pratique des médecins, y compris les psychiatres ; celles-ci sont en préparation ou imprimées à l'heure actuelle uniquement par des revues professionnelles ou par l'Institut de sémantique générale (voir la liste spéciale).

J'énumère également quelques nouvelles publications professionnelles pertinentes telles que *Psychosomatic Medicine, Journal of Symbolic Logic, Encyclopedia of Unified Science, etc.* Il est suggéré que le lecteur intéressé, et en particulier les éducateurs, les médecins, etc., prennent connaissance de ce matériel, ou du moins sachent qu'il existe. Le lecteur est également invité à se reporter à l'avant-propos de la bibliographie figurant à la page 731, ainsi qu'aux titres qui suivent.

En science et dans la vie, beaucoup de choses dépendent d'une évaluation correcte, testée par la prévisibilité, qui dépend à son tour de la similarité de structure entre territoire-carte ou fait-langage. Nous devons donc connaître les faits scientifiques, ainsi que les subtilités et les difficultés du langage et de sa structure. Heureusement, il existe *Science News Letter,* publiée hebdomadairement par Science Service, Washington, D.C., qui donne des résumés brefs, autorisés et non techniques des progrès réalisés dans les domaines de la science, des mathématiques, de la médecine, etc.

1. ADLER, MORTIMER. *How to Read a Book.* Simon & Schuster, New York, 1940.
2. ARENSBERG, CONRAD M. See Chapple.
3. ARNOLD, THURMAN. *The Symbols of Government.* Yale Univ. Press, New Haven, 1935.
4. *The Folklore of Capitalism.* Yale Univ. Press, New Haven, 1937.
5. *The Bottlenecks of Business.* Reynal, Hitchcock, New York, 1940.
6. BORN, MAX. *The Restless Universe.* Harper.& Bros., New York, London, 1936.
7. BURRIDGE, W. *Excitability, A Cardiac Study.* Oxford Univ. Press, London, New York, 1932
8. *A New Physiology of Sensation.* Oxford Univ. Press, London, New York, 1932.
9. *A New Physiological Psychology.* Arnold & Co., London, Baltimore, 1933.
10. *Alcohol and Anaesthesia.* Williams & Norgate, London, 1934.
11. CARNAP, R. *The Unity of Science.* K. Paul, Trench, Trubner & Co., London, 1934.
12. *Philosophy and Logical Syntax.* K. Paul, Trench, Trubner & Co., London, 1935.
13. *The Logical Syntax of Language.* Harcourt, Brace, New York, 1937.
14. Foundations of Logic and Mathematics. Univ. of Chicago Press, 1939.
15. CARREL, ALEXIS. *Man the Unknown.* Harper & Bros., New York, 1935.
16. CHAPPLE, ELLIOT D. *Measuring Human Relations An Introduction to the Study of the Interaction of Individuals.* With the collaboration of Conrad M. Arensberg. Genetic Psychology Monographs. Feb., 1940.

17. CHASE, STUART. *The Tyranny of Words*. Harcourt, Brace, New York, 1938.
18. DUNBAR, H. F. *Emotions and Bodily Changes*. Columbia Univ. Press, New York, 1938, 2nd ed. Extensive bibliography of 2,358 titles.
19. EINSTEIN, A., and INFELD, L. The Evolution of Physics ; the Growth of Ideas from Early Concepts to Relativity and Quanta. Simon & Schuster, New York 1938.
20. ESSER, P. H. Waan als *Meerwaardige* Term. *Psychiatrische en Neurologische Bladen*, 1939, No. 4, Bennebroek, Holland.
21. Psycho-logie en Semantiek. Nederl. Tijdschrift voor Psychologie. Vol. 8, 1940. Zutphen, Holland.
22. ESSER, P. H., and KRANS, R. L. Korzybski's *Wetenschap* van 'Den Mensch'. *Mensch en Maatschappij*, 1940, No. 2. Amsterdam, Holland.
23. FRANK, JEROME. *Law and the Modern Mind*. Tudor Publ. Co., New York, 1935.
24. GOLDBERG, ISAAC. The Wonder of Worlds ; An Introduction to Language for Everyman. Appleton-Century, New York, 1938.
25. GRAY, LOUIS H. *Foundations of Language*. Macmillan, New York, 1939.
26. HEIDEN, K. HITLER, *A Biography*. Knopf, New York 1936.
27. HOGBEN, L. *Genetic Principles in Medicine and Social Science*. Knopf, New York, 1932.
28. *Mathematics for the Million*. Norton, New York, 1937.
29. *The Retreat from Reason. Random House New York*, 1937.
30. *Science for the Citizen. Knopf*, New York 1938.
31. *Dangerous Thoughts. Norton*, New York, 1940.
32. *Principles of animal Biology. Norton*, New York, 1940.
33. HOOTON, E. A. *Up From the Ape*. Macmillan, New York, 1931.
34. *Apes Men and Morons*. Putnam's, New York, 1937.
35. An Anthropologist Looks at Medicine. *Science*. March 20, 1936.
36. *Twilight of Man*. Putnam's, New York, 1939.
37. Why Men Behave Like Apes and Vice Versa. Princeton Univ. Press, 1940.
38. HORNEY, K. *The Neurotic Personality of Our Time*. Norton, New York, 1937.
39. INFELD, L. See Einstein.
40. *International Encyclopedia of Unified Science*. Otto Neurath, Editor-in-chief. Vols. I and II. Foundations of the Unity of Science. Univ. of Chicago Press, 1939.
41. ISCHLONDSKY, N. E. Neuropsyche und Hirnrinde, 2 vol. German. Under the titles: I. The Conditional Reflex and Its Importance in Biology, Medicine, Psychology and Pedagogics ; II. Physiological Foundations of Deep Psychology, with Special Application to Psychoanalysis. Urban & Schwarzenberg, Berlin and Vienna, 1930.
42. KASNER, EDWARD, and NEWMAN, JAMES. *Mathematics and the Imagination*. Simon & Schuster, New York, 1940.
43. KELLEY, DOUGLAS M. Conjuring as an Asset to Occupational Therapy. *Occupational Therapy and Rehabilitation. Vol.* 19, No. 2, April, 1940.
44. KOPEL, D. See Witty.
45. KRANS, R. L. See Esser.
46. *Language in General Education*. A Report of the Committee on the Function of English in General Education for the Commission on Secondary School Curriculum of the Prog. Educ. Asso. Appleton-Century, New York, 1940.
47. LEWIN, K. *Principles of Topological Psychology*. McGraw-Hill, New York, 1936.
48. LEWIS, NOLAN D. C. *Research in Dementia Praecox*. Natl. Comm. for Mental Hygiene, New York, 1936.
49. LUDECKE, KURT G. W. *I Knew Hitler*. Scribners, New York, 1938.
50. LUNDBERG, G. A. *Foundations of Sociology*. Macmillan, New York, 1939.
51. MACKAYE, J. *The Logic of Language*. Dartmouth Coll. Publs., Hanover. N. H., 1939.
52. MALINOWSKI, B. *Coral Gardens and Their Magic, A Study of the Methods of Tilling the Soil and of Agricultural Rites in the Trobriand Islands*, 2 vol. I. Introduction, II. An Ethnographic Theory of Language and some Practical Corollaries. Allen & Unwin, London, 1935.

53. *The Foundations of Faith and Morals ; An Anthropological Analysis of Primitive Beliefs and Conduct untie Special Reference to the Fundamental Problems of Religion and Ethics.* Univ. of Oxford Press, London, New York, 1936.
54. MEYER, ADOLF. Mental Health. *Science.* Sept. 27, 1940.
55. MUMFORD, L. *The Culture of Cities.* Harcourt, Brace, New York, 1938.
56. *Men Must* Act. Harcourt, Brace, New York, 1939.
57. *Faith for Living.* Harcourt, Brace, New York, 1940.
58. MUNCIE, W. *Psychobiology and Psychiatry.* With a Foreword by Adolf Meyer. Mosby, St. Louis, 1939.
59. NEWMAN, JAMES. See Kasner.
60. NISSEN, H. W. See Yerkes.
61. OLDEN, R. *Hitler.* Covici, Friede, New York, 1936.
62. PERKINS, F. THEODORE. See Wheeler.
63. PETERSEN, WILLIAM F. *The Patient and the Weather,* 4 vol. Edwards Bros., Ann Arbor, Mich., 1938.
64. PITKIN, W. B. *Escape From Fear.* Doubleday, Doran, New York, 1940.
65. PRESCOTT, DANIEL A. *Emotion and the Educative Process.* Amer. Council on Educ., Washington, D. C., 1938.
66. *Psychosomatic Medicine.* Published *quarterly* by Comm. on Problems of Neurotic Behavior, Natl. Research Council, Washington, D. C.
67. QUINE, W. V. *Mathematical Logic.* Norton, New York, 1940.
68. RAUSCHNING, H. *The Revolution of Nihilism.* Alliance Book Corp. 1939
69. The Voice of Destruction (Hitler Speaks). Putnam's, New York 1940
70. RICHARDS, I. A. *Interpretation in Teaching.* Harcourt, Brace, New York 1938.
71. ROSETT, J. The Mechanism of Thought, Imagery, and Hallucination. Columbia Univ. Press, New York, 1939.
72. RYAN, CARSON W. *Mental Health Through Education.* Commonwealth Fund New York, 1938.
73. SAPIR, E. *Totality.* Language Monograph of Linguistic Soc. of Amer. Waverly Press, Baltimore, 1930.
74. *The Expression of the Ending Point Relation.* Language Monograph of Linguistic Soc. of Amer., 1932.
75. SARGENT, PORTER. *Human Affairs.* Porter Sargent, Boston, 1938.
76. Education ; A Realistic Appraisal. Porter Sargent, Boston, 1939.
77. *What Makes Lives.* Porter Sargent, Boston, 1940.
78. SCHIFERL, MAX. *An Introduction to Interpretation.* Stanford Language Arts Investigation, Interpretation Series I. Stanford Univ. Press, 1939.
79. DUPOND, GEDDES. See Stevenson.
80. STEVENSON, GEORGE S., and DUPOND, GEDDES. *Child Guidance Clinics, One* Quarter *Century of Development.* Commonwealth Fund, New York 1934.
81. SULLIVAN, LAWRENCE. *The Dead Hand of Bureaucracy.* Bobbs-Merrill, New York, 1940.
82. TAYLOR, EDMOND. *The Strategy of Terror.* Houghton-Mifflin, Boston, 1940.
83. URBAN, WILBUR M. Language and Reality ; The Philosophy of Language and the Principles of Symbolism. Macmillan, New York, 1939.
84. WHEELER, RAYMOND H., and PERKINS, F. THEODORE. *Principles of Mental Development.* Crowell Co.. New York, 1932.
85. WILLIAMS, JESSE F. A *Textbook of Anatomy and Physiology.* Saunders, Philadelphia, 1939, 6th ed.
86. WITTY, PAUL, and KOPEL, DAVID. *Reading and the Educative Process.* Ginn & Co.. Boston, 1939.
87. WOODGER, J. H. *The Axiomatic Method in Biology.* Cambridge Univ. Press, London, 1937.
88. YERKES, ROBERT M., AND NISSEN, HENRY W. Pre-linguistic Sign Behavior in Chimpanzee. *Science.* June 23, 1939.
89. ZUCKERMAN, S. *The Social Life of Monkeys and Apes.* Harcourt, Brace New York, 1932.

Les éléments suivants de la bibliographie ont été omis par inadvertance ou sont apparus après la fin de la numérotation de la bibliographie.

BIBLIOGRAPHIE COMPLÉMENTAIRE

1. BARNARD, R. H. General Semantics and the Controversial Phases of Speech. *Quar. Jour. of Speech.* Dec., 1940.
2. CHAKOTIN, S. The Rape of the Masses, The Psychology of Totalitarian Political Propaganda. Alliance Book Corporation, New York, 1940.
3. HITLER, ADOLF. *Mein Kampf.* Stackpole Sons, New York, 1939.
4. LEE, IRVING. General Semantics and Public Speaking. *Quar. Jour. of Speech* Dec., 1940.
5. The Adult in Courses in Speech. Accepted for publication. *College English* 1941. 95. LIEBER, H. G. and L. R. *Non-Euclidean Geometry or Three Moons in Mathesis.* Galois Institute of Mathematics, Long Island Univ., Brooklyn New York, 1931.
6. Galois and the Theory of Groups ; A Bright Star in Mathesis. Galois Institute of Mathematics, 1932.
7. The Einstein Theory of Relativity, Part I. Galois Inst. of Mathematics, 1936.
8. Psychiatry ; Jour. of the Biology and the Pathology of Interpersonal Relations. Wm. A. White Psychiatric Foundation, Washington, D. C.
9. REISER, O. L. The Promise of Scientific Humanism. Oskar Piest, New York, 1940. 100. ROBINSON, EDWARD S. Law and the Lawyers. Macmillan, New York, 1935.

LISTE DES RÉIMPRESSIONS ET DES MONOGRAPHIES
INSTITUTE DE SÉMANTIQUE GÉNÉRALE—1941*

1. BARRETT, L. G. General Semantics and Dentistry. *Harvard Dental Record,* June, 1938.
2. Evaluational Disorders and Caries, Semantogenic Symptoms. *Jour. of Amer. Dental Asso.* Nov., 1939.
3. BREWER, JOSEPH Education and the Modern World. Convocation Address, Olivet College, Sept., 1937. Reproduced from No. 21.
4. BURRIDGE, W. A New Colloido-Physiological Psycho-Logics. Reproduced from No.21
5. CAMPBELL, D. G. General Semantics, Implications of Linguistic Revision for Theoretical and Clinical Neuro-Psychiatry. *Amer. Jour. of Psychiatry.* Jan., 1937.
6. Neuro-Linguistic and Neuro-Semantic Factors of Child Development. Address, Chicago Pediatric Soc. Jan., 1938. Reproduced from No. 21.
7. General Semantics in Education, Counseling, and Therapy. *Natl. Educ. Asso. Proc.* 1939.
8. General Semantics and Schizophrenic Reactions ; Neuro-Linguistic and NeuroSemantic Mechanisms of Pathogenesis and Their Implications for Prevention and Therapy. Presented before Amer. Psychiatric Asso., Chicago. May, 1939. To be published.
9. Voir Congdon.
10. CONGDON, C. B., and CAMPBELL, D. G. A Preliminary Report on the Psychotherapeutic Application of General Semantics. March, 1937. Reproduced from No. 21.
11. DEVEREUX, G. A Sociological Theory of Schizophrenia. *Psychoanalytic Rev.* July, 1939.
12. HAYAKAWA, S. I. General Semantics and Propaganda. Presented before the Natl. Council of Teachers of English, St. Louis, Mo. Nov., 1938. *Pub. Opinion Quar.* April, 1939.
13. *Language in Action.* Experimental second edition of a text for Freshman English Courses. An application of the principles of General Semantics which provides an orientation towards language based upon modern linguistic, scientific, and literary theory. Institute of General Semantics. Chicago, 1940. Final text published by Harcourt, Brace, New York, 1941.

Pour des informations sur les périodiques, monographies, articles, etc., disponibles en 1958, voir la page des notes bibliographiques. xxv.

BIBLIOGRAPHIE COMPLÉMENTAIRE

1. HERRICK C. JUDSON. A Neurologist Makes Up His Mind. The Mellon Lecture Univ. of Pittsburgh, School of Medicine, May, 1939. *Scientific Monthly.* Aug., 1939.
2. JOHNSON, WENDELL. *Language and Speech Hygiene ; An Application of General Semantics.* Outline of a Course, Iowa Univ. General Semantics Monographs, No. I. Institute of General Semantics, Chicago, 1939.
3. KENDIG, M. Language Re-Orientation of High School Curriculum and Scientific Control of Neuro-Linguistic Mechanisms for Better Mental Health and Scholastic Achievement. Presented before Educ. Section, A.A.A.S., St. Louis, Dec., 1935. Reproduced from No. 21.
4. Book Reviews for Students of General Semantics, First Series. *The Psychiatric Exchange of the III. State Institutions.* March, 1939.
5. Comments on the Controversy over the 'Nature and Constancy of the I.Q. as a Measure of Potential Growth'. *Educational Method.* Jan., 1940.
6. KEYSER, CASSIUS J. Mathematics and the Science of Semantics. *Scripta Mathematical* May, 1934.
7. KORZYBSKI, A. Preface to First Edition, *Science and Sanity,* 1933. Separately published. Institute of General Semantics, Chicago.
8. *General Semantics: Papers from the First American Congress for* General *Semantics,* 1935. With an introductory 'Outline of General Semantics, by Alfred Korzybski and other related contributions. Bibliography. Collected and arranged by Hansell Baugh. (Author index Korzybski) Arrow Editions, New York, 1938. Distributed also by the Institute of General Semantics, Chicago.
9. Outline of General Semantics, The Application of Some Methods of Exact Sciences to the Solution of Human Problems and Educational Training for General Sanity. Presented before First American Congress for General Semantics, Ellensburg, Wash., 1935. Reproduced from No. 21.
10. Neuro-Semantic and Neuro-Linguistic Mechanisms of Extensionalization ; General Semantics as a Natural Experimental Science. Presented before the Psychology Section, A.A.A.S., St. Louis, Dec., 1935. *Amer. Jour. of Psychiatry.* July, 1936.
11. The Science of Man. *Amer. Jour. of Psychiatry.* May, 1937.
12. *General Semantics ; Extensionalization in Mathematics, Mathematical Physics and General Education.* Three papers presented before annual meetings of the Amer. Math. Soc., 1935, 1938, 1939. With an introductory Outline of General Semantics. General Semantics Monographs No. II. Institute of General Semantics, Chicago, 1941.
13. *A Memorandum* on the Institute of General Semantics. A preliminary report, 1940.
14. General Semantics, Psychiatry, Psychotherapy and Prevention. Paper presented before the Amer. Psychiatric Asso., May, 1940. *Amer. Jour. of Psychiatry.* Sept., 1941.
15. Introduction to Second Edition, *Science and Sanity,* 1941. Separately published. Institute of General Semantics, Chicago.
16. MICHIE, S. A New General Language, Curriculum for the Eighth Grade. *Modern Language Jour.* Feb., 1938.
17. SEMMELMEYER, M. The Application of General Semantics to a Program for Reading Readiness. Paper presented before the Third Annual Conference on Reading, University of Chicago, June, 1940. Institute of General Semantics, Chicago. An abridgement of this paper is published in the proceedings of the conference, *Reading and Pupil Development,* under the title, 'Promoting Readiness for Reading and for Growth in the Interpretation of Meaning,. Suppl. Educ. Monographs' No. 51. October, 1940. Univ. of Chicago Press.
18. WEINBERG, A. M. General Semantics and the Teaching of Physics. *Amer. Physics Teacher.* April, 1939.
19. WEYL, HERMANN. The Mathematical Way of Thinking. *Studies in the History of Science.* Univ. of Pa. Press, 1941

Dernière liste des publications disponibles auprès de l'Institute of General Semantics, Lakeville, Connecticut.

PRÉFACE À LA PREMIÈRE ÉDITION 1933

Il est difficile pour un philosophe de se rendre compte que tout-un-chacun enferme réellement sa discussion dans les limites que j'ai fixées devant vous. La limite est fixée juste au moment où il commence à s'enthousiasmer. (573)
A. N. WHITEHEAD

Le fait que tous les démolisseurs doivent ajouter de nouveaux bosquets pour combler les vides créés par l'anéantissement des anciens est probablement une loi de la nature. (22)
E. T. BELL

L'enseignement sans système rend l'apprentissage difficile.
LE TALMUD

Le profane en sciences, la personne 'pratique', l'homme de la rue, dit : 'Qu'est-ce que cela représente pour moi? La réponse est positive et lourde de significations. Notre vie dépend entièrement des doctrines établies en matière d'éthique, de sociologie, d'économie politique, de gouvernement, de droit, de science médicale, etc. Cela touche tout le monde consciemment ou inconsciemment, l'homme de la rue en premier lieu, parce qu'il est le plus dépourvu de défense. (280)
ALFRED KORZYBSKI

Lorsque de nouvelles tournures de comportement cessent d'apparaître dans la vie de l'individu, son comportement cesse d'être intelligent. (106)
G. E. COGHILL

> *C'est une leçon que tu devrais retenir,*
>   *Essaye encore ;*
> *Si tu ne réussis pas du premier coup,*
>   *Essaye encore ;*
> *C'est alors que ton courage doit apparaître,*
>   *Car si tu persévères,*
> *Tu vaincras, tu n'auras jamais peur,*
>   *Essaye encore.*
WILLIAM EDWARD HICKSON

Les principales parties du présent ouvrage ont déjà été présentées sous forme de conférences devant différentes universités, instituts technologiques, associations d'enseignants et de médecins, et autres organismes scientifiques. Les grandes lignes ont été présentées pour la première fois au Congrès international de mathématiques de Toronto en 1924 et publiées sous forme de brochure. Une version plus élaborée du système a été présentée à la Société des maladies nerveuses et mentales de Washington (D.C.) en 1925 et à la Société psychopathologique de Washington (D.C.) en 1926, puis publiée. Une version plus complète a été présentée au Congrès des mathématiciens des pays Slaves, à Varsovie, en Pologne, en 1929. Un aspect particulier et nouveau du sujet, en rapport avec les réflexes conditionnels de Pavlov, a été exposé devant le premier Congrès international d'hygiène mentale, à Washington, D.C., en 1930. D'autres aspects ont été discutés devant l'American Mathematical Society, le 25 octobre 1930, et la Mathematical Section of The American Association for the

Advancement of Science, le 28 décembre 1931. Ce dernier document est imprimé en tant que Supplément III dans ce volume.

Le caractère général du présent travail est peut-être mieux indiqué par les deux analogies suivantes. Il est bien connu que toute machine a besoin d'un lubrifiant pour fonctionner. Sans porter de jugement sur l'ère actuelle des machines, nous devons admettre qu'elle est techniquement très avancée et que, sans ce progrès, de nombreuses recherches scientifiques nécessitant des instruments très raffinés seraient impossibles. Supposons que l'humanité n'ait jamais disposé d'un lubrifiant propre, mais que les lubrifiants existants contiennent toujours du sable émeri dont la présence nous échappe. Dans ces conditions, les développements techniques actuels, avec toutes leurs conséquences, seraient impossibles. Toute machine ne durerait que quelques semaines ou quelques mois au lieu de plusieurs années, ce qui rendrait le prix des machines et le coût de leur utilisation tout à fait prohibitifs. Le développement technique serait ainsi retardé pendant de nombreux siècles. Supposons maintenant que quelqu'un découvre un moyen simple d'éliminer l'émeri des lubrifiants ; les développements techniques actuels deviendraient immédiatement possibles et s'accompliraient progressivement.

Il s'est passé quelque chose de semblable dans nos affaires humaines. Techniquement, nous sommes très avancés, mais les prémisses élémentalistiques qui sous-tendent nos relations humaines, pratiquement depuis Aristote, n'ont pas changé du tout. La présente investigation révèle que le fonctionnement de nos systèmes nerveux comporte un facteur nocif particulier, un "lubrifiant à l'émeri" pour ainsi dire, qui retarde le développement de relations humaines saines et empêche la sanité en général. Il s'avère que dans la structure de nos langages, de nos méthodes, de nos 'habitudes de penser', de nos orientations, etc., nous conservons des facteurs délirants, psychopathologiques. Ceux-ci ne sont nullement inévitables, comme on le verra, mais peuvent être facilement éliminés par une formation spéciale, à effet thérapeutique, et par conséquent à valeur éducative préventive. Cet 'émeri' dans le système nerveux, je l'appelle identification. Il implique des 'principes' profondément enracinés qui sont invariablement faux quant aux faits, de sorte que nos orientations fondées sur eux ne peuvent pas conduire à l'ajustement et à la sanité.

Une analogie médicale s'impose ici. Nous trouvons un parallèle particulier entre l'identification et les maladies infectieuses. L'histoire prouve que dans des conditions primitives, les maladies infectieuses ne peuvent être contrôlées. Elles se propagent rapidement, tuant parfois plus de la moitié de la population touchée. L'agent infectieux peut être transmis soit directement, soit par l'intermédiaire de rats, d'insectes, etc., Grâce aux progrès de la science, nous sommes en mesure de contrôler la maladie et nous disposons de plusieurs méthodes préventives importantes, telles que l'assainissement, la vaccination, etc.

L'identification apparaît également comme quelque chose de 'contagieux', car elle est transmise directement ou indirectement des parents et des enseignants à l'enfant par le mécanisme et la structure du langage, par des 'habitudes de penser' établies et héritées, par des règles d'orientation de la vie, etc. Il y a aussi un grand nombre de personnes qui font profession de propager la maladie. L'identification rend impossible la sanité générale et l'adaptation complète. L'entraînement à la non-identité joue un rôle thérapeutique auprès des adultes. Le degré de guérison dépend de nombreux facteurs, tels que l'âge de l'individu, la gravité de "l'infection", l'assiduité de l'entraînement à la non-identité, etc. Avec les enfants, l'éducation à la non-identité est extrêmement simple. Elle joue à la fois le rôle d'un assainissement et d'une vaccination préventive tout aussi simple et efficace.

Comme pour les maladies infectieuses, certains individus, bien que vivant dans un territoire infecté, sont en quelque sorte immunisés contre cette maladie. D'autres sont irrémédiablement sensibles.

Le présent ouvrage est rédigé au niveau du profane en sciences moyen et intelligent, car avant de pouvoir éduquer les enfants à la non-identité par l'éducation préventive, les parents et les enseignants doivent disposer d'un manuel pour leur propre orientation. Il ne s'agit pas de prétendre qu'un millénaire est à portée de main, loin de là, mais il semble impératif d'éliminer les facteurs *neuro*-psycho-logiques qui rendent impossible la sanité générale.

J'ai fait précéder les parties de l'ouvrage et les chapitres d'un grand nombre de citations importantes. Je l'ai fait pour que le lecteur se rende compte que, d'une part, il existe déjà dans "l'univers du discours" une grande quantité de connaissances et de sagesse authentiques, et que, d'autre part, cette sagesse n'est généralement pas appliquée et, dans une large mesure, ne pourra pas l'être tant que nous ne construirons pas un système simple fondé sur l'élimination complète des facteurs pathologiques.

Un système, au sens actuel du terme, représente un ensemble complexe de doctrines coordonnées aboutissant à des règles méthodologiques et à des principes de procédure qui influencent l'orientation de notre action et de notre vie. Tout système implique un nombre considérable d'hypothèses, de présupposés, etc., qui, dans l'ensemble, ne sont pas évidents et agissent de manière inconsciente. En tant que tels, ils sont extrêmement dangereux, car s'il arrivait que certains de ces présupposés inconscients soient faux quant aux faits, toute notre orientation de vie serait viciée par ces facteurs délirants inconscients, avec le résultat nécessaire d'un comportement nuisible et d'une inadaptation. Aucun système n'a jamais fait l'objet d'une étude approfondie quant à ses présuppositions inconscientes sous-jacentes. Chaque système s'exprime dans un langage d'une certaine structure, qui repose à son tour sur des présupposés silencieux et qui, en fin de compte, reflète et renforce ces présupposés sur et dans le système. Cette connexion est très étroite et nous permet d'étudier un système dans une large mesure par le biais d'une analyse structurelle linguistique.

Le système par lequel les civilisations occidentales vivent, souffrent, 'prospèrent', meurent de faim et meurent aujourd'hui n'est pas, au sens strict, un système aristotélicien. Aristote avait bien trop le sens des véridicités pour cela. Il s'agit toutefois d'un système formulé par ceux qui, pendant près de deux mille ans depuis Aristote, ont contrôlé nos connaissances et nos méthodes d'orientation et qui, à leurs propres fins, ont sélectionné ce qui apparaît aujourd'hui comme le pire d'Aristote et le pire de Platon et, avec leurs propres ajouts, nous ont imposé ce système composite. Ils ont été grandement aidés en cela par la structure du langage et les habitudes psycho-logiques qui, depuis les temps primitifs jusqu'à aujourd'hui, nous ont tous affectés consciemment ou inconsciemment et ont introduit de sérieuses difficultés, même dans le domaine des sciences et des mathématiques.

Nos gouvernants : politiciens, 'diplomates', banquiers, prêtres de tous bords, économistes, juristes, etc., et la majorité des enseignants restent actuellement largement ou totalement ignorants de la science moderne, des méthodes scientifiques, des problèmes linguistiques et sémantiques structurels de 1933, et il leur manque également un bagage historique et anthropologique essentiel, sans lequel une orientation sane est impossible.* Cette ignorance est souvent volontaire, car ils refusent généralement, sous diverses excuses, de lire les ouvrages modernes traitant de ces problèmes. Il en résulte un conflit créé et entretenu entre les progrès de la science affectant les conditions de la vraie vie et les orientations de nos gouvernants, qui restent souvent dépassées de plusieurs siècles, voire d'un ou deux millénaires. Les conditions mondiales actuelles sont chaotiques ; sur le plan psycho-logique, il existe un état d'impuissance et de désespoir, qui se traduit souvent par des sentiments d'insécurité, d'amertume, etc., et nous avons récemment été témoins d'explosions psychopathologiques de masse, semblables à celles de l'âge des ténèbres. Peu d'entre nous se rendent compte aujourd'hui que, tant que l'ignorance de nos dirigeants prévaudra, *aucune solution à nos problèmes humains ne sera possible*.

Dans un système non-aristotélicien, la nouveauté réside dans le fait que, dans une classe de vie humaine, l'ignorance méthodologique et structurelle élémentaire sur le monde et sur nous-mêmes, telle qu'elle est révélée par la science, ne peut qu'introduire des facteurs délirants, car personne ne peut être exempt de certaines hypothèses structurelles conscientes ou inconscientes. Le réel et seul problème semble donc être de savoir si nos hypothèses structurelles de 1933 sont primitives ou si elles relèvent de l'époque 1933. L'ancienne 'vulgarisation scientifique' n'est pas la solution, elle est souvent néfaste. Le progrès de la science est dû principalement aux méthodes scientifiques et aux révisions linguistiques, de sorte que les nouveaux faits découverts par ces méthodes ne peuvent pas être correctement utilisés par des orientations psycho-logiques et des langages désuets. Une telle utilisation n'aboutit souvent qu'à un désarroi et à un manque d'équilibre. Avant de pouvoir nous adapter aux nouvelles conditions de vie, créées en grande partie par la science, nous devons tout d'abord réviser nos méthodes d'orientation grossièrement désuètes. Ce n'est qu'ensuite que nous pourrons nous adapter correctement aux nouveaux faits.

Les recherches montrent que les données scientifiques structurelles essentielles de 1933 sur le monde et sur nous-mêmes sont extrêmement simples, plus simples même que toutes les bizarreries structurelles des primitifs. Nous avons généralement assez de bon sens pour ajuster nos chaussures à nos pieds, mais pas assez pour réviser nos anciennes méthodes d'orientation afin de les adapter aux faits. L'élimination des identifications primitives, qui est facile à accomplir une fois que nous la prenons au sérieux, produit le changement psycho-logique nécessaire pour retrouver la sanité.

---

* La littérature sur ces sujets est très vaste et il est impossible de l'évoquer ici ou dans ma bibliographie ; mais je peux tout aussi bien suggérer les numéros 299, 334, 492, 558 et 589 de ma bibliographie comme ouvrages de référence. Ces ouvrages donnent à leur tour d'autres références.

La 'nature humaine' n'est pas un produit élémentalistique de l'hérédité seule ou de l'environnement seul, mais représente un organisme-comme-un-tout très complexe en tant que résultat final de l'ensemble des facteurs environnement-génétiques. Il semble évident, une fois énoncé, que dans une classe de vie humaine, les questions linguistiques, structurelles et sémantiques représentent des facteurs environnementaux puissants et toujours présents, qui constituent les composantes les plus importantes de tous nos problèmes. La 'nature humaine' *peut être changée*, à condition que nous sachions comment. L'expérience et les expérimentations montrent que ce 'changement de la nature humaine', qui était censé être impossible dans le cadre de l'élémentalisme verbal, peut être accompli dans la plupart des cas en quelques mois, si l'on s'attaque à ce problème par la technique non-élémentalistique, *neuro*-psycho-logique, spéciale de la non-identité.

Si l'ignorance et les identifications de nos dirigeants pouvaient être éliminées, toute une série de facteurs délirants, venant de la maison, de l'école, de l'éducation et d'autres agences puissantes, cesseraient de nous être imposés et appliqués, et la révision de nos systèmes serait encouragée, plutôt qu'entravée. Des solutions efficaces à nos problèmes apparaîtraient alors spontanément et sous des formes simples ; nos 'chaussures' s'adapteraient à nos 'pieds' et nous pourrions 'marcher dans la vie' dans le confort, au lieu d'endurer les souffrances actuelles.

Étant donné que nos systèmes existants semblent à bien des égards inapplicables et impliquent des facteurs psychopathologiques dus principalement à certaines présuppositions du système aristotélicien, et aussi par souci de concision, j'appelle 'aristotélicien' l'ensemble du complexe systémique opérant. J'appelle 'non-aristotélicien' la trame d'un système nouveau et moderne construit après le rejet des facteurs délirants. Pour éviter tout malentendu, je tiens à exprimer explicitement ma profonde admiration pour le génie extraordinaire d'Aristote, en particulier si l'on tient compte de l'époque à laquelle il a vécu. Néanmoins, la déformation de son système et l'immobilité imposée de ce système déformé, telles qu'elles ont été imposées pendant près de deux mille ans par les groupes de contrôle, souvent sous la menace de la torture et de la mort, ont conduit et ne peuvent que conduire à de nouveaux désastres. D'après ce que nous savons d'Aristote, il ne fait guère de doute que, s'il était vivant, il ne tolérerait pas de telles torsions et l'immobilisme artificiel du système qui lui est généralement attribué.

La connexion entre l'étude de la psychiatrie et l'étude des mathématiques et de leurs fondements est très instructif. Dans le développement de la civilisation et de la science, nous constatons que certaines disciplines, par exemple la toute jeune science de la psychiatrie, ont progressé rapidement. D'autres disciplines, comme les mathématiques, la physique, etc., ont jusqu'à récemment progressé lentement, principalement en raison de certains dogmes et préjugés. Récemment, certains de ces préjugés ont été éliminés, et depuis lors, le progrès de ces sciences est devenu extrêmement rapide. D'autres disciplines encore, comme la 'psychologie', la 'philosophie' traditionnelle, la sociologie, l'économie politique, l'éthique, etc., ont très peu développé leurs principes en près de deux mille ans, malgré l'accumulation d'une multitude de nouvelles données.

De nombreuses raisons expliquent ce curieux état de fait, mais je n'en suggérerai que trois, par ordre d'importance.

(1) Tout d'abord, les dernières disciplines mentionnées, qui se développent lentement, sont les plus proches de nous, les humains, et un être humain primitif, ou une personne totalement ignorante, 'sait tout' sur ces problèmes les plus complexes de l'existence. Cette tendance générale 'tout savoir à ce sujet' produit une multiplicité environnementale, psycho-logique, linguistique, etc., remplie d'identifications qui produisent des dogmes, des préjugés, des malentendus, des peurs et autres, rendant presque impossible une approche scientifique impersonnelle et impartiale.

(2) Peu d'entre nous se rendent compte des pièges incroyables, dont certains sont de nature psychopathologique, que la structure de notre langage ordinaire nous tend. Ces pièges rendent également impossible toute approche scientifique ou tout accord sur des points essentiels. Nous tâtonnons par des essais et des erreurs animalistiques, et par des luttes, des guerres, des révolutions, etc., tout aussi animalistiques. Ces deux premiers points s'appliquent pratiquement à chacun d'entre nous et introduisent de grandes difficultés même en mathématiques.

(3) L'une des principales raisons pour lesquelles la psychiatrie a progressé si rapidement, contrairement à la psychologie, est qu'elle étudie des symptômes relativement simples et relativement isolés. Mais comme ces symptômes ne sont pas isolés et représentent les réactions de l'organisme-comme-un-tout, leur étude partielle permet d'entrevoir les mécanismes généraux et fondamentaux. Si nous étudions les mathématiques et les sciences mathématiques en tant que formes de comportement humain, nous étudions également des réactions humaines simplifiées et isolées du type : 'un et un font deux', 'deux et un font trois', etc., et nous avons également un aperçu des mécanismes généraux. En psychiatrie, nous étudions les réactions psycho-logiques simplifiées dans leur pire forme ; en mathématiques et en sciences mathématiques, nous étudions les réactions psycho-logiques simplifiées dans leur meilleure forme. Quand les deux types de réactions sont étudiés conjointement, il en résulte des résultats très inattendus et d'une grande portée qui affectent profondément toutes les phases connues de la vie et de l'activité humaines, y compris la science. Les résultats d'études aussi éloignées les unes des autres ne s'opposent pas, mais se complètent, élucidant très clairement un mécanisme général qui opère en chacun de nous. Les études psychiatriques nous aident de façon inattendue à résoudre les paradoxes mathématiques ; et les études mathématiques nous aident à résoudre des problèmes très importants en psychothérapie et dans la prévention des troubles psycho-logiques.

L'histoire montre que le progrès de la science et de la civilisation implique, tout d'abord, une accumulation d'observations ; ensuite, une formulation préliminaire de certains 'principes' (qui impliquent toujours des hypothèses inconscientes) ; et finalement, à mesure que le nombre d'observations augmente, il conduit à la révision et généralement au rejet de 'principes' non-justifiés, ou faux quant aux faits, qui s'avèrent finalement ne représenter que des postulats. En raison du caractère cumulatif et non-élémentalistique de la connaissance humaine, une simple remise en question d'un 'principe' ne nous mène pas loin. Pour des raisons de commodité, les hypothèses sous-jacentes à un système doivent (1) être découvertes, (2) testées, (3) éventuellement remises en question, (4) éventuellement rejetées, et (5) un *système*, débarrassé des postulats éventuellement contestables, doit être construit.

Les exemples abondent dans tous les domaines, mais l'histoire des systèmes non-euclidiens et non-newtoniens fournit les illustrations les plus simples et les plus évidentes. Par exemple, le cinquième postulat d'Euclide ne satisfaisait pas même ses contemporains, mais ces défis sont restés sans effet pendant plus de deux mille ans. Ce n'est qu'au XIXème siècle que le cinquième postulat a été éliminé et que des systèmes non-euclidiens ont été construits sans lui. L'apparition de ces systèmes a marqué une profonde révolution dans les orientations humaines. Au XXème siècle, les 'principes' beaucoup plus importants qui sous-tendent nos notions sur le monde physique, tels que la 'simultanéité absolue', la 'continuité' des processus atomiques, le 'caractère certain' de nos expériences et de nos conclusions, etc., ont été remis en question et des systèmes ont alors été construits sans eux. Ceci a donné pour résultat que nous disposons aujourd'hui de la magnifique physique non-newtonienne et des perspectives mondiales fondées sur les travaux d'Einstein et des pionniers de la physique quantique.

Enfin, pour la première fois dans notre histoire, certains des 'principes' les plus importants de tous les principes, cette fois dans le 'monde mental', ont été remis en question par les mathématiciens. Par exemple, la validité universelle de la prétendue 'loi logique du tiers exclu' a été remise en question. Malheureusement, aucun système à part entière fondé sur cette remise en question n'a encore été formulé, et il reste donc largement inopérant, bien que les possibilités de certaines 'logiques' non-aristotéliciennes, bien qu'élémentalistiques et insatisfaisantes, soient devenues évidentes.

Des recherches plus approfondies ont révélé que la *généralité* de la 'loi du tiers exclu' n'est pas un postulat indépendant, mais qu'elle n'est qu'une conséquence élémentalistique d'un principe "d'identité" plus profond, invariablement faux quant aux faits, souvent inconscient et par conséquent particulièrement pernicieux. L'identité se définit comme un 'mêmeisme absolu à tous les égards', et c'est ce 'tout' qui rend l'identité impossible. Si on élimine ce 'tout' de la définition, le mot 'absolu' perd son sens, on a un 'mêmeisme à certains égards', mais on n'a pas "d'identité", mais seulement une 'similarité', une 'équivalence', une 'égalité', etc. Si nous considérons que tout ce que nous traitons représente des processus submicroscopiques interdépendants en constante évolution qui ne sont pas et ne peuvent pas être 'identiques à eux-mêmes', le vieux dicton selon lequel 'tout est identique à soi-même' devient en 1933 un principe invariablement faux quant aux faits.

On pourrait dire : "D'accord, mais pourquoi faire tout ce tapage?" Je répondrai : "L'identification se retrouve dans tous les peuples primitifs connus, dans toutes les formes connues de maladies 'mentales' et dans la grande majorité des inadaptations personnelles, nationales et internationales. Il est donc important d'éliminer un tel facteur nuisible de nos systèmes dominants". Il est certain que personne ne voudrait contaminer son enfant avec un germe dangereux, une fois que l'on sait que le facteur en question est dangereux. En outre, les résultats d'une élimination complète de l'identité ont une telle portée et sont si bénéfiques pour la vie quotidienne de chacun et pour la science (*) que ce 'tapage' est non seulement justifié, mais devient l'une des principales tâches qui nous incombent. Quiconque étudiera le présent ouvrage sera facilement convaincu, par l'observation des difficultés humaines dans la vie et dans la science, que la majorité de ces difficultés proviennent de fausses évaluations nécessaires, en conséquence des identifications inconscientes fausses quant aux faits.

Le présent ouvrage formule donc un système, appelé non-aristotélicien, qui repose sur le rejet complet de l'identité et de ses dérivés, et montre quels sont les facteurs structurels très simples mais puissants de la sanité que l'on peut trouver dans la science. Le développement expérimental de la science et de la civilisation implique invariablement des discriminations de plus en plus raffinées. Chaque raffinement signifie l'élimination de certaines identifications quelque part, mais beaucoup subsistent encore sous une forme partielle et le plus souvent inconsciente. Le système non-aristotélicien formule le problème général de la non-identité et donne des moyens non-élémentalistiques, d'une simplicité enfantine, pour une élimination complète et consciente de l'identification et d'autres facteurs délirants ou psychopathologiques dans tous les domaines connus de l'activité humaine, dans la science, l'éducation et toutes les phases connues de la vie privée, nationale et internationale. Ce travail, dans son application à l'éducation et à la psychothérapie, est expérimental depuis plus de six ans.

Le volume est divisé en trois grandes parties, le Livre I donne un aperçu général des facteurs structurels non-aristotéliciens découverts par la science, qui sont essentiels dans un manuel. Seules sont sélectionnées, interprétées et évaluées les données nécessaires à une maîtrise complète du système. Le Livre II présente une introduction générale aux systèmes non-aristotéliciens et à la sémantique générale exempte d'identité, et donne une technique pour éliminer les facteurs délirants de nos réactions psycho-logiques. Le Livre III donne des données structurelles supplémentaires sur les langages, ainsi qu'un aperçu des caractéristiques structurelles essentielles du monde empirique, mais seulement celles qui sont pertinentes pour la formation dans la discipline non-aristotélicienne.

Après chaque citation précédant chaque partie et chapitre, le numéro entre parenthèses indique le numéro de l'ouvrage de la bibliographie d'où la citation est tirée.

J'ai essayé d'éviter autant que possible les notes de bas de page. Les petits chiffres qui suivent certains mots dans le texte renvoient aux notes de la page 726 où sont indiquées les références bibliographiques.

Le Livre II est largement autonome et peut donc être lu indépendamment des autres, après que le lecteur se soit familiarisé avec les courtes tables d'abréviations

---

* Alors que je corrigeais les épreuves de cette préface, j'ai lu un rapport de presse télégraphique de Londres par le Science Service, selon lequel le professeur Max Born, par l'application des méthodes non-élémentalistiques d'Einstein, a réussi à apporter une contribution majeure à la formulation d'une théorie unifiée des champs qui inclut maintenant la mécanique quantique. Si cette annonce devait se vérifier dans ses aspects scientifiques, notre compréhension de la structure de la 'matière', de "l'électron", etc., serait grandement améliorée et impliquerait bien sûr des applications pratiques très importantes. Pour les aspects sémantiques de ces problèmes, voir les pages 351, 358 et suivantes, 499, 626, 656-658, et le Chapitre XXXIX.

données à la page 14, et avec les Chapitres II et IV. Je pense cependant que pour obtenir les meilleurs résultats, le livre doit être lu consécutivement, sans s'arrêter aux passages qui ne sont pas tout à fait clairs au début, et au moins deux fois. Lors de la deuxième lecture, les passages qui n'étaient pas clairs au début deviendront évidents car, dans un système aussi vaste, le début présuppose la fin, et vice versa.

La découverte de facteurs délirants aussi importants et entièrement généraux dans les anciens systèmes conduit à une révision profonde de toutes les disciplines existantes. En raison de la complexité des connaissances modernes, cette révision ne peut être accomplie que par les activités de spécialistes travaillant ensemble en tant que groupe, et unifiés par un principe de non-identité, ce qui nécessite un traitement structurel.

Pour répondre à ce besoin urgent et pour présenter les résultats de ce travail au public à des prix raisonnables, une Bibliothèque Internationale Non-aristotélicienne a été créée. Elle sera imprimée et distribuée par The Science Press Printing Company, Lancaster, Pennsylvanie, États-Unis, et par Grand Central Terminal, New York City.

Il est également prévu d'organiser une Société Internationale Non-aristotélicienne avec des branches en relation avec toutes les institutions d'enseignement à travers le monde, où un travail scientifique coopératif pour l'élimination de l'identité peut être effectué, puisque ce travail est au-delà des capacités d'une seule personne.

La portée de la Bibliothèque et des Sociétés étant internationale, j'ai accepté, dans l'ensemble, l'orthographe et les règles d'Oxford, qui constituent un juste milieu entre l'anglais utilisé aux États-Unis d'Amérique et celui du reste du monde. Dans certains cas, j'ai dû utiliser des formes d'expression qui ne sont pas tout à fait habituelles, mais ces légères déviations m'ont été imposées par le caractère du sujet, le besoin de clarté et la nécessité de faire preuve de prudence dans les généralisations. La révision du manuscrit et la lecture des épreuves, en liaison avec d'autres tâches éditoriales et de publication, ont été une tâche très laborieuse pour une seule personne, et j'espère seulement qu'il n'y a pas trop d'erreurs qui ont été oubliées. Les corrections et les suggestions des lecteurs sont les bienvenues.

La Bibliothèque Internationale Non-aristotélicienne est une entreprise scientifique non commerciale, et l'intérêt et l'aide des scientifiques, des enseignants et de tous ceux qui ne sont pas indifférents au progrès de la science, de la civilisation, de la sanité, de la paix et à l'amélioration des conditions sociales, économiques, internationales, etc., seront grandement appréciés.

D'un certain point de vue, cette recherche a été indépendante ; d'un autre point de vue, beaucoup de matériel a été adapté. Dans certains cas, il est impossible de donner un crédit précis à un auteur, en particulier dans un manuel, et il est plus simple et plus juste de dire que les travaux des professeurs H. F. Biggs, G. Birtwistle, E. Bleuler, R. Bonola, M. Born, P. W. Bridgman, E. Cassirer, C. M. Child, A. S. Eddington, A. Einstein, A. Haas, H. Head, L. V. Heilbrunn, C. J. Herrick, S. E. Jelliffe, C. J. Keyser, C. I. Lewis, J. Loeb, H. Minkowski, W. F. Osgood, H. Piéron, G. Y. Rainich, B. Russell, C. S. Sherrington, L. Silberstein, A. Sommerfeld, E. H. Starling, A. V. Vasiliev, H. Weyl, W. A. White, A. N. Whitehead, E. B. Wilson, L. Wittgenstein et J. W. Young ont été constamment consultés.

Bien que je n'aie pas eu l'occasion d'utiliser directement les recherches fondamentales du Docteur Henry Head sur l'aphasie, et en particulier sur l'aphasie sémantique, l'ensemble de mon travail a été sérieusement influencé par ses grandes contributions. Les travaux du Docteur Head, en relation avec une analyse non-élémentalistique, mettent en évidence le lien étroit entre : (1) les identifications ; (2) l'ignorance structurelle ; (3) l'absence d'évaluations correctes en général, et de la pleine signification des mots et des phrases en particulier ; et (4) les lésions nécessaires correspondantes, au moins colloïdales, du système nerveux.

J'ai de lourdes obligations envers les Professeurs : E. T. Bell, P. W. Bridgman, C. M. Child, B. F. Dostal, M. H. Fischer, R. R. Gates (Londres), C. Judson Herrick, H. S. Jennings, R. J. Kennedy, R. S. Lillie, B. Malinowski (Londres), R. Pearl, G. Y. Rainich, Bertrand Russell (Londres), M. Tramer (Berne), W. M. Wheeler, H. B. Williams, W. H. Wilmer ; et Docteurs : C. B. Bridges, D. G. Fairchild, W. H. Gantt, P. S. Graven, E. L. Hardy, J. A. P. Millet, P. Weiss, W. A. White, M. C. K. Ogden (Londres), et Mlle C. L. Williams, pour avoir lu le manuscrit et/ou les épreuves en tout ou en partie, et pour leurs précieuses critiques et suggestions.

Je dois également beaucoup au Docteur C. B. Bridges et au Professeur W. M. Wheeler, non seulement pour leurs critiques importantes et leurs suggestions constructives, mais aussi pour leurs corrections éditoriales minutieuses et leur intérêt.

Il va sans dire que j'assume l'entière responsabilité des pages qui suivent, d'autant plus que je n'ai pas toujours suivi les suggestions qui m'ont été faites.

Je souhaite exprimer ma profonde gratitude au docteur W. A. White et au personnel de l'hôpital St. Elizabeth, Washington, D. C., qui, pendant mes deux années d'études à l'hôpital, m'ont apporté toute l'aide nécessaire pour faciliter mon travail de recherche. Je suis redevable au docteur P. S. Graven de m'avoir fourni son matériel clinique expérimental non encore publié, qui m'a été très utile.

Trois termes importants m'ont été suggérés, à savoir 'enviro-génétique' par le docteur C. B. Bridges, 'actionnel' par le professeur P. W. Bridgman et 'non-sane (NdT : état de non-sanité)' par le docteur P. S. Graven, dont je reconnais volontiers ma dette.

Je suis également profondément reconnaissant au professeur R. D. Carmichael d'avoir rédigé le supplément I de ce livre sur la théorie d'Einstein, et au docteur P. Weiss d'avoir bien voulu réimprimer comme supplément II son article sur la Théorie des Types.

J'apprécie vivement la gentillesse des auteurs qui m'ont autorisé à utiliser leurs œuvres.

Au cours de mes douze années de recherche sur le présent sujet et de préparation de ce volume, j'ai bénéficié de l'aide d'un certain nombre de personnes, auxquelles je souhaite exprimer ma gratitude. Je remercie tout particulièrement ma secrétaire, Mlle Lily E. MaDan, qui, en plus de son travail habituel, a réalisé les dessins du livre ; Mlle Eunice E. Winters pour son aide précieuse dans la lecture des épreuves et la compilation de la bibliographie ; et M. Harvey W. Culp pour la lecture difficile des épreuves physico-mathématiques et la préparation, tout aussi difficile, de l'index.

L'efficacité technique de tous les services de l'imprimerie Science Press et la coopération zélée et courtoise de ses typographes et de ses responsables ont considérablement facilité la publication de cet ouvrage, et j'ai l'agréable devoir de leur adresser mes remerciements.

Mes obligations les plus lourdes sont envers ma femme, née Mira Edgerly. Ce travail a été difficile, très laborieux et souvent ingrat, il a impliqué le renoncement à la vie d'êtres humains 'normaux' et nous avons abandonné beaucoup de choses qui sont censées faire que 'la vie vaut la peine d'être vécue'. Sans son soutien total et constant, et ses encouragements incessants, je n'aurais ni formulé le système actuel, ni écrit le livre qui l'incarne. Si ce livre a une quelconque valeur, Mira Edgerly doit être remerciée plus que l'auteur. Sans son intérêt, aucun système non-aristotélicien, ni aucune théorie de la sanité n'auraient vu le jour en 1933.

A. K.

NEW YORK, AOÛT 1933.

REMERCIEMENTS

L'auteur et les éditeurs remercient les personnes suivantes de leur avoir permis d'utiliser le matériel protégé par le droit d'auteur dans cet ouvrage :

G. Allen and Unwin, London, pour l'autorisation de citer les œuvres de Bertrand Russell.

Les éditeurs des Archives of Neurology and Psychiatry, pour l'autorisation de citer un article de W. A. White.

Blackie and Son, London et Glasgow, pour l'autorisation de citer les travaux de E. Schrödinger.

Messieurs Gebruder Borntraeger, Berlin, pour l'autorisation d'utiliser du matériel provenant de l'œuvre de L. V. Heilbrunn.

The Cambridge University Press, Cambridge, Angleterre, pour l'autorisation de citer les œuvres de G. Birtwistle, A. S. Eddington, A. N. Whitehead, A. N. Whitehead et Bertrand Russell.

The Chemical Catalog Company, New York, pour l'autorisation de citer *Colloid Chemistry,* édité par J. Alexander.

J. et A. Churchill, Londres, pour l'autorisation de citer les travaux de E. H. Starling.

Messrs. Constable and Company, London, pour l'autorisation d'utiliser du matériel provenant des travaux de A. Haas.

MM. Doubleday, Doran and Company, Garden City et New York, pour l'autorisation de citer l'œuvre de J. Collins.

E. P. Dutton and Company, New York, pour l'autorisation de citer les travaux de C. J. Keyser..

Le Franklin Institute, Philadelphie, Pa. pour l'autorisation de citer l'article de G. Y. Rainich publié dans le Journal of the Franklin Institute.

Messieurs Harcourt, Brace and Company, New York, pour l'autorisation de citer l'ouvrage de W. M. Wheeler.

Henry Holt and Company, New York, pour l'autorisation de citer les œuvres de C. M. Child, A. Einstein et C. J. Herrick.

Kegan Paul, Trench, Trubner and Company, Londres, et Harcourt, Brace and Company, New York, pour l'autorisation de citer les œuvres de C. K. Ogden et I. A. Richards, H. Piéron et Bertrand Russell.

Macmillan and Company, Londres et New York, pour l'autorisation de citer les ouvrages de L. Couturat, W. S. Jevons, J. Royce et S. P. Thompson.

The Macmillan Company, New York et Londres, pour l'autorisation de citer les travaux de E. Bleuler, M. Bocher, P. W. Bridgman, A. S. Eddington, E. V. McCollum, W. F. Osgood et A. N. Whitehead.

Methuen and Company, Londres, et Dodd, Mead and Company, New York, pour l'autorisation de citer les travaux de A. Einstein, H. Minkowski et H. Weyl.

Methuen and Company, Londres, et E. P. Dutton and Company, New York, pour l'autorisation de citer les travaux de M. Born, A. Haas, A. Sommerfeld et H. Weyl.

REMERCIEMENTS

Les éditeurs de 'Mind', Cambridge, Angleterre, pour l'autorisation de reproduire l'article de P. Weiss.

Sir John Murray, Londres, et MM. P. Blakiston's Son and Company, Philadelphie, Pa. pour l'autorisation de citer les travaux de W. D. Halliburton.

The Nervous and Mental Disease Publishing Company, Washington, D.C., pour l'autorisation de citer les travaux de S.E. Jelliffe et W.A. White.

W. W. Norton and Company, New York, pour l'autorisation de citer les œuvres de H. S. Jennings.

The Open Court Publishing Company, Chicago, Ill, pour l'autorisation de citer les œuvres de R. Bonola, R. D. Carmichael, Bertrand Russell et J. B. Shaw.

Oxford University Press, Londres et New York, pour une autorisation de dix dollars de citer les travaux de I. P. Pavlov et H. F. Biggs.

Les éditeurs de Physical Review, New York, pour l'autorisation de citer l'article de C. Eckart.

The Princeton University Press, Princeton, New Jersey, pour l'autorisation de citer les travaux d'A. Einstein.

G. P. Putnam's Sons, New York et Londres, pour l'autorisation d'utiliser les œuvres de J. Loeb.

The W. B. Saunders Company, Philadelphie, Pa. pour l'autorisation de citer les œuvres de W. T. Bovie, A. Church et F. Peterson, et C. J. Herrick.

The Science Press, New York et Lancaster, Pa. pour l'autorisation de citer les travaux de H. Poincaré.

Charles Scribner's Sons, New York, pour l'autorisation de citer les œuvres de G. Santayana.

The University of California Press, Berkeley, Calif. pour l'autorisation de citer l'œuvre de C. I. Lewis.

The University of Chicago Press, Chicago, Ill, pour l'autorisation de citer les travaux de W. Heisenberg, C. J. Herrick, R. S. Lillie et J. Loeb.

Les éditeurs des University of Washington Chapbooks, Seattle, Wash, pour l'autorisation de citer l'œuvre d'E. T. Bell.

The Williams and Wilkins Company, Baltimore, Md. pour l'autorisation de citer les travaux de E. T. Bell.

Dans plusieurs cas, j'ai cité quelques lignes d'autres publications, sans demander d'autorisation spéciale. Je tiens à exprimer ma gratitude à ces éditeurs respectifs.

Dans tous les cas, les sources d'où proviennent les citations et le matériel utilisé sont explicitement indiquées dans le texte de l'ouvrage.

LIVRE I

Une Enquête Générale Sur Les Facteurs Non-aristotéliciens

Permettez-moi d'exprimer maintenant, une fois pour toutes, mon profond respect pour le travail de l'expérimentateur et pour son combat pour arracher des faits significatifs à une Nature inflexible, qui dit si distinctement 'Non' et si indistinctement 'Oui' à nos théories. (550)

HERRMANN WEYL

Le ferme propos de se soumettre à l'expérience ne suffit pas ; il y a encore des hypothèses dangereuses ; ce sont d'abord, ce sont surtout celles qui sont tacites et inconscientes. Puisque nous les faisons sans le savoir, nous sommes impuissants à les abandonner. (417)

H. POINCARÉ

L'empiriste . . . pense qu'il ne croit que ce qu'il voit, mais il est bien meilleur pour croire que pour voir. (461)

G. SANTAYANA

Pour un Latin, la vérité ne peut s'exprimer que par des équations, elle doit obéir à des lois simples, logiques, symétriques et propres à satisfaire les esprits épris d'élégance mathématique.

L'anglo-saxon pour dépeindre un phénomène s'occupera d'abord de faire un modèle, et il le fera avec des matériaux communs, tels que nos sensorialités brutes, sans aide, nous les montrent... Il conclut du corps à l'atome.

L'un et l'autre font donc des hypothèses, et c'est bien nécessaire, puisqu'aucun savant n'a jamais pu s'en passer. L'essentiel est de ne jamais les fabriquer inconsciemment. (417)

H. POINCARÉ

Si une distinction doit être faite entre les êtres humains et les singes, elle est largement mesurable par la quantité de subconscient qu'un ordre d'être supérieur rend conscient. L'être humain qui vit vraiment est celui qui fait entrer la plus grande partie de son expérience quotidienne dans le domaine de la conscience. *

MARTIN H. FISCHER

La pensée du peintre, du musicien, du géomètre, du commerçant et du philosophe peut prendre des formes très différentes, plus encore la pensée de la personne inculte, qui reste rudimentaire et tourne toujours dans les mêmes cercles. (411)

HENRI PIÉRON

Il suffit d'ouvrir les yeux pour voir que les conquêtes de l'industrie qui ont enrichi tant de personnes pratiques n'auraient jamais vu le jour, si ces personnes pratiques seules avaient existé et si elles n'avaient pas été précédées par des dévots désintéressés qui sont morts pauvres, qui n'ont jamais pensé à l'utilité, et pourtant avait un guide bien autre que le caprice. (417)

H. POINCARÉ

Les personnes les plus dédaigneuses de la théorie en tirent, sans s'en douter, leur pain quotidien ; privé de cette nourriture, le progrès cesserait vite, et nous nous figerions bientôt dans l'immobilité de l'ancienne Chine. (417)

H. POINCARÉ

---

* Éducation de la moelle épinière. *Ill. Méd. Jour.* Décembre 1928.

Si l'on veut obtenir de la Nature une réponse définitive, il faut aborder la question d'un point de vue plus général et moins égoïste. (415)   M. PLANCK

En particulier, si l'on utilise le mot intelligence comme synonyme d'activité mentale, comme on le fait souvent, il faut différencier les formes primitives de l'intelligence sensorielle, avec leur symbolisme peu développé au-delà duquel les enfants arriérés ne peuvent pas avancer ... et les formes d'intelligence verbale créées par l'éducation sociale, formes abstraites et conceptuelles. (411)   HENRI PIÉRON

Une civilisation qui ne peut sortir de ses abstractions actuelles est vouée à la stérilité après une période de progrès très limitée. (575)   A. N. WHITEHEAD

.... presque n'importe quelle idée qui vous fait sortir de vos abstractions actuelles peut être mieux que rien. (575)   A. N. WHITEHEAD

C'est précisément à cela que sert le sens commun, à être secoué par le sens peu commun. L'un des principaux services que les mathématiques ont rendus à l'espèce humaine au cours du siècle passé est de placer le 'sens commun' à sa place, sur l'étagère la plus haute à côté du bidon poussiéreux étiqueté 'non-sens rejetés'. (23)   E. T. BELL

Si vous avez eu votre attention dirigée vers les nouveautés de la pensée de votre vivant, vous aurez observé que presque toutes les idées vraiment nouvelles ont un certain aspect de folie quand elles sont produites pour la première fois. (575)   A. N. WHITEHEAD

Savoir critiquer c'est bien, savoir créer c'est mieux. (417)   H. POINCARÉ

La crise explicative à laquelle nous sommes confrontés dans la relativité et les phénomènes quantiques n'est qu'une répétition de ce qui s'est produit de nombreuses fois dans le passé ... Chaque chaton est confronté à une telle crise au bout de neuf jours. (55)   PW BRIDGMAN

Le concept n'existe pas pour le physicien tant qu'il n'a pas la possibilité de découvrir s'il se réalise ou non dans un cas réel. ... Tant que cette exigence n'est pas satisfaite, je m'autorise à me tromper en tant que physicien (et bien sûr il en va de même si je ne suis pas physicien), quand j'imagine que je suis capable d'attacher une signification à l'énoncé de simultanéité. (Je demanderais au lecteur de ne pas aller plus loin jusqu'à ce qu'il soit pleinement convaincu sur ce point.) (150)   A. EINSTEIN

Einstein, en analysant ainsi ce qu'implique de faire un jugement de simultanéité, et en saisissant l'acte de l'observateur comme l'essence de la situation, adopte en fait un nouveau point de vue sur ce que devraient être les concepts de la physique, à savoir, la vue opérationnelle. ... si nous avions adopté le point de vue opératoire, nous aurions, avant la découverte des faits physiques réels, vu que la simultanéité est essentiellement un concept relatif, et nous aurions laissé place dans notre pensée à la découverte d'effets tels qu'on les trouvera plus tard. (55)
PW BRIDGMAN

Que n'importe qui examine en termes opérationnels toute discussion populaire actuelle sur des questions religieuses ou morales pour se rendre compte de l'ampleur de la réforme qui nous attend. Partout où nous temporisons ou faisons des compromis dans l'application de nos théories de la conduite à la vie pratique, nous pouvons soupçonner un échec de la pensée opérationnelle. (55)
PW BRIDGMAN

Je crois que beaucoup de questions posées sur des sujets sociaux et philosophiques se trouveront dénuées de signification lorsqu'elles seront examinées du point de vue des opérations. Cela conduirait sans aucun doute grandement à la clarté de la pensée si le mode de pensée opérationnel était adopté dans tous les domaines d'investigation aussi bien que dans le domaine physique. Tout comme dans le domaine physique, dans d'autres domaines, on fait une déclaration significative sur son sujet en déclarant qu'une certaine question est dépourvue de signification. (55)

PW BRIDGMAN

Il y a un profond désaccord entre les personnes compétentes quant à ce qui peut être prouvé et ce qui ne l'est pas, ainsi qu'une divergence d'opinion irréconciliable quant à ce qui est sensé et ce qui est non-sens.(22)

E. T. BELL

Remarquez le mot 'non-sens' ci-dessus. C'était leur incapacité, entre autres, à définir ce mot . . . qui a mis à mal la tentative héroïque de Russell et Whitehead pour asseoir le raisonnement mathématique sur une base solide. (22)

E. T. BELL

La structure de tout matériel linguistique est inextricablement mêlée et dépendante du cours de l'activité dans laquelle les énoncés sont intégrés. (332)

B. MALINOWSKI

En résumé, on peut dire que les catégories grammaticales fondamentales, universelles à tous les langages humains, ne peuvent être comprises qu'en référence à la Weltanshauung pragmatique de l'être humain primitif, et que, par l'usage du Langage, les catégories primitives barbares ont dû profondément influencer les philosophies ultérieures du genre humain. (332)

B. MALINOWSKI

Puisqu'il n'y a pas deux événements identiques, chaque atome, molécule, organisme, personnalité et société est une émergence et, au moins dans une certaine mesure, une nouveauté. Et ces émergents s'enchaînent de manière à former de vastes systèmes ramifiés, dont seuls certains pans idéaux semblent avoir retenu l'attention des philosophes, en raison de leurs intérêts avoués anthropocentriques et anthropodoxiques. (555)

WILLIAM MORTON WHEELER

Les mots *est* et *n'est pas*, qui impliquent l'accord ou le désaccord de deux idées, doivent exister, explicitement ou implicitement, dans chaque assertion. (354)

AUGUSTE DE MORGAN

Le petit mot *est* a ses tragédies, il marie et identifie des choses différentes avec la plus grande innocence, et pourtant il n'y en a jamais deux identiques, et si c'est là le charme de les marier et de les appeler un, là aussi réside le danger. Chaque fois que j'utilise le mot *est*, sauf dans une pure tautologie, j'en abuse profondément ; et quand je découvre mon erreur, le monde semble s'effondrer et les membres de ma famille ne se connaissent plus. (461)

G. SANTAYANA

La tentative complète de traiter le terme *est* irait jusqu'à la forme et la matière de chaque chose qui *existe*, au moins, sinon jusqu'à la forme et la matière possibles de tout ce qui n'existe pas, mais pourrait exister. Dans la mesure du possible, cela donnerait la grande encyclopédie, et son supplément annuel serait l'histoire de l'espèce humaine pour l'époque. (354)

AUGUSTE DE MORGAN

La conscience est le sentiment de négation : dans la perception de 'la pierre comme grise', un tel sentiment n'est qu'en germe ; dans la perception de 'la pierre n'est pas grise', un tel sentiment est en plein développement. Ainsi la perception négative est le triomphe de la conscience. (578)

A. N. WHITEHEAD

Mais, si l'on désigne par intelligence, quantitativement, la totalité du fonctionnement mental, il est évident que la suppression de la pensée verbale entraîne un défaut, relativement très important chez les individus cultivés menant une vie sociale complexe : l'illettré de ce point de vue est un défaut. (411)

HENRI PIÉRON

La philosophie de l'homme ordinaire est une vieille épouse qui ne lui donne aucun plaisir, mais il ne peut pas vivre sans elle, et ressent toutes les médisances que les étrangers peuvent jeter sur son caractère. (461)

G. SANTAYANA

Il est terrible de voir comment une seule idée floue, une seule formule sans signification, tapie dans la tête d'un jeune personne, va parfois agir comme une obstruction de matière inerte dans une artère, gênant la nutrition du cerveau et condamnant sa victime à dépérir dans la plénitude de sa vigueur intellectuelle et au milieu de l'abondance intellectuelle. (402)

CHARLES S. PEIRCE

PARTIE I
PRÉLIMINAIRES

Corpus Errorum Biologicorum

. . . .

Mais exactement le travail distinctif de la science est la modification, la reconstruction, l'abandon d'idées anciennes ; la construction de nouvelles idées sur la base de l'observation. C'est cependant une opération pénible, et beaucoup refusent de la subir, même beaucoup dont le travail est la pratique de l'investigation scientifique. Les idées anciennes persistent avec les nouvelles observations, elles forment la base - souvent inconsciemment - de bon nombre des conclusions qui en sont tirées.

C'est ce qui s'est produit dans l'étude de l'hérédité. Un fardeau de concepts et de définitions est descendu des jours pré-expérimentaux ; le déversement du vin nouveau de la connaissance expérimentale dans ceux-ci a entraîné la confusion. Et cette confusion est aggravée par l'étrange et forte propension des travailleurs sur l'hérédité à bafouer, nier et mépriser les observations des travailleurs sur l'action environnementale ; la propension tout aussi étrange et forte des étudiants sur les effets environnementaux à bafouer, nier et mépriser les travaux sur l'hérédité. Si l'on accepte les résultats affirmatifs des deux ensembles, sans être troublé par leurs négations, sans être troublé par des définitions venues du passé, il en résulte un corpus de connaissances simple, cohérent et utile ; bien qu'avec des revendications moins prétentieuses que celles énoncées par l'un ou l'autre ensemble.

Notre première erreur découle de la situation que nous venons de décrire. Il s'agit de :

I) L'erreur provenant des jugements non-expérimentaux, en matière d'hérédité et de développement . . . .

Notre deuxième erreur générale est celle qui apparaît dans l'interprétation des résultats d'observation et expérimentaux, elle sous-tend la plupart des erreurs particulières observées en biologie génétique. C'est l'erreur que Morley dans sa vie de Gladstone affirme être la plus grande affliction des politiciens ; c'est en effet un fléau commun de l'humanité. Il s'agit de :

II) L'erreur d'attribuer à une cause ce qui est dû à plusieurs causes . . . .

III) L'erreur de conclure que parce qu'un facteur joue un rôle, un autre ne le fait pas ; l'erreur de tirer des conclusions négatives à partir d'observations positives . . . .

IV) L'erreur selon laquelle les caractéristiques des organismes sont divisibles en deux classes distinctes ; l'une due à l'hérédité, l'autre à l'environnement . . . .

VII) L'erreur de fonder des conclusions sur des prémisses implicites qui, lorsqu'elles sont explicitement énoncées, sont rejetées . . . . Beaucoup de prémisses influençant le raisonnement sont de ce type caché, inconscient. De telles prémisses fantomatiques affectent largement le raisonnement biologique sur les sujets traités ici ; ils sous-tendent plusieurs des erreurs déjà énoncées, et plusieurs à venir . . . .

VIII) L'erreur qui montre qu'une caractéristique est héréditaire prouve qu'elle n'est pas altérable par l'environnement . . . .

IX) L'erreur que si on montre qu'une caractéristique est altérée par l'environnement alors ça prouve qu'elle n'est pas héréditaire…Il semble en effet probable, d'après l'état actuel des connaissances et la tendance des découvertes, que les déclarations générales suivantes se révéleront finalement justifiées :

(1) Toutes les caractéristiques des organismes peuvent être modifiées en changeant les gènes ; à condition que nous puissions apprendre à modifier les bons gènes.

(2) Toutes les caractéristiques peuvent être modifiées en changeant les conditions environnementales dans lesquelles l'organisme se développe ; à condition que nous apprenions quelles conditions changer et comment les changer.

(3) Tout type de changement de caractéristiques qui peut être induit en modifiant les gènes peut également être induit (si nous savons comment) en modifiant les conditions. (Cette affirmation est sujette à plus de doute que les deux autres, mais il est probable qu'elle finira par être trouvée correcte.) ....

X) L'erreur selon laquelle puisque toutes les caractéristiques humaines sont héréditaires, l'hérédité est primordiale dans les affaires humaines, l'environnement donc sans importance ....

XI) L'erreur selon laquelle puisque toutes les caractéristiques humaines importantes sont environnementales, l'environnement est donc primordial, l'hérédité sans importance, dans les affaires humaines. (247) ....

H. S. JENNINGS

CHAPITRE I
BUTS, MOYENS ET CONSÉQUENCES D'UNE RÉVISION NON-ARISTOTÉLICIENNE

> Le processus de l'intellectualisme n'est pas le sujet que je veux traiter : je veux parler de la science, et là-dessus il n'y a aucun doute ; par définition, pour ainsi dire, ce sera intellectualiste ou ce ne sera pas du tout. La question est précisément de savoir si ce sera le cas. (417)
> H. POINCARÉ

> Le but de la science est de rechercher les explications les plus simples de faits complexes.... Recherchez la simplicité et méfiez-vous d'elle. (573)
> A. N. WHITEHEAD

La présente enquête trouve son origine dans ma tentative de construire une science de l'être humain. La première tâche consistait à définir scientifiquement l'être humain en termes non-élémentalistiques, fonctionnels. J'ai accompli cela dans mon livre *Manhood of Humanity* (New York, EP Dutton & Co.), et j'y ai appelé time-binding la caractéristique spéciale qui distingue catégoriquement l'être humain de l'animal.

Dans le présent volume I, j'entreprends l'investigation du mécanisme de time-binding. Les résultats sont assez inattendus. Nous découvrons qu'il y a une différence catégorique entre les réactions nerveuses de l'animal et de l'être humain, et qu'à en juger par ce critère, presque nous tous, même maintenant, copions les animaux (l'utilisation du terme 'copier' est expliquée au Chapitre II) dans nos réponses nerveuses, copiage qui conduit à l'état général de non-sanité reflété dans nos vies privées et publiques, nos institutions et nos systèmes. Par cette découverte la situation entière est radicalement changée. Si nous copions les animaux dans nos réponses nerveuses par manque de connaissance de ce que devraient être les réponses appropriées du système nerveux humain, nous pouvons cesser de le faire, à la fois individuellement et collectivement, et nous sommes ainsi conduits à la formulation d'une première théorie positive de la sanité.

Le vieux dicton selon lequel nous *'sommes'* des animaux nous laisse sans espoir, mais si nous *copions* simplement les animaux dans nos réponses nerveuses, nous pouvons arrêter de le faire, et le désespéré devient très optimiste, à condition que nous puissions découvrir une différence *physiologique* dans ces réactions. Ainsi nous est fourni un programme défini et prometteur pour une investigation.

Une telle investigation est entreprise dans le présent volume.

Le résultat de cette enquête s'est avéré être un système non-aristotélicien, le premier à être formulé, autant que je sache, et le premier à exprimer la tendance scientifique même de notre époque, qui a produit le système non-euclidien et non-newtonien. (Einstein et les nouvelles théories quantiques). Il semble que ces trois systèmes, non-aristotélicien, non-euclidien et non-newtonien, soient aussi imbriqués et interdépendants que l'étaient les systèmes correspondants plus anciens. Les systèmes aristotélicien et non-aristotélicien sont les plus généraux, les autres n'étant que des conséquences particulières et techniques qui en découlent.

Les deux systèmes aristotéliciens et non-aristotéliciens affectent nos vies profondément, à cause de facteurs psychologiques et de l'immédiateté de leur application.

Chacun de ces deux systèmes est l'expression des tendances psycho-logiques de son époque. Chacun à son époque doit produire chez les jeunes générations un bagage psychologique qui rend 'naturelle' et simple la compréhension de ses disciplines propres. Dans un monde humain aristotélicien, les systèmes euclidiens et newtoniens sont 'naturels', tandis que les jeunes éduqués dans les habitudes non-aristotéliciennes trouveront les systèmes non-euclidiens et non-newtoniens plus simples, plus 'naturels', et les systèmes plus anciens 'impensables'.

Le fonctionnement du système nerveux humain est une affaire plus généralisée que celle de l'animal, avec plus de possibilités. Celui de l'animal est un cas particulier de celui de l'humain, mais pas l'inverse. Jean Dupond, par ignorance du mécanisme, peut utiliser son système nerveux comme Médor ; mais Médor ne peut pas copier Dupond. D'où le danger pour Dupond, mais pas pour Médor. Médor a beaucoup de ses propres difficultés pour survivre, mais, au moins, il n'a pas des conditions *auto-imposées*, pour la plupart stupides et nuisibles, comme celles que Dupond s'est imposé par ignorance sur lui-même et sur les autres. Le champ couvert par cette enquête est très large et implique des contributions suggestives spéciales inattendues dans diverses branches de la science. Pour en énumérer quelques-uns pour l'orientation :

1. La formulation de la Sémantique Générale, issue d'une Théorie Générale du Time-binding, fournit aux scientifiques et aux profanes en sciences une méthode d'orientation générale moderne, qui élimine les blocages psycho-logiques plus anciens et révèle les mécanismes d'ajustement ;

2. L'abandon de l'aristotélisme permettra aux biologistes, physiologistes, etc., et particulièrement aux médecins de 'penser' en termes colloïdaux et quantiques modernes, au lieu des termes chimiques et physiologiques inadéquats et archaïques. La médecine peut alors devenir une science au sens de 1933 ;

3. En psychiatrie, elle indique sur des bases colloïdales la solution du problème 'corps-esprit' ;

4. Elle montre clairement que les caractéristiques humaines souhaitables ont un mécanisme psychophysiologique précis qui, jusqu'à présent, a été utilisé à mauvais escient, au détriment de chacun d'entre nous ;

5. Elle donne la première définition de la 'conscience' en termes physico-chimiques plus simples ;

6. Une théorie générale de la sanité conduit à une théorie générale de la psychothérapie, incluant toutes les écoles de médecine existantes, car elles traitent toutes des perturbations des *réactions sémantiques* (réponses psycho-logiques aux mots et autres stimuli en rapport avec leurs *significations*) ;

7. Elle formule les bases physiologiques de 'l'hygiène mentale' qui s'avère être une méthode expérimentale *psychophysiologique préventive des plus générales* ;

8. Elle montre le fondement *psychophysiologique* de l'état d'enfance de l'humanité tel qu'indiqué par l'*infantilisme* dans nos vies privées, publiques et internationales actuelles ;

9. En biologie, elle donne une solution sémantique et structurelle du problème de 'l'organisme-comme-un-tout' ;

10. En physiologie et en neurologie, elle reformule au niveau humain la théorie de Pavlov des réflexes conditionnels, suggérant un nouveau domaine scientifique de *psychophysiologie* pour les expériences ;

11. En épistémologie et en sémantique, elle établit une théorie précise et non-élémentalistique des significations, fondée non seulement sur des définitions mais aussi sur des termes *non-définis* ;

12. Elle introduit un nouveau développement et une nouvelle utilisation de 'structure' ;

13. Elle établit la structure comme seul contenu possible de la connaissance ;

14. Elle découvre la multiordinalité des termes les plus importants que nous ayons, supprimant ainsi le blocage psycho-logique d'origine sémantique et aidant la personne ou le scientifique moyen à devenir un 'génie', etc. ;

15. Elle formule une théorie nouvelle et physiologique des types mathématiques d'une extrême simplicité et d'une très large application ;

16. Elle offre une solution non-aristotélicienne du problème de 'l'infini' mathématique ;

17. Elle offre une nouvelle définition sémantique non-aristotélicienne (du grec, signifier) des *mathématiques* et du *nombre,* qui clarifie les mystères de l'importance apparemment étrange du nombre et de la mesure et jette une nouvelle lumière sur le rôle, la signifiance structurelle, la signification et les méthodes des mathématiques et leur enseignement ;

18. En physique, l'enquête explique certains aspects sémantiques fondamentaux, mais jusqu'ici ignorés, de la physique en général, et de celle d'Einstein et des nouvelles théories quantiques en particulier ;

19. Elle résout simplement le problème de "l'indéterminisme", de la nouvelle mécanique quantique, etc.

Je me rends compte que le lecteur réfléchi peut être stupéfait par une liste aussi partielle. Je suis tout à fait d'accord avec lui sur ce point. J'ai également été stupéfait.

Comme cette enquête se veut scientifique, au sens de 1933, je dois expliquer comment, malgré de grandes difficultés et handicaps, j'ai pu accomplir le travail. Au fur et à mesure que mon travail avançait, il s'est avéré qu'il s'agissait de 'parler sur le parler'. Actuellement, tous les travaux scientifiques, dans tous les domaines, sont écrits ou parlés, et donc, en définitive, verbaux. Pour parler sur le parler, dans un sens satisfaisant et fondamental, j'ai dû me familiariser avec les langages particuliers utilisés par les scientifiques dans tous les domaines. Je ne me rendais pas compte à l'avance de l'ampleur de cette entreprise. Il a fallu de nombreuses années et beaucoup de travail pour y parvenir, mais une fois que c'était fait, le reste était simple. Les scientifiques ne diffèrent pas du reste d'entre nous. Ils négligent généralement les questions structurelles, linguistiques et sémantiques, tout simplement parce que personne n'a encore formulé ces problèmes ou montré leur importance. La révision structurelle de leur langage a conduit automatiquement à de nouveaux résultats et à de nouvelles suggestions, d'où cette liste surprenante.

La présente enquête est limitée et partielle, mais parce qu'elle traite de questions linguistiques et sémantiques et de leurs aspects *physiologiques* et psycho-logiques, elle est, jusqu'à un certain point, *inhabituellement générale*. J'ai constaté que, par écrit, il est extrêmement difficile et irréalisable de toujours énoncer explicitement les limites d'une déclaration. Il semble plus pratique de dire ici que, en général, *toutes les déclarations faites ici sont limitées* par des considérations supplémentaires sur les réalités d'un problème analysé.

Ainsi, par exemple, une 'théorie de la sanité' traite des problèmes sémantiques les plus importants à partir d'aspects sémantiques limités, et n'a rien à voir avec les formes d'"insanité" résultant de différentes perturbations organiques, ou toxiques, ou autres, qui restent aussi graves que jamais. Les déclarations faites ne couvrent que ce que les recherches ultérieures leur permettront de couvrir, et pas plus.

Le lecteur doit être mis en garde contre les généralisations indues, car elles peuvent être injustifiées. Il est impossible, à ce stade, de prévoir toutes les ramifications du présent travail. Les problèmes verbaux, qui correspondent grosso modo aux problèmes 'mentaux' plus anciens, semblent imprégner tous les problèmes *humains* dans une certaine mesure, et ainsi le champ d'application et d'influence d'une telle enquête doit être très large. La plupart des résultats du présent travail impliquent des facteurs d'une sécurité de conclusion inhabituelle, bien qu'ils puissent violer les canons de nos croyances 'philosophiques'.

L'explication est étonnamment simple et facile à vérifier. Le système non-aristotélicien actuel repose sur des prémisses négatives fondamentales, à savoir la négation complète de l'"identité", qui ne peut être niée sans imposer la charge d'une preuve impossible à la personne qui nie cette négation. Si nous commençons, par exemple, par affirmer qu'"un mot n'est pas l'objet dont on parle" et que quelqu'un essaie de le nier, il devra produire un objet physique réel qui serait le mot, ce qui est impossible à réaliser, même dans les asiles pour malades 'mentaux'. D'où ma sécurité, souvent 'blasphématoirement joyeuse', comme l'appelle un de mes amis.

Ce rejet général du 'est' d'identité donne la principale prémisse fondamentale non-aristotélicienne, qui nécessite un traitement structurel. Le statut des prémisses négatives est beaucoup plus important et sécure pour commencer que celui du 'est' positif d'identité, que l'on trouve dans le système aristotélicien, mais dont il est facile de montrer qu'il est faux quant aux faits et qu'il implique d'importants facteurs délirants.

Toute carte ou langage, pour être d'une utilité maximale, devrait, dans sa structure, être similaire à la structure du monde empirique. De même, du point de vue d'une théorie de la sanité, tout système ou langage devrait, dans sa structure, être similaire à la structure de notre système nerveux. On montre aisément que le système aristotélicien diffère structurellement de ces exigences minimales, et que le système non-aristotélicien s'y conforme.

Ce fait s'avère être d'une importance *psychophysiologique*. Les considérations ci-dessus, et d'autres impossibles à mentionner dans ce chapitre, m'ont suggéré la forme et la structure de tout l'ouvrage. Je n'ai épargné aucun effort pour rendre la présentation aussi connectée, simple et, surtout, aussi *pratique à l'usage* que possible. Comme je traite de la structure et de la similarité de structure, des langages et du monde empirique, une sélection précise de sujets est immédiatement suggérée.

Je dois donner suffisamment de données structurelles sur les langages en général, et suffisamment de données structurelles sur le monde empirique, puis sélectionner, ou, si nécessaire, construire, ma terminologie et mon système de structure similaire.

Le lecteur ne doit pas avoir peur si certaines parties du livre semblent techniques et mathématiques. En réalité, elles ne le sont pas. Parlant du langage appelé mathématique, d'un point de vue structurel, j'ai dû illustrer ce qui a été dit, et les quelques symboles ou schémas ne sont utilisés qu'à cette fin. De nombreux points structurels sont d'une importance et d'un intérêt véritables pour les scientifiques professionnels, les enseignants et autres, qui traitent rarement, voire jamais, des problèmes structurels, linguistiques et sémantiques tels que ceux qui sont analysés ici. Le profane en sciences qui lira le livre avec diligence et à plusieurs reprises, sans en sauter aucune partie, aura au moins un *sentiment* ou une vague notion que *de tels problèmes existent*, ce qui produira un effet psychologique très important ou une libération de l'ancienne inconditionnalité animalistique de réponses, qu'il ait ou non le sentiment de les avoir 'compris' pleinement.

Ma suggestion la plus sincère, étayée par l'expérience, au lecteur est de lire le livre plusieurs fois, mais de ne pas s'attarder sur les points qui ne sont pas clairs pour lui. À chaque lecture, les difficultés s'éclairciront, jusqu'à ce que le lecteur les assimile entièrement. La lecture superficielle du livre est à déconseiller positivement, car cela s'avérera être une perte de temps. L'expérience m'a appris que le nombre d'inadaptations sémantiques, particulièrement parmi la classe des cols blancs, est très grand. Actuellement, je ne connais aucun cas où un *entraînement approfondi* à une telle discipline sémantique non-aristotélicienne ne donnerait pas des moyens très sérieux pour un meilleur ajustement. Il apaisera les perturbations affectives, sémantiques, aiguisera l'orientation, le jugement, le pouvoir d'observation, et ainsi de suite ; il éliminera différents blocages psycho-logiques, aidera à surmonter les sentiments "d'infériorité" très ennuyeux et communs ; il aidera à la disparition de l'*état infantile* adulte, qui est une déficience nerveuse pratiquement toujours connectée à des réactions sexuelles pathologiques ou à un manque d'impulsions normales et saines.

Après tout, nous ne devrions pas nous en étonner. Le langage, en tant que tel, représente la fonction physiologique et neurologique la plus élevée et la plus récente d'un organisme. Il est propre à Dupond et présente une structure circulaire, pour utiliser un terme logique, ou une structure en spirale, pour utiliser un terme quadri-dimensionnel ou un terme d'aspect physico-chimique. Avant de pouvoir utiliser correctement l'appareil nerveux sémantique, il faut d'abord savoir comment l'utiliser, et donc formuler cette utilisation.

Dans ces processus, un 'effet' devient un facteur *causal* pour les effets futurs, les influençant d'une manière particulièrement subtile, variable, flexible et d'un nombre sans fin de possibilités. Le 'savoir', s'il est considéré comme un produit final, doit également être considéré comme un facteur psychophysiologique causal de l'étape suivante de la réponse sémantique. La méconnaissance de ce mécanisme est potentiellement dangereuse, notamment dans l'éducation des enfants, car elle les entraîne à des habitudes linguistiques non analysées, d'autant plus que le système nerveux humain n'est pas complet à la naissance. Cette circularité structurelle et fonctionnelle introduit de réelles difficultés d'analyse, ignorées ou négligées dans le système aristotélicien. La vie humaine, dans sa différence avec la vie animale, implique beaucoup plus de facteurs et est intrinsèquement de structure différente et plus complexe. Avant de pouvoir être pleinement humain et, par conséquent, 'sane', comme devrait l'être un être humain 'normal', nous devons d'abord savoir comment gérer nos réactions nerveuses – une affaire circulaire.

Un système non-aristotélicien ne doit pas méconnaitre ce *fait structurel de l'histoire-naturelle-humaine* de la circularité inhérente de toutes les fonctions physiologiques qui, sous quelque forme que ce soit, impliquent la 'connaissance' humaine. Un système non-aristotélicien diffère essentiellement dans sa structure de son prédécesseur qui, par nécessité, en raison du manque de connaissances caractéristique de son époque, n'a pas tenu compte de ces questions sémantiques structurelles et a donc été construit sur des *modèles animalistiques* plus grossiers.

La difficulté de passer de l'ancien système à un autre de structure différente ne réside pas dans le système non-aristotélicien en tant que tel, qui est réellement plus simple et plus en accord avec le sens commun ; mais la difficulté sérieuse réside plutôt dans les anciennes habitudes de langage et de réactions nerveuses, et dans les anciennes réactions sémantiques qui doivent être surmontées. Ces difficultés sont peut-être plus sérieuses qu'on ne le pense généralement. Seuls ceux qui ont vécu le passage des systèmes euclidiens aux non-euclidiens, et des systèmes newtoniens aux non-newtoniens peuvent pleinement apprécier cette difficulté sémantique ; en règle générale, il faut une nouvelle génération pour le faire sans douleur et avec un succès total. Cela s'applique au grand public, mais n'est pas une excuse pour les scientifiques, les éducateurs et les autres personnes chargées de l'éducation ou qui influencent autrement les réactions sémantiques des enfants. Si un lecteur se rend compte de ses difficultés et *veut sérieusement* les surmonter, une autre suggestion peut être donnée. Un diagramme structurel dans le présent ouvrage, appelé Structurel Différentiel, montre la différence structurelle entre le monde animal et le monde humain. On ne se rend pas encore pleinement compte de cette différence structurelle ; son importance sémantique n'est pas non plus comprise, car elle n'a jamais été formulée de manière simple auparavant ; pourtant se rendre compte de façon permanente et instinctive de ces différences structurelles est inconditionnellement nécessaire à la maîtrise de la théorie actuelle de la sanité. Ce diagramme, en effet, implique tous les facteurs psychophysiologiques nécessaires à la transition des anciennes réactions sémantiques vers les nouvelles, et il donne en quelque sorte un résumé structurel de l'ensemble du système non-aristotélicien. Comme le diagramme est fondé sur le rejet du 'est' d'identité, son utilisation est pratiquement indispensable ; il a été réalisé en relief et sous des formes imprimées, à conserver au mur ou sur le bureau comme un rappel visuel structurel et sémantique permanent. Sans manipuler réellement, sans pointer du doigt ou sans onduler la position de la main sur lui, en regardant l'*ordre,* et ainsi de suite, il est pratiquement impossible, ou très difficile, de devenir dûment expérimenté, ou d'expliquer le présent système à nous-mêmes ou aux autres, parce que le fondement de toute 'connaissance' est structurel, et le Structurel Différentiel montre en fait cette différence structurelle entre le monde animal et le monde humain.

L'un des meilleurs moyens pour les adultes de s'entraîner à la théorie actuelle de la sanité est d'essayer de l'expliquer aux autres, en pointant à plusieurs reprises le Structurel Différentiel. D'après mon expérience, ceux qui ont ignoré ce conseil ont toujours fait des progrès très lents et n'ont jamais obtenu le plein bénéfice sémantique de leurs efforts. En ce qui concerne l'aspect verbal de la formation, il est tout aussi important d'utiliser exclusivement les termes donnés dans ce livre, qui sont non-aristotéliciens et non-élémentalistiques, que *d'abandonner complètement* le 'est' d'identité et certains des termes primitifs élémentalistiques.

Le lecteur doit être averti dès le début d'une innovation sémantique très fondamentale ; à savoir, de la découverte de la *multiordinalité* des termes les plus importants que nous ayons. Cela conduit à une utilisation consciente de ces termes au sens multiordinal, extrêmement flexible, plein-de-conditionnalité. Des termes comme 'oui', 'non', 'vrai', 'faux', 'fait', 'réalité', 'cause', 'effets', 'accord', 'désaccord', 'nombre', 'proposition', 'relation', 'ordre', 'structure', 'abstraction', 'caractéristique', 'amour', 'haine', 'doute', etc., sont tels que s'ils peuvent être appliqués à un énoncé, ils peuvent également être appliqués à un énoncé sur le premier énoncé, et donc, en fin de compte, à tous les énoncés, quel que soit leur ordre d'abstraction. J'appelle *termes multiordinaux* les termes présentant un tel caractère. La principale caractéristique de ces termes consiste dans le fait qu'aux différents niveaux des ordres d'abstractions ils peuvent avoir des significations différentes, de sorte qu'ils n'ont pas de signification générale ; car leurs significations sont déterminées uniquement par le contexte donné, qui établit les différents ordres d'abstractions. Psycho-logiquement, en nous rendons compte de la multiordinalité des termes les plus importants, nous avons ouvert la voie à la pleine conditionnalité spécifiquement *humaine* de nos réponses sémantiques. Cela nous permet une grande liberté dans le maniement des termes multiordinaux et élimine de très graves fixités et blocages psycho-logiques, dont l'analyse montre qu'ils sont de nature animalistique, et, par conséquent, pathologiques pour la personne. Une fois que le lecteur a compris cette caractéristique multiordinale, cette liberté sémantique n'entraîne pas de confusion.

Par hasard, notre vocabulaire s'enrichit énormément sans devenir encombrant, et se fait très précis. Ainsi, un 'oui' peut avoir un nombre indéfini de significations, selon le contexte auquel il s'applique. Un tel 'oui' vide représente, en réalité, 'oui$_\infty$' mais cela inclut 'oui$_1$', 'oui$_2$', 'oui$_3$', etc., qui sont, ou peuvent être, différents. Toutes les spéculations sur ces termes *en général* - comme, par exemple, 'qu'est-ce qu'un fait ou une réalité?' -sont futiles et, en général, illégitimes, car la seule réponse correcte est que 'les termes sont multiordinaux et dépourvus de signification en dehors d'un contexte'. Cela règle de nombreuses questions épistémologiques et sémantiques épineuses et cela nous donne une méthode des plus puissantes pour promouvoir la liberté d'expression mutuelle humaine, éliminant ainsi les malentendus et les blocages et conduisant finalement à un accord.

Je soupçonne que sans la découverte de la multiordinalité des termes, le présent travail n'aurait pas pu être écrit, car j'avais besoin d'un langage plus souple, d'un vocabulaire plus large, et pourtant je devais éviter la confusion. Avec l'introduction de la multiordinalité des termes, ce qui est un fait *naturel* mais encore inaperçu, notre vocabulaire ordinaire s'enrichit énormément ; en fait, le nombre de mots d'un tel vocabulaire *naturel pour l'être humain* est infini. La multiordinalité des termes est le mécanisme fondamental de la *pleine conditionnalité* des réactions sémantiques *humaines ;* il élimine un nombre incroyable d'anciens blocages animalistiques et il est fondamental pour la sanité.

Un certain nombre de déclarations dans le présent ouvrage ont des significations précises pour différents spécialistes, allant souvent à l'encontre des croyances scientifiques acceptées. Comme ils découlaient naturellement du contexte, je les ai insérés pour le spécialiste, sans avertissement, pour lesquels je dois m'excuser auprès du lecteur général, bien qu'ils lui soient également utiles.

Pour rendre les questions plus précises, certains mots seront répétés si souvent que je les abrégerai comme suit :

Abréviation	Représente	Abréviation	Représente
A	Aristotélicien	$\bar{N}$	Non newtonien
$\bar{A}$	Non- aristotélicien	el	Élémentalistique
E	Euclidien	non-el	Non élémentalistique
$\bar{E}$	Non euclidien	$m.o$ ou $(m.o)$	Multiordinal
N	Newtonien	$s.r$ ou $(s.r)$	Réactions sémantiques, au singulier et au pluriel

Dans certains cas, pour une emphase spéciale, les mots seront épelés en entier.

Un système-$\bar{A}$, étant extensionnel, nécessite l'énumération de longues listes de noms, qui, en principe, ne peuvent pas être épuisées. Dans ces conditions, je dois énumérer quelques représentants suivis d'un 'etc.', ou de ses équivalents. Comme la méthode extensionnelle est caractéristique d'un traitement $\bar{A}$, l'expression 'etc.' se produit si souvent qu'il nécessite une ponctuation d'extension spéciale $\bar{A}$ chaque fois que le point n'indique pas une autre abréviation, comme suit :

Abréviation	Représente	Abréviation	Représente
.,	etc.,	.:	etc.:
,.	,etc.	.?	etc.?
.;	etc.;	.!	etc.!

(NdT : dans ma lecture personnelle de Science and Sanity, j'ai trouvé ces abréviations plus gênantes que le texte entier. J'ai décidé de maintenir sauf exception le texte entier dans ma traduction).

Ce livre est conçu comme un manuel, et j'ai évité de renvoyer le lecteur à d'autres livres, mais j'ai fourni autant de données structurelles que j'ai jugées utiles pour une orientation générale. Dans un ouvrage d'une telle ampleur et d'une telle nouveauté, il a semblé souhaitable de donner un aperçu général plutôt que de développer en détail certains points particuliers, de sorte que cet ouvrage n'est exhaustif dans aucun domaine ; il ne peut d'ailleurs pas l'être à l'heure actuelle.

Les notes à la fin du livre sont données dans le but (entre autres) d'indiquer des sources d'information, en remerciement, et de faciliter le travail du futur étudiant. Autant que j'ai pu, j'ai évité les citations directes d'autres auteurs, car il m'a semblé généralement plus opportun de modifier légèrement la formulation. Dans de nombreux cas, j'ai suivi de très près les formulations originales, en donnant toujours le crédit approprié.

Je n'ai pas évité les répétitions, car j'ai constaté, par une triste expérience, que bien des fois, lorsqu'on me reprochait une répétition, l'auditeur ou le lecteur négligeait assez joyeusement et inconsciemment ladite 'répétition', comme s'il ne l'avait jamais entendue avant. Pour un ouvrage tel que celui-ci, les habitudes littéraires habituelles : 'éviter les répétitions', 'laisser le lecteur le découvrir par lui-même', etc., sont extrêmement préjudiciables à la compréhension de quelques enjeux fondamentaux et à l'acquisition d'habitudes $\bar{A}$ et de nouvelles *réactions sémantiques*. Pour faciliter la tâche de l'étudiant, je n'avais d'autre choix que d'écrire comme je l'ai fait.

En 1933, l'opinion scientifique est divisée quant à savoir si nous avons besoin de plus de science ou moins de science. Certaines personnes éminentes suggèrent même que les scientifiques devraient prendre des vacances et laisser le reste de l'humanité rattraper leur retard sur ce qu'ils ont accompli. Il ne fait aucun doute que le décalage entre les ajustements humains et les avancées de la science devient alarmant. Une telle suggestion est-elle donc justifiée?

La réponse dépend des *hypothèses* qui sous-tendent ces opinions. Si les humains, en tant que tels, ont atteint la limite de leur développement nerveux, et si l'étude scientifique de l'être humain, en tant qu'être humain, devait révéler positivement ces limites, alors une telle conclusion serait justifiée. Mais est-ce le cas?

La présente enquête montre très clairement que ce n'est pas le cas. Toutes les sciences ont progressé exclusivement parce qu'elles ont réussi à établir leurs propres langages $\bar{A}$. Par exemple, une science de la thermodynamique n'aurait pas pu être construite sur les termes de 'froid' et de 'chaud'. Il fallait un autre langage, celui des relations et de la structure ; et, une fois celui-ci produit, une science est née et le progrès assuré. Est-ce que les mathématiques *modernes* pourraient être construites sur la notation romaine des nombres I, II, III, IV, V.? Non, elles ne le pourraient pas. L'arithmétique la plus simple et la plus enfantine était si difficile qu'elle exigeait un expert ; et tout progrès était très efficacement entravé par le symbolisme adopté. L'histoire montre que ce n'est que depuis que l'Hindou inconnu a découvert le principe le plus révolutionnaire et le plus moderne de la *notation positionnelle* - 1, 10, 100,

1000, etc., que les mathématiques modernes sont devenues possibles. Chaque enfant d'aujourd'hui est plus habile dans son arithmétique que les experts de l'époque. Incidemment, remarquons que la notation positionnelle a une *structure* définie.

Avons-nous déjà tenté quelque chose de semblable dans l'étude de la personne? Comme-un-tout? Dans toutes ses activités? Encore une fois, et de la manière la plus catégorique, non ! Nous n'avons jamais étudié scientifiquement la personne-comme-un-tout. Si nous faisons une tentative, comme celle-ci, par exemple, nous découvrons le fait étonnant, mais simple, que, même maintenant, nous tous copions les animaux dans nos réponses nerveuses, bien que celles-ci puissent être ramenées au niveau humain si la différence dans le mécanisme des réponses est découverte et formulée.

Une fois ceci compris, nous devons faire face à une autre nécessité. Pour abolir l'écart entre l'avancement de la science et le pouvoir d'ajustement de la personne, il faut d'abord établir la science de la personne-comme-un-tout, embrassant *toutes* ses activités, science, mathématiques et maladies 'mentales' *non* exclues. Une telle analyse nous aiderait à découvrir la différence de réponses mentionnée ci-dessus, et les réactions sémantiques chez la personne acquerraient une nouvelle signification.

Si le présent ouvrage n'a abouti qu'à suggérer de telles possibilités, j'en suis satisfait. D'autres, je l'espère, réussiront là où j'ai pu échouer. Dans de telles conditions, le seul recours possible est de produire une science de l'être humain, et donc d'avoir non pas moins, mais plus de science, couvrant finalement tous les domaines de l'activité humaine, et mettant ainsi un terme aux réactions nerveuses animales, si vicieuses dans leurs effets sur l'être humain.

Actuellement, il n'existe nulle part dans le monde où se font de telles recherches *psychophysiologiques*. De grosses sommes d'argent sont investies dans différentes institutions bien établies pour la recherche scientifique, pour l'hygiène 'mentale', pour la paix internationale, et ainsi de suite, mais pas pour ce qui est peut-être la plus importante de toutes les lignes de recherche, à savoir une science générale de l'être humain dans tous les aspects de son comportement, science, mathématiques et maladies 'mentales' incluses.

Il faut espérer que, dans un avenir assez proche, certaines personnes et universités prendront conscience du fait que le langage est une fonction *psychophysiologique* fondamentale de l'être humain et qu'une étude scientifique de l'être humain dans toutes ses activités est une entreprise nécessaire, urgente, très prometteuse et pratique. Alors, peut-être, des chaires spéciales seront créées dans les universités, et certaines de ces recherches sur *les réactions sémantiques* et *la sanité* susciteront autant d'intérêt et d'encouragement public que d'autres recherches scientifiques.

Personnellement, je n'ai aucun doute que cela marquerait le début d'une nouvelle ère, *l'ère scientifique,* dans laquelle toutes les caractéristiques humaines souhaitables seraient libérées des blocages sémantiques, psychophysiologiques et animalistiques actuels, et où la sanité prévaudrait.

Que ce n'est pas un rêve, et que de tels mécanismes nerveux produisant des blocages existent, cela a été démontré par Pavlov sur ses chiens, par toutes les psychothérapies, et les expériences en cours sur l'élimination des troubles des *réactions sémantiques*. L'abondance de génies parmi les jeunes physiciens, depuis la révolution structurelle einsteinienne et la libération sémantique, est également une preuve empirique importante que différents systèmes verbaux créés par l'être humain peuvent stimuler ou entraver le fonctionnement du système nerveux humain.

Ce qui a été dit ici possède des fondements structurels, neurologiques très solides. Pour notre propos, nous pouvons considérer une différence structurelle grossière entre les systèmes nerveux de l'être humain et de l'animal. Brièvement, on peut distinguer dans le cerveau deux sortes de fibres nerveuses, les fibres de projection rayonnante et les fibres de corrélation et d'association tangentielles. Avec l'augmentation des complexités et de la modifiabilité du comportement, nous trouvons un nombre accru et des interrelations plus complexes de fibres d'association. La principale différence, par exemple, entre le cerveau d'un être humain et le cerveau d'un singe supérieur ne se trouve pas dans l'appareil de projection, mais dans les voies d'association, qui sont énormément élargies, plus nombreuses et plus complexes chez l'être humain que chez n'importe quel autre animal. Évidemment, si ces voies d'association sont bloquées au passage des impulsions nerveuses par un processus psychophysiologique, les réactions de la personne doivent être d'un ordre inférieur, et un tel blocage doit donner l'effet que la personne donnée est organiquement déficiente, et doit donc, entraîner un comportement animalistique.

La présente enquête révèle que les *réactions sémantiques* peuvent prendre des formes très diversifiées, dont l'une est la production de blocages psychophysiologiques très puissants. Ceux-ci, une fois que nous comprenons leur mécanisme, peuvent être éliminés par une éducation et une formation appropriée en matière de *réactions sémantiques*.

CHAPITRE II

TERMINOLOGIE ET SIGNIFICATIONS

> La représentation des phénomènes mentaux sous forme de réactions, de réflexes conditionnés, les 'psycho-réflexes' de Bechterew, conduit à une schématisation véritablement physiologique . . . . (411)
>
> HENRI PIÉRON

> Je prétends maintenant que le point de vue de l'ethnographe est celui qui est pertinent et réel pour la formation des conceptions linguistiques fondamentales et pour l'étude de la vie des langues, alors que le point de vue du philologue est fictif et non pertinent . . . . Pour définir Signification, expliquer les caractères grammaticaux et lexicaux essentiels du langage sur le matériel fourni par l'étude des langages morts, n'est rien moins que grotesque à la lumière de notre argumentation. (332)
>
> B. MALINOWSKI

> S'il prétend, comme il le fait parfois, qu'il a défini tous ses termes et prouvé toutes ses propositions, alors soit il fait des miracles logiques, soit il est un âne ; et, comme vous le savez, les miracles logiques sont impossibles. (264)
>
> CASSIUS J. KEYSER

> Enfin, dans l'aphasie sémantique, la pleine signification des mots et des phrases est perdue. Séparément, chaque mot ou chaque détail d'un dessin peut être compris, mais la signification générale échappe ; un acte est exécuté sur commande, mais son but n'est pas compris. La lecture et l'écriture sont possibles ainsi que la numération, l'utilisation correcte des nombres, mais l'appréciation des processus arithmétiques est défectueuse.... Il est impossible de formuler une conception générale, mais les détails peuvent être énumérés. (411)
>
> HENRI PIÉRON

> Par ailleurs, le malade aphasique dans son mode de vie, dans ses actes et dans tout son comportement peut paraître biologiquement et socialement normal. Mais il n'en a pas moins subi une perte incontestable, car il n'a plus aucune chance de subir d'autres modifications d'origine sociale, et de réagir à son tour comme facteur d'évolution et de progrès. (411)
>
> HENRI PIÉRON

> Il exprime en particulier l'étape la plus importante du traitement, le passage d'une simple acceptation intellectuelle des faits de l'analyse, que ce soit dans l'interprétation des complexes sous-jacents ou dans la reconnaissance de la tâche à accomplir, à une appréciation émotionnelle et à une appropriation de ces faits. L'acceptation intellectuelle ne peut pas guérir mais peut s'avérer gravement trompeuse pour le patient qui essaie de comprendre la situation et pour le débutant en analyse. (241)
>
> SMITH ELY JELLIFFE

Section A. Sur les réactions sémantiques.

Le terme de *réaction sémantique* est fondamental pour le présent travail et les *systèmes non-élémentalistiques*. Le terme 'sémantique' est dérivé du grec *semantikos*, 'significatif', de *semainein* 'signifier', 'vouloir dire', et a été introduit dans la littérature par Michel Bréal dans son *Essai de Sémantique*. Le terme a été utilisé de manière plus ou moins générale ou restreinte par différents auteurs. Récemment, ce terme a été utilisé par l'école polonaise des mathématiciens, en particulier par L. Chwistek (voir supplément III), A. F. Bentley[1], et a reçu une application médicale par Henry Head[2] dans l'étude des différentes formes d'aphasie. Le terme 'aphasie', du grec *aphasia*, 'mutisme', est utilisé pour décrire les troubles de la compréhension ou de l'expression du langage écrit et parlé qui résultent de lésions cérébrales. Les troubles des réactions sémantiques connectées à une éducation défectueuse et à l'ignorance doivent être considérés en 1933 comme des lésions colloïdales submicroscopiques.

Parmi les nombreuses subdivisions de la perturbation symbolique, nous trouvons l'*aphasie sémantique*, décrite (après Head) comme l'absence de reconnaissance de la pleine signification ou de l'intention des mots et des phrases, combinée à la perte du pouvoir d'appréciation de la 'signification ultime ou non-verbale des mots et des phrases', qui sera examinée ultérieurement, et à l'incapacité de reconnaître l'intention ou le but des actions imposées au patient.

Les problèmes de 'signification' sont très complexes et trop peu étudiés, mais il semble que les 'psychologues' et les 'philosophes' ne soient pas entièrement d'accord avec l'attitude des neurologues. Il est nécessaire de montrer que dans un système-$\bar{A}$, qui implique une nouvelle théorie des significations fondée sur la sémantique *non-élémentalistique*, l'attitude neurologique envers 'signification' est la seule structurellement correcte et la plus utile.

L'explication est assez simple. Nous partons de la prémisse négative $\bar{A}$ selon laquelle les mots *ne* représentent *pas* le niveau objectique indicible, tel que les objets vrais à l'extérieur de notre peau *et* nos sensations personnelles à l'intérieur de notre peau. Il s'ensuit que le seul lien entre le monde objectique et le monde verbal est exclusivement structurel, ce qui oblige à conclure que le seul contenu de toute 'connaissance' est structurel. Or, la structure peut être considérée comme un complexe de relations et, en fin de compte, comme un ordre multidimensionnel.

De ce point de vue, tout langage peut être considéré comme le nom soit d'entités indicibles au niveau objectique, qu'il s'agisse de choses ou de sensations, soit comme le *nom de relations*. En fait, même les objets, en tant que tels, *peuvent* être considérés comme des relations entre les événements submicroscopiques et le système nerveux humain. Si nous cherchons à savoir ce que représentent ces dernières relations, nous constatons qu'un objet représente une abstraction d'ordre inférieur produite par notre système nerveux à la suite d'événements submicroscopiques agissant comme des stimuli sur le système nerveux. Si les objets représentent des abstractions d'un certain ordre, il est évident que lorsque nous enquêtons sur le langage, nous constatons que les mots sont des abstractions encore plus élevées à partir des objets. Dans ces conditions, une théorie de la 'signification' se dessine naturellement. Si les objets, ainsi que les mots, représentent des abstractions d'ordre différent, un individu, A, ne peut pas savoir ce que B abstrait, à moins que B ne le lui dise, et donc la 'signification' d'un mot doit être donné par une définition. Cela conduirait à la signification des mots dans le dictionnaire, à condition que nous puissions définir tous nos mots. Mais cela est impossible. Si nous essayions de le faire, nous constaterions rapidement que notre vocabulaire est épuisé et nous atteindrions un ensemble de termes qui ne pourraient plus être définis, faute de mots. Nous voyons donc que tous les schémas linguistiques, s'ils sont analysés suffisamment en profondeur, dépendent d'un ensemble de termes non-définis. Si nous nous interrogeons sur la 'signification' d'un mot, nous constatons qu'il dépend de la 'signification' d'autres mots utilisés pour le définir, et que les nouvelles relations éventuelles établies entre eux dépendent en fin de compte *des significations multiordinales des termes non-définis* qui, à un moment donné, ne peuvent plus être élucidés.

Naturellement, toute théorie fondamentale de la 'signification' ne peut éviter cette question, qui doit être cruciale. Une expérience sémantique s'impose ici. J'ai réalisé cette expérience à plusieurs reprises sur moi-même et sur d'autres personnes, avec des résultats invariablement similaires. Imaginons que nous soyons engagés dans une discussion amicale et sérieuse avec quelqu'un et que nous décidions de nous interroger sur la signification des mots. Pour cette expérience particulière, il n'est pas nécessaire d'être très précis, car cela compliquerait énormément et inutilement l'expérience. Il est utile de disposer d'une feuille de papier et d'un crayon pour noter au fur et à mesure ce qu'on obtient.

Nous commençons par demander la 'signification' de chaque mot prononcé, nous contentant pour cela des définitions les plus grossières ; nous demandons ensuite la 'signification' des mots utilisés dans les définitions, et ce processus se poursuit généralement pendant dix à quinze minutes au maximum, jusqu'à ce que la victime commence à parler en rond - par exemple, en définissant 'espace' par 'longueur' et 'longueur' par 'espace'. Lorsque ce stade est atteint, nous en sommes généralement aux termes *non-définis* d'un individu donné. Si nous insistons encore, aussi doucement que ce soit, pour obtenir des définitions, un fait très intéressant se produit. Tôt ou tard, des signes de *troubles affectifs* apparaissent. Souvent, le visage rougit, il y a une agitation corporelle, de la sueur apparaît - des symptômes tout à fait semblables à ceux que l'on observe chez un écolier qui a oublié sa leçon, qu'il 'sait mais ne peut pas dire'. Si le partenaire de l'expérience est capable de s'auto-observer, il constate invariablement qu'il ressent une *pression affective* interne, liée peut-être à l'afflux de sang dans le cerveau et probablement mieux exprimée par des mots tels que 'ce qu'il "sait" mais ne peut pas dire', ou quelque chose de semblable. Nous avons ici atteint le fond et le fondement de toutes les *significations non-élémentalistiques* - les significations de *termes non-définis,* que nous 'connaissons' d'une manière ou d'une autre, mais que nous ne pouvons pas dire. En fait, nous avons atteint le niveau de l'indicible. Cette 'connaissance' est fournie par les centres nerveux inférieurs ; elle représente des effets affectifs de premier ordre et est imbriquée dans d'autres états affectifs, tels que ceux appelés 'souhaits', intentions', 'intuitions', 'évaluation', et bien d'autres encore. Il convient de noter que ces effets de premier ordre ont un caractère objective, car ils sont indicibles - ce *ne* sont *pas* des mots.

'Signification' doit être considéré comme un terme multiordinal, car il s'applique à tous les niveaux d'abstraction et n'a donc pas de contenu général. Nous ne pouvons légitimement parler de 'significations' qu'au pluriel. Peut-être pouvons-nous parler des significations des significations, bien que je soupçonne que ces dernières représenteraient l'effet de premier ordre indicible, la matière première affective et personnelle, à partir de laquelle nos significations ordinaires sont construites.

Ce qui précède explique structurellement pourquoi la plupart de nos 'pensées' sont, dans une large mesure, des 'souhaits' et sont fortement influencées par des facteurs affectifs. Les scientifiques créatifs savent très bien, pour s'être observés eux-mêmes, que tout travail créatif commence par une 'sensation', une 'inclination', un 'soupçon', une 'intuition', un 'pressentiment' ou tout autre état affectif indicible, qui ne prend la forme d'une expression verbale qu'ultérieurement, après une sorte de nursing, et qui se traduit plus tard par un schéma linguistique rationalisé et cohérent appelé une théorie. En mathématiques, nous avons des exemples étonnants de théorèmes proclamés intuitivement qui, plus tard, se sont avérés vrais, alors que la preuve initiale était fausse.

L'explication ci-dessus, ainsi que l'attitude neurologique à l'égard de 'signification', telle qu'elle est exprimée par Head, est *non-élémentalistique.* Nous n'avons pas divisé illégitimement les processus de l'organisme en 'intellect' et 'émotions'. Ces processus, ou les réactions de l'organisme-comme-un-tout, peuvent être envisagés à différents stades neurologiques en termes d'ordre, mais ne doivent jamais être divisés ou traités comme des entités distinctes. Cette attitude est amplement justifiée structurellement et empiriquement dans la vie quotidienne et scientifique. Par exemple, nous pouvons supposer que les Anglo-Saxons instruits connaissent le dictionnaire Oxford, bien qu'il faille admettre qu'ils sont handicapés dans la connaissance de leur langage par le fait qu'ils sont nés dans ce langage ; cependant, nous savons par expérience que les mots qui ont une définition standard ont des significations différentes et produisent des réactions individuelles affectives différentes selon les individus. Les expériences passées, les connaissances, etc., des individus sont différentes, et donc l'*évaluation* (affective) des termes est différente. Nous sommes habitués à des expressions telles que 'cela ne signifie rien pour moi', même dans les cas où la formulation du dictionnaire est acceptée ; ou 'cela signifie beaucoup pour moi', et d'autres expressions similaires qui indiquent que les significations des significations sont d'une certaine manière étroitement reliées, ou représentent peut-être, des états ou des réactions affectives indicibles de premier ordre.

Puisque 'connaissance' n'est pas le niveau objectique indicible de premier ordre, qu'il s'agisse d'un objet, d'une sensation, etc. ; la structure et donc les relations, devient le seul contenu possible de 'connaissance' *et significations*. Au niveau le plus bas de notre analyse, lorsque nous explorons le niveau objectique (les sensations indicibles dans ce cas), nous devons essayer de définir chaque 'signification' comme une sensation consciente de relations réelles, ou supposées, ou souhaitées, etc., *relations qui* se rapportent à des entités objectiques de premier ordre, y compris psycho-logiques, et qui peuvent être évaluées par des effets psychophysiologiques de premier ordre, personnels, variés et civilisationnel - encore une fois indicibles. Étant donné que les relations peuvent être définies comme un ordre multi-dimensionnel, les deux termes sont *non-élémentalistiques,* s'appliquant à 'sensorialité' et à 'esprit', après avoir *nommé les* entités indicibles, toute expérience peut être *décrite* en termes de relations ou d'ordre multidimensionnel. Les significations des significations, dans un cas donné, chez un individu donné à un moment donné, etc., représentent des configurations psycho-logiques composites et affectives de toutes les relations relatives au cas, colorées par les expériences passées, l'état de santé, l'humeur du moment et d'autres contingences.

Si l'on applique systématiquement le principe de l'organisme-comme-un-tout à toute analyse psycho-logique, il faut envisager conjointement au moins les deux aspects, 'émotionnel' et 'intellectuel', et donc *attribuer délibérément* des facteurs 'émotionnels' à toute manifestation 'intellectuelle', et des facteurs 'intellectuels' à toute occurrence 'émotionnelle'. C'est pourquoi, sur le plan humain, il faut abolir le terme *élémentalistique* 'psychologique' et introduire un nouveau terme, celui de *psycho-logique*, pour pouvoir construire une science.

Il ressort de ce qui précède que non seulement la structure du monde est telle qu'elle est constituée d'individus absolus, mais que les significations en général, et les significations des significations en particulier - ces dernières représentant probablement les effets indicibles de premier ordre - partagent également, en commun avec les objets ordinaires, l'individualité absolue du niveau objectique.

Ce qui précède explique pourquoi, en raison de la structure inhérente du monde, de la vie et du système nerveux humain, les relations humaines sont si énormément complexes et difficiles ; et pourquoi nous ne devons négliger aucun effort pour découvrir sous les phénomènes variables des fondements de plus en plus généraux et invariants sur lesquels la compréhension et l'accord entre les humains peuvent être fondés. Les mathématiques constituent le seul modèle permettant d'étudier l'invariance des relations sous l'effet des transformations, d'où la nécessité pour les futurs psycho-logues d'étudier les mathématiques.

Il découle de ces considérations que toute occurrence psycho-logique présente un certain nombre d'aspects, un aspect 'affectif' et un aspect 'intellectuel', un aspect physiologique, un aspect colloïdal, et ainsi de suite. Pour la science de la psychophysiologie, qui débouche sur une théorie de la sanité, les quatre aspects susmentionnés sont de la plus haute importance. Comme notre vraie vie se déroule sur des niveaux objectiques, indicibles, et non sur des niveaux verbaux, il apparaît, en tant que problème d'évaluation, que le niveau objectique, y compris, bien sûr, nos sensations, nos 'émotions', etc., indicibles est le plus important, et que les niveaux verbaux ne sont que des auxiliaires, parfois utiles, mais actuellement souvent nuisibles, en raison de la méconnaissance des *réactions sémantiques*. Le rôle des niveaux verbaux auxiliaires n'est rempli que si ces processus verbaux sont traduits en retour en effets de premier ordre. Ainsi, par le biais de la coexistence verbale, les scientifiques découvrent principalement des abstractions utiles de premier ordre (objectiques), et c'est également par le biais de la coexistence verbale que la *culture* se construit, mais uniquement lorsque les processus verbaux affectent les manifestations psycho-logiques indicibles, telles que nos ressentis, nos 'émotions', etc.

On pourrait apprendre à un quelconque perroquet extraordinaire à répéter toute la 'sagesse' verbale du monde, mais s'il survivait à cet apprentissage, il ne serait qu'un perroquet. Les bruits répétés n'auraient pas affecté ses effets de premier ordre - ses affects - ces bruits ne 'signifieraient' rien pour lui.

Les significations, et les significations des significations, avec leurs composantes affectives inséparables, nous donnent donc non seulement le fondement *non-élémentalistique* dont dépendent toute civilisation et toute culture, mais l'étude des mécanismes *non-élémentalistiques* des significations, par le biais de la psychophysiologie et de la sémantique générale, nous donne également des moyens physiologiques puissants pour réaliser une foule de manifestations psycho-logiques souhaitables et pour éliminer un grand nombre de manifestations psycho-logiques non-souhaitables.

Le mécanisme physiologique est extrêmement simple et nécessite une rupture avec l'ancien élémentalisme. Mais il est généralement très difficile pour un individu donné de rompre avec cet ancien élémentalisme, car il met en œuvre des *réactions sémantiques* établies et, pour être efficace, il faut nécessairement un peu de travail. L'outil de travail de la psychophysiologie se trouve dans la *réaction sémantique*. Celle-ci peut être décrite comme la réaction psycho-logique d'un individu donné aux mots, au langage et à d'autres symboles et événements en *connexion avec leurs significations,* et les réactions psycho-logiques qui *deviennent des significations et des configurations relationnelles* au moment où l'individu donné commence à les analyser ou que quelqu'un d'autre le fait pour lui. Il est très important de comprendre que le terme 'sémantique' est *non-élémentalistique,* car il implique conjointement les facteurs 'émotionnels' et 'intellectuels'.

Du point de vue *non-élémentalistique*, tout affect, toute impulsion ou même tout instinct humain, lorsqu'il est rendu conscient, acquiert des significations *non-élémentalistiques* et devient en fin de compte une configuration psycho-logique de relations désirables ou indésirables pour l'individu, révélant ainsi un mécanisme *non-élémentalistique* utilisable. La psychothérapie, en rendant conscient l'inconscient et en verbalisant, tente de découvrir des significations auxquelles le patient n'était pas attentif. Si la tentative réussit et que les significations individuelles sont révélées, il s'avère généralement qu'elles appartiennent à une période immature de la vie du patient. Elles sont alors consciemment révisées ou rejetées, et ledit patient soit s'améliore ou est entièrement soulagé. La condition d'un traitement réussi semble être que les *processus soient gérés de manière non-élémentalistique*. Un simple formalisme verbal n'est pas suffisant, car les significations *non-élémentalistiques* pour le patient ne sont pas divulguées ; par conséquent, dans un tel cas, les *réactions sémantiques* ne sont pas affectées et le traitement est un échec.

L'étude *non-élémentalistique* des *réactions sémantiques* devient une discipline scientifique extrêmement générale. L'étude des relations, et donc de l'ordre, nous révèle le mécanisme des significations *non-élémentalistiques* ; et, dans l'application d'une discipline *physiologique* ordinale, nous obtenons des moyens psychophysiologiques permettant d'affecter, d'inverser ou même d'annuler puissamment les *réactions sémantiques* indésirables. La psychophysiologie propose une théorie non-élémentalistique des significations et de la santé.

Du point de vue présent, toutes les réponses affectives et psycho-logiques aux mots et autres stimuli *impliquant des significations* doivent être considérées comme des *réactions sémantiques*. La relation entre de telles réponses et un *état* psycho-logique persistant correspondant n'est pas encore claire, bien qu'un certain nombre de faits d'observation semblent suggérer que la rééducation des *réactions sémantiques* résulte souvent en un changement bénéfique de certains de ces états. Mais il est nécessaire de poursuivre les recherches dans ce domaine.

Se rendre compte de cette différence est importante dans la pratique, car la plupart des manifestations psychologiques peuvent apparaître comme évoquées par un événement, et doivent donc être appelées réponses ou réflexes. Une telle réponse, lorsqu'elle est durable, doit être appelée un *état* donné, peut-être un état sémantique, mais pas un réflexe sémantique. Le terme 'réaction sémantique' sera utilisé pour couvrir à la fois les réflexes et les états sémantiques. Dans le présent travail, nous nous intéressons aux *réactions sémantiques* d'un point de vue psychophysiologique, théorique et expérimental, qui incluent les états correspondants.

Si, par exemple, un énoncé ou un événement quelconque suscite l'attention d'un individu, ou une série d'associations de préférence à une autre, ou l'envie, ou la colère, ou la peur, ou les préjugés, etc., nous devrions parler de toutes ces réponses sur le plan psycho-logique comme *réactions sémantiques*. Un stimulus était présent, et une réponse a suivi ; ainsi, par définition, nous devrions parler d'une réaction. Comme le facteur actif du stimulus était les significations individuelles pour la personne donnée, et que sa réponse avait des significations pour elle en tant qu'effet de premier ordre, la réaction doit être appelée une réaction *sémantique*.

Le présent ouvrage est entièrement rédigé du point de vue des *réactions sémantiques* et, par conséquent, le traitement du matériel et le langage utilisé impliquent, en général, une réponse psycho-logique à un stimulus en relation avec des significations, cette réponse étant exprimée par un certain nombre de mots tels que 'implique', 'suit', 'devient', 'évoque', 'résulte', 'ressent', 'réagit', 'évalue', et beaucoup d'autres encore. Toutes les données tirées de la science sont sélectionnées, et seules celles qui entrent directement en ligne de compte comme facteurs des *réactions sémantiques* sont données dans un schéma élémentaire. Les significations pour l'individu dépendent, sous l'influence du milieu, de l'éducation, des langages et de leur structure, et d'autres facteurs, des significations civilisationnelles appelées science, qui, dans une large mesure, en raison du caractère structurel et relationnel de la science, deviennent des facteurs sémantiques physiologiques des réactions. En fait, la science, les mathématiques, la 'logique', etc., peuvent être considérées d'un point de vue *non-élémentalistique* comme des résultats *généralisés* des *réactions sémantiques* acceptables pour la majorité des individus informés et non lourdement pathologiques.

Pour faciliter l'écriture et la lecture de l'ouvrage, je suis obligé d'utiliser des procédés définis. Comme dans le cas de la structure, des termes multiordinaux, ainsi dans le cas des *réactions sémantiques,* j'emploie souvent une forme d'expression ordinaire et utilise les mots 'structur*el*', 'multiordi*nal*', 'sémantique', etc., comme adjectifs, ou 'structurellement', 'sémantiquement', comme adverbes, impliquant toujours les significations complètes, à savoir que dans telles ou telles conditions d'un stimulus donné, la *réaction sémantique* donnée sera telle et telle. Dans de nombreux cas, les lettres s.r ou (s.r) (NdT : réactions sémantiques) seront insérées pour rappeler au lecteur que nous traitons des réactions sémantiques ou des réactions psycho-logiques en rapport avec les significations des problèmes analysés. Il est non seulement utile, mais peut-être essentiel, que le lecteur s'arrête à ces endroits et essaie d'évoquer en lui-même la *réaction sémantique* donnée. Le présent ouvrage conduit à de nouvelles *réactions sémantiques* qui sont bénéfiques pour chacun d'entre nous et fondamentales pour la santé mentale. La lecture occasionnelle de ce livre n'est pas suffisante. Quiconque souhaite bénéficier, en tout ou en partie, de ce travail qui lie l'auteur à son lecteur doit, dès la lecture, commencer à réentraîner ses *réactions sémantiques*.

Comme l'organisme fonctionne comme-un-tout et que l'entraînement est psychophysiologique en termes d'ordre, inversant l'ordre pathologique inversé, etc., il *faut* donc utiliser des moyens propres à l'organisme-comme-un-tout. C'est dans ce but que la Structurel Différentiel a été mis au point. Le lecteur comprendra plus tard qu'il est pratiquement impossible d'obtenir, sans son aide, le maximum de résultats sémantiques bénéfiques.

D'un point de vue *non-élémentalistique*, qui rend illégitime toute division *élémentalistique* verbale de 'émotions' et 'intellect', etc., ces processus doivent être analysés en termes d'ordre, indiquant les étapes du processus-comme-un-tout psycho-neural. Empiriquement, il existe une différence entre une 'émotion' qui devient 'rationalisée' et des 'émotions' invoquées ou produites par des 'idées'. L'ordre est différent dans chaque cas, et si, dans un système nerveux donné, à un moment donné, ou dans des conditions particulières, les centres nerveux inférieurs ou supérieurs fonctionnent mal, les réactions nerveuses ne sont pas bien équilibrées et les manifestations acquièrent un caractère unilatéral. L'autre aspect n'est pas supprimé, mais il est simplement moins visible ou moins efficace. Ainsi, chez les crétins, les imbéciles et dans de nombreuses formes d'infantilisme, la 'pensée' est très 'émotionnelle' et de faible qualité ; chez ceux qu'on appelle 'imbéciles moraux', et peut-être dans la 'schizophrénie', la 'pensée' peut être apparemment 'normale', mais elle n'affecte pas les 'ressentis', qui sont déficients.

Du point de vue *non-élémentalistique* sémantique *humain*, tout affect n'acquiert des significations que lorsqu'il est conscient ou, en d'autres termes, lorsqu'un ensemble de relations réelles ou supposées est présent. Dans un système nerveux humain idéalement équilibré et efficace, les 'émotions' seraient traduites en 'idées', et les 'idées' en 'émotions', *avec la même facilité*. En d'autres termes, les *réactions sémantiques* d'un individu donné seraient entièrement sous contrôle et capable d'être éduquées, influencées, transformées rapidement et efficacement - tout le contraire de la situation actuelle. La présente enquête montre que l'absence de méthodes psychophysiologiques de formation et le manque d'analyse et de compréhension des facteurs impliqués sont responsables de cette situation déplorable.

Les processus décrits ci-dessus sont tout à fait évidents sur les plans *civilisationnels*, si nous étudions les sciences et les mathématiques du point de vue sémantique. À quelques rares exceptions près, chacun de nous individuellement échoue. Par exemple, un Euclide et un Newton ont eu des 'intuitions' ; ils les ont ensuite rationalisées et verbalisées, ce qui a affecté le reste d'entre nous et a établi le ressenti 'naturel' pour les géométries E, les mécaniques N, etc., Lorsque de nouveaux systèmes $\bar{E}$ ou $\bar{N}$ ont été produits, de nombreux scientifiques plus âgés ont pu les 'comprendre', et même maîtriser la nouvelle technique symbolique, mais leurs 'ressentis', etc., n'étaient que rarement affectés. Ils 'pensaient' de la nouvelle manière, mais continuaient à 'ressentir' de l'ancienne ; leurs *réactions sémantiques* ne suivaient pas complètement la transformation de leurs 'idées', et cela produisait une scission de la personnalité.

Tout système fondamentalement nouveau implique de nouvelles *réactions sémantiques* et c'est la principale difficulté que nous rencontrons lorsque nous essayons de maîtriser un nouveau système. En règle générale, la jeune génération, qui a commencé avec les nouvelles *réactions sémantiques*, n'éprouve pas de telles difficultés avec les nouveaux systèmes. Au contraire, les anciennes *réactions sémantiques* deviennent aussi difficiles ou impossibles pour eux que les nouveaux l'étaient pour l'ancienne génération. Pour les deux générations, avec leurs *réactions sémantiques* correspondantes, *les réactions sémantiques* non-habituelles sont 'nouvelles', quel que soit leur ordre historique et quelle que soit leur difficulté ou leur simplicité.

Il existe cependant une différence importante. Les systèmes les plus récents, comme, par exemple, les systèmes $\bar{E}$, $\bar{N}$ et le système-$\bar{A}$ correspondant actuel, sont *plus généraux :* ce qui signifie que les systèmes les plus récents incluent les plus anciens comme des cas particuliers, de sorte que la jeune génération dispose de *réactions sémantiques plus flexibles, plus conditionnelles,* avec une vision plus large, etc., conditions sémantiques absentes des systèmes plus anciens.

Les problèmes connectés aux *réactions sémantiques* ne sont pas nouveaux, car ils sont inhérents à l'humain, quel que soit son niveau de développement, bas ou primitif, ou élevé ; mais, jusqu'à l'entreprise de la présente analyse, les problèmes des *réactions sémantiques* n'ont pas été formulés, leurs mécanismes psychophysiologiques n'ont pas été découverts, et ainsi, au détriment de nous tous, nous n'avons pas eu de moyens éducatifs viables pour les traiter de manière efficace.

C'est pourquoi le passage d'une époque à l'autre est généralement si difficile et si douloureux. La nouvelle époque implique de nouvelles *réactions sémantiques*, alors que, en règle générale, les générations plus âgées ont imposé leurs systèmes et, à travers eux, par le biais d'une éducation contrôlée et d'une structure et d'habitudes linguistiques, leurs anciennes *réactions sémantiques*. La jeune génération, qui a *toujours* plus d'expérience civilisationnelle, ne peut pas l'accepter, de sorte que des révolutions, scientifiques ou autres, se produisent et, lorsqu'elles réussissent, les nouveaux systèmes sont imposés à la génération plus âgée sans que celle-ci ne change ses *réactions sémantiques*. La génération qui vient après une telle 'révolution' n'éprouve pas les mêmes difficultés, car dès l'enfance, elle est formée dans de nouvelles *réactions sémantiques* et tout lui semble 'naturel', tandis que l'ancien lui paraît 'impensable', 'stupide', etc.

En tant que fait descriptif, le stade actuel du développement humain est tel qu'à quelques rares exceptions près, nos systèmes nerveux ne fonctionnent pas correctement conformément à leur structure de survie. En d'autres termes, bien que nous ayons les potentialités pour un fonctionnement correct de notre système nerveux, à cause de ce que nous négligeons le mécanisme de contrôle physiologique de nos *réactions sémantiques*, nous avons des blocages sémantiques dans nos réactions, et les manifestations les plus bénéfiques sont très efficacement empêchées.

La présente analyse divulgue un mécanisme puissant pour le contrôle et l'éducation des *réactions sémantiques* et, par le biais d'une évaluation appropriée, un grand nombre de manifestations indésirables sur le plan psycho-logique peuvent être très efficacement transformées en des manifestations hautement souhaitables. En traitant d'une question expérimentale aussi fondamentale que les *réactions sémantiques* qui nous accompagnent depuis l'aube de l'humanité, il est impossible de dire des choses nouvelles en permanence. Mais à quoi sert ce 'bon sens' dans la pratique s'il n'est que rarement, voire jamais, appliqué, et même s'il ne peut pas l'être en raison de l'absence de formulations psychophysiologiques viables? Par exemple, quoi de plus simple ou de plus 'sensé' que la prémisse $\bar{A}$ qu'un objet *n'est pas* des mots ; pourtant, à ma connaissance, personne ne l'applique pleinement, ou n'a *pleinement acquis* la *réaction sémantique* correspondante. Sans l'acquisition préalable de ces nouvelles *réactions sémantiques*, il est impossible de découvrir chez les autres cette erreur et les *réactions sémantiques* correspondantes ; mais dès que nous nous sommes entraînés, elle devient si évidente qu'il est impossible de la manquer. Nous verrons plus tard que les *réactions sémantiques* plus anciennes étaient dues à l'absence de recherches structurelles, à l'ancienne structure du langage, à l'absence de conscience d'abstraire, à la conditionnalité de bas niveau de nos réactions conditionnelles (sémantique incluse), et à une longue liste d'autres facteurs importants. Toutes les découvertes scientifiques impliquent des *réactions sémantiques*, et donc, une fois formulées, et les nouvelles réactions acquises, les découvertes deviennent du 'bon sens', et nous nous demandons souvent pourquoi ces découvertes ont été si lentes à venir en dépit de leur 'évidence'. Ces explications sont données parce qu'elles impliquent aussi quelques *réactions sémantiques* ; et nous devons avertir le lecteur que de telles évaluations (*réactions sémantiques*) : 'Oh, une platitude !', 'Un bébé sait ça', sont des *réactions sémantiques* très efficaces *pour empêcher* l'acquisition des nouvelles réactions. C'est pourquoi la 'découverte de l'évidence' est souvent si difficile ; elle implique de très nombreux facteurs sémantiques d'évaluation et de significations nouvelles.

Actuellement, une évaluation plus complète n'est réalisée que sur des bases civilisationnelles, dans deux générations ou plus, et jamais sur des bases individuelles, ce qui, bien entendu, est très préjudiciable à l'*adaptation* et au bonheur *généralisés des individus*. De même, ce n'est que dans l'étude des accomplissements civilisationnels appelés sciences et mathématiques que nous pourrons découvrir les *réactions sémantiques* appropriées et le mécanisme nerveux de ces réactions si variées, si souples et si fondamentales.

En fait, sans une formulation structurelle et une révision $\bar{A}$ fondée sur l'étude des sciences et des mathématiques, il est impossible de découvrir, de contrôler et d'éduquer ces *réactions sémantiques*. C'est pourquoi il a été nécessaire d'analyser les facteurs sémantiques en relation avec des considérations brèves et élémentaires tirées de la science moderne. Mais une fois que tout a été dit et que les facteurs sémantiques importants ont été découverts, la question devient extrêmement simple et facilement applicable, même par des personnes peu instruites. En effet, puisque les niveaux objectifs *ne sont pas* des mots, le seul but possible de la science est de découvrir la *structure* qui, une fois formulée, est *toujours simple* et facilement compréhensible par tout le monde, à l'exception, bien sûr, des personnes très pathologiques. Nous avons déjà vu que la structure doit être considérée comme une configuration de relations, et que les relations apparaissent comme les facteurs essentiels des significations, et donc des *réactions sémantiques*. La présente enquête, parce qu'elle est structurelle, révèle des facteurs vitaux des *réactions sémantiques*. Les conséquences sont extrêmement simples, mais très importantes. Nous voyons que par une simple *rééducation structurelle des réactions sémantiques,* qui dans la grande masse des gens sont encore au niveau de copiage des animaux dans leurs réactions nerveuses, nous affectons puissamment les *réactions sémantiques,* et ainsi nous sommes en mesure de transmettre très simplement, à tous, dans l'éducation la plus élémentaire des *réactions sémantiques* de l'enfant, des résultats *culturels* actuellement parfois acquis inconsciemment et douloureusement dans l'éducation universitaire.

Les considérations ci-dessus m'ont imposé la structure du présent ouvrage ainsi que la sélection et la présentation des matériaux. Bien entendu, le lecteur peut sauter de nombreuses parties et se plonger immédiatement dans la Partie VII, et découvrir que tout cela est 'd'une simplicité enfantine', 'évident' et 'de bon sens'. Un tel lecteur ou critique avec ces *réactions sémantiques* particulières manquerait le point, qui peut être vérifié comme un fait expérimental entre-temps, que malgré sa simplicité apparente, personne, même pas le plus grand génie, n'applique *pleinement* ces 'platitudes' en dehors de son travail spécial, dont les *réactions sémantiques*, dans son domaine limité, représentent les composants sémantiques *qui constituent son génie*.

L'acquisition complète de ces nouvelles *réactions sémantiques* nécessite un entraînement spécial ; mais, une fois acquises, elles résolvent pour un individu donné, sans aucune interférence extérieure, tous les problèmes humains importants que je connais. Elles lui transmettent une partie des *réactions sémantiques* de ce qu'on appelle le 'génie' et accroît ainsi ce qu'on appelle 'intelligence'.

Les problèmes de la structure d'un langage donné sont d'une importance sémantique extrême dont on ne se rend encore pas compte. Ainsi, par exemple, toute la théorie d'Einstein, ou toute autre théorie scientifique fondamentale, doit être considérée comme la construction d'un nouveau langage de structure similaire aux faits empiriques connus à une date donnée. En 1933, la tendance générale de la science, telle qu'elle apparaît notamment dans les travaux de J. Loeb, C. M. Child, la psychiatrie, la théorie d'Einstein, la nouvelle mécanique quantique, etc., et le présent travail, est de construire des langages qui prennent en considération les nombreuses et importantes relations invariantes, ce qui n'est possible que par l'utilisation de langages *non-élémentalistiques*. Dans mon cas, je dois construire un langage *non-élémentalistique* dans lequel 'sensorialités' et 'esprit', 'émotions' et 'intellect', etc., ne doivent plus être divisés verbalement, parce qu'un langage dans lequel ils *sont* divisés n'est pas similaire dans sa structure aux faits empiriques connus, et toutes les spéculations dans un tel langage *élémentalistique* sont nécessairement trompeuses.

Ce langage *non-élémentalistique* implique une nouvelle théorie *non-élémentalistique* des significations, comme nous venons de l'expliquer. Les termes 'sémantique', 'sémantiquement', 'réactions sémantiques', 'états sémantiques', etc., sont *non-élémentalistiques,* car ils impliquent à la fois 'émotions' et 'intellect', puisqu'ils dépendent de 'significations', de 'évaluation', de 'signifiance', et autres de cet acabit, fondés sur la structure, les relations et, en fin de compte, l'ordre multidimensionnel. Tous ces termes s'appliquent également aux 'sensorialités' et à 'esprit', aux 'émotions' et à 'intellect' - ils ne sont pas artificiellement divisés.

Il est important de conserver l'attitude et la terminologie *non-élémentalistique* ou de l'organisme-comme-un-tout, car elles représentent les facteurs les plus importants dans nos *réactions sémantiques*. Il est parfois nécessaire de souligner l'origine ou l'importance relative d'un aspect donné de l'impulsion ou de la réaction, ou de traduire pour le lecteur un langage qui ne lui est pas tout à fait familier dans un langage auquel il est plus habitué. Dans ce cas, j'utilise les anciens termes *élémentalistiques* entre guillemets pour indiquer que je n'élimine ni ne néglige les autres aspects - une négligence qui serait autrement impliquée par l'utilisation des anciens termes.

Le terme psycho-logique sera toujours utilisé soit avec un trait d'union pour indiquer son caractère *non-élémentalistique*, soit entre guillemets, sans trait d'union, lorsque l'on se réfère à l'ancien élémentalisme. Il en va de même pour les termes psycho-logiques, psycho-logiciens, pour 'psychologie' et 'psychologue'. Les termes 'maladies mentales', 'hygiène mentale' sont malheureux, car ils sont utilisés par la majorité comme *élémentalistiques*. Les psychiatres, il est vrai, les utilisent dans le sens de l'organisme-comme-un-tout pour y inclure les 'émotions'. En raison de la grande influence sémantique de la structure du langage sur les masses humaines, qui conduit, par manque d'une meilleure compréhension et *évaluation*, à la *spéculation sur les termes*, il semble souhaitable d'abandonner complètement les termes qui impliquent pour le plus grand nombre l'élémentalisme suggéré, bien qu'un *petit nombre de personnes* utilisent ces termes d'une manière correcte et *non-élémentalistique*

Si les spécialistes, pour satisfaire leurs *réactions sémantiques*, ne tiennent pas compte de ces questions et persistent à utiliser des termes *élémentalistiques*, ou emploient des expressions telles que 'l'être humain est un animal' et autres, ils se méprennent sur l'importance des facteurs sémantiques. Par manque d'appréciation ou d'évaluation correcte des problèmes posés, ils empêchent *artificiellement* et très efficacement le reste d'entre nous de suivre leurs travaux sans être égarés par la structure inappropriée de leur langage. Le préjudice causé par de telles pratiques est très grave et, à l'heure actuelle, il est le plus souvent méconnu. C'est pourquoi j'utilise soit des guillemets pour les termes 'mental', 'maladies mentales', 'hygiène mentale', etc., soit j'utilise les termes psycho-logique, maladie sémantique, hygiène psycho-logique ou sémantique, etc. Les deux termes ci-dessus ne sont pas seulement *non-élémentalistiques* mais ont aussi l'avantage important d'être internationaux. Les termes 'affects', 'affectifs' sont peu utilisés en dehors de la littérature scientifique, où ils sont surtout utilisés dans le sens ordinal *non-élémentalistique*. Je les utilise de la même manière, sans guillemets.

Toutes les questions abordées dans le présent travail sont, par nécessité, liées les unes aux autres. Ainsi, l'ordre conduit aux relations, les relations à la structure, et celles-ci, à leur tour, aux significations et aux évaluations *non-élémentalistiques*, qui sont les facteurs fondamentaux de tous les états et réponses psycho-logiques, appelés plus spécifiquement réactions sémantiques, états et réflexes. Le lecteur doit veiller à rester à tout moment attentif à ces liens et de ces implications. Chaque fois que nous trouvons un ordre, des relations ou une structure dans le monde extérieur ou dans notre système nerveux, ces termes, en raison de leur caractère *non-élémentalistiques*, impliquent un ordre, des relations et une structure similaires dans nos processus psycho-logiques, établissant ainsi des significations, des évaluations correctes, etc., et conduisant finalement à des réactions sémantiques appropriées. L'inverse est également vrai. Chaque fois que nous parlons de *réactions sémantiques*, alors des significations *non-élémentalistiques*, de la structure, des relations et, enfin, de l'ordre, sont impliqués.

L'utilisation de langages *non-élémentalistiques* est très bénéfique, car elle est structurellement plus correcte et établit des *règles* plus appropriées, plus flexibles ou d'un ordre de conditionnalité plus élevé, une nécessité pour le fonctionnement optimal du système nerveux humain, tous ces résultats découlant automatiquement de la structure du langage utilisé.

Une attitude *non-élémentalistique*, structurellement correcte, mais non formulée, est un avantage privé. Une fois formulée dans un langage non-élémentalistique, elle devient un bénéfice public, car elle induit chez les autres des attitudes *non-élémentalistiques*, transformant ainsi les anciennes *réactions sémantiques*. De cette manière, un 'ressenti' a été traduit structurellement en langage ; qui, à son tour, par le biais de la structure, implique les attitudes et les 'ressentis' d'autres personnes, et donc leurs réactions sémantiques.

L'ensemble du processus est extrêmement simple, élémentaire et automatique ; cependant, avant d'acquérir les nouvelles *réactions sémantiques*, nous rencontrons des difficultés en raison de la nouveauté fondamentale de ces réactions. Tout étudiant persévérant les acquerra facilement, à condition de ne pas s'attendre à des progrès trop rapides. Le sujet de la présente analyse est étroitement lié aux 'ressentis' de chacun ; cependant, les difficultés rencontrées dans l'acquisition des nouvelles réactions sont similaires à celles que les scientifiques plus âgés ont rencontrées dans l'acquisition des *réactions sémantiques* nécessaires à la maîtrise des systèmes $\bar{E}$ et $\bar{N}$.

En physique, nous avons souvent besoin d'intervalles de 'types-spatiaux' ou 'de types-temporels', bien que les implications *non-élémentalistiques* du terme 'intervalle' demeurent. De même, dans nos problèmes, lorsque nous nous intéressons aux aspects de 'types-émotionnels' ou de 'types-mentaux' des *réactions sémantiques non-élémentalistiques*, nous indiquerons les aspects spéciaux en utilisant les anciens termes entre guillemets. Cette méthode permet d'éviter les spéculations inutiles sur les termes *élémentalistiques* et rappelle que les autres aspects sont présents, même si, dans une discussion donnée, nous ne les jugeons pas importants. Ce qui précède possède, en soi, une influence sémantique très importante sur nos réactions.

D'après ce qui a déjà été dit, il est clair que la terminologie des réactions sémantiques, etc., couvre d'une manière *non-élémentalistique* toutes les réactions psycho-logiques qui étaient auparavant couvertes par les termes *élémentalistiques* d'"émotions" et d'"intellect", les réactions elles-mêmes se situant toujours sur les niveaux objectiques et étant indicibles. Comme les *réactions sémantiques* peuvent toujours être analysées en termes de signification et d'évaluation, et ces derniers en termes de structure, de relations et d'ordre multidimensionnel, ce qui implique des facteurs physiologiques, le terme 'sémantique' apparaît en fin de compte comme un terme physiologique ou plutôt psychophysiologique. Il suggère des méthodes éducatives simples et opérationnelles qui seront expliquées plus loin. Le lecteur remarquera que l'utilisation d'un langage d'une nouvelle structure a conduit à de nouveaux résultats qui, à leur tour, affectent directement nos *réactions sémantiques*.

Il convient de souligner un point important, à savoir que les questions sont fondamentalement simples, car leur structure est similaire à celle de la 'connaissance' humaine et à la structure nerveuse dont dépend ce que l'on appelle la 'nature humaine'. En raison de cette similarité, il est absolument nécessaire de se familiariser pleinement avec les nouveaux termes de la nouvelle structure et de les utiliser de manière habituelle, car c'est alors que les résultats bénéfiques suivront. Tous les langages ont une certaine structure et, par conséquent, tous les langages impliquent automatiquement des *réactions sémantiques*, inévitablement interconnectées. Quiconque essaie de traduire le nouveau langage dans l'ancien tout en 'pensant' dans les anciens termes est confronté à une difficulté neurologique inhérente et s'engage dans une confusion désespérée de son propre fait. Le lecteur doit être mis en garde contre cette erreur.

Dans le présent ouvrage, j'ai essayé de m'acquitter pleinement de mes devoirs envers mon lecteur, et je suis certain que le lecteur qui lira ce livre avec assiduité et de manière répétée sera récompensé de ses efforts. Se rendre compte que certains problèmes *existent*, même si nous ne les apprécions ou ne les comprenons pas pleinement, a une influence sémantique très sérieuse sur chacun d'entre nous. Me rendant compte de mes responsabilités à l'égard du lecteur, je n'ai pas ménagé mes efforts pour attirer son attention sur ces faits sémantiques. Je suggère sérieusement qu'aucun lecteur ne devrait ignorer les parties VIII, IX et X, mais qu'il devrait au moins se familiariser avec l'existence des problèmes qui y sont discutés. Si cela est fait consciencieusement, de nombreux *avantages* apparaîtront tôt ou tard.

Le système actuel est un tout interconnecté : le début implique la fin, et la fin implique le début. En raison de cette caractéristique, le livre devrait être lu au *moins deux fois*, et de préférence plus souvent. Je souhaite positivement décourager tout lecteur qui aurait l'intention d'en faire une lecture superficielle.

Les problèmes de *réactions sémantiques* n'ont jusqu'à présent jamais été analysés du point de vue de la structure, et la présente enquête est, à ma connaissance, la première existante. Les problèmes de signification sont vastes, extrêmement importants et très peu analysés. Le lecteur intéressé trouvera quelques éléments dans l'excellente étude critique des problèmes de signification dans *The Meaning of Meaning* d'Ogden et Richards, dans certaines parties de *Thought and Things* ou *Genetic Logic* de Baldwin, et dans l'article de Lady Welby dans l'*Encyclopaedia Britannica* sur les *significations*. Ces trois études constituent une littérature partielle du sujet.

Le présent travail porte sur des questions issues de nombreuses et diverses branches de la connaissance qui, jusqu'à présent, n'ont pas été considérées comme connectées entre elles. Ce qui importe, c'est que les questions présentées soient solides *dans l'ensemble*, même si elles ne sont pas parfaites dans les détails, qui n'ont souvent aucune incidence sur le sujet. Les spécialistes des domaines analysés ici devraient porter un jugement professionnel sur le bien-fondé des *parties* du système qui les concernent. Il n'est pas nécessaire qu'ils soient enthousiastes, il suffit qu'ils l'approuvent. La question principale est la construction d'un système-$\bar{A}$, qui *coordonne* de nombreux domaines de connaissance déconnectés sur la base de la structure, du point de vue particulier des *réactions sémantiques non-élémentalistiques*. Si ces résultats ont été atteints, l'auteur est satisfait.

Section B. Au niveau objectique indicible.

Le terme 'indicible' exprime exactement ce que nous avons pratiquement ignoré jusqu'à présent, à savoir qu'un objet ou une sensation, par exemple notre mal de dents, n'est *pas* verbal, *n'*est *pas* des mots. Quoi que nous puissions dire, ce ne sera pas le niveau objectique, qui reste fondamentalement indicible. Ainsi, nous pouvons nous asseoir sur l'objet appelé 'chaise', mais nous ne pouvons pas nous asseoir sur le bruit que nous avons fait ou le nom que nous avons donné à cet objet. Il est de la plus haute importance pour le système-$\bar{A}$ actuel de ne pas confondre le niveau verbal avec le niveau objectique d'autant plus que toutes nos réactions 'mentales' et 'émotionnelles' immédiates et directes, ainsi que tous les *réactions sémantiques*, états et réflexes, appartiennent aux niveaux objectiques indicibles, puisqu'il *ne* s'agit *pas* de mots. Ce fait est d'une grande importance, mais on ne s'en rend pas compte, pour la formation de réactions sémantiques appropriées. Nous pouvons entraîner ces réactions simplement et efficacement par le 'silence sur les niveaux objectiques', en utilisant des *objets* familiers appelés 'une chaise' ou 'un crayon', et cet entraînement affecte automatiquement nos 'émotions', 'ressentis', ainsi que d'autres réponses immédiates psycho-logiques difficiles à atteindre, qui *ne* sont *pas* non plus des mots. Nous pouvons entraîner simplement et efficacement les *réactions sémantiques* à l'intérieur de notre peau en nous entraînant sur des terrains purement objectiques et familiers à l'extérieur de notre peau, en évitant des difficultés psychologiques inutiles, tout en obtenant les résultats sémantiques souhaités. Le terme 'indicible' est utilisé dans sa signification française (anglaise) stricte. Le niveau objectique *n'*est *pas* constitué de mots, *ne* peut être atteint par les seuls mots et n'a rien à voir avec 'bon' ou 'mauvais' ; il ne peut pas non plus être compris comme 'non-exprimable par des mots' ou 'ne pouvant être décrit par des mots', car les termes 'exprimable' ou 'décrit' présupposent déjà des mots et des symboles. Ainsi, quelque chose que nous appelons 'une chaise' ou 'un mal de dents' peut être *exprimé* ou *décrit* par des mots ; cependant, la situation n'est pas modifiée, car la description ou l'expression donnée *ne* sera *pas* le niveau objectique réel que nous appelons 'une chaise' ou 'un mal de dents'.

D'un point de vue sémantique, ce problème est véritablement crucial. Quiconque manque cela - et il est malheureusement facile de le manquer - manquera l'un des facteurs psycho-logiques les plus importants de toute *réaction sémantique* sous-jacente à la santé mentale. Cette omission est grandement facilitée par les anciens systèmes, les habitudes de pensée, les anciennes *réactions sémantiques* et, surtout, par la structure primitive de notre langage *A* (*Aristotélicien*) et l'utilisation du 'est' d'identité. Ainsi, par exemple, nous *manipulons* ce que nous appelons un crayon. Ce que nous *manipulons* est indicible ; pourtant nous *disons* 'ceci *est* un crayon', affirmation inconditionnellement fausse par rapport aux faits, car l'objet apparaît comme un individu absolu et *n'est pas* un mot. Ainsi, nos *réactions sémantiques* sont d'*emblée formées à des valeurs délirantes*, qui ne peuvent qu'être pathologiques.

Je n'oublierai jamais un moment dramatique de mon expérience. J'ai eu un contact très utile et amical pendant plusieurs années avec un éminent scientifique. Après de nombreuses discussions, je lui ai demandé si certains points particuliers de mon travail étaient clairs pour lui. Il m'a répondu : 'Oui, c'est très bien, et ainsi de suite, *mais* comment voulez-vous que je suive votre travail jusqu'au bout, si je ne sais toujours pas ce qu'*est* un objet? Ce fut un véritable choc pour moi. L'utilisation du petit mot 'est' comme terme d'identité appliqué au niveau objectique avait paralysé de la manière la plus efficace une grande partie du travail difficile et prolongé. Pourtant, le blocage sémantique qui l'a empêché d'acquérir les nouvelles *réactions sémantiques* est si simple qu'il semble insignifiant, malgré le préjudice sémantique causé. La réponse définitive peut être exprimée comme suit : 'Dites ce que vous voulez de l'objet, et quoique vous pourriez dire *n'est pas* l'objet'. Ou, en d'autres termes : 'Quoi que vous puissiez dire que l'objet "est", eh bien *il n'est pas*'. Cet énoncé négatif est *définitif*, parce qu'il est *négatif*.

J'ai développé ce sujet en raison de son importance sémantique cruciale. Quiconque passe à côté de ce point manque l'un des facteurs les plus vitaux de pratiquement toutes les *réactions sémantiques* menant à la sanité. Ce qui précède est facilement vérifié. D'après mon expérience, je n'ai jamais rencontré personne, même parmi les scientifiques, qui appliquerait pleinement cette 'sagesse' enfantine comme un 'ressenti' instinctif et qui en tiendrait compte dans toutes ses *réactions sémantiques*. Je veux aussi montrer au lecteur l'extrême simplicité d'un système-$\bar{A}$ fondé sur la négation du 'est' d'identité, et le mettre en garde contre les difficultés très réelles induites par la structure primitive de notre langage et les *réactions sémantiques* qui lui sont connectées. Notre vie réelle se déroule entièrement sur les niveaux objectiques, y compris les indicibles 'sensations', 'émotions', etc., les niveaux verbaux n'étant qu'*auxiliaires* et ne sont efficaces que s'ils sont traduits en retour en effets indicibles de premier ordre, tels qu'un objet, une action, un 'ressenti', etc., tout cela au niveau objectique silencieux et indicible. Dans tous les cas que je connais actuellement, où le réentraînement de nos *réactions sémantiques* a eu des effets bénéfiques, les résultats ont été obtenus lorsque ce 'silence sur les niveaux objectiques' a été atteint, qui affecte toutes nos réactions psycho-logiques et les régule au profit de l'organisme et de son adaptation de survie.

Section C. Sur le 'copiage' dans nos réactions nerveuses.

Le choix du terme 'copier' s'est imposé à moi après mûre réflexion. Sa signification courante implique la 'reproduction d'après un modèle', applicable même aux processus mécaniques, et bien qu'il n'exclue pas, il n'inclut pas nécessairement le copiage conscient. On ne se rend généralement pas compte de l'importance du rôle du copiage chez les animaux supérieurs et chez l'être humain.

Certaines caractéristiques sont innées, d'autres sont acquises. Il y a longtemps, Spalding a fait des expériences avec des oiseaux. Les oiseaux nouvellement éclos étaient enfermés dans de petites boîtes qui ne leur permettaient pas d'étirer leurs ailes ou de voir d'autres oiseaux voler. À la période où commence habituellement le vol, ils ont été libérés et ont commencé à voler immédiatement avec une grande habileté, ce qui montre que le vol chez les oiseaux est une fonction innée. D'autres expériences ont été réalisées par Scott pour déterminer si le chant caractéristique du loriot était inné ou acquis. Lorsque les loriots, après leur éclosion, étaient éloignés de leurs parents, ils se mettaient à chanter à un moment donné, mais la mélodie particulière de leurs chants était différente de celle des chants de leurs parents. Ainsi, le chant est une caractéristique innée, mais la mélodie particulière est due au copiage des parents et est donc acquise.[3]

Dans nos réactions humaines, la parole en général est une caractéristique innée, mais le langage particulier ou la *structure* particulière du langage que nous acquérons est dû à l'environnement et au copiage – copiage beaucoup trop souvent inconscient et, par conséquent, sans esprit critique. Quant au copiage des animaux dans nos réactions nerveuses, c'est un problème assez simple. L'auto-analyse, qui est une affaire assez difficile, nécessitant une 'mentalité' sérieuse et efficace, était impossible au stade primitif. Le copiage des parents à bien des égards a commencé bien avant l'apparition de l'être humain, qui a naturellement poursuivi cette pratique jusqu'à nos jours. Les résultats sont donc intimement connectés aux réactions d'un stade préhumain, transmises de génération en génération. Mais pour notre propos, la forme la plus importante de copiage des animaux était, et reste, le copiage de l'inconditionnalité relative de leurs réflexes conditionnels, ou conditionnalité d'ordre inférieur ; l'identification ou la confusion animalistiques des ordres d'abstractions, et l'absence de conscience d'abstraire, qui, bien que naturelle, normale et nécessaire chez les animaux, devient une source de perturbations sémantiques sans fin pour les humains. Nous en dirons plus sur le copiage au fur et à mesure que nous avancerons.

Il convient également de noter qu'en raison de la structure du système nerveux et de l'histoire de son développement, plus un organisme est devenu 'conscient', plus ce copiage est devenu une nécessité neurologique, comme en témoignent les perroquets et les singes. Chez l'être humain, en raison de l'absence de conscience d'abstraire, ses capacités de copiage sont devenues beaucoup plus prononcées et souvent nuisibles. Même l'être humain primitif et l'enfant sont assez 'intelligents' pour observer et copier, mais pas assez informés des expériences civilisationnelles généralement appelées science, qui, pour eux, sont inexistantes, pour faire la distinction entre les réactions au niveau 'psychologique' des animaux et les réponses typiques que l'être humain, avec son système nerveux plus complexe, devrait avoir. Seule une analyse de la *structure* et des *réactions sémantiques,* aboutissant à la conscience d'abstraire, peut nous libérer de ce copiage inconscient des animaux qui, répétons-le, est forcément pathologique pour l'être humain, car il élimine un facteur régulateur des plus vitaux dans le *système* nerveux humain et vicie ainsi tout le processus. Ce facteur n'est pas simplement additif, de sorte que, lorsqu'il est introduit et *superposé* à toute réaction du système nerveux humain permettant une telle superposition, l'ensemble de la réaction est *fondamentalement modifié d'une manière* bénéfique.

CHAPITRE III
INTRODUCTION

> En ce qui concerne la structure biologique, fondamentale et réelle de notre société, et malgré sa croissance stupéfiante et toutes les modifications auxquelles elle a été soumise, nous en sommes toujours au même stade infantile. Mais si les fourmis ne sont pas découragées parce qu'elles n'ont pas réussi à produire une nouvelle invention ou une convention sociale en 65 millions d'années, pourquoi devrions-nous nous décourager parce que certaines de nos institutions et castes n'ont pas été capables de développer une nouvelle idée au cours des cinquante derniers siècles? (553)
> WILLIAM MORTON WHEELER

> Les anciens qui voulaient illustrer l'illustre vertu dans tout l'empire, ont d'abord mis de l'ordre dans leur propre État. Voulant bien ordonner leur propre État, ils ont d'abord régi leur famille. Voulant régir leur famille, ils ont d'abord cultivé leur personne. Voulant cultiver leur personne, ils ont d'abord rectifié leur cœur. Voulant rectifier leur cœur, ils ont d'abord cherché à être sincères dans leurs pensées. Désireux d'être sincères dans leurs pensées, ils ont étendu leur connaissance au maximum, et cette extension de la connaissance résidait dans l'étude des choses. Les choses étant étudiées, la connaissance est devenue complète. Leur connaissance étant complète, leurs pensées étaient sincères. Leurs pensées étant sincères, leurs cœurs étaient alors rectifiés. Leur cœur étant rectifié, leurs personnes étaient cultivées. Leurs personnes étant cultivées, leurs familles étaient réglées. Leur famille étant réglée, leurs états étaient correctement gouvernés. Leurs États étant bien gouvernés, l'empire tout entier devint tranquille et heureux. De l'empereur à la masse du peuple, tous doivent considérer la culture de la personne comme la racine de toute chose.
> CONFUCIUS

Mon service au front pendant la [première] guerre mondiale et ma connaissance intime des conditions de vie en Europe et aux États-Unis d'Amérique m'ont convaincu de la nécessité d'une révision scientifique de *toutes* les notions que nous avons de nous-mêmes. L'enquête a révélé que toutes les disciplines traitant des affaires de l'être humain n'ont pas de définition de l'être humain ou, si elles en ont une, qu'elle est formulée dans des langages métaphysiques, *élémentalistiques*, de type sujet-prédicat, qui ne sont pas scientifiques et, en fin de compte, nuisibles sur le plan sémantique.

Comme nous ne disposons pas actuellement d'une science générale de l'être humain englobant *toutes* ses fonctions, y compris le langage, les mathématiques, la science et les maladies 'mentales', j'ai pensé qu'il serait utile de créer une telle science. C'est la tâche que j'ai commencée dans mon ouvrage *Manhood of Humanity*, et que je poursuis dans le présent volume. Le choix d'un nom pour une telle science est difficile. Le seul nom vraiment approprié, 'Anthropologie', est déjà préempté pour couvrir une discipline tout à fait fondamentale et solide, sans laquelle même la psychiatrie moderne serait impossible. Ce nom est actuellement utilisé dans un sens *restreint* pour signifier l'histoire naturelle animalistique de l'être humain, ignorant le fait que l'*histoire naturelle de l'être humain* doit inclure des facteurs qui n'existent pas dans le monde animal, mais qui sont ses fonctions *naturelles*, comme le langage et sa structure, la construction de ses institutions, les lois, les doctrines, les sciences, les mathématiques, etc., qui conditionnent son environnement, ses *réactions sémantiques*, qui, à leur tour, influencent et déterminent son développement.

Nous voyons que "l'histoire naturelle" des animaux diffère grandement dans sa structure d'une future *'histoire naturelle'* scientifique de l'être humain, une différence structurelle dont on se rend très rarement pleinement compte. Je propose donc d'appeler *Anthropologie Restreinte* la très précieuse *Anthropologie* existante, et d'appeler *Anthropologie Générale* la science généralisée de l'être humain, de manière à inclure *toutes* ses fonctions naturelles, dont celles couvertes par l'Anthropologie Restreinte feraient partie.

Une telle Anthropologie Générale définie serait très différente de l'anthropologie restreinte existante. Elle inclurait toutes les disciplines d'intérêt humain d'un point de vue anthropologique et sémantique particulier. Très souvent, une discipline anthropologique - par exemple, la psycho-logique anthropologique, la sociologie anthropologique, le droit, l'histoire ou la 'philosophie' - s'avérerait être une discipline *comparative*. Celles-ci devront nécessairement utiliser un langage de structure quadridimensionnelle, ce qui nécessitera, au préalable, une révision fondamentale de la structure du langage qu'elles utilisent - un facteur sémantique qui, jusqu'à présent, a été largement négligé.

Il faut admettre franchement que la présente enquête a abouti à des résultats tout à fait inattendus et surprenants. Dans mon *Manhood of Humanity,* j'ai défini l'être humain de *manière fonctionnelle* comme un time-binder, une définition fondée sur une observation fonctionnelle *non-élémentalistique* selon laquelle la classe de vie humaine diffère de celle des animaux par le fait que, en gros, chaque génération d'humains, au moins potentiellement, peut commencer là où la génération précédente s'est arrêtée - une définition qui, dans le langage de cette structure particulière, est *catégorique* et correspond aux faits empiriques. Nous devrions également remarquer que dans le cas des tribus primitives qui n'ont apparemment pas progressé du tout pendant plusieurs milliers d'années, nous trouvons toujours, entre autres raisons, des doctrines ou des croyances spéciales qui proclament très efficacement, souvent en tuant des individus (qui sont toujours responsables du progrès en général), que tout progrès ou tout écart par rapport aux habitudes ou aux préjugés 'séculaires' 'est un péché mortel' ou que sais-je encore. Même dans notre propre cas, nous ne sommes pas exempts de telles tendances sémantiques. L'autre jour encore, historiquement parlant, la 'sainte inquisition' a brûlé ou réduit au silence des scientifiques. La découverte du microscope et du télescope, par exemple, a été longtemps retardée parce que l'inventeur, craignant les persécutions de l'Église, n'osait pas écrire ses découvertes scientifiques en langage clair. Il a dû les écrire en caractères cryptés, ce qui a été découvert il y a quelques années seulement. Les personnes atteintes de maladies peuvent facilement se rendre compte où notre science en général, et la science médicale en particulier, pourraient être aujourd'hui sans le zèle sacré des puissants ennemis de la science qui ont soutenu avec véhémence et sans pitié l'ignorance, les vieilles *réactions sémantiques*, et donc la maladie.

Dans certains pays, même actuellement, la science est persécutée et l'on tente d'affamer les scientifiques, un procédé souvent tout aussi efficace que le bûcher, dont le procès de Tennessee (NdT : (source : Wikipedia) Le procès Scopes, plus connu sous le nom de procès du singe (Scopes Monkey Trial), est un procès qui eut lieu à Dayton (Tennessee) aux États-Unis du 10 au 21 juillet 1925 et qui opposa les fondamentalistes chrétiens, défendus par le procureur et homme politique

William Jennings Bryan, aux libéraux défendus par Clarence Darrow. Le jugement a vu la condamnation de John Thomas Scopes, professeur de l'école publique de Dayton soutenu par l'Union américaine pour les libertés civiles, au versement d'une amende de cent dollars pour avoir enseigné la théorie de l'évolution à ses élèves en dépit d'une loi de l'État du Tennessee, le Butler Act, interdisant aux enseignants de nier ' l'histoire de la création divine de l'être humain, telle qu'elle est enseignée dans la Bible') et d'autres sont des exemples. Mais, malgré toutes ces tendances sémantiques primitives qui, malheureusement, sont souvent très efficaces, la caractéristique de time-binding générale de l'être humain reste inchangée, bien que son rythme puisse être ralenti par l'ignorance de ceux qui contrôlent notre symbolisme - les mots, l'argent, etc.

L'incapacité de comprendre ces problèmes est due au fait fondamental que, jusqu'à présent, nous ne disposons pas d'une définition scientifique fonctionnelle et *non-élémentalistique* de l'être humain ; ni d'aucune enquête scientifique sur la 'nature inhérente de l'être humain', qui est impossible si l'on ne tient pas compte des *réactions sémantiques*. Nous devons nous rappeler qu'à notre époque commercialisée, nous offrons des revenus importants à ceux qui prêchent avec beaucoup de zèle combien la 'nature humaine' est 'mauvaise', et qui nous disent que, sans leurs services, toutes sortes de choses terribles arriveront à un individu donné.

À la lumière de l'enquête moderne, les questions susmentionnées se posent avec une grande acuité. Ou bien ces apôtres savent que ce qu'ils promettent n'a qu'une valeur délirante, mais ils veulent conserver leurs revenus, ou bien ils vivent dans des mondes *délirants*, et une humanité sane devrait s'occuper d'eux. Dans un cas comme dans l'autre, ils sont *inaptes* à se voir confier plus longtemps la responsabilité du développement de la culture et de l'avenir de l'humanité. Tôt ou tard, nous devrons faire face à cette situation sémantique, car trop de facteurs de la sanité sont en jeu.

Dans mon *Manhood of Humanity*, il est démontré que les canons de ce que nous appelons 'civilisation' ou 'civilisations' sont fondés sur des généralisations animalistiques tirées des faits évidents de la vie des vaches, des chevaux, des chiens, des cochons, etc., et appliquées à l'être humain. Bien sûr, de telles généralisations ont commencé avec des *données insuffisantes*. Les généralisations étaient forcément primitives, superficielles ; et lorsqu'elles étaient mises en pratique, des effondrements périodiques s'ensuivaient à coup sûr. Aucun pont ne tiendrait ou ne pourrait même être construit si nous essayions d'appliquer les règles des surfaces aux volumes. Les règles ou les généralisations sont différentes dans les deux cas, et les résultats d'une telle confusion sémantique primitive doivent être désastreux pour nous tous.

La présente enquête a commencé par l'étude de la différence caractéristique entre l'animal et l'être humain, à savoir le mécanisme de time-binding. Cette analyse, en raison de la structure différente du langage utilisé, a dû être menée indépendamment et à nouveau. Les résultats sont, dans de nombreux cas, nouveaux, inattendus même par moi-même, et ils montrent sans équivoque que, dans une large mesure, même aujourd'hui, nous copions presque tous les animaux dans nos processus nerveux. L'étude montre en outre que de telles réactions nerveuses chez l'être humain conduisent à des états pathologiques impropres à la survie, d'infantilisme général, de comportements privés et publics infantiles, d'institutions infantiles, de 'civilisations' infantiles fondées sur les luttes, les combats, les compétitions brutales, etc., qui seraient l'expression 'naturelle' de la 'nature humaine', comme voudraient nous le faire croire les différents mercantilistes et leurs auxiliaires, les militaristes et les prêtres.

Comme toujours dans les affaires humaines, contrairement à celles des animaux, les questions sont circulaires. Nos dirigeants, qui gouvernent nos symboles et donc gouvernent une classe de vie symbolique, imposent leur propre infantilisme à nos institutions, à nos méthodes d'éducation et à nos doctrines. Cela conduit à une inadaptation nerveuse des nouvelles générations qui, étant nées dedans, sont forcées de se développer dans les conditions sémantiques non-naturelles (pour l'être humain) qui leur sont imposées. À leur tour, elles produisent des dirigeants affligés par les anciennes limitations animalistiques. Le cercle vicieux est bouclé ; il aboutit à un état général de non-sanité humaine, qui se reflète à nouveau dans nos institutions. Et ainsi de suite.

À première vue, une telle découverte est choquante. Toutefois, à bien y réfléchir, il semble naturel que l'espèce humaine, relativement récente et ayant traversé différents niveaux de développement, comprenne mal la structure de son statut humain et utilise mal son système nerveux, etc. Le présent travail, qui avait commencé par 'Manhood of Humanity' *(âge adulte de l'humanité)*, s'est avéré être 'Adulthood of Humanity' (Âge Adulte Accompli de l'Humanité'), car il révèle un mécanisme *psychophysiologique* de l'infantilisme, et indique ainsi la voie à suivre pour le prévenir et le rendre adulte.

Le terme 'infantilisme' est souvent utilisé en psychiatrie. Quiconque a eu l'occasion de côtoyer et d'étudier des malades 'mentaux' ne peut manquer de constater qu'ils présentent toujours certains symptômes infantiles. Il est également connu qu'un adulte, par ailleurs considéré comme 'normal', mais qui présente des caractéristiques sémantiques infantiles marquées, ne peut pas être un individu pleinement ajusté et détruit généralement sa propre vie et celle des autres.

Dans la présente étude, nous avons découvert et formulé un mécanisme psychophysiologique précis que l'on retrouve dans tous les cas de maladies 'mentales', d'infantilisme et chez la personne dite 'normale'. Les différences entre ces perturbations neurales chez différentes personnes ne varient qu'en degré, et comme elles ressemblent beaucoup aux réponses nerveuses des animaux, qui sont nécessairement régressives pour la personne, nous devons conclure que, généralement, nous n'utilisons pas correctement notre système nerveux, et que nous ne sommes pas encore complètement sortis d'un stade de développement sémantique très primitif, en dépit de nos accomplissements techniques.

En effet, l'expérience montre que plus une nation ou une civilisation est techniquement développée, plus ses systèmes tendent à devenir cruels, impitoyables, prédateurs et commerciaux. Ces tendances, à leur tour, colorent et vicient les relations internationales, nationales, capital-travail et même familiales.

Est-ce donc l'application de la science qui est en cause? Non, la vraie difficulté réside dans le fait que les différentes doctrines et croyances primitives, animalistiques, non révisées, avec les *réactions sémantiques* correspondantes, *n'ont pas* progressé dans la même proportion que les réalisations techniques. Lorsque nous analysons ces credo sur le plan sémantique, nous constatons qu'ils reposent sur des hypothèses structurelles qui sont fausses quant aux faits, mais qui sont strictement connectées à la structure non-révisée du langage primitif, qui est d'autant plus dangereuse qu'elle fonctionne de manière inconsciente.

Quand nous étudions comparativement les réactions nerveuses des animaux et de l'être humain, les questions ci-dessus deviennent tout à fait claires et nous découvrons un mécanisme psychophysiologique précis qui marque cette différence. Le fait que ce qui précède n'ait pas encore été formulé de manière pratique est évidemment dû au fait que la *structure* de l'ancien langage a empêché avec succès la découverte de ces différences et, en fait, a été largement responsable de ces troubles sémantiques chez l'être humain. De même, dans le système-$\bar{A}$ actuel, le langage d'une structure nouvelle et moderne, illustré par des termes tels que 'time-binding', 'ordres d'abstractions', 'termes multiordinaux', 'réactions sémantiques', etc., a conduit automatiquement à la révélation du mécanisme, ouvrant la voie à des moyens de contrôle d'un caractère thérapeutique et préventif particulier.

Les résultats nets sont, entre-temps, très prometteurs. L'enquête montre qu'en général, les questions soulevées sont principalement *linguistiques* et qu'en particulier, elles sont fondées sur l'analyse de la *structure* des langages en relation avec les *réactions sémantiques*. Toutes les déclarations faites dans ce travail concernent donc des faits empiriques, le langage et sa structure. Nous traitons d'une fonction psychophysiologique inhérente à l'organisme humain, évidente et bien connue, et, par conséquent, toutes les affirmations peuvent être facilement vérifiées ou éventuellement corrigées et affinées, ce qui permet une application facile et élimine automatiquement les mythologies primitives et ses *réactions sémantiques*.

En fin de compte, après tout ce qui a été fait et dit, on ne peut que se demander pourquoi un fait aussi simple, à savoir que le langage représente une fonction psychophysiologique très importante, unique et inhérente à l'organisme humain, a été négligé si longtemps.

La réponse semble être la suivante :

(1) le langage quotidien est structurellement extrêmement complexe ;

(2) il est humainement impossible d'analyser sa structure en utilisant le langage de structure A (*Aristotélicienne*), de sorte qu'avant de pouvoir faire quoi que ce soit dans ce domaine, il faut d'abord formuler un système-$\bar{A}$;

(3) la quasi-totalité des spécialistes, à l'exception de quelques rares mathématiciens, ignorent généralement le rôle structurel et sémantique du langage $\bar{A}$ le plus simple, bien qu'encore inadéquat, appelé 'mathématiques'.

(4) toutes ces questions impliquent des facteurs inconscients très puissants qui s'opposent automatiquement à toute révision, et

(5) la construction d'un système-$\bar{A}$ en 1933 est une entreprise extrêmement laborieuse, c'est le moins que l'on puisse dire, et, selon toute probabilité, vraiment au-delà du pouvoir d'une seule personne pour la mener à bien.

Le dernier point est très important et, bien que je n'aie pas l'intention de m'excuser ou de présenter des alibis, car tout lecteur réfléchi le comprendra, je dois néanmoins expliquer brièvement pourquoi le présent travail est probablement loin d'être ce qu'il aurait pu être.

À l'époque d'Aristote, nous ne savions pas grand-chose de la science au sens de 1933. Aristote, dans ses écrits, a formulé pour nous tout un programme scientifique, que nous avons suivi jusqu'à très récemment. Quiconque, en 1933, tente de construire un système-$\bar{A}$, doit, par *nécessité interne*, connectée aux problèmes de la *structure du langage*, faire quelque chose de similaire. Il est évident qu'en 1933, avec le nombre écrasant de faits les plus diversifiés connus de la science, la question n'est plus d'esquisser un programme scientifique pour l'avenir, mais de construire un système qui, au moins dans sa structure, soit semblable à la structure des faits connus dans toutes les branches de la connaissance.

Je le répète : la nécessité est interne, et connectée à la *structure* du langage en tant que tel, impliquant de nouvelles *réactions sémantiques*, et donc personne ne peut l'éviter, comme le montre en détail l'ensemble de cet ouvrage.

Maintenant, un tel ajustement structurel nécessite une étude approfondie de divers faits empiriques, puis il doit s'appuyer sur de nouvelles généralisations, portant essentiellement sur la structure. De nombreuses déclarations de scientifiques, même lorsqu'elles sont acceptées comme fiables, doivent encore être traduites dans un langage spécial dans lequel les questions structurelles sont rendues tout à fait évidentes, divulguant les facteurs de *réactions sémantiques*. Il s'agit d'une difficulté très sérieuse, en particulier lorsque l'on fait appel à de nombreuses branches de la connaissance, chacune utilisant son propre langage spécial ; de sorte qu'une telle traduction unitaire en termes de structure impose un lourd fardeau à la mémoire du traducteur, et souvent de petits détails échappent à l'attention dans les implications de la traduction, bien qu'ils puissent être bien connus du traducteur. Comme il s'agit probablement de la principale difficulté, c'est dans ce domaine que les principales corrections devront être apportées.

J'admets que j'ai commencé cette enquête sans me rendre compte de ses difficultés inhérentes ni de la direction qu'elle prendrait à terme. Plus j'avançais, plus j'avais besoin de connaissances particulières. Je devais aller aux sources, et, en quelque sorte, me spécialiser partiellement dans de nombreuses branches de la science qui n'avaient jamais été connectées auparavant. Les progrès ont été extrêmement lents ; en fait, il m'a fallu dix ans pour écrire ce livre, mais j'ai dû passer par les préliminaires nécessaires ou abandonner l'ensemble de l'entreprise.

Aujourd'hui, je présente au public les résultats de ce travail. C'est le mieux que je puisse faire, bien que je sois pleinement conscient de ses limites et de ses imperfections. Le drame inattendu d'une telle entreprise se trouve dans le fait qu'un système-$\bar{A}$, comme son prédécesseur, implique une sorte de métaphysique structurelle à part entière, qui sera expliquée plus tard.

Le système-A (*Aristotélicien*) implique une métaphysique structurelle primitive ; un système-$\bar{A}$, pour avoir une quelconque valeur sémantique, doit commencer par la métaphysique structurelle ou les hypothèses structurelles telles qu'elles sont données par la science 1933. La première étape dans la construction d'un tel système est d'étudier la science 1933 et les mathématiques, et donc de connaître ces données structurelles (et les hypothèses lorsque nous manquons de données). Une telle étude est très laborieuse, lente et même ingrate, car les questions qui nous préoccupent sont *structurelles*. Ainsi, des années de travail patient et parfois douloureux n'aboutissent souvent qu'à des phrases très peu nombreuses et brèves, mais importantes.

La persécution active, et qui ne s'est relâchée que très récemment, des savants qui ont osé tenter de réviser Aristote a été très efficace pour maintenir les *réactions sémantiques* primitives. Il n'existe dans ce domaine pratiquement aucun ouvrage important de caractère critique, et ce fait a naturellement rendu mon propre travail plus difficile.

Il apparait qu'au cours des dernières années, la plupart des fonctions physiologiques de l'organisme humain aient été étudiées, à l'exception des *réactions sémantiques* psychophysiologiques et de leurs perturbations du point de vue actuel.

L'étude de l'aphasie est assez récente, et celle de l'*aphasie sémantique* encore plus. Ce n'est que depuis la [première] guerre mondiale que de nouvelles connaissances ont été accumulées dans ce domaine. Avec la perspective scientifique de 1933, la structure macroscopique devient une fonction de la structure dynamique submicroscopique, et les considérations sur la structure colloïdale et les perturbations deviennent extrêmement importantes. Il nous faut donc élargir l'étude de l'aphasie sémantique comme connectée aux lésions macroscopiques, pour y inclure les perturbations fonctionnelles phasiques sémantiques (pas seulement aphasiques) submicroscopiques connectées à l'*ordre*, à l'ordre naturel propre à la survie et à son inversion pathologique, les perturbations des *réactions sémantiques multiordinales*.

On sait que les maladies ou difficultés 'mentales' perturbent souvent les fonctions physiologiques de l'organisme humain, et vice versa. Il semble qu'il en soit de même pour ces dernières *réactions sémantiques*, peu étudiées. Dans ce cas, les difficultés sont plus nombreuses et plus particulières, du fait que ces réactions particulières sont strictement connectées à différentes réponses 'émotionnelles' ou affectives, qui sont dues à la connaissance (ou au manque de connaissance) de leur mécanisme. Elles sont circulaires, comme le sont toutes les fonctions liées à la connaissance. Cette difficulté est très sérieuse et étroitement associée à la *structure du langage,* révélant également un fait très important, à savoir que les langages *peuvent* avoir une structure. Ce sujet n'aurait même pas pu être suggéré par le système-*A* (*Aristotélicien*) ; il n'aurait pas non plus pu être analysé par les moyens *A* (*Aristotélicien*).

La caractéristique la plus encourageante de ce travail est le fait qu'il est *expérimental* et que, dans les cas où il a été appliqué, il a remarquablement bien fonctionné. Il apparaît que toutes les caractéristiques humaines souhaitables, y compris la 'mentalité' élevée, ont un mécanisme psychophysiologique précis, facile à comprendre et à entraîner. Il ne faut pas s'attendre à ce que cet apprentissage soit plus rapide que la maîtrise de l'orthographe, de la conduite d'une voiture ou de la dactylographie. La pratique montre qu'elle nécessite à peu près autant d'application et de persévérance que l'apprentissage de l'orthographe ou de la dactylographie. Les résultats obtenus dans le domaine de la santé 'mentale', l'élargissement des horizons et les possibilités illimitées d'adaptation personnelle et publique justifient un si petit prix. Cela vaut pour les adultes, mais aussi, d'une manière différente, pour les enfants. D'un point de vue éducatif, il est aussi simple ou aussi complexe de former les enfants à l'utilisation incorrecte d'une fonction physiologique importante, comme le langage, que de les former à l'utilisation correcte du système nerveux et aux *réactions sémantiques* appropriées. En théorie, il joue un rôle très important dans la prévention de nombreux effondrements futurs, que l'ancienne mauvaise utilisation de la fonction ne manquait pas d'entraîner.

Les problèmes d'un système-$\bar{A}$ sont, à ma connaissance, nouveaux. Ils sont de deux sortes :

(1) scientifiques, conduisant à une révision structurelle théorique et générale de tous les systèmes, et

(2) purement pratiques, tels qu'ils peuvent être saisis et appliqués par toute personne qui consacrera le temps et les efforts nécessaires à la maîtrise de ce système et à l'acquisition des *réactions sémantiques* correspondantes.

Les résultats sont d'une grande portée. Ils aident toute personne à résoudre ses problèmes par elle-même, à sa propre satisfaction et à celle des autres. Ils constituent également une base sémantique *affective* pour les accords et les ajustements personnels, nationaux et internationaux.

Certains résultats sont tout à fait inattendus. Par exemple, il est démontré que les anciens systèmes, avec leurs méthodes linguistiques de traitement de notre système nerveux, conduisaient inévitablement à un 'désaccord universel'. Dans la vie individuelle, cela a conduit à des conflits pathologiques avec nous-mêmes ; dans la vie privée, à des querelles familiales et au malheur, et donc à des troubles nerveux ; dans la vie nationale, à des querelles politiques, à des révolutions, etc. ; dans les affaires internationales, à l'incompréhension mutuelle, à la suspicion, à l'impossibilité de se mettre d'accord, aux guerres, aux guerres mondiales, aux 'guerres commerciales' etc., qui aboutissent finalement à des massacres, au chômage général et à une quantité inutilement grande de troubles, d'inquiétudes, de confusion et de souffrances à des degrés divers pour tous, contribuant à nouveau à perturber le bon fonctionnement du système nerveux humain.

Le sujet de cet ouvrage est en fin de compte 'parler sur le parler'. Comme toutes les institutions humaines dépendent du parler - même la [première] guerre mondiale n'aurait pas pu être organisée sans le parler - et comme toute science est en fin de compte verbale, une telle analyse doit couvrir un large champ. Dans une telle tentative, nous devons donc d'abord comprendre le parler des scientifiques, des différents spécialistes, etc., et il faut donc se familiariser avec leur langage et ce dont ils parlent. C'est la raison sémantique pour laquelle j'ai dû expliquer au lecteur de nombreuses questions structurelles scientifiques simples, mais nécessaires.

Le présent livre est rédigé à l'intention du lecteur moyen et intelligent, qui en tirera le meilleur parti s'il est disposé à y consacrer le travail et la persévérance nécessaires. Une mise en garde s'impose peut-être. Je sais par expérience que lorsque nous avons pris une mauvaise habitude, par exemple celle de faire des fautes de frappe, il est très difficile de s'en débarrasser. Une remarque similaire s'applique aux vieilles habitudes de langage et aux réponses sémantiques qui y sont connectées. Une rééducation est simple en principe, mais elle exige beaucoup d'efforts persistants pour surmonter les *réactions sémantiques* indésirables. Mon expérience me convainc que la personne satisfaite d'elle-même, la personne 'heureuse', qui n'a aucun problème, si elle existe, ne devrait pas essayer de lire ce livre. Elle gaspillera beaucoup d'efforts. Mais je peux promettre en toute confiance que quiconque a des problèmes à résoudre, qu'il s'agisse de difficultés personnelles avec lui-même, sa famille ou ses associés, qu'il s'agisse d'un scientifique, d'un enseignant ou d'un professionnel qui souhaite devenir plus efficace dans son propre travail, sera amplement récompensé pour avoir consacré le 'temps' nécessaire à la maîtrise des problèmes linguistiques et donc neurologiques qu'implique une telle rééducation sémantique structurelle.

Cette investigation s'est révélée être une introduction générale à une théorie de la sanité, la première jamais élaborée, à ma connaissance. Lorsqu'elle est appliquée, elle fonctionne réellement ; mais, bien sûr, nous devons l'appliquer pleinement. Un discours de pure forme à ce sujet ne suffit pas, car si l'accord superficiel est assez facile, physiologiquement, à un niveau plus profond, nous continuons à suivre les anciennes réactions nocives. L'auteur et le présent ouvrage ne peuvent en être tenus pour responsables ; la faute en incombe au lecteur ou aux étudiants qui ne respectent pas les conditions fondamentales.

D'un point de vue éducationnel, ces problèmes sont particulièrement importants. Si les enseignants négligent les questions structurelles, linguistiques et sémantiques, ils négligent une méthode éducative des plus puissantes et des plus efficaces. S'ils forment à des habitudes *structurellement* et physiologiquement nocives, après que ce mécanisme a été révélé, ces enseignants, à mon sens, ne remplissent pas honnêtement leurs très sérieuses obligations sociales. L'ignorance n'est pas une excuse quand on sait que l'ignorance est la seule excuse possible.

Le système-$\bar{A}$ présent est loin d'être parfait. Un tel travail doit nécessairement être modifié au fil des ans, car la structure du langage utilisé doit être continuellement ajustée aux données structurelles empiriques nouvellement découvertes. Mais la présente enquête montre au moins que les recherches dans les domaines linguistiques et sémantiques structurels recèlent des possibilités insoupçonnées d'une puissance considérable, et que la circularité de la connaissance humaine s'accélère de plus en plus de manière constructive vers l'âge adulte de l'être humain.

Au Chapitre I, j'ai donné une liste provisoire de certains résultats découlant du présent travail. Parmi ceux-ci, nous avons trouvé une nouvelle *définition sémantique du nombre* et des mathématiques, qui sera expliquée au Chapitre XVIII. Cela a des conséquences très importantes, car la définition existante du nombre est A (Aristotélicienne), en termes de classes, et rend l'importance des mathématiques encore plus mystérieuse. Avec la découverte que le seul contenu de la connaissance est structurel, compris comme un complexe de relations et d'ordre multiordinal et multi-dimensionnel, et que la structure du système nerveux est telle que ce n'est que dans les mathématiques que nous trouvons un *langage de structure similaire*, l'importance des mathématiques, considérées comme un langage, devient d'une importance sémantique fondamentale pour une théorie de la sanité. Mais pour le démontrer, et pour pouvoir appliquer ce fait dans la pratique, il faut éclaircir ou plutôt éliminer le mystère qui entoure le nombre et la mesure. La définition sémantique du nombre est donnée en termes de relations, et donc le nombre et la mesure deviennent les facteurs les plus puissants pour nous fournir des informations sur la structure, dont nous savons déjà qu'elle est l'unique contenu de la connaissance.

À ce stade, il me semble essentiel de faire référence à l'œuvre unique et étonnante d'Oswald Spengler, *Le déclin de l'Occident*. Cet ouvrage est le fruit d'une érudition et d'une largeur de vue si exceptionnelles que, dans bien des cas, les détails n'ont pas d'importance. Sa méthode, sa portée et la nouveauté complète de son point de vue général, combinées à une érudition aussi considérable, sont d'une importance capitale. L'ouvrage est qualifié par l'auteur de 'philosophie de l'histoire', de morphologie de l'histoire ou de morphologie des cultures. Le mot 'morphologie' est utilisé comme impliquant l'étude des formes, et le terme 'forme' apparaît très fréquemment dans l'ouvrage.

La principale affirmation de ce travail - et c'est une observation tout à fait justifiée - est que le comportement des organismes appelés humains est tel que, à différentes périodes, ils ont produit des agrégats définis d'accomplissements, que nous disséquons et étiquetons 'science', 'mathématiques', 'architecture', 'sculpture', 'musique', etc., et qu'à une période donnée, toutes ces réalisations sont interconnectées entre elles par une nécessité psycho-logique. J'ajouterais à cette affirmation que la *structure des langages* d'une période donnée, qui affecte les *réactions sémantiques*, ne doit pas être négligée.

Spengler est un mathématicien, un mathématicien extrêmement bien informé, doté d'une grande vision. Il étudie ces agrégats en tant qu'unités définies et montre les connexions psycho-logiques nécessaires entre tous les accomplissements et l'évolution de la notion de nombre. Peu importe que toutes ses connexions soient toujours à l'abri de la critique. L'existence de certaines de ces connexions ne fait aucun doute. Tous les accomplissements humains ont été accomplis au cours d'une période déterminée, et ils n'ont été accomplis à une période déterminée qu'en raison de l'attitude psycho-logique et aux *réactions sémantiques* nécessaires de cette période.

En ce qui concerne la méthode suivie dans cette œuvre de Spengler, il convient de noter, tout d'abord, que l'attitude de l'ouvrage est franchement anthropologique, au sens de l'*Anthropologie Générale*, à savoir l'*histoire naturelle de l'être humain, sans* négliger le comportement *naturel de* l'être humain, tel que l'élaboration de sciences, de mathématiques, d'arts et d'institutions, et la création de nouveaux environnements, qui influencent à nouveau son développement. Morphologie signifie 'étude des formes', ce qui a des implications *statiques*. Du point de vue dynamique, lorsque nous savons que l'unité dynamique, à partir de laquelle le monde et nous-mêmes semblons être construits, se trouve dans l'atome dynamique de l'"action" ; sa 'forme' devient une *structure dynamique* quadridimensionnelle, l'équivalent de la 'fonction' ; et alors toute la perspective de Spengler devient une enquête *structurelle* sur le monde de l'être humain, y compris toutes ses activités.

Cette 'forme', ou point de vue structurel rudimentaire, ou ressenti, ou inclination, ou tendance, ou *réactions sémantiques* - appelez-le comme vous voulez - Spengler, le mathématicien et historien, l'acquiert par l'étude approfondie des mathématiques considérées comme une *forme de comportement humain* ; qui, à son tour, est une partie de son comportement lorsqu'il planifiait et accomplissait son travail, une expression naturelle des aspirations de *son* époque, qui est aussi la nôtre. Dans mes propres travaux, j'ai tenté de formuler ces vagues aspirations de notre époque sous la forme d'une théorie psychophysiologique *sémantique* générale.

De ce point de vue, son œuvre est capitale, une grande description de l'enfance de l'humanité. En dépit du titre, il n'y a rien de pessimiste, même si la plupart de ses lecteurs l'ont compris ainsi. Le Déclin de l'Occident implique la naissance d'une nouvelle ère, peut-être l'âge adulte de l'humanité. En 1933, il ne fait aucun doute que les effondrements des anciens systèmes auxquels nous assistons sont probablement irrévocables. Sir Auckland Geddes, ambassadeur britannique aux Etats-Unis d'Amérique, les avait prévus lorsqu'il déclarait en 1920 :

> 'En Europe, nous savons qu'une époque est en train de mourir. Ici, il serait facile de ne pas voir les signes des changements à venir, mais je ne doute pas qu'ils se produiront. Se rendre compte de l'*absence de but* d'une vie vécue pour travailler et mourir, sans avoir rien obtenu d'autre que d'éviter la famine et la naissance d'enfants également condamnés à la fatigue, s'est emparé de l'esprit de millions de personnes'.

En 1932, l'ambassadeur Mellon, des États-Unis d'Amérique en Grande-Bretagne, a déclaré :

> 'Une partie de nos difficultés vient du fait que nous considérons la crise économique industrielle actuelle comme une simple maladie sporadique du corps politique due aux conditions prévalant dans certains pays ou régions du monde et qui peut être guérie par l'application d'une formule magique. La plus grande difficulté vient du fait que nous, les survivants du siècle dernier, continuons à considérer la dernière décennie comme une simple prolongation de tout ce qui s'est passé auparavant. Nous nous obstinons à essayer de faire en sorte que la vie suive le même cours qu'avant la guerre, alors que les années qui se sont écoulées depuis la fin de la guerre sont, en réalité, le début d'une nouvelle ère, et non la fin de l'ancienne'.

À cette déclaration de l'Ambassadeur Mellon, les journaux répondent comme suit :

> 'Il s'agit d'une déclaration importante car, pour autant que nous le sachions, c'est la première fois que les forces dirigeantes de ce pays admettent que la panique actuelle n'est pas 'une panique de plus'.

Il ne fait aucun doute qu'une période du développement humain s'est achevée. Le seul moyen raisonnable est de se tourner vers une compréhension complète de la phase suivante, de s'emparer de cette compréhension, de la maintenir sous un contrôle conscient et scientifique, et d'*éviter cette fois*, peut-être pour la première fois dans l'histoire de l'humanité, la décadence inutile, la perplexité, l'apathie, la souffrance individuelle et collective dans une période de vie *humaine*, que l'on croyait jusqu'à présent, de manière animalistique, inévitable à la fin d'une ère. Au lieu d'être emportés par la résistance animalistique au changement *humainement* inévitable, nous devons analyser, comprendre et ainsi garder le contrôle conscient d'un changement vers un autre, et d'un état encore toujours plus élevé de la culture humaine.

Il ne s'agit pas ici d'analyser ces questions en détail. Des volumes ont déjà été écrits sur l'œuvre de Spengler. D'autres volumes seront nécessaires pour analyser les questions soulevées, et pas toujours résolues, dans le présent volume.

Je veux seulement clarifier que les mots *ne* sont *pas* les choses dont on parle et qu'il *n'existe pas* d'objet isolé dans l'absolu. Ces affirmations sont négatives et expérimentales et ne peuvent être niées par quiconque, sauf à produire des preuves positives, ce qui est impossible.

Nous devons nous rendre compte que la *structure, et la structure seule*, est *le* seul lien entre les langages et le monde empirique. En partant de prémisses négatives indéniables, nous sommes toujours capables de les traduire en termes positifs, mais cette traduction présente une sécurité nouvelle et jusqu'ici inégalée. Dans l'ère qui s'achève, les prémisses positives étaient censées être importantes, et nous ne savions pas que tout un système-$\bar{A}$ pouvait être construit sur des prémisses négatives. La nouvelle ère devra réévaluer ces données, et construire ses systèmes sur des *prémisses négatives*, qui sont d'une bien plus grande sécurité. *A priori,* nous ne pouvons pas savoir si de tels systèmes peuvent être construits, car dans ce domaine, la seule 'preuve' possible est la performance réelle et l'exhibition d'un échantillon.

C'est ce que j'ai tenté de faire dans le cadre de mon travail, et la possibilité de tels systèmes devient donc un fait établi.

Dans la nouvelle ère, le rôle des mathématiques considérées comme une forme de comportement humain et comme un langage sera mis en avant. Il est possible de trouver des moyens, comme l'illustre le présent volume, de conférer une structure mathématique au langage sans aucune technicité. Il suffit de comprendre les prémisses négatives susmentionnées et le rôle de la structure, et de produire des systèmes sous cet angle.

Le rôle des mathématiques a été et, en général, est encore mal compris, peut-être en raison de la définition très insatisfaisante du nombre. Spengler lui-même affirme que 'si les mathématiques étaient une simple science, comme l'astronomie ou la minéralogie, il serait possible de définir leur objet, ce que l'être humain n'est pas et n'a jamais été capable de faire'. Le fait est que les mathématiciens ont eu tendance à nous imprégner d'une certaine crainte religieuse des mathématiques ; or, par définition, tout ce qui comporte des symboles et des propositions doit être considéré comme un *langage*. Tout mystère disparaît dans ce domaine, et la seule question est de savoir quel type de langage les mathématiques représentent. Du point de vue structurel, la réponse est simple et évidente. Les mathématiques, bien qu'elles apparaissent dans la vie quotidienne comme un langage très insuffisant, semblent être *le seul langage* jamais produit par l'être humain dont *la structure est similaire*, ou la plus similaire connue, à la structure du monde *et de notre système nerveux.* Pour être plus explicite, je dirai tout de suite que dans cette similarité de structure, nous trouvons la seule 'connaissance' positive de 1933, et peut-être de toute date.

Jusqu'à présent, je suis entièrement d'accord avec le grand travail de Spengler. Plus encore, *le Déclin de l'Occident* peut être considéré comme une étude préliminaire et préparatoire des grands spasmes culturels qui ont secoué l'humanité. Il peut être instructif, entre-temps, de souligner certaines différences, et la différence éventuelle de conclusions, entre le présent ouvrage et l'œuvre de Spengler.

La différence se situe tout d'abord au niveau du langage. Spengler annonce que son travail est 'intuitif et figuratif de bout en bout, qu'il cherche à présenter des objets et des relations de manière illustrative au lieu d'offrir une armée de concepts hiérarchisés'.

Mon propre objectif n'est pas seulement descriptif, mais structurel et analytique, et je dois donc utiliser un langage différent, en aidant à découvrir les *mécanismes* sémantiques psychophysiologiques des événements dont Spengler nous donne une *image* tout à fait exceptionnelle.

Spengler a oublié deux points : les mathématiques doivent être considérées comme un langage ; et la connexion qu'il affirme entre les mathématiques de chaque période et d'autres accomplissements est plus général qu'il ne le soupçonne et s'applique à la *structure* inhérente des langages, en général, et aux *réactions sémantiques* de chaque période, en particulier.

Bien que son analyse soit en fait $\bar{A}$, les questions $\bar{A}$ ne sont pas formulées clairement ou consciemment ; il ne mentionne pas non plus que la définition actuellement acceptée du nombre en termes de classes est encore A *(Aristotélicien)*. Il est vrai qu'il considère les 'formes' et l'utilisation du nombre comme des relations, mais il ne souligne pas que le nombre n'a pas été formellement défini comme une relation, ce qui est essentiel dans un système-$\bar{A}$. Sa 'forme' est toujours statique et non une structure dynamique ; il n'a pas non plus découvert que le seul contenu possible de la connaissance est structurel, un fait qui est *le* facteur sémantique responsable des 'cultures', des 'périodes' et de tout ce qui concerne le développement humain.

Le présent travail s'inscrit dans le droit fil de l'œuvre capitale de Spengler ; mais, comme il aboutit à un système-$\bar{A}$, il va plus loin que lui et est plus opérationnel et plus pratique, confirmant la thèse générale de Spengler, à savoir que les cultures ont leurs périodes de croissance et de développement et que, jusqu'à présent, sans intention humaine consciente, elles sont supplantées par d'autres.

Nous devons remarquer une fois de plus que les questions dont nous traitons, lorsque des réactions psycho-logiques *humaines* sont impliquées, sont circulaires, à la différence des réactions animales. Les structures humaines, dans le langage ou dans la pierre, reflètent l'état psycho-logique, les sentiments, les intuitions, la métaphysique structurelle et d'autres *réactions sémantiques* de leurs auteurs et de leurs époques ; et, inversement, une fois que ces aspirations et tendances structurelles sont formulées en tant que telles, elles contribuent à accélérer et à transformer une époque en une autre.

À ma connaissance, l'analyse générale de ce problème sémantique structurel le plus fondamental de la connaissance humaine est ici formulée pour la première fois. Elle permettra, par conséquent, de rendre le progrès humain conscient ; elle nous permettra de le contrôler et de le rendre ainsi ininterrompu par les périodes sémantiques douloureuses et inutiles de désespoir et d'impuissance si caractéristiques des anciennes périodes de transition.

Si c'est un fait historique et aussi un fait psycho-logique qu'une classe de vie time-binding doit avoir des périodes de développement, ayons-les ! Étudions le mécanisme du time-binding, des *réactions sémantiques*, qui sont les facteurs dynamiques de ces changements et de ces développements ! Dirigeons ce développement consciemment, et cela conduira à l'élimination des paniques inutiles et douloureuses, des troubles, et à l'éclatement souvent sanglant de ces barrières animalistiques que s'est imposée la classe de vie dynamique appelée 'l'humain'.

En fin de compte, on ne peut que constater, du moins en ce qui concerne les civilisations occidentales, que le passage d'un système-A (*Aristotélicien*) à un système-$\bar{A}$ doit être capital. Ce changement marquera la différence entre une période où le mystère de la 'connaissance humaine' n'a pas été résolu et une période où il l'a été. Cette caractéristique circulaire inhérente à l'être humain a, jusqu'à présent, fait l'objet d'un abus neurologique. Nous n'avons pas su gérer notre structure nerveuse. Nous avons imposé et entravé le développement humain par des méthodes animalistiques. La résolution des problèmes du contenu de la 'connaissance humaine' ouvrira une nouvelle ère de l'être humain en tant qu'être humain, qui conduira à un traitement approprié de ses capacités, et une ère scientifique à tous égards, et pas seulement dans quelques sciences exactes. Sur le plan psycho-logique, ce sera une ère de sanité et, par conséquent, d'ajustement général, d'accord et de coopération entre les êtres humains. Les rêves de Leibnitz deviendront une réalité sensée.

La seule tentative déterminée faite jusqu'à présent pour traiter les problèmes symboliques dont l'importance est soulignée dans le présent ouvrage est celle de l'Orthological Institute (10 King's Parade, Cambridge, Angleterre). Cet organisme de recherche, fondé par C. K. Ogden, éditeur de 'The International Library of Psychology', s'intéresse à l'influence du langage sur la 'pensée' dans tous ses aspects ; et il faut espérer qu'une nouvelle dotation permettra d'étendre le champ de ses recherches à la *structure, aux réactions sémantiques non-élémentalistiques* et aux *systèmes non-aristotéliciens*. Les références aux langages internationaux ou à un langage universel se trouvent dans les notes.

PARTIE II
GÉNÉRAL SUR LA STRUCTURE

La théorie de la relativité de la physique réduit tout à des relations, c'est-à-dire que c'est la structure, et non la matière, qui compte. La structure ne peut être construite sans matière, mais la nature de la matière n'a pas d'importance. (147)

A. S. EDDINGTON

La structure et la fonction sont mutuellement reliées. La fonction produit la structure et la structure modifie et détermine le caractère de la fonction. (90)

CHARLES M. CHILD

Ces difficultés me suggèrent une possibilité comme celle-ci : que chaque langage possède, comme le dit M. Wittgenstein, une structure au sujet de laquelle, *dans le langage*, rien ne peut être dit, mais qu'il peut y avoir un autre langage traitant de la structure du premier langage, et ayant lui-même une nouvelle structure, et que cette hiérarchie de langages peut ne pas avoir de limite. M. Wittgenstein répondrait bien sûr que toute sa théorie s'applique sans changement à la totalité de ces langages. La seule réplique serait de nier l'existence d'une telle totalité. (456)

BERTRAND RUSSELL

PART II

GENERAL SURFACE STRUCTURE

CHAPITRE IV

SUR LA STRUCTURE

> Aucune justification satisfaisante n'a jamais été donnée pour connecter de quelque manière que ce soit les conséquences du raisonnement mathématique au monde physique. (22)
>
> E. T. BELL

Tout étudiant en science ou en l'histoire de la science peut difficilement manquer deux tendances très importantes qui imprègnent le travail de ceux qui ont accompli le plus de choses dans ce domaine. La première tendance consiste à fonder de plus en plus la science sur des expériences ; l'autre tend vers une rigueur verbale plus grande et plus critique. La première tendance consiste à concevoir des instruments plus nombreux et plus performants et à former les expérimentateurs ; la seconde consiste à inventer de meilleures formes verbales, de meilleures formes de représentation et de théories, de manière à présenter un compte rendu plus cohérent des faits expérimentaux.

La seconde tendance a une importance égale à la première ; un nombre de faits isolés ne produit pas plus une science qu'un tas de briques ne produit une maison. Les faits isolés doivent être mis en ordre et mis en relation structurelle mutuelle sous la forme d'une théorie. Ce n'est qu'à ce moment-là que l'on dispose d'une science, d'un point de départ pour analyser, réfléchir, critiquer et améliorer Avant de pouvoir critiquer et *améliorer* cette chose, il faut d'abord la produire, de sorte que le chercheur qui découvre un fait ou qui formule une théorie scientifique ne perd souvent pas son temps. Même ses erreurs peuvent être utiles, car elles peuvent inciter d'autres scientifiques à étudier et à améliorer les choses.

Les scientifiques ont constaté il y a longtemps que le langage courant utilisé dans la vie quotidienne n'a que peu de valeur pour la science. Ce langage nous donne une forme de représentation d'une structure très ancienne dans laquelle il nous est impossible de rendre compte de manière complète et cohérente de nous-mêmes ou du monde qui nous entoure. Chaque science doit construire une terminologie particulière adaptée à ses objectifs spécifiques. Ce problème du langage approprié est d'une grande importance. Nous ne nous rendons pas assez compte de l'obstacle que représente un langage de structure archaïque. Un tel langage n'aide pas, mais empêche au contraire une analyse correcte en raison des habitudes sémantiques et des implications structurelles qu'il contient. Ces dernières peuvent être très anciennes et liées, par nécessité, à des implications structurelles de facture primitive ou, comme nous le disons, à une métaphysique impliquant des *réactions sémantiques* primitives.

Ce qui précède explique pourquoi la vulgarisation scientifique est un problème si difficile et peut-être même dangereux sur le plan sémantique. Nous essayons de traduire un langage créatif et correct, dont la structure est similaire à celle des faits expérimentaux, en un langage de structure différente, totalement étranger au monde qui nous entoure et à nous-mêmes. Bien que la vulgarisation de la science reste probablement une tâche impossible, il reste souhaitable que les *résultats* de la science soient rendus accessibles au profane en science, si l'on peut trouver des moyens qui n'impliquent pas, par nécessité, des comptes rendus trompeurs. Il semble que de telles méthodes soient à portée de main et qu'elles impliquent des considérations *structurelles* et sémantiques.

Le terme 'structure' est fréquemment utilisé dans la littérature scientifique moderne, mais, à ma connaissance, seuls Bertrand Russell et Wittgenstein ont consacré une attention sérieuse à ce problème, et il reste encore beaucoup à faire. Ces deux auteurs ont analysé ou parlé de la structure des propositions, mais des notions similaires peuvent être généralisées aux langages considérés comme-un-tout. Pour pouvoir considérer la structure d'un langage d'une structure définie, il faut produire un autre langage d'une structure *différente* dans lequel la structure du premier peut être analysée. Cette procédure semble nouvelle lorsqu'elle est appliquée, bien qu'elle ait été prévue par Russell.[1] Si nous produisons un système-$\bar{A}$ fondé sur 'relations', 'ordre', 'structure', etc., nous pourrons discuter avec profit du système-A (*Aristotélicien*) qui ne permet pas les relations asymétriques et ne peut donc pas être analysé par les moyens A (*Aristotéliciens*).

La signification du mot 'structure' dans le dictionnaire est en quelque sorte le suivant : structure : manière dont un bâtiment, un organisme ou un autre ensemble complet est construit, cadre de soutien ou ensemble des parties essentielles de quelque chose (la structure d'une maison, d'une machine, d'un animal, d'un organe, poème, phrase ; phrase de structure libre, sa structure est ingénieuse ; l'ornement doit souligner et non dissimuler les lignes de la structure), etc. Les implications du terme 'structure' sont claires, même dans son sens quotidien. Pour qu'il y ait 'structure', il faut qu'il y ait un complexe de parties ordonnées et interreliées entre elles.

'Structure' est analysée dans *Principia Mathematica* et est également expliquée simplement dans les ouvrages plus populaires de Russell.[2] Le *Tractatus* de Wittgenstein est construit sur des considérations structurelles, bien qu'il n'y ait pas beaucoup d'explications sur la structure, car l'auteur suppose apparemment que le lecteur a pris connaissance des travaux de Russell.[3]

L'une des fonctions fondamentales des processus 'mentaux' est de distinguer. Nous distinguons les objets par certaines caractéristiques, qui sont généralement exprimées par des adjectifs. Si, par une abstraction plus poussée, nous considérons les objets individuels, non pas dans un 'isolement' parfaitement *fictif*, mais tels qu'ils apparaissent empiriquement, en tant que membres d'un agrégat ou d'une collection d'objets, nous trouvons des caractéristiques qui appartiennent à la collection et non à un objet 'isolé'. Les caractéristiques qui découlent de l'appartenance d'un objet à une collection sont appelées 'relations'.

Dans de telles collections, nous avons la possibilité d'*ordonner* les objets, et ainsi, par exemple, nous pouvons découvrir une relation selon laquelle un objet est 'avant' ou 'après' l'autre, ou que A est le père de B. Il y a de nombreuses façons d'ordonner une collection, et de nombreuses relations que nous pouvons trouver. Il est important de noter que 'ordre' et 'relations' sont, pour la plupart, empiriquement présents et que, par conséquent, ce langage est apte à représenter les faits tels que nous les connaissons. La structure du vrai monde est telle qu'il est *impossible* d'isoler entièrement un objet. Un langage A (*Aristotélicien*) de structure sujet-prédicat, avec sa tendance à traiter les objets comme isolés et à ne pas laisser de place aux relations (impossibles dans un 'isolement' complet), a évidemment une structure qui n'est pas similaire à la structure du monde, dans lequel nous *n'avons affaire qu'*à des collections, dont les membres sont reliés.

Il est évident que, dans de telles conditions empiriques, seul un langage issu de l'analyse des collections, et donc un langage de 'relations', d'"ordre", etc., aura une *structure similaire* à celle du monde qui nous entoure. De l'utilisation seule d'une forme de langage sujet-prédicat découlent nombre de nos métaphysiques et *réactions sémantiques* fallacieuses, antisociales et 'individualistes', que nous n'analyserons pas ici, si ce n'est pour mentionner que leurs implications structurelles suivent la structure du langage qu'elles utilisent.

Si nous poussons l'analyse plus loin, nous pouvons trouver des relations entre les relations, comme, par exemple, la *similarité des relations.* Nous suivons la définition de Russell. Deux relations sont dites similaires s'il existe une correspondance *biunivoque* entre les termes de leurs champs, qui est telle que, chaque fois que deux termes ont la relation P, leurs corrélats ont la relation Q, et vice versa. Par exemple, deux séries sont similaires lorsque leurs termes peuvent être corrélés sans changement d'ordre, une carte précise est similaire au territoire qu'elle représente, un livre orthographié phonétiquement est similaire aux sons lorsqu'il est lu, etc.[4]

Quand deux relations sont similaires, on dit qu'elles ont une *structure similaire*, définie comme la classe de toutes les relations similaires à la relation donnée.

Nous voyons que les termes 'collection', 'agrégat', 'classe', 'ordre', 'relations', 'structure' sont interconnectés, chacun impliquant les autres. Si nous décidons d'affronter hardiment la 'réalité' empirique, nous devons accepter le langage quadridimensionnel d'Einstein-Minkowski, car 'espace' et 'temps' *ne peuvent être séparés empiriquement*, et par voie de conséquence nous devons donc avoir un langage de *structure similaire* et considérer les faits du monde comme une série d'*événements ordonnés interreliés,* auxquels, comme nous l'avons expliqué plus haut, nous devons attribuer 'structure'. La théorie d'Einstein, contrairement à celle de Newton, nous offre un tel *langage, similaire en structure* à celle des faits empiriques révélés par la science de 1933 *et à l'expérience commune.*

Les définitions ci-dessus ne sont pas entièrement satisfaisantes pour notre propos. Pour commencer, donnons une illustration et indiquons dans quelle direction une reformulation pourrait être faite.

Prenons un vrai territoire dans lequel les villes apparaissent dans l'ordre suivant : Paris, Dresde, Varsovie, d'Ouest en Est. Si nous devons construire une *carte* de ce territoire et que nous plaçons Paris *entre* Dresde et Varsovie de la manière suivante :

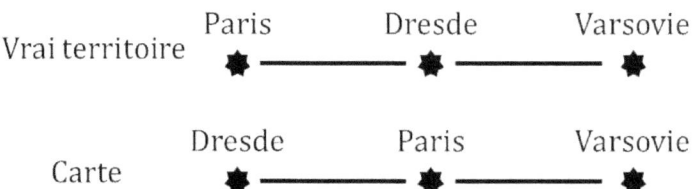

Nous devrions dire que la carte est erronée, ou qu'elle est incorrecte, ou que la carte a une *structure différente* de celle du territoire. Si, grosso modo, nous essayons, au cours de nos voyages, de nous orienter à l'aide d'une telle carte, nous la trouverons trompeuse. Elle nous égarerait, et nous gaspillerions beaucoup d'efforts inutiles. Dans certains cas, même, une carte mal structurée entraînerait de vrais souffrances et désastres, comme, par exemple, en cas de guerre ou d'appel urgent à un médecin.

Il convient de noter deux caractéristiques importantes des cartes. Une carte *n'est pas* le territoire qu'elle représente, mais, si elle est correcte, elle possède une *structure similaire* à celle du territoire, ce qui explique son utilité. Si la carte pouvait être idéalement correcte, elle inclurait, à une échelle réduite, la carte de la carte ; la carte de la carte de la carte ; et ainsi de suite, indéfiniment, un fait remarqué pour la première fois par Royce.

Si nous réfléchissons à nos langages, nous trouvons qu'au mieux, ils doivent être considérés *seulement comme des cartes*. Un mot *n'est pas* l'objet qu'il représente ; et les langages présentent également cette autoréflexivité particulière qui fait que nous pouvons analyser les langages par des moyens linguistiques. Cette autoréflexivité des langages introduit de sérieuses complexités, qui ne peuvent être résolues que par la théorie de la multiordinalité, exposée dans la Partie VII. La méconnaissance de ces complexités est tragiquement désastreuse dans la vie quotidienne et dans la science.

Il a déjà été mentionné que les définitions connues de la structure ne sont pas entièrement satisfaisantes. Les termes 'relation', 'ordre' et 'structure' sont interconnectés par implication. Actuellement, nous considérons généralement l'ordre comme une sorte de relation. Avec les nouvelles notions quadridimensionnelles issues des mathématiques et de la physique, il pourrait être possible de traiter les relations et la structure comme une forme d'*ordre multi-dimensionnel*. Théoriquement, un tel changement n'est peut-être pas très important, mais d'un point de vue pratique, appliqué, éducationnel et sémantique, il semble très vital. Ordre semble neurologiquement plus simple et plus fondamental que relation. Ordre est une caractéristique du monde empirique que nous reconnaissons directement par nos centres nerveux inférieurs (les 'entrées sensorielles') et que nous pouvons traiter avec une grande précision par nos centres nerveux supérieurs (la 'pensée'). Ce terme semble tout à fait caractéristique de l'organisme-comme-un-tout, applicable à la fois aux activités des centres nerveux supérieurs et inférieurs, et il doit donc être fondamental sur le plan structurel.

Le reste de ce volume est consacré à montrer que le système-*A* (*Aristotélicien*) ordinaire et le langage que nous avons hérités de nos ancêtres primitifs *diffèrent entièrement en structure* avec la structure bien connue et avérée 1933 du monde, de nous-mêmes et de nos systèmes nerveux compris. Un tel carte-langage désuet ne peut nécessairement que nous conduire à des désastres sémantiques, car il impose et reflète sa structure *non-naturelle* sur la structure de nos doctrines et de nos institutions. À l'évidence, dans de telles conditions *linguistiques*, une science de l'être humain était impossible ; différant par sa structure de notre système nerveux, un tel langage ne peut aussi que désorganiser le fonctionnement de ce dernier et nous éloigner de la sanité.

Une fois ceci compris, nous verrons clairement que les recherches sur la structure du langage et l'ajustement de cette structure à la structure du monde et de nous-mêmes, telle qu'elle est donnée par la science à chaque époque, nous conduit forcément à de nouveaux langages, de nouvelles doctrines, des institutions, etc., et, en définitive, ne peut qu'aboutir à une nouvelle civilisation plus sane, impliquant de nouvelles réactions sémantiques que l'on peut appeler l'ère scientifique.

L'introduction de quelques nouveaux termes et le rejet de certains anciens termes suggère des changements structurels souhaitables et ajuste la structure du langage-carte à la structure connue du monde, de nous-mêmes et du système nerveux, ce qui nous conduit ainsi à de nouvelles *réactions sémantiques* et à une théorie de la sanité.

Comme les mots *ne sont pas* les objets qu'ils représentent, la *structure, et la structure seule*, devient le seul lien qui connecte nos processus verbaux avec les données empiriques. Pour parvenir à l'ajustement et à la sanité et aux conditions qui en découlent, nous devons d'*abord* étudier les caractéristiques structurelles de ce monde et, ensuite seulement, construire des langages de structure similaire, au lieu d'attribuer habituellement au monde la structure primitive de notre langage. Toutes nos doctrines, institutions, etc., dépendent d'argumentaires verbaux. Si ces argumentaires sont menés dans un langage de structure erronée et non-naturelle, nos doctrines et nos institutions reflètent immanquablement cette structure linguistique et deviennent ainsi non naturelles, ce qui conduit inévitablement à des désastres.

Le fait que les langages, en tant que tels, aient tous une structure ou une autre est une notion nouvelle et, peut-être, inattendue. De plus, tout langage ayant une structure, par la nature même du langage, reflète dans sa propre structure celle du monde telle qu'elle a été supposée par ceux qui ont développé le langage. En d'autres termes, nous lisons inconsciemment dans le monde la structure du langage que nous utilisons. Le fait de supputer et d'attribuer une structure chimérique au monde, le plus souvent supposée primitive, est précisément ce que font la 'philosophie' et la 'métaphysique'. La recherche empirique de la structure du monde et la construction de nouveaux langages (théories), de structure nécessaire ou similaire, est, au contraire, ce que fait la science. Quiconque réfléchit à ces particularités structurelles du langage ne peut manquer le point sémantique selon lequel la méthode scientifique utilise la seule méthode linguistique correcte. Elle se développe dans l'ordre naturel, tandis que la métaphysique, quelle qu'elle soit, utilise l'ordre inversé et, en fin de compte, pathologique.

Depuis Einstein et la nouvelle mécanique quantique, il est devenu de plus en plus évident que le seul contenu de la 'connaissance' est de nature *structurelle* ; et la présente théorie tente de formuler ce fait d'une manière généralisée. Si nous construisons un système-$\bar{A}$ à l'aide de nouveaux termes et de méthodes exclues par le système-A (Aristotélicien), et si nous mettons fin à certaines de nos habitudes primitives de 'pensée' et de *réactions sémantiques*, comme, par exemple, la confusion de l'ordre des abstractions, si nous inversons l'ordre inversé et introduisons ainsi l'ordre naturel dans notre analyse, nous constaterons alors que toute 'connaissance' humaine présente une structure similaire à la connaissance scientifique et apparaît comme la *'connaissance' de la structure*. Mais, pour parvenir à ces résultats, nous devons nous écarter complètement des systèmes plus anciens et abandonner définitivement l'utilisation du 'est' d'identité.

Il semblerait que l'importance capitale pour l'humanité des systèmes fondés sur 'relations', 'ordre', 'structure', etc., dépendent du fait que ces termes permettent un traitement exact et 'logique', puisque deux relations de structure similaire ont toutes leurs caractéristiques logiques en commun. Il devient évident que, puisque dans le système-A (*Aristotélicien*) nous ne pouvons pas traiter avec de tels termes, une plus haute rationalité et l'ajustement étaient impossibles. Ce n'est pas l'"esprit" humain et sa 'finitude' qui sont à blâmer, mais un langage primitif, avec une structure étrangère à ce monde, qui a fait des ravages dans nos doctrines et nos institutions.

L'utilisation du terme 'structure' ne présente pas de difficultés particulières si l'on comprend son origine et ses significations. La principale difficulté réside dans les vieilles habitudes de langage A (*Aristotélicien*), qui ne permettent pas l'utilisation de la structure, car, en effet, cette notion n'a pas sa place dans un sujet-prédicativisme complet A (*Aristotélicien*).

Répétons une fois de plus les deux prémisses *négatives* cruciales telles qu'elles ont été fermement établies par *toute* l'expérience humaine :

(1) Les mots *ne sont pas* les choses dont nous parlons.

(2) Il *n'existe pas* d'objet isolé de manière absolue.

Ces deux affirmations *négatives* les plus importantes ne peuvent être niées. Si quelqu'un choisit de les nier, la charge de la preuve lui incombe. Il doit établir ce qu'il affirme, ce qui est évidemment impossible. Nous voyons qu'il est prudent de partir de ces solides prémisses *négatives*, de les traduire en langage positif et de construire un système-$\bar{A}$.

Si les mots *ne sont pas* les choses, ou si les cartes *ne sont pas* le vrai territoire, alors, évidemment, le seul lien possible entre le monde objectique et le monde linguistique se trouve dans la *structure, et uniquement dans la structure*. La seule utilité d'une carte ou d'un langage dépend de la *similarité de structure* entre le monde empirique et les carte-langages. Si la structure n'est pas similaire, le voyageur ou le locuteur est égaré, ce qui, dans les problèmes sérieux de la vie humaine, ne peut que toujours devenir éminemment nuisible. Si les structures *sont similaires*, alors le monde empirique devient 'rationnel' pour un être potentiellement rationnel, ce qui signifie simplement que les caractéristiques verbales, ou les caractéristiques cartes-prédites, qui suivent la structure linguistique ou la carte-structure, sont applicables au monde empirique.

En fait, dans la structure nous trouvons le mystère de la rationalité, de l'ajustement, etc., et dans la structure nous trouvons tout le contenu de la connaissance. Si nous voulons être rationnels et comprendre quoi que ce soit, nous devons rechercher la structure, les relations et, en fin de compte, l'ordre multidimensionnel, ce qui était impossible au sens large dans le système-A (*Aristotélicien*), comme nous l'expliquerons plus loin.

Après avoir obtenu des résultats *positifs* aussi importants en partant de prémisses *négatives* indéniables, il est intéressant de se demander si ces résultats sont *toujours* possibles ou s'il y a des limites. La deuxième prémisse *négative*, à savoir qu'*il n'existe pas* d'objet absolument isolé, nous donne la réponse. S'il n'existe pas d'objet absolument isolé, nous avons au moins deux objets, et nous découvrirons toujours une relation entre eux, en fonction de notre intérêt, de notre ingéniosité, etc. Évidemment, le fait pour une personne de parler de quoi que ce soit présuppose *toujours au moins deux* objets, à savoir l'objet dont on parle et la personne qui en parle, et donc une *relation* entre les deux est toujours présente. Même dans les délires, les illusions et les hallucinations, la situation n'est pas modifiée, car nos ressentis immédiats sont également indicibles et *ne sont pas* des mots.

L'importance sémantique de ce qui précède ne doit pas être minimisée. Si nous avons affaire à des organismes qui possèdent une activité inhérente, comme manger, respirer, etc., et si nous *essayons de créer pour eux des conditions* là où une telle activité serait impossible ou entravée, ces conditions *imposées* conduiraient à la dégénérescence ou à la mort.

Il en va similairement pour la 'rationalité'. Dès lors que nous trouvons dans ce monde des organismes au moins potentiellement rationnels, nous ne devrions pas leur *imposer* des conditions qui entravent ou empêchent l'exercice d'une fonction aussi importante et inhérente. La présente analyse montre que l'aristotélisme omniprésent dans la vie quotidienne a rendu impossibles les relations asymétriques, et donc la structure et l'ordre, ce qui nous a empêchés, d'un *point de vue linguistique*, de fournir à l'être potentiellement 'rationnel' les moyens de la rationalité. Il en est résulté une ainsi dire 'civilisation' semi-humaine, fondée sur le copiage des animaux dans nos processus nerveux, qui, par nécessité, nous entraîne dans un développement arrêté ou une régression, et, en général, dans des perturbations d'une certaine sorte.

Sous ces conditions, que l'on peut considérer après tout comme solidement établies, puisque cette investigation repose sur des prémisses *négatives* indéniables, il n'y a pas d'autre issue que de mener l'analyse jusqu'au bout, et de construire un système-$\bar{A}$ fondé sur des prémisses fondamentales *négatives* ou sur la négation du 'est' d'identité, avec lequel la rationalité deviendra possible.

Une illustration permettra peut-être de mieux comprendre que l'ancien langage sujet-prédicat dissimule plutôt la structure. Si nous prenons une déclaration, 'Ce brin d'herbe est vert', et que nous l'analysons seulement en tant que déclaration, superficiellement, nous pouvons difficilement voir comment une structure pourrait être impliquée par cette déclaration. Cette déclaration peut être analysée en termes de substantifs, d'adjectifs, de verbes, etc., mais cela ne dit pas grand-chose sur sa structure. Mais si nous remarquons que ces mots peuvent également former une question, 'Ce brin d'herbe est-il vert?', nous commençons à réaliser que l'*ordre* des mots joue un rôle important dans certains langages en ce qui concerne les significations, et nous pouvons donc immédiatement parler de la structure de la phrase. Une analyse plus poussée révélerait que la phrase en question possède la forme ou la structure sujet-prédicat.

Si l'on passait au niveau objectique, silencieux, indicible, et que l'on analysait ce brin d'herbe objectique, on découvrirait diverses caractéristiques structurelles du brin, mais celles-ci ne sont pas impliquées dans la déclaration considérée, et il serait illégitime d'en parler. Cependant, nous pouvons poursuivre notre analyse dans une autre direction. Si nous la poussons assez loin, nous découvrirons une relation ou un ensemble de relations très complexes, mais définies, entre le brin d'herbe objectique et l'observateur. Des rayons de lumière atteignent le brin, sont réfléchis par lui, tombent sur la rétine de notre œil et produisent à l'intérieur notre peau la sensation de 'vert', etc., un processus extrêmement complexe qui possède une structure bien définie.

Nous voyons donc que toute déclaration se référant à quelque chose d'objective dans ce monde peut toujours être analysée en termes de relations et de structure, et qu'elle implique également des hypothèses structurelles précises. Plus encore, comme le seul contenu possible de la connaissance et de la science est structurel, que nous le voulions ou non, pour *connaître* quoi que ce soit, nous devons rechercher une structure, ou poser une structure. Chaque déclaration peut également être analysée jusqu'à ce que nous arrivions à des questions structurelles précises. Cela ne s'applique toutefois avec certitude qu'aux déclarations porteuses de sens, et peut-être pas aux divers bruits que nous pouvons faire avec notre bouche et qui ressemblent à des mots, mais qui sont vides de signification, car ils ne symbolisent rien. Il faut ajouter que dans les anciens systèmes, nous ne faisions pas de distinction entre les mots (symboles) et les bruits (non symboles). Dans un système-$\bar{A}$, cette distinction est essentielle.

La structure du monde est en principe *inconnue*, et le seul but de la connaissance et de la science est de découvrir cette structure. La structure des langages est potentiellement *connue*, si nous y prêtons attention. La seule procédure possible pour faire progresser nos connaissances est de faire correspondre nos structures verbales, souvent appelées théories, avec des structures empiriques, et de voir si nos prédictions verbales se réalisent empiriquement ou non, indiquant ainsi que les deux structures sont soit similaires, soit dissimilaires.

Nous voyons donc que dans l'étude de la structure, nous trouvons non seulement des moyens de rationalité et d'ajustement, et donc de sanité, mais aussi un outil très important pour l'exploration de ce monde et le progrès scientifique.

Du point de vue éducationnel également, les résultats d'une telle recherche semblent d'une importance exceptionnelle, car ils sont extrêmement simples, *automatiques* dans leur fonctionnement, et peuvent être appliqués universellement dans l'enseignement élémentaire. Comme il ne s'agit que d'une question de structure linguistique, il suffit d'entraîner les enfants à abandonner le 'est' d'identité, de les amener à l'utilisation habituelle de quelques nouveaux termes, et de les mettre en garde de manière répétée contre l'utilisation de certains termes de structure désuète. On éliminera ainsi les facteurs sémantiques pré-humains et primitifs inclus dans la structure d'un langage primitif. La moralisation et la lutte contre la métaphysique de facture-primitive ne sont pas efficaces ; mais l'utilisation habituelle d'un langage de structure moderne, libéré de l'identité, produit des résultats sémantiques là où l'ancien a échoué. Répétons encore une fois un point très important, à savoir que les nouveaux résultats sémantiques souhaitables s'ensuivent aussi *automatiquement* que s'en étaient ensuivis les anciens résultats indésirables (NdT : dans le système-Aristotélicien).

Il convient de noter que des termes tels que 'collection', 'fait', 'réalité', 'fonction', 'relation', 'ordre', 'structure', 'caractéristiques', 'problème', etc., doivent être considérés comme des termes multiordinaux (voir Partie VII), et donc, en général, ∞-valués et ambigus. Ils ne deviennent spécifiques et mono-valués que dans un contexte donné, ou lorsque les ordres d'abstraction sont distingués.

Dans l'enquête suivante, on tente de construire une science de l'être humain, ou un *système non-aristotélicien,* ou de faire une théorie de la sanité, et il sera nécessaire d'introduire quelques termes pour une structure nouvelle et de s'y conformer.

Je le dis franchement : l'essentiel se trouve dans la *structure* du langage, et le lecteur intéressé par ce travail se facilitera la tâche s'il se familiarise avec ces nouveaux termes et s'il les utilise de manière habituelle. Ce travail apparaîtra alors simple, et souvent évident. Pour les autres lecteurs qui insistent pour traduire les nouveaux termes ayant de *nouvelles implications structurelles* dans leur ancien langage habituel, et qui choisissent de conserver les *anciens termes* ayant d'*anciennes implications structurelles* et d'anciennes *réactions sémantiques*, etc., ce travail n'apparaîtra pas simple.

Les exemples illustrant ce qui vient d'être dit abondent ; je me contenterai ici de mentionner que les géométries $\bar{E}$, la nouvelle révision des mathématiques initiée par Brouwer et Weyl, la théorie d'Einstein et la nouvelle mécanique quantique, etc., ont des objectifs principaux similaires, à savoir produire des énoncés *non-élémentalistiques* qui sont structurellement plus proches des faits empiriques que les anciennes théories, et rejeter les hypothèses structurelles injustifiées qui ont entaché les anciennes théories. Le lecteur ne devrait pas être surpris d'apprendre que ces nouvelles théories ne sont pas un caprice passager des scientifiques, mais représentent des progrès durables *dans la méthode*. Que ces tentatives de reformulation soient finalement jugées valables ou non, elles n'en demeurent pas moins des pas dans la bonne direction.

Il est tout à fait naturel qu'avec les progrès de la science expérimentale, certaines généralisations semblent être établies à partir des faits disponibles. Parfois, ces généralisations, lorsqu'elles sont analysées plus en détail, se révèlent contenir de sérieuses implications et difficultés structurelles, épistémologiques et méthodologiques. Dans le présent travail, l'une de ces généralisations empiriques prend une importance inhabituelle, à tel point que la Partie III de ce travail lui est consacrée. Ici, cependant, il n'est possible que de la mentionner et de montrer certaines conséquences plutôt inattendues qu'elle entraîne.

Cette généralisation stipule que *tout* organisme doit être traité comme-un-tout ; en d'autres termes, l'organisme n'est pas une somme algébrique, une fonction *linéaire* de ses éléments, mais toujours *plus* que cela. Il semble que l'on ne se rende guère compte, à l'heure actuelle, que cette affirmation simple et innocente implique une révision structurelle complète de notre langage, parce que ce langage, d'une grande ancienneté préscientifique, est *élémentalistique*, et donc singulièrement inadéquat pour exprimer des notions *non-élémentalistiques*. Un tel point implique de profonds changements structurels, méthodologiques et sémantiques, vaguement anticipés, mais jamais formulés dans une théorie précise. Les problèmes de la structure, du 'plus' et de la 'non-additivité' sont très importants et impossibles à analyser de l'ancienne manière.

Si cette généralisation est acceptée - et pour des raisons expérimentales, structurelles et épistémologiques, nous ne pouvons pas nier sa justification structurelle complète - certaines conséquences étranges s'ensuivent ; c'est-à-dire étranges, tant que nous n'y sommes pas habitués. Par exemple, nous constatons que 'émotions' et 'intellect' ne peuvent être divisés, que cette division viole structurellement la généralisation de l'organisme-comme-un-tout. Nous devons alors choisir entre les deux : soit nous abandonnons le principe de l'organisme-comme-un-tout, soit nous abandonnons des spéculations acceptées, formulées en termes verbaux *élémentalistiques*, qui créent des énigmes *verbales* insolubles. On pourrait dire la même chose de la distinction entre 'corps' et 'âme', et d'autres divisions verbales qui ont empêché tout progrès raisonnable dans la compréhension de nous-mêmes, et qui ont rempli pendant des milliers d'années les bibliothèques et les tribunes du monde avec des réverbérations creuses.

La solution de ces problèmes relève de la recherche structurelle, symbolique, linguistique et sémantique, ainsi que des domaines de la physique, de la chimie, de la biologie, de la psychiatrie etc., car, de par leur nature même, ces problèmes sont structurels.

CHAPITRE V
LINGUISTIQUE GÉNÉRALE

.... être une abstraction ne signifie pas qu'une entité n'est rien. Cela signifie simplement que son existence n'est qu'un facteur d'un élément plus concret de la nature. (573)

A. N. WHITEHEAD

À mon avis, la réponse à cette question est brièvement la suivante : dans la mesure où les lois mathématiques se réfèrent à la réalité, elles ne sont pas certaines ; et dans la mesure où elles sont certaines, elles ne se réfèrent pas à la réalité. (151)

A. EINSTEIN

Il semblerait donc que partout où nous inférons à partir des perceptions, c'est uniquement la structure que nous pouvons inférer valablement, et la structure est ce qui peut être exprimé par la logique mathématique, qui inclut les mathématiques. (457)

BERTRAND RUSSELL

Les conceptions actuelles de la perception constituent le bastion des difficultés métaphysiques modernes. Elles trouvent leur origine dans le même malentendu qui a conduit à l'incube (NdT : du latin incubus, démon masculin censé abuser d'une femme pendant son sommeil) des catégories substance-qualité. Les Grecs regardaient une pierre et voyaient qu'elle était grise. Les Grecs ignoraient la physique moderne, mais les philosophes modernes discutent de la perception en termes de catégories dérivées des Grecs. (574)

A. N. WHITEHEAD

Pour le biochimiste, le biophysicien, le biologiste et le psychologue physiologique, cependant, la vie et l'esprit sont si étonnamment complexes et comprennent tant de processus hétérogènes que leur désignation générale comme deux niveaux émergents ne peut pas sembler très éclairante, et pour l'observateur qui contemple l'émergence profuse et ininterrompue d'idiots, de crétins, de fous, de criminels et de parasites parmi nous, la perspective d'Alexander de l'émergence de la divinité est à peu près aussi imminente que les calendes grecques. (555)

WILLIAM MORTON WHEELER

En parlant de recherches linguistiques, je n'entends pas seulement une analyse du 'bavardage en boîte de conserve' imprimé, comme l'appellerait Clarence Day, mais je veux parler du comportement, de la performance, des *réactions sémantiques* des Dupond et des Durand vivants et des connexions entre les bruits qu'ils prononcent et leur comportement. Aucune analyse satisfaisante n'a été faite, et la raison semble en être que chaque langage existant représente en réalité un conglomérat de langages différents avec des structures différentes et est, par conséquent, extrêmement complexe tant que l'on ne tient pas compte de la structure. Le fait que les 'linguistes', les 'psychologues', les 'logiciens', etc., aient été, et soient toujours, très ingénus à l'égard des mathématiques, un type de langage de la plus grande simplicité et perfection, avec une structure claire et nette, semblable à la structure du monde, semble être responsable de cette détresse. Sans l'étude des mathématiques, il semble impossible d'ajuster la structure.

Nous ne devons pas être surpris de constater que les mathématiques doivent être considérées comme un langage. Par définition, tout ce qui possède des symboles et des propositions s'appelle un langage, une forme de représentation de ce-quelque-chose-qui-se-passe que nous appelons le monde et qui, il est vrai, *n'est* certes *pas des mots*. Plusieurs affirmations intéressantes peuvent être faites à propos des mathématiques considérées comme un langage. Tout d'abord, les mathématiques apparaissent comme une forme de comportement humain, une activité humaine aussi authentique que manger ou marcher, une fonction dans laquelle le système nerveux humain joue un rôle très important. Deuxièmement, d'un point de vue empirique, une question curieuse se pose : pourquoi, de toutes les formes de comportement humain, les mathématiques se sont-elles avérées être, *à chaque période historique,* l'activité humaine la plus excellente, produisant des résultats d'une importance si considérable et d'une validité si inattendue qu'ils ne peuvent être comparés à aucune autre réflexion de l'être humain? En bref, on peut dire que le secret de cette importance et de cette validité des mathématiques réside dans la *méthode* et la structure mathématiques que les Dupond, Durand et Martin ont utilisées en faisant des mathématiques - nous pouvons même dire qu'ils ont été *forcés* d'utiliser. Il n'est pas nécessaire de supposer que les mathématiciens étaient des personnes 'supérieures'. Nous verrons plus loin que les mathématiques ne sont pas une activité très supérieure de l'"esprit humain", mais c'est peut-être l'activité la *plus facile*, ou la plus simple ; et, par conséquent, il a été possible de produire un produit structurellement parfait de cette simple sorte.

La compréhension et l'évaluation correcte de ce qui a été dit sur la structure et la méthode des mathématiques joueront un rôle sémantique important tout au long de ce travail, et il est donc nécessaire de développer le sujet. Nous devrons diviser les abstractions que nous faisons en deux classes :

(1) les abstractions objectives ou physiques, qui comprennent les notions de notre vie quotidienne ; et

(2) les abstractions mathématiques, actuellement tirées des mathématiques pures, dans un sens restreint, et généralisées par la suite. Comme exemple d'abstraction mathématique, nous pouvons prendre un cercle mathématique. Un cercle est défini comme le lieu de tous les points d'un plan à égale distance d'un point appelé centre. Si nous nous demandons si un tel cercle existe pour de vrai, certains lecteurs seront surpris de constater que le cercle mathématique doit être considéré comme une pure fiction, n'ayant nulle part une quelconque existence objective. Dans notre définition d'un cercle mathématique, *toutes les particularités* ont été incluses, et tout ce que nous pourrons trouver par la suite sur ce cercle mathématique dépendra strictement de cette définition, et aucune nouvelle caractéristique, non déjà incluse dans la définition, n'apparaîtra jamais. Nous voyons ici que les *abstractions mathématiques sont caractérisées par le fait qu'elles ont toutes les particularités incluses.*

Si, en revanche, nous dessinons un 'cercle' objectif sur un tableau noir ou sur une feuille de papier, une simple réflexion montrera que ce que nous avons dessiné n'est pas un cercle mathématique, mais un *anneau*. Il a une couleur, une température, l'épaisseur de notre craie ou de notre crayon, etc. Lorsque nous dessinons un 'cercle', il ne s'agit plus d'un cercle mathématique dont *toutes les particularités sont incluses dans la définition*, mais il devient un *anneau* physique dans lequel apparaissent de *nouvelles caractéristiques* qui ne figurent pas dans notre définition.

Des conséquences très importantes découlent des observations ci-dessus. Faire des mathématiques représente une activité humaine très simple et facile, parce qu'elle traite d'entités fictives avec toutes les particularités incluses, et que nous procédons en nous y référant. La structure des mathématiques, en raison de cette simplicité excessive, mais aussi de la similarité structurelle avec le monde extérieur, permet à l'être humain de construire des systèmes verbaux d'une validité remarquable.

Les abstractions physiques ou de la vie quotidienne diffèrent considérablement des abstractions mathématiques. Prenons n'importe quel objet réel, par exemple ce que nous appelons un crayon. Nous pouvons maintenant décrire ou 'définir' un 'crayon' avec autant de détails que nous le souhaitons, mais il est impossible d'inclure toutes les caractéristiques que nous pouvons découvrir dans ce vrai crayon objectif. Si le lecteur essaie de donner une description 'complète' ou une définition 'parfaite' de n'importe quel vrai objet physique, de manière à inclure 'toutes' les particularités, il sera convaincu que cette tâche est humainement impossible. Il faudrait décrire non seulement les nombreuses caractéristiques grossières et macroscopiques, mais aussi les détails microscopiques, la composition et les changements chimiques, les caractéristiques submicroscopiques et la relation sans cesse changeante de cette chose objective que nous avons appelée crayon par rapport au reste de l'univers, etc., un catalogue inépuisable de caractéristiques qui ne pourront jamais être terminées. En général, les abstractions physiques, y compris celles de la vie quotidienne, sont telles que des *particularités sont laissées de côté* - nous procédons par un processus d'oubli. En d'autres termes, aucune description ou 'définition' ne pourra jamais inclure toutes les particularités.

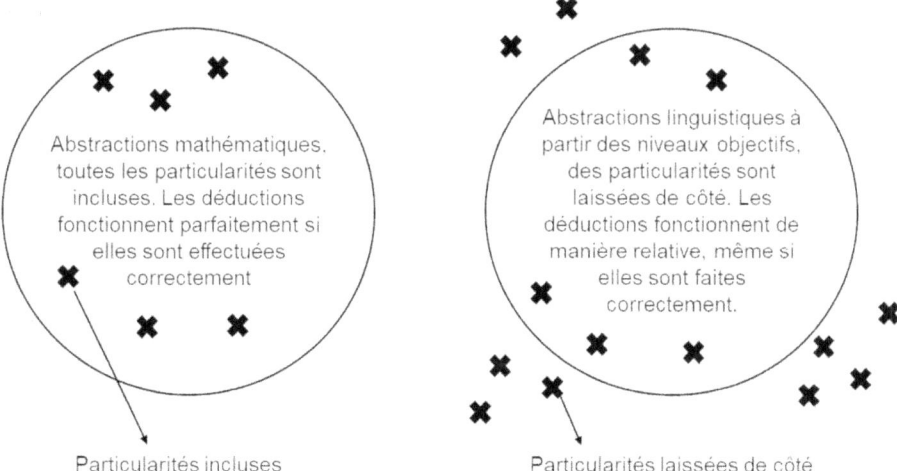

Fig. 1.

Ce n'est seulement et exclusivement qu'en mathématiques que la déduction, si elle est correcte, fonctionne de manière absolue, car il n'y a aucune particularité omise qui pourrait être découverte ultérieurement et nous obliger à modifier nos déductions.

Il n'en va pas de même quand on abstrait à partir d'objets physiques. Ici, des particularités sont laissées de côté ; nous procédons par oubli, nos déductions ne fonctionnent que de manière relative et doivent être révisées en permanence lorsque de nouvelles particularités sont découvertes. En revanche, en mathématiques, nous nous construisons un monde verbal fictif et *simplifié à l'extrême*, avec des abstractions qui incluent toutes les particularités. Si nous comparons les mathématiques, considérées comme un langage, à notre langage quotidien, nous constatons aisément que dans les deux activités verbales, nous construisons pour nous-mêmes des formes de représentation de ce quelque-chose-qui-se-déroule et qui *n'est pas* des mots.

Considérées comme un langage, les mathématiques apparaissent comme un langage de la plus haute perfection, mais à son plus bas développement. Parfait, parce que la structure des mathématiques permet de l'être (toutes caractéristiques confondues, sans contenu physique), et parce qu'il s'agit d'un langage de *relations* que l'on retrouve également dans ce monde. Au plus bas développement, parce que nous ne pouvons encore y parler que de très peu de choses, et ce dans un domaine très étroit, restreint, et avec des aspects limités.

Nos autres langages apparaîtraient alors comme l'autre extrême, comme les mathématiques les plus élevées, mais aussi à leur stade de développement le plus bas - les mathématiques les plus élevées, parce qu'on peut y parler de tout ; à leur stade de développement le plus bas, parce qu'elles sont encore A (*Aristotéliciennes*) et ne sont pas fondées sur des relations asymétriques. Entre les deux langages, il existe encore un grand fossé structurel qui n'a pas été comblé. Le problème des travailleurs de l'avenir est de combler ce fossé. Certains travailleront dans le sens de l'invention de nouvelles méthodes mathématiques et de nouveaux systèmes mathématiques, rapprochant les mathématiques du langage ordinaire en termes de portée et d'adaptabilité (par exemple, le calcul tensoriel, la théorie des groupes, la théorie des ensembles, l'algèbre des états et des observables, etc.). D'autres entreprendront des recherches linguistiques destinées à rapprocher le langage ordinaire des mathématiques (par exemple, le présent travail). Lorsque les deux formes de représentation se rejoindront sur des bases relationnelles, nous aurons probablement un langage simple de la structure mathématique, et les mathématiques en tant que telles pourraient même devenir obsolètes.

Il n'est pas souhaitable que le lecteur ait l'impression que toute 'pensée' mathématique est une 'pensée' de bas niveau. Les mathématiciens qui découvrent ou inventent de nouvelles *méthodes* pour établir des relations et des structures sont les plus grands géants 'mentaux' que nous ayons eus et que nous aurons jamais. Seule l'interaction technique des symboles, pour trouver une nouvelle combinaison possible, peut être considérée comme une 'pensée' de bas niveau.

D'après ce qui vient d'être dit, il est probablement déjà évident que si quelqu'un veut travailler scientifiquement sur des problèmes d'une complexité si énorme qu'ils ont jusqu'à présent défié l'analyse, il serait énormément aidé s'il entraînait ses *réactions sémantiques* aux formes les plus simples de la 'pensée' correcte, c'est-à-dire s'il se familiarisait avec les méthodes mathématiques. L'application continue de cette méthode relationnelle devrait enfin permettre d'éclairer les plus grandes complexités, telles que la vie et l'être humain. Contrairement aux énormes progrès réalisés dans tous les domaines techniques, notre connaissance de la 'nature humaine' n'a guère progressé au-delà de ce que les primitifs savaient d'eux-mêmes. Nous avons essayé d'analyser les phénomènes les plus déconcertants en méconnaissant les particularités structurelles des langages et en n'assurant pas un entraînement fondamental suffisant dans les nouvelles *réactions sémantiques*. Dans pratiquement toutes les universités, les exigences en matière de mathématiques, même pour les scientifiques, sont extrêmement faibles, bien plus faibles que ce qui est nécessaire pour le progrès de ces scientifiques eux-mêmes. Seuls ceux qui se spécialisent en mathématiques reçoivent une formation avancée, mais, même avec eux, peu d'attention est accordée à la *méthode* et à la *structure* des langages *en tant que tels*. Jusqu'à récemment, les mathématiciens eux-mêmes n'étaient pas sans responsabilité dans cette situation. Ils traitaient les mathématiques comme une sorte de 'vérité éternelle' et en faisaient une sorte de religion, oubliant, ou ne sachant pas, que ces 'vérités éternelles' ne durent que tant que le système nerveux des Dupond et des Durand n'est pas modifié. D'ailleurs, nombreux sont ceux qui, aujourd'hui encore, rejettent tout lien possible entre les mathématiques et les affaires humaines. Certains d'entre eux semblent même, dans leur zèle religieux, essayer de rendre leurs sujets aussi difficiles, peu attrayants et mystérieux que possible, afin de subjuguer l'étudiant. Heureusement, une forte réaction contre une telle attitude commence à se manifester parmi les membres de la jeune génération de mathématiciens. C'est un signe très encourageant, car il ne fait guère de doute que, sans l'aide de mathématiciens professionnels qui comprendront l'importance générale de la *structure* et des *méthodes mathématiques*, nous ne serons pas en mesure de résoudre nos problèmes humains à temps pour éviter des ruptures assez graves, puisque ces solutions dépendent en fin de compte de considérations structurelles et sémantiques.

Dès que nous abandonnons l'ancienne attitude théologique à l'égard des mathématiques et que nous avons le courage de les considérer comme une forme de comportement humain et l'expression de *réactions sémantiques généralisées*, des problèmes très intéressants se posent. Des termes tels que 'logique' ou 'psychologie' sont appliqués dans de nombreuses significations différentes, mais, entre autres, ils sont utilisés comme étiquettes pour certaines disciplines appelées sciences. La 'logique' est définie comme la 'science des lois de la pensée'. Il est donc évident que pour produire de la 'logique', nous devrions étudier *toutes* les formes de comportement humain directement connectées à l'activité mentale ; nous devrions étudier non seulement les activités mentales dans la vie quotidienne des Dupond, Durand, etc., mais aussi les activités mentales des Martin et des Tartempion lorsqu'ils utilisent leur 'esprit' à son meilleur, c'est-à-dire lorsqu'ils mathématisent, font de la science, etc., et nous devrions également étudier les activités mentales de ceux que nous appelons 'insane', lorsqu'ils utilisent leur 'esprit' à son pire. Notre but n'est pas de donner une liste détaillée de ces formes de comportement humain que nous devrions étudier, car toutes devraient l'être. Il suffit pour notre propos de souligner les deux principales omissions, à savoir l'étude des mathématiques et l'étude de 'l'insanité'.

Comme un raisonnement similaire s'applique à la 'psychologie', nous devons malheureusement admettre que nous n'avons pas encore de théorie générale qui mérite le nom de 'logique' ou de psycho-logique. Ce qui est passé sous le nom de 'logique', par exemple, n'est pas de la 'logique' selon sa propre définition, mais représente une grammaire philosophique d'un langage de facture primitive d'une structure différente de la structure du monde, impropre à un usage sérieux. Si nous essayons d'appliquer les règles de l'ancienne 'logique', nous nous trouvons bloqués par des impasses ridicules. Alors, naturellement, nous découvrons que nous n'avons pas besoin d'une telle 'logique'.

Il s'ensuit également que quiconque a sérieusement l'intention de devenir un 'logicien' ou un psycho-logicien doit avant tout être un mathématicien chevronné et doit également étudier l'"insanité". Ce n'est qu'avec une telle préparation qu'il est possible de devenir psycho-logue ou sémanticien. Il est parfois utile de cesser de nous tromper nous-mêmes ; et c'est nous tromper nous-mêmes que de prétendre étudier la psychologie *humaine*, ou la 'logique' *humaine*, en ne généralisant qu'à partir des formes de comportement humain que nous avons en commun avec les animaux et en négligeant d'autres formes, notamment les formes les plus caractéristiques du comportement humain, telles que les mathématiques, la science et l'"insanité". Si, en tant que psycho-logues, nous voulons être 'béhavioristes', il est clair que nous devons étudier *toutes* les formes connues de comportement humain. Mais il semble que les 'behaviouristes' n'aient jamais pensé que les mathématiques et l'"insanité" sont des formes très caractéristiques du comportement humain.

Certains lecteurs seront peut-être surpris que je qualifie de 'factures primitives' les formes de représentation que nous utilisons au quotidien. Permettez-moi d'illustrer mon propos par un exemple classique. Pendant plus de deux mille ans, le célèbre paradoxe de Zénon a intrigué les 'philosophes', sans trouver de solution, et ce n'est qu'à notre époque qu'il a été résolu par les mathématiciens. Le paradoxe est le suivant : Achille était censé être un coureur très rapide, et dans une course avec une tortue, qui avait l'avantage de partir la première, Achille ne pourrait jamais dépasser son lent concurrent, parce que, selon l'argument, avant de pouvoir dépasser la tortue, il devrait diviser par deux la distance qui les sépare, puis par deux la moitié restante, et ainsi de suite. Quel que soit le temps que cela durerait, il y aurait toujours une distance à réduire de moitié, et l'on a donc conclu qu'il ne pourrait jamais dépasser la tortue. Or, n'importe quel enfant sait que cette conclusion n'est pas vraie ; pourtant, l'argument *verbal* en faveur de la conclusion fausse est resté, entre les mains des 'philosophes' et des 'logiciens', parfaitement valable pendant plus de deux mille ans. Cet exemple nous éclaire sur le stade de développement que nous avons atteint et dont nous nous vantons souvent.

En l'absence d'une théorie *générale* scientifique de la 'logique' et de la psycho-logique pour nous guider, la tâche d'une enquête comme celle-ci est très handicapée. Nous devons simplement avancer à tâtons et en pionniers, et c'est toujours une tâche difficile et maladroite.

Il est en effet très important que non seulement les scientifiques, mais aussi le public intelligent dans son ensemble, comprennent que nous ne disposons actuellement d'aucune théorie générale que l'on puisse appeler 'logique' ou psycho-logique. Une illustration permettra peut-être de mettre en évidence cet état de fait vraiment choquant. Imaginons, par exemple, que l'on cherche à étudier les dinosaures de manière exhaustive. Les méthodes d'étude standard seraient centrées sur les restes fossiles proprement dits lorsqu'ils sont disponibles ; mais, dans le cas des formes éteintes dont les restes fossiles sont très maigres, voire inexistants, de nombreuses informations sont obtenues par l'étude des traces laissées sur les vasières devenues des rochers. Il semble indéniable qu'une telle étude des traces fossiles apporterait une large part à la formulation de toute 'théorie générale' sur les caractéristiques des dinosaures. Nous pourrions aller plus loin et dire qu'aucune 'théorie générale' ne pourrait être complète si cette étude était entièrement négligée.

Or, c'est précisément la situation dans laquelle se trouvent les 'psychologues' et les 'logiciens' ; ils ont fait beaucoup d'études et recueilli quelques faits, mais ils ont entièrement ignoré ces traces noires uniques et particulières que les mathématiciens et d'autres ont laissées sur le papier blanc lorsqu'ils ont fait des mathématiques ou des sciences. Les anciennes généralisations 'psychologiques' ont été faites à partir de données insuffisantes, en dépit du fait que des données *suffisantes*, à savoir ces marques noires sur le papier blanc, existent, et ce depuis longtemps. Mais ces marques, les 'psychologues' et les 'logiciens' n'ont pas été capables de les lire, de les analyser et de les interpréter correctement.

Dans ces conditions, il ne faut pas s'étonner de constater que, dans l'étude des animaux, nous avons vicié nos recherches en lisant dans les animaux nos propres activités, et que nous avons vicié notre propre compréhension de nous-mêmes par des généralisations erronées à partir de quelques données tirées principalement des activités que nous avons en commun avec les animaux. C'est ainsi que nous nous mesurons à des normes animales. Cette erreur est principalement due à l'ignorance des méthodes mathématiques et à la méconnaissance des problèmes structurels par ceux qui s'occupent des affaires humaines. En effet, comme je l'ai déjà montré dans mon livre *Manhood of Humanity*, ce que nous appelons 'civilisation' repose sur des généralisations erronées tirées de la vie des vaches, des chevaux, des chats, des chiens, des cochons, etc., et que Dupont et Durand se sont imposées à eux-mêmes.

La thèse principale de ce système-$\bar{A}$ est que, *jusqu'à présent, nous copions tous (à quelques exceptions près) les animaux dans nos processus nerveux*, et que pratiquement toutes les difficultés humaines, y compris les maladies 'mentales' de tous degrés, ont cette caractéristique comme composante. Je suis heureux de pouvoir annoncer qu'un certain nombre d'expériences entreprises avec des personnes malades 'mentales' ou nerveuses ont montré un bénéfice certain dans les cas où il s'est avéré possible de les rééduquer à des réactions sémantiques humaines appropriées.

Il convient peut-être ici de donner une brève explication. Lorsque nous traitons des affaires humaines et de l'être humain, nous utilisons parfois le terme 'devrait', qui est très souvent utilisé de manière arbitraire, dogmatique et absolue, et dont l'usage est donc discrédité. Dans de nombreux milieux, ce terme est très impopulaire et, il faut le reconnaître, à juste titre. L'usage que j'en fais est celui de l'ingénieur qui entreprend d'étudier une machine qui lui est totalement inconnue, disons une motocyclette. Il étudierait et analyserait *sa structure* et, finalement, rendrait un verdict selon lequel, avec une telle structure, dans certaines circonstances, cette machine *devrait* fonctionner d'une certaine manière.

Dans le présent volume, cette attitude d'ingénieur est conservée. Nous étudierons la structure de la connaissance humaine et nous conclurons qu'avec une telle structure, elle devrait fonctionner de cette manière particulière. Dans l'exemple de la motocyclette, la preuve de la justesse du raisonnement de l'ingénieur serait de remplir le réservoir d'essence et de faire rouler la motocyclette. Dans notre tâche analogue, nous devons *appliquer* les informations que nous obtenons et voir si elles fonctionnent. Dans les expériences mentionnées ci-dessus, le système-$\bar{A}$ a effectivement fonctionné, ce qui permet d'espérer qu'il est correct. D'autres études viendront bien sûr compléter ou modifier les détails, mais c'est le cas pour toutes les théories.

Une autre raison pour laquelle un non-mathématicien ne peut pas étudier les phénomènes psycho-logiques de manière adéquate est que les mathématiques sont la seule science qui *n'a pas de contenu physique* et, par conséquent, lorsque nous étudions les performances des Dupond et des Durand lorsqu'ils mathématisent, nous étudions le *seul* travail disponible de 'l'esprit pur'. De plus, les mathématiques sont le seul langage qui possède actuellement une structure similaire à celle du monde et du système nerveux. Il est évident qu'une telle étude devrait nous en apprendre plus que l'étude de toute autre activité 'mentale'. Dans certains milieux, on croit, à tort je pense, que la 'psychologie' et la 'logique' n'ont pas de 'contenu physique'. La psychologie et la 'logique' ont un contenu très précis - Dupond, Durand - et nous devrions traiter ces disciplines en relation avec l'organisme vivant. Il est très probable que, lorsqu'ils se seront rendu compte pleinement de ces questions, ces spécialistes, futurs psycho-logues et sémanticiens, commenceront à étudier les méthodes mathématiques et à s'intéresser à la structure, et qu'un certain nombre de mathématiciens deviendront à leur tour psycho-logues, psychiatres, sémanticiens, etc. Quand cela se produira, nous pouvons nous attendre à des progrès marqués dans ces domaines d'activité.*

Au cours de ce livre, il sera démontré que la structure du savoir humain exclut toute étude sérieuse des problèmes 'mentaux' sans une formation mathématique approfondie. Nous prendrons pour acquis toutes les lumières partielles jetées sur l'être humain par les disciplines existantes et nous ferons quelques *observations* à partir de l'étude des formes *négligées* du comportement humain, telles que les mathématiques, les sciences exactes et l'"insanité", et avec ces nouvelles données nous reformulerons, en gros, toutes les données disponibles à portée de main en 1933.

Au stade précoce actuel de notre enquête, nous sommes obligés d'être souvent vagues. Avant de donner les nouvelles données, il est impossible de parler d'une manière plus précise. En outre, dans une étude aussi générale, nous devrons utiliser ce que j'appelle des termes *multiordinaux*. Actuellement, tous les termes les plus importants et les plus intéressants pour l'être humain sont multiordinaux, et personne ne peut se soustraire à l'utilisation de ces termes. La multiordinalité est inhérente

---

* Il y a déjà des signes que les travailleurs les plus sérieux, comme par exemple les 'psycho-logues' de la Gestalt, commencent à ressentir leurs handicaps. D'autres, jusqu'à présent, ne semblent pas se rendre compte du caractère désespéré de leurs efforts, comme l'illustre parfaitement l'école américaine des 'psycho-logues'.
Les béhavioristes, qui semblent penser que le nom splendide qu'ils ont choisi résoudra leurs problèmes. Il serait très intéressant de voir les béhavioristes *nier* que la rédaction d'un traité de mathématiques ou d'une nouvelle théorie de mécanique quantique représente une forme de *comportement humain* qu'ils devraient étudier. Un jour, ils devront se rendre à l'évidence qu'ils ont négligé de prendre en compte un grand nombre de formes de comportement humain - les *plus caractéristiques* d'ailleurs - et que, par conséquent, ils n'ont pas pu produire une théorie adéquate de la nature de 'l'esprit humain'.

à la structure de la 'connaissance humaine'. Ce mécanisme multiordinal donne la clé de nombreuses contradictions apparemment insolubles et explique pourquoi nous n'avons guère progressé dans la résolution de nombreuses affaires humaines.

La principale caractéristique de ces termes multiordinaux réside dans le fait qu'ils ont des *significations différentes* en général, dépendant de l'ordre des abstractions. Sans préciser le niveau d'abstraction, un terme *multiordinal* n'est rien d'autre qu'ambigu ; son utilisation implique des changements de signification, de variables, et génère donc, non pas des propositions, mais des fonctions propositionnelles. Il n'est peut-être pas exagéré de dire que le plus grand nombre de tragédies humaines, privées, sociales, civilisationnelles, etc., sont intimement associées au fait que nous ne nous rendons pas compte de cette multiordinalité des termes les plus importants que nous utilisons.

Une confusion similaire entre les ordres d'abstractions se retrouve dans toutes les formes d'"insanité", de la plus légère, qui affecte pratiquement chacun d'entre nous, à la plus prononcée et violente. En effet, la découverte de ce mécanisme conduit inversement à une *théorie de la sanité*. Aussi imparfaite que soit probablement cette théorie de la sanité, elle ouvre un large champ de possibilités que je ne peux moi-même, à ce stade, apprécier pleinement.

Une chose semble certaine à présent : en l'occurrence les anciennes théories et méthodes tendaient fortement à produire des crétins et des 'fous', tandis que les 'génies' ne naissaient qu'en dépit de ces handicaps. Peut-être pourrons-nous à l'avenir produire des 'génies', tandis que les crétins et les 'fous' ne naîtront qu'en dépit de nos précautions. Si cela s'avérait vrai, et les résultats expérimentaux semblent donner quelques espoirs dans ce sens, ce monde deviendrait alors un lieu de vie tout à fait différent.

CHAPITRE VI

SUR LE SYMBOLISME

> Les philosophes se sont préoccupés des conséquences distantes et des formulations inductives de la science. Ils devraient limiter leur attention à l'urgence de la transition immédiate. Leurs explications apparaîtraient alors dans leur absurdité originelle. (578)
>
> A. N. WHITEHEAD

> On dit souvent qu'il faut expérimenter sans idée préconçue. Cela n'est pas possible. Non seulement cela rendrait toute expérience stérile, mais on le voudrait qu'on ne le pourrait pas. Chacun porte en soi sa conception du monde, dont il ne peut se défaire si aisément. Il faut bien, par exemple, que nous nous servions du langage, et notre langage n'est pétri que d'idées préconçues et ne peut l'être d'autre chose. Seulement ce sont des idées préconçues inconscientes, mille fois plus dangereuses que les autres. (417)
>
> H. POINCARÉ

> ... l'archevêque patriote de Canterbury, a trouvé cela opportun ... '
> 'a trouvé *quoi*?' dit le Canard.
> 'a trouvé *cela*", répond la Souris, d'un air plutôt contrarié : 'Bien sûr que tu sais ce que 'cela' veut dire'. 'Je sais très bien ce que 'cela' veut dire quand *je* trouve une chose', dit le Canard. : 'c'est généralement une grenouille ou un ver'.*
>
> LEWIS CARROLL

> ... la psychiatrie travaille spécifiquement sur l'organe social de la personne elle-même - les atouts et le comportement de la personne, ce que nous devons ajuster avant de pouvoir espérer que l'individu fasse bon usage de la plupart de notre aide.**
>
> ADOLF MEYER

> Peut-être, comme on l'a souvent dit, le problème des gens n'est pas tant leur ignorance que le fait qu'ils savent tant de choses qui ne sont pas ainsi .... Il est donc toujours important de découvrir ces peurs, et si elles sont fondées sur la connaissance de quelque chose qui n'est pas vrai, elles peuvent peut-être être corrigées. (568)
>
> WILLIAM A. WHITE

Les affaires de l'être humain sont menées selon nos propres règles, de facture humaine, et selon des théories de facture humaine. Les accomplissements de l'être humain reposent sur l'utilisation de symboles. C'est pourquoi nous devons nous considérer nous-mêmes comme une classe de vie symbolique, sémantique, et ceux qui gouvernent les symboles nous gouvernent. Actuellement le terme 'symbole' s'applique à toute une série de choses, y compris les mots et l'argent. Un morceau de papier, appelé un dollar ou une livre, a très peu de valeur si l'autre personne refuse de le prendre ; nous voyons donc que l'argent doit être considéré comme un symbole de l'accord humain, ainsi que les titres de propriété, les actions, les obligations, etc. La *réalité* derrière le symbole-argent est doctrinale, 'mentale', et constitue l'une des caractéristiques les plus précieuses de l'humanité. Mais il doit être utilisé correctement, c'est-à-dire avec une bonne compréhension de sa structure et de ses modes de fonctionnement. Il constitue un grave danger lorsqu'il est mal utilisé.

---

* Alice au pays des merveilles
** Esquisse historique et perspectives du travail social psychiatrique. Hosp. Soc. Serv. V, 1922, 221.

Quand nous disons 'nos gouvernants', nous entendons ceux qui sont engagés dans la manipulation des symboles. Il est impossible d'échapper au fait qu'ils gouvernent et qu'ils gouverneront toujours l'humanité, parce que nous constituons une classe de vie symbolique et que nous ne pouvons cesser de l'être, sauf à régresser au niveau animal.

L'espoir pour l'avenir consiste à comprendre ce fait, à savoir que nous serons toujours gouvernés par ceux qui gouvernent les symboles, ce qui conduira à des recherches scientifiques dans le domaine du symbolisme et des *réactions sémantiques*. Nous *exigerons* alors que nos gouvernants soient *éclairés* et *soigneusement sélectionnés*. Aussi paradoxal que cela puisse paraître, des recherches telles que celles que tente le présent travail feront finalement plus pour la stabilisation des affaires humaines que des légions de policiers armés de mitrailleuses, de bombes, de prisons et d'asiles pour les inadaptés.

Il est difficile de dresser une liste complète de nos dirigeants, mais quelques catégories d'entre eux sont évidentes. Les banquiers, les prêtres, les avocats et les politiciens constituent une classe et travaillent ensemble. Ils ne *produisent* aucune valeur, mais manipulent les valeurs produites par d'autres, et font souvent passer des signes pour des valeurs qui n'en sont pas. Les scientifiques et les enseignants forment également une classe dirigeante. Ils produisent les principales valeurs de l'humanité, mais, pour l'instant, ils ne s'en rendent pas compte. Dans l'ensemble, ils sont eux-mêmes gouvernés par les méthodes habiles de la première classe.

Dans cette analyse, les 'philosophes' ont été omis. La raison en est qu'ils nécessitent un traitement particulier. En effet, de nombreux 'philosophes' ont joué un rôle important et, pour être franc, sinistre dans l'histoire. À la base de toute tendance historique, nous trouvons une certaine 'philosophie', une implication structurelle habilement formulée par un 'philosophe'. Le lecteur de cet ouvrage découvrira plus tard que la plupart des 'philosophes' misent sur des termes multiordinaux et *élémentalistiques,* qui *n'ont pas de signification unique définie (mono-valuée)* et qui, par conséquent, par une habile manipulation, peuvent sembler signifier tout ce que l'on veut. Il n'est plus un mystère que certains 'philosophes' influents étaient des malades 'mentaux'. Certains malades 'mentaux' sont extrêmement habiles dans la manipulation des mots et peuvent parfois tromper même des spécialistes chevronnés. Parmi les concoctions astucieuses qui apparaissent dans l'histoire comme des systèmes 'philosophiques', on peut trouver des doctrines tout à fait opposées. Par conséquent, il n'a jamais été difficile pour les dirigeants de choisir une doctrine habilement construite et parfaitement adaptée aux fins qu'ils souhaitaient atteindre.

L'une des principales caractéristiques de ces 'philosophes' réside dans la folie des grandeurs, le 'complexe de Jéhovah'. Leurs problèmes leur ont semblé au-dessus de toute critique ou assistance de la part d'autres êtres humains, et la procédure correcte n'est connue que des sur-hommes(femmes) comme eux. C'est donc tout naturellement qu'ils ont généralement refusé de s'informer. Ils ont même refusé d'être informés des recherches scientifiques menées en dehors du domaine de leur 'philosophie'. En raison de cette ignorance, ils n'ont, pour la plupart, même pas soupçonné l'importance des problèmes de structure.

En toute honnêteté, il faut dire que ce qu'on appelle la 'philosophie' ne représente pas toujours un épisode de maladie sémantique et que quelques 'philosophes' font vraiment un travail important. Cela s'applique à ce que l'on appelle la 'philosophie critique' et à la *théorie de la connaissance* ou *épistémologie*. Cette catégorie de travailleurs, je l'appelle épistémologue, pour éviter les implications désagréables du terme 'philosophe'. Malheureusement, les recherches épistémologiques sont très difficiles, surtout à cause du manque de psycho-logique scientifique, de sémantique générale, de recherches sur la structure et les *réactions sémantiques*. Nous ne trouvons que très peu de personnes qui font ce travail, qui, dans l'ensemble, est encore peu connu et inappliqué. Il faut reconnaître que leurs travaux ne sont pas faciles à lire. Ils ne font pas la une des journaux et ne bénéficient pas non plus de l'intérêt et de l'aide public.

Il faut souligner à nouveau que tant que nous resterons des humains (c'est-à-dire une classe de vie symbolique), les dirigeants des symboles nous gouverneront, et qu'aucune révolution n'y changera jamais rien. Mais ce que le genre humain est en droit de demander - et le plus tôt sera le mieux - c'est que nos gouvernants ne fassent pas preuve d'une ignorance aussi éhontée et, par conséquent, si pathologique dans leurs réactions. Si une enquête psychiatrique et scientifique était menée sur nos gouvernants, le genre humain serait consterné par les révélations.

Nous avons parlé de 'symboles', mais nous n'avons pas encore découvert de théorie générale concernant les symboles et le symbolisme. En général, nous prenons les termes à la légère et ne 'pensons' jamais au type d'implication et de *réactions sémantiques* qu'un seul terme important peut impliquer. Le terme 'symbole' est l'un de ces termes importants, lourds de signification. Si nous utilisons le terme 'nourriture', par exemple, nous présupposons l'existence d'êtres vivants capables de se nourrir ; de même, le terme 'symbole' implique l'existence d'êtres intelligents. La solution du problème du symbolisme présuppose donc la solution du problème de 'intelligence' et structure. Nous voyons donc que les questions sont non seulement sérieuses et difficiles, mais aussi que nous devons investiguer un champ sémantique dans lequel très peu de choses ont été faites.

En gros, un symbole est défini comme un signe qui représente quelque chose. Tout signe n'est pas nécessairement un symbole. S'il représente quelque chose, il devient un symbole de cette chose. S'il ne représente pas quelque chose, il devient alors non pas un symbole mais un signe *vide de signification*. Cela s'applique aux mots comme aux chèques bancaires. Si quelqu'un a un solde nul à la banque, mais possède quand même un chéquier et émet un chèque, il émet un signe mais pas un symbole, parce qu'il ne renvoie à rien. L'utilisation de ces signes particuliers en tant que symboles est généralement passible d'une peine d'emprisonnement. Cette analogie s'applique aux bruits oraux que nous émettons, qui deviennent parfois des symboles et d'autres fois non ; jusqu'à présent, aucune sanction n'est prévue pour une telle fraude.

Avant qu'un bruit, etc., ne devienne un symbole, il faut qu'il existe quelque chose existe que le symbole symbolise. Le premier problème du symbolisme devrait donc être d'étudier le problème de 'existence'. Pour définir 'existence', nous devons énoncer les normes selon lesquelles nous jugeons l'existence. Actuellement, l'utilisation de ce terme n'est pas uniforme et relève surtout de la commodité. Récemment, les mathématiciens ont découvert beaucoup de choses sur ce terme. Pour l'instant, nous pouvons admettre deux types d'existence :

(1) l'existence physique, grosso modo connectée à nos 'entrées sensorielles' et à la persistance, et

(2) l'existence 'logique'.

Les nouvelles recherches sur les fondements des mathématiques, initiées par Brouwer et Weyl, semblent conduire à une réduction de la signification de l'existence 'logique' dans une direction tout à fait sensée ; mais nous pouvons provisoirement accepter la signification la plus générale, telle qu'elle a été introduite par Poincaré. Il définit l'existence 'logique' comme un énoncé exempt d'autocontradictions. Ainsi, nous pouvons dire qu'une 'pensée', pour être une 'pensée', ne doit pas être auto-contradictoire. Un énoncé auto-contradictoire est vide de signification ; on peut argumenter dans une direction ou dans l'autre sans parvenir à un résultat valable. Nous disons donc qu'un énoncé auto-contradictoire n'a pas d'existence 'logique'. Prenons l'exemple d'un énoncé concernant un cercle carré. Il s'agit d'une contradiction dans les termes, d'un non-sens, d'un énoncé vide de signification, qui n'a pas d'existence 'logique'. Étiquetons cette 'salade de mots' par un bruit spécial - disons, 'bla-bla'. Un tel bruit deviendra-t-il un mot, un symbole? Bien sûr que non, il ne représente rien, il reste un simple bruit., et ce, même si l'on écrit des volumes entiers à son sujet.

Il est extrêmement important, d'un point de vue sémantique, de noter que tous les bruits, etc., que nous produisons, nous humains, ne doivent pas être considérés comme des symboles ou des mots valables. De tels bruits vides, etc., peuvent apparaître non seulement dans des 'déclarations' directes, mais aussi dans des 'questions'. Il est évident que les 'questions' qui utilisent des bruits, etc., au lieu de mots, ne sont pas des questions signifiantes. Elles ne demandent rien et ne peuvent pas recevoir de réponse. Elles sont peut-être mieux traitées par les pathologistes 'mentaux' comme des symptômes de délires, d'illusions ou d'hallucinations. Dans les asiles, les bruits, etc., que font les patients sont pour la plupart vides de signification, en ce qu'ils concernent le monde extérieur, mais *deviennent des symboles de la maladie du patient*.

Un problème compliqué et difficile se pose en ce qui concerne les symboles qui ont une signification dans un contexte et n'ont aucune signification dans un autre contexte. Nous abordons ici la question de l'application d'un 'symbolisme correct aux faits'. Nous ne nous étendrons pas sur ce sujet, mais nous nous contenterons de donner, sous une forme différente, une illustration empruntée à Einstein. Prenons un objet quelconque, par exemple un crayon. Supposons que cet objet physique ait une température de 60 degrés. On peut alors poser la 'question' suivante : 'Quelle est la température d'un 'électron' qui entre dans la composition de ce crayon? Différentes personnes, dont de nombreux scientifiques et mathématiciens, répondront : '60 degrés', ou tout autre nombre. Enfin, certains diront : 'Je ne sais pas'. Toutes ces réponses ont une caractéristique commune : elles sont vides de signification, car elles tentent de répondre à une question qui est vide de signification. Même la réponse 'Je ne sais pas' n'échappe pas à cette classification, car il *n'y a rien à savoir sur une question vide de signification*. La seule réponse correcte est d'expliquer que la 'question' n'a pas de signification. Voici un exemple de symbole qui ne s'applique pas à un 'électron'. Par *définition*, la température est la vibration des molécules (les atomes sont considérés comme des molécules monoatomiques), de sorte que pour qu'il y ait une température, il faut au moins deux molécules. Ainsi, lorsque nous prenons une molécule et que nous la divisons en atomes et en électrons, le terme 'température' ne s'applique pas du tout, par définition, à un électron. Si le terme 'température' représente un symbole parfaitement valable dans un contexte, il devient un bruit vide de significations dans un autre. Le lecteur ne doit pas perdre de vue la plausibilité d'un tel pari sur les mots, car il comporte un danger sémantique bien réel.

Dans l'étude du symbolisme, il n'est pas judicieux d'ignorer les connaissances acquises en psychiatrie. Les malades dits 'mentaux' ont souvent un mécanisme sémantique de projection très évident et bien connu. Ils projettent leurs propres ressentis, humeurs et autres implications structurelles sur le monde extérieur, et construisent ainsi des délires, des illusions et des hallucinations, croyant que ce qui se passe en eux se passe à *l'extérieur* d'eux. En général, il est impossible de convaincre le patient de cette erreur, car toute sa maladie réside dans la perturbation sémantique qui conduit à de telles projections.

Dans la vie quotidienne, nous trouvons une infinité d'exemples de telles projections sémantiques, d'intensité affective différente, qui conduisent invariablement à des conséquences plus ou moins graves. La structure de ces projections affectives sera largement abordée ultérieurement. Il suffit ici de rappeler que les problèmes d'"existence" sont sérieux, et que celui qui prétend que quelque chose 'existe' en dehors de sa peau doit le montrer. Sinon, l'"existence" ne se trouve qu'à l'intérieur de sa peau - un état de fait psycho-logique qui devient pathologique dès qu'il le projette sur le monde extérieur. Si l'on prétend que le terme 'licorne' est un symbole, il faut dire ce à quoi ce symbole renvoie. On pourrait dire que la 'licorne', en tant que symbole, représente un animal imaginaire dans l'héraldique, ce qui est vrai. Dans ce sens, le terme 'licorne' devient le symbole de quelque chose d'imaginaire, et appartient à juste titre à la psycho-logique, qui traite des imaginaires humains, mais n'appartient pas à la zoologie, qui s'occupe des vrais animaux. Mais si l'on croit fermement et intensément que 'licorne' représente un vrai animal qui a une existence extérieure, soit on se trompe ou soit on ignore, et l'on peut être persuadé ou illuminé ; ou, sinon, on serait gravement malade. Nous voyons que dans ce cas, comme dans beaucoup d'autres, tout dépend de l'"ologie" à laquelle nos impulsions sémantiques attribuent une certaine 'existence'. Si nous attribuons 'licorne' à la psychologie ou à l'héraldique, cette attribution est correcte et il n'y a pas de dommage sémantique ; mais si nous attribuons 'licorne' à la zoologie, c'est-à-dire si nous croyons que 'licorne' a une existence objective et non fictive, cette *réaction sémantique* peut être soit une erreur, soit une ignorance et, dans ce cas, elle peut être corrigée ; sinon, elle devient une maladie sémantique. Si, en dépit de toutes les preuves contraires ou de l'absence de toute preuve positive, nous persistons dans notre croyance, les composantes affectives de nos *réactions sémantiques* sont si fortes qu'elles échappent à tout contrôle normal. En général, une personne ayant de telles croyances affectives est gravement malade et, par conséquent, aucune preuve ne peut la convaincre.

Nous voyons donc qu'il n'est pas indifférent de savoir à quelle 'ologie' nous attribuons des termes, et que certaines attributions peuvent avoir un caractère pathologique, si elles identifient des entités psycho-logiques avec le monde extérieur. La vie est pleine de ces identifications dramatiques, et ce serait un grand pas en avant dans l'hygiène sémantique si certaines 'ologies' - par exemple les démonologies de différentes marques - devaient être abolies en tant que telles, et leur objet transféré à une autre 'ologie', c'est-à-dire à la psycho-logique, où il a sa place.

Le mécanisme de projection comporte de graves dangers et il est très dangereux de le développer. Le danger est le plus grand pendant l'enfance, lorsque des enseignements stupides contribuent à développer ce mécanisme sémantique, et donc à affecter, de manière pathologique, le système nerveux physiquement non-développé de l'enfant humain. Nous rencontrons ici un fait important qui sera mis en évidence plus tard, à savoir que l'ignorance, l'identification et les délires pathologiques, les illusions et les hallucinations sont dangereusement apparentés et *ne* se différencient *seulement* que par l'arrière-plan ou l'intensité 'émotionnelle'.

Un aspect important du problème de l'existence peut être éclairé par quelques exemples. Rappelons qu'un bruit ou un signe écrit, pour devenir un symbole, doit renvoyer à *quelque chose*. Imaginons que vous, mon lecteur, et moi-même sommes engagés dans une discussion. Devant nous, sur la table, se trouve ce que nous appelons habituellement une boîte d'allumettes : vous affirmez qu'il y a des allumettes dans cette boîte ; je dis qu'il n'y a pas d'allumettes. Notre différend peut être réglé. Nous ouvrons la boîte, nous regardons et nous sommes tous deux convaincus. Il faut remarquer que dans notre discussion, nous avons utilisé des *mots*, parce qu'ils renvoyaient à quelque chose ; ainsi, lorsque nous avons commencé à discuter, la discussion a pu être résolue à notre satisfaction mutuelle, car il y avait un *troisième* facteur, l'objet, qui correspondait au symbole utilisé, ce qui a permis de régler le différend. Il y avait un troisième facteur, et l'accord devenait possible. Prenons un autre exemple. Essayons de résoudre le problème suivant : 'Le bla-bla est-il un cas de tra-tra? Supposons que vous disiez 'oui' et que je dise 'non'. Pouvons-nous nous mettre d'accord? C'est une véritable tragédie, dont la vie est pleine, qu'une telle discussion ne puisse pas être résolue du tout. Nous avons utilisé des bruits, pas des mots. Il n'y avait *pas de troisième* facteur auquel ces bruits renvoyaient en tant que symboles, et nous pouvions donc discuter à l'infini sans aucune possibilité d'accord. Que les bruits aient pu renvoyer à un *trouble sémantique* est un problème tout à fait différent, et dans ce cas il faudrait consulter un psycho-pathologiste, mais les discussions devraient cesser. Le lecteur n'aura aucune difficulté à trouver dans la vie quotidienne d'autres exemples, souvent très tragiques.

Nous voyons que nous pouvons arriver, même ici, à une conclusion importante, à savoir que, tout d'abord, nous devons faire la distinction entre les mots, symboles qui symbolisent quelque chose, et les bruits, qui ne sont pas des symboles, qui n'ont pas de signification (à moins d'avoir une signification pathologique pour le médecin) ; et, deuxièmement, si nous utilisons des mots (symboles pour quelque chose), tous les différends peuvent être résolus tôt ou tard. Mais dans les cas où nous utilisons des bruits comme s'il s'agissait de mots, ces différends *ne peuvent jamais* être réglés. Les arguments sur la 'vérité' ou la 'fausseté' des énoncés contenant des bruits sont inutiles, car les termes 'vérité' ou 'fausseté' ne s'appliquent pas à eux. Il y a une caractéristique des bruits qui est très prometteuse. Si nous utilisons des mots, des symboles, des non-bruits, les problèmes peuvent être compliqués et difficiles ; il se peut que nous devions attendre longtemps avant de trouver une solution ; mais nous savons que la solution viendra. Dans les cas où nous faisons des bruits et les traitons comme des mots, et que ce fait est révélé, les 'problèmes' sont immédiatement reconnus comme des 'non-problèmes', et les solutions restent valables. Ainsi, nous voyons que l'une des origines évidentes du désaccord humain réside dans l'utilisation de bruits pour des mots, et donc, après tout, cette racine importante du désaccord humain pourrait être abolie par une éducation appropriée *des réactions sémantiques* en une seule génération. En effet, les recherches sur le symbolisme et les *réactions sémantiques* offrent de grandes possibilités. Nous ne devrions pas nous étonner de trouver des bruits vides de signification dans les fondements de nombreuses 'philosophies' anciennes, et que c'est de là que naissent la plupart des combats et des disputes 'philosophiques' anciens. L'amertume et les tragédies s'ensuivent, car de nombreux 'problèmes' deviennent des 'non-problèmes', et la discussion ne mène nulle part. Mais, en tant que matériel pour les études psychiatriques, ces vieux débats peuvent être examinés scientifiquement, pour le plus grand bénéfice de notre compréhension.

Nous avons déjà mentionné l'analogie entre les bruits que nous faisons alors que ces bruits ne symbolisent rien de ce qui existe, et les 'chèques' sans provision que nous donnons lorsque notre solde bancaire est nul. Cette analogie pourrait être élargie et comparée à la vente de briques dorées, ou à toute autre transaction commerciale dans laquelle nous essayons de faire accepter quelque chose à l'autre par une représentation qui est contraire aux faits. Mais nous ne nous rendons pas compte que lorsque nous faisons des bruits qui ne sont pas des mots, parce qu'ils ne sont pas des symboles, et que nous les donnons à une autre personne comme s'ils devaient être considérés comme des mots ou des symboles, nous commettons une action similaire. Dans le *dictionnaire Oxford* concis *de l'anglais courant (Oxford Dictionary of Current English)*, on trouve le mot, 'fraude', dont il nous sera utile d'examiner la définition. Sa définition standard est la suivante : 'Fraude, n. m. Tromperie (rare), tromperie criminelle, *utilisation de fausses représentations*. (en droit, etc.) ; artifice ou astuce malhonnête *(pieuse* fraude, tromperie destinée à profiter à la personne trompée, et en particulier à renforcer la croyance religieuse) ; personne ou chose qui ne répond pas à l'attente ou à la description'.* Le commerce a bien veillé à prévenir une forme de fraude symbolique, comme dans le cas des chèques sans provision et de la vente de briques dorées ou de la circulation de fausse monnaie. Mais nous ne sommes pas encore devenus assez intelligents pour nous rendre compte qu'un autre type de fraude, très important et similaire, est continuellement en cours. C'est pourquoi, jusqu'à présent, nous n'avons rien fait pour y remédier.

Aucun lecteur réfléchi ne peut nier que le fait de faire passer à un auditeur non averti des bruits pour des mots ou des symboles doit être considéré comme une fraude, ou que nous passons à l'autre type de troubles sémantiques contagieux. Cette brève

---

* Les premiers italiques sont de moi.-A. K.

remarque montre d'emblée quels résultats éthiques et sociaux sérieux résulteraient de l'étude du symbolisme correct.

D'une part, comme nous l'avons déjà vu, et comme cela deviendra de plus en plus évident au fur et à mesure que nous avancerons, notre *sanité* est liée à un symbolisme correct. Et, naturellement, avec l'augmentation de la sanité, nos normes 'morales' et 'éthiques' s'élèveront. Il semble inutile de prêcher une 'éthique' et une 'morale' métaphysiques si nous n'avons pas de critères de sanité. Une personne fondamentalement *déséquilibrée* ne peut, en dépit de tous les prêches, être 'morale' ou 'éthique'. Il est bien connu que même la personne la plus aimable devient grognon ou irritable lorsqu'elle est malade, et que ses autres caractéristiques sémantiques changent de la même manière. L'abus de symbolisme est comme l'abus de nourriture ou de boisson : il rend les gens malades et leurs réactions deviennent dérangées.

Mais, outre les gains moraux et éthiques à obtenir de l'utilisation d'un symbolisme correct, notre système économique, qui est fondé sur le symbolisme et qui, avec le règne du mercantilisme ignorant, a dégénéré en un abus de symbolisme (secret, conspiration, publicité, bluff, 'agents sous tension' . . . .), gagnerait aussi énormément et deviendrait stable. Une telle application d'un symbolisme correct permettrait de conserver une énorme quantité d'énergie nerveuse actuellement gaspillée dans les soucis, les incertitudes, etc., que nous accumulons constamment sur nous-mêmes, comme si nous voulions mettre notre endurance à l'épreuve. Il ne faut pas s'étonner que nous nous déstructurions individuellement et socialement. En effet, si nous ne devenons pas plus intelligents dans ce domaine, nous nous effondrerons inévitablement sur le plan civilisationnel.

Les problèmes sémantiques d'un symbolisme correct sont à la base de *toute* vie *humaine*. De même, un symbolisme incorrect a également d'énormes ramifications sémantiques et ne peut que saper toute possibilité de construire une civilisation structurellement *humaine*. Il est impossible de construire des ponts et de s'attendre à ce qu'ils durent si les masses cubiques de leurs ancrages et de leurs culées sont construites selon des formules s'appliquant à des *surfaces.* Ces formules sont structurellement différentes et leur confusion avec les formules de volumes doit conduire à des catastrophes. De même, nous ne pouvons pas appliquer à l'être humain des généralisations tirées des vaches, des chiens et d'autres animaux et nous attendre à ce que les structures sociales qui en résultent perdurent.

Récemment, les problèmes de ce qui rend vide de signification ont commencé à intriguer un certain nombre d'auteurs qui, cependant, traitent le sujet sans se rendre compte du caractère multiordinal, ∞-valué et *non-élémentalistique* des significations. Ils supposent que 'vide de signification' a ou peut avoir un contenu général défini ou une 'signification' mono-valuée. Ce qui a déjà été dit sur les significations *non-élémentalistiques*, et l'exemple de la licorne donné plus haut, établissent une question sémantique très importante, à savoir que ce qui est 'vide de signification' dans un contexte donné à un niveau d'analyse, peut devenir plein de significations sinistres à un autre niveau lorsqu'il devient le symbole d'une *perturbation sémantique*. Cette prise de conscience est en soi un facteur sémantique fondamental de nos réactions, sans lequel la solution des problèmes de sanité devient extrêmement difficile, si tant est qu'elle soit possible.

CHAPITRE VII
RÉVISION LINGUISTIQUE

Cela semble placer au moins une partie de la théorie de la démonstration dans la même catégorie que les efforts des débutants en géométrie : Pour prouver que A est égal à B, posons que A égal B ; donc A égal B. (22)

E. T. BELL

À quelles conclusions finales sommes-nous donc conduits en ce qui concerne la nature et l'étendue de la logique scolastique *(NdT : (source : Philosophie Magazine) rattachée à la religion chrétienne, la scolastique tente d'harmoniser la raison et la foi, en accordant une grande importance à la mise en forme des raisonnements et au respect des auteurs anciens)*? Je pense à la suivante : ce n'est pas une science, mais une collection de vérités scientifiques, trop incomplètes pour former un système en soi, et pas assez fondamentales pour servir de base sur laquelle un système parfait pourrait reposer. (44)

GEORGE BOOLE

.... Les habitudes de pensée sujet-prédicat .... ont été imprimées dans l'esprit européen par l'importance excessive accordée à la logique d'Aristote pendant la longue période médiévale. En référence à cette tournure d'esprit, il est probable qu'Aristote n'était pas aristotélicien. (578)

A. N. WHITEHEAD

L'espace Euclidien seul est un espace qui est à la fois libre d'électricité et de gravitation. (551)

HERRMANN WEYL

Imaginer que la grande réputation scientifique de Newton oscille dans ces révolutions de l'ère moderne, c'est confondre la science avec l'omniscience. (149)

A. S. EDDINGTON

Cette dernière objection a été approuvée par Newton, qui n'était pas un strict newtonien. (457)

BERTRAND RUSSELL

Le mal produit par la 'substance première' aristotélicienne est exactement cette habitude de mettre l'accent métaphysique sur la forme 'sujet-prédicat' de la proposition. (570)

A. N. WHITEHEAD

La croyance ou la conviction inconsciente que toutes les propositions sont de la forme sujet prédicat - en d'autres termes, que tout fait consiste en une chose ayant une certaine qualité - a rendu la plupart des philosophes incapables de rendre compte du monde de la science et de la vie quotidienne. (453)

BERTRAND RUSSELL

La position philosophique alternative doit commencer par dénoncer l'idée globale de 'sujet qualifié par un prédicat' comme un piège tendu aux philosophes par la syntaxe du langage. (574)

A. N. WHITEHEAD

Et un langage bien fait n'est pas une chose indifférente ; pour ne pas aller au-delà de la physique, l'inconnu qui a inventé le mot *chaleur* a consacré plusieurs générations à l'erreur. La chaleur a été traitée comme une substance, simplement parce qu'elle était désignée par un substantif, et on l'a crue indestructible. (417)

H. POINCARÉ

Aristote s'est presque entièrement préoccupé d'établir ce qui avait déjà été conçu ou de réfuter l'erreur, mais pas de résoudre le problème de la découverte de la vérité. De temps en temps, en lisant son organon, on a l'impression qu'il a presque pressenti la nature de ce problème, pour s'apercevoir qu'il tombe immédiatement dans une discussion sur la logique de la démonstration. Il pense à confirmer la vérité plutôt qu'à la découvrir. (82)

R. D. CARMICHAEL

Il est nécessaire ici de donner un bref aperçu de la grande révolution scientifique qui a commencé il y a quelques années, mais qui se poursuit encore avec des résultats très bénéfiques. Cette révolution scientifique a commencé en géométrie et, dans un sens plus profond, est poursuivie par la géométrie. Jusqu'aux travaux de Gauss, Lobatchevski, Bolyai, Riemann, etc., on croyait que la géométrie *E (euclidienne)*, puisqu'elle était *la seule*, était la géométrie de ***L****'espace. Dès qu'une deuxième géométrie a été produite, tout aussi bonne, cohérente, mais contradictoire avec l'ancienne, ***LA*** géométrie devenait une géométrie. Aucune n'était la seule. Un absolu était mort. Jusqu'à Einstein (en gros), l'univers de Newton était, pour nous, ***L*** 'univers. Avec Einstein, il est devenu ***un*** univers. Il s'est passé quelque chose de similaire pour l'être humain.* Un nouvel 'être humain' a été produit, tout aussi bon, mais certainement contradictoire avec l'ancien. ***L*** 'être humain est devenu un être humain, sinon une 'construction conceptuelle', une parmi l'infinité des possibles.

Il n'est pas difficile de voir que dans toutes ces avancées, il y a une caractéristique commune, que l'on peut résumer en disant qu'elle consiste en un petit changement d'un '***LE***' en un '***UN***'. Certains exigent des phrases avec des mots mono-syllabes, nous pourrions ici les satisfaire ! Le changement, sans doute, peut être exprimé par l'échange d'une syllabe contre une autre. Mais les problèmes, malgré cette apparente simplicité, sont assez importants ; et le reste de ce volume sera consacré à l'examen de ce changement et de ce qu'il implique structurellement.

En mentionnant les noms ci-dessus, j'ai omis un nom très important, celui d'Aristote. Je me suis contenté de mentionner ces noms comme représentatifs de certaines tendances. Sinon, bien sûr, il aurait fallu mentionner d'autres noms, y compris parfois ceux de leurs prédécesseurs et des disciples qui ont poursuivi leur œuvre. Cela aurait été particulièrement nécessaire dans le cas d'Aristote, qui était non seulement un homme très doué, mais qui, en raison du caractère de son œuvre, a touché sémantiquement peut-être le plus grand nombre de personnes jamais influencées par un seul individu ; son œuvre a donc connu une expansion très importante. C'est pourquoi son nom, dans ce livre, sera généralement utilisé pour désigner l'ensemble des doctrines connues sous le nom d'aristotélisme. Il est important de garder cela à l'esprit, car il devient de plus en plus évident que les travaux d'Aristote et de ses disciples ont eu une influence sans précédent sur le développement des civilisations occidentales, et l'étude de l'aristotélisme peut donc nous aider à nous comprendre nous-mêmes. En utilisant le nom du fondateur de l'école comme synonyme de l'école elle-même, nous rendons nos affirmations moins encombrantes. Certaines affirmations peuvent ne pas être vraies à propos du fondateur de l'école, mais elles restent vraies à propos de l'école.

Aristote (384-322 av. J.-C.) est né à Stagira, en Grèce. Fils d'un médecin, il avait une prédilection marquée pour l'histoire naturelle et une nette aversion pour les mathématiques. Platon, considéré comme le 'père des mathématiciens', fut son professeur. Au début de sa carrière, Aristote a vivement réagi contre la philosophie mathématique de son maître et a commencé à élaborer son propre système, qui avait

---

* Voir mon ouvrage Manhood of Humanity, The Science and Art of Human Engineering, E. P. Dutton & Co, N. Y. C.

un caractère et des préjugés fortement biologiques. D'un point de vue psycho-logique, Aristote était un extraverti typique, qui projette tous ses processus internes sur le monde extérieur et les objectifie : sa réaction contre Platon, l'introverti typique, pour qui la 'réalité' était toute intérieure, était donc une conséquence naturelle et plutôt inévitable. La lutte entre ces deux géants était typique des deux tendances *extrêmes* que nous trouvons pratiquement tous en nous, car elles représentent deux tendances psycho-logiques les plus diverses et pourtant fondamentales. En 1933, nous savons que l'un ou l'autre de ces extrêmes dans ce qui nous constitue est indésirable et malsain, dans la science comme dans la vie. En science, les extravertis extrêmes ont introduit ce que l'on pourrait appeler l'empirisme brut, qui, en tant que tel, n'est qu'une fiction élémentalistique - pratiquement un délire. En effet, aucun 'fait' n'est jamais exempt de 'doctrine' : celui qui imagine pouvoir se libérer des 'doctrines', telles qu'elles s'expriment dans la structure du langage qu'il utilise, etc., ne fait que nourrir un délire, généralement à forte composante affective. Les introvertis extrêmes, quant à eux, sont à l'origine de ce que l'on pourrait appeler les 'philosophies idéalistes', qui deviennent à leur tour des délires élémentalistiques. Nous ne devons pas oublier que ces deux tendances sont *élémentalistiques* et structurellement fallacieuses. La croyance en l'existence séparée d'entités *élémentalistiques*, et donc fictives, doit être considérée comme une *réaction sémantique* structurellement insensée et explique dans une large mesure de nombreuses luttes acharnées dans le domaine de la science et de la vie.

Dans les asiles, ces deux tendances sont parfois très évidentes. L'extraverti extrême se retrouve surtout chez les paranoïaques ; l'introverti extrême chez les schizophrènes (dementia praecox). Entre les deux extrêmes, nous trouvons toutes les nuances et tous les degrés possibles représentés dans la vie quotidienne comme dans les asiles. Les deux tendances extrêmes impliquent des *réactions sémantiques* nocives, parce qu'elles produisent des délires d'un certain élémentalisme qui, en tant que tel, est toujours *fictif* et *impossible*. Les malades 'mentaux' sont souvent caractérisés par des *réactions sémantiques* impliquant cette capacité à se construire des mondes fictifs dans lesquels ils peuvent se réfugier pour échapper à la vie réelle. Si nous, qui vivons en dehors des asiles, *agissons* comme si nous vivions dans un monde fictif - c'est-à-dire si nous sommes cohérents avec nos croyances - nous ne pouvons pas nous adapter aux vraies conditions, et nous tombons ainsi dans de nombreuses difficultés sémantiques *évitables*. Mais la personne dite normale ne se conforme pratiquement jamais à ses croyances, et lorsque ses croyances construisent pour elle un monde fictif, elle sauve sa peau en ne s'y conformant pas. Une personne dite 'insane' *agit* en fonction de ses croyances et ne peut donc pas s'adapter à un monde qui est tout à fait différent de ce qu'elle imagine.

Je répète que le système nerveux de l'enfant humain n'est pas physiquement achevé à la naissance : il est donc facile de lui donner des tournures sémantiques tout à fait nocives, par des doctrines erronées. Pour éliminer tendance et réaction sémantique élémentalistiques vicieuses et fictives, il est primordial d'essayer d'éduquer un enfant pour qu'il ne soit ni un extraverti extrême, ni un introverti extrême, mais un extraverti-introverti équilibré.

En psychothérapie, on tente souvent de rééduquer ces tendances. Le médecin essaie généralement de rendre un extraverti plus introverti et un introverti plus extraverti. En cas de succès, le patient se rétablit complètement ou s'améliore considérablement.

Dans la pratique, il existe une différence considérable entre la rééducation d'un extraverti en introverti et celle d'un introverti en extraverti. Nous avons déjà vu que la personne équilibrée doit être les deux à la fois. En langage élémentalistique quotidien, l'introverti est 'tout en pensée' et n'a pas beaucoup d'intérêt pour le monde extérieur, tandis que l'extraverti est 'tout en sensation' et n'a que peu d'intérêt pour la 'pensée'. Il arrive souvent qu'il soit plus facile de rééduquer un introverti, parce qu'au moins il 'pense', mais difficile de rééduquer un extraverti, parce qu'il n'a pas cultivé sa capacité à 'penser'. Il peut être un remarquable joueur sur le plan verbal, mais tous ses jeux verbaux, bien qu'intelligents, sont superficiels.

Nous serons alors en mesure de comprendre pourquoi Aristote, l'extraverti, et ses doctrines ont séduit, et séduisent encore, ceux qui ne peuvent 'penser' que faiblement. Le fait que le système linguistique plus complet de l'extraverti Aristote ait été accepté de préférence à l'œuvre de l'introverti Platon est d'une grande importance sémantique pour nous. Il est évident que l'humanité, dans son évolution, a dû passer par une période de faible développement ; mais ce fait n'est pas la seule raison pour laquelle les doctrines *A* (*Aristotéliciennes*) ont eu une influence si considérable sur les civilisations occidentales. La raison est beaucoup plus profondément enracinée et pernicieuse. En son temps, il y a plus de deux mille ans, Aristote a hérité d'un *langage* structurellement de facture-primitive. Lui, comme l'immense majorité d'entre nous aujourd'hui, n'a jamais réalisé que ce qui se passe à l'extérieur de notre peau *n'*est assurément *pas* des mots. Nous ne 'pensons' jamais à cette distinction, mais nous reprenons tous sémantiquement le flambeau de nos parents et nous associons leurs formes habituelles de représentation impliquant la structure contenue dans **LE** langage dans lequel nous parlons de ce monde, sans savoir, ou alors en oubliant, qu'un langage pour être apte à représenter ce monde devrait au moins avoir la structure de ce monde.

Permettez-moi d'illustrer cela par un exemple structurel : prenons une feuille verte de facture humaine. Nous voyons que de la *couleur verte a été ajoutée*. Prenons maintenant une feuille verte naturelle. Nous constatons que la couleur verte *n'a pas* été *ajoutée*, mais que la feuille verte naturelle doit être considérée comme un processus, une affaire *fonctionnelle* qui *est devenue* verte sans que personne n'y ait ajouté de couleur verte. Dans les anciennes mythologies sauvages, il y avait toujours des démons de forme *humaine* qui pour de vrai fabriquaient tout avec leurs *mains*. Cette mythologie primitive a construit un langage 'plus' ou additif qui attribuait au monde une structure anthropomorphique. Cette fausse idée de la structure du monde se reflétait à son tour dans le langage. Il s'agissait d'un langage sujet-prédicat, d'un langage 'plus', et non d'un langage *fonctionnel*, comme il devrait l'être pour s'adapter à la structure du monde.

C'est là que nous rencontrons un fait extraordinaire, à savoir qu'un langage, n'importe quel langage, repose sur certaines métaphysiques qui attribuent, consciemment ou inconsciemment, une sorte de structure à ce monde. Nos anciennes mythologies attribuaient une structure anthropomorphique au monde et, bien sûr, sous l'emprise de cette illusion, les primitifs ont construit un langage pour représenter un tel monde et lui ont donné une forme sujet-prédicat. Cette forme sujet-prédicat était également étroitement reliée à nos 'entrées sensorielles', sous une forme primitive très élémentalistique.

Cette tendance au 'plus' n'a pas seulement façonné notre langage, mais même en mathématiques et en physique, nous sommes encore beaucoup plus à l'aise avec les équations linéaires ('plus'). Ce n'est que depuis Einstein que nous avons commencé à travailler sérieusement sur de nouvelles formes de représentation qui ne sont plus exprimées par des équations linéaires (ou 'plus'). À présent, nous rencontrons de sérieuses difficultés dans ce domaine. Il faut admettre que les équations linéaires sont beaucoup plus simples que les équations non-linéaires. J'expliquerai plus loin que la notion de causalité deux-valuée est strictement liée à cette linéarité ou *additivité*.

Ni Aristote ni ses disciples immédiats ne se sont rendus compte ou n'ont pu se rendre compte de qui a été dit ici. Ils ont pris la structure du langage de facture primitive pour acquis et ont continué à formuler une grammaire philosophique de ce langage primitif, grammaire qu'ils ont appelée - à notre grand détriment sémantique - 'logique', la définissant comme les 'lois de la pensée'. En raison de cette formulation dans une théorie générale, nous avons l'habitude, même aujourd'hui, d'infliger à nos enfants cette 'grammaire philosophique' du langage primitif, et ainsi, dès l'enfance, de les emprisonner inconsciemment par la *structure* du langage et la prétendue 'logique', dans un univers anthropomorphique, structurellement primitif.

L'enquête montre que trois grands noms de notre histoire ont été très étroitement liés : Aristote, qui a formulé une théorie générale d'un langage primitif, une sorte de 'grammaire philosophique' de ce langage, et l'a appelée 'logique' ; Euclide, qui a construit le premier système 'logique' presque autonome, que nous appelons 'géométrie' ; et, enfin, Newton, qui a complété ces systèmes structurels en formulant les fondements de la mécanique macroscopique. Il se trouve que ces trois systèmes ont une métaphysique structurelle sous-jacente, bien que Newton ait corrigé certaines des erreurs les plus flagrantes d'Aristote. Ces premiers systèmes ne sont jamais structurellement satisfaisants et, avec le temps, on s'est aperçu qu'ils contenaient des hypothèses structurelles injustifiées que leurs adeptes ont tenté d'éluder. Il était naturel que les innovateurs rencontrent une forte résistance, car ces anciens systèmes étaient devenus si élaborés qu'ils impressionnaient les 'irréfléchis' par leur finalité. Les révisions se sont donc faites très lentement et très timidement. Dans le cas d'Aristote, la révision était encore plus difficile parce que les 'philosophies' religieuses en vigueur du monde occidental étaient inextricablement liées au système-A (*Aristotélicien*). Les chefs religieux ont pris une position ferme et, au XVIIe siècle encore, ont menacé de mort les critiques d'Aristote.

Aujourd'hui encore, il est extrêmement difficile de réviser Aristote, car ces trois systèmes exercent sur nous une emprise sémantique considérable. De nombreux facteurs sémantiques ont contribué à cette emprise. Tout d'abord, ils ont été établis par des êtres humains réellement très doués. Deuxièmement, il ne s'agissait pas de sages épigrammes, mais de véritables systèmes dotés d'une structure définie et, en tant que tels, extrêmement difficiles à remplacer. Il ne suffisait évidemment pas de trouver un point faible dans l'un de ces systèmes ; le nouveau bâtisseur de système devait remplacer l'ancienne structure par une structure tout aussi complète, et c'était là une tâche très laborieuse et difficile. Troisièmement, ces systèmes étaient strictement unifiés par une métaphysique structurelle et des *réactions sémantiques* ; ils collaboraient les uns avec les autres et s'entraidaient. Enfin, l'interdépendance de ces systèmes reposait dans une large mesure sur la structure du langage primitif, sur laquelle Aristote avait légiféré, et qui était acceptée par pratiquement tous les Indo-Européens, et donc intrinsèquement liée à nos habitudes de parler quotidiennes et de nos *réactions sémantiques*. Ensemble, ces quatre facteurs constituaient un pouvoir énorme, s'opposant à toute tentative de révision.

Nous ne nous rendons pas compte de l'énorme pouvoir qu'exerce la structure d'un langage habituel. Il n'est pas exagéré de dire qu'elle fait de nous des esclaves à travers le mécanisme des *réactions sémantiques* et ce que la structure qu'un langage exhibe, et imprime sur nous inconsciemment, est *automatiquement projetée* sur le monde qui nous entoure. Ce pouvoir sémantique est en effet si incroyable que je ne connais personne, même parmi les scientifiques bien formés, qui, après avoir admis qu'un argument est correct, ne nie pas ou n'ignore pas la minute suivante (généralement inconsciemment) pratiquement tous les mots qu'il a prononcés, étant à nouveau emporté par les implications structurelles de l'ancien langage et par ses réactions sémantiques.

Cet esclavage linguistique rend la critique très difficile, car la majorité des critiques, par leurs *réactions sémantiques*, défendent inconsciemment des implications structurelles et linguistiques, au lieu d'analyser ouvertement la structure des faits en question. Toutes nos avancées se font très lentement, très douloureusement et de manière hésitante, parce que les nouveaux travaux scientifiques, y compris les théories d'Einstein et les nouvelles théories quantiques, ont tous une structure *non-élémentalistique*, alors que nos langages quotidiens sont *élémentalistiques* et absolutistes et tordent pathologiquement nos habitudes de 'pensée' et nos *réactions sémantiques*. Il n'y a pas d'aide à attendre des prétendus 'psychologues'. Pour ne pas laisser le lecteur dans l'expectative trop longtemps, permettez-moi de dire ici - même si cela sera expliqué plus loin - que le principal accomplissement d'Einstein réside précisément dans le fait qu'il a refusé de diviser *verbalement* 'espace' *et* 'temps', qui expérimentalement ne peuvent pas être divisés de la sorte. Il y est parvenu avec l'aide du mathématicien Minkowski, qui a inventé un langage d'une structure *nouvelle*, à savoir l'"espace-temps" quadridimensionnel, dans lequel on peut parler des événements. Ce procédé a rendu possible la théorie générale d'Einstein et a affecté les nouvelles théories quantiques. Dans le présent travail, pour pouvoir parler de l'organisme-comme-un-tout, nous devons introduire ce principe *non-élémentalistique* comme fondamental et l'appliquer.

La première science à briser l'anneau structurel traditionnel a été la géométrie. Des systèmes $\bar{E}$ à part entière ont été construits. À la suite de ces systèmes $\bar{E}$, des systèmes $\bar{N}$ ont été construits (Einstein, quantum), et le 'temps' est mûr pour construire un système-$\bar{A}$, dont l'auteur actuel est à l'origine dans son ouvrage *Manhood of Humanity*, et qui est formulé sous la forme d'une ébauche structurelle d'une théorie générale dans le présent volume.

Dès que ce nouveau système-$\bar{A}$ a été définitivement formulé, un résultat très curieux, naturel et pourtant inattendu est apparu, à savoir que les trois nouveaux systèmes, le $\bar{A}$, le $\bar{E}$ et le $\bar{N}$ ont *également* une structure et une métaphysique sous-jacentes. Ce fait ajoute à l'importance de la situation. Ces trois nouveaux systèmes ont été produits indépendamment l'un de l'autre. Ils expriment entre eux le besoin et l'aspiration structurels et sémantiques de toute la science moderne. Leur interdépendance mutuelle, leur structure mutuelle, leur métaphysique mutuelle, leur méthode mutuelle sont précieuses, car lorsque la nature vitale des questions en jeu sera clairement perçue, on trouvera opportun de *partir* de cette interdépendance comme base, bien que, historiquement parlant, elle n'ait pas été un facteur dans la production de ces systèmes.

Cela ne semble pas être clairement compris par tous les scientifiques. J'ai lu, par exemple, des articles scientifiques dans lesquels on reproche à Einstein de ne pas avoir *commencé* par les géométries $\bar{E}$, mais de les avoir incorporées dans son système seulement à un stade ultérieur. Cet argument, bien sûr, n'est pas contre Einstein, mais pour Einstein. Des remarques similaires pourraient être faites à propos de ce travail ; et encore une fois, ce ne serait pas un argument contre ce travail, mais pour lui. Tous ces nouveaux systèmes représentent des avancées méthodologiques et structurelles, et auront joué leur rôle sémantique même si, un jour, ils sont rejetés et remplacés par des systèmes de structure différente.

Historiquement, les tentatives en direction d'une discipline $\bar{A}$ ont été très nombreuses. En effet, l'invention de tout nouveau terme important à caractère non sujet-prédicat, ou à caractère fonctionnel, était en soi une tentative dans le sens $\bar{A}$. Toutes les sciences ont dû abandonner les vocabulaires communs et construire leurs propres terminologies, dont beaucoup sont aussi $\bar{A}$. Bien que toutes ces tentatives aient été faites, et qu'elles aient souvent été couronnées de succès dans leur domaine, à ma connaissance, elles n'ont pas été faites de manière consciente. Le terme accepté ici, à savoir 'non-aristotélicien', est très utile, non seulement parce qu'il est approprié et qu'il illustre très bien ce à quoi nous devons faire face, mais aussi parce qu'il met l'accent correctement et nous rend conscients des questions structurelles. Le fait que les trois nouveaux systèmes-non aient autant de points communs que les trois anciens recommande et justifie l'utilisation de ce terme. Le nouveau problème qui se pose, à savoir la validité ou la non-validité de la loi A (*Aristotélicienne*) du tiers exclu, conduit automatiquement aux 'logiques' non-chrysippiennes et $\bar{A}$ ∞-valuées, qui se confondent avec la théorie des probabilités.[1] Selon l'usage admis, il suffit de construire un système qui diffère d'un système plus ancien par un *seul postulat*, pour justifier (par exemple) le nom de 'non-euclidien'.

L'étendue de ce chapitre particulier ne me permet pas de développer ce problème difficile et important des différences entre les systèmes A et $\bar{A}$, mais à titre d'orientation, une courte liste de différences structurelles est donnée ici ; toutes ces différences impliquent de nouveaux facteurs sémantiques.

La forme primitive de représentation dont Aristote a hérité, ses implications structurelles et sa 'grammaire philosophique', appelée 'logique', sont étroitement interconnectées, à tel point que l'une conduit à l'autre.

Dans le système-$\bar{A}$ actuel, je rejette la structure supposée d'Aristote, généralement appelée 'métaphysique' *(vers* 350 av. J.-C.), et j'accepte la science moderne (1933) comme ma 'métaphysique'.

Je rejette les aspects structurels et sémantiques suivants du système-*A* (*Aristotélicien*), que j'appellerai postulats, et qui sous-tendent la fonction-système-*A* (*Aristotélicienne*) :

1) Le postulat d'unicité de la représentation sujet-prédicat.

2) La 'logique' élémentalistique deux-valuée, telle qu'elle s'exprime dans la loi du 'tiers exclu'.

3) La confusion nécessaire par manque de discrimination entre le 'est' d'identité, que je rejette complètement, et le 'est' de prédication (NdT : Action de prédiquer ; énoncé par lequel on attribue un prédicat à un sujet, ou relation qui est établie entre le sujet et le prédicat par un tel énoncé. En français courant prédication équivaut à attribution), le 'est' de l'existence, et le 'est' utilisé comme verbe auxiliaire.

4) L'élémentalisme, tel qu'il est illustré par la division nette supposée de 'sensorialité' *et* 'esprit', de 'percept' *et* 'concept', de 'émotions' *et* 'intellect', etc.

5) La théorie *élémentalistique* de la 'signification'.

6) Le postulat *élémentalistique* de 'cause-effet' deux-valué.

7) La théorie *élémentalistique* des définitions, qui ne tient pas compte des termes non-définis.

8) La théorie tridimensionnelle des propositions et du langage.

9) L'hypothèse de la validité cosmique de la grammaire.

10) La préférence pour les méthodes intensionnelles.

11) La définition additive et *élémentalistique* du terme 'être humain'.

Cette liste n'est pas complète, mais elle est suffisante pour mon objectif et pour l'orientation.

Je rejette entièrement l'utilisation du 'est' d'identité, parce que l'identité n'est jamais trouvée dans ce monde, et je conçois des méthodes pour rendre ce rejet possible.

Je fonde la fonction-système-$\bar{A}$ et le système tout entier sur le négatif *'n'est pas'*, prémisses qui ne peuvent être niées sans la production de données impossibles, et j'accepte donc la 'différence', la 'différenciation', etc., comme fondamentales.

J'accepte les relations, la structure et l'ordre comme fondamentaux.

J'accepte la 'logique des probabilités' beaucoup-valuée de Łukasiewicz et Tarski, plus générale, plus correcte d'un point de vue structurel, qui, dans mon système *non-élémentalistique*, devient une sémantique ∞-valuée.*

J'accepte la représentation fonctionnelle chaque fois que possible.

J'introduis le principe du non-élémentalisme et l'applique tout au long du processus, ce qui conduit à :

(a) une théorie non-élémentalistique des significations ;

---

* J'utilise le terme infini, ou ∞-valué dans le sens de Cantor comme une variable finie.

(b) une théorie non-élémentalistique des définitions fondées sur des termes non-définis ;

(c) une théorie psychophysiologique des réactions sémantiques.

J'accepte l'individualité absolue des événements sur les niveaux objectiques indicibles, ce qui nécessite la conclusion que *toutes les déclarations* à leur sujet ne sont probables qu'à des degrés divers, introduisant un *principe général d'incertitude* dans *toutes les déclarations*.

J'accepte l'"existence logique" comme fondamentale.

J'introduis les méthodes différentielles et quadridimensionnelles.

J'accepte la fonction propositionnelle de Russell.

J'accepte la fonction doctrinale de Keyser et je généralise la fonction de système de Sheffer.

J'introduis la théorie quadridimensionnelle des propositions et du langage.

J'établis la *multiordinalité* des termes.

J'introduis et j'applique des considérations psychophysiologiques sur les ordres *non-élémentalistiques* d'abstractions.

J'élargis la relation à deux termes 'cause-effet' en une causalité ∞-valuée.

J'accepte le déterminisme ∞-valué de la probabilité maximale au lieu du déterminisme moins général deux-valué.

Je fonde le système-$\bar{A}$ sur des méthodes extensionnelles, ce qui nécessite l'introduction d'une nouvelle ponctuation indiquant le 'etc.' dans un grand nombre d'énoncés.

Je définis le terme 'être humain' en termes *non-élémentalistiques* et fonctionnels.

Cette liste n'est pas non plus exhaustive et est donnée à titre d'orientation et de justification du nom d'un *système non-aristotélicien*.

En gros, toutes les sciences se développent dans la direction $\bar{A}$. Plus elle réussit à surmonter les anciennes implications structurelles du discours et plus elle réussit à construire de nouveaux vocabulaires, plus elle progressera et plus elle sera rapide.

À présent, nos relations humaines sont encore principalement fondées sur la *fonction-système-A* (*Aristotélicienne*). Les enjeux sont clairs. Ou bien nous aurons une science de l'être humain et, par conséquent, nous devrons nous séparer des implications structurelles de notre ancien langage et des réactions sémantiques correspondantes - ce qui signifie que nous devrons construire une nouvelle terminologie, qui est $\bar{A}$ dans sa structure, et utiliser des méthodes différentes ; ou bien nous resterons dans les griffes sémantiques A (*Aristotélicienne*), utiliserons un langage et des méthodes A (*Aristotélicienne*), impliquant des *réactions sémantiques* plus anciennes, et n'aurons pas de science de l'être humain. Comme je suis engagé dans la construction d'une science de l'être humain, tous les écarts que je suis forcé de faire par rapport aux méthodes acceptées sont des préliminaires sémantiques nécessaires à la construction de mon système et n'ont pas besoin d'être excusés.

Il n'est pas exagéré de dire que les systèmes A, E et N ont en commun une caractéristique structurelle et sémantique des plus intéressantes, à savoir qu'ils ont quelques 'infinis' injustifiés de trop. Les systèmes modernes $\bar{E}$, $\bar{N}$ et enfin $\bar{A}$, après analyse, éliminent ces notions injustifiées. De nouveaux systèmes apparaissent, assez différents des anciens, qui ont à nouveau en commun cette caractéristique structurelle, à savoir qu'ils ont quelques 'infinis' de moins - un facteur sémantique important, en particulier dans le système-$\bar{A}$, car il contribue à éliminer nos anciennes mythologies délirantes. Dans la reconstruction mathématique de Brouwer, Weyl et de l'école polonaise, une tendance similaire est apparue, conduisant à la révision des notions mathématiques d'infini. Par exemple, le système-E implique plusieurs hypothèses structurelles sur l'infini. Dans ce système, une ligne a une longueur infinie, la constante d'espace est infinie et l'unité naturelle de longueur est également infinie. Dans le système-N, la vitesse de la lumière est inconsciemment supposée infinie, une hypothèse structurelle fausse quant aux faits. Le système-A (*Aristotélicien*) implique également des hypothèses d'infinité fausses, expliquées plus loin. Il est extrêmement intéressant de noter que dans tout système, un résultat similaire découle de l'introduction de ces différentes 'infinités' ; à savoir, lorsqu'une telle 'infinité' est introduite dans le dénominateur, elle fait disparaître toute l'expression. Quand, dans l'observation des vrais faits, une caractéristique nous *échappe* complètement, par exemple l'ordre, cela conduit à l'introduction d'un 'infini' quelque part. En d'autres mots, une observation défectueuse et insuffisante conduit à l'introduction, quelque part dans nos systèmes, "d'infinis" chimériques.

Je dois souligner encore une fois les difficultés sémantiques qui nous assaillent, dans la formation d'un nouveau système-$\bar{A}$, principalement à cause du manque d'une psycho-logie scientifique *non-élémentalistique* et d'une sémantique générale. N'ayant pas de théories générales pour nous guider dans nos recherches, nous devons choisir d'autres procédés. Nous pouvons passer en revue les accomplissements de l'humanité qui se sont avérés les plus bénéfiques et les plus durables, *étudier* leur structure et essayer de nous-même nous entraîner, ainsi qu'entraîner nos *réactions sémantiques*, à répéter les processus et les méthodes psychologiques qui les ont produites. C'est ainsi que nous sommes amenés à étudier la structure des mathématiques et des sciences, à acquérir l'habitude d'une 'pensée' rigoureuse et critique et à nous doter de nouvelles *réactions sémantiques*. Naturellement, une telle méthode est gaspilleuse ; il serait plus simple d'avoir des théories générales *non-élémentalistiques*, que j'ai proposé d'appeler sémantique générale et psycho-logique, remplaçant les anciennes 'logique' et 'psychologie' élémentalistiques, et d'étudier ces formulations courtes, structurellement correctes et prêtes à l'emploi pour former nos *réactions sémantiques* plutôt que d'étudier les véritables performances des scientifiques et des mathématiciens, et de formuler ces généralisations pour nous-mêmes. Mais, jusqu'au présent ouvrage, il n'était pas possible de le faire.

Pour ces raisons, nous devrons, dans les chapitres suivants, faire une brève enquête des différents accomplissements scientifiques sans entrer dans les détails techniques, mais en donnant suffisamment de ces détails pour indiquer la structure et son incidence sur les réactions sémantiques. Tout ce qui sera dit aura un caractère strictement élémentaire et le lecteur intelligent ne rencontrera pas de difficultés particulières pour suivre l'enquête.

Le choix d'un matériau approprié a posé un problème très sérieux. J'ai consulté de nombreux amis et j'ai fait appel à mon meilleur jugement, étayé par une certaine expérience. Un facteur important a été la catégorie de lecteurs pour laquelle ce livre a été écrit. Tôt ou tard, une nouvelle branche de la science devra être - et sera - créée pour la poursuite de cette enquête $\bar{A}$; le futur étudiant et enseignant doit donc avoir au moins un aperçu des principaux problèmes. Il a semblé plus judicieux d'esquisser les principales questions relatives au sujet que d'approfondir certaines d'entre elles. La charge de produire une abondante littérature scientifique nouvelle sur la structure et les réactions sémantiques incombe aux mathématiciens, psychiatres, linguistes, psycho-physiologistes, etc. Dans ce domaine, l'expérience m'a appris que très peu de choses ont été faites et qu'une grande partie de ce qui a été fait ne peut être accepté sans une révision en profondeur *non-élémentalistique*. Il semble plus commode de ne pas renvoyer le lecteur à un trop grand nombre de livres, et plus opportun que l'auteur ne prenne pas trop de choses pour acquis ; c'est pourquoi la plupart des informations structurelles et sémantiques nécessaires à une lecture intelligente sont données, ainsi que des références supplémentaires pour les étudiants qui souhaitent approfondir le sujet.

Le lecteur constatera que l'accent a été mis sur le principe *non-élémentalistique*. Entre-temps, j'ai dû utiliser certains termes *élémentalistiques* dans la rédaction. Dans ce cas, j'ai utilisé les anciens termes entre guillemets. La raison en est qu'il est impossible de faire autrement avant que la théorie générale complète ne soit développée. En outre, même si l'on utilisait dès le départ les termes 'organisme-comme-un-tout', cela ne serait pas non plus tout à fait adéquat, car l'organisme-comme-un-tout ne peut et ne doit pas être séparé structurellement de son environnement ; les termes doivent donc être élargis pour couvrir, implicitement, l'environnement.

Nous verrons plus loin que tous les langages présentent des caractéristiques similaires aux langages mathématiques. Par exemple, dans le langage *Aristotélicien*, le mot 'pomme', qui n'a pas d'indice individuel ni de date, *n'est pas* un nom pour un objet défini ou une étape d'un processus *qui sont tous différents*, mais un nom *pour une définition* qui, en principe, est mono-valuée, alors que les processus objectiques sont ∞-valués. Si ce mécanisme n'est pas clairement compris, nous sommes obligés, lorsque nous traitons des étapes de processus ∞-valué, d'identifier les ∞ valeurs en une ou quelques valeurs. Les considérations ci-dessus nécessitent une nouvelle théorie *non-élémentalistique* des significations qui soit en accord avec la structure du monde et de notre système nerveux.

La distinction entre les langages mathématiques et physiques est structurellement la plus importante, bien qu'une fois l'identification entièrement éliminée, nous découvrirons que toutes les caractéristiques possibles trouvées dans ce monde sont dues à la *structure* et peuvent donc être exprimées en termes de structure, de relations et d'ordre multi-dimensionnel.

Plusieurs difficultés similaires apparaîtront par la suite, toutes ayant une caractéristique générale similaire : à savoir, nous semblons nous trouver dans une impasse, dont il n'y a pas d'issue. Pourtant, il est possible de s'en sortir, non pas en résolvant le problème à la façon ancienne, mais en le reformulant de manière à ce qu'une solution soit possible. Cette méthode est extrêmement utile en mathématiques et semble pouvoir être appliquée à la vie.

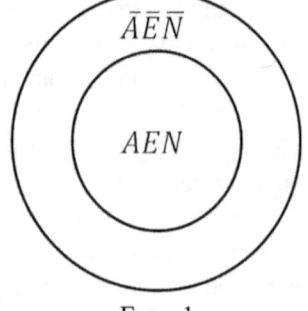

Fig. 1

Si nous comparons les trois systèmes d'Aristote, d'Euclide et de Newton, désignés respectivement par *A, E et N* dans la Fig. 1, avec les systèmes non-aristotéliciens, non-euclidiens et non-newtoniens, désignés par $\bar{A}$, $\bar{E}$ et $\bar{N}$, un fait très important doit être noté ; à savoir que la trilogie $\bar{A}\bar{E}\bar{N}$ est *plus générale* que l'*AEN*. Ce fait a des conséquences sémantiques et pratiques considérables et peut peut-être être mieux expliqué à l'aide d'un diagramme. Nous voyons que la trilogie $\bar{A}\bar{E}\bar{N}$ inclut la trilogie *AEN* comme cas particulier, ce qui signifie que tous les lecteurs qui ont déjà été rééduqués aux nouvelles *réactions sémantiques* $\bar{A}\bar{E}\bar{N}$ ont moins de difficultés à comprendre l'ancien *AEN,* simplement parce que les anciens systèmes ne sont que des cas particuliers du nouvel $\bar{A}\bar{E}\bar{N}$. Mais ce n'est pas le cas des lecteurs qui ont encore les *réactions sémantiques* de l'ancien *AEN* ; ils doivent élargir leur point de vue limité, comprendre plus que ce qu'ils savaient auparavant, et auront donc de sérieuses difficultés sémantiques pendant un certain temps, et, peut-être, deviendront impatients ou même fâchés. Avec la compréhension de cette plus grande généralité du nouvel $\bar{A}\bar{E}\bar{N}$, une grande partie de ce désagrément sémantique futile peut peut-être être éliminée.

Je ne connais pas de meilleur exemple pour illustrer cela que de renvoyer le lecteur à un petit livre élémentaire, *Debate on the Theory of Relativity (Débat sur la théorie de la relativité)*, publié par l'Open Court Co. à Chicago.2 Il est vraiment intéressant de voir à quel point les einsteinistes sont de bonne humeur par rapport aux newtoniens. Ce livre est suggéré parce qu'il est élémentaire, extrêmement instructif et qu'il vaut la peine d'être lu. Mais toute la littérature sur l'euclidisme, le non-euclidisme, le newtonianisme et le non-newtonianisme prouve amplement les affirmations ci-dessus. Il reste à voir quel genre de fleurs verbales les aristotéliciens lanceront aux non-aristotéliciens, mais on peut s'attendre à un certain tumulte verbal et sémantique.

On peut s'attendre à ce que cet élargissement des horizons ne soit atteint qu'avec difficulté, car il nécessite une modification des réactions habituelles, passant de réactions sémantiques mono-, deux- ou trois-valuées à de nouvelles *réactions sémantiques* ∞-valuées, ce qui n'est généralement pas facile à réaliser. Mais il ne fait guère de doute que l'avenir en dépend et que nous ne pourrons donc pas y échapper indéfiniment.

Comme nous ne tenons généralement pas compte des aspects 'émotionnels' des activités 'intellectuelles', permettez-moi de souligner une fois de plus que même les réalisations purement 'intellectuelles' ont leurs composantes 'émotionnelles' et que celles-ci sont incluses dans les réactions sémantiques non-élémentalistiques. Il semble qu'une compréhension ∞-valuée plus large ait un effet bénéfique sur nos *réactions sémantiques*, un résultat auquel on devrait s'attendre si, comme c'est le cas actuellement, nous n'avons aucune raison de douter que l'organisme-comme-un-tout est une généralisation structurelle *non-élémentalistique* fiable.

PARTIE III
LES STRUCTURES NON-ÉLÉMENTALISTIQUES

L'histoire de la pensée humaine peut être grossièrement divisée en trois périodes. Chaque période a évolué progressivement à partir de la précédente. Le début d'une période chevauche l'autre. Je prendrai comme base de ma classification la relation entre l'observateur et l'observé. . . .

La première période peut être appelée la période grecque, Métaphysique ou Préscientifique. À cette époque, l'observateur était tout, l'observé n'avait pas d'importance.

La deuxième période peut être qualifiée de Classique ou Semi-Scientifique - qui règne encore dans la plupart des domaines - où l'observateur n'est presque rien et où la seule chose qui compte est l'observé. Cette tendance a donné naissance à ce que l'on peut appeler l'empirisme brut et le matérialisme brut.

La troisième période peut être appelée Période Mathématique ou Scientifique.... *Au cours de cette période, l'humanité comprendra (certains le comprennent déjà) que tout ce que l'être humain peut connaître est un phénomène conjoint de l'observateur et de l'observé.* . . .

On peut se demander ce qu'il en est des 'intuitions', des 'émotions', etc.? La réponse est simple et positive. C'est une erreur des anciennes écoles de diviser l'être humain en parcelles, en éléments ; toutes les facultés humaines constituent un tout interconnecté. . . . (280)

A. KORZYBSKI

L'organisme est inexplicable sans environnement. Chacune de ses caractéristiques a des relations d'une manière ou d'une autre à des facteurs environnementaux. Et en particulier l'organisme comme un tout, c'est-à-dire l'unité et l'ordre, les différences physiologiques, les relations et les harmonies entre ses parties, n'ont aucune signification si ce n'est en relation avec un monde extérieur. (92)

CHARLES M. CHILD

En réalité, c'est le cerveau dans son ensemble qui est le centre de l'association et l'association est la raison d'être du système nerveux dans son ensemble. (411)

HENRI PIÉRON

Les conceptions de espace et temps que je souhaite vous présenter sont issues de la physique expérimentale, et c'est là que réside leur force. Elles sont radicales. Désormais, l'espace par lui-même et le temps par lui-même sont condamnés à s'effacer pour devenir de simples ombres, et seule une sorte d'union des deux préservera une réalité indépendante. (352)

H. MINKOWSKI

Cette hypothèse n'est pas admissible en physique atomique, car l'interaction entre l'observateur et l'objet provoque des changements incontrôlables et importants dans le système observé, en raison des changements discontinus qui caractérisent les processus atomiques. (215)

W. HEISENBERG

Eh bien, c'est l'une des caractéristiques par lesquelles nous reconnaissons les faits qui donnent de grands résultats. Ce sont ceux qui permettent ces heureuses innovations du langage. Le fait brut n'est donc souvent pas d'un grand intérêt, on peut le rappeler maintes fois, sans avoir rendu de grands services à la science. Il ne prend de la valeur que lorsqu'un penseur plus avisé perçoit la relation qu'il représente et la symbolise par un mot. (417)

H. POINCARÉ

CHAPITRE VIII
ÉPISTÉMOLOGIQUE GÉNÉRALE

> Le gradient physiologique est un cas de mémoire protoplasmique puisqu'il représente la persistance des effets de l'action de l'environnement. L'établissement d'un gradient dans un protoplasme peut être considéré comme un processus d'apprentissage.
>
> CHARLES M. CHILD

Dans ce qui a déjà été dit, nous avons insisté à plusieurs reprises sur le principe de 'l'organisme-comme-un-tout'. Ce principe est structurel, il implique les facteurs sémantiques les plus importants et mérite donc un examen plus détaillé.

Depuis l'époque d'Aristote, il y a plus de deux mille ans, ce principe a été souvent mis en valeur, souvent déprécié, mais, en tout état de cause, rarement appliqué. Pourtant, il semble évident que tout ce que nous savons de la vie et des organismes justifie un tel principe.

Les arguments de certains expérimentateurs qui déprécient ce principe ou s'y opposent semblent tous être du même type et sont peut-être le mieux exprimés par le professeur H. S. Jennings qui, dans sa revue amicale du livre de Ritter sur la *Conception Organique de la Vie*, conclut qu'une telle 'conception organique' est tout à fait justifiée, mais qu'elle est tout à fait stérile et n'aide pas les travailleurs de laboratoire.

Il faut admettre qu'à l'époque où le livre de Ritter et la revue de Jennings ont été écrits, une telle affirmation était *apparemment* justifiée. Le principe est généralement traité comme une généralisation grossière de l'expérience et n'est pas analysé plus avant ; les conséquences *structurelles*, épistémologiques, psycho-logiques et sémantiques n'étaient pas connues, de sorte que les chercheurs en laboratoire ne se rendaient pas compte qu'ils avaient besoin de *beaucoup d'aide*.

Comme nous l'avons déjà vu, les principales questions sémantiques étaient et sont toujours d'ordre *structurel*. Comment pouvons-nous appliquer le principe de l'organisme-comme-un-tout si nous insistons pour conserver un langage et une attitude *élémentalistiques*? Naturellement, si le principe n'est pas appliqué, il est inutile de chercher les conséquences sémantiques d'un principe non appliqué. Mais une fois le principe appliqué, il faut construire un nouveau langage, avec une structure différente et, *par conséquent, de nouvelles implications* qui suggèrent une longue série de nouvelles expériences.

Une théorie nouvelle et structurellement différente peut être résumée en un seul terme, comme par exemple 'tropisme' ou 'gradient dynamique', un fait qui non seulement révolutionne nos connaissances mais qui conduit également à des expériences entièrement nouvelles et à d'autres connaissances. Les expériences, en tant que telles, fournissent toujours des données relationnelles, structurelles, selon lesquelles, dans telles ou telles conditions, tels ou tels résultats s'ensuivent. L'attitude et le langage non-élémentalistiques, par opposition à l'ancien élémentalisme, font partie d'un problème sémantique plus large et plus fondamental, à savoir la *similarité de structure* entre le langage et le monde extérieur. Une telle similarité conduit à la similarité des relations 'logiques', à la prédictibilité, et ainsi de suite, et en général à la compréhension de la structure du monde et à de *nouvelles réactions sémantiques*.

Il existe de nombreux exemples de termes tels que organisme-comme-un-tout, mais pour l'instant nous ne mentionnerons que les termes 'tropisme' dans le sens généralisé de Loeb et les 'gradients dynamiques ou physiologiques' du professeur Child. Le terme 'tropisme' désigne la réponse de l'organisme-comme-un-tout à des stimuli externes particuliers. Par exemple, le terme 'héliotropisme' s'applique lorsque l'organisme réagit à l'influence de la lumière ; 'chimiotropisme', lorsqu'il réagit à des stimuli chimiques ; 'galvanotropisme', lorsque l'organisme réagit à une stimulation galvanique (électrique), etc.

Le terme 'gradient dynamique ou physiologique' est à la base du système biologique $\bar{A}$ du professeur Child. En raison de son importance, je vais expliquer en détail la signification de ce terme.[1]

Tout protoplasme présente empiriquement une caractéristique structurelle que l'on peut appeler 'excitabilité', qui apparaît comme une réaction du protoplasme vivant aux influences dynamiques externes. Cette 'excitabilité', en tant que caractéristique structurelle, devient évidente si l'on considère qu'un protoplasme structurellement désintégré est colloïdalement inactif et devient 'mort'. Bon nombre des caractéristiques les plus importantes du protoplasme vivant sont strictement liées à l'intégrité structurelle.

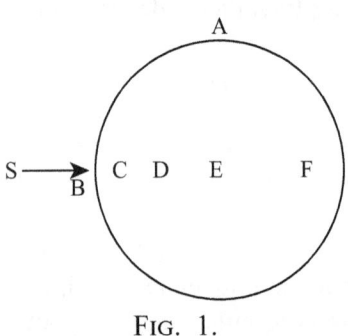

Fig. 1.

Cette 'excitabilité' se produit dans un *plénum structurel* et est transmise à d'autres régions du protoplasme à des vitesses différentes mais finies, et non pas 'en un rien de temps', comme le dirait Alice. Imaginons un morceau de protoplasme vivant et non-différencié, à l'exception de la surface limite (A). Cette surface limite représente la partie du protoplasme qui est en contact direct avec l'environnement.

Si le facteur dynamique externe (S) excite cette partie vivante du protoplasme en un point (B), ce stimulus sera le plus fort en (B), et il s'étendra aux parties plus éloignées de (A) selon un gradient décroissant. Si la décroissance n'est pas trop forte, le stimulus atteindra les régions les plus éloignées de (A), à savoir (C), (D), (E), (F), etc.

La présence ou l'absence de la décrémentation ou sa pente et l'intensité de l'excitation pendant la transmission dépendent des caractéristiques spécifiques du protoplasme et varient d'un individu à l'autre, et dans différentes régions et sous différentes conditions, varient chez un même individu.

Ainsi, nous voyons qu'une cellule vivante a une relation nécessaire avec l'environnement et les énergies externes en raison de sa surface qui la limite. La différence entre 'l'intérieur de la peau' et 'l'extérieur de la peau' établit l'organisme-comme-un-tout. L'interaction entre l'intérieur et l'extérieur est structurelle et fournit les énergies qui activent l'organisme. La formation de la membrane ne dépend généralement pas de la constitution d'un protoplasme particulier, mais est plutôt une réaction générale de tous les protoplasmes aux influences de l'environnement.

Les preuves dont nous disposons semblent montrer que dans tous les protoplasmes dans lesquels nous ne trouvons pas de voies conductrices spécialisées, une certaine diminution apparaît, de sorte que l'efficacité de la transmission est limitée. Dans un protoplasme primitif non-différencié, différents points plus éloignés de (B) montreront différents degrés de changements excitateurs diminuant à partir de (B). À un certain moment, la transmission peut cesser complètement.

Le résultat, alors, devient un gradient d'excitation-transmission plus ou moins long, dont les différents niveaux représentent divers degrés ou intensités d'excitation.

La région primaire d'excitation (B) est physiologiquement plus affectée et dominante que les autres régions auxquelles l'excitation est transmise, parce qu'elle a plus d'effet sur elles qu'elles n'en ont sur elle. L'effet de ces conditions donne lieu à un modèle structurel temporaire de l'organisme. La région d'excitation primaire (B) devient la région dominante et les autres régions lui sont subordonnées.

La potentialité d'excitation et de transmission était structurellement présente dans le protoplasme, mais elle ne pouvait pas produire le schéma qui résultait de l'excitation externe. Nous voyons que l'action du facteur externe était nécessaire pour la réalisation du modèle physiologique défini dont les potentialités se trouvaient dans le protoplasme.

Ces nouveaux schémas d'excitation-transmission présentent toutes les caractéristiques de nouveaux schémas structurels dans la masse protoplasmique. Ils déterminent des différences localisées en différents points, (C), (D), (E), etc. Ces différences et les *relations* avec la région dominante (B) constituent un axe physiologique dont (B) est l'un des pôles. Ce nouveau schéma constitue une nouvelle intégration structurelle, qui est un phénomène conjoint des potentialités du protoplasme et de l'action de l'environnement. Cette relation est d'un caractère fonctionnel et non simplement 'plus'. Child montre que les axes physiologiques, dans leurs formes les plus simples, sont similaires à ces gradients d'excitation-transmission, voire en sont le résultat.

Pour que l'organisme fonctionne comme-un-tout, une sorte de modèle d'intégration est nécessaire. Le comportement de l'organisme-comme-un-tout résulte, d'une part, des modèles déjà présents et, d'autre part, des possibilités de développement et d'intégration en réponse à des facteurs externes particuliers. Les gradients physiologiques offrent de tels moyens.

Le développement de notre système nerveux est étroitement lié aux principes ci-dessus découverts par Child.[2] Chez les animaux axiaux et chez l'être humain, la principale agrégation de tissus nerveux est localisée à l'extrémité apicale (tête), région qui se caractérise principalement par un taux de métabolisme plus élevé dans les stades précoces. Les gradients physiologiques naissent de simples réactions protoplasmiques à des stimuli externes, et le système nerveux naît donc d'un comportement protoplasmique. Les nerfs deviennent alors des gradients physiologiques *structuralisés* et permanents, et exercent ainsi une domination physiologique sur les autres tissus.

D'un point de vue épistémologique, il faut noter que les gradients sont avant tout quantitatifs et que nous n'avons pas besoin de facteurs spécifiques pour les déterminer. Tout facteur qui détermine un différentiel quantitatif plus ou moins persistant dans le protoplasme devrait être efficace. La théorie ci-dessus est structurellement soutenue par un grand nombre d'expériences. Par exemple, nous pouvons expérimentalement effacer ou déterminer de nouveaux gradients.[3] L'organisme apparaît sous ce nouveau jour comme un modèle de réaction comportementale et justifie le vieil adage selon lequel la fonction construit l'organe. Non seulement l'organisme doit être traité comme-un-tout, mais il est impossible de l'isoler de son environnement. Une interrelation fonctionnelle est établie entre les deux.

Cette théorie semble également fondamentale pour la psychiatrie et la psychologie, car elle établit la tête comme une région dominante sur la base d'un taux de métabolisme plus élevé prouvé expérimentalement. Du point de vue de Child, tel que suggéré par le Dr William A. White, le principal gradient dynamique, l'axe nerveux central, donne la preuve *structuralisée* du degré de corrélation des autres organes et de la mesure dans laquelle le corps est sous le contrôle de la tête de ce gradient. L'absence de contact avec ce centre de contrôle conduit à la désintégration de l'individu[4]. La tête est également le point le plus modifiable de l'axe de contrôle, une conclusion qui est d'une importance capitale en psychothérapie. On sait que le métabolisme des organes peut être affecté par des stimuli 'psychiques', et il n'y a qu'un pas à franchir pour comprendre, comme le dit White, pourquoi nous pouvons avoir d'autres fonctions structuralisées, telles que des sentiments anti-sociaux structuralisés, une avidité structuralisée, une haine structuralisée, etc., des faits qui sont observés quotidiennement dans la vie ordinaire et dans les hôpitaux psychiatriques. Du point de vue de la théorie de Child, le système nerveux apparaît non seulement comme un gradient structuralisé de conduction, mais il explique aussi comment des tissus conducteurs spécifiques ont pu évoluer à partir d'un protoplasme vivant non spécifique. Il est important de noter la dominance que la région primaire d'excitation exerce sur les autres, car, avec la grande complexité du cerveau humain, nous comprenons mieux pourquoi les questions dites 'mentales' et sémantiques, qui sont phylogénétiquement les plus jeunes, sont d'une telle importance.

Dans notre vie quotidienne, nous avons affaire à différentes personnes, dont certaines sont gravement malades 'mentalement' et qui, dans des conditions favorables, seraient suivies par un médecin. La majorité d'entre nous - certains spécialistes estiment qu'elle atteint même quatre-vingt-dix pour cent de l'ensemble de la population - se porterait mieux si elle était suivie par un psychiatre ou, du moins, si elle consultait de temps à autre.

En raison de vieux préjugés religieux, souvent inconscients, on croit encore que les malades 'mentaux' sont soit obsédés par des 'démons', soit punis pour un 'mal' quelconque, etc. La majorité, même parmi les personnes éclairées, éprouve une sorte d'horreur sémantique ou d'effroi face aux maladies 'mentales', ne se rendant pas compte que sous les *conditions animalistiques* qui prévalent actuellement dans nos théories, 'éthiques', sociales, économiques, etc., ceux qui ont les traits les moins humains sont favorisés, tandis que les plus humains ne peuvent pas supporter ces conditions animalistiques et s'effondrent souvent. Ce n'est pas une nouveauté qu'un crétin ne puisse pas être 'fou'. Il manque quelque chose à un crétin ; seuls les individus les plus doués, les plus humains (par rapport aux animaux), s'effondrent. Je connais de nombreux psychiatres qui affirment qu'il faut un 'bon esprit' pour être 'fou'.

Or, l'excitation 'mentale' et sémantique, apparue phylogénétiquement si récemment, joue naturellement, dans de nombreux cas, un rôle prépondérant, ce que la science, jusqu'à une date très récente, a complètement ignoré. La présente théorie rend tout à fait évident qu'avec l'existence de théories animalistiques, et la non-sanité (manque de conscience d'abstraire, confusion des ordres d'abstractions résultant des identifications) qui opère pratiquement universellement en chacun de nous, on ne peut que produire une civilisation gravement déséquilibrée.

Il ne fait aucun doute que l'application systématique d'un langage *non-élémentalistique* dans l'analyse du comportement animal a suggéré de nouvelles expériences et que, par conséquent, l'utilisation de ces termes a exercé son influence sur les laborantins. Peu importe que ces termes, ou les théories qu'ils représentent, soient 'justes' ou 'faux', il s'agit de termes de type *non-élémentalistiques*, qui expriment en un seul terme des théories *structurellement nouvelles* et d'une grande portée. En testant ces théories, de nouvelles séries d'expériences ont été nécessaires. Même lorsque les nouvelles expériences étaient conçues pour vérifier les expériences plus anciennes, les chercheurs en laboratoire bénéficiaient encore une fois directement des nouveaux termes structurels. Mais ces avantages étaient largement inconscients, et les biologistes *pouvaient* donc croire autrefois qu'ils ne tiraient aucun avantage en laboratoire de l'utilisation de ces termes ; cependant, cette croyance est aujourd'hui totalement injustifiée.

Puisque le principe *non-élémentalistique* n'est pas seulement une généralisation empirique structurellement justifiée, mais qu'il implique également, pour son application, la reconstruction structurelle de nos langages et de nos anciennes théories, les questions sémantiques sont d'une grande portée et d'une grande valeur pratique.

L'application de ce principe signifie le rejet de l'ancien élémentalisme qui conduit à des identifications et à des perturbations sémantiques aveuglantes qui, à leur tour, empêchent une vision claire et une liberté créative impartiale.

Selon la théorie moderne des matériaux, telle qu'elle est exposée dans la Partie X, l'interdépendance mutuelle, l'action et la réaction mutuelles de tout ce qui existe dans ce monde sur tout le reste apparaissent comme un fait *structurel* et une nécessité, et l'on ne peut donc pas s'attendre à ce que des langages *élémentalistiques* aboutissent à des solutions sémantiques satisfaisantes. Nous ne devrions pas être surpris de constater que la lutte contre l'identification et l'élémentalisme apparaît à un certain stade dans toutes les sciences.

Certains des exemples les plus marquants de cette tendance en dehors de la biologie, de la psychiatrie, etc., se trouvent dans la physique moderne. D'un point de vue structurel, toute la théorie d'Einstein n'est rien d'autre qu'une tentative de reformuler la physique sur une base *structurellement nouvelle*, *non-élémentalistique* et $\bar{A}$ - un parallèle structurel exact du principe de l'organisme-comme-un-tout biologique.

Einstein s'est rendu compte que la structure empirique de 'espace' et de 'temps' à laquelle le physicien et la personne moyen ont affaire est telle qu'elle ne peut être divisée empiriquement, et que nous avons en fait affaire à un mélange que nous n'avons divisé qu'élémentalistiquement et verbalement en ces entités fictives. Il décida de construire un système verbal dont la structure serait plus proche des faits de l'expérience et, avec l'aide du mathématicien Minkowski, il formula un système d'une nouvelle structure qui utilisait un *langage non-élémentalistique* d'espace-temps. Comme nous le savons en physique et en astronomie, ce langage *non-élémentalistique suggère des expériences*, et il a donc eu des applications bénéfiques en laboratoire. Mais, en fait, l'influence est encore plus profonde, comme le montre le présent ouvrage, car de telles avancées structurelles entraînent de profonds effets psycho-logiques et sémantiques. Bien qu'actuellement, ces influences bénéfiques s'exercent de manière inconsciente, elles tendent néanmoins à contrecarrer les effets sémantiques *élémentalistiques* et absolutistes de l'identification.

Il est intéressant de noter que la théorie d'Einstein, parce qu'elle est structurelle, a eu pour effet sur les jeunes physiciens de les libérer sémantiquement de l'ancien élémentalisme structurel et a préparé le terrain sémantique pour la moisson de jeunes génies qui a surgi récemment dans le domaine quantique. Il s'est avéré que la division *élémentalistique* 'absolue' de 'observateur' et 'observé' était fausse quant aux faits, car toute observation dans ce domaine perturbe l'observé. L'élimination de cet élémentalisme dans le domaine quantique a conduit au 'principe d'incertitude' restreint le plus révolutionnaire de Heisenberg, qui, sans abolir le déterminisme, nécessite la transformation de la 'logique' A (*Aristotélicienne*) deux-valuée en une sémantique ∞-valuée de probabilité. Là encore, cette avancée dans les formulations quantiques a suggéré de nouvelles expériences.

Le système-$\bar{A}$, tel qu'il a été défini par l'auteur dans son ouvrage *Manhood of Humanity* et dans d'autres écrits, est également le résultat de la tendance structurelle *non-élémentalistique*. Dans *Manhood of Humanity*, j'ai introduit un terme *non-élémentalistique* de 'time-binding', qui désigne *tous* les facteurs *qui, comme-un-tout*, font de l'être humain un être humain et le différencient des animaux. En poursuivant le système dans le présent ouvrage, je rejette la séparation structurelle *élémentalistique* qu'impliquent des termes tels que 'sensorialité' et 'esprit', etc., et j'introduis, à la place, des termes *non-élémentalistiques*, tels que 'différents ordres d'abstractions' etc., où 'esprit' et 'sensorialités' etc., ne sont plus divisés. Curieusement, même dans un tel domaine, la méthode a suggéré des expériences, et le nouveau langage a donc de nouveau une importance de laboratoire.

Ce qui a été dit ci-dessus à propos de l'organisme-comme-un-tout, et illustré par des cas particuliers, semble montrer une caractéristique générale de toutes nos capacités à abstraire. Nous ne tenons généralement pas compte, ou pas assez, du fait qu'un nouveau terme structurellement important peut conduire à la reformulation de toute la structure du langage dans un domaine donné. En science, nous recherchons la structure ; ainsi tout nouveau terme structurel est donc utile, car, lorsqu'il est testé, il fournit toujours des informations structurelles, qu'elles soient positives ou négatives. Dans nos affaires humaines, c'est différent. Toutes nos institutions humaines suivent la structure du langage utilisé, mais nous n'y 'pensons' jamais et, lorsque ces institutions stupides ne fonctionnent pas, nous rejetons la faute sur la 'nature humaine', sans aucune justification scientifique.

Poincaré, dans l'un de ses essais, parle de l'effet néfaste que le terme 'chaleur' a eu sur la physique. Grammaticalement, le terme 'chaleur' est classé comme substantif, et la physique a donc travaillé pendant des siècles à la recherche d'une 'substance' qui correspondrait au nom substantif 'chaleur'. Nous savons maintenant qu'il n'y a rien de tel, mais que la 'chaleur' doit être considérée comme une manifestation de l'"énergie". Si nous choisissons de poursuivre cette analyse, nous devrions constater que le terme 'énergie' n'est pas non plus très satisfaisant, mais que celui d'"action" est peut-être plus fondamental.

Dans nos rapports avec nous-mêmes et avec le monde qui nous entoure, nous devons tenir compte du fait structurel que tout en ce monde est strictement interrelié à tout le reste, et nous devons donc nous efforcer d'écarter les termes *élémentalistiques* primitifs, qui impliquent structurellement un *isolement non-existant*.

Du moment qu'on se rend compte de cela, nous devrons traiter le principe de *non-élémentalisme* avec sérieux. Comme les nouveaux termes ont aussi leurs implications *non-élémentalistiques*, ces termes jettent une lumière nouvelle sur d'anciens problèmes.

Dans la pratique, il est difficile, au début, d'éviter l'utilisation des anciens termes. Lorsque nous voulons assimiler pleinement un travail nouveau et important fondé sur de nouveaux termes structurels et acquérir les *réactions sémantiques* correspondantes, la meilleure façon de se former à l'utilisation des nouveaux termes est d'abandonner progressivement les anciens termes. Si nous *devons* utiliser les anciens termes, nous devons nous entraîner à être attentifs à leur *insuffisance* et à leurs implications structurelles *fallacieuses*, et ainsi nous libérer des anciennes *réactions sémantiques*.

L'utilisation des nouveaux termes devrait être délibérée. Nous devrions nous poser le problème de la manière suivante : l'ancien langage est structurellement et, par conséquent, sémantiquement insatisfaisant ; les nouveaux termes semblent correspondre davantage aux faits ; testons les nouveaux termes. Les nouveaux termes sont-ils toujours structurellement satisfaisants? Probablement pas, mais en science, les expériences vérifient les prédictions, ce qui permet de clarifier de nouvelles questions structurelles.

Nous avons parlé très simplement des termes nouveaux et anciens, mais les questions ne sont pas si simples. L'invention d'un seul terme structurellement nouveau implique toujours de nouvelles notions structurelles et relationnelles qui, elles aussi, impliquent des *réactions sémantiques*. Par exemple, si nous étudions un événement quelconque et que, dans cette étude, nous utilisons les termes 'tropisme', 'gradient dynamique', 'time-binding', 'ordre des abstractions', 'espace-temps' ou 'paquets d'ondes', etc., nous devons utiliser toutes les implications structurelles et sémantiques que ces termes impliquent.

En utilisant les quatre premiers termes, nous sommes obligés de traiter l'organisme-comme-un-tout, car ces termes ne sont pas *élémentalistiques*. Ils ne sont pas fondés sur la notion d'éléments fictifs 'isolés' et ne les postulent pas non plus. En utilisant espace-temps, nous introduisons l'individualité des événements, car chaque "point d'espace" porte en lui une *date*, ce qui, par nécessité, rend chaque 'point' de l'espace-temps unique et individuel. En utilisant le terme 'paquet d'ondes', nous réinterprétons l'ancien 'électron' objectifié et, peut-être, fictif, etc.

L'utilisation cohérente et permanente de ces termes implique naturellement, structurellement, une nouvelle vision du monde, de nouvelles *réactions sémantiques* plus justifiées par notre expérience scientifique et quotidienne. Mais le plus grand avantage est généralement de s'éloigner des notions structurelles primitives et de la métaphysique, avec leurs perturbations sémantiques vicieuses. Dans le travail créatif, les *limitations* sémantiques empêchent une compréhension claire et empêchent les scientifiques d'inventer ou de formuler des théories meilleures, plus simples et plus efficaces d'une structure différente.

Dès que nous possédons la 'connaissance', nous 'connaissons' tout ce qu'il y a à connaître. Par définition, il ne peut y avoir d'*inconnaissable*. Il y a une place pour la structure inconnue. L'inconnu est assez vaste, en partie parce que la science a été, et est encore persécutée, comme nous l'avons déjà souligné.

Le prétendu 'inconnaissable' était le résultat sémantique de l'identification, d'un déséquilibre sémantique, qui postule pour la connaissance quelque chose 'au-delà' de la connaissance. Mais ce postulat a-t-il une quelconque signification en dehors de la psychopathologie? Bien sûr que non, puisqu'il part d'une hypothèse auto-contradictoire qui, étant vide de signification, doit conduire à des résultats vides de signification.

Si nous nous sommes attardés sur les problèmes de structure des termes, c'est parce qu'ils sont généralement méconnus, alors qu'ils sont fondamentaux sur le plan sémantique. Le lecteur tirera le principal bénéfice de ce livre et recevra une aide pour comprendre les questions scientifiques modernes s'il devient entièrement convaincu de la gravité des problèmes structurels et sémantiques.

Les termes sont des artifices humains nécessaires pour économiser les efforts dans le domaine de l'"expérience" et de l'expérimentation. Ils sont utiles pour réduire la quantité réelle d'expérience nécessaire, en permettant l'expérimentation verbale. Le rythme de progression de l'être humain est plus rapide que celui des animaux, et cela est dû principalement au fait que nous pouvons résumer et transmettre les expériences passées à la jeune génération d'une manière beaucoup plus efficace que les animaux. Nous disposons également de moyens extra-neuraux pour enregistrer les expériences, ce qui fait totalement défaut aux animaux.

Le fait qu'une telle expérimentation verbale soit possible est conditionné par le fait que les langages ont une *structure* et que notre connaissance du monde est une connaissance *structurelle*. Répétons encore une fois que si deux relations ont une structure similaire, toutes leurs caractéristiques 'logiques' sont similaires ; par conséquent, une fois la structure découverte, un tel processus d'expérimentation verbale devient extrêmement efficace, et un procédé culturel accélérateur. L'utilisation d'un langage archaïque dans nos affaires humaines, en plus d'autres inconvénients, nous empêche d'être plus intelligents dans ces affaires.

L'ordre naturel d'investigation est indiqué ci-après :

(1) Recherche empirique de la structure dans les sciences ;

(2) Une fois cette structure découverte, à chaque date, la structure de notre langage s'adapte à lui et à nos nouvelles *réactions sémantiques* qui se constituent.

Historiquement, nous avons partiellement suivi l'ordre inversé et finalement pré-humain, et donc pathologique. Sans science et avec une connaissance extrêmement maigre et primitive de la structure du monde, nous avons produit des grognements et des langages d'une structure primitive fausse, reflétant, par nécessité, ses implications quant à la structure supposée du monde. Nous en avons fait des dogmes primitifs qui sont toujours en vigueur et incorporés dans la structure de l'ancien langage. C'est aussi la raison pour laquelle, en dehors des accomplissements techniques, nous en sommes encore à des niveaux aussi primitifs. Il est facile de comprendre pourquoi la science expérimentale est si importante et pourquoi les prédictions théoriques (verbales) doivent être testées expérimentalement. Ce qui précède donne également une justification plus profonde et nouvelle à ce que l'on appelle le 'pragmatisme'.

Les expériences constituent une recherche de relations et de structures dans le monde empirique. Les théories produisent des langages d'une certaine structure. Si les deux structures sont similaires, les 'théories fonctionnent' ; dans le cas contraire, elles ne fonctionnent pas et suggèrent d'autres recherches et ajustements structurels.

Il convient peut-être de mentionner que le principe épistémologique principal qui a conduit à la rédaction des travaux du présent auteur était une nette inclination à abandonner l'identification et le langage *élémentalistique* structurellement insatisfaisant qui en résulte dans l'usage général, et à produire un système *non-élémentalistique*, qui, dans sa structure, serait similaire au monde qui nous entoure, nous-mêmes et notre système nerveux inclus. Cette nouveauté structurelle a été la base sur laquelle le système-$\bar{A}$ a été progressivement construit.

CHAPITRE IX

COMPORTEMENT COLLOÏDAL

> En fait, les colloïdes peuvent aujourd'hui être considérés comme un lien important, peut-être le plus important, entre le monde organique et le monde inorganique. (7)
>
> WOLFGANG PAULI

Dans nos recherches, suivons l'ordre naturel et donnons un bref compte rendu structurel de ce que nous savons, empiriquement, sur le milieu dans lequel se trouve la vie, à savoir les colloïdes. Les quelques détails élémentaires suivants montrent l'importance empirique de la structure et sont donc fondamentaux dans le présent travail.

Actuellement, les médecins sont généralement trop innocents vis-à-vis de la psychiatrie et les psychiatres, bien qu'ils se plaignent souvent de l'innocence de leurs collègues, accordent rarement, voire jamais, d'attention eux-mêmes à la structure colloïdale de la vie ; leurs arguments concernant le problème du 'corps-esprit' sont encore scientifiquement incomplets et peu convaincants, bien que le problème du 'corps-esprit' soit présent chez nous depuis des milliers d'années. Il s'agit d'un problème sémantique très important, qui n'a pas encore été résolu scientifiquement, bien qu'une solution simple puisse être trouvée dans la structure *colloïdale* de la vie.

Le lecteur ne doit pas attribuer un caractère unique de 'cause-effet' aux déclarations qui suivent, car elles peuvent ne pas être vraies lorsqu'elles sont généralisées. La science des colloïdes est jeune et peu connue. La science a accumulé un labyrinthe de faits, mais nous ne disposons pas encore d'une théorie générale du comportement colloïdal. Il convient donc de ne pas généraliser indûment les affirmations.

Nous nous contenterons d'indiquer quelques connexions structurelles et relationnelles importantes pour notre propos.

Lorsque nous prenons un morceau d'un matériau et que nous le subdivisons en morceaux plus petits, nous ne pouvons pas poursuivre ce processus indéfiniment. À un certain stade de ce processus, les morceaux deviennent si petits qu'ils ne peuvent être vus avec le microscope le plus puissant. À un stade ultérieur, nous devrions atteindre une limite de subdivision que les particules peuvent subir sans perdre leur caractère chimique. Cette limite est appelée molécule.* La plus petite particule visible au microscope est encore environ mille fois plus grande que la plus grande molécule. Nous voyons donc qu'entre la molécule et la plus petite particule visible, il existe une large gamme de tailles. Findlay les appelle la 'zone crépusculaire de la matière' ; et c'est Ostwald, je crois, qui l'a appelée le 'monde des dimensions négligées'.

Ce 'monde des dimensions négligées' nous intéresse particulièrement, car dans cette gamme de subdivision ou de petitesse, nous trouvons des formes de comportement très particulières - y compris la vie - que l'on appelle 'comportement colloïdal'.

Le terme 'colloïde' a été proposé en 1861 par Thomas Graham pour décrire la distinction entre le comportement des matières qui se cristallisent facilement et se diffusent à travers les membranes animales et celles qui forment des masses 'amorphes'

---

* Cette affirmation n'est qu'approximative, car il est prouvé que les caractéristiques chimiques changent à mesure que l'on s'approche de la molécule.

ou gélatineuses et ne se diffusent pas facilement ou pas du tout à travers les membranes animales. Graham a appelé la première catégorie 'cristalloïdes' et la seconde 'colloïdes', du mot grec signifiant 'colle'.

Au début, les colloïdes étaient considérés comme des 'substances' spéciales, mais on s'est aperçu que ce point de vue n'était pas correct. Par exemple, le NaCl peut se comporter en solution soit comme un cristalloïde, soit comme un colloïde ; on a donc commencé à parler d'*état colloïdal*. Depuis peu, même ce terme n'est plus satisfaisant et est souvent remplacé par l'expression *'comportement colloïdal'*.

En général, un colloïde peut être décrit comme un 'système' composé de deux ou plusieurs 'phases'. Les plus courantes sont les émulsions ou les suspensions de fines particules dans un milieu gazeux, liquide ou autre, la taille des particules allant de celles qui sont à peine visibles au microscope à celles qui ont des dimensions moléculaires. Ces particules peuvent être soit des solides homogènes, soit des liquides, soit des solutions elles-mêmes d'un petit pourcentage du milieu dans un complexe par ailleurs homogène. De telles solutions ont une caractéristique commune : les matières en suspension peuvent rester presque indéfiniment en suspension, parce que la tendance à se déposer, due à la gravité, est contrecarrée par un autre facteur tendant à maintenir les particules en suspension. Dans l'ensemble, le comportement colloïdal ne dépend pas de l'état physique ou chimique des matériaux finement subdivisés ou du milieu. Le comportement colloïdal se manifeste non seulement dans les suspensions et les émulsions colloïdales où des particules solides ou des gouttelettes liquides se trouvent dans un milieu liquide, mais aussi lorsque des particules solides sont dispersées dans un milieu gazeux (fumées), ou des gouttelettes liquides dans un milieu gazeux (brouillards), etc.

Les matériaux qui présentent ce comportement colloïdal particulier sont toujours dans un état de subdivision très fin, de sorte que le rapport entre la *surface exposée* et le *volume du matériau* est très élevé. Une sphère contenant seulement 10 centimètres cubes, si elle était composée de fines particules de 0,00000025 cm de diamètre, aurait une superficie totale de toutes les surfaces des particules presque égale à ≈ 24000 m^2, soit ≈ 24 ares (NdT : il s'agit d'un problème mathématique de compacité de sphères dans une sphère).[1] Il est facile de comprendre que dans de telles conditions *structurelles*, les *forces de surface* deviennent importantes et jouent un rôle prépondérant dans le comportement colloïdal.

Plus les particules colloïdales sont petites, plus nous nous rapprochons des tailles moléculaires et atomiques. Comme nous savons que les atomes représentent des structures électriques, nous ne devrions pas être surpris de constater que, dans les colloïdes, les énergies de surface et les charges électriques revêtent une importance fondamentale puisque, par nécessité, toutes les surfaces sont constituées de charges électriques. Les énergies de surface opérant dans les systèmes finement granulés et dispersés sont importantes et, dans leur tendance à un minimum, toutes les deux particules ou gouttes tendent à devenir une seule ; car, bien que la masse ne soit pas modifiée par ce changement, la surface d'une particule ou d'une goutte plus grande est inférieure à la surface de deux particules ou gouttes plus petites - un fait géométrique élémentaire. Les charges électriques ont la caractéristique bien connue que le semblable repousse le semblable et attire le différent. Dans les colloïdes, l'effet de ces facteurs est fondamental mais opposé. Les énergies de surface tendent à unir les particules, à les coaguler, à les floculer ou à les précipiter. Les charges électriques, quant à elles, tendent à préserver l'état de suspension en repoussant les particules les unes des autres. De la prédominance ou de l'intensité de l'un ou l'autre de ces facteurs dépend l'instabilité ou la stabilité d'une suspension.

En général, si l'on ne tient pas compte des limites 'temporelles', les colloïdes sont des complexes instables dans lesquels se produisent des transformations continues induites par la chaleur, les champs électriques, les décharges électroniques et d'autres formes d'énergie. Ces transformations entraînent une grande variation des caractéristiques du système. La phase dispersée modifie ses caractéristiques et le système commence à coaguler, pour atteindre un état stable lorsque la coagulation est terminée. Ce processus de transformation des caractéristiques du système qui définissent le colloïde et qui aboutit à la coagulation est appelé 'vieillissement' du colloïde. Une fois la coagulation terminée, le système perd son comportement colloïdal - il est 'mort'. Ces deux termes s'appliquent aux systèmes inorganiques et organiques.

Certains processus de coagulation sont partiels et réversibles et prennent la forme d'un changement de viscosité ; d'autres ne le sont pas. Certains sont lents, d'autres extrêmement rapides, en particulier lorsqu'ils sont provoqués par des agents externes qui modifient l'équilibre colloïdal.

D'après ce qui a été dit précédemment, il est évident que les colloïdes, en particulier dans les organismes, sont des structures extrêmement sensibles et complexes qui offrent d'énormes possibilités en termes de degré de stabilité, de réversibilité etc., et qui permettent une large gamme de variations de comportement. Lorsque nous parlons de 'chimie', nous nous intéressons à une science qui traite de certains matériaux qui conservent ou modifient certaines de leurs caractéristiques. En 'physique', nous allons au-delà des caractéristiques évidentes et essayons de découvrir la *structure* qui sous-tend ces caractéristiques. Les recherches modernes montrent clairement que les atomes ont une structure très complexe et que les caractéristiques macroscopiques sont directement connectées à la structure submicroscopique. Si nous pouvons modifier cette structure, nous pouvons généralement modifier également les caractéristiques chimiques ou autres. Comme les processus dans les colloïdes sont essentiellement structurels et physiques, tout ce qui tend à avoir un effet structurel perturbe généralement aussi l'équilibre colloïdal, et différents effets macroscopiques apparaissent alors. Comme ces changements se produisent sous la forme d'une série d'événements interreliés, la meilleure façon de procéder consiste à considérer le comportement colloïdal comme un phénomène physico-électro-chimique. Mais dès que le mot 'physique' apparaît, des implications structurelles sont impliquées. Cela explique également pourquoi toutes les formes connues d'énergie rayonnante, étant des structures, peuvent affecter ou modifier les structures colloïdales, et donc avoir un effet marqué sur les colloïdes.

Comme toute la vie se trouve sous forme colloïdale et possède de nombreuses caractéristiques que l'on retrouve également dans les colloïdes inorganiques, il semble que les colloïdes nous fournissent le lien le plus important connu entre l'inorganique et l'organique. Ce fait suggère également des domaines entièrement nouveaux pour l'étude des cellules vivantes et des *conditions optimales pour leur développement, y compris la santé*.

De nombreux auteurs ne sont pas d'accord sur l'utilisation des termes 'film', 'membrane', etc. Les structures découvertes de manière empirique montrent cependant clairement qu'il s'agit de surfaces et d'*énergies de surface* et qu'un 'film de tension superficielle' se comporte comme une membrane. Dans le présent travail, nous acceptons le fait évident que les systèmes organisés sont des systèmes cloisonnés par des films.

L'un des problèmes les plus déconcertants a été la périodicité ou la rythmicité particulière que nous trouvons dans la vie. Récemment, Lillie et d'autres ont montré que cette rythmicité ne pouvait être expliquée par des moyens purement physiques ou chimiques, mais qu'elle s'expliquait de manière satisfaisante lorsqu'elle était traitée comme une *occurrence structurelle physico-électro-chimique*. Les célèbres expériences de Lillie, qui a utilisé un fil de fer immergé dans de l'acide nitrique et a reproduit expérimentalement une belle périodicité ressemblant étroitement à certaines activités du protoplasme et du système nerveux, montrent de manière concluante que le comportement rythmique des systèmes vivants et non vivants dépend de la pellicule chimiquement modifiable qui sépare les phases conductrices d'électricité. Dans l'expérience du fil de fer et de l'acide nitrique, le métal et l'acide représentent les deux phases, et entre les deux se trouve une fine pellicule d'oxyde. Dans les structures protoplasmiques, telles que les fibres nerveuses, le protoplasme interne et le milieu environnant sont les deux phases, séparées par une pellicule superficielle de membrane plasmique modifiée. Dans les deux systèmes, les caractéristiques électromotrices des surfaces sont déterminées par la nature du film.[2]

Le fait que les organismes vivants soient des systèmes cloisonnés et délimités par un film explique également l'excitabilité. Il semble que l'excitabilité se manifeste par une sensibilité aux courants électriques. Ces courants semblent dépendre de la polarisabilité ou de la résistance au passage des ions, en raison de la présence de films limites semi-perméables ou de surfaces entourant ou cloisonnant le système. Il est évident que nous avons affaire ici à des *structures* complexes qui sont intimement connectées aux caractéristiques de la vie. Le protoplasme vivant n'est électriquement sensible que tant que sa structure est intacte. La mort entraîne la perte de la semi-perméabilité et de la polarisabilité, ainsi que de la sensibilité électrique.

L'une des particularités déconcertantes des organismes est la rapidité avec laquelle les processus chimiques et métaboliques se propagent. En effet, il est impossible d'expliquer ce phénomène par le transport de matière. Tout indique que des facteurs électriques et peut-être d'autres facteurs énergétiques jouent un rôle important et que cette activité dépend à nouveau de la présence de surfaces de structures protoplasmiques présentant des caractéristiques semblables à celles des électrodes et formant des circuits.

La grande importance des charges électriques des particules colloïdales vient du fait qu'elles empêchent les particules de se regrouper ; et lorsque ces charges sont neutralisées, les particules ont tendance à former des agrégats plus importants et à se déposer hors de la solution. En raison de ces charges, lorsqu'un courant électrique est envoyé à travers une solution colloïdale, les particules chargées différemment se déplacent vers l'une ou l'autre électrode. Ce processus est appelé cataphorèse. Le comportement des colloïdes inorganiques et organiques sous l'influence de courants électriques est très différent, en raison de la différence de structure. Dans les colloïdes inorganiques, un courant électrique ne coagule pas l'ensemble, mais seulement la partie qui se trouve à proximité immédiate des électrodes. Il n'en va pas de même dans le protoplasme vivant. Même un courant faible coagule généralement l'ensemble du protoplasme, parce que les films intercellulaires jouent probablement le rôle d'électrodes et l'ensemble du protoplasme représente donc structurellement le 'voisinage immédiat' des électrodes. De même, la structure explique la propagation extrêmement rapide de certains effets sur l'ensemble de l'organisme.

Les phénomènes électriques dans les tissus vivants présentent principalement deux caractères plus ou moins distincts. Les premiers comprennent l'énergie électromotrice qui produit des courants électriques dans le tissu nerveux, les potentiels de membrane, etc. Les seconds sont appelés, par Freundlich, électrocinétiques, et comprennent la cataphorèse, l'agglutination, etc. Il existe de nombreuses preuves que le travail mécanique des muscles, l'action sécrétoire des glandes et le travail électrique des cellules nerveuses sont étroitement connectés à la structure colloïdale de ces tissus. Cela expliquerait pourquoi *n'importe quel facteur* (y compris les réactions sémantiques) capable de modifier la structure colloïdale du protoplasme vivant doit avoir un effet marqué sur le comportement et le bien-être de l'organisme.

Les expériences montrent qu'il existe quatre facteurs principaux capables de perturber l'équilibre colloïdal :

(1) physiques, comme par exemple les rayons X, le radium, la lumière, les rayons ultraviolets, les rayons cathodiques, etc. ;

(2) mécaniques, comme le frottement, la perforation, etc. ;

(3) chimiques, comme le goudron, la paraffine, l'arsenic, etc. ; et, enfin,

(4) biologiques, comme les microbes, les parasites, les spermatozoïdes, etc.

Chez l'être humain, un autre (cinquième) facteur puissant, à savoir les réactions sémantiques, entre en jeu, mais je parlerai plus tard de ce facteur.

Pour notre propos, les effets produits par les facteurs physiques, parce qu'ils sont manifestement structurels, sont d'un intérêt primordial, et nous résumerons donc certains des résultats expérimentaux structurels. Des courants électriques de différentes intensités et durées, ainsi que des acides de différentes concentrations, ou l'addition de sels métalliques, qui produisent une acidité marquée, coagulent généralement le protoplasme, ces effets étant structurellement interreliés. La coagulation lente implique des changements de viscosité qui, dans certaines conditions, peuvent être réversibles.[3] Lorsque les cellules sont actives, leur fluidité change souvent de manière brusque et rapide.[4]

Les solvants gras sont appelés matières tensioactives ; lorsqu'ils sont dilués, ils diminuent la viscosité du protoplasme ; mais des solutions plus concentrées produisent une augmentation de la viscosité ou une coagulation.[5] Les anesthésiques, qui sont toujours des solvants gras et des matières tensioactives, sont très instructifs dans leur action pour notre propos, car ils affectent de façon similaire des types très divers de protoplasme, cette similarité d'action étant due à la similarité de la structure colloïdale. Ainsi, l'éther, à concentration égale, rendra une personne inconsciente, empêchera le mouvement d'un poisson et le frétillement d'un ver, ou arrêtera l'activité d'une cellule végétale, sans endommager les cellules de façon permanente.[6] En fait, l'action de tous les médicaments est fondée sur leur effet sur l'équilibre colloïdal, sans lequel un médicament ne serait pas efficace. Il est bien connu que divers acides ou alcalis modifient toujours la résistance électrique du protoplasme.[7]

Le fonctionnement de l'organisme implique principalement un 'cercle vicieux' structurel et très important, qui rend le caractère des changements colloïdaux *non-additif*. Si, par exemple, le cœur, pour une raison quelconque, ralentit la circulation, cela produit une accumulation d'acide carbonique dans le sang, ce qui augmente à nouveau la viscosité du sang et accroît le travail du cœur déjà affaibli.[8] Dans de telles conditions structurelles, les résultats peuvent s'accumuler très rapidement, même à un taux qui peut être exprimé sous la forme d'une fonction exponentielle de degré supérieur.

Les différentes régions de l'organisme ont des charges différentes ; mais, dans l'ensemble, une partie blessée, excitée ou refroidie est électro-négative (ce qui est lié à la formation d'acide), et les particules électro-positives se précipitent vers ces parties et fournissent la matière nécessaire à tout besoin physiologique.[9]

Les effets des différentes formes d'énergie de rayonnements sur les colloïdes et le protoplasme font l'objet d'études approfondies et les résultats sont très surprenants. Les différentes formes d'énergie de rayonnement diffèrent par la longueur d'onde, la fréquence, etc. - c'est-à-dire généralement en termes de structure, et peuvent donc produire des effets structurels sur les colloïdes et les organismes, effets qui peuvent se manifester au niveau macroscopique brut sous de nombreuses formes différentes.

Les courants électriques, par exemple, retardent de manière réversible la croissance des racines, peuvent activer certains œufs en stade larvaire sans fertilisation, ce qui permet de comprendre pourquoi, dans certains cas, une simple perforation de l'œuf peut perturber l'équilibre et produire les effets de la fertilisation.[10]

Il a été démontré que les rayons X ou Röntgen accélèrent 150 fois le processus de mutation. Muller, dans ses expériences avec plusieurs milliers de cultures de mouches des fruits, a établi le ratio ci-dessus de mutations induites, qui deviennent héréditaires.[11] Les 'rayons cosmiques' sous forme de radiations provenant de la terre, dans les tunnels, par exemple, donnent des résultats similaires, sauf que la mutation ne se produit seulement que deux fois plus souvent que dans les conditions habituelles de laboratoire. Sous l'influence des rayons X, les souris changent de couleur de poils ; les souris grises deviennent blanches et les blanches plus foncées. D'autres modifications corporelles apparaissent parfois, comme par exemple un ou plusieurs reins, des yeux ou des pattes anormaux, plus souvent que dans des conditions normales. Certains animaux perdent leur capacité de reproduction, bien que leur corps ne soit pas manifestement modifié. Les plantes réagissent également au traitement par rayons X. Elles poussent plus vite, fleurissent davantage et produisent plus facilement de nouvelles formes. Chez l'être humain, l'effet de l'irradiation aux rayons X s'est souvent révélé désastreux pour la santé des expérimentateurs. Des données indiquent même que l'irradiation de mères enceintes peut entraîner une déformation de la tête et des membres de l'enfant à naître et, dans un tiers des cas, une faiblesse d'esprit chez les enfants.[12]

Les rayons ultraviolets ont également un effet marqué. Dans certains cas, ils ralentissent ou arrêtent l'écoulement du protoplasme, en raison de l'augmentation de la viscosité ou de la coagulation ; les plantes poussent lentement ou rapidement ; certains ingrédients précieux contenus dans les plantes sont augmentés ; certains animaux, comme par exemple les petits crustacés ou les bactéries, sont tués ; les œufs de Néréis (une sorte de ver marin), qui ont habituellement 28 chromosomes, en ont 70 après irradiation ; certaines malformations osseuses chez les enfants sont guéries ; la toxine dans le sérum sanguin des patients atteints d'anémie pernicieuse est détruite, etc.[13] À cet égard, il convient de noter à nouveau que l'irradiation aux ultraviolets produit des effets curatifs comme ceux de l'huile de foie de morue, ce qui montre que l'effet des deux facteurs est en fin de compte colloïdal et structurel.

L'expérimentation extensive des rayons cathodiques est très récente, mais nous disposons déjà d'un ensemble de faits structurels des plus étonnants. L'air humide est transformé en acide nitrique, le caoutchouc synthétique est produit rapidement, le lait des hévéas est rendu solide et insoluble sans l'utilisation de soufre, les formes liquides de bakélite sont solidifiées sans chauffage, l'huile de lin devient sèche au toucher en trois heures et dure en six heures, certains matériaux, comme le cholestérol, la levure, l'amidon, l'huile de coton, après une exposition de trente secondes, guérissent le rachitisme, et d'autres résultats inattendus similaires. Ce que l'on appelle habituellement 'vitamines' ne représente pas seulement des 'substances spéciales', mais devient un facteur structurellement actif ; c'est pourquoi les rayons ultraviolets peuvent produire des résultats semblables à ceux d'une 'substance'. Il semble que dans les 'vitamines', les activités de surface soient importantes ; le parallélisme établi par von Hahn entre les activités de surface de différents matériaux et le tableau de Funk sur la teneur en vitamines est tout à fait suggestif. Certaines données semblent montrer que, dans certains cas, les matériaux tensioactifs, tels que le café ou l'alcool, produisent des activités de surface bénéfiques similaires à celles des 'vitamines'.[14]

La courte liste ci-dessus ne donne qu'une image approximative de l'importance écrasante des rôles que la structure en général, et les colloïdes en particulier, jouent dans nos vies. Nous voyons autour de nous de nombreux types humains. Certains sont délicats, d'autres sont corpulents, certains sont flasques, d'autres sont bouffis, ce qui indique une différence dans leur structure colloïdale. À ces états colloïdaux physiques s'ajoutent des caractéristiques nerveuses, 'mentales' et autres, qui vont de la faiblesse et de la nervosité à la limitation extrême des activités nerveuses, comme dans l'idiotie, qui est une négation de l'activité.

Il est curieux de constater que dans toutes les maladies, qu'elles soient 'physiques' ou 'mentales', les symptômes sont très peu nombreux et fondamentalement du même type. Dans les maladies 'physiques', nous trouvons les caractéristiques communes suivantes : fièvre, frissons, maux de tête, convulsions, vomissements, diarrhée, etc. Dans les maladies 'mentales', on trouve des identifications, des illusions, des délires et des hallucinations - en général, l'ordre inversé pathologique. Il n'est pas difficile d'en comprendre la raison. En raison du contexte colloïdal général de la vie, différentes perturbations de l'équilibre colloïdal *devraient* produire des symptômes similaires. En fait, beaucoup de ces symptômes ont été reproduits expérimentalement par l'injection de précipités inertes incapables de réactions chimiques, qui ont induit des perturbations colloïdales artificielles. Ainsi, si le sérum d'un patient épileptique est injecté à un cobaye, il en résulte une crise de convulsions qui se termine souvent par la mort. Mais si le cobaye est préalablement immunisé par l'injection d'un colloïde qui habitue les terminaisons nerveuses à la floculation colloïdale, on peut alors, pendant quelques heures, introduire impunément dans la circulation des doses de sérum épileptique qui seraient autrement fatales. Le sérum épileptique peut également être immunisé par filtration, ou par centrifugation forte, ou par un séjour prolongé, qui le libère des précipités colloïdaux.[15]

La mort par transfusion sanguine ou par injection de *tout* colloïde dans la circulation présente également, dans l'ensemble, des symptômes similaires, quel que soit le caractère chimique du colloïde, ce qui indique une fois de plus l'importance et le caractère fondamental de la structure.[16]

Le fait que les maladies soient en quelque sorte connectées à des perturbations colloïdales (notez la formulation de cette affirmation) devient tout à fait évident lorsque nous considérons les maladies catarrhales, les inflammations, les enflures, les tumeurs, le cancer, les thrombus sanguins, etc., qui impliquent des lésions colloïdales, entraînant dans les cas extrêmes une coagulation ou une fluidification complète, la variation entre 'gel' et 'sol' apparaissant de la manière la plus diversifiée.[17] D'autres maladies sont liées à la précipitation ou au dépôt de divers matériaux. La goutte, par exemple, résulte d'un dépôt morbide d'acide urique, et différentes concrétions, telles que les 'pierres', sont très souvent trouvées dans différents fluides de l'organisme. On trouve ainsi des concrétions dans les intestins, la bile, l'urine, le pancréas, les glandes salivaires ; des dépôts de chaux dans les vieux tissus ramollis, des 'corps de riz' dans les articulations, du 'sable cérébral', etc.[18]

Dans les maladies bactériennes, les micro-organismes produisent rapidement des acides et des bases qui tendent à détruire l'équilibre colloïdal. Récemment, on a découvert que même la tuberculose est plus qu'un simple chapitre de bactériologie. Tous les principaux symptômes tuberculeux peuvent être reproduits, expérimentalement, au moyen de perturbations colloïdales sans l'intervention d'une seule bactérie.[19] Cela expliquerait également pourquoi, dans certains cas, la psychothérapie est efficace dans les maladies présentant des symptômes tuberculeux.[20]

Par nécessité structurelle, toute expression de l'activité cellulaire implique une certaine forme de comportement colloïdal ; et tout facteur perturbant la structure colloïdale doit être préjudiciable au bien-être de l'organisme.

Après ce bref exposé des particularités structurelles du domaine dans lequel se trouve la vie, nous pouvons comprendre le problème déconcertant du 'corps-esprit'. Nous ne connaissons pas encore autant de détails que nous le souhaiterions, mais ceux-ci s'accumuleront dès qu'une solution générale sera clairement formulée. C'est un fait *expérimental* bien établi que toutes les activités nerveuses et 'mentales' sont connectées à des courants électriques, ou en génèrent effectivement, qui sont depuis peu scrupuleusement étudiés à l'aide d'un instrument appelé psychogalvanomètre.[21] Il n'est pas suggéré que les courants électriques soient les seuls à être impliqués. Il peut y avoir de nombreuses formes différentes d'énergie rayonnante produites ou efficaces, que nous n'avons pas encore les instruments pour enregistrer. Des expériences suggèrent une telle possibilité. Ainsi, par exemple, l'apex d'un tissu végétal ou animal à croissance rapide émet une sorte de rayonnement invisible qui stimule la croissance des tissus vivants avec lesquels il n'est pas en contact. La pointe d'une racine de navet ou d'oignon, placée perpendiculairement à une autre racine, à une distance d'un quart de pouce, stimule tellement la croissance de cette dernière que l'augmentation du nombre de cellules, du côté le plus proche du point de stimulation, atteint soixante-dix pour cent. Ces radiations accélèrent la croissance de certaines bactéries. D'autres exemples pourraient être cités.[22]

Un exemple classique de l'effet laissé sur le protoplasme par les facteurs énergétiques est donné par Bovie.[23]

Jusqu'à présent, nous n'avons pas supposé que le protoplasme des plantes présente également des résultats structurels et fonctionnels durables de la stimulation, une sorte de caractéristiques "d'apprentissage" ou de "formation d'habitudes". C'est pourtant le cas, et de nouvelles expériences dans ce sens nous aideront grandement à comprendre le mécanisme des processus 'mentaux' chez nous.

Si nous prenons la graine d'une plante, par exemple une courge, et que nous la conservons dans une chambre à tropisme humide et dans l'obscurité, une racine poussera.

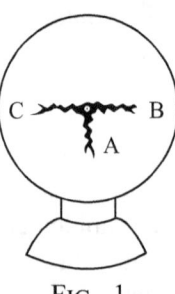

Fig. 1

Lorsque la racine mesure environ 2,5 centimètres de long, nous commençons notre expérience. À l'origine, sous l'influence de la gravitation, la racine pousse verticalement vers le bas (A). Si nous faisons pivoter la chambre de tropisme de 90° pour que la racine soit horizontale (B), la racine se courbera bientôt vers le bas sous l'influence du géotropisme positif. Mais la courbure ne se produit pas immédiatement. Il y a une période de latence - dans le cas de la graine de courge, environ dix minutes - après laquelle la racine est courbée vers le bas. Lorsque nous avons déterminé cette période de latence pour un plant donné, nous faisons tourner la chambre dans les positions (B), (C), (A), (B), (C), etc. juste dans la limite du 'temps' avant que la courbure ne se produise. Nous répétons cette procédure plusieurs fois. Lorsque nous replaçons la racine dans sa position verticale descendante (A), nous constatons que la racine, sans plus de changement de position, s'agitera d'avant en arrière avec la période utilisée dans l'expérience. Ce comportement inattendu durera plusieurs jours. Il montre que le stimulus alternatif de la gravitation, tel qu'il a été appliqué à la racine, a produit des changements structurels dans le protoplasme qui persistent pendant une période relativement longue après que le stimulus a cessé d'agir. Il est évident que la capacité d'apprentissage et la tendance structurelle à former des engrammes est une caractéristique générale du protoplasme.

Tous les exemples cités ci-dessus montrent clairement que la *structure* en général, et celle des colloïdes en particulier, nous donne une base satisfaisante pour comprendre l'*équivalence* entre les phénomènes qui appartenaient autrefois à la 'chimie' et ceux classés comme 'physiques', et finalement entre ces derniers et ceux que nous appelons 'mentaux'. La structure, et la structure seule, donne non seulement le contenu *unique* de ce que nous appelons 'connaissance', mais aussi le pont entre les différentes classes d'occurrences - un fait qui, jusqu'à présent, n'a pas été pleinement compris.

En résumé : On sait que le comportement colloïdal est le fait de matériaux très finement subdivisés, le 'monde des dimensions négligées', qui implique des activités de surface et des caractéristiques électriques de structure multiple et complexe, et donc la flexibilité des caractéristiques macroscopiques brutes. Il est bien connu que tous les processus vitaux, les 'ressentis', les 'émotions', la 'pensée', les réactions sémantiques, etc., impliquent *au moins* des courants électriques. Comme les courants électriques et d'autres formes d'énergie sont capables d'affecter la structure colloïdale dont dépendent nos caractéristiques physiques, il est évident que les 'ressentis', les 'émotions', la 'pensée', etc. ; en général, les réactions sémantiques, qui sont connectées à des manifestations d'énergie, auront également un effet sur notre corps, et vice versa. La structure colloïdale nous fournit un mécanisme extrêmement flexible aux possibilités sans fin.

Lorsque nous analysons les faits empiriques connus d'un point de vue structurel, nous trouvons non seulement l'équivalence mentionnée précédemment, mais nous devons aussi légitimement considérer les phénomènes dits 'mentaux', 'émotionnels' et autres phénomènes sémantiques et nerveux en rapport avec des manifestations d'énergie qui ont une influence puissante sur le comportement colloïdal et, en fin de compte, sur le comportement de nos organismes comme-un-tout. Dans de telles conditions environnementales, nous devons tenir compte de toutes les énergies qui ont été découvertes, les *réactions sémantiques n'étant pas exclues*, car toutes ces énergies ont un effet structurel. Le langage étant l'une des expressions de l'une de ces énergies, nous devrions trouver tout à fait naturel que la structure du langage trouve son reflet dans la structure des conditions environnementales qui en dépendent.

Jusqu'à récemment, la méconnaissance de la science des colloïdes et de la structure en général a considérablement retardé les progrès de la biologie, de la psychiatrie et d'autres sciences. La biologie, par exemple, a surtout étudié la 'vie' là où il n'y en avait pas, c'est-à-dire dans la mort. Si nous étudions les cadavres, nous étudions la mort, pas la vie, et la vie est une fonction des cellules vivantes. La cellule vivante est semi-fluide et toutes les forces qui agissent dans les solutions colloïdales et constituent le comportement colloïdal agissent parce qu'elles peuvent agir, alors qu'une cellule morte est coagulée et qu'un ensemble différent d'énergies y opère.[24]

Faut-il s'étonner que la vie, qui est une forme de comportement colloïdal aux niveaux microscopique et submicroscopique, conditionnée par de petits 'ensembles' colloïdaux et des structures séparées de leur environnement par des surfaces, conserve un caractère similaire aux niveaux macroscopiques? Nous serions plutôt surpris si ce n'était pas le cas.

CHAPITRE X
L'"ORGANISME -COMME-UN-TOUT"

.... chez les enfants hypnotisés, les couleurs réelles et les couleurs suggérées sont mélangées pour former la couleur complémentaire. (189)

W. HORSLEY GANTT

Section A. Illustrations tirées de la biologie.

En raison de l'importance sémantique du principe non-élémentalistique structurel et des conséquences importantes, mais d'abord étranges, qui découlent de l'application cohérente de ce principe dans la pratique, nous donnerons un bref compte rendu de quelques autres faits structurels expérimentaux pris dans des domaines très différents.

Un ver, une planaire marine, appelé *Thysanozoon (Brochii)*, est commun dans la baie de Naples. Si l'on met un *Thysanozoon* normal sur le dos, il se redresse rapidement. Lorsque le cerveau du ver a été enlevé, dans les mêmes conditions d'expérience, le ver se redresse, mais *plus lentement*. Dans ce cas, nous constatons une tendance générale de l'organisme-comme-un-tout ; le système nerveux n'a fait que faciliter une action plus rapide. Si nous coupons le ver en deux, de sorte que les nerfs longitudinaux sont sectionnés, mais qu'un mince morceau de tissu maintient les deux parties ensemble, les deux parties bougent de manière coordonnée, comme si elles n'avaient pas été coupées. L'organisme fonctionne toujours comme-un-tout, même si les conditions ne semblent pas favorables.[1]

Si l'on coupe une planaire d'eau douce *(Planaria torva)* en deux, transversalement, la partie postérieure, qui n'a pas de cerveau, se déplace aussi bien que la partie antérieure, qui a un cerveau. Si nous essayons de déterminer l'effet de la lumière sur la partie dépourvue de cerveau et d'yeux, nous constatons que l'effet de la lumière n'est pas modifié et que la partie postérieure s'éloigne de la lumière pour se réfugier dans les coins sombres comme le ferait un animal normal, sauf que l'action se déroule à un rythme plus lent. Chez les animaux normaux, la réaction commence généralement une minute après l'exposition ; dans la partie sans cerveau, il faut près de cinq minutes d'exposition.[2]

Les exemples suivants illustrent bien la manière dont les conditions chimiques affectent les activités de l'organisme-comme-un-tout. Chez une méduse, nous pouvons augmenter ou diminuer les activités locomotrices en changeant simplement la constitution chimique de l'eau. Si nous augmentons le nombre d'ions Na (sodium) dans l'eau de mer, les contractions rythmiques augmentent et l'animal devient agité. Si nous augmentons le nombre d'ions Ca (calcium), les contractions diminuent. De la même manière, nous pouvons modifier l'orientation vers la lumière d'un certain nombre d'animaux marins en changeant la constitution chimique de l'eau du milieu. Les larves de *Polygordius,* qui s'éloignent habituellement de la lumière pour se réfugier dans les coins sombres, peuvent être forcées à se diriger vers la lumière de deux façons : soit en abaissant la température de l'eau de mer, soit en augmentant la concentration des sels dans l'eau de mer. Ce comportement peut être inversé en augmentant la température ou en diminuant la concentration des sels.[3]

Un groupe d'expériences extrêmement instructives a été effectué dans le cadre de la fécondation artificielle des œufs d'un grand nombre d'animaux marins, tels que les étoiles de mer, les mollusques et autres.

Dans les conditions habituelles, ces œufs ne peuvent se développer que si un spermatozoïde pénètre dans l'œuf, ce qui entraîne un épaississement de la membrane appelée 'membrane de fécondation'. Les expériences montrent qu'une telle transformation peut être produite artificiellement dans un œuf non fécondé, avec la 'fécondation' qui en résulte, par plusieurs moyens artificiels, comme par exemple le traitement des œufs avec des produits chimiques spéciaux et, dans certains cas, en ponctionnant simplement l'œuf à l'aide d'une aiguille. Le regretté Jacques Loeb a réussi à produire de cette manière des grenouilles parthénogénétiques, qui ont vécu une vie normale.[4]

Dans des conditions normales, les œufs de différents animaux marins ne peuvent être fécondés que par leur propre sperme. Mais si l'on augmente légèrement l'alcalinité de l'eau de mer, on constate que les œufs peuvent être fécondés par différents spermatozoïdes, souvent issus d'animaux très différents.[5] Si l'on place des œufs non fécondés d'oursins dans de l'eau de mer contenant une trace de saponine, on constate que les œufs acquièrent la 'membrane de fécondation' caractéristique. Si l'on retire les œufs, qu'on les lave soigneusement et qu'on les remet dans l'eau de mer, ils se transforment en larves.[6] Le changement de la constitution chimique de l'eau de mer produit souvent des jumeaux à partir d'un seul œuf. Le changement de température peut modifier la couleur des papillons, etc.[7]

Les travaux du professeur C. M. Child sur la régénération présentent un très grand nombre de ces réactions de l'organisme-comme-un-tout. Je suggère ces travaux, non seulement parce qu'ils sont particulièrement intéressants, même pour le profane en sciences, mais surtout parce que le professeur Child a formulé un système biologique $\bar{A}$ dont l'importance devient primordiale et qui commence à être appliqué même en psychiatrie par le Dr Wm. A. White et d'autres.

La caractéristique de tirer profit des expériences passées et d'acquérir des réactions négatives se situe très bas dans l'échelle de la vie. Ainsi, même les infusoires qui ingèrent un grain de carmin apprennent rapidement à le refuser.[8] Les expériences les plus intéressantes ont été réalisées sur des vers par Yerkes en 1912 et vérifiées à plusieurs reprises. Yerkes a construit un labyrinthe en forme de T. Dans un bras (C), il a placé un morceau de papier de verre (S), au-delà duquel se trouvait un dispositif électrique (E) qui pouvait donner une décharge électrique. L'animal utilisé pour l'expérience est un ver de terre. Le ver a été admis par l'entrée (A). S'il choisit de passer par (B), il sortait sans conséquences désagréables. S'il choisissait (C), il recevait d'abord un avertissement équitable par le biais du papier de verre (S) et, si cela ne suffisait pas, il recevait une décharge électrique à (E). Après un certain nombre d'expériences, le ver apprenait sa leçon et évitait le chemin (C). Une fois cette habitude acquise, les cinq segments antérieurs du ver ont été coupés. Le ver décapité a conservé cette habitude,

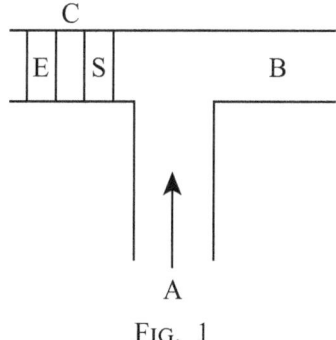

Fig. 1

bien qu'il ait réagi plus lentement. Au cours des deux mois suivants, le ver a développé un nouveau cerveau et l'habitude a disparu. Lorsqu'il a été à nouveau entraîné, il a partiellement repris l'habitude susmentionnée. D'autres expériences ont établi que les vers normaux acquièrent l'habitude d'éviter en environ deux cents essais ; et lorsque le dispositif électrique a été placé dans l'autre bras, le ver a appris à inverser son habitude en environ soixante-cinq essais. Une fois l'habitude acquise, l'ablation du cerveau ne la modifie pas. Les vers dont le cerveau a été enlevé ont également été capables d'acquérir une habitude similaire. Le cerveau d'un ver de terre n'étant qu'une toute petite partie de l'ensemble de son système nerveux, il n'a qu'une faible prédominance et les habitudes neuro-musculaires sont acquises par l'ensemble du système et non pas seulement par le cerveau. Mais, lorsqu'un nouveau cerveau a commencé à fonctionner, sa dominance était apparemment suffisante pour éliminer l'habitude.[9]

Les expériences de McCracken sur les vers à soie ont montré qu'un ver décapité peut vivre aussi longtemps qu'un ver normal. Il peut être accouplé et pondra le nombre normal d'œufs fertiles disposés de la manière habituelle. Mais il ne pond pas spontanément et ne peut pas choisir le type de feuilles sur lesquelles il va déposer ses œufs. Si la tête et le thorax sont coupés, les femelles sont incapables de s'accoupler et leur vie est réduite à environ cinq jours. Si elles s'étaient accouplées avant l'opération, elles continueraient à pondre des œufs lorsqu'elles seraient stimulées.

Dans ces cas plus compliqués, le cerveau est nécessaire pour le comportement plus compliqué, comme, par exemple, la sélection d'une feuille de mûrier.[10] Bien que l'organisme fonctionne comme-un-tout, la différenciation et l'importance relative (domination) des différents organes s'accentuent au fur et à mesure que l'on s'élève dans l'échelle de la vie.

Section B. Illustrations d'expériences en nutrition.

Nous trouvons des illustrations frappantes du principe *non-élémentalistique* dans l'étude des 'vitamines'. Il y a quelques années, on a découvert que certaines maladies pernicieuses très répandues étaient dues à des carences en certains facteurs du régime alimentaire. Ces facteurs, qui sont normalement présents en quantités infimes, ont été appelés 'vitamines' par le biologiste polonais Funk. Les principales maladies dues à une carence en vitamines sont le rachitisme, le scorbut, le béribéri et la pellagre. Dans tous ces cas, il est important de noter que l'absence d'une quantité infime d'un facteur peut avoir les conséquences les plus variées, les plus prononcées et apparemment les plus éloignées les unes des autres. Les symptômes peuvent maintenant être provoqués délibérément sur des animaux de laboratoire, par des régimes dépourvus de 'vitamines' particulières, et peuvent également être guéris à volonté en les nourrissant avec les 'vitamines' appropriées.[11]

Le rachitisme apparaît essentiellement comme une maladie de la petite enfance ou de l'enfance. Dans les cas bénins, la maladie peut n'être découverte qu'après le décès de l'adulte. Dans ce cas, les lésions ne sont pas devenues suffisamment prononcées au cours de la vie pour attirer l'attention.

Le diagnostic dépend généralement des manifestations osseuses, mais le rachitisme affecte l'ensemble de l'organisme et pas seulement le squelette. Les enfants sont nerveux et irritables, quoiqu' apathiques. Ils dorment mal et transpirent excessivement. Les muscles s'atrophient et s'affaiblissent. Une anémie secondaire apparaît souvent. Les enfants s'assoient, se tiennent debout et marchent plus tard que d'habitude ; les dents apparaissent plus tard dans la vie et se carient plus tôt. Les os sont généralement très affectés. Des zones de ramollissement apparaissent dans les os longs, qui se déforment. Dans les cas les plus graves, les os peuvent même se fracturer et la tête de l'os peut se séparer de la tige. La résistance générale des enfants à d'autres maladies est diminuée et la mortalité augmente.

L'huile de foie de morue *ou* le soleil permettent généralement de guérir. Il convient de noter le petit mot 'ou', car des 'causes' très différentes produisent des 'effets' similaires - un exemple illustrant le fait que, dans la vie, 'cause' et 'effet' ne correspondent pas dans une relation univoque, mais dans une relation multiple.

Des expériences ont montré que pas moins de trois facteurs alimentaires primaires sont concernés par le développement du tissu squelettique. Il s'agit du phosphore, du calcium et d'au moins un composé organique connu sous le nom de vitamine antirachitique. Les travaux du professeur E. V. McCollum et de ses collaborateurs semblent mettre en évidence un point intéressant, à savoir que le rapport entre les concentrations de calcium et de phosphore dans l'alimentation peut être plus important que les quantités absolues de ces substances.

Le scorbut se développe progressivement. Le patient perd du poids, est anémique, pâle, faible et essoufflé. Les gencives sont enflées, saignent facilement et développent souvent des ulcères. Les dents se déchaussent et peuvent tomber. Des hémorragies entre les muqueuses et la peau se produisent souvent. Des taches bleu-noir apparaissent très facilement sur la peau, voire spontanément. Les chevilles sont enflées et, dans les cas graves, la peau devient dure. Des symptômes nerveux de nature variée apparaissent, dont certains sont dus à la rupture de vaisseaux sanguins. À un stade plus avancé de la maladie, le délire et les convulsions peuvent survenir. L'autopsie révèle des données significatives, à savoir des hémorragies et une fragilité des os. Le scorbut apparaît également comme une maladie carentielle, principalement due à l'absence dans l'alimentation de ce que l'on appelle la 'vitamine antiscorbutique'.

Le béribéri désigne une forme d'inflammation des nerfs périphériques, les nerfs du mouvement et de la sensation étant également touchés. Au début de la maladie, le patient ressent de la fatigue, de la dépression et une raideur des jambes. On distingue deux formes, la forme humide et la forme sèche. Dans la forme sèche, l'amaigrissement, l'anesthésie et la paralysie sont les principales manifestations. Dans la forme humide, la manifestation la plus marquée est l'accumulation de sérum dans le tissu cellulaire affectant les troncs, les membres et les extrémités. Dans les deux formes, on observe généralement une sensibilité des muscles du mollet et des picotements ou des brûlures dans les pieds, les jambes et les bras. La mortalité est élevée.

La pellagre touche le système nerveux, le tube digestif et la peau. Normalement, l'un des premiers symptômes à apparaître est une douleur et une inflammation de la bouche. Des rougeurs symétriques de la peau apparaissent sur certaines parties du corps. Les symptômes nerveux s'accentuent au fur et à mesure que la maladie progresse. La moelle épinière est particulièrement touchée, mais le système nerveux central est également souvent affecté.

En ce qui concerne les 'vitamines' et la manière dont leur absence affecte l'organisme-comme-un-tout, il convient de mentionner que la stérilité des femmes peut être liée à un manque de vitamines. Des expériences étonnantes menées par le professeur McCollum ont montré que des phénomènes aussi divers que l'amaigrissement, la vieillesse prématurée, la mortalité infantile élevée, etc., sont largement dus à l'alimentation, et que même des instincts aussi fondamentaux que l'instinct maternel sont également affectés. Le rat normalement nourri détruit très rarement ses petits et, en règle générale, les rates sont de bonnes mères. Si l'on soumet une telle mère rat à une alimentation abondante mais déficiente en certaines vitamines, la mère réagit tout à fait différemment vis-à-vis de ses petits et les détruit peu après leur naissance. Cette caractéristique a été contrôlée expérimentalement et inversée à volonté par des régimes alimentaires appropriés. La nervosité et l'irritabilité des rats peuvent également être contrôlées expérimentalement au moyen des vitamines qu'ils reçoivent ou dont ils manquent dans leur alimentation.

Section C. Illustrations de maladies 'mentales' et nerveuses.

Des exemples simples et frappants de ce que signifie le principe *non-élémentalistique* peuvent également être donnés dans le domaine de la psychiatrie.

White cite le rapport de Prince selon lequel un patient était sujet à de graves crises de rhume des foins lorsqu'il était exposé à des roses. À une occasion, un bouquet de roses est sorti inopinément de derrière un paravent. Le patient a commencé une crise sévère avec tous les symptômes habituels, larmoiement, congestion des muqueuses, etc., alors que les roses étaient faites en *papier*. Ce cas intéressant montre clairement comment des facteurs 'mentaux' (la croyance que les roses étaient authentiques) produisent une série de réactions impliquant des troubles sensoriels, moteurs, vasomoteurs et des troubles sécrétoires d'un caractère résolument 'physique'.[12]

La migraine désigne une perturbation de la tension des vaisseaux sanguins (vasomotrice), due à une grande variété de stimuli possibles agissant sur le système nerveux végétatif. Dans certains cas, les stimuli peuvent être purement physiques, comme des coups violents, des chutes, des mouvements rapides, des changements soudains de température, de pression, etc., ou ils peuvent être chimiques et dus à la nicotine, à l'alcool, à la morphine, ou à certaines perturbations endocriniennes (surrénales, thyroïde), à des toxines, etc. Elles peuvent avoir un caractère réflexe purement somatique, dû à la fatigue, à la formation de tumeurs, etc. Elles peuvent aussi être de nature sémantique, dues à la colère, à la peur, à la déception, à l'inquiétude et à d'autres états sémantiques, qui peuvent agir en perturbant le métabolisme.

La migraine se présente généralement comme un état anormal périodique, dans lequel le patient souffre d'une douleur oppressante à la tête qui passe progressivement d'une lourdeur et d'un abattement à une intensité foudroyante. Souvent, des signes visuels caractéristiques apparaissent également. Le patient voit des taches sombres dans le champ visuel, des taches volantes, et peut même devenir partiellement aveugle. Des frissons, des dépressions, des troubles sensoriels, en particulier au niveau de l'estomac, avec des vomissements, sont souvent présents. Une crise peut durer quelques heures, voire plusieurs jours.[13]

Le crétinisme désigne une perturbation physique et 'mentale' due principalement à la perte ou à la diminution de la fonction de la glande thyroïde. Le patient (l'enfant) accuse un retard dans son développement physique, qui se traduit souvent par un nanisme, à l'exception du crâne, qui grandit proportionnellement au reste du corps. Les défauts osseux donnent lieu à des yeux très écartés, à un nez de bull-dog, etc. Le tissu osseux devient anormalement dur, et il y a également une déficience dentaire marquée. Le cou est généralement épais et court, l'abdomen gonflé, le nombril enfoncé. La ligne des cheveux commence bas sur le front, le nez est enfoncé, les paupières gonflées, le visage bouffi, la langue proéminente. Le foie est généralement hypertrophié, la respiration est lente et des changements dans le sang peuvent être détectés. Le système nerveux est affecté : on trouve également des défauts dans la structure des nerfs sensoriels et moteurs. Au niveau mental, on observe différents degrés de stupidité, de faiblesse 'mentale' (crétins), d'imbécillité, voire d'idiotie. L'odorat, la vue et l'ouïe sont souvent faibles, la parole perturbée, de sorte que nous trouvons souvent les patients sourds et muets. Les patients ont une démarche instable, avec des oscillations de la tête. L'hyperactivité de la glande thyroïde se traduit par le fameux goitre.

L'hyperpituitarisme se traduit par l'acromégalie, caractérisée par l'élargissement progressif des os du nez, de la mâchoire, des mains et des pieds, le gigantisme, souvent lié à des troubles profonds. L'hypopituitarisme, ou déficit en hormones hypophysaires, donne lieu à un groupe de maladies caractérisées par une accumulation progressive de graisse, et est lié à d'autres anomalies et troubles.

Dans le domaine des psychonévroses, je ne mentionnerai que l'hystérie. Il est très intéressant de constater que les nombreux et divers symptômes physiques et somatiques sont d'origine purement sémantique. Les symptômes de l'hystérie sont nombreux et très complexes, mais ils se regroupent principalement en troubles du mouvement et de la 'sensation'. On trouve toutes sortes de paralysies et d'anesthésies. La paralysie des membres est fréquente ; l'anesthésie peut être distribuée de plusieurs façons, impliquant des zones de surface ou les différents 'organes sensoriels'. Il est intéressant de noter que la distribution de ces symptômes ne suit pas les zones anatomiques de distribution nerveuse, mais montre un regroupement symbolique (psycho-logique). Les troubles de la motricité prennent généralement la forme d'une paralysie. Les tremblements, la débilité musculaire, la fatigabilité, les contractions musculaires involontaires, les tics et les spasmes sont souvent d'origine hystérique. La parole est souvent affectée ; parfois, les patients ne peuvent que chuchoter, bien que leurs organes vocaux soient sains. Le bégaiement est souvent d'origine hystérique et l'analyse montre que les mots qui posent problème ont généralement une signification sémantique particulière pour le patient. Les troubles respiratoires de type asthmatique et les troubles du tractus gastro-intestinal sont également souvent hystériques.

Il convient de souligner que, puisque le non-élémentalisme a une base structurelle physico-chimique dans le comportement colloïdal, toute la vie et tous les organismes fournissent amplement de quoi l'illustrer. Nous n'avons donné ici que quelques exemples, choisis principalement en raison de leur caractère empirique simple et spectaculaire, mais généralement peu connus. Les données empiriques montrent clairement que les facteurs les plus divers, agissant comme des stimuli partiels, finissent par affecter ou entraîner la réponse du tout entier.

Le traitement de ces problèmes empiriques, structurels et fondamentaux implique de sérieuses difficultés structurelles, linguistiques et sémantiques qui doivent être résolues *entièrement* par l'ajustement de la structure du langage utilisé. Mais un tel ajustement nécessite une compréhension pleine et entière des questions structurelles en jeu et une rupture structurelle fondamentale avec les méthodes et les *moyens A* (*Aristotéliciens*). Ces questions structurelles et les moyens de s'écarter des méthodes A (*Aristotéliciennes*) sont expliqués dans les chapitres suivants.

En résumé : le principe *non-élémentalistique* formule un caractère structurel inhérent à la structure du monde, de nous-mêmes et de notre système nerveux à tous les niveaux, dont la connaissance et l'application sont inconditionnellement nécessaires à l'ajustement à tous les niveaux, et donc, chez l'être humain, à la *santé*.

Étant donné que 'connaissance', 'compréhension' et d'autres fonctions de ce type sont *uniquement* relationnelles, et donc structurelles, la condition inconditionnelle et inhérente à l'ajustement à tous les niveaux humains dépend de la construction de langages dont la structure est similaire à celle des faits expérimentaux. Une fois cette condition remplie, toutes les conséquences sémantiques souhaitables précédentes s'ensuivent *automatiquement*.

Pour des raisons de simplicité, nous n'avons considéré que des exemples de 'l'organisme-comme-un-tout', mais, en fait, une telle considération détachée ne peut être considérée comme entièrement satisfaisante, car, *structurellement,* chaque organisme dépend de son environnement ; et, par conséquent, en construisant nos langages, nous devrions inventer des termes qui impliquent également ce dernier par voie de conséquence. Heureusement, cette condition n'entraîne pas de difficultés sérieuses, une fois l'identité éliminée et les problèmes fondamentaux de structure saisis. En effet, les termes que nous avons déjà utilisés, ou que nous utiliserons au fur et à mesure, sont tous d'une structure *non-élémentalistique de santé* telle qu'ils impliquent l'environnement par voie de conséquence.

Dans le cas de 'Dupond', les difficultés sont particulièrement sérieuses car son système nerveux est le plus complexe que l'on connaisse. Il est stratifié en quatre dimensions (dans l'espace-temps), et la dominance de certains centres introduit des interrelations prodigieuses et multiples qui n'existent pas dans les systèmes nerveux de structure plus simple ; et nous devons encore apprendre à gérer les premiers. Heureusement, les méthodes mathématiques et la psychiatrie expliquent beaucoup de choses sur cette question, et nous donnent les moyens souhaités pour appliquer ce que nous avons appris.

À l'évidence, 'savoir' quelque chose est très différent de l'application *habituelle* de ce que nous avons appris. Cette différence sémantique est particulièrement aiguë dans le cas du langage, car il contient des implications *structurelles* qui agissent de *manière inconsciente*. Il ne suffit pas de 'comprendre' et de 'connaître' le contenu du présent travail, il faut *s'entraîner* à *l'utilisation* des nouveaux termes. Ce n'est qu'à cette condition que l'on peut s'attendre à des résultats sémantiques optimaux.

PARTIE IV
LES FACTEURS STRUCTURELS DANS LES LANGAGES NON-ARISTOTÉLICIENS

Sans objets conçus comme des individus uniques, il ne peut y avoir *de classes*. Sans classes, nous ne pouvons, comme nous l'avons vu, définir de *Relations*, et *sans Relations*, nous *ne* pouvons *pas* avoir d'*Ordre. Or, être raisonnable, c'est concevoir des systèmes-ordre, réels ou idéaux. Par conséquent, nous avons un besoin logique absolu de concevoir les objets individuels comme les éléments de nos systèmes d'ordre idéaux.* Ce postulat est la condition pour définir clairement toute conception théorique quelle qu'elle soit. Nous pouvons ici ignorer les autres aspects métaphysiques du concept d'individu. *Concevoir des objets individuels est une présupposition nécessaire de toute activité ordonnée.* (449)

JOSIAH ROYCE

Les connexions démontrées par ces exemples particuliers sont valables en général : étant donné une transformation, vous avez une fonction et une relation ; étant donné une fonction, vous avez une relation et une transformation ; étant donné une relation, vous avez une transformation et une fonction : *une* chose - *trois* aspects ; et le fait est extrêmement intéressant et lourd de significations. (264)

CASSIUS J. KEYSER

On peut donc dire, avec la même approximation de vérité, que toute la science, y compris les mathématiques, consiste dans l'étude des transformations ou dans l'étude des relations. (264)

CASSIUS J. KEYSER

La science n'est jamais une simple connaissance, c'est une connaissance ordonnée. (449)

JOSIAH ROYCE

En règle générale, les philosophes n'ont pas remarqué plus de deux types de phrases, illustrés par les deux énoncés 'ceci est jaune' et 'les boutons d'or sont jaunes'. Ils ont supposé à tort que ces deux phrases étaient d'un seul et même type, et que toutes les propositions étaient de ce type. La première erreur a été mise en évidence par Frege et Peano ; la seconde rend impossible l'explication de l'ordre. Par conséquent, le point de vue traditionnel selon lequel toutes les propositions attribuent un prédicat à un sujet s'est effondré, et avec lui les systèmes métaphysiques qui étaient fondés sur lui, consciemment ou inconsciemment. (457)

BERTRAND RUSSELL

Des analyses intéressantes de Van Woerkom ont montré une incapacité générale chez les aphasiques à saisir des relations, à réaliser des synthèses ordonnées, etc. ; autant d'opérations qui reposent, chez l'individu normal, sur l'utilisation de la symbolisation verbale. Face à des groupes de figures ou de formes géométriques, l'aphasique, même s'il les perçoit correctement, est incapable d'en analyser ou d'en ordonner les éléments, d'en saisir la succession.... (411)

HENRI PIÉRON

CHAPITRE XI

SUR LA FONCTION

> Toute la science des mathématiques repose sur la notion de fonction, c'est-à-dire de dépendance entre deux ou plusieurs grandeurs, dont l'étude constitue l'objet principal de l'analyse.
>
> C. E. PICARD

> Chacun est familier avec la notion ordinaire de fonction, c'est-à-dire la notion de dépendance légitime d'un ou de plusieurs éléments variables par rapport à d'autres éléments variables, comme la surface d'un rectangle par rapport à la longueur de ses côtés, la distance parcourue par rapport à la vitesse d'avancement, le volume d'un gaz par rapport à la température et à la pression, comme la prospérité d'un spécialiste de la gorge en fonction de l'humidité du climat, comme l'attraction des particules matérielles en fonction de leur distance, comme le zèle prohibitionniste en fonction de la distinction intellectuelle et de l'élévation morale, comme le taux de changement chimique en fonction de la quantité ou de la masse de la substance impliquée, comme la turbulence du travail en fonction de la convoitise du capital, et ainsi de suite jusqu'à l'infini. (264)
>
> CASSIUS J. KEYSER

> L'infini dont elle se débarrasse superficiellement est caché dans la notion de 'n'importe lequel', qui n'est qu'un des déguisements protéiformes de la généralité mathématique. (22)
>
> E. T. BELL

Le célèbre mathématicien Heaviside mentionne la définition des quaternions donnée par une écolière américaine. Elle définissait les quaternions comme 'une ancienne cérémonie religieuse'. Malheureusement, l'attitude de nombreux mathématiciens a justifié une telle définition. Le présent ouvrage s'écarte largement de cette attitude religieuse et traite les mathématiques simplement comme une forme très importante et unique de comportement humain. Aucune formulation verbale n'est sacrée, et même celles qui semblent aujourd'hui les plus fondamentales devraient être soumises à une révision structurelle en cas de besoin. Les quelques mathématiciens qui ont produit des innovations qui ont fait date dans la méthode mathématique avaient *inconsciemment* cette attitude comportementale, comme nous le montrerons plus loin. La majorité des mathématiciens considèrent les mathématiques comme une entité claire, 'en soi'. Cela est dû, d'abord, à une confusion des ordres d'abstraction et d'identification, comme nous l'expliquerons plus loin, et, ensuite, à leur apparente simplicité. En réalité, une telle attitude provoque des complications tout à fait inattendues, conduisant à des révolutions mathématiques toujours déconcertantes. Les révolutions mathématiques ne se produisent qu'à cause de cette attitude *trop simpliste*, et donc fallacieuse, des mathématiciens vis-à-vis de leur travail. Si tous les mathématiciens avaient la liberté sémantique de ceux qui font les 'révolutions' mathématiques, il *n'y aurait pas* de 'révolutions' mathématiques, mais un progrès extrêmement rapide et constructif. Pour rééduquer les *réactions sémantiques* de ces mathématiciens, le problème de la psycho-logique des mathématiques doit faire l'objet d'une plus grande attention. Cela signifie que certains mathématiciens doivent également devenir psycho-logues, ou que les psycho-logues doivent étudier les mathématiques.

En effet, prenons une formule qui illustre au mieux les mathématiques : un et un font deux (1+1=2). Nous voyons clairement que ce produit humain implique une triple relation : entre la personne qui l'a fabriqué,

$$(A) \nearrow 1+1=2 \searrow$$
$$\text{Durand} \longleftrightarrow \text{Dupond}$$

disons, Dupond, et les marques noir sur blanc (A), entre ces marques et Durand, et entre Durand et Dupond. Cette dernière relation est la seule *importante*. Les marques (A) ne sont qu'auxiliaires et sont *sans signification par 'elles-mêmes'*. Elles n'existeraient jamais s'il n'y avait pas de Dupond pour les fabriquer et n'auraient aucune valeur s'il n'y avait pas de Durand compréhensif pour les utiliser et les apprécier. Il est vrai que lorsque nous prenons en compte cette triple relation, l'analyse devient plus difficile et doit impliquer une révision des fondements des mathématiques. Bien qu'il soit impossible de tenter dans ce livre une analyse plus approfondie de ces problèmes d'une manière générale, cette attitude comportementale suit le rejet du 'est' d'identité et est appliquée tout au long de cet ouvrage.

La notion de 'fonction' a joué un rôle très important dans le développement de la science moderne et est structurellement et sémantiquement fondamentale. Cette notion a apparemment été introduite pour la première fois dans la littérature mathématique par Descartes. C'est Leibnitz qui a introduit le terme. La notion de 'fonction' est fondée sur celle de *variable*. En mathématiques, une variable est utilisée comme un symbole ∞-valué qui peut représenter *n'importe lequel* d'une série d'éléments numériques.

Il est utile d'élargir la signification mathématique d'une variable à tout symbole ∞-valué dont la valeur n'est pas déterminée. Les différentes déterminations qui peuvent être attribuées à la variable sont appelées la *valeur* de la variable. Il est important de se rendre compte qu'une variable mathématique ne varie pas ou ne change pas en elle-même, mais qu'elle peut prendre *n'importe quelle* valeur dans son intervalle. Si une valeur particulière est choisie pour une variable, cette valeur, et donc la variable, devient fixe - une constante mono-valuée. Dans l'utilisation de ces termes, nous devons tenir compte du comportement de qui mathématise. Son 'x' est comme un récipient dans lequel il peut verser un ou plusieurs liquides ; mais une fois la sélection effectuée, le contenu du récipient est unique ou constant. Le 'changement' n'est donc pas inhérent à une variable ; il n'est dû qu'à la volonté de qui mathématise, qui peut remplacer une valeur par une autre. Ainsi, la valeur change par quanta, en lots définis, selon le bon vouloir de l'opérateur. Ce caractère quantique de la variable a des conséquences structurelles et sémantiques importantes, qui deviendront plus claires par la suite. Il nous permet, sans étirer nos définitions, d'appliquer le nouveau vocabulaire à n'importe quel problème. Il est en accord structurel avec la tendance de la théorie quantique, et donc avec la *structure* de ce monde, tel que nous le connaissons actuellement.

La notion de variable est née en mathématiques et, à l'origine, ne concernait que les nombres. Or, les nombres, lorsqu'ils sont donnés, représentent structurellement un ensemble qui *n'est pas* censé changer. Ainsi, lorsque nous considérons une variable, nous devons 'penser' non pas à une entité changeante, mais à *tout* élément que nous choisissons dans notre collection parfaitement constante (lorsqu'elle est donnée). Je répète que la notion de *changement* n'entre en jeu qu'en connexion avec la volition et les *réactions sémantiques* de qui opère ces entités invariables. La notion de variable est toujours prise dans un sens extensionnel ∞-valué, qui sera expliqué plus loin, car elle implique toujours structurellement une collection de plusieurs individus, parmi lesquels on peut en sélectionner un. La notion de variable est générale et, en principe, ∞-valuée ; une constante est un cas particulier de variable mono-valuée dans lequel la collection contient un seul élément, ce qui rend impossible toute sélection alternative.

Les variables sont généralement symbolisées par les lettres finales de l'alphabet, x, y, z, etc. L'offre est augmentée à volonté par l'utilisation d'indices ; par exemple, x', y', z', etc. ; x'', y'', z'', etc. ; ou x_1, y_1, z_1 etc. ; x_2, y_2, z_2 etc. On dispose ainsi d'un moyen souple de désigner de nombreux individus et de les fabriquer indéfiniment, comme l'exige la méthode extensionnelle des mathématiques. Une autre méthode, introduite il y a peu, s'est avérée utile pour traiter une sélection définie de variables d'une manière simplifiée. Une lettre ou une équation peut être utilisée au lieu de plusieurs. Le signe de la variable x est modifié par une autre lettre qui peut avoir différentes valeurs, dans un intervalle donné ; par exemple, x_i, x_k, etc. La lettre modificatrice i ou k peut prendre des valeurs en série ; disons i ou $k = 1, 2, 3$, *etc.* Puisque le symbole unique x_k représente le tableau de nombreuses variables *différentes* x_1, x_2, x_3, etc. les énoncés peuvent être grandement simplifiés, tout en préservant structurellement l'individualité *extensionnelle*.

Il est important que le lecteur non-mathématicien se familiarise avec les méthodes et les notations susmentionnées, car elles impliquent une attitude structurelle et *psycho-logique* profonde et de grande portée, utile à *chacun*, impliquant les *réactions sémantiques* les plus fondamentales.

La méthode *extensionnelle* consiste à traiter structurellement de nombreux *individus définis* ; comme, par exemple, avec 1, 2, 3, etc., une série dans laquelle chaque individu a un nom ou un symbole spécial et unique. Cette méthode extensionnelle est structurellement la *seule* par laquelle nous pouvons espérer acquérir des *réactions sémantiques Ā ∞-valuées*. Au sens strict, les problèmes de la vie et des sciences ne diffèrent pas structurellement de ce problème mathématique. Dans la vie et les sciences, on a affaire à un grand nombre d'individus réels et uniques, et tout le monde parle en utilisant des abstractions d'un ordre très élevé (abstractions à partir d'abstractions à partir d'abstractions, etc.). Ainsi, chaque fois que nous parlons, l'individu n'est jamais complètement couvert, et certaines caractéristiques sont laissées de côté.

La définition approximative d'une fonction est simple : on dit que y est une fonction de x si, lorsque x est donné, y est déterminé. Commençons par une illustration mathématique simple : $y = x + 3$. Si nous choisissons la valeur 1 pour x, notre $y = 1 + 3 = 4$. Si nous choisissons $x = 2$, alors $y = 2 + 3 = 5$, etc. Prenons un exemple plus compliqué ; par exemple : $y = x^2 - x + 2$.

Nous voyons que pour $x = 1$, $y = 1 - 1 + 2 = 2$; pour $x = 2$, $y = 4 - 2 + 2 = 4$; pour $x = 3$, $y = 9 - 3 + 2 = 8$, etc.

En général, y est déterminé lorsque nous effectuons toutes les opérations indiquées sur la variable x, et que nous obtenons les résultats finaux de ces opérations. En symboles, $y = f(x)$, ce qui signifie que y est égal à la fonction de x, ou y est égal à f de x.

Dans notre exemple, nous pouvons appeler x la variable indépendante, ce qui signifie qu'elle est celle à laquelle nous pouvons attribuer n'importe quelle valeur à notre gré, si elle n'est pas limitée par les conditions de notre problème, et y serait alors la variable dépendante, ce qui signifie que sa valeur ne dépend plus de notre plaisir, mais est déterminée par le choix de la valeur de x. Les termes variables dépendantes et indépendantes ne sont pas absolus, car la dépendance est mutuelle, et nous pourrions choisir l'une ou l'autre variable comme variable indépendante, selon nos souhaits.

La notion de 'fonction' a été généralisée par Bertrand Russell pour devenir la notion très importante de 'fonction propositionnelle'.[1] Pour mon propos, une définition approximative suffira. Par fonction propositionnelle, j'entends un énoncé ∞-*valué*, contenant une ou plusieurs variables, tel que lorsque des valeurs uniques sont attribuées à ces variables, l'expression devient, en principe, une proposition *mono-valuée*. Le caractère ∞-valué des fonctions propositionnelles semble essentiel, car nous pouvons avoir une fonction descriptive mono-valuée avec des variables, ou une expression mono-valuée formulant une loi relationnelle sémantique exprimée en termes variables, etc. Il s'agirait pourtant de propositions. Ainsi, l'énoncé ∞-valué "*x est noir*" exemplifierait une fonction propositionnelle ; mais la relation mono-valuée "*si x est plus que y, et y est plus que z, alors x est plus que z*" exemplifie une proposition. Cette notion multiordinale étendue de fonction propositionnelle devient d'une importance cruciale dans un système-$\bar{A}$, car la plupart de nos conversations se déroulent dans des langages ∞-valués auxquels nous nous référons le plus souvent, auxquels nous attribuons de manière illusoire des valeurs uniques, ce qui empêche toute évaluation correcte.

Une caractéristique importante d'une fonction propositionnelle, par exemple "*x est noir*", est qu'un tel énoncé n'est ni vrai ni faux, mais ambigu. Il est inutile de discuter de la vérité ou de la fausseté des fonctions propositionnelles, puisque les termes vrai ou faux ne peuvent leur être appliqués. Mais si une valeur unique et définie est attribuée à la variable x, alors la fonction propositionnelle devient une proposition qui peut être vraie ou fausse. Par exemple, si nous attribuons à x la valeur '*charbon*' et que nous disons 'le charbon est noir', la fonction propositionnelle ∞-valuée est devenue une proposition vraie mono-valuée. Si l'on attribue à x la valeur '*lait*' et que l'on dit '*le lait est noir*', on obtient également une proposition mais, dans ce cas, fausse. Si nous attribuons à x la valeur "*bla-bla*" et que nous disons "bla-bla est noir", un tel énoncé peut être considéré comme dépourvu de signification puisqu'il contient des sons qui n'ont pas de signification ; ou nous *pouvons* dire, "l'énoncé bla-bla *n'est pas* noir mais dépourvu de signification", et, par conséquent, la proposition, "bla-bla est noir" *n'est pas* dépourvue de signification, mais fausse.

Il convient de noter - un fait ignoré dans les *Principia Mathematica* - qu'il n'existe pas de règle stricte permettant de distinguer les déclarations vides de signification des déclarations fausses en général, mais qu'une telle discrimination dépend de nombreux facteurs dans chaque cas spécifique. Une fonction propositionnelle, '*x est noir*', ne peut pas être son propre argument : par exemple, si nous remplaçons la variable *x* de la fonction propositionnelle originale par la fonction propositionnelle entière, '*x est noir*', et que nous considérons ensuite l'expression '*x est noir,est noir*', que Whitehead et Russell classent comme *dépourvue de signification*, cette expression *n'est pas* nécessairement dépourvue de signification, mais *peut* être considérée comme *fausse*. En effet, l'énoncé '*x est noir*' est défini comme une *fonction propositionnelle* et, par conséquent, l'énoncé '*x est noir,est noir*' *peut* être considéré comme *faux*.

Les problèmes de 'signification' et de 'dépourvu de signification' sont d'une grande importance sémantique dans la vie quotidienne, mais, jusqu'à présent, peu de choses ont été faites et peu de recherches ont été menées pour établir ou découvrir des critères valables. Prouver qu'un énoncé est faux est souvent laborieux, et parfois impossible, en raison de l'état peu développé des connaissances dans ce domaine. Mais avec les formes *verbales* vides de signification, lorsque ce qui relève de leur vacuité de signification est mise en évidence dans un cas donné, le non-sens explose pour de bon.

De ce point de vue, il est souhaitable d'approfondir le mécanisme de notre symbolisme, afin de pouvoir distinguer entre les déclarations fausses et les formes verbales qui n'ont pas de signification. Le lecteur se souviendra de ce qui a été dit à propos du terme 'licorne', utilisé comme symbole en héraldique et, éventuellement, en 'psychologie', puisqu'il représente un fruit de *l'imagination* humaine, mais qui, en zoologie, devient un bruit et non un symbole, puisqu'il ne représente aucun véritable animal.

Une fonction propositionnelle et un énoncé contenant des bruits sans signification ont en commun une caractéristique sémantique très curieuse : à savoir aucun des deux ne peut être vrai ou faux. Dans l'ancien système-*A* (Aristotélicien), tous les sons émis par l'être humain, qui pouvaient être écrits et qui ressemblaient à des mots, étaient considérés comme des mots ; ainsi, chaque 'question' était censée avoir une réponse. Lorsque des signes orthographiques (bruits pouvant être épelés) étaient assemblés d'une manière spécifique, chaque combinaison était censée dire quelque chose, et cette déclaration était censée être vraie ou fausse. Nous voyons clairement que ce point de vue n'est pas correct, qu'en plus des mots, nous produisons des bruits (marques orthographiques) qui peuvent avoir l'apparence de mots, mais qui *ne* doivent *pas* être considérés comme des mots, car ils ne disent rien dans un contexte donné. Les fonctions propositionnelles ne peuvent pas non plus être classées sous les deux simples contraires que sont vrai et faux.

Les faits ci-dessus ont une immense importance sémantique, car ils sont directement connectés à la possibilité d'un accord et d'un ajustement entre les êtres humains. En effet, sur des déclarations qui ne sont ni vraies ni fausses, nous pouvons toujours être en désaccord si nous nous obstinons à appliquer des critères qui n'ont pas lieu d'être dans de tels cas.

Dans la vie *humaine*, les problèmes sémantiques de 'vacuité de signification' sont fondamentaux pour la santé, car l'évaluation de bruits, qui ne constituent pas des symboles dans un contexte donné, en tant que symboles dans ce contexte, doit nécessairement impliquer des délires ou d'autres manifestations morbides.

La solution de ce problème est simple. Tous les bruits ou signes, lorsqu'ils sont utilisés sémantiquement comme symboles, représentent *toujours* un *quelconque symbolisme*, mais nous devons découvrir à quel champ le symbolisme donné s'applique. Nous ne trouvons que trois champs possibles. Si nous appliquons un symbole appartenant à un champ à un autre champ, il n'a très souvent aucune signification dans ce dernier. Dans les considérations qui suivent, la théorie des erreurs n'est pas prise en compte.

Un symbole peut représenter :

(1) des événements extérieurs à notre peau, ou à l'intérieur de notre peau dans les domaines de la physique, de la chimie, de la physiologie, etc.

(2) des événements psycho-logiques à l'intérieur de notre peau, ou, en d'autres termes, les *réactions sémantiques* qui peuvent être considérées comme 'sanes', couvrant un domaine appartenant à la psycho-logique.

(3) des troubles sémantiques relevant d'un champ pathologique appartenant à la psychiatrie.

Comme les divisions ci-dessus, ainsi que leurs interconnexions, couvrent le champ du symbolisme humain, qui, en 1933, sont devenues, ou deviennent rapidement, des sciences *expérimentales*, il semble évident que les anciennes 'métaphysiques' de toutes sortes deviennent illégitimes, n'offrant qu'un champ d'étude très fertile à la psychiatrie.

En raison des considérations *structurelles* et *symboliques* susmentionnées, fondées sur des prémisses $\bar{A}$ négatives et de non-identité, ces conclusions apparaissent comme *définitives* et, peut-être, pour la première fois, mettent en lumière le problème de longue date du sujet-matière, du caractère, de la valeur et, en général, du statut de l'ancienne 'métaphysique' dans l'économie humaine. D'un point de vue *non-élémentalistique*, structurel et sémantique, les problèmes dont traitaient l'ancienne 'métaphysique' et l'ancienne 'philosophie' devraient être divisés en deux groupes bien définis. L'un comprendrait l'"épistémologie", ou théorie de la connaissance, qui se fondrait finalement avec la psycho-logique scientifique et *non-élémentalistique*, fondée sur la sémantique générale, la structure, les relations, l'ordre multidimensionnel et la mécanique quantique d'une date donnée ; et le reste représenterait les perturbations sémantiques, à étudier par une psychiatrie généralisée et actualisée.

À l'évidence, les considérations relatives à la structure, au symbolisme, à la sanité, etc., impliquent la résolution de problèmes aussi lourds que ceux de 'fait', 'réalité', 'vrai', 'faux', etc., qui ne sont complètement résolus que par la conscience d'abstraire, la multiordinalité des termes, etc. - en général, un système-$\bar{A}$.

Permettez-moi de répéter la définition approximative d'une fonction propositionnelle : il s'agit d'un énoncé ∞-valué contenant des variables et caractérisé par le fait qu'il est ambigu, c'est-à-dire qu'il n'est ni vrai ni faux.

Qu'en est-il des termes que nous utilisons dans la vie? Sont-ils tous utilisés comme des termes mono-valués pour désigner des constantes d'une sorte ou d'une autre, ou avons-nous des termes qui sont intrinsèquement ∞-valués ou variables? Qu'en est-il des termes tels que 'humanité', 'science', 'mathématiques', 'homme', 'éducation', 'éthique', 'politique', 'religion', 'sanité', 'insanité', 'fer', 'bois', 'pomme', 'objet', et une foule d'autres termes ? S'agit-il d'étiquettes pour des constantes mono-valuées ou des étiquettes pour des étapes de processus ∞-valués. Heureusement, ici, nous n'avons aucun doute.

Nous voyons qu'une grande majorité des termes que nous utilisons sont des noms pour des étapes ∞-valuées de processus dont le *contenu change*. Lorsque de tels termes sont utilisés, ils ont généralement un contenu différent ou multiple. Les termes représentent des variables ∞-valuées, et donc les énoncés représentent des fonctions propositionnelles ∞-valuées, et non des propositions mono-valuées, et donc, en principe, ne sont ni vrais ni faux, mais ambigus.

À l'évidence, avant que de telles fonctions propositionnelles puissent devenir des propositions, et être vraies ou fausses, des valeurs individuelles doivent être assignées aux variables par une méthode quelconque. Ici, nous devons choisir, au moins, l'utilisation de coordonnées. Dans les cas ci-dessus, la coordonnée 'temps' est suffisante. Il est évident que la 'science 1933' est très différente de la 'science 1800' ou de la 'science 300 avant J.-C.'.

On peut objecter qu'il serait difficile d'établir des moyens par lesquels l'utilisation des coordonnées pourrait être rendue opérationnelle. Il semble que cela pourrait nous entraîner dans des difficultés complexes. Mais, quelle que soit la simplicité ou la complexité des moyens mis en œuvre, les détails n'ont pas d'importance et, par conséquent, nous pouvons accepter le plus grossier et le plus simple ; disons l'année, et généralement pas de coordonnées spatiales. L'effet sémantique inestimable d'une telle innovation est *structurel*, mono-, contre ∞-valué, *psycho-logique* et méthodologique, et affecte profondément *nos réactions sémantiques*.

Depuis des temps immémoriaux, certaines personnes étaient censées s'occuper de 'vérités éternelles' mono-valuées. Nous avons appelé ces personnes 'philosophes' ou 'métaphysiciens'. Mais elles se rendaient rarement compte que toutes leurs 'vérités éternelles' ne consistaient qu'en des *mots*, et des mots qui, pour la plupart, appartenaient à un langage primitif, reflétant dans sa structure la structure supposée du monde de la lointaine antiquité. En outre, elles ne se rendaient pas compte que ces 'vérités éternelles' ne durent que tant que le système nerveux humain n'est pas altéré. Sous l'influence de ces 'philosophes', de la 'logique' deux-valuée et de la confusion des ordres d'abstractions, nous avons presque tous contracté une prédilection fermement ancrée pour les énoncés 'généraux' - les 'universaux', comme on les appelait - qui, dans la plupart des cas, impliquaient intrinsèquement la conviction sémantique mono-valuée de leur validité pour tous les 'temps' à venir.

Si nous utilisons nos déclarations avec une date, disons 'science 1933', ces déclarations ont un caractère structurel et psycho-logique profondément modifié, différent de l'ancien état d'esprit sémantique législatif général. Une déclaration concernant la 'science 1933', qu'elle soit correcte ou non, ne comporte aucun élément de conviction sémantique concernant 1934.

Nous voyons en outre qu'une déclaration concernant la 'science 1933' peut être tout à fait certaine et que, si la personne est correctement informée, elle sera probablement vraie. Nous entrons ici en contact avec la structure de l'une de ces impasses sémantiques humaines que nous avons signalées. Nous, les humains, par de vieilles habitudes et en raison de la structure inhérente à la connaissance humaine, avons tendance à faire des déclarations statiques, définitives et, d'une certaine manière, absolutistes mono-valuées. Mais lorsque nous combattons l'absolutisme, nous établissons souvent, à la place, un autre dogme tout aussi stupide et nuisible. Par exemple, un athée actif est, d'un point de vue psycho-logique, aussi peu solide qu'un théiste enragé.

Une remarque similaire s'applique à pratiquement toutes ces oppositions que nous sommes constamment en train d'établir, de défendre ou de combattre. La structure actuelle de la connaissance humaine est telle, comme nous le verrons plus loin, que nous avons tendance à faire des affirmations définitives, de caractère statique et mono-valué, qui, lorsque nous tenons compte des composantes affectives présentes pré- et A (*Aristotélicien*) mono-, deux- ou trois-valuées deviennent inévitablement absolutistes et dogmatiques et extrêmement nuisibles.

Il s'agit d'une véritable impasse sémantique fondamentale. Ces énoncés statiques sont très néfastes, et pourtant ils ne peuvent pas être abolis, pour le moment. Il y a même de lourdes raisons pour lesquelles, sans la formulation et l'application d'une sémantique ∞-valuée, il n'est pas possible (1933) de les abolir. Que faire dans ces conditions structurelles? Renoncer à tout espoir ou s'efforcer d'inventer des méthodes qui couvrent l'écart de manière satisfaisante (1933)? L'analyse de la psychologie de la fonction propositionnelle mathématique et de la sémantique $\bar{A}$ nous donne une solution structurelle très satisfaisante, nécessitant, entre autres, une théorie quadridimensionnelle des propositions.

Nous voyons (1933) que nous pouvons faire des déclarations définies et statiques, tout en les rendant sémantiquement inoffensives. Nous avons ici un exemple d'abolition d'un des anciens 'infinis' A (aristotéliciens) tacitement supposés. Les anciens énoncés 'généraux' étaient censés être vrais pour 'tous les temps'; en langage quantitatif, cela signifierait pour 'un nombre infini d'années'. Quand nous utilisons la date, nous rejetons la validité tacite A (*Aristotélicienne*) chimérique d'une 'infinité' d'années et nous limitons la validité de notre déclaration par la date que nous y apposons. Tout lecteur qui s'habitue à l'utilisation de ce procédé structurel constatera l'énorme différence sémantique qu'il représente sur le plan psycho-logique.

Mais ce qui précède n'épuise pas la question d'un point de vue structurel. Nous avons vu que lorsque nous parlons de processus ∞-valué, et de stades de processus, nous utilisons des variables dans nos déclarations, et donc nos déclarations ne sont pas des propositions mais des fonctions propositionnelles qui ne sont ni vraies ni fausses, mais qui sont ambiguës. Cependant, en attribuant des valeurs uniques aux variables, nous faisons des propositions qui peuvent être vraies ou fausses ; ainsi, la recherche et l'accord deviennent possibles, car nous avons alors quelque chose de précis dont nous pouvons parler.

Une question structurelle fondamentale se pose à cet égard, à savoir qu'en procédant ainsi (en attribuant des valeurs uniques aux variables), notre attitude est automatiquement devenue une attitude extensionnelle. En utilisant nos déclarations avec une date, nous traitons de questions précises, consignées, que nous pouvons étudier, analyser, évaluer, etc., et nous faisons donc des déclarations à caractère extensionnel, avec toutes les cartes sur la table, pour ainsi dire, à une date donnée. Dans ces conditions extensionnelles et limitées, nos déclarations deviennent alors, éventuellement, des propositions, et donc vraies ou fausses, en fonction de la quantité d'informations dont dispose l'auteur des déclarations. Nous voyons que ce critère, bien que difficile, est réalisable et rend l'accord possible.

Une remarque structurelle concernant le système-A (*Aristotélicien*) n'est peut-être pas inutile ici. Dans le système-A (*Aristotélicien*), la proposition 'universelle' (qui est généralement une fonction propositionnelle) implique toujours *l'existence*. Dans la 'logique' A (Aristotélicienne), si l'on dit que 'tous les A sont B', on suppose qu'il y a des A. Il est évident que le fait de toujours supposer l'existence ne laisse aucune place à la non-existence ; c'est pourquoi les anciennes déclarations étaient censées être vraies ou fausses. Dans la vie pratique, les collections de bruits (marques orthographiques) qui ressemblent à des mots, mais qui n'en sont pas, ne sont souvent pas soupçonnées d'être vides de significations, et les actions fondées sur elles peuvent par conséquent entraîner des désastres inexplicables. Dans nos vies, la plupart de nos malheurs n'ont pas leur origine dans le domaine où les termes 'vrai' et 'faux' s'appliquent, mais dans le domaine où *ils ne s'appliquent pas*, c'est-à-dire dans l'immense région des fonctions propositionnelles et de la 'vacuité de signification', où l'accord forcément échoue.

En outre, cette hypothèse structurelle générale et injustifiée rend le système-A (Aristotélicien) moins général. À la déclaration 'tous les A sont des B', le mathématicien ajoute 'il peut y avoir ou ne pas y avoir de A'. Cette déclaration est manifestement *plus générale*. La vieille paire d'opposés, vrai et faux, peut être élargie à trois possibilités - des déclarations qui peuvent être vraies ou fausses, et des formes verbales qui ont l'apparence d'être des déclarations mais qui n'ont aucune signification, puisque les bruits utilisés étaient des marques d'orthographe, et *non des symboles* pour quoi que ce soit qui a une existence vraie ou 'logique'.

Là encore, le système-$\bar{A}$ partage avec les systèmes $\bar{E}$ et $\bar{N}$ une innovation méthodologique et structurelle utile et importante : il limite la validité de ses déclarations, ce qui a des conséquences sémantiques bénéfiques importantes, car il tend dès le départ à éliminer le dogmatisme, le catégorisme et l'absolutisme excessifs et souvent intenses. Sur une page imprimée, cela semble peut-être peu important, mais une fois *appliqué*, cela entraîne une modification fondamentale et structurellement bénéfique de nos *attitudes* sémantiques et de notre comportement.

Dans le présent ouvrage, chaque déclaration est simplement la meilleure que l'auteur ait pu faire en 1933. Chaque déclaration est donnée avec *certitude*, mais avec la *limitation* sémantique qu'elle est fondée sur les informations dont l'auteur disposait en 1933. L'auteur n'a pas ménagé ses efforts pour déterminer l'état des connaissances dans les domaines où il a puisé ses informations. Certaines de ces informations peuvent être incorrectes ou mal interprétées. Ces erreurs seront révélées et corrigées au fil des années.

Une grande source de difficultés et d'objections possibles est que la science est, à l'heure actuelle, tellement spécialisée qu'il est impossible pour une seule personne de connaître tous les domaines et que, par conséquent, l'utilisation d'un terme tel que 'science 1933' pourrait être fondamentalement erronée. Cette objection ne doit pas être rejetée à la légère, car elle est sérieuse. Cependant, je pense qu'il est possible d'y répondre de manière satisfaisante. À ce stade précoce de notre enquête, un grand nombre de faits connus n'affectent pas mon investigation ; il ne s'est donc pas avéré impossible de se tenir suffisamment informé sur les points abordés. En outre, plus les théories scientifiques progressent, plus elles deviennent simples. Par exemple, les livres de physique sont plus simples et moins volumineux qu'il y a vingt ans. Il en va de même pour les mathématiques. La perspective générale est plus simple.

L'intérêt principal de l'auteur à ce stade de son travail est structurel et sémantique, plutôt que technique, et il lui a donc suffi de connaître suffisamment la technique des différentes sciences pour être en mesure de comprendre suffisamment leur *structure* et leur *méthode*. Les progrès structurels et méthodologiques révolutionnaires sont peu nombreux dans l'histoire de l'humanité ; il est donc possible, mais pas facile, de les suivre en 1933.

Mais l'essentiel est que l'apposition de la date a des conséquences structurelles, méthodologiques et, par conséquent, sémantiques psycho-logiques très importantes. Par exemple, elle transforme les fonctions propositionnelles en propositions, convertit les méthodes intensionnelles sémantiquement mono-valuées en méthodes extensionnelles ∞-valuées, introduit des méthodes quadridimensionnelles etc., et la méthode de la 'date' doit donc être recommandée pour ces *seules raisons structurelles et sémantiques*. Comme il est avantageux d'apposer la date de 1933, nous apposons la date de 1933, non pas pour donner l'impression que, d'un point de vue technique, je suis au courant des résultats de toutes les branches de la science à cette date, mais pour indiquer qu'aucun progrès dans la *structure* et la *méthode* de 1933 n'a été négligé. Il deviendra évident plus loin dans ce livre, lorsque des données supplémentaires auront été prises en considération et qu'un nouveau résumé et de nouvelles abstractions auront été effectués, que le résultat est une simplification surprenante, qui peut être clairement comprise par les profanes en sciences aussi bien que par les scientifiques. Avec l'aide des généralisations de la nouvelle structure et de la sémantique ∞-valuée, il sera plus facile de suivre les progrès de la science, car nous aurons alors une meilleure vision de la psycho-logique de la science comme-un-tout.

Il deviendra également clair que pour permettre une élaboration plus poussée de ce travail à l'avenir, l'établissement d'une branche spéciale de recherche sur les systèmes-$\bar{A}$ doit devenir une activité de *groupe* ; car, comme je l'ai douloureusement remarqué, la production de cette branche de recherche, même dans ses grandes lignes, a dépassé les capacités d'une seule personne.

La partie la plus réjouissante de ce travail est sans doute les résultats pratiques que cette recherche a permis d'obtenir, combinés à la simplicité des moyens employés. L'un des dangers dans lequel le lecteur peut tomber est d'attribuer trop de généralité à ce travail, d'oublier les limites et, peut-être, l'unilatéralité qui le sous-tendent. La limite et la généralité de cette théorie résident dans le fait que si nous symbolisons nos problèmes humains ($H = f(x_1, x_2, x_3, x_4, x_5, ... x_n)$) comme une fonction d'un nombre énorme de variables, la théorie actuelle ne traite que de quelques-unes de ces variables, disons x_1 (disons, la structure), x_2 (disons, l'évaluation), etc., mais ces variables ont été retrouvées, jusqu'à présent, dans toutes nos expériences et toutes nos équations.

Une extension très importante de la notion de 'fonction' et de 'fonction propositionnelle' a été réalisée par Cassius J. Keyser qui, en 1913, dans sa discussion sur les interprétations multiples des systèmes de postulats, a introduit la notion de 'fonction doctrinale'. Depuis, la fonction doctrinale a été longuement discutée par Keyser dans son ouvrage *Mathematical Philosophy* et ses autres écrits, par Carmichael[2], et par d'autres. Rappelons qu'une fonction propositionnelle est définie comme un énoncé ∞-valué, contenant une ou plusieurs variables, de sorte que lorsque des valeurs uniques sont attribuées à ces variables, l'expression devient une proposition mono-valuée. Keyser appelle *fonction doctrinale* un ensemble de fonctions propositionnelles interdépendantes, généralement appelées postulats, avec toutes les conséquences qui en découlent, généralement appelées théorèmes. Une fonction doctrinale n'a donc pas de contenu spécifique, puisqu'elle traite de variables, mais établit des *relations définies* entre ces variables. En principe, nous pouvons attribuer de nombreuses valeurs uniques aux termes variables et générer ainsi de nombreuses doctrines à partir d'*une seule* fonction doctrinale. Dans un système-$\bar{A}$ ∞-valué qui élimine l'identité et se fonde sur la structure, les fonctions doctrinales revêtent une importance extraordinaire.

Dans un monde ∞-valué d'individus absolus sur des niveaux objectivés, nos déclarations peuvent toujours être formulées d'une manière qui rend évidente l'utilisation de termes ∞-valués (variables) et les postulats peuvent donc toujours être exprimés par une fonction propositionnelle. Comme les postulats établissent des relations ou un ordre multidimensionnel, un ensemble de postulats qui définit une fonction doctrinale donne, également de *manière unique*, la *structure linguistique*. En règle générale, les auteurs de doctrines ne commencent pas par des ensembles de postulats qui impliqueraient explicitement des variables, mais ils construisent leur doctrine autour d'un contenu spécifique ou d'une valeur respective spéciale pour les variables, de sorte que la *structure* d'une doctrine, en dehors de certaines disciplines mathématiques, n'a jamais été explicitement donnée. Si nous retraçons *une doctrine donnée avec un contenu spécifique* jusqu'à sa *fonction doctrinale sans contenu,* mais avec des termes variables, alors seulement, nous obtenons un ensemble de postulats qui nous donne la *structure linguistique*. En bref, pour trouver la structure d'une doctrine, il faut formuler la fonction doctrinale dont la doctrine donnée n'est qu'une interprétation particulière. Dans les disciplines non-mathématiques, où les doctrines ne sont pas ramenées à un ensemble de postulats, nous n'avons aucun moyen de connaître leur structure, ni de savoir si *deux* doctrines *différentes* proviennent d'*une* fonction doctrinale ou de *deux*. En d'autres termes, nous ne disposons d'aucun moyen simple pour déterminer si les deux doctrines différentes ont une structure similaire ou différente. Sous l'aristotélisme, ces différenciations étaient impossibles, et les problèmes de la structure linguistique, des fonctions propositionnelles et doctrinales, etc., ont été négligés, sauf dans les travaux récents des mathématiciens. L'influence sémantique tout à fait générale de ces conditions structurelles devient évidente lorsque nous nous rendons compte que, que nos doctrines soient ou non ramenées à leurs fonctions doctrinales, nos processus sémantiques et toute 'pensée' suivent *automatiquement* et, par nécessité, les postulats conscients ou inconscients, les hypothèses, etc., qui sont donnés (ou rendus conscients) *exclusivement* par la fonction doctrinale.

Les termes 'proposition', 'fonction', 'fonction propositionnelle', 'fonction doctrinale', etc., sont multiordinaux, permettant de nombreux ordres, et, dans une analyse donnée, les différents ordres doivent être désignés par des indices pour permettre de les différencier. Quand nous traitons des doctrines plus complexes, nous trouvons que, en structures, elles représentent des doctrines d'ordre plus élevé, ou une totalité plus élevée, dont les constituants représentent des doctrines d'ordre inférieur. Similairement avec les fonctions doctrinales, si nous prenons n'importe quel *système*, une analyse découvrira qu'il s'agit d'un tout de fonctions doctrinales liées entre elles. Comme cette situation est la plus fréquente et que la 'pensée', en général, représente un processus de mise en relation avec des entités relationnelles d'ordre plus élevé qui sont ensuite *traitées comme des touts complexes*, il est utile de disposer d'un terme qui symboliserait les fonctions doctrinales d'ordre supérieur qui sont constituées de fonctions doctrinales d'ordre inférieur. Nous pourrions conserver la terminologie d'ordre 'supérieur' et d'ordre 'inférieur', mais comme ces conditions se retrouvent toujours dans tous les *systèmes*, il semble plus opportun d'appeler le corps supérieur de fonctions doctrinales interdépendantes, qui produisent en fin de compte un système, une *fonction-système*. À l'heure actuelle, le terme 'fonction-système' a déjà été inventé par le Docteur H. M. Sheffer[3] ; mais, à ma connaissance, Sheffer utilise sa 'fonction-système' comme un équivalent de la 'fonction doctrinale' de Keyser. Pour les raisons évoquées ci-dessus, il semble opportun de limiter le terme 'fonction doctrinale' à l'usage introduit par Keyser, et d'élargir la signification du terme 'fonction-système' de Sheffer à l'usage suggéré dans le présent ouvrage, cette signification naturelle et élargie étant indiquée par l'insertion d'un trait d'union.

Dans un système-$\bar{A}$, quand nous nous rendons compte que nous vivons, agissons, etc., conformément à des réactions sémantiques *non-élémentalistiques*, impliquant toujours 'émotions' et 'intellect' intégrés et, par conséquent, certains postulats explicites ou implicites qui, par nécessité structurelle, utilisent des termes variables, multiordinaux et ∞-valués, nous devons reconnaître que *nous vivons et agissons par certaines fonctions-système* qui consistent en des fonctions doctrinales. Ces questions n'ont pas qu'un intérêt académique, car sans maîtriser toutes les questions soulignées dans le présent ouvrage, il est impossible d'analyser les difficultés extrêmement complexes dans lesquelles, de fait, nous sommes plongés.

Actuellement, les fonctions doctrinales et les fonctionssystème n'ont pas été élaborées, et même en mathématiques, où ces notions sont nées, on en parle trop peu. Mais en mathématiques, comme la tendance générale est de ramener toutes les disciplines mathématiques à une base postulatoire, et que ces postulats impliquent toujours des termes multiordinaux et ∞-valués, on produit effectivement des fonctions doctrinales ou des fonctions-systèmes, selon le cas. De cette façon, nous trouvons la *structure* d'une doctrine ou d'un système donné, et nous sommes donc en mesure de comparer les structures de différents schémas verbaux, parfois très complexes. Des méthodes similaires de recherche de structures devront un jour être appliquées à toutes les autres disciplines, aujourd'hui non-mathématiques. La principale difficulté, dans la recherche de structure, a été l'absence d'une formulation claire des questions en jeu et la nécessité d'un système-$\bar{A}$, afin de pouvoir *comparer deux systèmes* dont la comparaison permet de faire progresser la découverte de la structure. Nous ne prétendons pas que les fonctions du système-A ou $\bar{A}$ ont été formulées ici, mais il semble que, dans la présence ou l'absence d'identification, nous trouvons un postulat fondamental qui, une fois formulé, suggère une comparaison avec l'expérience. Comme nous découvrons que l'"identité" est invariablement fausse quant aux faits, ce postulat A (Aristotélicien) doit être rejeté de tout système-$\bar{A}$ futur.

Il se trouve que toute doctrine ou système nouveau et révolutionnaire est toujours fondé sur une nouvelle fonction doctrinale ou fonction-système qui établit sa nouvelle structure avec un nouvel ensemble de relations. Ainsi, toute nouvelle doctrine ou tout nouveau système, lorsqu'on remonte à ses postulats, permet de vérifier et d'examiner les postulats initiaux et de voir s'ils correspondent à l'expérience, etc.

Quelques exemples permettront d'y voir plus clair. La géométrie analytique cartésienne est fondée sur une fonction-système, ayant une structure-système, bien que nous puissions avoir un nombre indéfini de coordonnées cartésiennes différentes. Les systèmes vectoriel et tensoriel dépendent également de deux fonctions-système différentes, différentes de la fonction cartésienne ; ils ont trois structures différentes. Des traductions croisées sont possibles, mais uniquement lorsque les postulats fondamentaux ne sont pas contradictoires. Ainsi, le langage tensoriel nous donne des relations invariantes et intrinsèques, et celles-ci peuvent être traduites dans les relations cartésiennes. Il semble cependant certain, bien que je ne sache pas que cela ait été fait, que les caractéristiques extrinsèques indéfiniment nombreuses que nous pouvons fabriquer dans le système cartésien ne peuvent pas être traduites dans le langage tensoriel, qui n'admet pas de caractéristiques extrinsèques.

Des relations similaires se retrouvent entre d'autres doctrines et systèmes, une fois que leurs caractéristiques structurelles respectives sont découvertes par la formulation de leurs fonctions respectives, qui, par les postulats explicites ou implicites, déterminent leur structure.

Ainsi, toutes les écoles de psychothérapie existant avant 1933 résultent d'*une* fonction-système qui sous-tend *implicitement* le système créé par Freud.[4] La doctrine freudienne *particulière* n'est qu'une des variantes indéfiniment nombreuses d'une *structure-système similaire*, qui peut être fabriquée à partir de la fonction-système unique qui sous-tend le système freudien particulier. En d'autres termes, peu importe le 'complexe' que nous soulignons ou fabriquons, les *principes structurels* qui sous-tendent cette nouvelle fonction-système freudienne et révolutionnaire restent inchangés. De ce point de vue, toutes les écoles de psychothérapie existantes pourraient être qualifiées de 'cartésiennes', car, bien qu'elles aient toutes *une* structure-système générale, elles permettent un nombre indéfini de variations particulières. Le système-$\bar{A}$ actuel suggère que l'école de psychothérapie 'cartésienne' est encore largement A (Aristotélicienne), *élémentalistique* et fondamentalement d'une seule structure.

Le présent système implique une fonction-système différente de structure différente, rejetant l'identité, découvrant l'"inconscient structurel", établissant la psychophysiologie, etc. La traductibilité mutuelle suit les règles des principes ou conditions sémantiques générales qui s'appliquent également aux mathématiques, à savoir qu'un système-$\bar{A}$, étant fondé sur des relations, sur l'élimination de l'identité, sur la structure, etc., ne nous donne que des caractéristiques intrinsèques et pourrait être appelé l'école 'tensorielle' de psychothérapie. Ce système admet toutes les caractéristiques intrinsèques découvertes, peu importe par qui, mais n'a pas de place pour les caractéristiques extrinsèques indéfiniment nombreuses, tout à fait cohérentes, mais non pertinentes sur le plan métaphysique, que nous pouvons fabriquer à notre guise.

Sans se rendre en compte des fondements structurels mis en avant dans le présent système, il est pratiquement impossible de ne pas confondre les questions linguistiques et structurelles, ce qui conduit inévitablement à des blocages sémantiques. Quand nous avons affaire à des doctrines ou à des systèmes de structure *différente*, dont chacun implique des fonctions doctrinales ou des fonctions-systèmes différents, il est de la plus haute importance de les maintenir d'abord *strictement séparés* ; de travailler chaque système par lui-même, et ce n'est qu'une fois que cela est accompli que nous pouvons mener une enquête indépendante sur les façons dont ils s'*inter traduisent mutuellement*. Je répète que le mélange de différents langages de différentes structures est fatal à la 'pensée' claire. Ce n'est que lorsqu'un système est retracé jusqu'à sa fonction-système et que les nombreuses implications sont étudiées sous leur forme *non-mélangée* que l'on peut procéder à une enquête *indépendante* sur la manière dont les différents systèmes s'inter traduisent. En règle générale, chaque nouveau système scientifique élimine une grande partie de la métaphysique fallacieuse des systèmes plus anciens. En pratique, les choses sont extrêmement simples si l'on décide de suivre la règle générale, c'est-à-dire de rejeter complètement ou d'accepter *provisoirement*, à une date donnée, un nouveau système ; d'utiliser *exclusivement* les termes structurellement nouveaux ; d'effectuer nos opérations sémantiques exclusivement dans ces termes ; de comparer les conclusions avec l'expérience ; d'effectuer de nouvelles expériences que la terminologie structurellement nouvelle suggère ; et seulement ensuite, dans le cadre d'une enquête indépendante, d'étudier la façon dont un système se traduit dans l'autre. Dans ces traductions, qui correspondent à la transformation des cadres de référence en mathématiques, nous trouvons les caractéristiques ou les relations *invariantes* les plus importantes qui survivent à cette traduction. Si une caractéristique apparaît dans toutes les formulations, c'est le signe que cette caractéristique est intrinsèque, qu'elle appartient au sujet de notre analyse et qu'elle n'est pas accidentelle et non pertinente, n'appartenant qu'à la structure accidentelle du langage que nous utilisons. Une fois que ces caractéristiques invariantes et intrinsèques sont découvertes, et il n'y a aucun moyen de les découvrir sauf en reformulant les problèmes dans des langages différents (en mathématiques, on parle de transformation des cadres de référence), nous savons alors que nous avons découvert des relations invariantes, qui survivent à la transformation de différentes formes de représentations, et nous réalisons ainsi que nous avons affaire à quelque chose d'authentiquement important, *indépendant* de la structure du langage que nous utilisons.

L'histoire montre que la découverte de faits isolés, bien qu'intéressants, a eu moins d'influence sur le progrès de la science que la découverte de *nouvelles fonctions-systèmes* qui produisent de *nouvelles structures linguistiques et de nouvelles méthodes*. De notre vivant, certains des progrès les plus révolutionnaires en matière d'ajustement structurel et de méthode ont été accomplis. Les travaux d'Einstein, la révision des fondements mathématiques, la nouvelle mécanique quantique, la science des colloïdes et les progrès de la psychiatrie sont peut-être les plus importants sur le plan structurel et sémantique. Il ne semble pas possible d'échapper au fait qu'aucune personne moderne ne peut être réellement intelligente en 1933 si elle ne connaît pas ces révolutions scientifiques structurelles. Il est vrai que, parce que ces progrès sont si récents, ils sont encore représentés en termes très techniques ; leurs fonctions-système n'ont pas été formulées, et donc les aspects structurels, épistémologiques et sémantiques simples les plus profonds n'ont pas été élaborés. Ces aspects sont d'une importance humaine considérable. Mais ils doivent être représentés sans une telle abondance de technicités arides, qui ne sont qu'un moyen, et non une fin, dans la recherche de la structure.

Un scientifique peut être très à jour dans son domaine, disons en biologie, mais ses connaissances structurelles physico-mathématiques peuvent se situer quelque part au dix-huitième ou au dix-neuvième siècle et son épistémologie, sa métaphysique et sa structure du langage à 300 avant J.-C. Cette classification par années donne une assez bonne image de son statut sémantique. En effet, nous pouvons assez souvent prédire le type de réaction d'une telle personne.

Cette attitude structurelle fonctionnelle, propositionnelle-fonctionnelle et système-fonction est en accord avec les méthodes développées par la psychiatrie. En psychiatrie, les phénomènes 'mentaux' sont considérés, dans certains cas, du point de vue d'un développement arrêté ; dans d'autres, comme une régression à des niveaux plus anciens et plus primitifs. Avec cette attitude et cette compréhension, nous ne pouvons pas ignorer ce mélange particulier de différentes personnalités en une seule personne, lorsque différents aspects de celle-ci se manifestent à différents âges et époques du développement de l'humanité. À cet égard, il convient de mentionner le problème des personnalités multiples que l'on rencontre souvent chez les malades 'mentaux'. Un tel dédoublement de la personnalité est invariablement un symptôme sémantique grave, et une personne qui présente des âges différents dans son développement sémantique, comme par exemple 1933 à certains égards, le seizième siècle à d'autres, et 300 ou même 5000 ans avant J.-C. à d'autres encore, ne peut pas être un individu bien coordonné. Si nous enseignons à nos enfants, dont le système nerveux *n'est pas* physiquement achevé à la naissance, des doctrines appartenant structurellement à des époques entièrement différentes du développement humain, nous ne devons pas nous étonner du préjudice sémantique qui en résulte. Nous devrions nous efforcer de coordonner et d'intégrer l'individu, d'aider le système *nerveux*, et non de diviser l'individu sur le plan sémantique et de désorganiser ainsi le système nerveux.

Il est nécessaire de se rappeler que l'organisme fonctionne comme-un-tout. Autrefois, nous avions l'illusion réconfortante que la science était une affaire purement 'intellectuelle'. Il s'agissait d'un credo *élémentalistique* qui était structurellement faux quant aux faits. Il serait probablement dégradant pour un mathématicien d'un certain âge d'analyser les valeurs 'émotionnelles' de certains travaux mathématiques, comme par exemple la 'fonction propositionnelle'. Mais un tel mathématicien n'a probablement jamais entendu parler des expériences psychogalvaniques et de la façon dont sa 'courbe émotionnelle' s'exprime lorsqu'il résout un problème mathématique.

En 1933, nous ne sommes pas autorisés à suivre les chemins plus anciens, en apparence plus faciles et plus simples. Dans notre discussion, nous avons essayé d'analyser les problèmes en question comme des manifestations ∞-valuées du comportement humain. Nous avons analysé les actions de Dupond, Durand etc., et les composantes sémantiques qui entrent dans ces formes de comportement doivent être particulièrement soulignées, soulignées parce qu'elles ont été négligées. Chez les personnes équilibrées, tous les aspects psycho-logiques doivent être représentés et fonctionner harmonieusement. Dans une théorie de la sanité, cet équilibre sémantique et cette coordination devraient être notre premier objectif, et nous devrions donc accorder une attention particulière aux aspects négligés. Le point de vue du *non-élémentalistique* nous fait postuler une connexion et une interdépendance permanentes entre tous les aspects psycho-logiques. La plupart des difficultés humaines et des maux 'mentaux' sont d'origine affective *non-élémentalistique*, extrêmement difficiles à contrôler ou à réguler par des moyens *élémentalistiques*. Pourtant, nous constatons aujourd'hui que les découvertes scientifiques purement techniques, parce que structurelles, ont des composantes sémantiques *affectives* bénéfiques insoupçonnées et d'une grande portée. Peut-être qu'au lieu de réserver ces découvertes à quelques 'grands intellectuels' qui ne les utilisent jamais pleinement, on pourrait les introduire en tant que procédés structurels, sémantiques et *linguistiques* dans les écoles élémentaires, avec des résultats psycho-logiques très bénéfiques. Il n'y a vraiment aucune difficulté à expliquer aux enfants ce qui a été dit ici au sujet de la structure et à les former à l'utilisation appropriée des *réactions sémantiques*. L'effet de cette démarche sur la sanité serait profond et durable.

CHAPITRE XII
SUR L'ORDRE

L'importance fondamentale du sujet de l'ordre peut être inférée du fait que tous les concepts requis en géométrie peuvent être exprimés en termes du seul concept d'ordre. (237)

E. V. HUNTINGTON

Les dimensions, en géométrie, sont un développement de l'ordre. La conception d'une limite, qui sous-tend toutes les mathématiques supérieures, est une conception sérielle. Il y a des parties des mathématiques qui ne dépendent pas de la notion d'ordre, mais elles sont très peu nombreuses par rapport aux parties dans lesquelles cette notion est impliquée. (455)

BERTRAND RUSSELL

La notion de continuité dépend de celle d'ordre, puisque la continuité n'est qu'un type particulier d'ordre. (454)

BERTRAND RUSSELL

La logistique peut être définie comme la science qui traite des types d'ordre en tant que tels. (300)

C. I. LEWIS

La branche de la physique appelée géométrie élémentaire a depuis longtemps été confiée aux mathématiciens à des fins d'enseignement. Mais si les mathématiciens sont souvent très compétents dans leur connaissance de la structure abstraite du sujet, ils le sont rarement dans leur compréhension de sa signification physique. (529)

OSWALD VEBLEN

Nous pensons souvent que lorsque nous avons terminé l'étude du *un*, nous savons tout sur *deux*, car '*deux*' est '*un et un*'. Nous oublions qu'il nous reste à étudier le '*et*'. La physique secondaire est l'étude du '*et*', c'est-à-dire de l'organisation. (149)

A. S. EDDINGTON

.... La géométrie des chemins (des graphes) peut être considérée comme une généralisation à la fois de la partie la plus ancienne de la géométrie élémentaire et de certaines des théories physiques les plus raffinées. L'étude de la géométrie projective, affine et métrique des trajectoires devrait permettre de se faire une idée complète des types de théories physiques qu'il est possible de construire selon les principes qui ont fait leurs preuves dans le passé. (529)

OSWALD VEBLEN

Ce que je souhaite souligner maintenant, c'est la nécessité d'études de logique symbolique qui rendront possible de dire sans le moindre doute possible dans ce domaine, ce qui est supposé, ce qui est prouvé, et comment l'ensemble des théorèmes et des définitions s'articulent entre eux. (529)

OSWALD VEBLEN

La mémoire, en effet, n'est rien d'autre que le renforcement et la facilitation du passage de l'influx nerveux sur certains chemins. (411)

HENRI PIÉRON

Mais avant de traiter du cerveau, il convient de distinguer une deuxième caractéristique de l'organisation nerveuse qui en fait une organisation en niveaux. (411)

HENRI PIÉRON

Cette répercussion affective semble avoir lieu à l'avant-dernier stade du système nerveux et régit les réflexes compliqués ou les réactions instinctives. (411)

HENRI PIÉRON

De plus, il existe même des symboles de symboles, évocateurs d'images au second degré seulement, par le biais des stations primaires des centres de coordination. (411)

HENRI PIÉRON

On voit de cette façon que l'ordre dans lequel un groupe donné de stimuli s'inscrit dans une combinaison de stimulations, et les pauses entre eux, sont les facteurs qui déterminent le résultat final de la stimulation, et donc très probablement la forme de la réaction, et nous savons déjà que les différentes intensités d'un même stimulus peuvent être différenciées très précisément, une intensité définie étant liée à l'excitation et une autre à l'inhibition. (394)

I. P. PAVLOV

Quiconque étudie Leibniz, Lambert et Castillon ne peut manquer d'être convaincu qu'un calcul cohérent des concepts en intension est soit immensément difficile, soit, comme l'a dit Couturat, impossible. (300)

C. I. LEWIS

La relation entre les intensions et les extensions est asymétrique, et non symétrique comme le voudraient les logiciens médiévaux. (300)

C. I. LEWIS

L'ancienne 'loi' de la logique formelle, selon laquelle si α est contenu dans β en extension, alors β est contenu dans α en intension, et vice versa, est fausse. La connexion entre l'extension et l'intension n'est en aucun cas aussi simple que cela. (300)

C. I. LEWIS

Je ne suggère pas de confusions explicites de ce type, mais seulement que la logique élémentaire traditionnelle, enseignée dans la jeunesse, est un obstacle presque fatal à une pensée claire dans les années ultérieures, à moins que beaucoup de temps ne soit consacré à l'acquisition d'une nouvelle technique. (451)

BERTRAND RUSSELL

Section A. Termes non-définis.

Nous pouvons maintenant introduire un terme structurel *non-élémentalistique* qui sous-tend non seulement toutes les mathématiques existantes, mais aussi le présent travail. Ce terme *passerelle* est tout aussi important en science que dans notre vie quotidienne et s'applique aussi bien aux 'sensorialités' qu'à 'esprit'. Le terme en question est 'ordre', dans le sens d'"intermédiarité". Si nous disons que a, b et c sont dans l'ordre a, b, c, nous voulons dire que b est *entre* a et c, et nous disons aussi que a, b, c, a un ordre différent de c, b, a, ou b, a, c, etc. L'importance principale des nombres en mathématiques réside dans le fait qu'ils ont un *ordre* défini. En mathématiques, nous nous intéressons beaucoup au fait que les nombres représentent une série ou une progression ordonnée définie, 1, 2, 3, 4, etc.

Dans le système actuel, le terme 'ordre' est considéré comme *non-défini*. Il est évident que nous ne pouvons pas *définir* tous nos termes. Si nous commençons à définir tous nos termes, nous devons, par la force des choses, arriver bientôt à un ensemble de termes que nous ne pourrons plus définir parce que nous n'aurons plus de termes pour les définir. Nous voyons que la structure de tout langage, mathématique ou quotidien, est telle que nous devons commencer implicitement ou explicitement par des termes non-définis. Ce point est lourd de conséquences. Dans ce travail, à l'instar des mathématiques, je commence explicitement par des termes importants non-définis.

Quand nous utilisons une série de noms pour désigner des objets, 'Dupond, Durand, Martin', etc., nous *ne* disons *rien*. Nous ne produisons pas de proposition.

Mais si nous disons 'Dupond donne un coup de pied à Durand', nous avons introduit le terme 'donne un coup de pied à', qui n'est pas un nom d'objet, mais un terme d'une nature entièrement différente. Appelons-le 'mot-relation'. Si nous analysons plus avant ce terme, 'donne un coup de pied à', nous constaterons que nous pouvons le définir en considérant la jambe (objectique) de Dupond (objectique), une partie de l'anatomie de Durand (objectique) et, enfin, Durand (objectique). Nous devons utiliser un autre ensemble de termes qui décrivent comment la jambe de Dupond 'se déplace' à travers une 'infinité' de 'lieux' dans une 'infinité' d'"instants" de 'temps', 'continuellement' jusqu'à ce qu'elle atteigne Durand.

Quand un âne donne un coup de pied à un autre âne, il peut y avoir une jambe cassée, mais c'est pratiquement la seule conséquence. Il n'en va pas de même lorsque Dupond donne un coup de pied à Durand. S'il s'avérait que Durand était un roi ou un magnat des affaires au Nicaragua ou au Mexique, cela pourrait être considéré comme 'une offense mortelle d'une grande nation souveraine à une autre grande nation souveraine', une guerre pourrait s'ensuivre et de nombreux non-royaux ou non-magnat des affaires pourraient mourir. Lorsqu'une classe de vie *symbolique* entre dans l'arène, des complications sémantiques peuvent survenir, qui n'existent pas avec les animaux.

En termes de relation, l'énoncé 'Dupond donne un coup de pied à Durand' a introduit encore d'autres complications symboliques. Il implique une métaphysique à part entière, telle qu'elle s'exprime dans les termes 'mouvements', 'infini', 'espace', 'temps', 'continuité', etc. Il faut souligner que *toutes* les déclarations humaines, sauvages ou non, impliquent une métaphysique structurelle.

Ces termes relationnels doivent être élucidés au maximum. Jusqu'à récemment, les 'philosophes', dans leur 'complexe de Jéhovah', disaient généralement aux scientifiques : 'bas les pattes ; ce sont des problèmes supérieurs que seuls nous, les élus, pouvons traiter'. L'histoire montre que les 'philosophes' n'ont pas produit d'accomplissements de quelque valeur que ce soit dans le domaine structurel. Mais les 'simples' scientifiques, principalement les mathématiciens et les physiciens mathématiciens, se sont occupés de ces problèmes et ont obtenu des résultats structurels (1933) extrêmement importants. Dans la résolution de ces problèmes sémantiques, le terme 'ordre' est devenu primordial.

Cet exemple d'analyse de l'énoncé 'Dupond donne un coup de pied à Durand' montre peut-être la justesse de l'affirmation de cet ouvrage selon laquelle aucune personne ne peut être 'intelligente' si elle ne connaît pas ces nouveaux travaux et leurs élucidations structurelles.

Nous voyons qu'*aucune déclaration* de l'être humain, qu'il soit sauvage ou civilisé, n'est exempte d'une sorte de métaphysique structurelle impliquant des *réactions sémantiques*. Nous voyons aussi que lorsque nous commençons explicitement par des mots *non-définis*, ces mots non-définis doivent être pris pour argent comptant. Ils représentent une sorte de credo implicite, de métaphysique ou d'hypothèses structurelles. Nous rencontrons ici un effet sémantique extrêmement bénéfique des méthodes modernes, en ce sens que nous énonçons délibérément nos termes non-définis. Nous révélons ainsi nos croyances et notre métaphysique. De cette manière, nous n'aveuglons pas le lecteur ou l'étudiant. Nous invitons à la critique, à l'élaboration, à la vérification, à l'évaluation, etc., et nous accélérons ainsi le progrès et facilitons la résolution des problèmes par d'autres. Comparez la déclaration de Newton, *'Hypotheses non fingo'* (NdT : je ne fais pas d'hypothèses), dans ses *Philosophiae Naturalis Principia Mathematica*, lorsqu'il émet des hypothèses très douteuses, et les travaux de Peano, Whitehead, Russell et d'autres, dans lesquels non seulement toutes les hypothèses sont énoncées explicitement, mais où *même les hypothèses*, formulées en termes simples *non-définis*, sont énumérées. Nous ne supposons pas ici que Peano, Whitehead, Russell et les autres ont entièrement rempli ce programme. Il est tout à fait probable que toutes leurs hypothèses ne soient pas énoncées explicitement. Cependant, un début très sérieux et révolutionnaire a été fait dans cette direction. Nous avons encore beaucoup de chemin à parcourir, car à l'heure actuelle, même les mathématiciens ne tiennent pas compte du triple caractère relationnel des mathématiques et, par une confusion sémantique des ordres d'*abstraction*, font des suppositions *élémentalistiques* structurellement fausses quant aux faits de 1933, à savoir que les mathématiques existent 'par elles-mêmes', détachées des producteurs, de Dupond et d'autres. Cette procédure en rappelle une du vieux *N (Newtonien)* 'Je ne fais pas d'hypothèses', proféré juste au moment où il (Newton) commence à légiférer sur la structure de l'univers et à postuler son 'espace absolu' et son 'temps absolu' 'sans référence à quelque objet extérieur que ce soit'. Il s'agit bien sûr d'un objet structurellement indéterminé, et donc d'un simple fruit de son imagination, à l'intérieur de sa peau, qui peut devenir une projection sémantique pathologique lorsqu'elle est extériorisée par la pression *affective*.

Que nous devions tous commencer par des termes non-définis, représentant des croyances aveugles qui ne peuvent être élucidées davantage à un *moment donné*, peut remplir le cœur de certains métaphysiciens de joie. 'Ici', pourraient-ils dire, 'nous avons l'avantage sur les scientifiques ; ils nous critiquent et rejettent nos théories, et pourtant ils admettent qu'ils doivent aussi commencer par des croyances aveugles. Maintenant, nous avons toutes les raisons de supposer ce que nous voulons'. Mais cette joie serait de courte durée pour toute personne raisonnablement sane. En mathématiques, nous supposons délibérément le minimum, et non le maximum, comme en métaphysique. Les termes non-définis choisis pour être utilisés sont les *plus simples* de notre expérience ; par exemple, 'ordre' (intermédiarité). De même, dans les sciences expérimentales, nous supposons le moins possible. Nous exigeons d'une théorie *scientifique*, selon les normes de 1933, qu'elle rende compte de tous les faits pertinents connus en 1933 et qu'elle serve de base à la *prédiction* de nouveaux faits, qui peuvent être vérifiés par de nouvelles expériences. Si les métaphysiciens et les 'philosophes' se conformaient à ces normes scientifiques, leurs théories seraient scientifiques. Mais leurs anciennes théories devraient être abandonnées et leurs nouvelles théories deviendraient des branches de la science. Dans ces conditions structurelles, il n'est pas possible de sortir de la science, car nous pouvons élargir les limites de la science sans limites connues, à la recherche d'une structure.

Il convient de souligner qu'aucun ensemble de termes non-définis n'est ultime. Un ensemble ne reste non-défini que jusqu'à ce qu'un génie indique des termes non-définis plus simples et plus généraux ou structurellement plus satisfaisants, ou qu'il puisse réduire le nombre de ces termes. Le choix de l'ensemble que nous acceptons est déterminé, pour l'essentiel, par des raisons pragmatiques, pratiques et structurelles. Entre deux systèmes qui ont en commun de nombreuses caractéristiques d'utilité, etc., nous choisirons et devrons choisir celui qui suppose le moins, qui est le plus simple et qui va le plus loin. De tels changements d'un ensemble à un autre, lorsqu'ils sont scientifiques, font généralement date, comme c'est le cas en mathématiques.

Il est important de se rendre compte que cette attitude sémantique marque une nouvelle étape dans le développement de la science. Dans la littérature scientifique d'autrefois, nous avions l'habitude de demander 'définissez vos termes'. Les nouvelles normes scientifiques de 1933 devraient être : *'déclarez vos termes non-définis'*. En d'autres termes, 'mettez sur la table votre métaphysique, votre structure supposée, et ne procédez à la définition de vos termes qu'en fonction de ces *termes non-définis'*. Cela n'a été fait complètement, ou à peu près, qu'en mathématiques. Pourtant, personne ne niera probablement que les nouvelles exigences de la science (1933), aussi laborieuses soient-elles, sont réellement souhaitables et constituent un progrès dans la méthode, conformément à la structure de la connaissance humaine.

Dans le présent travail, cette méthode sera employée pratiquement tout au long de l'ouvrage. Bien entendu, les noms d'objets peuvent être acceptés sans demande de renseignements. Nous disposons donc déjà d'un large vocabulaire. Mais les noms seuls ne donnent pas de propositions. Nous avons besoin de *mots-relation,* et c'est ici que nos termes non-définis deviennent importants. Jusqu'à ce stade du présent travail, j'ai accepté, sans trop d'explications, les vocabulaires élaborés par les linguistes des sciences exactes, que nous appelons habituellement mathématiciens. Il y a un énorme avantage à le faire, car, aussi imparfait que puisse être le vocabulaire mathématique, il s'agit d'un système linguistique étendu et développé dont la structure est similaire à celle du monde qui nous entoure et à celle de notre système nerveux 1933. (Voir Partie V.)

Certains des termes non-définis les plus importants qui jouent un rôle marqué dans ce travail sont 'ordre' (dans le sens expliqué), 'relation' et 'différence', bien que nous puissions définir la relation en termes d'ordre multidimensionnel. Ces termes présentent une caractéristique structurelle remarquable, à savoir qu'ils sont *non-élémentalistiques* et qu'ils s'appliquent aux 'sensorialités' aussi bien qu'à 'esprit'. Il est peut-être bon de suggérer que, dans les travaux futurs, les termes sélectionnés soient de type *non-élémentalistiques*. Puisque ces termes s'appliquent aussi bien aux 'sensorialités' qu'à 'esprit', nous voyons qu'avec de *tels* termes nous pouvons tenter de rendre compte de manière 'cohérente' de ce que nous vivons. L'expression 'cohérent' implique 'esprit' et 'expérience' implique 'sensorialité'. Il est amusant d'observer cette circularité particulière de la connaissance humaine, dont de nombreux exemples apparaîtront plus loin. Ainsi, il était très difficile d'exprimer les notions d'organisme-comme-un-tout ; nous devions tâtonner pour établir les prémices d'un vocabulaire approprié avant de pouvoir aborder les problèmes qui étaient antécédents dans l'ordre.

Il convient de noter une similarité structurelle assez curieuse entre les systèmes $\bar{N}$ et $\bar{A}$. Dans les deux cas, nous avons affaire à certaines vitesses dont nous savons pertinemment qu'elles sont *finies*. Dans le *système N (Newtonien)*, la vitesse de la lumière était supposée infinie, bien que nous sachions que ce n'est pas le cas, et la 'simultanéité' avait donc une signification absolue. Les systèmes $\bar{N}$ ont introduit la vitesse finie de la lumière en ordonnant les événements, ce qui s'avère être vrai quant aux faits, et la 'simultanéité' a donc perdu son caractère absolu. De même, dans le système-*A* (*Aristotélicien*) et le langage, la vitesse des impulsions nerveuses a été supposée infinie, se propageant 'instantanément'. C'est ainsi que nous avons eu les plus perplexes racontars 'philosophiques' sur 'émotions', 'intellect', etc., considérées comme des entités indépendantes et séparées. Lorsque nous introduisons explicitement la vitesse finie des impulsions nerveuses (en moyenne 120 mètres par seconde dans les nerfs humains), nous parvenons à une compréhension parfaitement claire, *en termes d'ordre*, de la propagation des impulsions. Une certaine 'vitesse infinie' n'implique pas d'*ordre*. À l'inverse, en considérant l'ordre des événements, on introduit des vitesses finies. Nous verrons plus loin que la 'vitesse infinie' est *vide de signification* et que tous les vrais événements peuvent donc être ordonnés. Ce qui précède est un facteur important dans nos *réactions sémantiques*.

Prenons un exemple simple. Supposons que Dupond ait eu un mauvais dîner. Une certaine impulsion nerveuse, provenant du mauvais dîner, se déclenche. À ce stade, nous pouvons dire qu'il s'agit d'un influx nerveux 'indifférencié'. Il voyage à une vitesse *finie*, atteint le tronc cérébral et la partie à peu près centrale de son cerveau, que nous appelons le thalamus ; il est affecté par eux et n'est plus 'indifférencié' mais devient, disons, 'affectif'. Dans le cortex, il est à nouveau affecté par les leçons des expériences passées. Il retourne à nouveau aux centres inférieurs et devient, disons, 'émotion' ; c'est alors que tout peut arriver, de la mort subite à un poème glorieux.

Le lecteur doit être averti que cet exemple est grossier et trop simplifié. Les impulsions sont renforcées et 'inhibées' par une chaîne complexe d'interconnexions nerveuses. Mais ce que je souhaite montrer par cet exemple, c'est qu'en acceptant la vitesse *finie* des courants nerveux, en termes d'*ordre,* nous pouvons construire un vocabulaire précis pour traiter, non seulement de "l'organisme-comme-un-tout", mais aussi des différentes étapes du processus. Ceci est important car, sans un tel schéma *ordinal*, il est structurellement impossible d'éviter d'énormes difficultés verbales et sémantiques qui conduisent à une grande confusion.

Dans l'analyse de l'exemple ci-dessus, seuls les aspects structurels et *méthodologiques* sont soulignés. Il n'est pas question de légiférer pour les neurologues ou de leur indiquer comment ils doivent définir et utiliser leurs termes.

Section B. Ordre et système nerveux.

Nous savons que, structurellement, toutes les parties du système nerveux n'ont pas le même âge phylogénétique. La partie ventrale du cerveau, le thalamus (en gros), qui présente le plus d'intérêt à cet égard, est plus ancienne que le cortex cérébral. Par le terme 'thalamus', j'entends toutes les subdivisions et les appendices les plus importants qu'il n'est pas nécessaire de désigner par leur nom technique. Chez l'être humain, le thalamus et le cortex cérébral sont tous deux très développés et présentent une interconnexion cyclique structurelle complexe. Le cortex cérébral est un terme qui s'applique à une couche superficielle de tissu nerveux gris recouvrant les hémisphères cérébraux. Edinger l'appelle le 'nouveau cerveau'. Les centres de corrélation supérieurs des hémisphères cérébraux ne peuvent agir que par l'intermédiaire des centres inférieurs, le tronc cérébral et le thalamus. En d'autres termes, le cortex cérébral, dont le fonctionnement est principalement connecté aux associations supérieures, est d'une structure telle qu'aucun influx nerveux ne peut y pénétrer sans passer d'abord par les centres inférieurs des parties ventrales du cerveau et du tronc cérébral.

Chez les vertébrés inférieurs dépourvus de cortex cérébral, les mécanismes sous-corticaux sont adaptés à toutes les exigences simples de la vie et aux processus d'association simples, ces mécanismes sous-corticaux étant phylogénétiquement plus anciens que le cortex cérébral, mais plus jeunes que certaines parties encore plus ventrales.

Les connexions en forme de brosse entre les nerfs sont appelées synapses, et bien qu'une fibre nerveuse semble être capable de transmettre des impulsions nerveuses dans les deux sens, l'impulsion nerveuse ne peut apparemment passer la synapse que dans un seul sens ; une polarité nerveuse est donc établie chaque fois que des synapses sont présentes.[1]

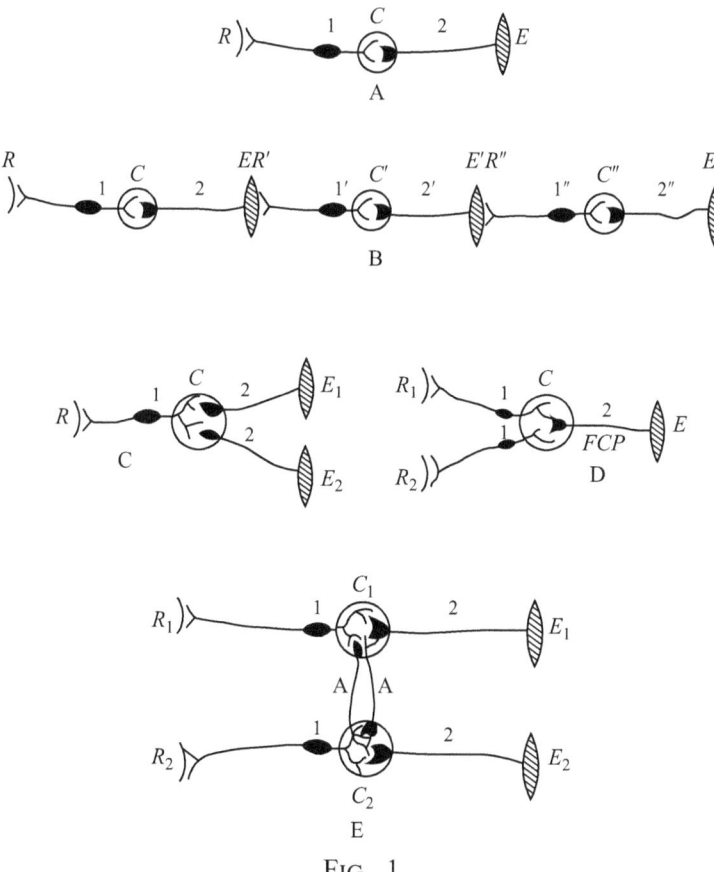

Fig. 1

Diagrammes représentant les relations entre les neurones dans cinq types d'arcs réflexes : A, arc réflexe simple ; B, réflexe en chaîne ; C, système complexe illustrant les réflexes alliés et antagonistes et la résolution physiologique, D, système complet illustrant les réflexes alliés et antagonistes avec une voie commune finale, E, système complexe illustrant le mécanisme d'association physiologique A, A, neurones d'association ; $C, C', C', C1,$ et $C2$, centres (ajusteurs) ; $E, E', E', E1,$ et $E2$, effecteurs, FCP, voie commune finale ; $R, R', R',$ R1, et R2, récepteurs.

Le schéma et les explications qui suivent sont tirés de l'ouvrage du professeur Herrick intitulé *Introduction to Neurology*, pp. 60, 61, 62, 63, 69, 70. Dans les citations, je conserve l'orthographe mais remplace la Fig. 18 de Herrick par ma Fig. 1 ; tous les mots en italique, sauf un, sont de moi.*

'La structure du circuit réflexe simple est illustrée schématiquement à la Fig. 1, A. Le récepteur (*R)* peut être une simple expansion terminale de la fibre nerveuse sensorielle ou un organe sensoriel très complexe. L'effecteur (*E*) peut être un muscle ou une glande. Le corps cellulaire du neurone afférent (1) peut se trouver à l'intérieur du centre (*C*) ou à l'extérieur, comme dans le diagramme .... Un acte réflexe simple impliquant l'utilisation d'un mécanisme aussi élémentaire que celui qui vient d'être décrit n'est probablement jamais réalisé par un vertébré adulte. L'influx nerveux, à un moment ou à un autre de son parcours, entre toujours en relation avec d'autres voies réflexes, ce qui entraîne des complications dans la réponse ....

'Des circuits réflexes distincts peuvent être composés de manière à donner ce que l'on appelle le réflexe en chaîne (Fig. 1, B). Dans ce cas, la réponse du premier réflexe sert de *stimulus* au second, et ainsi de suite en série. Les unités de ces réflexes en chaîne ne sont généralement pas de simples réflexes tels qu'ils sont schématisés, mais des éléments *complexes* du type de ceux qui seront décrits plus loin (....). Le réflexe en chaîne .... est un type très courant et très important. La plupart des actes ordinaires de la vie quotidienne l'utilisent sous une forme ou une autre, *l'achèvement d'une étape* du processus servant de *stimulus* pour *l'initiation de la suivante* ....

'La Fig. 1, C illustre une autre méthode de combinaison des réflexes, de sorte que la stimulation d'un seul organe sensoriel peut exciter l'une ou l'autre réponse, ou les deux. Si les deux effecteurs, $E1$ et $E2$, peuvent coopérer à l'exécution d'une réponse adaptative, le cas est similaire à celui de la Fig. 1, A, avec la possibilité d'un type de réaction plus complexe. Il s'agit d'un réflexe allié. Si, par contre, les deux effecteurs produisent des mouvements antagonistes, de sorte qu'ils ne peuvent agir en même temps, il en résulte un dilemme physiologique. Soit il n'y a pas de réaction, soit il y a une sorte de résolution physiologique (parfois appelée choix physiologique), une voie motrice étant empruntée à l'exclusion de l'autre. La voie qui sera choisie dans un cas donné peut être déterminée par l'état physiologique des organes. Si, par exemple, un système moteur, $E2$, est très fatigué et l'autre reposé, le seuil de $E2$ sera élevé et la décharge motrice passera à $E1$.

'La Fig. 1, D illustre le cas inverse, où deux récepteurs se déchargent dans un seul centre qui, à son tour, par le biais d'une voie finale commune (*VFC*), excite un seul effecteur (*E)*. Si les deux récepteurs stimulent normalement la même réponse, ils se renforceront mutuellement s'ils sont stimulés simultanément, la réponse sera renforcée et nous aurons un autre type de réflexe allié. Mais il existe des cas où la

---

* Je cite ici, dans la deuxième édition de l'*Introduction à la neurologie*, un exposé de la théorie classique des circuits réflexes qui est tout à fait satisfaisant pour mon propos. Dans ses travaux ultérieurs (voir ma bibliographie), le professeur Herrick souligne avec force les limites des théories des réflexes en tant que *modèles partiels, par opposition à* l'activité de l'organisme-comme-un-tout. Dans la cinquième édition (1931), le chapitre sur les circuits réflexes a été entièrement réécrit, et l'attitude *non-élémentalistique* est exprimée très clairement. Je suis très redevable au Professeur Herrick d'avoir attiré mon attention sur ce chapitre réécrit.

stimulation de $R1$ et $R2$ (Fig. 1, D) provoquerait naturellement des réflexes antagonistes. Dans ce cas, s'ils sont stimulés simultanément, un dilemme physiologique se pose à nouveau, qui ne peut être résolu que si l'un ou l'autre des systèmes afférents prend le contrôle de la voie finale commune.

'La Fig. 1, E illustre une autre forme de combinaison de réflexes. Ici, il y a des voies de connexion (A, A) entre les deux centres de telle sorte que la stimulation de l'un ou l'autre des deux récepteurs ($R1$ et $R2$) peut déclencher une réponse dans l'un ou l'autre des deux effecteurs ($E1$ et $E2$). Ces réponses peuvent être alliées ou antagonistes, et des réflexes beaucoup plus complexes sont possibles dans ce cas que dans les cas précédents . . . .

'Il faut garder à l'esprit que chez les vertébrés supérieurs, toutes les parties du système nerveux sont reliées entre elles par des voies de connexion (voies internes) . . . . Ces multiples connexions sont si élaborées que chaque partie du système nerveux est en relation nerveuse avec toutes les autres parties, directement ou indirectement. Ceci est illustré par la façon dont les fonctions digestives (qui sont normalement assez autonomes, le contrôle nerveux ne dépassant pas le système sympathique, ...) peuvent être perturbées par des processus mentaux dont le siège principal peut se trouver dans les centres d'association du cortex cérébral ; et aussi par la façon dont l'empoisonnement à la strychnine semble abaisser partout la résistance neurale, de sorte qu'un très léger stimulus peut servir à jeter tout le corps dans des convulsions . . . .

'Notre image de l'acte réflexe chez un animal supérieur comprendra donc une vue de l'ensemble du système nerveux dans un état de tension neurale. Le stimulus perturbe l'équilibre en un point précis (le récepteur), et la vague de décharge nerveuse ainsi créée irradie à travers les lignes complexes déterminées par les connexions neurales du récepteur. Si le stimulus est faible et que la voie réflexe est simple et bien isolée, une réponse simple peut s'ensuivre immédiatement. Dans d'autres conditions, la décharge nerveuse peut être inhibée avant d'atteindre un effecteur, ou elle peut irradier largement, produisant un schéma réflexe très complexe . . . .

'Le mécanisme du réflexe ne doit pas être considéré comme un canal ouvert par lequel l'énergie admise par l'organe récepteur est transmise pour être déchargée dans l'organe effecteur. Il s'agit plutôt d'un appareil *complexe*, contenant des réserves d'énergie potentielle qui peuvent être libérées par l'application d'un stimulus adéquat selon un schéma déterminé par la *structure* inhérente de l'appareil lui-même. En d'autres termes, la *décharge* nerveuse [italiques du professeur Herrick] *n'est pas* une simple transmission de l'énergie du stimulus, mais elle implique une consommation *active* de matière et une libération d'énergie (*métabolisme*) à la fois dans les centres nerveux et dans les fibres nerveuses. L'énergie agissant sur l'organe effecteur peut donc être différente, en nature et en quantité, de celle appliquée à l'organe récepteur. La réponse implique également la libération de l'énergie latente de l'organe effecteur (*muscle ou glande*), l'influx nerveux servant simplement à libérer le déclencheur qui décharge cette énergie de réserve.'

Il est nécessaire d'avertir le lecteur que le système nerveux humain est d'une complexité structurelle inconcevable. On estime que le cerveau humain compte environ douze mille millions de cellules nerveuses ou neurones, dont plus de la moitié se trouvent dans le cortex cérébral (NdT : on estime 2020 que le cerveau humain contient environ 86 milliards de neurones). Très probablement, la majorité des neurones du cortex cérébral sont directement ou indirectement connectés à chaque champ cortical. Si nous considérions un million de cellules nerveuses corticales connectées les unes aux autres par groupes de seulement deux neurones chacun, et que nous calculions les combinaisons possibles, nous trouverions que le nombre de schémas de connexion inter-neuroniques possibles est représenté par $10^{2783000}$. Il est difficile d'imaginer ce que représente un tel nombre. À titre de comparaison, on peut dire que l'ensemble de l'univers sidéral visible ne contient probablement pas plus de 10^{66} atomes ![2]

Notre connaissance actuelle du système nerveux est limitée en ce qui concerne ses complexités et ses possibilités, mais nous connaissons de nombreux faits structurels qui semblent bien établis. L'un d'entre eux est que le système nerveux humain est plus complexe que celui de n'importe quel animal. Un autre est que le cortex humain est d'origine plus tardive que les parties plus centrales du cerveau et qu'il en est en quelque sorte une excroissance (ce qui établit une structure en *niveaux*). Un troisième est que l'interconnexion des parties du système nerveux est *cyclique*. Quatrièmement, la vitesse des courants nerveux est *finie*. Ce dernier fait est d'une grande importance structurelle et, en règle générale, il n'est pas pris en compte.

Section C. Structure, relations et ordre multidimensionnel.

Dans une telle chaîne cyclique ordonnée, les impulsions nerveuses atteignent et traversent les différents niveaux avec une vitesse *finie* et donc, dans chaque cas, dans un *ordre défini*. L'"intelligence" devient une manifestation de la vie de l'organisme-comme-un-tout, structurellement impossible dans un 'isolement' fictif. 'Être' signifie *être en relation*. La relation implique un *ordre* multidimensionnel et aboutit à une *structure*.

'Survie', 'adaptation', 'réponse', 'formation d'habitudes', 'orientation', 'apprentissage', 'sélection', 'évaluation', 'intelligence', 'réactions sémantiques' et tous les termes similaires impliquent structurellement un complexe structurel ordonné et inter-relié dans lequel et par lequel nous vivons et fonctionnons. 'Comprendre', 'connaître', être 'intelligent', etc., à la manière préhumaine et humaine, signifie l'ajustement de survie le plus utile à une structure ordonnée et interdépendante telle que le monde et nous-mêmes.

Dans ce vocabulaire, 'structure' est l'abstraction la plus élevée, car elle implique un tout, pris comme-un-tout, composé de parties *interreliées*, dont les relations peuvent être définies en termes encore plus simples d'ordre. 'Savoir', dans son sens le plus large comme dans son sens humain le plus étroit, est conditionné par la structure et consiste donc en des savoirs *structurels*. Toutes les structures empiriques impliquent des relations, et ces dernières dépendent d'un ordre multidimensionnel. Un langage d'*ordre* est donc la forme la plus simple de langage, pourtant en structure, il est similaire à la structure du monde et de nous-mêmes. Un tel langage ne peut qu'être utile à l'adaptation et, par conséquent, à la sanité ; il permet de comprendre l'ordre structurel, relationnel et multi-dimensionnel de l'environnement à tous les niveaux.

Il faut insister sur le fait structurel que l'introduction de *ordre* comme terme fondamental abolit certaines 'infinités' fantaisistes et sémantiquement très nuisibles. Si une impulsion pouvait voyager 'sans temps' ou avec une 'vitesse infinie', ce qui est *structurellement impossible* dans ce monde, cette impulsion atteindrait différents endroits 'instantanément', et il *n'y aurait donc pas d'ordre*. Mais dès que l'on trouve le vrai ordre dans lequel les impulsions atteignent leur destination, les 'vitesses infinies' sont abolies. Nous montrerons plus loin que la 'vitesse infinie' est un bruit vide de signification ; ici, nous insistons seulement sur le fait qu'il s'agit d'une impossibilité structurelle, car la structure implique des relations et des ordres, et l'ordre ne pourrait pas exister dans un monde où les 'vitesses infinies' seraient possibles.

Inversement, si dans notre analyse nous ne tenons pas compte de l'ordre, nous sommes obligés de ne pas tenir compte des relations et de la structure et d'introduire, par nécessité, des 'vitesses infinies' fantaisistes. Quiconque traite 'esprit' 'isolement' fait une fausse hypothèse structurelle et, par nécessité, attribue inconsciemment aux courants nerveux une 'vitesse infinie' vide de signification.

Si nous nous sommes attardés sur ce sujet, c'est en raison de son importance structurelle générale et de sémantique générale. Le premier pas vers la compréhension de la théorie d'Einstein est d'être entièrement convaincu des points ci-dessus. Le non-respect de l'ordre par Newton a introduit un faux inconscient dans l'hypothèse de la 'vitesse infinie' de la lumière, qui conduit fatalement à une objectification appelée 'temps absolu', 'simultanéité absolue', et introduit ainsi une terminologie d'une structure inappropriée. Une remarque similaire s'applique aux arguments concernant 'esprit' d'une manière objectifiée et 'isolée'. Ces arguments ne tiennent pas compte de l'*ordre* dans lequel les impulsions nerveuses se propagent et introduisent donc, par nécessité, une fausse hypothèse silencieuse sur les faits de la 'vitesse infinie' des courants nerveux.

Sur le plan structurel empirique, nous connaissons des faits neurologiques et généraux à deux niveaux :

(1) Macroscopiquement, nous avons une structure en niveaux, stratifiée, pour ainsi dire, avec des complexités découlant de la structure physico-chimique colloïdale générale de l'organisme-comme-un-tout.

(2) La structure générale submicroscopique, atomique et subatomique de tous les matériaux nous donne simplement la persistance des caractéristiques macroscopiques comme la relative *invariance* de *fonction,* due à l'équilibre dynamique, et finalement reflétée et conditionnée par cette *structure submicroscopique* de tous les matériaux. Dans ces conditions structurelles réelles, des termes tels que 'substance', 'matériau', etc., et 'fonction', 'énergie', 'action', etc., deviennent interconnectés - ce qui est en grande partie un problème de préférence ou de nécessité de choisir le niveau avec lequel nous voulons traiter.

À des niveaux submicroscopiques, le 'fer', ou quoi que ce soit d'autre, ne signifie que la persistance pendant un 'temps' limité de certaines caractéristiques brutes, représentant un processus (structurellement une notion quadridimensionnelle impliquant le 'temps'), qui devient une question de structure. Avec l'unité du monde connue en 1933 appelée 'électron', qui apparaît comme un facteur *'énergétique'*, la persistance ou l'invariance relative de la structure submicroscopique dynamique nous donne, au niveau macroscopique, une persistance moyenne, ou statistique, des caractéristiques macroscopiques brutes, que nous appelons 'fer'.

Ce qui précède doit être bien compris et assimilé. En règle générale, nous identifions tous des ordres et des niveaux d'abstraction et avons donc du mal à les séparer verbalement (et par conséquent 'conceptuellement'). Une compréhension structurelle approfondie nous aide grandement à acquérir ces nouvelles et bénéfiques *réactions sémantiques*.

Dans ces conditions *empiriques* structurelles, un langage d'ordre, qui implique des relations et une structure, en tant qu'élargie à l'ordre des abstractions ou du niveau de considération, largement volitif, devient le seul langage qui, dans sa *structure,* est similaire à la structure du monde, y compris la nôtre, et donc, par nécessité, offrira le maximum d'avantages sémantiques.

Il faut comprendre que, sur le plan structurel, des termes comme 'substance' et 'fonction' deviennent, en 1933, parfaitement *interchangeables*, en fonction de l'ordre d'abstraction. 'Substance', par exemple, au niveau macroscopique, devient 'invariance de la fonction' au niveau submicroscopique. Il s'ensuit que ce que nous savons de la structure macroscopique ('anatomique') peut être légitimement élargi par ce que nous savons de la *fonction* (structure à différents niveaux). Cette interchangeabilité et cette valeur complémentaire des preuves sont conditionnées par des considérations structurelles et par le fait que 'structure' est multiordinal. Sur le plan de l'anatomie brute, nous savons beaucoup de choses sur cette structure du système nerveux. En raison des difficultés expérimentales, nous savons très peu de choses sur les phénomènes structurels submicroscopiques, mais nous pouvons en parler avec profit en termes *fonctionnels*, comme par exemple 'activation', 'facilitation', 'résistance', 'effets psychogénétiques', 'diffusion', 'perméabilité', 'inhibition' plus ancienne, etc.

Dans une chaîne cyclique comme celle du système nerveux, il n'y a pas, du point de vue énergétique, de dernière étape du processus. S'il n'y a pas de réaction motrice ou autre réflexe, il y a une réaction sémantique ou associative avec des conséquences 'inhibitrices' ou activatrices, qui sont fonctionnellement équivalentes à une réaction motrice. À chaque étape, un récepteur 'terminal' est un organe *réagissant* dans la chaîne.[3]

Nous savons très bien de la psychiatrie comment l'énergie nerveuse peut dévier des canaux constructifs et utiles vers des canaux destructeurs et nuisibles. L'énergie n'est pas perdue, mais mal orientée ou mal utilisée. Par exemple, un choc 'émotionnel' peut amener certaines personnes à libérer leur énergie dans des voies utiles, telles que des efforts concentrés dans une certaine direction, ce qui aurait été impossible sans ce choc ; mais, chez d'autres, un choc 'émotionnel' conduit à l'accumulation de symptômes 'mentaux' ou physiques morbides.

Étant donné que la structure nerveuse est cyclique dans la plupart de ses parties, ainsi que comme-un-tout, et que ces cycles sont directement ou indirectement interconnectés, l'interaction mutuelle de ces cycles peut produire des modèles de comportement très élaborés, dont on peut parler, dans leurs manifestations, en termes d'*ordre*. Comme chaque centre nerveux plus important possède des fibres nerveuses entrantes et sortantes, l'activation, le renforcement ou la diffusion des courants nerveux peut parfois se manifester dans nos *réactions sémantiques* comme une *inversion de l'ordre* dans certains aspects. Sur le plan neurologique, au niveau submicroscopique, il ne s'agirait que d'un cas d'activation, de diffusion, d'inhibition, etc., et probablement *jamais* d'un problème d'inversion de l'ordre des courants nerveux.

Les manifestations sémantiques de l'ordre et de l'ordre inversé sont d'une *importance cruciale*, car nous sommes en mesure d'*entraîner* l'individu à différents ordres ou inversions d'ordres. Cette procédure implique neurologiquement des activations, des renforcements, des diffusions, des 'inhibitions', des résistances et tous les autres types d'activités nerveuses qui, sans la formulation de la psychophysiologie, étaient tous *très inaccessibles* à l'entraînement direct. Le fait structurel que l'ordre et l'inversion de l'ordre dans la manifestation sémantique, qui se situent tous au niveau objectique indicible, ont un lien si intime et si profond avec les processus nerveux fondamentaux, tels que l'activation, l'application, la diffusion, la perméabilité, "l'inhibition", la résistance, etc., nous donne de nouveaux pouvoirs considérables à caractère éducatif dans la construction de la *sanité*, et nous fournit des méthodes et des moyens pour affecter, diriger et entraîner les activités nerveuses et les *réactions sémantiques*, que nous *n'étions pas en mesure d'entraîner auparavant* psychophysiologiquement. L'une des principales valeurs du présent travail est peut-être la découverte de moyens physiologiques, qui seront présentés plus loin, pour entraîner le système nerveux humain à la 'sanité'.

Le lecteur doit être attentif que quand nous parlons d'ordre et d'inversion d'ordre, nous signifions ordre et inversion d'ordre dans les *réactions sémantiques* indicibles ; mais le mécanisme neurologique est d'un caractère différent, comme nous l'avons déjà expliqué. Notre analyse des manifestations sémantiques simples implique l'*évaluation* et donc l'*ordre*, ce qui permet une rééducation et un réentraînement du système nerveux des plus complexes, qui étaient totalement hors de notre portée avec les anciennes méthodes.

Des preuves expérimentales semblent corroborer ce qui a été suggéré ici, et l'analyse, en termes d'ordre, semble avoir une signification neurologique pratique sérieuse, en raison de la *similarité de structure*, qui entraîne une *évaluation* et donc des *réactions sémantiques* appropriées.

Pour notre analyse en termes d'ordre, nous partons du cycle nerveux le plus simple que l'on puisse imaginer ; mais il faut bien comprendre que de tels cycles simples n'existent jamais, et que nos diagrammes n'ont de valeur que comme représentation de l'*ordre* cyclique, sans complications. Répétons que l'introduction d'une analyse en termes d'*ordre* ou d'*inversion d'ordre* dans la *manifestation* implique, sous l'influence éducative, d'autres *activités nerveuses réelles différentes*, une classe d'activités qui, jusqu'à présent, a toujours échappé à nos influences éducatives. Pour des raisons structurelles, il suffit d'utiliser la distinction entre les centres inférieurs et les centres supérieurs (une distinction approximative) et de considérer les centres inférieurs généralement en relation avec le thalamus et le tronc cérébral (peut-être aussi d'autres couches sous-corticales), et les centres supérieurs généralement en relation avec le cortex. Ce manque de précision est intentionnel, car il suffit d'une stratification structurelle suffisante pour illustrer l'*ordre,* et il semble souhaitable de ne supposer qu'un *minimum* de structure bien établi.

Nous avons déjà mentionné l'individualité absolue de l'organisme et, en fait, de tout ce qui se trouve à des niveaux objectives. Le lecteur ne doit pas avoir de frissons métaphysiques à propos d'une individualité aussi extrême sur les niveaux indicibles. Dans notre économie humaine, nous avons besoin à la fois de similarités et de différences, mais nous avons jusqu'à présent, dans notre système-*A* (*Aristotélicien*), concentré notre attention et notre formation sur les similarités, sans tenir compte des différences. Dans ce travail, nous commençons structurellement *plus près de la nature* avec des niveaux indicibles, et nous rendons les *différences* fondamentales, les similarités n'apparaissant qu'à un stade ultérieur (ordre) *en tant que résultat d'abstractions plus élevées.* En termes simples, nous obtenons des similarités en ignorant les différences, par un processus d'abstraire. Dans un monde où il n'y aurait que des différences absolues, sans similarités, la reconnaissance, et donc "l'intelligence", serait impossible.

Il est possible de démontrer comment 'intelligence' et 'abstraire' ont commencé ensemble et sont dues à la structure physico-chimique du protoplasme. Toute matière vivante, généralement appelée protoplasme, possède, dans une certaine mesure, les fonctions nerveuses d'excitabilité, de conductivité, d'intégration, etc. Il est évident qu'un stimulus S n'affecte pas le petit morceau de protoplasme primitif A 'partout et en même temps' (vitesse infinie), mais qu'il l'affecte d'abord en un point précis B. L'onde d'excitation se propage, avec une vitesse finie et généralement selon un gradient décroissant, aux parties plus éloignées de A. Nous remarquons également que l'*effet* du stimulus S sur A n'est pas *identique* au stimulus lui-même. Une pierre qui tombe n'est *pas* identique à la douleur que nous ressentons lorsque la pierre tombe sur notre pied. Nos sensations ne fournissent pas non plus un rapport complet sur les caractéristiques de la pierre, sa structure interne, sa chimie, etc. Nous voyons donc que le morceau de protoplasme n'est affecté que *partiellement,* et de manière *spécifique,* par le stimulus. Dans les conditions physico-chimiques, telles qu'elles existent dans la vie, il n'y a pas de place pour un quelconque 'toutisme'. Dans la vie, nous n'avons structurellement affaire qu'au 'non-toutisme' ; c'est pourquoi le terme *'abstraire* dans différents ordres' semble structurellement et uniquement approprié pour décrire les effets des stimuli externes sur le protoplasme vivant. 'Intelligence', quelle qu'elle soit, est connectée à abstraire (non-toutisme) qui est caractéristique de toute réponse du protoplasme. Les similarités ne sont perçues qu'au fur et à mesure que les différences s'estompent ; il s'agit donc d'un processus d'abstraction.

La nouveauté importante dans ma manière de traiter réside dans le fait que je traite le terme 'abstraire' d'une manière *non-élémentalistique.* Nous constatons que tout protoplasme vivant 'abstrait'. J'ai donc rendu le terme 'abstraire' fondamental et je lui ai donné un large éventail de significations pour correspondre aux faits de la vie en introduisant des abstractions de *différents ordres.* Un tel traitement présente de grands avantages structurels, qui seront expliqués dans la Partie VII.

Comme nous nous intéressons principalement à 'Dupond$_n$', nous parlerons surtout de lui, bien que le langage que nous utilisons soit structurellement approprié pour caractériser toute vie. 'Abstraire' devient alors un terme physiologique avec des implications structurelles, actionnelles, physico-chimiques et *non-élémentalistiques.*

Accidentellement, une certaine lumière est ainsi jetée sur le problème de 'évolution'. Dans la *vraie* vie objective, chaque nouvelle cellule est différente de sa cellule mère, et chaque progéniture est *différente* de ses parents. Les similarités n'apparaissent que sous l'action de notre système nerveux, qui n'enregistre pas les différences absolues. Nous enregistrons donc des similarités, qui s'évaporent lorsque nos moyens d'investigation deviennent plus subtils. Les similarités sont lues *dans la nature* par notre système nerveux et sont donc structurellement moins fondamentales que les différences. Moins fondamentales, mais non moins importantes, car la vie et "l'intelligence" seraient totalement impossibles sans *abstraire*. Il devient clair que le problème qui a tant excité les *réactions sémantiques* du peuple des États-Unis d'Amérique et ajouté tant à la joie de l'humanité, "L'évolution est-elle un 'fait' ou une 'théorie'?", est tout simplement stupide. Un père et un fils ne sont jamais identiques - c'est assurément un 'fait' structurel - et il n'est donc pas nécessaire de se préoccuper d'abstractions encore plus élevées, comme "l'être humain" et "le singe". Le fait que l'attaque fanatique et ignorante contre la théorie de l'évolution ait eu lieu est peut-être pathétique, mais ne doit pas nous préoccuper, car de telles attaques ignorantes sont toujours susceptibles de se produire. Mais que les biologistes proposent des 'défenses' fondées sur la confusion des ordres d'abstractions et que les 'philosophes' n'aient pas su voir cette simple dépendance est plutôt triste. Les problèmes de 'évolution' sont verbaux et n'ont rien à voir avec la vie en tant que telle, qui est constituée de toutes parts d'individus *différents*, la 'similarité' étant structurellement un article fabriqué, produit par le système nerveux de l'observateur.

Dans ma propre pratique, je suis douloureusement devenu attentif à une divergence similaire dans les *réactions sémantiques* savantes de certains professeurs de biologie plus âgés, qui tentent souvent de m'informer que 'la vie se chevauche' et qu'"aucune distinction nette entre 'être humain' et 'animal' ne peut être faite". Ils oublient ou ne savent pas que, structurellement, la vraie 'vie' est composée d'*individus absolus*, chacun étant *unique* et différent de tous les autres. Chaque individu devrait avoir son propre nom, fondé sur des méthodes mathématiques extensionnelles; par exemple, x_1, $x_2, x_3, \ldots x_n$; ou *Dupond*$_1$, *Dupond*$_2$, etc., ou *Medor*$_1$, *Médor*$_2$, etc. Les termes 'homme' et 'animal' ne sont que des étiquettes pour des fictions verbales et ne sont pas des étiquettes pour un individu vivant. Il est évident que comme ces fictions verbales, 'homme' et 'animal', ne sont pas des individus vivants, leur 'chevauchement' ou leur 'non-chevauchement' ne dépend que de *notre ingéniosité*, de notre pouvoir d'observation et d'abstraction, et de notre capacité à inventer des définitions fonctionnelles *non-élémentalistiques*.

Voyons comment l'adaptation peut fonctionner en pratique. Considérons deux ou trois chenilles, que nous pouvons nommer C_1, C_2, C_3, puisque chacune d'entre elles est un individu absolu et différent des autres. Supposons que C_1 soit positivement héliotrope, ce qui signifie qu'elle est obligée d'aller vers la lumière ; que C_2 soit négativement héliotrope, ce qui signifie qu'elle aurait tendance à s'éloigner de la lumière ; et que C_3 soit non-héliotrope, ce qui signifie que la lumière n'aurait pas d'effet directionnel sur elle. À un certain âge, C_1 grimperait à l'arbre près duquel elle est née et atteindrait ainsi les feuilles, les mangerait et, après les avoir mangées, serait en mesure d'achever son développement. C_2 et probablement C_3, mourraient, car elles ne ramperaient pas jusqu'à l'arbre pour atteindre une quantité suffisante de nourriture. Ainsi, nous voyons que parmi le nombre indéfini de compositions individuelles possibles de C_k *(k = 1,2,3,... n)*, chacune étant différente, seules celles qui sont positivement héliotropes survivraient *dans les conditions de cette terre*, et toutes les autres mourraient. Les héliotropes positifs se propageraient et leur héliotropisme positif pourrait se perpétuer, les héliotropes négatifs et les non héliotropes s'éteignant. Cela ne se produirait toutefois que dans un monde où les arbres ont des racines dans le sol et des feuilles sur leurs parties orientées vers le soleil. Dans un monde où les arbres poussent avec leurs racines vers le soleil et leurs feuilles dans le sol, c'est l'inverse qui se produirait : les héliotropes négatifs et les non-héliotropes survivraient et les héliotropes positifs s'éteindraient. Nous ne pouvons pas prédire si, dans un tel monde, il y aurait des chenilles ; il s'agit donc d'un exemple hypothétique.

Les expériences réalisées avec de telles chenilles ont montré que les chenilles positivement héliotropes rampent vers le soleil, même sur une plante qui a été retournée, avec les racines vers le soleil. Elles rampent *loin de la nourriture* et meurent. Nous voyons que les conditions *environnementales* externes déterminent les caractéristiques qui survivent, et nous arrivons ainsi à la notion d'ajustement.

Le résultat pratique de ces conditions est que le nombre indéfini de variations individuelles, bien qu'elles existent indubitablement, est rarement porté à notre attention, car les variations qui ne s'adaptent pas aux conditions environnementales s'éteignent ; leurs variations ne deviennent pas héréditaires et, par conséquent, nous les trouvons rarement en dehors d'un laboratoire.

Cela montre également la connexion permanente et l'interdépendance des faits de la nature. Le fait structurel que nos arbres poussent avec leurs racines dans le sol et leurs feuilles vers le haut n'est pas un fait indépendant ; il a quelque chose à voir avec la structure du monde, la position et l'effet du soleil, etc. Ainsi, le fait que nous ayons des chenilles positivement héliotropes d'un type particulier, et non des chenilles négativement héliotropes, a quelque chose à voir avec la structure du reste du monde.

Pour illustrer encore plus clairement cette interconnexion et cette interdépendance de la nature, permettez-moi de suggérer une question hypothétique. Comment les conditions qui règnent sur cette terre se compareraient-elles à celles qui existeraient si elle avait, disons, deux kilomètres de plus de diamètre? Certains essaient de deviner la réponse, mais il est impossible de répondre à cette question. Le diamètre de cette terre dépend strictement de toutes les conditions structurelles qui prévalent dans ce monde. Comme il est impossible de savoir quel serait l'univers dans lequel cette terre pourrait être différente de ce que nous connaissons, il est bien sûr tout aussi impossible de prévoir si, sur une telle terre fictive, dans un tel univers fictif, il y aurait même de la vie. Parce que la structure du monde est telle que nous la connaissons, notre soleil, notre terre, nos arbres, nos chenilles et, finalement, nous-mêmes avons notre structure et nos caractéristiques. Nous n'avons pas besoin d'entrer ici dans les problèmes du déterminisme contre l'indéterminisme, car ces problèmes sont purement verbaux, dépendent de nos ordres d'abstraction, de la 'logique' que nous acceptons, et donc, finalement, de notre plaisir, comme nous l'expliquons plus en détail plus loin, et ne pourraient pas être résolus de manière satisfaisante dans un système-*A* (*Aristotélicien*), *élémentalistique,* avec sa 'logique' deux-valuée.

D'après les preuves dont nous disposons en 1933, 'Dupond$_n$' apparait parmi les derniers habitants de cette terre et est soumis au test général de survie, comme nous l'avons déjà expliqué. Les quelques milliers d'années pendant lesquelles il y a eu un quelconque 'Dupond$_n$' sont une période trop courte pour tester, avec certitude, sa capacité de survie. Nous connaissons de nombreuses espèces animales, ainsi que des ancêtres humains, dont il ne reste que très peu de traces. Ce que nous savons de leur histoire, c'est surtout grâce à quelques fossiles, conservés dans des musées.

Le monde extérieur est plein d'énergies dévastatrices et de stimuli trop forts pour que certains organismes puissent les supporter. Nous savons que seuls ont survécu les organismes qui ont réussi à se protéger des surstimulations ou qui se sont trouvés dans des conditions protectrices. Si nous examinons la série d'individus survivants, en accordant une attention particulière aux animaux supérieurs et à l'être humain, nous constatons que le système nerveux a pour tâche non seulement de conduire l'excitation, etc., mais aussi ce que l'on appelle "l'inhibition". La réponse aux stimuli, par la survie, a prouvé son utilité. Mais la diminution de la réponse à certains stimuli ou l'évitement des stimuli s'est également avérée utile, toujours pour des raisons de survie. On sait que les couches supérieures ou les plus récentes du système nerveux sont pour la plupart des couches *protectrices* qui empêchent les réponses immédiates aux stimuli. Avec le développement du système nerveux, du plus simple au plus complexe, nous constatons une augmentation des comportements de type modifiable ou ajustable individuellement. En termes d'*ordre*, et en utilisant l'ancien langage, les 'sensorialités' sont venus en premier dans l'ordre et "l'esprit" ensuite, sous toutes leurs formes et à tous les degrés.

Si nous parlons en termes neurologiques, nous pouvons dire que la structure nerveuse actuelle est telle que les courants nerveux entrants ont une direction naturelle, établie par la survie, à savoir qu'ils traversent d'abord le tronc cérébral et le thalamus, les couches sous-corticales ensuite, puis le cortex cérébral, et reviennent, transformés, par différents chemins. L'expérience et la science en 1933 montrent que c'est l'ordre établi sous un lourd tribut de destruction et de non-survie dans un système d'ajustement, et qu'il doit donc être considéré comme l'ordre 'naturel', en raison de sa valeur de survie.

En pratique, nous connaissons tous la notion de 'sensation' et d'"image mentale" ou d'"idée". Comme les 'sensations' étaient souvent très trompeuses et ne permettaient donc pas toujours de survivre, un système nerveux qui, d'une manière ou d'une autre, conservait des vestiges, ou 'mémoires', de 'sensations' antérieures et pouvait les recombiner, les déplacer, etc., s'est avéré d'une plus grande valeur pour la survie, et c'est ainsi que l'"intelligence" a évolué, du degré le plus bas au degré le plus élevé.

L'expérience et les expérimentations montrent que l'ordre naturel est le suivant : 'sensation' d'abord, 'idée' ensuite ; 'sensation' étant une abstraction d'un certain ordre, et 'idée' étant déjà une abstraction d'une abstraction ou une abstraction d'un ordre plus élevé.

L'expérience montre à nouveau que chez les *humains*, cet ordre des manifestations est parfois *inversé* : en l'occurrence, certains individus ont d'abord des 'idées', c'est-à-dire des vestiges de souvenirs, et ensuite des 'sensations', sans qu'il y ait de raison extérieure à ces 'sensations'. De tels individus sont considérés comme des malades 'mentaux' ; en termes juridiques, ils sont appelés 'insane'. Ils 'voient' là où il n'y a rien à voir ; ils 'entendent' là où il n'y a rien à entendre ; ils sont paralysés là où il n'y a aucune raison d'être paralysés ; ils ont des douleurs là où il n'y a aucune raison d'avoir des douleurs, et ainsi de suite, à l'infini. Leur valeur de survie, s'ils ne sont pas pris en charge, est généralement nulle. Cette inversion de l'ordre, mais à un degré moindre, est extrêmement fréquente à l'heure actuelle parmi nous tous et est à l'origine de la plupart des malheurs et de la non-sanité de l'humanité.

Cette inversion de l'ordre, dans sa forme légère, est impliquée dans l'identification ou la confusion des ordres d'abstractions, c'est-à-dire lorsque nous agissons comme si une 'idée' était une 'expérience' de nos 'sensorialités', reproduisant ainsi, sous une forme légère, le mécanisme des malades 'mentaux'. Cela implique des troubles nerveux, puisque nous *violons l'ordre naturel (de survie) des activités du système nerveux*. Le mécanisme de *projection* est également connecté à cette *inversion de l'ordre*. Cette inversion transforme le monde extérieur en une entité tout à fait différente et fictive. L'ignorance et l'ancienne métaphysique tendent à produire ces effets nerveux indésirables d'*inversion de l'ordre d'évaluation et donc de non-survie*. Si nous utilisons le système nerveux d'une manière contraire à sa structure de survie, nous devons nous attendre à ne pas survivre. L'histoire de l'humanité est courte, mais nous avons déjà des records étonnants d'extinction.

Qu'une telle inversion de l'ordre des manifestations du fonctionnement du système nerveux soit forcément extrêmement néfaste devient évident si l'on considère que, dans un tel cas, les couches supérieures de notre système nerveux (le cortex) non seulement ne nous protègent pas des surstimulations provenant du monde extérieur et de l'intérieur, mais contribuent en fait à ces surstimulations en produisant des irritants fantaisistes, bien que très réels. Des expériences menées sur certains patients ont montré qu'ils en retiraient un bénéfice *physique* lorsque leur énergie interne était libérée de la lutte contre les fantômes et pouvait ainsi être réorientée vers la lutte contre les perturbations colloïdales. De tels exemples pourraient être cités à l'infini dans pratiquement tous les domaines de la médecine et de la vie. Ce problème de "inversion de l'ordre" est non seulement très important sur le plan sémantique, mais aussi très complexe, et il sera analysé plus loin.

Le lecteur ne manquera pas de remarquer qu'une analyse en termes d'*ordre* jette une lumière nouvelle sur d'anciens problèmes, ce qui démontre l'intérêt scientifique de l'utilisation d'un tel terme. Mais ce n'est pas tout : l'utilisation du terme *ordre* nous a permis d'entrevoir des applications pratiques d'une grande portée pour les connaissances que nous possédons déjà et dont nous n'avons pas fait un usage systématique jusqu'à présent.

Nous savons que l'activité du système nerveux est facilitée par la répétition, et nous pouvons apprendre des habitudes utiles aussi facilement que des habitudes nuisibles. Dans le cas particulier des *réactions sémantiques*, nous pouvons également nous entraîner dans les deux sens, bien que l'un puisse avoir une valeur de survie utile ; l'autre étant nuisible, sans valeur de survie. Il s'agit à nouveau d'un problème d'*ordre* et, entre autres, d'un problème d'extension et d'intension, comme cela a déjà été mentionné à plusieurs reprises.

Section D. Ordre et les problèmes d'extension et d'intension

Les problèmes d'extension et d'intension ne sont pas nouveaux, mais ils n'ont été traités jusqu'à présent que de manière superficielle par les 'philosophes', les 'logiciens' et les mathématiciens, et l'on n'a pas soupçonné les composantes structurelles, psychologiques et sémantiques profondes, étendues et importantes qu'ils représentent.

À ce stade, pour éviter toute confusion, une mise en garde s'impose. Les problèmes que nous traitons n'ont jamais été analysés du point de vue de ce travail; c'est-à-dire du point de vue de la structure. Donc, naturellement, tout ce qui a été accompli dans ces domaines *est simplifié à l'excès* et laisse de côté certaines caractéristiques vitales. Des divergences sont apparues entre la structure de l'ancien verbiage et celle du nouveau. Avant de pouvoir formuler la théorie générale de ce travail, il faudra aller de l'avant malgré les divergences, puis formuler la théorie générale et montrer comment ces divergences ont une origine parfaitement *générale* dans la structure stratifiée, et donc ordonnée, du savoir humain. Les divergences étaient inhérentes et *inévitables* dans l'ancienne méthode, mais elles peuvent être évitées dans la nouvelle. L'objectif principal de la présente théorie est d'élucider les questions structurelles connectées aux *réactions sémantiques* et à de nombreux problèmes de conduite humaine et scientifique, y compris les mathématiques et l'insanité, et, en général, à tous les problèmes connus de la méthode scientifique et de la théorie de la connaissance. Mais nous ne devrions pas être surpris si une telle enquête pionnière s'avère nécessiter de nombreuses corrections et élaborations plus tard. Les psychiatres sont les moins susceptibles de négliger les problèmes de structure et de *réactions sémantiques*, car leur science est jeune et encore flexible. En outre, les psychiatres en savent beaucoup sur la 'nature humaine' et le comportement, bien qu'ils soient handicapés par une connaissance insuffisante des sciences exactes et par l'absence d'une sémantique $\bar{A}$ *non-élémentalistique*. L'inverse serait peut-être vrai pour les mathématiciens. Ils savent très bien comment jouer avec les symboles. Leur travail est passionnant et exigeant. Mais très peu sont capables de se détacher suffisamment de ce jeu pour contempler les aspects plus larges, plus 'humains', de leur propre science, l'interaction des symboles dans le langage, leur structure et l'influence de la structure sur les *réactions sémantiques* et l'adaptation.

Certains de ces spécialistes pourraient dire que l'auteur utilise leurs termes dans un sens différent de celui dans lequel ils les utilisent et que, par conséquent, de leur point de vue, cet ouvrage n'est pas strictement légitime. Cependant, lorsqu'un mathématicien pose une définition, comme $1+1=2$, cela n'a rien à voir avec l'*application* que nous en faisons lorsque nous disons qu'un euro et un euro font deux euros. Il ne peut pas non plus s'opposer à ce que nous ajoutions un litre (d'eau) à un litre (d'alcool) et que nous n'obtenions pas deux litres (du mélange alcool-eau), mais un peu moins. Ce dernier point est un fait expérimental profond, intimement lié à la structure de la 'matière' et donc du monde qui nous entoure. Le mathématicien n'a rien à faire du fait que ses définitions *additives*, aussi importantes soient-elles, ne couvrent pas les faits du monde qui nous entoure, qui se trouve ne pas être additif dans ses aspects les plus fondamentaux.

D'ailleurs, la définition mathématique, un et un font deux, *n'est pas* invalidée par ces faits non-additifs. Le mathématicien ne revendique pas le contenu de ses formules, mais s'en désintéresse. Il n'est pas question de centimes, de pommes, de litres d'alcool, etc. Il s'agit simplement d'un langage défini de structure définitive pour parler de tout ce qui *peut être* couvert. Si les faits ne peuvent être couverts par des formes et des méthodes linguistiques données, de nouvelles formes, de nouvelles structures, de nouvelles méthodes sont inventées ou créées pour couvrir la structure des faits dans la nature.

Le mathématicien a créé un langage différent il y a longtemps. Il appelle désormais son langage additif 'linéaire' et les équations correspondantes sont du 'premier degré'. Il appelle 'non-linéaire' son langage non-additif et les équations sont de 'degrés supérieurs'. Ces dernières équations sont beaucoup plus difficiles que les premières et ont une structure complexe, de sorte que, très souvent, elles ne peuvent être résolues que par approximation des équations linéaires. Or, sans que personne n'y soit pour rien, il se trouve que le monde qui nous entoure n'est pas une affaire additive dans ses aspects structurels les plus fondamentaux. Le résultat le plus important et le plus bénéfique des nouvelles théories physiques est peut-être qu'elles mettent en évidence ce fait structurel et qu'elles le prennent en considération. Le lecteur devrait se rappeler l'exemple de la feuille verte de facture humaine et de la feuille verte de non-facture humaine, qui diffèrent par leur structure, et il comprendra comment nos tendances additives sont le résultat de notre état primitif de développement et de cette projection de notre point de vue anthropomorphique sur le monde. Nous avons inversé l'ordre naturel et imposé au monde la structure de nos formes verbales, au lieu de l'*ordre naturel* qui consiste à calquer la structure du langage sur la structure du monde.

Cette digression était particulièrement nécessaire avant d'aborder le problème de 'extension' et de 'intension'. Celles-ci n'ont jamais été analysées du point de vue de la structure et de l'ordre, et tout ce que l'on sait à leur sujet est considéré comme acquis. Il est vrai que l'on entend de temps à autre des remarques désinvoltes selon lesquelles les mathématiciens auraient une prédilection pour l'extension et les 'philosophes' pour l'intension, mais ces remarques véridiques ne sont pas analysées plus avant.

Nous oublions généralement que chaque fois qu'un mathématicien ou un 'philosophe' produit une œuvre, cela implique son 'attitude', qui représente des *réactions sémantiques* psycho-logiques extrêmement complexes de l'organisme-comme-un-tout. Dans la plupart des cas, ces attitudes déterminent non seulement le caractère de notre travail, mais aussi d'autres réactions qui constituent notre vie individuelle et sociale. Historiquement, les mathématiciens ont un palmarès stable d'accomplissements, et les 'philosophes' (à l'exclusion des épistémologues) un palmarès d'inutilité ou d'échec. Ce bilan a-t-il quelque chose à voir avec les *attitudes* extensionnelles et intensionnelles? En fait, oui. Il est facile de montrer que l'attitude extensionnelle est la *seule qui* soit conforme à l'*ordre de survie et à la structure nerveuse*, et que l'attitude intensionnelle est l'inversion de l'ordre naturel, et doit donc impliquer des *réactions sémantiques* de non-survie ou pathologiques.

L'une des façons les plus simples d'aborder les problèmes d'"extension" et d'"intension" est peut-être de souligner leur connexion avec les définitions. Une collection peut être définie, nous dit-on, par l'énumération de ses membres, comme, par exemple, lorsque nous disons que la collection contient *Dupond, Durand, Martin*, etc. Nous pouvons également définir notre collection en lui attribuant une 'propriété' déterminante. On nous dit que le premier type de définition, qui énumère les membres individuels, est appelé une définition par *extension*, tandis que le second, qui donne une 'propriété' déterminante, est appelé une définition par *intension*.

Nous pouvons facilement voir qu'une 'définition par extension' caractérise de manière unique la collection $Dupond_1$, $Durand_1$, $Martin_1$, etc. Toute autre collection, $Dupond_2$, $Durand_2$, $Martin_2$, etc., serait évidemment différente de la première, puisque les individus diffèrent. Si nous 'définissons' notre collection par intension, c'est-à-dire en attribuant une caractéristique à chacun des individus, par exemple qu'ils n'ont pas de queue, de nombreuses collections d'individus sans queue pourraient être sélectionnées. Étant donné que ces collections seraient composées d'individus totalement différents, elles seraient totalement différentes, et pourtant, par 'intension', ou caractéristique définissante, elles seraient toutes supposées constituer une seule et même collection.

Un contraste similaire existe entre les relations en extension et les relations en intension. Ces relations ont été définies plus ou moins comme suit : 'les relations intensionnelles sont des relations de "concepts" ; les *relations extensionnelles sont des relations de faits dénotés*'. Ou encore, 'les relations d'intension sont celles qui sont vérifiables *a priori* ; une relation d'extension *ne peut* être découverte *que par l'inspection de l'existant*'. Ou encore, 'l'intension recouvre les relations qui valent pour tous les individus possibles, tandis que l'*extension ne vaut que pour l'existant*'. 'Une relation d'intension est une relation qui ne peut être découverte que par l'analyse logique ; une relation d'extension est une relation qui ne peut être découverte que par l'*énumération des particuliers*', etc.[4]

Tout ce qui vient d'être dit constitue peut-être des définitions standard, mais, pour mon propos, elles sont profondément insatisfaisantes. Parce que nous n'avons pas mieux compris cette question essentielle de l'ordre, une grande confusion s'est installée dans la 'pensée' humaine et beaucoup de nos disciplines ont été détournées dans des directions indésirables. Cela explique en grande partie l'obscurité qui caractérise les problèmes que nous traitons dans ce livre. Mais il faut souligner que, même sous cette forme très insatisfaisante, l'"intension" et l'"extension", telles qu'elles ont été *ressenties et appliquées* (*réactions sémantiques,* en ne prenant pas en compte les formulations verbales), ont joué un rôle énorme dans le développement de nos formes de représentation et de notre 'civilisation'. Malheureusement, sans une analyse ordinale, il était impossible d'évaluer correctement l'importance relative de ces attitudes sémantiques, et de se rendre compte de la gravité de ces problèmes pour une théorie de la sanité et des conséquences qui en découlent.

Là encore, les connaissances qu'apporte la psychiatrie seront d'une grande utilité. Nous connaissons, en gros, deux mécanismes sémantiques appelés extraversion et introversion. En gros, l'extraverti projette tout ce qui se passe en lui sur le monde extérieur et croit que ses projections personnelles ont une sorte d'existence objective non-personnelle et qu'elles ont donc la même validité et la même valeur pour les autres observateurs. En conséquence, l'extraverti risque tout naturellement de recevoir un grand nombre de chocs désagréables, car l'autre observateur n'observe ou ne 'perçoit' pas nécessairement dans les événements extérieurs les caractéristiques que le premier observateur 'trouve'. Il les a souvent projetées de l'intérieur, mais elles étaient entièrement personnelles. Le premier observateur, dans sa conviction sémantique que ses observations sont les seules et uniques observations correctes, ressent que le second observateur est soit aveugle d'une certaine manière, soit injuste à son égard. Dans les cas les plus graves, il développe une manie de la persécution. Il ressent que tout le monde le comprend mal, que personne n'est juste envers lui, que tout le monde lui est hostile, qu'il va se venger d'eux, qu'au nom de la 'justice', il va les punir, etc. Il s'ensuit une amertume et une hostilité dangereuses et souvent incalculables. Ces types sont généralement gênants et, si les composantes affectives sont fortes, ils sont dangereusement malades et susceptibles de faire couler le sang ou de commettre d'autres agressions. Les types les plus prononcés dans cette direction extrême sont appelés paranoïdes et paranoïaques.

Le type introverti est différent. Il se concentre principalement sur ce qui se passe à l'intérieur de sa propre peau. Presque tout ce qui se passe à l'extérieur de sa peau, il l'interprète en termes et ressentis personnels. Quoi qu'il arrive de désagréable, il est toujours coupable, toujours prêt à porter le blâme, qui est souvent juste, pour de nombreuses raisons psychologiques sur lesquelles nous ne pouvons pas nous étendre ici. Ce type, dans son développement extrême, trouve assez souvent une solution dans le suicide. Les cas les plus extrêmes sont appelés 'dementia praecox' ou 'schizophrénie'.

Dans l'expérience quotidienne, il est rare que l'on puisse observer des types aussi tranchés que ceux que nous venons de décrire. Pour étudier ces types extrêmes, il faut faire des recherches dans les asiles. Même là, on trouve un grand nombre de cas mixtes. Dans la vie quotidienne, nous trouvons chez pratiquement tout le monde une *prédominance* de l'un ou l'autre de ces types de *réactions sémantiques*, mais chez certains, les deux types semblent être inextricablement mélangés. L'observation de ce problème chez les personnes dites 'normales' est difficile, car ils représentent de grandes complexités.

Il a déjà été mentionné que la personne équilibrée, la personne qui a une valeur de survie, devrait être un mélange équilibré des deux tendances, à savoir un extraverti-introverti ou, si l'on veut, un introverti-extroverti. Jusqu'à présent, ces problèmes, aussi importants soient-ils, échappent à nos méthodes éducatives, et ce n'est que dans les cas aigus qu'ils sont pris en charge par les médecins, et le plus souvent dans des asiles. Il est important de disposer de moyens simples pour traiter ces problèmes sémantiques dans l'enseignement élémentaire comme méthode *préventive* ou comme branche de l'hygiène sémantique.

Même cette brève analyse montre l'énorme puissance des facteurs affectifs qui peuvent être à l'origine des attitudes sémantiques déséquilibrées. Le lecteur ne doit pas manquer de remarquer que dans les deux types, lorsqu'ils sont bien développés, il y a matière à une quantité extrême de souffrance auto-imposée. En effet, l'énergie nerveuse produite par l'organisme est alors absorbée dans la lutte contre des fantômes, au lieu d'être dirigée vers des buts utiles, tels que la régulation des activités normales de l'organisme, ou la lutte contre des ennemis internes, alors qu'il devrait aussi rester de l'énergie pour des activités et des intérêts utiles sur le plan social ou pour la survie de la civilisation.

Tandis que la majorité des individus présentent des degrés différents de prévalence d'un mécanisme par rapport à l'autre, on trouve cependant des cas assez nets. L'extrême complexité de la structure du système nerveux de l'être humain justifie l'énorme nombre de degrés reconnus. Ce nombre de possibilités est si important que nous avons peu de difficultés à comprendre que l'individualité de chacun est unique.

Les personnes extraverties et introverties sont généralement nées comme telles ; du moins, elles sont généralement prédisposées à être l'une ou l'autre. La question de savoir dans quelle mesure ces tendances peuvent être aggravées ou améliorées par l'éducation n'a pas encore été résolue et n'a d'ailleurs jamais fait l'objet d'une grande attention. Considérer nos activités comme le simple résultat de tendances innées est une vision trop étroite. Le système nerveux humain n'est pas achevé à la naissance et son développement se poursuit pendant un certain temps après la naissance de l'enfant. Il est donc beaucoup plus influencé par les conditions environnementales, y compris verbales, que ne l'est le système nerveux d'un animal. La constitution de l'individu est donc une fonction de différentes variables, parmi lesquelles les inclinaisons héréditaires et les conditions environnementales apparaissent dans une relation, actuellement, mal connue. L'individu *ressent et agit* en fonction de sa constitution complexe, y compris les *réactions sémantiques acquises*, quels que soient les facteurs qui ont joué un rôle dans son forgeage, et, en règle générale, il est peu influencé par la manière dont il rationalise ses activités. De ce point de vue, on peut considérer que les constitutions extensionnelles et les caractères intensionnels sont destinés à se manifester plus tard dans la vie, quelle que soit la manière dont le sujet les a rationalisés, si ses *réactions sémantiques* n'ont pas été modifiées.

Il semble évident que les tendances extraverties et introverties ont un certain rapport avec les types de réaction extensionnelle et intensionnelle ; mais, bien entendu, elles ne sont pas identiques. Elles influencent l'individu dans le choix d'une profession et dans la préférence pour une tendance particulière d'activité. Ainsi, les mathématiciens ont généralement un penchant pour l'extension, les 'philosophes' pour l'intension. Il est intéressant de noter que les mathématiciens ont fait des progrès constructifs continus et qu'à chaque époque, ils ont produit le plus haut niveau de langage connu. De même, les accomplissements les plus importants dans les domaines qui appartiennent traditionnellement aux 'philosophes' ont en fait été produites par des mathématiciens. Les 'philosophes', dans l'ensemble, ont connu l'échec.

La raison de cette différence, trop remarquable pour être une simple coïncidence, peut être trouvée par l'application du terme 'ordre' dans notre analyse. *La méthode extensionnelle est la seule qui soit en accord avec la structure de notre système nerveux telle qu'elle a été établie par la survie.* Les méthodes intensionnelles inversées désorganisent ce mode normal d'activité du système nerveux et conduisent ainsi à des maladies nerveuses et 'mentales'.

Comme nous l'avons expliqué précédemment, la structure de notre système nerveux a été établie avec en premier les 'sensorialités', et l'"esprit" ensuite. En termes neurologiques, les impulsions nerveuses devraient d'abord être reçues dans les centres inférieurs, puis traverser les couches sous-corticales jusqu'au cortex, y être influencées et transformées dans le cortex sous l'effet des expériences passées. Dans cet état transformé, elles devraient ensuite se diriger vers différentes destinations, prédéterminées par la structure établie par les valeurs de survie. Nous savons, et rappelons-le, que l'ordre inversé dans la manifestation sémantique - à savoir la *projection dans les 'sensorialités' des traces mémorielles* ou des impulsions doctrinales - va à l'encontre de la structure de survie, et que les hallucinations, les délires, les illusions et la confusion des ordres d'abstraction doivent être considérés comme pathologiques. Dans un système nerveux humain 'normal' ayant une valeur de *survie*, les impulsions nerveuses ne doivent pas se perdre dans les couches sous-corticales. Dans ce cas, l'activité de notre système nerveux humain correspondrait à l'activité des systèmes nerveux moins développés des animaux qui n'ont pas de cortex. Il faut aussi se rappeler que les couches sous-corticales qui ont un cortex, comme chez l'être humain, sont très différentes des couches correspondantes des animaux qui n'ont jamais développé de cortex. Il est impossible d'éviter la conclusion que les valeurs de survie sont *catégoriquement* caractérisées par l'*adéquation*, et que les animaux sans cortex ont des systèmes nerveux adaptés à leurs besoins dans leurs conditions particulières ; sinon, ils n'auraient pas survécu. Cela s'applique également aux animaux dotés d'un cortex. Leurs activités de survie dépendent de ce cortex ; et lorsque le cortex est enlevé, leurs activités deviennent inadéquates. Les couches sous-corticales ne suffisent pas à assurer la survie. Pour survivre, ces animaux doivent utiliser non seulement leurs centres inférieurs et leurs couches sous-corticales, mais aussi leurs cortex.

Chez les animaux, comme tout le montre, l'immense majorité d'entre eux ont, sans intervention humaine, un système nerveux qui fonctionne généralement de manière 'normale', c'est-à-dire conformément à la structure de survie. L'"insanité" et les troubles nerveux apparentés ne sont connus que chez nous (voir toutefois la Partie VI). Apparemment, le cortex, par son énorme complexité interne, qui fournit beaucoup plus de voies, et par ses interconnexions complexes, qui offrent beaucoup plus de possibilités, avec un plus grand nombre de degrés d'"inhibition", d'excitabilité, d'action retardée, d'activation, etc., introduit non seulement une flexibilité de réaction beaucoup plus grande, mais, par cette flexibilité, une possibilité d'abus, d'inversion des manifestations, et donc de détérioration de l'activité de survie du système nerveux comme-un-tout. Les couches sous-corticales et les autres parties du cerveau de l'être humain sont différentes des parties correspondantes du cerveau animal, dont le cortex est moins développé. Le système nerveux fonctionne comme-un-tout, et l'homologie anatomique des parties de différents systèmes nerveux est une base très inadéquate, voire trompeuse, pour inférer *a priori* le *fonctionnement* de ces systèmes, qui dépendent en fin de compte non seulement des structures macroscopiques, mais aussi des structures microscopiques et submicroscopiques. Par exemple, nous pouvons couper la tête de certains insectes, et ils s'en accommodent très bien et ne semblent pas s'inquiéter outre mesure de l'opération. Mais nous ne pourrions pas répéter cela avec des animaux supérieurs. Le comportement est modifié. Un pigeon décortexé se comporte différemment d'un rat décortexé, bien que ni l'un ni l'autre ne semble très affecté par l'opération. Un chien ou un singe décortexé est beaucoup plus affecté. L'être humain est entièrement modifié. Aucun des types supérieurs n'est capable de survivre longtemps s'il est décortexé.

Il existe, dans les faits établis, l'histoire médicale, rapportée par Edinger et Fischer, d'un garçon né entièrement dépourvu de cortex cérébral. Il n'y avait apparemment pas d'autres défauts importants. Cet enfant n'a jamais manifesté de développement sensoriel ou moteur, ni "d'intelligence", ni de signes de faim ou de soif. Pendant la première année de sa vie, il était continuellement dans un état de stupeur profonde, sans aucun mouvement et, à partir de la deuxième année et jusqu'à sa mort (à l'âge de trois ans et neuf mois), il pleurait continuellement.[5]

Bien que de nombreux animaux, par exemple les poissons, n'aient pas de cortex différencié, leur système nerveux est parfaitement *adapté* à leur vie et à leurs conditions. Mais dans un système nerveux plus complexe, les fonctions relatives des différentes parties du cerveau subissent une transformation fondamentale. Dans le système nerveux le plus complexe, tel qu'on le trouve chez l'être humain, les parties les plus anciennes du cerveau sont beaucoup plus sous le contrôle du cortex cérébral que chez n'importe quel animal, comme le montre l'exemple ci-dessus. L'absence de cortex chez l'être humain entraîne une perturbation beaucoup plus profonde des activités des autres parties du cerveau. Puisque le cortex a une influence profonde sur les autres parties du cerveau, l'utilisation insuffisante du cortex doit se répercuter négativement sur le fonctionnement des autres parties du cerveau. L'énorme complexité de la structure du cerveau humain et la complexité correspondante de son fonctionnement expliquent non seulement tous les accomplissements humains, mais aussi toutes les difficultés humaines. Elle explique également pourquoi, malgré le fait que notre anatomie ne diffère que très peu de celle de certains animaux supérieurs, la science vétérinaire est plus simple que la médecine humaine.

En raison de la structure du système nerveux, nous voyons comment l'achèvement d'une étape du processus qui a débuté par un stimulus externe (A) et qui est devenu un *produit final* élaboré nerveusement (B), peut, à son tour, devenir le stimulus d'un *nouveau produit final* encore plus élaboré nerveusement (C), et ainsi de suite. Lorsque les neurones d'association ou de relation entrent en jeu, le nombre de possibilités augmente énormément.

Il convient de souligner que A, B, C, etc., sont, fondamentalement, entièrement *différents*. Par exemple, l'événement externe A peut être la chute d'une pierre, ce qui est tout à fait différent de la douleur que nous ressentons lorsque cette pierre tombe sur notre pied. On comprend donc mieux ce que signifie l'affirmation selon laquelle les 'sensorialités' abstraient de manière adaptée à chacune d'entre elles, déterminée par la valeur de survie, les événements extérieurs, donnent à ces abstractions leur coloration particulière (un coup sur l'œil nous donne la sensation de *lumière*), transmettent ces stimuli transformés à d'autres centres, dans lesquels ils sont à nouveau abstraits, colorés, transformés, etc. Le produit final de ce qui a été abstrait en second est encore une fois entièrement différent de la première abstraction.

Évidemment, pour des raisons de survie, ce système nerveux extrêmement complexe devrait fonctionner en parfaite coordination. Les processus devraient passer le *cycle complet*. Si ce n'est pas le cas, c'est que quelque chose ne va pas dans le système. Les activités de l'organisme sont alors régressives, d'ordre inférieur, un état connu sous le nom de maladie 'mentale'. Il ne faut pas trop se fier aux divisions anatomiques grossières du système nerveux comme indice de fonctionnement. Ces spéculations anatomiques sont peut-être même nuisibles à la compréhension, car elles falsifient les faits, soulignent indûment les similarités macroscopiques et négligent des structures et des différences microscopiques et submicroscopiques subtiles mais fondamentalement importantes, qui sont parfaitement manifestes dans le fonctionnement, mais qui sont difficiles à observer directement à leur niveau.

Le terme 'abstraire' est un terme multiordinal et a donc des significations différentes, dépendant de l'ordre des abstractions. Il s'agit d'un terme fonctionnel et, pour indiquer les différences de signification, il est nécessaire d'indiquer les différents ordres. Il s'agit structurellement d'un terme *non-élémentalistique*, construit sur le modèle mathématique extensionnel x', x'', x''', etc. ou $x_1, x_2, x_3, \ldots x_n$, ou x_k ($k = 1, 2, 3, \ldots n$). Cela nous permet de donner au terme 'abstraire de différents ordres' une signification parfaitement *unique* dans un problème donné, tout en maintenant dans un état fluide ses *implications fonctionnelles* les plus importantes. Il en va de même lorsque le mathématicien parle de son x_n. Personne ne peut ignorer qu'il s'agit d'une variable qui peut prendre n valeurs ; ce symbole a donc une valeur descriptive, structurelle et sémantique tout à fait définie. Il en va de même pour 'l'abstraire de différents ordres'.

Il est souhaitable d'introduire consciemment et délibérément des *termes* d'une *structure* similaire à la *structure* de la connaissance humaine, de notre système nerveux et du monde, impliquant des *réactions sémantiques* appropriées. Les termes multiordinaux sont les seuls appropriés, puisqu'ils tirent leur structure ∞-valuée de la structure des événements (1933) et ne reflètent pas leur caractère plus ancien, mono-valué, faux quant aux faits, sur les événements. (Notez l'ordre.)

Nous sommes maintenant prêts à reformuler le problème de l'extension et de l'intension en termes d'*ordre*.

Si l'ordre naturel de survie est les abstractions inférieures d'abord et les supérieures ensuite, alors l'extension commence avec des individus absolus et se conforme à l'ordre de survie approprié. L'extension reconnaît l'unicité, avec la mono-valeur correspondante, de l'individu en donnant à chaque individu un nom unique, et rend ainsi la confusion impossible. L'entraînement aux *réactions sémantiques* de la sanité devient envisageable, et l'ordre devient primordial. Extension et ordre sont indissociables. Lorsque nous parlons d'"ordre", nous impliquons l'extension, et lorsque nous parlons d'extension, l'ordre est impliqué. Le fait que les mathématiques modernes et la 'logique' mathématique aient tant à voir avec l'ordre, au point de rendre ce terme fondamental, est une conséquence nécessaire de la méthode extensionnelle, qui commence par des individus uniques, leur attribue des noms uniques et ne fait que généraliser ou passer à des abstractions d'ordre élevé ∞-valuées, comme les 'nombres', etc.

La direction du processus d'abstraction est ici dans l'ordre de la survie, des abstractions inférieures vers les abstractions supérieures. Il n'est pas nécessaire de souligner que, dans l'état actuel de nos connaissances en 1933, c'est la seule façon possible de suivre l'ordre naturel et d'échapper à lire dans un événement extérieur fondamentalement mono-valué, nos anciennes chimères *indifférenciées* ∞-valuées (ce qui se produit si le processus est inversé dans l'ordre) impliquant de puissants facteurs dans nos *réactions sémantiques*.

Intension signifie structurellement inversion de l'ordre de survie, puisqu'elle commence par des abstractions plus élevées indifférenciées ∞-valuées et déforme ou ne prend pas en compte des mono-valeurs essentielles des individus et les lit *uniquement* comme d'importantes caractéristiques indifférenciées ∞-valuées.

Historiquement, les mathématiciens ont eu une prédilection et, en raison du caractère de leur 'élément' (les nombres) et de leur technique, une nécessité structurelle, pour l'utilisation des méthodes extensionnelles. Il n'est pas nécessaire de faire preuve de beaucoup d'imagination pour comprendre pourquoi elles ont produit des résultats d'une importance et d'une validité extrêmes (bien que relatives) à chaque date.

'Philosophes' et les raisonneurs de cette classe ont eu une prédilection pour l'intension, et cela explique aussi pourquoi, malgré des exercices verbaux extrêmement aigus, ils n'ont rien produit de durable, car ils étaient embarqués par la structure du langage qu'ils utilisaient. Cette prédilection étant déjà fondée sur l'inversion de l'ordre de survie, elle devait conduire chez les individus les moins résistants à des déficiences nerveuses et 'mentales'.

Les questions, telles qu'elles sont présentées ici, sont très claires, et même en fait trop claires, puisque nous avons ignoré pour l'instant l'ordre *cyclique* du processus nerveux. Ce dernier fait abolit d'abord la distinction nette entre l'extension 'pure' et l'intension 'pure', chaque processus n'étant jamais 'pur', mais toujours 'impur', l'un influençant l'autre. La 'pure' intension et la 'pure' extension sont des délires que l'on ne trouve que chez les malades 'mentaux' et avec aucune valeur de survie. Cela explique pourquoi nous devons utiliser les termes de *préférence* et d'*ordre*. Sans ces termes, je n'aurais pas pu mener à bien cette analyse. Cette inversion d'ordre des *réactions sémantiques* implique une distribution, une diffusion et une intensité différentes des courants nerveux dans le champ submicroscopique, et donc des composantes sémantiques importantes et différentes qui n'ont pas de valeur de survie. Il est très souhaitable d'apprendre à contrôler les activités au niveau submicroscopique au moyen d'un entraînement au niveau macroscopique, si l'on peut trouver les moyens de le faire.

L'auteur n'est pas du tout convaincu que, agissant comme nous le faisons sous le charme de 'philosophes' intensionnels et ignorants, les systèmes et les méthodes éducatives existants ne suivent pas en grande partie l'inversion de l'ordre de survie de nos processus nerveux. Il semble inutile de souligner qu'une enquête structurelle et sémantique sur cette question particulière pourrait être importante et bénéfique. Il semble, sans aucun doute, que les institutions et les activités humaines devraient être en accord avec la 'nature humaine', si nous voulons qu'elles survivent sans nous écraser, et une enquête scientifique sur cette 'nature humaine' serait non seulement souhaitable mais extrêmement importante.

Le lecteur, avec l'aide d'une autre personne, doit réaliser une expérience très simple. L'assistant sélectionne secrètement une douzaine de titres de journaux avec des lettres de même taille. Le lecteur s'assoit ensuite sur une chaise sans modifier la distance qui le sépare de l'assistant et ce dernier lui montre l'un de ces titres. S'il est capable de lire le titre, il doit le rejeter et l'assistant en choisit un nouveau qu'il place plus loin, à 30 centimètres ou plus en distance. Si celui-ci est lu correctement, il doit être rejeté et un troisième doit être placé encore plus loin. En procédant à de tels essais, nous pouvons finalement trouver une distance légèrement supérieure à la distance maximale de visibilité nette pour le lecteur, de sorte que, bien que le titre ne soit que légèrement au-delà de la distance à laquelle on pourrait le lire, il serait néanmoins illisible. Le lecteur doit alors s'efforcer de lire les titres qui se trouvent juste au-delà de son champ de vision. Lorsqu'il est convaincu qu'il ne peut pas lire le titre, l'assistant lui *dit* le contenu. Le lecteur peut alors généralement *voir* les lettres avec ses *yeux*, lorsqu'il *sait* ce qui est censé s'y trouver. La question se pose de savoir quelle part de 'ce qu'on voit' est due aux 'organes sensoriels' et quelle part est due à l'"esprit". La réponse est, que structurellement, le 'ce qu'on voit' est le résultat d'un processus cyclique *interdépendant*, qui ne peut être *seulement divisé que verbalement*. Les éléments indépendants sont fictifs et, structurellement, n'ont que peu ou pas de rapport avec les vrais faits. Le système nerveux humain représente, structurellement, une chaîne cyclique mutuellement interdépendante, où chaque fonction partielle se trouve dans la chaîne fonctionnelle, avec des mécanismes de renforcement et d'inhibition, ainsi que d'autres mécanismes.

Jusqu'à ce stade, nous avons utilisé le terme 'ordre cyclique', mais, en réalité, l'ordre est *récurrent*, bien que d'un caractère mieux décrit par la 'théorie de la spirale', comme expliqué dans mon *Manhood of Humanity* à la page 233. Dans la 'théorie de la spirale', nous trouvons le fondement de cette stratification particulière en niveaux et en ordres, rendue nécessaire par la structure et la fonction du système nerveux humain. Il convient de noter que les équations du cercle et de la spirale sont des équations non-linéaires, non-plus (NdT le terme 'plus' pour +) équations.

Cette relation ci-dessus sous-tend un mécanisme fondamental, connu en psychiatrie sous le nom de 'sublimation', dans lequel et par lequel des pulsions tout à fait primitives, sans perdre leur intensité et leur caractère fondamental, sont souvent transformées de niveaux très primitifs, qui représentent souvent des effets vicieux et antisociaux, en caractéristiques désirables, socialement utiles. Ainsi, une pulsion sadique peut être sublimée dans la vocation socialement utile du boucher ou, plus loin encore, dans l'habileté et le dévouement au service de leurs semblables dont font preuve de nombreux chirurgiens. Nous voyons que ce mécanisme est d'une importance considérable et qu'il est responsable de ce que nous appelons la 'culture' et de bien d'autres valeurs. Nos méthodes éducatives devraient comprendre ce mécanisme et appliquer ces connaissances à la formation sémantique des jeunes. Il est important de se rendre compte que ce mécanisme apparaît comme le seul mécanisme sémantique de correction qui soit en accord avec la structure du système nerveux humain, et semble donc exploitable. Les divers prêches métaphysiques commencent généralement par désorganiser le bon fonctionnement de survie du système nerveux humain, et nous nous étonnons ensuite qu'elles échouent et que nous ne puissions pas changer la 'nature humaine'. Pour traiter de la 'nature humaine', qui n'est pas quelque chose de statique et d'absolu, nous devons l'aborder avec une compréhension plus structurelle et moins de préjugés. C'est alors, et alors seulement, que nous pourrons éventuellement rechercher de meilleurs résultats sémantiques.

L'auteur ne veut pas que le lecteur en conclue que, parce qu'en mathématiques nous avons suivi l'ordre de survie par le biais de l'extension, les mathématiciens doivent, par nécessité, être les plus sanes parmi les sanes. Bien souvent, ce n'est pas vrai, car il existe de nombreuses complexités qui seront analysées ultérieurement.

Section E. Remarques finales sur l'ordre.

Une chose reste fondamentale, à savoir que les problèmes d'ordre et d'extension sont d'une importance structurelle primordiale pour la sanité et notre vie. Ils devraient être développées et appliqués à la formation sémantique des jeunes dans l'enseignement élémentaire, etc. Cela produirait certainement une nouvelle génération plus sane que la nôtre, qui mènerait peut-être une vie moins troublée que la nôtre, et qui aurait donc peut-être une meilleure valeur de survie.

Pour apprécier pleinement l'immensité de la tâche que représente une analyse plus détaillée des problèmes d'"extension" et d'"intension", il est conseillé au lecteur de lire le *Survey of Symbolic Logic*, du professeur C. I. Lewis, University of California Press, 1918, dont le chapitre V est consacré à une tentative importante de formulation de l'implication stricte de caractère à la *fois* extensionnel et intensionnel, qui est la *seule* possibilité *non-élémentalistique* de l'organisme-comme-un-tout. La théorie de Lewis sur l'"implication stricte" introduit les notions de propositions *impossibles* et jette ainsi une lumière considérable sur le problème du non-sens, une lumière qui est très sérieusement nécessaire.

En conclusion, il faut mentionner qu'une théorie de la *sanité*, en raison de la valeur de survie de *ordre,* ne peut pas *commencer* par les anciennes similarités indifférenciées, qui sont le produit d'abstractions *plus élevées* et donc d'origine plus tardive, mais *doit* commencer par les *différences* comme fondamentales, et ainsi préserver la structure et l'ordre de la tendance à la survie telle qu'elle est appliquée dans ce travail.

Les animaux ne possèdent pas un système nerveux aussi différencié que celui des êtres humains. La différence entre leurs abstractions plus hautes et plus basses n'est donc pas si fondamentale, comme nous le verrons plus loin. La question de *ordre* est moins importante avec elles, puisqu'ils ne peuvent pas le modifier. Les animaux ont l'avantage d'une meilleure coordination, puisque les difficultés structurelles décrites ci-dessus ne se posent pas chez eux. Ils n'ont normalement pas d'"aliénés". Mais, pour la même raison, les animaux ne sont pas en mesure de reprendre chaque génération là où la précédente s'est arrêtée. En d'autres termes, les animaux ne sont pas des time-binders.

La complexité structurelle et la différenciation du système nerveux chez l'être humain sont responsables, comme on le sait, non seulement de tous nos accomplissements et de notre maîtrise du monde qui nous entoure, mais aussi de pratiquement toutes nos difficultés humaines, essentiellement sémantiques, y compris de nombreux maux 'mentaux'. L'analyse en termes d'*ordre* au niveau macroscopique (manifestations sémantiques) révèle une profonde connexion avec les processus submicroscopiques de distribution, etc., de l'énergie nerveuse. Lorsque le mécanisme qui contrôle ces processus est correctement compris, ils peuvent être contrôlés et éduqués par un entraînement sémantique spécial. En d'autres termes, les abstractions théoriques, doctrinales et élevées peuvent avoir un effet *physiologique* stabilisateur et régulateur sur la fonction de notre système nerveux.

Le lecteur sera peut-être intéressé de savoir que 'ordre' est très important dans la vie animale. Une analyse de la construction des nids et de l'élevage des jeunes chez les oiseaux montre que chaque étape du cycle est nécessaire avant de passer à l'étape suivante. Si le cycle est rompu, ils ne peuvent généralement pas s'adapter à la nouvelle situation et doivent recommencer depuis le début.[6] Cette situation est similaire à la nôtre lorsque nous ne pouvons pas nous souvenir d'un vers d'un poème et que nous devons recommencer depuis le début de l'œuvre pour le retrouver. Pavlov a été capable, en modifiant l'ordre quadridimensionnel des stimuli, d'induire de profondes perturbations nerveuses dans le système nerveux de ses chiens, etc.

Il apparaît également que dans les cas légers d'aphasie, qui est une perturbation neurologique des processus linguistiques, avec la cécité ou la surdité aux mots, etc., la notion d'"ordre" et de 'relations' est souvent la première à être perturbée. Dans certains cas, les abstractions d'ordre inférieur sont réalisées avec succès, mais le calcul, l'algèbre et d'autres abstractions d'ordre supérieur, qui nécessitent des chaînes *ordonnées*, deviennent impossibles. L'aphasique semble avoir une incapacité générale à saisir les *relations*, à réaliser des *séries ordonnées* ou à saisir leur succession.[7]

Nous voyons que les problèmes d'*ordre* sont en quelque sorte d'une importance unique et que l'étude de la psycho-logique des mathématiques, qui est fondée sur l'*ordre*, pourrait nous donner les moyens de contrôler au moins partiellement différentes afflictions sémantiques indésirables chez l'être humain.

Mais, après tout, nous ne devrions pas être surpris qu'il en soit ainsi. La structure des systèmes nerveux consiste en des chaînes *ordonnées* produites par l'impact de stimuli externes et internes dans un espace-temps quadridimensionnel, qui ont un *ordre* spatial et aussi temporel. L'introduction de la vitesse finie des courants nerveux, qui, bien que connue, était généralement ignorée de tous, introduit automatiquement notre *ordre* dans 'espace' et 'temps' et, par conséquent, dans 'espace-temps. C'est pourquoi les anciennes analogies anatomiques tri-dimensionnelles sont vicieuses et fausses par rapport aux faits lorsqu'elles sont généralisées. Pour le meilleur ou pour le pire, nous vivons dans un monde quadridimensionnel, où 'espace' et 'temps' ne peuvent être divisés. Quiconque procède à cette division doit introduire des entités et des influences fictives et non viables dans son système, qui est façonné par ce vrai monde et incapable de s'adapter à des fictions.

Il semble évident que tous ces problèmes d'"ajustement" et de 'non-ajustement', de mondes 'fictifs' ou 'vrais', etc., sont strictement connectés à nos *réactions sémantiques* à l'égard de ces problèmes et donc, en fin de compte, à une certaine connaissance structurelle de ceux-ci. Mais les *attitudes* impliquent des abstractions d'ordre inférieur, des 'émotions', des composantes affectives et d'autres facteurs sémantiques puissants que nous avons généralement négligés lorsque nous traitions de la science, des problèmes et de la méthode scientifiques. Pour l'ajustement, et donc pour la *sanité*, nous devons prendre en compte les aspects négligés de la science, des mathématiques et de la méthode scientifique, à savoir leurs aspects sémantiques. De cette façon, nous abandonnerons cette autre fiction structurelle prévalente mentionnée au début de ce chapitre, à savoir que la science et les mathématiques ont une existence *isolée*.

Les considérations ci-dessus sur l'ordre conduisent à la formulation d'un principe fondamental (un principe qui sous-tend l'ensemble du *système non-aristotélicien*), à savoir que les organismes qui représentent des *processus* doivent se développer dans un *certain ordre quadridimensionnel naturel de survie*, et que l'*inversion* de cet ordre conduit forcément à *des* développements *pathologiques* (de non-survie). Les observations révèlent que, dans toutes les difficultés humaines, y compris les maux 'mentaux', une *inversion de l'ordre naturel* peut être trouvée comme une question de fait, une fois que nous décidons de considérer l'ordre comme fondamental. Toute identification de niveaux intrinsèquement différents, ou toute confusion d'ordres d'abstractions, conduit automatiquement à l'inversion de l'ordre naturel. En tant que méthode d'éducation préventive et de psychothérapie, chaque fois que nous parvenons à inverser l'ordre inversé ou à rétablir l'ordre naturel de survie, nous pouvons nous attendre à de sérieux résultats bénéfiques. Ces conclusions théoriques ont été pleinement justifiées par l'expérience et le travail du Docteur Philip S. Graven en psychothérapie. Il faut remarquer que les différentes 'magies des mots' primitives, ou les 'hypostatisations' modernes (NdT : hypostase : substance première, ou subsistance, en tant que réalité ontologique), les 'réifications', les 'concrétisations déplacées', les 'objectifications', etc., et toutes les perturbations sémantiques ne représentent rien d'autre qu'une confusion d'ordres d'abstractions, ou des identifications en valeur d'ordres d'abstractions essentiellement différents.

Les considérations ci-dessus sont tout à fait générales, mais, en raison de leur nouveauté, elles n'ont pas encore été appliquées sous une forme *non-aristotélicienne* simple et opérationnelle à la psychiatrie ou à l'éducation. Dans un article très instructif sur Le Langage de la Schizophrénie, le docteur William A. White [8] applique certaines de ces notions. En raison de la méthode d'approche, je citerai cet article. Il faut comprendre que ce document traite également d'autres questions et que les citations ne rendent pas justice à l'auteur, car je ne cite que les passages qui présentent un intérêt particulier ici, en omettant la littérature donnée par le docteur White. Les italiques et une note de bas de page sont de moi.

'Il suffit d'un instant de réflexion pour comprendre que le sujet du langage schizophrénique doit être immense, ne serait-ce que parce qu'il implique une compréhension de l'ensemble du sujet du langage, dont il n'est qu'une partie. L'étendue et la profondeur du sujet du langage peuvent être mieux appréciées par le fait que la seule caractéristique de son arrière-plan neuronique tel qu'il est mis en évidence dans l'aphasie constitue l'un des problèmes les plus complexes de tout le domaine de la neurologie et un problème à propos duquel nous sommes encore désespérément ignorants, surtout si l'on considère l'énorme quantité de travail qui a été faite dans ce domaine . . . .

. . . .

'Il y a eu quelques autres contributions récentes au sujet de la pensée et du discours des schizophrènes, que je vais évoquer plus en détail, car elles sont plus en accord avec ma propre pensée sur le sujet. Ces études *assimilent les processus de pensée des personnes schizophrènes à ceux des peuples primitifs et des enfants.*

• •

'.... Dans la pensée archaïque de type prélogique que l'on trouve chez les civilisations sauvages primitives, la vivacité des images est plus grande que chez les civilisations plus développées, et l'effet produit chez l'observateur est projeté et considéré comme une attitude inhérente à l'objet, qui acquiert ainsi un caractère 'démoniaque'. Toutes les choses qui suscitent une émotion similaire sont considérées comme étant réellement les mêmes. Dans la démence paradoxale, il y a une perte d'objectivité similaire, les hallucinations et la réalité sont imparfaitement distinguées, et chaque événement a une signification et un effet sur l'observateur ; l'idée d'une action produit directement l'action, au lieu d'offrir une possibilité d'action, et cela est interprété comme une contrainte extérieure. La pensée paralogique est un stade supérieur, l'identification des objets est fondée sur les similarités, les différences étant négligées .... Cette forme de pensée est fréquente dans la démence praecox.

• •

'.... Alors que pour l'être humain normal le critère principal du monde des objets réels est leur indépendance par rapport à elle, tandis que les choses imaginaires dépendent de son existence, la caractéristique générale de l'expérience du patient schizophrène est que ses expériences mentales et imaginaires ont une nature substantielle et concrète, alors que la personne normale n'y verrait que des symboles et des analogies. Ses pensées ont un pouvoir magique et peuvent produire des résultats réels ; elles ont pour lui une substance et il peut les manipuler physiquement ....

• •

'Beaucoup d'autres manifestations infantiles ressemblent à celles des personnes schizophrènes : les plaisanteries, les tours et les jeux de mots des enfants ont un caractère autistique similaire, sans signification apparente par rapport à la réalité, et cela change à la puberté. Les enfants, comme les patients, aiment à s'inventer une sorte de langage néoplasique dont la signification n'est connue que d'eux-mêmes ou de leur entourage. La persévérance et la stéréotypie dans le discours et les actions sont souvent observées chez les enfants. Leurs interprétations musicales montrent le même rendu mécanique et la même préférence pour les mélodies et les rythmes simples que l'on trouve chez les patients schizophrènes ....

• •

'De la même manière, nous devons veiller à ne pas *faire équivaloir* le psychotique régressif et le primitif de manière trop *littérale*. Il ne fait aucun doute qu'il existe des analogies étroites dans leurs modes de pensée respectifs et que la reconnaissance de ces analogies a été de la plus haute importance pour nous permettre de comprendre la pensée schizophrénique, mais peut-être que, par prudence, la question devrait en rester là, du moins pour l'instant.

• •

'Une autre remarque s'impose ici, après ce qui a été dit de la perte des limites de l'ego, de l'indétermination, etc. Ces expressions sont susceptibles d'être assimilées, si l'on n'y réfléchit pas bien, à des concepts tels que la désintégration et la démence. Il ne faut pas perdre de vue la magie des mots et ne pas se laisser égarer par les anciennes significations lorsque l'on cherche à en trouver de nouvelles mais que l'on est obligé d'utiliser les mots en usage .... Or, la régression à un niveau enfantin ou primitif de ce genre, qui se produit dans les conditions où l'on dit que le moi perd la clarté de sa définition, *n'implique pas la désintégration* au sens du désordre, *mais la régression* à un ordre différent ou, comme le dirait mon ami Korzybski, à un ordre inférieur d'abstraction.

'Ceci' est important car un *principe* est incarné dans la nature de ce changement ....

• •

'Ce *principe*, à savoir que les processus de pensée et le langage des schizophrènes sont d'un niveau *d'abstraction inférieur*, explique, en partie du moins, un autre phénomène. Si, par un processus de régression, les mécanismes de la pensée tendent vers des niveaux de plus en plus primitifs, nous devrions nous attendre à ce qu'ils parviennent finalement à un niveau de perception concret, et lorsque cela se produit, les hallucinations, qui ont longtemps été considérées comme la preuve du dédoublement schizophrénique, entrent en scène. Bien que je pense qu'il doit y avoir d'autres facteurs pour expliquer les hallucinations, on peut au moins s'attendre à ce qu'elles soient le résultat naturel de la régression, comme le sont les formes de pensée déjà mentionnées ....

'Il s'ensuit que nous ne pouvons pas comprendre le langage du patient schizophrène sans l'aide de ces principes, parce que le langage d'un niveau inférieur de développement psychologique, ou d'un ordre inférieur d'abstraction, doit rester inintelligible pour ceux qui pensent en termes de niveaux supérieurs. Tout le problème de la compréhension des psychoses, de ce point de vue, pourrait être considéré comme le problème de la traduction du langage des psychoses.

· ·

'Résumé et conclusions

'1. Une compréhension complète du langage de la schizophrénie impliquerait une compréhension du langage en général, dont le langage schizophrénique n'est qu'une partie. Cela impliquerait en outre une compréhension de la pensée en général, dont le langage est en grande partie une expression. En raison de son étendue, ce programme est tout à fait impossible, mais certains principes doivent être clairement gardés à l'esprit afin d'éviter de reprendre, dans toute tentative de compréhension du langage de la schizophrénie, certaines idées fausses dans ces deux domaines qui sont encore répandues, n'ayant pas encore été complètement remplacées par les nouvelles façons de penser les questions concernées ....

'2. Il y a une hypothèse psychiatrique que j'ai faite et qui est fondamentale pour mon approche du problème du langage de la schizophrénie. Il s'agit du fait que la schizophrénie est une psychose de régression. Cette hypothèse est de la plus haute importance car, si elle est vraie, nous devrions nous attendre à trouver dans la pensée et le langage des patients schizophrènes des caractéristiques de stades de développement antérieurs, de niveaux génétiques antérieurs.

'3. Le développement ou l'évolution de la pensée et de la parole, l'hypothèse de niveaux génétiques, impliquent qu'il doit y avoir une *loi selon laquelle ce développement se déroule*. Cette loi est que la pensée et le langage, dans leur développement, passent de la sensation, du concret et de la perception au raisonnement, à la différenciation et à l'abstraction.

'4. La loi de la pensée et du langage schizophréniques doit être l'*inverse de la loi de leur développement*, dans l'hypothèse où la schizophrénie est une psychose de régression.

'5. *Cette inversion de la loi du développement implique des résultats très différents de ceux qu'impliquaient les anciens termes 'désintégration' et 'démence'.*

'6. Cette *inversion* peut être indiquée brièvement et simplement. Le langage de la schizophrénie est d'un niveau d'abstraction inférieur à celui du langage normal de l'adulte.

· ·

'7. La pensée et le discours des schizophrènes, tout en étant d'un *niveau d'abstraction inférieur*, utilisent néanmoins des mots que nous avons l'habitude d'employer pour exprimer un niveau supérieur. Ce *décalage* est l'une des raisons pour lesquelles ce langage est si difficile à comprendre. Une autre raison de notre difficulté à comprendre le patient schizophrène est que si certains de ses symboles sont d'un ordre d'abstraction inférieur, ils ne le sont pas tous, de sorte qu'il y a un *mélange étrange* qui rend notre compréhension encore plus confuse. Une autre difficulté est due à la magie des mots.* Nous sommes encore loin d'être libérés de cette influence et nous sommes donc obligés de penser que lorsqu'il y a un mot, il doit y avoir une chose qui lui correspond et nous sommes également obligés de penser que la formulation signifie nécessairement ce qu'elle a généralement signifié dans notre expérience.

'8. *L'inversion de la loi du développement* dans la schizophrénie explique également, du moins en partie, les hallucinations qui ont longtemps été considérées comme des signes du dédoublement schizophrénique. La régression doit conduire en fin de compte à des configurations concrètes et perceptives, avec tout ce que cela implique.

· ·

'12. Pour comprendre le langage de la schizophrénie, il faut donc comprendre l'ensemble de la situation dynamique. Le principal obstacle à cette compréhension a été, dans le passé, la magie des mots*...'.

---

* [La 'magie des mots' n'est qu'une manifestation mineure mais très complexe de l'identification *aristotélicienne* et, naturellement, elle présente aussi l'ordre naturel inversé dans l'évaluation. -A. K.]

L'identification, ou la confusion des ordres d'abstractions, dans un système *aristotélicien* ou *infantile*, joue un rôle beaucoup plus pernicieux que ne le reconnaît la psychiatrie officielle actuelle. *N'importe quelle* identification, à *quelque niveau que ce soit*, ou de *quelque ordre que ce soit*, représente une réaction sémantique de non-survie qui conduit invariablement à l'inversion de l'ordre naturel de survie, et devient le fondement d'une mauvaise évaluation *générale*, et donc d'une inadaptation *générale*, que l'inadaptation soit subtile comme dans la vie quotidienne, ou qu'elle soit aggravée comme dans les cas de schizophrénie. Un *système non-aristotélicien*, par l'élimination complète de l'identité et de l'identification, fournit des moyens simples mais efficaces pour l'élimination par l'éducation préventive de cette source générale d'inadaptation. Le Livre II est entièrement consacré à ce sujet.

CHAPITRE XIII

SUR LES RELATIONS

Être, c'est être en relation. (266)

CASSIUS J. KEYSER

En d'autres termes, la science est un système de relations. (417)

H. POINCARÉ

Des relations asymétriques sont impliquées dans toutes les séries - espace et temps, plus grand et moins grand, tout et partie, et bien d'autres des caractéristiques les plus importantes du vrai monde. Tous ces aspects, par conséquent, la logique qui réduit tout à des sujets et des prédicats est obligée de les condamner comme une erreur et une simple apparence. (453)

BERTRAND RUSSELL

Mes propres recherches dans ce domaine, qui s'étendent sur une quinzaine d'années, ainsi que les faits déjà connus, tels que je les vois, m'ont amené à la conclusion que l'individu organique est fondamentalement un système de relations entre un substrat ou une structure physique et des réactions chimiques. (90)

CHARLES M. CHILD

Le thalamus, qui chez les vertébrés inférieurs privés du cortex assure les réactions générales de l'organisme et les fonctions mentales élémentaires, possède une excitabilité affective en rapport avec les tendances biologiques profondes de l'organisme ; chez les mammifères supérieurs, en effet, il semble conserver ce rôle de régulation affective, dont l'importance dans le comportement de l'organisme et la vie mentale est si souvent méconnue. (411)

HENRI PIÉRON

. . . . . Les impressions organiques (sensibilité 'intéroceptive') semblent dans tous les cas n'arriver au cortex qu'après avoir été traduites par le thalamus, avec sa propre élaboration affective. (411)

HENRI PIÉRON

Néanmoins, la faim dévorante de l'esprit non-critique pour ce qu'il imagine être une certitude ou une finalité le pousse à se régaler d'ombres dans la famine de substance qui prévaut. (22)

E. T. BELL

Dans les chapitres précédents, j'ai utilisé une expression, 'organisme-comme-un-tout', qui est employée continuellement en biologie, en psychiatrie et dans d'autres branches de la science. Cette expression est une forme restreinte du principe structurel général de non-élémentalisme. Cette expression implique qu'un organisme *n'est pas* une simple *somme* algébrique de ses parties, mais qu'il est *plus* que cela et doit être traité comme une entièreté intégrée. Il a été mentionné que la non-additivité et que le 'bien davantage' qu'une simple 'somme' sont des problèmes complexes qui nécessitent une nouvelle méthode d'analyse. Nous avons déjà vu qu'une simple analyse de l'expression 'Dupond donne un coup de pied à Durand' implique une métaphysique structurelle à part entière, ou un ensemble d'hypothèses et de termes qui sont acceptés en toute bonne foi, puisqu'ils ne peuvent pas être définis, sauf de manière circulaire. Dans le présent chapitre, ces sujets d'une grande importance sémantique seront développés plus avant.

L'un des défauts structurels fondamentaux et des insuffisances du système-*A* (*Aristotélicien*) traditionnel était qu'il n'avait pas de place pour les 'relations', puisqu'il supposait que tout pouvait être exprimé sous une forme sujet-prédicat. Comme nous le verrons, ce n'est pas le cas. La restriction à la forme sujet-prédicat laisse de côté certains des moyens structurels les plus importants dont nous disposons pour représenter ce monde et nous-mêmes, et a abouti à un état général de non-sanité. L'introduction explicite des 'relations' est une innovation plutôt récente. Quelques mots peuvent être dits à leur sujet, bien que le terme 'relation' soit l'un des termes que nous pouvons accepter comme non-définis, ou que nous pouvons définir en termes d'ordre multi-dimensionnel.

Certaines relations, lorsqu'elles s'appliquent entre A et B, s'appliquent également entre B et A. Ces relations sont dites *symétriques*. Par exemple, la relation 'conjoint'. Si elle existe entre A et B, elle existe également entre B et A. Si A est le conjoint de B, B est le conjoint de A. Des termes comme 'similarité' et 'dissimilarité' désignent également des relations de ce type. Si A est similaire ou dissimilaire à B, B est similaire ou dissimilaire à A. En général, une relation symétrique est telle que, si elle existe entre A et B, elle existe aussi entre B et A. En d'autres termes, l'*ordre dans lequel* nous considérons la relation de nos entités n'a pas d'importance.

Il est facile de voir que toutes les relations ne sont pas de ce type. Par exemple, dans la relation 'A est le frère de B', B n'est pas nécessairement le frère de A, car B pourrait être la sœur de A. En général, les relations qui existent entre A et B, mais pas nécessairement entre B et A, sont dites *non-symétriques*. Dans ces relations, l'*ordre* devient important. L'*ordre* dans lequel nous considérons nos entités n'est pas indifférent.

Si une relation est telle que, si elle est valable entre A et B, elle *ne* l'est *jamais* entre B et A, elle est dite *asymétrique*. Prenons par exemple les relations 'père', 'mère', 'mari', etc. Nous constatons aisément que si A est le père, la mère ou le mari de B, B *n'est jamais* le père, la mère ou le mari de A (NdT : du temps de Korzybski, le titre de "mari" n'avait d'acception que pour "homme" dans le seul couple marié légal possible "homme-femme", et pas comme aujourd'hui possible également pour les couples mariés "homme-homme"). L'inversion de *l'ordre* est impossible dans les relations asymétriques, de sorte que toute relation asymétrique établit un ordre défini.

Les relations telles que : *avant*, *après*, *plus grand*, *plus*, *moins*, *au-dessus*, *à droite*, *à gauche*, *partie*, et *tout*, et bien d'autres termes parmi les plus importants que nous ayons, sont asymétriques. Le lecteur peut facilement le vérifier par lui-même. Par exemple, si A est *plus* que B, B *n'est jamais* plus que A, etc. Nous voyons immédiatement que les petits mots gênants, qui sont nécessaires pour exprimer l'*ordre*, comme 'avant' et 'après', les termes d'*évaluation*, comme 'plus' et 'moins', et les termes dont dépendent l'*élémentalisme* ou le *non-élémentalisme*, comme 'partie' et 'tout', font partie de la liste des relations asymétriques.

Les relations peuvent être classées d'une autre manière, lorsque trois termes ou plus sont considérés. Certaines relations, dites *transitives*, sont telles que, chaque fois qu'elles s'appliquent entre A et B et également entre B et C, elles s'appliquent entre A et C. Par exemple, si A est avant, ou après, ou au-dessus, ou plus, etc., que B. et que B est avant, ou après, ou au-dessus, ou plus, etc., que C, alors A est avant, ou après, ou au-dessus, ou plus, etc., que C.

Il est à noter que toutes les relations à l'origine des séries sont transitives. Mais il en existe beaucoup d'autres. Dans les exemples précédents, les relations étaient transitives et asymétriques, mais il existe de nombreuses relations qui sont transitives et symétriques. Parmi celles-ci, on peut citer les relations d'égalité, d'égalité de nombre, etc.

Les relations qui ne sont pas transitives sont appelées non-transitives. Par exemple, la dissimilarité n'est pas transitive. Si A est dissimilaire à B et B dissimilaire à C, il ne s'ensuit pas que A soit dissimilaire à C.

Les relations qui, lorsqu'elles s'appliquent entre A et B, et entre B et C, *ne* s'appliquent *jamais* entre A et C sont appelées *intransitives*. 'Père', 'un centimètre de plus', 'un an plus tard', etc., sont des relations intransitives.

Les relations sont classées de plusieurs autres manières, mais pour notre propos, ce qui précède sera suffisant.

Il est maintenant nécessaire de comparer les formes relationnelles avec la forme de représentation sujet-prédicat, qui sous-tend structurellement le système-*A* (*Aristotélicien*) traditionnel et la 'logique' deux-valuée. La question structurelle est de savoir si toutes les relations peuvent être réduites aux formes sujet-prédicat du langage.

Les relations symétriques, qui s'appliquent entre B et A chaque fois qu'elles s'appliquent entre A et B, semblent pouvoir être exprimées de manière plausible dans le langage sujet-prédicat. Une relation symétrique et transitive, telle que celle d'"égalité", pourrait être exprimée comme la possession d'une 'propriété' commune. Une relation non-transitive, comme celle d'"inégalité", pourrait également être considérée comme représentant des 'propriétés différentes'. Mais lorsque nous analysons des relations *asymétriques*, la situation devient évidemment différente, et nous constatons qu'il est structurellement impossible de donner une représentation adéquate en termes de 'propriétés' et de sujets-prédicats.

Ce fait a des conséquences sémantiques très graves, car nous avons déjà vu que certaines des relations les plus importantes que nous connaissons actuellement appartiennent à la classe asymétrique. Par exemple, le terme 'plus grand' diffère évidemment du terme 'inégal', et le terme 'père' du terme 'proche parent'. Si l'on dit de deux choses qu'elles sont inégales, cela signifie qu'elles diffèrent par l'ampleur d'une certaine 'propriété' sans désigner le plus grand. Nous pourrions également dire qu'elles ont des grandeurs différentes, car l'inégalité est une relation symétrique ; mais si nous disions qu'une chose est inégale par rapport à une autre, ou que les deux ont des grandeurs différentes, alors que l'une d'entre elles est plus grande que l'autre, nous *ne rendrions* tout simplement *pas compte de manière adéquate des faits structurels en notre possession*. Si A est plus grand que B et que nous nous contentons d'affirmer qu'ils sont inégaux ou de grandeurs différentes, nous *impliquons la possibilité que* B soit plus grand que A, ce qui est *faux quant aux faits*. Pour rendre compte de manière adéquate et éviter les *fausses implications*, il n'y a pas d'autre moyen que de dire lequel est plus grand que l'autre. Nous voyons qu'il est impossible de rendre compte de *A de manière adéquate* lorsque des relations asymétriques sont présentes. La possession d'une 'même' 'propriété', ou de 'propriétés' différentes, sont toutes deux des *relations symétriques* et semblent couvertes par la forme sujet-prédicat. Mais il est impossible de rendre compte de manière adéquate des relations asymétriques en termes de 'propriétés'. En d'autres termes, nous voyons qu'un langage et une 'logique' fondés sur la structure sujet-prédicat peuvent peut-être exprimer des relations symétriques, mais ne parviennent pas à exprimer de manière adéquate les relations asymétriques, parce que le 'mêmeisme' et la différence des prédicats sont toutes deux symétriques.[1] Les relations asymétriques introduisent un langage d'une *nouvelle structure*, impliquant de nouvelles *réactions sémantiques*. Pourtant, les relations asymétriques comprennent un grand nombre des relations les plus importantes. Elles sont impliquées dans tout *ordre*, toute *série*, toute *fonction*, dans 'espace', dans 'temps', dans 'plus' et 'moins', dans 'tout' et 'partie', dans 'infini', dans 'espace-temps', etc. Si nous nous limitons à l'utilisation de formes de représentation inadaptées à l'expression des relations asymétriques, les problèmes ordinaux, sériels, fonctionnels et structurels ne pourront pas être traités de manière adéquate. Nous devrions également être confrontés à de nombreuses énigmes sémantiques insolubles en rapport avec 'espace', 'temps', 'cause et effet' et de nombreuses autres relations dans le monde qui nous entoure et en nous-mêmes.

Il convient de noter un fait structurel et sémantique très intéressant : dans les relations symétriques, *ordre* est sans importance, dans les relations non symétriques, il est important, et dans les relations asymétriques, *ordre* joue un rôle primordial et ne peut être inversé. Ordre lui-même est exprimé en termes de relations asymétriques, comme par exemple 'avant' ou 'après', qui s'appliquent à 'espace', à 'temps', 'espace-temps', à 'structure', etc., ainsi qu'à *tous les processus* et activités, y compris les activités du système nerveux. Les relations asymétriques 'plus grand', 'père', etc., impliquent une mise en ordre, tandis que 'inégales' (ayant des 'propriétés' différentes) ou 'parents', etc., *n'impliquent pas* de mise en ordre. Si nous considérons les formes sujet-prédicat comme exprimant une relation entre 'observateur' et 'observé', à l'exclusion des humains, cette dernière relation est également asymétrique. En appliquant un symbolisme correct : si une feuille m'apparaît verte, je n'apparais certainement pas vert à la feuille ! La dernière remarque suggère que toute révision A (*Aristotélicienne*) du système-A (*Aristotélicien*) est structurellement impossible. Pour tenter une révision, nous devons commencer par formuler un système-$\bar{A}$ de structure différente.

Les considérations simples ci-dessus ont des conséquences de grande portée, car sans relations, et en particulier sans relations asymétriques, nous ne pouvons pas avoir d'*ordre*, et sans ordre, dans l'analyse des processus, nous sommes obligés d'introduire explicitement ou implicitement des 'vitesses infinies' objectivement dépourvues de signification dans la propagation du processus. Ainsi, la 'vitesse infinie' de la lumière, dont on sait qu'elle est fausse quant aux faits, est à la base même du *système N (newtonien)*. L'hypothèse silencieuse de la 'vitesse infinie' des courants nerveux, également fausse quant aux faits, est à la base de la 'psychologie' animaliste et aboutit à l'*élémentalisme*. Cette 'psychologie' élémentalistique, jusqu'à ce jour, vicie toutes les préoccupations humaines et même toute la science, les théories quantiques les plus récentes n'étant pas exclues.

Le *non-élémentalisme* général et, en particulier, son aspect restreint, 'organisme-comme-un-tout', implique la relation des 'parties' au 'tout', pour laquelle nous avons besoin de relations asymétriques. Dans l'énoncé *'davantage* qu'une somme algébrique', 'davantage' est également une relation asymétrique. Lorsque nous avons analysé l'énoncé 'Dupond donne un coup de pied à Durand', nous avons vu qu'apparaissaient les problèmes "d'espace", de 'temps', "d'infini", etc., dont la solution nécessite des notions *sérielles*, qui échappent à l'analyse sans relations asymétriques.

La résolution des problèmes de 'espace' et de 'temps' est fondamentale pour une théorie de la sanité, car ce sont des facteurs structurels puissants dans toutes les *réactions sémantiques*. Chez la majorité des malades 'mentaux', nous constatons une désorientation en ce qui concerne 'espace' et 'temps'. Des formes de désorientation similaires plus légères apparaissent dans toutes les formes de troubles sémantiques, car il s'agit de troubles de l'évaluation et des significations sous la forme d'"espace absolu" et de 'temps absolu' délirants. Ces perturbations sémantiques ne peuvent être éliminées que par des considérations d'ordre multi-dimensionnel, qui sont impossibles sans relations asymétriques, et n'auraient donc pas pu être accomplies dans un système-*A* (*Aristotélicien*).

Les problèmes d'ordre multi-dimensionnel et de relations asymétriques sont strictement interdépendants et constituent le fondement de la structure et donc de la 'connaissance' humaine ; et ils sous-tendent les problèmes de l'adaptation humaine et de la sanité. Sans entrer dans les détails, je suggérerai quelques aspects relationnels et ordinaux tels qu'on les trouve dans la structure et le fonctionnement du système nerveux humain et leur influence sur les réactions sémantiques et la sanité. J'appliquerai également ces considérations à l'analyse d'un facteur délirant historiquement très important qui a influencé, jusqu'à présent, les *réactions sémantiques* de l'humanité loin de la sanité. Je ne traite que de sujets choisis, importants pour mon objectif, qui peuvent sembler unilatéraux et indûment isolés au lecteur. En fait, toutes les questions impliquées sont strictement interconnectées de manière circulaire, et aucune analyse verbale de niveaux objectifs ne peut jamais être 'complète' ou 'exhaustive', et il faut s'en souvenir. Dans l'hypothèse *A* (*Aristotélicienne*) silencieuse de la vitesse infinie des influx nerveux, selon laquelle les influx nerveux se propagent 'instantanément', 'en nul temps' (pour utiliser une expression d'Alice au pays des merveilles), l'ordre n'avait pas d'importance. Mais si l'on tient compte de la vitesse *finie* et connue de l'influx nerveux et de la structure en chaîne, *sérielle* du système nerveux, l'ordre devient primordial. Dans une telle structure sérielle, les problèmes de résistance, d'"inhibition", de blocage, d'activation, etc., deviennent intelligibles, de sorte qu'une orientation saine est possible dans ce labyrinthe. On peut ajouter que l'intensité et la transformation des impulsions nerveuses doivent être connectées d'une manière ou d'une autre aux chemins qu'elles empruntent et sont donc des problèmes dont il faut parler en termes d'ordre.

On peut illustrer ce qui vient d'être dit par un diagramme hypothétique grossier et simplifié à l'extrême.

La Fig. 1 montre comment l'impulsion (NdT : nerveuse) normale (de survie chez l'être humain) devrait se déplacer. Elle doit passer par le thalamus, traverser les couches sous-corticales, atteindre le cortex et revenir. Le fait que l'impulsion (NdT : nerveuse) soit *modifiée* en passant par cette chaîne complexe est indiqué dans le diagramme par la diminution arbitraire de l'épaisseur de la ligne de l'impulsion (NdT : nerveuse).

La Fig. 2 illustre une hypothétique impulsion anormale (de non-survie chez l'être humain). Elle émerge des centres inférieurs. Pour une raison nerveuse quelconque, l'impulsion principale est bloquée sémantiquement, ou autrement, et n'atteint pas le cortex ; seule une impulsion faible y parvient. À quoi faut-il s'attendre dans un tel cas? Nous devrions nous attendre à

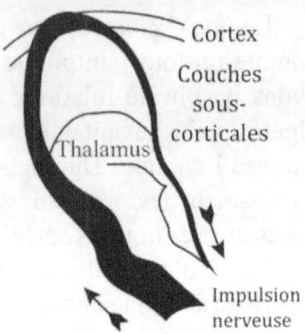

Fig. 1

une régression au niveau des activités des organismes qui n'ont pas de cortex, ou un cortex très peu développé. Mais ce n'est pas tout à fait vrai, car les organismes sans cortex disposent d'un système nerveux adapté à leur vie, à leurs activités, etc., dans leur environnement, avec des valeurs de survie. Mais un organisme supérieur doté d'un cortex, aussi rudimentaire soit-il, a les autres parties de la structure nerveuse très différentes dans leur fonction, et sans le cortex, elles sont *inadéquates* pour la survie, comme le montre l'expérience. Nous voyons que l'*ordre* dans lequel les impulsions passent, ou sont déviées de leur chemin de survie, est primordial. Un grand nombre de raisons différentes peuvent produire une telle déviation, trop nombreuses pour être énumérées de manière pratique. Un grand nombre d'entre elles sont connues, en dépit du fait que, de manière générale, nous savons très peu de choses sur les mécanismes nerveux. Il suffit de dire que nous savons, sur des bases colloïdales et par expérience, que les lésions

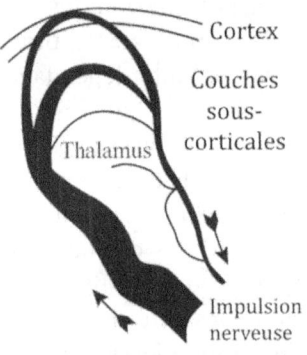

Fig. 2

macroscopiques ou microscopiques, les médicaments et les *fausses doctrines* affectant les niveaux submicroscopiques, peuvent souvent produire des résultats similaires. J'utilise ici le terme 'fausses doctrines' dans un sens *non-élémentalistiques* et, par conséquent, je tiens compte des *composantes* affectives et d'*évaluation*, qui sont généralement négligées lorsque nous parlons de 'fausses doctrines'.

Il s'agit ici d'un problème d'une importance cruciale et générale pour l'être humain. Il semble évident que l'*évaluation* dans la vie, et en particulier dans la vie humaine, représente un processus psycho-logique des plus fondamentaux qui sous-tend la motivation et, en général, les *réactions sémantiques*, qui façonnent notre comportement et aboutissent à des structures collectives que l'on peut appeler 'stades de civilisation'.

On peut distinguer trois périodes de développement humain caractérisées par leurs normes d'évaluation :

1) La période préhumaine et primitive d'identification littérale, générale et sans restriction. La sémantique de cette période pourrait être formulée en gros comme 'tout est tout le reste', ce que l'on pourrait appeler la sémantique mono-valuée.

2) La période infantile, ou période *A* (*Aristotélicienne*) d'identification partielle ou restreinte, permettant les relations symétriques, à l'exclusion des relations asymétriques. Sa sémantique implique, entre autres, la 'loi d'identité' - 'tout est identique à soi-même' -, son caractère deux-valué étant exprimé par le postulat 'A est B ou n'est pas B'.

3) La période adulte, ou $\bar{A}$, ou scientifique, fondée sur l'élimination complète de l'identification, au moyen de relations asymétriques et autres, qui établit la *structure* comme fondement de toute 'connaissance'. Sa sémantique suit la sémantique ∞-valuée de la probabilité et reconnaît l'"égalité", l'"équivalence", etc., mais pas l'"identité".

Avant d'analyser séparément les trois périodes susmentionnées, il convient de préciser que 'identité', définie comme un 'mêmeisme absolu', nécessite un 'mêmeisme absolu' dans *'tous'* les aspects, qui ne se trouve ni dans ce monde, ni dans nos têtes. Tout ce que nous traitons aux niveaux objectiques représente un processus, différent tout le 'temps', quelle que soit la lenteur ou la rapidité du processus ; par conséquent, un principe ou une prémisse selon lequel 'tout est identique à soi-même' est *invariablement faux quant aux faits*. D'un point de vue structurel, il s'agit d'un fondement pour un système linguistique dont la structure est non-similaire à celle du monde ou de nous-mêmes. Toutes les images du monde, spéculations et *réactions sémantiques* fondées sur de telles prémisses doivent construire pour nous des mondes délirants, et une adaptation optimale à un *vrai* monde, si fondamentalement différent de nos fantasmes, doit, en principe, être impossible.

Si nous prenons même l'expression symbolique $1 = 1$, le 'mêmeisme absolu' dans *'tous'* les aspects est également impossible, bien que nous puissions utiliser à cet égard des termes tels que 'égal', 'équivalent', etc. 'Mêmeisme absolu dans tous les aspects' nécessiterait une *identité* des différents systèmes nerveux qui produisent et utilisent ces symboles, une *identité* des différents états du système nerveux de la personne qui a écrit les deux symboles susmentionnés, une identité des surfaces, etc., des différentes parties du papier, dans la distribution de l'encre, et ainsi de suite. Exiger des conditions aussi impossibles est bien sûr absurde, mais il est tout aussi absurde et très dommageable pour la sanité et la civilisation de conserver jusqu'à ce jour des formulations aussi délirantes en tant que *normes d'évaluation*, et de passer ensuite toute une vie de souffrance et de labeur à en éluder les conséquences. Cela peut être comparé au fait de consacrer de nombreuses années à enseigner à nos enfants et à les entraîner à ce "que un et un ne sont jamais égaux à deux", "que deux fois deux ne sont jamais égaux à quatre", et qu'ils devraient ensuite passer une vie pleine de surprises et de déceptions, voire de tragédies, pour apprendre, alors qu'ils sont sur le point de mourir, que les affirmations ci-dessus sont toujours correctes en mathématiques et très souvent vraies dans la vie quotidienne, et finalement acquérir la sagesse malheureusement tardive qu'on leur a enseigné de fausses doctrines et qu'on les a entraînés dans des *réactions sémantiques* délirantes depuis le début.

Si nous révisions ces fausses doctrines, nous ne déformerions pas la vie des jeunes générations pour commencer. Il semble que, pour le bien de la sanité, le terme 'identité', qui symbolise une fausse doctrine structurelle aussi fondamentale, devrait être entièrement éliminé du vocabulaire, mais le terme 'identification' devrait être conservé en psychiatrie comme étiquette pour des états délirants extrêmement répandus qui, à l'heure actuelle, sous une forme légère, affectent la majorité d'entre nous.

Si nous examinons les normes d'évaluation des animaux, les expériences de Pavlov et de ses disciples montrent que, après avoir établi un 'réflexe conditionnel' (c'est-à-dire une relation physiologique entre un signal et la nourriture, par exemple), l'effet *physiologique* du signal sur le système nerveux de l'animal est de produire des sécrétions similaires en quantité et en qualité à celles produites par la nourriture. On peut donc dire que, d'un point de vue physiologique, l'organisme animal *identifie le* signal à la nourriture. Cela représente la *norme d'évaluation de l'animal* à cette période donnée. Mais même le système nerveux animal est assez souple pour apprendre par expérience que l'identification n'a pas de valeur de survie, car si, après le signal, la nourriture n'est toujours pas au rendez-vous, il identifie à nouveau le signal à l'absence de nourriture. Dans des expériences plus complexes, lorsque ces deux identifications sont en interaction, il en résulte un véritable dilemme physiologique, qui culmine généralement dans une perturbation nerveuse plus ou moins profonde, correspondant aux maladies 'mentales' chez l'être humain.

L'identification représente une forme d'adaptation comparativement peu flexible et rigide, une conditionnalité de faible degré, pour ainsi dire, et, par nécessité neurologique, elle représente les processus d'adaptation *animale*, inadéquats pour une personne qui vit aujourd'hui. Sur le plan humain, elle trouve son meilleur exemple dans les peuples primitifs et dans les cas de maladies 'mentales'. Dans les cas moins graves de troubles sémantiques, nous trouvons également des identifications de différents degrés d'intensité. Les cas les plus légers sont généralement considérés comme 'normaux', ce qui, en principe, est très dommageable, car cela établit une norme d'évaluation animalistique, ou primitive, de la 'normalité'. L'"identité", comme nous l'avons vu, est invariablement fausse quant aux faits ; l'identification produit donc, et ne peut que produire, des *réactions sémantiques de non-survie*, et doit donc être considérée comme *pathologique* dans le cas de personne vivant de nos jours.

Que l'identification touche la majorité d'entre nous aujourd'hui est également démontré par les expériences sur les réflexes conditionnels et les expériences psychogalvaniques qui montrent clairement que la majorité des humains *identifient* le symbole avec ce qu'il y a pour de vrai, et que des *sécrétions s'ensuivent très souvent*. En d'autres termes, les réactions sont d'un ordre de conditionnalité aussi bas que celui que nous trouvons chez les animaux et chez les êtres humains primitifs. En principe, il ne fait aucune différence qu'un son (ou un mot) ou un autre signal (symbole) soit identifié à de la nourriture ou à d'autres choses qu'il y a pour de vrai qui ne sont pas des symboles, et que les sécrétions soient produites par les glandes surrénales, par exemple, entraînant la peur ou la colère, au lieu d'être produites par les glandes salivaires ou sudoripares. Dans tous ces cas, *dans les expériences* avec les humains, l'évaluation est fausse quant aux faits, et la *sécrétion physiologique* n'a pas lieu d'être si l'*évaluation est appropriée* à la situation. Dans de très rares cas, les expériences humaines sur les réflexes conditionnels et psychogalvaniques échouent, en ce sens que le signal-symbole *n'est pas identifié* avec ce qu'il y a pour de vrai de premier ordre, et qu'un tel organisme n'a pas de sécrétions glandulaires incontrôlées pour les *seuls* signaux-symboles. Dans un système-$\bar{A}$ d'évaluation, qui implique au niveau sémantique la conscience d'abstraire, ces personnes exceptionnelles (1933), avec une évaluation correcte et des réactions contrôlées, *prouvent la règle* pour la personne qui vit aujourd'hui. En d'autres termes, la personne qui vit aujourd'hui, lorsqu'elle cessera l'identification préhumaine et primitive, aura un *contrôle* beaucoup plus important et *conscient* de ses sécrétions, des états colloïdaux de son système nerveux, etc., et donc de ses réactions et de son comportement. Ce qui précède s'applique à toutes les *réactions sémantiques*, y compris les processus 'logiques'.

L'identification se retrouve dans toutes les formes connues de maladies 'mentales'. Un symbole, sous quelque forme que ce soit, ou toute *réaction sémantique* peut être identifié en valeur à une 'réalité' fictive à une date donnée, ce qui entraîne des activités ou des perturbations macro-physiologiques (glandulaires, par exemple) ou microphysiologiques (colloïdales, etc.) qui se traduisent par des états sémantiques et des comportements particuliers. Il est impossible de nier que les malades 'mentaux' ont des normes d'évaluation inappropriées et que l'identification apparaît toujours comme un facteur important dans les évaluations pathologiques. Les expériences avec les malades 'mentaux' montrent clairement que cette évaluation peut être modifiée ou améliorée par différents agents chimiques qui affectent les colloïdes du système nerveux, par des changements environnementaux, etc., et par la *modification des normes d'évaluation* qui, à l'heure actuelle, est généralement appelée 'psychothérapie'. L'analyse du mécanisme d'évaluation conduit naturellement à une méthode généralisée et *simplifiée*, qui peut avoir non seulement une *valeur* thérapeutique mais aussi une nouvelle *valeur préventive* importante.

L'identification littérale se retrouve chez tous les peuples primitifs et explique leurs états sémantiques, leurs réactions, leur métaphysique, leur faible développement, etc., mais il est impossible, faute de place, d'entrer dans les détails ici.

La norme d'évaluation *A* (*Aristotélicienne*) s'éloigne quelque peu de l'identification littérale. Nous conservons encore dans nos manuels scolaires la 'loi de la pensée' la plus fondamentale - la 'loi d'identité' - souvent exprimée sous la forme 'toute chose est identique à elle-même', ce qui, comme nous l'avons vu, est invariablement faux quant aux faits. Nous ne nous rendons pas compte que, dans un monde humain, il ne s'agit tout au plus que d'"égalité", d'"équivalence", etc., à un endroit et à une date donnés, ou par définition, mais jamais d'"identité", ou de "mêmeisme absolu", négligeant entièrement les relations spatio-temporelles, impliquant 'tous' les aspects indéfiniment nombreux que, grâce à l'ingéniosité humaine, nous fabriquons souvent à notre guise. Dans un vrai monde de processus quadridimensionnels et "d'aspects" indéfiniment nombreux que nous fabriquons nous-mêmes, l'ajustement est en principe impossible ou, au mieux, seulement accidentel, si nous conservons l'"identité". L'évaluation *A* (*Aristotélicienne*) était fondée sur des relations symétriques d'"identité" et aussi d'"identité" partielle, exprimée même dans nos doctrines politiques, économiques, etc., et les comportements correspondants, dont l'analyse nécessiterait un volume spécial à écrire, je l'espère bientôt, par quelqu'un.

Sous les normes d'évaluation préhumaines et primitives, la science n'était pas possible. Sous les normes *A* (*Aristotéliciennes*), les débuts de la science sont devenus possibles, mais si la science ne s'était pas écartée de ces normes, nous n'aurions pas eu de science moderne. Dernièrement, lorsque la persécution de la science s'est de plus en plus relâchée (pas au même degré dans tous les pays) et que les scientifiques ont été autorisés à développer leurs disciplines avec beaucoup moins de crainte de persécution, parfois même encouragés et aidés par l'intérêt public, les scientifiques ont découvert qu'ils devaient invariablement construire leurs propres vocabulaires d'un caractère $\bar{A}$ distinct, bien que non formalisé. Le fossé entre les affaires humaines et la science s'est creusé de plus en plus. La raison en est que, dans la vie, même à l'heure actuelle, nous conservons des normes d'évaluation A (*Aristotéliciennes*), et que la science dépend principalement de moyens $\bar{A}$ plus subtils impliquant des relations asymétriques qui seules peuvent nous donner *une structure*. Je reviendrai à plusieurs reprises, par la suite, sur la réévaluation $\bar{A}$ des normes de valeurs.

L'évaluation $\bar{A}$ est fondée sur des relations asymétriques et autres. Je n'essaierai pas de la résumer ici car les problèmes sont très vastes et ce volume entier est consacré à ce sujet. Je mentionnerai ici, une fois de plus, que ce n'est qu'avec des normes d'évaluation $\bar{A}$ qu'un traitement scientifique de l'être humain et de ses affaires devient possible. Un système-$\bar{A}$ dépend d'une élimination complète de l'identification, élimination qui affecte de manière bénéfique toutes nos *réactions sémantiques*, comme le montrent l'expérience et les expérimentations.

Il a déjà été souligné que, chez l'enfant humain, le système nerveux n'est pas physiquement achevé à la naissance et que, pendant quelques années, il est plastique. Par conséquent, l'"environnement" - qui comprend les langages, les doctrines, avec leur structure, toutes connectées à des composantes d'évaluation - conditionne le fonctionnement futur du système. Le fonctionnement du système nerveux, la 'sanité', la 'non-sanité' et l'"insanité" de l'individu dépendent dans une large mesure de la manière dont cet appareil plastique et sensible est traité, en particulier pendant l'enfance. En raison de la *structure sérielle* du système nerveux, le langage et les doctrines fournis doivent avoir la structure nécessaire à la représentation adéquate des structures et des fonctions sérielles. Avec les anciens moyens A (*Aristotéliciens*), cela n'était pas possible.

À ce stade, il convient d'introduire un sujet sémantique important, sur lequel nous reviendrons plus tard, à savoir la connexion entre le langage primitif sujet-prédicat et l'identification. Par exemple, la déclaration 'la feuille est verte' est considérée comme impliquant la 'verdeur' qui, par sa structure verbale, a le caractère d'un 'substantif' et implique une sorte d'indépendance objective. Elle *n'est pas* considérée comme une *relation asymétrique* entre l'observateur et l'observé et, par conséquent, tend vers une implication *additive*. La 'verdeur' est ainsi objectifiée et *ajoutée* à la feuille pour décrire une 'feuille verte'. La 'verdeur' objectifiée conduit à une mythologie anthropomorphique qui, à son tour, implique et développe le mécanisme de projection indifférenciée si fondamental dans les perturbations sémantiques. L'objectification est évaluée structurellement comme une situation 'réelle', ce qui introduit l'évaluation de l'ordre *inversé* de non-survie dans laquelle l'utilisation du 'est' d'identité, qui aboutit à l'identification, est le facteur principal. Plus la 'croyance' structurelle en la 'vérité' de la représentation est forte, ou, en d'autres termes, plus nous identifions les abstractions d'ordre supérieur avec celles d'ordre inférieur, qui sont en fait différentes, plus la tension 'émotionnelle' devient dangereuse sous la forme d'une *évaluation* injustifiée, qui, en fin de compte, doit impliquer des facteurs *délirants*, aussi légers soient-ils, et entraîner des perturbations sémantiques. L'*ignorance*, qui implique une foi solide dans la croyance structurelle erronée, s'apparente dangereusement à des symptômes plus développés de maladie 'mentale' appelés illusions, délires et hallucinations. Nous sommes pour la plupart des victimes sémantiques des doctrines primitives qui sous-tendent la structure A (*Aristotélicienne*) de notre langage, et nous peuplons donc le monde qui nous entoure de fantômes sémantiques qui ajoutent à nos peurs et à nos inquiétudes, ou qui conduisent à une gaieté anormale, bien connue chez certains malades 'mentaux'.

Il faut se rendre compte que dans le système d'évaluation A (*Aristotélicien*), de nombreux individus profitent de diverses manières de ce qui revient à détourner l'attention de l'humanité des problèmes de la vie véritable, ce qui nous fait oublier ou négliger les choses véritables. Ils nous fournissent souvent des structures sémantiques fantômes, tandis qu'ils consacrent leur attention au contrôle des vraies choses, souvent à leur profit personnel. Si l'on examine la situation A (*Aristotélicienne*) de manière impartiale, on se sent parfois désespéré. Mais, quelle que soit la manière dont nous conspirons maintenant les uns contre les autres, et donc, à long terme, contre nous-mêmes, se rendre simplement compte que la difficulté se trouve dans les normes d'évaluation, établit l'étape préliminaire nécessaire à s'affranchir.

C'est un fait bien connu que, dans une grande partie des maladies 'mentales', nous trouvons une fuite sémantique de la 'réalité' (*multiordinale*) lorsque leur 'réalité' devient trop difficile à supporter. Il n'est pas difficile de voir que différentes mythologies, cultes, etc., fournissent souvent de telles 'fuites' sémantiques structurelles 'de la réalité' ; et que ceux qui aident vraiment, ou qui sont professionnellement ou autrement engagés dans la production et la promulgation de telles fuites sémantiques, aident l'humanité à être démente, à traiter avec des fantômes, à créer des états de rêve, etc. La vieille loi animalistique de l'offre et de la demande, selon laquelle, puisqu'il y a une demande pour de tels fuites, elles doivent être satisfaites, n'a plus d'excuse. Cet argument ne s'applique pas à ceux qui vendent de la drogue ou de l'alcool. Les fuites de la réalité présentent toujours les caractéristiques d'une maladie 'mentale'. Très souvent, ces personnes activement engagées sont elles-mêmes malades au point d'avoir des hallucinations ; elles 'entendent des voix', 'ont des visions', 'parlent en langues', etc. Très souvent, d'autres symptômes morbides apparaissent, semblables à ceux que présentent les malades 'mentaux' des hôpitaux habituels. On ne se rend généralement pas compte que, bien que le patient souffre intensément, il montre habituellement une résistance marquée à toute tentative de le soulager de son affliction sémantique. Ce n'est qu'*après avoir* été soulagé par la rééducation sémantique que le patient se rend compte à quel point *il était malheureux*.

La situation est très grave. Il existe un système puissant et bien organisé, avec d'énormes richesses derrière lui, fondé sur les normes d'évaluation A (*Aristotéliciennes*) et pré-aristotéliciennes, qui maintient l'humanité dans des états sémantiques délirants. Ses membres font de leur mieux, mieux qu'ils ne le savent, pour maintenir l'humanité dans un état non-sane de fuites de la 'réalité', au lieu d'aider à réviser les normes d'évaluation *A* (*Aristotéliciennes*) et à réorganiser les horribles 'réalités', que *nous avons toutes créées,* en des réalités moins douloureuses. Les psychiatres, relativement peu nombreux, ne font naturellement pas le poids face à un si grand nombre de personnes bien organisées qui, dans leur ignorance béate, travaillent dans la direction opposée ; et c'est nous tous qui en payons le prix.

Les activités de ces individus s'apparentent souvent à la fameuse 'insanité induite'. Très souvent, les patients paranoïdes ou paranoïaques et, plus rarement, hypomaniaques peuvent influencer leurs compagnons immédiats au point qu'ils se mettent à croire à leurs délires et à copier leurs *réactions sémantiques*. Les proches sensibles commencent à développer des délires et des hallucinations similaires et à traverser eux-mêmes des épisodes, parfaitement inconscients des contradictions avec la réalité *multiordinale* extérieure. De nombreuses épidémies sémantiques de ce type, de type paranoïaque, sont un fait établi. Il est instructif de se rendre à certaines 'réunions' et d'observer la personne qui s'y produit et l'auditoire. Le côté pathétique de la chose est que ces personnes qui s'y produisent, qui ne se rendent pas compte de la nocivité de la situation, prétendent souvent, ou croient sincèrement, qu'ils aident l'humanité en prêchant une 'morale' métaphysique. Ce qu'ils produisent *pou de vrai*, c'est une désorganisation du fonctionnement de survie du système nerveux humain, en particulier s'ils entraînent le système nerveux structurellement non développé des enfants à des évaluations délirantes et à des *réactions sémantiques*, et, en général, ils rendent la sanité et des normes éthiques plus élevées et plus efficaces très difficiles, voire impossibles. Il est bien connu que les *réactions sémantiques* sont inextricablement connectées aux courants électriques, aux sécrétions de différentes glandes, etc., qui, à leur tour, exercent une influence puissante sur la structure et le comportement colloïdal et conditionnent ainsi notre développement neurologique et physiologique. Il ne fait aucun doute que le fait d'imposer des *réactions sémantiques* délirantes à l'enfant non développé entraîne forcément au moins des lésions colloïdales qui, par la suite, facilitent l'arrêt du développement ou la régression et, en général, éloignent de l'adaptation et de la sanité.

Le manque d'espace et les objectifs essentiellement constructifs du présent système ne me permettent pas d'analyser de nombreuses interrelations fondamentales dans le développement de l'être humain, mais une brève liste, qui mérite d'être analysée, peut être suggérée :

1) La relation entre les réactions préhumaines et les réactions de l'être humain primitif, impliquant toujours un certain *copiage* par les mutants des réponses des organismes plus simples dominants.

2) L'interrelation entre les réactions de l'être humain primitif, son animisme, son anthropomorphisme, ses autres *réactions sémantiques* et la *structure* de son langage et de sa sémantique.

3) La relation entre la structure des langages primitifs et la structure de la 'grammaire philosophique' formulée par Aristote, généralement appelée 'logique'.

4) La relation entre cette grammaire, la structure du langage et le développement ultérieur de notre métaphysique structurelle et de nos *réactions sémantiques*.

5) L'influence que les dernières conditions ont exercée sur la structure de nos institutions, de nos doctrines et des *réactions sémantiques* qui s'y rattachent.

6) La relation entre 'le copiage des animaux dans nos processus nerveux' et les blocages sémantiques, etc., empêchant une civilisation adulte, l'accord, la sanité et d'autres réactions humaines souhaitables.

Cette brève liste laisse entrevoir un vaste champ de recherche, mais, dès à présent, la formulation d'un système-$\bar{A}$ d'évaluation rend certains points plus importants.

Un enfant, qu'il soit primitif ou moderne, commence sa vie avec des *réactions sémantiques* d'identité et de confusion d'ordres d'abstractions, naturelles à son âge, mais fausses en principe, et structurellement fausses quant aux faits. Actuellement, les parents et les enseignants vérifient ou contrecarrent rarement cette tendance, ne se rendant généralement pas compte de l'importance de ce facteur sémantique et de son rôle dans l'adaptation future de l'individu. En gros, pour un bébé, ses pleurs 'sont' de la nourriture. Les mots 'sont' magiques. Cette identification est structurellement fausse quant aux faits, mais chez le bébé, *elle fonctionne le plus souvent*. Pour le nourrisson, l'expérience prouve que les bruits qu'il émet, un cri ou un mot, ont une valeur objective, la nourriture. L'identité sémantique du symbole et du niveau d'objet indicible, la nourriture, a été établie. Cette attitude infantile ou ces *réactions sémantiques* se poursuivent à l'âge adulte.

Dans les conditions très simples des peuples primitifs, malgré de nombreuses difficultés, cette attitude d'identification n'est pas toujours vérifiée par l'expérience, et l'expérimentation est inexistante à ce stade. Si elle l'est, cette vérification de l'identification est 'expliquée' par une sorte de démonologie et d'"esprits" 'bons' ou 'mauvais', etc. Les *réactions sémantiques* délirantes, du point de vue d'aujourd'hui, sont compensées par des mythologies, rendant les deux côtés de l'équation sémantique équivalents. Cette tendance à mettre en équation est *inhérente* à toutes les *réactions sémantiques* humaines. Elle exprime la 'sensation' instinctive de la similarité de structure comme base de la 'connaissance', et elle trouve finalement son expression dans les équations mathématiques. Dans tous les processus psycho-logiques de 'compréhension', nous devons disposer de certaines normes d'évaluation et d'"équivalence". Aux niveaux primitifs, cela se fait par identification littérale et mythologie délirante du type : une tempête en mer est 'causée' par une violente querelle entre un 'dieu' et sa 'femme' ; ou, dans la mythologie contemporaine, un courant d'air, un incendie ou la mort par la foudre sont expliqués comme une 'punition' pour des 'péchés', etc. Une compensation sémantique est nécessaire et produite. Un processus sémantique similaire produit des théories scientifiques, mais avec des normes d'évaluation différentes. À présent, les théories scientifiques ne couvrent pas tous les besoins sémantiques urgents de l'humanité, en raison de l'identification qui prévaut - fausse quant aux faits - des différents ordres d'abstraction. Avec la pleine conscience d'abstraire, qui signifie une évaluation correcte ou une différenciation entre les ordres d'abstraction, la science couvrira alors tous nos besoins sémantiques non-pathologiques, et les différentes mythologies primitives deviendront inutiles. Un facteur sémantique très nocif, primitif et délirant, celui des blocages, serait éliminé.

Le 'est' d'identité joue un grand rôle dans nos *réactions sémantiques*, car toute 'identité' est structurellement fausse quant aux faits. Un enfant ne sait pas et ne peut pas savoir cela. Dans sa vie, le 'est' d'identité joue un rôle sémantique important qui, s'il n'est pas contrôlé intelligemment, devient un facteur sémantique pernicieux dans ses réactions d'adulte, qui conserve le caractère infantile et avec lequel l'adaptation et la santé sémantique de *l'adulte* sont impossibles. L'enfant commence à parler et il est à nouveau formé au 'est' d'identité. Les symboles sont identifiés aux actions, événements et objets indicibles sous peine de douleur ou même de mort. La magie des mots commence à s'exercer pleinement. En règle générale, la discipline parentale brutale infligée à l'enfant, en particulier dans le passé, a entraîné les *réactions sémantiques* de l'enfant à nouveau dans le 'est' d'identité délirant. Les résultats sont sémantiquement et structurellement très étendus et sont à la base des mythologies modernes, du militarisme, des systèmes économiques et sociaux dominants, du contrôle par la peur (qu'il s'agisse de l'"enfer" ou des mitrailleuses), des étalons d'or illusoires, de la faim, etc.

L'expérience montre qu'une telle identification des symboles avec les niveaux indicibles fonctionne très bien chez les animaux. Chez l'être humain, elle ne conduit qu'à une mauvaise utilisation du système nerveux humain, à des troubles sémantiques de l'évaluation et à la prédominance de systèmes animalistiques dans pratiquement tous les domaines, ce qui entraîne un chaos général dans les affaires humaines.

Il convient de noter que le 'est' de prédication (d'attribution) (NdT : prédication : action de prédiquer, énoncé par lequel on attribue un prédicat à un sujet, ou relation qui est établie entre le sujet et le prédicat par un tel énoncé) exprime également une sorte d'*identité partielle*, conduisant à un anthropomorphisme primitif et à une confusion générale des ordres d'abstractions. Par une nécessité inhérente, nos vies sont vécues sur des niveaux objectifs indicibles, qui comprennent non seulement les objets ordinaires mais aussi les actions et les ressentis immédiats, les symboles n'étant que des moyens auxiliaires. L'évaluation ordinale naturelle, qui devrait être le fondement de *réactions sémantiques* saines, se présente comme suit : le niveau process-évènements d'abord, l'objet ensuite en importance ; le niveau objectif d'abord, le symbolique ensuite en importance ; le niveau descriptif d'abord, le niveau inférentiel ensuite en importance, etc. L'*identification* sémantique de ces différents niveaux n'abolit pas seulement l'évaluation naturelle, mais inverse en fait l'ordre naturel. Une fois que l'on se rend compte de cela, on voit clairement que toutes les déclarations concernant le niveau objectif, qui est constitué d'individus absolus, ne sont que *probables* à différents degrés et ne peuvent jamais être certaines. Le 'est' d'identité sous-tend également la 'logique' A (*Aristotélicienne*) deux-valuée trop primitive, trop restreinte et structurellement fallacieuse.

L'importance sémantique cruciale des relations asymétriques devient évidente si l'on considère que toutes les *évaluations* et significations *non-élémentalistiques* dépendent en fin de compte de relations asymétriques. Dans les domaines techniques, mathématiques et sciences exactes ; dans les domaines semi-scientifiques, économie, politique, sociologie, etc., dans les domaines non encore scientifiques, 'éthique', 'bonheur', 'ajustement', etc., représentent en fin de compte des formes d'*évaluation* différentes, impossibles à formuler adéquatement dans le cadre de l'aristotélisme.

À l'évidence, un système-$\bar{A}$ fondé sur une évaluation sémantique correcte conduisant à des réactions non pathologiques, à des ajustements, etc., doit faire des relations et de l'ordre multidimensionnel des éléments fondamentaux pour la sanité. La connexion sémantique entre les méthodes mathématiques et toutes les autres préoccupations de l'être humain devient également nécessaire et évidente.

En mathématiques, la notion d'égalité a récemment eu besoin d'être affinée et la notion d'"identité" a été introduite. La présente analyse révèle que, bien que le raffinement et le symbole puissent être conservés, le nom devrait être entièrement abandonné, car il cache une confusion des ordres d'abstraction très vicieuse sur le plan sémantique. Si, par définition, nous produisons de nouveaux termes, ces nouveaux termes sont d'un ordre d'abstraction plus élevé que les termes utilisés dans la définition, et donc l'*identification de ces termes* quant aux ordres d'abstraction est *physiologiquement* et structurellement fausse quant aux faits.

Les problèmes abordés dans le présent chapitre ont été vaguement ressentis pendant plus de deux mille ans et ont trouvé leur première expression historique dans le désaccord entre Aristote, le biologiste, et Platon, le fondateur de la philosophie mathématique. Les mathématiques sont, en principe, $\bar{A}$, et c'est donc dans l'étude des mathématiques que nous pouvons apprendre le plus sur les principes du non-aristotélisme. En physique, ce n'est que très récemment que nous avons commencé à éliminer le 'est' d'identité et l'*élémentalisme*, ce qui a donné naissance aux systèmes $\bar{N}$. Toutes les sciences s'efforcent de devenir plus mathématiques et plus exactes, et donc $\bar{A}$. En fait, tous les progrès de la science sont dus à la construction de nouveaux langages $\bar{A}$, généralement appelés 'terminologie'. Nous pouvons aller plus loin et dire, définitivement, que, pour avoir une science, nous devons faire une révision $\bar{A}$ des langages utilisés. Similairement pour l'être humain, soit nous décidons d'introduire dans les affaires humaines une évaluation scientifique, et nous nous séparons alors du système d'évaluation A (*Aristotélicienne*) et pré-aristotélicien, soit nous conservons la structure A (*Aristotélicienne*), et nous n'avons ni science de l'être humain, ni science de la sanité, mais nous continuons dans le chaos ambiant.

CHAPITRE XIV
SUR LA NOTION D'INFINI

Les questions sur lesquelles il y a désaccord ne sont pas des futilités ; ce sont les racines mêmes de tout le vaste arbre des mathématiques modernes. (22)

E. T. BELL

La tâche consistant à nettoyer les mathématiques et à sauver ce qui peut l'être du naufrage de ces vingt dernières années suffira probablement à occuper une génération. (22) E. T. BELL

L'intention de la théorie de la preuve de Hilbert est d'expier par un acte accompli une fois pour toutes les offenses titanesques continuelles que les mathématiques et tous les mathématiciens ont commises et commettront encore contre l'esprit, contre le principe de l'évidence ; et cet acte consiste à acquérir l'idée que les mathématiques, si elles ne sont pas vraies, sont au moins cohérentes. Les mathématiques, nous l'avons vu, abondent en propositions qui ne sont pas vraiment des jugements signifiants. (549)

HERRMANN WEYL

En mathématiques, une propriété objectivée est généralement appelée un ensemble. (549)

HERRMANN WEYL

Si les objets sont en nombre *indéfini*, c'est-à-dire si l'on est constamment exposé à voir surgir des objets nouveaux et imprévus, il peut arriver que l'apparition d'un nouvel objet oblige à modifier la classification et l'on se trouve alors face à des antinomies. *Il n'y a pas de vrai infini (donné complet)*. (417)

H. POINCARÉ

La notion structurelle d'"infini" est d'une grande importance sémantique et est récemment redevenue un sujet de débats mathématiques passionnés. Mon examen de ce sujet se fait du point de vue d'un système-$\bar{A}$, de sémantique générale, et d'une théorie de la sanité qui élimine complètement l'identification. Dans le Supplément III, je donne une analyse $\bar{A}$ plus détaillée du problème déjà anticipé par Brouwer, Weyl, Chwistek et d'autres. Ces problèmes ne sont pas encore résolus, parce que les mathématiciens, dans leurs orientations et leurs arguments, utilisent encore la 'logique', la 'psychologie', et l'épistémologie *élémentalistiques A* (Aristotélicienne) qui impliquent et dépendent du 'est' d'identité, rendant l'accord impossible.

On trouve le premier écrit sur l'infini mathématique chez le poète romain Titus Lucretius qui, dès le premier siècle après J. C., en a fait une très belle description dans son *De Rerum Natura*.[1] L'auteur étant un poète, et son œuvre de la poésie, quelques lettrés privilégiés ont eu grand plaisir à la lire ; mais cette découverte, n'étant pas rigoureusement formulée, est restée inopérante, et donc pratiquement sans valeur pour l'ensemble de l'humanité pendant 2000 ans. Il y a seulement une cinquantaine d'années, l'infini mathématique a été redécouvert par des mathématiciens qui l'ont formulé rigoureusement, sans poésie. Depuis lors, les mathématiques ont progressé avec toutes les autres sciences d'une manière sans précédent. Le fait que cette découverte linguistique structurelle ait été faite si tardivement est probablement dû au blocage habituel, aux vieilles *réactions sémantiques*, aux vieilles habitudes de 'pensée' et aux préjugés.

Dans toutes les discussions sur l'infini, depuis la lointaine antiquité jusqu'à Bolzano (1781-1848), Dedekind (1831-1916) et Cantor (1845-1918), une maxime particulière était impliquée. Tous les arguments contre l'infini impliquaient une certaine hypothèse structurelle qui, à première vue, semblait vraie et 'allant de soi', mais qui, si elle était appliquée, serait tout à fait destructrice pour toutes les mathématiques existant à cette date. Les arguments favorables à l'infini n'impliquaient pas ces conséquences tragiques. Tout naturellement, les mathématiciens, et notamment Cantor, se sont penchés sur cette maxime singulière et sur les réactions sémantiques qui la perturbaient. L'hypothèse structurelle en question est que 'si une collection fait partie d'une autre, celle qui en fait partie doit avoir moins de termes que celle dont elle fait partie'. Cette *réaction sémantique* était profondément enracinée et a même trouvé une formulation savante dans la formulation d'Euclide dans l'un de ses axiomes : 'Le tout est plus grand que n'importe laquelle de ses parties'. Cet axiome, bien qu'il ne soit pas un équivalent exact de la maxime énoncée ci-dessus par un raisonnement non rigoureux, ce qui était habituel à l'époque, pourrait être considéré comme ce qui rend la maxime gênante. Il n'est pas difficile de voir que l'axiome E, ainsi que notre maxime gênante, exprime une généralisation structurelle tirée de l'expérience qui ne s'applique qu'aux processus *finis*, aux tableaux, etc. En effet, les deux peuvent être considérés comme une définition des processus finis, des tableaux, etc. Il *ne* s'ensuit *pas*, cependant, que la même définition et la même structure doivent s'appliquer aux processus infinis, aux tableaux, etc. En vérité, la décomposition de cette maxime nous donne la définition précise de l'infini mathématique. Un processus de génération de tableaux, etc., est dit infini lorsqu'il contient, en tant que parties, d'autres processus, tableaux, etc., qui ont 'autant' de termes que le premier processus, tableau, etc.

Le terme 'infini' désigne un processus qui ne se termine pas ou ne s'arrête pas, et il est généralement symbolisé par ∞. Le terme peut également s'appliquer à un ensemble de termes ou d'autres entités dont la production ne se termine pas ou ne s'arrête pas. Ainsi, on peut parler du processus infini de génération des *nombres* parce que chaque entier positif, aussi grand soit-il, a un successeur ; on peut aussi parler de divisibilité infinie parce que la technique numérique nous donne les moyens de l'accomplir. Le terme 'infini' est utilisé ici comme un adjectif décrivant les caractéristiques d'un *processus*, mais ne doit jamais être utilisé comme un nom, car cela conduit à des autocontradictions. Le terme 'infini', en tant que nom, n'est utilisé ici que comme abréviation de l'expression 'processus infini de génération de nombres', etc. S'il est utilisé autrement que comme abréviation de l'expression complète, le terme est dépourvu de signification en science (pas en psychopathologie) et ne devrait jamais être utilisé. Les restrictions sémantiques ci-dessus ne sont pas arbitraires ou purement étymologiques, mais elles découlent du rejet du 'est' d'identité d'un système-$\bar{A}$.

Avant de pouvoir appliquer le terme 'infini' à des processus physiques, nous devons d'abord élucider ce terme au maximum sur le plan théorique, et ce n'est qu'ensuite que nous découvrirons par l'expérience si nous pouvons ou non découvrir des processus physiques auxquels ce terme peut s'appliquer. Heureusement, nous disposons d'un *processus sémantique* de génération de *nombres* qui, par expérience commune, par définition et par la technique numérique, est tel que chaque nombre a un successeur. Similairement, nos processus sémantiques sont capables, par expérience commune, par définition et par la technique numérique, de diviser indéfiniment un tout fini. Ainsi, si nous n'identifions pas les processus physiques objectifs externes avec les processus sémantiques internes, mais que nous les différencions et que nous appliquons un symbolisme correct, nous pouvons voir clair. Si nous *arrêtons* ce processus sémantique de génération de *nombres* à n'importe quel stade, nous avons affaire à un nombre fini, aussi grand soit-il ; cependant, le processus reste, par expérience commune, par définition et par la technique numérique, tel qu'il peut se poursuivre indéfiniment. Au sens $\bar{A}$, 'infini', appliqué aux processus, signifie autant que 'indéfini'. Il convient de noter que le *processus* sémantique de *génération de nombres* ne doit pas être identifié à la *sélection* d'*un* nombre défini, qui, par nécessité, est fini, aussi grand soit-il. L'identification du processus sémantique de génération des nombres avec un nombre défini ; l'identification du processus sémantique de divisibilité infinie des finis de plus en plus petits ce qui génère des *nombres* de plus en plus grands ; et l'identification des processus sémantiques internes avec les processus physiques externes, etc., se trouvent à la base de tout le scandale mathématique actuel, qui divise le monde mathématique en deux camps hostiles.

Le processus de divisibilité infinie est étroitement connecté au processus de génération infinie de nombres. Ainsi, on peut avoir un *tableau de nombres* $1, 2, 3, \ldots n$, tous finis. Le *processus sémantique* de *passer* de n à $n+1$ *n'est pas* un nombre, mais constitue une caractéristique du processus sémantique. Le *résultat* du processus sémantique, à savoir $n+1$, devient à nouveau un nombre fini. Si l'on prend une fraction, a/n, plus on choisit un n grand, plus la fraction devient petite, mais à chaque sélection, la fraction est à nouveau finie, aussi petite soit-elle.

Bien que les deux processus soient étroitement connectés du point de vue formel, ils sont très différents du point de vue sémantique. Le processus de génération des nombres peut être poursuivi indéfiniment ou 'infiniment' et n'a pas de limite supérieure, et nous ne pouvons pas assigner une telle limite sans nous empêtrer dans une autocontradiction dans les termes. Il n'en va pas de même pour le processus de divisibilité indéfinie ou infinie. Dans ce cas, nous commençons par un *fini*. Le symbolisme et le formalisme mathématiques actuels conduisent à l'identification de deux processus sémantiques fondamentalement différents et introduisent une grande confusion évitable. Une orientation $\bar{A}$ nous permettra de conserver le symbolisme et le formalisme mathématiques, mais ne permettra pas d'identifier le processus sémantique de *passage* d'un nombre à un autre – ce passage n'étant pas un nombre - avec le *résultat* de ce processus qui, dans chaque cas, devient un *nombre défini et fini*.

Il devient évident que la terminologie A (*Aristotélicienne*) et les notions standard actuelles de 'nombre' identifient le *processus* sémantique avec son *résultat*, une identification qui doit finalement être désastreuse. Le processus sémantique est donc potentiellement infini, mais le passage de n à $n + 1$ caractérise le processus sémantique, et non le nombre ; les nombres ne représentent que des résultats finis du processus sémantique indéfiniment étendu.

Une analyse $\bar{A}$ sans identification révèle donc que seul le processus sémantique peut être indéfiniment étendu, mais que les *résultats* de ce processus, ou un nombre dans *chaque cas,* doivent être *finis.* Parler d'un 'nombre' 'infini' ou 'transfini', c'est identifier des questions totalement différentes et impliquer des autocontradictions très claires en termes *multiordinaux.* La terminologie mathématique existante a été développée sans que l'on se rende compte des questions $\bar{A}$ et de la multiordinalité des termes et conduit automatiquement à de telles identifications. Tant que les mathématiciens ne tiendront pas compte des questions $\bar{A}$, les problèmes de l'infini mathématique resteront sans solution et sans espoir ; or, sans une théorie scientifique de l'infini, toutes les mathématiques et la plupart des sciences seraient totalement impossibles. Une clarification $\bar{A}$ de ces problèmes implique une nouvelle définition sémantique des *nombres* et des mathématiques, donnée au Chapitre XVIII, qui élimine un grand nombre de mystères en rapport avec les mathématiques et ne permet pas ces identifications dangereuses et embrouillées.

D'un point de vue $\bar{A}$, nous devons traiter l'infini dans le premier sens cantorien, à savoir comme une *variable finie,* le terme *variable* appartenant au processus sémantique mais *pas* au nombre, le terme *fini* appartenant à la fois à l'*arrêt* sémantique du processus sémantique infini, et caractérisant ainsi également son résultat, à savoir un nombre.

Entre-temps, la technique numérique est *indéfiniment flexible* dans le sens où, quelle que soit la grandeur d'un nombre que nous prenons, nous pouvons toujours, par un processus sémantique, produire un nombre plus grand, et quelle que soit la petite différence entre deux nombres, nous pouvons toujours trouver un troisième nombre qui sera plus grand que le plus petit, et plus petit que le plus grand nombre donné. Ainsi, nous voyons que la *technique numérique* est telle qu'elle correspond exactement, en termes de flexibilité, aux *processus sémantiques,* mais un nombre défini n'a rien de flexible une fois qu'il est choisi. Ce qui a déjà été dit à propos d'une variable s'applique également à un nombre, à savoir qu'une 'variable' ne 'varie' pas au sens ordinaire ; mais ce terme ne s'applique qu'aux processus sémantiques du mathématicien. L'ancienne définition intensionnelle A (*Aristotélicienne*) du 'nombre' a dû conduire aux anciennes identifications. La définition sémantique $\bar{A}$, extensionnelle et *non-élémentalistique* des *nombres* ne permet pas de telles identifications. Le terme A (*Aristotélicien*) 'nombre' s'applique à un nombre défini, mais aussi à une définition intensionnelle des *nombres*. La définition $\bar{A}$, ou sémantique des nombres, est différente en ce sens qu'elle trouve des caractéristiques extensionnelles de chaque nombre, applicables à tous les nombres, et contribue ainsi à ne pas identifier un nombre défini avec le processus de génération des nombres, ce que l'utilisation d'un seul terme pour deux entités entièrement différentes doit impliquer.

Les *alephs* cantoriens (NdT : aleph : nom de la première lettre de l'alphabet hébreu. Symbole utilisé par Cantor pour désigner les cardinaux des ensembles infinis bien ordonnés) sont donc le résultat de l'identification ou de la confusion de questions totalement différentes et doivent être complètement éliminés. Le rejet des *alephs* nécessitera une révision fondamentale des branches des mathématiques et de la physique qui les utilisent ; or, pour autant que je sache, à quelques rares exceptions près, les *alephs* ne sont pas utilisés ou nécessaires, bien que le *'nom'* soit utilisé, ce signe orthographique étant devenu à la mode dans de nombreux cercles mathématiques et physiques. Dans le cas des *alephs*, l'histoire peut se répéter et les *alephs*, comme l'"infinitésimal", lorsque leur caractère auto-contradictoire sera compris, seront éliminés sans affecter l'ensemble des mathématiques, mais seulement les petites parties qui sont construites sur les *alephs*.

En ce qui concerne l'existence de processus infinis, nous *ne* connaissons positivement *que* le *processus sémantique* de génération des *nombres* et le *processus sémantique* de divisibilité infinie. Ces processus sont évidents dans notre expérience commune. Nous ne pouvons pas savoir *a priori* si de tels processus infinis peuvent être trouvés dans le monde, ce qui doit être découvert par l'investigation et l'expérimentation.

La terminologie existante est toujours A (*Aristotélicienne*) et est fondée sur, et conduit à, l'identification, et donc dans ma présentation $\bar{A}$ je ne peux pas l'utiliser et espérer clarifier certaines des questions impliquées. Les termes tels que 'classe', 'agrégat', 'ensemble', etc., impliquent une collection statique définie. Le terme 'infini', quant à lui, ne peut être utilisé correctement et de manière significative que dans le cadre d'un processus sémantique dynamique. Nous ne pouvons pas parler de classes, agrégats, ensembles 'infinis', etc.' et éluder les questions d'identification d'entités entièrement différentes. Le terme 'série' a une signification technique liée aux nombres et est donc un peu trop spécifique pour une discussion générale sur les processus. Le terme 'tableau' est plus général, tout en étant extensionnel, et la 'série' en serait un cas particulier. Le terme général 'nombre' est multiordinal et intensionnel et donc, dans le système extensionnel $\bar{A}$, ∞-valué, et doit être utilisé au pluriel, à savoir '*nombres*'. Le terme 'nombre' au singulier sera utilisé pour indiquer un nombre défini. Le terme 'dénombrable' a été introduit par Cantor et désigne tout tableau extensionnel de termes, faits, états, observables, etc., qui peut être mis en correspondance biunivoque avec le tableau infini des entiers positifs.

Je le répète encore une fois : le processus sémantique peut se poursuivre sans limites, et la série infinie des nombres entiers positifs est une expression extensionnelle, technique et verbale de ce processus sémantique et le seul tableau infini dont nous sommes certains de l'existence.

Nous pourrons expliquer et mieux définir l'infini mathématique en introduisant un terme structurel extrêmement utile, celui d'"équivalence". Deux processus, tableaux, etc., entre lesquels il est possible d'établir, par une loi de transformation, une correspondance *biunivoque* sont dits *équivalents*. Un processus, un tableau, etc., qui est équivalent à une partie de lui-même est dit infini. En d'autres termes, un processus, un tableau, etc., qui peut être mis en correspondance *biunivoque* avec une partie de lui-même est dit infini. Nous pouvons définir un processus, un tableau, etc., (classe, ensemble, etc.) *fini* comme n'étant pas infini. Ce qui suit est valable *exclusivement* en raison de l'utilisation de '**etc.**'.

Quelques exemples rendront cette définition plus claire. Si nous prenons la série des entiers positifs, 1, 2, 3, 4, . . . **etc.**, nous pouvons toujours doubler chaque nombre de cette rangée *à condition* de conserver le *caractère de processus, mais pas autrement*. Écrivons la rangée correspondante de leurs doubles sous la rangée des nombres entiers positifs, ainsi :

$$1, 2, 3, 4, 5, \ldots \textbf{ etc.}$$
$$2, 4, 6, 8, 10, \ldots \textbf{ etc.}$$

On peut aussi les multiplier par trois, ou pas n, ainsi :

$$1, 2, 3, 4, 5, \ldots \textbf{ etc.}$$
$$3, 6, 9, 12, 15, \ldots \textbf{ etc.}$$

il y a évidemment autant de nombres dans chaque ligne inférieure que dans la ligne supérieure, *à condition de conserver* le **'etc.'**, de sorte que les nombres de nombres dans les deux lignes comparées doivent être égaux. Tous les nombres qui apparaissent dans chaque ligne inférieure se retrouvent également dans la ligne supérieure correspondante, bien qu'ils ne représentent qu'une *partie* de la ligne supérieure, *toujours à condition de conserver le* **'etc.'**.

Les exemples ci-dessus montrent une autre caractéristique des processus infinis, des tableaux, etc. Dans le premier exemple, nous avons une correspondance *biunivoque* entre les *nombres* naturels et les *nombres* pairs, qui sont égaux en nombre à chaque étape. Cependant, la deuxième rangée résulte de la première en enlevant tous les *nombres* impairs, ce qui, en soi, représente un *nombre* infini de *nombres*.

Cet exemple a été utilisé par Leibnitz pour prouver que les tableaux infinis ne peuvent pas exister, une conclusion qui n'est pas correcte, puisqu'il n'a pas réalisé que les tableaux finis et infinis dépendent tous deux de définitions. Nous devons veiller à ne pas aborder les processus *infinis*, les tableaux, etc., avec des préjugés, des doctrines et des hypothèses silencieuses ou, en général, des *réactions sémantiques empruntées* aux processus *finis*, aux tableaux, etc.

Nous voyons ainsi que le processus de génération des *nombres* naturels est structurellement un processus infini car ses *résultats* peuvent être mis en correspondance *biunivoque* avec les résultats du processus de génération des nombres pairs, etc., qui n'est qu'une partie de lui-même. De même, une ligne AB a une infinité de points, puisque ses points peuvent être mis en correspondance *biunivoque* avec les points d'un segment CD de AB. Un autre exemple peut être donné par le paradoxe de Tristram Shandy de Russell. Tristram Shandy écrivait son autobiographie et utilisait une année pour écrire l'histoire d'une journée. La question est de savoir si Shandy achèvera un jour sa biographie. Oui, à condition qu'il ne meure jamais ou qu'il vive un *nombre* infini d'années. Le centième jour serait écrit dans la centième année, le millième dans la millième année, **etc.** Aucun jour de sa vie ne resterait non écrit, *à condition que son processus de vie et d'écriture ne s'arrête jamais*. (NdT : cité dans les errata depuis la 5ème édition mais au niveau de la manipulation mathématique d'ensembles infinis emboîtés, cet errata me semble non justifié : 'Le paradoxe de Tristram Shandy est énoncé de manière incorrecte ; si "aucun jour de sa vie ne resterait non écrit", le fait d'écrire chaque jour augmente le nombre de jours non écrits de 364 ou 365 ; l'autobiographie n'est jamais "achevée"').

On pourrait multiplier sans fin les exemples. Il est souhaitable d'en donner un autre qui éclaire les problèmes de 'probabilité', de 'hasard', etc. La théorie des probabilités est née de l'étude des jeux de hasard. Récemment, elle est devenue une branche extrêmement importante de la connaissance mathématique, avec des applications structurelles fondamentales en physique, en sémantique générale et dans d'autres branches de la science. Par exemple, Boltzmann a fondé la deuxième loi de la thermodynamique sur des considérations de probabilité. Les 'lois de la pensée' de Boole et la 'logique' beaucoup-valuée de Łukasiewicz et Tarski sont également étroitement reliées à la probabilité ; la nouvelle mécanique quantique l'utilise constamment, etc.

Le terme 'probabilité' peut être défini grossièrement comme suit : Si un événement peut se produire de a plusieurs façons, et ne pas se produire de b façons différentes, et que toutes ces façons ont la même probabilité de se produire, la probabilité que l'événement se produise est $\frac{a}{a+b}$, et la probabilité qu'il ne se produise pas est $\frac{b}{a+b}$.

Supposons que, dans une certaine ville, une conférence soit donnée chaque jour et que, bien que les auditeurs changent chaque jour, le nombre d'auditeurs soit toujours le même. Supposons qu'un habitant de cette ville sur vingt ait M comme première lettre de son nom. Quelle est la probabilité que, *'par hasard'*, tous les noms des auditeurs commencent par M? Appelons un tel événement l'événement-M. Dans le cas le plus simple, lorsque le nombre quotidien d'auditeurs est d'un seul, la probabilité d'un événement-M est de 1 sur 20, soit 1/20. La probabilité d'un événement-M pour une audience de 2 personnes est de 1 sur 20 × 20 = 400, soit 1/400 (NdT : évidemment ce raisonnement probabiliste de A. Korzybski ne vaut au sens strict que si la ville contient un nombre infini d'habitants, ce qui n'est jamais le cas dans un vrai monde. En toute rigueur il faut pour calculer cette deuxième probabilité, fixer le nombre d'habitants pour la ville. Disons 1000 habitants ; en ce cas il y avait initialement 50M et 950 non-M. Au premier tirage, par définition, la probabilité de tirer M est de 1/20, soit 5,00%. Après le premier tirage il reste 49 M et 950 non-M; la probabilité de tirer de nouveau M au deuxième tirage vaut 49/(49+950), soit 4,90%; au troisième tirage, la probabilité de tirer de nouveau M est 48/(48+950) soit 4,81%, et ainsi de suite ; pour ce qui est de la probabilité de tirer deux M dans une ville de 1000 habitants vaut 1/407,75.

Si la ville a H habitants, et la ratio initial de M est x (ici 1/20), si H suffisamment grand pour autoriser n tirages consécutifs de M, la probabilité de tirer M au nème tirage sachant que tous les tirages antérieurs étaient sans exception M est : $\frac{x-\alpha}{1-\alpha}$ ou $\alpha = \frac{n-1}{H}$. On constate aisément que α tend vers 0 our n petit et H grand. Si la ville avait eu 10000 habitants, la probabilité aurait été : 1/400,07, et on voit que plus on a une grande ville, plus le raisonnement de Korzybski, au premier degré et en ordre de grandeur est correct. Pour être rigoureux et pour les puristes, j'introduis le signe ≈ pour exprimer 'environ'). La probabilité qu'un public de trois personnes ait les trois noms commençant par M diminue ≈vingt fois plus. En moyenne, un événement-M ne se produirait qu'une fois sur ≈8 000 conférences. Pour cinq personnes, cela équivaudrait à 1 fois en 20×≈20×≈20×≈20×≈20=≈3 200 000 jours, ou ≈1/3 200 000, soit une fois tous les ≈9 000 *ans* environ ; pour dix personnes, environ une fois tous les trente milliards d'années ; pour vingt personnes, environ une fois tous les tiers de quadrillion d'années. Pour cent personnes, la période de récurrence de l'événement-M serait donnée comme une fois dans un nombre d'années représenté par plus de cent chiffres. Si la ville, dans ce dernier exemple, était aussi vieille que le système solaire, et si les conférences avaient été données quotidiennement à un public de cent personnes pendant cette période inconcevablement longue, la probabilité que l'événement-M se produise est extrêmement faible.[2]

D'un point de vue humain, *anthropomorphique,* nous dirions qu'un tel événement est impossible. Mais il ne faut pas oublier que ce n'est qu'un point de vue anthropomorphique et que nos jugements sont influencés par l'échelle temporelle de notre propre vie. Bien entendu, transporter un tel point de vue anthropomorphique dans des spéculations cosmiques est tout simplement stupide, une survivance de la structure primitive du langage et de sa progéniture - la métaphysique et les mythologies.

La théorie de l'infini jette une lumière structurelle considérable sur ces spéculations primitives. Dans ce monde extérieur, nous avons affaire à des processus et, de même que nous mesurons la 'longueur' par comparaison avec des unités de 'longueur' librement choisies, disons un centimètre, ou que nous mesurons le 'volume' par des unités de 'volume' librement choisies, de même, nous comparons des *processus* avec des *unités de processus* librement choisies et commodes. La rotation diurne de notre terre est un tel processus et, si nous le souhaitons, nous pouvons l'utiliser comme unité de mesure ou comme norme de comparaison. Récemment, nous sommes devenus attentifs que la rotation de la terre n'est pas tout à fait régulière et que, par conséquent, pour des mesures précises, l'ancienne unité de mesure acceptée, le jour, ou sa subdivision, la seconde, n'est pas tout à fait satisfaisante. À des fins scientifiques, nous essayons de trouver un meilleur processus unitaire, mais nous avons des difficultés, car le problème est naturellement circulaire. Lorsque nous parlons d'un 'nombre d'années' ou de secondes, nous parlons de faits expérimentaux parfaitement observables, de relations bien définies, les meilleures que nous connaissions en 1933. Nous ne faisons aucune affirmation métaphysique sur le 'temps' et nous ne devrions pas être surpris de constater que les déclarations concernant les 'années' sont généralement des propositions, mais que les déclarations concernant le 'temps' ne le sont souvent pas. Il est nécessaire de ne pas l'oublier pour apprécier pleinement ce qui suit.

La théorie de l'infini va permettre d'éliminer une pierre d'achoppement gênante. Nous utiliserons l'expression 'nombre infini d'années', en nous rappelant la définition des 'nombres infinis' et ce qui a été dit au sujet de l'*unité de processus* que nous appelons année. Nous avons vu dans un exemple ci-dessus que si seulement cent personnes assistent à une conférence, et que toutes 'par hasard' ont leur nom commençant par M, un tel événement ne se produit, en moyenne, qu'une fois dans un nombre inconcevablement grand d'années, représenté par un nombre à cent chiffres. Si nous demandions *combien de fois* un événement se produit, nous devrions indiquer la période en années pour laquelle nous demandons le *nombre*. Il est facile de voir que dans un *nombre* infini d'années, cet événement humainement extrêmement rare se produirait précisément un *nombre infini de fois*, ou, en d'autres termes, 'tout aussi souvent', cette dernière déclaration étant d'un point de vue non-anthropomorphique. Un événement qui apparaît, de notre point de vue humain, limité et anthropomorphique, comme 'rare' ou 'fortuit', lorsqu'il est transposé du niveau des processus finis, des réseaux, etc., à celui des processus infinis, des tableaux, etc., est tout aussi 'régulier', tout aussi 'loi', impliquant un 'ordre', que n'importe quoi d'autre. C'est une vieille *réaction sémantique* primitive que de supposer que l'être humain est la seule mesure des choses.

Ici, le lecteur pourrait dire qu'un *nombre* infini d'années est une hypothèse plutôt importante pour être acceptée aussi facilement. Cette objection est en effet sérieuse, mais une méthode permettant d'y remédier est donnée plus loin. À ce stade, il suffit de dire que, d'une part, ce problème est connecté à la perturbation sémantique, appelée identification (objectification du 'temps'), qui affecte la majorité d'entre nous, à l'exception de quelques jeunes einsteinistes ; et que, d'autre part, il implique la loi structurellement reformulée de la 'conservation de l'"énergie", de l'"entropie", etc.

Avant de nous séparer du problème de l'infini, permettez-moi de dire un mot sur la notion de 'continuité', qui est fondamentale en mathématiques. La continuité mathématique est une caractéristique structurelle connectée aux séries ordonnées. Les difficultés proviennent du fait qu'une série 'continue' doit avoir un nombre infini de termes entre deux termes. Par conséquent, ces difficultés concernent l'infini. Le fait que les mathématiciens aient besoin d'une certaine forme de contiguïté est évident si l'on prend l'exemple de deux lignes qui se croisent. Si les lignes ont des espaces, comme par exemple — — — —, il est possible que deux espaces coïncident et que les deux lignes ne se croisent pas ; bien que dans un plan, la première ligne passerait de l'autre côté de la seconde ligne. Actuellement, deux types de 'continuité' sont utilisés en mathématiques. L'une est une continuité supposée de 'haut niveau' ; l'autre est supposée être une continuité de 'bas niveau', appelée 'compacité' ou 'densité', avec la possibilité éventuelle de lacunes. J'utilise à dessein un langage assez vague, car ces notions fondamentales sont en cours de révision, avec la probabilité que nous devrons nous contenter de séries 'denses' ou 'compactes' et abandonner l'ancienne continuité 'de haut niveau', peut-être illusoire. Il est intéressant de noter que le calcul différentiel et intégral est censé être fondé sur la continuité de 'haut niveau', mais que le calcul ne sera pas modifié si l'on accepte la compacité de 'bas niveau', tout ceci étant une question d'orientation A (Aristotélicienne) ou $\bar{A}$.

De vagues ressentis d'"infini" ont imprégné les *réactions sémantiques* humaines aussi loin que l'on remonte dans le temps. D'un point de vue structurel, cela est tout à fait naturel, car le terme 'infini' exprime avant tout un processus sémantique très important. La plupart de nos déclarations peuvent également être reformulées dans un langage qui implique explicitement le terme 'infini'. Un exemple a déjà été donné lorsque nous parlions des propositions universelles qui étaient censées avoir une validité *permanente*, en d'autres termes, être valables pendant "un nombre infini d'années". Nous voyons comment le tour est joué - une vague expression quasi-qualitative comme 'permanent' ou 'universel' est traduite dans un langage quantitatif en termes de "nombre d'années". Cette traduction du langage qualitatif en langage quantitatif est très utile, car elle nous permet de préciser et de définir les hypothèses structurelles vagues et primitives qui présentent d'énormes difficultés sémantiques. Cela attire plus clairement notre attention sur les faits structurels qu'elles sont censées énoncer et facilite l'analyse et la révision. Dans de nombreux cas, ces traductions mettent en évidence l'illégitimité des hypothèses de 'vitesses infinies' et éliminent ainsi les malentendus gênants, ce qui a un effet bénéfique sur nos *réactions sémantiques*.

CHAPITRE XV

L'"INFINITÉSIMAL" ET "CAUSE ET EFFET"

> Mais il est peu probable que la science revienne à la forme grossière de causalité à laquelle croient les Fidjiens et les philosophes, du type 'l'éclair provoque le tonnerre'. (457)
> BERTRAND RUSSELL

> La notion de causalité a été fortement modifiée par la substitution de l'espace-temps à l'espace et au temps. . . . Ainsi, la géométrie et la causalité deviennent inextricablement entrelacés. (457)
> BERTRAND RUSSELL

> La mécanique classique, et plus encore la théorie spéciale de la relativité, présentent un défaut épistémologique inhérent qui a été, peut-être pour la première fois, clairement mis en évidence par Ernst Mach. . . . Aucune réponse ne peut être admise comme satisfaisante du point de vue épistémologique, à moins que la raison donnée ne soit un *fait observable de l'expérience*. La loi de causalité n'a pas la signification d'une déclaration concernant le monde de l'expérience, sauf lorsque des *faits observables* apparaissent en fin de compte comme des causes et des effets. (155)
> A. EINSTEIN

> La chaîne de cause à effet ne pourrait être vérifiée quantitativement que si l'univers entier était considéré comme un système unique - mais dans ce cas, la physique a disparu et il ne reste qu'un schéma mathématique. La partition du monde en système d'observation et système observé empêche une formulation précise de la loi de cause et effet. (215)
> W. HEISENBERG

Récemment, un autre problème sémantique déroutant concernant la 'causalité' ou la 'non-causalité' est apparu en rapport avec la nouvelle mécanique quantique. Il est possible d'examiner cette question selon différentes méthodes. La plus simple est connectée à de vagues ressentis d'"infini" et à son opposé supposé, l'"infinitésimal" ; la méthode la plus fondamentale est fondée sur les ordres d'abstraction menant à la sémantique ∞-valuée de la probabilité.

En raison de la tendance naturelle de l'être humain à parler en termes d'"infini", et de sa tendance encore plus marquée à avoir des contraires, tels que 'oui', 'non', 'droite', 'gauche', 'positif', 'négatif', 'amour', 'haine', 'honnêteté', 'malhonnêteté', etc., tout naturellement, la notion d'"infini" a entraîné la tendance à inventer l'"infinitésimal". Même les mathématiciens ont eu de grandes difficultés sémantiques à se défaire de cette habitude. L'analyse révèle obstinément que, structurellement, quelle que soit l'étendue de la division d'une chose, disons un centimètre, ce qui reste peut être extrêmement petit, mais c'est pourtant une quantité *finie* tout à fait correcte. Ainsi, des difficultés structurelles ont été rencontrées avec les 'infinitésimaux' postulés. Le nom implique qu'ils ne sont pas finis, pourtant l'analyse ne montre que des finis. Les mathématiciens ont supposé qu'un 'infinitésimal' était nécessaire aux mathématiques, et ils étaient donc réticents à l'abandonner.

L'"infinitésimal", comme tant d'autres suppositions déconcertantes, a été inventé par les Grecs, qui considéraient qu'un cercle différait 'infinitésimalement' d'un polygone ayant un très grand nombre de très petits côtés égaux. Avec l'invention du calcul différentiel et intégral, du 'calcul infinitésimal', comme on l'appelait, l'importance de l'"infinitésimal" s'est accrue, et même les mathématiciens l'ont utilisé comme une notion fondamentale. Finalement, Weierstrass a réussi à montrer que l'"infinitésimal" est dépourvu de signification et qu'il n'était pas structurellement nécessaire au calcul. Jusqu'à cette date, le problème était déconcertant : nous savions que le calcul nécessitait la 'continuité', qui, à son tour, semblait nécessiter l'"infiniment petit", et pourtant personne ne pouvait dire ce que cet 'infiniment petit' pouvait représenter. Il est évident qu'il n'est pas nul, puisqu'un nombre suffisant d'entre eux est capable de former un tout fini ; et nous ne connaissons aucune fraction qui ne soit pas zéro et pourtant non finie. La découverte par Weierstrass que le calcul ne nécessite pas l'"infinitésimal", et que toutes les déductions peuvent être faites sans lui, a aboli un très sérieux problème structurel, verbal, métaphysique et sémantique. Le sens commun, bien sûr, est beaucoup plus simple, bien qu'il ne soit pas fiable en la matière, et a également été satisfait.

L'élimination de l'"infinitésimal" constitue un grand progrès sémantique et contribue à clarifier structurellement certaines notions profondément enracinées, vagues et fallacieuses, qui sont surchargées de composantes affectives et dont les effets sont extrêmement vicieux.

S'il n'y a pas d'"infinitésimal", il n'y a pas d'"instant suivant", car l'intervalle entre deux instants doit être fini, et il y a donc toujours d'autres instants dans l'intervalle qui les sépare. De même, deux moments ne peuvent être consécutifs, car entre deux moments, il y en a toujours d'autres, quelle que soit la distance parcourue ; de même, le 'présent' devient une notion très vague.

Pour notre propos, l'application sémantique la plus fondamentale de ce qui a été dit ci-dessus concerne le vaste champ couvert par les anciennes notions structurelles de 'cause' et 'effet'. Ces termes sont très anciens, d'une époque sémantique nettement préscientifique mono-, deux-valuée. Ils trouvent leur origine dans l'expérience brute de nos civilisations occidentales et sont fermement enracinés dans les habitudes de 'pensée' et dans la structure de notre ancienne 'logique' et de notre langage deux-valués, et c'est pourquoi ils sont encore aujourd'hui indûment déconcertants. Ces termes, au *sens deux-valué*, ont été et sont encore les hypothèses structurelles de nos 'philosophies' 'privées' et 'officielles'. L'utilisation non éclairée de ces termes a largement contribué à empêcher la formulation d'une science de l'être humain et à construire une métaphysique anti-scientifique vicieuse de diverses sortes impliquant des *réactions sémantiques* pathologiques. Avec la nouvelle mécanique quantique, une meilleure compréhension de ces notions, fondée sur la sémantique ∞-valuée de la probabilité, devient une question primordiale pour toute la science. Dans la vie quotidienne, l'utilisation sans discernement des 'cause' et 'effet' deux-valué conduit structurellement à beaucoup d'absolutisme, de dogmatisme et d'autres perturbations sémantiques néfastes, que j'appelle la confusion des ordres d'abstraction.

Nous suivons généralement les 'philosophes' et attribuons - ou plutôt ressentons, car l'attribution consciente ne résisterait pas à la critique - une mystérieuse continuité structurelle, un mystérieux chevauchement de 'cause' et 'effet'. Nous 'ressentons' et essayons de 'penser', à propos de 'cause et effet', comme étant *contigus* dans le 'temps'. Mais 'contigus' dans le temps' implique l'impossible 'infinitésimal' d'une certaine unité de 'temps'. Mais, comme nous avons vu que cette unité n'existe pas, nous devons accepter que l'intervalle entre 'cause' et 'effet' soit fini. Ce fait structurel change toute la situation. Si l'intervalle entre 'cause' et 'effet' est fini, il peut toujours se produire quelque chose entre les deux, aussi petit que soit l'intervalle. La 'même cause' ne produirait pas le 'même effet'. Le résultat attendu ne suivrait pas. Cela signifie seulement que dans ce monde, pour être sûr de l'effet attendu, il faut qu'il n'y ait rien dans l'environnement qui puisse interférer avec le processus de passage des conditions étiquetées 'cause' aux conditions étiquetées 'effet'. Dans ce monde, avec la structure qui est la sienne, nous ne pouvons jamais supposer qu'*une* 'cause', telle que nous la connaissons, suffise à *elle seule* à produire l'"effet" supposé. Si l'on considère l'environnement en perpétuelle évolution, le nombre de possibilités augmente énormément. S'il était possible de prendre en compte *l'entièreté* de l'environnement, la *probabilité* qu'un événement se répète, dans tous ses détails, montrant ainsi la relation deux-valuée supposée de 'cause' et 'effet', que nous considérions comme allant de soi autrefois, serait pratiquement nulle. Le principe de non-élémentalisme, comme nous le voyons, exige une sémantique ∞-valuée de la probabilité.

Le lecteur ne doit pas considérer ce qui est dit ici comme une négation du fait que dans ce monde extérieur certaines régularités de séquence se produisent ; mais l'analyse ci-dessus, qui est principalement due à Russell,[1] montre clairement que le principe verbal de 'même cause, même effet' est structurellement indéfendable. Nous ne parviendrons jamais à observer la 'même cause' en détail. Dès que les antécédents ont été suffisamment déterminés pour que l'on puisse calculer les conséquences avec une certaine précision plausible, les relations entre ces antécédents sont devenues si complexes qu'il y a une *probabilité très faible* qu'elles se reproduisent un jour.

Clarifier les problèmes de 'cause' et 'effet' est d'une grande importance, car de puissantes réactions sémantiques y sont connectées. Tout d'abord, il faut faire la différence entre les termes 'cause' et 'effet' qui, liés ensemble, impliquent une relation à deux termes qui n'existe pas dans ce monde et représentent donc un langage et une 'logique' deux-valuée d'une structure non similaire à la structure du monde, et la *notion générale ∞-valuée de causalité*. Cette dernière notion est le fondement psycho-logique de toutes les explications conduisant au déterminisme ∞-valué, et constitue un test exclusif pour la structure ; elle est donc d'une importance sémantique extrême.

Outre l'analyse du point de vue de l'impossible 'infinitésimal', le terme 'cause-effet' représente une relation deux-termes et, en tant que tel, est une généralisation primitive que l'on ne trouve *jamais* dans ce monde, car tous les événements sont apparentés *sériellement* de la manière la plus complexe, indépendamment de la manière dont nous en parlons. Si nous étendons notre relation deux termes 'cause-effet' dans des *séries*, nous passons du niveau inférentiel au niveau descriptif et pouvons ainsi appliquer un langage comportemental, fonctionnel et actionnel de l'ordre. Dans de telles séries, nous ne pourrions utiliser le langage de 'cause' et 'effet' que si nous pouvions sélectionner des facteurs voisins, ce qui est souvent impossible. De même, si nous passons du niveau macroscopique au niveau microscopique ou submicroscopique, nous pourrions utiliser ce langage, mais les termes auraient alors des significations différentes, fournies par la théorie des probabilités.

Le côté sémantique de ce problème est important, car il a été négligé dans l'ancienne *élémentalistique* méthode. Les spéculations générales sur des termes *multiordinaux* tels que 'cause' et 'effet' sont inutiles. De telles déclarations ne sont pas des propositions, mais impliquent des significations variables et, par conséquent, génèrent des fonctions propositionnelles qui ne sont ni vraies ni fausses. Notre développement de la relation deux-termes trop simple 'cause-effet' en une série complexe est plus proche de la structure de ce monde, tel que nous le connaissons.

La compréhension et l'application habituelle de ce qui vient d'être dit nous éviteraient non seulement de dogmatiser stupidement et d'avoir des *réactions sémantiques* inappropriées, mais nous apprendraient à ne négliger aucune régularité et à examiner toute relation qui pourrait apparaître. Ensuite, dans un *cas concret*, nous pourrions à nouveau utiliser le principe de causalité restreint, fondé sur les probabilités et les moyennes. L'ancienne attitude sémantique absolue et objectifiée à l'égard de 'cause-effet' était et reste souvent un obstacle sérieux à l'observation impartiale de la séquence des événements (ordre) et des relations. Les notions préconçues et les vieilles *réactions sémantiques* ont fait des ravages, car il est bien connu que nous trouvons généralement ce que nous voulons trouver. Si nous abordons un problème avec des désirs *'émotionnels'* inconscients et précis, et que nous ne parvenons pas à satisfaire ces *réactions sémantiques*, nous sommes déconcertés, abattus, et nous prononçons peut-être des absurdités telles que 'l'esprit fini', ou d'autres choses du même genre. Sous une telle pression sémantique, notre pouvoir d'observation et d'analyse est réduit par une sorte de 'stupeur émotionnelle'. Une telle situation est préjudiciable dans la science et dans la vie. La 'connaissance humaine' dépend de l'ingéniosité humaine, du pouvoir d'observation, du pouvoir d'abstraction, etc. Elle est une activité du système nerveux humain à l'intérieur de notre peau et ne peut jamais être les événements eux-mêmes.

Nous voyons que l'ancienne structure verbale deux-valuée de 'cause' et 'effet' n'est pas similaire à la structure du monde, mais qu'il s'agit d'une généralisation limitative abusive de la probabilité. Puisque ces expressions appartiennent à la classe des moyennes statistiques et dépendent de l'échelle des événements et des intervalles traités, nous ne devons pas nous attendre à ce que des termes tels que 'causalité' deux-valuée, qui est un terme de moyennes statistiques macroscopiques, s'appliquent dans ce sens à des événements à petite échelle lorsque les intervalles sont beaucoup plus petits et que des conditions et des 'causes' entièrement différentes prévalent. Aujourd'hui, nous avons la preuve structurelle que même 'espace' et 'temps' représentent des moyennes statistiques et ne s'appliquent pas aux événements à la plus petite échelle. Il est naturel que 'cause' et 'effet' rejoignent leurs compagnies. Ce qui précède implique, d'un point de vue épistémologique, le passage du système-A (*Aristotélicien*) deux-valué à un système-$\bar{A}$ ∞-valué. Sur le plan psychophysiologique, cela implique de nouvelles *réactions sémantiques*.

En mathématiques, l'ancienne attitude religieuse à l'égard de l'"infinitésimal" disparaît rapidement. De nombreux mathématiciens évitent délibérément, et à juste titre, d'utiliser ce mot. Un terme comme 'indéfiniment petit' ou 'indéfiniment minimal' est un meilleur terme descriptif, plus vrai dans ses implications. Nous voyons même des scientifiques comme Eddington, qui a eu le courage - c'est toujours le cas, malheureusement - de traiter les énormes distances stellaires comme des 'infinitésimaux de second ordre'. (Le terme 'infinitésimal' est utilisé ici dans le sens mathématique d'indéfinitésimal).

Il a déjà été mentionné que la plupart des découvertes importantes en mathématiques étaient dues à une attitude sémantique particulière de la part de ceux qui les ont faites. Cette attitude consistait à considérer, inconsciemment ou consciemment, les mathématiques comme une forme de comportement humain. Nous en trouvons un exemple dans les travaux de Weierstrass et son analyse de l'"infinitésimal". Il n'a pas pris l'"infinitésimal" comme une structure métaphysique objectifiée et s'en est contenté ; il a analysé le *processus génétique* par lequel l'"infinitésimal" a été *fabriqué* par Dupond et Durand, et a donc traité les mathématiques structurellement comme une forme de comportement humain. Tout approfondissement des fondements, toute clarification des notions fondamentales, toute recherche des hypothèses sous-jacentes, etc., *doit* nécessairement présenter cette caractéristique. La personne qui le fait doit prendre en compte la manière dont le processus donné a été produit - analyser sa structure, et donc commencer par les voies et les méthodes de production. En d'autres termes, elle doit traiter le problème donné comme une forme de comportement humain. Le fait que cette méthode simple et évidente ait été formulée et expliquée structurellement comme *souhaitable* est utile. Elle montre la *méthode* et la structure de la voie par laquelle des progrès peuvent être réalisés. Nous pouvons *entraîner* les réactions sémantiques des étudiants à cette méthode et rendre le progrès inévitable ; mais aujourd'hui, au lieu de cela, seul un génie peut briser, par lui-même, les vieilles habitudes sémantiques qui ont été produites par le manque de psycho-logique scientifique et de formation scientifique.

Le terme 'symbolisme correct' a déjà été utilisé. Dans ce monde d'individus structurellement absolus, le minimum de symbolisme correct structurellement souhaitable doit prévoir la possibilité d'étiqueter ces individus absolus par des noms distincts. À des fins scientifiques, nous devons utiliser des termes construits sur le modèle du symbolisme mathématique, c'est-à-dire selon les méthodes *extensionnelles*. Nous devons adopter une attitude et des habitudes comportementales dans l'élaboration de nos termes. Au fur et à mesure que nous avançons, nous devons mettre l'accent sur *ordre*, en considérant ce qui vient en premier et ce qui vient ensuite. C'est important d'un point de vue sémantique, car la procédure habituelle est totalement différente : d'abord, nous avons nos doctrines et nos langages structurellement 'préconçus' ; ensuite, nous observons la structure du monde ; et *puis* nous essayons de forcer les faits observés à entrer dans les schémas structurels linguistiques. Mais dans la nouvelle méthode, nous *commençons* par des observations silencieuses et cherchons empiriquement de la structure ; ensuite, nous inventons des structures verbales qui en sont similaires ; et enfin, nous voyons ce qui peut être dit à propos de la situation et testons ainsi le langage. L'expérience montre que l'ancienne habitude de placer les étiquettes d'abord, les objets ensuite, au lieu de l'ordre structurellement naturel des *objets d'abord, des étiquettes ensuite*, est sémantiquement pernicieuse et nuisible. La Partie VII montre que l'inversion sémantique structurelle de l'ordre inversé antinaturel est cruciale pour la sanité.

Depuis l'époque des Grecs, une difficulté aiguë s'est fait sentir : comment réconcilier le monde de la physique avec le monde des mathématiques. Pour les mathématiques, nous avons besoin de points 'sans extension' ; pour la physique, nous avons besoin d'éléments de taille finie. Whitehead et Russell ont proposé différentes structures pour y parvenir. Il semble possible d'exiger qu'aucun des éléments traités ne soit plus petit qu'une taille finie assignée. Le fait que cette condition puisse être conciliée avec la continuité mathématique semble être une nouveauté. Il est encore trop tôt pour décider si ce dispositif est valable ou non. Ce problème de réconciliation deviendra important plus tard, lorsque nous parlerons des événements comme étant constitués de points-évènements.[2]

CHAPITRE XVI
SUR L'EXISTENCE DE RELATIONS

> On ne peut pas choisir de faire sans eux, sans chercher à choisir, puisque le choix est une action, et implique, par exemple, la différence susmentionnée entre affirmer et nier que l'on veut faire telle ou telle chose. (449)
>
> JOSIAH ROYCE

En conclusion des remarques précédentes, je dois expliquer une considération plus générale. Il s'agit d'une découverte psycho-logique structurelle extrêmement profonde, faite par le professeur Royce[1], qui sous-tend tous les problèmes sémantiques de la 'mentalité' humaine. Royce, bien que 'philosophe', était un passionné de mathématiques et s'intéressait beaucoup aux problèmes d'*ordre*. Il essayait de reformuler la 'logique' en termes d'ordre. Nous avions déjà rencontré la circularité inhérente à la structure de la connaissance humaine, qui, il est vrai, est sémantiquement déconcertante si elle n'est pas affrontée avec audace. Mais, lorsqu'elle est reconnue, cette circularité n'est non seulement pas vicieuse, mais elle ajoute même à l'intérêt et à la beauté de la vie et rend la science plus intéressante. En outre, la structure de la connaissance humaine est telle que certaines activités de l'être humain ne sont pas seulement circulaires, mais aussi 'absolues' ou 'nécessaires'. Quoi que nous fassions, nous ne pouvons pas nous y soustraire - un fait d'une grande importance sémantique. À l'exception de Royce et de quelques-uns de ses étudiants, ces problèmes n'ont jusqu'à présent reçu que peu d'attention.

Royce montre qu'il existe certaines activités que nous rétablissons et vérifions par le fait même d'essayer de supposer que ces formes d'activité n'existent pas, ou que ces lois ne sont pas valables. Si quelqu'un tente de dire qu'il n'y a pas de classes dans son monde, il classifie inévitablement. Si quelqu'un nie l'existence de relations, et en particulier d'une relation sémantique entre l'affirmation et la négation, ou affirme que 'oui' et 'non' ont *une seule* signification, dans ce souffle il affirme et nie. Il fait une différence entre 'oui' et 'non', et affirme avec insistance l'équivalence relationnelle même en niant la différence entre 'oui' et 'non'. Pour reprendre les mots remarquables de Royce : 'En bref, quelque soient les actions, les types d'action, les résultats de l'activité, les constructions conceptuelles, qui sont telles que le fait même de s'en débarrasser ou de les penser implique logiquement leur présence, nous les connaissons certes empiriquement et pragmatiquement (puisque nous constatons leur présence et en prenons connaissance par l'action), mais elles sont aussi absolues. Et tout récit qui parvient à dire ce qu'ils sont possède une vérité absolue. Cette vérité est une "construction" ou une "création", car c'est l'activité qui détermine sa nature. Elle est "trouvée", car nous l'observons lorsque nous agissons.'

Nous voyons que nous disposons de guides sémantiques précis dans cette enquête. L'un de ces guides à suivre est constitué par les caractéristiques incontournables de la structure de la connaissance humaine, que Royce a qualifiées d'"absolues", mais que je préfère qualifier de 'nécessaires'. L'autre guide nous conduit à éviter les énoncés 'impossibles' ou absurdes, ou les énoncés qui n'ont pas "d'existence logique", ce qui, en gros, signifie des énoncés qui abusent du symbolisme et produisent des bruits, etc., au lieu de symboles. Comme nous l'avons déjà vu, les deux guides ont une justification *neurologique* solide, à exprimer en termes d'*ordre* et de *circularité*, termes structurellement adaptés pour parler de processus, d'étapes de processus, d'ordres d'abstractions, etc. Il est évident que notre tâche de formuler une théorie de la sanité peut suivre ces lignes structurelles et sémantiques. Il convient de noter que les mathématiques, considérées comme une forme de comportement humain, et les maladies 'mentales', également considérées comme un comportement humain, ont apporté leur contribution à notre orientation structurelle.

Bien que de nombreux scientifiques aient instinctivement procédé de la manière indiquée, la procédure instinctive et réussie d'un scientifique isolé ne peut généralement pas être transmise à d'autres. Il s'agit d'un avantage personnel. Seule une formulation *structurelle méthodologique* de ces voies privées vers le succès sémantique peut devenir un fait *public*, à analyser, à critiquer, à améliorer, à transmettre ou à rejeter.

Il convient de noter que des termes tels que 'aléatoire' ou 'loi' sont fondamentalement connectés à des discussions sur le déterminisme par opposition à l'indéterminisme, et impliquent donc des problèmes en connexion à des processus sémantiques 'nécessaires'. Dans l'exemple de la probabilité de l'événement-M, il a été montré comment un événement 'aléatoire' à un niveau peut devenir une 'loi' à un autre niveau. La *possibilité* structurelle de telles transformations est très intéressante et d'une importance sémantique fondamentale. À des fins scientifiques, nous devons accepter le déterminisme ∞-valué au niveau scientifique, car il *est le test de la structure* ; mais cela n'a rien à voir avec l'indéterminisme *apparent*, le plus souvent deux-valué, dans notre vie quotidienne. Pour résoudre un certain nombre d'équations, nous devons avoir autant d'équations que d'inconnues. Si nous avons moins d'équations que d'inconnues, nous n'obtenons pas de valeurs définies ; nos inconnues restent indéterminées. L'origine de l'"indéterminisme" est similaire : nous manquons de connaissances ; le nombre d'équations est inférieur au nombre d'inconnues. Il est donc impossible de découvrir des valeurs déterminées dans tous les cas. Cela donne une apparence d'indéterminisme deux-valué, mais avec l'augmentation de nos connaissances, ou avec des équations supplémentaires, l'inconnu peut être déterminé. Le déterminisme est un point de vue plus fondamental que l'indéterminisme ; nous y trouvons un *test de structure*. C'est aussi un point de vue plus général. Dans une science de l'être humain, dans un $\bar{A}$-*système*, il faut partir du plus fondamental et du plus général. Par conséquent, nous devons accepter le déterminisme ∞-valué, qui, en 1933, devient le point de vue scientifique général. La guerre sémantique inutile entre les défenseurs des différents points de vue a été indûment amère et nécessairement futile.

Comme les mots *ne sont pas* les choses dont nous parlons et que le seul lien est structurel, l'"esprit humain" doit exiger un déterminisme linguistique structurel ∞-valué comme condition de rationalité. Dès que nous constatons que des questions linguistiques ne sont pas déterministiques, c'est le signe indubitable que le langage ou la 'logique' que nous utilisons n'a pas la même structure que le monde empirique et qu'elle doit donc être modifiée.

Cette déclaration semble générale. En application à la nouvelle mécanique quantique, problème spécial, il semblerait que l'ancien langage macroscopique de 'espace', 'temps', etc., ne soit pas similaire à la structure submicroscopique et doive donc être modifié. Peut-être que le langage électrodynamique, au lieu du langage macro-mécanique, conviendrait mieux.

CHAPITRE XVII
SUR LES NOTIONS DE 'MATIÈRE', 'ESPACE', 'TEMPS'

Le sens commun part de l'idée qu'il y a de la matière là où nous pouvons avoir des sensations de toucher, mais pas ailleurs. Il est ensuite dérouté par le souffle du vent, les nuages, etc., ce qui le conduit à la conception de "l'esprit" - je parle au sens étymologique. Après avoir remplacé 'esprit' par 'gaz', il y a une autre étape, celle de l'éther. (457)

BERTRAND RUSSELL

La supposition du sens commun et du réalisme naïf, selon laquelle nous voyons le vrai objet physique, est très difficile à concilier avec le point de vue scientifique selon lequel notre perception se produit un peu plus tard que l'émission de lumière par l'objet ; et cette difficulté n'est pas surmontée par le fait que le temps impliqué, comme enfant terrible, est très court. (457)

BERTRAND RUSSELL

Nous avons certaines idées préconçues sur la localisation dans l'espace qui nous viennent de nos ancêtres simiesques. (149)

A. S. EDDINGTON

Mais il ne semble pas profitable de faire des bruits bizarres dans l'espoir que la postérité leur trouve une signification. (149)

A. S. EDDINGTON

Il existe une expression consacrée 'réserves cachées' ; et en général, plus l'entreprise est respectable, plus son bilan s'écarte de la réalité. C'est ce qu'on appelle la finance sensée... Grâce à Minkowski, on a trouvé une façon de tenir les comptes qui présente des réalités (des choses absolues) *et des équilibres.* (149)

A. S. EDDINGTON

La quête de l'absolu conduit au monde quadridimensionnel. (149)

A. S. EDDINGTON

Les conceptions de l'espace et du temps que je souhaite vous présenter sont issues de la physique expérimentale, et c'est là que réside leur force. Elles sont radicales. Désormais, l'espace seul et le temps seul sont condamnés à s'effacer pour devenir des ombres, et seule une sorte d'union des deux préservera une réalité indépendante. (352)

H. MINKOWSKI

C'est une *chose*, pas comme l'espace, qui est une simple négation, ni comme le temps, qui est. - Dieu sait quoi ! (149)

A. S. EDDINGTON

Newton objectivise l'espace. Puisqu'il classe son espace absolu avec les choses réelles, pour lui la rotation relative à un espace absolu est aussi quelque chose de réel. (151)

A. EINSTEIN

L'espace n'est qu'un mot auquel on a cru une chose. (417)

H. POINCARÉ

En effet, notre description ordinaire de la nature et l'idée de lois exactes reposent sur l'hypothèse qu'il est possible d'observer les phénomènes sans les influencer sensiblement. (215)

W. HEISENBERG

Même en tenant compte de cet arbitraire, le concept 'observation' appartient, à proprement parler, à la classe des idées empruntées aux expériences de la vie quotidienne. Il ne peut être transposé aux phénomènes atomiques que si l'on tient compte des limites imposées à toute description de l'espace-temps par le principe d'incertitude. (215)

W. HEISENBERG

Section A. Considérations structurelles.

Les faits dont nous disposons en 1933 montrent que le langage que nous utilisons pour décrire les événements *n'est pas* les événements ; la représentation symbolise ce qui se passe à l'intérieur de nos peaux ; les événements sont à l'extérieur de nos peaux et la *similarité structurelle* est le seul lien entre eux. Historiquement, en tant que civilisation, nous avons appris plus tôt et davantage sur les événements à l'extérieur de notre peau que sur les événements à l'intérieur de notre peau ; tout comme un poisson ou un chien 'connaît' beaucoup de choses sur son monde, vit parfois heureux et abondant, mais ne 'connaît' rien de la biologie, de la physiologie ou de la psycho-logique. Ce n'est que récemment que nous avons commencé à nous étudier scientifiquement. À un certain stade de notre développement, nous avons introduit des formes de représentation structurellement simples, telles que le *langage* de sujet-prédicat, d'additivité, etc. Nous restons perplexes lorsque nous constatons que les événements qui se produisent à l'extérieur de notre peau ne peuvent pas être intégrés dans des schémas fabriqués à l'intérieur de notre peau. Notre système nerveux, avec sa structure et sa fonction ordonnées et cycliques, produit des abstractions de différents ordres, qui ont des structures et des caractéristiques distinctes. Sur différents niveaux, nous fabriquons différentes abstractions, dynamiques et statiques, continues et discontinues, etc., qui doivent répondre à nos besoins. Si les schémas verbaux que nous inventons ne s'adaptent pas structurellement au monde qui nous entoure, nous pouvons toujours inventer de nouveaux schémas d'une nouvelle structure qui seront plus satisfaisants. Il ne s'agit pas d'un problème du monde qui nous entoure, car nos mots ne peuvent rien y changer, mais d'un problème lié à *notre ingéniosité*. Entre-temps, nous apprenons quelque chose de très important, à savoir la *structure* du monde, qui est le seul contenu de la connaissance.

Il y a de bonnes raisons structurelles pour lesquelles le monde devrait, ou ne devrait pas, être expliqué en termes d'équations différentielles, ou en *termes et en langage* de 'causalité', etc. Le terme *ordre* est structurellement fondamental et nous aidera de manière radicale et constructive dans notre quête.

Toutefois, nous examinerons d'abord quelques autres problèmes sémantiques, en nous rappelant qu'une théorie de la sanité, c'est-à-dire une théorie de l'ajustement, devrait mettre l'accent sur les moyens méthodologiques et structurels d'un tel ajustement sémantique. Les traductions dynamique-statique sont fondamentalement connectées à différents ordres d'abstraction et impliquent des questions psycho-logiques connectées aux 'émotions' et à l'"intellect", à la linéarité par rapport à la non-linéarité, à la 'ligne droite' par rapport à la 'ligne courbe', etc., expliquées dans les parties VII et VIII.

Dans la vie comme dans la science, nous avons affaire à différents événements, objets et morceaux de matériaux plus ou moins grands. Nous avons l'habitude d'en parler en termes de 'matière'. Par une *perturbation sémantique*, appelée identification, nous nous imaginons qu'une chose telle que 'matière', a une existence physique distincte. Il serait probablement choquant d'être invité sérieusement à *donner* un morceau de 'matière' (donner et *non pas* éclater en palabres). J'ai eu les expériences les plus amusantes dans ce domaine. La plupart des gens, y compris les scientifiques, donnent un crayon ou quelque chose de ce genre. Mais ont-ils vraiment donné de la 'matière'? Ce qu'ils ont donné *ne peut pas être symbolisé* simplement par 'matière'. L'objet, le 'crayon', qu'ils ont *tendu,* nécessite linguistiquement 'espace' ; sinon, il n'y aurait pas de crayon, mais un point mathématique, une fiction. Il requiert aussi verbalement 'temps' ; sinon, il n'y aurait pas de crayon mais un 'flash'.

Similairement, si quelqu'un est invité à *donner* un morceau de 'espace' (encore une fois, donnez-le, n'éclatez pas en palabres), le mieux qu'il puisse faire est d'agiter la main et d'essayer de montrer 'espace'. Mais le geste de la main se réfère à ce que nous appelons air, poussière, microbes, champs gravitationnels et électromagnétiques, etc. En d'autres termes, d'un point de vue structurel, l'"espace" supposé était *rempli* de certains matériaux déjà 'dans l'espace' et 'dans le temps'.

Dans le cas de *donner* le 'temps', on pourrait *montrer* sa montre. Une objection similaire s'applique également, à savoir qu'il nous a montré ce que l'on appelle 'matière' qui se 'déplace' dans 'espace'. Il est très important d'acquérir *les réactions sémantiques* que lorsque nous utilisons le terme 'matière', nous nous référons à quelque chose, disons le crayon, qui, selon le *langage élémentalistique* accepté, implique également 'espace' et 'temps', que nous ne prenons pas en compte. Lorsque nous utilisons le terme 'espace', nous nous référons à une plénitude de certains matériaux, qui existe dans le 'temps'. Mais comme ces matériaux sont généralement invisibles pour les 'entrées sensorielles', nous n'en tenons pas compte non plus. En utilisant le terme 'temps', nous faisons référence à 'matière' qui se déplace dans 'espace', ce dont nous ne tenons également pas compte.

Ce qui est dit ici et ce qui va suivre est structurellement inconditionnellement fondamental pour une théorie de la sanité, parce que dans la plupart des cas de 'd'insanité' et de non-sanité, il y a une désorientation quant à 'espace' et temps'. Dans l'identification, la perturbation sémantique qui nous affecte presque tous et qui est à la base de la majorité des difficultés humaines, privées ou publiques, il apparaît invariablement une désorientation sémantique particulière dans nos sensations à l'égard de 'matière', 'espace' et 'temps'. C'est tout à fait naturel, car les 'fous' et les aliénés sont ceux qui ne sont pas ajustés ; les 'sane' sont ceux qui sont supposés être ajustés.

Ajusté à quoi? Au monde qui nous entoure et à nous-mêmes. Notre monde *humain* diffère de celui des animaux. Il est plus complexe et les problèmes d'adaptation de l'être humain sont également plus subtils. Dans la vie animale, les attitudes à l'égard du monde n'ont pas une importance dans un sens similaire ; chez nous, elles deviennent importantes, d'où la nécessité d'analyser le nouvel 'univers sémantique' humain, qui implique l'"univers du discours". Cet 'univers du discours' est étroitement connecté aux *termes* 'matière', 'espace' et 'temps', structure et à notre *attitude* sémantique à l'égard de ces termes.

Revenons à l'analyse de notre objet que nous appelons 'crayon'. Nous avons vu que l'*objet* crayon *n'est* ni 'matière', ni 'espace', ni 'temps'. Une question se pose, qui a été très souvent posée et qui n'a *jamais,* à ma connaissance, reçu de réponse satisfaisante : qu'"est" l'*objet* crayon, et que 'sont' les *termes* 'matière', 'espace' et 'temps'? Ici et là, quelqu'un a donné des fragments de réponses ou des déclarations détachées satisfaisantes. Mais dans chaque cas que je connais, la perturbation sémantique appelée identification apparaît, de sorte que même la réponse correcte occasionnelle n'est pas appliquée, mais reste enchevêtrée dans d'autres identifications. J'ai consacré beaucoup de 'temps' et de travail à surmonter mes propres identifications, et je suis maintenant confronté à la situation suivante : presque tous les travaux que je lis de ce point de vue ne peuvent pas être critiqués, mais nécessitent une réécriture. Cette tâche m'est impossible, tant sur le plan technique que sur d'autres plans. J'ai donc finalement décidé de formuler le système-$\bar{A}$ actuel, puis de voir quel type de reconstruction peut être accompli avec la nouvelle évaluation.

La réponse aux questions posées ci-dessus est d'une simplicité enfantine, mais je vais aller jusqu'au bout et laisser les conséquences sémantiques parler d'elles-mêmes. Le morceau de nature, l'accumulation spécialement formée de matériaux, etc., que nous appelons un crayon, 'est' fondamentalement et *absolument indicible*, simplement parce que tout ce que nous pouvons *dire* à son sujet *n'est pas lui*. Nous pouvons écrire avec ce quelque chose, mais nous ne pouvons pas écrire avec son nom ou les *descriptions* de ce quelque chose. L'objet *n'est* donc *pas un mot*. Il est important que le lecteur soit entièrement convaincu à ce stade, et cela nécessite un certain entraînement, effectué de manière répétée, avant que nos *réactions sémantiques* ne s'ajustent à ce simple fait. Notre déclaration comportait deux parties. L'une était plutôt peu prometteuse, à savoir que l'objet était absolument indicible, car aucune quantité de mots ne peut faire l'objet. L'autre était plus prometteuse, car nous avons appris un fait sémantique extrêmement important, peut-être crucial, à savoir ce que le crayon *objet n'est pas* : en l'occurrence, l'*objet n'est pas des mots*. Nous devons faire face ici à un fait sémantique important. Si l'on nous dit que nous ne pouvons pas obtenir la lune, nous cessons de nous en préoccuper et nous considérons tout rêve d'obtenir la lune comme une fantaisie infantile. Dans cet exemple, nous ne pourrions même pas dire qu'une nouvelle telle que l'impossibilité d'obtenir la lune est une nouvelle triste ou désagréable. Nous pourrions le dire, en plaisantant, à un enfant, mais la majorité des adultes ne verraient pas leurs *réactions sémantiques* perturbées par cela. Une situation similaire se présente avec l'objet appelé crayon. L'*objet n'est pas des mots*. Ce fait n'a rien de triste ou de déprimant. Nous l'acceptons comme un fait et cessons de nous en préoccuper, comme le ferait un petit enfant. La plupart des anciennes spéculations 'philosophiques' sur ce sujet appartiennent à la période sémantique de notre petite enfance, lorsque nous vivons dans des fantasmes et jouons structurellement sur des mots auxquels nous attribuons affectivement une existence objective, etc. Il s'agit là d'une complète non-sanité due à l'identification. La réponse à la question de savoir ce que 'sont' les *termes* 'matière', 'espace' et 'temps' est, comme d'habitude, donnée dans la question correctement formulée. Ce sont des *termes, des 'Modi considerandi'*, comme les appelait Leibnitz sans se rendre compte de l'importance sémantique de sa propre déclaration. Il faut d'ailleurs noter que c'est la caractéristique psycho-logique de Leibnitz, capable d'une telle affirmation, qui est probablement à l'origine de toute son œuvre, comme nous le verrons plus loin. Lorsque nous abandonnerons les normes primitives d'évaluation, les génies seront *formés* par une éducation sémantique qui libère les civilisations des anciens blocages.

Nous voyons donc clairement qu'à l'extérieur de notre peau, il se passe quelque chose que *nous appelons* le monde, ou un crayon, ou n'importe quoi, qui est *indépendant* de nos mots et qui *n'est pas* des mots. Nous nous trouvons ici face à un processus irréversible très fondamental. Nous pouvons dire que dans ce monde, un être humain et ses mots sont survenus. Il existe des séries complexes 'causale' éventuelles entre le monde, nous et nos mots, mais dans la nature spontanée, ce processus est, pour l'essentiel, irréversible, un fait inconnu des primitifs qui croient en la magie des mots. Grâce à notre ingéniosité, nous pouvons rendre ce processus partiellement réversible, à savoir que nous pouvons produire des gramophones, des téléphones dans tous leurs développements, des hommes électromécaniques qui obéissent aux ordres (NdT : robots), etc.

En 1933, nous savons que dans le monde sémantique, ce processus est extrêmement efficace. Les mots sont le résultat de l'activité d'un organisme qui, à son tour, active d'autres organismes. Au niveau macroscopique du comportement ordinaire, cela était connu depuis longtemps, mais ce n'est qu'au cours des dernières années que la psychiatrie a découvert quels types de désastres sémantiques et psychophysiologiques les mots et leurs conséquences peuvent produire dans l'organisme humain. Ces derniers se situent déjà à des niveaux submicroscopiques, ne sont pas évidents et n'ont donc été découverts que récemment.

La structure du langage de 'matière', 'espace', 'temps' est ancienne. Le primitif a vu quelque chose, a mangé quelque chose, a été blessé par quelque chose, etc. C'était l'occasion d'un grognement de satisfaction ou de douleur. Les équivalents de mots tels que 'matière', 'substance', etc., ont vu le jour. Ni lui, ni la majorité d'entre nous, n'ont réalisé que les petits ou grands morceaux de matériaux que nous traitons apparaissent comme des *processus* extrêmement complexes (expliqués dans la Partie X). Pour lui, comme pour la plupart d'entre nous, ces morceaux de matériaux 'sont' 'concrets', quoi que cela signifie, et il pourrait 'tout savoir sur eux', ce qui a dû conduire à l'identification, etc., et à d'autres évaluations délirantes. Bien sûr, il s'agissait de fantasmes de l'enfance de l'humanité et, dans les vies vécues dans un monde de fantasmes, l'ajustement et, par conséquent, la sanité est impossible. Comme il ne voyait pas, ne sentait pas et ne connaissait pas la matière dans laquelle il était immergé, la *plénitude* dans laquelle il vivait, il a inventé le terme 'espace', ou son équivalent, pour désigner les matières *invisibles* qui étaient présentes. Ne connaissant rien de la plénitude, il a objectifié ce qui lui apparaissait comme un espace vide, à l'intérieur d'un 'vide absolu', qui plus tard est devenu 'espace absolu', 'néant absolu', par 'définition'.

Plusieurs remarques importantes peuvent être faites à propos de ce 'vide absolu' et de ce 'néant absolu'. En premier lieu, nous savons aujourd'hui, théoriquement et empiriquement, qu'une telle chose n'existe pas. Il peut y avoir plus ou moins de quelque chose, mais jamais un 'vide parfait' *illimité*. En deuxième lieu, notre constitution nerveuse, en accord avec l'expérience, est telle que le 'vide absolu' nécessite des 'murs extérieurs'. La question se pose aussitôt : le monde est-il 'fini' ou 'infini'? Si nous *disons* 'fini', il *doit* avoir des murs extérieurs, et la question se pose alors : Qu'y a-t-il 'derrière les murs'? Si nous disons qu'il est 'infini', le problème des 'murs' psycho-logiques n'est pas éliminé, et nous avons toujours la sémantique des murs, et nous nous demandons alors ce qu'il y a au-delà des murs. Nous voyons donc qu'un tel monde suspendu dans une sorte de 'vide absolu' représente une *nature contre la nature humaine*, et nous avons donc dû inventer quelque chose de *surnaturel* pour rendre compte de cette nature supposée contre la nature humaine. En troisième lieu, et cette remarque est la plus fondamentale de toutes, puisqu'un symbole doit représenter quelque chose pour être un symbole, le *'néant absolu' ne peut pas être objectique et ne peut pas être symbolisé du tout*. Cela met fin à la discussion, car tout ce que nous pouvons dire à ce sujet n'est ni vrai ni faux, mais *non-sens*. Nous pouvons faire du bruit, mais nous ne disons rien à propos du monde extérieur. Il est facile de voir que le 'néant absolu' est une *étiquette pour une perturbation sémantique*, pour une objectification verbale, pour un état pathologique à l'intérieur de notre peau, pour le fruit de notre imagination, mais pas un symbole, pour quelque chose qui a une existence *objective* en dehors de notre peau.

D'autres conséquences imaginaires de cette perturbation sémantique sont farfelues et très lugubres. Si notre monde et tous les autres mondes (les univers-îles) étaient en quelque sorte suspendus dans un tel 'vide absolu', ces univers rayonneraient leur énergie dans ce 'vide infini', quoi que cela signifie, et donc tôt ou tard s'éteindraient, leur énergie étant épuisée. Mais heureusement, lorsque nous éliminons cet état sémantique pathologique par une éducation appropriée, tous ces symptômes lugubres disparaissent comme de simples fantasmes. Il faut remarquer que cet 'espace absolu', ce 'vide absolu', ce 'néant absolu', avec leurs difficultés, qui sont dues à des spéculations structurelles très primitives sur des *mots*, et à une attribution insensée d'existence objective aux mots, peuvent être abolis tout simplement si nous décidons d'étudier et de rééduquer nos *réactions sémantiques*.

Ce que nous savons positivement de 'espace', c'est qu'il n'est pas 'vide', mais 'plénitude', ou 'plenum', etc. Or, 'plénitude' ou 'plenum' est un terme d'une structure *non-élémentalistique* totalement différente. Lorsque nous avons un plenum ou une plénitude, il doit s'agir d'un plenum de 'quelque chose', 'quelque part', à 'quelque moment', et le *terme implique* donc, au moins, *tous les trois anciens termes élémentalistiques*. En outre, la plénitude par un processus psychologique ne nécessite pas de 'murs extérieurs'. Si nous demandons si un tel univers de plénitude est 'fini' ou 'infini', sans aucune difficulté psycho-logique, nous pouvons répondre que nous ne le savons pas, mais que si nous étudions suffisamment les matériaux de cet univers, nous *pourrons le savoir*. On peut supposer qu'un univers de plénitude a des frontières, et nous pouvons alors poser à nouveau la question qui fâche : Qu'y a-t-il au-delà? En utilisant correctement le *langage*, cette difficulté est à nouveau éliminée.

Sans entrer dans des détails inutiles, nous voyons qu'une frontière, ou une limite, ou un mur, est quelque chose, par *définition*, au-delà duquel nous ne pouvons pas aller. S'il n'y a rien qui limite notre progression, il n'y a pas de *frontière*. Imaginons un voyageur cosmique doté d'une extraordinaire machine volante, et supposons qu'il vole sans s'arrêter dans une 'direction définie'. S'il ne rencontre jamais de limite, il est certainement en droit de dire que son univers est non-délimité. La question qui se pose alors est la suivante : un tel univers non-délimité est-il fini ou infini?

Là encore, utilisons un langage correct et une petite analogie. Un voyageur sur une sphère, comme notre terre, pourrait voyager *à perpétuité* sans jamais rencontrer de limite, et pourtant nous savons que la sphère, notre terre, est de taille finie. Les mathématiciens ont mis en évidence ce point et l'ont concrétisé dans la théorie d'Einstein. L'univers est sans limite, une réponse qui satisfait nos sensations, pourtant il est fini en taille, bien que très grand, une réponse qui satisfait notre rationalité.* La visualisation d'un tel univers est assez difficile. Il ne doit pas être visualisé comme une sphère, mais nous verrons plus tard qu'il *peut* l'être de manière satisfaisante. La condition de la visualisation est d'éliminer l'identification, cette *perturbation sémantique* qui est strictement connectée aux modes de 'pensée' primitifs.

Les problèmes de 'temps' sont similaires, bien qu'ils aient un arrière-plan neurologique différent. Les matériaux bruts auxquels nous avons affaire affectent principalement notre vue, notre toucher, etc. Les matériaux invisibles, comme l'air, etc., affectent moins ces 'organes sensoriels', mais davantage les 'organes sensoriels' kinesthésiques qui permettent d'apprécier les mouvements musculaires, et donc 'espace' et 'temps' ont des fondements neurologiques différents. 'Temps' semble représenter une caractéristique générale de tous les tissus nerveux (et, peut-être, des tissus vivants en général) connectée à la synthèse ou à l'intégration. Ce à quoi nous sommes confrontés dans ce monde et en nous-mêmes apparaît comme des périodes et des périodicités, des pulsations, etc. Nous sommes constitués au niveau submicroscopique de très longues chaînes d'horloges atomiques pulsantes. Au niveau macroscopique, nous sommes confrontés à des événements périodiques, comme la faim, le sommeil, la respiration, les battements de cœur, etc. Nous savons déjà que, au-delà de certaines limites, les *temps* discontinus, lorsqu'ils sont suffisamment rapides, se fondent dans des sensations continues de pression, de chaleur ou de lumière, etc. Au niveau objectif, nous avons affaire à des *temps* et nous ressentons le 'temps' lorsque les *temps* sont suffisamment rapides.

Là encore, les images animées sont une bonne illustration. Le film normal montre seize images par seconde. Le film nous donne des images statiques avec des différences finies. Lorsque nous le plaçons sur le projecteur, les différences disparaissent. Notre système nerveux les a résumées et intégrées, et nous voyons un 'mouvement continu'. Si les images sont prises à la vitesse de huit par seconde et qu'elles passent ensuite sur le projecteur normal à la vitesse de seize par seconde, nous les résumons et les intégrons à nouveau, mais nous voyons une image en mouvement rapide. Si les images sont prises à la vitesse de 128 expositions par seconde et sont diffusées sur le projecteur normal à la vitesse de seize images par seconde, nous obtenons ce que l'on appelle une image au ralenti. Il convient de noter que l'ordre des processus rythmiques sémantiques est quadruple ; il implique un ordre non seulement dans l'"espace" (trois dimensions), mais aussi dans le 'temps'. Des périodes de contraction alternent avec des périodes de repos, et ce à intervalles presque réguliers.

Cette tendance rythmique est en effet si fondamentale et si inhérente aux tissus vivants que nous pouvons, à notre guise, créer des muscles volontaires ; par

---

* Je ne présenterai pas ici les dernières spéculations dans ce domaine, car, d'un point de vue non aristotélicien, elles semblent dénuées de signification.

exemple, présenter des contractions rythmiques induites artificiellement en les immergeant dans des solutions salines spéciales, comme, par exemple, une solution de chlorure de sodium. Il ne faut pas non plus s'étonner que la science moderne suppose que la vie a pu naître dans la mer. Les conditions physico-chimiques des solutions salines sont telles qu'elles favorisent les processus rythmiques ; elles peuvent non seulement les engendrer, mais aussi les entretenir, et la vie est apparemment très étroitement connectée à des processus rythmiques autonomes.

De tels processus rythmiques sont *ressentis* à des niveaux d'abstraction inférieurs comme un 'temps continu', probablement en raison de la rapidité et du chevauchement des périodes. Dans les abstractions d'ordre supérieur, lorsque des moyens linguistiques et extra-neuraux structurellement appropriés sont développés, ils apparaissent comme des *temps*.

Peut-être que, sur le plan neurologique, les animaux *ressentent* des choses similaires que nous pour ce qui concerne le 'temps', mais ils n'ont pas les moyens neurologiques d'élaborer les moyens linguistiques et extra-neuraux qui seuls nous permettent d'étendre et de résumer l'expérience multiple de nombreuses générations (time-binding). Ils ne peuvent pas passer du 'temps' aux '*temps*'. Il est évident que si nous ne le faisons pas, nous renonçons à nos caractéristiques humaines et nous copions les animaux dans nos processus d'évaluation, une pratique qui doit être néfaste.

Dans la nature, les matériaux visibles et invisibles semblent être constitués de pulsations récurrentes de périodes extrêmement courtes et rapides qui, dans certains cas, deviennent des périodes macroscopiques. Dans le premier cas, nous ne pouvons ni les voir ni les sentir, c'est pourquoi nous parlons de 'concrétude', etc. Dans le second cas, nous voyons les mouvements périodiques, comme celui de la terre autour du soleil, etc., ou nous sentons les battements de notre cœur, etc. Nous constatons que les matériaux visibles ou invisibles de la nature sont composés de pulsations périodiques et ne sont que deux aspects d'un même processus. Le découpage de ces processus en 'matière', 'espace' et 'temps' est une fonction caractéristique de notre système nerveux. Ces abstractions sont *à l'intérieur* de notre peau et sont des méthodes de représentation de nous-mêmes à nous-mêmes, et *ne sont pas* le monde objectique qui nous entoure.

Il faut bien se rendre compte que, dans ces conditions, nous ne pouvons pas parler de 'finitude' ou d'"infinitude" de 'matière', d'"espace" et de 'temps', comme l'ont fait tous les anciens 'philosophes', y compris Leibnitz, parce que ces termes 'fini' et 'infini', bien qu'on puisse concevoir de les appliquer à des *nombres* relevant d'aspects d'entités objectives, *n'ont aucune signification* s'ils sont appliqués à des questions linguistiques, c'est-à-dire à des *formes de représentation* en dehors des nombres. Bien sûr, si, par le biais d'une perturbation pathologique sémantique (objectification), nous attribuons une existence objective délirante aux termes verbaux, nous pouvons alors parler de n'importe quoi, mais de telles conversations n'ont pas plus de valeur que le délire des malades 'mentaux'. Les termes 'fini' ou 'infini' ne s'appliquent légitimement qu'aux problèmes *numériques*, et nous pouvons donc parler légitimement d'un nombre fini ou infini de centimètres, de kilogrammes, d'heures ou d'entités similaires, mais les déclarations sur "l'esprit fini" ou la "compréhension de l'infini", etc., n'ont aucune signification et ne font que révéler le trouble sémantique pathologique du patient.

L'objectification de *notre ressenti* du 'temps' a eu, et a encore, des conséquences très tragiques strictement connectées à notre non-sanité. Il faut se rappeler que, particulièrement dans les cas de difficultés 'mentales' et nerveuses, le patient se rend rarement compte du caractère de sa maladie. Il peut ressentir des douleurs, il peut se sentir très malheureux, et ainsi de suite, mais il n'en comprend généralement pas l'origine. C'est particulièrement vrai pour les troubles sémantiques. On peut expliquer à l'infini, mais dans la plupart des cas, il est parfaitement inutile d'essayer d'aider. Seules quelques rares personnes en bénéficient. C'est d'ailleurs là que réside la principale difficulté de la rédaction de ce livre. Les lecteurs qui identifient, c'est-à-dire qui croient inconsciemment, avec toutes leurs pulsions affectives en la nature objective de la 'matière', de l'"espace" et du 'temps', auront du mal à modifier leurs *réactions sémantiques* dans ce domaine.

Voyons maintenant quelles conséquences l'objectification du 'temps' aura pour nous. Si nous *n*'objectifions *pas* et que nous *ressentons* instinctivement et en permanence que les mots *ne sont pas* les choses dont on parle, alors nous ne pourrons pas parler de sujets *aussi vides de signification* que le 'début' ou la 'fin' du 'temps'. Mais si nous sommes perturbés sémantiquement et que nous objectifions, alors, bien sûr, puisque les objets ont un début et une fin, le 'temps' aurait également un 'début' et une 'fin'. Dans de tels chimères pathologiques, l'univers doit avoir un 'début dans le temps' et doit donc avoir été créé, etc., et toutes nos vieilles mythologies anthropomorphiques et objectifiées en découlent, y compris les anciennes théories de l'entropie en physique. Mais si 'temps' n'est qu'une *forme humaine de représentation* et *non un objet*, l'univers n'a pas de 'début dans le temps' ni de 'fin dans le temps' ; en d'autres mots, l'univers est sans-'temps'. Il n'a pas été créé, il a simplement 'été, est, et sera'. À partir du moment où nous nous rendons compte, ressentons en permanence et utilisons ces conscientisations et ces ressentis que les mots *ne sont pas* les choses, alors seulement nous acquérons la liberté sémantique d'utiliser différentes formes de représentation. Nous pouvons mieux adapter leur structure aux faits en présence, mieux nous ajuster à ces faits qui *ne sont pas* des mots, et ainsi évaluer correctement les réalités multiordinales, ce qui est important pour la sanité.

Selon ce que nous savons en 1933, l'univers est sans-'temps' ; en d'autres mots, il n'existe pas d'*objet* tel que 'temp*s*'. En termes de périodes, d'années, de minutes ou de secondes, ce qui est un *langage différent*, nous pouvons avoir un nombre infini de ces *temps*. Cette déclaration est une autre forme d'énonciation du principe de conservation de l'énergie, ou de toute autre abstraction fondamentale plus élevée que les physiciens découvriront.

Parce que 'temps' est une *sensation*, produite par les conditions de ce monde à l'extérieur et à l'intérieur de notre peau, dont on peut dire qu'elles représentent des *temps*, le problème du 'temps' devient une question neuro-*mathématique*. Il convient également de noter que le terme 'temp*s*' implique des *temps de* quelque chose, quelque part, et qu'il s'agit donc, comme pour le plenum ou la plénitude, d'un terme structurellement *non-élémentalistique*, *Ā*.

Temp*s* a également de nombreuses autres implications très importantes. Il implique des *nombres* de temp*s*, il implique périodes, ondes, vibrations, fréquences, unités, quanta, discontinuités et, en fait, l'appareil structurel au complet de la science moderne.

"L'espace" euclidien avait pour toile de fond sémantique le 'vide'. Nous y déplacions nos figures d'un endroit à l'autre et nous avons toujours supposé que cela pouvait être fait de manière sûre et précise. La mécanique newtonienne a également suivi cette voie et a même postulé un 'espace absolu' (vide). Tout cela nous ramène à l'ancien aristotélisme.

Les systèmes $\bar{E}, \bar{N}$, et $\bar{A}$ ont un arrière-plan sémantique de plénitude ou de plénum, bien que, malheureusement, jusqu'à présent, on ne se rend principalement pas compte de cet arrière-plan, ni on l'utilise pleinement ; il n'a pas, jusqu'à présent, généralement affecté nos *réactions sémantiques*.

Une simple illustration fera comprendre la différence. Imaginons que, dans une partie d'une grande pièce, nous ayons un parapluie ouvert que nous voudrions comparer à un autre parapluie ouvert 'unité'. Imaginons que l'air de la pièce soit pompé et que tous les autres facteurs perturbateurs éventuels soient éliminés. Nous pouvons déplacer notre parapluie 'unité' ouvert d'un endroit à l'autre de la pièce, et ce mouvement ne déformera pas considérablement notre parapluie 'unité'. Réalisons maintenant une expérience similaire dans deux maisons, séparées par une certaine distance, pendant un orage, orage qui implique, bien sûr, la *plénitude*. Pouvons-nous transporter notre parapluie 'unité' à travers la tempête et conserver sa forme, etc., dans la plénitude, sans tenir compte de la plénitude? Bien sûr que non. Nous voyons à quel point il est important que nos théories présupposent le 'vide' ou la 'plénitude'.

Cela montre également pourquoi les géométries non-euclidiennes qui traitent d'un plénum sont structurellement préférables et sémantiquement plus solides et plus en accord avec la structure du monde que le langage du 'vide' euclidien, auquel il n'y a rien à faire correspondre dans la nature. Faut-il s'étonner que les linguistes modernes (mathématiciens) travaillent dans la direction de la plénitude et de la fusion de la géométrie et de la physique? C'est évidemment la seule chose à faire. La géométrie différentielle est le fondement de cette nouvelle perspective, mais, même dans cette géométrie, les lignes pouvaient légitimement être transportées sur de grandes distances. Weyl a introduit une amélioration sémantique de ce point de vue en supposant que pour une géométrie différentielle, il est illégitime d'utiliser des comparaisons à de grandes distances, mais que toutes les opérations doivent se faire entre des points indéfiniment proches.[1]

Il est à noter que les scientifiques, en général, ignorent presque complètement les problèmes verbaux et sémantiques expliqués ici, ce qui entraîne une grande et inutile confusion et rend les travaux modernes inaccessibles au profane en sciences. Prenons par exemple le cas de la "courbure de l'espace-temps". Les mathématiciens utilisent très souvent cette expression et, dans leur for intérieur, ils savent en grande partie de quoi ils parlent. Des millions et des millions de lecteurs, même intelligents, entendent une expression telle que "courbure de l'espace-temps". En raison d'une mythologie apprise dès la crèche et de *réactions sémantiques* primitives, l'"espace" est pour eux le 'vide', et ils essaient donc de comprendre la 'courbure du vide'. Après de rudes efforts, ils parviennent à une conclusion très juste, mais pour eux sans espoir, à savoir que la 'courbure du vide' est soit un *non-sens*, soit 'qui les dépassent', avec pour résultat sémantique soit le mépris des mathématiciens qui traitent du non-sens, soit le désespoir quant à leurs propres capacités - deux résultats sémantiques indésirables.

La vérité est que la 'courbure du vide' n'a pas de significations, quelle que soit *la personne* qui le dit, mais la courbure de la plénitude est tout à fait différente. Que le lecteur regarde le nuage de fumée d'une cigarette ou d'un cigare et il comprendra immédiatement ce que signifie la 'courbure de la plénitude'. Bien sûr, il se rendra compte, tout comme les mathématiciens, que le problème peut être difficile, mais, au moins, il *a du sens* et représente un problème. Ce n'est pas un non-sens.

Des remarques similaires s'appliquent aux dimensions supérieures dans 'espace'. Les dimensions supérieures dans 'vide' sont également absurdes et le profane en sciences a raison de refuser de les accepter. Mais les dimensions supérieures dans la plénitude constituent un problème tout à fait différent. Il suffit de regarder le nuage de fumée d'une cigarette pour se convaincre que pour rendre compte de la plénitude, nous avons besoin d'un très grand nombre de données ou, comme nous le disons approximativement, de dimensions. Cela s'applique également au nouveau monde quadridimensionnel de Minkowski. Il s'agit d'une plénitude composée de lignes du monde, d'un réseau d'événements ou d'intervalles, etc., et ce n'est pas un non-sens.

Dernièrement est paru un excellent livre de Bertrand Russell, publié par l'International Library of Psychology, Philosophy and Scientific Method, dont le titre est *The Analysis of Matter (L'analyse de la matière)*, sans aucuns guillemets.

Ce livre est vraiment un ouvrage exceptionnellement fin et fondamental qui ne présente aucun des défauts que pourrait laisser supposer le titre. Ce titre ne tient tout simplement pas compte des questions expliquées ici ; il devrait s'agir de *L'Analyse de la 'Matière'*.

C'est avec un certain plaisir que l'on voit une autorité telle qu'Eddington, dans sa *Théorie Mathématique de la Relativité*, à la page 158, faire la déclaration suivante : 'En utilisant le mot 'espace', il est difficile de réprimer les idées non pertinentes ; par conséquent, abandonnons le mot et déclarons explicitement que nous considérons un *réseau d'intervalles*'.

Pour les raisons déjà évoquées, je n'utiliserai pas les termes 'matière', 'espace' ou 'temps' sans guillemets et, dans la mesure du possible, j'emploierai plutôt les termes 'matériaux', 'plénum', 'plénitude', 'étendue' et 'temp*s*' (disons secondes). En effet, ces problèmes sémantiques sont si graves qu'ils devraient être portés à l'attention des Congrès Internationaux de Mathématiques et de Physique, afin qu'une nouvelle terminologie *structurellement correcte* puisse être établie. Il *n'est pas* souhaitable que la science *induise* le profane en sciences *en erreur sur le plan structurel* et perturbe ses *réactions sémantiques*. Il est plus facile pour des spécialistes formés de changer leur terminologie que de rééduquer sémantiquement le reste de la civilisation. Je suggère que les termes 'matière', 'substance', 'espace' et 'temps' soient complètement éliminés de la science, en raison de leurs implications structurelles et donc sémantiques extrêmement répandues et vicieuses, et que les termes 'événements', 'espace-temps', 'matière', 'plénum', 'plénitude', 'étendues', 'temp*s*', etc., soient utilisés à la place. Non seulement ces termes n'ont pas les anciennes implications structurelles et sémantiques, mais, au contraire, ils véhiculent les notions structurelles *modernes* et impliquent de nouvelles *réactions sémantiques*. L'utilisation des anciens termes entraîne, inconsciemment et automatiquement, l'ancienne structure métaphysique primitive et des *réactions sémantiques* qui sont entièrement contredites par l'expérience et la science moderne. J'ose suggérer qu'un tel changement de terminologie contribuerait davantage à rendre les nouveaux ouvrages intelligibles que des dizaines de volumes d'explications utilisant l'ancienne terminologie.

Avant de résumer dans les parties IX et X ce que la science moderne a à dire sur la structure du monde qui nous entoure, il sera utile de se demander quels sont les moyens par lesquels nous pouvons reconnaître cette structure.

Section B. La fonction neurologique d'abstraire.

Le protoplasme, même sous sa forme la plus simple, est sensible à différentes stimulations mécaniques et chimiques ; et, en effet, le protoplasme indifférencié possède déjà toutes les potentialités du futur système nerveux. Si nous prenons un morceau de protoplasme indifférencié et qu'une stimulation est appliquée à un point donné, le stimulus ne se répand pas en quelque sorte 'partout à la fois', avec une mystérieuse vitesse 'infinie', mais se propage avec une vitesse finie et un gradient décroissant d'une extrémité de notre morceau de protoplasme à l'extrémité opposée.

En raison de la vitesse de propagation *limitée* et du fait que l'*action se fait par contact dans un plénum*, l'impulsion possède une direction définie et une intensité décroissante, ou, comme nous le disons, le morceau de protoplasme acquiert une polarité temporelle (tête-queue). De telles conditions de polarité produisent une vague d'excitation dirigée d'intensité décroissante, que Child appelle un gradient dynamique. Si une telle stimulation est appliquée à un endroit pendant une durée considérable, une sorte de polarisation peut devenir durable. D'une certaine manière, ces gradients dynamiques sont devenus *structurés* dans les formes de notre système nerveux, qui représentent les chemins préférentiels par lesquels les impulsions nerveuses se déplacent.

Le corps de la plupart des organismes est protégé des stimulations extérieures par une sorte de membrane ou de cuticule et les parties de la surface se sont développées de manière à être sensibles à une forme de stimulation et pas à d'autres. Par exemple, l'œil enregistre les stimulations des ondes lumineuses, alors qu'il est insensible au son, etc., et, même s'il est touché, il ne donne qu'une sensation de lumière. Chaque 'organe sensoriel' dispose également de moyens nerveux permettant de concentrer les stimuli, de les intensifier (etc.) et d'obtenir ainsi la réponse la plus efficace de l'organe terminal correspondant.

Dans nos écoles, on nous a appris que nous avions cinq 'dispositifs sensoriels'. Les recherches modernes montrent qu'il existe plus de vingt 'dispositifs sensoriels' différents. En outre, en ce qui concerne 'Dupond', nous savons que 'sensorialité' et 'esprit' sont indissociables.

Les principales stimulations que nous trouvons dans le monde extérieur peuvent être divisées en trois groupes. Les premières sont connectées aux manifestations macroscopiques les plus rudes du monde extérieur ; il s'agit d'impacts mécaniques que nous appelons 'sensations tactiles', qui vont d'un simple contact mécanique à des contacts rythmés et répétés avec notre peau jusqu'à une fréquence de 1552 vibrations par seconde. Au-delà de cette limite, les '*temps*' commencent à être enregistrés comme une 'durée', c'est-à-dire que l'individualité des '*temps*' est perdue et que nous ressentons une pression. À ce niveau, nous avons affaire à des manifestations macroscopiques brutes, qui ne sont pas seulement ressenties, mais également vues.

Le deuxième groupe de manifestations ne se situe pas, pour l'essentiel, au niveau grossier. Il s'agit des manifestations vibratoires qui ne sont plus visibles à l'œil nu. On peut dire qu'elles se situent au niveau microscopique. Il s'agit de vibrations mécaniques de l'air, etc., que nous connaissons sous la forme de sons. Les vibrations que l'oreille moyenne est capable d'enregistrer vont d'environ 30 (parfois même 12) à environ 30 000 ou même 50 000 vibrations par seconde. L'oreille n'enregistre pas d'autres vibrations.*

Le troisième groupe de manifestations vibratoires appartient à un niveau encore plus subtil. Il s'agit d'ondes électromagnétiques dont la longueur d'onde et le nombre de vibrations par seconde sont extrêmement variés. Les représentants inférieurs de cette série sont les ondes électriques hertziennes, les représentants supérieurs sont les rayons X ou Röntgen. Notre système nerveux n'est capable d'enregistrer qu'une gamme très limitée de ces vibrations, à savoir les ondes appelées chaleur radiante, les ondes lumineuses et les rayons ultraviolets, ces derniers n'existant qu'au niveau chimique. Il semble que nous n'ayons pas d'organe qui réponde directement aux ondes électriques, aux rayons ultra-violets, aux rayons X et aux nombreux autres rayons que nous connaissons grâce aux travaux de laboratoire.

Similairement, les 'dispositifs sensoriels' chimiques du goût et de l'odorat n'enregistrent qu'un très petit nombre d'excitations réelles auxquelles ils sont exposés.

Les animaux ont des limites de sensibilité nerveuse différentes, mais nous ne pouvons avoir aucune idée de la façon dont le monde leur apparaît si leur système nerveux n'est pas assez semblable au nôtre. Les déclarations ci-dessus deviendront plus claires si nous en présentons quelques-unes sous forme de tableau. Le tableau suivant est extrait de *An Introduction to Neurology* du professeur C. Judson Herrick, p. 85 (cinquième édition) :

---

* Les dernières recherches semblent modifier ces données.

Tableau Des Vibrations Physiques*

Process physique	Longueur d'onde	Nombre de vibrations par seconde	Récepteur	Sensation
Contact mécanique	......	De très lent à 1553 par seconde	La peau	Toucher et pression
ondes dans les milieux matériels	Au-dessus de 12.280 mm	En-dessous de 30 par seconde	aucun	aucun
	12.280 mm à 13 mm	30 par seconde à 30,000 par seconde	Oreille interne	tonalité
	En dessous de 13 mm	Au-dessus de 30,000 par seconde	aucun	aucun
Ondes d'Ether	∞ à 0.2 mm ondes électriques	0 à 1500 billion (1.5×10^{12})	aucun	aucun
	0.1mm à 0.0004mm	3000 billion (3×10^{12}) à 800,000 billion (8×10^{14})	peau	Chaleur radiante
	0.0008mm à 0.0004mm	400,000 billion (4×10^{14}) 0 à 800,000 billion (8×10^{14})	rétine	Lumière et couleurs
	0.0004mm à 0.00008mm (rayons ultra-violet)	800,000 billion (8×10^{14}) 0 à 40,000,000 billion (4×10^{16})	aucun	aucun
	0.0002 mm à 0.00000001mm (rayons x)	15,000,000 billion (1.5×10^{16}) 0 à 30,000,000,000 billion (30×10^{18})	aucun	aucun
	0.0000014 mm à 0.0000000005 mm (rayons γ)	2 billion billion (2×10^{18}) 0 à 600 billion billion (6×10^{20})	aucun	aucun
	0.00000000005mm à 0.000000000008mm (rayons cosmiques)	6,000 billion billion (6×10^{21}) 0 à 40,000 billion billion (4×10^{16})	aucun	aucun

*L'utilisation des noms pour les grands nombres n'est pas uniforme dans les différents pays, c'est pourquoi je donne, entre parenthèses, les équivalents américains et français des noms anglais.

Million   1,000,000 = 10^6; (million).
Milliard 1,000,000,000 = 10^9; (milliard ou billion).
Billion $10^6 \times 10^6 = 10^{12}$; (trillion).
Dans ce tableau, 1 billion = 10^9.

Pour illustrer davantage le mécanisme d'abstraction, nous pouvons suggérer l'observation de Weber selon laquelle si, par exemple, une pièce est éclairée par 100 bougies et qu'une bougie supplémentaire est apportée, l'augmentation de l'éclairage sera très légèrement appréciée. Mais il n'en va pas de même si nous avons une pièce éclairée par 1000 bougies. Dans ce cas, nous n'apprécierions pas du tout l'ajout d'une bougie. Dix bougies devraient être introduites pour faire une différence appréciable dans nos perceptions. La loi de Weber, comme on l'appelle, stipule que dans le cas ci-dessus, 1/100 de la force originale du stimulus est nécessaire pour rendre un changement appréciable. Pour la lumière, la fraction est d'environ 1/100 ; pour le bruit, d'environ 1/3 ; pour la pression, elle varie entre 1/30 et 1/10 ; pour le poids, entre 1/70 et 1/40 dans différentes parties du corps.

Si nous utilisons des compas de mesure à deux pointes pour faire des expériences sur la sensation de piqûres, nous constatons que la limite de la distance entre les pointes où nous *sentons une piqûre* et celle où nous en sentons deux est différente selon la partie du corps où nous nous trouvons.

Sur le bout de la langue, cette limite est	1 mm
Sur la face palmaire de la troisième phalange de l'index	2 mm
Sur la face palmaire des deuxièmes phalanges des doigts	4 mm
Sur la paume de la main	10 mm
Sur la face dorsale des premières phalanges des doigts	14 mm
Sur le dos de la main	25 mm
Sur les parties supérieure et inférieure de l'avant-bras	37 mm
Sur le milieu de la cuisse et le dos	62 mm.[2]

Une 'sensation' nécessite un 'temps' appréciable (des temp*s* d'horloge) pour se développer. Une partie de ce 'temps' est consacrée à l'organe d'extrémité, une autre au transport de l'influx nerveux le long des nerfs jusqu'au cerveau et une troisième au cerveau. Une 'sensation' dure généralement plus longtemps que le stimulus, et il arrive souvent qu'un seul stimulus produise toute une série de 'post-sensations'.

Comparé aux 'sensations' obtenues à partir de points douloureux, le toucher est plus rapide dans son développement et sa persistance. Dans le cas d'une corde vibrante, 1500 vibrations par seconde sont reconnaissables au toucher en tant que vibrations. Au-delà de 1552 vibrations par seconde, le caractère vibratoire est perdu et nous ne ressentons plus qu'une pression continue. Une roue tournante dentée donne une sensation de douceur (et de 'continuité') lorsque les dents rencontrent la peau à un rythme de 480 à 680 par seconde.[3]

Les tableaux et les faits mentionnés ci-dessus sont profondément significatifs. Nous voyons tout d'abord que nous sommes structurellement immergés dans un monde plein de manifestations énergétiques, dont nous n'abstrayons directement qu'une très petite partie, ces abstractions étant déjà colorées par le fonctionnement et la structure spécifiques du système nerveux - les abstracteurs. Il est très probable qu'il existe de nombreuses autres manifestations énergétiques que nous n'avons pas encore découvertes. Tous les deux ou trois ans, nous découvrons une nouvelle forme de manifestation énergétique et, à l'heure actuelle, nos connaissances sont déjà si avancées qu'il est fort probable que la liste soit beaucoup plus longue. Enfin, et c'est là que toute la 'structure de la connaissance humaine' commence à jouer son rôle ; *nous devons, pour avoir la sanité, connaître et évaluer ce monde* qui nous entoure, si nous voulons nous y adapter de manière satisfaisante.

Section C. Problèmes d'ajustement.

Le problème de l'ajustement dans le monde animal est-il similaire à celui du monde humain? Non, il est totalement différent. Les animaux ne modifient pas leur environnement aussi rapidement, ni dans une aussi large mesure que les humains. Les animaux ne sont pas des time-binders ; ils n'ont pas la capacité de faire en sorte que chaque génération reprenne là où la précédente s'est arrêtée. Sur le plan neurologique, les animaux ne disposent pas de moyens d'extension extra-neurale, laquelle extension implique le mécanisme complexe dont nous traitons tout au long de cet ouvrage.

L'exemple de la chenille, déjà cité, montre clairement comment les organismes non adaptés à leur environnement périssent et ne propagent pas leurs caractéristiques particulières de non-survie. Des remarques similaires s'appliquent aux poules, à leurs œufs et aux poussins qui sont gardés dans des bâtiments sans lumière du soleil ou avec des fenêtres en verre ordinaires ; ces derniers ne survivent pas non plus et disparaissent donc du paysage.

Chez l'être humain, la situation est tout à fait différente. Nous sommes capables de créer des conditions qui n'existent pas dans la nature. Nous produisons des conditions artificielles et, par conséquent, *notre nombre et notre répartition* ne sont pas régulés par la nature seule. Les animaux ne peuvent pas surpeupler la planète, car ils ne produisent pas artificiellement. Nous surpeuplons la planète parce que nous produisons artificiellement. Chez les *animaux, l'égoïsme passe avant l'altruisme, et les non-égoïstes périssent. Un animal doit d'abord vivre, puis agir.* Chez l'être humain, c'est l'inverse. Les égoïstes peuvent créer des conditions telles qu'elles les détruisent. Nous pouvons surpeupler le globe à cause de la production artificielle, et nous naissons donc aujourd'hui dans un monde où nous devons d'*abord agir avant de pouvoir vivre*. Comme je l'ai déjà montré dans mon livre *Manhood of Humanity* (p. 72), les vieilles fallacieuses généralisations animalistiques ont été et sont encore le fondement de nos 'philosophies', 'éthiques', systèmes, etc., et naturellement de telles doctrines animalistiques doivent être désastreuses pour nous. Sur le plan neurologique, nous créons des conditions que notre système nerveux ne peut pas supporter ; nous nous effondrons donc et, peut-être, ne survivrons même pas.

Les animaux n'ont pas de 'doctrines' au sens de *notre signification* de ce terme ; les doctrines ne font donc pas partie de leur environnement et, par conséquent, les animaux ne peuvent pas périr à cause de fausses doctrines. En revanche, nous en avons et, comme elles constituent les conditions sémantiques environnementales les plus vitales qui régissent notre vie, si elles sont fallacieuses, elles rendent notre vie non-ajustée et conduisent donc, en fin de compte, à la non-survie.

Nous voyons donc que "l'ajustement humain" est une affaire tout à fait différente et beaucoup plus complexe que "l'ajustement animal". Le 'monde' de "l'être humain" est également un 'monde' différent et beaucoup plus complexe que celui de l'animal. Il semble qu'il n'y ait pas d'échappatoire à cette conclusion. Nous voyons aussi que ce que nous avions l'habitude d'appeler 'dispositifs sensoriels' nous fournissent des informations sur le monde qui sont très limitées en quantité, *spécifiques* en qualité, une abstraction inférieure, n'étant jamais 'ça'. Nos 'dispositifs sensoriels' ne sont pas en mesure d'abstraire, évidemment, certaines des manifestations les plus fondamentales de l'énergie que l'on trouve dans le monde extérieur car ils y sont insensibles. Si nous considérons ce qu'on appelle les anciennes 'perceptions sensorielles' comme des abstractions inférieures, nous constatons que nous apprenons les autres manifestations plus subtiles de l'énergie par la science, par des moyens neuraux et extra-neuraux supérieurs, que nous pouvons appeler des abstractions d'ordre supérieur. Autrefois, nous appelions ce type de connaissance 'connaissance inférentielle'. Les animaux ne disposent pas de ces abstractions d'ordre supérieur dans ce sens, et leur monde est donc dépourvu de ces manifestations extra-sensibles de l'énergie.

Il ne faut pas oublier que ces abstractions d'ordre supérieur et la 'connaissance inférentielle' des anciennes théories (elles ne sont pas équivalentes par définition) ont un statut très similaire. Les organismes fonctionnent comme-un-tout et il est impossible de séparer complètement les abstractions d'ordre supérieur de celles d'ordre inférieur. Tout ce qui est dit ici justifie la nouvelle terminologie. Notre système nerveux abstrait, résume, intègre à différents niveaux et dans différents ordres, et le *résultat* d'un stimulus *n'est pas* le stimulus lui-même. La pierre *n'est pas* la douleur produite par la chute de la pierre sur notre pied, pas plus que la flamme que nous voyons ou la brûlure que nous ressentons. Le vrai processus se déroule à l'extérieur de notre peau, tel qu'il est représenté par les 'réalités' de la science moderne.

Nous avons déjà souvent parlé des différents ordres d'abstraction, de leurs caractéristiques particulières, dynamiques ou statiques, etc., et des moyens de traduction des ordres inférieurs en ordres supérieurs, et vice versa. Les événements qui se produisent et pour lesquels nous n'avons pas de 'dispositifs sensoriels" directs d'abstraction, comme par exemple les ondes électriques, les rayons Röntgen, les ondes sans fil, etc., nous les connaissons uniquement grâce à des extensions extra-neurales de notre système nerveux fournies par la science et les instruments scientifiques. Naturellement, nous devrions nous attendre à ce que la structure de notre mécanisme à abstraire se reflète également dans ces abstractions d'ordre supérieur. Les faits montrent que c'est vrai, et pratiquement toute la science moderne le prouve directement ou indirectement. C'est pourquoi, par exemple, nous disposons de méthodes mathématiques pour passer de la dynamique à la statique, et vice versa ; c'est pourquoi nous avons des théories et des conditions quantiques ; et c'est pourquoi nous avons des problèmes de continuité par rapport à la discontinuité, des théories atomiques, etc.

Ce qui précède n'est pas un plaidoyer pour certaines 'philosophies idéalistes' démodées et encore moins pour le 'solipsisme'. Loin de là. L'objet de ce travail est de faire face à des faits structurels expérimentaux multiordinaux, d'analyser ces faits dans un langage de *structure* similaire *(Ā)*, et de parvenir ainsi à de nouvelles conclusions provisoires qui peuvent à nouveau être vérifiées par des expériences. Une fois de plus, le lecteur doit être mis en garde contre la traduction inconsidérée des termes structurellement *nouveaux* dans les *anciens* termes. L'analyse structurelle, psycho-logique, sémantique et neurologique complète d'un seul de ces nouveaux termes nécessiterait plusieurs volumes et n'est donc pas possible dans le cadre de cet ouvrage. L'utilité des anciens termes a été épuisée. Les conséquences structurelles des anciens termes ont été pratiquement toutes élaborées et, en règle générale, nous ne pouvons pas nous opposer aux anciennes conclusions dans l'*ancien langage*. Si nous parvenons à des conclusions *différentes* ou si nous mettons l'accent sur un aspect nouveau, cela est dû à l'utilisation d'un langage structurellement *nouveau*. Si nous traduisons le nouveau dans l'ancien, les anciennes conclusions sont généralement *plus vraies* que les nouvelles. L'inverse est également vrai : les anciennes conclusions deviennent fausses ou, dans le meilleur des cas, ne prennent de l'importance qu'en raison de la structure du nouveau langage. Le problème de toutes les théories, anciennes ou nouvelles, est de donner un compte rendu structurel des faits connus, de rendre compte des exceptions et de prédire de nouveaux faits structurels expérimentaux qui peuvent à nouveau être vérifiés empiriquement.

Section D. Considérations sémantiques.

Nous parlons beaucoup et vaguement de la 'structure' du langage, mais très peu de travaux ont été réalisés dans ce domaine. Dans le présent ouvrage, non seulement nous abordons ce problème du mieux que nous pouvons, d'un point de vue théorique, mais nous utilisons également un langage d'une nouvelle structure fonctionnelle, *non-élémentalistique*, et les résultats, quelle que soit leur valeur, sont en fait les résultats d'une telle procédure.

Il y a peu, nous ne savions même pas que de tels problèmes existaient. Rêver de ces problèmes ne servait à rien, car avant de pouvoir comparer les structures de deux entités différentes, ces entités doivent d'abord être produites. Ensuite, et seulement ensuite, nous pouvons les comparer et les évaluer. Avant de pouvoir comparer les systèmes A, E et N avec les systèmes $\bar{A}$, $\bar{E}$ et $\bar{N}$, ces derniers devaient être produits, même s'ils étaient imparfaits au départ.

On peut dire des choses similaires pour les langages. Avant de pouvoir en parler au pluriel et de les comparer, il faut en avoir plus d'une à comparer. Les mathématiques nous ont montré ce problème en géométrie. Par exemple, nous devons faire face à différents cadres ou références, ou à différents systèmes de coordonnées. Nous constatons qu'ils représentent des langages différents et qu'ils peuvent introduire des déclarations purement verbales qui n'ont rien à voir avec le sujet de notre analyse (caractéristiques extrinsèques). Nous avons également constaté que certaines caractéristiques peuvent apparaître dans une forme de représentation et pas aussi facilement dans une autre. Par exemple, nous savons que toute ligne, à l'exception de l'axe des X passant par un point 0 qui est l'intersection d'une parabole avec son axe des X, coupe la courbe une deuxième fois. Ce fait, qu'il est important de connaître, apparaît clairement dans la forme de représentation en coordonnées polaires, mais n'apparaît pas dans la forme rectangulaire des équations, bien que, lorsqu'une caractéristique d'une courbe est découverte, elle peut généralement être traduite dans les autres langages de coordonnées. Dans de tels cas, un langage de nouvelle structure a une sorte de caractère créatif, en ce sens qu'il facilite certaines découvertes structurelles.

Mais les méthodes coordonnées n'étaient pas tout à fait satisfaisantes. Elles introduisaient trop facilement trop de caractéristiques étrangères, extrinsèques, appartenant au langage et non au sujet. Les mathématiciens décidèrent de s'affranchir de ces références métaphysiques 'extérieures' en renvoyant l'entité à elle-même pour devenir plus expérimentaux. Ils ont inventé la théorie interne des surfaces, un langage vectoriel où ils *renvoient l'entité à elle-même*, à sa courbure, à sa longueur et à sa direction. Enfin, dans l'extension du langage vectoriel que l'on appelle le calcul tensoriel, ils ont atteint une indépendance encore plus grande. Ayant inventé *trois* langages dans lesquels nous pouvons parler d'*une même* question, nous sommes maintenant en mesure de résoudre le problème de la *comparaison* de ces langages. Les problèmes structurels et méthodologiques les plus importants se posent immédiatement.

La toute nouvelle mécanique quantique est également une innovation linguistique structurelle qui fait date, non seulement en physique, mais aussi en *méthodologie*. Nous avons actuellement trois mécaniques quantiques, ou peut-être plus, qui parlent d'un même sujet, mais dans des langages totalement différents. Je dis 'trois ou plus' car, d'un point de vue méthodologique, il est très difficile, à l'heure actuelle, d'être précis, car les problèmes sont trop nouveaux et encore trop peu analysés. Des remarques similaires s'appliquent aux systèmes. Avant de pouvoir comparer deux systèmes, il faut produire un deuxième système. C'est alors que l'on peut les comparer.

Dans notre brève analyse verbale de 'espace', 'temps' et 'matière', nous avons vu qu'il s'agit de *termes* ou de *moyens* linguistiques, *et non d'objets*. Nous avons également vu que ces anciennes formes de représentation ont des implications structurelles très insatisfaisantes. Elles introduisent un *élémentalisme* verbal structurellement *absent* de la nature et, par un processus d'objectification, conduisent à de nombreux types de métaphysiques fantaisistes et sémantiquement nuisibles. Depuis Einstein et Minkowski, l'excellent terme 'événement' a été introduit dans la littérature scientifique. C'est un terme d'une telle importance sémantique faisant date qu'il devrait devenir un terme d'usage quotidien et être introduit dans les écoles élémentaires. Les enseignants ne remplissent pas leur mission de manière honnête et intelligente s'ils négligent ces questions structurelles, linguistiques et sémantiques qui, comme nous l'avons vu, constituent le problème central de toute éducation possible.

De même, nous avons déjà vu que le morceau de nature que nous appelons 'crayon' *n'est* ni 'matière', ni 'espace', ni 'temps', ces termes n'étant que des *termes*. Un tel *langage* élémentalistique est-il structurellement approprié pour parler du monde qui nous entoure? Il semble indéniable qu'un tel langage est tout à fait dépassé et très insatisfaisant. Il introduit structurellement un élémentalisme artificiel de caractère verbal, en dépit du fait que même la considération la plus élémentaire montre que structurellement le contraire est vrai, à savoir que 'matière', 'espace' et 'temps' *ne peuvent jamais* être divisés expérimentalement. Le terme 'événement' est précisément le terme qui met fin à ce vieil et vicieux élémentalisme.

Tout ce à quoi nous avons affaire dans le monde extérieur implique indivisiblement 'matière', 'espace' et 'temps'. En utilisant l'ancien langage, il ne peut y avoir quelque chose quelque part 'nul temps', ou quelque chose à un certain 'temps' et 'nulle part' ou 'rien' 'quelque part' à un certain 'temps'. Tout ce qui se produit doit être représenté structurellement comme quelque chose, quelque part, à un moment donné. Si la structure du monde était telle que 'rien' n'arriverait 'nulle part' en 'nul temps', nous n'aurions rien à dire, et tout ce que nous dirions ou pourrions dire relèverait de nos fantasmes. Le langage quadridimensionnel, qui décrit les événements de manière plus structurée et plus proche de notre expérience, est précisément le langage des 'événements'. Il convient de rappeler que, dans la vie quotidienne, nous vivons selon des conditions événementielles quadridimensionnelles. C'est à dire, les événements qui nous intéressent sont quelque chose, quelque part et à un moment donné. Si nous voulons que deux de nos amis fassent connaissance, nous les invitons chez nous. Le rendez-vous est en trois dimensions dans 'l'espace' (à gauche ou à droite, en avant ou en arrière, en haut ou en bas), et à une heure donnée. Nous voyons donc que notre vie quotidienne se déroule dans un espace-temps quadridimensionnel et nous commençons à apprécier le fait que la science a récemment rattrapé ces 'réalités' structurelles fondamentales. Il convient de noter que le nouveau *langage* d'espace-temps quadridimensionnel n'utilise pas, ou ne devrait pas utiliser, le *terme* 'matière' tel que nous l'utilisions auparavant. Dans le nouveau langage, les morceaux de matériaux dont nous traitons sont connectés analytiquement à la 'courbure' de ce manifeste spatio-temporel.

Le lecteur doit se rendre compte que le langage structurellement nouveau est similaire à la structure de notre expérience et qu'elle implique de profonds facteurs méthodologiques et, par conséquent, psycho-logiques et sémantiques. Elle a des valeurs sémantiques totalement différentes et, peut-être, à cause de cela, elle constitue un progrès irréversible, même si l'on en modifie les détails.

Les newtoniens, pour la plupart, négligent le fait que toutes les théories, y compris la leur, sont un produit sémantique du fonctionnement du système nerveux et impliquent donc une part de 'logique' et de 'psychologie'. Dans les nouvelles théories, une sorte de subjectivité *physique* apparaît toujours et doit être prise en compte. Nous savons, par exemple, que si nous immergeons une partie d'un bâton droit dans l'eau, le bâton semble cassé, alors qu'en vrai il ne l'est pas. Un appareil photographique donne un résultat similaire. Nous voyons donc qu'à côté de la subjectivité psycho-logique, il existe une *subjectivité physique* très importante, qui est introduite par l'utilisation d'instruments. Les principales difficultés de la science moderne résident précisément dans l'élimination de cette subjectivité physique, en particulier lorsqu'il s'agit d'entités si minuscules que les ondes lumineuses les manquent. Dans le cas d'un hypothétique microscope à rayons gamma, par exemple, les rayons produiraient ce que l'on appelle un effet Compton,* et les résultats de l'expérience seraient donc modifiés par l'instrument et la procédure.

Nous ne devrions pas être surpris que les anciens systèmes de 'mouvement' et d'"émotion" en science (Newton) et en 'philosophie' (Bergson) résultent de spéculations sur l'ancien langage élémentalistique *A* (*Aristotélicien*) et de l'introduction

---

* Compton a découvert, en 1923, que la génération d'un rayonnement Röntgen continu secondaire par un rayonnement primaire se fait par une augmentation de la longueur d'onde.

de suppositions fantaisistes et fallacieuses d'un 'infini' quelque part, et d'autres fantasmes. Se rendre compte de ce fait marque une nouvelle époque sémantique dans nos vies. Il est tout à l'honneur de ces deux hommes d'avoir résumé ces anciennes tendances d'une manière si magistrale qu'elle nous permet de les dépasser. Nous reviendrons sur ce sujet lorsque nous analyserons le 'monde' quadridimensionnel de Minkowski, et nous résumerons alors brièvement ce que nous savons aujourd'hui de 'espace', 'temps' et 'matière' (voir les Parties IX et X).

PARTIE V
SUR LE LANGAGE NON-ARISTOTÉLICIEN APPELÉ MATHÉMATIQUES

Une fois qu'un énoncé est mis sous forme mathématique, il peut être manipulé conformément à ces règles et chaque configuration des symboles représentera des faits en harmonie avec ceux contenus dans l'énoncé d'origine et en dépendant. Cela se rapproche beaucoup de ce que nous concevons comme l'action des structures cérébrales dans l'accomplissement d'actes intellectuels avec les symboles du langage ordinaire. Dans un sens, le mathématicien a donc pu mettre au point un dispositif grâce auquel une partie du travail de la pensée logique s'effectue en dehors du système nerveux central, avec seulement la supervision nécessaire pour manipuler les symboles conformément aux règles. (583)

HORATIO B. WILLIAMS

Les plus tenaces suggèrent que la théorie de l'infini élaborée par les grands mathématiciens des XIXème et XXème siècles, sans laquelle l'analyse mathématique telle qu'elle est utilisée aujourd'hui est impossible, s'est suicidée d'une manière inutilement longue et compliquée au cours du dernier demi-siècle. (22)

E. T. BELL

La solution se poursuit avec brio ; mais alors que nous nous sommes débarrassés des autres inconnues, voici que V disparaît à son tour et que nous nous retrouvons avec une conclusion indiscutable mais irritante -

$$0 = 0$$

Il s'agit là d'un procédé favori auquel les équations mathématiques ont recours lorsqu'elles proposent des questions stupides. (149)

A. S. EDDINGTON

Qui critiquera les bâtisseurs? Certainement pas ceux qui sont restés les bras croisés sans soulever une pierre. (23)

E. T. BELL

.... Permettez-moi de rappeler à tous les non-mathématiciens.... que lorsqu'un mathématicien met au point les outils élaborés qui lui permettent d'atteindre la précision dans son propre domaine, il n'est pas préparé et ne sait pas manier les outils ordinaires du langage. C'est pourquoi les mathématiciens déçoivent toujours l'attente de précision, de raison et de clarté dans leurs déclarations sur les affaires quotidiennes, et c'est pourquoi ils sont, en fait, plus faillibles que le commun des mortels. (529)

OSWALD VEBLEN

CHAPITRE XVIII

LES MATHÉMATIQUES EN TANT QUE LANGAGE D'UNE STRUCTURE SIMILAIRE À LA STRUCTURE DU MONDE

> Aujourd'hui, il n'y a pas beaucoup de physiciens qui, comme Kirchhoff et Mach, considèrent que la tâche de la théorie physique est simplement une description mathématique (*aussi économe que possible*) des connections empiriques entre les quantités observables, c'est-à-dire une description qui reproduit la connexion autant que possible, sans l'intervention d'éléments inobservables. (466)
>
> E. SCHRÖDINGER

> Mais dans la discussion courante sur les classes, il y a des transitions illégitimes vers les notions de 'nexus' *(NdT : un complexe, une association de plusieurs éléments imbriqués)* et de 'proposition'. L'appel à une classe pour qu'elle rende les services d'une entité propre est exactement analogue à l'appel à un terrier imaginaire pour qu'il tue un vrai rat. (578)
>
> A. N. WHITEHEAD

> En gros, cela revient à dire que l'analyse mathématique telle qu'elle fonctionne aujourd'hui doit utiliser des nombres irrationnels (comme la racine carrée de deux) ; le sens dans lequel ces nombres existent, s'il existe, est flou. Leur existence mathématique réputée implique les théories contestées de l'infini. Les paradoxes demeurent. Sans une théorie satisfaisante des nombres irrationnels, entre autres, Achille ne rattrape pas la tortue et la terre ne peut pas tourner sur son axe. Mais, comme l'a fait remarquer Galilée, elle tourne. Il semblerait donc que quelque chose ne va pas dans nos tentatives d'appréhender l'infini. (22)
>
> E. T. BELL

> *La carte n'est pas la chose cartographiée*. Lorsque la carte est identifiée à la chose cartographiée, nous obtenons l'un des vastes creusets de la numérologie. (604)
>
> E. T. BELL

> La théorie des nombres est le dernier grand continent non civilisé des mathématiques. Il est divisé en d'innombrables pays, assez fertiles en eux-mêmes, mais tous plus ou moins indifférents au bien-être des uns et des autres et sans le moindre vestige d'un gouvernement central et intelligent. Si un jeune Alexandre pleure à la recherche d'un nouveau monde à conquérir, c'est ce monde qui se trouve devant lui. (23)
>
> E. T. BELL

Le présent travail - à savoir la construction d'un *système non-aristotélicien* et une introduction à une théorie de la sanité et de la sémantique générale - dépend fondamentalement, pour sa réussite, de la reconnaissance des mathématiques comme un langage dont la structure est similaire à celle du monde dans lequel nous vivons.

Le labyrinthe de connaissances, souvent sans connexion entre elles, que nous avons rassemblées dans les domaines dont traite cette partie est si vaste qu'il faudrait plusieurs volumes pour le couvrir ne serait-ce que partiellement. Dans ces conditions, il est impossible de traiter le sujet autrement que par une sélection très minutieuse, et je ne dirai donc que ce qui est nécessaire à mon objectif sémantique actuel.

C'est une expérience commune à nos civilisations occidentale qu'une généralisation heureuse permet de connecter de nombreuses parties non-connectées de nos connaissances ; de nombreux 'mystères' de la science deviennent simplement une question linguistique, puis les mystères disparaissent. Les nouvelles généralisations introduisent de nouvelles *attitudes* (évaluation) qui, comme d'habitude, simplifient sérieusement les problèmes pour une nouvelle génération. Dans le présent travail, nous traitons les problèmes du point de vue d'une telle généralisation, d'application étendue, à savoir la *structure*, qui nous est imposée par la négation du 'est' d'identité, etc. ; de sorte que la structure devient le seul lien entre le niveau objectical et le niveau verbal. La conséquence suivante est que la structure seule est le seul contenu possible de la connaissance.

En étudiant la structure, nous avons découvert qu'elle peut être définie en termes de relations et, ces dernières, à des fins particulières, en termes d'ordre multi-dimensionnel. Il est évident que pour étudier la structure, nous devons rechercher les relations, et donc l'ordre multi-dimensionnel. L'application complète des principes ci-dessus devient notre guide pour les recherches futures.

Ces derniers temps, nous nous sommes habitués à des arguments tels que, par exemple, l'acceptation de la théorie d'Einstein pour des raisons 'épistémologiques'. Naturellement, le scientifique ou le profane en sciences qui a entendu ce dernier terme, mais n'a jamais pris la peine de vérifier qu'il signifie 'selon la structure de la connaissance humaine', ne reconnaîtrait aucune nécessité d'accepter quelque chose qui viole toutes ses *réactions sémantiques* habituelles, pour des raisons qu'il ne connaît pas et dont il ne se soucie pas. Mais si nous disons que la théorie d'Einstein doit être acceptée, au moins pour le moment, comme un *progrès linguistique structurel* irréversible, cette déclaration comporte pour beaucoup une implication verbale et sémantique tout à fait différente, qui mérite d'être examinée.

Les mathématiques sont devenues, ces derniers temps, tellement élaborées et complexes qu'il faut pratiquement toute une vie pour se spécialiser dans un seul de leurs nombreux domaines. De temps à autre, des notions d'une extrême généralité créative apparaissent, qui nous aident à voir les relations et les dépendances entre des domaines autrefois sans lien. Par exemple, l'arithmétisation des mathématiques, ou la théorie des groupes, ou la théorie des ensembles, sont toutes devenues des généralisations suprêmes. Actuellement, nous avons tous tendance, y compris les scientifiques, à confondre les ordres d'abstractions. Il en résulte un blocage sémantique psycho-logique et l'impossibilité de voir clair dans les grandes questions.

Certaines des questions structurelles sont encore peu comprises et, en écrivant ce chapitre, je m'expose à ce que le profane en sciences me reproche d'avoir accordé trop d'attention aux mathématiques et le mathématicien professionnel d'en avoir accordé trop peu. Je réponds que ce qui est dit ici est nécessaire pour compléter les fondements sémantiques du système, et que je n'en explique que suffisamment pour faire ressortir les principaux points de la structure et comme suggestions sémantiques pour des recherches sémantiques ultérieures.

J'ai constaté que chez certains physiciens et certains mathématiciens, la thèse selon laquelle les mathématiques sont le seul langage qui, en 1933, a une structure similaire à celle du monde, n'est pas toujours acceptable. Quant à la deuxième thèse, la similarité de sa structure avec notre système nerveux, certains

FIG. 1

semblent même ressentir que cette affirmation frise le sacrilège ! Ces objecteurs estiment apparemment que j'attribue aux mathématiques plus qu'il n'est juste. Certains physiciens me font remarquer le développement insatisfaisant des mathématiques et semblent confondre l'inadéquation d'une théorie mathématique donnée avec la structure *multiordinale* générale des mathématiques. Ainsi, si une étude physique expérimentale est menée - par exemple, sur les hautes pressions - et que les anciennes théories prédisent un comportement illustré par la courbe (A), alors que les nouvelles données expérimentales montrent que la courbe réelle est (B), un tel résultat montrerait sans équivoque que la première théorie n'est pas correcte d'un point de vue structurel. Mais, en soi, ce résultat n'affecte pas la justesse d'une déclaration sur la structure générale des mathématiques qui peut rendre compte des *deux courbes*.

Jusqu'à très récemment, nous avions un véritable problème en physique avec les phénomènes quantiques qui semblent se dérouler par étapes discrètes, alors que nos mathématiques sont fondamentalement fondées sur des hypothèses de continuité. Il s'agissait apparemment d'une grave divergence structurelle, qui a toutefois été surmontée de manière satisfaisante par la théorie ondulatoire de la nouvelle mécanique quantique, expliquée dans la Partie X, où les discontinuités sont prises en compte, malgré l'utilisation d'équations différentielles et, par conséquent, des mathématiques du continu.

Mais si nous partons d'hypothèses fondamentales de continuité, nous pouvons toujours rendre compte des discontinuités en introduisant des théories ondulatoires ou d'autres dispositifs similaires. Il est donc impossible, dans notre cas, d'argumenter le passage de la théorie ondulatoire (par exemple) à la structure des mathématiques, ou vice versa, sans une analyse structurelle générale fondamentale et *indépendante*, qui seule peut élucider le problème en question.

Les mathématiciens peuvent objecter que la nouvelle révision des fondements des mathématiques, initiée par Brouwer et Weyl, remet en question l'"existence" des nombres irrationnels, etc., et, par conséquent, détruit les fondements mêmes de la continuité et de la légitimité des mathématiques existantes.

Pour répondre à une telle critique, il convient de noter, tout d'abord, que la 'continuité' actuelle est de deux types. L'une est d'une qualité supérieure et est habituellement appelée par ce nom ; l'autre continuité est d'une qualité inférieure et est habituellement appelée 'compacité'. La nouvelle révision remet en cause la continuité supérieure, mais n'affecte pas la compacité, qui, par conséquent, devra peut-être suffire à l'avenir pour toutes les mathématiques, puisque la compacité suffit à répondre à toutes les exigences psycho-logiques, une fois que les problèmes de l'"infini" seront bien compris.

Une analyse structurelle indépendante des mathématiques, traitées comme un langage et une forme de comportement humain, établit la similarité de ce langage avec les caractéristiques structurelles indéniables de ce monde et du système nerveux humain. Ces fondements structurels simples et peu nombreux sont obtenus par l'inspection de données connues et peuvent être considérés comme bien établis.

Les définitions existantes des mathématiques ne sont pas entièrement satisfaisantes. Elles sont soit trop larges, soit trop étroites, ou ne mettent pas suffisamment l'accent sur les principales caractéristiques des mathématiques. Une définition sémantique des mathématiques devrait être suffisamment large pour couvrir toutes les branches existantes des mathématiques ; elle devrait être suffisamment étroite pour exclure les disciplines linguistiques qui ne sont pas considérées comme mathématiques selon le meilleur jugement des spécialistes, et elle devrait également être suffisamment *souple* pour rester valable, quelle que soit l'évolution future des mathématiques.

J'ai dit que les mathématiques sont le seul langage, à l'heure actuelle, dont la structure est similaire à la structure du monde *et* du système nerveux. Pour les besoins de l'exposé, nous devrons diviser notre analyse en conséquence, tout en gardant à l'esprit que cette division est, d'une certaine manière, artificielle et facultative, étant donné que les questions se chevauchent. Dans certains cas, il est vraiment difficile de décider sous quelle division un aspect donné doit être analysé. Les problèmes sont très vastes et une discussion complète nécessiterait des volumes ; nous devons donc nous limiter à une esquisse suggestive des aspects les plus importants nécessaires à la présente enquête.

Du point de vue de la sémantique générale, les mathématiques, qui comportent des symboles et des propositions, doivent être considérées comme un langage. Du point de vue psychophysiologique, elles doivent être traitées comme une activité du système nerveux humain et comme une forme de comportement des organismes appelés humains.

Tous les langages sont composés de deux types de mots :

(1) des *noms* pour le quelque chose au niveau indicible, qu'il s'agisse d'objets externes, etc., ou des *sensations internes*, qui, il est vrai, *ne sont pas* des mots, et

(2) des *termes relationnels*, qui expriment les vraies relations, ou souhaitées, ou toute autre relation entre les entités indicibles du niveau objectique.

Quand une 'qualité' est traitée physiologiquement comme une réaction d'un organisme à un stimulus, elle devient également une relation. Il convient de noter que, souvent, certains mots peuvent être, et sont effectivement, utilisés dans les deux sens ; mais, dans un contexte donné, nous pouvons toujours, par une analyse plus poussée, séparer les mots utilisés dans ces deux catégories. Les nombres ne font pas exception ; nous pouvons utiliser les étiquettes 'un', 'deux', etc., comme des nombres (dont le caractère sera expliqué plus loin) mais aussi comme des noms pour tout ce que nous voulons, comme, par exemple, Deuxième ou Troisième Avenue, ou Jean Dupont I ou Jean Dupont II. Lorsque nous utilisons des nombres comme noms ou étiquettes pour quelque chose, nous les appelons des chiffres ; et il *ne* s'agit *pas* d'une utilisation mathématique de 'un', 'deux', etc. car ces noms ne suivent pas les règles mathématiques. Ainsi, la Deuxième Avenue et la Troisième Avenue ne peuvent pas être additionnées et ne donnent en aucun cas la Cinquième Avenue.

Les noms seuls ne produisent pas de propositions et donc, en eux-mêmes, ne disent rien. Avant d'avoir une proposition et donc des significations, les noms doivent être reliés par un mot-relation, qui peut être explicite ou implicite selon le contexte, la situation, les habitudes de langage, etc. La division des mots dans les deux classes ci-dessus peut sembler arbitraire, ou introduire une complication inutile par sa simplicité ; pourtant, si nous tenons compte des connaissances modernes, nous ne pouvons pas suivre les divisions grammaticales d'un langage de facture primitive, et une division telle que celle que j'ai suggérée ci-dessus semble structurellement correcte en 1933.

Traditionnellement, les mathématiques se divisaient en deux branches : l'une, appelée arithmétique, traitait des nombres ; l'autre, appelée géométrie, traitait d'entités telles que 'ligne', 'surface', 'volume', etc. Un jour, Descartes, alité et malade, observa les branches d'un arbre qui se balançaient sous l'effet d'une brise. Il lui vint à l'esprit que les distances variables des branches par rapport aux cadres horizontaux et verticaux de la fenêtre pouvaient être exprimées par des nombres représentant des mesures de ces distances. Un pas faisant date était franchi : les relations géométriques étaient exprimées par des relations numériques ; cela signifiait le début de la géométrie analytique et l'unification et l'arithmétisation des mathématiques.

Des recherches plus approfondies menées par les pionniers Frege, Peano, Whitehead, Russell, Keyser et d'autres ont révélé que le 'nombre' peut être exprimé en 'termes logiques' - une découverte très importante, à condition que nous disposions d'une 'logique' valide et de termes *non-élémentalistiques* structurellement corrects.

Traditionnellement aussi, depuis Aristote, et, de l'avis de la majorité, encore aujourd'hui, les mathématiques sont considérées comme uniquement connectées à la quantité et à la mesure. Cette vision n'est que partielle, car il existe de nombreuses branches très importantes et fondamentales des mathématiques qui n'ont rien à voir avec la quantité ou la mesure - comme, par exemple, la théorie des groupes, l'analyse situs (NdT : Leibniz a appelé Analysis Situs une recherche qu'il conduisit toute sa vie sur l'établissement d'un symbolisme qui serait pour la géométrie ce que le symbolisme algébrique était aux nombres), la géométrie projective, la théorie des nombres, l'algèbre de la 'logique', etc.

On parle parfois des mathématiques comme de la science des relations, mais à l'évidence une telle définition est trop large. Si le seul contenu de la connaissance est structurel, alors les relations, évidentes ou à découvrir, sont le fondement de toute connaissance et de *tout* langage, comme l'indique la division des mots donnée plus haut. Une telle définition, telle qu'elle est suggérée, rendrait les mathématiques co-extensibles à *tout* langage, ce qui n'est évidemment pas le cas.

Avant de proposer une définition sémantique des mathématiques, j'introduis un tableau synoptique tiré de *The Philosophy of Mathematics* du professeur Shaw, qu'il qualifie de seulement suggestif et 'sans doute incomplet à bien des égards'. J'utilise ce tableau parce qu'il donne une liste moderne des termes mathématiques les plus importants et des disciplines nécessaires pour le but de ce travail, indiquant aussi, d'une certaine manière, leur évolution et leurs interrelations structurelles.

V. SUR LE LANGAGE NON-ARISTOTÉLICIEN

			MONDES	objets	MORPHOLOGIE	INVARIANCE	FONCTIONALITÉ	IDÉALITÉ
Principes centraux des mathématiques	CONFIGURATIONS — Mathématiques statiques	chaotique — Configurations rythmiques – arithmétiques	Entiers Rationnels Irrationnels Ensembles ATOMICITÉ	nombres	Entiers Théorie des ensembles Arithmétique littérale Complexes Géométrie des points Espaces fonctionnels	Congruences Arithmétique des invariants Géométrie modulaire	Fonctions arithmétiques Fonctions algébriques Fonctions de la variable réelles Calcul infinitésimal Analyse générale	Idéaux arithmétiques Idéaux de Galois Théorie des nombres supérieurs Théorie de Pleard-Vessiot
		Configurations spatiales - géométrie	Points Lignes Surfaces Variétés Éléments plus haut CONTINUITÉ	figures	Espace ponctuel à deux ou plusieurs dimensions Géométrie des lignes Géométrie des surfaces Géométrie absolue Éléments supérieurs Expansions	Invariants géométriques Invariants algébriques Formes symétriques et alternées Systèmes modulaires	Fonctions réelles de N variables Champs de vecteurs Fonctions de lignes Dérivées partielles Géométrie géométrie	Systèmes d'équations différentielles Physique mathématique Théorie de la relativité
		ordonné — Configuration de conception - tactique	Arrangements Configurations Constellations CONFIGURATION	formes	Analyse combinatoire Stéréochimie Théorie des symboles Théorie de Poincaré d'équations différentielles	Systèmes stables Irréductibles	Fonctions d'arrangements, configurations, constellations, et structures	Éléments idéaux de construction Chimie mathématique
		Configuration d'idées –logistique	Concepts Relations CONSISTENCE	propositions	Fondements Systèmes de postulats Calcul de classes ou de relations	Systèmes équivalents Invariants logiques	Classes de fonctions de classes Fonctions de relations Implications	Classes idéales ou relations Schémas classificatoires
	MOTRICITÉS — Mathématiques cinématiques	Chaotique — Mutation Motricité - Opérateurs	Substitutions Transformations Groupes MUTATIONS	opérateurs	Théorie des groupes finis ou infinis Calcul des opérations	Géométrie projective Géométrie d'inversion Invariants différentiels et intégraux Analysis situs	Transformations géométriques Homomorphismes Transmutations	Fonctions automorphes Équations fonctionnelles Calcul des variations Analyse fonctionnelle Équations intégrales Équations aux différences Équations différentielles
		Qualité Motricités - Algèbres	Négatifs Imaginaires Hyper-nombres QUALITÉ	Visualisation	Algèbres linéaires Transformations fonctionnelles	Équations invariantes Invariants d'expression	Fonctions à variables complexes et hyper-complexes Théorie générale de la fonction	Hyper-idéaux
		Ordonné — Action Motricités -Processus	Routes Déplacements Combinaisons ACTION	process	Actions composites Structures actionnelles	Équivalents d'actions Invariants de processus	Processus dépendants de processus Fonctions d'action	Process idéaux
		inférences	Transpositions Syllogismes Implications DÉDUCTIONS	pensées	Syllogisme Calcul des déductions	Lois des inférences Déductions équivalentes Invariants	Fonctions d'inférences	Entités idéales qui satisfont les inférences Théories scientifiques

*Ce tableau diffère légèrement de celui imprimé dans *The Philosophy of Mathematics*. Les corrections ont été apportées par le professeur Shaw et m'ont été aimablement communiquées par lettre.

Une définition sémantique des mathématiques pourrait être la suivante : les mathématiques consistent en des schémas linguistiques limités de relations multiordinales capables d'être traitées avec exactitude à une date donnée.

Après que j'ai donné une définition sémantique du nombre, il sera évident que la définition ci-dessus couvre toutes les disciplines existantes considérées comme mathématiques. Cependant, ces développements ne sont pas figés. Cette définition prévoit-elle leur croissance future ? En insérant comme élément fondamental de la définition 'traitement exact à une date donnée', il est évident que oui. Chaque fois que nous découvrirons, dans un domaine quelconque, des relations qui permettront un traitement 'logique' exact, une telle discipline sera incluse dans l'ensemble des schémas linguistiques appelés mathématiques et, à l'heure actuelle, rien n'indique que ces développements puissent à jamais prendre fin. Quand la 'logique' deviendra un 'calcul structurel' ∞-valué, les mathématiques et la 'logique' fusionneront complètement et deviendront une science générale des relations *multiordinales* et de l'ordre multidimensionnel, et toutes les sciences pourront devenir exactes.

Il est nécessaire de montrer que cette définition n'est pas trop large, et qu'elle élimine des notions certes non-mathématiques, sans invalider la déclaration selon laquelle le contenu de toute connaissance est structurel, et donc finalement relationnel. Le mot 'exact' élimine les relations non-mathématiques. Si nous nous interrogeons sur la signification du mot 'exact', nous constatons par expérience que cette signification n'est pas constante, mais qu'elle varie avec la date, de sorte que seul une déclaration 'exacte à une date donnée' peut avoir une signification précise.

Nous pouvons analyser une simple déclaration, 'l'herbe est verte' (le 'est' ici est celui de prédication (d'attribution) (NdT : prédication : action de prédiquer, énoncé par lequel on attribue un prédicat à un sujet, ou relation qui est établie entre le sujet et le prédicat par un tel énoncé) et non d'identité), qui représente peut-être un exemple extrême d'énoncé non-mathématique ; mais un raisonnement similaire peut être appliqué à d'autres exemples. Nous avons parfois une sensation que nous exprimons en disant 'l'herbe est verte'. En général, une telle sensation est appelée 'perception'. Mais un tel *processus* peut-il être écarté aussi simplement, en l'appelant simplement du nom de 'perception' ? Il est facile de 'donner des noms sous la provocation', comme le dit Santayana quelque part ; mais cela épuise-t-il la question ?

Si nous analysons plus avant une telle déclaration, nous constatons qu'elle implique une comparaison, une évaluation à certains égards avec d'autres caractéristiques de l'expérience, etc., et l'énoncé prend donc des caractéristiques relationnelles. Celles-ci, entre-temps, ne sont pas exactes et, par conséquent, ne sont pas mathématiques. Si nous poussons l'analyse plus loin, en faisant intervenir des données tirées de la chimie, de la physique, de la physiologie, de la neurologie, etc., nous obtenons des relations de plus en plus exactes et, finalement, avec des termes tels que 'longueur d'onde', 'fréquence', etc., on arrive à des termes structurels qui permettent un traitement exact de 1933. Il est vrai qu'un langage de 'qualité' dissimule des relations, parfois très efficacement ; mais une fois que 'qualité' est considérée comme la réaction d'un organisme donné à un stimulus, le terme utilisé pour cette 'qualité' devient le nom d'une relation très complexe. Cette procédure peut toujours être utilisée, ce qui permet d'établir une fois de plus le caractère fondamental des relations.

Ces dernières déclarations sont d'une grande importance structurelle et sémantique, car elles sont étroitement connectées aux prémisses négatives, fondamentales et indéniables $\bar{A}$. Ces résultats peuvent être enseignés très simplement aux enfants, mais cela implique automatiquement une méthode entièrement nouvelle et moderne d'évaluation et d'attitude à l'égard du langage, qui aura un effet, jusqu'à présent entièrement ignoré, bénéfique sur les *réactions sémantiques*.

Nous devons examiner brièvement les termes 'genre' et 'degré', car nous en aurons besoin plus tard. Les mots, les symboles, etc., servent de formes de représentation et appartiennent à un univers différent - 'l'univers du discours' - puisqu'ils ne sont pas les niveaux indicibles à propos desquels nous parlons. Ils appartiennent à un monde d'abstractions supérieures et non au monde d'abstractions inférieurs que nous donnent les centres nerveux inférieurs.

L'expérience commune et les recherches scientifiques (expérience plus fine) nous montrent que le monde qui nous entoure est composé d'individus absolus, tous différents et uniques, bien qu'interconnectés. Dans ces conditions, le langage que nous utilisons est évidemment facultatif. Plus nous utilisons le langage de la diversité des 'genres', plus nos définitions doivent être précises. D'un point de vue psycho-logique, l'accent est mis sur la différence. Une telle procédure peut mettre à l'épreuve notre ingéniosité, mais elle nous rapproche des faits structurels de la vie, où, à la limite, nous devrions établir un 'genre' pour chaque individu.

En utilisant le terme 'degré', nous pouvons être plus vagues. Nous procédons par similarités, mais un tel traitement implique une interconnexion fondamentale entre différents individus d'un type particulier. Il implique un certain type de métaphysique ou d'hypothèses structurelles - comme, par exemple, une théorie de l'évolution. Comme notre 'connaissance' est le résultat de ce que notre système nerveux abstrait, il semble, conformément à la structure de notre système nerveux, que nous privilégions d'abord le terme de 'degré' et que ce n'est que lorsque nous avons atteint un certain degré d'acuité verbale que nous passons au langage du 'genre', si le besoin s'en fait sentir.

L'étude des langages primitifs montre que, historiquement, nous avons eu tendance à utiliser le langage' genre', qui se traduit par une surabondance de noms et peu de mots-relation, ce qui rend impossible une analyse plus poussée. La science, en revanche, a une préférence pour le langage des 'degrés', qui, en fin de compte, conduit aux langages mathématiques, à une énorme simplicité et à une économie de mots, et donc à une meilleure efficacité, à plus d'intelligence et à l'unification de la science. Ainsi, la chimie est devenue une branche de la physique, la physique une branche de la géométrie ; la géométrie fusionne avec l'analyse, et l'analyse avec la sémantique générale ; et la vie elle-même devient une occurrence colloïdale physico-chimique. Le langage du 'degré' a des implications *relationnelles, quantitatives* et d'*ordre* très importantes, tandis que celui du 'type' a, pour l'essentiel, des implications qualitatives, dissimulant souvent, sinon toujours, les relations au lieu de les exprimer.

La définition courante du 'nombre', telle qu'elle a été formulée par Frege et Russell, est la suivante : 'Le nombre d'une classe est la classe de toutes les classes qui lui sont semblables '[1] Cette définition n'est pas entièrement satisfaisante : d'une part, parce que la multiordinalité du terme 'classe' n'est pas énoncée ; d'autre part, elle est *A* (*Aristotélicienne*), car elle fait intervenir le terme ambigu (quant à l'ordre des abstractions) de 'classe'. Que signifions-nous par le terme 'classe'? S'agit-il d'un vaste ensemble d'individus absolus, indicibles de par sa nature même, tel qu'un *agrégat vu*, ou s'agit-il de la *définition* ou de la *description orale* de ces entités objectives indicibles? Le terme implique donc, pour commencer, une confusion fondamentale des ordres d'abstractions - la question même que nous devons éviter avec le plus grand soin, comme l'exige positivement le principe de non-identité. En outre, si nous explorons le monde avec une 'classe de classes', etc., et que nous obtenons également des résultats de 'classes de classes', une telle procédure ne jette aucune lumière sur les mathématiques, leurs applications et leur importance en tant qu'outil de recherche. Peut-être même accroît-elle les mystères qui entourent les mathématiques et dissimule-t-elle les relations entre les mathématiques et la connaissance humaine en général.

Nous devrions attendre d'une définition satisfaisante du terme 'nombre' qu'elle clarifie le caractère sémantique des nombres. D'une manière ou d'une autre, grâce à une longue expérience, nous avons appris que les nombres et les mesures ont une importance mystérieuse, parfois inquiétante. Les prédictions mathématiques, qui sont ensuite vérifiées de manière empirique, en sont l'illustration. Je ne rappellerai que la découverte de la planète Neptune grâce à des recherches mathématiques, fondées sur son action sur Uranus, bien avant que l'astronome ne vérifie effectivement cette prédiction avec son télescope. On pourrait multiplier les exemples de ce genre, la littérature scientifique en est remplie. Pourquoi les mathématiques et les mesures sont-elles si importantes? Pourquoi les opérations mathématiques d'un Dupond donné, qui semblent souvent innocentes (et parfois même assez stupides), donnent-elles une sécurité si inhabituelle et des résultats si indéniablement pratiques?

Est-il vrai que la majorité d'entre nous naissent ignares en mathématiques? Pourquoi cette peur et cette aversion générales pour les mathématiques? Les mathématiques sont-elles vraiment si difficiles et rebutantes, ou est-ce la façon dont les mathématiques sont traitées et enseignées par les mathématiciens qui est en cause? Si l'on parvient à éclaircir ces problèmes sémantiques déroutants, peut-être serons-nous confrontés à une révolution scientifique qui pourrait affecter profondément notre système éducatif et même marquer le début d'une nouvelle période dans les normes d'évaluation, dans laquelle les mathématiques prendront la place qu'elles devraient avoir. Il est certain que nos épistémologies et nos 'psychologies' ont quelque chose à se reprocher si elles ne peuvent pas faire face à ces problèmes.

Une explication simple est donnée par une nouvelle analyse $\bar{A}$ et une définition *sémantique* des nombres. Ce qui suit est écrit, en grande partie, pour des non-mathématiciens, comme le mot 'sémantique' l'indique, mais nous espérons que les mathématiciens professionnels (ou certains, au moins) peuvent être intéressés par les *significations* du terme 'nombre', et qu'ils ne l'ignoreront pas complètement. Sur le plan sémantique, la définition semble satisfaisante ; mais peut-être n'est-elle pas entièrement satisfaisante sur le plan technique, et la définition devrait être légèrement reformulée pour satisfaire les besoins techniques des mathématiciens. En attendant, les gains sont si importants que nous ne devrions pas rechigner devant le travail à faire pour produire enfin une définition - mathématique et, cette fois, sémantique $\bar{A}$ des nombres.

Comme nous l'avons déjà mentionné, l'importance de la notation est primordiale. Ainsi, la notation romaine des nombres - I, II, III, IV, V, VI, etc., - n'était pas satisfaisante et n'aurait pas pu conduire aux développements modernes des mathématiques, car elle ne possédait pas suffisamment de caractéristiques positionnelles et structurelles. Les mathématiques modernes ont commencé lorsqu'elles ont été rendues possibles par l'invention ou la découverte de la notation positionnelle. Nous utilisons le symbole '1' dans 1, 10, 100, 1000, etc., dans lesquels, en raison de sa place, il a des valeurs différentes. Dans l'expression '1', le symbole signifie 'une unité' ; dans 10, le symbole '1' signifie dix unités ; dans 100, le symbole '1' signifie cent unités, etc.

Pour avoir une notation positionnelle, nous avons besoin d'un symbole '0', appelé zéro, pour indiquer une colonne vide et, au moins, d'un symbole '1'. Le nombre de symboles spéciaux pour le 'nombre' dépend de la base que nous acceptons. Ainsi, dans un système binaire, avec la base 2, notre 1 est représenté par 1 ; notre 2, par une unité en deuxième position et un zéro en première position, donc par 10 ; notre 3, par 11 ; notre 4, par une unité en troisième position et deux zéros en première et deuxième position, soit 100 ; notre 5, par 101 ; notre 6, par 110 ; 7, par 111 ; 8, par 1000 ; 9, par 1001 ; ... 15, par 1111 ; 16, par 10000, etc. Dans un système binaire, nous n'avions besoin que des deux symboles 1 et 0. Pour un système en base 3, nous aurions besoin de trois symboles, 1, 2, 0 : notre 1 serait représenté par 1 ; notre 2, par 2 ; 3, par 10 ; 4, par 11 ; 5, par 12 ; 6, par 20, etc. Dans notre système décimal, il faut évidemment 10 symboles, 1, 2, 3, 4, 5, 6, 7, 8, 9, 0.

Pour davantage de détails sur la notation, le lecteur intéressé est invité à consulter le livre fascinant et élémentaire du professeur Dantzig, *Number the Language of Science*. Nous ne soulignons ici que ce qui est nécessaire à notre objectif. Chaque système a ses avantages et ses inconvénients. Ainsi, dans le système binaire, encore utilisé par certaines tribus sauvages, dont nous conservons des traces lorsque nous parlons de couples, de paires ou de parenthèses, nous obtenons une énorme simplicité dans les opérations en n'utilisant que deux symboles, 1 et 0. Il faut se rappeler que, dans chaque système, les tables d'addition et de multiplication doivent être mémorisées. Dans le système binaire, ces tables se réduisent à 1+1=10 et 1×1=1, alors que dans notre système décimal, chaque table comporte 100 entrées. Mais ce que nous gagnons en simplicité avec un nombre de base bas est très sérieusement compensé par la lourdeur de la notation. Comme le dit Danzig, notre nombre 4096 est représenté dans un système binaire par 1.000.000.000.000 (NdT : en base 10, 4096=2^{12}, et en base 2, 1 suivi de 12 zéros). Le fait que nous ayons adopté le système décimal est probablement un accident physiologique, car nous avons dix doigts. Le sauvage, avec son système binaire, n'a même pas atteint le stade du doigt ; il en est encore au premier stade.

Pour des raisons pratiques, il est plus simple d'avoir une base qui a plusieurs diviseurs, comme, par exemple, 12. Nous utilisons encore ce système duodécimal pour diviser un pied en douze pouces, un shilling en douze pennies, ou pour compter par douzaines ou en chiffres bruts. Il semble que les mathématiciens choisiraient probablement un nombre premier comme base, mais le gain serait si faible et la difficulté de compenser une habitude physiologique si énorme, que cela n'arrivera probablement jamais.[2]

D'après ce qui a été dit précédemment, il est peut-être clair que les mathématiques nécessitent une notation positionnelle dans laquelle nous devons avoir un symbole pour le '1' et le zéro, au moins. Pour ces raisons et d'autres encore, les deux nombres 1 et 0 revêtent une importance particulière. Même dans notre système décimal, nous créons des nombres en ajoutant 1 à son prédécesseur. Ainsi, $1+1=2$, $2+1=3$, etc., et nous devons nous interroger sur le caractère sémantique de ces nombres.

Les notions de correspondance, de comparaison, de mesure, de quantité, d'égalité, etc., sont toutes imbriquées et, par nécessité, impliquent une circularité dans les définitions et les implications si l'analyse est poussée suffisamment loin. Le lecteur intéressé pourra se référer au chapitre sur l'égalité dans *Le Principe de Relativité* de Whitehead pour en savoir plus sur ce sujet.

Dans l'évolution des mathématiques, nous constatons que les notions de 'plus grand', 'égal' et 'moins' précèdent la notion de nombre. La comparaison est la forme la plus simple d'évaluation ; la première étant une recherche de relations ; la seconde, une découverte de relations exactes. Ce processus de recherche de relations et de structures est inhérent et naturel à l'être humain et a conduit non seulement à la découverte des nombres, mais a également façonné leurs deux aspects, à savoir l'aspect cardinal et l'aspect ordinal. Par exemple, pour savoir si le nombre de personnes dans une salle est égal, supérieur ou inférieur au nombre de sièges, il suffit de vérifier que tous les sièges sont occupés et qu'il n'y a pas de sièges vides ni de personnes debout ; on dira alors que le nombre de personnes est égal au nombre de sièges, et une *relation symétrique* d'égalité sera établie. Si tous les sièges sont occupés et qu'il y a des personnes debout dans la salle, ou si l'on constate que personne n'est debout alors que tous les sièges ne sont pas occupés, on établit la *relation asymétrique* de plus ou moins.

Dans les processus ci-dessus, nous avons utilisé un principe important, celui de la correspondance *biunivoque*. Dans notre recherche de relations, nous avons attribué à chaque siège une personne et nous sommes parvenus à nos conclusions sans aucun comptage. Ce processus, fondé sur la correspondance *biunivoque*, établit ce que l'on appelle le nombre cardinal. Il nous donne des données relationnelles spécifiques sur ce monde, mais il ne suffit pas pour compter et pour faire des mathématiques. Pour produire ces dernières, il faut d'abord établir un système défini de symbolisme, fondé sur une relation définie pour générer des nombres ; par exemple, $1+1=2$, $2+1=3$, etc., qui établit un *ordre* défini. Sans cette notion ordinale, ni le comptage ni les mathématiques ne seraient possibles ; et, comme nous l'avons déjà vu, l'ordre peut être utilisé pour définir des relations, les notions de relation et d'ordre étant interdépendantes. L'ordre implique également des relations asymétriques.

Si nous considérons les deux nombres les plus importants, 0 et 1, nous constatons que dans le symbolisme accepté, si $a=b$, $a-b=0$; et si $a=b$ et $b\neq 0$, $a/b=b/b=1$;

de sorte que les deux nombres fondamentaux expriment, ou peuvent être interprétés comme exprimant, une *relation symétrique* d'égalité.

Si nous considérons n'importe quel autre nombre - et cela s'applique à toutes les sortes de nombres, pas seulement aux nombres naturels - nous constatons que tout nombre n'est pas modifié en le divisant par un, ainsi, $2/1=2$, $3/1=3$, etc., en général, $N/1=N$; ce qui établit la relation *asymétrique*, *unique* et *spécifique* dans un cas donné, selon laquelle N est N fois plus que un.

Si l'on considère en outre que $2/1=2$, $3/1=3$, et *ainsi de suite*, sont tous *différents*, *spécifiques* et *uniques*, on aboutit à une définition sémantique $\bar{A}$ évidente du nombre en termes de relations, dans laquelle 0 et 1 représentent des relations *symétriques uniques* et spécifiques et tous les autres nombres également des relations *asymétriques uniques* et *spécifiques*. Ainsi, si nous avons un résultat '5', nous *pouvons toujours dire* que le nombre 5 est cinq fois plus grand qu'un. De même, si nous introduisons des pommes. Cinq pommes sont cinq fois plus nombreuses qu'une pomme. Ainsi, un nombre sous n'importe quelle forme, 'pure' ou 'appliquée', peut toujours être représenté comme une relation, *unique* et *spécifique* dans un cas donné ; et c'est là le fondement de l'exactitude du traitement des nombres. Par exemple, dire que a est plus grand que b établit également une relation asymétrique, mais elle *n'est pas unique* et *spécifique* ; mais lorsque nous disons que a est *cinq* fois plus grand que b, cette relation est *asymétrique, exacte, unique* et *spécifique*.

Les remarques simples ci-dessus ne sont pas tout à fait orthodoxes. Que $5/1=5$ est très orthodoxe, en effet ; mais que les nombres, en général, représentent indéfiniment de nombreuses relations *exactes*, *spécifiques* et *uniques* et, dans l'ensemble, *asymétriques*, est une notion structurelle qui nécessite la révision des fondements des mathématiques et leur reconstruction sur la base d'une nouvelle sémantique et d'un futur calcul structurel. Quand nous disons dit 'indéfiniment nombreuses', cela signifie, du point de vue du réflexe, 'indéfiniment flexibles', ou 'pleinement conditionnelles' dans le champ sémantique, et donc un prototype des réactions sémantiques humaines (voir Partie VI). Le champ d'application du présent travail exclut l'analyse de la notion d'"irrationnel" récemment contestée ; mais nous devons affirmer que cette révision exige de nouvelles considérations psycho-logiques et structurelles sur les postulats 'logiques' fondamentaux et sur les problèmes d'"infini". Si, par un processus arbitraire, nous *postulons* l'existence d'un 'nombre' qui se modifie sans cesse, alors, selon la définition donnée ici, de telles expressions devraient être considérées comme des fonctions, peut-être, mais pas comme un nombre, parce qu'elles ne nous donnent pas de *relations uniques* et *spécifiques*.

Ces quelques remarques, bien que suggestives pour le mathématicien, n'épuisent en rien la question, qui ne peut être correctement présentée dans la littérature technique que sous une forme de postulats.

Il semble que les mathématiciens, quelle que soit l'importance des travaux qu'ils ont produits, n'aient jamais été jusqu'à apprécier pleinement qu'ils produisaient bon gré mal gré un langage relationnel humain idéal dont la structure est similaire à celle du monde *et* à celle du système nerveux humain. Ils n'y peuvent rien, malgré quelques dénégations véhémentes, et leur travail doit également être traité d'un point de vue sémantique.

Il en va similairement pour la mesure. D'un point de vue fonctionnel ou actionnel et sémantique, la mesure ne représente rien d'autre qu'une recherche de *structure empirique* au moyen de relations extensionnelles, ordonnées, symétriques et asymétriques. Ainsi, lorsque nous disons qu'une longueur donnée mesure cinq mètres, nous sommes parvenus à cette conclusion en *sélectionnant* une unité appelée 'mètre', une affaire *arbitraire et indicible,* puis en la mettant bout à bout cinq fois dans un *ordre extensionnel* défini et nous avons ainsi établi la relation asymétrique et, dans chaque cas, *unique* et *spécifique*, selon laquelle l'entité donnée représente, dans ce cas, cinq fois plus que l'unité arbitrairement sélectionnée.

On peut objecter que l'élaboration formelle d'une définition des nombres en termes de relations, au lieu de classes, serait très laborieuse et impliquerait également une révision des fondements des mathématiques. On peut difficilement le nier ; mais, dans les discussions sur les fondamentaux, la confusion des ordres d'abstractions est encore très marquée, ce qui entraîne la fabrication de *difficultés sémantiques artificielles*. De plus, les avantages d'une telle définition, en éliminant les mystères à propos des mathématiques, sont si importants qu'ils l'emportent de loin sur les difficultés.

Comme le seul contenu possible de la connaissance est structurel, donné en termes de relations et d'ordre multiordinal et multidimensionnel, les nombres, qui établissent une gamme infinie de relations exactes, spécifiques et, dans chaque cas, uniques, sont évidemment les outils les plus importants pour explorer la *structure* du monde, puisque la structure peut toujours être analysée en termes de *relations*. De cette façon, tous les mystères concernant l'importance des mathématiques et des mesures disparaissent. La compréhension ci-dessus donnera à l'étudiant en mathématiques un sentiment tout à fait différent et très naturel pour sa matière. Comme son seul objectif possible est l'étude de la structure du monde, ou de quoi que ce soit d'autre, il doit naturellement utiliser un *outil relationnel* pour explorer ce complexe de relations appelé 'structure'. Une illustration très spectaculaire en est donnée par la théorie interne des surfaces, le calcul tensoriel, etc., décrits dans la Partie VIII.

Dans toutes les mesures, nous sélectionnons une unité d'un type nécessaire, pour un cas donné, et nous trouvons ensuite une relation *unique* et *spécifique*, exprimée par un nombre, entre la chose donnée et l'unité sélectionnée. En reliant différents événements et processus à la même unité-processus, nous trouvons, là encore, des interrelations *uniques* et *spécifiques*, dans un cas donné, entre ces événements, et nous rassemblons ainsi une sagesse structurelle (et la plus importante, parce qu'uniquement possible), appelée 'connaissance', 'science', etc.

Si nous traitons les nombres comme des relations, alors les fractions et toutes les opérations deviennent des relations de relations, et donc des relations d'ordre plus élevé, dans l'analyse desquelles nous ne pouvons pas entrer ici, car elles sont nécessairement techniques.

Il faut cependant bien comprendre que certaines relations humaines fondamentales avec ce monde n'ont pas été modifiées. Le primitif a pu croire que les mots *étaient* les choses (identification) et a ainsi établi ce que l'on appelle la 'magie des mots' (et, en fait, la majorité d'entre nous avons encore nos *réactions sémantiques* régulées par de telles identifications inconscientes) ; mais, en dépit de cela, les mots du primitif ou de la personne 'civilisée' *ne sont pas*, et ne pourront jamais être, les choses dont ils parlent, quelles que soient les perturbations sémantiques qui accompagnent leur utilisation, ou les illusions que nous pouvons nourrir à leur égard.

Actuellement, de toutes les branches des mathématiques, la théorie des nombres est probablement la plus difficile, la plus obscure, etc., et apparemment avec le moins d'applications. Avec une nouvelle définition $\bar{A}$ des nombres en termes de relations, cette théorie peut devenir une étude relationnelle d'ordre très élevé qui, peut-être, deviendra un jour le fondement de l'épistémologie et la clé de la solution de tous les problèmes de la science et de la vie. Dans les domaines de la cosmologie, de nombreux problèmes, sinon la majorité, ne peuvent pas être considérés comme directement expérimentaux, et la solution doit donc être épistémologique.

Actuellement, dans nos spéculations, nous nous laissons emporter par les mots, sans tenir compte du simple fait que parler du 'rayon de l'univers', par exemple, *n'a aucune signification*, puisqu'il est impossible de l'observer. Peut-être découvrirons-nous un jour que de telles conversations sont le résultat de notre vieille pierre d'achoppement, l'identification, qui nous conduit à nous laisser emporter par le son de mots applicables aux conditions terrestres mais dépourvus de signification dans le très petit, comme l'a découvert récemment la nouvelle mécanique quantique, et dans le très grand, tel qu'il est appliqué au cosmos. Une illustration importante du retard du progrès scientifique, bloqué par la confusion des ordres d'abstractions, est montrée dans le fait que la nouvelle mécanique quantique a été lente à venir, et bien que les astronomes la connaissent probablement, ils ne parviennent toujours pas à saisir que des expressions telles que le 'rayon de l'univers', le 'déroulement de l'univers', etc., sont dénuées de signification en dehors de la psychopathologie.

À cet égard, il convient de noter une caractéristique sémantique extrêmement intéressante et importante, à savoir que le terme 'relation' n'est pas seulement multiordinal, mais aussi *non-élémentalistique,* puisqu'il s'applique aux 'sensorialités' et à 'esprit'. Les relations sont généralement trouvées de manière empirique ; ainsi, dans un langage de relations, nous disposons d'un langage dont la structure est similaire à celle du monde et d'un moyen unique de prédictibilité et de rationalité.

Permettez-moi de souligner à nouveau que, depuis des temps immémoriaux, les choses *n'ont pas* été des mots ; le seul contenu de la connaissance a été structurel ; les mathématiques ont traité, pour l'essentiel, des nombres ; que nous ayons compris ou non le caractère des nombres, les nombres ont exprimé des relations et nous ont donc fourni des données structurelles, bon gré mal gré, etc. Cela explique pourquoi les mathématiques et les nombres ont été, depuis des temps immémoriaux, un domaine de prédilection, non seulement pour les spéculations, mais aussi pourquoi, dans l'histoire, nous trouvons tant de perturbations sémantiques religieuses connectées aux nombres. L'humanité a en quelque sorte senti instinctivement que les nombres offrent un éventail potentiellement inépuisable de *relations exactes uniques* et *spécifiques* qui, en fin de compte, nous donnent une structure, cette dernière étant le seul contenu possible de la connaissance, parce que les mots *ne sont pas* des choses.

Comme les relations sont généralement présentes de manière empirique et que l'être humain et son 'savoir' sont aussi 'naturels' que les rochers, les fleurs et les ânes, nous ne devrions pas être surpris de constater que le langage unique des relations exactes, etc., appelé mathématiques, est, par nécessité, le langage naturel de l'être humain et qu'il est *similaire en structure* à celle du monde *et* de notre système nerveux.

Comme nous l'avons déjà dit, il est incorrect de passer de la structure des théories mathématiques à la structure du monde et d'essayer ainsi d'établir une similarité de structure, mais cette recherche doit être *indépendante* et commencer par des expériences structurelles tout à fait ordinaires, et seulement à un stade ultérieur passer à des connaissances plus avancées telles qu'elles sont données par la science. Parce que cette analyse doit être indépendante, elle peut également être très simple et élémentaire. Toutes les sciences exactes nous fournissent une richesse de données expérimentales pour établir la première thèse sur la similarité de structure ; il n'est pas nécessaire de la répéter ici. Je me limiterai à un minimum de faits tout à fait évidents, réservant la deuxième thèse, celle de la similarité de structure avec notre système nerveux, pour le chapitre suivant.

Si nous analysons le niveau objectique silencieux avec des moyens objectifs disponibles en 1933, par exemple un microscope, nous découvrirons que tout ce que nous pouvons voir, manipuler, etc., représente un *individu absolu*, et *différent de tout le reste qui existe dans ce monde*. Nous découvrons ainsi un fait *structurel* important du monde extérieur, à savoir que tout ce que nous pouvons voir, toucher, etc., c'est-à-dire toutes les abstractions d'ordre inférieur, représentent des individus absolus, différents de tout le reste.

Au niveau verbal, dans de telles conditions empiriques, nous devrions alors avoir un langage de *structure similaire*, c'est-à-dire un langage nous donnant un nombre indéfini de *noms propres, chacun différent*. Nous trouvons un tel langage *uniquement* dans les nombres, chaque nombre 1, 2, 3, etc., est un *nom propre* unique, nettement distinguable, pour une relation et, si nous le souhaitons, pour toute autre chose également.

Sans certaines abstractions supérieures, nous ne pouvons pas être humains du tout. Aucune science ne pourrait exister avec des individus absolus et sans relations ; nous passons donc à des abstractions plus élevées et construisons un langage de disons x_i, $(i = 1, 2, 3, \ldots n)$, où le x indique, disons, que nous traitons d'une variable x avec de nombreuses valeurs, et le nombre que nous attribuons à i indique l'individualité considérée. Du point de vue structurel, un tel vocabulaire est similaire au monde qui nous entoure ; il rend compte de l'individualité des objets extérieurs, il est également similaire à la structure de notre système nerveux, car il permet des généralisations ou des abstractions d'ordre élevé, met l'accent sur l'abstraction des caractéristiques nerveuses, etc. L'indice souligne les différences ; la lettre x implique les similarités.

Dans le langage quotidien, un dispositif similaire est extrêmement utile et a des effets sémantiques psycho-logiques très étendus. Ainsi, si nous disons '*crayon*$_1$', '*crayon*$_2$', ... '*crayon*$_n$', nous avons indiqué structurellement deux caractéristiques principales :

(1) l'individualité absolue de l'objet, en ajoutant l'indice indéfiniment individualisant 1,2...n ; et

(2) nous avons également respecté les caractéristiques d'abstraction nerveuse d'ordre élevé, qui établissent la similarité dans la diversité des différents 'crayons'. Du point de vue des *relations*, ces caractéristiques sont généralement trouvées de manière empirique ; en outre, elles peuvent être invariantes, quelle que soit l'évolution du monde.

En termes généraux, la structure du monde extérieur est telle que nous avons toujours affaire, au niveau objectivale, à des individus absolus, à des différences absolues. La structure du système nerveux humain est telle qu'il abstrait, ou généralise, ou intègre, etc., dans des ordres plus élevés, et trouve ainsi des similarités, découvrant des relations souvent invariantes (parfois relativement invariantes). Pour avoir une 'structure similaire', un langage doit satisfaire à ces deux exigences structurelles, et cette caractéristique se retrouve dans la notation mathématique de x_i, qui peut être étendue au langage quotidien sous la forme de 'Dupond$_i$', 'Médor$_i$', etc., où $i=1,2,3...n$.

Une enquête objective plus poussée montre que le monde et nous-mêmes sommes constitués de *processus* ; ainsi, 'Dupond$_{1900}$' est une personne tout à fait différente de 'Dupond$_{1933}$'. Pour s'en convaincre, il suffit de regarder de vieilles photographies de nous-mêmes, la remarque ci-dessus étant structurellement tout à fait générale. Un langage de 'structure similaire' devrait couvrir ces faits. Nous trouvons un tel langage dans le vocabulaire de la 'fonction', de la 'fonction propositionnelle', comme nous l'avons déjà expliqué, ce qui implique également des considérations quadridimensionnelles.

Comme les mots ne sont pas des objets - et cela exprime un fait structurel - nous voyons que le 'est' d'identité est inconditionnellement faux, et devrait être entièrement aboli en tant que tel. Soyons simples à ce sujet. Cette dernière exigence sémantique est véritablement difficile à mettre en œuvre, car la structure générale de notre langage est de nature à faciliter l'identification. Il est vrai que dans certains domaines, certaines personnes n'identifient que peu ; mais même elles identifient généralement beaucoup lorsqu'elles passent à d'autres domaines. Même la science n'est pas exempte d'identification, et ce fait introduit de grandes difficultés sémantiques artificielles, qui disparaissent simplement lorsque l'on met fin à l'identification ou à la confusion des ordres d'abstractions. Ainsi, par exemple, les difficultés sémantiques dans les fondements des mathématiques, les problèmes de l'"infini", de l'"irrationnel", etc., les difficultés de la théorie d'Einstein, les difficultés de la nouvelle théorie quantique, les débats sur le 'rayon de l'univers', les 'vitesses infinies', les difficultés de la théorie actuelle, etc., sont dues, pour l'essentiel, à des blocages sémantiques ou à l'attachement à la structure de l'ancien langage - que l'on peut appeler 'habitude' - *qui ne dit structurellement pas grand-chose*, et que je révèle comme une perturbation sémantique de l'*évaluation* en montrant le *mécanisme physiologique en termes d'ordre*.

Si nous abolissons le 'est' d'identité, il ne nous reste qu'un langage fonctionnel, actionnel, etc., élaboré dans le langage mathématique de la fonction. Dans ces conditions, un langage *descriptif* de ce qui advient, ordonné au niveau objectivale prend la forme de 'si ceci et ceci se produit, alors ceci et ceci se produit', ou, brièvement, 'si ceci, alors ceci' ; ce qui est le prototype des processus et des langages 'logiques' et mathématiques. Nous constatons que la structure d'un tel langage est à nouveau similaire à celle du monde extérieur sur le plan descriptif, et aussi qu'elle est similaire aux processus nerveux 'logiques' et qu'elle nous confère donc, en raison de cette similarité de structure, prédictibilité et rationalité.

Dans les systèmes traditionnels, nous ne reconnaissions pas l'interdépendance sémantique complète des différences et des similarités, le monde empirique présentant des différences, le système nerveux produisant principalement des similarités, et notre 'connaissance', si elle vaut quelque chose, étant le *produit conjoint* des deux. N'est-ce pas Sylvester qui a dit qu'"en mathématiques, nous cherchons des similarités dans les différences et des différences dans les similarités"? Cette affirmation s'applique à l'entièreté de notre processus d'abstraire.

Le monde empirique a une structure telle (par inspection) que nous pouvons y faire des additions, des soustractions, des multiplications et des divisions. En mathématiques, nous trouvons un langage de structure similaire. Il est évident que dans le monde physique, ces actions ou opérations modifient les relations, qui sont exprimées comme des relations uniques et spécifiques modifiées, par le langage des mathématiques. En outre, comme le monde est plein de formes différentes, de formes, de courbes, etc., nous ne trouvons pas seulement dans les mathématiques des langages spéciaux traitant de ces sujets, mais nous trouvons dans la géométrie analytique des moyens linguistiques unificateurs pour la traduction d'un langage dans un autre. Ainsi, toute 'qualité' peut être formulée en termes de relations qui peuvent revêtir un caractère 'quantitatif' qui, à l'heure actuelle, dans tous les cas, peut également être traduit en termes et méthodes géométriques, ce qui permet de *visualiser* les structures.

Il est intéressant, mais pas tout à fait inattendu, que les activités des centres nerveux supérieurs, les réflexes conditionnels d'ordre supérieur, les réactions sémantiques, y compris le time-binding suivent les règles exponentielles, comme le montre mon ouvrage *Manhood of Humanity*.

Notre expérience nous a appris que certains problèmes sont additifs – comme, par exemple, si un invité s'ajoute à un dîner, nous devrons ajouter des assiettes et une chaise. Ces faits sont couverts par les méthodes additives et le langage appelé 'linéaire' (voir Partie VIII). Dans de nombreux cas - et ce sont peut-être les plus importants - strictement connectés à des processus submicroscopiques, les questions *ne sont pas* additives : un atome d'oxygène 'plus' deux atomes d'hydrogène, dans des conditions appropriées, produira de l'eau dont les caractéristiques *ne sont pas* la somme des caractéristiques de l'oxygène et de l'hydrogène 'additionnés', mais *émergent* des caractéristiques entièrement *nouvelles*. Ces problèmes pourront un jour être résolus par des équations non-linéaires, lorsque nos connaissances auront considérablement progressé. Ces problèmes sont particulièrement importants et vitaux, parce qu'avec notre faible développement actuel et le manque de recherches structurelles, nous conservons un langage additif *A* (*Aristotélicien*), qui est peut-être capable de traiter des questions additives, simples, immédiates et relativement peu importantes, mais qui est totalement inapte structurellement à traiter les principes qui sous-tendent les problèmes les plus fondamentaux de la vie. De même, en physique, ce n'est que depuis Einstein que nous avons commencé à voir que les équations linéaires primitives, les plus simples et les plus faciles à résoudre ne sont pas structurellement adéquates.

L'une des caractéristiques structurelles les plus marquées du monde empirique est le 'changement', le 'mouvement', les 'ondes' et autres manifestations dynamiques similaires. Il est évident qu'un langage de structure similaire doit disposer de moyens pour traiter de telles relations. À cet égard, les mathématiques sont uniques, car, dans le calcul différentiel et intégral, les géométries quadridimensionnelles et les disciplines similaires, avec tous leurs développements, nous trouvons un langage parfait qui sera expliqué plus en détail dans les chapitres qui suivent.

Il sera utile pour notre propos de discuter, dans le chapitre suivant, certaines des caractéristiques structurelles mathématiques en rapport avec leur similarité avec le système nerveux humain ; mais j'ajouterai seulement ici que, pour notre propos, à ce point précis, nous devons spécialement mettre l'accent sur le langage *arithmétique*, c'est-à-dire les nombres et les opérations arithmétiques, la théorie des fonctions, le calcul différentiel et intégral (langage) et les différentes géométries sous leurs deux aspects, 'pur' et appliqué. En effet, Riemann nous dit carrément que la *science* de la physique n'est née qu'avec l'introduction des équations différentielles, affirmation tout à fait justifiée, mais à laquelle j'ajouterais que la physique devient scientifique depuis que l'on a commencé à éliminer de la physique les perturbations sémantiques, à savoir l'identification et l'élémentalisme. Ce mouvement a été initié, en fait, bien que non formulé sous une forme explicite, par la théorie d'Einstein et les nouvelles théories quantiques, dont la tendance psychologique est formulée dans une *théorie sémantique générale* dans le présent ouvrage.

Il est raisonnable de considérer que la géométrie métrique, et en particulier le système-E, a été dérivée du toucher et, peut-être, de la 'sensorialité kinesthésique', et que la géométrie projective a été dérivée de la vue.

Bien que les questions présentées ici paraissent extrêmement simples, et parfois même banales, la mise en œuvre effective des schémas verbaux est très élaborée et ingénieuse, et il est impossible de l'analyser plus en détail ici ; c'est pourquoi nous ne pouvons donner qu'un seul exemple.

La résolution d'équations mathématiques peut être considérée comme le problème central des mathématiques. Le mot 'équation' est dérivé du latin *aequare*, égaliser, et est une déclaration de la relation symétrique d'égalité exprimée comme $a=b$ ou $a-b=0$ ou si $b \neq 0$, $a/b=1$. Une équation exprime la relation entre des quantités, dont certaines sont connues, d'autres inconnues et à trouver. Par résolution d'une équation, on entend la recherche des valeurs des inconnues qui satisferont l'équation.

Les équations linéaires du type $ax=b$ ont nécessité l'introduction des fractions. Les équations linéaires à plusieurs variables ont conduit à la théorie des déterminants et des matrices, etc., qui ont connu, par la suite, un formidable développement indépendant, mais qui trouvent leur origine dans la tentative de simplifier la résolution de ces équations.

Les équations quadratiques du type $x^2 + ax + b = 0$ peuvent être réduites à la forme $z^2 = A$, dont la solution dépend de l'extraction d'une racine carrée. C'est là que de sérieuses difficultés sont apparues et ont apparemment nécessité l'introduction des nombres 'irrationnels' et des nombres complexes ordinaires, impliquant la racine carrée de moins un ($\sqrt{-1} = i$), une notion qui a révolutionné les mathématiques.

Les équations cubiques de la forme $x^3+ax^2+bx+c=0$ ont nécessité l'extraction des racines cubiques, en plus des problèmes liés à la résolution des équations quadratiques, et ont impliqué davantage de difficultés, qui ont été analysées dans une vaste littérature.

Les équations biquadratiques du type $x^4+ax^3+bx^2+cx+d=0$ impliquent les problèmes des équations quadratiques et cubiques. Lorsque nous considérons des équations d'un degré supérieur au quatrième, nous constatons que nous ne pouvons pas les résoudre par les méthodes habituelles ; et les mathématiciens ont dû inventer des théories de substitutions, des groupes, différentes fonctions spéciales et d'autres dispositifs similaires. La résolution des équations différentielles a introduit d'autres difficultés, liées à la théorie des fonctions.

Les transformations linéaires des polynômes algébriques à deux ou plusieurs variables, en liaison avec la théorie des déterminants, des fonctions symétriques, des opérations différentielles, etc., ont nécessité le développement d'une vaste théorie des formes algébriques qui, à l'heure actuelle, est loin d'être complète.

Dans l'analyse ci-dessus, je me suis abstenu de donner des détails, dont la plupart seraient sans valeur pour le profane en sciences et inutiles pour le mathématicien ; mais il faut souligner que la théorie des fonctions et la théorie des groupes, avec leurs développements très étendus, impliquant la théorie de l'invariance et, d'une certaine manière, la théorie des nombres, sont rapidement devenues une base unificatrice sur laquelle pratiquement toutes les mathématiques sont en train d'être reconstruites. De nombreuses branches des mathématiques ne sont plus, depuis peu, qu'une théorie de l'invariance de groupes particuliers.

Quant aux applications pratiques, il n'est pas possible de les énumérer et leur nombre augmente régulièrement. Mais sans la théorie de la fonction analytique, par exemple, nous ne pourrions pas étudier le flux d'électricité ou de chaleur, ni traiter des attractions gravitationnelles, électrostatiques ou magnétiques à deux dimensions. Le nombre complexe impliquant la racine carrée de moins un était nécessaire pour le développement de la télégraphie sans fil ; la théorie cinétique des gaz et la construction de moteurs automobiles nécessitent des géométries à n dimensions ; les membranes rectangulaires et triangulaires sont connectées à des questions discutées dans la théorie des nombres ; la théorie des groupes a une application directe en cristallographie ; la théorie des invariants sous-tend la théorie d'Einstein, la théorie des matrices et des opérateurs a révolutionné la théorie quantique ; et il y a d'autres applications dans un éventail infini.[3]

Dans la Partie VIII, différents aspects des mathématiques sont analysés, mais le lecteur intéressé peut également se référer à l'ouvrage susmentionné du professeur Shaw pour une excellente vue élémentaire, mais structurelle, du progrès des mathématiques.

CHAPITRE XIX

LES MATHÉMATIQUES EN TANT QUE LANGAGE À LA STRUCTURE SIMILAIRE À CELLE DU SYSTÈME NERVEUX HUMAIN

> Ces derniers temps, l'idée se répand de plus en plus que de nombreuses branches des mathématiques ne sont rien d'autre que la théorie des invariants de groupes spéciaux.
>
> S. LIE

> Une loi naturelle, si, à proprement parler, il existe une telle chose en dehors de sa conception, n'est fondamentalement ni plus ni moins qu'une connexion constante entre des phénomènes inconstants : c'est, en d'autres termes, une relation invariante entre des termes variants. (264)
>
> CASSIUS J. KEYSER

> Les choses qui sont invariantes sous toutes et seulement les transformations d'un certain groupe constituent la matière particulière d'une certaine branche (actuelle ou potentielle) de la connaissance. (264)
>
> CASSIUS J. KEYSER

> Les lois générales de la nature doivent être exprimées par des équations valables pour tous les systèmes de coordonnées, c'est-à-dire covariantes par rapport à toutes les substitutions (généralement covariantes). (155)
>
> A. EINSTEIN

> Les éléments ci-après appelés tenseurs sont en outre caractérisés par le fait que les équations de transformation de leurs composantes sont linéaires et homogènes. Par conséquent, toutes les composantes du nouveau système disparaissent si elles disparaissent toutes dans le système d'origine. Par conséquent, si une loi de la nature est exprimée par la mise à zéro de toutes les composantes d'un tenseur, elle est généralement covariante. En examinant les lois de formation des tenseurs, on acquiert les moyens de formuler des lois généralement covariantes. (155)
>
> A. EINSTEIN

> Le thalamus est un centre de réactivité affective aux stimuli sensoriels, tandis que le cortex est un appareil de discrimination. (411)
>
> HENRI PIÉRON

Section A. Introduction.

Il devient de plus en plus évident que nous nous trouvons dans une impasse linguistique, qui se reflète dans nos impasses historiques, culturelles, économiques, sociales, doctrinales, etc., L'aspect linguistique structurel est le plus fondamental de tous, car il sous-tend les autres et implique les *réactions sémantiques*, ou réponses psycho-logiques aux mots et autres événements en rapport avec les significations.

L'un des avantages de la construction d'un système sur des prémisses négatives indéniables est que de nombreux problèmes anciens et controversés deviennent relativement simples et souvent non controversés, révélant un mécanisme psycho-logique important. De telles formulations ont souvent l'apparence de la "découverte de l'évidence" ; mais on sait, dans certains milieux, que la découverte de l'évidence est parfois utile, pas toujours facile et souvent très tardive ; comme, par exemple, la découverte de l'égalité de la masse gravitationnelle et de la masse inertielle, qui a récemment révolutionné la physique.

Comme les mots *ne* sont *pas* les choses dont nous parlons, le seul lien possible entre le monde objectique et le monde verbal est structurel. Si les deux structures sont similaires, le monde empirique nous devient intelligible - nous 'comprenons', nous pouvons nous ajuster, etc., Si nous faisons des expériences verbales et que nous prédisons, ces prédictions sont vérifiées empiriquement. Si les deux structures ne sont pas similaires, nos prédictions ne sont pas vérifiées - nous ne 'savons' pas, nous ne 'comprenons' pas, les problèmes donnés nous sont 'inintelligibles', etc., nous ne savons pas quoi faire pour nous adapter, etc.

Psycho-logiquement, dans le premier cas, nous nous sentons en sécurité, nous sommes satisfaits, pleins d'espoir, etc. ; dans le second cas, nous nous sentons en insécurité, une anxiété flottante, la peur, l'inquiétude, la déception, la dépression, le désespoir et d'autres *réactions sémantiques* néfastes apparaissent. Les considérations sur la structure révèlent donc un mécanisme sémantique inattendu et puissant du bonheur individuel et collectif, de l'ajustement, etc., mais aussi des tragédies, nous fournissant les moyens *physiologiques* d'un certain contrôle souhaitable, car les relations et la structure représentent des facteurs fondamentaux de toutes les significations et évaluations, et, par conséquent, de toutes les *réactions sémantiques*.

L'aggravation actuelle des troubles dans le monde en est un excellent exemple. La structure de nos langages anciens a façonné nos *réactions sémantiques* et suggéré nos doctrines, nos croyances, etc., qui construisent nos institutions, nos coutumes, nos habitudes et, finalement, conduisent avec fatalisme à des catastrophes telles que la Première Guerre Mondiale. Nous avons appris depuis longtemps, par de tristes expériences répétées, que les prédictions concernant les affaires humaines ne sont pas vérifiées empiriquement. Nos doctrines, institutions et autres disciplines sont incapables de faire face à cette situation sémantique, d'où la dépression et le pessimisme ambiants.

Nous entendons partout des plaintes sur la stupidité ou la malhonnêteté de nos gouvernants, comme nous l'avons déjà défini, sans nous rendre compte que si nos gouvernants sont certes très ignorants, et souvent malhonnêtes, les plus informés, les plus doués et les plus honnêtes d'entre eux ne peuvent pas prédire ou prévoir les événements, si leurs arguments sont formulés dans un langage dont la structure est différente de celle du monde *et* de notre système nerveux. Dans ces conditions, les injures, même en cas de provocation, ne sont pas suffisamment constructives ou utiles. Les arguments dans les langages de l'ancienne structure ont conduit de manière fataliste à des systèmes qui sont structurellement 'non-naturels' et qui doivent donc s'effondrer et imposer un stress inutile et artificiel à notre système nerveux. Les conditions de vie que nous nous imposons deviennent de plus en plus insupportables, ce qui entraîne une augmentation des maladies 'mentales', de la prostitution, de la criminalité, de la brutalité, de la violence, des suicides et d'autres signes similaires d'inadaptation. Il ne faut jamais oublier que l'endurance humaine a des limites. Le 'savoir' humain façonne le monde humain, modifie les conditions et d'autres caractéristiques de l'environnement - un facteur qui n'existe pas dans une telle mesure dans le monde animal.

Nous parlons souvent de l'influence de l'hérédité, mais nous analysons beaucoup moins l'influence que l'environnement, et en particulier l'*environnement verbal*, a sur nous. Non seulement toutes les doctrines sont verbales, mais la structure d'un langage ancien reflète la métaphysique structurelle des générations passées, qui affecte les *réactions sémantiques*. Le cercle vicieux est complet. La mythologie primitive a façonné la structure du langage. Nous y avons discuté et argumenté nos institutions, nos systèmes, etc., et les hypothèses structurelles primitives ou les mythologies les ont à nouveau influencées. Il ne faut pas oublier que le jeu affectif, l'interaction, l'échange sont toujours présents dans la vie humaine, sauf peut-être dans les cas graves et relativement rares (pas dans tous les pays) de maladies 'mentales'. Nous pouvons arrêter de parler, nous pouvons arrêter de lire ou d'écrire, et arrêter toute interaction 'intellectuelle' entre les individus, mais nous ne pouvons pas arrêter ou abolir complètement certaines *réactions sémantiques*.

Un réajustement linguistique structurel aura pour résultat, il est vrai, de rendre la plupart de nos anciennes doctrines intenables, mais il conduira aussi à une révision scientifique fondamentale des nouvelles doctrines et des nouveaux systèmes, qui les affectera tous, ainsi que nos *réactions sémantiques*, d'une manière constructive. Il n'est pas correct, par exemple, d'utiliser les termes 'capitalisme' par opposition à 'socialisme', car ces termes s'appliquent à des aspects différents et non directement comparables du problème humain. Si nous souhaitons utiliser un terme qui souligne le *caractère symbolique* des relations humaines, nous pouvons utiliser le terme 'capitalisme', et nous pouvons alors opposer directement les capitalismes individuels, de groupe, nationaux, internationaux, etc. Si nous voulons mettre l'accent sur les aspects psycho-logiques, nous pouvons parler d'individualisme par opposition au socialisme, etc. Il est évident que dans la vie, les questions se chevauchent, mais les implications verbales demeurent, empêchant la clarté et induisant des *réactions sémantiques* inappropriées dans toute discussion.

En termes vernaculaires, il existe actuellement une 'lutte' et une 'concurrence' entre deux 'industrialismes' et deux 'commercialismes' totalement différents, fondés en fin de compte sur deux formes différentes de 'capitalisme'. L'une est le 'capitalisme individuel', qui se transforme rapidement en 'capitalisme de groupe', essentiellement poussé théoriquement jusqu'à ses limites aux États-Unis d'Amérique et, dans une moindre mesure, dans le reste du monde civilisé, et le 'capitalisme social', proclamé dans les républiques soviétiques socialistes unies. Ces deux tendances extrêmes, connectées également à des perturbations sémantiques, sont dues à une "déclaration d'indépendance" verbale ou doctrinale de deux pays, jusqu'à récemment, très isolés. Les États-Unis d'Amérique ont proclamé la doctrine selon laquelle l'être humain est 'libre et indépendant', alors qu'en fait, il n'est pas libre, mais intrinsèquement *interdépendant*. Les Soviétiques ont accepté sans critique une doctrine archaïque non révisée de la 'dictature du prolétariat'. En *pratique*, cela signifierait la dictature de masses non-éclairées qui, si elles étaient laissées *pour de vrai à leurs croyances* et privées du *travail intellectuel* des scientifiques et des dirigeants, reviendraient à des formes primitives de vie animale. Il est évident que ces deux croyances extrêmes violent toutes les caractéristiques typiquement *humaines*. Nous sommes interdépendants, time-binders, et nous sommes interdépendants parce que nous possédons les centres nerveux supérieurs, que les animaux de la complexité ne possèdent pas. Sans ces centres supérieurs, nous ne pourrions pas être humains du tout ; les deux pays semblent ignorer ce fait, car dans les deux cas, le travail cérébral est exploité, mais les travailleurs cérébraux ne sont pas correctement évalués. La foule ignorante, avec ses *réactions sémantiques* animalistiques cultivées historiquement et psycho-logiquement, retarde le progrès et l'accord entre les êtres humains. Les dirigeants ne dirigent pas, mais la majorité se plie à la psycho-logique de la foule, par crainte pour leurs têtes ou leurs estomacs.

Dans les deux pays, les *réactions sémantiques* sont telles que le travail cérébral, bien qu'exploité commercialement, n'est pas correctement évalué et est encore persécuté ici et là. Par exemple, aux États-Unis d'Amérique, nous assistons à des procès et à des résolutions contre les travaux de Darwin, en dépit du fait que sans une certaine théorie de l'évolution, la plupart des sciences naturelles, y compris la médecine, seraient impossibles. En Russie, nous trouvons des décrets contre les recherches en sciences pures, sans lesquelles la science *moderne* est impossible. Les deux pays semblent oublier que tous les progrès 'matériels' de l'humanité sont dus uniquement au *travail cérébral* de quelques travailleurs, pour la plupart sous-payés et surchargés de travail, qui exercent correctement leurs centres nerveux supérieurs. Si la science s'empare des problèmes de *réactions sémantiques* et de santé mentale, nos relations humaines et notre bonheur individuel deviendront également des sujets d'étude scientifique. Si des travailleurs intellectuels internationaux et *inter*dépendants produisent des découvertes et des inventions, n'importe qui, même au niveau de développement inférieur, peut utiliser ou abuser de leurs accomplissements, quel que soit le 'plan', ou "l'absence de plan", adopté. Les deux pays semblent actuellement ne pas comprendre qu'un grand développement des moyens mécaniques et l'application des accomplissements scientifiques exclusivement pour le confort des animaux ne conduisent pas à un plus grand bonheur ou à une culture plus élevée, et que, peut-être, en fait, ils conduisent exactement dans la direction opposée. Personnellement, je ne doute pas qu'ils le comprendront un jour, mais une compréhension plus précoce de ce simple fait sémantique aurait évité, entre-temps, beaucoup de souffrances, de perplexité et d'autres difficultés sémantiques à un grand nombre de personnes, si les dirigeants des deux pays avaient été suffisamment éclairés et avaient pu le prévoir assez tôt.

L'avenir témoignera d'une lutte entre le capitalisme individuel et de groupe, tel qu'il est illustré par les États-Unis d'Amérique, et le capitalisme collectif ou social, tel qu'il est illustré par les républiques soviétiques. Il n'est pas nécessaire d'avoir une vision prophétique pour prévoir que certaines tendances de l'histoire sont des conclusions inévitables en raison de la structure du système nerveux humain. De même que les trusts ou les groupes ont remplacé le capitalisme théoriquement 'individuel' aux États-Unis d'Amérique, de même le capitalisme d'État remplacera les trusts, pour être remplacé à son tour par le capitalisme international.

Nous ne sommes pas choqués par le caractère international de la science. Nous ne sommes pas '100 % patriotes' lorsqu'il s'agit d'utiliser dans la vie quotidienne les découvertes et les inventions d'autres nations. La science est un produit sémantique d'une *caractéristique symbolique humaine générale* ; elle doit donc être générale et, par conséquent, 'internationale'. Mais le 'capitalisme' est également un produit sémantique unique et général du symbolisme ; c'est aussi un produit unique du système nerveux humain, dépendant des mathématiques, et, en tant que tel, de par son caractère inhérent, il doit devenir un jour international. Il n'y a aucune raison pour que nos *réactions sémantiques* soient perturbées dans un cas plus que dans l'autre. Le problème ultime n'est pas de savoir s'il faut ou non 'abolir le capitalisme', ce qui ne se produira jamais dans une classe de vie symbolique, mais de transférer le contrôle des dirigeants privés, socialement irresponsables, incontrôlés et pour la plupart ignorants, à des *fonctionnaires*, et non à des patrons, plus responsables, *formés professionnellement* et contrôlés socialement. Si un pays ne peut pas produire des personnes et des dirigeants publics honnêtes, intelligents et scientifiquement formés, c'est, bien sûr, très désastreux pour ses citoyens ; mais cela ne doit pas être proclamé comme une règle, car c'est une exception. Ainsi, dans les républiques soviétiques, la corruption est pratiquement inexistante au sens où elle existe aux États-Unis, mais la mentalité des personnes publiques est pratiquement au même point mort en raison d'une minimisation délibérée de la valeur du travail intellectuel. Je me demande si l'on se rend compte, dans l'un ou l'autre pays, que *n'importe quel* 'travailleur manuel', aussi modeste soit-il, est engagé *exclusivement* pour son *cerveau humain*, ses *réactions sémantiques*, et *non pas* d'abord pour ses mains !

Le seul problème qui se pose au reste de l'humanité est de savoir comment cette lutte sera menée et combien de temps elle durera, l'issue ne faisant aucun doute, l'élimination impitoyable du capitalisme individuel par le capitalisme de groupe (trusts) aux États-Unis en étant un excellent exemple. Dans les républiques Soviétiques, on est simplement allé plus loin, mais dans une direction similaire. Les luttes sont synonymes de souffrances et nous devons nous y résoudre. Si nous voulons un minimum de souffrance, nous devons cesser d'utiliser des méthodes de lutte animalistiques. Les méthodes humaines de résolution des problèmes dépendent d'abstractions d'ordre supérieur, de recherches scientifiques sur la structure et le langage, de la révision de nos doctrines, etc., qui aboutissent à un ajustement pacifique des faits vivants, qui sont des réalités, que nous le voulions ou non. Si nous voulons un maximum de souffrance, procédons par la stupide, aveugle, animalistique et non scientifique méthode d'essais et d'erreurs, comme nous le faisons actuellement.

Mon but n'est pas d'être un prophète, mais d'analyser les différentes questions structurelles et sémantiques linguistiques qui sous-tendent toutes les activités humaines, et de produire ainsi un matériel qui puisse aider l'humanité à *choisir* son destin en toute *conscience*. Ce qu'ils feront ne me concerne officiellement pas, mais il semble que les deux pays, qui ont tant en commun et qui sont appelés à jouer un rôle important dans l'avenir de l'humanité, en raison de leur nombre, de leur superficie, de leurs ressources naturelles etc., devront accorder plus d'attention aux questions dites 'intellectuelles' ou, plus simplement, ne pas négliger la différence entre les réactions des enfants et celles des adultes. Sinon, il s'ensuivra des résultats culturels très graves et désastreux pour nous tous.

Les problèmes du monde 1933 sont aigus et immédiats, surchargés de confusion, d'amertume, de désespoir et d'autres formes de perturbations sémantiques. Sans certains moyens - et, dans ce cas, des moyens scientifiques et physiologiques - pour réguler nos *réactions sémantiques*, nous ne serons pas en mesure de résoudre nos problèmes suffisamment tôt pour éviter les désastres. La similarité de structure entre les mathématiques et notre système nerveux, une fois mise en évidence et appliquée, nous donne un moyen unique de réguler les *réactions sémantiques*, sans lesquelles il est pratiquement impossible d'analyser sans passion et avec sagesse les problèmes les plus urgents d'importance immédiate.

La présente investigation montre que les langages anciens, dont la structure *n*'est *pas* similaire à celle du monde et de notre système nerveux, ont automatiquement renvoyé leur structure sur nos doctrines, nos croyances et nos habitudes, nos *réactions sémantiques*, ainsi que sur les institutions créées par l'être humain à la suite d'arguments verbaux. Celles-ci, à leur tour, façonnent d'autres réactions sémantiques et, tant qu'elles durent, contrôlent notre destin.

Quatre questions importantes pourraient être présentées en détail, mais, faute de place, je n'en donne ici qu'une esquisse suggestive.

1) Dans le système-*A* (Aristotélicien), tous nos anciens sous-systèmes existants, avec tous leurs avantages et leurs inconvénients, répondent à une nécessité psycho-logique, structurelle et sémantique. *A (Aristotélicienne)*.

2) L'énorme handicap pour tout système nouveau et moins déficient réside dans le fait que ces systèmes ne disposent pas d'une nouvelle sémantique constructive ∞-valuée, et sont portés d'un côté par des arguments linguistiques deux-valués dans le langage de l'ancienne structure *élémentalistique* ; pourtant, ils aspirent 'émotionnellement' à quelque chose de nouveau et de meilleur, alors que les deux ne peuvent être réconciliés.

3) Une argumentation menée selon l'ancienne méthode *élémentalistique* et deux-valuée, même si elle est fondamentalement vraie et finalement bénéfique, peut être facilement rejetée pour des raisons verbales si elle suit l'ancienne structure du langage. Nos décisions ne sont jamais bien fondées sur le plan psycho-logique et ne peuvent donc jamais inspirer le respect ou atteindre la fiabilité d'un raisonnement scientifique. C'est pourquoi nous tâtonnons - la seule méthode possible dans de telles conditions étant les méthodes animalistiques d'essai et d'erreur, influençant les masses par des discours incendiaires parce que la raison n'a rien à offrir, étant ligotés par l'ancienne structure verbale aux anciennes conséquences fondées sur des hypothèses animalistiques et fondamentalement fausses pour l'être humain.

4) Dans l'ancien système *A* (Aristotélicien), *élémentalistique*, deux-valué, l'accord est théoriquement impossible ; ainsi, l'une des principales et peut-être révolutionnaires divergences sémantiques de l'ancien système est le fait qu'un système-$\bar{A}$ *non-élémentalistique* ∞-valué, fondé sur des prémisses *négatives* fondamentales, conduit à une théorie de *l'accord universel*, qui est fondée sur une révision structurelle de nos langages, produisant des *réactions sémantiques* nouvelles et non perturbées, qui éliminent le copiage d'animaux dans nos réactions nerveuses.

Le sujet de ce chapitre se divise naturellement en trois parties sémantiques interconnectées. Dans la première, nous rappellerons quelques notions générales, connues dans l'ensemble mais rarement prises en considération, reformulées dans un langage de structure différente. Dans la seconde, j'indiquerai comment les disciplines mathématiques les plus importantes, qui traditionnellement et, de l'avis de la majorité, pourraient difficilement être appelées mathématiques, représentent une formulation scientifique et exacte du processus *général* de 'pensée'. Dans ce contexte, nous dirons quelques mots sur la théorie des ensembles et un peu plus sur la théorie des groupes. Cette dernière théorie, avec ses implications et ses applications, conduit à une reformulation des mathématiques sur des bases psycho-*logiques* évidentes, en rapprochant les mathématiques des processus généraux de l'activité mentale. Enfin, dans la troisième partie, j'indiquerai le fait *physiologique* étonnant et tout à fait inattendu de la similarité de structure des mathématiques avec la structure et la fonction de notre système nerveux.

Il faut rappeler au profane en sciences intelligent que, bien qu'il ait besoin de connaissances *en* mathématiques, le minimum donné ici, complété, peut-être, par quelques livres de philosophie mathématique des plus élémentaires et fascinants, donnés dans la bibliographie de ce volume, il n'a pas besoin, et n'aura probablement jamais besoin, de plus de mathématiques techniques que ce qui est donné dans les lycées et complété par les notions fondamentales du calcul différentiel. Car nous traitons directement tous les langages, y compris les mathématiques, sous un aspect plus général (et, à l'heure actuelle, peut-être le plus général), à savoir la *structure* ; le lecteur obtiendra tous les avantages psycho-logiques essentiels de la science moderne en absorbant le système-$\bar{A}$ et les habitudes associées, ce qui se traduira par des normes d'évaluation complètement nouvelles et des *réactions sémantiques* distinctement modernes et adultes.

Ce dernier point est d'une importance extrême et non conscientisée. En effet, son importance ne peut être pleinement appréciée qu'à partir du moment où l'on acquiert de telles réactions, car ce n'est qu'à ce moment-là que l'on élimine les perturbations sémantiques, que l'on peut analyser correctement tous les problèmes et, par conséquent, que l'on *peut* parvenir à un accord.

Les générations futures n'auront bien sûr aucune difficulté à établir des *réactions sémantiques* saines, pas plus que les très jeunes enfants d'aujourd'hui. Ceux-ci n'ont pas besoin de traités tels que le présent ouvrage. Mais avant que les parents adultes ou les enseignants puissent former leurs enfants, ils doivent d'abord désapprendre beaucoup de choses et se former à de nouvelles habitudes impliquant les *normes* $\bar{A}$ d'évaluation. Pour eux, un tel ouvrage, pour être convaincant, doit donc traiter des fondements de leurs difficultés. Cette dernière tâche est difficile pour l'auteur comme pour le lecteur.

Ce qui a été dit ici ne s'applique pas, je suis désolé de le dire, aux 'philosophes', 'logiciens', 'psychologues', psychiatres et enseignants *professionnels*. Ceux-ci, pour être en mesure d'assumer leurs responsabilités et leurs tâches professionnelles difficiles, *doivent minutieusement se familiariser* avec la *structure* en général, et avec la *structure des mathématiques* en particulier, en tant que facteurs de réactions sémantiques, et doivent développer la présente esquisse beaucoup plus avant.

Section B. Généralités.

Les mathématiques du vingtième siècle se caractérisent par une énorme productivité, par la révision de leurs fondements et par la recherche de la rigueur, ce qui implique un matériel d'une grande valeur psycho-logique inexplorée, résultat de l'activité du système nerveux humain. Des branches des mathématiques, comme par exemple la 'logique' mathématique ou la théorie analytique des nombres, ont été créées au cours de cette période ; d'autres, comme la théorie des fonctions, ont été révisées et remodelées. La théorie d'Einstein et la nouvelle mécanique quantique ont également suggéré d'autres besoins et développements.

Toute branche des mathématiques consiste en des fonctions propositionnelles qui énoncent certaines relations structurelles. Le mathématicien tente de découvrir de nouvelles caractéristiques et de réduire les caractéristiques connues à une dépendance vis-à-vis du plus petit ensemble possible d'hypothèses structurelles les plus simples et constamment révisées. Récemment, nous avons constaté qu'aucune hypothèse n'est jamais 'auto- évidente' ou ultime.

À ces hypothèses structurelles, nous donnons actuellement le nom plus poli de postulats. Il s'agit de termes non-définis, qui ne sont pas toujours énoncés explicitement, mais qui sont toujours présents implicitement. Un *système de postulats nous donne la structure du schéma linguistique*. Les mathématiciens plus anciens étaient moins pointilleux dans leurs méthodes. Leurs fonctions propositionnelles primitives ou postulats étaient moins bien étudiés. Ils ne commençaient pas explicitement par des termes non-définis. Le vingtième siècle a vu dans ce domaine un progrès marqué en mathématiques, mais beaucoup moins dans d'autres entreprises verbales, ce qui explique que la structure des langages ait été longtemps négligée. Sans remonter d'un schéma linguistique à un système de postulats, il est extrêmement difficile, voire impossible, de trouver ses hypothèses structurelles.

Une particularité des mathématiques modernes est l'insistance sur le caractère formel de tout raisonnement mathématique, qui, avec la nouvelle théorie *non-élémentalistique* des significations, devrait en fin de compte s'appliquer à toutes les procédures linguistiques.

Les problèmes de 'formalisme' sont d'une importance psycho-logique sérieuse et négligée, et sont connectées à de grands dangers sémantiques dans la vie quotidienne s'ils sont associés au manque de conscience d'abstraire ; ou, en d'autres termes, lorsque nous confondons les ordres d'abstractions. En effet, la majorité des malades 'mentaux' sont *trop formels* dans leurs processus psycho-logiques, mono-, deux- ou quelques-valués, et ne peuvent donc pas s'adapter aux expériences ∞-valuées de la vie. Le formalisme n'est utile que dans la recherche et la mise à l'épreuve de la structure ; mais, dans ce cas, la conscience d'abstraire provoque l'attitude qui sous-tend le raisonnement formel ∞-*valué* et *probable*, de sorte que les perturbations sémantiques et les chocs dans la vie sont évités. Soyons simples : le mécanisme de la perturbation sémantique appelé 'identification' ou 'confusion des ordres d'abstraction' en général, et 'objectification' en particulier, dépend, dans une large mesure, du formalisme deux-valué sans la conscience d'abstraire.

En mathématiques, le formalisme est uniquement utile et nécessaire. En mathématiques, le point de vue formel est poussé jusqu'à refuser toutes significations, au sens ordinaire, aux termes non-définis, l'accent étant mis sur les relations postulées entre les termes non-définis. Ce dernier point permet à la majorité des mathématiciens de s'adapter, et aux mathématiques d'être extrêmement générales, car il permet d'attribuer aux postulats mathématiques un nombre indéfini de significations qui satisfont les postulats.

Ce fait n'est pas un défaut des mathématiques, bien au contraire. Il est à la base de leur immense valeur pratique. Il fait des mathématiques un système linguistique qui incarne la possibilité de la perfection et qui, sans aucun doute, satisfait sémantiquement, à chaque époque, la grande majorité des Dupond et des Durand correctement informés. Il n'y a rien d'absolu là-dedans, car toutes les mathématiques sont en fin de compte un produit du système nerveux humain, le meilleur produit à chaque stade de notre développement. Le fait que les mathématiques établissent de tels schémas relationnels linguistiques sans contenu spécifique explique la généralité des mathématiques dans les applications.

Si les mathématiques avaient un contenu physique ou une signification définie attribués à ses termes non-définis, ces mathématiques ne pourraient être appliquées que dans le cas donné et pas autrement. Si, au lieu de faire l'énoncé mathématique que un et un font deux, sans mentionner ce que le un ou le deux représentent, nous devions établir qu'une pomme et une pomme font deux pommes, cet énoncé ne pourrait pas être appliqué en toute sécurité à autre chose que des pommes. La généralité serait perdue, la validité de l'énoncé mise en danger, et nous serions privés de la plus grande valeur des mathématiques. Un tel énoncé concernant les pommes n'est pas un énoncé mathématique, mais appartient à ce que l'on appelle les 'mathématiques appliquées', qui ont un contenu. Des faits expérimentaux tels que l'ajout d'un litre d'eau à un litre d'alcool donne *moins* de deux litres du mélange n'invalident pas l'énoncé mathématique selon lequel un et un font deux, qui reste valable par définition. La dernière expérience mentionnée concernant l'"ajout" d'eau à l'alcool est une caractéristique structurelle submicroscopique profonde du monde empirique, qui doit être découverte à l'heure actuelle par l'expérience. Tout ce que nous pouvons dire, c'est que nous trouvons la déclaration mathématique ci-dessus applicable dans certains cas, et non-applicable dans d'autres.

N'attribuant pas de significations définies aux termes non-définis, les postulats mathématiques ont des significations variables et consistent donc en des fonctions propositionnelles. Les mathématiques doivent être considérées comme un ensemble de modèles de langages relationnels exacts, représentant, à chaque étape, des échantillons du meilleur fonctionnement de l'"esprit" humain. L'application aux problèmes pratiques dépend de l'ingéniosité de ceux qui souhaitent utiliser ces langages.

En raison de ces caractéristiques, les mathématiques, lorsqu'elles sont étudiées en tant que forme de comportement humain, nous fournissent une multitude de données psycho-logiques et sémantiques, habituellement entièrement négligées.

Comme les postulats consistent en des fonctions propositionnelles avec des termes non-définis, toute preuve mathématique est formelle et dépend exclusivement de la forme des prémisses et non des significations spéciales que nous pouvons attribuer à nos termes non-définis. Cela s'applique à toutes les 'preuves'. Les 'théories' représentent des structures linguistiques et doivent être prouvées sur des bases sémantiques et jamais par des 'faits' empiriques. Les faits expérimentaux ne font que rendre une théorie plus plausible, mais aucun nombre d'expériences ne peut 'prouver' une théorie. Une preuve appartient au niveau *verbal*, ce qui n'est pas le cas des faits expérimentaux ; ils appartiennent à un autre ordre d'abstractions, qui ne peut être atteint par le langage, le lien de connexion étant la *structure*, qui, dans les langages, est donnée par les systèmes de postulats.

Les théories ou les doctrines sont toujours linguistiques. Elles formulent quelque chose qui se passe à l'intérieur de notre peau par rapport à ce qui se passe à des niveaux indicibles, et qui n'est pas une théorie. Les théories sont le moyen rationnel pour un être rationnel d'être aussi rationnel que possible. L'expérience montre que le fonctionnement du système nerveux humain est tel que nous avons des théories. Telle était la tendance à la survie ; et nous devons non seulement nous réconcilier avec ce fait, mais aussi étudier la structure des théories.

Les théories sont le résultat de chaînes cycliques extrêmement complexes de courants nerveux du système nerveux humain. Toute perturbation sémantique, qu'il s'agisse d'une confusion d'ordres d'abstractions ou d'identification, ou de l'un de leurs descendants, appelé 'élémentalisme', 'absolutisme', 'dogmatisme', 'finalisme', etc., introduit des déviations ou des résistances, ou des blocages sémantiques des cycles normaux de survie, et l'organisme se trouve immédiatement sur la voie d'un non-ajustement anormal.

La structure du protoplasme le plus simple, ou du système nerveux le plus élaboré, est telle qu'il absorbe et réagit de manière spécifique aux différents stimuli externes et internes.

Notre 'expérience' repose normalement sur des abstractions et des intégrations de différents stimuli par différents récepteurs, avec des réactions différentes et spécifiques. L'œil produit sa part, et nous pouvons voir une pierre ; mais l'œil ne nous transmet pas la *sensation* de poids de la pierre, ni sa température, ni sa dureté, etc. Pour obtenir cette nouvelle sagesse, nous avons besoin d'autres récepteurs d'un type totalement différent de ceux que l'œil peut fournir. Si l'œil joue un rôle dans l'établissement du poids, par exemple, sans jamais donner la *vraie sensation* du poids, il est généralement trompeur. Si nous essayons de soulever un kilogramme de plomb et un kilogramme de plumes, que la balance enregistre comme étant de poids égal, le kilogramme de plomb nous semblera plus lourd que le kilogramme de plumes. L'œil voit que le kilogramme de plomb est plus petit en volume, et l'attente doctrinale, sémantique et musculaire est donc celle d'un poids plus faible, et donc, par contraste, le kilogramme de plomb apparaîtrait comme étonnamment lourd.

L'œil étant l'un des organes les plus subtils, en fait une partie du cerveau, la science conçoit des méthodes permettant de soumettre toutes les autres caractéristiques du monde extérieur à l'inspection directe ou indirecte de l'œil. Nous construisons des balances, des thermomètres, des microscopes, des télescopes et d'autres instruments, mais les caractéristiques et la *sensation* de poids, de chaleur, etc., doivent être fournies directement par les récepteurs spéciaux, qui sont les seuls à pouvoir produire les 'sensations' spéciales. Le balancement de la balance ou l'élévation de la colonne du thermomètre établissent des *relations* très importantes, mais ne donnent pas la sensation spécifique et indicible du 'poids' ou de la 'chaleur'. Notre premier et plus primitif contact avec une pierre, sa sensation, etc., est une abstraction personnelle de l'objet, pleine de caractéristiques fournies par les particularités des récepteurs spéciaux. Notre image primitive de la 'pierre' est un résumé, une intégration de toutes ces abstractions 'sensorielles' distinctes. C'est une abstraction de plusieurs abstractions, ou une abstraction d'un ordre supérieur.

Les théories sont des schémas verbaux relationnels ou structurels, construits par un processus d'abstractions supérieures à partir de nombreuses abstractions inférieures, qui sont produites non seulement par nous-mêmes, mais aussi par d'autres (time-binding). Les théories représentent donc les résumés structurels et les généralisations les plus courts et les plus simples, ou les abstractions les plus élevées de l'expérience individuelle et du symbolisme des expériences civilisationnelles passées. La plupart du temps, les théories ne sont pas un produit individuel, mais collectif. Elles suivent une tendance de survie sémantique plus subtile mais inévitable, comme toute vie. Les espèces humaines et les époques qui n'ont pas révisé ou avancé leurs théories ont péri ou sont en train de périr.

Le processus d'abstraire en différents ordres étant inhérent au système nerveux humain, il ne peut être ni arrêté ni aboli, mais il peut être dévié, vicié et poussé dans des voies néfastes et contraires à la tendance à la survie, notamment en relation avec des *réactions sémantiques* pathologiques. Aucun d'entre nous, même profondément malade 'mental', n'est à l'abri des théories. La seule sélection que nous puissions faire est entre les théories anciennes, souvent primitives, et les théories modernes, qui impliquent toujours des facteurs sémantiques importants.

La compréhension de ce qui précède est d'une importance capitale car, en sélectionnant correctement les théories, on aurait pu éviter toutes les perturbations sémantiques inutiles, qui conduisent même à des crimes, et des exemples historiques de la non-sanité humaine tels que la 'sainte inquisition', les bûchers, les guerres de religion, la persécution de la science, le procès de Tennessee, etc., auraient pu être évités.

Chaque fois que *quelqu'un* dit *quelque chose*, il se livre à des théories. Il en va de façon similaire pour l'écriture ou la 'pensée'. Nous *devons* utiliser des termes, et le choix même de nos termes et la structure du langage choisi reflètent leur structure sur le sujet discuté. D'ailleurs, les mots *ne sont pas* les événements. Même les simples 'descriptions', puisqu'elles impliquent des termes, et en fin de compte des termes non-définis, impliquent des hypothèses structurelles, des postulats et des théories, conscientes ou inconscientes - pour l'instant, surtout ces dernières.

Il est très préjudiciable pour la sanité d'enseigner de ne pas tenir compte des théories ou des doctrines et des travaux théoriques, car nous ne pourrons jamais nous en défaire tant que nous serons des êtres humains. Si nous n'en tenons pas compte, nous ne faisons que nous créer des troubles sémantiques. La différence entre les confusions morbides et les confusions moins morbides d'ordres d'abstractions n'est pas très claire. Les fortes composantes affectives de ces troubles sémantiques doivent conduire à l'absolutisme, au dogmatisme, au finalisme et à d'autres états similaires, qui sont des facteurs sémantiques à partir desquels se construisent les états de non-sanité.

Nous savons que nous devons commencer par des termes non-définis, qui pourront être définis à une autre date dans d'autres termes non-définis. À une date donnée, nos termes non-définis doivent être traités comme des postulats. Si l'on préfère, on peut les appeler suppositions structurelles ou hypothèses. D'un point de vue théorique, ces termes non-définis représentent non seulement des postulats mais aussi des variables, et génèrent donc des fonctions propositionnelles et non des propositions. En mathématiques, ces questions sont claires et simples. Toute théorie repose en fin de compte sur des postulats qui consistent en des fonctions propositionnelles contenant des variables et qui expriment des relations, indiquant la structure du schéma.

Il semble que l'importance principale des abstractions linguistiques d'ordre supérieur réside dans leur caractère *public*, car elles sont capables d'être transmises sous des formes neurales et extra-neurales. Mais notre vie privée est également très influencée par les abstractions d'ordre inférieur, les 'ressentis', les 'intuitions', etc. Celles-ci peuvent être, devraient être, mais sont rarement, correctement influencées par les abstractions d'ordre supérieur. Ces 'sentiments', etc., sont personnels, indicibles et donc intransmissibles. Par exemple, nous ne pouvons pas transmettre la sensation réelle de douleur lorsque nous nous brûlons, mais nous pouvons transmettre la relation invariante de l'ensemble extrêmement complexe feu-chair-nerf-douleur. Une relation est présente de manière empirique, mais elle peut également être exprimée par des mots. Il semble important de disposer de moyens pour traduire ces abstractions d'ordre supérieur en abstractions d'ordre inférieur, ce qui fera l'objet de la Partie VII.

Section C. L'importance psycho-logique de la théorie des ensembles et de la théorie des groupes.

En partant du refus $\bar{A}$ de l'identité, nous avons été contraints de considérer la structure comme le seul lien possible entre le monde empirique et le monde verbal. L'analyse de la structure a impliqué des relations et un ordre *multiordinal* et multi-dimensionnel, et nous a finalement conduits à une définition sémantique des mathématiques et des nombres. Ces définitions rendent évident que toutes les mathématiques expriment des processus généraux de l'activité mentale par *excellence* (NdT : en français dans le texte). Nous pourrions donc passer en revue toutes les mathématiques de ce point de vue psycho-logique, mais cela ne serait pas profitable à notre propos ; nous nous limiterons donc à une brève esquisse liée à la théorie des ensembles et à la théorie des groupes, parce que ces deux théories fondamentales et les plus générales formulent sous une forme très pure le processus psycho-logique général, et montrent également le mécanisme par lequel tous les langages (et pas seulement les mathématiques) ont été construits. En outre, à l'exception de quelques spécialistes, le grand public n'est même pas attentif à l'existence de ces disciplines qui s'écartent largement des notions traditionnelles sur les mathématiques. Elles représentent les tentatives les plus réussies et les plus puissantes de construction de langages relationnels exacts dans des domaines qui se situent à la frontière entre la psycho-logique et les mathématiques traditionnelles. Parce qu'elles sont exactes, elles ont été incorporées dans les mathématiques, bien qu'elles appartiennent tout aussi bien à une science générale des relations, ou à la sémantique générale, ou à la 'psychologie', ou à la 'logique', ou à la linguistique scientifique et à la psychophysiologie. Il existe d'autres disciplines mathématiques, comme par exemple l'analyse situs, ou l'"algèbre de la logique", etc., auxquelles s'appliquent les énoncés ci-dessus ; mais, pour notre propos, nous nous limiterons aux deux premières.

En ce qui concerne la théorie des ensembles, je ne donnerai que quelques définitions tirées de *l'Encyclopaedia Britannica*, dans le but d'attirer l'attention des 'psychologues', et d'autres, sur ces données psycho-logiques.

La théorie des ensembles sous-tend la théorie des fonctions. Un ensemble, ou variété, ou agrégat, est un système tel que :

(1) il comprend toutes les entités qui possèdent une certaine caractéristique ;

(2) aucune entité dépourvue de cette caractéristique n'appartient au système ;

(3) toute entité du système est reconnaissable en permanence comme distincte des autres entités.

Les entités distinctes qui appartiennent à une telle collection, à un tel système, à un tel agrégat, à une telle variété ou à un tel ensemble sont appelées éléments. Nous supposons la possibilité de sélectionner à volonté, par un processus ou une loi définis, un ou plusieurs éléments d'un ensemble A, qui formeraient un autre ensemble B, etc.

Les quelques lignes ci-dessus expriment le fonctionnement des processus de 'pensée' humains et la manière dont les langages se sont construits. Il est vrai que l'exactitude impose des limites et que les théories mathématiques ne sont donc pas exprimées dans les termes 'psychologiques' habituels et désuets, bien qu'elles décrivent l'un des processus psycho-logiques les plus importants.

Dernièrement, la théorie des ensembles a soulevé une question importante : L'une des lois fondamentales de l'ancienne 'logique', à savoir la loi deux-valuée du 'tiers exclu' (A est soit B, soit non-B), s'applique-t-elle dans tous les cas? Ou bien est-elle valable dans certains cas et non valable dans d'autres?

Ce problème est le noyau psycho-logique de la nouvelle révision des fondements des mathématiques, qui a récemment été considérablement avancée par le professeur Łukasiewicz et Tarski avec leur 'logique' beaucoup-valuée, qui fusionne finalement avec la théorie mathématique des probabilités ; et sur des bases différentes, il a peut-être été résolu dans l'actuel système-$\bar{A}$, *non-élémentalistique*.

La notion de groupe est psycho-logiquement encore plus importante. Elle est liée aux notions de transformation et d'invariance. Sans donner de définitions formelles inutiles pour notre propos, on peut dire que si l'on considère un ensemble d'éléments a, b, c, etc., que l'on dispose d'une règle pour les combiner, disons O, et que le résultat de la combinaison de deux membres quelconques de l'ensemble est lui-même un membre de l'ensemble, on dit que cet ensemble a la 'propriété de groupe'.

Ainsi, si nous prenons des nombres ou des couleurs, par exemple, et que la règle que nous acceptons est '+', nous disons qu'un nombre ou une couleur est transformé par cette règle en un nombre ou une couleur, et que tous deux possèdent donc la 'propriété de groupe'. Il est évident qu'en effectuant l'opération donnée, nous avons transformé un élément en un autre ; cependant, certaines caractéristiques de nos éléments sont restées invariantes sous la transformation. Ainsi, si 1 est un nombre et 2 est un nombre, l'opération '+' transforme 1 en 3, puisque $1+2=3$; mais 3 a la caractéristique d'être un nombre ; cette caractéristique est donc conservée ou reste invariante. Il en va similairement avec les couleurs, si nous ajoutons des couleurs, celles-ci sont transformées, mais restent des couleurs, et les deux ensembles ont donc la 'propriété de groupe'. Keyser suggère que les processus 'mentaux' ont la propriété de groupe, ce qui est indubitablement vrai.[1]

Le rôle que joue cette théorie dans notre langage est d'une grande importance, car nous y trouvons une méthode de recherche de structure et une méthode permettant d'établir une similarité de structure entre le niveau objectique indicible et le niveau verbal, sur la base de l'invariance des relations qui sont trouvées ou découvertes dans l'un et dans l'autre.

La meilleure façon de décrire le rôle des groupes dans la théorie physique est de citer le professeur Rainich. (Les remarques entre parenthèses sont les miennes.) 'Un physicien, pouvons-nous dire, est une personne qui mesure selon certaines règles. Désignons par a le nombre qu'il a obtenu dans une situation donnée en appliquant la règle numéro un, par b le nombre obtenu dans la même situation en mesurant selon la règle numéro deux et ainsi de suite (a peut être par exemple le volume, b la pression, c la température d'un gaz dans un récipient donné). Le physicien constate en outre que les résultats de mesures de même nature effectuées dans des situations différentes satisfont à certaines relations, nous pouvons écrire par exemple :

$$r(a, b) = c.$$

'Un mathématicien est occupé à déduire de certaines propositions données d'autres propositions ; cela conduit généralement à des nombres que nous pouvons appeler A, B, C, etc. Ces nombres satisfont également certaines relations, à savoir

$$R(A, B) = C.$$

'Puis vient, comme le dit le professeur Weyl, un messager, un intermédiaire qui peut être un mathématicien ou un physicien, ou les deux, et qui dit : 'Si vous établissez une correspondance entre les quantités physiques et les quantités mathématiques, si vous attribuez A à a, B à b, etc., les mêmes relations s'appliquent aux quantités physiques et aux quantités mathématiques correspondantes, de sorte que $R \equiv r$.' [*Similarité de structure.*]

'Au fil du temps, de nouveaux procédés de mesure sont inventés, certaines relations physiques ne trouvent pas leur contrepartie dans la théorie mathématique, la théorie mathématique doit être rafistolée en introduisant de nouvelles quantités jusqu'à ce qu'apparaissent trop de quantités qui ne correspondent pas à des quantités physiques ; alors vient le point de vue phénoménologique qui balaie la théorie des mathématiques appliquées - la théorie redevient de la pure mathématique, et les physiciens commencent à chercher une nouvelle théorie. Tout le monde peut trouver des exemples de cette situation ; il suffit de mentionner l'atome de Bohr qui n'est même pas mentionné aujourd'hui, quinze ans seulement après son introduction.

'Cependant, la théorie des groupes appliquée à la physique n'est pas une théorie mathématique parmi d'autres du type décrit ci-dessus ; son application est d'une nature beaucoup plus fondamentale et nous serons en mesure d'indiquer ce qu'elle est en analysant plus en détail le schéma décrit ci-dessus.

'Il peut arriver, et cela arrive souvent, qu'une même théorie mathématique puisse être appliquée aux mêmes faits physiques de plusieurs façons ; par exemple, au lieu d'attribuer aux grandeurs physiques $a, b, \ldots$ les grandeurs mathématiques $A, B, \ldots$

On aurait pu leur attribuer A', B', ... avec les mêmes résultats, c'est-à-dire que les relations pour les grandeurs physiques sont les mêmes que pour les grandeurs mathématiques qui leur correspondent maintenant (pensez à l'espace considéré du point de vue expérimental et à la géométrie des coordonnées ; les différentes manières d'établir une correspondance résultent de différents choix d'axes de coordonnées). Si cela se produit, cela signifie que la théorie mathématique possède une propriété particulière, à savoir que si A' est substitué à A, B' à B et ainsi de suite, aucune relation du type $R(A, B) = C$ qui était correcte avant la substitution n'est détruite ; en d'autres termes, il existe des substitutions ou des transformations pour lesquelles toutes les relations sont invariantes. L'ensemble de ces transformations constitue ce que nous appelons un groupe ; l'existence et les propriétés d'un tel groupe constituent une caractéristique très importante de la théorie mathématique. De plus, il est clair que si deux théories mathématiques différentes peuvent être appliquées - dans le sens décrit ci-dessus - à la même théorie physique, les groupes de ces deux théories seront essentiellement les mêmes, de sorte que les groupes reflètent certaines des propriétés les plus fondamentales des systèmes physiques.' [2]

La connexion entre les groupes et la structure est décrite par le professeur Shaw comme suit : 'La première branche des mathématiques dynamiques est la théorie des opérations. Elle comprend la théorie générale des opérateurs de tout type et en particulier la théorie des groupes d'opérateurs. La structure de ces groupes est évidemment une étude de la forme. Elle peut souvent être illustrée de manière concrète. Ainsi, les groupes de cristaux géométriques illustrent la structure de trente-deux groupes de caractère discontinu, et les 230 groupes spatiaux de la composition des cristaux illustrent les groupes infinis discontinus correspondants. L'étude de la série de composition des groupes, des sous-groupes et de leurs relations, que ce soit dans le cas des groupes de substitution, des groupes linéaires, des groupes géométriques ou des groupes continus, est une étude de la forme. De même, l'étude de la construction des groupes, que ce soit par des générateurs, par la combinaison de groupes ou par d'autres moyens, est également une étude de la structure ou de la forme. Le calcul des opérations en général, avec des formes particulières telles que les opérateurs différentiels, les opérateurs intégraux, les opérateurs de différence, les opérations distributives en général, est pour l'essentiel une étude de la structure. Dans la mesure où l'un de ces calculs concerne la synthèse de formes composées à partir d'éléments simples, il doit être considéré comme une étude de la forme, au sens où ce terme est utilisé ici.' [3]

Dans la notion de groupe, nous nous sommes familiarisés avec deux termes, à savoir la transformation et l'invariance. Le premier implique un 'changement' ; l'autre, une absence de 'changement' ou une 'permanence'. Ces deux caractéristiques sont sémantiquement fondamentales, mais comportent de sérieuses complexités.

Le monde, y compris nous-mêmes, peut être considéré comme un processus qui peut être analysé en termes d'étapes transformées avec toutes les notions qui en découlent. Dans le monde objectif, le 'changement' est toujours présent et constitue peut-être la caractéristique structurelle la plus importante de notre expérience. Mais lorsqu'un système nerveux hautement développé, qui est lui-même un processus, est soumis à l'action d'autres processus, ce système nerveux découvre, à un certain stade de son développement, une certaine permanence relative qui, à un stade ultérieur, est formulée comme une invariance de la fonction et des relations. Cette dernière formulation est *non-élémentalistique* parce qu'elle peut être découverte empiriquement, c'est-à-dire par les centres nerveux inférieurs, mais elle est aussi la principale nécessité et le moyen d'action des centres nerveux supérieurs, ce que l'on appelle la 'pensée', etc. Tout ce que nous appelons habituellement processus d'"association" n'est rien d'autre qu'un *processus de mise en relations*, conséquence directe de la structure du système nerveux, où les stimuli sont enregistrés dans un certain ordre quadridimensionnel qui, au niveau psycho-logique, prend la forme de relations. De ce point de vue, il est naturel que les centres nerveux supérieurs, en tant que limite des processus intégrateurs, produisent *et* découvrent l'invariance des relations, qui apparaît alors comme le produit suprême et donc, en définitive, comme une nécessité de l'activité des centres supérieurs. Il est évident que si l'invariance des relations a une contrepartie objective quelconque dans le monde extérieur, cette invariance s'imprime dans le système nerveux plus que d'autres caractéristiques ; et donc, à un certain stade, un système nerveux capable de produire et d'utiliser un symbolisme très développé, découvre forcément et formule forcément cette invariance.

Il semble que les *relations*, en raison de la possibilité de les découvrir et de leur invariance dans les *deux* mondes, soient, d'une certaine manière, plus 'objectives' que les prétendus objets. Nous pouvons avoir une science de "l'invariance des relations", mais nous ne pourrions pas avoir une science de la permanence des choses ; et les anciennes doctrines sur la permanence de nos institutions doivent également être révisées. Dans les conditions modernes, qui changent assez rapidement de nos jours, il est évident que certaines relations entre les êtres humains se modifient, et les institutions doivent donc être révisées. Si nous voulons *leur invariance*, nous devons les construire sur les *relations invariantes entre les êtres humains* qui ne sont pas altérées par les transformations. C'est à l'étude de ces relations que s'attache le présent travail, et elles se trouvent dans le *mécanisme du time-binding*, qui, une fois énoncé, devient tout à fait évident après réflexion.

Comme le dit le professeur Shaw : 'Nous trouvons dans les invariants des mathématiques une source de vérité objective. Dans la mesure où les créations du mathématicien s'adaptent aux objets de la nature, les invariants inhérents doivent indiquer la réalité objective. En effet, une grande partie de la valeur des mathématiques dans leurs applications réside dans le fait que leurs invariants ont une signification objective. Quand un invariant géométrique disparaît, il indique un caractère très précis dans la classe de figures correspondante. Quand un invariant physique disparaît ou prend des valeurs particulières, il doit correspondre à des faits physiques. Quand un ensemble d'équations représentant des phénomènes physiques admet un ensemble d'invariants ou de covariants, les phénomènes physiques ont un caractère correspondant et le physicien est obligé d'expliquer la loi qui en résulte. Les invariants inaperçus des équations électromagnétiques ont bouleversé les théories physiques et menacé la philosophie. On ne saurait donc trop insister sur l'importance des invariants, d'un point de vue pratique'. [4]

Il convient de noter que le caractère *non-élémentalistique* des termes relation, invariance, etc., qui s'appliquent à la fois aux 'sensorialités' et à 'esprit', est particulièrement important, car il nous permet de les appliquer à tous les processus ; et qu'un tel langage est similaire dans sa structure non seulement au monde qui nous entoure, mais aussi à nos processus nerveux. Ainsi, un processus d'être du fer, ou un rocher, ou une table, ou vous, ou moi, peut être considéré, à des fins pratiques, comme une invariance temporelle et moyenne de la fonction au niveau sub-microscopique. Sous l'action d'autres processus, le processus se transforme structurellement en différents complexes relationnels, et nous mourons, et une table ou un rocher se transforme en poussière, et ainsi l'invariance de cette fonction disparaît.

La notion de fonction implique la notion de variable. La notion de fonction a été étendue à la fonction propositionnelle et, enfin, à la fonction doctrinale et à la fonction-système. Le terme de transformation est étroitement relié à celui de fonction et de relation. Cette notion repose sur notre capacité à associer, ou à mettre en relation, deux ou plusieurs entités 'mentales'. Nous pouvons, par exemple, associer a à b ou b à a. Nous disons que nous avons transformé a en b, ou vice versa.

Un excellent exemple de transformation, donné par Keyser, est un dictionnaire ordinaire, qui serait véritablement mathématique s'il était plus précis. Dans un dictionnaire, chaque mot est transformé dans sa signification verbale, et vice versa. Un annuaire téléphonique en est un autre exemple. Il est évident que le terme 'transformation' a une grande portée. Si a est transformé en b, cela implique qu'il y a une relation entre a et b qui s'établit, par le fait de la transformation. Une fois qu'une relation est établie, nous disposons d'une fonction propositionnelle de deux variables ou plus qui définit un ensemble extensionnel de tous les éléments connectés par cette relation. [5]

Nous voyons que ces trois termes sont inséparablement unis et sont trois aspects d'un seul processus psycho-logique. Si nous avons une transformation, nous avons une fonction et une relation ; si nous avons une fonction, nous avons une relation et une transformation ; si nous avons une relation, nous avons une transformation et une fonction. La transformation, comme nous le voyons, est un terme d'action psycho-logique. Une relation a un caractère psycho-logique mixte. Une fonction propositionnelle est un énoncé statique, un fait établi, avec des blancs pour les valeurs des variables. La forme est invariante, mais elle peut prendre un nombre indéfini de valeurs. *L'ensemble extensionnel* des valeurs de la variable est statique, donné une fois pour toutes dans un contexte donné. Il est extensionnel et, par conséquent, peut être empirique et expérimental.

Prenons comme exemple la transformation d'un ensemble d'entiers 1, 2, 3, etc. Supposons que la loi de transformation soit donnée par la fonction $y = 2x$. Le résultat serait l'ensemble des nombres entiers pairs 2, 4, 6, etc. Nous voyons que les entiers sont transformés en entiers ; donc, la caractéristique d'être un entier est conservée ; autrement dit, cette caractéristique est un invariant sous la transformation donnée $y = 2x$, mais les valeurs des entiers ne sont pas conservées.

La théorie de l'invariance est une branche importante des mathématiques, rendue célèbre récemment par les travaux d'Einstein. Einstein a accompli le rêve le plus cher de Riemann et a atteint l'idéal méthodologique et scientifique selon lequel une 'loi de la nature' devrait être formulée de manière à être invariante sous des groupes de transformations. Un tel idéal sémantique, une fois énoncé, ne peut être nié ; il exprime exactement une nécessité du bon fonctionnement du système nerveux humain. En fait, une 'loi' de la nature ne représente rien d'autre que la déclaration de l'invariance de certaines relations. Lorsque le critère d'Einstein est appliqué, il rend la plupart des anciennes 'lois naturelles' invalides, car elles ne peuvent résister au test de l'invariance. Les anciennes 'lois universelles' apparaissent alors comme des commérages privés locaux, vrais pour un observateur et faux pour un autre.

La méthode de la théorie de l'invariance nous donne la tendance des relations qui demeurent, et exprime ainsi d'importantes caractéristiques psycho-logiques de l'"esprit" humain. Keyser révèle sa signification supplémentaire en suggérant que lorsqu'un groupe de transformations laisse invariante une activité psycho-logique spécifiée, il définit parfaitement une branche actuelle ou potentielle de la science, une doctrine actuelle ou potentielle. [6]

Nous savons tous à quel point le sentiment, l'aspiration à la stabilité sont profondément ancrés en nous, à quel point nous sommes inquiets lorsque les choses deviennent instables. L'inquiétude et la peur sont destructrices de la santé sémantique et devraient être prises en compte dans une théorie de la sanité. Un besoin sémantique similaire a apparemment animé les mathématiciens lorsqu'ils ont élaboré la théorie de l'invariance ; il s'agissait d'une formulation d'une nécessité des activités du système nerveux humain. Il n'est pas nécessaire de souligner que des méthodes sémantiques similaires, si elles étaient appliquées, donneraient des résultats similaires dans notre vie quotidienne.

Nous avons déjà parlé de la théorie mathématique de l'invariance comme d'une espèce mathématique d'une théorie sémantique de l'accord universel. Similairement, dans un système-$\bar{A}$ fondé sur les relations et la structure, il est possible de formuler une théorie de l'accord universel qui serait structurellement impossible dans le système-A (*Aristotélicien*), et ainsi les rêves de Leibnitz deviennent une sobre réalité ; mais nous devons d'abord rééduquer nos *réactions sémantiques*.

Section D. Similarité de structure entre les mathématiques et notre système nerveux.

Dans le chapitre sur la Sémantique du Calcul Différentiel, les notions fondamentales et la méthode de ce calcul sont expliquées. Nous pouvons dire, brièvement, qu'elle consiste à stratifier, ou à étendre en série, un intervalle quelconque qui s'est déroulé par grandes tranches. Les grandes tranches sont divisées en un grand nombre de tranches de plus en plus petites qui, à la limite, lorsque le nombre de tranches devient infini, prennent l'aspect d'une 'continuité' qui permet d'étudier le 'taux de changement'. Lorsque le 'temps' est pris en considération, la dynamique peut être traduite en statique, et vice versa ; les processus peuvent être analysés à n'importe quel stade, etc. Cette brève description est loin d'être exacte ou exhaustive ; je ne souligne que de manière intuitive ce qui est d'une importance sémantique majeure pour notre objectif.

L'objet principal de ce chapitre est d'expliquer que la structure du système nerveux humain est telle que, à certains niveaux, nous produisons des abstractions dynamiques, et à d'autres, des abstractions statiques. Comme l'organisme fonctionne comme-un-tout, pour son fonctionnement optimal, et donc pour la sanité, nous avons besoin d'un langage, d'une méthode, qui puisse se traduire par des *réactions sémantiques* permettant de traduire le dynamique en statique, et vice versa ; et un tel langage, une telle méthode, sont produits et fournis par les mathématiciens. Pour certains lecteurs, ces remarques peuvent sembler si évidentes qu'il n'est pas nécessaire de les écrire, mais j'ai découvert, en observant personnellement les réactions de différents individus et en étudiant attentivement la littérature sur le sujet, que même de nombreux mathématiciens et physiciens n'ont pas cette *réaction sémantique* dans tous les problèmes - ou, du moins, qu'ils ne savent pas comment l'appliquer.

Dans la Partie VII, on élabore des méthodes élémentaires $\bar{A}$ qui fournissent les bénéfices sémantiques neurologiques du calcul, très facilement transmissibles même aux petits enfants *sans aucune technique mathématique*, et qui établissent chez eux une attitude mathématique envers tout langage en général, en les formant à la seule psycho-logique structurelle de la sanité, à savoir celle du calcul, qui devient ainsi le fondement des *réactions sémantiques* humaines saines et normales. Et cela, répétons-le, sans aucune technique mathématique. Nous constatons également qu'il existe des moyens simples et *physiologiques*, fondés sur la structure, pour entraîner nos réactions sémantiques et leur transmettre le sens de la stratification structurelle inhérente à la conscience d'abstraire.

Pour commencer, permettez-moi de mentionner brièvement une caractéristique *biologique* structurelle tout à fait inattendue et inconsciente des mathématiques, à savoir (pour l'essentiel) leur caractère *non-élémentalistique* d'organisme-comme-un-tout.

Depuis l'époque d'Aristote, les biologistes, physiologistes, neurologues, 'psychologues', psychiatres et autres ont beaucoup parlé de l'organisme-comme-un-tout ; cependant, ils n'ont pas semblé se rendre compte que s'ils produisent des termes élémentalistiques, ils ne peuvent pas appliquer le principe *non-élémentalistique*.

Il n'est probablement pas exagéré de dire que la majorité des mathématiciens n'ont jamais entendu parler de ce principe et que, s'ils l'ont entendu, ils n'y ont pas prêté attention ; *pourtant*, dans la pratique, ils l'ont appliqué de manière très rigoureuse. Les principaux termes mathématiques sont des termes non-élémentalistiques, 'organisme-comme-un-tout, qui s'appliquent aux 'sensorialités' aussi bien qu'à 'esprit'. Par exemple, relation, ordre, différence, variable, fonction, transformation, invariance, etc., peuvent être vus aussi bien que 'pensés'. L'utilisation de tels termes empêche notre spéculation de dégénérer en spéculations purement élémentalistiques sur les mots, un processus toujours étroitement relié aux manifestations sémantiques morbides des malades 'mentaux', et manifestement fondé sur la confusion pathologique des ordres d'abstractions, impliquant une évaluation inappropriée.

Ce seul fait est d'une grande importance, car il indique que les mathématiques sont un langage dont la structure est similaire à celle des organismes et qu'il s'agit d'un langage correct, non seulement sur le plan neurologique, mais aussi sur le plan *biologique*. Cette caractéristique des mathématiques, découverte de manière tout à fait inattendue, a rendu possible la fusion de la géométrie et de la physique. Elle est également à la base de la théorie de l'espace-temps et de la théorie d'Einstein. Nous verrons plus loin qu'elle a également une grande importance psycho-neurologique.

Il a déjà été souligné que les 'psychologies' existantes sont animalistiques ou métaphysiques, parce qu'elles ignorent l'une des caractéristiques humaines les plus uniques, comme le comportement appelé mathématiser, ou qu'elles se livrent à des spéculations sur, et en termes *élémentalistiques*. Il a été suggéré qu'aucun 'psychologue' *humain* ne peut réellement s'acquitter de sa tâche officielle s'il n'est pas un étudiant suffisamment aguerri en mathématiques. À moins d'appliquer réellement le principe non-élémentalistique et de prendre en compte que la structure des langages introduit des implications, inconscientes dans leur grande majorité, et qu'aucun être humain n'est jamais libre de certaines doctrines et de certains processus dits 'logiques' impliquant des concomitants physiologiques et sémantiques, aucune théorie générale de la 'psychologie' *humaine* ne peut être élaborée.

Ce qui précède résout un problème sémantique très délicat, car nous voyons que si nous appliquons le principe de *non-élémentalisme*, toute 'psychologie' au niveau humain doit devenir une *psycho-logique*, bien que l'ancien terme 'psychologie' puisse être conservé comme s'appliquant uniquement aux recherches sur les animaux. Le nom même de 'psychologie', ou "théorie ou science de l'esprit", est manifestement *élémentalistique*, et traite l'esprit comme une entité objectique distincte. Comme ces résultats ont été obtenus à l'origine de manière indépendante, il est intéressant de noter que les méthodes modernes et l'application de la connaissance positive structurelle 1933 conduisent à de très nombreuses analogies et similarités, ce qui, après tout, était prévisible.

Remarquez le trait d'union qui, à partir de 'espace' et 'temps' objectifiés, *élémentalistiques* et délirants, a fait de l'espace-temps einsteinien un langage de structure *non-élémentalistique* similaire au monde qui nous entoure ; et le trait d'union qui, à partir de la 'psychologie' élémentalistique, a fait de la psycho-logique une discipline humaine *non-élémentalistique*. Il semble qu'un petit trait ici et là puisse avoir une considérable importance sémantique lorsque nous traitons du symbolisme.

Pour faciliter l'exposé, il est utile de mettre l'accent, dans la présente section, sur les aspects neurologiques et psychiatriques, étant donné qu'un aperçu des méthodes de calcul et des sujets connexes nécessitera, par nécessité, un traitement séparé.

Lorsque des rats sont entraînés à exécuter une expérience simple nécessitant une certaine 'intelligence' et qu'une grande partie du cortex cérébral est ensuite enlevée, l'entraînement peut être totalement perdu. Si ces rats décortexés sont à nouveau entraînés, ils reprennent l'habitude aussi facilement qu'auparavant. Il semble que, chez les rats, le cortex ne soit pas essentiel à ces processus d'apprentissage. Ils 'apprennent' aussi bien, ou presque, avec leurs régions sous-corticales et thalamiques.[7] Dans ce qui suit, pour éviter les erreurs, j'utiliserai le terme plutôt vague, mais suffisant pour mon objectif, de 'région thalamique' ou de 'centres inférieurs' plutôt que des termes plus spécifiques, dont l'utilisation compliquerait inutilement l'exposé. Chez le chien, le singe et l'être humain, la situation est de plus en plus différente. Leurs systèmes nerveux sont davantage différenciés. Leur interchangeabilité fonctionnelle est altérée. Dans le cerveau humain le plus complexe, il existe encore une certaine interchangeabilité des fonctions. Lorsqu'un bras, par exemple, est paralysé par une lésion cérébrale, il peut retrouver une fonction presque normale, bien qu'il n'y ait pas de régénération du tissu cérébral détruit. Cependant, l'interchangeabilité est moins prononcée que dans les cerveaux inférieurs. Il ne semble pas y avoir de doute que les régions thalamiques ne sont pas seulement un vestibule par lequel toutes les impulsions des récepteurs doivent passer pour atteindre le cortex, mais aussi que les caractéristiques affectives sont strictement connectées à des processus dans ces régions. Il semble que certaines associations très primitives et très simples puissent être réalisées par les régions thalamiques.

Le cortex reçoit son matériel élaboré par le thalamus. Les abstractions du cortex sont des abstractions d'abstractions et devraient donc être appelées abstractions d'ordre supérieur. Similairement, en neurologie, les neurones excités en premier sont appelés 'de premier ordre', et les membres suivants de la série sont appelés 'de second ordre', etc. Cette terminologie est structurellement similaire à la structure et à la fonction inhérentes du système nerveux. Les récepteurs sont en contact direct avec le monde extérieur et transmettent leur excitation et les courants nerveux aux centres nerveux inférieurs, où ces impulsions sont élaborées plus avant, puis résumées par les centres supérieurs.

D'après notre expérience quotidienne et nos connaissances scientifiques, le monde extérieur est une chaîne d'événements sans-cesse-changeant, une sorte de flux ; et, naturellement, les centres nerveux en contact le plus étroit avec le monde extérieur doivent réagir de manière changeante. Ces réactions sont facilement modifiées dans un sens ou dans l'autre, comme dans nos 'émotions', nos 'humeurs affectives', notre 'attention', notre 'concentration', notre 'évaluation' et d'autres réponses sémantiques de ce type. Dans ces processus, il existe des circuits associatifs ou relationnels, et il peut y avoir une sorte de 'pensée' très faible à ce niveau. Les oiseaux ont un thalamus bien développé, ou peut-être surdéveloppé, mais un cortex sous-développé et pauvre, ce qui peut être connecté à leur stupidité et à leur excitabilité.

On pourrait dire la même chose de la 'pensée thalamique' chez l'être humain : les individus qui surchargent leur thalamus et n'utilisent pas assez leur cortex sont 'émotifs' et stupides. Cette déclaration n'est pas exagérée, car il existe des données expérimentales qui montrent qu'un entraînement psycho-neural permet, dans certains cas, de rééduquer les *réactions sémantiques* et qu'avec l'élimination des troubles sémantiques, on observe un développement marqué de l'équilibre et une augmentation proportionnelle du jugement critique, et donc de l'"intelligence". Les idiots, les imbéciles et les crétins sont généralement 'émotifs' et excitables, ainsi que déficients dans leurs processus 'mentaux'. On retrouve une caractéristique similaire chez d'autres déficients 'mentaux' non classés, et leur nom est légion - une caractéristique strictement connectée à, et souvent produite par, des perturbations des *réactions sémantiques*. Lorsque ces abstractions changeantes, dynamiques, affectives, thalamiques, d'ordre inférieur, sont à nouveau abstraites par les centres supérieurs, ces nouvelles abstractions sont encore plus éloignées du monde extérieur et doivent être différentes d'une manière ou d'une autre.

En fait, elles *sont* différentes, et l'une des différences les plus caractéristiques est qu'elles ont perdu leur caractère *mouvant*. Ces nouvelles abstractions sont relativement statiques. Il est vrai qu'elles peuvent être supplantées par d'autres, mais elles ne changent pas. C'est dans ce fait que réside l'énorme valeur et le danger de ce mécanisme, comme le montrent clairement les perturbations des *réactions sémantiques*.

La valeur réside principalement dans le fait que ces abstractions d'ordre supérieur représentent une sorte de mémoire perfectionnée, qui peut être rappelée exactement sous la forme où elle a été produite à l'origine. Par exemple, le cercle, *défini* comme le lieu des points d'un plan à égale distance d'un point donné appelé centre, reste permanent tant que nous souhaitons utiliser cette définition. On peut donc parfaitement se la remémorer, l'analyser, etc., sans perdre le caractère définitif et la stabilité de cette mémoire. Ainsi, l'analyse critique, et donc le progrès, devient possible. Comparons cette mémoire perfectionnée, qui peut durer indéfiniment inchangée, avec les souvenirs des 'émotions' qui, faibles ou clairs, sont toujours déformés. On constate que les premiers sont fiables, que les autres ne le sont pas.

Une autre caractéristique très importante des abstractions d'ordre supérieur est que, bien qu'elles soient d'origine neurale, elles peuvent être conservées et utilisées à maintes reprises sous des formes extra-neurales, telles qu'elles sont consignées dans des livres ou autres. Ce fait n'est jamais pleinement apprécié d'un point de vue neurologique. Les produits neuronaux sont stockés ou préservés sous une forme extra-neurale et peuvent être réintroduits dans le système nerveux *en tant que processus neuronaux actifs*. Ce qui précède représente un mécanisme fondamental du time-binding qui devient extrêmement important, à condition que nous découvrions le mécanisme physiologique de régulation des *réactions sémantiques*, d'une part, et que nous découvrions le mécanisme par lequel ces facteurs extra-neuraux peuvent être rendus physiologiquement efficaces, d'autre part.

Si les êtres humains se caractérisent par le fait qu'ils construisent cette affaire cumulative appelée 'civilisation', cela est possible grâce à ces abstractions d'ordre supérieur et à la capacité time-binding d'étendre notre système nerveux par des moyens extra-neuraux qui, entre-temps, peuvent jouer un rôle neural très important et devenir des impulsions nerveuses actives. Ce dernier point n'est possible que si certaines abstractions sont statiques et peuvent donc être enregistrées, ce qui conduit finalement à d'autres extensions du système nerveux humain par des moyens extra-neuraux, tels que les microscopes, les télescopes et pratiquement tous les instruments scientifiques modernes, les livres et autres enregistrements.

Pour illustrer ce qui vient d'être dit, je ne connais pas de meilleur exemple que celui des films en mouvement. Lorsque nous regardons un film représentant un événement de la vie, nos 'émotions' sont éveillées, nous 'vivons' le drame ; mais les détails, dans l'ensemble, sont flous, et peu de temps après l'avoir vu, soit nous l'oublions en totalité ou en partie, soit notre mémoire falsifie le plus efficacement possible ce qui a été vu. Il est facile de vérifier expérimentalement ce qui précède en voyant une image deux ou trois fois, à quelques jours d'intervalle. L'image était 'en mouvement', tout était changeant, mouvant, dynamique, semblable au monde et à nos sensations à des niveaux indicibles. Les impressions étaient vagues, changeantes, non durables, et ce qu'il en restait était principalement coloré par l'humeur individuelle, etc., en voyant l'image animée. Naturellement, dans de telles conditions, il n'est guère possible de procéder à une analyse scientifique rationnelle d'une situation.

Mais si nous *arrêtons* le film en mouvement qui a duré, disons, trente minutes, et que nous analysons la série statique et extensionnelle de petites images sur la bobine, nous constatons que le drame qui a tant suscité nos 'émotions' dans son aspect en mouvement devient une série d'images statiques légèrement différentes, chaque différence entre la gesticulation donnée ou la grimace étant une entité *mesurable*, établissant des relations qui durent indéfiniment.

L'image *en mouvement* représente les processus généralement brefs qui se déroulent dans les centres nerveux inférieurs, 'proches de la vie', mais peu fiables et échappant à l'examen. Le film statique *arrêté* qui dure indéfiniment, donnant des différences *mesurables* entre les gesticulations et les grimaces enregistrées, permet évidemment l'analyse et donne une bonne analogie du fonctionnement des centres nerveux supérieurs, révélant également que tous les événements de la vie ont de nombreux aspects, dont la sélection est principalement un problème de notre plaisir et de la sélection du langage. Le film en mouvement nous donne le processus ; chaque film statique de la bobine nous donne des étapes du processus dans des intervalles choisis. Si nous voulons une image animée d'une plante en croissance, par exemple, nous la photographions à des intervalles donnés, puis nous la passons dans un projecteur d'images animées, et nous voyons alors le processus de croissance. Il s'agit de faits empiriques, et le calcul nous fournit un langage de structure similaire, avec de nombreuses autres conséquences importantes.

Il est caractéristique que ceux qui prétendent s'intéresser le plus aux affaires humaines et aux processus humains, que nous appelons, entre autres, 'philosophes', 'psychologues', etc., n'aient pas découvert beaucoup de valeur dans ces domaines. Mais les mathématiciens, qui ne veulent pas donner de signification à leurs termes non-définis, ni de 'vérité' à leurs postulats, ni d'intérêt pour les affaires humaines, ont connu un succès tout à fait étonnant et unique en élaborant des méthodes pour traduire le dynamique en statique et le statique en dynamique. Les revendications et les renoncements importent peu, mais le fait de travailler conformément à l'ordre de survie de la structure et des courants nerveux a produit des résultats extrêmement précieux.

Les différentes méthodes mathématiques et le 'monde' quadridimensionnel de Minkowski constituent le moyen de traduire la dynamique en statique et vice versa. Minkowski a établi un langage d'une nouvelle structure, plus proche des faits réels du monde qui nous entoure et de nous-mêmes, rendant possible la théorie générale d'Einstein. Une analyse plus approfondie de ces questions est effectuée dans la Partie IX, et c'est l'une des fondations sémantiques sur lesquelles une théorie positive de la sanité peut être construite.

En renonçant aux significations définies, les mathématiciens ont une prédilection intuitive pour choisir leurs termes et poursuivre leur recherche parmi les *significations possibles*, bien que formellement ces significations ne soient pas prises en compte. Le sentiment qui guide la sélection du matériel formellement intéressant et important s'apparente au sens artistique, mais, malheureusement, malgré son importance, il a été négligé par les 'psychologues'. Très souvent, c'est le 'sentiment' qui dirige les mathématiciens dans leurs recherches et suggère ou modifie les lignes de développement ou la sélection d'un ensemble de postulats de préférence à d'autres. C'est pourquoi le sens ordinaire des termes utilisés en mathématiques est si important, bien qu'il ne représente qu'une partie des significations possibles. Ces dernières, avec leurs implications, représentent généralement les caractéristiques structurelles les plus importantes du système nerveux humain et du monde.

Il faut s'y attendre pour les raisons évoquées plus haut, d'autant plus que l'invariance dans ce monde mouvant est une caractéristique des relations, et que les mathématiques sont un langage de relations exactes qui, par ailleurs, ont pour la plupart des contreparties objectives. Les abstractions les plus élevées à chaque époque sont *détachées* du monde extérieur d'un point de vue neurologique, et *devraient le rester*, pour représenter "l'esprit pur" en action. Ces abstractions supérieures se situent au niveau public, car elles sont transmissibles verbalement avec toutes les caractéristiques incluses. Elles sont statiques et ne sont pas directement influencées par les événements extérieurs, bien qu'elles trouvent en eux normalement leurs origines. Ces abstractions d'ordre supérieur sont 'digérées' et traduites en abstractions d'ordre inférieur, puis renvoyées aux centres inférieurs. Et elles reçoivent leurs significations au plus près de la vie. De telles significations sont des significations éclairées, un processus de survie, et chaque niveau nerveux a fait son travail correctement.

Nous savons qu'un certain nombre de peuples humains ont disparu sans laisser beaucoup de traces de leur existence. Ce processus se poursuit continuellement, même aujourd'hui. Certains peuples progressent, d'autres régressent, d'autres encore sont apparemment au point mort. Il semblerait que le mécanisme des abstractions d'ordre supérieur ait eu et ait toujours une valeur de survie et, par conséquent, ne devrait pas être négligé mais cultivé. Dans ce cas particulier, la culture est une condition inhérente au processus et une nécessité pour les time-binders.

De graves dangers sémantiques sont également révélés par l'analyse et vérifiés par l'observation. Ces abstractions d'ordre supérieur, répétons-le, sont statiques et peuvent durer indéfiniment, tant que, pour des raisons structurelles, nous ne remplaçons pas les anciennes par de nouvelles. Même dans ce cas, bien que rejetées, elles restent un fait permanent établi. Évident, ces abstractions supérieures n'ont qu'une connexion 'de seconde main' avec le monde extérieur. Même leur caractère est modifié, elles sont statiques alors que le monde est dynamique. Le monde 'sensoriel' inférieur présente des 'caractéristiques omises', en raison du mécanisme d'abstraction des centres inférieurs ; et les abstractions d'ordre supérieur présentent 'toutes les caractéristiques incluses', parce qu'il s'agit d'abstractions faites à partir d'abstractions, d'un processus *intra-organisme* dans son intégralité, leur matériau de départ étant déjà un produit final des activités des centres inférieurs. Ce mécanisme n'est pleinement maîtrisé que si nous sommes conscients d'abstraire, car les abstractions d'ordre supérieur de la chaîne nerveuse affectent à leur tour les centres inférieurs et, dans les cas pathologiques, leur impriment une évaluation sémantique *délirante* ou *illusoire*, comme s'il s'agissait d'un caractère de l'expérience. Dans les cas graves, même les centres nerveux inférieurs sont stimulés à un point tel que des hallucinations apparaissent.

Si nous ne savons pas comment traiter différents ordres d'abstractions, il en résulte de graves dangers sémantiques. Si la distribution des courants nerveux de retour est défavorable à la survie, nous présentons des troubles sémantiques, tels que l'identification ou la confusion d'ordres d'abstractions, des délires, des illusions et des hallucinations. Ainsi, nous attribuons aux produits des centres nerveux inférieurs, les abstractions d'ordre inférieur, des caractéristiques fictives et impossibles pour eux, telles que l'"'immuabilité", la 'permanence', impliquant une désorientation par rapport au 'temps', etc., etc., qui sont des caractéristiques des abstractions d'ordre supérieur, mais qui n'appartiennent pas au monde tel qu'il est donné par les abstractions inférieures, et qui entraînent une évaluation incorrecte qui perturbe les *réactions sémantiques*. De telles perturbations nous rendent naturellement absolutistes et dogmatiques, entraînent de graves perturbations affectives et conduisent à des comportements et des réactions non-adaptés, ainsi qu'à d'autres manifestations sémantiques de non-sanité. Celles-ci, à leur tour, rendent l'ajustement plus difficile, affectant souvent la structure des institutions de facture humaine, qui rendent à leur tour les ajustements plus complexes et souvent impossibles. Nous devenons non-sanes, 'fous', et la vie, qu'elle soit publique ou privée, devient un gâchis. Dans ce cercle sémantique vicieux, nous déformons notre éducation, nos systèmes et nos institutions. Souvent, les réactions morbides d'individus puissants sont imposées aux masses, qui sont alors gouvernées par ces produits morbides, ce qui porte atteinte à leur système nerveux. Différentes hystéries de masse, des 'réveils', des guerres, des propagandes politiques et religieuses, très souvent des publicités commerciales, en sont des exemples notables.

L'influence sémantique morbide du mercantilisme n'a pas été étudiée, mais il ne faut pas beaucoup d'imagination pour comprendre que la psycho-logique commerciale, telle qu'elle est illustrée par les théories de l'évaluation commerciale, de la 'sagesse', de l'appel à l'égoïsme, de la ruse animale, de la dissimulation des faits réels, de l'appel à la gratification 'sensorielle', etc., produit un *environnement verbal et sémantique* et des slogans pour les enfants qui, s'ils sont conservés chez les adultes, doivent produire certains résultats pathologiques. On espère qu'un jour un psychiatre se penchera sur ce vaste problème sémantique, négligé et très important.

L'absence de recherches linguistiques structurelles et d'enquêtes sur nos *réactions sémantiques*, ainsi que l'ignorance de ceux qui gouvernent, nous rendent presque impuissants. La malaria ou d'autres maladies à germes ne seraient jamais éliminées si nous préservions religieusement les sources d'infection. Les sources sémantiques de la non-sanité sont non seulement défendues, mais aussi activement soutenues par l'ignorance organisée et le pouvoir des marchands, de l'État et de l'Église.

La situation est aiguë. Si nous pouvions éliminer entièrement notre cortex, ce ne serait peut-être pas si grave. Nous pourrions peut-être mener une vie aussi complexe que celle d'un poisson et avoir un système nerveux parfaitement adapté à cette vie. Mais, malheureusement, avec un changement structurel, ou, selon Lashley, avec le changement même de la masse totale du cerveau, les activités et le rôle de l'ensemble, y compris des autres parties, sont profondément remaniés.[8] Ceux-ci deviennent inadéquats, comme le montre le garçon né sans cortex, déjà décrit. Son système nerveux était beaucoup plus complexe que celui des poissons ou de certains animaux inférieurs qui mènent une vie plutôt complexe. Mais le garçon était moins bien équipé pour la vie qu'eux. Même ses 'sensorialités', bien qu'apparemment 'normaux' au niveau macroscopique, devaient être pathologiques au niveau colloïdal et submicroscopique et ne fonctionnaient pas correctement. Nous savons également que dans de nombreux cas de maladies 'mentales', les 'réactions sensorielles' sont anormales ; parfois, les patients semblent totalement insensibles à des stimuli qui produiraient la douleur la plus aiguë chez d'autres individus moins pathologiques.

Il est impossible d'éliminer complètement de notre vie ou de nos courants nerveux les abstractions supérieures et leurs effets psycho-neuraux. Curieusement, ce fait élémentaire n'a jamais été souligné ou pris en compte sérieusement ; il s'agit pourtant d'un facteur sémantique crucial dans notre attitude envers la science et notre avenir. Ceux qui tentent une telle élimination, que ce soit en persécutant activement la science, en faisant de la propagande contre la science, ou en adoptant une attitude cynique ou ignorante à l'égard des accomplissements 'mentaux', que ce soit personnellement, dans l'enseignement, dans les imprimés publics ou dans d'autres activités publiques, ne parviennent pas à éliminer les abstractions d'ordre supérieur, mais introduisent simplement des *réactions sémantiques pathologiques* et parviennent à désorganiser leur propre système nerveux et celui d'autrui. C'est ce que j'ai voulu dire lorsque j'ai déclaré que nos systèmes éducatifs actuels, etc., *produisent* des idiots, mais que des 'génies' naissent. Ces directives sémantiques très générales sont peut-être responsables du niveau extrêmement bas de notre développement non-technique. Les êtres humains ne doivent pas être jugés simplement en fonction de leur capacité à conduire une automobile ou à utiliser une baignoire, ni même en fonction de leur capacité à acheter et à vendre des produits fabriqués par d'autres.

La tendance de certains journaux publics à faire appel à la morbidité de la psycho-logique des foules et à leur ignorance, en insistant pour que tout ce qui est dit le soit avec des mots d'une syllabe, afin que la foule puisse comprendre, dans une classe de vie *humaine*, est une *tendance* à *l'arrêt* ou à la *régression*. Ce qu'il faudrait demander urgemment pour la sanité et pour les humains, c'est que la foule apprenne aussi à utiliser des mots d'au moins deux syllabes ! Alors, peut-être, un jour viendra où ils pourront suivre facilement et habituellement l'usage de termes *non-élémentalistiques* et, peut-être même, de mots connectés par un trait d'union.

Cet appel à la psycho-logique des foules et à l'ignorance affecte profondément nos *réactions sémantiques* et devrait être étudié. Il apparaît clairement que dans les pays où la majorité ne lit que le genre de publications mentionnées ci-dessus et les publicités commerciales, leur équipement psycho-logique et leurs normes sont inférieurs à ceux des paysans parfaitement analphabètes d'autres pays. On ne se rend pas vraiment compte que dans une classe de vie symbolique, le symbolisme, quel qu'il soit - par exemple, les imprimés publics - joue un rôle environnemental et crée des réactions sémantiques qui peuvent être nettement morbides Les problèmes des imprimés publics, du mercantilisme, etc., et leurs effets psycho-logiques sur les *réactions sémantiques* devraient faire l'objet d'une analyse approfondie de la part des psychiatres, et des suggestions précises devraient être formulées par des organisations ou des congrès scientifiques psychiatriques.

Dans les conditions prévalentes actuelles, il est vain de prêcher une 'morale', quelle qu'elle soit, de type métaphysique. Elles n'ont jamais fonctionné de manière satisfaisante et, de plus en plus, elles ne peuvent pas fonctionner, en particulier dans les conditions de vie actuelles, beaucoup plus complexes. Elles désorganisent les activités et les processus de survie du système nerveux humain. Les dogmes imposés et délirants sont eux-mêmes le résultat d'une évaluation pathologique chez leurs auteurs ; une nécessité, peut-être, à un niveau primitif, mais profondément nuisible sur le plan sémantique dans la complexité des conditions de vie 1933.

Comme il est impossible d'éliminer l'influence des abstractions d'ordre supérieur, nous devrions chercher à savoir si nous pouvons ou non contrôler ces processus et les *réactions sémantiques* qui en découlent. Nous pouvons apprendre à réguler ces processus, qui risquent sinon de devenir pathologiques, et à rediriger les courants vers des canaux de survie constructifs. Je peux affirmer avec certitude que c'est possible. Nous pouvons contrôler physiologiquement les *réactions sémantiques* en éliminant l'identification, en nous entraînant à l'ordre, à la conscience d'abstraire et à d'autres disciplines similaires, et ainsi éliminer les perturbations sémantiques pathologiques dues à la confusion des ordres d'abstractions. Un tel entraînement, lorsqu'il est possible, a apparemment une influence bénéfique même sur les états pathologiques les plus extrêmes énumérés ci-dessus, et suggère une valeur préventive générale.

Permettez-moi de rappeler brièvement les différences fondamentales entre les abstractions d'ordre inférieur et les abstractions d'ordre supérieur. Les abstractions d'ordre inférieur sont fabriquées par les centres nerveux inférieurs, qui sont plus proches et en contact direct avec les expériences de la vraie vie. Elles sont non-permanentes, changeantes, vagues et indicibles, mais souvent très intenses. Elles jouent un rôle très important dans notre vie quotidienne. Elles ne peuvent être transmises, car elles sont essentiellement intransmissibles et ont un caractère privé, non-public. Toutes les impressions 'sensorielles', les 'sentiments', les 'humeurs', etc., en sont leurs représentantes. Nous devrions nous rappeler que, détachées, ce sont des fictions, fabriquées verbalement, parce que notre langage se trouve être *élémentalistique*. En fait, ces centres inférieurs font partie de la chaîne cyclique et influencent donc le cycle complet, y compris les abstractions d'ordre supérieur, quelles qu'elles soient chez un individu donné, et sont influencés par elles. L'essentiel est qu'ils sont mouvants, changeants, non-permanents, non stables - 'en mouvement', pour ainsi dire - et qu'ils restent indicibles.

Les abstractions d'ordre supérieur sont des abstractions à partir d'abstractions d'ordre inférieur, car elles sont plus éloignées du monde extérieur et ont un caractère nettement différent. Elles sont statiques, 'permanentes', et ne peuvent être entièrement éliminées chez aucun.

Du point de vue de la sanité, le problème de la gestion de ces fonctions devient primordial. Dans la chaîne nerveuse cyclique, nous devons toujours traduire un niveau dans l'autre. Il est évident que si, dans les centres *supérieurs*, nous élaborons un matériel mouvant, changeant, non permanent, ce matériel ne leur convient pas ; ils ne peuvent pas travailler correctement et certains processus pathologiques peuvent se mettre en place.

Si nous élaborons pour les centres nerveux *inférieurs* des abstractions de caractère statique, permanent, etc., et donc inappropriées pour les centres inférieurs, nous construisons des identifications morbides impropres à la survie, des délires, des illusions, des hallucinations et d'autres troubles de l'évaluation, aboutissant dans les cas les plus légers à l'absolutisme, au dogmatisme, au fanatisme, etc., et, dans les cas les plus lourds, à une névrose ou même à une psychose.

Il semble tout à fait évident que chaque niveau nerveux a son propre type de matériel à traiter. Comme ils font partie d'une chaîne nerveuse cyclique et sont interconnectés d'une manière étonnamment complexe, le problème de la traduction appropriée d'un niveau d'abstractions dans l'autre devient une base sémantique pour un fonctionnement bien équilibré du système nerveux. À cet égard, nous nous distinguons fondamentalement des animaux. Les difficultés susmentionnées ne se posent pas à ce point chez les animaux, car leur système nerveux n'est pas suffisamment différencié pour permettre une différenciation aussi nette du fonctionnement. C'est pourquoi, sans l'intervention de l'être humain, il n'y aurait pas d'animaux 'fous' capables de survivre (voir Partie VI). Mais, n'ayant pas d'abstractions statiques d'ordre supérieur au sens humain, ils ne peuvent pas transmettre leurs 'expériences', qui ne sont transmissibles aux générations suivantes *seulement* que sous la forme de formulations d'ordre supérieur dans les formes neurales et extra-neurales. Les animaux ne sont pas des time-binders.

Pour les humains, la traduction correcte de dynamique en statique et de statique en dynamique devient primordiale pour la sanité, à des niveaux psycho-logiques, affectant, probablement par des processus colloïdaux, le fondement psycho-neural des réponses sémantiques.

La psychiatrie nous informe que la plupart des malades 'mentaux' ont leurs principales perturbations dans le domaine dynamique de l'affectivité. C'est un domaine très difficile à atteindre par les anciennes méthodes, d'autant plus que l'ancienne distinction *élémentalistique* entre 'intellect' et 'émotions' a empêché la découverte de moyens efficaces. 'Penser' et 'ressentir' ne peuvent être divisés aussi simplement. Nous savons comment 'penser' est influencée par 'ressentir', mais nous savons très peu comment 'ressentir' est influencé par 'penser' - peut-être parce que nous n'avons pas analysé les questions sémantiques en termes *non-élémentalistiques*.

Toute la psychothérapie, avec ses multiples théories, chacune apportant sa contribution, est une tentative sémantique d'influencer 'ressentir' par 'penser'. Un grand nombre de cas de réussite semble montrer clairement que de tels moyens sont possibles. Un grand nombre d'échecs montre également que les méthodes utilisées ne sont pas structurellement satisfaisantes. Le besoin d'effectuer des recherches scientifiques plus générales et plus fondamentales, de nature *non-élémentalistique*, devient évidente. La présente enquête montre que de telles recherches structurelles suggèrent que la méthode peut être trouvée dans la psychologie de l'"esprit" à son meilleur, à savoir dans les mathématiques, qui conduisent de manière inattendue à un contrôle physiologique des *réactions sémantiques*, efficace non seulement comme moyen thérapeutique, mais aussi comme moyen éducatif préventif.

L'identification en tant que facteur de non-sanité semble être une conséquence naturelle de l'évolution de l'"animal" à l'"être humain", en particulier à notre stade actuel, alors que l'espèce humaine est un produit si récent. Le cortex humain n'est apparu que relativement récemment et est une structure jeune ; les régions thalamiques ont une histoire de fonctionnement beaucoup plus longue. Il semble naturel que les impulsions nerveuses empruntent les voies les plus courtes, les plus empruntées phylogénétiquement, de préférence aux voies relativement plus récentes et plus longues, un principe bien connu en neurologie en rapport avec ce que l'on appelle le 'Bahnung' (NdT : Bahnung : terme de Freud pour la circuiterie neurale dessinée par l'apprentissage sensoriel ou cognitif). Si l'éducation, et sur le plan humain tout type d'ajustement impliquant des *réactions sémantiques* implique une certaine éducation, ne parvient pas à forcer les courants nerveux dans leurs canaux appropriés, ou établit activement en eux des blocages psycho-neuraux sémantiques par une évaluation pathologique acquise en raison d'une formation défectueuse, nous devrions nous attendre soit à l'infantilisme, soit à la régression à des niveaux encore plus bas. Quelle que soit l'explication correcte de la distribution des courants nerveux, des blocages sémantiques, etc., l'observation montre indubitablement que certaines de ces hypothèses sont rendues nécessaires par les manifestations observées dans le comportement. Les expériences montrent également que de tels défauts peuvent être grandement améliorés par un réentraînement et une rééducation appropriés des *réactions sémantiques*.

Pour comprendre la structure de ces perturbations sémantiques, nous devons nous familiariser avec les composantes affectives qui sous-tendent les mathématiques et les méthodes mathématiques, jusqu'à présent négligées en raison du caractère élémentalistique de notre ancienne terminologie. Il existe une autre connexion frappante. Dans les maladies 'mentales' graves, nous constatons généralement une désorientation de l'"espace" et du 'temps', qui sont, par nécessité, des *données relationnelles* de l'expérience. Dans les perturbations sémantiques appelées identification, nous trouvons aussi, en règle générale, une désorientation relationnelle *par rapport* à 'espace et 'temps', plus subtile mais très vicieuse dans ses effets, à la limite de ce qu'on appelle les problèmes 'philosophiques', qui sont en fait des perturbations psycho-neurales. Depuis Einstein, ces perturbations peuvent être facilement éliminées, à condition de prendre en compte les questions structurelles *non-élémentalistiques* en rapport avec les *réactions sémantiques* et un système $\bar{A}$.

Il est instructif de faire une rapide revue des méthodes par lesquelles le mécanisme du cycle nerveux - les 'sensorialités', les 'ressentis', etc., d'abord ; "l'esprit", qui influence à nouveau les 'ressentis', ensuite - fonctionne en mathématiques. Weierstrass, le célèbre mathématicien, dit, dans un de ses écrits, qu'un mathématicien est une sorte de poète. C'est en grande partie vrai. Les mathématiques ne sont pas seulement une schématisation relationnelle linguistique rigoureuse, mais elles utilisent les abstractions les plus élevées auxquelles nous sommes parvenus à une période donnée à partir des données fournies par les centres nerveux inférieurs, qui sont plus proches de l'expérience, ou plutôt qui constituent l'expérience. Les anciens débats sur la connexion ou l'absence de connexion entre les abstractions d'ordre inférieur (données 'sensorielles', etc.) et les mathématiques sont uniquement dus à une confusion des ordres d'abstractions et constituent un pari inutile en termes *élémentalistiques*. Ce n'est que dans les cas de maladies 'mentales' graves que le discours des patients est totalement déconnecté des 'réalités' externes de premier ordre, et donc l'étude des relations de plusieurs types et ordres, appelée 'mathématiques', ne peut pas, tant qu'elle est sane, être entièrement détachée de la 'réalité'. En fait, il est inutile que les mathématiciens essaient de produire des disciplines qui n'ont pas d'applications pratiques. Tant qu'elles sont professionnellement acceptées comme des mathématiques, et donc comme une science et sanes, les productions des mathématiciens seront toujours connectées aux abstractions d'ordre inférieur, et devront tôt ou tard avoir une application. Lorsque ces abstractions d'ordre supérieur, produites très souvent par de nombreux individus, sont absorbées et renvoyées sous une forme modifiée aux centres inférieurs en tant que 'visualisation', 'intuition', 'ressentis', etc., l'individu concerné est plus proche du monde extérieur qu'il ne l'était auparavant, parce qu'il a absorbé, digéré et s'est approprié les résultats nerveux de beaucoup plus d'expériences qu'il n'aurait pu en rassembler lui-même. Il est capable de comparer, d'évaluer, de mettre en relation, de réviser et d'ajuster ses expériences et observations privées avec les expériences *traduites* des abstractions supérieures de beaucoup plus d'individus. La *traduction* est indispensable, car les réactions des deux niveaux sont entièrement différentes et ne sont comparables que lorsqu'elles se situent à un seul niveau. *Le travail créatif a commencé.*

Les expériences données par les centres inférieurs et les abstractions inférieures sont pleines de significations, de colorations, de composantes affectives et sémantiques, et elles ne sont pas directement comparables aux abstractions supérieures produites par les centres nerveux supérieurs. Elles doivent d'abord être transformées, 'digérées' et traduites en termes de centres inférieurs, qui sont les seuls à être efficaces aux niveaux inférieurs. Nous les appelons 'visualisation', 'intuition', 'sentiment', 'culture', etc. Le mécanisme exact n'est pas bien connu, mais nous disposons d'un certain nombre de données qui montrent que les centres nerveux inférieurs sont d'une manière ou d'une autre impliqués dans ces processus.

Une fois cette étape franchie, le mathématicien dispose d'une énorme quantité de données : d'une part, ses expériences personnelles et ses observations de la vraie vie (centres inférieurs et abstractions d'ordre inférieur) et, d'autre part, toutes les expériences personnelles et les observations des générations passées. Bien que ces dernières n'aient été stockées sous forme d'abstractions d'ordre supérieur qu'en tant que *bilan* d'expériences passées sous forme neurale ou extra-neurale, elles ont affecté son cycle nerveux et ont été retraduites en expériences des niveaux inférieurs.

Avec une telle quantité de données d'expérience, il peut *réévaluer* les données, les 'voir' d'un œil nouveau et produire ainsi de nouvelles abstractions d'ordre supérieur plus utiles et structurellement plus correctes. Celles-ci produiront à leur tour des effets sémantiques similaires avec d'autres individus, etc. Le mécanisme est, après tout, bien connu et général, évident même dans les relations entre certains parents faibles d'esprit et leurs enfants éventuellement faibles d'esprit. Il est tout à fait évident sur le plan civilisationnel ; mais, à l'heure actuelle, il n'est pas aussi évident, et souvent peu efficace, sur le plan personnel et individuel, parce que nous n'avons pas eu les moyens d'entraîner structurellement et efficacement les *réactions sémantiques* à une évaluation correcte. Le mécanisme est tout à fait général, mais il est évident et on le voit à l'œuvre chez la majorité des scientifiques *créatifs* et des prétendus 'génies'. Ces processus n'ont pas été analysés en termes d'ordre, et donc, bien que nous les utilisions souvent, nous ne sommes pas conscients de leur mécanisme et n'avons aucun moyen d'entraîner nos *réactions sémantiques*. Les *réactions sémantiques* sont le fruit de l'entraînement, de l'éducation, etc., et ne sont pas innées sous une *forme donnée*. Même les oiseaux élevés en laboratoire qui n'ont jamais entendu leurs parents ou d'autres oiseaux chanter chanteront, car il s'agit d'un réflexe inné, mais la mélodie produite est différente de celle de leurs parents. Dans des conditions normales, la forme du chant est standardisée et résulte de ce qu'ils *copient* les parents. En d'autres termes, l'environnement mélodique les a affectés. Avec les humains, il ne s'agit pas seulement de bruits donnés, de l'"environnement mélodique" que nous relions à certaines expériences, mais les réactions sémantiques impliquent des réponses affectives à des significations, et cela dépend de la structure du langage, impliquant des facteurs d'évaluation inconscients, mais vitaux, et de notre *attitude* envers le langage, qui dépend en fin de compte de notre connaissance du mécanisme et de l'utilisation du langage.

Ces problèmes sont extrêmement complexes et subtils et, à ce stade, nous ne sommes pas prêts à entrer dans les détails, d'autant plus qu'il existe une méthode structurelle physiologique très simple et efficace, présentée dans la Partie VII, qui élimine en pratique d'énormes difficultés théoriques. Il ne fait guère de doute que ce mécanisme de refonte, ou de traduction des abstractions, est présent en chacun de nous, mais ce mécanisme nécessite la connaissance de la manière appropriée de le manipuler, et cette connaissance n'est pas innée, mais doit être acquise par l'éducation. Jusqu'à présent, ces problèmes ont été négligés et les *réactions sémantiques* traitées de manière aléatoire ; mais lorsque le mécanisme physiologique de ces réactions sera découvert, nous pourrons en utiliser les avantages sans les dangers de perturbation qui y sont inhérents.

Nous devons ici faire face à un fait plutôt inattendu.

Les mathématiques sont seules et uniques en ce sens qu'elles n'ont pas de contenu ou de significations définies attribuées aux termes non-définis ; et, par conséquent, ce n'est qu'en mathématiques que nous pouvons éviter l'influence vicieuse des centres inférieurs par le sentiment de fausses analogies qui déforment et désorganisent le processus. Il est important de noter que les principaux et seuls progrès durables de la 'philosophie' ont été réalisés par des mathématiciens ; et, en règle générale, chaque fois qu'un mathématicien expérimenté tente d'exercer une autre profession n'exigeant pas de mathématiques, il devient rapidement un travailleur exceptionnel dans le nouveau domaine. Il est évident que les courants nerveux de retour, lorsqu'ils produisent la 'sensation' (langage des centres inférieurs) de la physique, de la chimie, de la biologie ou d'autres sciences ayant un contenu défini, doivent avoir un effet sémantique très prononcé. En raison de ce contenu physique, l'identification et d'autres perturbations sémantiques sont généralement présentes, au lieu de la visualisation hautement bénéfique.

Empiriquement, c'est tout à fait évident. Examinons le caractère de ce processus chez les physiciens et les chimistes. Leurs problèmes, le contenu de leurs abstractions, ne sont évidemment pas aussi étroitement reliés à la vie humaine que les problèmes de la biologie. L'histoire montre que l'attitude (affective) de ces scientifiques à l'égard des affaires humaines est souvent superficielle, mais très rarement vicieuse ou nuisible. Mais prenons l'attitude des biologistes, dont le sujet est apparemment beaucoup plus proche ou, du moins, plus affectivement relié à nos problèmes, et nous voyons, depuis Aristote, l'effet brutal et *non-scientifique* (1933) des fausses analogies biologiques. Pratiquement toutes les généralisations vicieuses, injustifiées et non scientifiques qui ont fait des civilisations occidentales les plus animales, les plus égoïstes, les plus cruelles, les plus hypocrites et les plus insensées de la terre sont principalement dues aux raisonnements *A* (Aristotéliciens) biologiques, déformés et aux *réactions sémantiques* produits par les fausses analogies.

Dans toute cette 'philosophie', ils ont toujours raisonné à partir de cochons, de chats et de chiens jusqu'à l'être humain. Comme ils étaient 'scientifiques', nous avons aveuglément supposé qu'ils devaient savoir de quoi ils parlaient. Aujourd'hui encore, la majorité des biologistes âgés refusent d'étudier la structure de leur langage. Ils ne semblent pas capables de réaliser que la plupart des 'philosophies' biologiques sont structurellement fallacieuses et non-scientifiques en 1933. Ils suivent encore inconsciemment Aristote. Ils refusent de comprendre que la vie est composée d'individus absolus et *uniques*, et que 'humain' ou 'animal' ne sont pas des objets, mais des étiquettes, des fictions verbales.

Dans la vraie vie, les différences entre les individus sont absolues, et un père et un fils sont différents. Tels sont les faits empiriques de leurs sciences, le reste n'étant que des fictions verbales. Le célèbre procès du Tennessee a démontré que dans un grand pays comme les États-Unis d'Amérique, avec quelques bonnes universités, il n'y avait pas de biologiste pour exprimer ces points sur l'"évolution". Il est vrai que, grâce aux travaux des neurologues et de quelques autres, les biologistes commencent à comprendre qu'ils ne peuvent pas généraliser comme ils l'ont fait pendant plus de deux mille ans. Naturellement, il y a des exceptions notables, mais même celles-ci ne se rendent pas compte des problèmes linguistiques et sémantiques structurels qui sont en jeu.

Je ne nie absolument pas que les recherches sur les animaux soient extrêmement utiles et nécessaires ; mais je remets en question le droit des biologistes à rester innocents quant à l'importance des questions linguistiques et sémantiques, et à se livrer à des généralisations vicieuses et injustifiées qui, bien qu'elles puissent exprimer leur propre métaphysique et leurs *réactions sémantiques*, ne devraient pas être présentées comme des résultats 'scientifiques'. Les biologistes devraient être suffisamment informés pour comprendre que 'humain' et 'animal' sont des fictions verbales et des étiquettes pour quelque chose qui se passe à l'intérieur de notre peau - et non des étiquettes pour les individus uniques avec lesquels ils doivent traiter à l'extérieur de leur peau.

Un exemple peut, peut-être, être utile. Nous savons que les rats, les chiens de prairie et certains autres animaux sont généralement immunisés contre le scorbut, mais que l'être humain, les singes et les cochons d'Inde ne le sont pas. Comment pouvons-nous généraliser d'un rat à un être humain *ou* à un cochon d'Inde? Ou que peut-on apprendre sur le comportement d'une abeille à partir du comportement d'une huître, pour reprendre l'exemple du professeur Jennings? Même chez "l'être humain", ce qui aide un 'être humain' en tue un autre.

De fausses analogies similaires se produisent dans la classification *A* (Aristotélicienne) de l'être humain en tant qu'"animal". Cette classification ne tient absolument pas compte des *réactions sémantiques* et transforme le sens populaire généralement accepté du terme 'animal' en une signification spéciale qui introduit des implications sémantiques très vicieuses. Si nous classons l'"être humain" comme un 'animal', l'élémentalisme structurel *A* (Aristotélicien) 'plus' est automatiquement introduit, puisque "l'être humain" possède manifestement de nombreuses caractéristiques de comportement que ne présente pas l'"animal", pris dans sa signification populaire. Ne pas tenir compte du sens populaire dans notre terminologie montre clairement que nous ne tenons aucun compte des *réactions sémantiques* qui sont très fortement reliées à cette signification populaire. Si nous devons appeler 'être humain' un 'animal', alors 'être humain' doit être un 'animal' 'plus' quelque chose. Si nous devions l'appeler une sorte de 'dieu' junior, il serait un 'dieu' 'moins' quelque chose. Cette dernière erreur structurelle serait tout aussi vicieuse dans ses implications et livrerait à nouveau nos spéculations aux griffes sémantiques de la structure d'un langage *élémentalistique* primitif.

Des objections similaires pourraient être formulées à l'encontre de la classe des 'psychologies biologiques' illustrée par les 'comportementalistes' (béhavioriste) (à ne pas confondre avec la psychiatrie ou psychobiologie biologique éclairante et hautement constructive introduite par le professeur Adolf Meyer).[9] Les 'béhavioristes' essaient d'être ultra-'scientifiques', sans se rendre compte que leur connaissance de la méthode et de la structure scientifiques remonte quelque part au seizième siècle.

Les mathématiciens créatifs, après avoir pris connaissance des travaux de leurs prédécesseurs et de leurs contemporains, parviennent à leurs propres résultats, d'abord par 'intuition', 'ressenti', etc. Ils 'visualisent' les théories les plus abstraites, bien qu'il faille parfois inventer de nouveaux moyens pour parvenir à ce résultat. Leurs centres nerveux inférieurs sont affectés par les abstractions supérieures faites par eux-mêmes et par d'autres. Ce processus explique qu'aucun accomplissement mathématique n'est jamais détaché, ou ne peut être détaché, de la vie. La source de tout travail créatif se trouve toujours dans les centres inférieurs, qui sont en contact plus direct avec le monde qui nous entoure, par le biais de 'ressentis', d'"intuitions", de 'visualisations' et d'autres réactions de premier ordre.

Les mathématiques et ce que l'on appelle la 'sublimation' en psychiatrie ont un mécanisme neural similaire, qui s'exprime structurellement dans la théorie de la spirale ou dans la chaîne cyclique des courants nerveux, où le produit final d'un processus devient le point de départ du suivant. Comme nous l'avons déjà dit, cela est tout à fait évident sur le plan civilisationnel, mais plus difficile à découvrir ou à appliquer dans l'expérience individuelle, si nous ne tenons pas compte de la structure et des *réactions sémantiques non-élémentalistiques*.

Si nous le pouvons, découvrons les moyens par lesquels la 'sensation' de la science moderne peut être transmise sans falsification ni technicité, qui, peut-être, ne sont que des moyens auxiliaires pour obtenir les résultats plus fondamentaux de la vie. Nous pouvons d'ores et déjà anticiper les moyens que nous allons découvrir. Le problème essentiel est d'éliminer d'abord la perturbation sémantique appelée identification ou confusion des ordres d'abstractions, et les perturbations similaires de l'évaluation. Cette élimination est obtenue physiologiquement par le développement de la conscience d'abstraire, qui conduit à une évaluation correcte, à une visualisation *sans* perturbations sémantiques. En d'autres termes, nous devons trouver des moyens par lesquels les abstractions supérieures peuvent être traduites physiologiquement en abstractions inférieures, ce qui est uniquement lié à la traduction du dynamique en statique et vice versa.

La situation actuelle des civilisations occidentales - je ne connais pas suffisamment les structures des langages des autres civilisations et leurs *réactions sémantiques* pour en parler - est telle qu'une grande partie des difficultés que nous nous imposons est due au manque d'analyse structurelle scientifique, qui rend impossible le contrôle ou la régulation physiologique et adéquate de l'évaluation sémantique par le biais de l'éducation. Dans de telles conditions, tout ce qui est fondé sur des arguments impliquant le 'est' d'identité et l'ancienne 'logique' et 'psychologie' *élémentalistique*, comme les doctrines, les lois, les institutions, les systèmes, etc., qui prévalent, ne peut pas être en plein accord avec la structure de notre système nerveux. Ce qui affecte ce dernier et aboutit à la non-sanité privée et publique qui prévaut. D'où l'agitation, le malheur, la tension nerveuse, l'irritabilité, le manque de sagesse et d'équilibre, l'instabilité de nos institutions, les guerres et les révolutions, l'augmentation des maladies 'mentales', la prostitution, la criminalité, le mercantilisme en tant que credo, le niveau insuffisant de l'éducation, le faible niveau professionnel des avocats, des prêtres, des politiciens, des médecins, des enseignants, des parents et même des scientifiques - qui, dans ce dernier domaine, conduisent souvent à des attitudes dogmatiques et antisociales et à un manque de créativité.

Il s'agit naturellement d'un état sémantique insatisfaisant et, par conséquent, nos systèmes nerveux ne fonctionnent pas correctement, selon les potentialités d'évaluation inhérentes à leur structure. Les fausses croyances ou doctrines qui sous-tendent les *réactions sémantiques*, en particulier lorsqu'elles sont connectées à une forte tension affective, perturbent nos réponses et nos capacités à des niveaux colloïdaux submicroscopiques autant que n'importe quelle lésion organique macroscopique de notre système nerveux. Si nos *réactions sémantiques* sont pathologiques, il faut invariablement qu'il y ait une perturbation affective et des blocages psycho-neuraux au niveau colloïdal. Les courants nerveux sont alors déviés et poussés vers des canaux inférieurs, impropres à la survie pour l'être humain, ce qui entraîne diverses formes d'arrêt du développement ou des symptômes régressifs. Nous sommes ainsi privés de l'"intelligence" supérieure (*humaine*), qui est le résultat du fonctionnement optimal du système nerveux à tous les niveaux ; nous devenons 'mentalement' déficients sous divers aspects et à divers degrés, et nous ne pouvons que copier les animaux, les primitifs et les nourrissons, et présenter ainsi, dans des troubles plus légers, l'image pathétique - si souvent observée - de l'infantilisme adulte, ou manifester d'autres manifestations régressives. Des milliers de cas de ce type ont été analysés et enregistrés dans la littérature psychiatrique. Le mécanisme de ces troubles est assez clair, car après la rééducation des *réactions sémantiques*, si elle réussit, le blocage colloïdal psycho-neurologique est éliminé, et le patient est soulagé de ses afflictions sémantiques.

Les exemples d'infantilisme et de réactions animales abondent partout ; mais comme ce problème est analysé plus en détail dans la Partie VII, nous ne l'approfondirons pas ici.

Il convient toutefois de noter, à cet égard, que les anomalies sexuelles de toute nature et la plupart des troubles sexuels sont également interconnectés à l'infantilisme chez les adultes. Dans la vie et les activités publiques, les résultats sont tout aussi pathétiques. Au lieu d'analyser et de prévoir, nous procédons par essais et erreurs, comme le font les animaux, ce qui est une méthode inutile et douloureuse. La possession d'une méthode physiologique adéquate pour passer des réactions appropriées d'un niveau à un autre devient donc primordiale. Le langage *non-élémentalistique* et les méthodes mathématiques semblent donc avoir une valeur neurologique. Les termes s'appliquent facilement et correctement aux deux niveaux et facilitent ainsi le passage du langage approprié à un niveau au langage approprié à un niveau au langage approprié à l'autre niveau. Mais, dans ce cas, pour éviter la confusion, nous devrions clarifier la multiordinalité des termes et incorporer la reconnaissance de cette multiordinalité dans chaque éducation, même la plus élémentaire, car toute éducation façonne et modèle certaines *réactions sémantiques*. Cela facilitera le fonctionnement du système nerveux humain qui, à l'heure actuelle, est bloqué, parfois très efficacement, par des perturbations de l'évaluation. Le vieux langage *élémentalistique* sujet-prédicat, a une structure dissimilaire à la structure de ce monde tel que nous le connaissons en 1933, et également dissimilaire à la structure et à la fonction du système nerveux humain, et donc, par nécessité, entrave les *réactions sémantiques* et les dévie de leur cours naturel.

Le fait que les problèmes qui se posent à nous soient subtils et que la ligne de démarcation entre 'sanité', 'non-sanité' et 'insanité' soit extrêmement ténue n'est pas une raison pour négliger cet avantage neurologique de l'investigation psychophysiologique. Il semble évident que l'attitude à l'égard de nos formes de représentation et de nos *réactions sémantiques* est fondamentalement affectée par les perturbations de l'évaluation appelées identification ou confusion d'ordres d'abstractions et, en particulier, par l'objectification, qui attribuent à ces formes des valeurs et des significations injustifiées et délirantes.

À ce stade, nous avons mis l'accent sur l'aspect structurel bénéfique des mathématiques, et il est maintenant nécessaire d'expliquer pourquoi mathématiser, lorsque considéré comme une interaction formelle de symboles sans contenu, ne devrait pas être considérée comme une activité 'mentale' de haut niveau, aussi utile et importante soit-elle, et pourquoi la majorité des mathématiciens ne tirent pas le *plein* bénéfice psycho-logique et sémantique de leur formation et de leurs activités. Les systèmes nerveux de beaucoup de ces mathématiciens n'agissent pas pleinement et avec succès, ni ne traversent pas normalement le cycle de leurs activités naturelles. Un tel technicien est rarement, voire jamais, ce que nous appelons un grand personnage. Il a rarement une influence créatrice directe sur nos vies. Mais dans le cas d'une personne dotée d'un système nerveux plus efficace, le cycle s'achève avec succès, les abstractions supérieures sont retraduites en nouvelles abstractions inférieures, plus proches de la vie. Un tel individu 'voit', 'visualise', a des 'intuitions', etc., dans ses interactions symboliques. Il a alors une nouvelle vision structurelle grâce à une nouvelle étude de ses propres expériences et de toutes les expériences des autres lorsqu'elles sont traduites en termes de centres inférieurs. Il acquiert une vision plus profonde, qu'il rend finalement utile à chacun d'entre nous.

L'expérience immédiate, toujours indicible, est strictement connectée aux centres inférieurs. Lors de la traduction de l'expérience en abstractions d'ordre supérieur et en langage, le caractère indicible de l'expérience est perdu, et un *nouveau processus neurologique* est nécessaire pour retraduire ces abstractions d'ordre supérieur en nouvelles abstractions inférieures, et ainsi achever pleinement et avec succès le cycle nerveux. On peut apprendre à jouer avec des symboles selon des règles, mais ce jeu n'a que peu de valeur créative. Si la traduction se fait dans le langage des centres inférieurs, c'est-à-dire en 'intuitions', 'ressentis', 'visualisations', etc. - les abstractions supérieures acquièrent le caractère d'expérience et l'activité créatrice commence. Les individus dont le système nerveux est parfaitement efficace deviennent ce que nous appelons des 'génies'. Ils créent de nouvelles valeurs par l'invention de nouvelles méthodes et d'autres moyens qui nous donnent une nouvelle structure d'exploration et donc de traitement du monde qui nous entoure et de nous-mêmes, ce qui, en fin de compte, favorise l'adaptation de l'être humain.

Il est important que le lecteur se familiarise avec la division simple de nos processus nerveux en termes d'ordre dans une chaîne cyclique. Même la neurologie appelle 'premier ordre' les neurones excités les premiers, et les membres suivants de la série, 'deuxième ordre', etc. Les considérations ci-dessus ont une portée sémantique pratique importante pour nous tous, car de nombreux processus que nous décrivons peuvent être influencés pédagogiquement par des méthodes simples, parce que le terme 'ordre', lorsqu'il est appliqué, acquiert un caractère *physiologique* pour l'*évaluation*. La description et l'analyse verbale du processus sont naturellement complexes, mais une fois que la base physiologique de l'évaluation est découverte, l'entraînement devient très simple, même s'il n'est pas facile.

L'objectif principal de ce travail est de mettre à disposition un moyen physiologique simple et pratique pour accomplir ce qui est hautement souhaitable et, en même temps, pour éliminer ce qui est sémantiquement indésirable. Nous traitons des mathématiques, parce que les mathématiques sont *uniques* et que, étant uniques, elles n'ont pas de substitut. En discutant de la théorie des significations, nous avons montré que tout verbalisme est, en fin de compte, similaire en structure aux mathématiques. Cette conclusion contredit de nombreuses théories actuelles sur le langage et les significations, et c'est pourquoi, à ce stade de notre argumentation, nous mettons particulièrement l'accent sur la seule discipline dans laquelle ces questions sont claires et évidentes, à savoir les mathématiques. Les anciennes théories, fondées sur l'ignorance des mathématiques, ont conduit à de graves abus de nos capacités linguistiques et à des *réactions sémantiques* le plus souvent pathologiques, de sorte que pratiquement 99% d'entre nous sont perturbés sémantiquement et ne sont pas sanes. Beaucoup d'entre nous sont même au bord de maladies 'mentales' plus graves.

Il serait bien de donner une image approximative des similarités, et des différences, entre le fonctionnement de "l'esprit" humain dans son pire état ('insanité') et dans son meilleur état (mathématiques). Nous constaterons que la personne moyenne se situe entre les deux, souvent dangereusement proche du premier. L'image suivante est grossière et unilatérale, mais elle est suggestive et devrait être approfondie.

Les 'insanes' ont des 'prémisses' structurelles, conscientes ou inconscientes, qui sont 'fausses' ou, en général, sémantiquement inappropriées. Leurs *réactions sémantiques* sont changeantes alors qu'elles devraient être statiques, ou statiques alors qu'elles devraient être flexibles. Dans l'essentiel, la difficulté de l'évaluation réside dans les abstractions inférieures et dans le champ affectif. Ces abstractions ne sont pas correctement transmises, traduites ou régulées par les centres supérieurs ; ou bien, les abstractions statiques d'ordre supérieur sont projetées avec des composantes affectives trop fortes sur les centres inférieurs. Il en résulte différentes identifications, délires, illusions et hallucinations. Leurs 'idées' sont évaluées comme des choses ou des expériences, et objectifiées affectivement à différents degrés, ce qui entraîne les manifestations d'évaluation erronée mentionnées ci-dessus. Ces perturbations et tensions sémantiques font que les malades 'mentaux' croient irrésistiblement à la 'vérité' de leurs 'prémisses', de leurs inductions et de leurs déductions, qu'ils suivent aveuglément. Chez eux, comme chez nous, une certaine pression affective interne s'exerce d'abord, mais comme chez l'être humain l'effet des centres nerveux supérieurs ne peut être entièrement supprimé, cette pression affective est rationalisée d'une manière ou d'une autre en une sorte de 'prémisses'. Ce processus qui concerne l'organisme-comme-un-tout est tout à fait général et s'applique à chacun d'entre nous dans toutes nos activités, mais c'est dans les détails relatifs à leur ordre qu'il apparaît le plus clairement dans le travail des scientifiques créatifs et des 'génies', ainsi que dans les cas les plus graves de maladies 'mentales'. Pour les malades 'mentaux', ces 'prémisses' ont la valeur de 'la' et non de 'une' prémisse. *Ils agissent en fonction de ces prémisses*, et ne peuvent donc pas s'adapter à un monde différent de leurs fantasmes. Ils survivraient rarement s'ils étaient laissés à eux-mêmes, en particulier dans une 'civilisation' complexe.

Les mathématiciens ont également des prémisses structurelles, souvent appelées postulats, mais ils ne les évaluent *jamais* comme étant 'vraies' ; c'est la raison pour laquelle leurs prémisses *ne peuvent pas* être 'fausses'. Ils n'ont pas d'affirmations, et les affirmations sont toujours affectives. Comme les 'insane', ils suivent aveuglément ces prémisses, mais, étant généralement conscients d'abstraire dans le domaine de leur profession, ils ne sont généralement pas sujets à des perturbations sémantiques *dans ce domaine* et ne vivent pas leurs théories dans la vie, les théories restant ainsi hypothétiques sur le plan affectif. Si un mathématicien devait croire, avec une forte évaluation affective, que ses prémisses sont 'vraies', ces prémisses deviendraient alors majoritairement fausses, ou dépourvues de significations, ou, en général, inappropriées. S'il les vivait, l'individu serait alors 'mentalement' malade, *non pas* à cause de ses prémisses, mais à cause de la perturbation sémantique, qui impliquerait une évaluation erronée, des identifications, une confusion des ordres d'abstractions dans son attitude affective à l'*égard de ses prémisses*. Ce mécanisme subtil d'organisme-comme-un-tout, dans lequel toute pression affective peut être rationalisée et toute rationalisation peut produire des manifestations affectives, non seulement rend possible et légitime la présente analyse *non-élémentalistique*, mais offre également une certaine explication de ces cas remarquables de maladie 'mentale' chez un certain nombre de génies des mathématiques. Dans de telles conditions structurelles de l'organisme-comme-un-tout, une conscience *générale* d'abstraire non limitée à un domaine particulier est la seule sauvegarde possible contre les perturbations sémantiques qui conduisent à un état 'mental' déséquilibré.

Comme nous l'avons vu, la différence entre 'sanité' et 'insanité' est subtile. Il faut rappeler au lecteur qu'il faut un bon 'esprit' pour être 'insane'. Les crétins, les imbéciles et les idiots sont 'mentalement' déficients, mais ne peuvent pas être 'insane'.

Les personnes dites 'sanes' ont également des prémisses structurelles ; nous avons tous des critères d'évaluation. Celles-ci sont également généralement fausses ou, en général, inappropriées, car elles sont principalement dues à notre héritage sauvage. Mais plus nous sommes sanes, moins nous les respectons. C'est pourquoi, dans un monde structurellement très différent de nos fantasmes, nous sommes souvent capables de nous adapter à toutes les fins pratiques, évitant souvent des catastrophes majeures pendant un certain nombre d'années.

Par exemple, les personnes qui croient en un bonheur extraordinaire dans 'l'autre vie' ou 'l'autre monde' devraient se réjouir de la mort. Pourquoi être si malheureux ici, alors que, selon leurs doctrines, il y a un avenir idéalement heureux après la mort ? Pourquoi avoir recours à la médecine et aux médecins, alors qu'une maladie mortelle devrait ouvrir la porte à la félicité éternelle ! En conflit avec un tel credo, elle vit aussi longtemps qu'elle le peut, souvent dans le plus grand malheur, et elle est généralement prête à dépenser des fortunes en médecins et en médicaments pour retarder la félicité ! Le danger authentique et très grave que représentent de telles croyances pour nous tous est que, lorsque les *réactions sémantiques* d'un individu sont entraînées de cette manière, il finit par devenir indifférent ou apathique à l'égard des réalités vraies de *ce monde*, de sorte que des individus rusés, et souvent pathologiques, ont ainsi la possibilité d'orienter les affaires humaines vers leurs objectifs personnels.

Naturellement, avec l'augmentation de la complexité des conditions, les dangers augmentent également dans un rapport géométrique, car lorsque les réalités *multiordinales* deviennent trop insupportables, les masses cessent d'être influencées par ces illusions sémantiques, et elles brisent toutes les barrières, pour retomber sous l'influence de nouveaux dirigeants très souvent tout aussi irresponsables et ignorants.

Malheureusement, l'incapacité à comprendre ces questions sémantiques, fondée sur un manque de prévoyance animalistique, entraîne invariablement une grande quantité de souffrances inutiles. Il ne fait guère de doute que, sans ces délires et illusions, nous devrions examiner de plus près les conditions de notre vraie vie et que nombre de nos besoins urgents seraient ajustés. Les difficultés que nous rencontrons sont essentiellement de facture humaine, et donc seul l'être humain peut y remédier, et toute tentative d'échapper à la réalité *multiordinale* ne fait qu'aggraver la situation.

Le manque d'espace ne me permet pas de m'attarder ici sur de nombreux autres aspects des mathématiques qui sont d'une importance structurelle neurologique, si ce n'est pour mentionner la théorie des statistiques et des probabilités. Toute la connaissance humaine est neurologiquement due à un processus d'abstraire dans différents ordres, nous donnant la seule connaissance structurelle des processus qui, en 1933, doivent toujours être considérés sur trois niveaux, le macroscopique, le microscopique et le submicroscopique.

Parce que le système nerveux est un mécanisme à abstraire et à intégrer, toutes les réactions psycho-neurologiques humaines et, en particulier, psycho-logiques, doivent, pour être similaires en structure, être fondées sur les théories mathématiques de la statistique et de la *probabilité*. Au niveau objectique, nous avons affaire à des individus absolus, et donc toutes les déclarations, ou abstractions d'ordre supérieur, ne peuvent être que probables. Historiquement, les mathématiciens ont élaboré non seulement ces deux théories, mais Boole, dans ses *Lois de la Pensée*, a étendu l'approche mathématique de la 'logique' en connexion avec la théorie des probabilités. Enfin, les difficultés de la loi du tiers exclu ont été résolues par Łukasiewicz et Tarski[10] dans leur 'logique "beaucoup-valuée"' qui, lorsque N augmente indéfiniment, fusionne avec la théorie mathématique de la probabilité, un résultat obtenu indépendamment par un autre type d'analyse dans le présent système. Toute future 'logique' scientifique *non-élémentalistique* $\bar{A}$, que j'appelle sémantique générale, doit être construite sur cette base structurellement plus correcte. Il convient de noter que les notions de probabilité sont très souples et couvrent entièrement nos besoins structurels, le champ des degrés de probabilité allant de l'impossibilité à la certitude. Cette nouvelle sémantique implique des attitudes affectives entièrement nouvelles, et sous-tend des *réactions sémantiques* nouvelles et mieux équilibrées.

Dans de telles conditions, le 'principe d'incertitude' restreint de Heisenberg devient un *principe général* structurel, très révolutionnaire et créatif, qui transfère les lois deux-valuées de 'cause et effet' du domaine des jeux de mots des 'philosophes' à l'examen minutieux des scientifiques, et qui établit le 'déterminisme' ∞-valué sur une base neuro-mathématique de 'la plus grande probabilité'. D'un point de vue méthodologique et psycho-logique, cela exige une *pleine conscience d'abstraire*, ce que très peu d'entre nous ont encore réussi à faire, même parmi les physiciens et les mathématiciens. Alors, la 'loi' de la 'cause et effet' deux-valuée, au lieu de dépendre des anciennes interprétations élémentalistiques et objectifiées, sera fondée sur le principe mathématique ∞-valué, et beaucoup plus fiable, de la plus grande probabilité. Cela éliminera dans une large mesure les perturbations sémantiques, ce qui facilitera grandement la résolution des problèmes de santé.

À ceux qui sont habitués à ce que de nombreux mathématiciens se désintéressent des valeurs humaines dans leurs travaux, une analyse telle que celle que j'ai donnée dans le présent chapitre doit sembler inattendue. Mais, à la réflexion, nous pouvons voir qu'après tout, il ne s'agit que d'une évaluation naturelle. Le langage est une caractéristique humaine unique et, par conséquent, très importante. Faut-il s'étonner que ces linguistes des sciences exactes, que nous appelons mathématiciens, aient produit sans le savoir et sans le vouloir de grandes valeurs humaines, affectant fondamentalement les *réactions sémantiques*? Ils n'ont pas pu s'en empêcher. Une fois qu'ils ont résolu leurs propres problèmes correctement - et personne ne doute qu'ils l'ont bien fait - les résultats devaient avoir une large signification humaine. Leurs activités étaient maintenues au niveau approprié et constituaient donc naturellement une aide à la sanité. Dans la Partie VII, je parlerai d'une autre découverte mathématique, connue sous le nom de 'théorie des types mathématiques', de Russell, qui, une fois généralisée, devient une théorie *physiologique* d'une importance sémantique énorme et d'une application humaine fondamentale et constante.

Malgré la croyance populaire, les mathématiques sont le langage le plus simple qui existe. Notre langage quotidien est si complexe dans sa structure qu'il a échappé à l'analyse pendant des milliers d'années. Il est probable que, sans l'étude des mathématiques, l'auteur n'aurait pas été en mesure de découvrir les principes extrêmement simples et pourtant réalisables exposés dans le présent ouvrage.

PARTIE VI
SUR LES FONDEMENTS DE LA PSYCHOPHYSIOLOGIE

Un principe important de l'épistémologie physiologique est qu'un phénomène qui se produit généralement ne peut pas être la fonction *spécifique* d'un organe qui n'est propre qu'à quelques formes. (306)

JACQUES LOEB

J'ai observé, à la suite de chocs émotionnels graves et répétés, des cas très curieux d'infantilisme chez des adultes, où l'amnésie complète, l'inhibition sexuelle qui l'accompagne et les troubles de l'aire affective produisaient la mentalité et la conduite d'un petit enfant. (411)

HENRI PIÉRON

L'organisme réagit comme un tout à son environnement comme un tout, et il le fait d'une manière qui ne peut être formulée en termes de somme algébrique ou de simple résultante mécanique de l'interaction des réponses réflexes simples à la stimulation externe.... les mécanismes de la réflexologie traditionnelle semblent désespérément inadéquats. (224)

C. JUDSON HERRICK

CHAPITRE XX
CONSIDÉRATIONS GÉNÉRALES

> Nous savons aussi comment différents stimuli supplémentaires inhibent et décoordonnent une routine bien établie d'activité, et comment un changement dans un ordre préétabli disloque et rend difficiles nos mouvements, nos activités et toute la routine de la vie. (394)
>
> I. P. PAVLOV

> Les expériences montrent qu'un stimulus composé dont les unités constitutives restent elles-mêmes inchangées, et par conséquent affectent très probablement les mêmes cellules du cortex cérébral, se comporte dans des modifications différentes comme un stimulus différent, évoquant dans ces cellules tantôt un processus excitateur, tantôt un processus inhibiteur. (394)
>
> I. P. PAVLOV

> Nous arrivons ainsi à la conclusion suivante : lorsque des stimuli parfaitement neutres tombent sur les hémisphères à un moment où règne un état d'inhibition, ils acquièrent une fonction inhibitrice propre, de sorte que lorsqu'ils agissent ensuite sur une région du cerveau qui est en état d'excitation, ils produisent de l'inhibition. (394)
>
> I. P. PAVLOV

Certaines des recherches les plus importantes sur la fonction des centres nerveux supérieurs ont été effectuées récemment par le professeur Pavlov dans le cadre de ses travaux sur les 'réflexes conditionnés'. Ces travaux ont été développés dans une série d'articles couvrant une période de près de trente ans d'expérimentation, mais le scientifique international moyen ne connaissait pas l'ensemble de ces travaux, car les articles étaient dispersés et rédigés pour la plupart en russe. Ce n'est qu'en 1927 que l'Oxford Press a publié *Conditioned Reflexes, an Investigation of the Physiological Activity of the Cerebral Cortex* de Pavlov (NdT: Réflexes conditionnés, une étude de l'activité physiologique du cortex cérébral) dans la traduction anglaise du docteur G. V. Anrep ; et en 1928, The International Publishers (New York) a publié *Lectures on Conditioned Reflexes* de Pavlov, *Twenty-five Years of Objective Study of the Higher Nervous Activity (Behaviour) of Animals* dans la traduction du docteur W. Horsley Gantt. Les deux traducteurs ont été des collaborateurs du professeur Pavlov à Leningrad pendant un certain nombre d'années. Ces deux ouvrages présentent les expériences et les interprétations les plus récentes.

Jusqu'à présent, la plupart des recherches sur la fonction des systèmes nerveux supérieurs ont été formulées dans des langages 'psychologiques' qui, de toute évidence, ne conviennent pas aux disciplines physiologiques. Le professeur Pavlov lui-même suggère ce fait pour expliquer pourquoi, jusqu'à ses travaux, la physiologie du cortex cérébral était si peu connue. Il ne fait aucun doute que le langage physiologique descriptif des événements, des fonctionnements, etc., qu'il a utilisé exclusivement, est responsable de ses résultats. Ce langage suggère des expérimentations structurellement nouvelles, qui manquent dans d'autres comptes rendus du même type où des termes 'psychologiques' désuets sont utilisés.

Bien que j'en sache autant que le scientifique moyen sur les travaux de Pavlov, ces connaissances n'étaient pas suffisamment intégrées pour clarifier certaines questions. Mais après avoir formulé mon système-$\bar{A}$, j'ai lu les livres de Pavlov et j'ai découvert, à ma grande satisfaction, qu'un mécanisme neurologique, dont l'analyse sous-tend mon propre travail et dont l'existence a été découverte indépendamment par moi sur des bases *théoriques*, avait été découvert par le professeur Pavlov et ses collègues sur des bases *expérimentales*, fournissant ainsi une vérification expérimentale supplémentaire pour mon système.

Il semble que ce qu'on appelle 'éthique', etc., en général, la sanité, qui soustendent les caractéristiques humaines souhaitables, ont un mécanisme *physiologique* défini, impliquant automatiquement sur les niveaux psycho-logiques ces attitudes sémantiques souhaitables. Il apparaît que certains problèmes psycho-logiques extrêmement complexes et difficiles à atteindre, voire inaccessibles, sont résolus, non pas en prêchant, mais par l'entraînement *physiologique* le plus simple et le plus élémentaire, un fait qui a été vérifié empiriquement. Il est évident qu'une telle simplification, si elle est possible, doit être d'une importance fondamentale.

La physiologie traite principalement du fonctionnement des organes dans les organismes et donne lieu à diverses formulations. Ainsi, il pourrait y avoir une hypothétique 'théorie physiologique de l'alimentation la plus efficace', par exemple, qui stipulerait que la nourriture doit d'abord être placée dans la main, la cuillère ou la fourchette avant d'être portée à la bouche, etc. Un groupe de personnes qui ignorerait habituellement la 'théorie physiologique' et abandonnerait les tentatives d'agir conformément à celle-ci après le premier échec, serait mal nourri ou périrait tout simplement. L'expérience montre qu'une telle 'théorie physiologique' a dû être connue et appliquée depuis des temps immémoriaux, et que c'est peut-être grâce à elle que nous survivons !

Qu'en est-il du domaine 'mental'? Comme je le démontre - et une observation attentive le confirmera de manière très générale - les théories existantes de la vie 'mentale', étroitement reliées à nos habitudes linguistiques, sont *A* (*Aristotéliciennes*), grossièrement inadéquates, et conduisent à une production massive de crétins, d'imbéciles, de personnes 'émotionnellement' perturbées, et, en général, d'individus non-sanes. La recherche montre la possibilité d'une théorie *physiologique* simple et évidente de l'utilisation de notre système nerveux, qui conduit automatiquement à des états psychologiques et sémantiques souhaitables de sanité générale.

Dans l'exemple fictif d'une 'théorie physiologique de l'alimentation' donné plus haut, les problèmes d'*ordre* étaient importants. Dans la théorie physiologique de la sanité, l'ordre devient primordial. Les processus et les fonctions impliquent des séries d'états, qui exhibent nécessairement un ordre. L'adaptation aux conditions de vie implique l'adaptation des processus, et une théorie physiologique de la sanité doit être fondée structurellement sur un ordre quadridimensionnel, où 'espace' et 'temps' sont indivisiblement imbriqués.

Pavlov montre, dans une variété et un nombre d'expériences exceptionnellement impressionnants, comment 'ordre' et 'temps de latence' (l'ordre quadridimensionnel, dans le langage utilisé ici) sont intimement reliés à la plupart des processus fondamentaux dans les centres nerveux supérieurs, et comment, par leurs changements ou leurs interactions, nous pouvons produire ou éliminer des *états pathologiques* du système nerveux.

Dans le domaine humain, nous trouvons une situation tout à fait similaire, inanalysable par les anciennes méthodes, car tout ordre implique des relations asymétriques qui, comme nous l'avons déjà montré, ne peuvent pas être traitées par les moyens A (*Aristotéliciens*).

A situation est claire et nette : soit nous persistons dans nos *vieilles* habitudes de langage A (*Aristotélicien*), auquel cas les relations asymétriques et l'ordre nous échappent, et l'évaluation correcte et la sanité sont *physiologiquement* impossibles, soit nous construisons un système-$\bar{A}$ libre, ou du moins plus libre, de ces limitations d'évaluation, qui nous permet de traiter l'ordre, et la sanité devient *physiologiquement possible*.

'Les stimuli ne sont jamais "simples" et, par nécessité, ils impliquent une structure et un ordre quadridimensionnels dans l'espace-temps. Les valeurs de survie impliquent également cet ordre quadridimensionnel. Par exemple, l'ordre naturel de survie est le suivant : "sensations" d'abord, "esprit" ensuite ; objet d'abord, étiquette ensuite ; description d'abord, inférence ensuite, etc. L'inversion de l'ordre naturel apparaît comme pathologique et pathogène et se retrouve comme symptôme dans pratiquement toutes les formes de maladies 'mentales', ainsi que dans la plupart des difficultés et perturbations humaines qui, présentement, ne sont pas encore considérées comme anormales. Ainsi, l'objecticité est attribué aux mots, "esprit" projeté dans "sensations", les inférences évaluées comme des descriptions, etc. -"symptôme" assez courant. . . . Les observations au niveau humain montrent que nous copions encore les animaux dans nos réponses nerveuses, confondons les ordres d'abstractions (inexistants pour les animaux), conduisant avec fatalisme à l'inversion de l'ordre naturel et à des résultats pathologiques, faisant de la grande majorité d'entre nous des non-sanes'.*

Une enquête structurelle *non-élémentalistique* sur le monde objectique montre clairement qu'aucun événement n'est jamais 'simple' ; il s'agit, au moins, d'un ensemble limité de facteurs interdépendants. La 'simplicité' finale est fabriquée par un processus nerveux d'abstractions de plus en plus élevées.

Dans notre examen de 'ordre' et de 'temps de latence', et du rôle qu'ils jouent dans les activités du système nerveux, nous devons d'abord faire une distinction nette entre le niveau objectique, qui est *indicible*, parce que tout ce qui peut être dit *n'est pas* l'objet, et le niveau verbal, sur lequel nous pouvons, à volonté, concentrer notre attention sur les similarités ou les différences, ou les deux à la fois. Deuxièmement, nous devons accorder une attention particulière à la structure, c'est-à-dire rechercher une structure dans le monde empirique et, une fois qu'elle a été trouvée, ajuster en conséquence la structure de notre langage.

La structure du langage quotidien, comme du 'philosophique', que nous avons hérité, pour l'essentiel, de nos ancêtres primitifs, est telle que nous avons des *termes séparés* pour des facteurs qui ne sont pas séparables, tels que 'matière', 'espace', 'temps', ou 'corps', 'âme', 'esprit', etc. Ensuite, nous essayons en quelque sorte que le mot prenne chair, en inversant l'ordre naturel et en attribuant affectivement une *existence objective* délirante à ces termes.

Si nous nous occupons du niveau objectique, silencieux et indicible, et que nous essayons de diviser selon les implications de la division verbale, nous découvrons

---

* D'après une discussion de A. Korzybski. Actes du premier congrès international d'hygiène mentale. New York, 1932.

un fait brutal qui, jusqu'à Einstein et Minkowski, a échappé à la formulation verbale scientifique, à savoir qu'il n'est pas possible de le faire du tout. Au niveau objectif, tout ce qui concerne 'matière' implique 'espace' et 'temps' ; tout ce qui concerne 'espace' implique une certaine plénitude de quelque chose et du 'temps' ; et tout ce qui concerne 'temps' implique 'quelque chose' et 'espace'.

La structure du monde s'avère être telle qu'empiriquement, 'matière', 'espace', 'temps' ne peuvent être divisés ; par conséquent, nous devrions disposer d'un langage *non-élémentalistique* de *structure similaire*. C'est ce qu'ont fait Einstein et Minkowski en créant un langage de 'espace-temps', dans lequel les bosses dures contre lesquelles nous nous cognons le nez sont connectées analytiquement à la courbure de l'espace-temps.

Dans ce nouveau langage quadridimensionnel *non-élémentalistique,* chaque point tri-dimensionnel de 'espace' a une date et est donc différent. Pour notre propos, nous n'avons pas besoin, pour l'instant, de nous préoccuper beaucoup de sa courbure ou de ses plis dans l'espace-temps, appelé autrefois 'matière', mais nous devons souligner que l'ordre quadruple est d'une grande importance, car il correspond structurellement à l'*expérience* et est intimement connecté aux réactions physiologiques, y compris la sémantique.

Ces problèmes suscitent une grande confusion chez les profanes en sciences, mais aussi chez les scientifiques. D'un point de vue structurel, les questions sont assez simples et il n'y a rien de sensationnel dans la dernière annonce d'Einstein selon laquelle 'espace' est en train de supplanter 'matière' *(conférences de Nottingham).* Naturellement, la déclaration *sous cette forme* est plutôt déconcertante et a attiré beaucoup d'attention, même dans les journaux. Pourtant, il semble que même les einsteinistes ne se rendent pas pleinement compte des problèmes *verbaux, structurels* et sémantiques impliqués.

Pour le profane en sciences, ainsi que pour la majorité des physiciens dans leurs moments les moins sérieux, ou métaphysiques, 'espace' est 'émotionnellement' newtonien et un 'vide absolu' qui, bien sûr, étant un 'néant absolu', ne peut pas avoir d'existence *objective*, par définition. Pour Einstein, 'espace-temps' est, sémantiquement, 'plénitude', pas 'vacuité' et, dans *son langage*, il n'a pas besoin d'un terme comme 'éther', car son 'plenum' couvre structurellement le domaine, sans qu'il s'engage en faveur d'un éther mécanistique défini deux-valué. La confusion des ordres d'abstractions, dont nous souffrons tous, est sémantique et est due à la méconnaissance de la structure et du rôle du langage. Si nous acceptons un langage *non-élémentalistique* d'espace-temps, nous traitons structurellement de plénitude, et nous ne devrions pas utiliser le terme 'espace', car ses anciennes implications sémantiques sont le 'vacuité' et sont donc très déroutantes. Le 'ressenti' de la déclaration d'Einstein revient à dire que la plénitude submicroscopique ('espace') est plus importante que quelques courbures ou concentrations de cette plénitude ('matière'), un fait que la science a établi et qui est tout à fait évident.

Les expériences sur les 'réflexes conditionnés' ont fermement établi le fait que les stimuli peuvent être composés et que, une fois établi, le stimulus composé agit comme une unité, et qu'un changement dans l'ordre quadridimensionnel des facteurs (y compris les temps de latence) agit comme un stimulus *différent*, n'entraînant pas nécessairement le réflexe établi. Cela introduit souvent de grandes complexités.

À titre d'exemple, nous utiliserons ce que l'on appelle le 'réflexe à temps de latence'. Lorsqu'il est établi, le 'réflexe conditionné' n'apparaît pas immédiatement après la stimulation, mais après que la stimulation combinée au temps de latence habituel s'est produite, ce qui montre que le facteur 'temps' joue un rôle physiologique dans un stimulus composé. Les organismes vivent et sont constitués de processus périodiques, tels que l'alternance du jour et de la nuit, le sommeil, la prise de nourriture, les battements cardiaques, la respiration, les pulsations électroniques, etc. ; de sorte que *n'importe quel* stimulus, aussi nominalement 'simple' soit-il, est en réalité un stimulus composé de, disons, x et y battements cardiaques, etc. Un organisme représente invariablement une sorte d'horloge et, lorsque cette horloge s'arrête, la vie cesse.

Dans ces vraies conditions structurelles, une analyse quadridimensionnelle rend tout stimulus 'simple' composé, et l'*ordre* quadridimensionnel devient ainsi un facteur *physiologique* puissant, exerçant des effets précis. L'interaction de l'ordre quadridimensionnel des facteurs représente, en général, un nouveau stimulus ; nous avons une interaction d'excitations positives et négatives qui peut conduire à des conflits entre les deux que le système nerveux a du mal à résoudre, ce qui entraîne des résultats pathologiques.

Si nous passons aux niveaux et processus submicroscopiques, nous constatons que, bien que nous puissions les qualifier de 'chimiques' ou de 'stimuli d'une plus grande force physiologique', etc., ils représentent, par nécessité structurelle, différents types d'ordre *multi-dimensionnel*, car, comme nous le disons en 1933, l'unité physique dynamique de cet ordre est un quantum d'action. Le métaphysicien ne devrait pas s'enthousiasmer de cette déclaration, car tout ce qu'*il pourrait dire* serait également une déclaration verbale à une date donnée, faite en grande partie sans aucune considération structurelle, et fondée principalement sur l'ordre de survie inversé, la confusion des ordres d'abstractions et d'autres perturbations sémantiques. Comme le monde, tant à l'extérieur qu'à l'intérieur de notre peau, présente invariablement un quadruple ordre spatio-temporel, il est inévitable que cet ordre soit structurellement imprimé sur le système nerveux, établissant ainsi un ordre de survie naturel. Par conséquent, les modifications de cet ordre au niveau macroscopique, le niveau des événements extérieurs, doivent avoir des effets submicroscopiques directs vers l'intérieur, perturbant ou rétablissant l'équilibre nerveux. Cette déclaration peut sembler innocente ; elle ne l'est pas ; elle a une signification humaine vitale, car elle implique des normes d'évaluation. En bref, cela signifie que, dans la *vraie application* de la prise en compte de l'ordre dans l'éducation et dans l'entraînement au niveau de la vie quotidienne, nous pouvons agir sur les niveaux structurels microscopiques et sous-microscopiques du système nerveux humain, qui échappent (jusqu'à présent), et ainsi affecter directement nos *réactions sémantiques* et notre comportement.

Pour que cela soit plus clair, rappelons quelques-unes des recherches neurologiques de Bolton (citées par Herrick). Le cortex comporte différentes couches, caractérisées par la différence de nombre, de taille, de forme, de structure interne et de densité des cellules neuronales. La troisième couche de granules de Bolton divise le cortex en deux types de couches. Les couches les plus proches de la base du cerveau, ou en dessous de la troisième, sont appelées couches infragranulaires ; les couches supérieures sont appelées couches supragranulaires.

Les mammifères inférieurs présentent un cortex infragranulaire bien développé et un cortex supragranulaire très mal organisé, ce dernier augmentant en taille relative et en complexité au fur et à mesure que l'on s'élève dans la hiérarchie animale. Au niveau humain, nous constatons un fait très important, et généralement ignoré, à savoir que le système nerveux n'est pas achevé à la naissance mais se développe structurellement des années après la naissance.

Ce qui précède explique pourquoi les théories et les méthodes animalistiques, les langages de facture primitive de structure erronée et autres reliques similaires ont pour résultat de former les *réactions sémantiques* de nos enfants dans l'ordre pathologique, et causent de si grands dommages, individuellement et collectivement. Cela nous permet également de comprendre pourquoi toutes les formes de maladies 'mentales' présentent invariablement des caractéristiques infantiles.

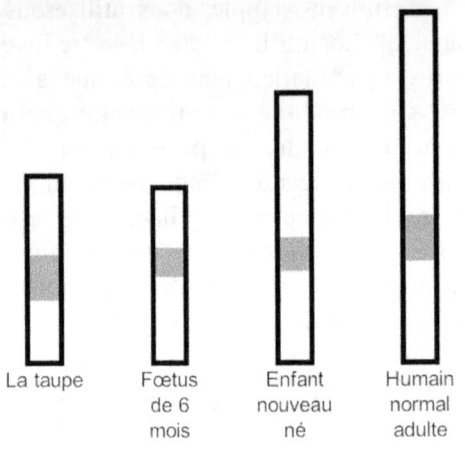

Fig. 1

Diagrammes de l'épaisseur relative du cortex cérébral supragranulaire, granulaire et infragranulaire chez le fœtus de six mois, le nouveau-né, l'adulte au cerveau normal et la taupe adulte. La couche granulaire est en pointillés. (Redessiné d'après G. A. Watson (1907), et adopté d'après Herrick.[1]

Si nous inculquons à un enfant dont le système nerveux n'est pas physiquement développé des doctrines animales strictement connectées à un langage primitif de structure erronée, dans l'ordre pathologique inversé des réponses, un tel formatage sémantique ne peut que nuire à son système nerveux encore en développement. Ainsi, lorsque nous disons, et démontrons, que nous copions encore les animaux dans nos réponses nerveuses, nous impliquons un système nerveux non développé ou contrecarré, dont le développement a été arrêté ou rendu régressif. Cette déficience, bien entendu, se superpose fonctionnellement, et donc structurellement, à toute déficience congénitale qui aurait pu exister dans un cas donné. Nous sommes presque tous dans une situation de ce type. Nous continuons d'être inculqués dans des conditions animalistiques depuis que nous sommes devenus des time-binders, ce qui, d'un point de vue biologique, est un événement très récent, et il n'est pas téméraire de supposer que notre système nerveux n'est pas encore complètement développé, d'autant plus que nous soumettons le cortex, qui dans l'enfance est encore incomplet, à des influences sémantiques préjudiciables. Il est évident qu'une fonction humaine aussi fondamentale que le langage, lorsqu'elle est utilisée d'une manière qui ne correspond pas à la structure du système nerveux, doit agir de manière préjudiciable sur son développement.

Dans l'imbécillité congénitale extrême, le cortex est pauvrement organisé, mince et déficient en cellules nerveuses, et les couches infragranulaires sont moins atteintes que les couches supragranulaires. Il semble que la deuxième couche supragranulaire de Bolton soit la dernière à arriver à maturité et que son développement relatif corresponde au développement relatif d'un animal ou d'un être humain et, d'une certaine manière, qu'il soit parallèle à ce que l'on appelle 'l'intelligence'.

Chez les déficients humains, sa déficience correspond au degré d'arrêt, de régression ou de détérioration psycho-logique. Rappelons que ces déficiences 'mentales' qui, dans le comportement comme dans la structure nerveuse, nous ramènent d'un pas (ou de plusieurs) vers le niveau du nourrisson, voire de l'animal, sont toujours connectées à des comportements infantiles chez l'adulte, et à des troubles sémantiques.

Les tissus nerveux comme les tissus musculaires se sont différenciés du protoplasme général, et nous savons positivement que, par l'entraînement, nous pouvons agrandir ou améliorer les tissus musculaires, et il n'y a aucune raison de douter que quelque chose de semblable puisse être fait pour les tissus nerveux. Toute l'éducation et l'établissement de *réactions* conditionnelles ou *sémantiques* le démontrent, bien que de manière assez vague.

Si, par un entraînement *physiologique* fondé sur l'ordre, on peut modifier une déficience nerveuse, comme le montre le comportement, on peut en conclure qu'il existe des moyens physiologiques permettant d'entraîner et d'aider efficacement le développement des cellules nerveuses et des couches supragranulaires - ou, du moins, de ne pas entraver leur développement naturel. Sur les plans macroscopiques, cet entraînement bénéfique consiste à former des habitudes de bonne évaluation à travers l'ordre naturel de survie. Au niveau submicroscopique, l'effet est neural, colloïdal et structurel, un résultat que les anciennes méthodes ne permettaient pas d'atteindre, ni facilement, ni efficacement.

Bien que ces conclusions soient nécessaires, il est impossible de les vérifier directement de manière empirique, car il faudrait disséquer le cerveau d'une personne donnée avant et pendant la formation. Dans ce cas, comme dans beaucoup d'autres, nous devons observer la 'nature humaine' et les réponses sémantiques aux stimuli d'un individu donné avant et après la formation ; et, sur la base de ce que nous savons du développement du système nerveux chez les animaux, les nourrissons, les adultes 'mentalement' déficients et bien développés, construire notre conclusion finale sous forme d'hypothèses préliminaires en vue de tests structurels, d'améliorations et de vérifications empiriques ultérieures.

Pour se rendre pleinement compte de l'importance et la nécessité de cette conclusion, nous devons d'abord comprendre que, conformément aux découvertes modernes des mathématiques, de la physique, de la chimie, de la chimie colloïdale et d'autres branches de la science, toute 'fonction' dépend de la *structure*, parce que l'unité de structure représente une unité dynamique d'un quantum d'action. Dans les remarques qui suivent, il est impossible d'être aussi complet et précis que je le souhaiterais, car cela reviendrait à pouvoir résoudre tous les problèmes scientifiques ; cependant, le lecteur doit se rendre compte que les considérations sur la structure deviendront extrêmement créatives et utiles tant que nous reconnaîtrons un quantum d'action, ou toute autre *unité dynamique*.

Nous pouvons rappeler que les caractéristiques des molécules sont dues à la structure atomique et que les caractéristiques des atomes sont dues à la structure électronique. Les dernières théories quantiques semblent également indiquer que les caractéristiques des électrons sont le résultat d'une structure et, si les suggestions de Dirac sont vérifiées, même la différence entre l'électricité positive et l'électricité négative est structurelle. Même à l'heure actuelle, il semble que la 'structure' ne soit pas seulement un terme adapté pour manipuler et expliquer, mais qu'elle ait une contrepartie objective, permettant une similarité de structure et, par conséquent, rendant possible la compréhension de ce monde.

Ce dernier point sémantique très important est fondé sur le fait que les relations de structure similaire ont des caractéristiques 'logiques' similaires, et que, par conséquent, dans la structure nous trouvons des moyens par lesquels les événements peuvent toujours être rendus intelligibles pour nous, et donc correctement évalués.

L'expérience - la mienne et celle tirée de la littérature scientifique - m'impressionne par le fait que nous ne nous rendons compte que très rarement que notre 'connaissance' (ou, en gros, ce que nous pouvons *dire*) *n'est pas 'ceci'*, car le 'ceci' est toujours indicible.

Entre deux maisons ou deux pierres, il y a une sorte d'interaction submicroscopique ; mais au niveau macroscopique, il ne se passe rien de précis. Nous disons donc que dans le contexte ou la configuration donnés, les entités considérées sont trop lourdes (ce qui implique une structure gravitationnelle), ou que le milieu, le plénum dans lequel elles sont immergées, est trop léger (ce qui implique à nouveau des implications structurelles) et que, par conséquent, au niveau macroscopique, il ne se passe rien d'évident.

Si cette structure est modifiée, les conditions, les relations et les résultats sont différents. Ainsi, si les particules sont très petites et le milieu pas trop lourd, les phénomènes de surface, les charges électriques, etc., commencent à jouer un rôle important. Nous avons alors un comportement colloïdal d'une complexité et d'une variabilité énormes où nous trouvons, pas nécessairement la vie, mais de nombreuses formes inorganiques, reproduisant certaines formes trouvées dans la vie. Il est évident que la structure colloïdale en est la cause.[2]

Quand de petits amas colloïdaux, très probablement de structure interne spécialisée, apparaissent, il se peut que nous ayons non seulement des colloïdes, mais aussi de petits amas, séparés par une membrane, ou peut-être par des phénomènes de surface, qui représentent une membrane très généralisée. Il se peut que nous ayons un nouveau fait structurel, une interaction entre l'intérieur et l'extérieur, et que la vie commence.

On sait que la susceptibilité et la conductivité générales du protoplasme sont strictement connectées à la perméabilité au passage des ions et qu'il s'agit donc d'un phénomène structurel. Sur cette base structurelle, des gradients physiologiques apparaissent, formant un champ dynamique de forces, impliquant à nouveau la structure. Le développement du tissu différencié des muscles et des nerfs consiste en des structures complexes d'ordre supérieur, fondées sur des structures plus primitives ; et finalement, la fonction et le comportement de toute vie, y compris l'être humain, sont dus à une structure submicroscopique, microscopique et macroscopique.

Les spécialistes me reprocheront peut-être que, si ce que je viens de dire est peut-être vrai, en réalité, ces affirmations sont peut-être prématurées, en 1933, parce que nous manquons de trop de détails.

Ma réponse est claire et nette, et peut être considérée comme une suggestion scientifique sérieuse, parce qu'elle peut être faite légitimement sous cette forme :

1) Toute science dépend de la 'connaissance' humaine.

2) Toute 'connaissance' humaine est structurellement circulaire et auto-réflexive, et dépend donc d'une théorie consciente ou inconsciente de la connaissance et de termes non-définis.

3) Les mots *ne* sont *pas* les choses dont nous parlons ; et, par conséquent,

4) Le seul lien possible entre les niveaux objectiels et indicibles et les mots est d'ordre *structurel* ; introduisant

5) L'analyse structurelle des langages comme fondamentale ; faisant

6) Du *contenu structurel le seul contenu possible de la 'connaissance'*, et

7) Toute science devient une recherche de la structure inconnue du monde empirique à tous les niveaux, et la mise en correspondance de cette structure inconnue avec la structure *potentiellement connue* des langages ; de sorte que

8) Toute connaissance est hypothétique, dans laquelle

9) Les faits les plus importants doivent être *négatifs*. Lorsque les structures ne correspondent pas, nous apprenons alors quelque chose de bien précis sur les structures empiriques.

10) Toute prédictibilité devient possible en raison de la similarité de structure ; et donc faisant résolument que

11) Tous les objectifs et quêtes possibles de la science sont uniquement structurels ; nécessitant

12) Des méthodes uniques de traduction de dynamique en statique, et vice versa, afin de répondre aux exigences structurelles du monde dynamique et des langages statiques.

13) De telles méthodes uniques de traduction sont données dans le calcul différentiel et les géométries quadridimensionnelles, dans lesquelles

14) Ce qui, dans un langage quadridimensionnel, est une structure devient, dans un langage tri-dimensionnel, une fonction "d'importation du temps" ; ce qui montre une fois de plus que

15) Les considérations structurelles ne sont pas seulement une nécessité moderne, mais aussi les plus créatives et les plus utiles pour le développement futur de la science et de l'être humain, et justifiant les assertions ci-dessus, avec le revers de la médaille que

16) L'analyse structurelle complète de 1933 étant l'une des abstractions les plus élevées à ce jour, voire *la plus* élevée, la maîtrise de ce langage peut présenter certaines difficultés.

Il convient de rappeler au lecteur (voir, pour plus de détails, la Partie VII) que les termes 'structure', 'fonction', etc., sont des termes multiordinaux ayant de nombreuses significations, et qu'ils n'ont donc pas de signification générale en dehors du contexte, mais qu'ils ont une signification précise dans chaque contexte. Sans cette prise de conscience de la multiordinalité des termes, la déclaration ci-dessus ne pourrait être faite, car il s'agit d'une déclaration structurelle sur les langages.

Pour illustrer l'importance immense et inhérente des considérations relatives à l'ordre quadridimensionnel, l'expérience psychologique suivante, pour laquelle le docteur Harry Helson a suggéré dernièrement le nom d'effet Tau, est utile.[3]

Si nous stimulons trois points de la peau en les touchant légèrement avec le bout d'un crayon en succession rapide, et si la distance entre le premier et le deuxième point est, disons, de 20 mm, etc., et celle entre le deuxième et le troisième est de 10 mm, etc., mais que l'intervalle de 'temps' entre la deuxième et la troisième stimulation est deux fois plus long que celui entre la première et la deuxième, la distance entre le deuxième et le troisième point sera jugée presque deux fois plus grande que celle entre le premier et le deuxième. Des résultats similaires sont obtenus avec d'autres moyens d'analyse, tels que la vision et l'audition. Si l'on change les conditions de l'expérience, les résultats peuvent être inversés. Il est intéressant de noter que l'effet ne dépend pas du fait de 'savoir', puisque des résultats similaires sont obtenus lorsque le sujet connaît les conditions de l'expérience. Ce dernier point montre que l'expérience porte sur un mécanisme physiologique et neurologique. D'une manière générale, si l'on fait varier l'intervalle de temps dans le sens inverse de l'intervalle d'espace, ce dernier sera déformé, ce qui montre une fois de plus le fait structurel que, dans les vraies vie et expérience, nous avons *exclusivement* affaire à l'ordre spatio-temporel quadridimensionnel, qui, en tant que tel, doit avoir une signification physiologique et neurologique, et un mécanisme d'adaptation.

CHAPITRE XXI

SUR LES RÉFLEXES CONDITIONNELS

> Le réflexe conditionné est conventionnellement considéré comme différant essentiellement du réflexe inconditionné, mais ceci est contredit par les preuves tirées du développement du comportement. (107)
>
> G. E. COGHILL

Les principales expériences de Pavlov ont été réalisées sur des chiens, animaux dotés d'un système nerveux relativement bien développé ; la plupart de ses propos concernent donc les chiens, bien que certains faits physiologiques généraux s'appliquent à tous les systèmes nerveux supérieurs, y compris celui de l'être humain. Dans certains cas, en raison des complexités humaines, certains résultats doivent être réinterprétés, des réajustements linguistiques structurels doivent être effectués et certains termes 'psychologiques' obscurcissant, faux-en-structure et *élémentalistiques* doivent être analysés et rejetés. Ma révision *théorique* linguistique, structurelle et *non-élémentalistique* conduit à un élargissement nouveau et important de l'application à l'être humain de la théorie *expérimentale* de Pavlov sur les réflexes 'conditionnés'. Le fait que ces découvertes indépendantes se renforcent et se soutiennent mutuellement est un exemple frappant de l'utilité des recherches théoriques.

Nous devons veiller à remarquer et à nous méfier des différences entre les langages. Tout événement a autant d'aspects qu'il y a de sciences, ou même d'intérêts humains. Ainsi, si nous parlons d'un 'crayon' objectique, nous pouvons parler de sa chimie, de ses méthodes de fabrication, de ses utilisations, de ses prix, de ses marchés, etc. Le contenu de la connaissance étant structurel, il faut rechercher empiriquement la structure, entendue aujourd'hui toujours à trois niveaux (le terme étant multiordinal), la structure macroscopique brute, les structures microscopiques et sous-microscopiques.

Quand nous traitons des phénomènes de la vie, nous disposons également de différents langages qui traitent de leurs différents aspects. Ainsi, un langage biologique couvrirait éventuellement les événements vitaux en général ; un langage physiologique serait plus étroit et couvrirait l'analyse des phénomènes dans un organisme, la fonction de ses organes et les conditions et le mécanisme qui déterminent ces fonctions ; un langage neurologique serait physiologique en tant qu'appliqué uniquement au système nerveux. Le jour n'est pas loin où tous ces problèmes seront formulés dans le langage de la mécanique quantique.

Un langage psycho-logique n'est légitime qu'à l'échelle humaine, car nous ne savons ni ne pouvons jamais savoir ce qu'un animal 'pense', 'ressent', etc., et, à l'échelle humaine, il ne s'applique qu'aux phénomènes dits 'psychiques'.

En général, un fait sémantique extrêmement fondamental est ignoré, à savoir que ce qui, au niveau psycho-logique, est *objectique* et, quand elle le parle, *descriptif* pour une personne (par exemple, 'mon mal de dents'), est *inférentiel* pour l'autre personne, et vice versa. L'absence de conscience d'abstraire introduit, par nécessité structurelle, une identification des ordres d'abstraction ; à savoir la confusion des descriptions avec les inférences, et vice versa. Cela rend donc impératif d'éviter autant que possible le langage psycho-logique. C'est également une mauvaise épistémologie que d'utiliser un langage qui s'applique à quelques individus (psycho-logiques) pour décrire des fonctions qui sont beaucoup plus générales et qui, fondamentalement, s'appliquent à tous les organismes.

Il est frappant de constater que, bien que la physiologie soit une discipline assez ancienne et bien développée, l'approche purement physiologique de l'étude des fonctions cérébrales est très récente et, pour l'essentiel, a été poursuivie par Pavlov et ses disciples. Pavlov nous donne une explication simple mais profondément vraie, à savoir que les centres nerveux supérieurs n'ont jamais été traités sur un pied d'égalité avec d'autres organes ou d'autres parties du système nerveux. Les activités des hémisphères ont été traitées d'un point de vue 'psychologique' et, par analogie, nous avons attribué aux animaux des états 'psychologiques' similaires, etc., vestige de l'animisme primitif. Ces attitudes étant devenues de plus en plus manifestement absurdes, nous avons dérivé vers l'absurdité opposée de l'animalisme, en attribuant à l'être humain des caractéristiques animales, oubliant que le système nerveux humain est beaucoup plus complexe, qu'il arrive à maturité plus tard que chez n'importe quel animal et qu'il n'est pas additif. Naturellement, le raisonnement par de telles analogies ne peut être que fallacieux.

L'ignorance complète prévalente du fait que ces questions sont linguistiques et structurelles fait que les progrès dans ces domaines sont très lents et très limités, et seuls les 'génies' sont capables de franchir ces barrières sémantiques. Une fois que l'on a pris pleinement conscience du caractère linguistique des questions, le blocage psycho-logique et sémantique est levé, la liberté d'analyse est établie intérieurement et même les 'non-génies' produiront un travail créatif important. En fait, nous pourrions constater qu'avec cette prise de conscience, en particulier si elle s'incarne dans une éducation précoce, l'être humain 'normal' deviendrait ce que nous appelons aujourd'hui un 'génie'.

Cette conclusion découle naturellement de l'abandon des analogies animalistiques et du fait que l'intelligence humaine de haut niveau n'est pas moins 'naturelle' et inhérente à l'histoire de l'évolution que n'importe quel autre 'tropisme'. En éliminant le blocage sémantique psycho-logique dû à ce que nous copions les animaux dans nos réactions nerveuses, nous pouvons gérer correctement cette importante *fonction humaine* qu'est le langage. L'être humain fonctionnera en tant qu'*être humain*, conformément à la structure de son système nerveux plus complexe. Il ne fait aucun doute à présent que certains organismes appelés 'être humain' ont une fonction importante connectée à des *réactions sémantiques* appelées 'parole', peut-être la fonction la plus complexe, la plus impliquée et aussi la plus *unique* développée par cette classe de vie, et qu'ils ne savent pas encore utiliser. D'un point de vue biologique et physiologique, cette mauvaise utilisation d'une fonction devient inéluctablement une *tendance de non-survie* pour *cette* classe de vie.

La sanité doit se fonder sur des méthodes pour utiliser le plus efficacement possible le système nerveux humain, conformément à sa structure, et d'obtenir ainsi le plein fonctionnement des capacités humaines qui, à l'heure actuelle, sont encore sémantiquement bloquées par une mauvaise manipulation de l'appareil.

Avant d'aller plus loin, j'analyserai et suggérerai d'éliminer complètement du langage français (anglais) le terme réflexe 'conditionné', qui est structurellement faux quant aux faits, et je suggérerai à sa place l'utilisation uniforme du terme réflexe 'conditionnel', introduit par Pavlov et utilisé occasionnellement par certains écrivains français (anglais). Je suggérerai également l'élimination d'un terme *psycho-logique*, 'inhibition', de la physiologie et de la neurologie, dans lesquelles il ne devrait pas avoir de place du tout. Un tel changement de langage conduit à de nouveaux résultats et suggère également de nouvelles expériences. Il est peu connu et rarement pris en considération qu'il y a longtemps, Locke était tout à fait clair sur le fait que le mauvais usage du langage a souvent été pris pour des mystères profonds de la science ; mais Locke, malheureusement, n'a pas pris en considération la *structure* et les *réactions sémantiques* ; de sorte que ses arguments étaient, en général, inopérants.

Comme tout dans ce vrai monde est structurellement interrelié à tout le reste, nous devrions rechercher consciemment les interrelations ; dans ce cas, il ne nous reste qu'à construire des langages spéciaux pour la synthèse envisagée. Comme nous devons d'abord vérifier la structure empirique et ensuite seulement inventer les langages, il est évidemment très important de commencer par un langage descriptif, impersonnel et non-'psychologique' d'événements ordonnés à un niveau donné.

Dans notre cas, nous étudions les problèmes structurels et sémantiques en connexion avec langage. Nous avons à accepter les faits structurels tels qu'ils ont été découverts par les physiciens, les physiologistes, les neurologues et d'autres scientifiques, puis construire un langage dont la structure est similaire à celle du monde empirique. Le langage dans lequel la présente théorie est formulée est un langage physiologique et neurologique, puisqu'il traite des fonctionnements impersonnels observés des organismes appelés 'être humain'. Lorsque nous parvenons à des résultats dans un langage physiologique, ceux-ci ont, naturellement au niveau humain, un aspect psycho-logique, et peut-être que la principale importance, et même la valeur, du présent travail est qu'il atteint le niveau psycho-logique, sémantique, très difficile, par des méthodes physiologiques purement fonctionnelles et facilement contrôlables.

Le lecteur doit donc traduire pour lui-même, car personne d'autre ne peut le faire à sa place, les résultats physiologiques en ressentis et attitudes psycho-logiques et évoquer les *réactions sémantiques* indicibles. Celles-ci doivent être *évoquées* par le lecteur, faute de quoi il passera inévitablement à côté de l'essentiel. Par exemple, si l'on dit que 'le niveau objectique est indicible', le lecteur doit essayer de devenir totalement impassible 'émotionnellement', de se taire extérieurement et *intérieurement* à propos d'un objet ou d'un ressenti, car tout ce que nous pouvons dire *n'est pas 'ceci'*. Cela implique évidemment une vérification complète des réponses affectives, des 'idées préconçues', etc. ; faisant de lui un 'observateur impartial'. En fait, il est très difficile d'y parvenir, car cela nécessite un long entraînement sémantique avec le Structurel Différentiel et implique généralement une inversion complète de nos modes habituels de réponses affectives.

Similairement, lorsque nous parlons d'"ordre naturel" ou d'inversion de cet ordre, que le lecteur essaie d'évoquer ces *réactions sémantiques*, et il constatera que ce n'est pas si facile, car cela implique un processus de réévaluation complètement nouveau.

Dans les deux cas, on peut obtenir des moyens physiologiques, faciles à mettre en œuvre, pour rééduquer les réponses sémantiques très tenaces, par des *méthodes fonctionnelles et ordinales*. Les difficultés ne sont sérieuses qu'avec les adultes ; elles ne se présentent pas dans l'entraînement sémantique précoce des nourrissons, pour lesquels cet entraînement devient une puissante méthode préventive contre les troubles nerveux futurs (limités, bien sûr, à cet aspect de la non-sanité).

Une telle rééducation sémantique est directement accomplie, ce qui était auparavant impossible est également effectué, et la 'nature humaine' a été changée. De toute évidence, le problème ne réside pas dans la 'nature humaine', mais dans l'absence de moyens physiologiques et éducatifs permettant d'influer sur le niveau psycho-logique et de modifier les *réactions sémantiques*. Ce qui précède s'applique aussi bien à la personne dite 'normale' qu'au malade 'mental'. Cela fonctionne avec les deux types, à condition que le dernier soit en état d'être accessible à l'approche.

Le terme 'réflexe nerveux' a été créé par le mathématicien Descartes. Sur le plan structurel, il s'agit d'une notion véritablement scientifique. Elle implique une obligation ; à savoir qu'un stimulus entraîne une réponse. Il est évident que si ce n'était pas le cas, un animal ne serait pas en correspondance suffisante avec son environnement et ne pourrait pas survivre. Ainsi, un animal doit être attiré et non repoussé par la nourriture, il doit éviter le feu, etc.[1] Le terme 'réflexe' est généralement utilisé en connexion avec des implications A (*Aristotéliciennes*) deux-valuées ; ceci rend la réflexologie *élémentaliste* et généralement inadéquate pour rendre compte des réponses organiques *non-élémentalistiques* au sens colloïdal du terme. Dans un système-$\bar{A}$ fondé sur la sémantique ∞-valuée de la probabilité, je préfère éviter l'implication deux-valuée et utiliser le terme de réaction à la place.

La fonction principale du système nerveux est la coordination de toutes les activités de l'organisme en vue de sa préservation. Il ne doit donc pas y avoir de conflit entre les activités opposées des différentes parties de l'organisme, et toute action doit en fin de compte profiter à l'ensemble. Il peut y avoir un conflit entre différentes excitations, mais l'une d'entre elles doit finalement dominer les autres, faute de quoi la coordination serait impossible.

Si un aliment ou une substance nocive est introduit dans la gueule d'un chien, une sécrétion de salive est produite, soit pour modifier chimiquement l'aliment et en faciliter la digestion, soit pour laver la gueule et l'éliminer. Mais l'observation montre aussi que d'autres facteurs, et pas seulement les aliments ou les matières nocives, peuvent produire des sécrétions similaires. Ainsi, par exemple, la vue ou l'odeur d'une telle substance, ou de la personne qui l'administre habituellement, ou même les pas de cette dernière peuvent produire des sécrétions salivaires.

Pour rendre les expériences aussi exactes que possible, les chiens observés par Pavlov ont été soumis à des opérations mineures. Entre autres, l'ouverture du canal salivaire a été transplantée à l'extérieur de la peau, afin que toutes les sécrétions puissent être soigneusement et exactement recueillies et mesurées.

Le principe qui sous-tend ces expériences est l'observation que si nous combinons un stimulus jusqu'alors neutre, tel qu'un son, une couleur ou une forme définis, avec la présentation de l'aliment ou de l'acide, après quelques essais, ce stimulus neutre acquiert la potentialité de produire des effets sécrétoires similaires à ceux de l'aliment ou de l'acide lui-même.

Cette méthode fondamentale et exacte d'expérimentation permet une grande liberté dans le choix des stimuli neutres, affectant, au choix, les centres nerveux visuels, auditifs, tactiles ou autres de l'animal. On peut également contrôler leur nombre, leur intensité, leurs combinaisons, l'*ordre* et les *temps de latence* de leur application, etc.

Si des aliments ou des substances nocives sont placés dans la bouche, la sécrétion de salive est une réaction quasi automatique, due à l'action physico-chimique de ces substances. Cette réaction est innée et pratiquement générale pour une espèce donnée, les voies nerveuses de ces réactions étant le plus souvent achevées à la naissance. Il n'en va pas de même pour les réactions produites par des stimuli neutres, qui n'acquièrent les caractéristiques sécrétoires qu'après quelques expériences. Ces caractéristiques sont des réactions acquises au cours de la vie individuelle, et les voies nerveuses et les connexions doivent être complétées au cours de la vie de l'individu.

Ainsi, lorsqu'on montre à des chiots de la viande ou du pain qu'ils n'ont jamais mangé auparavant, aucune sécrétion salivaire n'apparaît généralement. Ce n'est qu'après avoir mangé de la viande et du pain à plusieurs reprises que la vue de ces aliments produira des sécrétions.

Certains effets de ces réactions acquises sont très forts et durables. Dans certaines expériences, les chiens ont reçu une injection hypodermique de morphine. L'effet habituel de cette drogue est de produire des nausées accompagnées d'une sécrétion abondante de salive, suivies de vomissements et d'un sommeil profond. Lors d'expériences ultérieures, on a constaté que les préliminaires, ou même le fait de voir l'expérimentateur, sans injection, suffisaient souvent à produire les effets de l'injection réelle de la drogue.

Pavlov a étudié le mécanisme nerveux du fonctionnement des glandes salivaires, non pas en raison d'une importance physiologique particulière de ces glandes, mais parce que cette expérimentation était la plus simple et que la méthode utilisée lui permettait de réaliser les expériences les plus variées sous un contrôle précis.

Les expériences ont révélé un mécanisme nerveux étonnamment subtil et complexe, probablement typique du fonctionnement d'autres glandes à sécrétions internes. Ces résultats, traduits dans un langage applicable au niveau humain, révèlent beaucoup de choses sur le mécanisme nerveux qui sous-tend ce que l'on appelle les 'associations' et d'autres manifestations sémantiques 'mentales', relationnelles ou psycho-logiques. Habituellement, les glandes salivaires ne sont pas censées être aussi étroitement connectées aux manifestations psycho-logiques que la thyroïde, les glandes surrénales et d'autres glandes. C'est donc une nouvelle et très importante découverte générale de Pavlov que les glandes salivaires aient des interconnexions nerveuses aussi complexes et étendues.

L'exemple du chien réagissant aux 'associations' (relations) de l'expérience avec la morphine de manière similaire qu'à l'injection réelle de la drogue, est un parallèle étroit avec l'exemple déjà donné, du patient qui reproduit les symptômes du rhume des foins à la *vue de roses en papier*. Dans ce cas, il s'agit également d'associations prises pour argent comptant, obligatoires, presque automatiques, du type de celles que l'on trouve chez les animaux. En fait, cette déclaration est presque générale, et nous verrons plus loin que la plupart des maladies 'mentales' suivent neurologiquement les schémas des réponses animales, et deviennent donc pathologiques pour l'être humain. Cette observation a des conséquences d'une grande portée, qui seront expliquées plus loin ; mais nous tenons à le souligner dès le début et à insister sur le fait qu'il est préjudiciable à l'être humain de copier les animaux dans ses réactions nerveuses.

Ce qui précède réduit considérablement notre problème : nous ne devons découvrir que les principales différences entre les réponses nerveuses des animaux et celles des humains, et en tirer des conclusions.

Les réactions alimentaires à la nourriture et les réactions légères de défense à des substances nocives peuvent être grossièrement divisées en deux composantes, la composante sécrétoire et la composante motrice. On a constaté qu'il était possible de lier un autre stimulus neutre à une réaction déjà acquise. Ainsi, si un chien a été entraîné à répondre à une cloche, qui est un signal pour de la nourriture, il peut être entraîné à associer un stimulus auparavant neutre, disons le son d'un buzzer, à la cloche, et la cloche à la nourriture. Une telle réaction secondaire acquise peut être qualifiée de *second ordre*. Naturellement, il est très instructif de savoir si ces réponses peuvent être étendues à d'autres ordres. Les expériences ont révélé un fait important : en ce qui concerne les chiens et les réactions *alimentaires*, il est impossible d'aller au-delà du second ordre. En revanche, lorsque des réactions de *défense* ont été testées, il a été constaté qu'il était possible d'établir des réactions acquises du *troisième ordre*. Mais, même dans ces cas, il est impossible d'aller au-delà du troisième ordre.

Dans notre domaine, où nous devons formuler des différences marquées entre les réponses nerveuses de "l'être humain" et de "l'animal", nous disons que les animaux cessent d'abstraire ou de lier les signaux à un certain niveau, alors que les humains ne le font pas. Ces derniers abstraient à des niveaux indéfiniment plus élevés, du moins potentiellement.

Nous rencontrons ici une différence d'une grande portée, fondamentale et catégorique, entre le fonctionnement nerveux de l'"animal" et celui de l'"être humain". Cette capacité d'abstraire indéfiniment dans des ordres plus élevés conditionne sans aucun doute le mécanisme de ce que nous appelons la 'mentalité' humaine. Si nous arrêtons à un niveau quelconque cette capacité d'abstraire et que nous nous en contentons, nous copions les animaux dans nos processus nerveux, ce qui implique des *réactions sémantiques* animalistiques. Comme nous le verrons plus loin, c'est le cas de pratiquement chacun d'entre nous, en raison de notre éducation *A* (*Aristotélicienne*) et de nos théories *A* (*Aristotéliciennes*). Ce 'copiage des animaux' dans nos réactions nerveuses est peut-être une tendance naturelle à un niveau de développement extrêmement bas ; mais dès que nous comprenons le mécanisme physiologique, nous pouvons corriger notre éducation, avec les résultats sémantiques humains correspondants. Naturellement, pour les humains ainsi 'copier les animaux' s'avère forcément un processus d'arrêt du développement ou de régression. Cela ne peut être que pathologique pour la personne, quelle que soit la gravité ou la légèreté de l'affection. Divers absolutistes, et les malades 'mentaux' en général, montrent clairement ce mécanisme sémantique.

Les réactions peuvent être divisées en deux groupes : celles qui sont *innées*, presque automatiques, presque inconditionnelles, plutôt rares et simples, appartenant à ce que l'on appelle les 'espèces' ; et celles qui sont *acquises* au cours de la vie individuelle, qui permettent une grande variété de combinaisons, qui sont *conditionnelles à différents degrés* et qui sont acquises par l'individu. Pavlov propose différentes terminologies ; par exemple, il appelle les unes 'innées', les autres 'acquises' ou, comme on le traduit généralement de façon incorrecte en français (anglais), 'inconditionnés' et 'conditionnées' respectivement. Les deux derniers termes ont reçu une acceptation scientifique générale, mais je dirais que dans la traduction française (anglaise) incorrecte, ils sont *structurellement insatisfaisants* et que, en particulier, lorsqu'ils sont appliqués aux êtres humains, ils ont des implications néfastes. Structurellement, 'innées' et 'acquises' sont tout à fait satisfaisants. Des termes comme 'conditionnel' et 'inconditionnel' (dans le langage original de Pavlov), bien que moins satisfaisants, sont plus appropriés, car ils n'impliquent pas une sorte d'"absence de cause". En fait, les réactions salivaires 'inconditionnelles' *sont conditionnées* et produites par l'effet physico-chimique de la nourriture, et les qualifier d'"inconditionnelles" est donc structurellement erroné. Les termes 'conditionnel' et 'inconditionnel' n'ont pas les mêmes implications et en comportent d'autres, comme, par exemple, la possibilité des très importants *degrés de conditionnalité*, établissant le caractère ∞-valué des réactions ; signification conditionnelle non-absolue et non-mono-valuée.

Pour ces raisons structurelles, j'utiliserai les termes 'inné' et 'acquis' ou encore 'inconditionnel' et 'conditionnel'.

Dans des conditions naturelles, un animal, pour survivre, doit répondre non seulement à des stimuli normaux, qui lui apportent un dommage ou un bénéfice immédiat, mais aussi à différents stimuli physiques et chimiques, en eux-mêmes neutres, tels que des ondes sonores ou lumineuses, etc., qui sont des *signaux* pour les animaux et des *symboles* pour l'être humain. Le nombre de réactions innées est relativement faible et, à elles seules, elles ne suffisent pas à la survie des animaux supérieurs dans leur environnement plus complexe. Des expériences ont mis ce point en évidence. Un animal dont on a enlevé totalement le cortex peut conserver ses réactions innées et devenir une sorte de mécanisme automatique ; mais tous ses moyens d'adaptation plus subtils, dus à des réactions acquises, disparaissent, et s'il n'est pas aidé, il ne peut pas survivre. Ainsi, un chien dont on a enlevé le cortex ne mangera que lorsqu'on lui présentera de la nourriture dans la gueule, et il mourrait de faim même si de la nourriture était placée tout autour de lui.

Des preuves expérimentales semblent montrer que toutes les activités supérieures du système nerveux, l'ensemble de l'appareil de signalisation, qui sous-tend la formation et le maintien des réactions conditionnelles acquises, dépendent de l'intégrité du cortex. Les stimuli qui produisent des réactions conditionnelles agissent comme des signaux de bénéfice ou de danger. Ces signaux sont parfois nominalement 'simples', parfois très complexes, et la structure du système nerveux est telle qu'il peut abstraire, analyser et synthétiser les facteurs importants pour l'organisme et les intégrer dans des complexes excitateurs. Les fonctions d'analyse et de synthèse, comme d'habitude, se chevauchent et ne peuvent pas être nettement divisées, les deux fonctions n'étant que des aspects de la manifestation de l'activité du système nerveux comme-un-tout. En général, l'une des fonctions les plus importantes du cortex cérébral est de réagir à d'innombrables stimuli d'importance variable, qui agissent comme des signaux chez les animaux et comme des symboles chez les humains, et qui permettent une adaptation très subtile de l'organisme à l'environnement. En termes psycho-logiques, on parle de 'associations', 'sélection', 'intelligence', etc. ; en termes mathématiques, de relations, structure, ordre, etc. ; en termes psychophysiologiques, de réactions sémantiques.

Le langage des réactions est particulièrement intéressant car sa structure est similaire à celle du protoplasme en général et du système nerveux en particulier. Ce langage peut être élargi et complété par les observations structurelles suivantes que :

1) les réactions chez les animaux et les humains manifestent *différents degrés de conditionnalité* ;

2) les signaux et les symboles peuvent avoir des *ordres différents*, ce qui indique une superposition de stimuli ;

3) les animaux ne peuvent pas étendre indéfiniment leurs réponses à des signaux d'ordre supérieur ;

4) les humains ont la capacité d'étendre indéfiniment leurs réponses sémantiques à des symboles d'ordre supérieur et, en fait, ils l'ont fait par l'entremise du langage qui est toujours connecté à une *certaine* réponse, qu'il s'agisse seulement de répression ou d'autres manifestations névrotiques ou psychotiques.

La capacité d'étendre ci-dessus est structurellement fondamentale, car nous pouvons étendre le vocabulaire des réactions conditionnelles à l'humain dans toutes ses fonctions. Sans cela, nous nous retrouvons avec un vocabulaire dont la structure ne correspond pas aux faits élémentaires bien connus concernant les réponses *humaines* aux stimuli, et nous retombons dans l'ancien 'béhaviorisme', qui est structurellement insuffisant.

Le présent système est fondé sur de telles observations et de telles capacités d'étendre. Il a été élaboré indépendamment de considérations structurelles et physico-mathématiques. Grâce à cette capacité à étendre verbale structurelle, nous pouvons facilement nous convaincre que tout ce que nous appelons 'éducation', 'habitudes', 'apprentissage', etc., à tous les niveaux, est construit sur des *réactions* acquises ou conditionnelles et *sémantiques* de *différents ordres*, car l'une des différences entre 'l'être humain" et 'l'animal" consiste dans le fait que l'être humain a la capacité d'étendre son symbolisme et ses réponses à des ordres indéfiniment élevés, alors que chez l'animal ce pouvoir d'abstraire et de réponse *s'arrête quelque part*. Nous établissons ici une distinction catégorique entre les abstractions élevées que représentent 'être humain' et 'animal' et construisons ainsi un langage psychophysiologique et structurellement satisfaisant.

Il est évident que le moyen fondamental dont dispose l'être humain pour étendre indéfiniment ses ordres d'abstractions est conditionné et consiste en général dans le symbolisme et, en particulier, dans la *parole*. Les mots, considérés comme des symboles pour les humains, nous fournissent des stimuli sémantiques conditionnels flexibles à l'infini, qui sont tout aussi 'réels' et efficaces pour l'être humain que n'importe quel autre stimulus puissant.

Prenons l'exemple de la première Guerre Mondiale ! Les hommes des tranchées auraient-ils supporté toutes les horreurs qu'ils ont dû vivre sans les mots, et, neurologiquement parlant, sans les *réactions sémantiques* conditionnelles connectées aux mots?

'Si quelqu'un se demande pourquoi nous sommes morts,

Dis-leur, parce que nos pères ont menti'.

a dit le poète (NdT : Rudyard Kipling) en toute sincérité, et l'expérience montre qu'elle ne se limite pas aux tranchées.[2]

En interprétant les expériences sur les animaux pour les extrapoler aux humains, il faut se rappeler que certaines des expériences de Pavlov, telles qu'elles *se présentent*, seraient pour le moins *névrotiques* pour l'être humain. La raison en est que les abstractions supérieures de l'être humain, qui sont dues aux complexités plus développées de son système nerveux, rendraient souvent impossibles des expériences aussi simples. Une fois qu'une réaction conditionnelle est établie avec un animal, aucune persuasion 'intellectuelle' ou autre ne peut perturber ses sécrétions glandulaires, car la gamme des 'significations' de l'animal est très limitée. Ces sécrétions peuvent être diminuées ou même supprimées par d'autres moyens, mais pas uniquement par des moyens 'intellectuels'. Chez la personne 'normale', le fait de 'savoir' que le son du métronome ou de la cloche fait partie d'une expérience et n'est pas un signal pour de la vraie nourriture, modifierait, *ou devrait* modifier, ses réactions nerveuses et ses sécrétions glandulaires et rendrait les expériences beaucoup plus complexes. Les réactions conditionnelles des animaux ont encore un *élément d'inconditionnalité*. Chez l'être humain, elles peuvent devenir *totalement conditionnelles* et dépendre d'un nombre beaucoup plus important de facteurs sémantiques appelés 'mentaux', 'psychiques', etc., que chez n'importe quel animal.

Au niveau humain, en dehors des expériences avec les glandes salivaires, nous avons dans la réaction psychogalvanique un moyen sémantique très subtil d'expérimenter l'effet des mots en relation avec certaines sécrétions, probablement au moins les glandes sudoripares. Les êtres humains réagissent à différents événements ou mots par de minuscules courants électriques (entre autres) qui peuvent être enregistrés par un galvanomètre très sensible et les courbes photographiées. Il est intéressant de noter que ce que l'on appelle la 'conscience de soi' perturbe la réussite des expériences, voire les rend impossibles, *du moins chez certains individus*. Il convient de rappeler que les déclarations générales sont invalidées s'il existe des exceptions.

Dans les expériences, nous nous intéressons généralement à leur succès. Lorsque nous analysons les *degrés de conditionnalité* ∞-*valués*, nous nous intéressons également à leurs échecs, ce qui suggère une révision profonde de l'*interprétation* de nos données expérimentales dans ce domaine. Bien que certains auteurs déclarent que les réactions enregistrées sont 'incontrôlables' (inconditionnelles), cette déclaration, en général, n'est pas correcte et devrait être modifiée en '*souvent* incontrôlables' (conditionnelles à différents degrés). Il est impossible d'entrer dans les détails ici, car les problèmes sont extrêmement complexes. En outre, le test des *degrés de conditionnalité* présente un *nouveau champ sémantique* d'expérimentation extrêmement vaste qui n'a pas encore été tenté. Il convient toutefois de noter en passant que, dans ces expériences, différents types de malades 'mentaux', ainsi que des personnes 'saines', présentent différents types de courbes.[3]

Quand il s'agit d'interpréter des événements psycho-logiques ou des *réactions sémantiques*, les difficultés deviennent particulièrement aiguës. Ainsi, nous faisons rarement la distinction entre la personne moyenne et la personne 'normale'. Dans le *monde animal*, dans des conditions naturelles - c'est-à-dire sans aucune intervention humaine - les conditions de survie sont *deux-valuées* et très catégoriques. Les animaux survivent ou meurent. Pour cette raison, on pourrait dire, en ce qui concerne le monde animal, avec une certaine plausibilité, que la moyenne, avec une longue liste de spécifications, pourrait être considérée comme l'animal 'normal'. On élargit généralement cette notion à l'être humain et on tombe dans le faux, notamment dans les problèmes dits 'psychologiques' qui, il est vrai, sont très difficiles.

En science médicale générale, de telles erreurs sont plus rares. Aucun médecin, étudiant une colonie de lépreux ou de syphilitiques, ne pourrait conclure qu'une personne 'normale' devrait être lépreuse ou syphilitique. Il dirait que, probablement, dans une colonie donnée, la personne moyenne est atteinte de telle ou telle maladie, et il garderait comme norme médicale pour la santé souhaitable, une personne 'normale', c'est-à-dire une personne qui n'est pas atteinte de cette maladie.

Il est vrai que dans l'exemple donné ci-dessus, en dehors de ces rares colonies, nous avons une majorité qui, en ce qui concerne la maladie donnée, est en bonne santé ; nous sommes donc empiriquement prévenus contre les erreurs, bien que les théories de la connaissance existantes ne nous préviennent pas. Mais l'essentiel reste vrai, à savoir que dans la vie humaine, la moyenne ne signifie pas 'normal', et que la norme pour 'normal' devra être établie *exclusivement* par la recherche scientifique. Dans notre présent travail, nous montrons que la personne moyenne copie les animaux dans ses processus psycho-logiques et nerveux, présente l'inconditionnalité des réponses nerveuses, confond les ordres d'abstractions, inverse l'ordre naturel, etc., symptômes sémantiques de structure similaire à ceux observés chez les personnes manifestement malades 'mentales'. C'est la raison pour laquelle, la personne moyenne 1933 *doit être considérée comme pathologique*. Si nous prenons la moyenne animalistique pour 'normale' et l'appliquons à l'être humain, nous commettons une erreur similaire à celle qui consiste à traiter une colonie de lépreux comme un groupe 'normal' ou 'en bonne santé'.

Dans les *réactions sémantiques* conditionnelles de l'être humain, l'individu moyen cultive, par héritage et par son éducation aux *doctrines-A* (*Aristotéliciennes*), aux langages de structure inappropriée, etc., des *réactions sémantiques* animalistiques, nerveuses et donc psycho-logiques. Mais ici, comme en médecine générale, la situation pathologique moyenne ne doit pas être considérée comme 'normale'. Seule une étude structurelle peut révéler ce qui, chez l'être humain, doit être considéré comme 'normal'. Le présent système remplit cette tâche dans une certaine mesure et de diverses manières, notamment en révisant et en élargissant le vocabulaire des réactions à une conditionnalité structurelle plus large, telle qu'on la trouve chez l'être humain 'normal', encore exceptionnel, et en introduisant la notion importante de *réactions sémantiques non-élémentalistiques*.

À cause de cette erreur de la 'moyenne pour la normale', les théories des 'réflexes conditionnels' chez l'être humain devraient être révisées en profondeur et élargies pour inclure des *réactions sémantiques non-élémentalistiques* ; nous devrions alors découvrir que ce qui est souvent 'normal' chez les animaux est tout à fait pathologique chez l'être humain. Les difficultés sémantiques sont sérieuses, car la structure deux-valuée acceptée du langage et les habitudes sémantiques reflètent les mythologies primitives ; il y a donc toujours le danger de dériver soit vers l'animalisme, soit vers une autre sorte de mysticisme tout aussi primitif.

Le résultat psycho-logique net d'une telle révision semble être que, sur des bases structurelles, ce qui, au niveau humain, apparaît comme souhaitable et, actuellement, exceptionnel - comme, par exemple, la conditionnalité complète des *réactions* conditionnelles et *sémantiques*, fondée sur la conscience d'abstraire - doit être considéré comme la règle pour une personne 'normale'. C'est alors que les anciennes généralisations animalistiques deviendront caduques et que les réactions seront transformées. Mais pour cela, et pour pouvoir appliquer ces considérations dans la pratique, nous devrons analyser la "conscience d'abstraire" et, par conséquent, la 'conscience' qui doit être définie en termes plus simples, comme nous le verrons dans la Partie VII.

Quand nous avons affaire à des malades 'mentaux', les réactions qui seraient conditionnelles chez les personnes 'normales' deviennent, dans un sens, inconditionnelles, obligatoires et semi-automatiques, aussi bien intérieurement qu'extérieurement. Comme pour les animaux, aucune persuasion 'intellectuelle' n'a d'effet sur eux, et les réactions, sécrétions, etc., suivent automatiquement. Du point de vue physiologique, les maux 'mentaux' de l'être humain se comparent bien aux *réactions conditionnelles des animaux*. Il semble que, dans ces conditions, un langage physiologique composé de différents ordres d'abstractions, de différents ordres de *réactions* conditionnelles et *sémantiques* serait structurellement satisfaisant. Dans un tel langage, nous devrions passer des réactions innées, qui présentent le maximum de persistance, d'inconditionnalité et de caractère presque automatique, aux réactions acquises ou conditionnelles *chez les animaux*, qui seraient appelées *réactions conditionnelles d'ordre inférieur*, toujours, dans une certaine mesure, automatiques dans leur fonctionnement, et, enfin, aux *réactions* beaucoup plus flexibles, variables, ∞-valuées et *potentiellement entièrement conditionnelles chez l'être humain*, que nous appellerons *réactions conditionnelles d'ordre supérieur*, qui comprennent les *réactions sémantiques*.

Dans un tel vocabulaire, le terme principal de 'réaction' serait conservé en tant qu'implication structurelle, mais les *degrés de conditionnalité* seraient établis par les termes de réactions conditionnelles "d'ordre inférieur" ou "d'ordre supérieur". Un tel langage aurait l'énorme avantage d'être physiologique et ∞-valué. Sur le plan structurel, il serait conforme à ce que nous savons de la psychiatrie, à savoir que les malades 'mentaux' présentent un arrêt du développement ou des tendances régressives.

Nous dirions que les maladies 'mentales' ne présentent pas seulement un arrêt du développement ou une régression, mais nous pourrions affirmer avec certitude que les réactions *entièrement conditionnelles* (∞-valuées) d'ordre supérieur ne se sont pas suffisamment développées ou ont dégénéré (régression) en réactions *moins conditionnelles* (peu-valuées) d'ordre inférieur, comme c'est le cas chez les animaux. Toutes les 'phobies', 'paniques', 'actions compulsives', identifications ou confusions d'ordres d'abstractions, etc., montrent un mécanisme sémantique similaire de mauvaise évaluation. Bien qu'elles appartiennent naturellement à ce que l'on appelle les 'réactions conditionnelles', elles ont le caractère mono-valué de l'*inconditionnalité*, comme chez les animaux, parce qu'elles sont imperméables à la raison.

Il en va de façon similaire pour la différence entre les signaux et les symboles. Chez l'animal, le signal est *moins* conditionnel, plus mono-valué, 'absolu', et implique l'animal dans les réactions que nous avons appelées réactions conditionnelles d'ordre inférieur. Chez la *personne normalement développée* (voir la notion de 'normal' ci-dessus), les symboles sont, ou devraient être, ∞-valués, indéfiniment conditionnels, non-automatiques ; les *significations* et, par conséquent, la situation comme-un-tout, ou le contexte dans un cas donné, deviennent primordiaux, et les réactions devraient être pleinement conditionnelles, c'est-à-dire des réactions d'ordre supérieur. Dans la régression ou le sous-développement de l'être humain, les symboles humains ont dégénéré jusqu'à la valeur de signaux efficaces avec les animaux, la principale différence étant le *degré* de conditionnalité. L'absolutisme, en tant que tendance sémantique chez l'être humain, implique, par nécessité, des attitudes mono- ou quelques-valuées, l'absence de conditionnalité, et représente donc une tendance préhumaine.

La mesure dans laquelle le langage des *degrés de conditionnalité* est utile pour comprendre le développement de l'"intelligence" humaine et la raison pour laquelle un 'esprit' *humain* pleinement développé devrait être relié à des réactions *entièrement conditionnelles* d'ordre supérieur, peuvent être bien illustrées par un exemple pris assez bas dans l'échelle de la vie.

Cet exemple est choisi uniquement parce qu'il est simple et qu'il illustre très clairement un principe important. Nous savons que les poissons ont un système nerveux bien développé, qu'ils ne possèdent pas de cortex cérébral différencié, mais des expériences montrent qu'ils peuvent apprendre par l'expérience. Si nous prenons un brochet (ou une perche) et que nous le plaçons dans un aquarium dans lequel des vairons, sa nourriture naturelle, sont séparés de lui par une cloison en verre, le brochet s'élancera à plusieurs reprises contre la cloison en verre pour capturer les vairons. Après un certain nombre de ce genre de gamelles, il abandonne sa tentative. Si nous enlevons ensuite la cloison, le brochet et les vairons nageront librement ensemble et le brochet n'essaiera pas de capturer les vairons.[4]

S'élancer pour capturer les vairons était une réaction positive et inconditionnelle, une réaction alimentaire innée, inadaptée aux conditions environnementales telles qu'elles se présentaient à ce moment-là. Le choc (peut-être) douloureux de la vitre était un stimulus négatif, qui a aboli la réaction positive - pour parler de manière descriptive - et établi une réaction conditionnelle négative, résultat de l'expérience individuelle, qui, comme nous l'observons par les actions des poissons, n'est pas flexible, pas ajustable, et plutôt rigide, mono-valuée et semi-inconditionnelle, ou d'un faible degré de conditionnalité, car, lorsque la cloison de verre est enlevée, le brochet nage librement parmi les vairons sans s'adapter aux nouvelles conditions et sans capturer les vairons.

Un chat séparé d'une souris par une cloison en verre cesse également de s'élancer contre la vitre, mais cette réaction négative est *plus conditionnelle*. En termes 'psychologiques', le chat est 'plus intelligent', *évalue* mieux les *relations* que ne le fait le poisson, et lorsque la cloison de verre est enlevée, le chat capture la souris presque immédiatement.

En connexion avec cela, une expérience intéressante pourrait être réalisée, bien que je ne sache pas qu'elle l'ait été : il s'agirait de séparer les poissons susmentionnés à l'aide d'un grillage, qui serait *visible* pour les poissons, et de répéter les expériences pour vérifier si la suppression d'un obstacle *visible* modifierait le résultat de l'expérience ou le 'temps' des réactions. Si le 'temps' de capture des vairons était réduit, cela signifierait que la conditionnalité de la réaction a été augmentée, et donc que la vue de l'obstacle, ou le pouvoir d'abstraction accru, jouerait un rôle dans cette réaction. Même les humains sont trompés par les Houdinis (NdT : Harry Houdini (1874-1926) très célèbre illusionniste). Sommes-nous si 'supérieurs' aux 'pauvres poissons'?

Ces problèmes de degrés de conditionnalité peuvent également être étudiés dans la vie des insectes, et les travaux du professeur Wm. M. Wheeler, par exemple, fournissent un matériel très instructif, que nous n'avons pas la place d'analyser ici.[5]

Dans le processus d'évolution humaine qui a vu passer l'être humain de l'état sauvage le plus bas à l'état civilisé le plus élevé, il est naturel que nous passions par une période au cours de laquelle les doctrines et les langages primitifs doivent être révisés. Les plus récents accomplissements scientifiques indiquent que le vingtième siècle pourrait être une telle période. Même en mathématiques et en physique, pour ne rien dire des autres disciplines, on a abandonné l'ancien élémentalisme et la sémantique deux-valuée. Évidemment, la conscience d'abstraire produit une *conditionnalité complète* dans nos réactions conditionnelles d'ordre supérieur, et qu'elle doit donc être la base sur laquelle une science de l'être humain, ou une théorie de la sanité et du progrès humain, doit être construite.

L'extension proposée du vocabulaire de la réaction nous permettrait au moins d'appliquer un langage physiologique uniforme à la vie, *y compris à l'être humain*. Nous devrions disposer d'un langage général pour la vie et toutes les activités, y compris 'esprit', d'une structure similaire à la structure protoplasmique et nerveuse connue, à l'exception des activités les plus élevées. Les maladies 'mentales' seraient considérées comme un arrêt du développement ou une régression à des niveaux sémantiques à une ou quelques-valués ; la sanité serait dans l'autre sens, à savoir une progression conditionnée par une flexibilité de plus en plus grande des réactions conditionnelles et sémantiques d'ordre supérieur, qui, grâce à la sémantique ∞-valuée, aiderait à s'adapter aux conditions sociales et économiques les plus complexes pour l'être humain. Le maximum de conditionnalité serait atteint, répétons-le, par la conscience d'abstraire, qui est fondamentale pour la sanité, et qui est l'objet principal du présent travail, expliqué dans la Partie VII.

Il semble que l'ensemble des réactions innées, presque inconditionnelles, et acquises ou conditionnelles, de différents ordres et types, constitue le fondement des activités nerveuses de l'humain et de l'animal. Le mécanisme n'est pas additif. Un petit morceau de cortex 'ajouté' entraîne les différences de comportement les plus importantes dans la vie ; en fait, le nombre de possibilités suit probablement les combinaisons d'ordre supérieur.

Les combinaisons d'ordre supérieur sont construites à partir de groupes qui sont eux-mêmes des groupes. Ainsi, sur les vingt-six lettres de l'alphabet français (anglais), il existe probablement des milliards de combinaisons de lettres prononçables. Les phrases sont des groupes de mots qui sont des groupes de lettres, et leur nombre dépasse donc énormément les milliards initiaux. Les livres sont des combinaisons de phrases et, enfin, les bibliothèques sont des combinaisons de livres. Une bibliothèque est donc une combinaison de cinquième ordre, et le nombre de bibliothèques différentes possibles est inconcevablement élevé. En règle générale, nous accordons peu d'attention aux combinaisons d'ordre supérieur, négligeant le fait que même les matériaux et leur variété possible possèdent une structure de ce type.

Pour donner une idée intuitive de la façon dont les combinaisons d'ordre supérieur augmentent, permettez-moi de citer Jevons sur le cas le plus simple, en commençant par 2 : 'à la première étape, nous avons 2 ; à la suivante, 2 puissance 2, 2^2, soit 4 ; à la troisième, 2 puissance 4, 2^{2^2}, soit 16, des nombres d'une quantité très modérée. Que le lecteur calcule le terme suivant, 2 puissance 16; $2^{2^{2^2}}$,, et il sera surpris de constater qu'il s'élève à 65536. Mais à l'étape suivante, il doit calculer la valeur de 2 puissance 65536, et elle est si grande qu'il est impossible de la calculer, la simple expression du résultat nécessitant 19729 chiffres. Mais si l'on fait un pas de plus, on dépasse les limites de la raison. Le sixième ordre des puissances de *deux* devient si grand que nous ne pourrions même pas exprimer le nombre de chiffres nécessaires pour l'écrire, sans utiliser environ 19729 chiffres à cette fin.[6]

Dans la vraie vie, le nombre de possibilités de combinaisons d'ordre supérieur est limité par les conditions structurelles et environnementales ; néanmoins, le nombre de possibilités qui suivent une telle règle augmente étonnamment vite.

CHAPITRE XXII

SUR L'"INHIBITION"

    ... La phrase 'les lésions destructrices ne provoquent jamais d'effets positifs, mais induisent un état négatif qui permet l'apparition de symptômes positifs' est devenue l'une des marques de fabrique de la neurologie anglaise. (212)

H. HEAD

    L'excitation plutôt que l'inhibition est importante dans la corrélation car, d'après ce qui a été dit, il semble que, pour autant que l'on sache, l'inhibition n'est pas transmise en tant que telle. L'existence d'une corrélation nerveuse inhibitrice est bien sûr un fait connu, mais dans de tels cas, l'effet inhibiteur est apparemment produit, non pas par la transmission d'un changement inhibiteur, mais par la transmission d'une excitation et le mécanisme de l'effet inhibiteur final est encore obscur. (92)

CHARLES M. CHILD

    Mais comme l'inhibition n'est pas une condition statique mais un mode d'action, le mécanisme du schéma global doit être considéré comme participant à chaque réflexe local. (107)

G. E. COGHILL

    Il est fort probable que l'excitation et l'inhibition, les deux fonctions de la cellule nerveuse qui sont si intimement mêlées et qui se supplantent si constamment, ne représentent, au fond, que des phases différentes d'un seul et même processus physico-chimique. (394)

I. P. PAVLOV

Le terme 'réflexe inconditionnel' ne s'applique que dans des conditions 'normales' ou 'naturelles', car nous savons que différents médicaments, tels que l'éther, qui modifient la conductivité du tissu nerveux, etc., peuvent également modifier son excitabilité. De même, dans le cas des réactions conditionnelles, l'introduction de *degrés* de conditionnalité devient un raffinement structural ∞-valué important du langage, dépendant de, et introduisant explicitement ou implicitement, le nombre de facteurs, les degrés de liberté, etc., qui sont observés empiriquement et qui devraient donc avoir un parallèle linguistique et sémantique.

Si nous ne tenons pas compte, par exemple, de la possibilité de l'utilisation d'un médicament, les réactions '*in*conditionnelles' sont alors largement *in*conditionnelles. Les 'réflexes conditionnels' des animaux sont une forme beaucoup plus subtile d'adaptation à un nombre beaucoup plus grand de facteurs, et si nous les appelons 'conditionnels d'ordre inférieur', nous couvrons structurellement leur conditionnalité limitée, qui est considérable chez les animaux supérieurs. Par exemple, une mouche dans le laboratoire peut perturber les réactions, mais une interférence purement 'intellectuelle' serait inefficace. Enfin, les 'réactions conditionnelles d'ordre supérieur' chez l'être humain impliquent encore plus de facteurs, introduisent des complexités nouvelles et plus nombreuses, et exigent que les réactions humaines soient *pleinement conditionnelles*, ce qui nécessite une sémantique ∞-valuée. À l'heure actuelle, il s'agit d'un cas exceptionnel, bien que la potentialité d'une telle conditionnalité *pleine* soit présente chez la majorité d'entre nous.

Le mécanisme de la réaction inconditionnelle est, dans des circonstances ordinaires, presque automatique. Il est déployé sur la base de caractéristiques protoplasmiques générales, associées à la polarité structurelle, à la symétrie, etc., et n'est pas suffisamment efficace pour la survie des organismes supérieurs.

Dans des conditions plus complexes, l'ajustement pour la survie doit être plus souple : une stimulation directe similaire doit, dans des conditions différentes, entraîner des réactions différentes, ou des stimuli différents, dans d'autres conditions, produire des réactions similaires, ce qui aboutit, en fin de compte, non seulement à répondre directement aux stimuli, mais aussi à différer, tout aussi important, la réaction, voire à la supprimer. Supposons que la réponse directe d'un chat à une souris soit de la griffer et de la mordiller. Si ce chat se contente de griffer et de mâcher lorsque la souris est à une certaine distance, je crains qu'il ne meure rapidement de faim, car une réaction aussi immédiate ne serait pas une réaction de survie, et cette caractéristique ne pourrait pas devenir héréditaire. Les chats qui ont survécu et ont perpétué leurs caractéristiques sont, en règle générale, différents. Lorsqu'ils voient, entendent ou sentent la souris à une certaine distance, ils s'aplatissent, restent immobiles, s'accroupissent, etc., et se préparent, jusqu'à ce qu'ils soient dans une position telle qu'un saut leur permettra d'attraper la victime, et pas seulement de l'effrayer.

Nous voyons que, dans des conditions plus complexes, le mécanisme nerveux doit produire non seulement des réponses directes aux stimuli, mais aussi des temps de latence tout aussi importants et des abolitions temporelles ou permanentes de ces réponses directes aux stimuli.

Jusqu'à présent, nous avons analysé les réactions les plus simples à caractère positif dans lesquelles un stimulus produit une réponse directe et évidente ; par exemple, la présentation de la nourriture ou la sonnerie de la cloche entraînent une excitation du système nerveux et la sécrétion des glandes salivaires. Nous connaissons cependant un autre type d'activité nerveuse fondamentale d'égale importance. Par exemple, lors de l'expérimentation des réactions positives, nous devons veiller à ne pas introduire de stimuli supplémentaires, car tout nouveau stimulus excite immédiatement une réaction d'investigation, et la réaction conditionnelle alimentaire est temporairement abolie. D'après notre expérience personnelle, nous connaissons un grand nombre de stimuli qui ont un effet gênant sur notre respiration, notre circulation, notre locomotion, etc., que nous décrivons comme 'paralysés par la peur', 'muets de rage', 'frappés de mutisme', 'stupéfiés par la douleur', etc. La diminution, la déviation ou l'absence d'une fonction ou d'une réponse au niveau nerveux est généralement appelée 'inhibition'.

Le terme 'inhibition' est structurellement un terme psycho-logique profondément insatisfaisant et trompeur, et devrait être *complètement* abandonné en physiologie et en neurologie, bien qu'il puisse être conservé en psycho-logique et en psychiatrie. Ce terme est d'usage courant, et la suggestion d'abandonner un terme d'usage courant est toujours difficile à accepter. Il convient donc de l'analyser en détail. Dans ce cas, il importe peu que la suggestion positive d'un ou de plusieurs nouveaux termes soit structurellement acceptable ; l'analyse du terme 'inhibition' montre clairement qu'il a des implications fausses quant aux faits et qu'il devrait donc être rejeté en neurologie dans tous les cas.

Ce terme est un mot favori dans la littérature ecclésiastique et juridique, et signifie principalement interdire, prohiber, entraver, restreindre. C'est un terme psycho-logique ; il implique des notions anthropomorphiques de 'libre arbitre' et d'"autorité" parfaitement impropres à l'usage *neurologique*. Il n'est pas exagéré de dire que les implications structurelles de ce terme sous-tendent les anciennes tendances animalistiques prohibitives et punitives en matière d'éducation, de droit et d'ecclésiastique, qui, en 1933, sont connues pour être non seulement inopérantes dans un sens plus large, mais positivement nuisibles. Sur le plan humain, ce mot est peut-être responsable du fait que tant de nos méthodes éducatives et sociales sont incertaines et souvent nuisibles. L'éducation est un processus de construction de *réactions* conditionnelles et *sémantiques* de différents ordres. Si les termes *neurologiques* qui traitent des réactions conditionnelles sont structurellement insatisfaisants, nos spéculations qui sont poursuivies dans ces termes véhiculent forcément ces fausses implications. Lorsque les résultats empiriques sont insatisfaisants, comme ils ne peuvent que l'être, en raison de la mauvaise structure des arguments, et qu'un examen minutieux de notre argumentation montre qu'ils suivent correctement les implications structurelles du langage utilisé, nous rejetons généralement la faute sur la 'nature humaine', ce qui est en fait une excuse bien inintelligente.

Les implications du terme 'inhibition' deviennent un guide pour notre conduite ; nous réprimons et, en conséquence, nous engendrons la non-sanité et l'inadaptation. Au niveau animal, la 'répression' peut fonctionner, mais au niveau humain, nous avons besoin d'un mécanisme régulateur plus subtil, conforme à la structure du système nerveux *humain*, et nous le trouvons dans la conditionnalité plus complète des réactions, fondée sur la conscience d'abstraire et impliquant, bien sûr, des composantes affectives, des facteurs sémantiques d'évaluation qui régulent les impulsions humaines sans la répression animalistique. Chez les humains, les pulsions 'inhibées', refoulées, *restent souvent des facteurs internes excitatoires* ; elles ne sont pas éliminées par quelque hocus-pocus 'surnaturel', mais restent des actives, parfois très actives, sources sémantiques d'excitation interne, entraînant des conflits qui ont généralement des résultats pathologiques.

On nous dit généralement que l'"inhibition" joue un rôle important dans les réactions conditionnelles. Avec l'introduction des *degrés* de conditionnalité, l'importance de la possibilité de modifier, de retarder ou d'abolir une réponse immédiate devient beaucoup plus grande. En effet, il apparaît que cette possibilité d'influencer les réponses est un facteur important dans le mécanisme de conditionnalité des ordres inférieurs, mais devient le *facteur principal* dans l'établissement des *degrés* de conditionnalité des ordres supérieurs. À l'évidence, les réactions deviennent très labiles et l'adaptation aux conditions très subtile, ce qui permet à l'organisme de survivre dans les conditions les plus complexes, telles qu'on les trouve dans la vie hautement 'civilisée'.

Ce mécanisme est responsable non seulement de l'intelligence humaine, mais aussi de tout ce qui est constructif dans ce qu'on appelle une 'civilisation'. Inversement, pour survivre dans une civilisation aussi complexe, il faut posséder ces réactions *pleinement* conditionnelles. À ce stade, il suffit de mentionner que dans les organismes inférieurs à l'être humain, l'"inhibition", qui sous-tend le mécanisme de conditionnalité des réactions, joue un rôle biologique et de survie très important, tandis qu'au niveau humain, elle est le fondement sur lequel toutes les *réactions sémantiques*, l'"intelligence" et les caractéristiques humaines souhaitables sont construites. La présente théorie introduit des méthodes qui rendent possible l'application des considérations ci-dessus dans la vie quotidienne.

Toute analyse possible dépend non seulement des définitions des termes, mais aussi des *termes non-définis* qui, en dehors des mathématiques, ont rarement, voire jamais, été étudiés, ce qui rend inconscientes les hypothèses structurelles qu'ils introduisent. Dans les définitions, nous posons aussi généralement une structure, même si nous nous en rendons rarement compte. Quand nous abordons l'aspect expérimental de la science, qui est la recherche de structure empirique, les implications véhiculées consciemment ou inconsciemment dans les termes définis et non-définis jouent un rôle très important et orientent, dans une large mesure, etc., nos efforts et notre ingéniosité. C'est pourquoi nous avons encore si peu de scientifiques véritablement créatifs, bien que depuis le monde psycho-logique et sémantique libérateur d'Einstein, le nombre de physiciens créatifs de la jeune génération ait augmenté de manière surprenante. Pourtant, la majorité des scientifiques ne se rendent pas compte à quel point les termes qu'ils utilisent influencent leurs *réactions sémantiques* et à quel point être conscients du rôle que joue la structure du langage leur apporterait une aide et une liberté créative considérables.

En se rendant compte de cela, avant de commencer l'analyse constructive d'un terme aussi important que celui d'"inhibition", nous devons énoncer clairement les présupposés biologiques généraux qui sous-tendent une telle analyse.

Le présent ouvrage est un système-$\bar{A}$, structurellement très différent des systèmes plus anciens. Ce système-$\bar{A}$ tente de construire un système verbal de structure similaire aux structures empiriques, telles qu'elles sont données par la science 1933. Les systèmes plus anciens avaient également une structure similaire à la connaissance très limitée de la structure empirique qu'avaient nos ancêtres primitifs. D'où l'animisme, l'anthropomorphisme, le 'psychologisme' et le reste, et la persistance de caractéristiques structurelles dans la science telles que l'"inhibition" en neurologie, la 'force' et la 'chaleur' en physique, etc.

Selon les normes scientifiques de 1933, il n'existe, à ma connaissance, qu'un seul système biologique que l'on peut qualifier de moderne, et c'est la biologie $\bar{A}$ du professeur C. M. Child (voir Chapitre VIII). Il est donc nécessaire d'accepter ce système, ainsi que la neurologie du professeur Herrick, qui est fondée sur cette biologie.

En général, les neurologues nous disent que les aspects structurels de l'"inhibition" sont inconnus. C'est vrai dans une large mesure, même s'il est évident qu'un terme '*psychologique*' ne peut éclairer sa structure physiologique. Pour entrevoir ce mécanisme, il faut commencer assez bas notre analyse dans l'échelle de la vie et voir quelles sont les caractéristiques les plus générales du protoplasme.

Tout protoplasme est excitable. Dans tout morceau indifférencié de protoplasme, une excitation doit (1933) se propager selon un gradient décroissant, établissant, par nécessité, une région d'excitation maximale en contact avec le stimulus, ce qui entraîne une orientation polaire, avec une future tête de réseau éventuelle, et établit un gradient physiologique, bien avant l'apparition de tout tissu différencié. Le système nerveux est une excroissance tardive d'un tel champ dynamique orienté, et ses caractéristiques morphologiques et physiologiques primaires sont, dans une certaine mesure, prédéterminées, étant, entre-temps, un phénomène conjoint des caractéristiques inhérentes au protoplasme, de son excitabilité, de sa conductivité et autres, et de sa réaction à l'environnement. Le gradient physiologique est donc l'arc de réaction primaire le plus simple et le plus général chez un individu donné et constitue la base physiologique du développement structurel et fonctionnel de tous les autres arcs.[1]

Les amibes sont de petits animaux aquatiques primitifs à symétrie à peu près sphérique qui n'ont aucun organe différencié. Pourtant, elles présentent des réactions assez complexes et diverses activités adaptatives que l'on retrouve chez les animaux supérieurs. Les amibes peuvent poursuivre leur victime, montrer une préférence pour les stimuli et s'éloigner de la piqûre d'une épingle, sélectionner leur nourriture, etc. Ce fait montre que le protoplasme, si peu différencié et, du point de vue organique, indifférencié, présente des caractéristiques musculaires et neurales. Ce fait est fondamental. Il montre que dans les colloïdes qui s'avèrent être sensibles et qui possèdent un type particulier de conductivité qui, d'un point de vue physico-chimique, n'est qu'un aspect particulier d'un mécanisme, se trouve déjà présente la potentialité d'un développement ultérieur. Les gradients physiologiques du professeur Child, précurseurs structurels du système nerveux, sont une nécessité, en raison des potentialités dynamiques du plénum et de la relation nécessaire avec l'environnement, car il n'y a rien sans environnement. Le stimulus, quant à lui, établit structurellement une polarité fonctionnelle en tant que caractéristique fondamentale de tout protoplasme, même le plus primitif, et en tant que résultat du contact des structures colloïdales sensibles et conductrices avec les environnements.[2]

Chez les éponges, qui ont un tissu musculaire primitif mais pas de système nerveux, le tissu musculaire présente également les deux caractéristiques, combinant des fonctions réceptives et motrices, montrant que dès le départ les muscles supposés sont, en réalité, des organes neuromoteurs.[3] Les actiniens n'ont pas de système nerveux central. À l'aide d'une incision, on peut produire chez elles des excroissances supplémentaires spéciales de tentacules tantôt avec bouche, tantôt sans bouche. Si, dans ce dernier cas, nous plaçons un morceau de nourriture dans les tentacules, ceux-ci se courberont vers l'endroit où devrait se trouver la bouche. Si nous coupons un tel tentacule du corps, nous constatons toujours qu'au contact de la nourriture, il se plie dans la même direction. Il s'agit ici non seulement d'une structure dynamique submicroscopique, mais aussi d'une structure macroscopique, où l'excitabilité et la structure des organes périphériques déterminent la réaction.[4]

Quand nous expérimentons avec des animaux ayant un système nerveux plus développé, comme les ascidies ou les vers, nous arrivons à des faits nouveaux et très instructifs. Loeb a enlevé le ganglion d'un certain nombre de *Ciona intestinalis*, une grande ascidie transparente, qui normalement, lorsqu'on la touche à l'ouverture orale ou aborale, ferme les ouvertures, et l'animal entier se contracte en une petite boule. Il semble que quelques heures après l'opération mentionnée, ils se détendent. Si une goutte d'eau tombe sur un tel animal, la réaction caractéristique apparaît à nouveau, ce qui montre que la réaction n'est pas due au ganglion mais qu'elle est déterminée par la structure et la disposition des parties périphériques et des muscles. Les nerfs et le ganglion ne jouent qu'un rôle principal de conducteur plus rapide pour le stimulus.

Même chez les animaux supérieurs, nous trouvons des vestiges de ces mécanismes primitifs généralisés. Par exemple, Loeb, lors de ses expériences de prélèvement de cerveau sur des requins, a constaté que, même après la mort et alors que les signes de décomposition avaient déjà commencé, la lumière produisait une contraction des pupilles.[5]

Chez un ver décapité, pratiquement toutes les réactions normales sont conservées. Si l'on coupe le système nerveux d'un ver en deux, les deux parties du ver bougent de manière coordonnée tant qu'elles sont reliées par un petit bout de tissu. Les expériences ont été poussées plus loin : un ver a été complètement coupé en deux, les deux moitiés ont été connectées par une ficelle et elles ont continué à se déplacer de manière coordonnée, ce qui montre une fois de plus qu'à l'origine, le système nerveux était une spécialisation des caractéristiques protoplasmiques générales d'excitabilité, de conductivité et de structure, dont on sait aujourd'hui qu'elles sont strictement liées entre elles.[6] La structure multiordinale est l'explication de ce comportement. On pourrait citer un grand nombre d'exemples similaires, qui appuieraient tous le point de vue bien établi ci-dessus.

Parmi les caractéristiques protoplasmiques générales, nous ne trouvons pas d'"inhibition", mais seulement de l'excitation positive et de la conductivité. Cette question est fondamentale et doit servir de base à une analyse plus approfondie.

Si une amibe errante arrive à un endroit éclairé, l'animal ne restera pas dans cette région. Il s'agit apparemment d'un fait nouveau, et nous devons *sélectionner* le langage que nous voulons utiliser à cet égard. Si nous suivons l'ancien animisme et l'anthropomorphisme, nous pourrions dire que l'animal 'sait', etc., ou qu'un 'démon' l'a prévenu, ou, avec la même justification, dire qu'il s'agit d'un exemple d'"inhibition interne" ou d'"interdiction". L'introduction de tels termes n'explique évidemment rien sur le plan physiologique, mais ne fait que multiplier les identifications métaphysiques sur la base de l'hypothèse inconsciente mais fausse qu'un mot 'est' la chose dont nous parlons - un vestige de la primitive 'magie des mots'.

Loeb a souligné il y a longtemps qu'il suffit d'être obligé d'introduire l'animisme et l'anthropomorphisme *pour négliger l'analyse d'un stimulus externe*. Cela est vrai non seulement en biologie, en physiologie, en neurologie, etc., mais aussi en physique. La différence entre les systèmes N et $\bar{N}$ dépend au fait que Newton n'a pas pris en considération le caractère du stimulus, la vitesse finie du rayon lumineux, qui est fondamental dans toute observation, mais qu'Einstein l'a pris en considération. Le déterminisme ∞-valué (le principe d'incertitude restreint) de la nouvelle mécanique quantique dépend de la prise en compte des effets perturbateurs d'une 'observation' sur l'"observé", etc.

Quels sont les faits connus dans cette affaire? Commençons par le caractère du stimulus, la lumière. Nous savons positivement que la lumière peut être considérée comme un stimulus très puissant et que le comportement de l'amibe était donc une réponse directe à ce stimulus. En fait, nous connaissons un peu ce mécanisme sans introduire de 'démons' ou d'"inhibition interne".

L'étoile de mer d'une certaine espèce a une structure symétrique composée de cinq bras. Son système nerveux est constitué d'un anneau central autour de la bouche et de nerfs périphériques qui partent de l'anneau pour se retrouver dans les bras. Si un tel animal est couché sur le dos, il se redresse, mais il est essentiel que tous les bras ne bougent pas en même temps. Chez un animal normal, doté de cinq bras, ce sont généralement trois bras qui font le travail et deux qui restent tranquilles. Si nous détruisons la connexion nerveuse entre les bras, cette coordination est détruite ; les cinq bras commencent à lutter et l'étoile de mer ne peut pas se redresser, sauf par accident. Faut-il encore invoquer des 'démons' ou des 'inhibitions', ou analyser le complexe stimulus et son effet? Il est évident que lorsque l'étoile de mer est mise sur le dos, un nouveau stimulus-complexe agit sur elle, ce qui entraîne un ajustement complexe.[7]

Comme nous le savons déjà, tout stimulus appliqué à un morceau de protoplasme vivant, en raison de la structure colloïdale et de l'excitabilité et de la conductivité inhérentes au plénum, produit un gradient physiologique, établissant ainsi une sorte de polarité, de symétrie, de relations, d'ordre et de structure, et indiquant la structure que notre langage devrait avoir. Là encore, on ne trouve aucune trace d'une quelconque 'inhibition' ou 'interdiction', et au niveau silencieux, indicible et objectique, tout se passe comme d'habitude, sans aucun égard ni respect pour ce que *nous en disons*. Parler ne devient un véritable danger que lorsque nous construisons nos croyances, nos institutions, nos règles de conduite, etc., et nos méthodes d'investigation sur la base d'un langage de structure primitive. Dans ce dernier cas, nos sciences sont presque aussi lentes, hésitantes, perplexes, difficiles, non-co-ordonnées et, dans un sens plus large, inefficaces, que nos croyances et nos institutions se sont révélées l'être. Nos sciences ont peut-être contribué à notre confort, mais, en dehors de la psychiatrie, elles n'ont pas beaucoup contribué au bonheur de l'être humain.

Puisque la structure semble si fondamentale et qu'on peut la découvrir partout, nous ne devrions pas être surpris de constater que dans la structure, ou peut-être, mieux encore, dans le complexe dynamique général structuro-sensible-conducteur avec une structure définie à différents niveaux, nous trouverons la solution pour les réactions positives évidentes des organismes, ainsi que pour l'absence de ces réactions.

Il n'est pas possible, ni nécessaire d'entrer dans les détails ici. Cependant, les données structurelles, bien qu'elles ne soient pas particulièrement mises en évidence, figurent dans les manuels de physique, de chimie colloïdale, de chimie, de biophysique, de biochimie, de biologie, de physiologie, de neurologie, etc. Actuellement, la science se rend compte que la structure est d'une extrême importance ; mais, en raison de l'identification, elle ne se rend pas compte que la structure est *le seul contenu* possible de la science et de toutes les 'connaissances' humaines. Ce fait, bien sûr, rend la quête de la science uniquement structurelle. C'est pourquoi nous en arrivons à une règle générale d'une très grande portée, selon laquelle toute 'compréhension', pour être telle, doit présenter ou supposer une structure, formulant ainsi le but suprême de la science et, peut-être, indiquant de manière unique la seule méthode possible.

Deux autres exemples simples peuvent être utiles. Les *Mnemiopsis* ou les *Eucharis* ont des plaques natatoires qui battent rythmiquement, avec une grande régularité. Lorsque les plaques sont stimulées mécaniquement, le mouvement cesse en présence d'une quantité suffisante de sels de calcium dans l'eau. Dans des milieux similaires, mais ne contenant pas de calcium, un stimulus mécanique n'arrête pas le mouvement des plaques, mais au contraire l'accélère. Il accélère leur mouvement, montrant clairement que l'effet d'une stimulation directe peut être inversé lorsque les relations structurelles sont modifiées. Une fois de plus, pas de 'démons' ni d'"inhibition".[8]

Chez les animaux supérieurs, on trouve généralement une symétrie bien développée et des muscles dont l'activité s'oppose aux résultats de l'activité d'autres muscles. Ces muscles sont appelés antagonistes. Si deux antagonistes de force égale sont stimulés de la même manière, il n'y a pas d'effet macroscopique de la stimulation des deux muscles. Si l'un des antagonistes est plus fort que l'autre, l'effet macroscopique de la stimulation des deux muscles ne se traduit pas par une convulsion générale, mais par une action unilatérale du muscle le plus fort. Il est évident que ces résultats sont la conséquence nécessaire d'une structure à différents niveaux. Dans le premier cas, nous avons eu une absence de réaction macroscopique évidente, bien que la stimulation ait été présente et ait fait son travail. Cela est dû à la structure.

Il est connu que certaines drogues, comme la strychnine ou la toxine produite par le bacille tétanique, produisent un état d'excitabilité *générale* et élevée du système nerveux. Le moindre stimulus à la surface produit un spasme qui affecte pratiquement tous les muscles du corps. Le pincement du pied, au lieu de produire un retrait, entraîne une extension rigide des jambes, des bras et du dos. L'extension n'est plus un processus coordonné, mais est associée à une forte contraction des fléchisseurs, l'état final des membres étant déterminé par la force supérieure des extenseurs stimulés. L'effet de la toxine tétanique est similaire. Chez le singe, dans des conditions normales, la stimulation électrique d'un certain point du cortex produit l'ouverture de la bouche ; une stimulation similaire d'un autre point produit la fermeture des mâchoires. Mais sous l'effet de la toxine, la stimulation de n'importe lequel de ces points produira la *fermeture* des mâchoires, car toute tentative d'ouverture de la bouche excitera les muscles masséters plus puissants et fermera effectivement la bouche.[9]

Les exemples ci-dessus montrent à nouveau qu'aucun 'démon' ou 'inhibition' n'a empêché le retrait du pied ou l'ouverture de la bouche, mais que l'excitation d'antagonistes plus puissants est responsable du résultat - ou, si l'on veut, de l'absence de résultat. Tout cela est évidemment structurel.

Toutes les discussions et tous les exemples ci-dessus - et ils pourraient être développés et étendus pour remplir des volumes - montrent clairement :

(1) que dans les organismes structurellement plus complexes, le processus de coordination et d'adaptation à des conditions environnementales de plus en plus complexes, conduisant à des activités plus étendues et à une conditionnalité plus complète des réactions, est partiellement fondé - dans la mesure de la moitié, ou même plus - sur l'absence de réponse directe à un stimulus, conduisant à une action retardée et impliquant l'ordre quadridimensionnel, tout ceci étant une fonction des caractéristiques entièrement générales du protoplasme ; à savoir sa structure, son excitabilité et sa conductivité (les deux dernières caractéristiques étant également le résultat d'une structure submicroscopique) sans l'intervention de 'démons' ou d'"inhibitions" ;

(2) que dans tous les cas il y a une *excitation,* peu importe que le résultat soit une réaction positive ou négative, ou que nous puissions, à l'heure actuelle, la retracer en détail.

Comme le dit le professeur Herrick : 'Dans cette optique, l'effet inhibiteur supposé du cortex cérébral se résout en une influence corticale dynamogénique différentielle (NdT : dynamogénique : qui accroît l'activité, le tonus physique ou psychique d'un organisme). Celle-ci est en partie spécifique et phasique (NdT : phasique : relatif aux variations périodiques ou aux cycles), agissant sur des systèmes fonctionnels sous-corticaux particuliers pendant qu'ils sont en cours et tendant à faire baisser toutes les activités conflictuelles, soit en retirant l'énergie nerveuse disponible de leur appareil de contrôle, soit en activant de manière égale les systèmes agonistes et antagonistes, avec la stase qui en résulte. Il s'agit en partie d'une activation ou d'un renforcement général et tonique de tous les systèmes réflexes inférieurs. L'ablation du cortex visuel supprime l'activation phasique spécifique des réactions apprises. L'ablation de l'ensemble du cortex entraîne la disparition de l'effet cortical tonique général. L'opération n'a pas stimulé les fibres inhibitrices, comme certains l'ont supposé ; elle a supprimé les sources d'activation tonique qui fonctionnent normalement en permanence.'[10]

'Le cortex cérébral exerce dès le départ une influence plus ou moins inhibitrice sur les fonctions sous-corticales. Dans les processus d'apprentissage les plus simples des rats, il semble y avoir une activation différentielle d'un facteur clé d'un processus d'apprentissage sous-cortical . . . qui absorbe toute l'énergie corticale disponible, laissant d'autres processus sensori-moteurs non pertinents relativement affaiblis, de sorte qu'ils sont subordonnés. L'effet est le même que si une action inhibitrice spécifique était exercée par le cortex sur les mouvements inappropriés . . . On peut suggérer, en outre, que toute inhibition est en réalité une activation différentielle, le mécanisme étant dans certains cas simplement le phénomène de 'drainage' . . . et dans d'autres cas, cet effet est complété par l'activation positive de deux mécanismes moteurs antagonistes de sorte que leur interférence bloque toutes les réactions de type non adaptatif'.[11]

Dans ces déclarations du professeur Herrick, nous trouvons un langage dont la structure est similaire à celle des faits connus. Les termes d'*influence corticale dynamogénique différentielle* et d'*activation différentielle* couvrent tous les faits connus et pourraient couvrir des faits futurs, car ces termes sont structurellement très flexibles et nous permettront toujours d'élargir notre connaissance du mécanisme de l'*activation différentielle* si fondamentale.

La difficulté d'éliminer le terme 'inhibition' et de proposer un nouveau terme physiologique pour le remplacer est considérable, car ce terme est utilisé sous des formes et dans des significations très différentes. Le terme 'inhiber' est utilisé sous ses différentes formes en tant que substantif, adjectif, verbe, adverbe, tantôt comme terme psycho-logique, tantôt comme terme physiologique, mais *jamais* être porteur d'implications physiologiques, mais toujours avec des implications psycho-logiques et anthropomorphiques connectées à son origine et à son usage habituel. Il a été introduit dans la science alors que la physiologie et la neurologie n'en étaient qu'à leurs balbutiements et étaient donc encore sous l'influence de l'animisme et de l'anthropomorphisme primitifs.

En raison de son caractère, ce terme n'est pas scientifiquement descriptif. Il ne suggère pas d'implications fonctionnelles, actionnelles, directionnelles ou d'autres implications structurelles, mais suggère des notions non pertinentes pour la science, connectées à son origine et à son utilisation courante, ce qui en fait un terme inférentiel tiré par les cheveux, dont l'utilisation doit retarder les progrès de ces sciences.

Une fois que nous avons introduit un terme physiologique ayant des implications physiologiques et, par conséquent, structurelles, nos expressions devront être remodelées pour permettre l'utilisation du terme. Cette reformulation aura toujours des implications structurelles bien précises qui, à leur tour, suggéreront d'autres expériences dans la recherche de la structure et auront donc un caractère *créatif* à ne pas négliger. Ainsi, comme nous l'avons déjà vu, le terme de 'degrés de conditionnalité' a suggéré d'autres expériences et la révision de données plus anciennes.

Cette déclaration est assez générale et peut être résumée comme suit : L'introduction d'un nouveau terme structurel peut :

(1) éliminer les implications inappropriées des termes plus anciens ;

(2) introduire des implications nouvelles et créatives qui suggèrent la nécessité d'une vérification et conduisent ainsi à de nouvelles expériences.

À ce stade, je propose un terme qui peut être utile et qui sera peut-être acceptable pour un usage scientifique. Comme le caractère fondamental de l'"inhibition" semble être l'"activation différentielle", le terme à inventer devrait avoir deux implications structurelles principales :

(1) il devrait être directionnel, ou indiquer le sens de la réaction, et

(2) il devrait impliquer l'activation.

Nous trouvons ce terme dans 'excitation négative', 'stimulation négative', 'activation négative', 'phase négative', etc., et il est possible d'étendre l'utilisation de ce terme en créant autant de termes composés que nécessaire.

Si possible, nous devrions avoir des termes qui nous aident à rester à un seul niveau d'analyse, ce qui nous évite automatiquement de confondre les niveaux, puisque la science moderne traite toujours, au moins en principe, avec pas moins de trois niveaux, le macroscopique, le microscopique et le sous-microscopique, ce qui rend la confusion assez facile. Si nous appelons 'positif' l'effet positif d'une stimulation au niveau macroscopique, toute autre stimulation qui ne produirait pas l'effet positif à *ce niveau*, ou qui le contrecarrerait, serait négative. L'implication resterait qu'il y a eu une excitation, mais qu'elle n'a pas produit l'effet que nous avons qualifié de positif. D'un point de vue structurel, un tel terme serait satisfaisant, d'autant plus qu'il nous aiderait à nous en tenir à un seul niveau d'analyse et à ne pas confondre les principaux niveaux par le biais de la structure verbale.

Un tel langage nous aiderait à étudier le mécanisme de l'"activation différentielle" et aurait des implications utiles. Si, dans certains cas, ce terme ne couvrait pas le champ d'application, il pourrait être élargi, tout en conservant les implications, ou les déclarations devraient être modifiées de manière à pouvoir être exprimées à l'aide de ces termes. La dernière solution s'avérerait toujours porteuse d'implications intéressantes, suggérant des expériences.

Dans les processus qui se déroulent dans le système nerveux, il n'y a pas lieu d'utiliser des termes tels que 'interdiction' ou 'inhibition'. Il n'y a pas d'arrêt dans ces processus submicroscopiques, bien que la manifestation au niveau macroscopique puisse être de caractère positif ou négatif. Au niveau submicroscopique, il y a une excitation nerveuse qui stimule souvent des processus antagonistes, etc., avec des résultats qui ne sont pas toujours évidents.

L'implication du terme 'excitation négative', bien que limitée, est structurellement correcte en 1933. Sans entrer dans les détails, je me contenterai de suggérer quelques considérations. Tout d'abord, le terme conserve son implication principale, à savoir celle de l'excitation, 'négative' suggérant que cette excitation prend un cours opposé à l'excitation positive. Si, par exemple, une excitation positive produit les activités des glandes salivaires, une excitation négative à cet égard ne les produira pas mais produira d'autres activités, comme, par exemple, une réaction d'investigation. Avec une excitation négative, il y a une excitation, mais elle produit des résultats différents. Il n'y a pas de possibilité d'arrêter, d'interdire ou d'inhiber les activités nerveuses, à moins d'une mort comme-un-tout ou la destruction partielle ; mais seulement une déviation possible des activités, en raison des énormes possibilités d'établir des connexions nerveuses, des effets dynamogéniques infiniment subtils, etc.

Dans certains cas, l'"inhibition" peut être considérée comme une forme d'épuisement nerveux ; mais une telle notion ne peut pas toujours être structurellement correcte, car il existe de nombreuses preuves que l'"inhibition" s'étend à d'autres éléments corticaux qui n'étaient pas fonctionnellement épuisés, ou qu'elle peut être contrecarrée par une nouvelle excitation. L'"inhibition" conserve donc son caractère *actif*. L'origine de l'"inhibition" est également très instructive, et une masse de données expérimentales montre qu'elle peut être produite expérimentalement. Elle peut notamment être produite par des stimuli très faibles, très forts ou inhabituels, *mais des stimuli quand même*. En règle générale, toute *excitation nerveuse* supplémentaire dans le système nerveux central se manifeste immédiatement, soit en diminuant, soit en abolissant complètement (temporairement, au moins) les réflexes conditionnels prévalant à cette date.[12] Si nous constatons que l'épuisement est, dans certains cas, le terme structurellement correct, il n'y a aucune raison de ne pas l'utiliser, au lieu d'utiliser un terme *psycho-logique* d'"inhibition", sur les niveaux neurologiques.

Que la terminologie de l'*excitation* positive et négative soit structurellement appropriée est confirmé par ce que l'on appelle la 'désinhibition'. Ainsi, l'"inhibition" d'une 'inhibition' inverse le processus neural prévalant à un 'moment' donné et devient une excitation positive. Dans notre langage, en raison de considérations structurelles, nous devrions dire que la 'désinhibition' devrait être qualifiée d'"excitation négative de *second degré*", résultant en une excitation positive. Si l'on veut 'inhiber' la 'désinhibition', nous aurons à nouveau de l'"inhibition", etc. Avec la nouvelle terminologie, il s'agirait d'une excitation négative du troisième degré, qui donnerait des résultats négatifs, et l'on pourrait établir une règle générale, en parfait accord avec le langage mathématique, selon laquelle les degrés pairs d'une excitation négative auraient des caractéristiques positives et les inégaux resteraient négatifs ('inhibiteurs').

Un tel langage ne se contenterait pas d'emprunter 'par analogie' certaines caractéristiques mathématiques. Une fois que nous prenons la structure en considération - et les questions linguistiques représentent un ajustement de la structure - lorsqu'une analogie systématique est trouvée, elle a toujours des implications structurelles qui devraient être utilisées pour tester la structure. Il ne peut y avoir aucune objection sérieuse à l'affirmation selon laquelle les mathématiques sont, à l'heure actuelle, un langage limité dont la structure en 1933 est similaire, ou la plus similaire que nous ayons, à la structure connue du monde et de notre système nerveux. L'utilisation d'un tel langage doit toujours être souhaitable, car il permet de tester la structure et conduit ainsi à de nouvelles découvertes de la structure inconnue de ce monde. Pour autant que je sache, il s'agit là d'une utilisation *structurelle* nouvelle et très générale des mathématiques considérées comme un prototype de langage. Nous mettons maintenant l'accent sur la *structure* des mathématiques, et non sur les solutions numériques des équations, dont la *possibilité et l'utilité* sont précisément dues au fait que les équations expriment la parenté et nous donnent donc nécessairement des aperçus structurels.

D'un point de vue structurel et linguistique, le développement historique des mathématiques montre qu'il s'agit d'une première tentative réussie de développer un langage avec une structure similaire aux structures empiriques, et montre les conditions idéales de production de langages.

Quand nous n'avions que des nombres positifs, nous pouvions additionner deux et trois et obtenir cinq, nous pouvions soustraire deux de trois et obtenir un, mais nous ne pouvions pas soustraire trois de deux. Cependant, la structure de ce monde est telle qu'il était impératif de poursuivre le développement de la structure du langage. Ainsi, si un objet se déplace dans une direction donnée à la vitesse de deux mètres par seconde et qu'un facteur externe lui communique une vitesse de trois mètres par seconde dans la direction opposée, la direction initiale du mouvement sera inversée et l'objet se déplacera à la vitesse d'un mètre par seconde dans la direction opposée. Ou, pour donner un autre exemple, quelqu'un a deux unités d'argent et achète quelque chose qui coûte trois unités d'argent. Il est alors endetté d'une unité.

De tels faits ont nécessité l'introduction de nombres négatifs et ont rendu la soustraction toujours possible. Si le mouvement dans une direction ou la quantité d'argent dans notre poche était appelé 'plus deux' unités, et que nous en soustrayions trois unités, les résultats étaient 'moins un', ce qui signifiait une inversion conventionnelle de la direction, ou du sens, pour le mouvement, ou une dette, au lieu d'une possession, pour l'argent.

Les faits expérimentaux de la division ont de nouveau nécessité l'expansion de ce langage. C'est ainsi que les fractions ont été introduites de manière à toujours permettre la division linguistique. Le nombre 'imaginaire', $i = \sqrt{-1}$ a été introduit pour permettre, dans tous les cas, l'extraction de racines, etc. Pendant longtemps, le nombre $i = \sqrt{-1}$ a été considéré comme presque mystique, mais depuis peu, lorsqu'un physicien ou un ingénieur le trouve dans ses équations, c'est pour lui une indication presque indubitable qu'il faut chercher un mouvement ondulatoire dans le monde. Une observation plus approfondie du monde et de la structure empiriques a nécessité un ajustement structurel plus poussé de nos langages.

Dans le calcul vectoriel, nous avons ce que l'on appelle le produit scalaire qui obéit aux lois ordinaires de la multiplication et $\vec{a}.\vec{b} = \vec{b}.\vec{a}$ où l'ordre des facteurs n'a pas d'importance. Le produit vectoriel ne suit pas ces règles, car l'ordre devient important ; ainsi, dans un produit vectoriel, $\vec{a} \wedge \vec{b} = -\vec{b} \wedge \vec{a}$. Dans la nouvelle mécanique quantique, pour tenir compte structurellement des expériences, de nouveaux nombres ont été introduits. Au lieu des anciens nombres arithmétiques qp=pq ou qp−pq=0, nous introduisons de nouveaux nombres où

$$qp - pq = \frac{ih}{2\pi} \cdot 1.$$

Il est très significatif qu'une évolution linguistique similaire semble justifiable dans le cas de la fonction du système nerveux en général et dans la structure et la fonction des réactions conditionnelles en particulier. Comme le montrent l'expérience et la théorie, les structures et les fonctions fondamentales que nous trouvons dans la vie ne sont pas des affaires 'plus' (NdT : +), mais représentent des fonctions de degré supérieur à caractère non-additif. Le fonctionnement typique du système nerveux humain (time-binding) est représenté par une fonction exponentielle du 'temps'.[13] Nous voyons maintenant que l'inversion du signe de l'excitation négative suit également des règles exponentielles, et les expériences montrent que le changement d'ordre des abstractions qui, par nécessité, doit passer d'un nombre pair à un nombre impair d'ordres ou vice versa, inverse également le signe de la réaction (voir Partie VII).

Dans le cas de l'excitation positive, il existe également un parallèle structurel avec les nouveaux langages mathématiques, mais nous n'avons pas besoin de l'analyser ici, car la base des réponses plus flexibles et ajustables commence par un effet négatif ; et, dans ce cas, le langage que je suggère est pleinement justifié sans plus d'explications. L'importance neurologique de la "conscience d'abstraire" repose précisément sur le fait qu'elle implique automatiquement une fraction de seconde de temps de latence psycho-logique, et qu'elle est donc fondamentalement fondée sur une 'inhibition' salutaire, qu'elle introduit dans l'entraînement.

Nous arrivons ainsi à la lourde conclusion structurelle que les processus fondamentaux du système nerveux ne sont pas seulement des processus non-plus (NdT : non +), mais qu'ils suivent les règles exponentielles des signes. Dès que nous nous rendons compte que, d'un point de vue structurel, 'structure' et 'fonction' ne sont que des types de langage différents pour parler de deux aspects de ce qui se passe, au niveau silencieux indicible, et qu'à ce niveau, ces deux aspects *ne peuvent jamais être divisés*, nous devons également construire un langage *non-élémentalistique*. Un tel langage se trouve dans la *structure dynamique*, dont émerge la fonction, et même les structures macroscopiquement relativement durables en tant qu'aspects particuliers, et le caractère exponentiel des activités fondamentales du système nerveux devient une nécessité.

Dans les mathématiques modernes, les nombres peuvent être interprétés comme des opérateurs, etc., ce qui, dans notre cas, laisse une grande liberté d'utilisation structurelle et élargit l'application de ces notions.

Pour poser le problème le plus simplement possible : toutes les formes plus subtiles d'ajustement dans les organismes, l'"intelligence", ce qu'on appelle 'civilisation', notre 'éthique', le 'bonheur', etc., et, enfin, la *sanité*, qui est la preuve d'un ajustement sémantique ou d'une évaluation correcte au niveau humain, sont fondées sur l'interaction neurologique, le nombre et l'ordre multidimensionnel des excitations positives et négatives superposées (et non pas additionnées). Les réponses positives, ou directes et évidentes, sont les plus primitives ; les négatives, dont les conséquences ne sont pas toujours évidentes, sont le résultat de complexités structurelles supplémentaires, qui atteignent leur apogée chez l'être humain normalement développé et hautement cultivé.

Ces excitations négatives indéfiniment superposées se retrouvent physiologiquement dans la hiérarchie des ordres d'abstraction de plus en plus élevés ; elles sont capables d'inverser le signe des *réactions sémantiques*, et donc, structurellement, de rendre ces considérations extrêmement pratiques et solides d'un point de vue neurologique, et de justifier leur introduction et leur utilisation. Cela explique le fait que ce qui a été évalué comme tragique ou douloureux, ou joyeux, ou honteux, etc., pour une génération ou une culture, ne semble pas l'être pour une autre. Notre difficulté personnelle réside généralement dans le fait qu'à présent, nous copions les animaux dans la relative inconditionnalité de nos réponses, parce que nous ne sommes pas familiarisés avec ce mécanisme sémantique. Nous ne sommes pas prêts à changer en une seule génération le signe d'un moins à un plus, ou vice versa, sans une grande lutte et un inconfort sémantique.

Or, de tels désagréments sont généralement néfastes pour le système nerveux humain, mais la compréhension structurelle de ce mécanisme nous aide à éliminer ces douleurs sémantiques, et nous conduit ainsi vers l'équilibre nerveux et la sanité.

Il semble que le mécanisme neurologique opérant dans ce contexte soit similaire à celui formulé par Pavlov : 'Deux faits relatifs aux activités nerveuses centrales ressortent clairement. Le premier est que le stimulus étranger agissant sur la phase positive du réflexe inhibe, et agissant sur la phase négative désinhibe, dans les deux cas, donc en inversant le processus nerveux prévalant à ce moment-là. La seconde est que le processus inhibiteur est plus labile et plus facilement affecté que le processus excitateur, étant influencé par des stimuli d'une force physiologique beaucoup plus faible.'[14]

Les réactions négatives ou 'inhibition' doivent être interprétées comme le fondement neurologique de la 'mentalité humaine' et le résultat de stimulations externes et internes. En raison des interrelations structurelles, le facteur principal de la construction de la 'mentalité' humaine et du développement de l'"inhibition" interne doit être plus labile et doit être influencé par des stimuli d'une force physiologique beaucoup plus faible.

Cela explique aussi pourquoi la solution de nos problèmes d'éducation, de vie sociale, etc., ne doit pas être la seule 'inhibition' animalistique externe, mais doit devenir, dans l'ensemble, une 'inhibition' interne spéciale, efficace et pourtant inoffensive pour le système nerveux individuel. Nous possédons tous ce mécanisme nerveux le plus général. Le problème est de découvrir les moyens de le faire fonctionner. Nous verrons plus loin que nous trouvons dans la conscience d'abstraire une solution sémantique viable, permettant un changement automatique du signe de la réaction. Il convient de rappeler ici que tous les stimuli et toutes les réponses sont complexes, le mot 'simple' étant structurellement faux quant aux faits. Au niveau humain, et en particulier au niveau linguistique, il n'est pratiquement jamais possible de déterminer un ordre d'abstraction 'absolu', ni le degré ou l'ordre d'une excitation. Il s'agit souvent du résultat de processus nerveux extrêmement complexes et de time-binding civilisationnel, et chaque superposition d'un nouveau processus neurologique (et non d'une addition) peut modifier fondamentalement tout le caractère des *réactions sémantiques* et inverser le signe. Dans les excitations négatives, le passage d'un degré à l'autre change le signe de la réaction. En pratique, nous ne nous intéressons qu'à deux niveaux avoisinant d'abstractions ou à deux degrés avoisinant d'excitation négative, simplement parce que ceux-ci impliquent, par nécessité, le passage d'un degré pair à un degré impair ou vice-versa - inversant dans les deux cas le signe des *réactions sémantiques*.

Le mécanisme général d'ajustement de l'organisme, la "réaction d'investigation", répond positivement à un nouveau stimulus, mais, avec une valeur de survie très importante, agit négativement sur les réactions conditionnelles positives établies chez les animaux. Il est actuellement très affaibli et souvent inefficace chez la personne, ce qui entraîne des problèmes de survie, d'inadaptation et des maladies 'mentales' chez la personne. Il est bien établi que différents stimuli interfèrent les uns avec les autres, entraînant une modification du comportement, ou se renforcent mutuellement et ont des effets cumulatifs. Au niveau humain, différents facteurs 'mentaux' jouent le rôle de complexes sémantiques internes excitateurs positifs ou négatifs qui, en raison des conditions verbales (et toutes les doctrines sont *toujours* connectées à un arrière-plan *affectif*), peuvent renforcer un stimulus donné, rendant ainsi son effet physiologique variable et de force différente. Dans ces conditions, un nouveau stimulus ne produit pas la réaction d'investigation avec tous ses résultats bénéfiques. Ce mécanisme est peut-être à l'origine du fait bien connu que les instincts primaires chez l'être humain sont de loin plus faibles et plus variables que chez l'animal ; d'où le fait que l'*être humain sait rarement par lui-même, sans la science, ce qui est le mieux pour lui*.

Nous ne devrions pas être surpris de constater que, dans ces conditions plus complexes, les réactions d'investigation humaines peuvent être de différents types, culminant dans la réaction d'investigation *typiquement humaine*, qui introduirait le *temps de latence* naturel, mais plus important, d'une *réaction immédiate* à un stimulus antérieur. Nous découvrirons plus tard que la conscience d'abstraire est une réaction d'investigation si typiquement humaine et si utile qu'au niveau sémantique complexe de l'être humain, elle apporte relativement autant d'avantages à l'organisme humain qu'elle n'en apporte aux animaux au niveau animal.

Il semble que les mécanismes nerveux des deux types soient similaires, à l'exception du fait qu'au niveau humain, nous avons plus de facteurs qui sont des stimuli externes et internes qu'au niveau animal. Si nous copions les animaux dans nos processus nerveux, nous sommes, en réalité, moins bien lotis qu'eux, car notre système nerveux plus compliqué est synonyme pour nous d'un état pathologique.

CHAPITRE XXIII
SUR LES RÉACTIONS CONDITIONNELLES D'ORDRE SUPÉRIEUR ET LA PSYCHIATRIE

> Chez le chien, on a constaté que deux conditions produisaient des troubles pathologiques par interférence fonctionnelle, à savoir un choc exceptionnellement aigu des processus excitateurs et inhibiteurs, et l'influence de stimuli forts et extraordinaires. Chez l'être humain, ce sont précisément des conditions similaires qui constituent les causes habituelles des troubles nerveux et psychiques. (394)
>
> I. P. PAVLOV

> Le fait que la perturbation maximale de l'activité nerveuse centrale n'apparaisse pas immédiatement après l'administration du stimulus causal, mais après un ou plusieurs jours, a été observé chez de nombreux animaux. (394)
>
> I. P. PAVLOV

Les psychiatres comprendront aisément les implications structurellement fausses et nuisibles du terme 'inhibition' au niveau *neurologique*, s'ils considèrent que souvent la 'douleur', la 'peur' et d'autres 'interdictions' et 'inhibitions' au niveau psycho-logique entraînent des processus nerveux qui ne sont pas des *facteurs passifs, éliminés*, mais qui restent ce qu'ils étaient à l'origine - des facteurs sémantiques excitants 'réprimés' au niveau humain - et qui deviennent des facteurs causaux très actifs et puissants dans de nombreuses affections 'mentales' et physiques.

Si l'on applique sérieusement le point de vue et le langage *non-élémentalistiques*, il semble impossible d'échapper à la conclusion que le futur médecin, sur des bases parfaitement scientifiques, structurelles, physico-chimiques et colloïdales, ne tentera jamais de séparer le 'physique' du 'mental', et que les différents processus nerveux aujourd'hui appelés 'inhibition' seront mis en évidence comme étant actifs, à prendre en charge et à *ne jamais* négliger.

Le fait que le mécanisme des réactions conditionnelles chez l'animal ressemble étonnamment au mécanisme des maladies 'mentales' chez l'être humain, en raison de l'inconditionnalité relative des deux, est illustré pratiquement dans toute l'œuvre de Pavlov, bien qu'il n'ait pas souligné cette connexion particulière. Dès que nous aurons compris cela, nous constaterons que certaines des expériences du docteur Zavadzki, réalisées dans le laboratoire de Pavlov *il y a vingt-cinq ans*, révèlent un mécanisme neurologique qui est à la base de pratiquement toutes les psychothérapies et qui, par conséquent, semble très important et mériterait une discussion spéciale.

Je ne connais pas le pourcentage d'application réussie de la psychothérapie de n'importe quelle école scientifique, ou de cultes extra-médicaux, parce que les nombreux cas d'échec sont très rarement enregistrés. Nous oublions généralement, ou ne nous rendons pas compte, que les cas de réussite nous enseignent, structurellement, *moins* que les échecs, parce qu'il y a toujours une infinité de façons de rendre compte d'un résultat positif, qui est structurellement entièrement invalidé en tant que tel par un seul échec, si la possibilité d'un tel échec n'est pas prévue par la flexibilité structurelle de la méthode générale. (NdT : Korzybski dit ni plus ni moins ici du Karl Popper avant l'heure : de la réfutabilité comme socle épistémologique).

D'après ce que j'ai compris (mais je peux me tromper), sur cent patients qui cherchent à être soulagés par la psychothérapie, cinquante échouent complètement. Les cinquante restants peuvent, peut-être, être divisés en deux groupes : le premier de, disons, dix patients qui sont entièrement soulagés ; l'autre de quarante patients qui s'améliorent à des degrés divers. L'analyse du présent ouvrage peut peut-être expliquer pourquoi le pourcentage d'échecs est si élevé. Il semble qu'aucune école de psychothérapeutes n'ait analysé les maladies 'mentales' d'un point de vue général *non-élémentalistique* structurel et sémantique ; et, bien que les médecins luttent dans tous les cas pour abolir l'inconditionnalité relative des réactions, leurs méthodes ne sont ni neurologiques, ni physiologiques, ni suffisamment fondamentales.

Le langage utilisé dans ces théories scientifiques comprend des termes tels que 'conscient', 'inconscient', 'répression', 'inhibition', 'transfert', 'complexe', etc. Il ne fait aucun doute que certains de ces termes recouvrent quelques-uns des faits que nous connaissons par expérience et observation, et qu'ils peuvent être structurellement corrects sur le plan psycho-logique. Le mécanisme nerveux en cause, bien que découvert il y a vingt-cinq ans, n'a généralement pas attiré l'attention des médecins, et les théories postulées, dépourvues de fondements neurologiques, sont souvent qualifiées de 'spéculations farfelues', ce qui nuit en fin de compte à l'ensemble du mouvement psychothérapeutique et d'hygiène sémantique.

Les 'psychologues' et les psychiatres sont très divisés quant au rôle de l'"introspection". Cela est dû à la confusion des ordres d'abstractions. Les animaux peuvent 'ressentir', 'souffrir', mais ils ne peuvent pas *décrire*. Les humains diffèrent à cet égard ; la personne donnée peut ressentir de la douleur, la douleur est très *objective* pour l'individu donné, et elle *n'est pas* des *mots* (*niveau objectif*) ; mais nous pouvons la décrire, cette description étant valable au *niveau descriptif*, une abstraction d'un ordre plus élevé que le niveau objectif (qui est indicible pour l'individu donné). Si nous *attribuons* ce processus à d'autres, il ne s'agit plus d'une description mais d'une inférence, ou d'une abstraction d'un ordre encore plus élevé, dont les déclarations doivent être vérifiées en faisant des moyennes. Scientifiquement (1933), la psycho-logique est impossible sans la *description* des processus internes, et donc sans une certaine 'introspection', de sorte que le béhaviorisme américain devient une discipline très naïve. Les Béhavioristes veulent bien faire, méthodologiquement, sans se rendre compte pleinement ce qu'est la méthodologie scientifique. Ils condamnent totalement l'"introspection", mais l'utilisent continuellement. La conscience d'abstraire résout les énigmes des attitudes pro- ou anti-béhavioristes, parce que, quand nous sommes pleinement conscients d'abstraire, nous ne devons jamais confondre la description avec l'inférence, des processus neurologiques d'ordre différent.

Toute discipline, pour être une 'science', doit commencer par les abstractions les plus basses disponibles, ce qui signifie des descriptions d'un niveau objectif, *indicible*. Dans la psycho-logique *humaine*, l'"introspection" est le seul *niveau descriptif possible*, toutes les autres méthodes étant inférentielles.

Les expériences du docteur Zavadzki ont été menées pour étudier le mécanisme de ce que l'on appelle les 'réflexes différés'. En gros, dans les expériences où l'intervalle entre le stimulus conditionnel et le renforcement par de la nourriture ou de l'acide est court, disons de une à cinq secondes, la sécrétion salivaire suit presque immédiatement l'application du stimulus conditionnel. Si le délai entre les deux est plus long, disons plusieurs minutes, l'apparition des sécrétions salivaires est également différée, le temps de latence étant proportionnel à la durée de l'intervalle entre les deux stimuli.

Dans ces expériences, il y a eu deux phases : l'une au cours de laquelle le stimulus conditionnel n'a apparemment aucun effet ; l'autre au cours de laquelle le stimulus conditionnel devient efficace. L'étude a été poursuivie pour découvrir ce qu'il advient de l'excitation due au stimulus conditionnel pendant son apparente inactivité.

De nouvelles expériences ont finalement révélé un mécanisme étonnant. Une stimulation tactile a été utilisée pendant trois minutes comme stimulus conditionnel pour l'acide, et renforcée, comme d'habitude, par l'application d'acide, et une réaction conditionnelle stable et différée a été obtenue. Mais lorsqu'un stimulus parfaitement neutre, par exemple le son d'un métronome ou un objet tournant sans bruit, jamais connecté à une stimulation alimentaire, est superposé au stimulus conditionnel original, on obtient immédiatement une abondante sécrétion de salive, ainsi que les réactions motrices propres à un stimulus donné.

Nous voyons que le processus excitateur dans le système nerveux a toujours existé sous une forme cachée, non-manifeste, et qu'il a été libéré par un stimulus supplémentaire et neutre.[1]

Des expériences similaires montrent clairement que la structure et la fonction du système nerveux central sont telles que certaines stimulations peuvent être enfouies et devenir macroscopiquement apparemment inactives, ne donnant lieu à aucune manifestation ou réponse évidente, tout en conservant leurs caractéristiques d'excitation active qui, par un traitement approprié, peuvent être libérées à volonté. En physique, nous avons un phénomène similaire dans le cas de la lumière 'gelée', des piles galvaniques et des accumulateurs, des gouttes de verre en forme de poire résultant de la fusion, qui explosent lorsque l'extrémité est cassée, et bien d'autres, bien que les mécanismes submicroscopiques soient probablement différents.

Il n'est pas besoin de beaucoup d'explications pour voir que le mécanisme nerveux révélé dans les expériences du docteur Zavadzki rend compte, sur le plan humain, d'un grand nombre de manifestations 'mentales', y compris le 'souvenir', l'"inconscient", le 'refoulement', les 'complexes', etc., et permettant une généralisation supplémentaire, à savoir qu'une légère perturbation nerveuse du 'souvenir', dans le sens d'une inconditionnalité négative, peut être étroitement connectée à un 'complexe' sémantique pathologique.

Une autre expérience est étroitement liée aux problèmes de l'"inconscient" humain, des 'refoulements' et des 'complexes'. Les réactions conditionnelles positives étaient généralement obtenues en combinant, dans certaines conditions, un stimulus auparavant neutre avec de la nourriture ou avec une légère réaction de défense à l'acide. Si le stimulus neutre n'est pas renforcé, il perd sa signification pour l'organisme, aucune sécrétion n'est obtenue, et il devient de ce point de vue un stimulus négatif. Si, chez un animal donné, une réaction négative est établie, elle peut, sous certaines conditions, être transformée en une réaction positive par renforcement.

Dans l'expérience que nous décrivons, on a utilisé un chien qui avait une réaction alimentaire négative bien établie aux battements du métronome à la fréquence de soixante battements par minute, alors que la fréquence de cent vingt battements par minute était utilisée comme stimulus positif. Les deux réactions étaient constantes et précises. Le processus de transformation du négatif au positif s'est déroulé lentement ; après la dix-septième application avec renforcement, une petite sécrétion de salive a été obtenue ; après le vingt-septième renforcement, les sécrétions de salive étaient déjà considérables. Aucune perturbation nette des autres réactions positives n'a été observée, à l'exception d'une tendance à l'égalisation des stimuli conditionnels forts et faibles.

Mais la réaction sécrétoire au stimulus transformé de soixante battements n'est pas restée constante, malgré le renforcement ; elle a diminué et, après la trentième application, est tombée à zéro. On a également remarqué qu'immédiatement après l'application du métronome à la vitesse de soixante battements par minute, pratiquement toutes les anciennes réactions positives disparaissaient. Après d'autres expériences, certains des effets positifs du métronome à soixante battements ont réapparu, mais son effet négatif ou dépressif sur les réactions positives a persisté. Dans tous les cas où le métronome à soixante battements n'a pas été utilisé, toutes les réactions conditionnelles positives ont conservé leur force, sauf que les stimuli les plus faibles ont eu tendance à produire des effets moindres vers la fin de l'expérience. Bien que le métronome à soixante ou cent vingt battements produise des sécrétions salivaires en quantités variables lorsqu'il est utilisé seul, chaque fois que le métronome est utilisé, il s'ensuit une perturbation de toutes les réactions conditionnelles, allant de l'extinction complète à une diminution des sécrétions. Le stimulus précédemment positif de cent vingt battements du métronome a produit des perturbations plus importantes que le stimulus précédemment négatif de soixante battements. D'autres expériences ont révélé que la perturbation du cortex était profonde et qu'il ne pouvait supporter aucun type de stimulus plus fort sans produire des résultats complètement négatifs. Il est également devenu évident que la perturbation maximale de l'activité nerveuse centrale chez les animaux (et chez l'être humain) n'apparaît pas immédiatement après l'application du facteur nuisible, mais après un temps de latence.

Étant donné que d'autres stimuli auditifs ont agi au cours de ces expériences, Pavlov conclut que 'la perturbation doit être considérée comme le résultat d'une interférence strictement localisée dans l'analyseur acoustique, une lésion fonctionnelle chronique d'une partie circonscrite, dont la stimulation produit un effet immédiat sur la fonction de l'ensemble du cortex, et conduit finalement à un état pathologique prolongé', et que 'il est évident que la perturbation localisée de l'analyseur acoustique est à nouveau le résultat d'un conflit entre l'excitation et l'inhibition', auquel ce système nerveux particulier a du mal à s'adapter.[2]

Ces expériences ont été menées sur un chien ayant servi en laboratoire pendant une longue période et appartenant au type de chien dont le système nerveux est très négativement excitable. Les expériences sur des chiens dont le système nerveux est très positivement excitable, bien que différentes dans les détails, ont conduit à des résultats généraux similaires, à savoir que l'affrontement des deux processus nerveux antagonistes conduisait généralement à une perturbation plus ou moins prolongée de la fonction du cortex, sous la forme d'une prédominance durable de l'un des processus.[3]

Expérimenter des réactions conditionnelles chez les animaux, comme le chien, en provoquant des états pathologiques du système nerveux, nous donne, sous une *forme simplifiée*, un moyen de comprendre le mécanisme qui sous-tend certaines des maladies 'mentales' humaines, à condition que nous comprenions le fait fondamental que ces expériences sur les chiens correspondent, sous leur forme la plus simple, à des maladies 'mentales' et non à la santé 'mentale' de l'être humain. Les expériences susmentionnées seraient impossibles avec une personne en bonne santé ; pourtant, elles décrivent exactement ce qui se passe dans le cas des malades 'mentaux'. Les expériences ont commencé avec un animal en bonne santé et se sont terminées par un cas pathologique. Si des expériences similaires étaient entreprises avec une personne en bonne santé, aucun résultat pathologique ne s'ensuivrait, en raison de la plus grande conditionnalité des réactions ; mais des résultats pathologiques similaires sont produits chez l'être humain par des moyens différents, la confusion des ordres d'abstractions étant un mécanisme sémantique standard pour provoquer le 'choc' entre les excitations positives et négatives que le système nerveux de l'être humain ne peut pas résoudre si facilement.

Les expériences de Pavlov révèlent également un fait qui, sur le plan humain, introduit de sérieuses complications, à savoir que certains animaux ont des systèmes nerveux très excitables et d'autres des systèmes nerveux moins excitables. Les expériences menées sur certains individus produisent un effet ; des expériences similaires menées sur des individus ayant des systèmes nerveux différents produisent des résultats différents. Dans certains cas, les systèmes nerveux sont si robustes qu'aucune perturbation n'apparaît.

Pour anticiper un peu : il semble que dans les conditions présentes linguistiques, éducatives, sociales, économiques, etc., nous souffrons presque tous de perturbations nerveuses et sémantiques, produites par copiage des animaux dans nos réponses nerveuses. Cette dernière condition se produit parce que la conditionnalité plus large des réponses humaines n'a pas été prise en considération ; son mécanisme est inconnu, et nous faisons de notre mieux pour enseigner et appliquer les réponses animalistiques. Jusqu'à présent, nous ne disposons pas de méthodes physiologiques et simples pour nous entraîner à cette conditionnalité plus large. C'est une explication simple de notre échec. Seuls quelques-uns d'entre nous ont des systèmes nerveux si robustes qu'ils ne sont pas perturbés sémantiquement à un degré marqué, et ce sont des exceptions. De toute évidence, même une tentative de construire une théorie générale traitant de ces problèmes sémantiques peut être utile, car les erreurs commises peuvent servir d'incitation à d'autres recherches dans un domaine qui est pratiquement inexploré et extrêmement vaste.

Lors de la formulation de la présente théorie générale, des considérations théoriques ont suggéré des mécanismes neurologiques nécessaires, mais les livres classiques de physiologie et de neurologie ne fournissaient pas suffisamment de données. Dans les travaux récents de Pavlov, j'ai trouvé suffisamment d'expériences et de données pour illustrer les mécanismes neurologiques qui sous-tendent la présente théorie.

Il semble probable que les travaux de Pavlov et les expériences décrites, ainsi que les questions théoriques soulevées dans le présent système, seront utiles aux psycho-logues et aux psychiatres, à condition qu'ils prêtent attention à la non-confusion sémantique des ordres d'abstractions, sans laquelle il est pratiquement impossible de traduire les expériences traitant des réponses nerveuses des animaux aux niveaux humains et d'échapper aux erreurs verbales. Le langage de la structure, tel qu'il est introduit dans le présent ouvrage, est essentiel à cet égard ; en effet, le présent auteur n'aurait pu mener à bien son analyse sans lui.

Pavlov suggère également certaines applications à des cas pathologiques humains qui sont reconnus comme tels, la personne moyenne étant considérée comme 'normale'. Le présent travail est une enquête théorique indépendante, et les résultats sont beaucoup plus généraux, car ils montrent que le mécanisme neurologique général permet une mauvaise utilisation presque universelle de nos systèmes nerveux, en raison de la nonprise en compte des questions structurelles, linguistiques et sémantiques.

Dans plusieurs chapitres, Pavlov discute d'un grand nombre d'expériences portant sur des états pathologiques du système nerveux induits fonctionnellement, et suggère également quelques mesures thérapeutiques. Il conclut : 'Cette observation ... et d'autres suggèrent qu'un développement graduel de l'inhibition interne dans le cortex devrait être utilisé pour rétablir l'équilibre des conditions normales dans les cas où le système nerveux est déséquilibré. Je ne sais pas si des mesures thérapeutiques similaires ... sont appliquées en neurothérapie humaine'.[4]

La remarque ci-dessus est d'une importance capitale ; elle n'est pas seulement le résultat d'une vie de travail scientifique, mais elle exprime un principe qui est utilisé, *sans être formulé explicitement*, tout au long de la psychothérapie. Dans le présent volume, ce principe n'est pas seulement formulé en termes physiologiques, mais il est aussi à la base d'une méthode physiologique pour son application sémantique. Cette méthode se trouve dans l'entraînement et le développement de la conscience d'abstraire (voir Partie VII) qui, lorsqu'elle est appliquée, non seulement rétablit l'équilibre nerveux comme cela a été démontré empiriquement, mais donne aussi de puissants *moyens sémantiques préventifs* s'ils sont utilisés dans l'éducation précoce.

D'autres conséquences et conclusions sont présentées dans la Partie VII. À ce stade, nous nous contenterons de dire que les explications ci-dessus montrent également pourquoi une théorie de l'*accord universel*, au sens le plus large, à savoir l'accord avec soi-même, éliminant le 'conflit' interne, et avec les autres, éliminant les conflits familiaux, sociaux et internationaux, etc., est neurologiquement non seulement possible, mais aussi une conséquence sémantique nécessaire de l'utilisation du système nerveux humain de la manière structurellement appropriée.

Il est bien connu que l'utilisation des termes 'positif' et 'négatif' est facultative ; mais le caractère opposé des questions en jeu n'est pas facultatif, car il s'agit de questions expérimentales et structurelles. Autrefois, non seulement nous faisions notre sélection et appelions certaines questions positives et d'autres négatives, mais nous avions et avons naturellement des réponses sémantiques connectées à ces questions. Ainsi, quelque chose de 'positif' impliquait la certitude, la 'réalité', la 'vérité', l'"absolu", etc., quelque chose de 'négatif' impliquait la négation de ceux-ci.

En 1933, il semble probable que nous devrons réviser *in toto* (NdT : en totalité) ces orientations sémantiques, que nous pratiquons manifestement depuis l'époque de la sauvagerie.

Quels sont les faits? Assez curieusement :

1) L'électricité qui éclaire nos lampes ou fait fonctionner nos dynamos, nous l'appelons, dans l'ancien langage, électricité 'négative'.

2) Les nombres qui sont à la base des nombres complexes les plus importants en mathématiques sont formellement fondés sur des nombres négatifs.

3) La réaction 'négative' est le fondement de ce que l'on appelle la 'mentalité humaine'.

4) Comme les mots ne sont jamais les choses dont nous parlons, le seul lien entre les langages et le monde objectique étant structurel, les seuls faits 'positifs' concernant ce monde sont de l'ancien caractère 'négatif'.

5) Enfin, la principale difficulté du système-A se trouve dans le 'est' positif d'identité, nous impliquant dans l'évaluation factuellement fausse et les perturbations sémantiques ; par contre, un système-$\bar{A}$ est fondé sur l'élimination complète de l'identité formulée comme une prémisse négative du type 'ceci n'est pas ceci' (voir Partie VII).

Actuellement, ce n'est que dans les mathématiques *techniques* que les gens se comportent sémantiquement comme des 'gentlemen'. Ils analysent et se mettent d'accord ; aucune querelle n'est possible. Les recherches linguistiques et sémantiques montrent que la structure de tous les langages peut, et *doit*, être rendue similaire aux structures empiriques ; et alors, également, le reste des humains peut, et probablement va, se comporter d'une manière moins stupide et futile qu'ils ne l'ont fait dans le passé et qu'ils ne le font aujourd'hui.

LIVRE II

UNE INTRODUCTION GÉNÉRALE AUX SYSTÈMES NON-ARISTOTÉLICIENS ET À LA SÉMANTIQUE GÉNÉRALE

De tous les êtres humains, Aristote est celui dont les adeptes ont vénéré les défauts comme les qualités : ce qu'il n'a jamais fait lui-même à l'égard d'aucun être humain vivant ou mort ; on l'a même accusé de la faute contraire. (354)

AUGUSTE DE MORGAN

Il y a un fait très important sur lequel nous ne devons avoir aucun doute, c'est que pour toute théorie déductive donnée il n'y a pas un *seul* système de notions fondamentales ni un *seul* système de propositions fondamentales ; il y en a généralement plusieurs également possibles, *c'est-à-dire* à partir desquels il est également possible de déduire correctement tous les théorèmes… Ce fait est très important, car il montre qu'il n'y a pas en soi de notions *non-définissables* ni de propositions *indémontrables* ; elles ne le sont que relativement à un certain ordre adopté, et elles cessent (en tout cas partiellement) de l'être si l'on adopte un autre ordre. Cela détruit la conception traditionnelle des *idées fondamentales* et des *vérités fondamentales*, fondamentales, c'est-à-dire absolument et essentiellement. (120)

LOUIS COUTURAT

Dans cette direction, la finalité n'est pas recherchée, car elle est apparemment inaccessible. Tout ce que nous pouvons dire, c'est, comme l'a dit un grand analyste (NdT : il s'agit de Edmund Husserl, méditation sur la vérité et la connaissance de la vérité), que 'la rigueur est suffisante pour le jour'. (23)

E.T. BELL

En mathématiques, ce sont les nouvelles façons de voir les choses anciennes qui semblent être les sources les plus prolifiques de découvertes de grande portée. (23)

E.T. BELL

Le premier nous montrera comment il suffit de changer de langage pour faire apparaître des généralisations insoupçonnées. (417)

H. POINCARÉ

En somme, *tout ce que le scientifique crée dans un fait, est le langage dans lequel il l'énonce*. (417)

H. POINCARÉ

Cette longue discussion nous amène à la conclusion finale que les faits concrets de la nature sont des événements présentant une certaine structure dans leurs relations mutuelles et certains caractères propres. Le but de la science est d'exprimer les relations entre leurs caractères en termes de relations structurelles mutuelles entre les événements ainsi caractérisés. (573)

A.N. WHITEHEAD

On cesse de chercher les ressemblances, on se consacre surtout aux différences, et parmi les différences on choisit d'abord les plus accentuées, non seulement parce qu'elles sont les plus frappantes, mais parce qu'elles seront les plus instructives. (417)

H. POINCARÉ

La théorie matérialiste a toute la complétude de la pensée du Moyen-Âge, qui avait une réponse complète à tout, que ce soit au ciel, en enfer ou dans la nature. Il y a de l'ordre dans cette théorie, avec son présent instantané, son passé disparu, son futur inexistant et sa matière inerte. Cette rigueur est très médiévale et s'accorde mal avec les faits bruts. (573)

A.N. WHITEHEAD

L'existence d'analogies entre les caractéristiques centrales de diverses théories implique l'existence d'une théorie générale qui sous-tend les théories particulières et les unifie en ce qui concerne ces caractéristiques centrales.*

E.H. MOORE

Ni l'autorité de la personne seule, ni l'autorité des faits seuls ne suffisent. L'univers, tel qu'il nous est connu, est un phénomène commun à l'observateur et à l'observé ; et tout processus de découverte dans les sciences naturelles ou dans d'autres branches de la connaissance humaine acquerra sa meilleure excellence lorsqu'il sera conforme à ce principe fondamental. (82)

R. D. CARMICHAEL

Il est évident que si nous adoptons ce point de vue à l'égard des concepts, à savoir que la définition appropriée d'un concept n'est pas en termes de ses propriétés mais en termes de vraies opérations, nous ne risquons pas de devoir réviser notre attitude à l'égard de la nature. (55)

P.W. BRIDGMAN

Dire que les faits sont incompréhensibles, c'est rationaliser l'ignorance individuelle.
L'ignorance peut cependant ne pas être une faute. Elle ne le devient que lorsque l'individu se permet de la rationaliser, *c'est-à-dire* de lui donner un déguisement qui l'empêche effectivement d'utiliser son intelligence, qui pourrait autrement résoudre le problème en question. (241)

DUPOND ELY JELLIFFE

Le symbole A n'est pas la contrepartie d'un élément de la vie familiale. Pour l'enfant, la lettre A semblerait terriblement abstraite ; c'est pourquoi nous lui donnons une conception familière. 'A était un archer qui tirait sur une grenouille.' Cela résout sa difficulté immédiate, mais il ne peut pas faire de progrès sérieux dans la construction des mots tant que les archers, les bouchers, les capitaines dansent autour des lettres. Les lettres sont abstraites et, tôt ou tard, il devra s'en rendre compte. En physique, nous avons dépassé les définitions des symboles fondamentaux de l'archer et de toute autre personne. Lorsqu'on nous demande d'expliquer ce qu'est réellement un électron, nous ne pouvons que répondre : 'Cela fait partie de l'A B C de la physique'. (149)

A.S. EDDINGTON

Aucun système de pensée antérieur n'avait correctement formé une hypothèse de travail pour expliquer pourquoi, pour tel ou tel individu, il était nécessaire de 'monter trois marches ou d'être constipé', 'ou de prendre des pilules par multiples de trois', ou d'autres symptômes analogues qui viendront à l'esprit du lecteur et que l'on trouve en profusion déconcertante dans tous les cas pathologiques, qu'il s'agisse d'hystéries, de névroses de contrainte, de phobies, de schizophrénies, ou que sais-je encore. (241)

SMITH ELY JELLIFFE

Le Loir . . . continua : "- ce qui commence par un A, comme attrapes-souris, astre, avenir, et abondance - vous savez que vous dites que les choses sont 'abondance d'une abondance' - avez-vous jamais vu une chose telle qu'un dessin d'une abondance?

"Vraiment, maintenant que vous me posez la question", dit Alice, très troublée, "je ne pense pas . . ."

"Alors, vous ne devriez pas parler, dit le Chapelier. [Alice au Pays des Merveilles]

LEWIS CARROLL

4.1212 Ce qui *peut* être montré *ne peut* être dit. (590)

L. WITTGENSTEIN

---

* Introduction à une forme d'analyse générale. Yale Univ. Press. ** Alice au pays des merveilles.

PARTIE VII
SUR LE MÉCANISME DU TIME-BINDING

L'hypothèse de la formation de nouvelles voies physiologiques et de nouvelles connexions au sein des hémisphères cérébraux ne devrait soulever aucune objection théorique. (394)

I. P. PAVLOV

Il semble souhaitable ici d'insister clairement sur le fait que l'utilisation de la psychanalyse n'est qu'une méthode d'acquisition de données. On entend parfois dire que la psychanalyse est un non-sens. Une méthode, un outil, n'est pas un non-sens. (241)

SMITH ELY JELLIFFE

C'est par le biais de l'inhibition interne que l'activité de signalisation des hémisphères est constamment corrigée et perfectionnée. (394)

I. P. PAVLOV

Il s'agit ici de types de réactions associatives propres au système cortical, correctement opposées à la réactivité affective inconditionnelle du thalamus et utilement analysées par Head. (411)

HENRI PIÉRON

Cet exemple et d'autres observations suggèrent qu'un développement progressif de l'inhibition interne dans le cortex devrait être utilisé pour rétablir l'équilibre des conditions normales dans le cas d'un système nerveux déséquilibré. (394)

I. P. PAVLOV

Un rationalisme auto-satisfait est en fait une forme d'antirationalisme. Il signifie un arrêt arbitraire à un ensemble particulier d'abstractions. (575)

A.N. WHITEHEAD

... l'"erreur de la concrétude mal placée" ... consiste à négliger le degré d'abstraction impliqué lorsqu'une entité réelle est considérée uniquement dans la mesure où elle illustre certaines catégories de pensée. (578)

A.N. WHITEHEAD

Dans le jardin d'Eden, Adam voyait les animaux avant de les nommer : dans le système traditionnel, les enfants nommaient les animaux avant de les voir. (575)

A.N. WHITEHEAD

Le jugement négatif est le sommet de la pensée. (578)

A.N. WHITEHEAD

CHAPITRE XXIV
SUR ABSTRAIRE

> ... être une abstraction ne signifie pas qu'une entité n'est rien. Cela signifie simplement que son existence n'est qu'un facteur d'un élément plus concret de la nature. (573)
>
> A. N. WHITEHEAD

Pour élaborer ses théories, Aristote disposait, outre ses dons personnels, d'une bonne éducation correspondant à son époque et à la science en vigueur en 400-300 avant J.-C. Même à cette époque, le langage grec était très élaboré. Aristote et ses disciples considéraient ce langage comme allant de soi. Les problèmes de la structure du langage et de ses effets sur les *réactions sémantiques* ne s'étaient pas encore posés. Pour eux, le langage qu'ils utilisaient était *le* (unique) langage. Lorsque j'utilise l'expression '*le* langage', je ne me réfère pas à ce qui est connecté au langage, en particulier le *grec*, mais seulement à sa structure, qui était très similaire dans les autres langages nationaux de ce groupe. Le langage dont Aristote a hérité était très ancien et tirait son origine des périodes où les connaissances étaient encore plus rares. Étant un observateur attentif, scientifique et méthodologique, il a considéré ce langage comme allant de soi et a systématisé les modes d'expression. Cette systématisation a été appelée 'logique'. La métaphysique structurelle primitive sous-jacente à ce langage hérité, et exprimée dans sa structure, devint également l'arrière-plan 'philosophique' de ce système. La forme sujet-prédicat, le 'est' d'identité et l'élémentalisme du système-*A* (*Aristotélicien*) sont peut-être les principaux facteurs sémantiques qui doivent être révisés, car ils se révèlent être le fondement de l'insuffisance de ce système et représentent le mécanisme des perturbations sémantiques, rendant impossible l'ajustement général et la sanité. Ces doctrines poursuivent leurs retombées jusqu'à nous et, par le biais du mécanisme du langage, les facteurs de perturbation sémantique sont imposés à nos enfants. Toute une procédure de formation aux valeurs délirantes a ainsi été lancée pour les générations futures.

Comme l'œuvre d'Aristote était, à son époque, la plus avancée et la plus 'scientifique', tout naturellement son influence s'est étendue. À cette époque, personne ne parlait de cette influence comme étant 'linguistique', impliquant des *réactions sémantiques*. L'œuvre d'Aristote était, et est toujours, qualifiée de 'philosophie', et nous parlons surtout de l'influence de la 'philosophie' *Aristotélicienne* plutôt que de la structure *aristotélicienne* du langage et de son influence sémantique.

Comme nous l'avons déjà vu, lorsque nous faisons une proposition, quelle qu'elle soit, nous impliquons des croyances ou une métaphysique, qui s'incarnent silencieusement dans des hypothèses structurelles et dans nos termes non-définis. L'utilisation de termes non-définissables en termes plus simples à une date donnée est inhérente et apparemment inévitable.

Quand nos ancêtres primitifs ont construit leur langage, ils ont tout naturellement commencé par les ordres d'abstraction inférieurs, qui sont les plus immédiatement connectés au monde extérieur. Ils ont établi un langage de 'sensations'. Comme les nourrissons, ils identifiaient leurs ressentis au monde extérieur et personnifiaient la plupart des événements extérieurs.

Cette tendance sémantique primitive a abouti à la construction d'un langage dans lequel le 'est' d'identité était fondamental. Si l'on voyait un animal et qu'on l'appelait 'chien' et que l'on voyait un autre animal ressemblant à peu près au premier, on disait volontiers 'c'*est* un chien', oubliant ou ne sachant pas que le niveau objectique est indicible et que nous n'avons affaire qu'à des individus absolus, tous différents les uns des autres. C'est ainsi que le mécanisme d'identification ou de confusion des ordres d'abstractions, naturel à un stade très primitif du développement humain, s'est systématisé et s'est incarné structurellement dans cet outil le plus important de l'usage quotidien qu'on appelle 'langage'. Ayant affaire à de nombreux *objets*, ils devaient avoir des noms pour les désigner. Ces noms étaient des 'substantifs'. Ils ont construit des 'substantifs', grammaticalement parlant, pour d'autres ressentis qui n'étaient pas des 'substantifs' ('couleur', 'chaleur', 'âme', etc.). Jugeant par les abstractions d'ordre inférieur, ils ont construit des adjectifs et se sont fait une image du monde complètement anthropomorphisée. Parlant de parler, soyons parfaitement vigilant dès le départ que, lorsque nous faisons la plus simple déclaration de quelque sorte que ce soit, cette déclaration présuppose déjà une sorte de métaphysique structurelle. Les premiers vagues ressentis et les spéculations sauvages sur la structure de ce monde, fondés sur des données scientifiques primitives insuffisantes, ont influencé la construction du langage. Une fois le langage construit et, en particulier, systématisé, ces métaphysiques structurelles primitives et ces *réactions sémantiques* se trouvent être projetées ou reflétées sur le monde extérieur - une procédure qui est devenue habituelle et automatique.

Un tel langage était-il structurellement fiable et sûr? Si nous investiguons, nous pouvons facilement nous convaincre que ce n'était pas le cas. Prenons trois seaux d'eau, le premier à la température de 10° Celsius, le deuxième à 30°Celsius et le troisième à 50°Celsius. Mettons la main gauche dans le premier seau et la main droite dans le troisième. Si nous retirons la main gauche du premier seau et la mettons dans le deuxième, nous ressentons que l'eau du deuxième seau est agréablement *chaude*. Mais si nous retirons la main droite du troisième seau et la mettons dans le deuxième, nous constatons que l'eau est *froide*. La température de l'eau du deuxième seau n'était pratiquement pas différente dans les deux cas, mais nos ressentis ont enregistré une différence marquée. La différence de 'ressentis' dépendait des conditions antérieures auxquelles nos mains avaient été soumises. Nous voyons donc que le langage des 'sensorialités' n'est pas un langage très fiable et que nous ne pouvons pas nous y fier à des fins générales d'évaluation.

Qu'en est-il du terme 'chien'? Le nombre d'individus que l'on connaît directement est, par nécessité, limité et généralement faible. Imaginons que quelqu'un n'ait eu affaire qu'à des 'chiens' bienveillants et qu'il n'ait jamais été mordu par l'un d'eux. Ensuite, il voit un animal ; il dit : 'C'*est* un chien' ; ses associations (relations) ne suggèrent pas une morsure ; il s'approche de l'animal et commence à jouer avec lui, et il est mordu. La déclaration "c'*est* un chien" était-elle sûre? De toute évidence, non. Il s'est approché de l'animal avec des attentes sémantiques et une *évaluation* de sa définition verbale, mais il a été mordu par le niveau objectique non-verbal et indicible, qui a des caractéristiques différentes.

À en juger par les normes actuelles, les connaissances à l'époque d'Aristote étaient très maigres. Il était relativement facile, il y a 2300 ans, de résumer les quelques faits connus, et donc de construire des généralisations qui couvriraient ces quelques faits.

Si nous tentons de construire un système-$\bar{A}$, 1933, pouvons-nous échapper aux difficultés rencontrées par Aristote? La réponse est que certaines difficultés peuvent être évitées, mais que d'autres sont inhérentes à la structure de la connaissance humaine et on ne peut donc pas entièrement s'en soustraire. Nous pouvons cependant inventer de nouvelles méthodes permettant d'éliminer l'effet sémantique néfaste de ces limitations.

Il n'y a pas d'échappatoire au fait que nous devons commencer par des termes non-définis qui expriment des croyances ou des métaphysiques structurelles silencieuses. Si nous déclarons explicitement nos termes non-définis, nous rendons au moins notre métaphysique consciente et publique, et nous facilitons ainsi la critique, la coopération, etc. Les termes scientifiques modernes non-définis, tels que 'ordre', par exemple, sont à la base des sciences exactes et de notre vision plus large du monde. Nous devons partir de ces termes non-définis ainsi que de la vision structurelle moderne du monde telle qu'elle est donnée par la science, 1933. Cela règle le point sémantique important de notre métaphysique structurelle. Il n'est pas nécessaire d'insister sur le fait que dans une classe de vie humaine, où les croyances sont caractérisées par des dates, elles *devraient* toujours être étiquetées avec cette date. Pour des raisons de sanité, les croyances utilisées en 1933 devraient être de l'édition de 1933.

Maintenant quant à la *structure* de notre langage. Quelle structure allons-nous donner à notre langage? Devons-nous conserver l'ancienne structure, avec toutes ses implications primitives et les *réactions sémantiques* correspondantes, ou devons-nous délibérément construire un langage de structure nouvelle qui portera de nouvelles implications et *réactions sémantiques* modernes? Il ne semble y avoir qu'un seul choix raisonnable. Pour un système-$\bar{A}$, nous devons construire un nouveau langage. Nous devons pour le moins abandonner le 'est' d'identité. Nous avons déjà vu que nous disposons d'un excellent substitut dans un langage actionnel, comportemental, opérationnel, fonctionnel. Ce type de langage implique les significations asymétriques modernes de 'ordre' et élimine le 'est' d'identité, qui introduit toujours une fausse évaluation.

À ces points de départ fondamentaux, nous devons ajouter le principe selon lequel notre langage doit avoir une structure *non-élémentalistique*. Avec ces exigences sémantiques *minimales*, nous sommes prêts à aller de l'avant.

Prenons n'importe quel objet de l'expérience ordinaire, disons celui que nous appelons habituellement un 'crayon', et analysons brièvement notre relation nerveuse avec lui. Nous pouvons le voir, le toucher, le sentir, le goûter, etc., et l'utiliser de différentes manières. L'une des relations que nous venons d'évoquer est-elle 'tout englobante' ou notre prise de connaissance par l'une d'entre elles n'est-elle que *partielle?* Il est évident que chacun de ces moyens permet une prise de connaissance de cet objet qui n'est pas seulement *partielle*, mais qui est aussi *spécifique* pour les centres nerveux qui sont engagés. Ainsi, lorsque nous regardons l'objet, nous ne recevons pas de stimuli olfactifs ou gustatifs, mais seulement des stimuli visuels, etc.

Si l'objet que nous appelons 'crayon' reposait couché sur la surface de ce papier et que nous le regardions le long de la surface du papier dans une direction perpendiculaire à sa longueur, il serait généralement vu comme un objet allongé, pointu à une extrémité. En revanche, si nous l'observons le long du plan du papier, perpendiculairement à notre direction précédente, nous le verrons comme un disque. Cette illustration est grossière, mais elle sert à montrer que la prise de connaissance obtenue via un moyen spécifique (par exemple, la vision) est également *partielle* dans un autre sens ; elle varie en fonction de la position, etc., de tout observateur spécifié, Dupond ou une caméra.

En outre, tout moyen donné fournit, pour des observateurs *différents*, des prises de connaissances différentes. Ainsi, la vision montre le crayon à un observateur, Dupond, comme une tige pointue, et à un autre observateur, Tartempion, comme un disque. La sensation, à travers d'autres récepteurs, dépend tout autant de nombreuses conditions ; et des observateurs différents reçoivent des impressions différentes. L'histoire bien connue des cinq aveugles et de l'éléphant illustre bien ce phénomène.

En raison des différences de sensibilité des récepteurs des Dupond et des Durand (daltonisme partiel, astigmatisme, hypermétropie, etc.), tout moyen de prise de connaissance donné (par exemple, la vision) donne à différents observateurs des rapports différents d'un même objet. La prise de connaissance est donc personnelle et individuelle.

Une fois encore, les rapports reçus par des canaux particuliers sont influencés par le type de rapports qui ont déjà été reçus par ce canal. Pour quelqu'un qui n'a pas vu d'arbres fréquemment, un épicéa et un sapin ne sont pas perçus comme différents. Il s'agit simplement d'arbres à feuilles persistantes. Avec une vision plus éclairée, cette personne différencie plus tard, peut-être, quatre sortes d'épicéas. En raison de ce facteur d'expérience, la *réponse* de chaque individu à des stimuli externes similaires est individuelle. Nous pouvons seulement *nous mettre d'accord* sur les couleurs, les formes, les distances, etc., qu'en ignorant le fait que l'effet du 'même' stimulus est différent d'un individu à l'autre. En outre, nous ne disposons d'aucun moyen précis pour comparer nos impressions.

Le facteur 'temps' entre en ligne de compte, car nous ne pouvons pas prendre connaissance avec notre crayon *de tous les côtés à la fois*. Nous ne pouvons pas non plus observer la forme extérieure et la structure intérieure 'en même temps'. Il se peut même que nous négligions complètement d'examiner la structure interne. Plus important encore est le fait que tous nos moyens réunis ne nous permettent qu'une prise de connaissance *partielle* et personnelle du 'crayon'. Nous inventons continuellement des moyens extra-neuraux qui révèlent de nouvelles caractéristiques et des détails plus fins. Ce processus n'est jamais achevé. Personne ne peut jamais acquérir une prise de connaissance 'complète' d'un objet aussi simple qu'un crayon. La chimie, la physique, l'utilisation des variétés, etc., offrent des champs de prise de connaissance qui peuvent être étendus indéfiniment. La nature est inépuisable ; les événements ont un nombre infini de caractéristiques, ce qui explique la richesse et le nombre infini de possibilités de la nature.

J'ai utilisé le mot 'prise de connaissance' délibérément, parce qu'il semble vague et que, jusqu'à présent, les jeux de mots *élémentalistiques* n'ont pas gâché ce terme.

Dans cette analyse, j'ai dû éviter autant que possible les termes *élémentalistiques* de 'sensorialité' et d'"esprit". Si nous nous rappelons l'exemple des roses en papier dans le cas du rhume des foins, nous nous rendrons compte que les termes 'sensorialité' et 'esprit' ne sont pas fiables, en particulier chez les humains. Il suffit de se rappeler l'expérience des titres de journaux, également citée plus haut.

Nous devenons meilleur dans notre prise de connaissance de l'objet en l'explorant de multiples façons et en nous construisant différentes images, toutes partielles et alimentées par un contact direct ou indirect avec différents centres nerveux. Au cours de ces explorations, différents centres nerveux fournissent leurs réponses *spécifiques* aux différents stimuli. D'autres centres nerveux supérieurs les résument, éliminent les détails les plus faibles, et ainsi, progressivement, notre prise de connaissance devient plus complète tout en restant *spécifique* et *partielle*, et les problèmes sémantiques d'*évaluation, de significations*, commencent à être importants.

Si nous essayons de choisir un terme qui décrive structurellement les processus essentiels à notre prise de connaissance de l'objet, nous devrions choisir un terme qui implique le 'non-toutisme' et la spécificité de la réponse aux stimuli.

Si nous passons d'un niveau aussi primitif à un niveau de 1933 et que nous nous interrogeons sur ce que nous savons réellement d'un objet et de la structure de sa matière, nous constatons qu'en 1933, nous savons avec certitude que la structure interne des matériaux est très *différente* de ce que nous percevons par nos 'dispositifs sensoriels' grossiers au niveau macroscopique. Elle semble avoir un caractère dynamique et une structure extrêmement fine, que ni la lumière, ni les centres nerveux affectés par la lumière, ne peuvent enregistrer.

Ce que nous voyons n'est structurellement qu'un *effet de masse statistique* spécifique d'événements qui se produisent à un niveau beaucoup plus fin. Nous *voyons* ce que nous voyons parce que tous les détails les plus fins nous *échappent*. Pour notre propos, il suffit généralement de ne traiter que de la vue ; cela simplifie la rédaction, et les commentaires formulés s'appliquent à tous les autres 'dispositifs sensoriels', bien qu'à des degrés différents.

En 1933, dans notre économie humaine, nous devons tenir compte d'au moins trois niveaux. Le premier est le niveau submicroscopique de la science, ce que la science 'sait' *à propos de* 'ceci'. Le deuxième est le niveau macroscopique brut, celui de l'expérience quotidienne des objets bruts. Le troisième est le niveau verbal.

Nous devons également évaluer une question sémantique importante, à savoir l'importance relative de ces trois niveaux. Nous savons déjà que pour prendre connaissance d'un objet, nous devons non seulement l'explorer sous tous les points de vue possibles et le mettre en contact avec le plus grand nombre possible de centres nerveux, car c'est une condition essentielle de 'savoir', mais nous ne devons pas non plus oublier que nos centres nerveux doivent résumer les différentes images partielles spécifiques qu'ils ont abstraites. Dans la classe de vie humaine, nous trouvons un nouveau facteur, qui n'existe dans aucune autre forme de vie, à savoir que nous avons la capacité de rassembler toutes les expériences connues de différents individus. Cette capacité augmente considérablement le nombre d'observations qu'un seul individu peut traiter, et notre prise de connaissance du monde qui nous entoure et qui est en nous devient ainsi beaucoup plus raffinée et exacte. Cette capacité, que j'appelle la capacité de time-binding, n'est possible que parce que, à la différence des animaux, nous avons développé, ou perfectionné, des moyens extra-neuraux par lesquels, sans altérer notre système nerveux, nous pouvons affiner son fonctionnement et étendre son champ d'application. Nos instruments scientifiques enregistrent ce que d'ordinaire nous ne pouvons pas voir, entendre, etc. Nos centres neuronaux verbaux nous permettent d'échanger et d'accumuler des expériences, bien que personne ne puisse vivre toutes ces expériences ; et elles seraient vite oubliées si nous n'avions pas de moyens neuronaux et extra-neuraux pour les enregistrer.

Là encore, l'organisme fonctionne comme-un-tout. Toutes les formes d'activités humaines sont interconnectées. Il est impossible de sélectionner une caractéristique particulière et de la traiter dans un 'isolement' élémentalistique délirant comme étant la plus importante. La science devient une extension extraneurale du système nerveux *humain*. On peut s'attendre à ce que la structure du système nerveux éclaire la structure de la science et, inversement, à ce que la structure de la science élucide le fonctionnement du système nerveux humain.

Ce fait est très important, sémantiquement, et n'est généralement pas suffisamment souligné ou analysé. Lorsque nous prenons en compte ces faits indéniables, nous trouvons les résultats déjà obtenus tout à fait naturels et nécessaires, et nous comprenons mieux pourquoi un individu ne peut pas être considéré comme entièrement sane s'il ignore totalement la *méthode* et la structure *scientifiques*, et conserve donc des *réactions sémantiques* primitives.

Pour une théorie de la sanité, ces trois niveaux sont importants. Nos 'dispositifs sensoriels' réagissent comme ils le font parce qu'ils sont réunis comme-un-tout dans une structure vivante, qui possède des potentialités ou des capacités pour le langage et la science.

Si nous cherchons à savoir ce que nous *faisons* en science, nous constatons que nous 'observons' silencieusement et que nous enregistrons ensuite nos observations *verbalement*. D'un point de vue neurologique, nous abstrayons tout ce que les instruments et nous-mêmes pouvons abstraire, puis nous résumons et, enfin, nous généralisons, ce qui signifie que les processus à abstraire sont poussés plus loin.

Dans notre 'prise de connaissance' des objets quotidiens, nous faisons à peu près la même chose. Nous abstrayons tout ce que nous pouvons et, selon le degré d'intelligence et d'information dont nous disposons, nous résumons et généralisons. Du point de vue psychophysiologique, l'ignorant est neurologiquement déficient. Mais 'savoir' ou 'croire' quelque chose de faux quant aux faits est encore plus dangereux et s'apparente à un délire, comme nous l'enseignent la psychiatrie et l'expérience quotidienne[1]. C'est une erreur neurologique de traiter la science de manière 'isolée' et de ne pas tenir compte de son rôle psychophysiologique.

Dans la construction de notre langage, un processus neurologique similaire devient évident. Si nous voyions une série d'individus différents, que nous pourrions appeler Dupond, Durand, Tartempion, etc., nous pourrions, par un processus d'abstraire des caractéristiques, séparer les individus par taille ou par couleur ; puis, en nous concentrant sur une caractéristique et en ignorant les autres, nous pourrions construire des classes ou des abstractions plus élevées, telles que les 'blancs', les 'noirs', etc. En abstrayant encore, en rejetant la différence de couleur, etc., nous parviendrons finalement au terme 'être humain'. Cette procédure est générale.

Les études anthropologiques montrent clairement que le degré de 'culture' des peuples primitifs peut être mesuré par les ordres d'abstractions qu'ils ont produites. Les langages primitifs se caractérisent en particulier par un nombre énorme de noms d'objets individuels. Certaines ethnies sauvages ont des noms pour désigner un pin, un chêne, etc., mais n'ont pas d'"arbre", qui est une abstraction supérieure à celle de 'pins', 'chênes', etc. D'autres tribus ont le terme 'arbre', mais n'ont pas l'abstraction encore plus élevée 'forêt'. Il n'est pas nécessaire d'insister sur le fait que les abstractions supérieures sont des dispositifs extrêmement *pratiques*. Il y a une économie énorme qui facilite la compréhension mutuelle dans le fait de pouvoir être bref dans une déclaration tout en couvrant des sujets plus vastes.

Considérons une déclaration primitive 'J'ai vu l'arbre$_1$ ', suivie d'une description des caractéristiques individuelles 'J'ai vu l'arbre$_2$ ', avec une description individuelle minutieuse, etc., où arbre$_1$, arbre$_2$, etc., représentent les noms des arbres individuels. Si un événement intéressant s'était produit dans un endroit où il y avait une centaine d'arbres, il faudrait beaucoup de temps pour observer assez bien les arbres individuels et encore plus de temps pour en donner une description approximative. Une telle méthode n'est pas pratique, elle est *fondamentalement sans fin* ; le mécanisme est lourd, il implique de nombreuses caractéristiques *non pertinentes* ; et il est impossible d'exprimer en quelques mots tout ce qui pourrait être *important*. Le progrès doit être lent ; le niveau général de développement d'une ethnie ou d'un individu donné doit être faible. Il convient de noter que le problème d'*évaluation* entre en jeu, impliquant immédiatement de nombreux processus psycho-logiques et sémantiques des plus importants. Des remarques similaires s'appliquent à la façon d'abstraire chez les enfants en bas âge, les adultes 'mentalement' déficients et certains malades 'mentaux'.

En effet, comme le savent déjà les lecteurs de mon *Manhood of Humanity*, la 'classe de vie humaine' se différencie principalement des 'animaux' par la rapidité de son progrès grâce à la rapidité de l'accumulation des expériences passées. Cela n'est possible que lorsque des moyens de communication appropriés sont établis, c'est-à-dire lorsque des ordres d'abstraction de plus en plus élevés sont élaborés.

Toutes les 'lois' scientifiques et autres généralisations d'ordre supérieur (même des mots isolés) sont précisément des méthodes expédientes (NdT : utiles et opportunes) et représentent des abstractions d'ordre très élevé. Elles sont particulièrement importantes parce qu'elles accélèrent le progrès et aident à résumer et à abstraire les résultats obtenus par d'autres. Naturellement, ce processus d'abstraire a également des conséquences pratiques uniques. Lorsque les 'éléments' chimiques étaient 'permanents' et 'immuables', notre physique et notre chimie étaient très peu développées. Avec l'avènement d'abstractions plus élevées, telles que les théories dynamiques monistiques et générales de toute la 'matière' et de l'"électricité", les théories des champs unitaires, etc., la liberté créative de la science et le contrôle de la 'nature' ont énormément augmenté et continueront d'augmenter.

La psychiatrie semble également fournir des données indiquant que les maladies 'mentales' sont connectées soit à un arrêt du développement, soit à une régression vers des niveaux phylogénétiquement plus anciens et plus primitifs, ce qui implique bien sûr des abstractions d'ordre inférieur. Du point de vue d'une théorie de la sanité, une différenciation nette entre 'être humain' et 'animal' devient impérative. En effet, dans le cas de l'être humain, la méconnaissance de cette différence peut conduire au copiage des animaux, ce qui entraînerait une *régression* sémantique et deviendrait en fin de compte une maladie 'mentale'.

Bien que les organismes aient eu des prises de connaissance avec les objets depuis plusieurs centaines ou milliers de millions d'années, les abstractions supérieures qui caractérisent "l'être humain" n'ont que quelques centaines de milliers d'années. Par conséquent, les courants nerveux ont une tendance naturelle à sélectionner les voies nerveuses les plus anciennes et les plus fréquentées. L'éducation doit contrecarrer cette tendance qui, d'un point de vue *humain*, représente une régression ou un sousdéveloppement.

Nous savons maintenant combien il est important pour un système-$\bar{A}$ d'abandonner les anciennes implications et d'adopter un langage actionnel, comportemental, opérationnel ou fonctionnel. Au niveau neurologique, ce que le système nerveux *fait*, c'est abstraire, dont la synthèse, l'intégration, etc., de ce qu'il a abstrait ne sont que des aspects particuliers. C'est pourquoi je choisis le terme *abstraire* comme fondamental.

La signification standard d'"abstrait", 'abstraire' implique 'sélectionner', 'choisir', 'séparer', 'résumer', 'déduire', 'enlever', 'omettre', 'désengager', 'enlever', 'dépouiller', et en tant qu'adjectif, non 'concret'. Nous voyons que le terme 'abstraire' implique structurellement et sémantiquement les activités caractéristiques du système nerveux et constitue donc un excellent terme *physiologique fonctionnel*.

Il y a d'autres raisons pour rendre fondamental le terme 'abstraire' qui, d'un point de vue *pratique*, sont importantes. Une mauvaise habitude ne peut être facilement éliminée que par la formation d'une nouvelle contre-réaction sémantique. Nous avons tous des *habitudes linguistiques* et des *réactions sémantiques* indésirables, mais bien ancrées, qui sont devenues presque automatiques, surchargées d'évaluation 'émotionnelle' inconsciente. C'est la raison pour laquelle les nouveaux 'non-systèmes' sont, au début, si difficiles à acquérir. Nous devons nous débarrasser des vieilles habitudes structurelles avant de pouvoir acquérir les nouvelles *réactions sémantiques*. Les géométries $\bar{E}$ ou les systèmes $\bar{N}$ ne sont pas plus difficiles que les anciens systèmes. Ils sont peut-être même plus simples. La principale difficulté sémantique, pour ceux qui sont habitués à l'ancien, consiste à se défaire des vieilles habitudes linguistiques structurelles, à redevenir flexibles et réceptifs aux ressentis, et à acquérir de nouvelles *réactions sémantiques*. Des remarques similaires s'appliquent à un degré plus marqué à un système-$\bar{A}$. La majorité d'entre nous n'a pas grand-chose à voir *directement* avec les systèmes $\bar{E}$ ou $\bar{N}$ (bien qu'indirectement nous ayons tous beaucoup à voir avec eux). Mais nous vivons tous notre vie immédiate dans un monde humain encore désespérément A (*Aristotélicien*). Par conséquent, un système-$\bar{A}$, quels que soient les avantages qu'il peut apporter, est très handicapé par les anciens blocages sémantiques.

En construisant un tel système, cette résistance naturelle ou persistance des anciennes *réactions sémantiques* doit être prise en considération et, si possible, contrecarrée. L'une des mauvaises habitudes les plus pernicieuses que nous avons acquises 'émotionnellement' de l'ancien langage est le sentiment de 'toutisme', de 'concrétude', en connexion avec le 'est' d'identité et de l'élémentalisme. L'un des principaux points du présent système-$\bar{A}$ est d'abord d'éliminer complètement de nos *réactions sémantiques* ce 'toutisme' et cette 'concrétude', qui sont tous deux structurellement injustifiés et conduisent à l'identification, à l'absolutisme, au dogmatisme et à d'autres perturbations sémantiques. Habituellement, le terme 'abstrait' est opposé au terme 'concret', qui est lié à un vague sentiment de 'toutisme'. En rendant le terme fonctionnel *abstraire* fondamental, nous établissons une contre-réaction sémantique des plus efficaces pour remplacer les anciens termes qui avaient des implications structurelles aussi vicieuses. En effet, il est relativement facile d'accepter l'expression 'abstractions de différents ordres', et quiconque le fait verra combien de clarté et d'équilibre sémantique il acquerra automatiquement.

D'un point de vue *non-élémentalistique*, le terme 'abstraire' est également très satisfaisant. La structure du système nerveux est constituée de niveaux ordonnés, et tous les niveaux passent par le processus d'abstraire à partir des autres niveaux.

Le terme implique une activité générale, non seulement du système nerveux comme-un-tout, mais aussi de tout le protoplasme vivant, comme nous l'avons déjà expliqué. Les activités caractéristiques du système nerveux, telles que la synthèse, l'intégration, etc., sont également incluses par voie de conséquence.

Si nous voulons utiliser nos termes d'une manière strictement *non-élémentalistique*, il nous faut abandonner l'ancienne division en 'abstractions physiologiques', qui implique 'corps', et 'abstractions mentale', qui, à son tour, implique 'esprit', toutes deux prises d'une manière élémentalistique. Nous pouvons facilement le faire en postulant des abstractions de différents ordres. Il convient de noter que l'utilisation ci-dessus du terme 'abstraire' diffère de l'ancien usage. La différence sémantique consiste à regrouper toutes les abstractions effectuées par notre système nerveux sous un seul terme et à distinguer les différentes abstractions en fonction de leur ordre, ce qui est justifié d'un point de vue fonctionnel et structurel.

Le terme 'abstractions de premier ordre' ou 'abstractions d'ordre inférieur' ne fait pas de distinction entre 'corps' et 'esprit'. *En pratique*, il correspond à peu près aux 'entrées sensorielles' ou aux sensations immédiates, sauf que, implicitement, il *n'élimine pas 'esprit'*. Le terme 'abstractions d'ordre supérieur' n'élimine pas non plus 'corps' ou 'sensorialité', bien qu'il corresponde approximativement aux processus 'mentaux'.

Du point de vue de 'ordre', le terme 'abstraire' a beaucoup d'avantages. Nous avons vu l'importance structurelle et sémantique du terme 'ordre' et la nécessité de parler de l'activité du système nerveux en termes d'ordre. Si nous établissons le terme 'abstraire' comme fondamental pour ses implications sémantiques *générales*, nous pouvons facilement rendre les significations plus précises et spécifiques dans chaque cas en ayant des "abstractions d'ordres différents".

Nous avons également vu que les termes que nous sélectionnons doivent inclure l'environnement par implication : il n'est pas difficile de voir que le terme 'abstraire' implique 'abstraire de quelque chose' et inclut donc l'environnement par voie de conséquence.

L'expression "abstractions d'ordres différents" est, dans ce travail, aussi fondamentale que l'était l'expression 'time-binding' dans l'ouvrage précédent de l'auteur, *Manhood of Humanity*. Il est donc impossible d'être exhaustif à ce sujet à ce stade ; nous en dirons plus au fur et à mesure de notre progression.

Mais nous sommes déjà parvenus à des résultats sémantiques importants. Nous avons choisi notre métaphysique structurelle et décidé qu'en 1933, nous devrions accepter la métaphysique de 1933, qui est donnée *exclusivement* par la science. Nous avons décidé d'abandonner le 'est' d'identité faux quant aux faits et d'utiliser, à la place, le meilleur langage disponible, à savoir un langage actionnel, comportemental, fonctionnel, opérationnel, fondé sur 'ordre'. Et enfin, nous avons trouvé un terme qui est fonctionnellement satisfaisant et qui a les implications structurelles et neurales correctes, qui représente un terme *non-élémentalistique* et dont les significations peuvent être étendues et affinées indéfiniment en leur attribuant des ordres différents.

En passant à la perspective scientifique générale, des remarques structurelles similaires sur un point de vue *non-élémentalistique* s'appliquent, et sont sémantiquement importantes. En raison du caractère *non-élémentalistique* du travail des auteurs sur la théorie d'Einstein et la nouvelle théorie quantique, ce matériel est largement utilisé dans le présent ouvrage. Il existe un parallélisme structurel, méthodologique et sémantique marqué entre toutes les tentatives modernes *non-élémentalistiques*, qui sont extrêmement efficaces sur le plan psycho-logique. Les Parties IX et X contiennent davantage d'informations à ce sujet.

Si nous revenons à l'analyse de l'objet que nous avons appelé 'crayon', nous constatons que, malgré toutes les 'similarités', cet objet est unique, différent de tout le reste, et qu'il a une relation *unique* avec le reste du monde. Nous devons par conséquent lui donner un *nom unique*. Heureusement, nous nous sommes déjà familiarisés avec la façon dont les mathématiciens fabriquent une gamme infinie de noms individuels sans élargir indûment le vocabulaire. Si nous appelons l'objet donné 'crayon$_1$', nous pourrions appeler un autre objet similaire 'crayon$_2$', etc. De cette manière, nous produisons des noms individuels et couvrons ainsi les *différences*. En conservant la racine principale du mot 'crayon', nous conservons les implications de la vie quotidienne, ainsi que les *similarités*. L'utilisation habituelle d'un tel dispositif est structurellement et sémantiquement d'une extrême importance. Il a déjà été souligné à plusieurs reprises que notre abstraire à partir d'objets ou de situations physiques se fait par manque, négligence ou oubli, et que ces caractéristiques négligées produisent généralement des erreurs d'évaluation, ce qui entraîne des désastres dans la vie. Si nous acquérons cette habitude mathématique extensionnelle d'utiliser des noms spéciaux pour des individus uniques, nous devenons conscients, non seulement des similarités, mais aussi des différences, et cette conscience est l'un des mécanismes qui favorisent une évaluation correcte et permettent de prévenir ou d'éliminer les perturbations sémantiques.

Nous avons donc devant nous un objet unique que nous appelons d'un nom unique 'crayon$_1$'. Si nous cherchons à savoir ce que la science 1933 a à dire sur cet objet, nous constatons qu'il représente structurellement un processus dynamique extrêmement complexe. Pour notre objectif, qui est *intuitif*, il importe peu que nous acceptions l'objet comme étant composé d'atomes et l'atome comme étant composé d'électrons tourbillonnants, etc., ou que nous acceptions la théorie quantique plus récente, telle qu'elle est exposée dans la Partie X, selon laquelle l'atome est formulé en termes d'"électrons", mais l'"électron" est la région où certaines ondes se renforcent mutuellement, au lieu d'être un 'morceau' de quelque chose. Il est sans importance pour nous que les atomes soient de taille finie ou qu'ils s'étendent indéfiniment et ne soient perceptibles que dans les régions où les ondes se renforcent. Naturellement, cette dernière hypothèse a un fort attrait sémantique, puisqu'elle rendrait compte, une fois élaborée, de nombreux autres faits, tels que la 'plénitude', dans un langage *non-élémentalistique* ; mais elle nécessiterait probablement de postuler certaines structures sous-électroniques.

Ce qui est important pour nos *réactions sémantiques*, c'est que nous nous rendions compte que les matériaux macroscopiques bruts avec lesquels nous sommes familiers *ne* sont *pas* simplement ce que nous voyons, ressentons, etc., mais qu'ils consistent en des processus dynamiques d'une structure extrêmement fine ; et que nous nous rendions compte en outre que nos 'dispositifs sensoriels' ne sont pas adaptés pour enregistrer ces processus sans l'aide de moyens extra-neuraux et d'abstractions d'ordre supérieur.

Rappelons à cet égard l'exemple familier d'un ventilateur rotatif, composé de pales radiales séparées, mais qui, lorsqu'il tourne à une certaine vitesse, donne l'impression d'un *disque solide*.

Dans ce cas, le 'disque' n'est pas la 'réalité', mais une intégration nerveuse ou une abstraction des pales en rotation. Non seulement nous voyons le 'disque' *(b)* là où il n'y en a pas, mais si les pales tournent assez vite, nous ne pourrions pas jeter du sable à travers, car le sable serait trop lent pour passer avant d'être frappé par l'une des pales.

Le 'disque' représente un *phénomène conjoint* des lames en rotation *(a)* et du pouvoir d'abstraire de notre système nerveux, qui n'enregistre que les aspects macroscopiques grossiers et les vitesses lentes, mais *pas* les activités plus fines à des niveaux plus subtils. Nous ne pouvons pas reprocher à 'l'esprit fini' de ne pas avoir enregistré les différentes lames, car les instruments physiques peuvent se comporter de la même manière. Par exemple, les illustrations *(a)* et *(b)* sont des photographies d'un petit ventilateur que j'utilise dans mes conférences, et l'appareil photographique a également manqué les pales en rotation et n'a enregistré qu'un 'disque', dans la Fig. 1b.

Pour notre propos, on peut supposer qu'il se passe quelque chose d'à peu près similaire dans ce que nous appelons habituellement les 'matériaux'. Ceux-ci sont composés de processus dynamiques à grain fin, un peu comme les 'lames rotatives' de notre exemple ; et ce que nous enregistrons est le 'disque', qu'il s'agisse d'une table, d'une chaise ou de nous-mêmes.

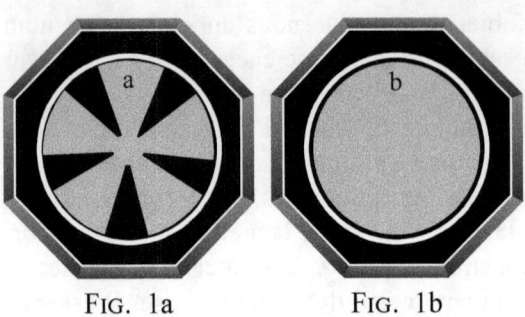

Fig. 1a   Fig. 1b

Pour une raison similaire, nous pouvons supposer que nous ne pouvons pas passer notre doigt à travers une table, car notre doigt est trop épais et trop lent, et que, pour certains matériaux, il faut des rayons X pour être assez agiles pour pénétrer.

Les analogies ci-dessus sont utiles à notre propos, mais elles sont simplifiées à l'extrême et ne doivent pas être considérées comme une explication scientifique.

Ce processus neural semble être très général, et dans toutes nos expériences quotidiennes, les structures dynamiques fines sont perdues pour nos 'entrées sensorielles' grossières. Nous enregistrons des 'disques', bien que l'investigation découvre non pas des 'disques', mais des 'lames' en rotation. Notre expérience macroscopique brute n'est qu'une abstraction nerveuse d'un quelque ordre défini.

Comme nous avons besoin parler de ces problèmes, nous devons choisir le meilleur langage à notre disposition. Ce langage devrait être *non-élémentalistique* et, structurellement, le plus proche des faits. Un tel langage a été construit et se trouve dans le langage différentiel et quadridimensionnel de l'espace-temps et dans la nouvelle mécanique quantique. En pratique, il est simple d'attribuer une date à chaque "point d'espace", mais il faut un certain entraînement pour obtenir cette *réaction sémantique*. Le langage de l'espace-temps *n'est pas élémentalistique*. La nouvelle notion de 'point' dans l'"espace-temps", un tel 'point' ayant toujours une date associée et n'étant donc jamais identique à un autre point, a reçu le nom de 'point-événement', ou simplement d'"événement".

Le comment passer de point-événements à des événements macroscopiques étendus est un problème de 'logique' mathématique. Plusieurs schémas tout à fait satisfaisants ont été proposés, dans les détails desquels il n'est pas nécessaire d'entrer ici. Comme la structure *non-élémentalistique* du langage de l'espace-temps semble différente de l'ancien langage élémentalistique de 'espace' *et* 'temps', il est évident que l'ancien terme 'matière', qui appartenait à l'appareil descriptif de 'espace' *et* 'temps', devrait également être abandonné, et que les 'morceaux' de matériaux dont nous avons parlé devraient être désignés par des termes structurellement nouveaux. En fait, nous savons que l'ancien terme 'matière' peut être remplacé par un autre terme connecté à la 'courbure' de l'"espace-temps".

Il existe un exemple frappant de ce que signifie la structure d'une forme de représentation. Dans un article publié dans les 'Proceedings of the National Academy of Science' de février 1926, le professeur G. Y. Rainich, mathématicien, a tenté d'introduire la 'masse' dans l'espace-temps, les termes appartenant à des formes de représentation de structure différente. Il y est parvenu, mais au prix d'une scission de l'espace-temps en espace *et* temps originels. À ma connaissance, il s'agit de la première preuve de l'interdépendance interne et structurelle d'une forme de représentation. Ce fait est d'une importance sémantique extraordinaire pour les psycho-logues et les psychiatres, qui étudient toujours le symbolisme d'une manière ou d'une autre. Il serait très intéressant que ces problèmes soient résolus par eux.

Comme abstraire dans de nombreux ordres semble être un processus général que l'on retrouve dans toutes les formes de vie, mais particulièrement chez les humains, il est important d'être clair à ce sujet et de choisir un langage de structure appropriée. Comme nous le savons déjà, nous utilisons *un unique* terme, par exemple 'pomme', pour au moins *quatre* entités totalement différentes : à savoir (1) l'événement, ou objet scientifique, ou les processus physico-chimiques submicroscopiques, (2) l'objet ordinaire fabriqué à partir de l'événement par nos centres nerveux inférieurs, (3) l'image psycho-logique probablement fabriquée par les centres supérieurs, et (4) la définition verbale du terme. Si nous utilisons un langage d'adjectifs et de formes sujet-prédicat se rapportant aux impressions 'sensorielles', nous utilisons un langage qui traite d'entités *à l'intérieur de notre peau* et de caractéristiques totalement inexistantes dans le monde extérieur. Ainsi, les événements extérieurs à notre peau ne sont ni froids ni chauds, ni verts ni rouges, ni sucrés ni amers, etc., mais ces caractéristiques sont fabriquées par notre système nerveux à l'intérieur de notre peau, en réponse uniquement à différentes manifestations énergétiques, à des processus physico-chimiques, etc. Lorsque nous utilisons de tels termes, nous parlons de caractéristiques qui sont absentes du monde extérieur et nous construisons un monde anthropomorphique et illusoire dont la structure n'est pas similaire à celle du monde qui nous entoure. Il n'en va pas de même si nous utilisons un langage d'ordre, de relations ou de structure, qui peut s'appliquer à des événements submicroscopiques, à des niveaux objectiques, à des niveaux sémantiques, et qui peut également être exprimé par des mots. En utilisant ce langage, nous traitons des caractéristiques trouvées ou découvertes à tous les niveaux, qui nous fournissent des données *structurelles* d'une importance unique pour la connaissance. Ordonnancer sur des niveaux sémantiques supprime dans le même temps l'identification. Il est extrêmement important de se rendre compte que l'attitude relationnelle, etc., est facultative et peut être appliquée partout et toujours, une fois qu'on se rend compte des avantages susmentionnés. Ainsi, tout objet peut être considéré comme un ensemble de relations entre ses parties, etc., toute perception 'sensorielle' peut être considérée comme une réponse à un stimulus, etc., qui introduit à nouveau des relations, etc. Comme les relations se retrouvent dans le monde scientifique submicroscopique, le monde objectique, ainsi que dans les mondes psycho-logique et verbal, il est bénéfique d'utiliser un tel langage parce que sa *structure est similaire* à celle du monde extérieur et de notre système nerveux, et qu'il est applicable à tous les niveaux. L'utilisation d'un tel langage conduit à la découverte de relations invariantes généralement appelées 'lois de la nature', nous fournit des données structurelles qui constituent le seul contenu possible de la 'connaissance', et élimine également les spéculations, identifications et *réactions sémantiques* anthropomorphiques, primitives et délirantes.

CHAPITRE XXV
SUR LE STRUCTUREL DIFFÉRENTIEL

On ne peut pas reconnaître un événement, car lorsqu'il a disparu, il a disparu . . . Mais on peut reconnaître le caractère d'un événement. . . . Les choses que nous reconnaissons ainsi, je les appelle des objets. (573)

A.N. WHITEHEAD

Lorsqu'il y a jugement d'identité ou de différence, c'est qu'une réaction associative particulière de second ordre se produit, conditionnée par la réaction primaire, qu'elle soit identique ou différente ; c'est un gain de connaissance perceptive. (411)

HENRI PIÉRON

Dans une certaine mesure, la pratique de la pensée, de la décision, du sentiment, de l'appréciation et de la sympathie façonne la personnalité du penseur. On peut supposer que les schémas stables d'association corticale sont modifiés par l'accomplissement de ces actes, tout comme, à un niveau inférieur, les muscles sont modifiés par des exercices systématiques. (222)

JUDSON HERRICK

L'analyse expérimentale de la mémoire des formes insusceptibles de schématisation symbolique m'a convaincu de la grande importance de la kinesthésie oculaire et de la faible part de la visualisation chez presque tous les individus, avec l'illusion générale de représentations réellement visuelles, illusion très forte, surtout lorsque la schématisation symbolique et verbale est possible. Les idées qui se substituent à la représentation visuelle, et qui jouent le même rôle, sont facilement confondues avec elle. (411)

HENRI PIÉRON

Les yeux du chien lui donnent parfois une expression plus intelligente que celle de son maître, et il n'y a pas de doute qu'il les utilise à très bon escient ; mais ce ne sont pas nos yeux. (221)

C. JUDSON HERRICK

Avant de récapituler, sous la forme d'un schéma structurel, ce qui a été dit dans le chapitre précédent, je dois expliquer brièvement l'utilisation du terme 'événement'. L'introduction de nouveaux termes dans un langage représente toujours une difficulté initiale pour l'étudiant. Il est toujours conseillé, voire possible, d'introduire des termes qui sont structurellement proches de notre expérience quotidienne. Actuellement, en physique, nous avons un double langage : celui de l'"espace-temps", dans la 'courbure' duquel 'matière' est connectée d'une certaine manière, et celui des quanta. La structure des deux langages est très différente et, à l'heure actuelle, les scientifiques n'ont pas réussi à traduire un langage dans l'autre. Einstein, dans sa dernière théorie unifiée des champs, a réussi, par l'introduction de nouvelles notions, à amalgamer les phénomènes électromagnétiques avec la théorie générale de la relativité ; mais même ce nouveau langage n'inclut pas la théorie quantique. Pour mon propos, il est important d'amalgamer les deux langages en tant que procédé pictural intuitif, qui, d'un point de vue technique, attend encore d'être formulé. Comme le continuum 'espace-temps' est le plus proche de notre expérience quotidienne, j'accepte le langage des 'événements' comme fondamental et n'y ajoute que quelques notions imagées tirées de la théorie quantique. Il ne fait aucun doute que le jour n'est pas loin où la théorie unifiée des champs sera étendue à la nouvelle théorie quantique, et cette anticipation ne semble donc pas illégitime.

Si nous prenons quelque chose, n'importe quoi, disons l'objet déjà mentionné, appelé 'crayon', et que nous demandons ce qu'il représente, selon la science 1933, nous constatons que l'"objet scientifique" représente un 'événement', une danse folle d'"électrons", qui est différente à chaque instant, qui ne se répète jamais, dont on sait qu'elle consiste en des processus dynamiques extrêmement complexes d'une structure très fine, qui agissent et réagissent sur le reste de l'univers, qui sont inextricablement connectés à tout le reste et qui dépendent de tout le reste. Si nous demandons *combien de caractéristiques* (*multiordinales*) nous devrions attribuer à un tel événement, la seule réponse possible est que nous devrions attribuer à un événement un nombre infini de caractéristiques, car il représente un processus qui ne s'arrête jamais sous une forme ou une autre et qui, à notre connaissance, ne se répète pas non plus.

Dans notre schéma, Fig. 1, nous l'indiquons par une parabole (A), qui est supposée s'étendre indéfiniment, extension que nous indiquons par une ligne brisée (B). Nous symbolisons les caractéristiques par des petits cercles (C), dont le nombre est évidemment indéfiniment grand.

En dessous, nous symbolisons l'"objet" par le cercle (O), qui a une taille finie. Les caractéristiques de l'objet sont également représentées par de petits cercles similaires (C'). Le nombre de caractéristiques que possède un objet est grand mais *fini*, et est désigné par le nombre fini de petits cercles (C').

Ensuite, nous attachons une étiquette à l'objet, son nom, disons 'crayon$_1$', que nous indiquons dans notre diagramme par l'étiquette (L). Nous attribuons également des caractéristiques aux étiquettes, et nous indiquons ces caractéristiques par les petits cercles (C'').

Le nombre de caractéristiques que nous attribuons par *définition* à l'étiquette est encore inférieur au nombre de caractéristiques de l'objet. À l'étiquette 'crayon$_1$', nous attribuerions, par exemple, sa longueur, son épaisseur, sa forme, sa couleur, sa dureté, etc. Mais nous *ne tiendrons pas compte*, pour l'essentiel, des caractéristiques accidentelles, telles qu'une rayure sur sa surface, ou le type de colle par laquelle les deux parties en bois du 'crayon' objectique sont maintenues ensemble, etc. Si nous voulons un 'crayon' objectique et que nous nous rendons dans un magasin pour en acheter un, nous le disons et nous ne spécifions verbalement que les caractéristiques qui nous *intéressent* particulièrement dans *l'immédiat*.

Il est clair que l'objet nous intéresse souvent pour certaines caractéristiques particulières d'utilité ou de valeur immédiate. Si nous nous interrogeons sur les processus neurologiques impliqués dans l'inscription mentale de l'objet, nous constatons que le système nerveux a *abstrait*, à partir du nombre infini de caractéristiques submicroscopiques de l'événement, un nombre important mais fini de caractéristiques macroscopiques. En achetant un 'crayon', nous ne nous intéressons généralement pas à son odeur ou à son goût. Mais si nous nous intéressions à ces abstractions, nous devrions trouver l'odeur et le goût de notre objet par l'expérience.

Mais ce n'est pas tout. L'objet représente dans ce langage une abstraction macroscopique grossière, car notre système nerveux n'est pas adapté pour abstraire directement les nombres infinis de caractéristiques que représente la structure fine

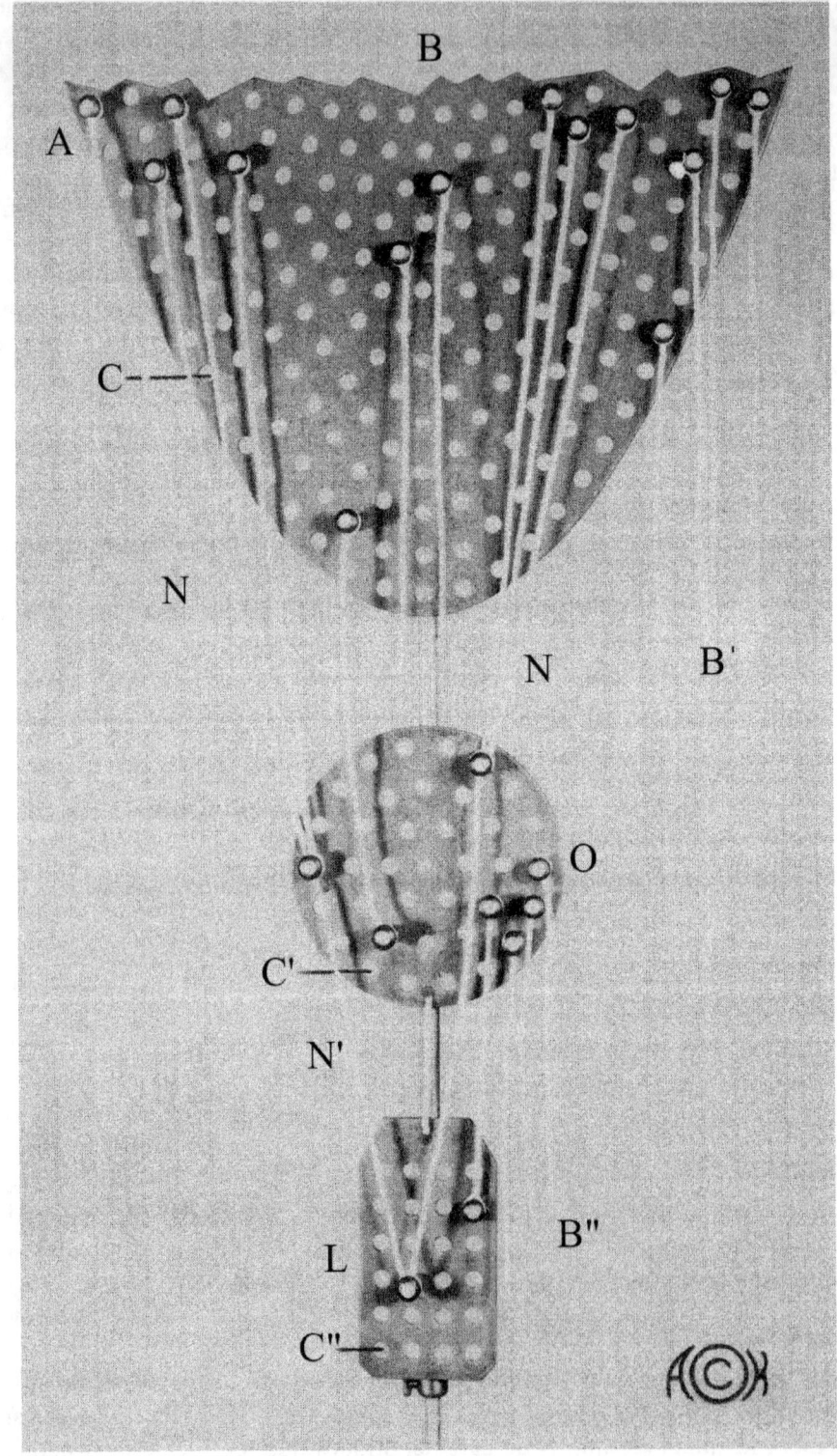

Fig. 1

dynamique infiniment complexe de l'événement. Nous devons considérer l'objet comme une 'première abstraction' (avec un nombre fini de caractéristiques) à partir des caractéristiques en nombres infinis que possède un événement. Les considérations ci-dessus sont en parfait accord non seulement avec le fonctionnement du système nerveux mais aussi avec sa structure. Notre système nerveux inscrit mentalement d'abord les objets dans ses centres inférieurs, et chacune de ces abstractions spécifiques inférieures est appelée objet. Si nous devions définir un objet, nous devrions dire qu'un objet représente une première abstraction avec un nombre fini de caractéristiques *multiordinales* venant de caractéristiques *multiordinales* en nombres infinis que possède un événement.

Évidemment, si notre inspection de l'objet se fait par les centres nerveux inférieurs, le nombre de caractéristiques que possède l'objet est plus grand (goût, odeur, etc., de notre crayon$_1$) que le nombre de caractéristiques que nous avons besoin d'attribuer à l'étiquette. L'étiquette, dont *l'importance* réside dans ses *significations pour nous*, représente une abstraction encore plus élevée de l'événement et étiquette (NdT : au sens étiqueter) généralement aussi une *réaction sémantique*.

Nous sommes parvenus à certaines conclusions structurelles évidentes et très importantes de l'évaluation de type *non-élémentalistique*. Nous voyons que l'objet *n'est pas* l'événement mais une abstraction à partir de celui-ci, et que l'étiquette *n'est ni* l'objet *ni* l'événement, mais une abstraction encore plus poussée. Le processus nerveux d'abstraire est représenté par les lignes (N), (N'). Les caractéristiques *laissées de côté*, ou qui n'ont pas été abstraites, sont indiquées par les lignes (B'), (B").

Pour notre objectif sémantique, la distinction entre les abstractions inférieures et supérieures semble fondamentale ; mais, bien sûr, nous pourrions appeler l'objet simplement l'abstraction de premier ordre, et l'étiquette, avec ses significations, l'abstraction de second ordre, comme indiqué dans le diagramme.

Si nous voulions savoir comment ce problème d'abstraire dans des ordres différents apparaît comme un cas limite chez les animaux, nous devrions choisir un individu défini avec lequel nous ferions l'analyse. Pour notre analyse, qui est délibérément de caractère extensionnel, nous choisissons un animal avec un nom propre défini, correspondant à 'Dupond' parmi nous. Un tel animal s'impose d'emblée pour des raisons purement verbales.

C'est celui que nous appelons 'Médor'. Pratiquement tous les francophones connaissent le nom 'Médor'. En outre, la plupart d'entre nous aiment les chiens et savent à quel point ils sont 'intelligents'.

Les recherches et les expériences ont montré que le système nerveux d'un Médor présente, dans sa structure et son fonctionnement, des similarités marquées avec celui d'un Dupond. On peut par conséquent supposer que, d'une manière générale, il fonctionne de la même manière. Nous avons déjà parlé de l'événement en termes de reconnaissance, à savoir que nous ne pouvons jamais reconnaître un événement, car il change continuellement. Whitehead souligne la différence fondamentale entre un événement et un objet en termes de *reconnaissance*, à savoir qu'un événement ne peut pas être reconnu et qu'un objet peut être reconnu. Il définit l'objet comme la partie reconnaissable de l'événement. L'utilisation de cette définition nous permet de vérifier si Médor a des 'objets'. Puisque les expériences montrent que Médor peut reconnaître, nous devons lui attribuer des objets par définition. Si nous nous demandons ce que représentent les objets de Médor, la structure et la fonction de son système nerveux, qui sont très similaires aux nôtres, suggèrent que les objets de Médor représentent également des *abstractions* d'un ordre inférieur, à partir des événements. Ses objets seraient-ils 'les mêmes' que les nôtres? Non. Tout d'abord, les abstractions d'événements que nous appelons objets ne sont pas 'les mêmes', même lorsqu'elles sont abstraites par différents individus parmi les humains. Un exemple extrême de ceci peut être donné dans cette forme limitée de troubles de la perception des couleurs que l'on appelle le daltonisme, lorsqu'un objet qui apparaît vert à la plupart des personnes apparaît rouge aux quelques personnes qui souffrent de cette maladie. Il ne fait actuellement aucun doute que les abstractions nerveuses de tous les organismes sont individuelles, non seulement pour chaque individu, mais aussi à différents 'moments' pour un même individu, et qu'elles diffèrent également pour ces groupes supérieurs (abstractions) que nous appelons espèces. Nous ne pouvons inférer comment le monde apparaît à un organisme particulier que si sa structure nerveuse est assez semblable à la nôtre. Dans le cas d'espèces très éloignées les unes des autres sur le plan neurologique, de telles inférences sont totalement injustifiées. Ainsi, d'un point de vue général, les 'objets' de Médor ne sont pas 'les mêmes' que les nôtres ; d'un point de vue neurologique, ils semblent seulement similaires. Dans l'expérience quotidienne, nous savons que nous devrions avoir des difficultés à reconnaître notre propre gant parmi mille autres, mais Médor pourrait effectuer cette détection pour nous beaucoup mieux. Le 'même' gant a donc dû être inscrit mentalement dans le système nerveux de Médor d'une manière différente de celle dont il l'a été dans le nôtre.

Nous indiquons cette similarité entre l'objet humain (O_h) et l'objet animal (O_a) en réduisant la taille du cercle (O_a) et nous soulignons la différence entre les objets en espaçant différemment les trous représentant les caractéristiques. Le fait que nous appelions les objets (O_h) et (O_a) 'abstractions de premier ordre' ou 'abstractions de centième ordre', ou simplement 'abstractions inférieures', est essentiellement facultatif. Il ne fait aucun doute sur le plan neurologique que tous les 'objets' représentent des *abstractions de bas niveau* et que l'utilisation d'un nombre pour indiquer l'ordre est simplement une question de convention et de commodité. Si nous commencions par la cellule vivante la plus simple, nous pourrions attribuer à ses abstractions le terme d'abstractions de 'premier ordre'. Si nous devions étudier de cette manière toutes les formes de vie connues, nous pourrions attribuer à Médor et à Dupond de très grands nombres comme ordres d'abstractions. Mais cela n'est pas nécessaire, comme nous le verrons plus loin.

Nous constatons que Médor qui abstrait à partir des événements, en tout cas, dans les ordres inférieurs, 'a des objets' (O_a) qu'il peut reconnaître. La question est de savoir s'il abstrait dans les ordres supérieurs. Nous pourrions répondre que oui, dans certaines limites. Ou bien nous préférons considérer les limites de ses capacités à abstraire comme allant de soi et les inclure toutes dans les abstractions d'ordre inférieur. Pour des raisons de commodité et de simplicité, nous choisirons la dernière méthode et dirons qu'il n'abstrait pas dans les ordres supérieurs. Dans notre représentation schématique, nous allons découvrir des différences très importantes entre les capacités d'abstraire des humains et des animaux, et nous n'introduisons donc ici que

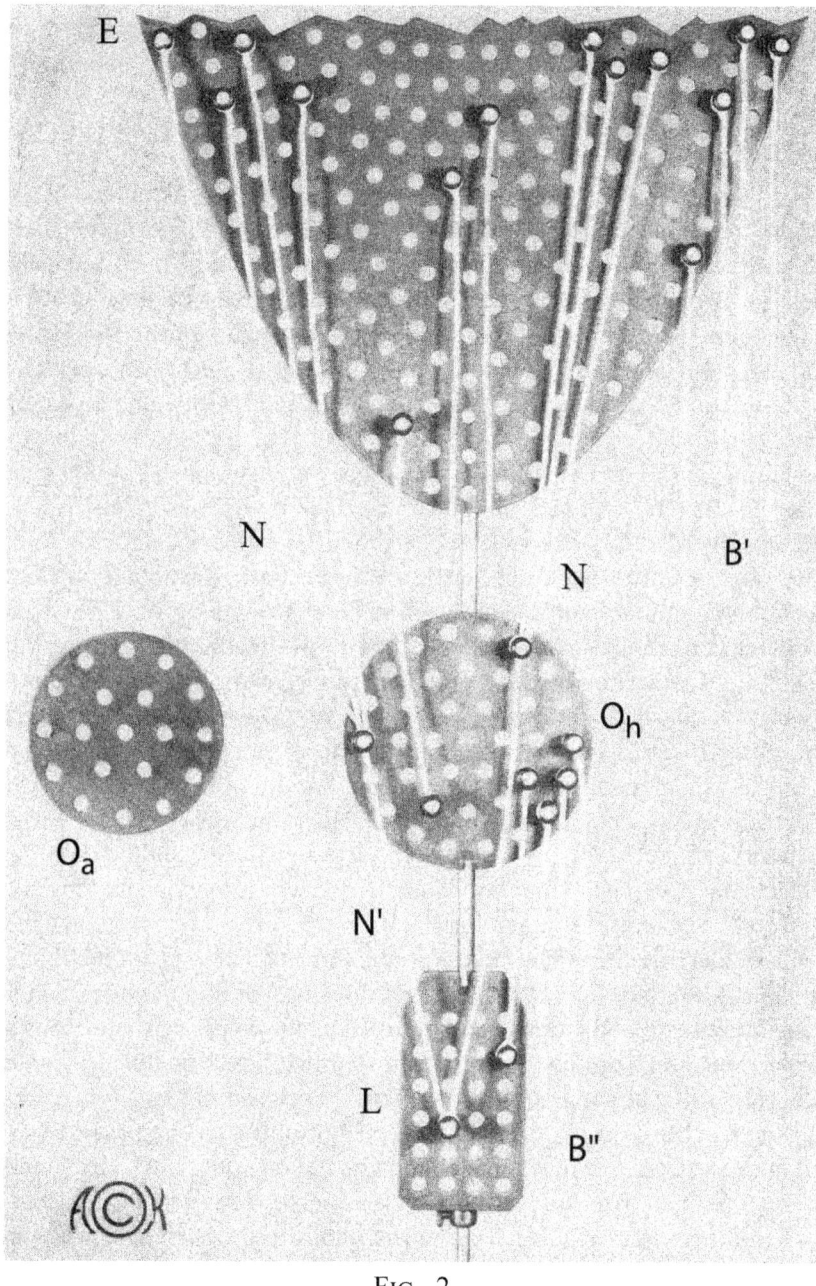

Fig. 2

la complexité nécessaire. Comme les animaux n'ont pas la parole, au sens humain du terme, et comme nous avons appelé 'abstraction de second ordre' l'étiquetage verbal* de l'objet, nous disons que les animaux n'abstraient pas aux ordres supérieurs.

---

* Dans le présent système, les termes 'étiquette', 'étiquetage', etc., sont toujours liés à leurs significations et, par souci de simplicité, la référence à la signification sera désormais omise.

Si nous comparons notre diagramme et ce qu'il représente avec les faits bien connus de la vie quotidienne, nous voyons que les capacités d'abstraire de Dupond ne sont pas limitées à deux ordres, ou à n'importe quels 'n' ordres d'abstractions.

Dans nos diagrammes, l'étiquette (L) représente le *nom* que nous avons attribué à l'objet. Mais nous pouvons également considérer le niveau de la première étiquette (L) comme un niveau *descriptif* ou une déclaration. Nous savons très bien que Dupond peut toujours dire quelque chose à *propos* d'une déclaration (L), c'est un fait établi. D'un point de vue neurologique, cette déclaration (L_1) *qui s'ensuit* à propos de la déclaration (L) serait la réponse nerveuse à la déclaration précédente (L) qu'il a vue ou entendue ou même produite par lui-même à l'intérieur de sa peau. Ainsi, sa déclaration (L_1) *à propos de* la déclaration précédente (L), est une *nouvelle abstraction* de l'abstraction précédente. Dans mon langage, je l'appelle une abstraction d'un ordre supérieur. Dans ce cas, nous serons aidés par l'utilisation de nombres. Si nous appelons le niveau (L) une abstraction de *deuxième ordre*, nous devons appeler une abstraction de *cette abstraction* une abstraction de *troisième ordre*, (L_1). Une fois qu'une abstraction de troisième ordre a été produite, elle devient, à son tour, un fait établi, potentiellement un stimulus, et peut être abstraite davantage et faire l'objet d'une déclaration, qui devient une abstraction de quatrième ordre (L_2). Ce processus n'a pas de limites précises, car chaque fois que des déclarations d'un ordre quelconque sont faites, nous pouvons toujours faire une déclaration à leur sujet et produire ainsi une abstraction d'un ordre encore plus élevé. Cette capacité est pratiquement universelle parmi les organismes que nous appelons 'humains'. Nous atteignons ici une différence fondamentale entre 'Dupond' et 'Médor'. Le *pouvoir d'abstraire* de Médor *s'arrête quelque part*, même s'il peut inclure quelques ordres. Ce n'est pas le cas de 'Dupond', dont le pouvoir d'abstraire n'a pas de limite connue (voir Partie VI).

Le lecteur est peut-être sémantiquement perplexe par manque de familiarité avec le langage de cette analyse. Il faut admettre qu'introduire un nouveau langage suscite généralement la perplexité et que cette introduction *n'est seulement* justifiée *que* si le nouveau langage accomplit, sur le plan structurel et sémantique, quelque chose que les anciens langages n'avaient *pas* accompli. Dans le cas présent, elle nous a permis d'établir une nouvelle distinction *catégorique* entre "l'être humain" et "l'animal". Le nombre d'ordres d'abstractions qu'un 'animal' peut produire est *limité*. Le nombre d'ordres d'abstractions qu'un 'être humain' peut produire est, en principe, *illimité*.

C'est là que se trouve le mécanisme fondamental du pouvoir de 'time-binding' qui caractérise l'être humain et qui lui permet, en principe, de rassembler les *expériences* de toutes les générations passées. Une abstraction d'ordre supérieur, disons d'ordre $n+1$, est faite en réponse au stimulus d'abstractions d'*ordre n*. Chez les 'humains', les abstractions d'ordre élevé produites par d'autres, ainsi que celles produites par soi-même, sont des stimuli pour abstraire à des ordres encore plus élevés. Ainsi, en principe, nous commençons là où la génération précédente s'est arrêtée. Il convient de noter que, dans la présente analyse, nous avons abandonné les méthodes et le langage structurellement *élémentalistiques*, et l'ensemble de l'analyse devient simple, bien que nonfamilière parce qu'elle implique de nouvelles *réactions sémantiques non-élémentalistiques*.

L'explication qui précède justifie ma déclaration précédente selon laquelle l'attribution de nombres absolus aux ordres d'abstraction de "l'animal" et de "l'être humain" n'est pas nécessaire. Dans notre diagramme, nous pourrions attribuer à l'animal autant d'ordres d'abstractions que nous le désirons ; cependant, nous devrions admettre, pour l'exactitude structurelle de la description des faits expérimentaux, que le pouvoir d'abstraire de "l'animal" a des limites, tandis que le nombre d'ordres d'abstractions qu'un 'être humain' peut produire n'a pas de limites connues.

D'un point de vue épistémologique et sémantique, cette méthode présente un avantage important. Dans ce langage, nous avons découvert des méthodes verbales et analytiques *catégoriques*, en termes d'"ordres d'abstractions" *non-élémentalistiques*, par lesquelles ces deux 'classes de vie', ou ces deux hautes abstractions, peuvent être différenciées. Les termes 'animal' et 'être humain' représentent chacun un nom pour une abstraction d'ordre très élevé, et non un nom pour un individu objectique. Formuler la différence entre ces 'classes' devient un problème d'*ingéniosité structurelle verbale et de méthodes*, car dans la vie, nous n'avons affaire qu'à des individus absolus sur les niveaux objectiques et indicibles. Dans notre diagramme, nous pourrions accrocher à l'objet 'animal' autant de niveaux d'étiquettes, qui représentent des abstractions d'ordre supérieur, qu'il nous plairait ; pourtant, quelque part, nous devrions nous arrêter ; mais avec 'être humain', nous pourrions continuer indéfiniment.

Cette différence *catégorique* entre "l'être humain" et "l'animal" peut être appelée *'différence horizontale'*. L'utilisation habituelle de *nos mains* pour montrer ces différents niveaux horizontaux est extrêmement utile dans l'étude de ce travail et facilite grandement l'acquisition du langage structurellement nouveau et des *réactions sémantiques* correspondantes. La solution de la plupart des difficultés sémantiques humaines (évaluation) et l'élimination de l'identification pathologique résident précisément dans le maintien, sans confusion, de la différenciation nette entre ces niveaux horizontaux d'ordres d'abstractions.

Examinons maintenant la possibilité d'une *'différence verticale'* catégorique. Nous sommes déjà parvenus à la conclusion que Médor abstrait des objets à partir des événements et que, si son système nerveux est similaire au nôtre, ses abstractions d'ordre inférieur sont similaires aux nôtres. Nous pouvons ici poser la question suivante : Médor 'sait-il', ou peut-il 'savoir', qu'il abstrait? Il semble indéniable que Médor ne 'sait' pas et *ne peut pas 'savoir'* qu'il abstrait, *parce qu'il faut de la science pour 'savoir'* que nous abstrayons, et Médor n'a pas de science. Il est sémantiquement important que nous soyons entièrement convaincus sur ce point. Nous ne discutons pas du type de 'connaissance' que les animaux peuvent avoir ou de la valeur relative de cette 'connaissance' par rapport à la nôtre. La science a été rendue possible grâce au système nerveux humain et à l'invention de moyens extra-neuraux d'investigation et d'enregistrement, dont les animaux sont totalement dépourvus. Quiconque prétend que les animaux ont de la science devrait, pour le moins, montrer des bibliothèques, des laboratoires scientifiques et des instruments produits par des animaux.

Nous voyons que, bien que Médor ait abstrait, non seulement il ne 'sait' pas, mais il *ne peut pas* 'savoir' qu'il abstrait, car cette dernière 'connaissance' est donnée exclusivement par la science, que les animaux n'ont pas. *Dans cette conscience*

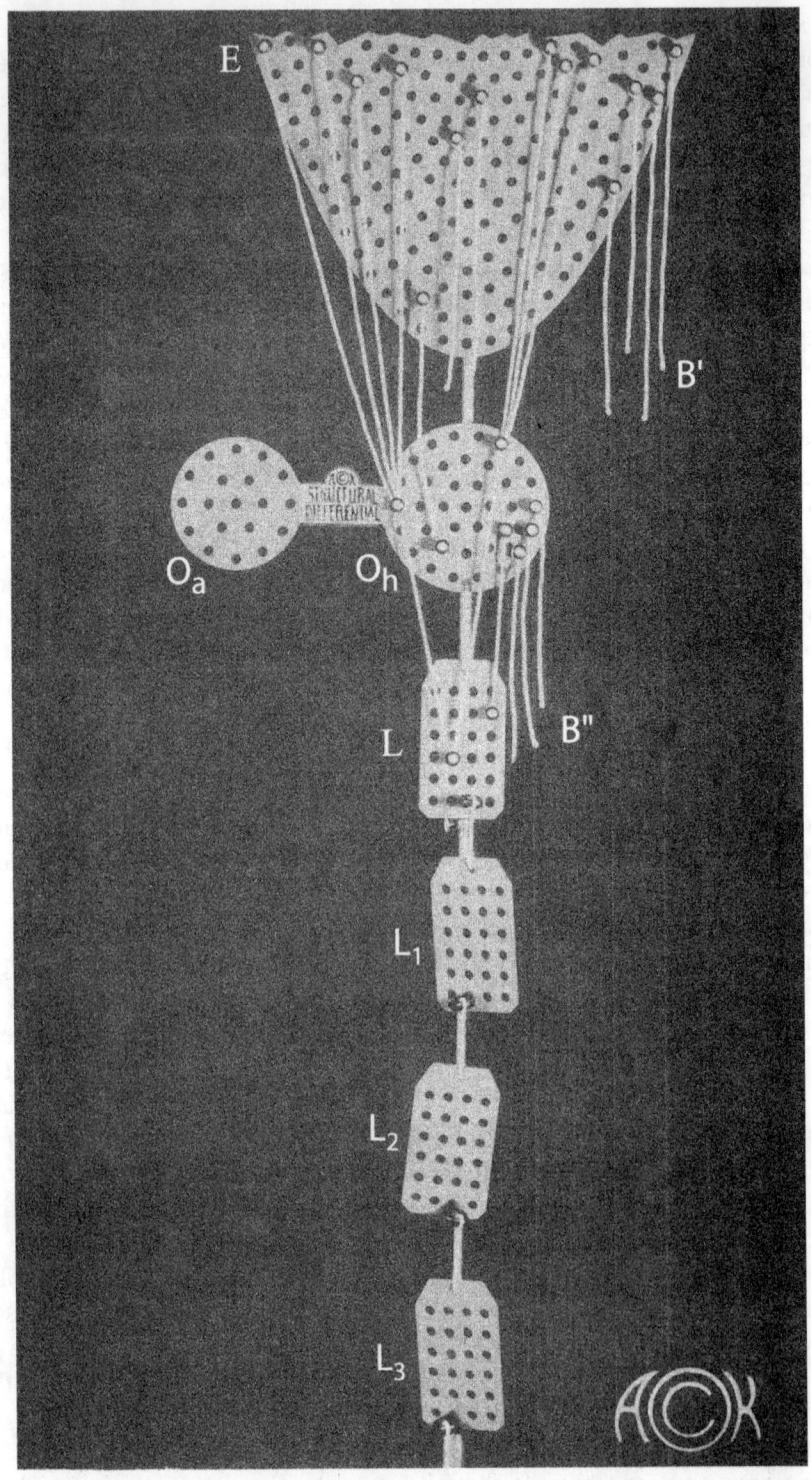

Fig. 3
Le Structurel Différentiel

d'abstraire, nous trouvons une 'différence verticale' très importante entre Dupond et Médor. La différence est encore une fois très catégorique.

Si, dans notre diagramme, Fig. 4, nous attribuons à Médor plus d'ordres horizontaux d'abstractions, disons deux, (H_1) et (H_2), "l'animal" s'arrête néanmoins quelque part. Ce diagramme étendu illustre le fait que l'être humain est capable d'abstraire indéfiniment dans des ordres de plus en plus élevés. Dans ce schéma, nous symbolisons le fait que Médor ne 'sait' pas et ne peut pas 'savoir' qu'il abstrait, en ne reliant pas les caractéristiques de son objet (O_a) par des lignes (A_n) avec l'événement (E). *Sans science, nous n'avons pas d'événement ; l'objet macroscopique brut de Médor* (O_a) représente 'tout' ce qu'*il 'connaît' ou ce dont il se soucie.* Nous voyons que la *différence verticale* (V_1) formulée comme conscience d'abstraire pour Dupond apparaît catégoriquement, et différencie complètement Médor de Dupond. En cela nous trouvons le mécanisme sémantique de toute *évaluation* convenable, *fondée* sur la *non-identification* ou la différenciation entre des ordres d'abstractions, impossible avec les animaux.

Dans ce diagramme, nous avons introduit davantage d'objets, car chaque individu abstrait, en général, à partir d'un événement, des objets *différents*, en ce sens qu'ils *ne sont pas identiques* à tous égards. Nous devons être en permanence attentifs que dans la vie, au niveau objectique indicible, nous n'avons affaire qu'à des individus absolus, qu'il s'agisse d'objets, de situations ou de *réactions sémantiques*. La stratification verticale ne nous donne pas seulement une représentation de la différence catégorique entre "l'être humain" et "l'animal", mais elle nous permet également d'entraîner nos *réactions sémantiques* à l'individualité absolue de nos objets et de ceux des différents observateurs, ainsi qu'aux différences entre leurs abstractions individuelles. Ce qui a été dit ici s'applique également à tous les effets de premier ordre au niveau objectique, tels que les ressentis immédiats, etc.

La présente théorie ne peut être pleinement bénéfique que si le lecteur acquiert dans *son système* le ressenti habituel des stratifications à la fois verticales et horizontales avec lequel l'identification devient impossible. Dans les expériences du docteur Philip S. Graven avec les malades 'mentaux', l'entraînement à se rendre compte de cette stratification a abouti soit à une guérison complète, soit à une amélioration considérable de l'état du patient.

Le diagramme est utilisé de *deux* manières distinctes. La première consiste à montrer le fait d'abstraire à partir de l'événement vers l'objet et le fait d'appliquer un nom à l'objet. L'autre consiste à illustrer le niveau des déclarations qui peuvent être faites à propos des déclarations. Si nous avons différents objets et que nous leur attribuons différents noms, disons par exemple, $A_1, A_2, A_3 \ldots A_n$, etc., nous n'avons toujours pas de proposition. Pour faire une proposition, nous devons accepter un terme relationnel non-défini, par lequel nous relions un objet à l'autre. L'utilisation de ce diagramme pour illustrer les *niveaux ou ordres de déclarations* implique que nous avons choisi une certaine métaphysique telle qu'elle est exprimée dans nos termes relationnels non-définis. Nous devrions être pleinement vigilants de la différence entre ces *deux* utilisations du même diagramme pour l'illustration structurelle de deux aspects d'un seul processus.

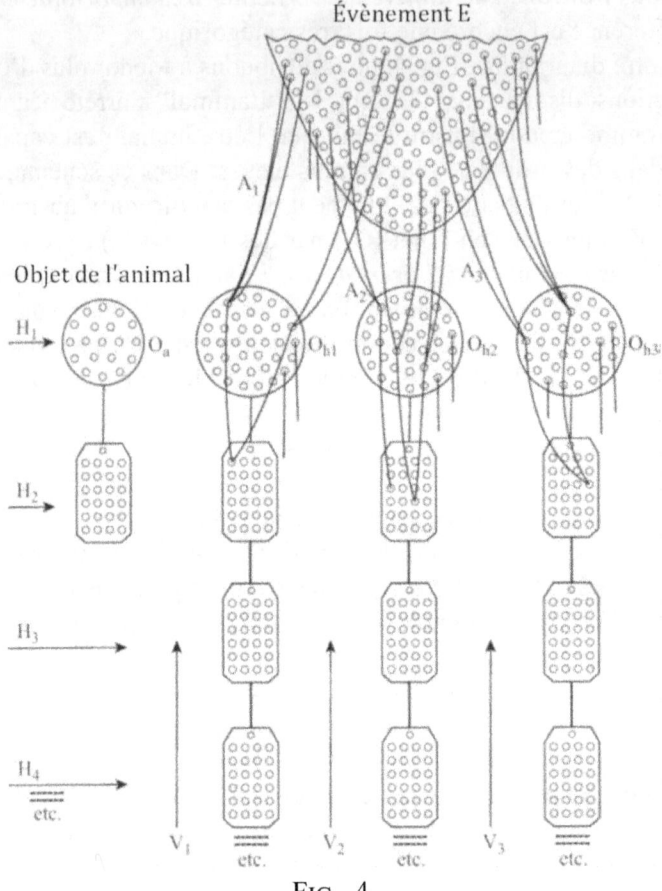

Fig. 4

Si nous nous interrogeons : que représentent les caractéristiques de l'événement? Nous constatons qu'elles ne sont données que par la science et qu'elles représentent à chaque date les abstractions les plus élevées, les plus vérifiées et les plus fiables que 'Dupond' a produites.

La théorie et la pratique ont montré que les points illustrés par les schémas structurels ci-dessus ont une importance sémantique cruciale, car, sans les utiliser, il est pratiquement impossible de s'entraîner ou d'entraîner les autres et d'accomplir la rééducation psychophysiologique. C'est pour cette raison que les schémas ont été élaborés séparément pour l'usage à la maison et scolaire, sous la forme simplifiée illustrée par la Fig. 5. Ce diagramme structurel est appelé 'Anthropomètre' ou 'Structurel Différentiel', car il illustre la différence structurelle fondamentale entre le monde, *et donc l'environnement*, de l'animal et de l'être humain. Si nous vivons dans un monde *humain* aussi complexe, mais que nos *réactions sémantiques*, en raison d'une mauvaise *évaluation*, ne sont ajustées qu'au monde plus simple de l'animal, exempt, pour le moins, de complications de facture humaine, alors l'ajustement et la sanité des *humains* sont impossibles. Nos *réactions sémantiques* sont condamnées à suivre les schémas animalistiques les plus simples, *pathologiques pour l'être humain*. Toute l'expérience humaine, scientifique ou autre, montre que nous copions encore les animaux dans nos réactions nerveuses, en essayant de nous adapter à un monde de *structure animale* fictive et simple, alors qu'*en vrai* nous vivons dans un monde de *structure humaine* très complexe qui est tout à fait différent. Naturellement, dans de telles conditions, qui s'avèrent en fin de compte délirantes, l'adaptation *humaine* est impossible et aboutit à de fausses évaluations, à des *réactions sémantiques* animalistiques et à l'état général de non-sanité.

Quiconque effectuera la présente analyse à l'aide du Structurel Différentiel constatera clairement que la majorité des difficultés humaines, y compris les troubles 'mentaux' ou sémantiques qui peuvent être évités ou guéris, sont dus à cette erreur *structurelle* fatale, qui entraîne une évaluation erronée due à l'identification ou à l'absence de différenciation.

Les Structurels Différentiels sont fabriqués sous deux formes :

(1) sous forme de carte imprimée à accrocher au mur ou au tableau ;

(2) sous forme de relief avec des étiquettes détachables. Comme le problème principal est d'entraîner et de rééduquer les *réactions psychophysiologiques sémantiques* à la non-identité, la forme en relief est la plus efficace en raison des ficelles qui pendent librement, des étiquettes détachables, etc., qui permettent d'engager plus de centres nerveux dans l'entraînement. Je décrirai ce dernier type en détail.

Pour l'événement, nous disposons d'une parabole en relief (E), brisée pour indiquer son extension sans limite. Le disque (O_h) symbolise l'objet humain ; le disque (O_a) représente l'objet animal. L'étiquette (L) représente l'abstraction supérieure appelée nom (dont la signification est donnée par une définition). Les lignes (A_n) dans le diagramme en relief sont des ficelles suspendues qui sont attachées à des chevilles. Elles indiquent le processus d'abstraire. Les ficelles libres (B_n) indiquent les caractéristiques les plus importantes *laissées de côté*, négligées ou oubliées quand on abstrait. Les Différentiels Structurels sont accompagnés d'un certain nombre d'étiquettes distinctes attachées à des chevilles. Elles sont accrochées l'une à l'autre en série, et la dernière peut être attachée à l'événement par une longue cheville, pour indiquer que les caractéristiques de l'événement représentent les abstractions les plus élevées que nous ayons produites à chaque date. *Le niveau objectique n'est pas les mots, et ne peut être atteint par les mots seuls. Nous devons pointer du doigt et nous taire, sinon nous n'atteindrons jamais ce niveau*. Nos ressentis personnels appartiennent au niveau objectique et *ne sont pas* non plus des mots.

L'entièreté de la présente théorie peut être illustrée sur le Structurel Différentiel par l'opération enfantine simple qui consiste pour l'enseignant à montrer du doigt l'événement puis l'objet, en disant 'Ceci *n'est pas* ceci' et en insistant sur le silence de la part de l'élève. Il faut continuer en montrant du doigt l'objet et l'étiquette, en disant de nouveau 'Ceci n'*est pas* ceci', en *insistant sur le silence* au niveau objectique ; puis en montrant la première et la deuxième étiquette, en disant de nouveau 'Ceci *n'est pas* ceci', etc.

Dans un langage plus complexe, on pourrait dire que l'objet *n'est pas* l'événement, que l'étiquette *n'est pas* l'objet indicible, et qu'une déclaration sur une déclaration

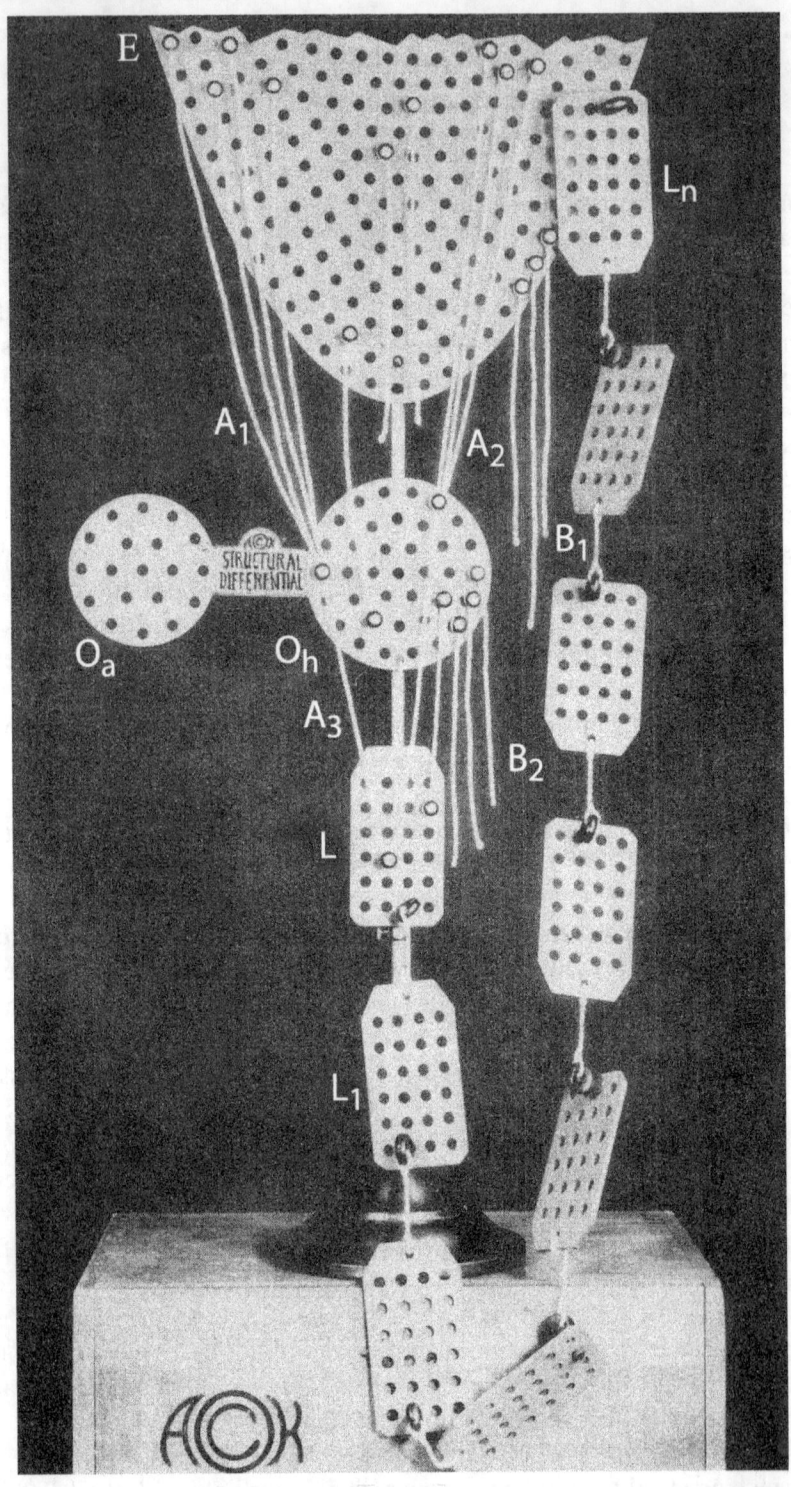

Fig. 5
Le Structurel Différentiel

n'est pas la 'même' déclaration, ni sur un seul niveau. Nous voyons et sommes amenés à visualiser que le système-$\bar{A}$ est fondé *sur la réfutation du 'est' d'identité*, ce qui nécessite de différencier les ordres d'abstractions.

Le petit mot 'être' apparaît comme un mot très particulier et est peut-être responsable de nombreuses difficultés sémantiques humaines. Si les anthropologues ont raison, seuls quelques peuples primitifs possèdent ce verbe. La majorité ne l'a pas et n'en a pas besoin, car toutes leurs *réactions sémantiques* et leurs langages sont pratiquement fondés sur l'*identification* littérale, et[1] impliquent l'*identification* littérale. En passant du stade primitif de la société humaine au stade actuel, légèrement supérieur, que l'on pourrait appeler stade infantile, ou période infantile, l'identification trop grossière n'était plus possible. Des langages ont été construits, fondés sur une identification légèrement modifiée ou limitée, et, pour plus de flexibilité, le 'est' d'identité a été introduit de manière explicite. Bien que l'analyse *structurelle* des langages en général, et de ceux des peuples primitifs en particulier, ait été très limitée, nous savons que dans les langages indo-européens, le verbe 'être', entre autres, est utilisé comme *verbe auxiliaire* et également dans le but de poser des identités fausses quant aux faits. Avec l'absence prévalente primitive de la conscience d'abstraire et la croyance primitive en la magie des mots, les *réactions sémantiques* étaient telles que les mots étaient identifiés avec les niveaux objectifs. Il n'est peut-être pas exagéré de dire que la 'psychologie' primitive avait particulièrement besoin d'une identité aussi fondamentale. L'identité peut être définie comme un 'mêmeisme absolu à tous égards' qui, dans un monde de processus en constante évolution et dans un monde humain d'un nombre indéfini d'ordres d'abstractions, apparaît comme une impossibilité *structurelle*. L'identité apparaît donc comme une généralisation primitive 'sur-émotionnelle' de similarité, égalité, équivalence, équipollence, etc., et, en aucun cas, elle n'apparaît en fait comme 'mêmeisme absolu à tous points de vue'. Dès lors que le caractère structurellement *délirant* de l'identité est mis en évidence, il devient impératif pour la sanité d'éliminer ces facteurs délirants de nos langages et de nos *réactions sémantiques*. Avec l'avènement de la 'civilisation', l'utilisation de ce mot s'est élargie, mais certaines des implications primitives fondamentales et des effets sémantiques psycho-logiques ont été préservés. Si nous utilisons le 'est' à tout bout de champ, et il est extrêmement difficile d'éviter complètement ce verbe auxiliaire lorsque nous utilisons des langages qui, dans une large mesure, en dépendent, nous devons être particulièrement attentifs à ne pas utiliser 'est' comme un terme d'identité.

En 1933, la somme de connaissances sur les peuples primitifs est considérable. Les anthropologues ont rassemblé un nombre énorme de faits descriptifs, sur lesquels ils sont pratiquement tous d'accord, mais les différentes écoles d'anthropologie divergent fortement quant à l'interprétation de ces faits. En gros, l'école britannique tente d'interpréter les faits en attribuant aux primitifs la 'psychologie' et la 'logique' déficientes de la personne occidentale. Les écoles française et polonaise évitent ces tendances injustifiées et tentent de reconstruire les 'psychologies' et 'logiques' primitives originales qui pourraient être responsables du développement ou de l'absence de développement des peuples primitifs. Toutes les écoles acceptent, à ce jour, les 'psychologies' *élémentalistiques* existantes et la 'logique' deux-valuée A (*Aristotélicienne*) comme les disciplines standard, normales et, peut-être même, finales d'une civilisation humaine adulte. Aucune école ne soupçonne qu'un stade de civilisation A (*Aristotélicien*) semble être construit, dans une large mesure, sur les *identifications primitives* légèrement raffinées qui n'ont produit qu'une *période infantile* du développement humain. Elles ne soupçonnent pas qu'une future société $\bar{A}$ puisse différer aussi fortement de la société A (*Aristotélicienne*) actuelle que cette dernière diffère de la société primitive.

Dans mon travail, je préfère suivre les écoles d'anthropologie française et polonaise, car il me semble que ces écoles sont plus libres que les autres de l'identification sémantique et de l'aristotélisme.

En 1933, il semble, sans aucun doute, que *si* l'on pouvait sélectionner une seule caractéristique *sémantique* pour rendre compte de l'état primitif des individus et de leurs sociétés, on pourrait dire, sans trop se tromper, qu'elle se trouverait dans l'*identification*, entendue au sens plus général où elle est utilisée dans le présent ouvrage. Il ne fait guère de doute, à l'heure actuelle, que les différents facteurs physico-chimiques, environnement, climat, type d'alimentation, comportement colloïdal, sécrétions endocriniennes, etc., sont des facteurs fondamentaux qui conditionnent les potentialités et le comportement d'un organisme. Il est tout aussi certain que ces facteurs physico-chimiques sont liés à des types de *réactions sémantiques* bien déterminés. On sait que l'inverse est également vrai, à savoir que les *réactions sémantiques* affectent le comportement colloïdal, les sécrétions endocriniennes et le métabolisme. Le type exact de dépendance n'est pas connu, car trop peu d'expériences ont été réalisées sur des êtres humains. La présente analyse est menée du point de vue sémantique et ses résultats, quelle que soit leur portée, se limitent à cet aspect particulier.

Une simple analyse montre que l'identification est une condition nécessaire qui sous-tend les réactions des animaux, des nourrissons et des primitifs. Si on la trouve chez les adultes 'civilisés', elle indique également quelques vestiges de périodes antérieures de développement et peut toujours être retrouvée dans l'analyse de toutes les difficultés privées ou publiques qui empêchent toute solution satisfaisante. L'identification, sous une forme légèrement modifiée, représente également le fondement même du système-A (*Aristotélicien*) et des institutions qui sont fondées sur ce système.

Les mathématiques nous offrent pratiquement le seul système linguistique exempt d'identifications pathologiques, bien que les mathématiciens utilisent sans esprit critique ce terme. Plus l'identification est éliminée des autres sciences, plus la sémantique fonctionnelle et la méthode mathématiques sont appliquées, et plus une science donnée progresse.

Le mieux que nous sachions en 1933, c'est que la structure générale du monde n'était pas différente à l'époque préhistorique de ce qu'elle est aujourd'hui. Nous ne doutons pas que les matériaux de la haute antiquité étaient constitués de molécules, les molécules d'atomes, les atomes d'électrons et de protons, etc., ou tout ce que nous pourrons découvrir un jour. Nous ne doutons pas que le sang circulait dans les animaux supérieurs et dans les humains, que les vitamines présentaient des caractéristiques très semblables à celles d'aujourd'hui, que différentes formes d'énergie rayonnante influençaient le comportement colloïdal, etc., etc., et ce, indépendamment de ce que l'animal, l'être humain primitif ou l'enfant savait' ou 'sait' à leurs propos.

Qu'en est-il des *besoins et désirs physiques* primitifs d'un animal, d'un être humain primitif et d'un enfant? Outre toutes les raisons mystiques et mythologiques d'identification, les faits structurels de la vie *ont nécessité l'identification* à ce niveau de développement. *Sans* les connaissances modernes, ce qu'un animal affamé, un être humain primitif ou un nourrisson 'veut' 'est' un 'objet', disons une 'pomme'. Il 'définit' sa 'pomme' du mieux qu'il peut en termes de forme, de couleur, d'odeur, de goût, etc. Est-ce que c'est ce dont son organisme a besoin? De toute évidence, non. Nous pourrions actuellement produire une pomme synthétique non-nutritive qui répondrait à ses éventuelles définitions de type objectique ; il pourrait la manger, ainsi que de nombreuses 'pommes' de ce type, et finalement mourir de faim. Un régime alimentaire abondant et agréable, exempt de 'vitamines' insoupçonnées et invisibles, est-il satisfaisant pour la survie? Encore une fois, non ! Nous voyons donc clairement que ce dont l'organisme a besoin pour survivre, ce sont les processus physico-chimiques, qui ne se trouvent pas dans l'"objet ordinaire", mais exclusivement dans l'"objet scientifique", c'est-à-dire l'événement. Nous retrouvons ici l'identification ancienne et nécessaire, à ce niveau précoce, de l'objet ordinaire avec l'objet scientifique. Cette forme d'identification est extrêmement courante, même en 1933, et, dans une large mesure, responsable de notre faible développement, car, quoi que nous 'pensions' ou ressentions à propos d'un objet, un objet *ne* représente *qu'*une abstraction de bas niveau, qu'un *symbole général* pour l'*objet scientifique*, qui reste la seule préoccupation possible de l'organisme en matière de survie. Mais, évidemment, une telle identification, fausse quant aux faits, ne peut jamais être entièrement fiable. Si quelqu'un croit avoir affaire à la 'réalité ultime', alors que cette réalité *multiordinale* ne représente qu'une ombre projetée par l'objet scientifique, il commence, avec l'expérience, à se méfier de l'objet et à peupler son monde de mysticisme et de mythologies délirantes pour rendre compte des mystères de l'ombre.

Comme tout organisme représente un processus qui *abstrait* dans *différents ordres*, que l'animal, l'être humain primitif et le nourrisson ne peuvent pas connaître, ces derniers identifient, par nécessité, différents ordres d'abstraction. Ainsi, les noms sont identifiés aux objets indicibles, les noms d'action à l'action indicible elle-même, les noms de ressentis aux ressentis indicibles eux-mêmes, etc. En confondant les descriptions avec les inférences et les mots descriptifs avec les mots inférentiels, les 'jugements', 'opinions', 'croyances' et autres *réactions sémantiques* similaires, qui représentent principalement, voire exclusivement, des produits finaux sémantiques inférentiels, sont projetés avec une intensité pathologique variable sur le monde extérieur. Cette méthode a permis de créer des attitudes sémantiques primitives pré 'logiques'. De simples similarités sont évaluées comme des identités, des syllogismes primitifs sont construits du type : 'les cerfs courent vite, certains Indiens courent vite, certains Indiens sont des cerfs'. Il est courant de trouver chez les peuples primitifs une sorte de 'logique' fondée sur le sophisme *post hoc, ergo propter hoc* (après ceci et, donc, à cause de ceci) qui représente manifestement une identification d'une description ordinale avec une inférence. Les 'épithètes pétitions de principe' (NdT : pétition de principe : faute logique par laquelle on considère comme admis ce qui doit être démontré), qui exercent une énorme influence sémantique sur les peuples primitifs et immatures et représentent un facteur sémantique dans de nombreux tabous primitifs et modernes, sont également fondés sur de telles confusions d'ordres d'abstractions.

L'identification est l'une des caractéristiques primitives qui ne peut être éliminée chez l'animal ou chez le nourrisson, car nous n'avons pas les moyens de communiquer correctement avec eux. Elle ne peut être éliminée des peuples primitifs tant qu'ils conservent leurs langages et leurs environnements. L'identification est extrêmement répandue parmi nous, fortement incorporée dans la structure de notre langage et de nos systèmes hérités. Pour changer cet état de fait primitif, nous avons besoin de moyens spéciaux et simples, tels qu'un *système-$\bar{A}$* peut en offrir, pour combattre efficacement cette grave menace qui pèse sur nos *réactions sémantiques*. Il ne faut jamais oublier que l'identification n'est pratiquement jamais dangereuse dans le monde animal, parce que la nature ne joue pas de tours aux animaux et que l'élimination par la non-survie est très catégorique. L'identification est cependant dangereuse au stade primitif de l'être humain, car elle empêche l'être humain primitif de devenir plus civilisé, mais dans ses conditions de vie primitives, ses dangers ne sont pas si aigus. Elle ne devient très dangereuse que pour le petit enfant, si l'on ne la soigne pas, et pour l'être humain occidental moderne, au milieu d'un système industriel très avancé qui affecte toutes les phases de sa vie, lorsque ses *réactions sémantiques* sont restées inchangées par rapport aux âges passés, et qu'elles demeurent encore au niveau infantile.

Le système-$\bar{A}$ présent n'est pas seulement fondé sur le rejet complet du 'est' d'identité, mais chaque terme important qui a été introduit ici, ainsi que le Structurel Différentiel, vise à éliminer ces reliques de l'animal, de l'humain primitif et de l'enfant en nous.

Ainsi, la 'mentalité' primitive *ne différencie pas* suffisamment *les relations* ; pour y remédier, j'introduis le *Structurel Différentiel*. Le primitif identifie ; j'introduis un système fondé sur la négation du 'est' d'identité tout au long du processus. L'être humain primitif fait surtout attention à ce qui lui est transmis par l'œil et l'oreille ; j'introduis le Structurel Différentiel qui indique à l'œil la stratification du savoir humain, qui représente à l'œil la négation verbale du 'est' d'identité. Si nous identifions, nous ne différencions pas. Si nous différencions, nous ne pouvons pas identifier ; d'où le Structurel Différentiel.

Les termes utilisés véhiculent également des processus similaires. Une fois que nous avons *ordre*, nous différencions et nous avons des ordres d'abstractions. Une fois que nous abstrayons, nous éliminons le 'toutisme', fondement sémantique de l'identification. Une fois que nous abstrayons, nous abstrayons dans des ordres différents, et ainsi nous *établissons un ordre*, abolissant les infinis fantaisistes. Une fois que nous différencions, la différenciation devient la négation de l'identité. Une fois que nous avons fait la distinction entre les niveaux objectiques et verbaux, nous apprenons le 'silence' sur les niveaux objectiques indicibles, et nous introduisons ainsi un 'temps de latence' neurologique des plus bénéfiques - en engageant le cortex à remplir sa fonction naturelle. Une fois que nous avons fait la distinction entre les niveaux objectiques et verbaux, la structure devient le seul lien entre les deux mondes. Il en résulte une recherche de similarité de structure et de relations, qui introduit le ressenti d'agrégation, et l'individu devient un *être social*. Une fois que nous différencions, nous distinguons entre les descriptions et les inférences. Une fois que nous différencions, nous considérons les descriptions séparément et sommes donc amenés à *observer* les faits, et ce n'est qu'à partir de la description des faits que nous formons provisoirement des inférences, etc. Enfin, la conscience d'abstraire introduit la différenciation générale et permanente entre les ordres d'abstractions, introduit l'établissement d'un ordre, donc les stratifications, et abolit définitivement les identifications primitives ou infantiles. Le passage sémantique de l'être humain primitif ou de l'état infantile à la période adulte devient un fait sémantique achevé. Il est à noter que ces résultats sont obtenus en commençant par des moyens primitifs, l'utilisation des termes les plus simples, comme 'ceci *n'est pas* ceci', et par l'appel direct aux principaux récepteurs primitifs que sont l'œil et l'oreille.

L'élimination du 'est' d'identité apparaît comme une tâche sérieuse, parce que le système-A (*Aristotélicien*) et la 'logique' par lesquels nous réglons notre vie, et dont l'influence n'a été éliminée que partiellement de la science, ne représentent qu'une formulation très savante de l'identification primitive restreinte. Ainsi, nous supposons généralement, en suivant les disciplines A (*Aristotéliciennes*), que le 'est' d'identité est fondamental pour les 'lois de la pensée', qui ont été formulées comme suit :

1) La Loi d'Identité : tout ce qui est, est.
2) La Loi de Contradiction : rien ne peut à la fois être et ne pas être.
3) La loi du Milieu Exclu : tout doit, ou bien être ou bien ne pas être.

Il est impossible, en l'absence d'un volume, de réviser cette 'logique' et de formuler une sémantique $\bar{A}$, ∞-valuée, *non-élémentalistique*, qui serait structurellement similaire au monde et à notre système nerveux ; mais il faut mentionner, même ici, que la 'loi d'identité' n'est jamais applicable aux processus. La 'loi du milieu exclu', ou du 'tiers exclu', comme on l'appelle parfois, qui donne à la 'logique' A (*Aristotélicienne*) le caractère deux-valué, établit comme principe général ce qui ne représente qu'un cas limite et doit donc, *comme principe général*, être insatisfaisant. Comme sur les plans objectiques et indicibles, nous avons exclusivement affaire à des individus absolus et à des situations individuelles, en ce sens qu'ils ne sont pas identiques, toutes les déclarations qui, par nécessité, représentent des abstractions d'ordre supérieur ne doivent représenter que des déclarations *probables*. Ainsi, nous sommes conduits à une sémantique ∞-valuée de la probabilité, qui introduit un principe inhérent et général d'incertitude.

Il est vrai que les 'lois de la pensée' mentionnées ci-dessus peuvent être et ont été exprimées en d'autres termes avec de nombreuses interprétations savantes, mais fondamentalement, l'état sémantique des choses n'a pas été modifié.

D'un point de vue *non-élémentalistique*, il est plus opportun de traiter le système-A (*Aristotélicien*) sur un pied d'égalité avec le système-E, c'est-à-dire de considérer les 'lois de la pensée' ci-dessus comme des postulats qui sous-tendent ce système et qui expriment les 'lois de la pensée' d'une époque donnée et, éventuellement, d'une ethnie. Nous connaissons chez les peuples primitifs d'autres systèmes qui suivent d'autres 'lois', dans lesquels l'identité joue un rôle encore plus important. Ces indigènes raisonnent assez bien ; leurs systèmes sont cohérents avec leurs postulats, bien que ceux-ci soient tout à fait incompréhensibles pour ceux qui essaient de leur appliquer des postulats A (*Aristotéliciens*). De ce point de vue, nous ne devrions pas discuter du caractère 'vrai' ou 'faux' du système-A (*Aristotélicien*), mais nous devrions simplement dire qu'à une autre époque, d'autres postulats semblent structurellement plus proches de notre expérience et plus opportuns. Une telle attitude ne retarderait pas autant l'apparition de nouveaux systèmes qui remplaceront l'actuel système-$\bar{A}$.

Dans le système actuel, l'"identification" représente une étiquette pour le processus sémantique d'évaluation inappropriée sur les niveaux indicibles, ou pour des niveaux tels que 'ressentis', 'impulsions', 'tendances', etc. Comme dans la vie humaine, nous avons affaire à de nombreux ordres d'abstractions, nous pourrions dire dans un langage ordinal que l'identification trouve son origine *ou* son résultat dans la confusion des ordres d'abstractions. Cette conclusion peut revêtir différentes formes : l'une représentée par l'identification de l'objet scientifique ou de l'événement avec l'objet ordinaire, que l'on peut appeler ignorance, pathologique pour l'*être humain* ; une autre, l'identification des niveaux objectiques avec les niveaux verbaux, que j'appelle objectification ; une troisième, l'identification des descriptions avec les inférences, que j'appelle confusion des abstractions d'ordre supérieur. Dans ce dernier cas, il convient de noter que les inférences impliquent généralement des composants sémantiques plus intenses, tels que 'opinions', 'croyances', 'souhaits', etc., que les descriptions. Ces inférences peuvent avoir un caractère défini, objectique, indicible et peuvent représenter, alors, un état sémantique qui *n'est pas des* mots, et ainsi des objectifications d'ordre supérieur peuvent être produites.

Quand nous adoptons le langage ordinal, nous sommes à même de remarquer que, dans des conditions connues, nous avons affaire à des séries ayant un ordonnancement naturel, à savoir : événements d'abord, objet ensuite ; objet d'abord, étiquette ensuite ; description d'abord, inférences ensuite, etc. Cet ordre exprime l'importance naturelle, nous donnant la base naturelle pour l'évaluation et donc pour nos *réactions sémantiques humaines* naturelles. Si nous identifions deux ordres différents, par nécessité, nous les évaluons de la même manière, ce qui implique toujours des erreurs, entraînant potentiellement des chocs sémantiques. Comme nous avons affaire dans la vie à un ordre naturel établi de valeurs qui peut être exprimé, pour ce qui me concerne, par une série décroissante de valeurs : événements ou objets scientifiques, objets ordinaires, étiquettes, descriptions, inférences, etc., l'identification aboutit à une situation sémantique très curieuse.

Supposons que la valeur scientifiquement établie de n'importe quel niveau puisse être exprimée par 100, et la valeur du niveau suivant par *1*. Avec la conscience d'abstraire, nous ne pourrions pas ignorer, ni identifier ces valeurs, ni oublier que $100>1$. Si nous confondons les ordres d'abstraction, cela peut être exprimé comme l'identification de la valeur et nous avons une équation *sémantique* : (1) $100=100$, ou (2) $1=1$, ou tout autre nombre, disons (3) $50=50$.

Comme nous traitons fondamentalement d'une inégalité naturelle dirigée, disons 100>1, et que, sous une certaine pression sémantique, 'désir', 'vœu pieu', ou ignorance, ou manque de conscience d'abstraire, ou maladie 'mentale', etc., nous avons identifié les deux en valeur, nous produisons dans le premier et le troisième cas une surévaluation du côté droit et, dans le deuxième et le troisième cas, une sous-évaluation du côté gauche. Ainsi, au *niveau sémantique*, toute identification d'ordres d'abstractions *essentiellement différents en valeur*, apparaît comme l'*inversion* de l'ordre naturel d'évaluation, avec des degrés d'intensité différents. Si l'ordre *naturel* d'évaluation scientifique était 100>1, et que nous évaluions par identification comme 2=2, ou 3=3, etc., 50=50, etc., 100=100, nous attribuerions deux fois, ou trois fois, ou cinquante fois, ou cent fois, etc., plus de valeurs *délirantes* au côté droit et sous-évaluerions le côté gauche, que l'ordre naturel d'évaluation ne l'exigerait. La nature manifeste, dans mon langage et dans ce domaine, une relation asymétrique de 'davantage' ou de 'moins' inaccessible à la procédure A (*Aristotélicienne*). Sous l'influence de l'aristotélisme, lorsque, par identification, nous attribuons à la nature des valeurs délirantes, l'ajustement devient très difficile, en particulier dans les conditions de vie complexes modernes.

L'exemple ci-dessus indique les degrés d'intensité que nous trouvons dans la vie dans l'inversion de l'ordre naturel de l'évaluation par l'identification, produit par et résultant du manque de conscience d'abstraire. La non-sanité, qui nous affecte pratiquement tous, représente l'inversion d'une intensité moindre ; l'inversion d'une intensité plus grande - les maladies 'mentales' les plus avancées.

Nous devons nous rendre compte que nous trouvons *expérimentalement* dans ce domaine une différence fondamentale en valeur qui, au niveau sémantique, peut être exprimée comme une relation asymétrique de 'plus' ou de 'moins', établissant un certain ordre naturel. Si quelqu'un prétend à une 'identité' naturelle, la charge de la preuve lui incombe. Si le 'mêmeisme absolu à tous égards' ne peut être trouvée dans ce monde, alors une telle notion apparaît comme fausse quant aux faits et devient une falsification structurelle, empêchant la sanité et l'ajustement. S'il accepte les différences de valeur fondamentales et naturelles, mais préfère assumer un ordre d'évaluation différent en fonction de sa métaphysique, qu'il s'agisse du matérialisme *élémentalistique* ou d'un idéalisme tout aussi *élémentalistique*, les résultats sémantiques ne sont pas modifiés, car l'identification dans le second cas attribuerait également une identité délirante à des ordres d'abstractions essentiellement différents. Il convient de noter que la formulation $\bar{A}$ s'applique également aux doctrines opposées, différentes et plus anciennes, et les rend illégitimes pour des raisons similaires.

Le statut de l'événement, ou de l'objet scientifique, est légèrement plus complexe, car l'événement est *décrit* à chaque date par des termes *hypothétiques*, structurels, inférentiels, très fiables, constamment révisés et testés, qui témoignent de la circularité particulière de la connaissance humaine. Si nous devions traiter ces structures inférentielles non pas comme hypothétiques, mais les identifier sémantiquement avec les processus éventuels au niveau de l'événement submicroscopique, nous aurions des perturbations sémantiques d'identification.

J'ai choisi l'ordre ci-dessus, non seulement pour des raisons de commodité et de simplicité, mais aussi en raison de son caractère expérimental. Lorsque nous identifions en valeurs, nous manifestons toujours dans nos *réactions sémantiques* l'ordre naturel inversé, ce dernier instauré ici sur des bases structurelles et évaluationnelles d'espace-temps.

L'analyse ci-dessus représente une esquisse très grossière, mais elle est suffisante pour mon objectif. Tout lecteur attentif et informé peut la pousser aussi loin qu'il le souhaite. Le point principal semble être que les différents ordres d'abstractions présentent des caractéristiques différentes, et donc que toute identification d'entités essentiellement différentes sous un ou plusieurs aspects doit introduire des facteurs sémantiques délirants. Je parle surtout d'évaluation, car l'évaluation apparaît expérimentalement comme un facteur essentiel dans toutes les *réactions sémantiques* et peut être appliquée avec profit même dans les cas de maladie 'mentale' où aucune évaluation précise n'apparaît, l'*absence* d'évaluation étant une forme d'évaluation (*multiordinale*). Dans l'entraînement, il est de la plus haute importance d'éliminer complètement l'identification, qui apparaît invariablement comme un facteur sémantique délirant. Pour atteindre ces objectifs, il convient d'utiliser tous les moyens disponibles.

Quand on étudie attentivement les disciplines plus anciennes, on est surpris de constater à quel point les 'penseurs' reconnus se sont rebellés contre les limites et les insuffisances de l'aristotélisme, un système qui, naturellement, est devenu obsolète peu de temps après sa formulation. On est surpris de constater que 'tout a déjà été dit' et que, dans une large mesure, ces déclarations importantes et distinctes étaient *inopérantes*. Il importe peu que certaines 'sages déclarations' aient été faites par quelqu'un, quelque part, si elles n'ont pas d'influence sur les grandes masses de la population. La raison de cet énorme gaspillage public d'efforts privés est que l'aristotélisme, avec ses élaborations ultérieures et son identification délirante, l'élémentalisme, etc., représente un *système* coordonné qui a modelé nos *réactions sémantiques*, nos langages et nos institutions, et qui a influencé toutes les phases de notre vie. Sous ces conditions, les doctrines isolées, aussi sages soient-elles, deviennent impuissantes face à un tel système ou, plus exactement, à un système de systèmes imbriqués. Seule une révision du système et la formulation provisoire d'un système $\bar{A}$ peuvent rendre opérationnelles de nombreuses clarifications fondamentales plus anciennes qui, bien que connues de quelques spécialistes, semblent généralement inconnues des grandes masses et indisponibles dans l'enseignement élémentaire, qui seul peut être généralement efficace. On s'étonne également du pouvoir de la terminologie structurellement correcte et on éprouve une grande sympathie pour l'interprétation primitive de la 'magie des mots' ! Les abstractions structurelles heureuses, élevées, ont vraiment un fort caractère créatif. Depuis que, par exemple, le principe de 'moindre action', ou le 'principe général de relativité' (la théorie de l'absolu), etc., ont été formulés, toutes nos connaissances structurelles ont été refondues, clarifiées, et nous entendons constamment parler d'applications remarquables de ces nouvelles connaissances. Similairement, si l'on souligne que nos principales difficultés privées et publiques sont dues à l'infantilisme produit par "l'aristotélisme", en général, et, en particulier, par l'identification et l'élémentalisme, nous disposons immédiatement de moyens pratiques pour une révision et des applications. Dans une telle première et nouvelle tentative, l'excès de subtilité est impossible et même non souhaitable. Il est préférable, tout autant qu'opportun, de formuler les grandes lignes et, ainsi, d'attirer plus de personnes dans le travail pour les détails.

Pendant des milliers d'années, des millions et des millions d'êtres humains ont utilisé une grande partie de leur énergie nerveuse à s'évertuer à résoudre des questions délirantes, imposées par le 'est' pernicieux d'identité telles que : Qu'*est*-ce qu'un objet?', 'Qu'*est*-ce que la vie?', 'Qu'*est*-ce que l'enfer?', 'Qu'*est*-ce que le ciel?', 'Qu'*est*-ce que l'espace? Qu'*est*-ce que le temps?', et toute une série sans fin d'irritants de ce genre. La réponse, fondée sur discrimination humaine des ordres d'abstractions et donc sur l'*évaluation humaine* appropriée, est définitive, indéniable, simple et *unique* : 'Quoi que l'on puisse *dire* que quelque chose "*est*", il n'est pas'. Tout ce que nous pourrions *dire* appartient au niveau verbal et *non* aux niveaux indicibles et objectiques.

Je répète encore une fois que le 'est' d'identité nous oblige à des perturbations sémantiques de fausse évaluation. Nous établissons, par exemple, l'*identité* du niveau objectique indicible avec des mots, ce qui, une fois énoncé, devient manifestement faux quant aux faits. Le 'est' d'identité, s'il est utilisé pour indiquer "l'identité" (structurellement *impossible* aux niveaux objectiques), ne dit rien. Ainsi, à la question 'Qu'*est*-ce qu'un objet?', on peut répondre 'Un objet *est* un objet' - une déclaration qui ne dit rien. S'il est utilisé dans des définitions ou des classifications, comme 'Dupond *est* un homme', un type de déclaration utilisé même dans les *Principia Mathematica*, ou 'A *est* ou B ou nonB', comme dans la formulation de la loi du 'tiers exclu' dans la 'logique' deux-valuée A (*Aristotélicien*), il établit toujours une *identité*, fausse quant aux faits. Le premier énoncé exprime l'*identité* d'un nom propre avec un nom de classe, ce qui doit conduire à la confusion des classes (abstractions d'ordre supérieur) avec les individus (abstractions d'ordre inférieur). Cette confusion conduit automatiquement à une évaluation perturbée dans la vie, car les caractéristiques d'une classe *ne sont pas* 'les mêmes', ni identiques aux caractéristiques de l'individu. Je n'analyserai pas en détail le 'A *est* B', car, à l'évidence, ceci *n'est pas*.

Qu'en est-il de Médor? Médor n'a pas de science et donc pas d'"événement". Pour lui, l'objet *n'est pas* une abstraction d'un certain ordre, mais '*est tout*' ce qu'il 'connaît' et ce qui l'intéresse. Non seulement Dupond fait des abstractions dans un nombre indéfini d'ordres différents, et ce de manière automatique et habituelle, mais s'il se renseigne, il peut aussi prendre *conscience d'abstraire* - '*n'est pas tout*', et '*ceci n'est pas ceci*'. Or, Médor *ne* peut *jamais* être conscient d'abstraire, car son système nerveux est incapable d'être étendu par des moyens extra-neuraux, et cette extension semble être une condition nécessaire à l'acquisition de la *conscience d'abstraire*.

Bien que pour Dupond, 'Ceci *n'est pas* ceci', comme illustré sur le Structurel Différentiel, pour Médor, ce diagramme signifierait finalement 'ceci *est* ceci', la structure de son monde étant représentée par le disque unique (O_a). Médor ne peut pas être conscient d'abstraire, il *ne peut qu*'identifier, parce qu'il ne 'sait' rien de ce processus et qu'il n'y a aucun moyen de l'informer de ces relations et de cette structure.

Si nous *ne sommes pas conscients* d'abstraire, nous sommes obligés d'identifier - en d'autres termes, chaque fois que nous confondons les différents ordres d'abstraction, ce qui est inévitable si nous utilisons le 'est' d'identité, nous dupliquons ou copions la manière animale de 'penser', avec des réponses 'émotionnelles' similaires. Dans les chapitres suivants, cette tragédie sera expliquée en détail, et il sera démontré que pratiquement toutes les difficultés humaines impliquent ce facteur sémantique de copiage des animaux dans nos réactions nerveuses et notre évaluation en tant que composante.

Une théorie qui non seulement éclaire ce grave problème, mais qui donne aussi les moyens de remplacer les anciennes *réactions sémantiques* nocives par des réactions plus bénéfiques, peut être utile, malgré les diverses difficultés temporaires dues aux anciennes réactions-identité et au manque de familiarité avec les nouvelles.

Les anciennes réactions-identité sont extrêmement ancrées, en particulier chez les adultes. De sérieux efforts et des rappels permanents sont nécessaires pour les surmonter. Le Structurel Différentiel représente un tel rappel visuel structurel, que nous devrions garder constamment sous les yeux jusqu'à ce que les perturbations pernicieuses d'évaluation aient été surmontées. Pour Dupond, l'évaluation fondamentale peut être exprimée dans un langage simple et assez primitif : 'Ceci *n'est pas* ceci'.

Les facteurs sémantiques d'évaluation les plus vitaux ci-dessus, indispensables à l'ajustement et à la sanité, lui sont transmis chaque fois qu'il regarde la stratification indiquée sur le Structurel Différentiel. Les ficelles libres pendantes indiquant les caractéristiques *non-abstraites* éduquent ses *réactions sémantiques* à être attentif au non-toutisme de ses abstractions et de l'absence d'identité entre ses abstractions.

Nos anciennes *réactions sémantiques* étaient similaires à celles de Médor ; nous n'avons jamais été *pleinement* conscients d'abstraire. Par une évaluation erronée, nous avons identifié ce qui est intrinsèquement différent et nous avons désiré, ou supposé un 'toutisme' impossible dans nos 'actes de connaissances'.

La pratique m'a montré, de façon certaine, que l'acquisition de ces nouvelles réactions de la *conscience d'abstraire* est difficile et demande du 'temps' et de l'effort, malgré la simplicité exceptionnelle, presque primitive, des moyens employés. Le 'silence sur les niveaux objectiques' semble très innocent, mais il est extrêmement difficile à acquérir, car il implique une vérification complète de toutes les perturbations sémantiques, identifications, confusions d'ordres d'abstractions, 'émotions' habituelles, 'idées préconçues', etc., pratiquement impossible sans l'utilisation du Structurel Différentiel *objectique* sur lequel on peut pointer le doigt et se taire, pour commencer. En fait, ne pas tenir compte de ce point, c'est échouer en vrai dans l'obtention des résultats sémantiques souhaités. Actuellement, d'après l'expérience, les principaux résultats ont été obtenus lorsqu'un individu donné a surmonté ce premier obstacle sémantique, simple et évident. Si les règles et les conditions simples données dans le présent système pour abolir l'identification sont suivies avec persistance dans l'entraînement avec le Structurel Différentiel, un changement structurel et sémantique complet et très bénéfique se produit dans le caractère et les capacités 'mentales' d'un individu donné, apparemment hors de proportion avec la simplicité de l'entraînement. Mais si nous considérons le contenu de toute connaissance comme uniquement *structurel*, et si la majorité d'entre nous est sémantiquement ligotée, bloquée, avec une structure et des réactions-identité archaïques, animalistiques, primitives, infantiles, 'mentalement' malades et A (*Aristotéliciennes*), en raison de l'absence de conscience d'abstraire, à laquelle nous renonçons *totalement* en acquérant la conscience d'abstraire, une transformation aussi remarquable devient intelligible.

L'expérience et les diverses difficultés rencontrées dans la rééducation de nos *réactions sémantiques*, sans lesquelles un système-$\bar{A}$, un ajustement, une sanité et tous les résultats souhaitables qui en dépendent, sont impossibles, m'ont contraint à publier le Structurel Différentiel en plusieurs exemplaires séparés et de taille pratique.

CHAPITRE XXVI

SUR 'CONSCIENCE' ET CONSCIENCE D'ABSTRAIRE

> Mais un 'contraire' ressenti est une conscience en germe... La conscience exige plus que le simple divertissement sur le plan théorique. C'est le sentiment du contraste entre la théorie, en tant que *pure* théorie, et le fait, en tant que *pur* fait. Ce contraste est valable que la théorie soit correcte ou non. (578)
>
> A.N. WHITEHEAD

Un langage, pour être le plus utile possible, doit avoir une structure similaire à celle des événements qu'il est censé représenter. Le langage des 'abstractions de différents ordres' semble satisfaisant du point de vue de la structure. C'est un langage *non-élémentalistique*, puisqu'il ne fait pas de séparation entre 'sensorialités' et 'esprit', etc. Il s'agit d'un langage fonctionnel, puisqu'il décrit, de manière implicite, ce qui se passe dans le système nerveux lorsqu'il réagit à des stimuli. C'est un langage que l'on peut rendre aussi souple et catégorique que l'on veut, ce qui permet d'établir des différences verbales catégoriques, tant horizontales que verticales, entre les termes 'être humain' et 'animal'.

La dernière caractéristique sémantique de cette catégoricité potentielle est extrêmement importante pour une théorie de la sanité. Les données de 1933 nous amènent à conclure que, sous l'influence de stimuli externes, les formes de vie les plus primitives et les plus simples ont été modelées, transformées et influencées dans le processus de survie et, par conséquent, d'adaptation. C'est ainsi que des structures de plus en plus complexes ont évolué. Il convient de souligner que les organismes représentent des unités *fonctionnelles* et qu'un changement additif dans la structure n'implique pas nécessairement un changement *simplement additif* dans la fonction. Par nécessité physico-chimique, structurelle et colloïdale, l'organisme fonctionne comme-un-tout. Étant un tout relatif, tout facteur structurel additif devient un facteur réactif et fonctionnel qui influence le fonctionnement de l'ensemble. La meilleure illustration en est peut-être le garçon qui est né sans cortex, mais sans autres défauts évidents. Il était incomparablement plus désemparé et inadapté que les animaux qui n'ont pas de cortex, voire pas de système nerveux du tout. Bien que nous puissions parler en termes *additifs* de la différence entre ce garçon et un garçon normal, l'un n'ayant pas de cortex et l'autre 'plus un cortex' (NdT : +1cortex), le fonctionnement était si différent qu'il ne pouvait pas être exprimé dans un langage 'plus'' (NdT : '+').

Des remarques similaires pourraient être généralisées à l'ensemble de la vie. Nous devons être très prudents lorsque nous établissons des distinctions catégoriques, car les différences anatomiques seules ne sont pas fiables. Si nous voulons obtenir des différences plus fiables, nous devons rechercher des différences *fonctionnelles*.

Nous avons déjà découvert des différences *fonctionnelles* qui s'expriment par les différences horizontales et verticales entre les capacités d'abstraire de Dupond et de Médor. L'analyse de ces différences fait l'objet du présent chapitre.

La 'pensée' représente une réaction de l'organisme-comme-un-tout, produite par le fonctionnement de l'ensemble et influençant l'ensemble. De par notre expérience quotidienne, nous sommes familiers avec ce que nous appelons généralement 'conscient' ; en d'autres mots, nous sommes attentifs de quelque chose, qu'il s'agisse d'un objet, d'un processus, d'une action, d'un 'ressenti' ou d'une 'idée'. Une réaction très habituelle et semi-automatique n'est pas nécessairement 'consciente'. Le terme 'conscience', pris isolément, n'est pas un symbole complet ; il manque de contenu, et l'une des caractéristiques de la 'conscience' est d'avoir un certain contenu. Habituellement, le terme 'conscience' est considéré comme non-défini et *non-définissable*, en raison de son caractère immédiat pour chacun d'entre nous. Une telle situation n'est pas souhaitable, car il est toujours utile, d'un point de vue sémantique, d'essayer de définir un terme complexe par des termes plus simples. Nous pouvons limiter le terme général et non-défini de 'conscience' et en faire un symbole défini en lui attribuant délibérément un certain contenu. Pour cette 'conscience de quelque chose', je considère que la "conscience d'abstraire" est fondamentale. Peut-être que le seul type de significations du terme 'conscience' est couvert par le terme fonctionnel "conscience d'abstraire", qui représente un processus général se déroulant dans notre système nerveux. Même si ce n'est pas le seul type de significations, le terme "conscience d'abstraire" semble avoir une importance sémantique si cruciale qu'il est nécessaire de l'introduire.

Le terme 'conscience', en raison de son caractère jusqu'à présent *non-défini* et traditionnellement *non-définissable*, ne nous permettait pas d'aller plus loin dans l'analyse. Nous ne disposions pas non plus de moyens pédagogiques et sémantiques *utilisables* pour traiter le vaste champ de processus psycho-logiques que ce symbole incomplet indiquait. Si nous choisissons maintenant le terme de "conscience d'abstraire" comme fondamental, non seulement nous complétons le dernier symbole en lui attribuant un contenu fonctionnel, mais nous trouvons aussi les moyens de le définir plus spécifiquement en *termes plus simples*. Grâce à la compréhension des processus, nous obtenons des moyens pédagogiques pour traiter et influencer un grand groupe de réactions psycho-logiques sémantiques.

Analysons ce nouveau terme à l'aide du diagramme appelé Structurel Différentiel dont il a été question dans le chapitre précédent. Ici, l'objet (O_h) représente une abstraction nerveuse de bas niveau. Pour abstraire cet objet, certaines caractéristiques de l'événement ont été omises ou n'ont pas été abstraites ; elles sont indiquées par les lignes non connectées (B'). Lorsque nous avons abstrait encore plus notre objet, en inventant une définition ou en attribuant des 'significations' à l'étiquette (L), nous n'avons pas non plus abstrait 'toutes' les caractéristiques de l'objet dans la définition ; mais certaines caractéristiques ont été omises, comme l'indiquent les lignes (B''). En d'autres termes, le nombre de caractéristiques que nous attribuons à l'étiquette, par un processus de 'connaissance', de 'désir', de 'besoin', "d'intérêt", etc., *ne* couvre *pas* le nombre de caractéristiques que possède l'objet. "L'objet" possède plus de caractéristiques que nous ne pouvons en inclure dans la définition explicite ou implicite de l'étiquette pour "l'objet". D'ailleurs, la définition (implicite ou explicite) de "l'objet" *n'est pas* l'objet lui-même, qui nous réserve toujours beaucoup de surprises. Ce dernier possède "*l'individualité de l'objet*", comme nous pouvons l'appeler. Tous ceux qui utilisent une voiture, un fusil ou une machine à écrire, ou qui ont eu plusieurs femmes, maris ou enfants, le savent bien. Bien que ces objets soient, dans une large mesure,

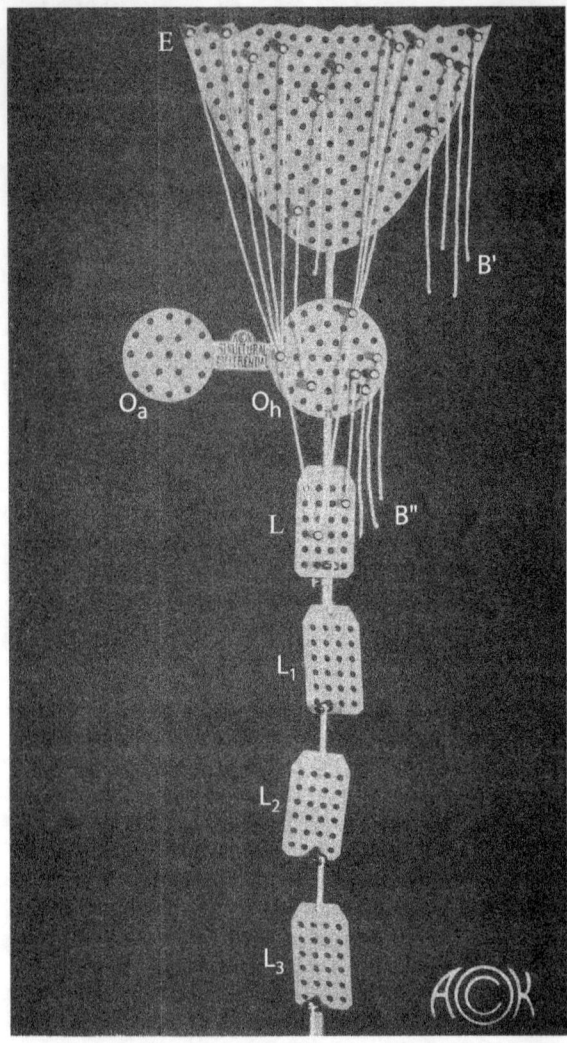

Fig. 1
Le Structurel Différentiel

standardisés, chacun d'entre eux présente des particularités individuelles. Avec les méthodes modernes d'investigation physique, chimique et astronomique, les scientifiques découvrent que même leurs matériaux et équipements spéciaux présentent également des particularités dont il faut tenir compte dans les recherches plus raffinées.

Si nous prenons un objet ordinaire et que nous nous attendons à trouver telles ou telles caractéristiques, attribuées aux objets par *définition*, nous risquons d'être déçus. En règle générale, nous trouvons ou nous pouvons trouver, si notre analyse est suffisamment subtile, ces individualités particulières. Le lecteur peut facilement s'en convaincre en regardant une boîte d'allumettes et en remarquant l'individualité particulière de chaque allumette. Mais puisque, *par définition*, nous nous attendons à ce qu'une allumette s'enflamme lorsque nous la grattons, nous pouvons ignorer toutes les autres caractéristiques, qui ne sont pas pertinentes pour notre objectif. Un processus similaire est à l'œuvre dans d'autres phases de la vie. Nous vivons souvent, nous nous sentons heureux ou malheureux, *en fonction de ce qui constitue vraiment une définition*, et non en fonction de faits empiriques et individuels moins colorés par des facteurs sémantiques. Lorsque Dupond$_1$ épouse Dupond$_2$, ils le font le plus souvent *par une sorte de définition*. Ils ont certaines notions de ce que 'homme', 'femme' et 'mariage' 'sont' *par définition*. Ils se marient pour de bon et découvrent que Dupond$_1$ et sa femme, Dupond$_2$, ont des goûts, des aversions et des particularités inattendus - en général, des réactions caractéristiques et sémantiques *qui ne sont pas incluses* dans leur définition des termes 'homme', 'femme', 'mari', 'épouse' ou 'mariage'. Les caractéristiques 'oubliées' dans les définitions font leur apparition. Les 'déceptions' s'accumulent et une vie plus ou moins malheureuse commence.

L'analyse ci-dessus s'applique à toutes les phases de la vie humaine et semble tout à fait générale en raison de la structure du 'savoir humain'. Des caractéristiques sont découvertes lorsqu'il est *trop tard*. La *méconnaissance* ou l'*oubli* des relations expliquées ci-dessus fait des ravages sémantiques. Pour des raisons sémantiques verbales, 'définitionnelles' ou doctrinales, nous attendons autre chose que ce que les expériences de la vie nous donnent. La non-satisfaction de l'attente produit un choc affectif et sémantique grave. Si de tels chocs sont répétés à plusieurs reprises, ils désorganisent le fonctionnement normal du système nerveux et conduisent souvent à des états pathologiques. Un nombre indéfiniment élevé de faits expérimentaux étayent pleinement les conclusions ci-dessus. Beaucoup d'entre eux ont été fournis pendant la (première) guerre mondiale. Curieusement, lorsque le soldat *s'attendait* à des horreurs et qu'il les a vécues par la suite, il a rarement été dérangé 'mentalement'. S'il ne s'y attendait pas vraiment et qu'il devait pourtant les vivre, il s'effondrait souvent nerveusement.

La crise de rhume des foins à la vue de *roses en papier*, déjà évoquée, constitue un exemple sémantique similaire. La crise découle de la *'définition'* sémantique des 'roses', de 'rhume des foins' et de la situation comme-un-tout, et n'est pas due à l'*inspection* des 'roses' objectives ou à l'action physico-chimique des 'roses'. Si le patient avait eu les yeux bandés lorsque les 'roses' en papier ont été mises en sa présence, aucune crise ne se serait produite.

Nous sommes maintenant prêts à définir la "conscience d'abstraire" en *termes plus simples*, à savoir en termes de 'mémoire'. Le terme 'mémoire' est structurellement un terme physico-chimique. Il implique que les événements sont interconnectés, que tout dans ce monde influence tout le reste et que les événements laissent des traces quelque part.

Une analyse similaire peut être effectuée en ce qui concerne l'objet et l'événement. En bref, l'objet représente structurellement une abstraction d'un certain ordre, n'inclut pas et ne peut pas inclure toutes les caractéristiques de l'événement ; et donc, à nouveau, nous avons des caractéristiques *laissées de côté* comme l'indiquent les lignes (B').

Nous avons ici la possibilité de faire une série de déclarations *négatives* très générales, et pourtant entièrement vraies, d'une grande importance sémantique : l'étiquette *n'est pas* l'objet, et l'objet *n'est pas* l'événement, etc. En effet, le nombre de caractéristiques *multiordinales* que nous attribuons par *définition* à l'étiquette ne couvre pas toutes les caractéristiques que nous reconnaissons à l'objet ; et le nombre de caractéristiques que nous percevons dans l'objet n'est pas non plus égal au nombre infini de caractéristiques que possède l'événement. Les différences sont encore plus profondes. Non seulement le nombre de caractéristiques *multiordinales* diffère, mais le *caractère* de ces abstractions diffère également d'un niveau à l'autre des abstractions successives.

Nous pouvons maintenant définir "conscience d'abstraire" comme *"être attentif* à ce que dans notre processus d'abstraire, nous avons *omis* des caractéristiques". Ou encore, on peut définir la conscience d'abstraire comme *'se souvenir* du *"n'est pas"* et du fait que certaines caractéristiques ont été *omises'*. Il convient de noter que dans cette formulation, à l'aide du Structurel Différentiel, nous avons réussi à traduire un processus *négatif* d'oubli en un processus *positif de se souvenir* de rejeter l'identité et du fait que des caractéristiques ont été laissées de côté. Cette formulation positive rend l'ensemble du système utilisable et disponible pour l'entraînement et l'éducation sémantique.

L'utilisation du Structurel Différentiel devient une nécessité pour quiconque veut tirer un bénéfice sémantique complet du présent ouvrage. Un livre est, par nécessité, *verbal*. Tout ce qu'un auteur peut dire est verbal, et rien ne peut être *dit* qui *ne soit pas verbal*. Il semble tout à fait évident que, dans la vie, nous avons affaire à un nombre énorme de choses et de situations, de 'ressentis', etc., qui *ne sont pas verbaux*. Elles appartiennent au 'niveau objectique'. La difficulté cruciale réside dans le fait que tout ce qui peut être dit *n'est pas* et *ne peut pas être* au niveau objectique, mais appartient *uniquement* aux niveaux verbaux. Cette différence, étant *inexprimable* par les mots, ne peut être exprimée par les mots. Il faut d'*autres moyens* pour indiquer cette différence. Nous devons montrer avec notre main, en pointant notre doigt vers l'objet, et en gardant le silence à l'extérieur comme à l'intérieur, silence que nous pouvons indiquer en fermant nos lèvres avec l'autre main. Le refus verbal du 'est' d'identité couvre également ce point lorsqu'il est montré sur le Structurel Différentiel. Si nous éclatons en palabres fondés sur le 'est' d'identité, comme nous le faisons habituellement, nous nous retrouvons évidemment sur les niveaux verbaux indiqués par les étiquettes L, L_1, L_2, ... L_n, mais jamais au niveau objectique (O_h). Sur ce dernier niveau, nous pouvons regarder, manipuler, etc., mais nous *devons rester silencieux*. La raison pour laquelle nous identifions presque tous les deux niveaux est qu'il est impossible de former un individu à cette différence sémantique par des *moyens uniquement verbaux*, car tous les moyens verbaux appartiennent aux niveaux des étiquettes et jamais aux niveaux objectiques indicibles. Avec un *vrai objet* visuel et tactile et des étiquettes sur le Structurel Différentiel, à pointer du doigt, à manipuler, etc., nous disposons maintenant de moyens simples pour transmettre la différence sémantique extrêmement importante et pour nous entraîner à la *non-identité*.

Il convient de noter que la conscience d'abstraire, ou le fait de se rappeler que nous abstrayons dans des ordres différents en omettant des caractéristiques, dépend de la négation du 'est' d'identité et est connectée aux limitations ou au 'non-toutisme', si caractéristiques des nouveaux non-systèmes.

La conscience d'abstraire élimine *automatiquement* l'identification ou la "confusion des ordres d'abstractions", les deux s'appliquant à la confusion sémantique à tous les niveaux. Si nous *ne sommes pas* conscients d'abstraire, nous sommes condamnés à identifier ou de confondre l'objet, contenant un nombre fini de caractéristiques, avec l'événement, contenant un nombre infini de caractéristiques *différentes*. La confusion de ces niveaux peut nous entraîner dans des situations sémantiques qui aboutissent à des chocs désagréables. Si nous acquérons la conscience d'abstraire et que nous nous rappelons que l'objet *n'est pas* l'événement et que nous avons abstrait des caractéristiques moins nombreuses et différentes de celles de l'événement, nous devrions nous attendre à ce que de nombreux événements imprévus se produisent. Par conséquent, lorsque l'inattendu se produit, nous sommes à l'abri de chocs sémantiques douloureux et nuisibles.

Si, par manque de conscience d'abstraire, nous identifions ou confondons des mots avec des objets et des ressentis, ou des souvenirs et des 'idées' avec des expériences qui appartiennent au niveau objectique indicible, nous identifions des abstractions d'ordre supérieur avec des abstractions d'ordre inférieur. Ce type particulier d'identification ou de confusion sémantique étant extrêmement général, il mérite un nom particulier. Je l'appelle *objectification*, car il s'agit généralement de la confusion de mots ou d'éléments verbaux (souvenirs, 'idées', etc.) avec des niveaux objectiques indicibles, tels que des objets, des expériences, des ressentis, etc. Si nous objectifions, nous oublions, ou nous *ne nous souvenons pas* que les mots *ne sont pas* les objets ou les ressentis eux-mêmes, que les niveaux verbaux sont toujours différents des niveaux objectiques. Lorsque nous les identifions, nous ne tenons pas compte des différences inhérentes, ce qui rend impossible une évaluation correcte et un ajustement complet.

Des difficultés sémantiques similaires résultent de la confusion d'abstractions d'ordre supérieur ; par exemple, l'identification des inférences avec des descriptions. Ceci peut être rendu plus clair à l'aide d'exemples. En étudiant ces exemples, il faut se rappeler que l'organisme agit comme-un-tout et que les facteurs 'émotionnels' sont donc toujours présents et ne doivent pas être négligés. Dans cette étude, le lecteur doit essayer de se mettre '*émotionnellement*' à la place du Dupond dont nous parlons ; il ne pourra pas alors ne pas comprendre les graves perturbations sémantiques que ces identifications créent dans la vie de tout un chacun.

Commençons par un Dupond qui ne sait rien de ce qui a été dit ici et qui *n'est pas* conscient d'abstraire. Lui, tout comme Médor, ne se rend pas compte en principe des 'caractéristiques laissées de côté'. Il est 'émotionnellement' convaincu que ses mots couvrent entièrement "l'objet" qui '*est* tel et tel'. Il identifie ses abstractions inférieures, dont certaines caractéristiques ont été omises, avec des abstractions supérieures dont toutes les caractéristiques sont incluses. Il attribue aux mots une valeur et une certitude entièrement fausses qu'ils ne peuvent avoir. Il ne se rend pas compte que ses mots peuvent avoir une signification différente pour son interlocuteur. Il attribue aux mots une *objecticité* et une valeur 'émotionnelles', et aux objets une 'permanence' *A* (*Aristotélicienne*), un 'caractère définitif', 'mono-valué', etc. Lorsqu'il entend quelque chose qui ne lui plaît pas, il ne demande pas 'qu'est-ce que tu veux dire?', mais, sous la pression sémantique de l'identification, il attribue ses propres significations aux mots de l'autre personne. Pour lui, les mots '*sont*' des fétiches sémantiques 'émotionnellement' surchargés et objectifiés, comme c'était le cas pour l'être humain primitif qui croyait à la 'magie des mots'. Lorsqu'il entend quelque chose d'étrange, sa *réaction sémantique* est non-différée et peut prendre la forme suivante : 'Je ne suis pas d'accord avec vous', 'Je ne vous crois pas', etc. Il n'y a aucune raison de dramatiser une déclaration importune. On a besoin de définitions et d'interprétations de ces déclarations, qui sont probablement correctes du point de vue du locuteur, si nous lui accordons ses informations, ses *termes non-définis*, la structure de son langage et les prémisses qui construisent ses *réactions sémantiques*. Mais notre Dupond, innocent de la 'structure de la connaissance humaine', a surtout une croyance sémantique dans le mono-valué, l'absoluité, etc., des choses, et la chositude des mots, et ne sait pas, ou ne se *souvient* pas, que les mots *ne sont pas* les événements eux-mêmes. Les mots représentent des abstractions d'ordre supérieur fabriquées par des centres nerveux supérieurs, et les objets représentent des abstractions d'ordre inférieur fabriquées par des centres nerveux inférieurs. Sous l'emprise de tels *délires d'identification*, il devient un absolutiste, un dogmatiste, un finaliste, etc. Il cherche à établir des 'vérités ultimes', des 'vérités éternelles', etc., et il est prêt à se battre pour elles, sans jamais connaître ou se souvenir, sinon oublier, les 'caractéristiques laissées de côté' ; sans jamais reconnaître que les bruits qu'il fait *ne sont pas* les vraies réalités objectives auxquelles nous avons affaire. Si quelqu'un le contredit, il est très perturbé. Oubliant les caractéristiques laissées de côté, il a toujours 'raison'. Pour lui, sa déclaration n'est pas seulement *la* seule possible, mais il lui attribue une évaluation cosmique objective.

La *description* ci-dessus est insatisfaisante, mais ne peut être améliorée, car la situation implique des composantes affectives *indicibles* qui *ne sont pas des* mots. Nous devons simplement essayer de nous mettre à sa place et de vivre les expériences qu'il vit lorsqu'il identifie et croit sans conteste que ses mots *'sont'* les choses qu'ils ne font que représenter. Pour donner toutes les conséquences d'une telle identification aboutissant à une évaluation erronée, je pourrais ajouter les *descriptions* les plus fastidieuses de l'interaction entre les situations, les évaluations, etc., dans les querelles, les malheurs, les désaccords, etc., conduisant à des drames et à des tragédies, ainsi qu'à de nombreuses formes de maladies 'mentales' qui ne sont décrites que dans les *belles-lettres* (NdT : en français dans le texte; Ensemble de textes envisagés du point de vue de leur valeur littéraire). Ainsi, Dupond$_1$, qui *n'est pas* conscient d'abstraire, fait la déclaration : 'Un cercle n'est pas carré'. Supposons que Durand$_1$ le contredise. Dupond$_1$ est furieux ; par ses *réactions sémantiques,* sa déclaration 'est' la 'pure et simple vérité', et Durand$_1$ doit être un imbécile. Il l'objectifie, lui attribue une valeur indue. Pour lui, c'est une 'expérience', un 'fait', etc., et il éclate en palabres, dénonçant Durand$_1$ et montrant à quel point il 'a tort'. De cette attitude sémantique découlent de nombreuses difficultés et tragédies.

Mais si Dupond$_2$ (conscient d'abstraire) déclare : 'Un cercle n'est pas carré', et que Durand$_2$ le contredit, que ferait Dupond$_2$? Il sourirait, n'éclaterait pas en palabres pour défendre *sa* déclaration, mais demanderait à Durand$_2$: 'Que voulez-vous dire? Je ne vous comprends pas très bien'. Après avoir reçu une réponse, Dupond$_2$ expliquerait à Durand$_2$ qu'il n'y a pas lieu de se quereller à propos de sa déclaration, car elle est verbale et n'est vraie que par *définition*. Il reconnaîtrait également à Durand$_2$ le droit de *ne pas* accepter *sa définition*, mais d'en utiliser une autre pour se satisfaire. Le problème se poserait alors, naturellement, de savoir quelle définition les deux pourraient accepter, ou laquelle serait généralement acceptable. Et le problème serait alors résolu par des considérations purement pragmatiques. Les mots apparaissent comme des créatures de définitions, et facultatives ; mais cette attitude implique des *réactions sémantiques* importantes et nouvelles.

Ce fait semble d'une importance sémantique considérable, car il constitue la base de travail d'une théorie de "l'accord universel". Dans la première partie de l'exemple ci-dessus, Dupond$_1$, selon les normes acceptées, avait 'raison' ('un cercle n'est pas carré'). A-t-il 'plus raison' que Durand$_1$, pour qui le 'cercle est carré'? Pas du tout. Les deux déclarations appartiennent au niveau verbal et ne représentent que des formes de représentation des *réactions sémantiques à l'intérieur de leur peau*. L'une ou l'autre peut être 'juste' selon certaines 'définitions' explicites ou implicites. Les deux déclarations sont-elles aussi valables l'une que l'autre? Nous *ne le savons pas a priori* ; nous devons enquêter pour savoir si les bruits émis ont des significations en dehors de la pathologie, ou quelle déclaration couvre structurellement mieux la situation, nous amène structurellement plus loin dans la description et l'analyse de ce monde, etc. Seule l'analyse structurelle scientifique peut donner la préférence à une forme plutôt qu'à une autre. Dupond et Durand ne peuvent que produire leurs 'définitions' en fonction de leurs *réactions sémantiques*, mais ils *ne* sont *pas* juges quant aux 'définitions' qui résisteront *finalement* à l'épreuve de la structure.

Du moment que nous éliminons l'identification, nous prenons conscience d'abstraire et nous nous souvenons en permanence et instinctivement que l'objet *n'est pas* l'événement, que l'étiquette *n'est pas* l'objet et qu'une déclaration à propos d'une déclaration *n'est pas* la première déclaration ; nous atteignons ainsi un état sémantique, où nous reconnaissons que chacun 'a raison' selon ses propres 'définitions'. Mais un individu ou une opinion publique non éclairée n'est pas le seul juge des 'définitions' et du langage qui doivent prévaloir. Seule la recherche structurelle (la science) peut décider quelle est la forme de représentation structurellement la plus similaire aux niveaux verbaux pour ce qui se passe aux niveaux indicibles objectiques.

En ce qui concerne la 'description des faits', la situation n'est pas fondamentalement différente. Les erreurs semblent toujours possibles et se produisent souvent. En outre, les impressions sémantiques que les 'faits' produisent sur nous sont également individuelles et souvent contradictoires, comme le montre la comparaison des témoignages des témoins oculaires. Mais il n'y a pas lieu d'être en désaccord permanent ; une investigation plus structurelle des niveaux objectiques et verbaux apportera une solution. Une fois cette recherche suffisamment poussée, on peut toujours arriver à une base sémantique où tout le monde peut être d'accord, à condition de ne pas identifier, de ne pas objectifier, de ne pas confondre description et inférence, mots descriptifs et mots inférentiels, etc.

Comme notre analyse est effectuée d'un point de vue structurel et *non-élémentalistique*, il ne faut pas oublier que les composantes sémantiques associées aux mots et aux déclarations ne sont, en dehors de cas très pathologiques, jamais totalement absentes et qu'elles prennent une importance capitale. Autrefois, nous ne disposions pas de moyens simples et efficaces pour agir sur les évaluations, les significations, etc., douloureuses, déplacées ou disproportionnées, par le biais d'une rééducation sémantique, qui est fournie par la présente analyse et l'utilisation du Structurel Différentiel. Les moyens pour éliminer l'identification consistent, d'une part, en un diagramme *objectique* en relief sur lequel nous pouvons *pointer notre doigt* et, d'autre part, en une explication convaincante (en pointant le doigt sur les étiquettes) que les niveaux verbaux, avec leurs anciennes *réactions sémantiques* pénibles et désastreuses, *ne sont pas* et différent entièrement des niveaux des objets et des événements. Quoi que nous puissions dire ou ressentir, les objets et les événements restent à des niveaux indicibles et ne peuvent être atteints par des mots. Dans ces conditions structurelles naturelles, nous ne pouvons atteindre le niveau objectique qu'en voyant, en manipulant, en ressentant réellement, etc., et, par conséquent, en pointant notre doigt vers l'objet sur le Structurel Différentiel et en restant silencieux - tout cela ne peut pas être transmis par les mots *seuls*.

Lors d'expériences avec des malades 'mentaux' chez qui les perturbations sémantiques étaient très fortes, il a fallu plusieurs mois pour entraîner les patients à la non-identité et au silence sur les niveaux objectiques. Mais dès que cela a été accompli, un soulagement complet ou partiel s'en est suivi.

Les principales perturbations dans la vie quotidienne, ainsi que dans la maladie 'mentale', se situent dans le domaine affectif. Nous trouvons une pression interne d'identifications, exprimée par le fait d'éclater en palabres, et une surévaluation sémantique injustifiée des mots, l'attribution d'une objectivité aux mots, etc. Dans de tels cas, la suppression ou la répression des mots ne sert pas à grand-chose, mais fait souvent *beaucoup de mal* et doit être évitée par tous les moyens. Dans de telles conditions, l'utilisation du diagramme en relief devient une nécessité pour souligner la différence entre les différents ordres d'abstraction et induire le silence sémantiquement bénéfique sur le 'niveau objectique' sans répression ni suppression.

Avec l'utilisation du Structurel Différentiel, nous pouvons éliminer l'identification, et ainsi obtenir les avantages en évitant les dangers. Si quelqu'un identifie et que ses *réactions sémantiques* le poussent à s'exprimer, nous ne le réprimons pas, mais nous lui disons : "À votre guise [puisque cela le fait se sentir mieux], mais n'oubliez pas que vos paroles se situent sur les niveaux verbaux [en montrant d'un geste de la main les étiquettes suspendues], et qu'elles *ne sont pas au* niveau objectique, qui reste intact et inchangé". Une telle procédure, répétée à plusieurs reprises, lui donne l'*évaluation* sémantique correcte *des ordres d'abstractions, le libère de l'identification, mais sans répression ni suppression*. Elle lui apprend également à s'interroger sur de prétendus 'faits', puis à essayer de trouver des formes de représentation structurellement meilleures. Si nous n'obtenons pas de tels résultats, nous pouvons utiliser les formes plus anciennes, mais par une évaluation appropriée, nous ne mettons pas sémantiquement la 'croyance' dans ces formes de représentation. Ces croyances apparaissent toujours comme le résultat d'une identification quelque part.

La technique d'entraînement est simple. Nous vivons à des niveaux d'abstraction 'objectiques' ou les moins élevés, où nous devons voir, sentir, toucher, *agir*, etc., mais *jamais* parler. Dans la formation, nous devons utiliser nos mains, etc. Il est très utile, après avoir expliqué à plusieurs reprises le Structurel Différentiel, en insistant notamment sur le rejet du 'est' d'identité, de ne pas interrompre l'autre. Laissez-le parler, mais agitez la main pour indiquer les niveaux verbaux ; pointez ensuite le doigt vers le niveau objectique et, de l'autre main, fermez vos propres lèvres pour montrer qu'au niveau objectique, on ne peut que se taire. Lorsqu'elle est exécutée de manière répétée, cette pantomime a un effet bénéfique, sémantique et pacificateur sur les conditions d'identification "surchargées d'émotions". Le mécanisme neurologique de cette action n'est pas entièrement connu, mais certains aspects sont assez clairs.

Plus le système nerveux est élaboré, plus certaines parties du cerveau sont éloignées de l'expérience immédiate. Les courants nerveux, qui ont une vitesse finie, finissent par avoir des chemins plus longs et plus nombreux à parcourir ; différentes possibilités et complications apparaissent, ce qui entraîne une 'action différée'. On sait que le thalamus (en gros) semble connecté à la vie affective et 'émotionnelle', et que le cortex, plus éloigné et isolé du monde extérieur, a pour effet d'induire ce 'délai de latence dans l'action'. Dans la 'pensée' déséquilibrée et 'émotionnelle', si répandue, le thalamus semble surmené, le cortex pas assez. Les résultats prennent la forme d'un comportement bassement animalistique, primitif ou infantile, souvent de caractère pathologique chez un adulte prétendument civilisé. Il semble que le 'silence sur les niveaux objectiques' introduise cette 'action retardée', déchargeant le matériel thalamique sur le cortex. Cette méthode psychophysiologique est très simple, scientifique et tout à fait générale. La thérapie 'mentale' standard d'aujourd'hui applique également une *méthode de rééducation* des *réactions sémantiques*, comme si l'on soulageait le thalamus et que l'on faisait passer davantage de courants nerveux à travers le cortex, ou éventuellement que l'on fournissait au cortex un matériel différent, de sorte que le matériel thalamique revenant du cortex puisse être correctement influencé.

Si nous réussissons cette rééducation sémantique, les difficultés disparaissent. Les données expérimentales les plus anciennes montrent que nous avons réussi dans de nombreux cas et que nous avons échoué dans de nombreux autres. Les cas de réussite montrent que nous connaissons réellement les points sémantiques essentiels impliqués ; les échecs montrent que nous n'en savons pas assez et que nos anciennes théories ne sont pas suffisamment générales. Actuellement, seuls les troubles sémantiques les plus prononcés et les plus morbides sont portés à l'attention des médecins, et très peu de mesures *préventives* sont prises. Outre les troubles prononcés de la vie quotidienne, nous observons un très grand nombre de troubles sémantiques que nous ignorons et que nous appelons 'particularités'. Dans la majorité des cas, ces 'particularités' sont indésirables et, dans des conditions défavorables, peuvent entraîner des conséquences plus graves à caractère morbide. Elles entraînent généralement beaucoup de malheur pour toutes les personnes concernées, et le malheur apparaît comme le signe d'une inadaptation sémantique quelque part, et peut donc être destructeur pour la santé 'mentale' et nerveuse.

Dans les maladies 'mentales' avancées, telles que celles qui sont habituellement portées à l'attention des psychiatres, certains symptômes psycho-logiques sont généralement présents. Les symptômes qui nous intéressent dans ce travail sont appelés 'délires', 'illusions' et 'hallucinations'. Ils impliquent tous l'identification sémantique ou *des confusions des ordres d'abstraction*, l'évaluation d'ordres d'abstraction inférieurs comme étant supérieurs, ou supérieurs comme étant inférieurs. Il a déjà été expliqué que certaines composantes de l'identification sont invariablement présentes, et l'identification peut donc être considérée comme un type élémentaire de troubles sémantiques dont tous les autres états ne diffèrent que par leur intensité.

L'essentiel est de trouver des moyens préventifs psychophysiologiques permettant d'éviter ou d'éliminer cette identification. À ce jour, l'expérience et l'analyse montrent que toutes les formes d'identification peuvent être éliminées avec succès par un entraînement à la *visualisation*, si cet état sémantique peut être produit. À cette fin, le Structurel Différentiel est particulièrement utile et nécessaire. Avec son aide, nous entraînons tous les centres. Les *centres* inférieurs sont impliqués, car nous voyons, sentons, entendons, etc. ; les centres supérieurs sont également impliqués, car nous nous 'souvenons', 'comprenons', etc., *avec pour résultat que tous les centres travaillent ensemble sans conflit*. La "conscience d'abstraire" est inculquée, remplaçant les *réactions sémantiques* vicieuses de confusion des ordres d'abstraction et d'identification.

Ce fonctionnement harmonieux de tous les centres à leurs niveaux respectifs a des conséquences pratiques extrêmement importantes en matière d'hygiène 'mentale' et physique. Nous devenons coordonnés, ajustés, et les difficultés qui pourraient autrement survenir à l'avenir sont éliminées de manière préventive. Il ne faut pas oublier qu'à présent, il est impossible de prévoir dans quelle mesure l'élimination de l'identification à tous les niveaux aura un effet bénéfique. À ce stade, nous savons même expérimentalement que les bénéfices sont très importants, mais nous pouvons nous attendre à ce qu'ils deviennent encore plus nombreux lorsque nous aurons fait plus d'expériences. Les délires, les illusions et les hallucinations sont des manifestations qui se produisent dans pratiquement toutes les difficultés 'mentales', et ils ne représentent qu'une identification sémantique d'ordres d'abstractions de différents degrés d'intensité. Lorsque cette confusion est éliminée, on peut s'attendre à des changements généraux dans les symptômes. Mais comme la correspondance n'est probablement pas *biunivoque*, il est impossible de prévoir théoriquement quelles améliorations peuvent être attendues dans une maladie prononcée. Dans les troubles plus légers, qui nous affectent dans la vie quotidienne, les résultats sont beaucoup plus faciles à prévoir et sont *toujours* bénéfiques.

Je peux illustrer à quel point la conscience d'abstraire profite sémantiquement à *l'organisme entier* par l'une de mes propres expériences. Un jour, je voyageais sur un bateau. Un homme visita ma cabine et, voyant le Structurel Différentiel, posa des questions à son sujet. Après une brève explication, il m'a demandé quelles étaient les applications pratiques.

Mon invité était assis sur ma couchette, moi sur une petite chaise pliante. Je me suis levé, je suis allé à la porte, j'ai fait semblant d'entrer et, à ma suggestion, il m'a dit : 'Asseyez-vous sur le siège, s'il vous plaît'. Je suis resté debout en expliquant que si je n'étais pas "conscient d'abstraire", son mot 'siège' serait pour moi identifié à la chaise (objectification) et mes *réactions sémantiques* seraient telles que je m'assiérais avec une grande confiance. Si la chaise s'effondrait, j'aurais, en plus de la bosse, un choc affectif, de l'effroi, etc., qui pourrait nuire à mon système nerveux. Mais si j'étais conscient d'abstraire, mes *réactions sémantiques* seraient différentes. Je me souviendrais que le *mot, l'étiquette* 'siège' *n'est pas* la chose sur laquelle je suis censé m'asseoir. Je me souviendrais que je dois m'asseoir sur cet objet individuel, unique, indicible, qui peut être fort ou faible, etc. Par conséquent, je m'assiérais avec soin. Au cas où la chaise s'effondrerait et que je me blesserais physiquement, j'aurais quand même évité un choc nerveux affectif.

Pendant toutes ces explications, je manipulais la petite chaise et la secouais. Je n'ai pas remarqué que les pieds se détachaient et que la chaise devenait inutilisable. Puis, lorsque je me suis assis sur la relique, elle a cédé sous moi. Mais je *ne suis pas tombé par terre*. Je me suis pour ainsi dire rattrapé dans les airs, ce qui m'a évité une expérience douloureuse. Il est important de noter qu'une telle préparation physique nécessite une coordination très élaborée, nerveuse et inconsciente, qui a été accomplie par l'état sémantique de *non-identification* ou la *conscience d'abstraire*. Lorsqu'une telle conscience d'abstraire est acquise, elle fonctionne instinctivement et automatiquement et *ne* nécessite *pas* d'effort continu. Son fonctionnement implique un *retard* d'une fraction de seconde dans l'*action*, mais ce petit retard n'est pas nuisible dans la pratique ; au contraire, il a des effets psycho-logiques et neurologiques "d'action retardée" très importants.

Il semble que le 'silence' au niveau objectique implique ce délai psychophysiologique. Aussi petit soit-il, il sert à décharger le matériel thalamique sur le cortex. Dans un certain nombre de cas cliniques, le Dr Philip S. Graven a démontré qu'à partir du moment où un tel temps de latence peut être produit chez le patient, son état s'améliore ou il est entièrement soulagé. Le mécanisme neurologique précis de ce processus n'est pas connu, mais il ne fait aucun doute que cette 'action retardée' a de nombreux effets très bénéfiques sur l'ensemble du fonctionnement du système nerveux. Elle équilibre en quelque sorte les *réactions sémantiques* néfastes et stimule les centres nerveux supérieurs pour qu'ils exercent un contrôle plus *physiologique* sur les centres inférieurs.

Il convient de noter un point essentiel à cet égard. La majorité des adultes normalement développés reconnaissent que cette 'action retardée' est bénéfique et elle trouve son expression dans des déclarations telles que 'réfléchissez à deux fois', 'gardez la tête froide', 'tenez-vous tranquille', 'attendez une minute', etc., et des recettes fonctionnelles telles que "quand on est en colère, il faut compter jusqu'à dix", etc. Dans la vie quotidienne, cette sagesse est acquise soit par une expérience douloureuse, soit enseignée aux enfants dans un langage *A* (*Aristotélicien*) qui, comme le montre la pratique, est rarement efficace en raison de son caractère inadéquat. On se rend rarement compte que le mécanisme de ces observations fonctionnelles et de ces conseils familiers repose sur des *processus neurologiques* sous-jacents très puissants et efficaces, qui peuvent être *atteints et directement affectés par des* méthodes *psychophysiologiques,* ordinales et *non-élémentalistiques*, en rapport avec la *structure du langage que nous utilisons*. Ainsi, dans le cadre d'un système infantile, *A* (*Aristotélicien*) et dominant, nous utilisons et enseignons à nos enfants un langage impliquant le 'est' d'identité, et nous ne pouvons forcément que confondre les ordres d'abstractions, préparant pour nous-mêmes et pour les enfants les prédispositions sémantiques néfastes à 'éclater en palabres', au lieu "d'attendre une minute", ce qui, sur le plan neurologique, signifie abuser de notre thalamus et maintenir notre cortex 'au chômage'. Dans un système-$\bar{A}$ ∞-valué, nous rejetons le 'est' d'identité ; nous ne pouvons pas confondre les ordres d'abstractions ; nous ne pouvons pas identifier les mots avec les niveaux objectiques indicibles ou les inférences avec les descriptions, et nous ne pouvons pas identifier les différentes abstractions des différents individus, etc. Cet état sémantique d'évaluation correcte entraîne une discrimination entre les différents ordres d'abstractions ; un délai automatique est introduit - le cortex est complètement intégré dans le circuit nerveux. Les bases sémantiques de la 'mentalité supérieure' et de "l'équilibre émotionnel" sont posées.

Nous avons déjà eu l'occasion de mentionner le mécanisme de projection en relation avec l'identification, en tant qu'état sémantique d'attribution affective de caractéristiques de centre inférieur à des abstractions d'ordre supérieur et vice versa, et en relation avec les attitudes introverties ou extraverties. De même, nous sommes déjà parvenus à la conclusion qu'un individu bien adapté et, par conséquent, bien équilibré ne devrait être ni l'un ni l'autre des extrêmes, mais un introverti extraverti équilibré. L'entraînement avec le Structurel Différentiel permet d'obtenir ce résultat sémantique important. En nous entraînant avec "l'objet" à son niveau, nous devenons extravertis et nous apprenons à observer ; il en résulte une liberté sémantique par rapport aux 'idées préconçues', comme c'est le cas lorsque nous commençons par l'évaluation, l'étiquette d'abord et l'objet ensuite, au lieu de l'ordre naturel, l'objet d'abord et l'étiquette ensuite. En passant à des abstractions d'ordre supérieur et en évaluant les rangs successifs d'étiquettes, nous nous entraînons à l'introversion. Le résultat, dans l'ensemble, est que nous pouvons atteindre l'état sémantique souhaitable et équilibré de l'introverti extraverti.

Le fait d'utiliser tous les centres nerveux disponibles lors de l'entraînement avec le Structurel Différentiel est bénéfique, car les centres inférieurs sont plus étroitement connectés au système nerveux végétatif que les autres.

CHAPITRE XXVII

ABSTRACTIONS D'ORDRE SUPÉRIEUR

> Les caractères que la science discerne dans la nature sont des caractères subtils, non évidents à première vue. Ce sont des relations de relations et des caractères de caractères. (573)
>
> A.N. WHITEHEAD

> À cet égard, il convient de rappeler que le langage humain permet de construire des phrases qui n'impliquent aucune conséquence et qui n'ont donc aucun contenu, bien que ces phrases produisent une sorte d'image dans notre imagination ; par exemple, la déclaration selon laquelle il existe, à côté de notre monde, un autre monde, avec lequel toute connexion est en principe impossible, ne conduit à aucune conséquence expérimentale, mais produit une sorte d'image dans l'esprit. Il est évident qu'une telle déclaration ne peut être ni prouvée ni réfutée. Il faut être particulièrement prudent dans l'utilisation des mots 'réalité', 'en vrai', etc., car ces mots conduisent très souvent à des déclarations du type de celles qui viennent d'être mentionnées. (215)
>
> W. HEISENBERG

Section A. Généralités.

Dans les chapitres précédents, j'ai démontré qu'il existe un raccourci qui nous permet de saisir, d'acquérir et d'appliquer ce qui a été avancé dans le présent ouvrage. Ce raccourci sémantique est la "conscience d'abstraire". Il s'agit d'une attitude psycho-logique à l'égard de tous ce que nous abstrayons à tous les niveaux, ce qui implique le fonctionnement coordonné de l'organisme-comme-un-tout.

L'utilisation du Structurel Différentiel est nécessaire, parce que certains niveaux sont indicibles. Nous pouvons les voir, les manipuler, les sentir, etc., mais en *aucun* cas nous ne pouvons atteindre ces niveaux par la seule parole. Nous devons donc disposer d'un diagramme, de préférence en relief, qui représente les conditions structurelles empiriques et qui indique le niveau indicible par un autre moyen que la parole. Dans le cas le plus simple, nous devons soit pointer notre doigt vers l'objet en insistant sur le silence, soit effectuer une activité corporelle et insister similairement sur le silence, car notre activité et les ressentis *ne* sont *pas* non plus des mots.

Dans ce type d'entraînement sémantique, il suffit d'insister sur la non-identité ou la différence entre les niveaux objectiques, *indicibles* des abstractions d'ordre inférieur (O_h) et les abstractions verbales ou d'ordre supérieur (L_n). Une fois cette habitude et ce ressenti acquis, personne ne devrait avoir de difficultés à étendre la méthode de non-identité aux événements de la vie quotidienne. Pour atteindre ces objectifs sémantiques, il faut d'abord souligner le fait de bon sens qu'un objet n'est pas l'événement. Pour ce faire, nous partons de la 'métaphysique' structurelle scientifique de 1933 concernant l'événement et soulignons le fait que l'objet, en tant qu'abstraction nerveuse d'ordre inférieur, possède des caractéristiques multiordinales moins nombreuses et différentes de celles de l'événement. Le meilleur moyen d'y parvenir est d'insister sur le fait qu'en abstrayant de l'événement vers l'objet, nous avons laissé de côté certaines caractéristiques. Nous n'avons pas *abstrait 'toutes'* les caractéristiques ; ce serait une autocontradiction dans les termes, une impossibilité.

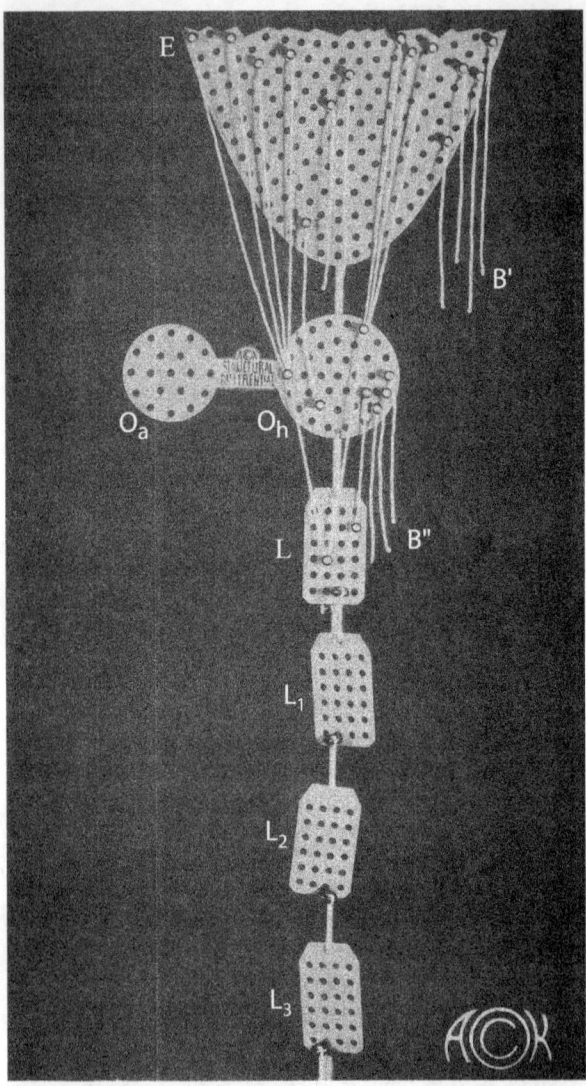

Fig. 1
Le Structurel Différentiel

Il n'est même pas nécessaire d'insister sur la pleine compréhension de l'événement. Des exemples de bon sens, montrant que ce que nous reconnaissons comme un 'crayon' n'est pas 'tout', suffisent souvent. Personne n'aura de difficultés, à condition de s'entraîner dans ce sens, à se *souvenir* continuellement et instinctivement des ficelles libres (B′), (B″), qui indiquent les caractéristiques non abstraites ou laissées de côté et qui aident à s'entraîner à la *non-identité*. Avec le diagramme en relief, les *réactions sémantiques* de l'élève sont entraînées à travers *tous les centres nerveux*. Il voit, il manipule, etc., les ficelles pendantes et il en entend parler. La *probabilité* que l'organisme-comme-un-tout soit affecté est ainsi *maximale*. C'est ainsi qu'une théorie 'intellectuelle' fait appel aux 'sensorialités', aux ressentis et aux mécanismes réflexes. Pour affecter l'organisme-comme-un-tout, il faut utiliser des méthodes propres à l'organisme-comme-un-tout.

Une situation structurelle similaire se retrouve lorsque nous traitons des abstractions d'ordre supérieur. Un mot, un nom ou une déclaration est transmis sous forme orale ou écrite et affecte d'abord les centres inférieurs avant d'être abstrait et à nouveau transformé par les centres supérieurs. L'ordre n'est généralement pas modifié quand les questions verbales ne sont ni vues ni entendues, mais qu'elles proviennent de nous-mêmes. La plupart des 'impulsions', 'intérêts', 'significations', 'évaluations', etc., prennent naissance dans les centres inférieurs et suivent le cours habituel, des centres inférieurs vers les centres supérieurs. Quand "l'expérience" (réaction des centres inférieurs) se transforme en 'souvenirs' (centres supérieurs), etc., l'ordre est similaire. Les difficultés commencent lorsque l'ordre est pathologiquement *inversé* et que les 'idées' sont évaluées comme de l'expérience, les mots comme des objets, etc. Dans la construction du langage, un processus similaire peut être observé. Nous observons les individus absolus avec lesquels nous traitons vraiment, nous leur attribuons des noms individuels, par exemple, A_1, A_2, ... A_{11}, A_{12}, ..., A_{21}, A_{22}, ..., A_{31}, A_{32}, ... etc. Par le processus consistant à *abstraire* et à *négliger*, par exemple, les indices de caractéristique '1', nous n'aurions plus que ceux qui ont les indices de caractéristique 2, 3, ... 9, 22, 23, ..., 29, etc. Si *nous négligeons* les indices de caractéristique '2', nous n'avons plus que ceux qui ont les caractéristiques 3, 4, ..., 9, 33, 34, ..., 39, etc. Enfin, si nous éliminons tous les indices des caractéristiques *individuelles*, nous aurons un nom 'général' A pour l'ensemble du groupe sans distinguer les caractéristiques individuelles.

Tous les mots du type 'homme', 'animal', 'maison', 'chaise', 'crayon', etc., ont été construits par un processus similaire d'abstraction, ou *de négligence* des différences individuelles. Dans chaque cas de négligence des caractéristiques individuelles, un *nouveau* processus neurologique a été impliqué.

Il en va similairement pour les 'déclarations à propos d'une déclaration'. Quand nous entendons une déclaration, ou que nous la voyons sous une forme écrite, cette déclaration devient un stimulus qui pénètre par les centres inférieurs, et une déclaration à son sujet représente, en général, un nouveau processus d'abstraction, ou une abstraction d'ordre supérieur.

Il devient évident que l'introduction d'un langage "d'ordre d'abstractions différent", bien qu'il ne soit pas familier, représente structurellement très étroitement, en termes d'*ordre*, la plupart des processus neurologiques fondamentaux qui se déroulent en nous. Comme nous le savons déjà, un ordre naturel a été établi par l'évolution ; à savoir, les abstractions d'ordre inférieur d'abord, les abstractions d'ordre supérieur ensuite ; les identifications des ordres ou l'inversion des ordres se révèlent pathologiques pour l'être humain et se révèlent comme une confusion des ordres d'abstractions, résultant en une *évaluation erronée* : identification, illusions, délires et hallucinations.

Historiquement, les mathématiciens ont été les premiers à accorder une attention sérieuse aux problèmes susmentionnés d'une manière cohérente, mais très limitée. En investiguant sur les problèmes du fondement des mathématiques, de la 'logique' mathématique et de la théorie des ensembles, nous avons rencontré des autocontradictions qui rendraient les mathématiques impossibles. Pour éviter un tel désastre, Russell a inventé ce que l'on appelle la 'théorie des types mathématiques'. Le statut de cette théorie est très intéressant et instructif. Elle résout les difficultés mathématiques, sauvant ainsi les mathématiques, mais *n'a aucune* application dans la vie. Pratiquement tous les mathématiciens, si je ne me trompe pas, y compris l'auteur de la théorie, "n'aiment pas" la théorie et s'efforcent de résoudre les problèmes d'une autre manière, voire d'abandonner complètement la théorie.

Nous avons déjà montré que l'introduction d'un langage de "différents ordres d'abstractions" est structurellement tout à fait justifiée et physiologiquement naturelle, puisqu'il décrit, en termes d'ordre, les activités du système nerveux. Ces faits sont importants, mais si, en plus, l'introduction d'un langage d'une nouvelle structure

$\bar{A}$ nous apportait d'autres avantages démontrables, l'introduction d'un tel langage deviendrait de plus en plus souhaitable.

Bien que la majorité des mathématiciens 'n'aime pas' la théorie des types, cette théorie est actuellement inconditionnellement nécessaire pour des mathématiques non-auto-contradictoires. L'auteur a été agréablement surpris de constater qu'après la formulation de son *système-Ā*, cette théorie simple et naturelle, actionnelle, fonctionnelle, opérationnelle et *non-élémentalistique* couvre la théorie des types mathématiques et la généralise, la rendant applicable non seulement à la résolution des paradoxes mathématiques, mais aussi à la résolution de la majorité des difficultés purement humaines et scientifiques. Une règle générale de "non-confusion des ordres d'abstractions" et l'acquisition d'une "conscience d'abstraire" simple et praticable, fondée sur la négation du 'est' d'identité, offrent une *pleine* solution structurelle et sémantique. La négligence des questions en jeu conduit fatalement à la fabrication de souffrances et de malheurs humains infinis et inutiles, dont l'élimination est l'un des principaux points d'une théorie de la sanité. Il n'y a pas de mystère en 1933 que de petits chocs douloureux continus peuvent conduire à de graves perturbations sémantiques et physiques. Les psycho-logues et les psychiatres auront de plus en plus de mal à travailler sur leurs problèmes s'ils ne tiennent pas compte de ces questions sémantiques. Les parents et les enseignants trouveront des moyens structurels simples mais efficaces pour éduquer les réactions des enfants à la *sanité,* avec tous les avantages sémantiques qui en découlent pour les individus et la société.

Quand Whitehead et Russell travaillaient sur les fondements des mathématiques, ils se sont heurtés à d'innombrables paradoxes et autocontradictions qui, bien entendu, rendraient les mathématiques impossibles. Après de nombreux efforts, ils ont découvert que tous ces paradoxes avaient une source générale, en gros, dans les expressions qui impliquent le mot 'tout', et la solution a été trouvée en introduisant le 'non-toutisme', un précurseur sémantique de la non-identité. Considérons, par exemple, 'une proposition à propos de *toutes* les propositions'. Ils ont trouvé que de telles totalités, ou de tels énoncés 'tout', n'étaient pas légitimes, car ils impliquaient d'emblée une autocontradiction. Une proposition ne peut être faite légitimement à propos de 'toutes' les propositions sans une certaine restriction, puisqu'elle devrait inclure la nouvelle proposition qui est faite. Si nous considérons un terme *multiordinal* comme 'propositions', que nous pouvons fabriquer sans limites connues, et si nous nous rappelons que toute déclaration *sur* les propositions prend la forme d'une proposition, il est évident que nous ne pouvons pas faire de déclaration sur *toutes* les propositions. Dans ce cas, la déclaration doit être limitée ; un tel ensemble *n'a pas de total,* et une déclaration sur 'tous ses membres' ne peut être fait légitimement. De même, nous ne pouvons pas parler de *tous* les nombres.

Des déclarations telles que 'une proposition sur *toutes* les propositions' ont été qualifiées par Russell de 'totalités illégitimes'. Dans de tels cas, il est nécessaire de diviser l'ensemble en ensembles plus petits, dont chacun est capable d'avoir une totalité. C'est, pour l'essentiel, ce que la théorie des types vise à accomplir. Dans le langage des *Principia Mathematica*, le principe qui nous permet d'éviter les totalités illégitimes peut être exprimé comme suit : "ce qui implique la *totalité* d'une collection ne doit pas être un membre de la collection", ou encore : "Si, pour autant qu'une certaine collection ait un total, elle n'aurait de membres définissables qu'en termes de ce total, alors ladite collection n'a pas de total".[1] Le principe ci-dessus est appelé 'principe du cercle vicieux', car il nous permet d'éviter les cercles vicieux qu'implique l'introduction de totalités illégitimes. Russell appelle les arguments qui impliquent le principe du cercle vicieux des 'sophismes du cercle vicieux'.

Russell donne comme exemple la loi deux-valuée du 'tiers exclu', formulée sous la forme 'toutes les propositions sont vraies ou fausses'. Nous nous engageons dans un cercle vicieux si nous soutenons que la loi du tiers exclu prend la forme d'une proposition et que, par conséquent, elle peut être évaluée comme vraie ou fausse. Avant de pouvoir rendre légitime une déclaration sur 'toutes les propositions', nous devons la limiter d'une manière ou d'une autre, de sorte qu'une déclaration sur cette totalité doive se situer en dehors de cette totalité.

Un autre exemple de cercle vicieux peut être donné par le sceptique imaginaire qui affirme qu'il ne sait rien, mais qui est réfuté par la question : *sait*-il qu'il ne *sait* rien? Avant que l'affirmation du sceptique ne devienne significative, il doit limiter, d'une manière ou d'une autre, le nombre de faits au sujet desquels il affirme son ignorance, qui représentent une totalité illégitime. Lorsqu'une telle limitation est imposée, et qu'il affirme qu'il est ignorant d'une série extensionnelle de propositions, dont la proposition concernant son ignorance n'est pas un membre, alors ce scepticisme ne peut pas être réfuté de la manière décrite ci-dessus.

Il n'est pas nécessaire d'entrer dans les détails de la théorie compliquée et difficile des types. Dans ma formulation psychophysiologique $\bar{A}$, la théorie devient structurellement extrêmement simple et naturelle, et s'applique aux mathématiques ainsi qu'à un très grand nombre d'expériences quotidiennes, éliminant un nombre incroyablement élevé de malentendus, de cercles vicieux et d'autres sources sémantiques de désaccords et de malheurs humains.

Il faut remarquer que, dans les exemples donnés, nous avons toujours fait une déclaration *sur* une autre déclaration, et que le cercle vicieux est né de l'identification ou de la confusion des ordres des énoncés. La sortie se trouve dans la conscience d'abstraire, qui conduit à la discrimination sémantique entre les *ordres dans lesquels on abstrait*. Si nous avons certaines propositions, p_1, p_2, p_3, etc., ... p_n, et que nous faisons une nouvelle proposition sur ces propositions, disons P, alors, selon la théorie actuelle, la déclaration P sur les déclarations p_1, p_2, etc., doit être considérée comme une abstraction d'ordre supérieur, et donc différente, et ne doit pas être identifiée comme s'ordonner avec les propositions p_1, p_2, ... p_n.

La formulation psychophysiologique ci-dessus est entièrement générale, mais simple et naturelle dans un système-$\bar{A}$. Pour rendre cela plus clair, je prendrai plusieurs énoncés concernant la théorie des types dans les *Principia Mathematica*, je les désignerai par (Pr.), je les reformulerai dans mon langage des *ordres d'abstractions*, et je les désignerai comme sémantique générale (S. G.).

Ainsi, 'les cercles vicieux en question proviennent de la supposition qu'une collection d'objets peut contenir des membres qui ne peuvent être définis qu'au moyen de la collection dans son ensemble' (Pr.). Les objets en tant qu'individus et les 'collections d'objets' appartiennent évidemment à des ordres d'abstraction différents et ne doivent pas être confondus (S.G.). Une 'Proposition sur *toutes* les propositions' (Pr.). Cela implique une confusion des ordres d'abstraction, car si nous posons les propositions $p_1, p_2, \ldots p_n$, alors une proposition P *sur* ces propositions représente une abstraction d'ordre supérieur et ne doit pas être identifiée avec elles (S.G.). Plus généralement, étant donné un ensemble d'objets tel que, si nous supposons que l'ensemble a un total, il contiendra des membres qui présupposent ce total, alors un tel ensemble ne peut pas avoir de total. En disant qu'un ensemble n'a 'pas de total', nous voulons surtout dire qu'aucune déclaration significative ne peut être faite sur "tous ses membres"' (Pr.). Un ensemble de déclarations, d'objets, d'éléments ou autres, et une déclaration *à leur sujet* appartiennent à des ordres d'abstraction différents et ne doivent pas être confondus (S.G.). Dans le langage de Wittgenstein : 'Aucune proposition ne peut dire quoi que ce soit sur elle-même, parce que le signe propositionnel ne peut être contenu en lui-même (c'est la 'théorie entière des types')'.[2]

Dans le langage de la sémantique générale actuelle, une déclaration sur une déclaration n'est pas la 'même' déclaration, mais représente, par nécessité structurelle et neurologique, un niveau d'abstraction plus élevé et ne doit pas être confondu avec la déclaration originale.

Des reformulations similaires s'appliquent à tous les cas donnés dans les *Principia Mathematica*, et il devient donc évident que la présente théorie couvre un terrain similaire à celui de la théorie des types, et couvre également une liste sans fin d'applications de la vie quotidienne qui sont d'une importance sémantique cruciale dans une théorie de la sanité. Nous devons souligner ici une *loi sémantique* simple, naturelle et *unique de non-identité qui couvre toutes les confusions des ordres d'abstraction*. Cette règle et cet entraînement uniques nous enseignent à ne pas confondre les ordres supérieurs avec les ordres inférieurs, à ne pas identifier les mots avec les objets (à ne pas objectifier), ainsi qu'à ne pas confondre les abstractions supérieures d'ordres différents. Cette généralité et cette simplicité structurelle constituent un argument en faveur du système-$\bar{A}$ actuel. Il est plus facile d'enseigner une règle unique, simple et naturelle qui couvre un vaste champ de sources sémantiques de difficultés humaines. En effet, lorsque la règle est expliquée et que l'apprenant est formé à la différence structurelle, le problème sémantique se résout simplement en montrant du doigt "différents ordres d'abstractions" et en insistant sur le fait que "ceci *n'est pas* ceci".

Si nous considérons le fait naturel, structurel et *empirique* que nos vies sont vécues dans un monde d'abstractions non-identiques de différents ordres, la discrimination entre les différents ordres devient d'une importance sémantique primordiale pour l'évaluation. Dans ces conditions, nous devons nous familiariser avec le mécanisme de ces différents ordres d'abstractions. Remarquons tout d'abord que le langage des *Principia Mathematica* est *A* (*Aristotélicien*) et il implique le 'est' d'identité, etc. Un tel langage conduit à des identifications et à des confusions, et rend des questions simples difficiles et embarrassantes. Le terme 'classe' est très déroutant. Qu'entendons-nous par ce terme? Dans la vie, nous avons des *individus*, et nous avons affaire à eux, à des niveaux *objectiques, indicibles*. Si nous prenons un certain nombre d'individus, nous en avons un certain nombre, mais ils restent tous individuels. Si nous produisons une abstraction d'un ordre supérieur, de sorte que l'individualité de chaque membre est perdue, nous avons alors une abstraction d'un ordre supérieur ('idée' dans l'ancien langage), mais plus rien des individus absolus de notre collection. Le terme 'classe' à cet égard prête sérieusement à confusion, car il tend à dissimuler un simple fait expérimental et conduit à une confusion des ordres d'abstractions si la *multiordinalité* du terme 'classe' n'est pas formulée.

De nombreux critiques et évaluateurs des *Principia Mathematica* pensent que c'est le cas, mais leurs critiques ne sont pas assez audacieuses et ne vont pas jusqu'aux racines de la difficulté sémantique A (*Aristotélicienne*). Ils ne prêtent pas attention à la méthode et au langage impliquant le 'est' d'identité, méthode et langage *élémentalistiques* aux 'logiques', 'philosophiques' et 'psycho-logiques' *élémentalistique* A (*Aristotélicien*) dans lesquels est rédigée l'introduction des *Principia*. Le docteur Alonzo Church est le premier, à ma connaissance, à suggérer que, à la suite de Peano, les nombres devraient être définis dans le langage des abstractions. Il ne pousse cependant pas plus loin son analyse et ne précise pas qu'il s'agit d'un langage d'une structure $\bar{A}$ entièrement différente.[3] Si nous abandonnons le terme de 'classe' et acceptons le langage des "abstractions d'ordres *différents*", nous sommes alors conduits à rejeter le 'est' d'identité et conduits au système actuel, dont la théorie des types mathématiques devient une partie nécessaire. Les problèmes de 'classe' cessent d'être une 'hypothèse', puisque les différents ordres d'abstractions sont des descriptions de faits expérimentaux ; "l'axiome de réductibilité" devient donc inutile. Dans mon langage, cet axiome est également une *description aristotélicienne* du fait expérimental que nous pouvons abstraire dans différents ordres.

Section B. Termes multiordinaux.

Dans les exemples donnés dans la Section A, nous avons utilisé des mots tels que 'proposition', qui ont été appliqués à toutes les abstractions d'ordre supérieur. Nous avons déjà vu que ces termes peuvent avoir des utilisations ou des significations différentes s'ils sont appliqués à différents ordres d'abstractions. C'est ainsi que naît ce que j'appelle la *multiordinalité* des termes. Les mots 'oui', 'non', 'vrai', 'faux', 'fonction', 'propriété', 'relation', 'nombre', 'différence', 'nom', 'définition', 'abstraction', 'proposition', 'fait', 'réalité', 'structure', 'caractéristique', 'problème', 'savoir', 'penser', 'parler', 'haïr', 'aimer', 'douter', 'cause', 'effet', 'signification', 'évaluation', et une palette sans fin des termes les plus importants dont nous disposons, doivent être considérés comme des *termes multiordinaux*. Il existe une caractéristique sémantique très importante de ces termes *multiordinaux* : ils sont ambigus, ou ∞-valués, en général, et chacun a une signification définie, ou une valeur, seulement et exclusivement dans un contexte donné, lorsque l'ordre d'abstraction peut être définitivement indiqué.

Ces questions semblent extrêmement simples et générales, elles font partie intégrante de la structure de la 'connaissance humaine' et de notre langage. Nous ne pouvons pas éviter ces questions sémantiques et, par conséquent, le seul moyen qui nous reste est de les affronter explicitement. Le test de la multiordinalité d'un terme est simple. Faisons une déclaration quelconque et voyons si un terme donné s'y applique ('vrai', 'faux', 'oui', 'non', 'fait', 'réalité', 'penser', 'aimer', etc.). Si c'est le cas, faisons délibérément une autre déclaration *à propos de* la première et vérifions si le terme donné peut être utilisé à nouveau. Si c'est le cas, on peut affirmer sans risque que ce terme doit être considéré comme *multiordinal*. N'importe qui peut tester un tel terme *multiordinal* par lui-même sans aucune difficulté. Le point principal de tous ces termes *multiordinaux* est qu'ils sont *généralement ambigus* et que toutes les discussions à leur sujet, 'en général', ne mènent qu'à l'*identification des ordres d'abstractions et de perturbations sémantiques, et nulle part ailleurs*. Les termes multiordinaux n'ont de signification définie qu'à un niveau donné et dans un contexte donné. Avant de pouvoir discuter à leur sujet, nous devons fixer leurs ordres, après quoi les questions deviennent simples et conduisent à un accord. Quant aux "ordres d'abstraction", nous n'avons aucune possibilité de déterminer l'ordre 'absolu' d'une abstraction ; d'ailleurs, nous *n'*en avons *jamais* besoin. Dans les difficultés sémantiques humaines, en science comme dans la vie privée, il n'est généralement pas nécessaire de prendre en considération plus de trois, voire deux, niveaux avoisinants. Lorsqu'il s'agit de discuter sérieusement d'un problème, les erreurs, l'ambiguïté, la confusion et le désaccord découlent de la confusion ou de l'identification des niveaux avoisinants. Dans la pratique, il devient *extrêmement simple* de régler ces trois (ou deux) niveaux et de les séparer, *à condition d'être conscient d'abstraire, mais pas autrement*.

Pour une théorie de la sanité, ces questions semblent importantes et structurellement essentielles. Dans les identifications, les délires, les illusions et les hallucinations, nous avons trouvé une *confusion* entre les ordres d'abstractions ou une fausse évaluation exprimée comme une inversion de l'ordre naturel.

L'un des symptômes de cette confusion se manifeste sous la forme de 'fausses croyances', qui impliquent à nouveau la comparaison d'affirmations sur les 'faits' et la 'réalité', et font intervenir des termes tels que 'oui', 'non', 'vrai', 'faux', etc. Comme tous ces termes sont multiordinaux et donc ambigus, il convient d'éviter les embrouilles 'générales' et 'philosophiques'. Avec la conscience d'abstraire et, par conséquent, avec le *ressenti* de cette stratification particulière de la 'connaissance humaine', tous les problèmes sémantiques impliqués peuvent être réglés simplement.

Il est impossible et peu souhaitable d'éviter les termes *multiordinaux*. L'ambiguïté systématique des termes les plus importants suit l'analogie systématique. Ils apparaissent comme le résultat direct et la condition de nos pouvoirs d'abstraire dans différents ordres, et nous permettent d'appliquer une chaîne de raisonnements ∞-valués à une gamme infinie de faits mono-valués différents, qui sont tous différents et ne deviennent gérables que grâce à nos pouvoirs d'abstraire.

Pour plus de détails sur la théorie des types, le lecteur est invité à consulter la littérature sur le sujet et le Supplément II[4] ; je ne donnerai ici que quelques exemples des complexités et des difficultés inhérentes au langage, et je montrerai comment elles sont résolues simplement à l'aide de la sémantique générale et de la "conscience d'abstraire" qui en découle.

À titre d'exemple, je cite l'analyse de Russell de la déclaration 'simple' 'je mens', telle qu'elle figure dans les *Principia*. 'La plus ancienne contradiction du genre en question est celle d'*Épiménide*. Épiménide le Crétois a dit que tous les Crétois étaient des menteurs, et que toutes les autres déclarations faites par des Crétois étaient certainement des mensonges. S'agit-il d'un mensonge? La forme la plus simple de cette contradiction est fournie par la personne qui dit 'je mens' ; si elle ment, elle dit la vérité, et vice versa. . . .

'Lorsqu'une personne dit "je mens", nous pouvons interpréter sa déclaration comme suit : "Il existe une proposition que j'affirme et qui est fausse". C'est-à-dire qu'il affirme la vérité d'une certaine valeur de la fonction "J'affirme p, et p est faux". Mais nous avons vu que le mot "faux" est ambigu, et que, pour le rendre non-ambigu, il faut préciser l'ordre de la fausseté, ou, ce qui revient au même, l'ordre de la proposition à laquelle on attribue la fausseté. Nous avons vu aussi que, si p est une proposition du $n^{ème}$ ordre, une proposition dans laquelle p apparaît comme variable apparente n'est pas du $n^{ème}$ ordre, mais d'un ordre supérieur. Par conséquent, le type de vérité ou de fausseté qui peut appartenir à la déclaration "il y a une proposition p que j'affirme et qui a une fausseté du $n^{ème}$ ordre" est une vérité ou une fausseté d'un ordre plus élevé que le $n^{ème}$. Par conséquent, la déclaration d'Épiménide ne tombe pas dans son propre champ d'application, et donc aucune contradiction n'émerge.

'Si nous considérons la déclaration "je mens" comme une manière compacte de faire simultanément toutes les déclarations suivantes : "j'affirme une proposition fausse de premier ordre", "j'affirme une proposition fausse de second ordre", et ainsi de suite, nous trouvons le curieux état de choses suivant : Comme aucune proposition du premier ordre n'est affirmée, la déclaration "j'affirme une proposition fausse du premier ordre" est fausse. Cette déclaration est du deuxième ordre, donc la déclaration "je fais une fausse déclaration du deuxième ordre" est vraie. Il s'agit d'une déclaration du troisième ordre, et c'est la seule déclaration du troisième ordre qui est faite. Par conséquent, la déclaration "Je fais une fausse déclaration du troisième ordre" est fausse. Nous voyons donc que la déclaration "je fais une fausse déclaration d'ordre $2n+1$" est fausse, alors que la déclaration "Je fais une fausse déclaration d'ordre $2n$" est vraie. Mais dans cet état de choses, il n'y a pas de contradiction'.[5]

Il est clair que si nous appliquons le langage des ordres d'abstractions au cas ci-dessus, nous parvenons à un résultat similaire de manière plus générale et plus simple. Si nous devions confondre les ordres d'abstractions, nous pourrions naturellement être confrontés à une argumentation sans fin. Cet exemple montre comment une confusion des ordres d'abstraction peut conduire à des problèmes verbaux insolubles, et combien il est sémantiquement important que nous n'identifiions pas, et que nous soyons conscients d'abstraire, avec le sentiment instinctif qui en résulte pour cette stratification structurelle particulière de la 'connaissance humaine'. Nous devrions remarquer qu'avec la confusion des ordres d'abstraction et l'utilisation de termes *multiordinaux*, *sans se rendre compte de leur* caractère ∞-*valués*, nous pouvons toujours construire une gamme infinie d'arguments verbaux pour embrouiller les problèmes, mais que dès que nous attribuons un ordre défini aux termes *multiordinaux*, et que nous fixons ainsi une signification unique spécifique dans un contexte donné pour les nombreuses significations que tout terme *multiordinal* peut avoir, les difficultés s'évanouissent.

Comme l'analyse ci-dessus s'applique à tous les termes *multiordinaux*, et que ces termes se trouvent être les plus importants dans notre vie, il ne sert à rien d'essayer d'éviter ces termes et les conséquences de leur utilisation. Bien au contraire, lorsqu'il est structurellement nécessaire de construire un terme *multiordinal* - par exemple, 'abstraire' - nous devons prendre pour acquis qu'il a plusieurs significations, et indiquer ces significations en attribuant au terme l'ordre défini de l'abstraction. Ainsi, un terme tel que 'abstraire' ou 'caractéristique', etc., peut être source de confusion et de problèmes ; mais 'abstraire dans différents ordres', etc., ne l'est pas, car dans un contexte donné, nous pouvons toujours attribuer l'ordre défini et la signification unique au terme.

Il a été dit à maintes reprises qu'un terme *multiordinal* possède, par nécessité structurelle, de nombreuses significations. Quelle que soit la définition que nous lui donnons, elle est toujours fondée sur d'autres termes *multiordinaux*. Si nous essayons de donner une 'signification' *générale* à un terme *multiordinal*, ce qu'il ne peut pas avoir, une analyse plus poussée et plus profonde révélerait la multiordinalité des termes par lesquels il est défini, rétablissant une fois de plus sa multiordinalité. Comme il n'est pas possible d'éviter le problème structurel susmentionné, il est plus correct et plus opportun de reconnaître immédiatement la multiordinalité fondamentale d'un terme. Si nous procédons ainsi, nous ne serons pas désorientés quant à la signification d'un tel terme dans un contexte donné, car, en principe, dans un contexte, sa signification est unique et fixée par ce contexte.

Les bénéfices sémantiques d'une telle reconnaissance de la multiordinalité sont, pour l'essentiel, au nombre de sept :

(1) nous réalisons une énorme économie de 'temps' et d'efforts, car nous cessons de 'chasser le snark', généralement appelé 'philosophie', ou de chercher une définition générale mono-valuée d'un terme *multiordinal*, qui ne pourrait pas être formulée dans d'autres termes *multiordinaux* ;

(2) nous acquérons une grande souplesse d'expression, puisque notre vocabulaire le plus important est constitué de termes *multiordinaux*, qui peuvent être étendus indéfiniment en leur attribuant de nombreux ordres différents et, par conséquent, des significations ;

(3) nous reconnaissons qu'une définition d'un terme *multiordinal* doit, par nécessité, représenter non pas une proposition, mais une fonction propositionnelle impliquant des variables ;

(4) nous n'avons pas besoin de nous préoccuper des définitions formelles d'un terme *multiordinal* en dehors des mathématiques, mais nous pouvons utiliser le terme librement, en réalisant que sa signification unique, en principe, dans un contexte donné est structurellement indiquée par le contexte ;

(5) dans de telles conditions structurelles, la liberté de l'auteur ou du locuteur est fortement accentuée ; son vocabulaire est potentiellement composé d'un nombre infini de mots, et les blocages psycho-logiques et sémantiques sont éliminés ;

(6) il sait qu'un lecteur qui comprend ce mécanisme ∞-valué ne se trompera jamais sur le sens à donner; et

(7) l'ensemble du processus linguistique devient extrêmement flexible, tout en conservant son caractère essentiel d'extension mono-valué, dans un cas donné.

Dans un certain sens, une telle utilisation de termes *multiordinaux* se retrouve dans la poésie, et il est bien connu que de nombreux scientifiques, en particulier les créatifs, aiment la poésie. De plus, la poésie transmet souvent en quelques phrases plus de valeurs durables qu'un volume entier d'analyse scientifique. L'utilisation libre de termes *multiordinaux* sans s'embarrasser d'un formalisme structurellement impossible en dehors des mathématiques permet d'atteindre cet objectif, *à condition que nous soyons conscients d'abstraire ; sinon, il n'en résulte que de la confusion*.

Il faut comprendre que je n'ai pas l'intention de condamner le formalisme. Le formalisme le plus rigoureux est une discipline extrêmement importante et précieuse (les mathématiques à l'heure actuelle) ; mais le formalisme, en tant que tel, dans les sciences expérimentales et dans la vie, apparaît souvent comme un handicap et non comme un avantage, parce que, dans les sciences empiriques et dans la vie, nous sommes engagés dans l'exploration et la découverte de la structure inconnue du monde en tant que moyen d'ajustement structurel. L'élaboration formelle d'un langage n'est que l'élaboration cohérente de sa structure, qui doit être accomplie indépendamment si nous voulons avoir les moyens de comparer les structures verbales avec les structures empiriques. Du point de vue $\bar{A}$, les deux questions sont également importantes dans la recherche de la structure.

Dans de telles conditions structurelles empiriques, les termes *multiordinaux* acquièrent une grande importance sémantique et, sans eux, le langage, les mathématiques et la science seraient peut-être impossibles. Dès que nous comprenons cela, nous sommes obligés de nous rendre compte de la profonde différence structurelle et sémantique entre les systèmes $\bar{A}$ et A (*Aristotélicien*). Ce que l'on considérait autrefois comme des propositions devient des fonctions propositionnelles, et la plupart de nos doctrines deviennent les fonctions doctrinales de Keyser, ou des fonctions-système, permettant des interprétations multiples.

Les termes appartiennent à des niveaux verbaux et leurs significations *doit* être donnée par des définitions, ces définitions dépendant de termes non-définis, qui consistent toujours, à ma connaissance, en des termes *multiordinaux*. Il est peut-être nécessaire qu'ils aient ce caractère pour être utiles. Si l'on tient compte de ces conditions empiriques structurelles, il faut conclure que la méthode postulatoire qui donne la structure d'une doctrine donnée est à la base de toutes les performances linguistiques humaines, aussi bien dans la vie quotidienne qu'en mathématiques et en sciences. L'étude de ces problèmes jette une lumière très importante sur tous les mystères du langage et sur le bon usage de cette fonction neurologique et sémantique humaine la plus importante, sans laquelle la sanité est impossible.

D'un point de vue structurel, les postulats, définitions ou hypothèses doivent être considérés comme des hypothèses structurelles d'ordre relationnel ou multidimensionnel qui établissent, conjointement avec les termes non-définis, la structure d'un langage donné. Il est évident que pour trouver la structure d'un langage, nous devons ramener le langage donné à un système de postulats et trouver le minimum de ses termes non-définis (qui ne sont jamais uniques). Ceci fait, nous devrions avoir la structure d'un tel système entièrement révélée ; et, avec la structure du langage entièrement connue, nous devrions avoir un outil très précieux pour enquêter sur la structure empirique en prédisant verbalement, puis en vérifiant empiriquement.

Pour apaiser le non-spécialiste, je dirai tout de suite que ce travail est très fastidieux et difficile, bien qu'il s'agisse d'un besoin criant ; néanmoins, il peut être accompli par une seule personne. Cependant, en raison de la nature du problème, lorsque ce travail est effectué, les résultats sémantiques se sont toujours avérés jusqu'à présent - et continueront probablement à le faire - assez simples et compréhensibles pour le sens commun, même celui d'un enfant.

Il convient de noter un point très important. Depuis que le langage a été utilisé pour la première fois par l'espèce humaine, les conditions structurelles et sémantiques connexes révélées par la présente analyse *n'ont pas été modifiées*, car elles sont inhérentes à la structure de la 'connaissance humaine' et du langage. Historiquement, nous avons toujours été très intéressés par l'immédiateté de notre vie quotidienne. Nous avons commencé par des grognements symbolisant cette immédiateté, et nous ne nous rendons jamais compte, même aujourd'hui, que ces premiers grognements historiques étaient les plus complexes et les plus difficiles de tous. Outre ces grognements, nous en avons développé d'autres, que nous appelons mathématiques, traitant et élaborant un langage des nombres, ou (comme je le définis sémantiquement) un langage de *deux relations symétriques et d'une infinité de relations asymétriques uniques spécifiques* pour explorer la structure du monde, qui est, à l'heure actuelle, le langage le plus efficace et le plus simple qui ait été formé jusqu'à présent. Ce n'est qu'en 1933, après plusieurs centaines de milliers d'années, que les derniers grognements mentionnés sont devenus suffisamment élaborés pour nous donner un aperçu de la structure. Nous devons revoir l'entièreté de la procédure et de la structure linguistiques et trouver les moyens de révéler la structure de la 'connaissance humaine'. Ces moyens sémantiques permettront de manipuler correctement notre structure neurologique, ce qui, à son tour, constitue la base d'une utilisation structurellement correcte du système nerveux humain, et conduira à un ajustement nerveux humain, à des *réactions sémantiques* appropriées et, par conséquent, à la sanité.

Les êtres humains sont tout à fait habitués au fait que les mots ont des significations différentes et, en utilisant ce fait, ils ont produit des spéculations plutôt nuisibles, mais, à ma connaissance, la découverte structurelle de la multiordinalité des termes et de l'importance psychophysiologique du traitement des ordres d'abstractions résultant du rejet du 'est' d'identité - telle qu'elle est formulée dans le présent système - est une nouveauté. Dans ce mécanisme de multiordinalité, nous trouverons un problème structurel exceptionnellement important de la psycho-logique humaine, responsable d'un grand nombre de caractéristiques humaines fondamentales, désirables, indésirables et même morbides. La pleine maîtrise de ce mécanisme n'est possible que lorsqu'il est formulé, et conduit automatiquement à la possibilité d'un ajustement psychophysiologique complet. Cet ajustement inverse souvent le processus psycho-logique prévalant à une date donnée ; c'est le fondement, entre autres, de ce qu'on appelle en psychiatrie la 'culture' et la 'sublimation'.

Je rappelle que l'une des différences fonctionnelles les plus fondamentales entre l'animal et l'être humain réside dans le fait que, quel que soit le nombre d'ordres auquel l'animal abstrait, ses abstractions s'arrêtent à un certain niveau au-delà duquel l'animal ne peut aller. Il n'en va pas de même pour l'être humain. Structurellement et potentiellement, l'être humain peut abstraire dans un nombre indéfini d'ordres, et personne ne peut dire légitimement qu'il a atteint l'ordre 'final' d'abstractions au-delà duquel personne ne peut aller. Autrefois, lorsque ce mécanisme sémantique n'était pas structurellement évident, la majorité d'entre nous copiait les animaux et cessait d'abstraire à un certain niveau, comme s'il s'agissait du niveau 'final'. Quand nos parents, nos enseignants ou l'école ont fait notre éducation sémantique au langage et au 'est' d'identité, la multiordinalité des termes n'a jamais été soupçonnée et, bien que le mécanisme physiologique humain ait fonctionné pendant tout ce temps, nous l'avons utilisé au niveau conscient à la manière des animaux, c'est-à-dire en cessant d'abstraire à un certain niveau. Au lieu d'être informés du mécanisme et d'être formés consciemment aux *réactions sémantiques* fluides et dynamiques consistant à *passer à des abstractions de plus en plus élevées comme s'il s'agissait de quelque chose de normal*, pour Dupond, nous avons conservé un blocage sémantique subnormal, animalistique, et nous avons 'émotionnellement' cessé d'abstraire à un certain niveau.

Ainsi, par exemple, si la vie nous amène à un état psycho-logique de haine ou de doute et que nous nous arrêtons à ce niveau, alors, comme nous le savons par expérience, la vie de l'individu concerné et de ses proches n'est pas très heureuse. Mais une haine ou un doute d'ordre supérieur inverse ou annule l'effet sémantique de premier ordre. Ainsi, la haine de la haine, ou le doute du doute - un effet de second ordre - a inversé ou annulé l'effet de premier ordre, qui était préjudiciable à toutes les parties concernées parce qu'il restait un effet de premier ordre *structurellement arrêté ou animalistique*.

L'entièreté du sujet de notre capacité supérieure humaine d'abstraire sans limites discernables semble extrêmement vaste, nouveau et non analysé. Il faudra de nombreuses années et de nombreux volumes pour l'approfondir ; par conséquent, les exemples donnés ci-dessous ne seront que suggestifs et serviront à illustrer grossièrement l'énorme pouvoir des méthodes et de la structure $\bar{A}$, dans le but de les rendre utilisables en tant que procédé pédagogique, puissant et sémantique.

Prenons quelques termes qui peuvent être considérés comme positifs et qui représentent la structure de la 'culture', de la science et de ce que l'on appelle en psychiatrie la 'sublimation' : curiosité, attention, analyse, raisonnement, choix, considération, connaissance, évaluation, etc. Les effets de premier ordre sont bien connus et il n'est pas nécessaire de les analyser. Mais si nous les transformons en effets de second ordre, nous avons alors la curiosité de la curiosité, l'attention de l'attention, l'analyse de l'analyse, le raisonnement du raisonnement (qui représente la science, la psycho-logique, l'épistémologie, etc.) ; le choix du choix (qui représente la liberté, l'absence de blocages psycho-logiques, et montre aussi le mécanisme sémantique d'élimination de ces blocages) ; la considération de la considération donne un acquis culturel important ; la connaissance de la connaissance implique abstraire et structurer, devient la 'conscience', au moins dans son aspect limité, prise comme conscience d'abstraire ; l'évaluation de l'évaluation devient une théorie de la sanité, etc.

Un autre groupe représente les réactions sémantiques morbides. Ainsi, l'inquiétude, la nervosité, la peur, la pitié, etc., peuvent être tout à fait légitimes et relativement inoffensives. Mais lorsqu'elles sont d'un ordre supérieur et identifiées au premier ordre, comme dans l'inquiétude de l'inquiétude, la peur de la peur, etc., elles deviennent morbides. La pitié de la pitié se rapproche dangereusement de l'apitoiement sur soi. Les effets de second ordre, tels que la croyance en la croyance, engendrent le fanatisme. Savoir que l'on sait, avoir la conviction de la conviction, l'ignorance de l'ignorance, etc., montre le mécanisme du dogmatisme ; tandis que des effets tels que le libre arbitre du libre arbitre, ou la cause de la cause, etc., deviennent souvent des délires et des illusions.

Un troisième groupe est représenté par des effets de premier ordre tels que l'inhibition, la haine, le doute, le mépris, le dégoût, la colère et d'autres états sémantiques similaires ; le *deuxième ordre inverse et annule* les effets de premier ordre. Ainsi, l'inhibition d'une inhibition devient une excitation ou une libération positive (voir Partie VI) ; la haine de la haine est proche de l'amour ; le doute du doute devient une critique scientifique et transmet la tendance scientifique ; les autres inversent ou annulent manifestement les *réactions sémantiques* indésirables de premier ordre.

À cet égard, l'effet pernicieux de l'identification devient tout à fait évident. Dans le premier et le troisième cas, les effets bénéfiques ont été *empêchés*, parce que l'identification des ordres d'abstractions, en tant qu'état sémantique, a produit un blocage sémantique qui ne nous a pas permis de passer à des abstractions d'ordre supérieur ; dans le deuxième cas, elle a même produit des manifestations morbides.

La conscience d'abstraire, qui implique, entre autres, la pleine conscientisation sémantique instinctive de la non-identité et la stratification de la connaissance humaine, et donc la multiordinalité des termes les plus importants que nous utilisons, résout ces problèmes lourds et complexes parce qu'elle nous donne des méthodes structurelles pour l'évaluation sémantique, pour l'orientation et pour les manier. En passant à des niveaux supérieurs, ces états qui impliquent l'inhibition ou l'excitation négative s'inversent. Certains d'entre eux, à des niveaux plus élevés, deviennent culturellement importants et d'autres deviennent morbides. Or, la conscience d'abstraire dans tous les cas nous donne la *liberté* sémantique de tous les niveaux et facilite ainsi l'*évaluation* et la sélection, supprimant ainsi la possibilité de rester fixé ou bloqué de façon animalistique à un niveau quelconque. Nous trouvons ici le mécanisme du 'changement de la nature humaine' et une aide aux personnes en état morbide pour réviser par elles-mêmes leurs propres afflictions en se rendant simplement compte que les symptômes sont dus à l'identification de niveaux qui sont essentiellement différents, à un saut inconscient d'un niveau ou à une confusion des ordres d'abstractions. Même à présent, toutes les psychothérapies utilisent inconsciemment ce mécanisme, bien que, pour autant que je sache, il n'ait jamais été formulé structurellement de manière générale.

Il faut ajouter qu'à partir du moment où nous éliminons l'identification et que nous acquérons la conscience d'abstraire, comme l'explique le présent système, nous avons déjà acquis le ressenti sémantique permanent de cette *stratification structurelle* particulière de la connaissance humaine que l'on retrouve dans la psycho-logique du calcul différentiel et intégral et des mathématiques, dont la structure est similaire à celle du monde qui nous entoure, sans qu'il soit nécessaire d'avoir recours à une technique mathématique difficile. D'un point de vue psycho-logique, les mathématiques et le système actuel apparaissent structurellement similaires, non seulement à eux-mêmes, mais aussi au monde et à notre système nerveux ; et sur ce point, ils s'écartent très largement des systèmes plus anciens.

Laissez-moi donner un autre exemple de la façon dont la reconnaissance de l'ordre des abstractions clarifie les difficultés sémantiques.

Je me souviens très bien d'une discussion que j'ai eue avec un jeune mathématicien très doué. Notre conversation portait sur les géométries d'Euclide et de Lobatchevski, et nous discutions de l'*abandon* et de l'*introduction* d'hypothèses. Je soutenais que Lobatchevski avait *introduit* une hypothèse ; il soutenait que Lobatchevski avait *abandonné* une hypothèse. À première vue, on pourrait croire qu'il s'agit d'un problème de 'fait' et non de *préférence*. Le célèbre cinquième postulat d'Euclide est le suivant : 'Si une droite coupant deux droites rend les angles intérieurs du même côté inférieurs à deux angles droits, les deux droites, si elles sont prolongées indéfiniment, se rencontrent sur le côté où se trouvent les angles inférieurs à deux angles droits'. Notons au passage qu'une ligne droite est *supposée* de longueur 'infinie', ce qui implique un certain type de métaphysique structurelle de 'espace', métaphysique commune au système-*A* (*Aristotélicien*) et aux systèmes plus anciens. Ce postulat d'Euclide peut être exprimé sous l'une de ses formes équivalentes, par exemple : "Par un point situé à l'extérieur d'une ligne droite, on peut tracer une et une seule parallèle à cette ligne". Lobatchevski et d'autres ont décidé de construire une géométrie *sans* ce postulat, et ils y sont parvenus. Examinons ce que Lobatchevski a fait. Pour ce faire, nous nous rendons à un niveau plus profond - autrement dit, à un niveau d'abstraction supérieur - où nous découvrons que ce qui, à *son niveau*, avait été l'*abandon* d'un postulat devient, à notre niveau plus profond ou à notre niveau d'abstraction supérieur, l'*introduction* d'un postulat, à savoir le postulat selon lequel, par un point situé en dehors d'une ligne droite, il passe *plus* qu'une ligne parallèle.

Or, un tel processus est *structurellement inhérent à toute connaissance humaine*. Plus encore, il s'agit d'une caractéristique unique de la structure de la connaissance humaine. Nous pouvons toujours procéder ainsi. Si nous passons à des niveaux d'abstraction plus élevés, des situations apparemment 'insolubles', des 'questions de fait', deviennent très souvent des problèmes de *préférence*. Ce problème est d'une extrême importance sémantique, et de conséquences indéfiniment étendues pour toute la science, la psychiatrie, et l'éducation en particulier.

Les exemples que j'ai donnés montrent une situation sémantique des plus étonnantes, à savoir qu'une question peut parfois recevoir une réponse 'oui' ou 'non', 'vraie' ou 'fausse', en fonction de l'ordre des abstractions que la personne qui répond à la question considère. Les faits susmentionnés modifient considérablement les anciens champs prétendument bien définis de 'oui' et 'non', 'vrai' et 'faux' et, en général, de tous les termes multiordinaux. De nombreux problèmes de 'fait' à un niveau d'abstraction deviennent des problèmes de 'préférence' à un autre niveau, ce qui contribue à réduire le champ sémantique du désaccord.

Il est intéressant d'éclairer le problème de 'préférence'. Quelle affirmation ou attitude est préférable? Celle qui affirme que Lobatchevski *a abandonné* un postulat, ou celle qui affirme que Lobatchevski a *introduit* un nouveau postulat? Les deux sont des 'faits', mais à des niveaux différents ou dans des ordres différents. L'*abandon* apparaît comme un fait historique, l'*introduction* comme un fait psycho-logique *inhérent* à la structure de la connaissance humaine. La préférence est bien indiquée ; le fait psycho-logique est de la plus grande généralité (comme tous les faits psycho-logiques) et, par conséquent, plus utile, puisqu'il s'applique à toutes les entreprises humaines et pas seulement à ce qu'un certain mathématicien a fait dans certaines circonstances.

Section C. Confusion d'ordres d'abstractions plus élevés.

Nous avons déjà vu que le pouvoir d'abstraction de Médor s'arrête quelque part. Si nous sommes des finalistes de quelque nature que ce soit, nous supposons également que *notre* pouvoir d'abstraire s'arrête quelque part. C'est ainsi que se construisent les attitudes sémantiques finalistes, dogmatiques et absolutistes.

Si toutefois nous formons à l'aide du Structurel Différentiel les *réactions sémantiques* de nos enfants à la non-identité $\bar{A}$ et à la stratification inhérente de la connaissance humaine $\bar{A}$ et du pouvoir d'abstraire $\bar{A}$, nous *facilitons* le passage à des abstractions d'ordre supérieur et établissons des *réactions sémantiques flexibles* d'une *conditionnalité complète* qui sont uniques pour Dupond et d'une grande valeur préventive et thérapeutique. Nous construisons ainsi un 'esprit humain' pour l'efficacité et la sanité, en éliminant les facteurs de blocage sémantique, tandis qu'en engageant l'activité des centres nerveux supérieurs, nous diminuons le débordement vicieux de l'énergie nerveuse sur les centres nerveux inférieurs, qui, s'il est autorisé, doit nécessairement se manifester par des symptômes d'arrêt ou de régression.

Les questions susmentionnées revêtent une grande importance sémantique pour notre vie quotidienne et notre sanité. Toutes les perturbations sémantiques concernent l'évaluation, les doctrines, les croyances, les spéculations, etc., et vice versa. Dans des circonstances telles que celles décrites ci-dessus, qui semblent inhérentes à nous, il est dangereux de ne pas avoir les moyens de voir clair dans le labyrinthe des difficultés verbales avec toutes leurs composantes sémantiques dangereuses et omniprésentes.

En ne tenant pas compte des ordres d'abstraction, nous pouvons fabriquer toutes sortes de difficultés verbales ; et, sans la conscience d'abstraire, nous devenons tous des victimes sémantiques presque impuissantes et désespérées d'un langage primitif et de sa métaphysique structurelle sous-jacente. Pourtant, la solution est simple : la non-identité mène à la "conscience d'abstraire" et nous donne un nouveau sens pratique des *valeurs*, de nouvelles *réactions sémantiques* pour nous guider dans le labyrinthe verbal.

En dehors de "l'objectification", qui se définit comme l'évaluation d'abstractions d'ordre supérieur comme d'ordre inférieur, à savoir des mots, des souvenirs, etc., en tant qu'objets, expériences, ressentis, etc., l'identification la plus courante de différentes abstractions d'*ordre supérieur* apparaît comme la confusion d'inférences et de termes inférentiels avec des descriptions et des termes descriptifs.

Évidemment, si nous considérons une description comme étant du $n^{ème}$ ordre, une inférence à partir de cette description (ou d'autres) doit être considérée comme une abstraction d'un ordre supérieur ($n+1$). Avant de prendre une décision, nous procédons généralement à un examen plus ou moins rapide des événements, cet examen servant de base à nos jugements, qui deviennent la base de notre action. Cette déclaration est assez générale, puisque les éléments qui la composent peuvent être retrouvés par l'analyse pratiquement partout. Notre problème est d'analyser le cas général. Suivons grosso modo le processus.

Supposons, par exemple, le cas hypothétique d'un observateur idéal qui observe correctement et donne un compte rendu impersonnel et impartial de ce qu'il a observé. Supposons que les événements qu'il a observés se présentent comme suit : ✦, ○, ◆, ꝗ, . . . , et qu'un nouvel événement ✠ se produise. À ce niveau d'*observation*, il n'est pas possible de parler, c'est pourquoi j'utilise divers symboles fantaisistes, et non des mots. L'observateur donne alors une *description* des événements ci-dessus, disons $a, b, c, d, \ldots x$, il fait ensuite une inférence à partir de ces descriptions et arrive à une conclusion ou forme un jugement A sur ces faits. Nous supposons que les faits inconnus de lui, qui existent toujours, ne sont pas importants dans ce cas. Supposons également que sa conclusion semble correcte et que l'action A'' que cette conclusion motive est appropriée. Il est évident que nous avons affaire à au moins trois niveaux d'abstractions différents : les abstractions d'ordre inférieur vues, vécues, etc., (indicibles), puis le niveau descriptif et, enfin, les niveaux inférentiels.

Supposons maintenant un autre individu, Dupond$_1$, ignorant de la structure ou des ordres des abstractions, de la conscience d'abstraire, des *réactions sémantiques* etc. ; un politicien ou un prédicateur, disons, une personne qui identifie habituellement, confond ses ordres (NdT : d'abstractions), utilise un langage inférentiel pour les descriptions, et en fait plutôt un métier. Supposons que Dupond$_1$ observe les 'mêmes événements'. Il serait témoin des événements ❁, ○, ◆, ⌇, ..., et l'événement ✠ lui paraîtrait nouveau. Les événements ❁, ○, ◆, ⌇, ..., il les décrira sous la forme $a, b, c, d, \ldots$, et à partir de ces descriptions moins nombreuses, il *formulerait un jugement, une conclusion, B*; ce qui signifie qu'il passerait à un autre ordre d'abstractions. Lorsque le nouvel événement ✠ se produit, il le traite avec une opinion B déjà formée, et sa description de l'événement est donc *colorée* par ses anciennes *réactions sémantiques* et n'est plus le x de l'observateur idéal, mais $B(x)=y$. Sa description des 'faits' n'apparaîtrait *pas* comme les $a, b, c, d, \ldots, x$, de l'observateur idéal mais $a, b, c, d, \ldots, B(x)=y$. Ensuite, il abstrait à un niveau supérieur, forme un nouveau jugement sur les 'faits' $a, b, c, d, \ldots, B(x)=y$, disons C. Nous voyons comment l'erreur sémantique a été produite. Les événements semblaient 'identiques', mais l'identification inconsciente des niveaux a finalement abouti à une conclusion entièrement différente pour motiver une action tout à fait différente, C''.

Un diagramme rendra cette structure plus claire, car il est très difficile de l'expliquer par des mots. Sur le Structurel Différentiel, cela apparaît sans difficulté.

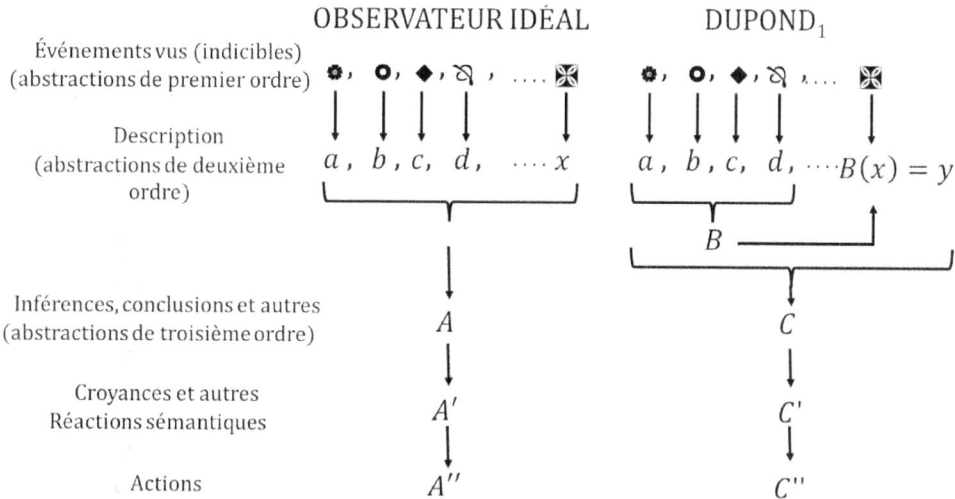

Illustrons ce qui précède par deux exemples cliniques. Dans un cas, un jeune garçon s'obstine à ne pas se lever le matin. Dans un autre cas, un garçon s'obstine à prendre de l'argent dans le porte-monnaie de sa mère. Dans les deux cas, les actions étaient indésirables. Dans les deux cas, les parents ont inconsciemment identifié les niveaux, x a été identifié avec $B(x)$, et ont confondu leurs ordres d'abstractions. Dans le premier cas, ils ont *conclu* que le garçon était *paresseux* ; dans le second, que le garçon était un *voleur*. Les parents, par identification sémantique, ont lu ces inférences dans chaque nouvelle 'description' des faits à venir, de sorte que les nouveaux 'faits' des parents sont devenus de plus en plus déformés sémantiquement et colorés dans l'évaluation, et leurs actions de plus en plus préjudiciables à toutes les parties concernées. Les conditions générales dans les deux familles se sont continuellement détériorées, jusqu'à ce que la lecture des inférences dans les descriptions par les parents ignorants produise un arrière-plan sémantique chez les garçons, les poussant à des intentions meurtrières.

Un psychiatre a traité le problème comme le montre le diagramme de l'observateur idéal. Le résultat net fut que l'un des garçons n'était pas 'paresseux', ni l'autre 'voleur', mais qu'ils étaient tous deux malades. Après les soins médicaux, dont la première étape consistait à clarifier la situation sémantique symbolique, mais pas d'une manière aussi générale que celle décrite ici, tout s'est bien passé. Deux familles ont été sauvées du crime et du naufrage.

Je peux donner un autre exemple d'une longue liste qu'il n'est pas nécessaire d'analyser, car dès que la "conscience d'abstraire" est acquise, l'évitement de ces difficultés sémantiques inhérentes devient automatique. Dans le sophisme courant de la *'Petitio Principii'*, ou sophisme de 'la pétition de principe' (NdT : Korzybski explique qu'il "traduit" petitio principii par l'expression " question begging epithets" ou «Begging the Question» fallacy. Korzybski invente le néologisme "question-begging" qu'il faut comprendre par : qualificatif qui en lui-même affirme ou laisse entendre certaines choses qui en réalité sont encore à prouver. Pétition de principe : faute logique par laquelle on considère comme admis ce qui doit être démontré), nous *postulons*, par une évaluation sémantique trompeuse, *la conclusion* alors que cette dernière reste à être prouvée. En d'autres termes, nous confondons les ordres d'abstraction. Outre l'utilisation délibérée de cette erreur par les avocats dans les tribunaux pour influencer les jurys peu intelligents, etc., une erreur similaire est largement commise dans les raisonnements de la vie quotidienne et conduit à de nombreuses difficultés sémantiques inutiles. L'utilisation de ce que l'on appelle les 'épithètes pétitions de principe' est particulièrement vicieuse. Nous postulons le fait que nous voulons prouver, nous l'appelons par un autre nom, puis nous utilisons le nouveau nom d'ordre supérieur dans notre prémisse. Il s'agit clairement d'une confusion d'ordres d'abstractions.

Tous les termes tels que 'anti-patriotique', 'anti-chrétien', 'anti-américain', 'pro-allemand' (pendant la première Guerre Mondiale), 'humide', 'sec', etc., tombent dans ce groupe. Ce n'est probablement pas un secret qu'une grande partie de la population de ce monde a été influencée par de telles méthodes pendant la guerre. En temps de paix, de grands pays sont continuellement influencés par l'utilisation de termes qui jouent sur les *réactions sémantiques* pathologiques de la population, facilitant ainsi la 'mise en place' de différentes propagandes. Des procédures similaires entraînent de nombreuses difficultés sémantiques dans la vie quotidienne. Il est facile de voir que la difficulté est générale, à savoir "la confusion des ordres d'abstractions". L'antidote est tout aussi général et se trouve dans l'élimination du 'est' d'identité, ce qui aboutit à la "conscience d'abstraire". Il est à noter que ces réactions pathologiques sont connues depuis longtemps et qu'elles sont extrêmement générales. On nous en parle dans les écoles sous le nom de 'sophismes logiques', sans tenir compte de leur caractère sémantique, et il est donc pratiquement impossible de les éliminer ou d'appliquer la sagesse que l'on nous enseigne. Il n'est pas difficile de comprendre pourquoi il en est ainsi. Autrefois, toute la 'sagesse' nous était enseignée par des méthodes purement 'intellectuelles', 'verbales', classiques A (*Aristotéliciennes*) et *élémentalistiques*. Nous n'avions pas de méthode psycho*physiologique* simple, d'une *complète* généralité, qui puisse être enseignée d'une manière *non-élémentalistique*, touchant *tous* les centres nerveux. On sait combien il est difficile de 'changer la nature humaine', ce qui signifie simplement que les anciennes méthodes éducatives verbales ne pouvaient pas affecter correctement les centres inférieurs. Il semble que le premier pas dans l'élaboration d'une méthode permettant d'atteindre ces objectifs consiste à utiliser le Structurel Différentiel, sans lequel il est pratiquement impossible d'enseigner le 'silence au niveau objectique' et 'l'action différée' et d'éduquer *tous* les centres à la non-identité, à la 'stratification', à l'ordre naturel et, par conséquent, aux *réactions sémantiques* appropriées. Il se trouve désormais que nous ayons acquis, pour commencer, une méthode psychophysiologique simple et qui fonctionne pour transformer l'identification en visualisation et, en général, pour prévenir ou éliminer l'identification ou la confusion des ordres d'abstractions. Nous avons maintenant découvert un mécanisme qui implique et traite directement les réactions des centres inférieurs, des 'sensorialités, des affects, des 'émotions', etc. L'ancien et difficile 'changement de la nature humaine' devient un fait facilement accompli dans une éducation structurelle et sémantique. La 'nature humaine' peut être décrite au mieux comme un complexe de *réactions sémantiques*, qui *peuvent* être éduquées et 'changées' dans une large mesure.

Il ne semble pas nécessaire de s'étendre davantage sur ce sujet. Chaque lecteur attentif peut fournir une infinité d'exemples de ce type de perturbations sémantiques à partir de sa propre observation ou expérience. Naturellement, la généralité, la simplicité et le caractère *physiologique* de la méthode proposée dans cet ouvrage deviennent de puissants atouts, et l'enseignement des méthodes $\bar{A}$ peut facilement être donné ou acquis par tout le monde. Elle peut être enseignée à la maison et à l'école. Elle propose une méthode psychophysiologique préventive pour éduquer les *réactions sémantiques* dans les millions et les millions de cas où la vie humaine est détruite par l'absence d'une *théorie éducative structurelle opérationnelle* concernant ces réactions. Mais il ne suffit pas de prêcher ces 'platitudes', il faut aussi les mettre en pratique. Si les parents et les garçons mentionnés ci-dessus avaient été formés dès l'enfance avec le Structurel Différentiel, il aurait été impossible que la situation devienne aussi aigüe.

Suivons nos *expériences quotidiennes* à l'aide du Structurel Différentiel. Nous nous trouvons sur au moins cinq niveaux. Le premier représente l'événement indicible, ou l'objet scientifique, ou les processus physico-chimiques invisibles aux niveaux submicroscopiques qui constituent des stimuli enregistrés par notre système nerveux en tant qu'objets. Le second est constitué des niveaux externes, niveaux objectiques, également indicibles, sur lesquels nous voyons avec nos yeux, etc. À ce niveau, nous pourrions réaliser une image animée, comprenant des actions, etc., (écrire un livre est également un comportement). Le troisième niveau représente les 'images' psycho-logiques et les *réactions sémantiques*, tout aussi indicibles. Au quatrième niveau d'abstractions, nous décrivons verbalement nos faits, à savoir que les humains *(a)* mangent, dorment, etc. ; *(b)* trichent, assassinent, etc. ; *(c)* moralisent, philosophent, légifèrent, etc. ; *(d)* font des sciences, des mathématiques, etc. Finalement, dans le contexte actuel, nos inférences appartiennent au cinquième niveau.

Malheureusement, nous abstrayons généralement les faits *(a)*, identifions les niveaux et en tirons une conclusion : "l'être humain est un animal", etc. À partir de cette *conclusion*, nous confondons à nouveau les niveaux et colorons la description des faits *(b)*, *(c)*, *(d)*, etc.; nous sautons à nouveau à des niveaux supérieurs et tirons des conclusions à partir des descriptions *(a)* et à partir des descriptions *déformées* et colorées *(b)*, *(c)*, *(d)*, et obtenons ainsi les doctrines dominantes dans tous les domaines. Celles-ci nous conduisent à nouveau, dans le domaine de l'action, au désordre dans lequel nous nous trouvons tous. Dans cette danse de derviche entre les niveaux, nous avons totalement *négligé les faits non-colorés (d)*.

L'observateur idéal observerait *toutes* les formes de comportement humain à une date donnée, *sans omettre les faits (d)* ; ensuite, sans confondre ses niveaux, et sans confondre non plus les descriptions avec les inférences, il atteindrait correctement son ordre supérieur d'abstractions, avec des doctrines résultantes très différentes, qui produiraient une évaluation sémantique entièrement différente, et motiveraient des actions tout aussi différentes.

Nous pouvons comprendre maintenant pourquoi nous devons constamment réviser nos doctrines, car l'analyse ci-dessus jette une lumière considérable sur le fait que les scientifiques ont besoin d'être formés au Structurel Différentiel autant que les autres mortels (y compris l'auteur). L'histoire montre qu'ils ne se sont pas suffisamment vérifiés officiellement pour devenirs vigilant à cette habitude fatale de confusion des ordres d'abstractions à travers l'identification.

Il pourrait sembler, à première vue, que tout ce qui a été dit ici est simple et facile. Au contraire, cela *ne* l'est *pas* pour les adultes ; cela n'est facile que pour les enfants et les jeunes. Dans toutes mes études et expérimentations, j'ai constaté que, pour les raisons déjà évoquées, l'utilisation du Structurel Différentiel apparaît indispensable, et qu'il faut beaucoup de temps et d'entraînement pour parvenir à de nouveaux résultats sémantiques. En règle générale, à moins d'être très malheureux, les gens essaient de faire confiance à leur 'compréhension' et n'aiment pas s'entraîner de manière répétée avec le Structurel Différentiel. Pour une raison ou une autre, ils oublient généralement qu'ils ne peuvent pas acquérir une familiarité structurelle ou des réactions réflexes à l'orthographe, à la dactylographie, à la conduite d'une voiture, etc., *par des moyens uniquement verbaux*. Des considérations similaires s'appliquent dans ce cas. Sans le vrai entraînement avec le Structurel Différentiel, on ne peut certainement pas s'attendre aux meilleurs résultats.

Pour en tirer pleinement profit, il faut déraciner les vieilles habitudes, les tabous, les 'philosophies' et les doctrines privées, la pire étant la structure de notre langage A (*Aristotélicien*) primitif avec le 'est' d'identité, qui sont toutes profondément enracinées et fonctionnent de manière inconsciente. Seul l'entraînement sémantique à la *non-identité* avec le Structurel Différentiel peut affecter "l'habituel" et "l'inconscient". La rationalisation, la 'compréhension' du bout des lèvres, ne seront d'aucune utilité. Un entraînement persistant semble être le seul moyen d'acquérir ce *sens structurel spécial pour une évaluation correcte*, et l'habitude de *ressentir* quand l'identification, ou la confusion des ordres d'abstractions, devient particulièrement dangereuse. Ce ressentir, qui concerne la plupart des facteurs importants de l'évaluation, est difficile à acquérir, aussi difficile, peut-être, que l'apprentissage par réflexe de l'orthographe ou de la dactylographie. Mais, une fois acquis, il nous rend vigilant à l'utilisation continue et nécessaire de nombreux niveaux d'abstractions, qui ne deviennent dangereux que lorsque nous les identifions ou que nous *ne* sommes *pas conscients* de ce fait. Nous pouvons alors utiliser les différents ordres d'abstractions *consciemment*, sans les identifier, et ainsi éviter les dangers. La plupart des *termes* importants sont multiordinaux et, bien qu'ils *appartiennent* à des niveaux verbaux, ils *s'appliquent* souvent à tous les niveaux, un fait structurel important qu'il est impossible d'éviter et qui rend l'acquisition de ce sens sémantique spécial particulièrement nécessaire.

Il semble inutile de répéter que tout ce qui a été dit ci-dessus s'applique dans toute son ampleur à nos relations éthiques, sociales, politiques, économiques et internationales. Avant de pouvoir ramener une quelconque sanité dans l'analyse de ces relations, avant de pouvoir les analyser rationnellement, il faudrait former les enquêteurs à observer correctement et à éviter les pièges de la structure verbale. Faute d'une telle formation sémantique et d'une telle rééducation, les débats 'Médor' traditionnels impliquant le 'est' d'identité se poursuivent de tous côtés et n'aboutissent à rien d'autre qu'à une perte de 'temps' et d'efforts.

Je dis perte de 'temps', simplement parce qu'il semble qu'il n'y ait pas de fin aux paradoxes que, avec un peu d'ingéniosité, nous pouvons construire lorsque nous commençons à jouer avec la confusion des ordres d'abstractions et à ignorer la multiordinalité. Toute doctrine, aussi structurellement vraie ou bénéfique soit-elle, peut être mise en échec, confondue ou retardée par l'utilisation de telles méthodes. Ces problèmes sont d'une importance sémantique cruciale, car nos vies sont vécues dans une interaction structurelle *permanente* entre différents ordres d'abstractions. Tous nos accomplissements dépendent de cette interaction, mais les dangers les plus aigus et les plus douloureux trouvent également leur source là où on ne se rend pas compte de cette danse de derviches entre différents ordres d'abstractions.

Puisque nous ne pouvons pas nous soustraire au passage de niveau à niveau, ni à l'utilisation de termes multiordinaux, notre sagesse ne devrait consister qu'à ne pas abuser de ces conditions sémantiques de la vie humaine. Puisque nous devons le faire, faisons-le, mais n'identifions pas les ordres, et écartons-nous ainsi des dangers. La conscience d'abstraire nous donne la solution *psychophysiologique* complète de cette situation complexe, puisqu'elle nous permet d'avoir les avantages psycho-logiques et d'éviter les dangers par l'utilisation de moyens *physiologiques*.

En conclusion, je dois souligner une fois de plus l'importance de la structure du langage dans lequel nous analysons un problème donné. Dans le système-$\bar{A}$ que je propose, le terme *ordre* est accepté comme l'un de ses fondements. En 1933, nous savons que, comme les mots *ne sont pas* les choses dont on parle, etc., la structure, et la structure seule, devient le seul contenu possible de la connaissance, et la recherche de la structure, le seul but possible de la science. Si nous essayons de définir la structure, nous pouvons le faire en termes de relations et d'ordre multidimensionnel. Les progrès récents de la science montrent, sans l'ombre d'un doute, qu'un jour viendra où toute la science sera formulée en termes de structure et, par conséquent, de physique, et la physique formulée comme une forme de géométrie multidimensionnelle, fondée sur l'ordre multidimensionnel, nous donnant, en fin de compte, une structure multiordinale.

L'application du terme '*ordre*', qui implique des mécanismes d'évaluation physiologiques et sémantiques, à l'analyse du comportement humain, m'a conduit au système-$\bar{A}$ actuel et à l'étude de la structure du langage. La découverte que certains des termes les plus importants que nous utilisons sont multiordinaux, un caractère *caché* par le 'est' d'identité, nous a révélé un mécanisme psycho-logique vital et inhérent, responsable chez l'être humain de nombreuses caractéristiques humaines désirables, indésirables et morbides. Il a également révélé la *structure* psycho-logique de ces caractéristiques, et nous avons ainsi obtenu des moyens *physiologiques* pour favoriser le développement des caractéristiques souhaitables et pour prévenir ou transformer les autres.

Une analyse plus poussée a révélé un ordre de survie naturel dans l'évaluation : l'événement d'abord, l'objet ensuite ; l'objet d'abord, l'étiquette ensuite ; la description d'abord, les inférences ensuite, etc. Nous avons également découvert que la majorité des difficultés humaines, y compris les maladies 'mentales', impliquent des perturbations sémantiques et présentent, *non pas* l'ordre naturel de survie, mais l'identification d'ordres différents, aboutissant à un ordre inversé (pathologique).

Il est impossible dans ce livre de passer en revue les données de la psychiatrie du point de vue $\bar{A}$, car cela nécessiterait un gros volume séparé, qui, je l'espère, sera écrit un jour ; mais chacun peut vérifier les déclarations faites ci-dessus par lui-même à partir de la littérature clinique, et aussi en analysant ses propres difficultés de vie ou celles d'autres personnes, les querelles, les désaccords, etc., qui impliquent généralement des souffrances tout à fait inutiles. La littérature psycho-thérapeutique montre abondamment que le succès des médecins dépend principalement de l'inversion de l'ordre pathologique inversé dans un domaine donné, et donc du rétablissement de l'ordre naturel dans les *réactions sémantiques*. Il est facile de vérifier que, dans la plupart des cas, lorsque la maladie 'mentale' est née d'expériences de vie différentes, celles-ci n'auraient que très peu affecté, voire pas du tout, un enfant ou un adulte conscient d'abstraire et dont les processus nerveux et les états sémantiques correspondants suivaient l'ordre naturel.

Avec l'aide du Structurel Différentiel et d'un langage $\bar{A}$ de nouvelle structure, il est facile d'éduquer les *réactions sémantiques* d'un nourrisson, d'un enfant ou d'un jeune, et il est possible, bien que beaucoup plus difficile, d'éduquer un adulte dans l'ordre naturel. Une telle éducation devient une puissante méthode *physiologique* structurelle préventive, car elle élimine les états psycho-logiques d'identification ou d'ordre inversé, qui représentent tous deux la matière sémantique brute à partir de laquelle sont produits les futurs troubles nerveux.

Le terme *non-élémentalistique* 'ordre' s'applique aussi bien à la vie qu'à la science ; il nous donne, en 1933, la base structurelle commune la plus simple et nous permet de tenter la formulation d'une science de l'être humain, qui devient finalement une théorie de la sanité, conséquence d'un *système non-aristotélicien.*

Il convient de rappeler que 'ordre' est accepté dans le système actuel comme non-défini et fondamental ; cependant, son utilisation est facilement expliquée à l'aide du terme 'entre', et peut être démontrée et appliquée en référence à des structures empiriques.

Si nous pouvons formuler une méthode qui, par l'application d'un terme psychophysiologique tel que *ordre*, et d'un dispositif simple tel que l'éducation des *réactions sémantiques* dans l'ordre naturel de survie, ou l'inversion de l'ordre pathologique inversé, inclut le mécanisme de non-identité et l'une des fonctions nerveuses humaines les plus importantes, on peut s'attendre à ce qu'une telle méthode, en raison de sa simplicité structurelle et de son caractère physiologique, s'avère très efficace. Je tiens à souligner avec force le *caractère général, impersonnel, préventif, sémantique et à caractère-réflexe* très important d'une telle méthode.

Dans la vraie vie, nous avons affaire, pour la plupart, à des personnes qui sont 'mentalement' ou nerveusement perturbées à différents degrés. Nous pourrions éventuellement les diviser en deux groupes : (1) ceux qui ne veulent pas s'améliorer ou guérir, mais qui aiment d'une certaine manière leurs mondes fictifs et les inadaptations qui y sont connectées ; (2) ceux qui veulent vraiment surmonter leurs difficultés.

En général, il est extrêmement difficile, voire impossible, d'obtenir quoi que ce soit avec le premier groupe. Le second groupe est grandement aidé si nous lui donnons les moyens de travailler par lui-même sur ses problèmes. Très souvent, il est très efficace de leur expliquer ce simple mécanisme "d'ordre naturel", "d'identification" et "d'ordre inversé", la multiordinalité des termes, etc., et de leur donner ainsi un *symptôme psychophysiologique précis* contre lequel lutter. Ces symptômes d'identification ou d'ordre inversé, dans leur généralité et leur fondement neurologique structurel, sous-tendent le processus de formation de pratiquement toutes les difficultés d'évaluation sémantique connues.

Le lecteur ne doit pas supposer qu'il est toujours possible d'éliminer l'identification et d'atteindre ainsi l'ordre naturel convoité, ou l'inversion de l'ordre pathologique inversé ; mais, chaque fois que cela *est* possible, la personne est soulagée dans un grand nombre de domaines psycho-logiques. La simplicité et la généralité, le caractère physiologique et structurel de cette méthode semblent être sa principale recommandation, en particulier en tant que mesure préventive ou entraînement sémantique pour la sanité. L'entraînement est un processus laborieux, qui exige une grande persévérance ; mais, à ma connaissance, très peu d'entraînements sont faciles et, peut-être, aucun ne conduit à des résultats plus importants que celui-ci.

CHAPITRE XXVIII

SUR LE MÉCANISME D'IDENTIFICATION ET DE VISUALISATION

'Est-ce que tu as dit 'cochon' ou 'cocon'? dit le Chat.
'J'ai dit 'cochon', répondit Alice, et j'aimerais que vous n'apparaissiez pas et ne disparaissiez pas si soudainement : vous donnez le tournis !
'D'accord', dit le Chat ; et, cette fois, il disparut très lentement, en commençant par le bout de la queue et en finissant par le sourire, qui persista un bon bout de temps après que le reste de l'animal eut disparu.
'Ma parole ! pensa Alice, j'ai souvent vu un chat sans un sourire ; mais jamais un sourire sans chat ! C'est la chose la plus curieuse que j'aie jamais vue de toute ma vie !'*

LEWIS CARROLL

L'importance de la phase paradoxale ne se limite pas aux états pathologiques tels que ceux observés précédemment, et il est fort probable qu'elle joue également un rôle important chez les personnes normales, qui ont souvent tendance à être beaucoup plus influencées par les mots que par les vrais faits de la réalité environnante. (394)

I.P. PAVLOV

Dans le cas d'un imbécile, la répétition sans compréhension, le psittacisme, peut prévaloir ; le rôle des impressions visuelles est nul ou presque chez les illettrés ; les sourds de naissance qui ont appris à parler n'ont pas d'impressions auditives à faire intervenir. Mais, normalement, ce sont les ressentis et les idées qui apparaissent dans l'action, sous forme de langage. (411)

HENRI PIÉRON

Les neurones spécifiques nécessaires à la sensation sont également nécessaires au réveil associatif de cette sensation, qui s'appelle l'image - un processus dynamique et non un négatif photographique reposant miraculeusement dans la substance nerveuse, où quelque esprit subtil irait la consulter. (411)

HENRI PIÉRON

Il n'en reste pas moins que certaines personnes cultivées peuvent utiliser des images visuelles, et même les utiliser de préférence à d'autres. (411)

HENRI PIÉRON

L'objectification et la visualisation ne sont généralement pas différenciées. La première représente un processus sémantique très indésirable, tandis que la seconde, la visualisation, représente l'une des formes les plus bénéfiques et les plus efficaces de la 'pensée' humaine. D'un point de vue $\bar{A}$, un tel manque de différenciation entre les deux réactions apparaît comme un problème très sérieux, nécessitant une analyse des mécanismes respectifs.

Pour visualiser, nous devons avoir des formes de représentation qui se prêtent à la visualisation ; sinon, nous échouons. Le système-A (*Aristotélicien*), qui ne pouvait pas traiter de manière adéquate les relations asymétriques et qui ne pouvait pas être construit explicitement sur la structure, implique inévitablement l'identification. Dans la période A (*Aristotélicienne*), nous étions capables de visualiser des objets et quelques situations objectives, mais toutes les abstractions supérieures étaient, en principe, inaccessibles à la visualisation, ce qui rendait les théories scientifiques inutilement difficiles. Un

---

* *Alice au pays des merveilles*

système-$\bar{A}$, libre de toute identification, doit être fondé explicitement sur une *structure* sur tous les niveaux (structure définie en termes de relations et, finalement, d'ordre multidimensionnel), qui peut être facilement visualisée. Il convient de rappeler que la structure, les relations et l'ordre multidimensionnel nous fournissent un langage qui jette un pont complet entre les expériences de la vie quotidienne et l'ensemble de la science, pour aboutir à une *théorie générale des valeurs*. Les mathématiques et la physique mathématique deviennent alors les représentants et les fondements de toute science ; et dans le domaine humain, une théorie générale des valeurs conduira à l'ajustement ou à la raison et inclura un jour l'éthique, l'économie, etc.

Pour ces raisons, le Structurel Différentiel est d'une utilité unique car, d'un seul coup d'œil, il fait apparaître les différences structurelles entre le monde de l'animal, de l'être humain primitif et du nourrisson, qui, aussi complexe soit-il, est extrêmement simple par rapport au monde de l'adulte 'civilisé'. La première implique une *orientation mono-valuée* qui, appliquée aux faits ∞-valués de la vie donne des ajustements extrêmement inadéquats, inutiles et finalement douloureux, où seuls les quelques plus forts survivent. La seconde implique une orientation ∞-valuée, dont la structure est similaire à celle des faits vrais empiriques ∞-valués, permettant un ajustement biunivoque de l'évaluation des faits dans chaque cas individuel et produisant une flexibilité sémantique nécessaire à l'ajustement. Cette flexibilité est connue pour être le fondement d'états sémantiques équilibrés, d'une 'intelligence supérieure', etc.

La visualisation exige l'élimination définitive, par la différenciation, de l'identification nuisible qui, comme d'habitude, est fondée sur une évaluation incorrecte des questions structurelles. Ainsi, nous avons eu des discussions sans fin, amères et futiles pour savoir si le point de vue 'mécanistique' sur le monde et sur nous-mêmes est légitime, adéquat, etc. Le commun des mortels, ainsi que la majorité des 'philosophes', identifient '*méca*nistique' et '*machi*nistique'. En gros, la mécanique est le nom d'une science qui traite des manifestations dynamiques à tous les niveaux ; ainsi, nous avons la mécanique classique macroscopique, la mécanique colloïdale en cours de formulation, et la mécanique quantique submicroscopique qui est déjà une discipline bien développée. En gros. Le terme 'machine' désigne un appareil fabriqué par l'être humain pour l'application ou la transformation de l'énergie. Ainsi, une dynamo est totalement différente, dans son principe, dans sa théorie et dans ses applications, d'un tour ou d'une automobile.

Si nous demandons : "Le point de vue *machi*nistique du monde est-il justifié?", la réponse est simple et indéniable : à savoir, ce point de vue est grossièrement inadéquat et devrait être entièrement abandonné. Mais il n'en va pas de même pour le point de vue *méca*nistique, compris dans son sens moderne et incluant le point de vue de la mécanique quantique, qui est entièrement *structurel*. En 1933, nous savons avec certitude que même les caractéristiques physico-chimiques macroscopiques brutes de tout ce dont nous nous occupons dépendent de la *structure* submicroscopique (voir Partie X). Les détails ne sont pas encore totalement connus, mais les principes sont fermement établis. Avec la compréhension $\bar{A}$ et l'évaluation de l'importance unique de la structure en tant que seul contenu possible de la 'connaissance', ces principes 'fermement établis' deviennent *'irréversiblement établis'*. Nous pouvons aller plus loin et dire que le point de vue de la mécanique quantique devient le premier point de vue structurellement correct et, en tant que tel, devrait être accepté pleinement dans toute orientation sane. Si nous arrêtons l'identification, nous ferons la différence entre certains faits simples. Par exemple, nous comprendrons que tout état, réaction ou processus sémantique a ses processus submicroscopiques, structurels, colloïdaux et, en fin de compte, mécaniques quantiques correspondants dans le système nerveux ; cependant, les *réactions sémantiques*, ou les ressentis de douleur ou de plaisir, etc., *ne sont pas* les processus submicroscopiques. Tout ceci appartient à des niveaux différents, mais grâce à la sémantique ∞-valuée, nous pouvons en principe établir une correspondance biunivoque entre eux. Ainsi, lorsque nous établissons une différenciation adéquate, les anciennes objections *mach*inistiques disparaissent entièrement ; et, dans son domaine propre, pour des raisons structurelles, nous devons conserver l'attitude *mécanistique* et abandonner complètement les attitudes *mach*inistiques trop grossières. L'attitude *mécanistique* (1933) est fondée sur la *structure* et est donc indispensable à la visualisation ; et l'*entraînement à la visualisation abolit automatiquement l'objectification*, qui représente un cas particulier important de toute identification. Du point de vue d'un système-$\bar{A}$, l'adaptation et la sanité de l'humain dépendent, dans une large mesure, de sa 'compréhension', qui est entièrement de nature structurelle ; nous devons donc accepter une *attitude mécanistique* (1933), qui, entre-temps, peut être visualisée.

La découverte de moyens structurels de représentation facilite la *visualisation*, l'imagination, le dessin, etc. Dans la tendance à l'ajustement, nous commençons par des impressions nerveuses inférieures, des 'sensorialités', des 'ressentis', etc., des abstractions inférieures, qui sont à nouveau abstraites par les centres supérieurs. Les centres supérieurs produisent les théories 'très abstraites', qui ne peuvent être visualisées pendant un certain temps. Les centres inférieurs, qui sont impliqués dans la visualisation, ne peuvent s'occuper que des structures qui peuvent être 'concrètement dessinées'. Nous essayons donc toujours d'inventer des théories mécanistiques ou géométriques, qui peuvent être traitées par les centres inférieurs.

Les 'expériences' individuelles, fournies par les centres inférieurs de différents individus, ne se mélangent pas directement. Elles sont mélangées dans les centres supérieurs. Dans ces centres, les expériences multiples, qu'elles soient individuelles ou accumulées par la civilisation (time-binding), sont abstraites à des niveaux plus lointains, intégrées et résumées. Une fois cette étape franchie, des moyens structurels sont recherchés *et découverts* pour traduire ces abstractions supérieures en abstractions inférieures, les seules que les centres inférieurs peuvent traiter. Nous pouvons alors 'visualiser' nos théories, et non seulement les centres supérieurs influencent les centres inférieurs, mais ces derniers disposent de moyens appropriés pour coopérer avec les centres supérieurs dans leurs nouvelles quêtes *non-élémentalistiques*.

L'absence de formes de représentations explicitement structurelles est également responsable des difficultés qui surgissent lorsque les abstractions d'ordre supérieur sont traduites en réactions-réflexes des centres inférieurs, qui peuvent traiter des 'intuitions', des 'orientations', de la 'visualisation', etc. Ce qu'on appelle des 'génies' disposent d'un système nerveux très subtil qui leur permet de traduire facilement des abstractions d'ordre supérieur en abstractions d'ordre inférieur et vice versa. Du point de vue des formes ou des représentations, deux problèmes se posent :

(1) nous pouvons avoir des formes de représentations élémentalistiques qui ne sont pas fondées sur la structure, la visualisation, etc., et qui ne peuvent pas affecter efficacement les activités des centres inférieurs ;

(2) nous pouvons avoir un système *non-élémentalistique* fondé sur la structure, la visualisation, etc., qui peut être traduit simplement, facilement et efficacement dans les termes des centres inférieurs. Ces problèmes ont une importance pédagogique et devraient être approfondis.

Dans mon expérience avec des adultes qui n'ont eu qu'un *bref* contact avec mon travail, je constate, dans de nombreux cas, que, bien qu'ils puissent avoir donné leur approbation verbale complète au point principal du système, invariablement, dans la pratique, l'application complète fait défaut. Il est évident que l'importance sémantique des présentes constatations ne réside pas seulement dans l'approbation verbale, lorsque celle-ci n'est pas appliquée, mais dans l'acquisition instinctive constante et permanente de la nouvelle attitude sémantique qui implique l'élimination complète de l'identification, du toutisme, de l'élémentalisme, etc.

On peut enseigner à n'importe qui à répéter verbalement, par cœur, les instructions pour faire fonctionner une automobile, un piano ou une machine à écrire ; mais personne ne pourrait les faire fonctionner de façon satisfaisante par action-réflexe en ne se limitant qu'à ce seul entraînement verbal. Pour faire fonctionner efficacement et habilement tout complexe structurel, nous devons nous familiariser intimement avec son fonctionnement structurel par un vrai entraînement-réflexe, et ce n'est qu'à cette condition que nous pouvons espérer obtenir les meilleurs résultats. D'après mon expérience, cela est vrai pour ce qui concerne le langage et, sans le Structurel Différentiel *visuel* sur lequel nous pouvons pointer notre doigt vers le niveau objectique et demander le silence, etc., un tel *entraînement-réflexe* de base sémantique ne peut pas être donnée correctement.

Si nous demandons à une personne : 'Savez-vous conduire une voiture?' et qu'elle répond 'Oui', nous supposons qu'elle a acquis les bons *réflexes*. Si elle répond 'Non, mais je *le* sais', cela signifie qu'elle *n'a pas* acquis les bons réflexes, mais que sa 'connaissance' se situe à un niveau purement verbal, inefficace si appliqué sur les niveaux-réflexes *non-verbaux*. Cela s'applique pleinement aux *réactions sémantiques* ; nous pouvons 'savoir' *à leur sujet*, mais nous ne pouvons jamais appliquer avec succès ce que nous sommes censés 'savoir'. 'Savoir' représente un processus multiordinal qui implique à parts égales les activités des centres nerveux inférieurs et des centres supérieurs. Dans nos systèmes *élémentalistiques*, nous n'avions pas cette distinction et nous les avons donc confondus. L'ancienne 'connaissance', présentée dans un langage *élémentalistique*, n'aurait pas pu être absorbée facilement par les organismes-comme-un-tout *non-élémentalistiques*. La tâche principale étant actuellement de désapprendre les anciennes *réactions sémantiques*, les nouvelles réactions nécessitent un entraînement permanent, en particulier de la part des adultes. Le langage et la méthode *non-élémentalistiques* $\bar{A}$ s'avèrent avoir une importance psychophysiologique.

Bien que le mécanisme neurologique sous-tendant l'identification, l'objectification, la visualisation, etc., ne soit pas bien connu (1933), la neurologie nous donne des preuves que dans ces états, ainsi que dans les délires et les hallucinations, les centres nerveux inférieurs sont engagés d'une certaine manière. Nous pouvons supposer que les différents 'résistances', 'blocages', etc., dans certaines parties du système nerveux rendent le passage des impulsions nerveuses plus difficile, et il semble raisonnable de supposer que, dans de tels cas, les chemins empruntés par les courants nerveux sont différents.

La Fig. 1 propose un schéma hypothétique et simplifié à l'extrême des différents types de distribution des courants nerveux, tels qu'ils sont connus sur le plan fonctionnel.

L'ordre n'est pas anatomique mais fonctionnel en termes de degrés d'intensité. Dans ce schéma, on peut considérer que l'influx nerveux (A) atteint les centres nerveux inférieurs, le tronc cérébral et le thalamus, traverse les couches sous-corticales et le cortex, en se transformant continuellement. Enfin, en revenant, il peut prendre la forme sémantique bénéfique et adaptative de la visualisation (V), exempte d'identification et de troubles sémantiques, ou impliquer une identification, avec des troubles sémantiques, tels que des objectifications de différents ordres (O), des délires (D), des illusions (I), ou, enfin, des hallucinations (H).

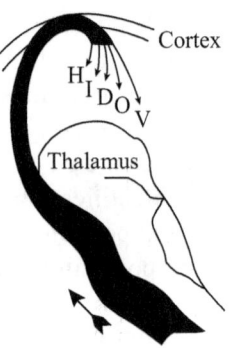

Fig. 1

L'identification, ou la confusion des ordres d'abstractions, consiste en une évaluation erronée : ce qui se passe à l'intérieur de notre peau a une existence objective en dehors de notre peau ; l'attribution d'objectivité externe aux mots ; l'identification en valeur des "souvenirs d'expériences" avec l'expérience ; l'identification de nos *réactions* et états *sémantiques* avec les mots ; l'identification des inférences avec les descriptions, etc. L'identification est grandement facilitée, voire induite, par la structure A (*Aristotélicienne*) du langage, dans laquelle nous disposons d'*un seul nom* pour au moins *quatre* entités totalement différentes. Ainsi, la '*pomme*' A (*Aristotélicienne*) (sans indice ni date) est utilisé comme étiquette pour le processus physico-chimique, pour un objet, disons, '$pomme_{1, Février.23.1933}$', pour une image 'mentale' au niveau sémantique indicible, et pour la définition verbale. Dans de telles conditions linguistiques, il est pratiquement impossible, *sans une formation spéciale*, de ne pas identifier les *quatre* abstractions totalement différentes en *une seule etc.*, avec toutes les conséquences sinistres qui s'ensuivent.

Les délires représentent des notions erronées et des *réactions sémantiques* inappropriées, formées non pas par un manque de connaissances ou de 'logique', mais par une pression affective dans une direction d'évaluation définie ; comme, par exemple, le délire de grandeur ; le délire de persécution ; le délire de 'péché' ; le délire de référence, etc.

Les illusions ressemblent davantage à des perceptions réelles, mais modifiées de manière pathologique. Par exemple, tout peut être sémantiquement coloré ou interprété, ou évalué comme une offense, ou une menace, ou une promesse, etc.

Les hallucinations consistent en des 'perceptions', avec toute leur vivacité, mais *sans* aucun stimulus externe. Les patients entendent des voix, ont des visions, ressentent des piqûres ou des brûlures, etc., alors qu'il n'y a rien à entendre, à voir ou rien qui pourrait les piquer.

Dans la *visualisation*, il n'y a pas d'identification ; les ordres d'abstraction ne sont pas confondus ; les perturbations sémantiques n'apparaissent pas ; l'*évaluation est correcte* ; une 'image' est évaluée en tant qu'image et non en tant qu'événement, etc. En d'autres termes, grâce à la conscience d'abstraire, l'ordre naturel d'évaluation est préservé. Mais dès lors que, par identification, cet ordre naturel est inversé, il marque un état pathologique plus ou moins morbide, et souvent de caractère non adaptatif.

L'identification représente, dans la tension affective, la perturbation sémantique la plus légère, consistant en une erreur de signification et d'évaluation. Les objets sont évalués en tant qu'événements ; les 'idées', ou abstractions d'ordre *supérieur*, sont évaluées en tant qu'objets ; en tant qu'expérience ; en tant qu'états sémantiques ou réactions indicibles ; autrement, en tant qu'abstractions d'ordre *inférieur*. La confusion dans le domaine des abstractions d'ordre supérieur suit une règle similaire. Les inférences représentent évidemment des abstractions d'ordre supérieur aux descriptions ; ainsi, lorsqu'elles ne sont pas différenciées, les abstractions d'ordre supérieur sont à nouveau identifiées avec les abstractions d'ordre inférieur. Nous savons tous, par notre expérience quotidienne, la quantité fantastique de souffrance que nous pouvons produire, et que nous produisons effectivement, pour nous-mêmes et pour les autres, avec de telles identifications.

Dans les délires, une identification similaire mais plus intense se produit, entraînant une évaluation sémantique erronée ; les souhaits, les ressentis et autres états sémantiques à l'intérieur de notre peau sont projetés dans le monde extérieur, ce qui donne une évaluation objective forte dans le délire.

Dans les illusions, nous attribuons ou identifions nos états sémantiques complexes à des perceptions différentes et évaluons nos abstractions supérieures comme inférieures.

Dans les hallucinations, ce processus d'inversion de l'ordre naturel atteint un point culminant : les abstractions d'ordre supérieur sont traduites en abstractions d'ordre inférieur, dont elles ont toute la vivacité et la 'réalité'.

Nous voyons que les processus pathologiques des maladies 'mentales' impliquent l'identification en tant que symptôme généralisé, ce qui signifie l'inversion, à différents degrés, de l'ordre naturel d'évaluation fondé sur la confusion intensifiée des ordres d'abstractions. Plus ce processus d'inversion est intense, plus les manifestations sont inadaptées et morbides. Il est à noter que cette analyse devient une nécessité dès lors que l'on décide d'accepter un langage *non-élémentalistique*. Cette analyse est loin d'être exhaustive, mais une analyse dans de nouveaux termes *non-élémentalistiques*, structurellement corrects, jette une lumière nouvelle sur d'anciens problèmes.

Les hallucinations qui résultent d'une maladie 'physique' ne représentent pas un danger permanent, mais lorsqu'un patient semble 'physiquement' bien portant et que ses confusions d'ordres d'abstractions, ses délires, ses illusions et ses hallucinations sont complètement 'rationalisés', il s'agit alors de signes indubitables d'une maladie 'mentale' grave, suggérant des lésions colloïdales submicroscopiques. Or, cette 'rationalisation' n'est rien d'autre qu'une perturbation nerveuse et implique une *identification* quelque part. Dans les maladies 'physiques', le système nerveux peut être perturbé, mais la maladie n'a généralement pas pour origine une perturbation nerveuse et n'est donc pas dangereuse en tant que telle.

La distinction entre la visualisation et l'objectification fondée sur un système-$\bar{A}$ semble nouvelle ; la différence est subtile, mais lorsqu'elle est formulée, nous pouvons découvrir un moyen simple de contrôler la situation. Si nous prenions un 'os' en papier mâché et que nous l'enduisions de graisse ou de viande, Médor *objectifierait* (identifierait) peut-être un tel 'os' à partir de l'odeur et de la forme du papier mâché avec un os comestible, et se battrait pour l'obtenir. Nous procédons de la même manière lorsque nous objectifions. Les guerres de religion, la 'Sainte Inquisition', la persécution de la science, dont nous sommes encore témoins aujourd'hui dans certains pays et communautés, en sont d'excellents exemples.

Il est à noter que Médor a pu *faire confiance* à son instinct naturel, même 'objectifié', car la nature ne lui joue pas de tels tours, comme de produire des 'os' en papier mâché. Si la nature le faisait, les chiens qui objectifient et persistent à aimer cette 'nourriture' seraient rapidement éliminés. Ces objectifications particulières seraient dangereuses et douloureuses pour ces types particuliers de chiens dotés de ce système nerveux particulier et s'avéreraient en fin de compte sans valeur de survie. Ainsi, l'identification, qui représente une évaluation inappropriée, est nuisible à toute vie, mais elle est peu remarquée à présent, parce que les principales périodes de l'adaptation raciale des animaux ont été accomplies il y a longtemps. Les expériences sur les mouches montrent que le nombre de mutants pouvant être produits en laboratoire est important, mais que très peu survivraient en dehors d'un laboratoire. Dans la nature, sans aide, il se produit probablement de tels mutants, mais ils laissent rarement des traces observables.[1] Cependant, aujourd'hui encore, comme Pavlov l'a montré dans ses laboratoires, nous pouvons imposer, par l'interaction d'un ordre quadridimensionnel de stimuli, de telles conditions à des animaux pour lesquels leur structure de survie nerveuse n'était pas naturellement adaptée, et induire ainsi des états pathologiques nerveux. Une mauvaise évaluation est en effet préjudiciable à toute vie et explique les lois de survie si rigides de la nature, que la science apprend à l'être humain à assouplir. Pratiquement mot pour mot, cela s'applique à nous-mêmes. Nous créons constamment des conditions de vie de plus en plus complexes, créées par l'être humain, inventées par l'être humain et trompeuses pour ceux qui n'y sont pas préparés. Ces nouvelles conditions sont généralement dues à l'application de l'œuvre d'un génie, et le système nerveux et les *réactions sémantiques* de la plupart d'entre nous ne sont pas préparés à de telles éventualités. Malgré les inventions et les découvertes de la science, qui sont des accomplissements *humains*, nous conservons des systèmes et des doctrines *animalistiques* qui façonnent nos *réactions sémantiques*. Par conséquent, la vie devient de plus en plus tendue et de plus en plus malheureuse, ce qui multiplie le nombre de dépressions nerveuses.

On sait que toutes les personnes n'ont pas la même capacité de visualisation. Autrefois, ce fait était considéré comme acquis et ne nécessitait pas d'analyse plus approfondie. Dans les conditions actuelles, chez de nombreux êtres humains et aussi chez les animaux, comme le montrent les expériences de Pavlov, les stimuli visuels sont physiologiquement plus faibles que les stimuli auditifs ; chez l'être humain, cependant, les stimuli visuels devraient être physiologiquement plus forts que les stimuli auditifs. Cette différence n'affecte pas le mécanisme *général* des courants nerveux cycliques et des ordres d'abstraction. Dans le cas du type auditif, les principaux courants de retour sont déviés vers des voies différentes. La distinction entre les types 'visuel' et 'auditif' n'est pas nette. Dans la vie, nous avons surtout affaire à des individus qui n'ont qu'un penchant particulier pour l'un ou l'autre type de réaction.

Dans le cas des processus 'mentaux', l'adaptation humaine doit être gérée à des niveaux plus élevés, plus nombreux et plus complexes. Donc, évidemment, les types auditifs sont plus empêtrés aux mots, plus éloignés de la vie que les types visuels, et qu'ils ne peuvent donc pas être adaptés de la même manière. Ce fait ne doit pas être négligé et, au niveau humain, nous devrions disposer de méthodes éducatives pour former à la visualisation, qui élimine automatiquement l'identification.

Les canaux auditifs qui nous relient au monde extérieur sont beaucoup moins subtils et efficaces que les canaux visuels. L'œil n'est pas un simple 'organe sensoriel'. L'embryologie montre que l'œil est une partie du cerveau lui-même et ce que l'on appelle le 'nerf optique' doit être considéré non pas comme un nerf mais comme un véritable tractus nerveux. Ce fait confère évidemment à l'œil une importance sémantique particulière, qui n'est pas partagée avec d'autres 'organes sensoriels' ou récepteurs. Nous ne devrions pas être surpris de constater que les types visuels sont mieux adaptés à ce monde que les types auditifs. Dans les états pathologiques, tels que les identifications, les délires, les illusions et les hallucinations, il semble qu'il y ait une traduction des stimuli sémantiques *auditifs* en images visuelles. Dans ces cas pathologiques, l'ordre d'évaluation semble être l'étiquette d'abord et l'objet ensuite, alors que l'ordre adaptatif semble exiger l'objet d'abord et l'étiquette ensuite, etc. Il ne fait guère de doute que la visualisation est très utile et que l'identification est particulièrement néfaste. Le *moyen le plus efficace de transformer les réactions sémantiques de l'identification se trouve dans la visualisation, ce qui indique son importance sémantique particulière.*

La *perturbation* sémantique de l'identification peut avoir de nombreuses sources, y compris auditives, mais la seule tendance adaptative est la visualisation, qui implique d'une certaine manière la structure neurale optique. Une certaine lumière structurelle est jetée sur ce sujet lorsque nous nous rendons compte que, physiologiquement, l'œil est plus étroitement relié au système nerveux végétatif, qui régule nos organes vitaux, que ne l'est l'oreille. Chez l'être humain, le thalamus optique est très étendu, de sorte que l'ensemble du thalamus est souvent appelé 'thalamus optique'. En vrai, le thalamus a de nombreuses fonctions, autres que visuelles, et est connecté aux manifestations affectives.

Comme la plupart de nos observations se font à l'aide de l'œil, nous devrions nous attendre à ce que les types auditifs soient de *mauvais observateurs* et donc, à long terme, moins bien adaptés sur le plan civilisationnel et sémantique. L'observation montre que les types auditifs ont souvent des réactions infantiles, ce qui constitue un sérieux handicap. Du point de vue de l'adaptation, l'individu 'normal', non infantile et le mieux adapté devrait être de type visuel. Les types auditifs doivent également être plus détachés des vraies réalités que les types visuels, car les stimuli auditifs impliquent davantage d'inférences que de descriptions, ce qui est à l'opposé du fonctionnement des types visuels. Si des inférences sont impliquées plutôt que des descriptions, nous traitons naturellement d'abord les abstractions supérieures, puis les inférieures, et il y a donc toujours un risque de confusion sémantique des ordres d'abstractions, ce qui implique nécessairement une évaluation inappropriée, dont l'objectification n'est qu'un cas particulier.

Même pour le sens commun, il semble évident qu'il existe une différence significative entre 'connaître' ce monde par l'ouïe et le 'connaître' par la vue. De même, il existe une différence entre la traduction d'abstractions supérieures en termes inférieurs par la voie visuelle et la traduction correspondante par la voie auditive. Dans la vie quotidienne, nous ne disons jamais 'j'entends' lorsque nous voulons faire comprendre que nous comprenons, mais nous disons 'je vois'. Lorsque nous disons "j'entends", nous voulons généralement indiquer que nous avons entendu quelque chose que nous n'avons pas entièrement saisi ou approuvé. Cette relation est assez importante, mais n'a pas été suffisamment analysée. Les problèmes d'introversion et d'extraversion y sont connectés.

La relation entre les problèmes d'identification et le *nombre* de valeurs *trouvées* dans le monde empirique en connexion avec le nombre de valeurs *attribuées*, ou *supposées* etc., par nos processus sémantiques, est très importante.

L'analyse qui suit est, par nécessité, unilatérale, simplifiée à l'extrême, etc., car une analyse plus complète nécessiterait un volume séparé. Je considère de nombreux problèmes uniquement 'en principe' ; ceci me permet un traitement plus bref nécessaire à mon objectif, mais il faut se rendre compte que notre langage et notre sémantique générale, que, *dans la pratique*, nous utilisons inconsciemment, sont *extrêmement complexes* et impliquent des composantes mono-, deux-, trois- et ∞-valués, qui n'ont encore jamais été clairement différenciées ni formulées. L'investigation montre que les sémantiques ∞-valuées sont les plus globales et comprennent les sémantiques à mono-, deux-, etc., et quelques-valuées comme des cas particuliers. Les sémantiques mono-valuées des identifications littérales ne se rencontrent que chez les animaux, les primitifs, les enfants et les malades 'mentaux', bien que des traces plus ou moins graves de certaines identifications se retrouvent chez pratiquement chacun d'entre nous, parce qu'elles sont incorporées dans la structure de notre langage et empêchent l'acquisition des systèmes ∞-valués nécessaires à la sanité. Pour mon objectif, il suffit de formuler les problèmes de l'élimination complète de l'identification primitive, et alors la sémantique moderne, ∞-valuée, $\bar{A}$, s'ensuit automatiquement. Dans ces conditions, je dois me concentrer sur le problème vital de l'identification mono-valuée et traiter les systèmes deux-, etc., et peu-valués de façon sommaire, 'en principe', bien que nous devions nous rendre compte que ces derniers systèmes ont été rendus plus flexibles par l'utilisation de nombreux procédés verbaux ingénieux que je ne mentionne même pas dans le présent travail.

Je répète que les attitudes, la flexibilité ou la fixité, etc., de nos *réactions sémantiques* dépendent dans une large mesure de la structure du langage utilisé, qui implique également sa sémantique générale appropriée. La 'logique' de nos années d'école représente une affaire composite, en grande partie *A* (*Aristotélicienne*), et nous l'appelons par ce nom. Cette 'logique' peut être considérée comme une 'logique' deux-valuée en raison de la 'loi du tiers exclu' fondamentale, exprimée par 'A est B ou non-B', par laquelle une troisième possibilité est exclue. Mais même la 'logique' traditionnelle devait admettre dans son schéma ce que l'on appelait la 'modalité', à savoir certains degrés de certitude ou d'incertitude avec lesquels une déclaration donnée est faite. Récemment, Łukasiewicz a montré qu'une 'logique' trois-valuée pouvait être formulée de manière à inclure la modalité. Plus tard, lui et Tarski l'ont généralisée à une 'logique' *n-valuée*. Lorsque *n* tend vers l'infini, cette 'logique' devient la 'logique' des probabilités. Si ces disciplines sont rendues *non-élémentalistiques*, nous avons ce que j'appelle une *sémantique générale* mono-, deux-, trois, - etc., et ∞-valuée. En théorie et en pratique, nous nous intéressons surtout à la sémantique générale mono-, deux-, trois-, quelques-valuée et à la sémantique générale ∞-valuée. Pour mon objectif, et par souci de simplicité, je ne traiterai que de l'identification, c'est-à-dire de la sémantique primitive mono-valuée dont l'influence se retrouve dans les sémantiques deux- et trois-valuées, *et ne peut être complètement éliminée que dans une sémantique ∞-valuée.*

Nous vivons dans un espace-temps quadridimensionnel qui, à tous les niveaux, est constitué d'événements, d'objets, de situations, d'abstractions, etc., absolument individuels, et nous devons en conclure que nous vivons structurellement dans un monde *indéfiniment beaucoup-valué* ou ∞-valué, dont les possibilités suivent en principe les lois des combinaisons d'ordres supérieurs. La déclaration ci-dessus représente une description d'une observation structurelle du monde empirique, indépendante de notre bon plaisir, et ne peut être contredite que par la démonstration empirique d'une vraie 'identité' ou d'un 'mêmeisme absolu', etc., de différents événements, objets ou situations, etc., démonstration qui devient impossible si nous décidons d'étudier les faits plus en détail.

Dans de telles conditions empiriques, pour l'ajustement et donc pour la santé, nous devons disposer, au niveau sémantique, de théories, de systèmes, de méthodes etc., qui nous permettraient, dans un cas donné, dans des conditions données, à une date donnée etc., d'évaluer les événements individuels de *manière unique* ; ou qui nous permettraient d'établir une correspondance biunivoque entre les faits essentiellement ∞-valués de l'expérience et nos états sémantiques. Il devient évident que cela n'est possible que si nous disposons d'une sémantique générale ∞-valuée et *non-élémentalistique*. Nous voyons que la 'logique', la 'psychologie' etc., et, en général, le système-*A* (Aristotélicien), deux- ou trois-valué et *élémentalistique*, étant structurellement différents du monde empirique, empêcheront, en principe, un tel ajustement et, par conséquent, la santé.

L'identification peut être considérée comme le vestige d'une sémantique préhumaine, primitive ou infantile mono-valuée, qui établit ou résulte d'états sémantiques par lesquels les faits d'expérience, essentiellement ∞-valués, ne sont pas différenciés ou évalués correctement, et donc les valeurs indéfiniment nombreuses de ces faits sont identifiées en une unique valeur. Une telle identification est toujours structurellement injustifiée et dangereuse, et peut être le résultat d'un grand nombre de facteurs, tels que le faible développement, l'ignorance, l'observation insuffisante, les 'vœux pieux', les peurs, les états pathologiques de notre système nerveux, différentes perturbations sémantiques, les maladies 'mentales', l'infantilisme chez les adultes, etc. Mais chez les humains, nous ne pouvons éviter de nous former, par le mécanisme du langage et de sa structure, à une certaine sémantique générale, le plus souvent inconsciente, et donc beaucoup dépend du type de sémantique ou de méthodes d'évaluation que nous imposons à nos enfants.

Il convient de noter un fait important qui est généralement négligé, à savoir qu'un langage, et souvent un mot, implique un type défini de sémantique. Ainsi, dans les langages primitifs 'polysynthétiques', il ne s'agit pas d'associations ou de superstitions ; les caractéristiques mystiques et la chose ne sont pas différenciées, mais littéralement identifiées en un tout. Nous sommes donc en présence d'une sémantique mono-valuée où les 'bons' et les 'mauvais esprits' participent pour de vrai à tout ce qui est considéré comme un ensemble synthétique.[2]

Un langage de 'vrai' et de 'faux' implique une sémantique deux-valuée ; l'introduction d'adverbes ou de leurs équivalents introduit la modalité et donc une sémantique trois-valuée. L'introduction d'un nombre indéfini de degrés entre le 'vrai' et le 'faux' conduit finalement à une sémantique ∞-valuée.

Un diagramme peut aider à y voir plus clair.

A, B, C, etc., des faits d'expérience différents et ∞-valués, qui, dans un cas donné, ont, par nécessité, *indéfiniment des valeurs nombreuses, uniques, individuelles.*

a, b, c, etc., orientation non-aristotélicienne ∞-valuée structurellement similaire au monde empirique qui nous permet, dans un cas donné, d'attribuer un nombre indéfini de valeurs uniques et correspondantes aux faits individuels.

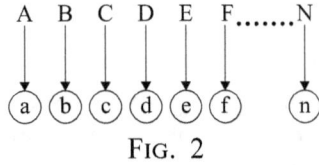

Fig. 2

A, B, C, etc., des faits d'expérience différents et ∞-valués, qui, dans un cas donné, ont, par nécessité, indéfiniment des *valeurs nombreuses, uniques, individuelles.*

Σ_1, Σ_2, etc., orientation aristotélicienne deux-, trois-, etc., et peu-valuée, structurellement non-similaire au monde empirique, qui nous oblige à attribuer deux, etc., ou peu de valeurs aux faits essentiellement indéfiniment beaucoup-valués et différents, ce qui entraîne *l'identification* des nombreuses valeurs en un petit nombre, dont l'évaluation incorrecte est projetée sur les faits.

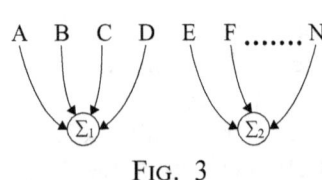

Fig. 3

A, B, C, etc., des faits d'expérience ∞-valués et différents qui, dans un cas donné, ont, par nécessité, un nombre *indéfiniment grand* de valeurs *individuelles, uniques.* Ω, orientation mono-valuée, animale, primitive, etc., structurellement non-similaire au monde empirique, qui nous oblige à attribuer une seule valeur aux faits essentiellement indéfiniment beaucoup-valués et différents, ce qui entraîne l'*identification* des nombreuses valeurs en une seule, dont l'évaluation incorrecte est projetée sur les faits.

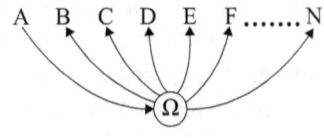

Fig. 4

Dans la Fig. 2, les flèches Aa, Bb, etc., indiquent la correspondance $\bar{A}$ biunivoque entre les faits ∞-valués de la vie, A, B, C, etc., et les *réactions sémantiques* correspondantes, ou orientations a, b, c, etc., qui attribuent des valeurs uniques aux différents faits, établissant ainsi une base pour une *évaluation* structurellement correcte qui aide à l'ajustement et donc à la santé.

La Fig. 3 illustre l'orientation *A* (*Aristotélicienne*) deux- etc., peu-nombreuses-valuée et le type de correspondance.

Dans la Fig. 4, Ω indique une évaluation unique, disons correcte, du fait A. Les flèches ΩB, ΩC, ΩD, ΩE, ΩF, . . . , ΩN indiquent la *projection* de l'état sémantique mono-valué ou de l'orientation sur les faits ∞-valués A, B, C etc., essentiellement inchangés, ce qui *les déforme*. En d'autres termes, les faits ∞-valués, par l'identification de plusieurs valeurs en une seule, et par projection pathologique, ont reçu une évaluation erronée, empêchant ainsi, en *principe*, l'ajustement et la santé, en particulier pour un être humain civilisé 1933.

Si nous éduquons nos enfants à des réactions *A* (*Aristotéliciennes*) *élémentalistiques* mono-, deux-, trois-, et plus généralement peu-valuées, fondées sur des langages, des 'logiques', etc., correspondants, le résultat inéluctable est qu'ils auront de grandes difficultés à s'adapter à un monde des faits *non-élémentalistiques* ∞-valuées, et que, même s'ils y parviennent, ce ne sera finalement qu'après un grand gaspillage d'efforts et d'inutiles souffrances. Si nous abordons les faits ∞-valués de la vie avec des attitudes sémantiques mono-, deux- ou même peu-valuées, nous ne pouvons qu'identifier certaines des valeurs indéfiniment nombreuses en une ou quelques valeurs, et ainsi nous ne pouvons qu'aborder le monde ∞-valué avec une orientation qui *projette* par ignorance ou de façon pathologique nos évaluations sémantiques *restreintes* peu-valuées sur les faits individuels ∞-valués de l'expérience.

Les explications ci-dessus s'appliquent dans toute leur ampleur à la structure du langage. Le langage quotidien, ainsi que nos attitudes à son égard, reflètent encore des *réactions sémantiques* structurelles primitives de l'époque où l'on ne savait pas encore que, au niveau objectif, nous avons *exclusivement* affaire à des *processus quadridimensionnels* ∞-valués. Le langage du système-*A* (*Aristotélicien*) représente, en principe, ce que l'on peut appeler un système linguistique tridimensionnel mono-, deux-, etc., plus généralement peu-valué, structurellement non similaire aux conditions du processus événementiel quadridimensionnel ∞-valué. Analysons, par exemple, le terme *A* (*Aristotélicien*) '*pomme*'. Ce terme représente, *en principe*, un nom pour une définition intensionnelle verbale, mono-valuée et constante, dans laquelle les relations spatiotemporelles n'entrent pas. Quels sont les faits structurels de l'expérience? L'objet que nous appelons '*pomme*' représente un processus qui change continuellement ; en outre, chaque pomme individuelle qui a existé ou existera est un individu absolu, différent de toute autre '*pomme*' objective. En appliquant un langage tridimensionnel et mono-valué à des processus essentiellement ∞-valués, nous ne faisons que rendre très difficile une évaluation correcte, et donc l'ajustement et la santé.

Pourtant, l'ajustement structurel est simple dans un système-$\bar{A}$. La '*pomme*' *A* (*Aristotélicienne*) était un nom pour une *définition* verbale *intensionnelle* ; dans un système-$\bar{A}$, nous fabriquons un nombre indéfiniment de noms pour les indéfiniment nombreuses et différentes 'pommes' objectives par des indices, '*pomme*$_1$', '*pomme*$_2$', '*pomme*$_3$', etc, en complétant l'indice par la date ; ainsi, dans '*pomme*$_{1,Fév.23,1933}$', nous avons la possibilité de considérer '*pomme*$_{n,t}$' comme ∞-valuée, et ainsi, dans un cas donné, etc., nous sommes en mesure d'avoir un seul nom que nous pourrions relier à des valeurs uniques pour des individus absolus objectives, et des étapes individuelles absolues du processus. Il en va similairement pour les termes multiordinaux. Avant que la multiordinalité des termes ne soit découverte et formulée par moi en 1925, ces termes étaient silencieusement supposés, *en principe*, être mono-valués, et nous étions soit empêchés de les utiliser en relation avec des ordres d'abstractions ∞-valués, soit, s'ils étaient utilisés par nécessité sémantique, nous identifiions les valeurs indéfiniment nombreuses en une seule. Les deux résultats n'étaient pas souhaitables ; le premier établissait des blocages sémantiques au travail scientifique créatif ; l'autre promulguait des perturbations sémantiques. Mais une fois que la multiordinalité des termes est établie, nous avons des termes ∞-valués multiples auxquels, dans un contexte donné (en différenciant les différents ordres d'abstraction qu'un contexte indique), nous pouvons attribuer des valeurs uniques.

Une telle analyse pionnière peut sembler difficile au premier abord, mais cela n'est dû qu'au manque de familiarité et aux *réactions sémantiques pré-A (pré-Aristotéliciennes)* et *A (Aristotéliciennes)* mono-, deux-, trois- ou peu-valuées, qui impliquent toutes, en fin de compte, une *identification* quelque part. Une fois l'identification abolie, cependant, et c'est d'une simplicité enfantine, bien que ce ne soit pas facile et plutôt laborieux pour les adultes, la sémantique ∞-valuée devient naturelle et *automatique*, échappant à de très sérieuses difficultés théoriques. Dans le présent volume, j'ai dû développer en détail différentes questions, simplement parce que mes lecteurs seront pour la plupart des adultes ayant des réactions pré-*A* (*pré-Aristotéliciennes*) et *A* (*Aristotéliciennes*) établies, qui doivent d'abord être amenés à reconnaître les avantages d'une évaluation $\bar{A}$ avant d'être prêts à se soumettre à une rééducation laborieuse de leurs *réactions sémantiques* plus anciennes. La procédure pour la formation des nourrissons et des enfants est extrêmement simple et entièrement à leur niveau.

Il y a cependant un point que je souhaite entièrement clarifier. D'un point de vue plus ancien, on pourrait dire qu'un système-$\bar{A}$ peut conduire à une 'rationalisation excessive' et, par conséquent, ôter 'toute la joie de vivre'. Ces objections sont totalement injustifiées. Tout d'abord, le système-*A* (*Aristotélicien*) conduit à un jeu verbal superficiel, mais souvent astucieux, de définitions, dont la structure n'est généralement pas similaire à celle du monde et de nous-mêmes, ce qui représente une sorte d'apologétique, généralement appelée 'rationalisation'. Le système-$\bar{A}$ conduit à un ajustement structurel du langage et des *réactions sémantiques*, ainsi qu'à une recherche *structurelle*, qui aboutit à la *compréhension*. Il rend impossible la 'rationalisation' infantile superficielle, les 'vœux pieux' et l'apologétique de toutes sortes, mais conduit à un ordre supérieur d'intelligence adulte, fondé sur une *évaluation correcte*. Dans la simple 'rationalisation', nous avons souvent une évaluation intelligente, mais superficielle et infantile, fondée sur l'ignorance ou le mépris des faits structurels, qui constituent à eux seuls le contenu de toute 'connaissance'. Dans un système-$\bar{A}$, en éliminant les sources d'évaluation et de réactions infantiles, nous fournissons au système nerveux de l'enfant un matériel uniquement approprié, afin qu'il puisse se développer en un adulte 'normal'. Dans l'ancien système, au lieu d'aider, nous avons entravé le développement des normes d'évaluation de l'adulte, avec les résultats que l'on sait. Il n'y a rien à reprocher à la 'nature humaine' ou à la majorité des systèmes nerveux en tant que tels, mais il y a quelque chose qui ne va pas du tout avec nos méthodes éducatives à l'intérieur et à l'extérieur de nos écoles.

Il y a un autre point qui est encore plus convaincant et peut-être même plus décisif. Les anciennes objections mentionnées ci-dessus sont dues à des *réactions sémantiques* fondées sur le jeu des termes *élémentalistiques* et sont une *impossibilité neurologique*. L'organisme fonctionne comme-un-tout, et dans les courants nerveux cycliques, il est impossible d'abolir les 'émotions' par les méthodes éducatives connues. Mais ce qui *peut être* accompli, c'est ceci : en nous entraînant au silence sur les niveaux objectifs indicibles et à la différenciation entre les différents ordres d'abstractions, nous abolissons automatiquement les identifications et les évaluations infantiles ; nous introduisons un 'délai dans l'action', qui est le moyen physiologique de maîtriser nos 'émotions' et d'obtenir la coopération plus complète du cortex. "L'hyperémotivité" infantile est abolie chez l'adulte. Les enfants se comporteront comme des enfants, mais ce comportement infantile ne se poursuivra pas jusqu'à la période où l'âge adulte devrait commencer. Les 'émotions' ne sont pas abolies mais 'sublimées'.

Il est vrai que de nombreuses normes seraient modifiées. Par exemple, nous pourrions dire grossièrement qu'un type infantile s'ennuie souvent devant une symphonie et que le jazz satisfait sa composition infantile. Si nous devions prendre un tel adulte infantile et l'obliger à n'écouter que des symphonies, ce ne serait pas une gentillesse et cela ne transformerait pas ses *réactions sémantiques* infantiles en réactions adultes. Mais si, sans être entravé par une formation sémantique et donc neurologique inappropriée, il était libre de se développer normalement jusqu'à l'âge adulte, et que sa propre préférence allait à une symphonie plutôt qu'à des palpitations primitives, son plaisir ne serait pas diminué, mais peut-être rendu plus complet.

Une analyse similaire pourrait être faite de tous les intérêts humains, avec pour résultat que l'imposition de normes adultes à des types infantiles resterait une méchanceté ; mais le plus triste est que, malgré les répressions, les impositions etc., ces normes imposées restent largement inefficaces et sont abandonnées dès que la contrainte prend fin. Il n'en est pas ainsi si, par une éducation sémantique appropriée, nous permettons à l'enfant de se développer normalement jusqu'à l'âge adulte. Les *nouvelles* normes ne sont pas imposées, mais deviennent les siennes. Nous n'avons alors pas besoin d'une contrainte extérieure, car les nouvelles normes agissent de l'intérieur et deviennent agréables et durables.

Un processus similaire est très évident dans la pratique de la psychothérapie. Les critères d'évaluation des patients sont généralement inadaptés aux conditions de la vie moderne et se heurtent souvent de plein fouet aux normes acceptées. Moraliser sans modifier par d'*autres moyens* ses critères d'évaluation n'aboutit jamais à des résultats thérapeutiques satisfaisants ; au contraire, cela fait souvent beaucoup de mal. Un médecin serait très mal avisé de censurer ou de condamner un symptôme, car cela exclurait tout résultat bénéfique. Ce que les médecins font habituellement, c'est traiter tout symptôme, aussi repoussant soit-il, avec beaucoup de sympathie et de compréhension. Ils *ne tentent pas de* modifier directement le symptôme, mais, en comprenant son mécanisme principal, ils essaient de *modifier les normes d'évaluation du patient*, dont le symptôme n'est qu'une conséquence. Si le médecin réussit à modifier les normes d'évaluation inappropriées, le symptôme disparaît automatiquement. Dans la vie quotidienne, nous ne nous attaquons généralement qu'aux symptômes, sans tenir compte des fondements structurels sous-jacents ; cette méthode explique les résultats douteux.

Nous appliquons des méthodes similaires à la société, selon des critères infantiles. Nombreux sont ceux qui veulent abolir les guerres, les révolutions, les 'dépressions', etc., mais ils n'enquêtent pas assez profondément sur les structures. Ils s'attaquent aux symptômes, au lieu d'analyser les problèmes structurels qui produisent ces symptômes.

En conclusion, notons que l'analyse d'un mécanisme sémantique sur une page imprimée requiert de nouveaux termes et la coordination de nombreux détails, etc., qui, au début, ne semblent pas toujours si simples, bien qu'une fois l'aspect théorique maîtrisé, l'application pédagogique soit authentiquement simple. Ainsi, l'analyse de la sémantique mono-, deux-, trois-, etc., et ∞-valuée peut sembler difficile, mais, dans la pratique, il ne s'agit que de transmettre à travers nos systèmes éducatifs une flexibilité sémantique, au lieu d'une fixité ; d'acquérir la tendance à commencer par des observations, suivies de descriptions, d'où l'on passe à des inférences, en relation avec la vigilance à ces processus ordonnés, etc. Dans l'entraînement, il suffit d'abolir l'identification, ce qui est facilement réalisable une fois que l'on a produit la méthode adéquate, fondée sur un langage de nouvelle structure $\bar{A}$. Ce dernier n'est en fait constitué que de quelques termes nouveaux, simples et de bon sens, dont l'analyse permet de découvrir quelques relations psychophysiologiques simples et invariantes. Ainsi, l'identification est éliminée en partant d'un langage et d'une méthode *ordinale*. Une fois que l'on a pris conscience de la stratification horizontale et verticale, et que l'on a appris à différencier les ordres d'abstraction, l'identification disparaît. Le silence sur les niveaux objectiques produit une 'temporisation', implique et entraîne le cortex ; nos réactions deviennent de plus en plus intelligentes au sens humain, etc. ; et les résultats les plus importants sont atteints par les moyens les plus simples.

L'entraînement à la visualisation et l'abolition de l'objectification sont les premiers pas et les plus importants pour une élimination complète de l'identification. Lorsque cette première étape est franchie, le reste est comparativement une tâche très simple.

Mais le lecteur peut se demander pourquoi nous devrions utiliser des méthodes si peu familières et, par conséquent, apparemment difficiles, pour obtenir des résultats aussi évidents. Avons-nous vraiment besoin d'un système-$\bar{A}$ pour obtenir les résultats qui, même dans un système-A (Aristotélicien), *sont* connus pour être souhaitables?

La réponse est lourde de conséquences et doit être prise très au sérieux. Dans le système-*A* (*Aristotélicien*), ces résultats souhaitables n'ont pas pu être atteints de manière générale, parce que la structure de nos anciens langages et la méthode nous ont plutôt gênés qu'aidés. Les nouvelles théories, les nouveaux systèmes, etc., sont construits précisément dans le but de faciliter l'ajustement. Ces questions qui, autrefois, étaient censées être 'philosophiques', 'métaphysiques', etc., et dont l'application exigeait au départ un niveau élevé d'intelligence, de connaissances, etc., pour commencer, deviennent selon la nouvelle méthode, un simple *problème de structure de la langue que nous utilisons*. Toutes les problématiques semblent étroitement interreliées. Nous n'avons pas besoin d'une 'haute intelligence' ni d'une 'éducation supérieure' pour obtenir les résultats souhaités, car ceux-ci découlent *automatiquement* de la structure du langage que nous acceptons et enseignons à nos enfants. Ainsi, les anciennes impossibilités sont réalisées simplement et automatiquement, avec la plus grande efficacité possible et les résultats les plus durables.

CHAPITRE XXIX

SUR L'ENTRAÎNEMENT NON-ARISTOTÉLICIEN

> Si les expériences préliminaires décrites ci-dessus se confirment pleinement, un fait important de la physiologie du cortex sera révélé, à savoir que de nouvelles connexions peuvent être établies dans le cortex, non seulement dans les zones d'excitabilité optimale, mais aussi dans les zones qui se trouvent dans l'une ou l'autre phase d'inhibition. (394)
>
> I. P. PAVLOV

> Ce misérable monosyllabe 'tout' a causé plus de problèmes aux mathématiciens que tout le reste du dictionnaire. (23)
>
> E. T. BELL

> ... ces observations ... permettent de penser ... que le mécanisme de développement d'un réflexe conditionné et le mécanisme d'inhibition externe sont en quelque sorte similaires et que le processus d'inhibition externe a un certain rapport avec le développement de nouvelles connexions entre différents éléments corticaux. (394)
>
> I. P. PAVLOV

> En particulier, il a été démontré que le facteur de la durée agissait comme un véritable stimulus physiologique, et des expériences ont été décrites dans lesquelles des intervalles de temps définis sont apparus comme des stimuli efficaces. (394)
>
> I. P. PAVLOV

La procédure d'entraînement au présent système à l'aide du Structurel Différentiel découle directement des considérations théoriques qui ont été expliquées dans les chapitres précédents. Les affirmations du système ont été vérifiées expérimentalement dans tous les cas où il a été appliqué de manière cohérente.

L'objectif principal est d'acquérir la "conscience d'abstraire" tant convoitée, sur laquelle repose l'évaluation non-délirante et qui devient le fondement des *réactions sémantiques* non-pathologiques et de la santé. Comme nous traitons de différents aspects d'un processus organique qui fonctionne intrinsèquement comme-un-tout, tous ces aspects semblent étroitement interreliés. Nous avons trouvé par analyse deux aspects principaux qui sous-tendent les autres. Il ressort que la structure A (*Aristotélicienne*) conduit à des états sémantiques que l'on peut formuler comme le sentiment de 'toutisme' et que, par le 'est' d'identité, elle conduit à la confusion des ordres d'abstractions. Ainsi, pour la formation, le programme se dessine aisément : il faut d'abord éliminer le 'toutisme', puis transmettre cette stratification particulière du 'savoir humain' qui découle du refus du 'est' d'identité ; en d'autres mots, éliminer l'identification. Il devient également évident qu'une théorie de la sanité ne peut être séparée d'un système-$\bar{A}$.

Puisque l'organisme fonctionne comme-un-tout, tous les centres nerveux doivent être entraînés de manière à transmettre un ressenti d'abstraire permanent, durable et enraciné. Une fois ce ressenti acquis, la reconnaissance de la stratification verticale et horizontale du savoir humain devient, elle aussi, un état sémantique permanent. Nous disposons ainsi d'une sorte de système de coordonnées sémantiques qui nous permet de représenter avec une grande clarté n'importe quelle situation de vie, n'importe quelle situation scientifique, n'importe quelle difficulté, et de les évaluer correctement. Dans les explications théoriques verbales, cette procédure semble complexe ; en pratique, il n'en est rien. Elle est extrêmement simple, à condition de suivre avec persévérance les instructions, qui sont fondées sur la théorie et la pratique. Il ne faut surtout pas s'attendre à des résultats trop rapides.

Pour des raisons déjà expliquées, les élèves ne doivent pas seulement entendre et voir les explications, mais ils doivent aussi *les exécuter eux-mêmes*, manipuler les étiquettes et indiquer avec leurs mains les différents ordres d'abstractions. Après les explications préliminaires, les enfants devraient être appelés au Structurel Différentiel et, en utilisant leurs mains, ils devraient l'expliquer. Ceci s'applique également aux adultes et aux patients. Le Structurel Différentiel n'est pas seulement un rappel structurel et sémantique permanent qui affecte de nombreux centres nerveux ; il est plus que cela, car, en formation, il transmet l'*ordre naturel* à travers tous les centres. Le lecteur qui refuse d'utiliser ses mains à cet effet s'handicape gravement, car *ordonnancer* abolit l'identification.

Fondamentalement, il n'y a pas de différence structurelle entre l'utilisation du langage et l'utilisation de n'importe quel autre dispositif mécanique ; ils impliquent tous une action-réflexe. Il est bien connu qu'un pianiste, un télégraphiste, un dactylographe ou un chauffeur n'aurait pas de grands résultats si chacun d'eux devait méditer sur chacun de ses mouvements. Habituellement, des explications *verbales* sur le fonctionnement des machines respectives sont nécessaires au début, mais l'habileté-réflexe structurelle requise s'acquiert en fait par une pratique prolongée, dans laquelle tous les centres nerveux sont à nouveau impliqués. Nous savons tous quels étonnants ajustements-réflexes *inconscients* un bon conducteur de voiture peut effectuer en cas de danger inattendu.

Un compétence-réflexe sémantique similaire est nécessaire dans le maniement de notre appareil linguistique et, en cas de danger, de virages et de tête-à-queue soudains, notre orientation doit également fonctionner inconsciemment. C'est pourquoi il est nécessaire de disposer d'un *ressenti* structurel pour le fonctionnement de l'appareil. Tous les centres nerveux doivent être entraînés à employer les moyens les plus efficaces pour agir sur l'organisme et son fonctionnement comme-un-tout.

L'entraînement sémantique des adultes et celle des enfants ne diffèrent pas sur l'essentiel. Les enfants ont moins d'habitudes ancrées, ont des *réactions sémantiques* plus fluides que les adultes et, par conséquent, les résultats obtenus avec les enfants sont plus rapides et plus durables.

Je vais maintenant expliquer comment entraîner les enfants. Une méthode similaire s'applique également aux adultes, mais un adulte ne doit pas trop croire qu'il a complètement acquis la "conscience d'abstraire". Il doit s'entraîner de manière très approfondie. Je parle d'expérience personnelle. Bien que j'aie pratiquement toujours le Structurel Différentiel sous les yeux et que je sois l'auteur du présent système, il m'arrive de temps en temps de me surprendre à prendre l'une des vieilles et vicieuses habitudes sémantiques. Les habitudes, et en particulier les habitudes linguistiques, peuvent être très pernicieuses et difficiles à changer.

Nous n'avons pas besoin de commencer par des considérations théoriques approfondies ; nous pouvons commencer par des objets familiers de la vie quotidienne et un microscope ou une loupe. Nous apportons le Structurel Différentiel dans la salle de classe, avec les étiquettes (sauf une) détachées, mais nous *ne* l'expliquons *pas*. Nous commençons par une petite *expérience* sémantique sur le thème du 'toutisme'. Nous prenons n'importe quel vrai objet, une pomme, un crayon ou tout autre objet familier aux enfants. Les principes impliqués sont tout à fait généraux et s'appliquent à tous les niveaux objectiques d'une manière très similaire. Nous leur disons que nous allons nous amuser. Puis nous leur demandons de nous dire 'tous les moindres détails' ou 'tout' ce qu'ils savent sur l'objet en question, en l'occurrence la pomme. Lorsque les enfants commencent à nous dire 'tout' sur l'objet, nous écrivons les caractéristiques au tableau. *Ce dernier point est capital*. Nous devons avoir une trace visuelle et extensionnelle des caractéristiques attribuées. Lorsque les enfants ont épuisé leur ingéniosité en racontant 'tout' sur la pomme, nous *ne* devons *pas* être satisfaits. Nous devons les faire douter, leur faire comprendre qu'ils n'ont peut-être pas 'tout' raconté, en utilisant sans cesse le mot 'tout'.

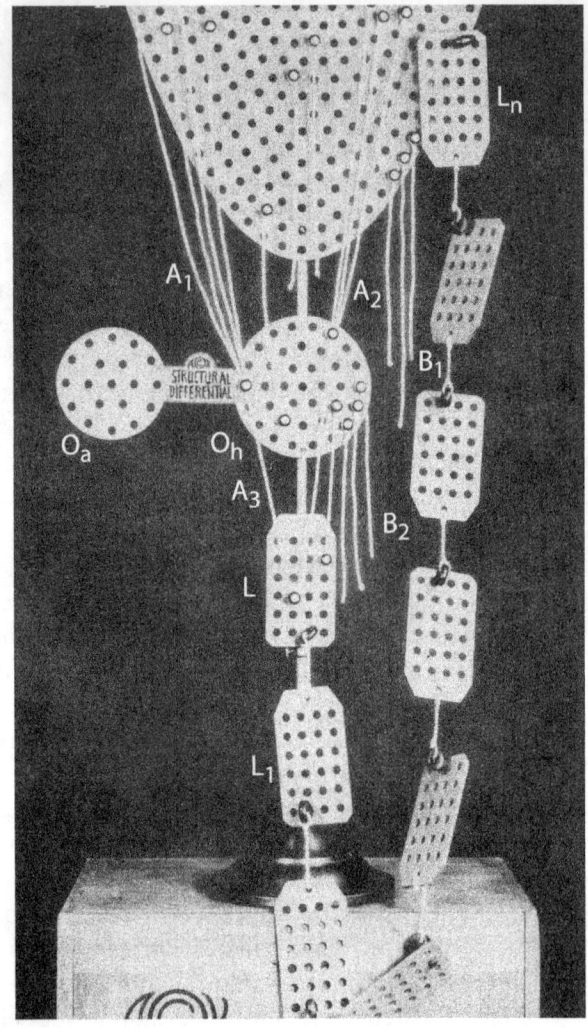

Fig. 1
Le Structurel Différentiel

Le terme 'tout' doit être souligné et répété jusqu'à ce que les enfants soient complètement agacés par ce terme. Plus ils apprendront à détester ce terme, mieux ce sera. Nous formons déjà une *réaction sémantique* très importante.

Nous *ne* devons *pas* nous satisfaire des meilleures réponses données par les enfants les plus intelligents. Dans une classe nombreuse, il peut même y avoir un enfant qui nous dit carrément qu'il est impossible de 'tout' dire sur la pomme. Nous devrions nous concentrer sur les enfants les *moins* intelligents et nous occuper particulièrement d'eux. Il y a de nombreuses et importantes raisons à cela. D'une part, les enfants deviennent plus enthousiastes et s'intéressent davantage à leurs propres résultats. D'autre part, ils apprennent facilement par l'exemple ce que signifie une différence d'intelligence. Cette compréhension des lacunes des autres a un effet sémantique important et libérateur. Dans la vie, de nombreuses blessures graves surviennent précisément parce que nous n'apprécions pas certaines lacunes naturelles et que nous en attendons *trop*. Trop attendre entraîne des chocs sémantiques très néfastes, des déceptions, des soupçons, des peurs, du désespoir, de l'impuissance, du pessimisme, etc.

Les enfants les moins brillants en profitent également. L'expérience est menée à leur niveau, afin qu'ils aient le maximum de chances d'en bénéficier. Bientôt, les enfants commencent à discuter de la nouvelle méthode et à l'expliquer entre eux, car nous avons touché à des processus sémantiques très vitaux et complexes tels que 'curiosité', 'réussite', 'ambitions', etc. Nous évitons également le danger de prendre pour norme des réponses intelligentes mais superficielles. Cette dernière erreur serait fatale, car les questions sont fondamentales et nous ne devrions pas nous contenter d'un simple brio verbal.

Lorsque le sujet semble épuisé et que la liste des caractéristiques de la pomme est 'complète' (nous nous assurons à plusieurs reprises que les enfants supposent qu'ils nous ont 'tout' dit à son sujet), nous coupons la pomme en morceaux et montrons expérimentalement aux enfants, éventuellement à l'aide d'un microscope ou d'une loupe, qu'ils *ne* nous ont *pas* 'tout' dit au sujet de la pomme.

Il peut sembler à certains éducateurs qu'un tel entraînement pourrait entraîner des résultats psycho-logiques indésirables. Mais plus tard, lorsque la conscience d'abstraire est acquise en tant qu'état sémantique durable, cette crainte apparaît tout à fait injustifiée, comme nous l'expliquons plus loin. La première étape dans le traitement de la 'réalité' semble exiger que nous abandonnions complètement les anciennes méthodes délirantes.

Lorsque les enfants sont pleinement convaincus du non-toutisme et de l'*impossibilité* du 'toutisme', nous sommes prêts à leur expliquer ce que signifie le mot 'abstraire', en utilisant à nouveau les termes 'tout' et 'pas tout'. Nous leur montrons un petit ventilateur rotatif et leur expliquons les différentes pales qui, lorsqu'elles tournent, forment un disque. Dans de telles démonstrations, nous pouvons aller aussi loin que nous le souhaitons. Toutes les sciences fournissent des données (par exemple, la structure dynamique de matériaux apparemment solides). Nous devons sélectionner les données en fonction de l'âge des enfants ou des connaissances des adultes. Les moindres détails de ce qui est dit doit être démontré empiriquement d'un point de vue structurel.

L'étape suivante consiste à démontrer concrètement qu'un objet pris de différents points de vue présente des aspects différents pour différents observateurs. Nous pouvons utiliser différents objets ou des figures géométriques en bois peintes de différentes couleurs sur différentes faces. Nous pouvons placer l'objet dans différentes positions et demander aux enfants leurs descriptions, qui doivent être écrites. Les descriptions seront bien sûr différentes et les enfants doivent être rendus vigilants à cela. Dans tous ces exercices préliminaires, l'ingéniosité de l'enseignant a un vaste champ d'action et il n'est pas nécessaire d'entrer dans les détails.

Lorsque tous ces résultats ont été obtenus au niveau de l'enfant le *moins développé*, nous procédons alors à l'explication du Structurel Différentiel en tant que résumé structurel schématique des résultats ci-dessus. C'est une *condition positive* pour que le nouveau langage soit utilisé et qu'un objet soit décrit comme une *abstraction* d'un certain ordre. Si ce point structurel essentiel n'est pas pris en compte, la plupart des avantages psycho-logiques et sémantiques du 'non-toutisme' sont perdus ou considérablement réduits. Nous devons expliquer clairement ce terme à l'enfant et l'entraîner à l'utiliser, car il semble correspondre uniquement à la structure et au fonctionnement de son système nerveux. L'enfant doit être averti que les langages anciens ne sont pas structurellement adaptés à sa compréhension et à son adaptation sémantique futures. Cet avertissement doit être répété avec sérieux et persévérance.

Ayant éliminé le 'toutisme', nous commençons à éliminer le 'est' d'identité qui, aux stades primitif et infantile du développement civilisationnel humain, se trouve être extrêmement enraciné dans nos *réactions sémantiques*, incarnées, comme c'est le cas, dans la structure de notre langage quotidien. Comme nous l'avons expliqué précédemment, l'identification est une réaction naturelle de l'animal, de l'être humain primitif et du nourrisson, reflétée et systématisée dans les systèmes linguistiques A (*Aristotéliciens*) et plus anciens, qui, par ignorance ou négligence des parents et des enseignants, n'est pas contrecarrée et se poursuit dans la vie des enfants et des adultes, jusqu'à ce que, finalement, elle s'incarne dans la structure de ce que nous appelons 'civilisation' (1933). Dans une théorie de l'ajustement ou de la sanité, nous devons contrecarrer ces *réactions sémantiques* animalistiques, primitives ou infantiles en construisant un système-$\bar{A}$ qui rejette entièrement le 'est' d'identité.

Dans le système-A (*Aristotélicien*), par l'utilisation de ce 'est', différents ordres d'abstractions étaient inconsciemment identifiés en valeurs, en contradiction évidente avec les faits empiriques. En d'autres mots, étant identifiés en valeurs, ces abstractions étaient traitées comme étant d'un seul ordre ou d'un seul niveau et ne nécessitaient donc pas des ordres indéfiniment beaucoup étendus de différences à la fois horizontales et verticales. Similairement, la 'vitesse infinie' d'un processus, objectivement vide de signification, *ne* permet *pas* d'*établir l'ordre*. Mais dès que la vitesse d'un processus est finie, l'*ordre* apparaît comme un aspect indispensable du processus. *La vitesse finie et connue des courants nerveux aux niveaux physico-mathématiques se traduit par des séries ordonnées aux niveaux physiologiques, par la non-identité et l'évaluation correcte aux niveaux sémantiques, et par des ordres d'abstractions, et un système non-aristotélicien et une sémantique générale aux niveaux verbaux.*

Une fois que nous avons aboli dans notre langage le 'est' d'identité toujours faux quant aux faits, nous cessons automatiquement d'identifier les différents ordres d'abstractions. Nous ne supposons pas qu'ils représentent un seul niveau, qui se développe en une série naturelle ordonnée d'un nombre indéfini d'ordres d'abstraction différents, avec des valeurs différentes. L'ajustement, par conséquent, la sanité et l'âge adulte de l'humanité dépendent d'une évaluation correcte, impossible dans des conditions d'identification délirante d'ordres d'abstractions fondamentalement différents. Nous devons donc entraîner les *réactions sémantiques* dans l'*ordre physiologique* naturel du processus d'abstraire qui, aux niveaux psycho-logiques, deviennent une évaluation sémantique non-pathologique.

Dans le cas de l'entraînement au 'non-toutisme', il a fallu commencer par l'analyse d'un objet ordinaire, donner à l'enfant une explication théorique simplifiée, puis la démontrer empiriquement. L'enfant sera facilement 'convaincu', mais cette conviction ne suffira pas, car elle n'affectera pas durablement ses *réactions sémantiques*. Nous expliquons cette difficulté très simplement, en lui disant que, bien qu'il ait 'accepté' notre présentation, il l'aura très vite 'oubliée', et que nous avons donc besoin d'un rappel visuel permanent qui est fourni par les ficelles, qui pendent librement de l'événement et de l'objet, et qui indiquent les 'caractéristiques laissées de côté', ou non abstraites.

En éliminant le 'est' d'identité, nous avons également des aspects structurellement interconnectés. Le rejet de ce 'est' devient l'équivalent de la mise en évidence de la *stratification* dans la structure de la 'connaissance humaine'. Pour faciliter l'entraînement, nous devons *souligner les deux aspects* par tous les moyens disponibles et impliquer autant de centres nerveux que possible. Ainsi, par l'oreille, nous soulignons verbalement la formule du rejet du 'est' d'identité en indiquant avec notre doigt les différents ordres d'abstractions, tout en affectant en même temps l'œil en répétant 'ceci *n'est pas* ceci'. Nous utilisons les centres kinesthésiques, non seulement en pointant le doigt vers les différents niveaux, mais aussi en faisant de larges mouvements avec nos mains, indiquant les stratifications. Nous devrions nous entraîner aux stratifications horizontales et verticales, en utilisant toujours les mains. La stratification horizontale indique la différence ou l'ordonnancement d'abstractions d'ordre différent ; la stratification verticale indique la différence entre 'être humain' et 'animal' et les différences entre les différents individus absolus. Dans les deux cas, l'effet sémantique du 'est' d'identité est contrecarré.

La procédure d'entraînement décrite ci-dessus repose sur un fondement neurologique important. Outre ce qui a déjà été expliqué, nous constatons qu'un mot possède quatre caractéristiques principales avec des représentations corticales correspondantes. Un mot peut être entendu, vu, parlé et écrit. Le langage implique donc de nombreuses fonctions nerveuses, par exemple les centres nerveux auditifs, visuels et moteurs diversifiés, interconnectés dans un réseau très complexe de fibres 'horizontales' et 'verticales'. L'utilisation du Structurel Différentiel implique tous les canaux nerveux disponibles ; nous voyons, nous entendons, nous parlons, nous bougeons nos mains, indiquant la stratification, le 'non-toutisme', etc., engageant de larges zones corticales, et ayant ainsi la probabilité maximale d'affecter, par des méthodes *non-élémentalistiques*, l'organisme-comme-un-tout. Le Structurel Différentiel nous donne un *symbolisme structurel* (1933), interculturel spécial, simplifié mais avancé qui affecte de vastes zones nerveuses chez l'analphabète, le quasi-analphabète, le nourrisson, etc., qui, autrement, ne pourraient pas être affectées. On sait que le fait de lire et d'écrire beaucoup, ainsi que de parler un certain nombre de langages, a un effet culturel très marqué et favorise la visualisation et la conscience d'abstraire. Cela s'explique peut-être par le fait qu'un polyglotte érudit, ou un savant, utilise de nombreux centres nerveux en coordination. Autrefois, à moins de devenir un érudit, il était extrêmement difficile d'entraîner ces centres nerveux à la coordination. Avec le Structurel Différentiel, nous pouvons entraîner simplement et relativement rapidement tous les centres nerveux nécessaires, et ainsi transmettre aux enfants et aux personnes pratiquement analphabètes les résultats culturels d'une formation universitaire prolongée et difficile, sans aucune technique compliquée. Cette dernière doit toujours être considérée comme un moyen et non comme une fin.

Dans mon expérience avec les enfants et avec des personnes de la plus basse 'mentalité' à la plus haute, la non-identité des différents ordres d'abstractions est généralement prise à la légère. Tout semble si simple et si évident que personne n'imagine que des mécanismes délirants graves, inconscients, structurels, sémantiques, linguistiques et neurologiques sont en jeu et qu'ils ne peuvent être atteints sans un entraînement la non-identité spécialement conçu à cet effet. Les ressentis délirants de 'toutisme' et de 'identité' sont particuliers en ce sens que, comme d'autres états pathologiques, ils ont tendance à apparaître comme omniprésents. Il est très difficile, dans l'expérience quotidienne comme dans l'expérience médicale, d'ouvrir une brèche dans cette tendance omniprésente, mais une fois que cet état délirant est remplacé, même partiellement, par des aperçus de la réalité *multiordinale*, l'élaboration ultérieure et l'entraînement à l'adaptation à la 'réalité' deviennent relativement simples. Ainsi, dans la pratique, si nous *commençons* avec des objets, des ressentis et des mots ordinaires, et que nous nous entraînons au non-toutisme et à la non-identité, n'importe quel enfant, ou n'importe quel adulte, même un imbécile, peut suivre facilement. Une fois ce ressenti acquis, et dans la plupart des cas ce n'est qu'une question de méthode et de persévérance pour l'acquérir, le principal blocage *sémantique* a été éliminé, et le reste est relativement facile. Je n'ai pas encore eu l'occasion de le vérifier, mais je suis convaincu que même un imbécile supérieur pourrait être entraîné à faire la différence entre les descriptions et les inférences, après avoir appris à faire la différence entre les niveaux objectiques et les mots. Ainsi, si un individu donné a faim et dit qu'il veut du 'pain', nous lui remettons une étiquette qui est attachée au pain objectique, et il se rendra rapidement compte que le symbole *n'est pas* la chose symbolisée.

Il faut se rendre compte que, dans l'entraînement, nous devons transmettre le fait évident que les mots ou les étiquettes représentent des commodités et *ne sont pas* les objets ou les ressentis eux-mêmes. Nous devrions porter les étiquettes dans nos poches, pour ainsi dire, comme nous portons notre argent, ou des chèques pour des chapeaux ou des malles, et ne pas les identifier 'émotionnellement' avec ce qu'elles représentent finalement, parce que les normes monétaires changent, et que les chapeaux et les malles sont échangés, perdus ou brûlés. Pour accomplir cela, nous devons disposer d'*étiquettes objectiques,* que nous pouvons manipuler et transporter dans nos poches, ainsi que quelque chose objectique auquel nous pouvons attacher les étiquettes. Dans le système-$\bar{A}$ présent, le rejet du 'est' d'identité est total et s'applique à tous les niveaux. Ainsi, l'événement *n'est pas* l'objet ; l'objet *n'est pas* l'étiquette ; la description *n'est pas* l'inférence ; un nom propre *n'est pas* un nom de classe, etc. ; les caractéristiques attribuées aux événements, aux objets ou aux étiquettes *ne sont pas* identiques, un objet, une situation ou un ressenti *n'est pas* identique à un autre objet, à une autre situation ou à un autre ressenti, etc., le tout établissant *une structure de stratification horizontale et verticale*. Au tout début de l'entraînement, il faut commencer par ce qui paraît le plus simple et le plus évident à l'enfant, à savoir l'absence d'identité entre le mot et l'objet, ou que le mot *n'est pas* l'objet. Pour ce faire, nous soulignons que l'on ne peut pas s'asseoir sur le *mot* 'chaise', que l'on ne peut pas écrire avec le *mot* 'crayon', ou boire le *mot* 'lait', etc. Ces simples faits doivent toujours être traduits sous une *forme généralisée*, en indiquant avec la main les deux niveaux sur le Structurel Différentiel, conjointement avec la formule fondamentale 'ceci *n'est pas* ceci'. Il faut toujours dire à l'enfant que la formule est tout à fait générale, mais pour l'instant il ne faut pas entrer dans davantage de détails.

À ce stade, nous pouvons faire un pas de plus, toujours en utilisant *seulement* des objets ordinaires comme exemples, et expliquer le caractère indicible de l'objet, à savoir que tout ce que nous pouvons voir, goûter, sentir, manipuler, etc., est un individu absolu (démontré de manière empirique) et *indicible*. Nous prenons ensuite la pomme, mordons dedans (en l'exécutant réellement) et expliquons que, bien que l'objet *ne soit pas des mots*, etc., nous sommes très très intéressés, et depuis longtemps, par ce niveau indicible. Ensuite, nous expliquons longuement et à plusieurs reprises, en insistant sur le principe important de l'évaluation, que pour vivre, nous devons nous occuper du niveau objectique ; toutefois, ce niveau ne peut pas être atteint par des *mots seuls*. En règle générale, il faut quelques semaines, voire quelques mois, pour que cette simple *réaction sémantique* s'établisse, l'ancienne identification étant psycho-physiologiquement très ancrée. Une fois celle-ci établie, nous insistons sur le fait qu'il faut manipuler, regarder, écouter, etc., ne jamais parler, mais rester silencieux, extérieurement comme intérieurement, pour se retrouver sur le niveau objectique. Nous arrivons ici à l'une des étapes les plus difficiles de toute l'entraînement. Ce 'silence au niveau objectique' implique la vérification sur des bases neutres d'un grand nombre "d'émotions", "d'idées préconçues", etc. Cette étape apparaît cependant comme le premier, le plus simple, le plus évident et le plus efficace des 'facteurs-de-réalité' psychophysiologiques dans l'élimination des identifications délirantes.

Une fois que l'enfant est bien attentif à l'absence d'identité entre les mots et les objets, on peut tenter d'étendre la notion d'"objet" aux 'niveaux objectiques'. Cette formation exige de la persévérance, même si elle semble fondamentalement simple. Nous démontrons et expliquons que l'action, la manifestation corporelle pour de vrai et tous les événements objectiques *ne sont pas* des mots. À un stade ultérieur, nous expliquons qu'un mal de dents, ou nous démontrons que la vraie douleur d'une piqûre, etc., *ne sont pas* des mots et appartiennent aux *niveaux objectiques indicibles*. Plus tard encore, nous élargissons cette notion à tous les objets ordinaires, à toutes les actions, fonctions, manifestations, processus qui se déroulent à l'extérieur de notre peau, ainsi qu'à tous les ressentis immédiats, 'émotions', 'humeurs', etc., qui se déroulent à l'intérieur de notre peau et qui *ne sont pas* non plus des mots. Nous élargissons le 'silence' à tous les événements qui se produisent aux niveaux objectique et la 'nature humaine' animalistique commence à se transformer en une nature *humaine* tout à fait différente.

Une fois cette étape franchie, le reste est beaucoup plus simple, mais aussi beaucoup plus subtil. Nous expliquons, aussi simplement que possible, les problèmes d'évaluation et de *réactions sémantiques*, en soulignant et en rendant évident le fait que nos vraies vies sont *entièrement* vécues à des niveaux objectiques indicibles. Nous l'illustrons sans cesse par des exemples simples, comme notre sommeil, notre alimentation, nos activités quelconques, notre douleur, notre plaisir, nos sentiments immédiats, nos 'émotions', etc., qui *ne sont pas* des mots. Si les mots ne sont pas traduits en effets indicibles de premier ordre, avec pour résultat que nous ne faisons pas quelque chose, que nous ne ressentons pas quelque chose, que nous n'apprenons pas ou que nous ne nous souvenons pas de quelque chose, etc., de tels mots n'ont aucun effet et deviennent des bruits inutiles.

Il convient d'insister sur un point : à savoir que le problème *n'est pas* celui de l'"inadéquation des mots". Nous pouvons toujours inventer des 'mots adéquats', mais même le langage le plus idéal et le plus structurellement adéquat *ne* sera *pas* les choses ou les ressentis eux-mêmes. Sur ce point, il *n'y a pas de compromis possible*. De nombreuses personnes prononcent encore tout à fait joyeusement des expressions pessimistes sur le *langage* actuel, fondées sur des hypothèses silencieuses connectées à une identification délirante inconsciente, et croient que dans un langage 'adéquat', le mot serait, par une bonne magie primitive, identique à la chose. Plus la négation du 'est' d'identité est bien ancrée dans les esprits, et plus vite elle devient partie intégrante des *réactions sémantiques*, plus vite la "conscience d'abstraire" est acquise.

Nous sommes maintenant prêts à approfondir la théorie de l'*évaluation naturelle* fondée sur l'*ordre* naturel. Comme étape préliminaire, nous devons montrer à plusieurs reprises la différence entre les descriptions et les inférences, en utilisant des exemples simples. Il faut insister sur le fait que les mots, en tant que tels, doivent être divisés en deux catégories : une première catégorie de mots descriptifs, essentiellement fonctionnels, et une seconde catégorie de mots inférentiels, qui impliquent des hypothèses ou des inférences. Ainsi, 'A ne se lève pas le matin' peut être considéré comme descriptif. Si A refuse explicitement de se lever, l'énoncé 'A *refuse* de se lever le matin' peut également être considéré comme descriptif. Si A n'a pas explicitement refusé, cette affirmation devient inférentielle, car A peut être mort ou paralysé. Si nous disons simplement 'A est paresseux', une telle affirmation représente une inférence illégitime de haut niveau fondée sur l'ignorance, car en 1933 on sait que la 'paresse' représente un symptôme de perturbations physico-chimiques, colloïdales ou sémantiques. Il convient de souligner que cette discrimination entre mots descriptifs et inférentiels, bien qu'extrêmement importante, ne repose pas sur des différences 'absolues', mais dépend dans une large mesure du contexte. Je n'analyserai pas davantage ce problème, car tout parent ou enseignant qui a acquis la conscience d'abstraire trouvera de lui-même à portée de main plus d'exemples qu'il n'en faut.

Il convient de noter ici un fait structurel vital, mais généralement ignoré, à savoir que la vie *humaine* est vécue dans des conditions qui établissent un *ordre naturel* d'importance entre les différents ordres d'abstractions. Cet ordre naturel devrait être à la base de l'évaluation adaptative naturelle et donc des *réactions sémantiques* de survie. Comme nos vies se déroulent *entièrement* au *niveau indicible*, qui comprend non seulement les objets scientifiques et les objets ordinaires, mais aussi les actions, les fonctions, les processus, les performances, les ressentis, les 'émotions', etc., ce niveau est évidemment le premier en importance, et le niveau verbal, qui n'est qu'auxiliaire, vient ensuite en importance. L'analyse de l'évaluation relative entre la description et les inférences apparaît extrêmement complexe et nécessiterait un ouvrage séparé, hors de portée du présent travail. Nous pouvons ici partir de l'opinion généralement admise que la fiabilité des inférences dépend de la fiabilité des prémisses descriptives et que la description est plus fiable que l'inférence. En importance et dans l'*ordre* naturel temporel et neurologique, la description vient en premier, les inférences en second. Si nous considérons différents ordres d'inférences ou de mots inférentiels, les inférences ou les mots inférentiels d'ordre inférieur sont plus fiables et donc plus importants que les inférences d'ordre supérieur (inférences à partir d'inférences d'ordre inférieur).

Comme la science est un produit *civilisationnel* et représente donc des descriptions structurelles et des inférences d'une énorme quantité d'observations et de formulations constamment révisées des générations passées, ce produit civilisationnel, la 'science', est plus fiable et plus important *en principe*, en particulier dans ses résultats négatifs, que les abstractions individuelles des individus. Si certains individus se révèlent être des 'génies' qui bouleversent les abstractions scientifiques civilisationnelles, ils sont soumis à l'examen d'autres scientifiques qui, quelle que soit leur partialité ou leur lenteur, restent les juges de leurs produits. En 1933, l'opinion des scientifiques est l'opinion la plus fiable dont nous disposons. Nous devons accepter, à une date donnée, les abstractions civilisationnelles, en particulier négatives, comme plus fiables, en établissant dans l'évaluation l'événement (objet scientifique) d'abord, et l'objet ordinaire ensuite. Il convient de souligner que "l'objet" de l'expérience quotidienne, dans la vie humaine, n'est de loin pas aussi fiable que celui de la vie des animaux qui ne subissent aucune intervention humaine. Ainsi, un fil à haute tension, un troisième rail ou des explosifs ne se trouvent pas dans la nature sans l'aide de personne et ne nous avertissent pas comme le font les objets ordinaires. Ces 'objets' possèdent des caractéristiques cachées ou non évidentes au niveau objecal de notre inspection ordinaire, disons la vue, l'ouïe ou l'odorat ; pourtant, ces caractéristiques semblent tout aussi 'réelles' et dangereuses que jamais. Il apparaît donc que l'"objet scientifique", ou l'événement, contrairement à l'objet ordinaire, est plus important que l'objet quotidien, quelle que soit l'importance de ce dernier. En fait, la seule importance macroscopique des objets, en dehors des valeurs esthétiques et symboliques, peut être trouvée dans les caractéristiques physico-chimiques, microscopiques et submicroscopiques qui ne sont pas évidentes. Ainsi, l'importance de la nourriture, de l'air ou d'une chaise réside précisément dans ces effets physico-chimiques qui résultent du fait de manger, de respirer et de se reposer sur une chaise, et ces caractéristiques cachées, révélées *uniquement* par la science, semblent bien plus importantes que les caractéristiques brutes fabriquées par notre système nerveux et que nous reconnaissons comme un objet.

Nous arrivons ainsi à une *échelle naturelle* d'un *ordre naturel* défini, qui établit également *l'ordre naturel de l'importance génétique* et représente la base *naturelle* de l'*évaluation sémantique de la survie*. Pour notre propos, l'ordre relatif peut être représenté comme suit : l'objet scientifique ou l'événement d'abord, l'objet ordinaire ensuite ; l'objet ordinaire d'abord, l'étiquette ensuite ; la description d'abord, les inférences ensuite, étendu aux mots descriptifs et inférentiels.

Si nous utilisons le 'est' d'identité et identifions en valeur ou en importance les différents niveaux, en fin de compte non-identiques, nous annulons en principe l'ordre naturel d'évaluation, qui, par nécessité psychophysiologique, apparaît comme une *inversion* de l'ordre naturel à divers degrés. Les raisons de ce fait curieux sont multiples, mais pour notre propos, il suffira de suggérer que :

(1) les mots sont plus simples et manipuler des mots demande moins d'efforts que de manipuler des objets ;

(2) les inférences étant des abstractions d'ordre supérieur aux descriptions, sont psycho-logiquement plus proches de nos sentiments et plus faciles à gérer pour n'importe quel individu que les descriptions impersonnelles qui nécessitent un entraînement linguistique développé, un pouvoir d'observation, une maîtrise de soi, etc., et, en général, la conscience d'abstraire.

L'inversion de l'ordre naturel doit conduire à l'inadaptation et se traduit par des symptômes pathologiques à des degrés divers. L'ordre naturel consiste en des relations asymétriques exprimées par une série ordonnée, non seulement en ce qui concerne l'espace-temps, mais aussi en ce qui concerne les valeurs. Toutes nos expériences et tout ce que nous savons indiquent clairement que les matériaux ordinaires ('objets') sont des cas particuliers extrêmement rares et très complexes de la capacité du plénum à se nouer ; que le monde organique et la 'vie' représentent des cas particuliers extrêmement rares et encore plus complexes du monde matériel ; et, enfin, que ce que l'on appelle la 'vie intelligente' représente des cas particuliers de plus en plus complexes et encore plus rares de la 'vie'. Quand nous identifions les membres de ces séries, nous ne tenons pas compte du caractère asymétrique de ces séries et nous les transformons en une relation d'identité symétrique fictive, ou illusoire, ou fausse quant aux faits. Il devient également évident que dans le système-*A* (*Aristotélicien*), qui ne permettait pas les relations asymétriques, une évaluation correcte, un ajustement et la santé en général étaient, en principe, impossibles.

Bien que le langage utilisé à cet égard ne soit pas familier, il n'est pas totalement arbitraire. Il apparaît expérimentalement que l'ordre quadridimensionnel a une importance physiologique, d'une part, et que, d'autre part, il implique les facteurs sémantiques d'évaluation aux niveaux psycho-logiques. En nous exerçant dans l'*ordre naturel physiologique*, nous nous exerçons dans l'*évaluation* ou les *réactions sémantiques* appropriées de l'être humain et de l'adulte aux *niveaux psycho-logiques*.

Dans la différence entre l'"objet scientifique" indicible et l'objet ordinaire, le niveau objectique et le niveau verbal, nous trouvons l'endroit précis où nous nous distinguons le plus radicalement des animaux. Si nous ne tenons pas compte de ces différences et conservons le 'est' de l'identité, nous ne pouvons que copier les animaux dans nos processus nerveux. En raison d'une mauvaise évaluation, nous utilisons trop les centres inférieurs et ne pouvons pas 'penser' correctement. Nous sommes 'trop émotifs' ; nous sommes facilement confus, inquiets, terrorisés ou découragés ; ou bien nous devenons absolutistes, dogmatiques, etc. Les résultats d'un tel copiage des animaux sont généralement tragiques, comme on peut s'y attendre. En raison d'une évaluation erronée, nous ajoutons des difficultés sémantiques que nous créons nous-mêmes aux difficultés que nous trouvons dans la nature. Quand nous vivons dans un monde *délirant*, nous multiplions les inquiétudes, les peurs et les découragements, et nos centres nerveux supérieurs, au lieu de nous protéger contre la surstimulation, multiplient en fait indéfiniment les stimuli sémantiques nocifs. Dans ces conditions, la 'sanité' est impossible.

Il semble que dans l'élimination du 'est' d'identité, nous ayons mis la main sur un mécanisme réflexe extrêmement puissant pour l'éducation, ou la rééducation, de notre vie 'émotionnelle'. Comme nous l'avons déjà dit, supprimer ou réprimer nos sentiments est dangereux et doit être évité. Les anciens systèmes éducatifs animalistiques étaient fondés sur la répression et la suppression, avec de tristes résultats. Mais comme nous n'avions pas d'autres moyens d'éducation, nous devions utiliser les anciens moyens ou abandonner complètement cette éducation spéciale. Il n'en va pas ainsi dans la nouvelle méthode-$\bar{A}$ avec le Structurel Différentiel. Nous *ne* réprimons ni *ne* supprimons. Nous enseignons le silence sur le plan objectique *en général*, ce qui est une *éducation 'émotionnelle'* des plus impressionnantes, sur des bases parfaitement *neutres*, une des conséquences de l'élimination du 'est' d'identité. Éclater en palabres, peu importe lesquels, n'est pas réprimé ; un geste de la main vers les étiquettes nous rappelle que les mots *ne* sont *pas* des objets, ni des actions, ni des événements, ni des sentiments. Une telle procédure a un effet sémantique très puissant. Elle provoque une secousse sémantique ; pourtant cette secousse *n'est pas* un *refoulement*, mais la prise de conscience d'un fait d'évaluation fondamental, naturel et structurel, auquel nous devrions tous être bien formés. Les *réactions sémantiques* perturbatrices s'apaisent et personne n'est 'blessé'. Il faut un entraînement long et persévérant, mais les résultats sont on ne peut plus bénéfiques.

Il faut noter une différence importante entre une déclaration impliquant le 'est' d'identité, à savoir que 'nous sommes des animaux' - qui n'a rien à voir avec les vrais faits ; nous tous (les animaux y compris) *ne sommes pas* des mots, mais représentons des individus absolus et tous différents - et la déclaration selon laquelle nous 'copions les animaux' dans nos réactions nerveuses. Dans le premier cas, il n'y a rien à faire. Dans le second cas, bien que les résultats soient *également tristes*, nous pouvons cesser de 'copier les animaux' dès que le mécanisme est découvert et que nous commençons à nous rendre compte que nous le faisons. Ainsi, l'ancien désespoir devient espoir.

J'ai déjà mentionné que certains éducateurs peuvent supposer la nocivité éventuelle de l'entraînement à la conscience d'abstraire au motif que les enfants doivent rester 'proches de la réalité'. La réponse à un tel argument peut être trouvée dans la reconnaissance du fait que ce qui, dans le passé, semblait être la 'réalité' doit maintenant, à la lumière des nouvelles connaissances, être considéré comme des délires, et l'ancienne formation comme préparatoire à une non-sanité acquise. Les conditions modernes de la vie humaine semblent beaucoup plus complexes que celles de la vie animale ou de l'être humain primitif. Chaque année, peut-être même chaque mois, de nouvelles 'réalités' humaines font leur apparition ; des complexités apparaissent et nos systèmes éducatifs ne préparent pas les enfants, sur le plan sémantique, à faire face à ces nouvelles conditions. Après enquête, il se peut que l'on découvre par soi-même que les anciens 'toutismes' et identifications représentent des facteurs délirants qui ne se trouvent nulle part dans le monde empirique, et que l'on doive donc conclure que si l'on forme les enfants à de telles délires, l'adaptation au vrai monde est rendue extrêmement difficile, voire impossible. Il est vrai que certains résultats bénéfiques n'apparaissent pas immédiatement, mais seulement après l'acquisition de la pleine conscience d'abstraire. Ainsi, à un stade précoce de l'entraînement, lorsque l'étudiant commence à se rendre compte du caractère délirant introduit par le 'est' d'identité, il peut avoir la tendance générale et bien connue de lutter avec acharnement pour *conserver* les *délires*. Sa *première* réaction peut être celle de la déception, avec ses nombreuses composantes, selon son tempérament, sa métaphysique, etc. Mais lorsqu'il aura acquis la liberté de la pleine conscience d'abstraire, il pourra évaluer tous les niveaux correctement et s'adapter aux conditions de la réalité *multiordinale* décrite dans le présent ouvrage, qui ne peut être évitée par personne. La 'connaissance' ou "l'intelligence" n'est possible qu'avec l'abstraire et, par conséquent, cela implique fondamentalement le 'non-toutisme'. L'"omniscience" impliquerait une 'connaissance' de chaque point-évènement. Ces deux notions sont fondamentalement différentes, et un tel monde serait un monde de chaos, où la connaissance serait impossible. La vie, l'abstraire *multiordinal* et l'intelligence *multiordinale* commencent ensemble et sont *conditionnés par le processus multiordinal d'abstraire*.

Parmi les nombreux résultats sémantiquement bénéfiques d'un tel entraînement, outre l'entraînement à la sanité et, par conséquent, à l'ajustement, il convient de mentionner quelques autres avantages. Notre vie, notre activité mentale *multiordinale*, la structure de notre langage, avec ses syllogismes, ses sophismes, etc., consistent pour la plupart en l'utilisation constante des différents niveaux d'abstraction. Ceci apparaît comme une caractéristique inhérente à la 'connaissance humaine' et, par conséquent, on ne peut l'abolir sans abolir au total l'intelligence *multiordinale*. L'intelligence nécessite le passage d'un niveau à l'autre dans les deux sens. Tous les avantages que nous possédons en découlent, mais aussi de nombreux dangers sémantiques qui s'y cachent. Des remarques similaires pourraient être faites au sujet d'une automobile, etc. De nombreux avantages découlent de l'utilisation d'automobiles, etc., mais il y a aussi de grands dangers. Par exemple, la conduite d'une automobile est actuellement réglementée. Un conducteur doit passer un examen, démontrer son aptitude pratique à la conduite, etc., avant d'être autorisé à conduire en public. Il en va similairement avec notre langage ; nous y trouvons les plus grands avantages et nous devrions les utiliser. Un entraînement adéquat à l'utilisation du langage devrait nous apprendre à éviter les dangers. À l'évidence, la "conscience d'abstraire" nous apprend à éviter ces dangers ; de même, une fois que nous avons appris à passer à des niveaux d'abstraction de plus en plus élevés, nous devenons capables d'accomplir ce que nous appelons la 'haute intelligence'. La différence entre la 'haute intelligence' et la 'basse intelligence' réside dans le fait qu'une 'haute intelligence' a une vision plus large vers l'arrière et vers l'avant ; une 'basse intelligence', comme le suggère la Fig. 2, ne voit qu'un peu vers l'arrière (ignorance) et ne prévoit que peu de choses. Une 'haute intelligence' a une portée ou un champ plus large ; elle connaît mieux le passé et regarde plus loin dans l'avenir.

Ce n'est pas un mystère que lorsque nous voulons regarder plus loin dans le passé et l'avenir, nous avons besoin d'abstractions de plus en plus élevées. En nous entraînant à passer à des abstractions de plus en plus élevées, nous entraînons notre 'esprit' à être plus efficace ; cette expansion 'mentale' devrait être l'objectif structurel et sémantique de toute éducation.

Une fois l'identification éliminée, nous devons accepter la *structure* comme le seul contenu possible de la 'connaissance' et nous rendre compte qu'aucune 'connaissance' n'est jamais exempte de certaines hypothèses structurelles. Il est parfois pathétique d'observer les performances métaphysiques de certains scientifiques, par ailleurs très éminents, qui semblent totalement innocents de ces faits. Ils tentent souvent de dissocier leur métaphysique de la science et ne comprennent pas que la métaphysique primitive représente la 'science' ou les hypothèses structurelles de l'époque, tandis que la science moderne représente les hypothèses structurelles ou la métaphysique de l'époque moderne, qui ne peuvent être réconciliées avec la 'science' plus ancienne. La différence apparaît dans les dates, pas dans la substance. Le véritable problème qui se pose à l'humanité réside dans le choix d'une métaphysique structurelle. Si nous choisissons les hypothèses structurelles primitives et que nous devons vivre dans les conditions actuelles, nous ne pouvons que devenir une personnalité dédoublée incapable de s'adapter. Si nous acceptons les hypothèses structurelles modernes appelées science, nous pouvons nous adapter. En aucun cas nous ne pouvons-nous libérer entièrement de certaines hypothèses structurelles. Le problème devient celui des *dates*, et de la non-sanité par rapport à la sanité. Ces problèmes sont d'une importance inhabituelle, car la difficile technique scientifique n'intervient pas du tout dans ce domaine, et les quelques données structurelles (1933) peuvent être données sous la forme la plus simple aux enfants et même aux personnes faibles d'esprit. Autrefois, ce problème était totalement incompris. On a essayé de 'vulgariser' la science en traduisant le langage structurellement correct dans le langage quotidien de *structure primitive*, ce qui n'a abouti qu'à la confusion ; on n'a pas analysé la structure du langage et son rôle dans notre vie et on n'a pas *commencé* par une révision linguistique structurelle. Une fois cette révision accomplie et le langage $\bar{A}$ construit, le contexte sémantique est préparé pour une acceptation naturelle de la métaphysique *structurelle* moderne (science) de chaque date et la 'vulgarisation' plus ancienne devient superflue. Une telle procédure contribuerait à l'intégration de l'individu, alors que les anciennes méthodes ne font que le diviser.

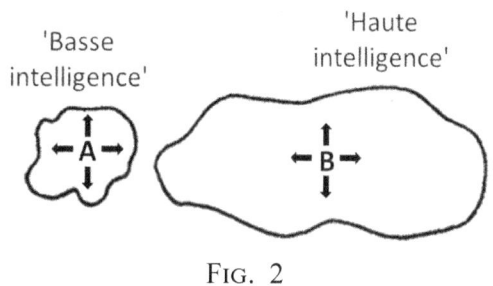

FIG. 2

Rappelons que l'animal s'arrête quelque part dans ses capacités à abstraire. Lorsque nous nous *arrêtons* et que nous considérons que c'est 'définitif' ou que nous 'savons tout à ce sujet', nous copions les animaux dans nos réactions nerveuses. S'entraîner au passage d'un ordre à l'autre des abstractions en tant que telles, développe des *réactions sémantiques* particulièrement *humaines*, fluides, non bloquées, contrecarre et finalement abolit le blocage animalistique. Dans un langage d'une structure donnée, nous pouvons nous exprimer d'une certaine manière ; et si cette manière est incomplète, nous devons laisser le champ libre, car dans un langage structurellement différent, les questions peuvent se présenter de manière tout à fait différente.

Il est fondamental de souligner que l'ancien 'inconnaissable' est entièrement aboli. Cet 'inconnaissable' trouve son origine dans l'identification et l'élémentalisme primitifs. Nos ancêtres ne pouvaient pas ignorer indéfiniment que l'identification était fausse quant aux faits ; cependant, l'accent mis par les autorités ecclésiastiques (dans leur intérêt) sur l'importance du système-A (*Aristotélicien*) les a empêchés de rejeter complètement le 'est' d'identité. L'indicible était appelé l'"inconnaissable", un terme bien sombre en effet. L'utilisation de ce terme les a empêchés de découvrir, il y a longtemps, que le seul contenu de la 'connaissance' apparaît comme structurel, avec toutes les conséquences *non-élémentalistiques* qui en découlent. La 'connaissance' était censée représenter quelque chose de plus que la 'connaissance' - une autocontradiction silencieuse. Sur cette base, des systèmes entiers de délires ont été construits. Avec ce dont nous nous rendons compte de plus récent, nous comprenons que le seul contenu possible de la 'connaissance' apparaît comme *structurel*, de sorte que nous pouvons connaître tout ce qui appartient au champ structurel légitime de la 'connaissance'. Ce qui n'appartient pas au champ de la 'connaissance' doit être considéré comme vide de signification, et faire de bruit à son sujet, d'une façon ou d'une autre, ne nous aide en rien ; au contraire, cela nous entraîne dans des états délirants. Les étudiants de l'histoire de la 'philosophie' peuvent se rendre compte, dans ce cas en particulier, du drame et des dangers que jouer sur des termes aussi *multiordinaux* que 'connaissance' peut inutilement produire.

Par le mécanisme sémantique qu'elle implique, la "conscience d'abstraire" abolit de nombreuses peurs, désespoirs et autres perturbations résultant de la confusion des ordres d'abstraction. Nous devenons des extravertis introvertis ; en d'autres termes, nous devenons affectivement équilibrés, et prêts à traiter les effets empiriques de premier ordre à leurs niveaux, et les problèmes verbaux à leurs différents niveaux. Nous apprenons également à *observer*, dès que nous avons appris le 'silence' sur les 'niveaux objectiques'. En nous rendant compte que nous abstrayons dans des ordres différents, nous acquérons peu à peu le sentiment structurel le plus créatif que la connaissance humaine est inépuisable ; nous nous intéressons de plus en plus à la connaissance ; notre curiosité s'éveille ; notre esprit sportif est stimulé et notre niveau d'intelligence *multiordinale* s'élève.

Il est bien connu que l'intelligence supérieure se caractérise par une attitude critique. En s'entraînant avec le Structurel Différentiel jusqu'à ce que la mémoire des caractéristiques laissées de côté et de la non-identité devienne un acquis sémantique permanent chez nous, cette attitude critique est également développée. Quiconque ressent habituellement ces 'caractéristiques laissées de côté' – "ceci *n*'est pas ceci" - ne *prendra* jamais *un mot ou une déclaration pour acquis*. Il s'informera, enquêtera, demandera toujours "qu'est-ce que vous voulez dire", une question qui conduit automatiquement à une investigation plus poussée et qui, finalement, touche le fond des termes non-définis qui divulguent nos croyances structurelles silencieuses et notre métaphysique.

Nous ne devons pas commettre l'erreur de croire que la personne moyenne, ou le crétin, ne 'pense' pas. Son système nerveux fonctionne continuellement, comme celui d'un génie. La différence réside dans le fait que ce travail n'est pas productif ou efficace. Un entraînement et une compréhension appropriés du mécanisme sémantique doivent ajouter à l'efficacité et à la productivité. En éliminant les blocages sémantiques, comme dans l'identification, nous libérons les capacités créatives de tout individu. Nous le libérons de l'esclavage sémantique primitif dans l'utilisation quotidienne et constante d'un instrument puissant appelé langage - plein d'avantages, mais aussi plein de dangers - dont il ne comprend pas du tout la structure. Cette incompréhension doit conduire à l'inefficacité dans l'utilisation, et donc à l'abus, de cette fonction. Au lieu d'être l'esclave sémantique de la structure du langage, il en devient le maître.

Quand nous serons plus civilisés et plus éclairés, aucun orateur ou écrivain ne sera autorisé à travailler en public sans démontrer au préalable qu'il connaît la structure et le fonctionnement sémantique des capacités linguistiques. Même à présent, aucun professeur, enseignant, avocat, médecin ou chimiste, etc., n'est autorisé à travailler en public sans passer un examen prouvant qu'il connaît son sujet. La déclaration ci-dessus ne signifie pas contrôle ou censure. Loin de là. Notre langage implique un mécanisme sémantique beaucoup plus complexe, bénéfique ou dangereux que n'importe quelle automobile n'a jamais eu ou n'aura jamais. Nous ne contrôlons pas les conducteurs dans leurs destinations. Ils vont et viennent à leur guise, mais pour la *sécurité publique*, nous exigeons qu'ils aient acquis les réflexes nécessaires à la conduite, et nous éliminons ainsi les tragédies inutiles. Il en va similairement pour le langage, dont l'utilisation ignorante ou pathologique devient un danger public d'un caractère sémantique très grave. Actuellement, les écrivains ou les orateurs publics peuvent se cacher derrière leur ignorance (1933) du mécanisme verbal, sémantique et neurologique. Ils peuvent 'vouloir bien faire' ; cependant, en jouant sur les réactions pathologiques de leur propre personne et de la foule, ils peuvent 'faire passer' une propagande très vicieuse et causer de très graves souffrances à tous ceux qui sont concernés. Mais une fois qu'ils devront passer un examen pour obtenir leur permis d'orateur ou d'écrivain, ils ne pourront plus se cacher derrière l'ignorance. S'il s'avérait qu'ils avaient *abusé* du mécanisme linguistique, un tel abus de leur part serait clairement un *acte délibéré*, et la 'bonne intention' cesserait d'être un alibi.

Nous devons accepter les faits évidents qui font de l'ancienne 'démocratie' théorique ou de l'ancien 'socialisme' théorique une impossibilité scientifique. Si, en 1933, 99% de la population du globe apparaît comme infantile ou 'mentalement' déficiente, comment peut-on s'attendre à ce que la majorité ou la masse puisse jamais avoir une évaluation correcte ou des *réactions sémantiques* non-pathologiques? L'histoire montre aujourd'hui, et cette évidence ne devrait pas être prise à la légère par une *société scientifiquement éclairée*, que la majorité semble 'toujours avoir tort' et que tout ce que nous appelons 'progrès', 'civilisation', 'science', etc., a été réalisé par une très petite minorité. Une telle compréhension devrait guider notre conduite future si nous voulons obtenir de meilleurs résultats qu'aujourd'hui. Dans les conditions $\bar{A}$, ce n'est pas l'État, ni différentes sociétés privées, mais des organismes scientifiques professionnels qui devraient fixer les normes et perfectionner la technique des examens linguistiques structurels. Ils sélectionneraient également les membres des jurys d'examen. On pourrait penser qu'une telle innovation n'est pas importante ou qu'elle n'a pas de portée. Ce serait une erreur. Il semble que la plupart de ces écrivains et orateurs publics puissent être considérés en privé comme des personnes 'honnêtes', qui ne se rendent pas compte que, dans des conditions A (*Aristotéliciennes*), ils imposent souvent à des masses sans défense des états délirants qui prennent trop souvent un caractère morbide prononcé. Dès lors qu'un tel examen les obligerait à se pencher sur les problèmes structurels, sémantiques et linguistiques, on peut tenir pour certain qu'un grand nombre d'entre eux deviendraient capables d'évaluer correctement leurs propres activités et de comprendre le mal qu'ils font. En conséquence, il est fort probable qu'un grand nombre d'écrits et de discours inutiles, embrouillant les problèmes et délirants *ne seraient pas* produits, ce qui serait très bénéfique pour toutes les parties concernées. Personne ne les censurerait. La conscience d'abstraire y parviendrait. Ils deviendraient leurs propres censeurs, aidés également par la nouvelle conscience d'abstraire développée par certains membres du public ou des lecteurs.

Il serait souhaitable d'expérimenter et d'introduire des classes parallèles dans les écoles pendant un certain temps, un groupe continuant à suivre l'ancien système-A (*Aristotélicien*), l'autre étant formé au système-$\bar{A}$. On peut s'attendre à ce qu'au bout d'un an, les résultats soient assez tangibles. Ceux qui auront acquis la "conscience d'abstraire" devraient montrer une nette amélioration de leur caractère, mieux se comporter et obtenir de meilleurs résultats dans leurs études, sans parler des avantages sémantiques *préventifs* dans leur vie et leur adaptation futures. Il est très souhaitable de procéder à des expériences dans diverses conditions, car nous traitons d'un problème structurel si vaste et si fondamental qu'il est impossible à l'heure actuelle de prévoir plus que les principaux résultats et les principales conséquences.

Dans une école, un Structurel Différentiel tridimensionnel devrait suffire, mais dans chaque classe, un grand diagramme imprimé, qui est également publié, devrait être exposé en permanence sur les murs et appliqué dans toutes les études. Ceci est nécessaire, non seulement parce qu'un tel rappel permet aux enfants de se familiariser avec les 'caractéristiques laissées de côté', "l'ordre naturel", etc., mais aussi parce que les enfants en discuteront et résoudront leurs difficultés scolaires et personnelles à l'aide de ce diagramme et s'entraîneront ainsi aux réactions $\bar{A}$. Dans ma pratique, j'ai constaté que l'une des principales difficultés de l'apprenant, ou pour 'penser' en général, réside dans le fait que, dans toute discussion verbale, nous devons utiliser différents ordres d'abstractions et de termes *multiordinaux*. Si nous ne nous rendons pas compte de cela, le problème semble souvent très complexe ; une fois que nous en sommes conscients, le problème devient simple. En fait, on peut dire que cette flexibilité spéciale, qui est totalement absente chez les animaux et peu développée chez l'être humain primitif, représente le mécanisme de fonctionnement de la 'haute intelligence', et que cette flexibilité spéciale peut être acquise grâce à un entraînement adéquat.

Le traitement des réactions-réflexes et des théories expérimentales en général présente une caractéristique très encourageante : quelle que soit la difficulté de l'aspect théorique, la pratique est invariablement extrêmement simple. Ainsi, un traité théorique sur la théorie d'Einstein, ou sur la nouvelle mécanique quantique, ou sur une automobile, une radio, un piano, ou sur la musique, ou sur les réflexes conditionnels de Pavlov, etc., peut présenter, et en fait présente généralement, des difficultés, parce qu'il est formulé sur des niveaux purement verbaux et analytiques. Mais ces niveaux sont les plus importants, car nous constatons que c'est à ces niveaux que s'accomplit la *pleine évaluation*, et donc qu'on se rend pleinement compte, des *relations* et des *significations* existantes ou possibles. Dans ces niveaux verbaux, nous trouvons également des moyens économiques et efficaces d'analyser les développements ultérieurs dont dépend en fin de compte l'éventail des applications possibles. Un tel traité peut être produit par une seule personne et devient ainsi accessible au reste d'entre nous.

Une description de l'application est cependant très simple ; nous étiquetons les parties apparentées d'une certaine structure, décrivons, principalement en termes d'ordre, leurs interrelations, puis donnons des instructions sur la manière d'agir, de pousser, de tirer ou de tourner une partie donnée pour obtenir tel ou tel résultat. Ces descriptions, bien que verbales, se réfèrent exclusivement à une structure physique, de sorte que des personnes de très faible 'mentalité' peuvent rapidement se familiariser avec les problèmes pratiques concernés. Quand le maniement-réflexe de la structure physique est acquis, les aspects expérimentaux et comportementaux deviennent d'une simplicité enfantine. Un enfant peut voir les résultats expérimentaux de n'importe quelle théorie, ou remarquer la facilité et la simplicité des ajustements-réflexes qu'un bon conducteur peut effectuer.

Mais ce qu'un enfant, un sauvage ou un ignorant *ne peut pas* faire, c'est *apprécier* les *significations* d'événements donnés et les *évaluer* ; En d'autres termes, ils ne peuvent pas *relier* les événements donnés à d'autres événements qui, seuls, leur donnent une *signifiance*. Ainsi, non seulement les physiciens, mais même la personne moyenne, connaissaient l'égalité des masses gravitationnelle et inertielle ; il a cependant fallu le génie d'Einstein pour *évaluer* correctement, pour avoir la *réaction sémantique* appropriée face à ce 'fait banal'. Le présent travail montre clairement que toutes les perturbations sémantiques témoignent d'un manque d'évaluation correcte, ou d'une difficulté à saisir les *significations*, les *relations* ou l'*ordre* de différents ordres d'abstractions. Seule une pleine compréhension *théorique* peut nous fournir ces significations et produire en nous les *réactions sémantiques* d'évaluation appropriées - une étape psychophysiologique nécessaire pour progresser davantage et pour appliquer pleinement les conquêtes déjà faites.

Étant donné que le présent travail est entièrement expérimental et traite de sujets vérifiables, tels que la structure des langages connus, l'ordre naturel du développement, l'inversion pathologique de l'ordre qui, s'il est à nouveau inversé, rétablit l'ordre naturel, etc., et que, lorsqu'il est appliqué, il produit les résultats expérimentaux les plus bénéfiques, tout ce qui a été dit au sujet des théories expérimentales s'applique pleinement à notre cas.

Tout comme dans d'autres disciplines, les instructions sont simples : 'poussez ceci', 'tirez ceci' ou 'tournez ceci' ; ainsi, dans notre cas, cette règle descriptive simple qui se réfère au Structurel Différentiel objectique est donnée comme suit : "ceci *n'est pas* ceci". Une fois les activités-réflexes acquises, nous pouvons, par exemple, jouir du plaisir d'un voyage en voiture, de la musique d'une radio, ou d'un voyage sémantique vers la sanité en harmonie avec nous-mêmes et les autres, très simplement, malgré les complexités théoriques sous-jacentes qui sont toujours des moyens et non des fins en soi.

Mais nous devons ici faire face à une différence importante. Il est facile de démontrer empiriquement à la majorité d'entre nous l'utilité ou l'agrément des automobiles et des radios, mais il est très difficile de démontrer les avantages de la conscience d'abstraire à ceux qui ne l'ont pas acquise. Avant que les données expérimentales ne commencent à s'accumuler et à être connues de tous, l'évaluation principale devra être faite sur des bases théoriques. En outre, avant que les enfants puissent être formés par les méthodes simples et faciles décrites ci-dessus, les adultes doivent d'abord réentraîner et remodeler leurs propres *réactions sémantiques*, ce qui n'est pas facile et nécessite des considérations théoriques encore plus difficiles. C'est pourquoi le présent ouvrage a dû être rédigé sous la forme d'un manuel destiné aux parents, aux enseignants, aux médecins et aux travailleurs de l'hygiène 'mentale', ainsi qu'aux futurs étudiants et chercheurs en psychophysiologie et en hygiène sémantique.

Au début, dans l'application de la méthode, on découvrira un certain nombre de difficultés qu'il faudra surmonter. En règle générale, l'entraînement aux *réactions sémantiques* non-pathologiques s'avère le plus facile et le plus simple avec les très jeunes enfants. L'essentiel, ou du moins la mise en place des bases sémantiques de ces réactions, devrait être accompli à la maison par des enseignants spécialement formés, si les parents ne sont pas en mesure de le faire eux-mêmes. Dans les pays ou communautés où les gouvernements nationaux ou locaux s'intéressent à la santé de la population en fournissant, par exemple, des spécialistes de la vaccination préventive, des spécialistes pour entrainer aux mesures préventives contre les troubles sémantiques seront probablement aussi fournis.

Dans les écoles primaires, les enseignants devront d'abord se former eux-mêmes du mieux qu'ils peuvent avec l'aide de spécialistes ; mais dans les écoles secondaires, les collèges et les universités, il faudra faire appel à des instructeurs spéciaux.

La première préoccupation est donc de commencer l'éducation et l'entraînement des enseignants. C'est dans ce but que le présent ouvrage a été rédigé, de manière à donner un aperçu assez complet de l'ensemble du problème ; la littérature de référence a été indiquée, de manière à ce que toute personne souhaitant se spécialiser dans le sujet puisse trouver un manuel approprié en guise d'introduction. En ce qui concerne les qualifications des instructeurs professionnels $\bar{A}$, il est actuellement très difficile de prévoir les détails, mais, comme la pleine conscience d'abstraire conduit à des *réactions sémantiques* qui, elles aussi, découlent inconsciemment, ou devraient découler, de l'étude et de l'acquisition du *ressenti* du calcul, les étudiants en mathématiques seraient peut-être les plus souhaitables. N'importe quel spécialiste qui se lance dans une nouvelle activité doit apprendre beaucoup de choses, ce qui est inévitable, mais le type de formation que l'on a reçu dans sa jeunesse fait une différence. Ainsi, il est plus simple pour un étudiant en mathématiques d'apprendre la psychiatrie ou la psycho-logique que pour un psychiatre ou un psycho-logicien d'apprendre les mathématiques. Cependant, pour une personne ayant une formation universitaire, cela est moins important que l'authentique volonté de maîtriser le sujet. Une fois la conscience d'abstraire acquise par un tel étudiant, ses blocages sémantiques seront éliminés. Il n'aura alors plus aucune difficulté avec les détails, ni même à faire un travail créatif dans ce sens.

Avec les très jeunes enfants, au début, il faut consacrer une heure par jour pendant plusieurs mois à ce sujet. Lorsqu'ils ont acquis la conscience d'abstraire, il ne faut pas avoir entièrement confiance quant à la permanence des résultats, mais, au moins une fois par semaine, les problèmes devraient leur être rappelés. Je ne me risquerai pas à dire combien d'heures par semaine il faudrait y consacrer dans les lycées, les collèges et les universités, car les heures de travail dans ces institutions sont déjà très chargées. L'entraînement à la conscience d'abstraire élimine automatiquement une énorme quantité de blocages sémantiques et faciliterait l'acquisition de connaissances dans toutes les branches du savoir, ce qui permettrait d'économiser du temps et des efforts, d'autant plus si les enseignants eux-mêmes devenaient conscients d'abstraire.

Les résultats bénéfiques que l'on peut en attendre se traduisent par une meilleure érudition, un plus grand intérêt pour les études, une amélioration du caractère, une intelligence *multiordinale* plus élevée et une meilleure adaptation générale. Tout cela semble tout à fait indépendant du caractère *préventif* de la formation en tant que protection contre de nombreuses perturbations sémantiques à l'avenir. Mais lorsque les enseignants de toutes les matières auront acquis eux-mêmes la conscience d'abstraire, ils découvriront probablement de nouveaux moyens et de nouvelles méthodes pour transmettre plus simplement et plus efficacement ce qu'ils souhaitent transmettre à leurs élèves. Je suis convaincu que les heures consacrées à l'entraînement sémantique se révèleraient en fait une importante *économie d'efforts*. De plus, cela donnerait effectivement aux enfants et aux étudiants le plus haut degré de *formation culturelle*, que nous n'acquérons actuellement qu'occasionnellement et difficilement, sans la coopération consciente de nos enseignants.

CHAPITRE XXX

IDENTIFICATION, INFANTILISME ET NON-SANITÉ VERSUS SANITÉ

Le bon sens, quoi qu'il en soit, ne peut éviter d'être surpris à l'occasion. Le but de la science est de lui épargner cette émotion et de créer des habitudes mentales qui seront en accord si étroit avec les habitudes du monde qu'elles garantiront que rien ne sera inattendu. (457)

BERTRAND RUSSELL

La médecine est aujourd'hui un art ou un métier, à l'exercice duquel certaines sciences sont sans doute accessoires ; mais elle a perdu la prétention d'être considérée comme une science, *parce que* ses professeurs et ses médecins refusent de définir les fondements ou d'énoncer les premiers principes, et refusent de considérer, en termes explicites, les relations entre les choses, les pensées et les mots impliqués dans leurs communications à autrui. (122)

F.G. CROOKSHANK

Si la physiologie, comme toute autre science fondamentale de la médecine, n'enseigne pas moins de faits et plus de méthodes, elle pourrait tout aussi bien être supprimée du catalogue.

Peut-on faire quelque chose pour améliorer la situation? Pas, je pense, sans une vision d'ensemble. L'étudiant en médecine a besoin non pas d'une discipline externe, mais d'une discipline interne.*

MARTIN H. FISCHER

Je me demande si nous serons bientôt assez avancés pour que le médecin puisse demander : quelle est la part de *structure* et qu'est-ce qui est *structurel?* quelle est *la* part de *fonctionnel, somatique* ou *métabolique?* quelle est la part de *constitutionnel, psychogène* et *social?***

ADOLF MEYER

Section A. Généralités.

Le nom de Freud est généralement associé au terme de "l'inconscient". Ce terme apparaît comme un terme *descriptif* général désignant un grand nombre de processus sémantiques psycho-logiques. En 1933, les travaux de Freud sont généralement reconnus comme importants et très suggestifs, bien que des expériences ultérieures menées par de nombreux chercheurs et praticiens aient montré que les formulations freudiennes n'ont pas l'exclusivité qu'on leur prêtait auparavant.

Il est inutile de nier que le terme 'inconscient' est fondamental et nécessaire. L'étude des phénomènes hypnotiques illustre parfaitement l'utilité de ce terme. Certains patients font certaines choses sous l'influence de l'hypnose, puis semblent perdre toute trace mémorielle de ces actes lorsqu'ils sortent de l'hypnose. Des expériences minutieuses ont montré qu'après des efforts prolongés, ces souvenirs pouvaient être rendus accessibles à la conscience éveillée des patients. La difficulté à se souvenir n'est pas un simple 'oubli'. Ce qui est 'oublié' peut aussi être spontanément 'retrouvé'. Dans ce cas, la situation semble différente, car ces 'souvenirs' perdus nécessitent un travail et un effort considérables pour être reconstitués. L'état psycho-logique dans

---

* Enseignement de la physiologie. *Jour. Asso. Med. Colleges.* Avril 1929.
** La 'plainte' comme centre d'enseignement génétique-dynamique et nosologique en psychiatrie *New Eng. Jour. of Med.* 23 août 1928.

ces cas "d'oubli" perfectionné a été qualifié de 'inconscient', ce qui est un terme descriptif très satisfaisant.

L'origine de la théorie freudienne de l'inconscient est strictement scientifique. La théorie était une nouvelle généralisation dans un nouveau langage structurellement approprié pour rendre compte de *faits expérimentaux*. Par la suite, un grand nombre d'autres faits expérimentaux ont montré que le travail de Freud était valable aussi loin qu'il allait. Différents travailleurs, à partir de différents ensembles de faits, ont amplifié ou remodelé les théories freudiennes. Actuellement, il existe plusieurs écoles qui diffèrent largement dans leur langage, mais qui sont toutes fondées sur la système-fonction fondamentale de Freud.

En lisant la littérature sur le sujet, on trouve des documents très diversifiés. Il semble qu'il y ait des faits qui prouvent "sans l'ombre d'un doute" chacune des théories, quelle que soit l'ampleur des divergences entre elles. Il est également facile de trouver des faits expérimentaux qui peuvent être expliqués par plusieurs théories différentes.

Une telle situation semble insatisfaisante. Ce manque de généralité cache un mécanisme sémantique très important et fonctionnel qui, sous l'effet de l'identification A (*Aristotélicien*), du 'toutisme' et de l'élémentalisme, devient pathologique, ce qui se traduit par des symptômes arrêtés ou régressifs. Une fois que nous passons à un système-$\bar{A}$ libre des facteurs sémantiques nocifs de l'évaluation délirante, les difficultés ne se posent plus. Plus j'avançais dans mes recherches, plus il devenait évident que le mécanisme sous-jacent semble similaire dans toutes les théories psychanalytiques. Il semble que le problème général puisse être formulé comme la nécessité de découvrir des méthodes d'évaluation non délirante affectant nos *réactions sémantiques*, et de pouvoir ainsi rendre 'conscient' "l'inconscient".

Le terme 'conscience' est un symbole incomplet, car il manque de contenu. Si nous utilisons le terme "conscience d'abstraire", nous lui attribuons un contenu et nous obtenons également des moyens empiriques pour mettre sous contrôle éducatif une vaste gamme de processus psycho-logiques importants. Le terme *négatif* 'inconscient' *n'*implique *pas* de contenu spécifique, et la principale difficulté dans son application pratique est de trouver son contenu, ou de lui attribuer un contenu. Une fois cette tâche accomplie, "l'inconscient" devient 'conscient'. Un patient dont la difficulté sémantique inconsciente est rendue consciente voit son état s'améliorer ou est entièrement soulagé. Pour une théorie générale, nous devons trouver des moyens structurels généraux d'attribuer un contenu sémantique à "l'inconscient". Différentes écoles ont élaboré différents moyens de découvrir ce contenu souhaité. Toutes les écoles s'accordent à dire que les difficultés de comportement sont dues à des expériences cachées dans "l'inconscient" et que les amener à la 'conscience' semble être l'objectif principal. Les différentes écoles ont une attitude excessivement amère les unes envers les autres et n'ont pas essayé d'analyser les problèmes qui se posent d'un point de vue structurel, sémantique, système-fonction et linguistique *non-élémentalistique* plus général et plus opérationnel. La question de savoir si le terme 'conscience' a un contenu autre que la "conscience d'abstraire" peut être ignorée pour le moment. Quoi qu'il en soit, le terme "conscience d'abstraire" fournit des moyens d'analyse psychophysiologiques très vitaux et opérationnels, d'un caractère structurel et sémantique impersonnel et général. L'examen des cas cliniques et de la littérature montre que les cas pathologiques, susceptibles d'être traités, semblent améliorés par un traitement évaluatif similaire, à savoir la correction, sous une forme ou une autre, de la perturbation sémantique due à l'absence de "conscience d'abstraire".

Les maladies 'mentales' (y compris l'infantilisme) apparaissent comme un arrêt sémantique du développement ou une régression à des niveaux inférieurs, à ceux de l'être humain primitif, du nourrisson, de l'animal. L'animal *n'est pas* conscient d'abstraire, l'être humain peut le devenir. Nous trouvons ici le mécanisme précis d'une nature décisive qui non seulement nous fournit des mesures *préventives*, mais qui devrait aussi prendre une valeur thérapeutique.

Toute vie présente des caractéristiques conservatrices acquises au cours des longues périodes de son développement. Les faits de l'hérédité et de l'embryologie nous en donnent une excellente preuve. Au cours de son développement, la cellule germinale d'un animal ou d'un être humain répète de manière très abrégée les structures des formes dont elle descend. Les conditions environnementales toujours changeantes, bien qu'elles affectent chaque organisme dans une large mesure, produisent extrêmement peu de changements héréditaires, ce qui peut être considéré comme une indication des caractéristiques conservatrices de la vie.

Comme nous l'avons déjà expliqué, la vie, abstraire et "l'intelligence" ont commencé ensemble et sont des conséquences de la structure colloïdale physico-chimique du protoplasme. La psychiatrie suppose également que "l'inconscient", les 'tendances' et les 'impulsions' sont nés avec la vie elle-même. De ce point de vue, le passé s'est empilé structurellement sur le passé jusqu'à ce que l'organisme hautement complexe appelé Dupond fasse son apparition. Dans ce processus d'évolution, les 'instincts' et les 'pulsions' ont joué un rôle important, non seulement conservateur, mais aussi compensatoire et protecteur. Chez l'être humain, les *réactions sémantiques* doivent être fondées sur une *évaluation* correcte et jouer ainsi un rôle à la fois stimulant et *protecteur*. Dans les conditions A (*Aristotéliciennes*) d'évaluation délirante, le rôle protecteur semble pratiquement inexistant ; l'organisme humain, dans les conditions modernes, devient surstimulé, ce qui entraîne souvent des conditions pathologiques. La conscience d'abstraire, ou l'élimination de l'évaluation délirante, abolit les irritants artificiels et nocifs créés par l'être humain.

J'emprunterai à Jelliffe un excellent diagramme pour illustrer l'évolution des périodes de croissance et je suivrai de près son exposé.[1]

Une telle classification des périodes de croissance a été imposée aux psychiatres par l'étude des maladies 'mentales' et est justifiée par l'embryologie et une chaîne sans fin d'observations empiriques.

La première période représente la période archaïque et est la plus ancienne. Le passé y est grossièrement récapitulé depuis, disons, le début de la vie unicellulaire jusqu'au singe anthropoïde. Lors de la fécondation de l'œuf, la constitution héréditaire est établie et, pendant la période de gestation, toutes les influences prénatales sont fixées. La vie du bébé avant la naissance peut être décrite comme une existence végétative d'indolence totale, tous les besoins étant satisfaits par le corps de la mère.

À la naissance, la première "lutte pour l'existence" commence, la lutte pour l'air, symbolisée par le premier cri. À cette époque, le bébé apparaît déjà comme un organisme autonome doté de certaines *réactions sémantiques*. Son système nerveux végétatif est intégré et fonctionne. Il commence à 'ressentir'. Le plaisir et la douleur commencent à être des facteurs sémantiques importants. Cette période est appelée le stade érotique ou autoérotique, car, comme pour les animaux, ses principaux intérêts sont les *satisfactions 'sensorielles'*. Plusieurs millions de récepteurs 'sensoriels' sont soudainement soumis à une masse d'énergie provenant de l'environnement, avec laquelle l'organisme doit composer d'une manière ou d'une autre. Au début, il y a une rivalité entre les différentes 'sensorialités'. Plus tard, une coordination apparaît. Chaque groupe de récepteurs établit ses propres valeurs sémantiques, en fonction de sa propre croissance cellulaire. Cette période peut être divisée, schématiquement, de la naissance à sept ans, et correspond approximativement à l'évolution des animaux supérieurs vers l'être humain primitif. Cette période est extrêmement importante d'un point de vue sémantique et éducatif. À ce stade, le système nerveux de l'enfant humain n'est pas complètement développé ; et différentes influences environnementales (langage, doctrines, etc.) peuvent fausser ce développement, de sorte que des dommages irréparables peuvent facilement être causés.

La période narcissique tire son nom du personnage mythique grec Narcisse qui, voyant son reflet dans une mare d'eau, s'adonna à l'adoration de soi au point de rejeter les attentions de Vénus et d'être tué. Dans une autre version du mythe, il fut puni en perdant la vue. Cette période couvre, plus ou moins, de sept ans à quatorze ans. Comme son nom l'indique, elle représente une période sémantique d'amour de soi. L'enfant n'est pas encore entré dans un stade de développement social. Il reste égoïste, égocentrique et *asocial*.

Vers quatorze ans, commence la période sémantique sociale qui conduit, si elle est 'normale', à l'individu adulte socialisé.

Il faut se rendre compte que ces étapes sémantiques sont 'normales' lorsqu'elles sont vécues dans les limites d'âge indiquées ici. Même si les enfants présentent des caractéristiques qui ne sont pas souhaitables (stade érotique ou autoérotique, narcissique), cela ne constitue pas en soi un danger, à condition qu'ils dépassent ces manifestations indésirables. Les dangers graves, voire les tragédies, commencent lorsque certaines des caractéristiques sémantiques infantiles ou narcissiques perdurent dans la vie des adultes.

Non seulement la croissance 'intellectuelle', mais aussi le développement 'émotionnel' peuvent être arrêtés à un niveau inférieur antérieur. Dans ce cas, nous parlons d'idiots, d'imbéciles et de crétins au niveau 'mental', et d'imbécillité morale, d'infantilisme, de narcissisme et, en général, de maladie 'mentale' au niveau 'émotionnel'.

Outre l'arrêt de la croissance ou le sous-développement à certains égards, on rencontre fréquemment des cas de *régression*. La régression suit le schéma général de la Fig. 1, mais dans un ordre inversé. Le diagramme suivant, Fig. 2, est également tiré de Jelliffe, avec de légères modifications.

En tant que processus, la vie, le développement ou la régression sont mieux représentés par des 'quantités vectorielles' qui ont une direction et une magnitude. Dans

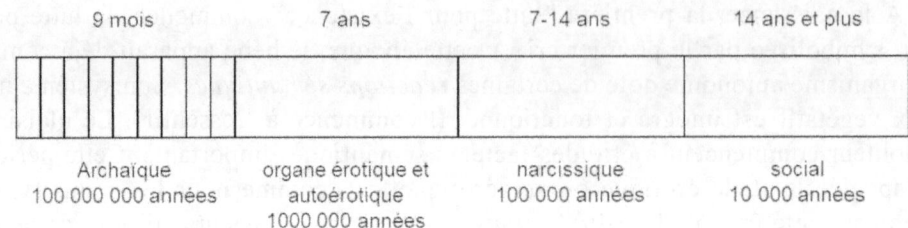

Fig. 1

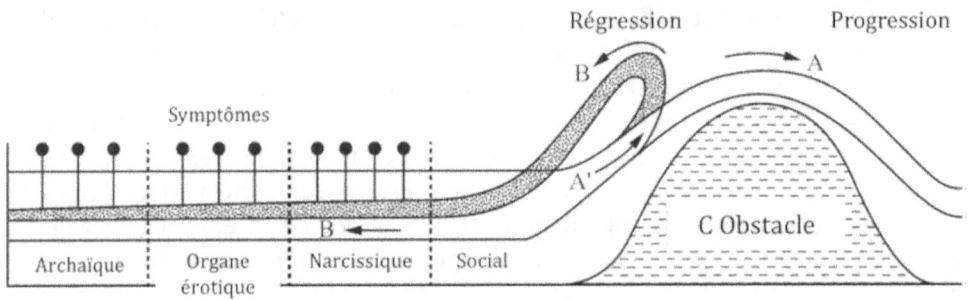

Fig. 2

un type de cas de régression, la tendance ou l'énergie progressive est forte, mais l'obstacle est également très grand, de sorte que les tendances progressives peuvent ne pas être assez fortes pour surmonter l'obstacle ou le vaincre. Dans un autre cas, la tendance ou l'énergie pour progresser peut être faible, et l'obstacle en conséquence léger, mais suffisamment fort pour amorcer le mouvement de régression.

Chez l'individu en bonne santé, la tendance à progresser n'est pas facilement détournée de son cours. Il surmonte ses obstacles (C) et continue (flèche A). Les individus plus faibles (A') peuvent surmonter leurs obstacles avec plus de difficulté ou commencer à régresser sur des obstacles plus petits, comme l'indiquent les flèches (B). Dans de tels cas, ils peuvent régresser à différents niveaux, développant une névrose ou une psychose, selon le degré de régression. Il est extrêmement instructif d'étudier ces différentes phases de la régression et d'observer comment les symptômes s'organisent de manière parfaitement ordonnée. Dans certains cas, la régression va jusqu'à amener les patients au niveau du fœtus. Un tel patient est assis dans un coin sombre en position fœtale, la tête recouverte d'un chiffon. Sa 'mentalité' et ses réponses sémantiques sont semblables à celles du fœtus, c'est-à-dire pratiquement inexistantes.

Les régressions au niveau archaïque sont généralement sans espoir d'amélioration, c'est pourquoi je ne les analyserai pas dans ce travail. Nous nous intéressons surtout au *sous-développement* ou à la régression jusqu'aux niveaux sémantiques autoérotiques ou narcissiques, pour lesquels le traitement donne souvent des résultats curatifs.

Jelliffe propose, entre autres, un diagramme très instructif pour montrer comment la composition personnelle d'un individu peut être représentée (psychogramme). Ces diagrammes constituent d'excellents moyens graphiques d'orientation. J'en reproduis un sur la page ci-contre (Fig. 3).[2]

La forme circulaire du diagramme est particulièrement appropriée, car elle montre clairement comment les horizons, les activités et les intérêts s'élargissent de l'archaïque (animal?) à l'adulte socialisé, en passant par l'enfant et le sauvage. Les creux dans les secteurs des yeux, de l'estomac et de la vessie correspondent à des symptômes précis. Dans le secteur des yeux, le creux va jusqu'au niveau sémantique

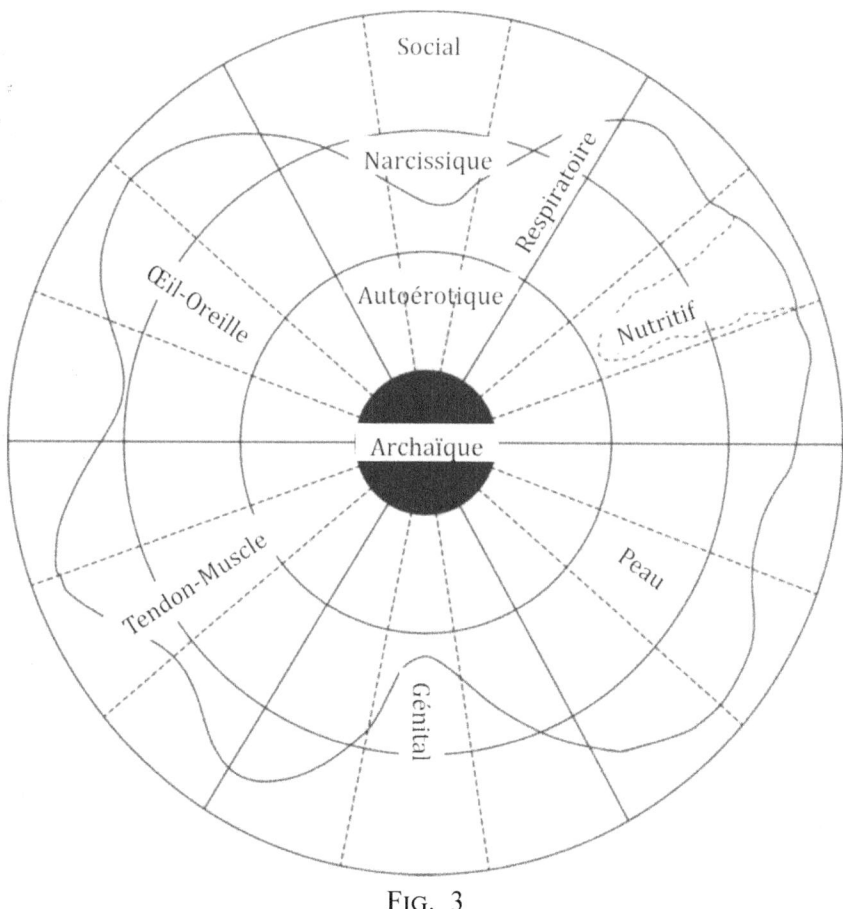

Fig. 3

Représentation schématique des régressions et des fixations chez un patient. Le creux dans le secteur respiratoire représente une *réaction sémantique* de défense asthmatique psychogène, dans le secteur des yeux et des oreilles, le refus de voir ou d'entendre la 'vérité' et la 'réalité' ; dans le secteur génital, l'érotisme urinaire. Le découpage profond dans une 'libido' nutritive assez bien socialisée représente une *réaction sémantique* conditionnée 'émotionnellement' pour la rumination sélective d'ingrédients individuels dans l'estomac. Le patient apparaît comme un individu gravement malade, à la limite d'une réaction psychotique. Les schémas nosologiques actuels appelleraient cela une anxiété-hystérie ou une psychose maniaco-dépressive si la compensation sémantique devait se rompre et qu'une régression supplémentaire se produisait. (D'après Jelliffe.)

narcissique. Chaque fois que ce patient est en voiture et qu'une autre voiture s'approche, de sorte qu'une collision semble possible, le patient ferme obligatoirement les yeux, un symptôme sémantique narcissique typique qui symbolise que quelque chose que l'on ne peut pas voir ne peut pas se produire. Le patient n'a pas régressé au niveau du stade érotique et n'est pas devenu réellement aveugle ou sourd (cécité ou surdité psychique ou plutôt *sémantique*) ; les creux ne sont donc pas rapportés au niveau du stade érotique. Dans les secteurs de la vessie et de la nutrition, nous constatons que la courbe descend jusqu'au niveau du stade érotique. Ces creux correspondent à des symptômes sémantiques frappants. Lorsque la patiente est au volant de sa voiture et qu'elle est retenue par la circulation, elle a un écoulement involontaire d'urine. Le creux dans le secteur nutritif correspond au symptôme qu'après avoir mangé certains aliments, la patiente est capable de les ramener dans sa bouche (rumination sélective). L'analyse du docteur Jelliffe a révélé que dans le cas de l'émission d'urine lorsque la patiente est retenue dans la circulation, son fantasme sémantique érotique organique inconscient triomphe de la nécessité de se contrôler, et elle affirme sa maîtrise grâce à la maîtrise précoce et nécessaire acquise sur le contrôle de la vessie. Puisqu'elle est empêchée de faire une chose, son pouvoir de faire s'exprime sémantiquement par un acte de substitution qui ne peut être empêché par une interférence extérieure. Le symptôme de rumination sélective remonte également à la période sémantique de l'allaitement. Lorsqu'elle tétait, elle vomissait après un repas complet et réclamait une autre tétée, ce à quoi la mère accédait bêtement. Le vomissement est alors devenu son moyen sémantique de contrôler la 'réalité'. Elle s'en servait comme d'une arme pour obtenir ce qu'elle voulait de sa famille. Elle a amplifié et affiné les méthodes d'expression sémantique de cette ancienne maîtrise de la 'réalité', et la rumination sélective semble en être l'un des résultats.

La patiente présente également d'autres symptômes sémantiques névrotiques. Elle est trop impatiente pour lire et ne se souvient pas de ce qu'elle a lu. Elle ne peut jamais rester silencieuse. Elle est très perspicace pour repérer les fautes des autres, très fine pour entendre les dernières équivoques verbales, et très soignée et propre en ce qui concerne ses sécrétions corporelles. Nous voyons ici clairement le mécanisme sémantique de l'infantilisme et les contradictions entre la performance consciente et les fantasmes inconscients.

Chez un individu supposément en bonne santé, sa constitution pourrait être représentée graphiquement par un cercle sur le niveau social d'ajustement. Il aurait dépassé les stades sémantiques passagers des périodes archaïques, érotiques organiques et narcissiques.

L'échec de l'adaptation sémantique à la 'réalité' peut être représenté par des creux dans la courbe jusqu'au niveau où la fixation ou la régression de l'individu l'a placé. Nous disposons ainsi d'une excellente méthode pour représenter clairement les points faibles et montrer les points sémantiques focaux de conflit dans l'évaluation où l'énergie est détournée à des fins fantaisistes inutiles ou nuisibles.

Lorsque les creux ou les déviations sont peu nombreux et légers, nous les appelons idiosyncrasies ; par exemple, une habitude telle que la fantaisie tactile narcissique de jouer avec un bouton, une moustache ou un sourcil. Lorsque le nombre d'échecs est plus important et que les symptômes sémantiques descendent à des niveaux de développement inférieurs, on parle d'hystérie, etc. Lorsque le niveau de régression est encore plus bas (stade érotique ou archaïque), on est généralement en droit de parler de psychose.³

Nous avons déjà souligné à maintes reprises que l'organisme fonctionne comme-un-tout et que, par conséquent, tout découpage élémentalistique ne peut pas aboutir à des résultats satisfaisants. La division verbale de 'corps' et de 'esprit' reste verbale et implique également un langage dont la structure ne correspond pas à la structure et au fonctionnement de l'organisme. Un langage est comme une carte ; il *n'est pas* le territoire qu'il représente, mais il peut être une bonne ou une mauvaise carte. Si la carte montre une structure différente du territoire qu'elle représente - par exemple, si elle montre les villes dans un *ordre* erroné, ou si certains endroits sont à l'Est d'autres endroits alors que dans le vrai territoire ils sont à l'Ouest, etc. - alors la carte est pire qu'inutile, car elle désinforme et égare. Celui qui s'en sert ne peut jamais être sûr d'arriver à destination. L'utilisation d'un langage *élémentalistique* pour représenter des événements qui opèrent comme-un-tout est, au moins, tout aussi trompeuse et sémantiquement dangereuse.

Avec ceci en tête, analysons brièvement "l'obstacle" de la Fig. 2. Comme nous traitons des 'obstacles' dans le sens de la vie, nous pouvons généraliser l'obstacle à certains facteurs sémantiques impliquant des significations et des évaluations qui peuvent arrêter le développement ou entraîner une régression.

Du point de vue *non-élémentalistique*, tout obstacle et toute difficulté impliquent une évaluation sémantique. Toutes les réactions à des abstractions d'ordre inférieur impliquent la chaîne cyclique des abstractions d'ordre supérieur, même de manière imparfaite. Dans le langage courant, un événement physique dont nous prenons connaissance par l'intermédiaire des centres nerveux inférieurs implique nos *attitudes* 'mentales', doctrines, etc., en général des *réactions sémantiques* influencées par les activités des centres supérieurs. De ce point de vue *non-élémentalistique*, la *surprise*, la peur, l'effroi, etc., entrent en jeu et font habituellement le mal. La douleur physique entraîne rarement, voire jamais, des perturbations sémantiques, mais la peur, l'effroi, etc., et la surprise le font généralement. L'anticipation du danger ou l'évaluation correcte d'une situation a un effet *protecteur*, car elle tend généralement à diminuer ou à supprimer la peur, la crainte, etc., ou la *surprise*. Le monde extérieur est plein d'énergies dévastatrices, et un organisme ne peut être qualifié d'adapté à la vie que s'il ne reçoit pas seulement des stimuli, mais dispose également de moyens de protection contre les stimuli. Une telle anticipation ou attente rend un organisme *préparé*, et la différence entre un organisme préparé et un organisme non préparé face à un danger ou à une douleur peut faire basculer l'issue de la situation.

Section B. Conscience d'abstraire.

Il est évident que dans l'organisme humain, le champ des stimulations est beaucoup plus vaste que chez les animaux. Nous sommes soumis non seulement à tous les stimuli externes, mais aussi à un grand nombre de stimuli sémantiques *internes* permanents, contre lesquels nous ne disposons encore que de très peu de moyens psychophysiologiques de protection. Ces stimuli sémantiques structurellement puissants se trouvent dans nos doctrines, notre métaphysique, notre langage, nos attitudes, etc. Ils n'appartiennent pas au monde extérieur objectif et les animaux n'en disposent donc pas dans la même mesure. Comme notre enquête l'a montré, dans pratiquement tous les maux 'mentaux', une confusion des ordres d'abstraction apparaît comme un facteur. Lorsque nous confondons les ordres d'abstraction et que nous attribuons une réalité objective aux termes et aux symboles, ou que nous confondons les conclusions et les inférences avec les descriptions, etc., une grande souffrance sémantique est produite.

Il est évident que dans un monde aussi délirant, différent des vraies réalités, nous ne sommes pas préparés pour les *vraies réalités*, et il peut toujours se produire quelque chose d'inattendu ou "d'effrayant". L'organisme ne peut pas s'adapter à de telles fictions ; il n'est pas préparé à affronter des réalités *multiordinales* ∞-valuées et doit souffrir de surprises constantes et de chocs sémantiques douloureux, qui lui font du tort.

Comme nous l'avons déjà vu, la discipline psychophysiologique préventive générale dans tous ces cas de confusion d'ordres d'abstractions se trouve dans la "conscience d'abstraire". Quand nous sommes conscients d'abstraire, nous ne pouvons pas identifier le symbole avec la chose, etc. Dans le cas que nous venons de décrire, les difficultés du patient résidaient précisément dans des *erreurs d'évaluation* intensifiées. - la confusion du symbole au niveau sémantique infantile avec la réalité *multiordinale* - et cela a persisté, en dépit de graves inconvénients et difficultés ultérieurs, lorsque le symbole ne produisait plus la soumission souhaitée des autres et devenait en lui-même une nuisance.

On pourrait analyser de ce point de vue sémantique toute la psychiatrie, et l'on constaterait que l'intensification de la mauvaise évaluation ou de la confusion des ordres d'abstractions est toujours très prononcée dans les maladies 'mentales'. Cette caractéristique est très générale, et la souffrance que ces confusions produisent est très aiguë. La mesure psychophysiologique protectrice générale est cependant très simple : il s'agit de la "conscience d'abstraire".

Une différence fondamentale entre "l'être humain" et "l'animal" se trouve dans le fait qu'un 'être humain' peut être conscient d'abstraire, alors qu'un animal ne le peut pas. Cette dernière affirmation pourrait être reformulée : que les animaux sont "sans conscience d'abstraire". Or, la conscience d'abstraire n'est pas innée en règle générale, mais devient une *réaction sémantique* acquise uniquement par l'éducation ou par une expérience très longue et généralement douloureuse en matière d'évaluation. Si nous sommes *in*conscients d'abstraire, à l'évidence nous copions les animaux dans nos processus et attitudes 'mentaux' et nous ne pouvons pas nous adapter complètement au monde humain structurellement plus complexe (avec des abstractions d'ordre supérieur), de sorte que certains processus bloqués ou régressifs ne manqueront pas d'en résulter. Dans un tel monde plus *complexe,* nous avons besoin d'une *protection* contre les surstimulations sémantiques, ce dont les animaux n'ont pas besoin dans leur monde plus simple. Par conséquent, si nous copions les animaux dans nos processus 'mentaux', nous pourrions peut-être vivre dans leur monde plus simple, mais nous ne pouvons pas nous adapter facilement à un monde humain structurellement plus complexe.

Nous voyons ici le mécanisme sémantique général de l'adaptation humaine. Notre monde humain est plus complexe ; le nombre de stimuli a énormément augmenté. Contre cette stimulation excessive, nous avons besoin d'une protection, protection qu'on trouve dans la conscience d'abstraire. On s'adapte en augmentant le champ de la 'conscience' et en lui donnant un contenu correctement évalué par rapport au vaste champ 'inconscient' qui couvre la vie de l'animal et notre propre passé. Dans les maladies 'mentales', on retrouve les stades arrêtés ou régressifs, avec un inconscient vaste et néfaste. La thérapie 'mentale' a toujours le but et la méthode sémantiques, à savoir découvrir l'immatériel inconscient et le rendre conscient, et rendre ainsi possible une évaluation correcte.

Il est tout à fait remarquable que la thérapie 'mentale', qui est en fait une forme de rééducation sémantique *non-élémentalistique*, ne réussisse que lorsqu'elle parvient à faire en sorte que le patient non seulement 'rationalise' ses difficultés, mais aussi qu'il revive 'émotionnellement' - qu'il les vive une nouvelle fois, pour ainsi dire, et qu'il évalue à nouveau - ses expériences passées. Ce processus peut être comparé à un verre d'eau dans lequel se trouvent des sédiments calcaires. En cas de difficultés sémantiques, les différentes 'blessures', etc., peuvent être comparées à l'eau *et* aux sédiments. La 'rationalisation', seule, revient à jeter l'eau propre et à laisser les sédiments. Aucune amélioration ne s'ensuit ; les sédiments sémantiques de l'évaluation antérieure sont toujours là et font son travail. Mais si nous remuons l'eau *et* la saleté, nous pouvons jeter les deux et une amélioration s'ensuivra. Le 'revécu' *non-élémentalistique* des expériences passées équivaut à ce brassage sémantique des significations avant d'éliminer les évaluations immatures.

Ce mécanisme sémantique est bien connu, mais il laisse perplexe. Il montre qu'il est plus difficile d'influencer l'affectif que la 'rationalisation'. On peut parfaitement 'rationaliser', mais les centres inférieurs ne seront pas suffisamment affectés. Il est possible que la confusion des ordres d'abstraction ou d'identification en soit en grande partie responsable. Avec l'utilisation du Structurel Différentiel et l'entraînement aux ordres d'abstraction et au *silence* sur les niveaux objectifs, nous obtenons des moyens psychophysiologiques apparemment extrêmement puissants, d'un caractère tout à fait général, pour influencer directement les réponses *affectives*, ce à quoi nous sommes aidés par l'utilisation de tous les centres nerveux disponibles. Cela montre aussi une fois de plus la persistance du travail de l'organisme-comme-un-tout. *Le mal a été fait par les méthodes de l'organisme-comme-un-tout (affectant les centres supérieurs et inférieurs) ; les instances sémantiques de protection doivent utiliser des moyens similaires*.

Dans l'ancienne thérapie 'mentale', on essayait d'amener le matériel inconscient ou enfoui à la conscience, mais chaque psychiatre procédait par une méthode *privée* et selon une théorie spéciale. Une telle procédure n'est évidemment pas assez générale pour une simple éducation *préventive* à grande échelle. Le présent système offre des moyens psychophysiologiques sémantiques aussi généraux et efficaces. En nous rendant conscients d'abstraire, nous empêchons l'animalistique *in*conscience d'abstraire, et nous évitons ainsi l'arrêt du développement ou la régression. Nous amenons à la conscience certaines des caractéristiques humaines les plus fondamentales, dont les animaux sont *in*conscients, et nous empêchons ainsi l'arrêt du développement ou la régression à des niveaux inférieurs. La méthode est entièrement générale et simple, fondée sur l'élimination de l'identification, l'introduction d'une évaluation naturelle et donc adaptative qui ne doit pas susciter de résistance chez l'enfant.

Dans la théorie freudienne, le fameux complexe d'Œdipe est censé expliquer l'hostilité souvent inconsciente du fils envers le père et son attachement excessif à la mère. Les recherches de l'anthropologue Malinowski montrent que dans les sociétés matriarcales primitives, le père biologique n'est pas reconnu en tant que tel et n'est qu'une sorte d'ami et de donneur de soins pour son fils. Les autres fonctions du père dans les sociétés patriarcales sont ici remplies par le frère de la mère. Les tabous qui s'appliquent à la mère dans les sociétés patriarcales s'appliquent à la sœur dans ces sociétés matriarcales.

Les résultats sont très intéressants. Malinowski a constaté que des mécanismes sémantiques inconscients apparemment similaires sont à l'œuvre. Mais l'hostilité est dirigée vers l'oncle, et l'attachement excessif vers la sœur.

Malinowski conclut que les mécanismes freudiens sont ainsi prouvés. Selon la théorie présente, ces faits sont très importants et montrent clairement que le 'sexe', en tant que tel, n'a rien à voir ou très peu à voir avec ces 'complexes', mais que les agents non conscients actifs apparaissent comme sémantiques et *doctrinaux*. Les doctrines et leurs significations pour l'individu, leurs applications, identifications, etc., font du père dans un cas, et de l'oncle dans l'autre, le membre redouté, etc., de la famille. En raison de son manque de conscience d'abstraire, l'enfant réagit à cette application des doctrines avec un certain 'complexe', ou état sémantique, fondé sur l'identification, l'évaluation non mature, impliquant des significations *non-élémentalistiques* non matures, en dépit des théories et des langages *élémentalistiques*.

Similairement, une fessée ou une autre douleur subie dans l'enfance peut entraîner plus tard une névrose. Une analyse réussie permet généralement de faire remonter les névroses à de telles expériences. Qu'est-ce qui a fait mal? Est-ce la sensation *physique* de brûlure? De toute évidence, non. En effet, tout enfant a connu dans son enfance de nombreuses autres expériences douloureuses, sans qu'aucun dommage sémantique ne s'ensuive. Il faut donc chercher dans une autre direction, et l'élimination de l'identification ou de la confusion de l'ordre des abstractions offre immédiatement une solution. La 'fessée' comportait de nombreux facteurs ; certains étaient 'physiques', d'autres 'mentaux'. Si nous considérons parmi les facteurs 'mentaux' les objectifications de 'autorité', 'enfer', 'péché' et d'autres termes d'évaluation, ceux-ci entraînent l'effroi et d'autres chocs sémantiques, qui conduisent finalement à la névrose. Nous savons par expérience combien nous sommes peu affectés par un coup accidentel. Une telle expérience purement physique, qui ne provoque pas de choc sémantique, ne peut pas produire de névrose.

Il n'est pas difficile de voir qu'une investigation sur les 'blessures', les 'chocs émotionnels', la 'peur', "l'effroi", la 'surprise', etc., doit conduire à une investigation plus générale sur la structure de la 'connaissance humaine', les significations, l'évaluation, les *réactions sémantiques*, etc., qui doit inclure la structure des sciences et des mathématiques.

Dans la non-prise en compte de la stratification du savoir humain, dans l'identification ou la confusion des ordres d'abstractions, nous trouvons une source sémantique omniprésente et abondante de souffrance humaine, qui augmente inutilement les stimulations internes et perturbe ainsi le fonctionnement efficace de l'organisme-comme-un-tout.

Les psychiatres, dans des domaines purement pathologiques, ont également découvert différentes sources de difficultés humaines. Ils ont découvert que "l'inconscient" semble être une affaire dangereuse et que les maladies 'mentales' présentent les symptômes d'un processus arrêté ou régressif.

La présente étude, ainsi que les études psychopathologiques mentionnées ici, bien que menées sur des bases totalement différentes, l'une plus générale que l'autre, ont permis de découvrir des mécanismes très similaires, à savoir l'avantage d'élargir le champ de la 'conscience', en amenant à la 'conscience' des facteurs importants de "l'inconscient" et en contrecarrant ainsi la possibilité sémantique d'un arrêt du développement ou d'une régression.

Avec de telles divergences, tant dans les méthodes que dans le matériel utilisé, la similarité des résultats indique fortement le bien-fondé des conclusions. La généralité offre également un critère de simplicité pratique et d'applicabilité ; c'est pourquoi la discipline sémantique $\bar{A}$, plus générale, se recommande d'elle-même.

En raison de cette généralité, la présente théorie a un caractère non seulement simple mais aussi *impersonnel* qui la rend disponible en tant que mesure préventive dans l'enseignement élémentaire. Avec les théories plus anciennes, nous traitons en pratique des réponses personnelles aux significations ; dans notre cas, nous traitons des *réactions sémantiques* en *général* et de leur mécanisme psychophysiologique en particulier.

La présente enquête a commencé par la recherche d'une différence nette entre Médor et Dupond. Cette différence a été trouvée dans le fait que Dupond fonctionne comme un 'time-binder', alors que Médor ne le fait pas. Un examen plus approfondi du mécanisme de la fonction time-binding a révélé que sa caractéristique la plus importante réside dans sa stratification particulière en nombreux ordres d'abstractions. Se rendre compte de cette stratification élimine l'identification et conduit à la "conscience d'abstraire", attribuant ainsi à la 'conscience' un contenu permanent, *strictement humain*, et éliminant automatiquement "l'*in*conscience" animalistique et, par conséquent, bloquante ou régressive. On constate également que la conscience d'abstraire est une méthode sémantique psychophysiologique générale et simple qui permet d'éliminer la majorité des difficultés humaines. Dans l'entraînement à cette conscience d'abstraire, nous trouvons un outil physiologique utilisable pour intégrer le fonctionnement du système nerveux humain. Nous utilisons des méthodes qui s'appliquent à l'organisme-comme-un-tout et nous obtenons des résultats qui s'appliquent à l'organisme-comme-un-tout. Nous trouvons dans le langage des 'réactions sémantiques', des 'significations non-élémentalistiques', etc., des moyens psychophysiologiques d'intégrer "l'émotionnel" à "l'intellectuel", ce qui était pour le moins entravé par les anciens langages, méthodes et systèmes *élémentalistiques*. L'organisme, par nécessité structurelle, agit comme-un-tout, mais l'ancien élémentalisme, avec ses effets psychophysiologiques, a préparé l'arrière-plan sémantique pour des personnalités divisées, qu'un système *non-élémentalistique* aide à réintégrer. Nous trouvons un résultat assez étonnant, à savoir que la structure des accomplissements humains correspond au principe de stratification avec la conscience d'abstraire qui en résulte, généralement limitée à un domaine particulier. La plupart des difficultés individuelles et collectives s'avèrent également dues à la méconnaissance très générale de ce principe.

D'après les données scientifiques de 1933, il semble bien établi que l'élargissement du champ de la 'conscience' est extrêmement souhaitable. Dans ce but, une enquête plus générale sur le caractère de "l'inconscient" peut également s'avérer utile. Examinons la structure de la science (1933) et voyons si l'on n'y trouve pas des facteurs 'inconscients'. Nous constatons un fait curieux : les mathématiciens, en plus de leurs autres activités, s'emploient à démêler les hypothèses inconscientes cachées. Leurs recherches ont conduit à un examen approfondi de la structure de leur langage dans deux directions : d'une part, l'examen des hypothèses sous-jacentes et, d'autre part, la clarification des 'implications'.

Prenons un exemple structurel simple. Deux hypothèses sont dites équivalentes lorsque chacune d'entre elles peut être déduite de l'autre sans l'aide de nouvelles hypothèses supplémentaires. Par exemple : *(a)* Le cinquième postulat d'Euclide - 'Si une droite coupant deux droites rend les angles intérieurs du même côté inférieurs à deux angles droits, les deux droites, si elles sont prolongées indéfiniment, se rencontrent sur le côté où se trouvent les angles inférieurs aux deux angles droits', *(b)* 'Deux droites parallèles à une troisième sont parallèles entre elles', *(c)* 'Par un point situé à l'extérieur d'une droite, on peut tracer une et une seule parallèle à celle-ci'. Chaque hypothèse présuppose silencieusement, inconsciemment, l'autre, de sorte qu'elles peuvent être déduites l'une de l'autre. Il s'agit en fait de différentes formes de la même fonction propositionnelle.

Un autre cas est celui de l'équivalence *par rapport* à un ensemble fondamental d'hypothèses A, B, C, ... M. Il peut arriver qu'en diminuant l'ensemble fondamental, deux hypothèses qui étaient auparavant équivalentes cessent de l'être. Par exemple, les hypothèses suivantes sont mutuellement équivalentes et également équivalentes au cinquième postulat d'Euclide. *(a)* 'Les angles internes que font deux parallèles avec une transversale du même côté sont complémentaires'. (Ptolémée) *(b)* 'Deux droites parallèles sont équidistantes'. *(c)* 'Si une droite coupe l'une des deux parallèles, elle coupe aussi l'autre.' (Proclus) *(d)* 'Un triangle étant donné, on peut construire un autre triangle semblable à celui donné et de n'importe quelle taille.' (Wallis) *(e)* 'On peut toujours tracer une sphère à partir de trois points qui ne sont pas situés sur une ligne droite'. (W. Bolyai), etc.

Mais les deux hypothèses suivantes ne sont équivalentes au cinquième postulat *E (euclidien)* que si l'on retient le postulat d'Archimède*: *(a)* 'Le lieu des points

---

* Le postulat d'Archimède est énoncé par Hilbert de la manière suivante : Soit A_1 un point quelconque de la ligne droite entre les points A et B choisis arbitrairement. Prenons les points $A_2, A_3, \ldots$ de telle sorte

équidistants d'une ligne droite est une ligne droite' ; (*b*) 'La somme des angles d'un triangle est égale à deux angles droits'. (Saccheri.)[4]

Le point crucial de cette discussion est que tout ce qui a été dit ici *n'est pas évident*, même pour le lecteur attentif et intelligent, ni pour de nombreux mathématiciens. Il a fallu près de deux mille ans et quelques-uns des efforts des meilleurs scientifiques du monde pour découvrir ces *connections et ces implications*. Les exemples ci-dessus illustrent une structure *générale* sous-jacente de tous nos langages. Elles présentent des interconnections inhérentes, des hypothèses et des implications sous-jacentes, dont l'analyse, en dehors des mathématiques, est rarement, voire jamais, poussée assez loin. Or, ces hypothèses et implications structurelles sont à l'intérieur de notre peau quand nous acceptons un langage - *n'importe quel* langage. Si elles sont démêlées, elles deviennent conscientes ; sinon, elles restent *inconscientes*. Dans le présent travail, nous avons déjà eu l'occasion de nous familiariser avec les implications inconscientes qui sont dissimulées dans la structure de n'importe quel langage. Nous avons vu que nous devions commencer par des termes non-définis, qui représentent des hypothèses et des postulats structurels, car nous n'avons aucun moyen de les expliquer ou de les définir à une date donnée. Nous avons découvert que ces termes *non-définis* représentaient notre métaphysique inconsciente, et que la manière de rendre consciente cette métaphysique inconsciente était de commencer explicitement avec des termes non-définis, de produire un système de postulats, etc., une procédure qui n'est complètement accomplie qu'en mathématiques.

Il convient de noter (et c'est très important) que les termes non-définis, étant non-définis, sont surchargés de *valeurs 'émotionnelles'*. Comme les centres nerveux supérieurs ne peuvent pas les traiter, les centres nerveux inférieurs font des heures supplémentaires. Si nous n'analysons pas nos langages en termes non-définis et en postulats structurels, nos composantes 'émotionnelles' et sémantiques les plus fortes, qui sont à l'origine de ces langages, restent cachées et inconscientes.

Nous sommes ici confrontés pour la première fois à un 'inconscient' plus large, plus général et plus impersonnel, qui sous-tend la structure de tout langage et qui est donc opérationnel chez tous ceux qui utilisent un langage. Nous pouvons appeler cette forme générale l'*inconscient* scientifique, ou public, ou linguistique, ou sémantique, ou, de préférence, l'*inconscient structurel*. Il incarne les hypothèses et les implications *structurelles* sous-jacentes qui se cachent silencieusement derrière nos langages et leurs *structures*. Ces hypothèses, etc., peuvent être qualifiées "d'inconscientes" parce qu'elles sont *totalement inconnues et insoupçonnées*, à moins qu'elles ne soient découvertes au terme d'une recherche douloureuse.

N'importe quelle forme de représentation repose sur des hypothèses structurelles qui lui sont propres, et lorsque nous acceptons un langage, nous acceptons inconsciemment des ensembles d'hypothèses structurelles silencieuses dont nous devenons les

---

que A_1 se trouve entre A et A_2, A_2 entre A_1 et A_3 ; de plus, que les segments AA_1, A_1A_2, A_2A_3 .... soient tous égaux. Alors, dans cette série de points, il existe toujours un certain point An, tel que B se trouve entre A et A_n. Cette hypothèse est utilisée par Saccheri sous sa forme intuitive, à savoir qu'un segment, qui passe continuellement de la longueur *a* à la longueur *b*, différente de *a*, prend, au cours de sa variation, toutes les longueurs intermédiaires entre *a* et *b*. [5]

victimes sémantiques. Pendant longtemps, les civilisations occidentales ont été victimes des hypothèses inconscientes et de la métaphysique qui sous-tendent les systèmes A (*Aristotélicien*), E *(Euclidien)* et N *(Newtonien)*. Elle a eu besoin d'une révision structurelle de ces systèmes, qui a abouti aux systèmes $\bar{E}$, $\bar{N}$ et, enfin, $\bar{A}$. Ces non-systèmes ne se caractérisent pas par l'introduction de nouvelles hypothèses, mais par le fait qu'ils rendent conscientes les anciennes hypothèses structurelles injustifiées, primitives et inconscientes, ce qui nous aide à éliminer les réactions sémantiquement indésirables. Nous avons déjà vu comment les sophismes et les tabous (1933) peuvent être et ont été fabriqués inconsciemment par des processus sémantiques ; ceux-ci commencent par des erreurs structurelles plus générales, plus naturelles et plus fondamentales, comme "l'identification" primitive, par exemple, qui sont dues à des modes de 'pensée' pré-humains et qui entraînent encore aujourd'hui des difficultés et des régressions sémantiques.

Supposons, à titre d'illustration, que le cinquième postulat d'Euclide soit une hypothèse fausse, gravement préjudiciable à la vie humaine et comparable à certaines des fausses doctrines qui sous-tendent les symptômes morbides auxquels les psychiatres sont confrontés chaque jour. Supposons en outre qu'un médecin, ignorant la structure de la 'connaissance humaine', les *réactions sémantiques* et l'équivalence des hypothèses, parvienne, après des efforts pénibles et laborieux, à éliminer d'un patient cette hypothèse vicieuse particulière. Cependant, en raison de sa négligence, il ne prête pas attention à une autre hypothèse équivalente à la première et ne l'élimine pas. Dans un tel cas, la rationalisation de la première fausse doctrine ferait probablement échouer le traitement, car l'autre doctrine inconsciente et équivalente, en vertu du caractère extrêmement formel, mono- et deux-valué de l'inconscient, accomplirait sa tâche et rendrait le traitement inefficace. L'enchevêtrement des hypothèses structurelles équivalentes dans la vie quotidienne n'a pas encore été analysé. Par exemple, il est extrêmement difficile d'essayer de transmettre une 'évaluation correcte' sans éliminer l'identification, etc.

Les abstractions d'ordre supérieur et inférieur semblent structurellement et neurologiquement, ainsi que fonctionnellement, interconnectées dans une chaîne cyclique, et ne peuvent donc jamais être entièrement divisées. Un langage - n'importe quel langage - comporte des termes non-définis qui, avec la structure du langage donné, expriment la métaphysique silencieuse et inconsciente qui la sous-tend. Un langage, pour être le plus utile possible, doit au moins avoir la structure des événements qu'il tente de décrire ; la science doit donc d'abord découvrir la structure des événements, car ce n'est qu'alors que nous pourrons façonner nos langages et leur donner la structure nécessaire. Tout progrès dans notre connaissance de la nature est strictement connecté à de nouveaux langages de structure similaire qui reflètent la structure du monde. Cette dernière 'connaissance' représente à chaque fois la 'métaphysique moderne'. Dans toutes ces recherches, nous devons lutter contre la métaphysique structurelle plus ancienne, essentiellement primitive, et contre les conséquences sémantiques linguistiques inconscientes. La recherche sur ces sujets doit jeter une nouvelle lumière sur les processus inconscients et réduire ainsi le vaste champ de l'inconscient.

L'inconscient structurel semble plus général, plus fondamental que l'inconscient psychiatrique spécial ou individuel, car l'analyse montre que ce dernier découle du premier. Comme le lecteur s'en souvient peut-être, vie, 'intelligence' et abstraire dans des ordres différents ont commencé ensemble. Sans abstraire, la reconnaissance et, par conséquent, la sélection ne seraient pas possibles. Le monde de l'animal, comme celui de l'être humain, ne représente rien d'autre que les résultats structurels de ce qu'il abstrait, et sans ce qu'il abstrait la vie elle-même serait totalement impossible. L'être humain seul a le pouvoir d'étendre indéfiniment les ordres d'abstraction. Quand Dupond a produit une abstraction d'un certain ordre, peut-être en faisant une déclaration, il a la capacité potentielle d'analyser et de contempler cette déclaration, qui est devenue un acte établi, et il peut donc abstraire à un ordre encore plus élevé, etc., sans limites connues. C'est cette capacité qui encombre le monde de Dupond d'une infinité de 'faits' appartenant à des ordres d'abstraction très différents. La capacité pour l'animal d'abstraire s'arrête à un certain niveau et n'est jamais étendue sans un changement dans la structure nerveuse. Le monde de l'animal est donc relativement simple, la structure du monde de l'être humain étant, en comparaison, indescriptiblement plus complexe. Les problèmes d'adaptation de l'être humain deviennent donc également plus complexes. La médecine humaine est beaucoup plus complexe que la science vétérinaire, bien que les animaux supérieurs diffèrent très peu des êtres humains dans leur structure anatomique brute. Les faits structurels *multiordinaux*, qui résultent d'abstraire dans différents ordres, diffèrent en nombre et en complexité. La capacité humaine à étendre indéfiniment les ordres d'abstraction est à l'origine de cette stratification particulière de la 'connaissance humaine'. Elle apparaît comme un produit de l'évolution, tout aussi stratifiée que les roches. Cette stratification apparaît comme un fait structurel *multiordinal* crucial, bien que généralement ignoré, sauf partiellement en mathématiques et en psychiatrie. S'en rendre compte nécessite l'élimination du 'est' d'identité et résulte en la conscience d'abstraire, si fondamentale pour la sanité.

Section C. L'infantilisme.

Comme nous l'avons déjà mentionné, les principaux symptômes des maladies physiques et 'mentales' sont peu nombreux et simples. Cela suggère la possibilité de théories simples et plus générales relatives aux symptômes fondamentaux. La structure colloïdale du protoplasme explique cette simplicité particulière et le petit nombre de symptômes fondamentaux. Dans le domaine 'mental', ces symptômes fondamentaux sont expliqués par un simple principe structurel, fonctionnel de 'copiage des animaux' dans nos processus nerveux, ce qui est forcément néfaste, et qui est caractérisé par l'absence de conscience d'abstraire, ce qui implique des perturbations colloïdales. Les expériences psychogalvaniques montrent clairement que chaque 'émotion' ou 'pensée' est toujours connectée à des courants électriques, et que l'électricité semble fondamentale pour le comportement colloïdal, et donc pour les symptômes physiques et le comportement de l'organisme.

Dans les processus colloïdaux, nous trouvons le pont entre le 'physique' et le 'mental', et le lien mutuel semble principalement électrique. C'est plus qu'une simple coïncidence que toutes les maladies, qu'elles soient 'physiques' ou 'mentales', ne présentent que quelques symptômes fondamentaux ; et nous ne devrions plus être surpris de constater que les maladies physiques entraînent des symptômes 'mentaux', et que les maladies 'mentales' peuvent également impliquer des symptômes 'physiques'.

Si un symptôme simple est tout à fait *général*, cela indique qu'il est structurellement fondamental, et nous serons récompensés si nous lui accordons une attention particulière. En règle générale, dans les maladies 'mentales', nous observons une apparition frappante de symptômes qui ont un parallèle sinistre avec le comportement des enfants en bas âge. L'arrêt du développement ou la régression chez les adultes présentent également ces caractéristiques infantiles. En d'autres termes, chaque fois que des caractéristiques infantiles apparaissent chez des adultes, cela indique que "l'adulte" n'a pas complètement grandi à certains égards sémantiques, ou qu'il a déjà commencé à régresser, ce qui implique une lésion colloïdale ou structurelle *multiordinale*.

Quand nous parlons "d'infantilisme" chez "l'adulte", nous incluons les symptômes qui appartiennent à la période de l'enfance dans ses stades érotiques organiques ou autoérotiques et narcissiques. Rappelons que chez l'enfant, ces phases sémantiques sont naturelles ; elles ne deviennent pathologiques que lorsque l'individu ne les dépasse pas et les présente à l'âge adulte. Le terme 'infantilisme' est plutôt sinistre et ne devrait jamais être appliqué aux enfants. Les enfants se comportent comme des enfants, et le sujet est clos. Mais les enfants ont moins de responsabilités, leurs pulsions sexuelles ne sont pas développées, etc., et leur comportement ne peut donc pas être aussi dangereux pour eux-mêmes que pour les autres. Il n'en va pas de même pour les adultes. Ils ont des responsabilités, des devoirs, des pulsions sexuelles souvent fortes, etc., qui font de "l'adulte" infantile un individu dangereux pour lui-même et pour les autres. Le terme de période 'sociale' ou d'individu 'socialisé' est parfois mal interprété. Le fait que les accomplissements et les capacités humaines soient cumulatives et dépendent des accomplissements des autres fait de nous, par nécessité, une classe de vie sociale time-binding, ce qui implique à nouveau des modes d'ajustement plus complexes. Que nous approuvions ou désapprouvions les réglementations juridiques et policières existantes n'a rien à voir avec le fait que, dans une classe de vie sociale, certaines restrictions sont nécessaires. Notre 'civilisation' commerciale actuelle peut être caractérisée comme étant de type infantile, régie principalement par des mythologies structurellement primitives et un langage impliquant très souvent des *réactions sémantiques* primitives. Il suffit de lire les discours de différents marchands, présidents et rois pour s'en convaincre. Les règles et règlements sont naturellement désuets et appartiennent à la période à laquelle appartiennent la métaphysique et le langage sous-jacents. Le stade sémantique 'adulte' ou scientifique de la civilisation serait précisément le stade 'social' de l'évaluation complète de nos privilèges et de nos *devoirs*.

En parlant d'infantilisme, il faut rappeler que l'enfant a un avantage sur les imbéciles, les idiots et les malades 'mentaux' qui ont cessé de se développer ou qui ont régressé à l'âge du nourrisson ou de l'enfant. L'enfant 'normal' profite de l'expérience et dépasse les caractéristiques sémantiques naturelles à son âge. Dans les cas d'arrêt du développement ou de régression, les caractéristiques infantiles indésirables persistent chez les adultes et sont une source de difficultés et de souffrances sans fin pour eux et leur entourage. Ainsi, dans notre enfance, nous avons tous vécu des expériences similaires à celle du patient du Dr Jelliffe, et nous n'en sommes pas plus malheureux pour autant. Mais si le lecteur s'imagine dans la position du patient présentant ces caractéristiques infantiles, il se rendra compte qu'il en résulte pour le patient une énorme quantité de souffrance, de peur, de honte, d'égarement, etc. La pire caractéristique de ces cas réside dans le fait qu'un type infantile ne peut généralement pas 'dépasser' ou modifier ces caractéristiques par lui-même, et qu'il a besoin d'une aide extérieure très sage et patiente en matière de rééducation, ou d'une assistance médicale, s'il veut un jour surmonter ses *réactions sémantiques* inappropriées antérieures. Mais si nous *commençons* l'éducation d'un enfant par des *réactions sémantiques* appropriées, une telle procédure joue forcément un rôle d'évaluation préventive très important.

Il faut nous souvenir que le système nerveux de l'enfant humain n'est pas achevé à la naissance. L'extension, la croissance et la multiplication des ramifications des neurones, etc., se poursuivent après la naissance. Le système nerveux d'un adulte présente des différences frappantes dans la longueur et la complexité des cellules nerveuses par rapport à celui d'un nourrisson. Les recherches de Hammarberg ont montré, dans tous les cas d'idiotie qu'il a étudiés, un arrêt de développement dans une partie plus ou moins importante du cortex, à un stade correspondant soit à une période embryologique, soit à la période de la petite enfance. Seul un petit nombre de cellules avait atteint son plein développement au cours de la croissance du cortex. Les défauts psycho-logiques étaient directement proportionnels aux défauts de développement des cellules et étaient d'autant plus importants que la période d'arrêt du développement était précoce.[6] Dans le cas d'une imbécillité congénitale extrême, le cortex est mal organisé, mince et déficient en cellules nerveuses. La deuxième couche de cellules pyramidales de Bolton arrive à maturité en dernier, et son développement chez les différents mammifères correspond au degré de leur 'intelligence'. Chez les humains, son degré de déficience correspond au degré d'arrêt ou de régression 'mentale'. Dans les maladies 'mentales' organiques, des lésions corticales très diffuses, lorsqu'elles sont présentes, altèrent "l'intelligence". Les troubles affectifs dépendent de lésions cérébrales encore plus petites, en particulier lorsque les régions thalamiques sont touchées.[7] En général, les lésions des ganglions de la base diminuent l'énergie de la vie impulsive (maladie du sommeil). Les lésions de la base du lobe frontal et certaines tumeurs cérébrales entraînent une excitation euphorique qui se traduit par une expression faible et stupide, une facétie et une tendance à la taquinerie. D'autres lésions des ganglions de la base entraînent une affectivité labile. Toutes les destructions de parties du cerveau entraînent généralement une irritabilité et une humeur changeante. Dans différentes lésions focales du cerveau, les perturbations conduisent à la colère et à la rage.[8]

Parmi les autres résultats des maladies cérébrales organiques, nous trouvons des troubles sémantiques, l'absence de faculté critique et une perturbation du jugement ; les situations compliquées ne peuvent plus être appréhendées, l'*évaluation des relations* est altérée, etc., Dans les cas d'affectivité labile, l'émotion particulière domine complètement le patient. Des broutilles le rendent soit très heureux, soit désespéré. En raison de la *diminution de l'association* ou de la déficience du processus de relation, le patient semble souvent indifférent, bien que le défaut ne se situe pas principalement dans le domaine affectif. Des difficultés similaires dans l'association ou la relation font que de nombreux patients semblent égotistes dans leurs *réactions sémantiques* et leur comportement. Comme les patients ont perdu leur capacité de compréhension et d'évaluation des différentes situations de la vie, leurs actions semblent contraires à l'éthique. La tendresse, la considération, le tact, la sensibilité esthétique, le sens du devoir, le sens du droit, le sentiment de honte, etc., peuvent tous disparaître à tout moment, alors qu'ils seraient naturellement présents. Toute impulsion peut être traduite en action sans retenue.[9] Les hémorragies dans la région thalamique entraînent souvent une labilité marquée des affects. Les troubles nutritionnels diffus du cortex donnent généralement des symptômes similaires, comme dans les maladies cérébrales organiques, etc.[10]

Il faut se rappeler que dans le système nerveux humain, le fonctionnement coordonné des centres supérieurs et inférieurs est une nécessité pour le fonctionnement optimal de l'ensemble. Chez les chats et les chiens privés des zones d'association du cortex, la différence n'est pas aussi marquée. Ils se comportent toujours de manière coordonnée, à condition que les régions thalamiques soient intactes. Même chez un enfant dépourvu de cortex, nous constatons des grimaces faciales si nous lui donnons quelque chose d'amer, mais les ajustements supérieurs sont impossibles.[11] L'action générale 'inhibitrice' et régulatrice des centres supérieurs augmente avec la différenciation du système nerveux ; et chez l'être humain, elle devient d'une importance primordiale. Cela a été démontré empiriquement. Par exemple, chez l'être humain et le chien, une forte action négative sur le flux des sucs gastriques peut être d'origine 'psychique'. Cette action négative est faible chez le cobaye, bien qu'elle soit découverte lors de la décérébration. Chez la tortue, on observe également une certaine accélération des mouvements de l'estomac après la décérébration, mais chez la grenouille, on ne constate aucune influence négative.[12]

Les faits mentionnés ci-dessus ont été établis par des examens structurels anatomiques et physiologiques. Si le fonctionnement du système nerveux est examiné du point de vue de la chimie des colloïdes, les lésions grossières non chirurgicales peuvent être interprétées comme le résultat de changements dans le comportement des colloïdes. Ainsi, les docteurs Wilder D. Bancroft, J. Holmes Richter, H. Beckett Lang, Jean A. Paterson, Walter Freeman et d'autres ont démontré qu'il est possible de trouver une corrélation entre les psychoses fonctionnelles et l'état de dispersion des colloïdes nerveux. Par exemple, dans la démence praecox, le système nerveux apparaît dans un état de sur-dispersion colloïdale, et dans les psychoses maniaco-dépressives, dans un état de dispersion réduite.[13] Il est intéressant de noter que chez les nourrissons, les colloïdes apparaissent plus dispersés que chez les adultes et que des conditions similaires seront probablement observées dans les cas d'infantilisme. Les scientifiques susmentionnés ont également découvert que le comportement colloïdal du système nerveux peut être modifié par un traitement chimique spécial à l'aide de médicaments, de dioxyde de carbone, d'oxygène, etc., avec des réactions spécifiques au niveau psycho-logique. Comme les *réactions sémantiques* impliquent des phénomènes électriques fondamentaux dans le comportement colloïdal, des symptômes similaires au niveau psycho-logique peuvent impliquer des états colloïdaux submicroscopiques correspondants. En tenant compte des caractéristiques structurelles du comportement colloïdal et de l'élaboration de moyens techniques, nous pouvons découvrir que la rééducation sémantique doit impliquer des différences de potentiels électriques, etc., et entraîner des différences de comportement colloïdal dans différentes régions du système nerveux. Il faudrait expérimenter la combinaison des moyens chimiques, dont les effets ne sont pas durables, mais qui peuvent faciliter l'approche sémantique, avec la rééducation sémantique, dont les résultats, une fois obtenus, deviennent souvent durables. Il conviendrait également de procéder à des examens colloïdaux et psychogalvaniques d'un patient donné avant et après la rééducation sémantique.

Permettez-moi d'insister une fois de plus sur le fait que, du point de vue colloïdal libre de toute identification, le problème du 'corps-esprit' cesse d'être une énigme, puisque nous disposons d'un arrière-plan colloïdal structurel électrodynamique bien établi qui peut parfaitement rendre compte des faits expérimentaux relatifs à 'esprit'. Les subtilités de la structure submicroscopique impliquent un éventail infini de possibilités. Actuellement, nous manquons de connaissances détaillées sur cette structure, car les développements colloïdaux sont très récents, et dans ce domaine particulier, très peu d'expériences ont été réalisées.

Si nous acceptons le point de vue *non-élémentalistique*, et toutes les preuves connues semblent l'exiger, nous devons conclure que si différentes lésions macroscopiques, microscopiques et submicroscopiques du système nerveux *entraînent* des symptômes psycho-logiques bien définis, qui au niveau sémantique apparaissent comme un manque d'*évaluation des relations*, alors, vice versa, l'utilisation de systèmes linguistiques, qui entraînent systématiquement le système nerveux immature de l'enfant et de l'adulte à l'évaluation délirante, doit entraîner au *moins des* perturbations colloïdales du système nerveux. Ces perturbations colloïdales fonctionnelles se superposent aux déficiences éventuelles innées du système nerveux, et les résultats finaux peuvent être tout à fait disproportionnés par rapport à l'écart apparemment léger induit. Le comportement réel, l'adaptation, la sanité, etc., peuvent être considérablement altérés.

Avant la naissance, l'enfant peut être considéré comme étant dans des conditions idéales. Il flotte confortablement dans un liquide dont la température est égale à la sienne. Tous ses besoins sont satisfaits, car tout lui est fourni par le corps maternel. À la naissance, l'enfant doit commencer à respirer, et un peu plus tard, il doit prendre de la nourriture, digérer, etc. Les influences extérieures commencent à s'exercer sur lui et il doit commencer à s'adapter. Très vite, le nourrisson moyen constate qu'il peut obtenir ce qu'il veut, dans certaines limites, par certains mouvements ou par des pleurs. Pour le nourrisson, un cri ou un mot devient une magie sémantique. Dans le langage de Pavlov, un mot régit un réflexe conditionnel. En psychiatrie, une série définie de *réactions sémantiques* conditionnelles d'un faible niveau de conditionnalité animalistique est appelée un 'complexe'. Dans les expériences de Pavlov, on montre de la nourriture à un chien et on fait sonner une cloche simultanément. À la vue de la nourriture, la salive et le suc gastrique affluent. Des associations sont rapidement *établies* entre la sonnerie de la cloche et la nourriture et, plus tard, la simple sonnerie de la cloche produira l'écoulement. Chez un autre animal, un autre signal, un sifflet par exemple, produirait des effets similaires. Chez différentes personnes, à travers l'expérience, des associations, des relations, des significations et des *réactions sémantiques* se construisent autour d'un symbole. Il est évident que chez l'être humain adulte, l'identification du symbole à la chose est forcément pathologique. Mais dans la petite enfance, la confusion des ordres d'abstractions doit être considérée comme une période sémantique tout à fait naturelle. Le nourrisson ne 'sait' rien de la science et des événements. Les objets et les 'perceptions sensorielles' sont la seule 'réalité' qu'il connaisse et dont il se préoccupe ; il ne fait donc pas et ne peut pas faire de distinction entre les événements et les objets. Par nécessité, il identifie sans le savoir deux niveaux entièrement différents. Comme son symbole signifie généralement la satisfaction de ses désirs, il identifie naturellement les symboles avec les objets et les événements. À ce stade, il ne peut pas non plus savoir que les ordres de ses abstractions peuvent être étendus indéfiniment, ou que ses termes les plus importants ont un caractère multiordinal. Il est important de noter que l'objectification et, en général, l'identification ou la confusion des ordres d'abstractions, sont sémantiquement *naturelles* pour le nourrisson. Plus l'enfant est en contact avec la 'réalité', plus il apprend, et chez un enfant 'normal', le 'principe de plaisir', qui a été établi comme méthode d'ajustement au niveau infantile, est lentement remplacé par le 'principe de réalité', qui devient alors la méthode sémantique d'ajustement de l'adulte complet. Seule la science nous donne une connaissance complète de la 'réalité' du moment. Mais la science représente un accomplissement social et, par conséquent, un adulte complet, en grandissant jusqu'au niveau social, doit devenir attentif des derniers stades de la réalité *multiordinale*. Celles-ci sont données par les méthodes scientifiques du moment et les notions structurelles sur ce monde, et s'intègrent progressivement dans la structure du langage que nous utilisons, en affectant toujours profondément nos *réactions sémantiques*.

Il est important qu'au XXe siècle, nous nous rendions compte que les travaux d'Einstein et le continuum espace-temps quadridimensionnel établissent un langage de structure différente, plus proche des faits que nous connaissons en 1933, et qu'ils nous donnent une nouvelle méthode sémantique d'adaptation à une nouvelle 'réalité' (voir la Partie IX).

Les étapes sémantiques du développement de l'enfant doivent naturellement passer par les étapes décrites ci-dessus. Lorsqu'il commence à se différencier de l'environnement, il est égocentrique et concentré sur ses 'sensations' (autoérotique). Plus tard, il projette ses propres sensations sur les événements extérieurs ; il *personnifie*. Ce trait sémantique se retrouve souvent chez les adultes incomplets qui, sous l'effet de la colère, cassent la vaisselle ou les meubles.

L'enfant s'intéresse d'abord à lui-même (autoérotique), puis aux enfants qui lui ressemblent (homosexuel). Peu à peu, il s'intéresse à des personnes moins similaires à lui, au sexe opposé, et entre ainsi dans la période sémantique du développement de la civilisation.

Des processus sémantiques similaires sont observés dans les développements ethniques tels qu'ils sont décrits par l'anthropologie et se reflètent dans la structure des langages. Dans la période archaïque de la 'pensée prélogique' mono-valuée, que l'on trouve chez les peuples primitifs, la 'conscience d'abstraire' est pratiquement inexistante. L'effet produit par quelque chose sur un individu à l'intérieur de sa peau est projeté à l'extérieur de sa peau, acquérant ainsi un caractère sémantique démoniaque. "L'idée" d'une action ou d'un objet est identifiée à l'action ou à l'objet lui-même. L'identification et la confusion des ordres d'abstractions ont libre cours.

Le stade paralogique (NdT : paralogisme : faux raisonnement fait de bonne foi (opposé à sophisme)) est un peu plus avancé. L'identification y est fondée sur les *similarités* et les différences sont négligées (pas consciemment, bien sûr). Levy-Bruhl décrit cette période sémantique primitive en formulant la 'loi de participation', selon laquelle toutes les choses qui ont des caractéristiques *similaires 'sont les mêmes'*.[14] Un syllogisme primitif se présente à peu près comme suit : Certains Indiens courent vite, les cerfs courent vite ; donc, certains Indiens *sont* des cerfs'. Ce processus sémantique était tout à fait naturel à un stade précoce et a jeté les bases de la *construction du langage* et des abstractions d'ordre supérieur. Nous avons procédé par similarités, trop souvent considérées comme des *identités*, ce qui a eu pour conséquence de négliger les différences. Mais dans la vraie vie , sans métaphysique primitive, nous ne trouvons pas d'identités, et les différences deviennent aussi importantes que les similarités. La première emphase primitive sur l'identité, élargie par la suite aux similarités, doit, à un certain stade du développement humain, devenir sémantiquement désastreuse et l'ajustement optimal impossible.

Dans la construction d'un système-$\bar{A}$, nous devons mettre l'accent sur les *différences*, construire un 'non-système' sur le 'non-toutisme' et rejeter l'identité. Les anciennes inclinations sémantiques et les tendances infantiles ou primitives étaient une étape nécessaire de l'évolution humaine. Pour la sanité, nous devons dépasser ces fixations sémantiques infantiles. De même, pour la civilisation, nous devons nous libérer des fixations structurelles primitives, de la métaphysique primitive, des tabous et autres *réactions sémantiques* primitives. Ces habitudes, langages, métaphysiques structurelles et réactions primitives ont été extrêmement ancrés en nous à travers les âges, et il faut des efforts et un nouvel *entraînement* sémantique pour les surmonter.

Chez les malades 'mentaux', nous trouvons des parallèles sinistres et très étroits avec le comportement de l'être humain primitif et de l'enfant, non seulement dans les réponses 'mentales' et 'émotionnelles', mais aussi dans le comportement physique, les postures, les dessins et d'autres modes d'expression. Ces parallèles sont aujourd'hui reconnus par la quasi-totalité des scientifiques et sont analysés dans de nombreux et excellents ouvrages.

Nous devrions remarquer que dans ce labyrinthe de matériel d'observation, une règle générale s'applique, à savoir que la "conscience d'abstraire" offre une *solution sémantique complète*. Nous y trouvons non seulement une base complète pour une théorie de la sanité, mais aussi le mécanisme sémantique et psychophysiologique du passage du niveau infantile, ou de l'être humain primitif, au niveau supérieur de l'adulte complet et de l'être humain social civilisé.

Le dessin suivant est extrait du *Manuel de Psychiatrie* de Bleuler (p. 402) et a été réalisé par un patient très malade (catatonique chronique) *qui, auparavant, dessinait bien* ; pourtant, ce dessin est manifestement *enfantin*. La littérature psychiatrique abonde en productions de ce type, qui confirment pleinement les processus décrits en psychiatrie.

L'infantilisme des adultes devient généralement un puissant destructeur de vies individuelles et, lorsqu'il est considéré d'un point de vue social, national ou international, il explique également la plupart de nos difficultés sémantiques dans les domaines social, économique et politique.

Bien que nous traitions ensemble les symptômes infantiles, arrêtés et régressifs, il est important de se rendre compte que la plupart de ces caractéristiques sont *normales* chez l'être humain primitif et le nourrisson, à condition que l'enfant grandisse. La différence entre le développement arrêté et la régression ressemble un peu à celle qui existe entre une personne pauvre et une personne qui a perdu sa fortune. Dans le premier cas, le fonctionnement du système nerveux est insatisfaisant en raison d'une déficience ; dans le second, les potentialités d'un fonctionnement efficace étaient présentes, mais un obstacle sémantique a provoqué la régression, ou bien un processus neural dégénératif s'est mis en place.

Fig. 4

Dans le domaine des abstractions supérieures, le cheminement des 'idées' des enfants, des imbéciles et des idiots est restreint. Les 'idées' peu communes sont laissées de côté, et seules celles qui proviennent d'une 'perception sensorielle' immédiate sont facilement saisissables. Jusqu'à récemment, même en science, une telle attitude était perceptible, par exemple dans l'empirisme brutal, ou dans le cas du physicien déjà mentionné qui était prêt à 'se battre' pour prouver qu'il avait 'vu' "l'électron", etc. Il ne s'est pas rendu compte que les entités inférentielles sont tout aussi bien des abstractions que celles qu'il 'voit'. L'attitude de la 'personne pratique' qui méprise la science et les 'intellectuels' peut également servir d'exemple.

Les enfants, les idiots et les imbéciles ne peuvent rien comprendre de compliqué ; ils voient certains éléments, mais ne voient pas les ensembles relatifs. Nous avons élaboré un langage civilisationnel des 'sensorialités' et de l'élémentalisme. Similairement, chez les schizophrènes, l'ensemble relatif est ignoré, tandis que, d'autre part, une seule caractéristique sémantiquement efficace suffit à connecter les abstractions les plus hétérogènes en un ensemble artificiel. Les mots-relations ont une prédominance sur les réalités vraies (identification). Ainsi, un patient regarde avec anxiété une porte qui bouge et s'exclame 'Da fressen mich die Thuren'* et refuse de passer par l'embrasure de la porte. On voit ici l'identification des mots à des objets poussée à son paroxysme. En général, les *réactions sémantiques* du schizophrène semblent être telles qu'il identifie intensément ses abstractions supérieures avec les inférieures.[15]

On trouve d'excellentes informations sur l'infantilisme dans l'ouvrage du Dr Joseph Collins intitulé '*The Doctor Looks at Love and Life*', en particulier dans son chapitre sur l'infantilisme des adultes, d'où sont tirés une grande partie des éléments suivants et que je remercie.

Les enfants et les idiots ne vivent que dans le présent et ne se préoccupent pas du passé et de l'avenir au-delà de leur satisfaction immédiate. Les types infantiles recherchent également la jouissance 'sensorielle' de l'instant, sans jamais s'interroger sur les souffrances des autres ou sur les conséquences pour eux-mêmes dans le futur. En fait, leur attitude est souvent hostile à l'égard de ceux qui prennent en considération un champ plus vaste. 'Après nous le déluge' (NdT : en français dans le texte) représente leur devise sémantique royale. Sur le plan national et commercial, ils dévastent leurs ressources naturelles leurs ressources naturelles, car ils ne s'intéressent qu'à un avantage immédiat et égoïste. Ils adorent les louanges et détestent le blâme, sans se rendre compte qu'une attitude *critique* constitue la base d'une évaluation correcte et devient une caractéristique sémantique de la maturité et que, généralement, elle est *plus bénéfique* à *long terme*. Ils s'épanouissent et s'enthousiasment pour les éloges et les compliments, et tremblent et se s'effondrent face à la désapprobation. Ces caractéristiques se retrouvent même dans des nations entières. Ils sont satisfaits d'eux-mêmes et se tiennent à l'écart des autres dans les affaires internationales, sans se rendre compte que c'est impossible et que cette tentative leur est finalement préjudiciable. Ils invoquent comme excuse la supériorité de leurs institutions, etc., et la 'droiture' de leur propre conduite.

Les enfants et les idiots supérieurs apprécient plus facilement les ressemblances que les différences. Des généralisations simples sont possibles, mais elles sont souvent hâtives et erronées. La fierté et l'amour-propre d'un enfant sont blessés s'il est considéré comme différent des autres enfants ou s'il est habillé différemment. L'originalité et l'individualité sont taboues chez les enfants. En raison du sous-développement sémantique, les différences deviennent un facteur perturbant pour eux ; ils veulent que tout soit standardisé. Pour des raisons nationales, les enfants adultes uniformisent tout ce qu'ils peuvent et ont même une sorte d'hostilité à l'égard de tout ce qui a une saveur individuelle. Par exemple, ceux qui portent des chapeaux de paille après une date arbitraire sont attaqués dans la rue. Ne voulant pas 'penser', ni se préoccuper des différences, ils s'imaginent qu'ils peuvent régler la vie par la législation et ils s'emploient à fabriquer des 'lois', qui sont très souvent impraticables et contradictoires. Lorsqu'ils adoptent plusieurs milliers de 'lois' par an, celles-ci deviennent un labyrinthe et une mascarade. Le résultat sémantique ultime de cette sur-législation est une absence totale de justice et de respect de la 'loi'. Incapables de 'penser' par eux-mêmes, ils laissent cette fonction

---
* Animal = Thier, Porte = Thur, de sorte que le jeu de mots inconscient donne la signification :
Les portes me dévorent', pour 'Les animaux me dévorent'.

gênante aux politiciens, aux prêtres, aux journalistes, etc. Dans ces conditions, la vie est impossible sans avocats coûteux.

N'ayant pas la capacité sémantique critique pour une évaluation correcte, leurs goûts et leurs dégoûts sont très intenses. Ils ne peuvent pas différencier l'essentiel de l'insignifiant. La perception 'sensorielle' immédiate ou 'émotionnelle' influence indûment leurs actions. Les impulsions à copier les autres les dominent. Ils ont souvent des préjugés. Cela se traduit par une faiblesse de jugement, une sur-suggestivité, des crises 'émotionnelles', une sensibilité exagérée, une variabilité des états affectifs, etc., et, finalement, par une attitude face à la vie dépourvue d'évaluation correcte. Leur humeur est changeante ; leur attention est facilement attirée et tout aussi facilement détournée. Ils sont facilement intimidés et effrayés, et facilement influencés par les autres.

Les caractéristiques sémantiques susmentionnées sont soutenues par le mercantilisme et constituent le type de méthodes, de publicités et de politiques commerciales que nous voyons autour de nous. Cela introduit également un facteur sémantique de désintégration dans les relations humaines, car cela conduit à des méthodes de tromperie, à des appels à l'autocomplaisance, etc. Lorsque ces tactiques commerciales sont nationales, leur sinistre effet éducatif est prononcé. Les enfants, dès l'âge où ils commencent à lire, sont impressionnés par ces pratiques qu'ils considèrent comme *normales* et les prennent comme des normes sémantiques pour leurs propres orientations futures. Malheureusement, même les psychiatres n'ont pas encore analysé l'influence sémantique de ces publicités sur la construction et la préservation des caractéristiques infantiles.

Les enfants manquent de modération et d'un sens sémantique de l'évaluation correcte. La tolérance ne fait pas partie de leurs caractéristiques. Pour eux, les personnes et les 'idées' sont évaluées dans les extrêmes, soit bonnes, 'merveilleuses', soit mauvaises, 'terribles'. Leurs *réactions sémantiques* sont dogmatiques et obstinées, comme chez tous les inexpérimentés. Ils parlent trop ou se taisent ; ils louent trop ou blâment trop ; ils travaillent trop ou jouent trop, et ne connaissent pas de juste milieu. La vie entière d'une nation peut être colorée par de telles attitudes sémantiques. Les nations se vantent de leurs propres possessions et accomplissements, et se contentent d'emprunter et d'oublier les accomplissements des autres. Elles s'enorgueillissent d'avoir les plus grands dirigeables, les plus grandes villes, les bâtiments les plus hauts, les ponts les plus longs, etc. Ils ne connaissent pas la modération en matière de nourriture ou de boisson ; ils mangent ou boivent trop ou deviennent de véritables 'prohibitionnistes'. Ils ont des amitiés et des aversions rapides. Ils sont solennels dans leurs jeux, comme des enfants qui jouent au papa et à la maman, et font des jeux un événement national. Le plaisir enfantin de vaincre un adversaire est à l'origine de l'engouement national pour les courses, la boxe, le football, le base-ball et d'autres sports similaires, qui éclipsent souvent l'attention du public pour les questions vraiment importantes.

Les enfants et de nombreux idiots sont incapables de faire un choix qui implique des significations et une évaluation. Lorsqu'ils sont confrontés à une situation où ils doivent choisir entre deux alternatives, ils éprouvent des difficultés et veulent souvent les deux. Il en va de même pour les 'idées' ; ils conservent souvent des ensembles "d'idées" totalement contradictoires. Même les scientifiques de type infantile agissent de la sorte et publient ensuite des 'manifestes' dans lesquels ils tentent de justifier de tels comportements et attitudes sémantiques. Les commerçants forment leurs vendeurs à inciter les clients ayant de telles *réactions sémantiques* infantiles à acheter ce dont ils n'ont pas besoin. Cette attitude est souvent étendue au mariage. N'importe quel homme et n'importe quelle femme peuvent se marier simplement parce qu'ils se sont rencontrés ; puis, lorsqu'ils rencontrent quelqu'un d'autre, ils changent rapidement l'objet de leurs sentiments.

Toutes les classes de faibles d'esprit et d'enfants font preuve d'une crédulité marquée ; ils aiment les contes de fées et les histoires fantastiques. Les inventions libres, par un processus d'objectification, sont prises pour des expériences. Les enfants et les schizophrènes font des *calembours et jouent sur les mots*. Ils construisent des langages qui leur sont propres. La persévérance et la stéréotypie dans le discours se retrouvent également chez eux. Le mercantilisme national utilise ce principe dans les publicités et tente de diriger un pays à l'aide de slogans et de jeux de mots.

Beaucoup d'enfants et de personnes faibles d'esprit font preuve d'un net esprit de possession. Comme certains animaux, ils ont tendance à collectionner les objets et accordent une grande valeur à leurs collections. C'est un jeu enfantin bien connu que de s'approprier le meilleur morceau d'un aliment parce qu'on a posé la main dessus en premier. L'esprit de possession est érigé en slogan national et proclamé objectif suprême, ce qui, bien entendu, devient une source sémantique de guerres et de misères sans fin. Le légalisme infantile du 'avoir été le premier à mettre la main dessus', sur un morceau de papier comme un titre de propriété ou une forme similaire de 'revendication', devient la source de fortunes ridicules pour quelques-uns et de conditions de vie insupportables pour le plus grand nombre.

Les enfants sont grégaires et ont peur d'être seuls. Le Rotary et d'autres clubs et loges ont des tendances similaires. Les adultes infantiles sont trop vides dans leur tête pour désirer être seuls. Les enfants s'attachent rarement à quelque chose pendant longtemps. Ils sont à la recherche de nouvelles excitations et les vieux jouets sont souvent vite oubliés. De même, les enfants adultes sont à la recherche de nouvelles émotions, de nouveaux jouets, qu'il s'agisse d'une maison ou d'une voiture, d'une femme ou d'un amant.

Chez les enfants et les faibles d'esprit, nous trouvons rarement des sentiments tels que la honte, les sentiments esthétiques ou l'appréciation de la beauté. Ils aiment les choses bizarres, grotesques, scintillantes et énormes, qui attirent et retiennent leur attention. On retrouve des caractéristiques similaires chez les adultes incomplets. Les enfants et les faibles d'esprit sont généralement désordonnés et bruyants. La visite d'un parc public ou l'observation d'une 'fête' montre clairement à l'observateur le comportement infantile des adultes.

Les enfants aiment dominer leurs frères et sœurs plus jeunes et jouer le rôle principal dans un jeu. Des caractéristiques sémantiques similaires se retrouvent à l'âge adulte, parfois sous forme de sadisme. On observe souvent une docilité ou un ressentiment infantile, qui s'expriment par une approbation sentimentale ou une désillusion amère, toutes deux généralement injustifiées.

L'amour-propre est peu développé chez l'idiot, mais joue un rôle sémantique important dans la vie des imbéciles et des enfants. L'adulte infantile fait également preuve d'un amour-propre exagéré. Les conducteurs de bus et les professeurs d'université s'attribuent un *titre*, même s'il ne s'agit que de '*M.*' Jean Dupond, comme si le fait d'être appelé simplement 'Jean Dupond' était offensant pour lui. Un adulte évalue une personne en fonction de ce qu'il a dans la tête ou de son caractère, mais le type infantile le juge essentiellement en fonction des *symboles* (argent) qu'il possède, ou du type de chapeau ou de vêtements qu'il porte. Comme le mercantilisme ne peut pas vendre des cerveaux, mais peut vendre des pantalons ou des robes, il établit des normes sémantiques selon lesquelles une personne est évaluée en fonction de ses vêtements et de ses chapeaux.

En parlant d'une estime de soi exagérée fondée sur une mauvaise évaluation de soi, nous touchons aux problèmes du narcissisme et de la suffisance infantiles. Les adultes infantiles poussent ces problèmes encore plus loin et sont incapables de s'attacher de manière fiable à d'autres personnes. L'amour des parents pour leur enfant est en grande partie dû au fait qu'il s'agit de *leur* enfant ; et l'infantile A 'aime' B uniquement parce que B 'adore' A et renonce à son individualité. Dès que quelque chose change chez B, tout "l'amour" de A disparaît. L'incroyable amertume qui apparaît dans les scènes de divorce montre clairement la valeur de "l'amour" infantile. Cet 'amour' est souvent fondé sur des motifs purement égoïstes. Ils 'aiment' ce qu'ils représentent pour eux-mêmes, ce qu'ils ont représenté autrefois, ce qu'ils aimeraient représenter. Les parents infantiles voient toutes sortes de perfections dans leurs bébés, bien qu'une personne extérieure mesurée ne partage pas ces opinions. Une mère infantile traite son enfant comme une poupée, joue et s'en réjouit, mais se lasse vite lorsque les responsabilités deviennent ennuyeuses. Un père infantile voit dans son enfant d'abord un jouet, et plus tard une nuisance.

Les adultes infantiles ont peu de considération pour les responsabilités de la vie et ne les assument pas. Ils se fatiguent rapidement, sont facilement découragés et effrayés. Ils sont donc irresponsables, peu fiables et une source de souffrance pour ceux qui sont en relation avec eux ou qui en dépendent. Cette suspicion permanente à l'égard d'autrui est peut-être l'une des sources les plus graves de soucis et de malheur. Comme elle est persistante, elle provoque des chocs nerveux continus et douloureux, dont l'effet cumulatif ne peut qu'être néfaste.

L'individu infantile lui-même ne peut manquer de remarquer que quelque chose ne va pas, car la vie lui en fait rapidement prendre conscience. Mais, dans son narcissisme, son estime de soi exagérée, etc., il néglige ses propres défauts et blâme tout et tout le monde sauf lui-même. Face à "l'injustice", il se décourage, devient timide ou amer et pessimiste. Il est incapable de s'acquitter de ses devoirs et devient une déception en tant que père, mari, ami et, en fin de compte, en tant qu'être humain et citoyen. L'amertume, la déception et les chocs sémantiques douloureux s'accumulent de toutes parts dans de telles conditions.

L'une des caractéristiques importantes de l'infantilisme à tous les degrés prend la forme de l'exhibitionnisme, d'une impulsion à se montrer, même en exhibant grossièrement sa personne, son corps, etc. Cette tendance est très fréquente et conduit à de nombreux résultats d'un caractère social très indésirable. Les hommes et les femmes infantiles sont avant tout amoureux d'*eux-mêmes* et ne se soucient que de leur beauté. Ils consacrent une grande partie de leurs revenus et de leur vie à s'habiller et à se soigner, ce qui, bien entendu, n'a aucune valeur sociale. Ces personnes vivent dans un monde infantile et sont socialement inutiles, souvent parasitiques du corps social. Souvent, ceux qui les soutiennent ruinent leur vie pour satisfaire ces caractéristiques sémantiques infantiles.

L'exhibitionnisme infantile conduit aussi très souvent à un choix de carrière. La plupart des diplomates, des personnes politiques, des militaires professionnels, des prédicateurs, des acteurs, des boxeurs, des lutteurs, des athlètes, de nombreux avocats et orateurs, pour ne citer que les professions les plus importantes, choisissent leur profession en raison de cette tendance infantile. Nous devrions remarquer que dans cette liste, nous trouvons les professions les plus importantes qui, jusqu'à présent, ont façonné nos destins. La royauté, les potentats héréditaires et de nombreux ploutocrates vivent dans des conditions de conte de fées tellement infantiles qu'ils en deviennent nécessairement sémantiquement tordus.

Cette tendance pathologique explique probablement que ce que nous appelons notre civilisation se situe à un niveau asocial infantile, fondé, comme il l'est, sur l'égoïsme, la satisfaction des 'sens', la puissance, la concurrence brutale, l'esprit de possession, etc. Nous devrions remarquer que des 'philosophies' entières, telles que le théisme, l'ontologie plus ancienne, la téléologie, le matérialisme, le solipsisme, la philosophie anglo-saxonne de l'égoïsme, et différentes philosophies militaires et commerciales, présentent clairement ces caractéristiques infantiles. Le mercantilisme, la "loi de l'offre et de la demande", en tant que sous-produit, découle également de visions infantiles du monde. Ceux qui s'intéressent aux problèmes de politique, d'économie, de sociologie, de guerre et de paix, etc., devraient étudier leurs problèmes de ce point de vue sémantique. Comme l'a bien dit Burrow, les problèmes de la guerre relèvent davantage de la psychiatrie que de la diplomatie.[16]

Beaucoup de femmes sont aujourd'hui encore infantiles, très peu développées en tant qu'êtres humains ; elles sont elles-mêmes exhibitionnistes et *encouragent l'exhibitionnisme*. Il ne faut pas s'étonner que ces caractéristiques, le fait de prodiguer de "l'amour" à des boutons brillants et à des régiments marchant vers leur destruction, aient favorisé les guerres. Lors de la révolution russe de 1905, les soldats du tsar étaient dans la rue. Mais les femmes ne les 'aimaient' pas. Les petits enfants leur crachaient dessus en cachette. Résultat : très vite, les soldats ont *refusé de poursuivre ce service non approuvé*. Je connais de nombreux cas connectés à la guerre mondiale où, malgré des horreurs indicibles, beaucoup ont regretté la fin de la guerre à cause de l'approbation infantile de leurs femmes pour leur 'gloire' et de l'excitation infantile que les soldats eux-mêmes ont ressentie à cause des boutons brillants, de la musique martiale et des parades. Dans l'ancien système, le militarisme, le religionisme, le légalisme et le mercantilisme sont strictement interconnectés par des *réactions sémantiques* similaires. Si l'on éliminait définitivement l'un d'entre eux, les autres deviendraient obsolètes ou se désintégreraient. Nos femmes infantiles, sans aucun doute, ont encouragé à travers les âges ces cancers sociaux infantiles.

La future guerre mettra peut-être automatiquement ces problèmes au premier plan. Il s'agira d'une guerre aérienne extrêmement dévastatrice (et moins pittoresque), dans laquelle les femmes et les enfants ne seront pas épargnés. Alors, peut-être, certaines de ces femmes infantiles commenceront-elles à *faire face à la réalité multiordinale*, et contribueront-elles ainsi à ouvrir une nouvelle ère de l'âge adulte humain. Les hommes dépendront toujours, dans leurs normes, des souhaits des femmes.

Dans les nations infantiles, on observe également un grand exhibitionnisme, un engouement pour l'athlétisme, les vêtements, la somptuosité, les comportements bruyants, les défilés, les uniformes, les 'académies militaires', les exercices militaires, etc. Les "hommes d'affaires sérieux", mais infantiles, aiment parader dans les rues, déguisés en petits garçons ou en artistes de cirque, s'attribuer de 'mystérieux' titres ronflants et vides de signification, jouer avec des épées qu'ils ne savent pas manier, etc. Dans les affaires internationales, bien entendu, une nation ayant une tendance sémantique infantile plus prononcée cherchera à se tenir à l'écart des associations internationales d'adultes. L'attitude des États-Unis à l'égard de la Société des Nations et celle de la Grande-Bretagne à l'égard du projet d'une Europe confédérée s'imposent d'emblée à cet égard.

L'infantilisme a un autre lien sérieux et préjudiciable avec les problèmes civilisationnels, à savoir par l'intermédiaire des glandes sexuelles ou gonades et de leur effet sur "l'amour" et d'autres activités. Nous devrions nous rendre compte et souligner que les glandes sexuelles ne fonctionnent pas seulement comme des glandes 'sexuelles' à la signification commune du terme, mais plus encore comme des *glandes de sécrétion internes* ayant une incidence énorme sur tous les processus vitaux et 'mentaux' ; une orientation $\bar{A}$ *non-élémentalistique* ne devrait jamais l'oublier.

Les diverses conséquences de la castration sont bien connues et il n'est pas nécessaire de les rappeler ici. Mais l'interrelation des gonades avec le thymus et les glandes thyroïdiennes nous intéresse. Le terme gonade désigne la glande reproductrice qui produit les ovules ou les spermatozoïdes. Le thymus est une glande rose pâle située dans la partie supérieure et antérieure du thorax. Il s'étend jusqu'à la racine du cou et se rapproche de la glande thyroïde. La glande thyroïde est une masse glandulaire rouge foncé composée de deux lobes situés de part et d'autre de la partie supérieure de la trachée et de la partie inférieure du larynx. Chez les femmes et les enfants, le thymus est relativement plus grand que chez l'homme adulte.

Chez l'humain, le thymus se développe jusqu'à la deuxième année de vie, puis diminue rapidement, de sorte que l'on n'en trouve plus que des traces à la puberté. Dans certains cas d'*arrêt du développement* ou de faiblesse générale chez les jeunes, on a constaté la persistance du thymus. La castration à un âge précoce entraîne la persistance du thymus. Normalement, la glande s'atrophie avant que les gonades n'arrivent à maturité et ne commencent à fonctionner. Chez certains mammifères inférieurs, la glande ne disparaît pas aussi tôt que chez l'humain. Le thymus du veau est communément appelé 'ris de veau'[17].

L'atrophie de la thyroïde chez l'adulte est généralement suivie d'un affaiblissement des capacités 'mentales', d'une lenteur d'élocution et d'un retard cérébral. L'activité excessive de la thyroïde produit un état connu sous le nom de goitre exophtalmique. Chez de nombreuses femmes, à chaque menstruation, la thyroïde est sensiblement élargie. L'extirpation de la thyroïde avant la puberté entraîne, entre autres, des signes de crétinisme, un défaut de développement des ovaires, etc., de sorte que la puberté est retardée partiellement ou complètement.[18]

Ces quelques détails suffisent à nous faire comprendre que lorsque nous commençons à parler "d'infantilisme", "d'arrêt du développement", de 'régression' ou "d'âge adulte", nous traitons de problèmes sémantiques fondamentaux *non-élémentalistiques* connectés structurellement à l'organisme-comme-un-tout. Bleuler décrit ainsi les troubles de l'affectivité : 'les prétendus psychopathes sont en réalité presque tous exclusivement ou principalement des *thymopathes*. En outre, comme l'affectivité domine toutes les autres fonctions, elle joue un rôle prépondérant dans la psychopathologie en général, même dans les déviations légères, non seulement en raison de ses propres manifestations morbides, mais plus encore parce que, dans les perturbations de n'importe quel domaine, ce sont les mécanismes affectifs qui créent d'abord les symptômes manifestes. Ce que nous appelons psychogène est surtout thymogène. L'influence des affects sur les associations produit des délires, des dédoublements systématiques de la personnalité et des états hystéroïdes crépusculaires ; la douleur refoulée est la source de la plupart des symptômes névrotiques, tandis que les déplacements et les irradiations produisent des idées compulsives, des actes obsessionnels et d'autres mécanismes similaires '[19].

Le thymus apparaît non seulement comme une glande de l'enfance, mais les gonades adultes commencent à fonctionner lorsque le thymus cesse de fonctionner. Lorsque le thymus persiste, on constate souvent un arrêt du développement et des troubles psychopathologiques connectés à l'infantilisme. Il convient de rappeler que, dans l'organisme, toutes les séquences de 'cause à effet' n'apparaissent pas comme des relations *univoques*, mais plutôt comme des relations *plusieurs-à-un*. Par conséquent, aucun mécanisme standard ne peut être attribué d'emblée à un trouble sémantique. Mais il existe suffisamment de mécanismes structurels, fonctionnels et colloïdaux connus pour expliquer la plupart des perturbations, bien que le fonctionnement précis ne soit pas connu, 1933, dans la plupart des cas.

La psychopathologie et l'expérience montrent que le narcissisme, l'auto-suffisance, etc., de l'infantilisme s'accompagnent généralement de troubles sexuels marqués qui, d'un point de vue civilisationnel, sont tout aussi importants que les troubles sémantiques.

Les types infantiles ont souvent des qualités 'charmantes'. Les femmes 'sont douces', 'gentilles' ; les hommes semblent 'faire bon commerce avec les autres' et 'populaires'. Le sexe opposé apprécie souvent ces caractéristiques. Les hommes éprouvent un sentiment de sympathie pour la 'petite fille sans défense', ou bien des tendances pédophiles se manifestent. (La pédophilie est le nom d'un trouble 'mental' ou d'un désir de relations avec les enfants, que l'on retrouve souvent chez les déments séniles et les imbéciles). Chez les femmes, c'est souvent un sentiment de maternité qui les pousse à aimer les hommes infantiles. Le charme de l'enfant réside en grande partie dans son narcissisme, son auto-suffisance et son inaccessibilité. Certains animaux, comme les chats et les grands fauves, nous fascinent, car ils ne se préoccupent pas de nous et sont inaccessibles. Mais ce 'charme' a une autre facette, très tragique. Ces types infantiles ne supportent pas les responsabilités ; leurs affections sont superficielles et peu fiables ; ils savent prendre, mais ne savent pas donner, etc. Dans la vie, de telles connexions conduisent invariablement à de grands malheurs, et souvent à des désastres. Les enfants issus de ces types infantiles sont généralement complètement ruinés par le manque de compréhension ou d'attention des parents. Au lieu d'aimer ces types, les hommes et les femmes dotés d'une maturité sémantique devraient soit les éviter, soit suggérer une consultation psychiatrique.

Les types infantiles présentent invariablement des troubles sexuels qui aggravent considérablement les difficultés familiales et sociales. Les hommes sont souvent impuissants, les femmes frigides. Les habitudes ou tendances onanistes et homosexuelles persistent, même si le nourrisson adulte est marié et a la possibilité de mener une vie normale. Il convient de noter un fait $\bar{A}$ très important, *non-élémentalistique*. Puisque l'organisme fonctionne comme-un-tout, les composantes 'mentales' doivent être prises en compte dans le cadre de la vie sexuelle. Un type infantile apparaît encore au stade de l'érotisme organique. Il ne recherche que la satisfaction des sens. Du point de vue de la théorie de la sanité, la *prostitution apparaît comme un substitut de l'onanisme*. Chez les enfants adultes, nous trouvons très souvent soit l'impuissance, la frigidité, l'onanisme, l'homosexualité, comme de simples formes d'arrêt du développement ou de régression, soit des formes plus extrêmes, comme de nombreux cas de prostitution. Les infantiles ne se livrent pas seulement à la promiscuité, mais construisent des rationalisations fantaisistes et représentent leurs propres tendances infantiles par des 'théories' en tant que conduite 'normale'. De nombreux criminels, 'vampires' professionnels et 'bourreaux des cœurs' avoués appartiennent à ce type. Il est intéressant de noter que de nombreuses maladies 'mentales' sont connectées à différentes rationalisations onanistes. On observe souvent une propreté excessive, un lavage continuel des mains, etc. Si un onaniste schizophrène est de type mélancolique, il rationalise ses problèmes en disant qu'il 'pourrit à cause de ses péchés'. S'il est maniaque, il se sent "sauveur de l'humanité".[20]

Dans tous ces cas, la vie familiale est très malheureuse et l'avenir des enfants élevés dans de telles conditions est généralement sombre. Les enfants ont besoin de conditions familiales et sémantiques saines pour devenir des individus sains.

La majorité des criminels professionnels et des prostituées ont une constitution infantile. Aussi rusés soient-ils, ils font généralement preuve de peu de prévoyance. Ils apparaissent égoïstes, vantards, exhibitionnistes, etc. Les gangsters aiment le faste ; leurs funérailles sont généralement très coûteuses - ils veulent, même après leur mort, 'se montrer'. Les criminels deviennent rarement de bons pères ou de bonnes mères. Ils se traitent brutalement les uns les autres et ont généralement des mœurs légères. Sur le plan éthique, ils se comportent généralement comme des 'imbéciles moraux', ne se rendant pas pleinement compte ce qu'ils font. Je ne préconise pas l'abolition de la peine de mort pour des raisons sentimentales, mais une société *éclairée* devrait abolir toute *sanction* à l'encontre d'individus malades. Le type de criminel 'mentalement' malade devrait être soigné ou éliminé avec un certain bénéfice scientifique, mais *pas* en tant que *sanction*. Les criminels professionnels peuvent difficilement devenir des membres 'moralement réformés' ou utiles à la société, à moins que l'application de la science médicale ne puisse modifier leurs *réactions sémantiques* pathologiques. Sans assistance scientifique, ils resteraient pratiquement toujours des individus socialement dangereux. Si nous voulons sortir de l'infantilisme actuel, l'expérimentation sur l'être humain doit être encouragée. L'expérimentation moderne sur les animaux est très humaine et la souffrance est éliminée. Les criminels condamnés à mort devraient être confiés à la science à des fins d'expérimentation. Ils ne souffriraient pas. En fin de compte, ils mourraient probablement, mais les bénéfices pour le reste de l'humanité grâce aux découvertes scientifiques seraient très importants. Dans les conditions actuelles, nous 'nous vengeons', 'punissons', etc., principalement des individus *malades*, ce qui a des effets sémantiques gravement brutaux sur le reste de l'humanité. Il ne fait aucun doute que l'expérimentation limitée aux seuls animaux, aussi utile soit-elle, ne résoudra pas de nombreux problèmes de Dupond. L'expérimentation sur les humains est essentielle et doit être autorisée. La plupart des criminels notoires qui vont à la potence semblent au moins infantiles. Il serait très instructif de faire des expériences sur ces individus en ce qui concerne leur thymus, etc. La liste des expériences que la science devrait faire est très longue, mais le matériel manque pour de telles expérimentations. Permettez-moi de répéter que la science moderne peut mener ses expériences sans souffrance pour l'individu, en dépit du fait que certaines de ces expériences seraient dangereuses et pourraient facilement se terminer par la mort indolore du sujet. La mise à mort des criminels (individus malades) en guise de 'vengeance', de 'punition' ou de 'justice' est vraiment trop archaïque, trop barbare et trop *inutile* pour une société éclairée. Si la société veut les *éliminer*, elle peut le faire ; mais, au moins, faisons-le sans cette morbidité brutale et avec le plus grand bénéfice possible pour la connaissance.

L'élimination de l'infantilisme doit être considérée comme un problème *sémantique international* et un organisme international tel que la Société des Nations pourrait inaugurer une ère nouvelle en lançant une enquête fondamentale sur ce sujet.

L'infantilisme dans ses aspects nationaux n'est pas également réparti. Certains pays sont plus infantiles que d'autres. Dans certains pays, même les étudiants universitaires présentent un sous-développement marqué pour leur âge. Burrow rapporte qu'un questionnaire adressé aux étudiants d'une grande université des Etats-Unis d'Amérique révèle un pourcentage étonnamment élevé d'onanisme et d'homosexualité.[21]

Il convient de noter que tous les scientifiques ne sont pas exempts d'infantilisme. Beaucoup d'entre eux sont infantiles en ce sens qu'ils ne se soucient pas vraiment de la science, de la civilisation ou de la société, mais sont *asociaux* et aiment simplement jouer avec leurs jouets. Comme excuse (rationalisation des tendances et des 'émotions'), ils professent généralement 'la science pour la science', sans se rendre compte qu'un adulte complet doit devenir un individu *socialisé* et ne peut pas rester à l'écart des intérêts humains généraux, et que la science représente une activité et une préoccupation *publiques*, du time-binding, et non le plaisir ou le bénéfice privé d'une personne en particulier.

Section D. Suggestions constructives.

Comme nous l'avons déjà vu, un jeune enfant ne peut pas être "conscient d'abstraire", mais il peut l'acquérir progressivement avec l'expérience. L'expérience civilisationnelle et ordonnée s'appelle la science. Chacun d'entre nous possède les tendances et, dans une certaine mesure, les capacités pour développer la science. L'objectif principal d'une telle expérience civilisationnelle et ordonnée est d'économiser des efforts et des expériences inutiles, de sorte qu'un enfant puisse commencer là où son père s'arrête (time-binding). Les problèmes de la conscience d'abstraire devraient être formulés par la science et mis à la disposition de la formation sémantique. Cela répondrait aux principales exigences de la science, à savoir économiser de l'expérience et des efforts, prédire l'avenir, aider à la maîtrise de la 'nature' externe et interne, et ainsi produire un ajustement sémantique et physique.

Si nous enseignons et entraînons les enfants à la conscience d'abstraire, nous leur épargnons une quantité énorme d'efforts qui seraient nécessaires pour l'acquérir éventuellement par eux-mêmes, et nous éliminons aussi beaucoup de souffrances et de déceptions inutiles. Il n'y a pas de danger d'enlever 'la joie de vivre', c'est même le contraire. Avec la conscience d'abstraire, la joie de vivre est considérablement accrue. Nous n'avons plus de 'frayeurs', d'ahurissements ou d'autres expériences sémantiques indésirables. Nous grandissons jusqu'à l'âge adulte ; et lorsque le corps est mûr pour affronter la vie et ses responsabilités, nous l'accomplissons et y trouvons de la joie, car notre 'esprit' et nos 'émotions' ont également mûri. Une telle conscience d'abstraire conduit à une personnalité adulte intégrée, sémantiquement équilibrée et adaptée. Les joies, les plaisirs et les 'émotions' ne sont pas supprimés, car cela est impossible compte tenu de la structure de notre système nerveux et de notre santé 'mentale', mais ils sont 'sublimés' à des niveaux sémantiques humains adultes plus élevés. La vie devient plus pleine et l'individu cesse d'agir comme une nuisance et un danger pour lui-même et pour les autres.

Dans les aspects civilisationnels, si le développement de l'individu devenait normal, nous devrions dépasser les fixations érotiques des organes infantiles, les langages élémentalistiques et les systèmes infantiles dans tous les domaines. Un système-$\bar{A}$, conformément à la science 1933 *(systèmes $\bar{E}$, $\bar{N}$)*, serait le lien humain fournissant des normes scientifiques d'évaluation aux affaires de Dupond.

Avec l'ancien infantilisme et l'absence quasi générale de la pleine conscience d'abstraire, les peurs, les frayeurs, les chocs 'émotionnels' douloureux dans lesquels l'humanité a vécu ne pouvaient qu'avoir un effet sémantique et neurologique marqué, durable et sinistre sur la civilisation. La civilisation n'a jamais eu l'occasion de se développer de manière adulte. Il est impossible, à l'heure actuelle, de prévoir quels seront les résultats d'une telle transformation pour la civilisation ; mais une chose est certaine, c'est que ces résultats auront une très grande portée.

Pour mieux apprécier ce que la conscience d'abstraire peut accomplir, il convient d'expliquer deux points supplémentaires. La plupart des jeunes poissons ne connaissent pas leurs parents et, dès le début, leur vie est indépendante des influences parentales. L'enfant humain est sans défense et, pendant une période relativement longue, il subit l'influence de ses parents. Ses *réactions sémantiques* sont donc modelées, 'mentalement', 'émotionnellement', par les doctrines, les tabous, la structure du langage, etc., des parents, etc. Lorsque nous parlons d'un enfant humain, nous ne devrions jamais le considérer dans un isolement fictif, qui n'a rien à voir avec la réalité *multiordinale*. Les parents et l'enfant doivent *tous deux* être "conscients d'abstraire". Ce n'est que dans ces conditions sémantiques que l'on peut en tirer tous les bénéfices. Si les parents sont conscients d'abstraire et réalisent que leur enfant représente également une abstraction dans un organisme d'ordre supérieur, qui enregistre consciemment ou inconsciemment, sous une forme ou une autre, tous les éléments qui se produisent, la plupart des conditions malheureuses actuelles, des 'complexes', etc., ne pourraient pas se produire.

Une caractéristique importante, mais généralement ignorée, doit être mentionnée ici. On sait que des 'chocs émotionnels' *répétés* pendant l'enfance sont néfastes. Comme le montrent les expériences de Watson, l'enfant naît généralement sans 'peurs' et sans 'frayeurs'. Or, les 'peurs' et les 'frayeurs' ne sont pas *simplement additives* (une fonction linéaire) mais suivent une autre fonction plus complexe de degré supérieur. Si nous désignons les potentialités constitutionnelles de l'enfant par f, et l'événement donné par x, le résultat de l'impact de x sur la vie de l'enfant serait une réaction $f(x) = F_1$. Ce F_1 désigne ce que ce dont il est fait ferait de x, *ou ce qu'il en abstrairait*. Lorsqu'un autre événement y se produit, la réaction de l'enfant n'est plus $f(y)$, parce que ce nouvel événement est généralement pris par l'enfant à la lumière de l'expérience précédente $f(x) = F_1$. L'effet sur l'enfant serait donc différent, à savoir $F_1(y) = F_2$. Si un nouvel événement z se produisait, l'enfant réagirait dans ses 'sentiments', etc., comme $F_2(z) = F_3$, etc. Nous voyons donc que les 'blessures' et, en général, les *réactions sémantiques ne* sont *pas simplement additives*, mais qu'elles peuvent suivre une autre fonction de degré supérieur. Ce processus semble général, peut-être nécessaire, et pourtant il comporte de nombreux dangers qui *ne* peuvent être complètement éliminés *qu'une fois acquise* la conscience acquise d'abstraire.

Dans la pratique, lorsque nous formons un enfant à la conscience d'abstraire, nous commençons à contrôler ce processus sémantique dévastateur qui consiste à empiler 'blessures' sur 'blessures'. Supposons qu'avant de commencer à entrainer l'enfant, celui-ci ait déjà vécu des expériences douloureuses. Ses souvenirs sont encore frais, encore fluides ; il n'a guère de difficultés à les ressasser. Avec la conscience d'abstraire, et donc de l'évaluation correcte, qui se fait jour en lui, d'autres 'blessures' lui feront de moins en moins mal, jusqu'à ce que le processus de la douleur s'arrête complètement. Si un préjudice sémantique a été causé à l'enfant avant qu'il ne prenne conscience d'abstraire, les souvenirs sont encore frais et il peut appliquer son immunité d'évaluation sémantique nouvellement acquise aux 'blessures' préjudiciables. Dans la pratique, les nouvelles 'blessures' sont généralement reliées ou similaires aux anciennes ; elles 'ravivent' les anciennes blessures. Par conséquent, il pourrait non seulement 'revivre' les expériences plus anciennes, mais aussi les revisiter immédiatement et, après réévaluation, en éliminer les effets néfastes.

Les 'douleurs émotionnelles' sémantiques absorbent l'énergie nerveuse et empêchent le plein développement de nos capacités. À partir du moment où la conscience d'abstraire est acquise, le vaste champ de "l'*in*conscience" est réduit et l'énergie nerveuse qui était engagée dans la lutte contre les fantômes sémantiques est libérée. Nous devrions nous attendre à une attention plus vive et plus soutenue, à un intérêt accru et à d'autres manifestations créatives. La conscience d'abstraire, qui conduit à une évaluation correcte, non seulement élimine de nombreuses souffrances et perturbations sémantiques inutiles, mais, ce faisant, libère des réserves d'énergie à des fins utiles et créatives.

Le cerveau humain comporte de vastes zones qui, à l'heure actuelle, n'ont aucune fonction connue avec certitude. Il se peut qu'avec l'*absence* de conscience d'abstraire, le flux d'énergie nerveuse ait été mal dirigé ou absorbé par les anciennes façons de 'sentir' et de 'penser' dans les centres inférieurs. Ainsi, l'énergie disponible n'était pas suffisante pour utiliser pleinement les centres supérieurs.

Les difficultés sémantiques personnelles semblent toujours très personnelles, et aucune personne extérieure ne peut jamais saisir pleinement la situation. L'un des avantages de la présente méthode d'entraînement à la sanité réside dans le fait que nous *ne* nous attardons *pas* sur les affaires personnelles de l'individu, mais que nous donnons, à la place, une *méthode* sémantique structurelle générale, à l'aide de laquelle chacun peut résoudre ses problèmes par *lui-même*.

Nous avons établi des différences marquées entre "l'être humain" et "l'animal". Ces différences doivent être considérées comme d'ordre supérieur, car les termes 'être humain' et 'animal' s'appliquent à des abstractions d'ordre supérieur. Nous avons constaté que l'être humain, par ignorance et par des *réactions sémantiques* inappropriées, peut copier les animaux dans ses réactions nerveuses. Ce copiage se manifeste soit par un arrêt du développement, soit par une régression. En traitant des termes 'conscient' et 'inconscient', nous avons découvert un contenu général et humain pour la 'conscience' *humaine*, à savoir la "conscience d'abstraire". L'attribution d'un *contenu général* abolit un vaste champ de 'inconscience', et tend ainsi à prévenir l'arrêt du développement, l'infantilisme, la régression, etc., chaque fois que possible. Le problème de rendre la *structure* du langage similaire, à une date donnée, avec la structure des événements qu'il symbolise, est introduit. Les conquêtes de la science s'intègrent dans la vie quotidienne par l'utilisation du nouveau *langage*. La *structure* commune à la science et au langage apparaît comme le couplage intime entre la science et la vie *humaine*. Les masses acquièrent des moyens d'adaptation structurels et sémantiques simples.

Une théorie de la sanité doit attirer l'attention sur les problèmes impliquant la 'vérité', le 'mensonge', les 'refoulements', etc. Puisque l'utilité principale de la théorie est d'aider à atteindre le fonctionnement le plus efficace du système nerveux par l'élimination des facteurs sémantiques perturbateurs, des 'attitudes', des doctrines, etc., nous devons étudier l'effet que des déclarations fausses (ou refoulées) peuvent avoir sur le fonctionnement du système nerveux.

Par exemple, si nous *voyons* que A, B et C sont donnés dans l'ordre A, B, C, ces abstractions inférieures déclenchent des cycles de courants nerveux qui correspondent à l'ordre *vu*. Si nous *voyons* l'ordre A, B, C, et que nous *disons en mentant délibérément* que l'ordre est C, B, A, cette *déclaration* résulte également de certains courants nerveux cycliques. Manifestement, il y a du *conflit et de la perturbation dans le fonctionnement du système*. Si nous commettons une erreur, la situation est différente. Supposons que de nombreux observateurs établissent avec certitude que l'ordre donné est A, B, C. Un nouvel observateur *voit par erreur* que l'ordre est C, B, A. Ses courants nerveux correspondent à son erreur, et lorsqu'il *déclare sincèrement* qu'il a vu C, B, A, cette déclaration est également connectée aux courants nerveux appropriés et il *n'y a pas de conflit* ou de perturbation entre les courants nerveux correspondants. Le vu et le rapporté correspondent l'un à l'autre.

Il est facile de conclure que les erreurs et les mensonges délibérés ont un mécanisme différent. Une erreur, qui conduit à une déclaration subjectivement vraie mais objectivement fausse, ne comporte aucun facteur de perturbation nerveuse. Les fausses déclarations délibérées sur des faits impliquent des conflits sémantiques et des perturbations dans le fonctionnement du système nerveux. De même, dans le cas du matériel 'refoulé', des courants nerveux conflictuels permanents sont présents. L'énergie nerveuse est dépensée en conflits et en luttes, alors qu'elle est entièrement nécessaire à des fins constructives.

Dans les travaux scientifiques, nous rencontrons des problèmes similaires. Nous rassemblons différentes abstractions d'ordre inférieur, puis nous en faisons des abstractions d'ordre supérieur. Lorsque ces deux ordres différents d'abstractions s'accordent bien structurellement, nous sommes satisfaits et apprécions l'harmonie qui en résulte. S'ils sont en conflit, nous sommes agités. Souvent, les scientifiques passent des années, voire toute une vie, à formuler des abstractions d'ordre supérieur qui n'entrent pas en conflit structurel avec les abstractions inférieures. Ils se sentent alors satisfaits. Les scientifiques connaissent bien les sentiments de douleur et d'inconfort 'mentaux'. Le travail créatif est effectué en raison de cette gêne. Les personnes qui *ne sont pas créatives* ne ressentent pas cela, mais elles ne produisent pas non plus de travaux importants.

Les problèmes de structure, de symbolisme correct, d'évaluation, de production d'abstractions d'ordre supérieur qui sont structurellement similaires aux abstractions d'ordre inférieur, etc., doivent avoir une signification neurologique et doivent être étudiés de ce point de vue. Les scientifiques devraient essayer d'éliminer ces conflits inutiles. Ceux qui ne ressentent pas de conflits peuvent néanmoins être tellement impliqués qu'ils n'ont plus d'énergie nerveuse libre pour les surmonter. La thérapie sémantique constitue une tentative empirique en ce sens. Le psychiatre essaie de découvrir et d'éliminer le conflit sémantique, libérant ainsi l'énergie nerveuse qui peut alors être consacrée à un travail utile.

Au niveau civilisationnel et national, les systèmes politiques, économiques, etc., *fondés sur la contrevérité et la répression de la vérité*, déséquilibrent forcément le fonctionnement du système nerveux des peuples. Comme ils sont le résultat des *réactions sémantiques* infantiles de la civilisation, ils propagent le développement arrêté ou régressif dans la partie de la civilisation dont ils influencent les *réactions sémantiques*. Comme d'habitude, le cercle vicieux fonctionne ici aussi. Un système-$\bar{A}$ jette une lumière entièrement nouvelle sur l'importance de la science dans la vie *humaine*. Les radios, avec leurs possibilités d'entendre du jazz ou un 'revivaliste' délirant, et l'invention de moyens plus grands et plus efficaces pour tuer des gens, ne représentent pas l'importance *pratique* principale de la science. La science *généralisée* signifie la méthode scientifique et la découverte de la structure des événements, à laquelle la structure de notre langage doit être adaptée si cet outil quotidien de tout le monde ne veut pas jouer de dangereux tours sémantiques.

Une "science de l'être humain" doit suivre la science (1933) dans sa structure et sa méthode. Ce n'est qu'en acceptant la 'métaphysique scientifique' actuelle, telle qu'elle est donnée par la science à une date donnée, *que la sanité est possible*. Le passage d'une 'civilisation' infantile à une *civilisation adulte* de vie et de bonheur humains plus complets se fera avec le développement d'une civilisation scientifique dotée de normes d'évaluation scientifiques. Mais ce passage ne sera pas si facile. Comme nous l'avons déjà vu, la science contient des facteurs affectifs et de nombreux scientifiques semblent encore infantiles. Pour entrer dans une civilisation adulte, nous devons d'abord avoir des dirigeants non-infantiles, qui doivent être produits par une formation appropriée. Cela implique de nombreux travaux de recherche selon les lignes esquissées dans le présent ouvrage, et la création de chaires de sémantique générale et de psychophysiologie dans les universités. Les méthodes d'enseignement doivent être radicalement révisées et l'expérimentation encouragée dans son sens le plus large.

En 1933, nous savons avec certitude que dans les structures physico-chimiques et colloïdales, nous trouvons des conditions de possibilités pratiquement infinies correspondant au très grand nombre d'états et de réactions sémantiques. La pratique médicale montre expérimentalement qu'un grand nombre de symptômes physiques impliquant certains états colloïdaux sont produits par des perturbations sémantiques ; car, une fois ces perturbations éliminées, les symptômes physiques disparaissent. Le nombre considérable de *réactions sémantiques* différentes observées et possibles ne pouvait pas être expliqué par l'ancienne perspective élémentalistique, A (*Aristotélicienne*), et deux- ou trois-valuée, qui prévaut toujours, et par le 'passage de différentes substances' chimiques, lourd, extrêmement limité et nécessairement lent, à travers le système nerveux.

Il est vrai que chaque étudiant en médecine connait le comportement colloïdal, mais ces connaissances n'ont été ni mises en valeur ni appliquées de manière cohérente, parce que le comportement colloïdal représente des processus physico-chimiques impliquant des manifestations électromagnétiques, à haute pression, etc., qui ne peuvent pas du tout être traitées par des moyens *élémentalistiques A* (*Aristotélicien*). Ainsi, un médecin qui n'est pas formé à la sémantique générale $\bar{A}$ ne peut pas 'penser' en termes colloïdaux et physico-chimiques qui, en 1933, sont les seuls moyens modernes de traiter l'organisme-comme-un-tout. Cette situation est beaucoup plus grave que ne peuvent s'en rendre compte les profanes en sciences ou même les médecins, et elle explique le fait que, malgré différents accomplissements spéciaux et différentes découvertes, la pratique de la médecine devienne de plus en plus insatisfaisante. Cela explique également pourquoi le médecin moyen ne peut pas saisir l'importance de la psychiatrie pour la médecine générale et pourquoi certains psychiatres se livrent à une métaphysique très peu scientifique et douteuse.

Ainsi, un médecin généraliste qui 'pense' uniquement en termes chimiques et physiologiques gravement désuets, s'occupe d'un 'corps' inexistant, A (*Aristotélicien*) fictivement isolé et *élémentalistique*, et ne peut pas saisir la nécessité d'une perspective $\bar{A}$ *non-élémentalistique* et physico-chimique, colloïdale, qui intègre 'corps' et 'esprit'. La majorité des psychiatres, à leur tour, et pour des raisons similaires, ont souvent une vision hautement métaphysique, qui répugne au médecin généraliste. Ils ne semblent pas se rendre compte qu'ils ont à leur disposition des mécanismes colloïdaux et physiologiques ainsi que des formulations physico-mathématiques fondées sur l'ordre quadridimensionnel, et qu'ils n'ont donc pas besoin d'une métaphysique douteuse. Avec une sémantique moderne $\bar{A}$, la seule perspective scientifique possible (1933) ne peut être que colloïdale, physico-chimique et physico-mathématique, dans laquelle se trouve la solution *non-élémentalistique* tant recherchée du 'corps-esprit'. Les difficultés que j'aborde sont générales et dépendent de principes fondamentaux dont la méconnaissance introduit des facteurs de blocage sémantique, actuellement imposés aux étudiants en médecine, et dont seuls quelques individus exceptionnels, de tendance scientifique, sont capables de s'affranchir. Du point de vue actuel, l'ancienne réflexologie n'est pas non plus satisfaisante et nécessite une reformulation $\bar{A}$.

Le système actuel, bien qu'il soit loin d'être complet, suggère déjà de nombreuses questions structurelles importantes qui devraient être *vérifiées empiriquement*. *Seules* les expériences peuvent déterminer quelles structures verbales sont similaires aux structures empiriques, et l'expérimentation doit être encouragée dans le sens le plus large. D'autres travaux théoriques devraient également être menés. La littérature clinique décrit de nombreux faits nouveaux et inattendus. Ces faits devraient être décrits à nouveau dans le nouveau langage, pour voir quelles relations survivent à la transformation des formes de représentation. Ainsi, s'il s'avère que *tous* les maux 'mentaux', dans *toutes les* formulations différentes, indiquent une *évaluation incorrecte*, nous serions fondés à conclure que *l'évaluation* représente une caractéristique générale invariante des activités de l'organisme-comme-un-tout humain et, par conséquent, qu'elle doit être d'une importance extraordinaire pour l'ajustement et la sanité. Quand nous arrivons à cette conclusion, nous devons étudier le *mécanisme de l'évaluation*, en commençant par les questions les plus simples, à savoir l'étude des facteurs qui rendent *impossible* d'obtenir *une évaluation* correcte. Nous devrions découvrir que l'identification dans *tous les cas* rend impossible une évaluation correcte, et nous devrions alors conclure que l'identification doit être entièrement éliminée avant que nous puissions faire un pas de plus. En fait, une fois que nous sommes parvenus à ces résultats plutôt évidents, le reste du système-$\bar{A}$ suit. Mais cela ne suffit pas, il faut vérifier les conclusions de *manière empirique*, ce qui suggère directement qu'il faut entreprendre une série définie d'expériences.

Dans les hôpitaux pour malades 'mentaux', il convient de sélectionner et d'isoler deux groupes de taille égale de patients accessibles présentant des symptômes cliniques similaires. Un médecin ayant lui-même suivi une formation $\bar{A}$ devrait tenter de rééduquer les *réactions sémantiques* d'un groupe. L'autre groupe ne devrait pas être rééduqué, mais traité de manière passive et standard - il s'agirait du groupe de contrôle. Un médecin doit être responsable des deux services et tenir un registre détaillé des cas et des traitements. On peut s'attendre à ce qu'à la fin de l'année, dans le service éduqué aux normes d'évaluation $\bar{A}$, un plus grand nombre de guérisons inattendues et spontanées se produisent que dans le service non-éduqué. Il serait extrêmement instructif d'avoir plus de deux groupes et d'essayer une méthode de groupe différente, à l'instar d'une autre école de médecine fondée sur une autre système-fonction. L'attitude passive à l'égard des patients devrait être modifiée, car selon les anciennes méthodes, les médecins des hôpitaux 'psychiatriques' sont davantage des gardiens glorifiés que des médecins. C'est ce que suggère la théorie. Seules les expériences peuvent montrer si ces conclusions sont correctes. Dans des cas individuels particuliers, la théorie a déjà été confirmée, mais elle devrait être essayée en tant que méthode de groupe et, en cas de succès, ce n'est qu'alors que les hôpitaux 'psychiatriques' deviendraient des hôpitaux et non de simples lieux de détention.

Quelques mots sur la psychothérapie ne seront pas de trop. Dans une classe de vie time-binding, nous devons tenir compte des expériences historiques quadridimensionnelles de la civilisation, qui, même dans des cas individuels, ont des fondements neurologiques solides, car on sait que les réactions nerveuses sont influencées par les expériences passées. L'histoire nous apprend que les travaux de certaines personnes ont influencé de grandes masses humaines pendant de nombreuses années, et que les travaux d'autres personnes n'ont eu qu'un effet général et durable très limité. Les considérations sur les fonctions doctrinales et les fonctions-système expliquent ce fait très simplement. Plus une personne ou une civilisation grandit, plus elles accumulent d'observations structurelles et plus elles remarquent la dissimilarité structurelle de leurs formes de représentation avec les faits de premier ordre qu'elles rencontrent. Comme l'ajustement est généralement utile, les individus, ainsi que les groupes, et en particulier les scientifiques, tentent toujours de découvrir davantage de données structurelles sur le monde et sur eux-mêmes. Ce processus nécessite, entre autres, la comparaison de la structure des formes de représentation avec la structure du monde et de nous-mêmes. Tous les prétendus 'progrès', 'civilisations' et sciences en dépendent.

Dans ce domaine particulier, les accomplissements sont de deux ordres :

1) Certains individus produisent une *nouvelle* système-fonction, avec une *nouvelle* structure, plus similaire au monde, etc., (voir Chapitre XI). Dans la grande majorité des cas, la nouvelle système-fonction n'est *pas* formulé *explicitement*, mais se cache implicitement derrière une interprétation particulière et individuelle explicite ou un système particulier du découvreur. La production d'une nouvelle système-fonction est généralement un événement de la plus haute importance et est indépendante de la valeur spéciale donnée aux variables de cette fonction par l'auteur. Dans ce cas, l'auteur a de nombreux adeptes et il est possible que de nombreuses doctrines ou de nombreux systèmes aient *une* fonction doctrinale ou une système-fonction. Le contenu des doctrines peut être modifié, mais elles ont toutes *une structure*. L'importance de la nouvelle doctrine ou du nouveau système ne réside pas dans son interprétation particulière, ni dans l'attribution d'une valeur particulière aux variables, mais dans la fonction doctrinale sous-jacente ou la système-fonction, *qui seule possède une structure explicite* et est donnée par les postulats qui établissent la fonction.

2) Certains individus *ne* produisent *pas* explicitement ou implicitement de nouvelles fonctions doctrinales ou système-fonctions, avec une nouvelle structure, mais attribuent simplement une valeur nouvelle et individuelle aux variables de la fonction doctrinale ou de la système-fonction produite par d'autres. Ces travailleurs défendent très souvent âprement la valeur individuelle privée qu'ils ont attribuée à une variable, et sont souvent totalement innocents de la dette sérieuse qu'ils ont envers l'auteur de la nouvelle fonction qu'ils utilisent. Mais ces travaux ne marquent jamais une étape importante dans le progrès de l'humanité et sont généralement vite oubliés.

En raison de la méconnaissance des considérations exposées ici, il est très difficile d'évaluer correctement les différentes doctrines et les différents systèmes, et même dans les cercles scientifiques, le manque d'orientation dans ce domaine est étonnant. Il semble qu'il ne suffise pas de produire une 'nouvelle théorie' pour avoir apporté une contribution importante à la connaissance, mais qu'il est essentiel de produire une nouvelle fonction doctrinale ou système-fonction, car il n'y a que celle-ci qui ait une signification structurelle. Ce point de vue résout peut-être les énormes difficultés, encore irrésolues, que nous avons à réduire les doctrines à des ensembles de postulats, ce qui est certes souhaitable, mais si difficile à produire. Ainsi, pour trouver la fonction doctrinale ou la système-fonction qui sous-tend une théorie, *nous devons la dépouiller de toutes les valeurs accidentelles attribuées en privé aux variables, et ne formuler que les relations invariantes qui sont posées entre les variables*. Trouver cette fonction équivaut également à trouver la *structure* d'une théorie donnée.

Nous pouvons considérer que le mouvement psychanalytique et psychothérapeutique est né des travaux de Freud. La valeur historique de son travail réside dans le fait qu'il est possible de découvrir une nouvelle système-fonction à la base de sa théorie particulière. Toutes les autres écoles attribuent simplement une valeur différente aux variables, mais ne produisent pas, structurellement, de nouvelles système-fonctions ; elles représentent des systèmes différents qui ont une système-fonction freudienne.

Il est impossible ici d'analyser ce problème de manière systématique et détaillée, mais quelques indications structurelles peuvent être utiles.

Premièrement, nous devons faire une distinction permanente entre le système particulier freudien, qui représente une interprétation particulière de la *système-fonction* freudienne sans interprétations spécifiques : disons le 'complexe x', aux niveaux sémantiques, qui correspond, disons, à "l'amas X" aux niveaux colloïdaux. Deuxièmement, nous devons nous rendre compte que la système-fonction (et non le système) freudien était scientifique à la date de sa production, mais pour être scientifique en 1933, il doit être révisé et reformulé, en prenant en considération les points de vue les plus récents physico-mathématiques, physico-chimiques, colloïdaux, $\bar{A}$, etc. La lutte pour un 'complexe A' spécial ou l'invention d'un nouveau 'complexe B' est inutile car, en 1933, "l'amas X" colloïdal et structurel qui sous-tend le 'complexe x' sémantique, qui seul peut être légitimement considéré dans une système-fonction, comprend tous les 'complexes' de l'existence dans la littérature, et il n'y a pas de limites assignables à leur nombre. Si nous analysons en termes ∞-valués comme, par exemple, "l'amas X", nous évitons une énorme quantité de métaphysique inutile et déroutante, et nous devenons scientifiques au sens de 1933. D'un point de vue moderne, $\bar{A}$ *système-fonction*, c'est-à-dire lorsque nous reconnaissons la nécessité d'une sémantique, d'une structure, etc., ∞-valuée, nécessitant la réduction d'un système à une base de postulats, nous voyons facilement que la *système-fonction* freudienne (et non le système) est une étape de passage nécessaire et naturelle entre les systèmes A (*Aristotéliciens*) et $\bar{A}$.

Les postulats découverts dans la système-fonction freudienne peuvent être divisés en deux groupes principaux :

1) Les observations du comportement humain et, dans mon langage, des *réactions sémantiques*, doivent être formulées dans un langage spécial pour s'adapter aux parties structurellement plus fondamentales du système.

2) Les nouveaux postulats fondamentaux et révolutionnaires étaient, à la date de leur introduction, tout à fait scientifiques. En 1933, ces postulats doivent être reformulés et rendus conformes aux normes physico-mathématiques, physico-chimiques et sémantiques générales $\bar{A}$ modernes.

Une analyse satisfaisante des problèmes susmentionnés nécessiterait un volume spécial ; par conséquent, je ne tiendrai pas compte du numéro 1 et, à partir du numéro 2, je me contenterai de suggérer quelques postulats nouveaux et très importants. Ceux-ci peuvent être exprimés, en gros, comme suit :

(*a*) Le postulat d'un inconscient 'dynamique' *actif*. Ce postulat s'écarte largement des notions plus anciennes, bien que le mot 'dynamique' soit utilisé dans ce contexte dans le sens vernaculaire, mais pas strictement scientifique. Les méthodes permettant de traduire le dynamique en statique et vice versa sont ignorées, en raison de l'innocence de la science moderne et de l'hypothèse des médecins, en général, de la validité permanente des principes A (*Aristotéliciens*).

(*b*) Une fois l'inconscient *actif* postulé, un certain déterminisme s'ensuit selon la date. Freud, à sa date, a accepté le déterminisme (en 1933, désuet) deux-valué. Malheureusement, la grande majorité des médecins et l'enseignement de la médecine suivent encore ces notions désuètes.

(*c*) Comme le passé est pris en compte et que l'être humain est traité comme un processus dans lequel les expériences passées jouent un rôle important, nous pourrions dire que la perspective est quadridimensionnelle, mais cette affirmation n'est pas entièrement justifiée, car la notion d'une orientation quadridimensionnelle cohérente nous entraîne beaucoup plus loin que les médecins, qui négligent les aspects physico-mathématiques, ne peuvent le faire.

Dans un système-$\bar{A}$, les postulats fondamentaux de la système-fonction qui sous-tend toute psychothérapie ont été acceptés, bien qu'ils aient été considérablement élargis pour se conformer aux faits connus et aux exigences scientifiques de 1933. Il est important d'étudier de manière indépendante, systématique et détaillée les systèmes-fonctions correspondantes et de déterminer dans quelle mesure elles se traduisent mutuellement, mais une telle étude ne peut être menée à bien si nous confondons, par habitude de langage, les deux terminologies différentes.

Il semble que les anciennes écoles psychothérapeutiques aient été formulées comme des systèmes, et que le fonctionnement du système qui les sous-tend n'ait pas été explicitement énoncé, ce qui entrave grandement le travail créatif futur.

L'avantage particulier d'une théorie généralisée réside dans sa simplicité fondamentale et son applicabilité linguistique entièrement générale, ce qui, en matière de prévention, joue un rôle décisif. Nous acquérons accidentellement des moyens psychophysiologiques pour influencer les cas 'narcissiques' si difficiles.

Le présent auteur a tenté d'indiquer les facteurs structurels et sémantiques les plus importants qui faciliteraient aux futurs travailleurs la révision et la coordination imminentes et nécessaires.

CHAPITRE XXXI
REMARQUES CONCLUSIVES

> Les processus du temps, de la pensée créatrice et de la logique sont en effet impitoyables ; ils ne respectent ni les convenances ni l'amour des choses sacrées ; l'agonie accompagne leur cours. Pourtant, leur travail est la gloire croissante d'un monde, - la production de lumière psychique, - la croissance de la connaissance, - le progrès de la compréhension, - l'élargissement de la vie humaine, - l'émancipation de l'Être Humain. (264)
>
> CASSIUS J. KEYSER

> Mais les barbares, qui ne sont pas divisés par des traditions rivales, se battent plus encore pour la nourriture et l'espace. Les peuples ne peuvent s'aimer que s'ils aiment les mêmes idées. (461)
>
> G. SANTAYANA

> L'individu dont le désir brutal de profit personnel n'est pas limité par les besoins et les droits de ses semblables retourne à la barbarie. S'il s'agit d'un bandit, il est mis hors la loi ; s'il s'agit d'un politicien, il est généralement réélu, ce qui entraîne une régression de l'ensemble de l'organisation sociale. (221)
>
> C. JUDSON HERRICK

> ... une 'Ligue de la Saine Logique' est la meilleure 'Ligue des Nations' parce qu'elle est efficace en vertu des lois subtiles et inévitables du Destin Logique - les Doctrines Unifiées Unifieront l'Être Humain. (280)
>
> A. KORZYBSKI

> Un peu moins d'inquiétude pour l'enfant et un peu plus de préoccupation pour le monde dans lequel nous le faisons vivre ; une inclusion de l'enfant dans une vie dont le but n'est pas seulement de gagner de l'argent pour devenir indépendant du travail ; plus d'amour pour un travail sincère et créatif et un progrès qui rendra possible ce que nous pouvons tous partager ; à ces conditions, l'adulte et le jeune auront tous deux de meilleures chances.*
>
> ADOLF MEYER

Les présentes remarques étaient à l'origine destinées au dernier chapitre de l'ensemble du volume, mais une dernière étude critique du matériel a suggéré la séquence nouvellement ordonnée des trois divisions principales actuelles. Le Livre I présente une introduction préparatoire générale qui aidera le lecteur à faire la distinction entre les systèmes A (*Aristotélicien*) et $\bar{A}$ et à évaluer correctement les différences. Le Livre II formule les grands principes du système-$\bar{A}$, qui constituent un ensemble organique interdépendant, auquel appartiennent les présentes remarques finales. Le Livre III fournit des données structurelles supplémentaires sur les mathématiques et la physique qui ne sont généralement pas traitées du point de vue actuel, mais qui fournissent le matériel structurel essentiel nécessaire.

La rédaction du Livre I, et en particulier du Livre III, a été très laborieuse et difficile. J'ai souvent eu la tentation d'omettre complètement le Livre III et de renvoyer le lecteur à d'autres auteurs. Mais après des mois de recherche, j'ai constaté, à mon grand regret, qu'en dépit de nombreux volumes excellents, il n'existait pas de livres écrits d'un point de vue structurel et sémantique. Renvoyer le lecteur à d'autres auteurs nécessiterait la lecture d'une bibliothèque assez importante, car souvent, d'un livre entier, il n'aurait besoin que

---

* Que peut apporter le psychiatre à l'éducation du caractère ? *Rel. Educ.* mai, 1930.

de quelques paragraphes épars. Cela impliquerait un processus de recherche très coûteux et laborieux, que peu de gens entreprendraient ; en outre, cela ne donnerait pas une image structurelle ou sémantique connectée. J'ai essayé d'inciter certains spécialistes à écrire un livre sur la structure et les aspects sémantiques des mathématiques, et un autre livre similaire sur la physique. On m'a répondu que ce serait très laborieux et difficile, si tant est que cela soit possible, et je n'ai donc pas eu d'autre choix que d'essayer de l'écrire moi-même.

Je suggère vivement la lecture du livre III, afin que le lecteur puisse, au moins, se familiariser avec l'existence de tels problèmes. J'espère que même les spécialistes trouveront certaines suggestions utiles, car les aspects structurels et sémantiques des sciences et des mathématiques sont généralement négligés, ce qui introduit des difficultés inutiles dans l'enseignement. L'élimination de l'identification aide à résoudre de nombreuses énigmes scientifiques, en plus d'éliminer les blocages sémantiques et de favoriser ainsi les activités créatives.

Les affaires mondiales sont apparemment dans une impasse et il est probable que, sans l'aide des scientifiques, des mathématiciens et des psychiatres, nous ne serons pas en mesure de résoudre nos problèmes urgents suffisamment tôt pour éviter un effondrement complet. Or, les professionnels des affaires humaines, les économistes, les sociologues, les politiciens, les banquiers, les prêtres de toutes sortes, les enseignants, etc., les travailleurs de l'hygiène 'mentale', y compris les psychiatres, ne soupçonnent même pas que l'on peut trouver dans les mathématiques et les sciences exactes du matériel et des méthodes d'une grande valeur sémantique générale. Le fait d'attirer leur attention sur ce fait, même si cela est fait maladroitement au début, stimulera d'autres recherches, produira de meilleures formulations et une meilleure compréhension, et finalement créera des conditions dans lesquelles la sanité sera possible.

Certains de ceux qui ont vu mon manuscrit ou avec qui j'ai discuté des problèmes ont semblé ne pas aimer l'expression 'copier les animaux dans nos réactions nerveuses' et l'introduction explicite de 'Médor'. Comme on trouve l'identification chez les animaux, les primitifs, les nourrissons et les malades 'mentaux', on pourrait dire que l'introduction de 'Médor' n'était pas nécessaire. J'ai sérieusement envisagé la possibilité d'éliminer complètement 'Médor' de mon travail et de lui substituer le terme 'primitif', etc. ; mais, après mûre réflexion, j'ai décidé qu'il serait utile d'accentuer la distinction entre les réactions de l'animal et celles de l'être humain. Les principales justifications sont les suivantes :

1) L'ensemble de mon travail et la formulation d'un système-$\bar{A}$ ont commencé par une tentative de produire une science de l'être humain, ce qui nécessitait une définition moderne, scientifique, *fonctionnelle, non-élémentalistique, catégorique* de l'être humain. Une telle définition a été donnée dans mon ouvrage *Manhood of Humanity*, selon laquelle l'être humain diffère des animaux par la capacité de chaque génération humaine à commencer là où la génération précédente s'est arrêtée. J'ai appelé cette capacité la fonction time-binding. Cette définition est incontestable et répond aux exigences modernes.

2) La présente enquête est née de l'étude du mécanisme de time-binding et constitue une nouvelle analyse des différences marquées entre les réactions des animaux

et celles des humains, qui sont devenues le fondement psychophysiologique d'un système-$\bar{A}$ et d'une théorie de la sanité.

3) Plus l'enquête avançait, plus il devenait évident que les questions en jeu étaient extrêmement complexes et que, dans ce domaine, d'un point de vue structurel et *non-élémentalistique*, pratiquement rien n'avait été fait. En général, toutes les 'logiques' et 'psychologies' existantes sont structurellement trompeuses, car elles sont encore profondément élémentalistiques et *pré-A* (*pré-Aristotéliciennes*) ou *A* (*Aristotéliciennes*) ; ces conditions nécessitent leur élimination, ainsi que celle d'autres disciplines dépendantes, pour éviter qu'elles ne soient acceptées comme structurellement fondamentales. Il était donc souhaitable, dans mon entreprise pionnière, de maintenir un contraste plus simple et plus évident entre 'Médor', que nous connaissons presque tous assez bien et que nous aimons généralement, et 'Dupond', que personne ne semble connaître correctement. Cette méthode s'est avérée très utile pour l'auteur et je suis convaincu que de nombreux lecteurs la trouveront tout aussi utile. J'avoue franchement que si je n'avais pas suivi cette méthode simplifiée, je n'aurais pas pu produire le système-$\bar{A}$ et découvrir dans ce labyrinthe psycho-logique les blocages introduits dans nos *réactions sémantiques* par l'identification, l'élémentalisme, l'absence de conscience d'abstraire, l'évaluation incorrecte, etc., et, en général, l'infantilisme.

Pour ces trois raisons principales, il m'a semblé souhaitable de conserver 'Médor' comme facteur le plus utile dans mon analyse, avec toutes les excuses qui s'imposent à 'Médor'.

Je reconnais également que je ne m'étais pas rendu compte des difficultés de la tâche et l'ampleur de l'entreprise. La dernière révision du manuscrit a nécessité à elle seule plus d'un an. Je ne sais que trop bien à quel point la présentation ne répond pas à mes attentes et à quel point elle aurait pu être mieux écrite par quelqu'un de plus doué, mais les développements suivants, plutôt inattendus, ont soutenu mon courage.

1) Assez curieusement, les principes en question sont souvent d'une simplicité enfantine, souvent 'généralement connus', à tel point qu'à plusieurs reprises, certains scientifiques plus âgés se sont sentis 'offensés' que des principes aussi 'évidents' soient ainsi mis en exergue. Pourtant, mon expérience, sans aucune exception, m'a montré que ces principes simples étaient approuvés verbalement, mais qu'ils *n'étaient en aucun cas pleinement appliqués dans la pratique*. Peu à peu, j'ai compris qu'on ne peut pas formatter l'humanité à l'identification par tous les moyens disponibles, qui doivent empêcher l'ajustement, et vivre ensuite dans la non-identification. Ainsi, lorsque la non-identité est mise en évidence, même un abruti sera "d'accord", ou s'étonnera de la sottise d'un auteur qui s'en préoccupe ; pourtant, parce que nous avons tous été *formattés* dans un système linguistique et sémantique fondé sur l'identité, cette identification infantile perturbera inconsciemment toutes nos *réactions sémantiques* le reste de notre vie, à moins que ce blocage sémantique ne soit contrecarré. Naturellement, plus un principe semble 'simple', auquel nous adhérons du bout des lèvres, mais que nous *n'appliquons jamais complètement*, plus je suis convaincu que la découverte de nouvelles méthodes pour l'application de ce principe simple mais négligé doit être considérée comme la plus importante. Chaque lecteur peut vérifier par lui-même dans quelle mesure l'identification introduit des difficultés dans sa

propre vie. En fait, les principales difficultés que nous rencontrons peuvent toujours être attribuées à une identification quelconque.

2) Les données expérimentales du docteur Philip S. Graven sur les malades 'mentaux' et les cas de troubles sémantiques qui, selon la méthode orthodoxe, n'étaient pas censés être aliénés, ont montré que le passage des normes A (*Aristotélicien*) d'évaluation impliquant une identification aux normes $\bar{A}$ sans identification entraînait souvent soit une reconstruction sémantique complète d'un individu, soit des 'guérisons' sémantiques, efficaces et durables. Ce fait m'a une fois de plus impressionné quant à l'applicabilité authentique et à l'importance humaine d'un système-$\bar{A}$. Si l'ancienne 'nature humaine', 'impossible à changer', peut être 'changée' par les nouvelles méthodes psychophysiologiques simples, cela suggère à nouveau que ce nouveau système, aussi imparfait soit-il, peut être utile.

3) J'ai également été très impressionné par la grande puissance des méthodes $\bar{A}$. En règle générale, seuls les mathématiciens et les épistémologues comprennent pleinement ce que signifie la puissance d'une méthode. C'est ainsi qu'ont été inventées les méthodes différentielles, dont nous avons constaté plus tard qu'elles étaient structurellement applicables à tous les processus. Un calcul tensoriel a été inventé, et nous avons découvert qu'il nous donnait des formulations absolues et invariantes applicables à toute la physique. De nombreuses autres innovations méthodologiques pourraient être citées, et c'est toujours la généralité des applications qui a donné de la valeur à ces nouvelles formulations. Le présent système-$\bar{A}$ a été formulé d'une manière indépendante des autres disciplines, car il est le résultat direct de recherches sémantiques structurelles *exemptes d'identification*. Cela a conduit à la formulation de principes *généraux* fondamentaux qui sous-tendent toute la 'connaissance' humaine, tels que la non-identité, qui exige la reconnaissance de la structure comme seul contenu possible de la 'connaissance' et conduit donc à la formulation de la 'similarité de structure' ; le non-élémentalisme en tant que principe général ; le principe général d'incertitude ; la sémantique générale ∞-valuée, etc. Il est naturellement très rassurant de constater que les nouveaux accomplissements les plus importants de la science ont suivi ces principes inconsciemment et les ont appliqués *avant* qu'ils ne soient explicitement formulés.

D'un autre point de vue, un système-$\bar{A}$ qui se veut 'moderne' devrait formuler des principes généraux que tous les scientifiques, dans tous les domaines, pourraient suivre. C'était pratiquement le cas du système-A (*Aristotélicien*) jusqu'à Francis Bacon. C'est également le cas avec le système actuel, sauf que différents scientifiques ont appliqué ces nouveaux principes sans avoir produit une *formulation générale*. Le fait que ces principes n'aient pas de formulation générale a été un facteur de retard même dans la science et a rendu impossible l'application de la science aux affaires humaines. Dans les exemples suivants, les différents aspects $\bar{A}$ se chevauchent, et je ne souligne que les traits les plus marqués. Ainsi, l'espace-temps d'Einstein-Minkowski, la nouvelle théorie unifiée des champs d'Einstein-Mayer, la nouvelle mécanique quantique, la nouvelle physique des hautes pressions, la piézochimie, etc., la théorie des tropismes de feu Jacques Loeb, les gradients physiologiques de C. M. Child, etc., montrent clairement l'application du non-élémentalisme. Le principe d'incertitude restreint de Heisenberg est également le résultat de l'application du non-élémentalisme, fondé sur l'observation que 'observateur' et 'observé' ne peuvent pas être divisés de manière nette. Ce principe devient un cas particulier du principe général d'incertitude $\bar{A}$, qui repose lui aussi sur l'observation selon laquelle nous avons affaire à des individus absolus et parlons en termes plus ou moins généraux, de sorte que toutes les affirmations ne sont probables qu'à des degrés différents.

L'individualité absolue des événements quadridimensionnels, objets, situations, *réactions sémantiques*, etc., nécessite une évaluation indéfiniment flexible qui requiert une sémantique $\bar{A}$ ∞-valuée. En dehors de la vie quotidienne, les meilleurs exemples sont donnés en science par les nouveaux développements des vitamines, les effets de l'énergie radioactive sur l'hérédité, mais surtout par les possibilités déconcertantes révélées par les développements de la physique, de la physique des hautes pressions, de la piézochimie, du polymorphisme, du comportement colloïdal et de l'application des connaissances colloïdales à la psychiatrie. L'école polonaise de mathématiciens a étendu la 'logique' traditionnelle deux-valuée à une 'logique' trois- et beaucoup-valuée ; Chwistek a fondé une nouvelle base mathématique et une nouvelle théorie des ensembles sur ses méthodes sémantiques ; mais même ces auteurs ont négligé les problèmes *généraux* du non-élémentalisme, de la non-identité et de la nécessité d'un système-$\bar{A}$ à part entière avant que leurs formulations puissent être exemptes de paradoxes, valides et appliquées à la vie.

Toutes ces questions présentent un intérêt particulier pour l'humanité en général et pour la profession médicale en particulier, car, évidemment, si l'humanité doit passer d'un stade infantile de son développement à une ère de sanité générale, cela nécessitera une collaboration sérieuse de la part de la science médicale. Malheureusement, la science médicale est l'une des disciplines les plus laborieuses et les plus difficiles et, ces derniers temps, malgré quelques progrès spécifiques, elle cesse rapidement d'être une science moderne. Quiconque assiste à des congrès médicaux, à des réunions scientifiques ou suit la littérature médicale se demande souvent s'il écoute ou lit des arguments scientifiques ou des querelles religieuses du XVIème siècle. Le Dr F.G. Crookshank, dans son chapitre sur l'*importance d'une théorie des Signes et d'une Critique du Langage dans l'Étude de la Médecine* dans *The Meaning of Meaning* d'Ogden et Richard, donne une excellente image de la triste situation actuelle ; mais une analyse plus poussée $\bar{A}$ permet de découvrir des fondements plus profonds qui sous-tendent les difficultés de la médecine et auxquels il faudrait remédier en révisant l'enseignement de la médecine. Dans ce contexte, les questions $\bar{A}$ deviennent très importantes. Les organismes en général, et les êtres humains en particulier, représentent des processus colloïdaux qui impliquent une pression énorme en raison de l'attraction colloïdale pour l'eau. Le Dr Neda Marinesco[1] a récemment suggéré que Glace VI constitue un facteur important dans l'organisme humain. Glace VI représente une nouvelle forme de glace découverte par P.W. Bridgman[2] qui a constaté que l'eau en vrac et à la température du corps peut se cristalliser par l'application d'une pression élevée. Le Dr Marinesco pense que les forces d'adsorption peuvent être aussi élevées que la pression utilisée par Bridgman, de sorte que dans les films de surface minces, l'arrangement des molécules d'eau peut ressembler à celui de Glace VI. Il peut être intéressant pour le lecteur de savoir que, entre autres, le professeur Bridgman a découvert que l'acétone se solidifie à température ambiante, que l'albumine coagule, etc., sous haute pression.

Bien que les médecins connaissent bien la chimie colloïdale depuis l'université, ils éprouvent de grandes difficultés à 'penser' en termes colloïdaux dans la pratique. Avec les découvertes les plus récentes de la physique des hautes pressions et de la piézochimie, avec leur variété déconcertante de manifestations physiques qui, sous différentes pressions, changent avec chaque matériau, un médecin moderne devra 'penser' non seulement en termes de colloïdes, mais de colloïdes en combinaison avec les données de la physique des hautes pressions et de la piézochimie. Maintenant une telle 'façon de penser' est humainement impossible dans les disciplines traditionnelles *A* (*Aristotéliciennes*) deux- ou trois-valuées et n'est possible qu'avec la sémantique générale $\bar{A}$ ∞-valuée. L'un des résultats immédiats de l'utilisation des disciplines $\bar{A}$ est l'élimination de l'élémentalisme 'corps' *et* 'esprit', 'intellect' *et* 'émotions', etc., et l'introduction d'un point de vue *non-élémentalistique* tel qu'il est présenté dans le présent ouvrage. Il faut pour cela que chaque médecin se soit familiarisé avec la psychiatrie, familiarisation qui permettrait d'éliminer de nombreux cultes néfastes. Il faut bien se rendre pleinement compte que l'ancienne chimie, qui traitait de différentes 'substances' ayant des 'propriétés' différentes, aurait pu être traitée en termes de sujet-prédicat *A* (*Aristotélicien*) et par des moyens deux- ou trois-valués. Mais ce n'est pas le cas en 1933 ; l'ancienne chimie a disparu et nous n'avons plus affaire aujourd'hui qu'à une branche spéciale de la physique fondée sur la structure ; la nouvelle physique des hautes pressions montre clairement que bon nombre des anciennes caractéristiques des 'substances' ne sont que des fonctions accidentelles de la pression, de la température et autres, qui varient de manière déconcertante, ce qui nécessite de nouveaux principes *sémantiques*, de nouvelles *épistémologies*, etc., en bref, un nouveau système-$\bar{A}$ *non-élémentalistique* et ∞-valué. Pour le dire autrement, quiconque conserve les *réactions sémantiques A* (*Aristotéliciennes*) est totalement incapable de 'penser' scientifiquement au sens moderne du terme. Si nous voulons avoir une science de l'être humain ou une science 1933 de la médecine, etc., la première étape consiste à réviser en profondeur le *système-A* (*Aristotélicien*).

En fait, de nombreuses autres interconnexions et interrelations pourraient être montrées, ce qui rendrait encore plus évidente la manière dont un système-$\bar{A}$ résulte et conduit aux résultats scientifiques modernes, qui ne peuvent être étendus et *appliqués à toutes les préoccupations humaines* qu'après une formulation *générale en tant que système*.

4) Si la différence entre l'animal et l'être humain réside dans la capacité de ce dernier à reprendre là où la génération précédente s'est arrêtée, il est évident que les humains, pour être humains, doivent exercer cette capacité dans toute sa pleine étendue. Si nous n'y parvenons pas, nous 'copions à nouveau les animaux dans nos réactions nerveuses', et c'est précisément contre ce copiage que nous devons lutter. Ce "là où la génération précédente s'est arrêtée" ne comprendrait pas seulement toute la science, mais aussi l'épistémologie et la 'sagesse' que chaque génération précédente a accumulée par des expériences douloureuses, etc., qui, *en principe, devrait*

être donnée à chaque enfant. Dans les conditions A (*Aristotéliciennes*) de nos systèmes d'éducation, etc., et d'évaluation actuels, cela est complètement impossible et peut sembler visionnaire. Ainsi, pour acquérir des connaissances scientifiques dans tous les domaines, il faudrait passer une vie entière à se consacrer à la science, entièrement libéré des soucis financiers, etc., et même alors, on ne pourrait en acquérir qu'une petite partie. Avant de pouvoir transmettre une connaissance épistémologique plus ancienne, il faudrait non seulement avoir des dons particuliers, des intérêts, etc., mais aussi disposer d'une énorme quantité de connaissances avant de pouvoir tenter une telle éducation. Il en va de même pour la 'sagesse'. Les générations plus âgées et plus jeunes, par nécessité colloïdale, ne peuvent pas se comprendre pleinement et, dans une large mesure, se méfient les unes des autres, ce qui, jusqu'à présent, est une *réaction sémantique A* (*Aristotélicienne*) tout à fait normale, etc.

Dans un système-$\bar{A}$ *non-élémentalistique*, cette situation change radicalement. L'impossible est rendu possible ; je dirais même plus, il est rendu simple et facile, et devient un facteur nécessaire et inévitable dans la vie de tout enfant. Un système-$\bar{A}$ *non-élémentalistique* est fondé sur l'élimination complète de l'identification, d'où il découle directement que le seul lien entre les niveaux objectiques indicibles et les niveaux verbaux se trouve dans la *structure*. La structure devient alors le seul contenu possible de toute connaissance, etc., et toutes les détails techniques scientifiques, certes laborieux et difficiles, ne deviennent qu'un outil nécessaire à la recherche de la structure, avec peu ou pas de valeur intrinsèque, et sont non-nécessaires à la 'connaissance' dès que, dans un cas donné, la structure est découverte. Cette structure est toujours simple et peut être donnée aux enfants.

Il est dénué de signification et tout à fait inutile de débattre de la question de savoir si le monde est 'simple' ou non, car le monde *n'est pas* la compréhension que nous en avons ; mais comme il se trouve que notre 'compréhension' est structurelle, notre système nerveux, grâce à ses capacités à abstraire, la rend simple, une fois que son contenu structurel est découvert. Comme la recherche de la structure implique la similarité des *structures* linguistiques et empiriques, nous comprenons aisément que tout langage, que nous ne pouvons pas éviter d'enseigner à nos enfants, a une structure et implique des hypothèses structurelles. Dans la *révision structurelle* de notre langage et dans l'enseignement de quelques termes structurellement appropriés, en abandonnant entièrement quelques termes structurellement trompeurs, nous transmettons directement à chaque enfant toutes les connaissances fondamentales actualisées. Nous le formons automatiquement à la structure linguistique appropriée, ce qui développe en lui les *réactions sémantiques* appropriées. L'humanité dans son ensemble n'a pas besoin de techniques scientifiques pour assimiler les résultats structurels de la science et en tirer des avantages sémantiques. Ces résultats sont les seuls qui comptent vraiment et qui peuvent être donnés d'une manière extrêmement simple, en abolissant automatiquement la métaphysique primitive, les hypothèses structurelles et les *réactions sémantiques* infantiles.

En abolissant l'identification mono-valuée structurellement fausse quant aux faits, nous nous entraînons automatiquement à la différenciation ∞-valuée, ce qui conduit à la conscience d'abstraire, qui aboutit à toute la sagesse que l'épistémologie et l'expérience privée peuvent nous donner, étant structurellement un résultat total de l'expérience civilisationnel. Comme la structure est fondée sur les relations et l'*ordre*, l'entraînement structurel, lorsqu'il est effectué consciemment, devient une méthode physiologique, fonctionnant simplement et automatiquement.

Dans le système-*A* (*Aristotélicien*), ces mécanismes sémantiques n'étaient pas consciemment reconnus, bien qu'ils aient fonctionné de manière fatalistique avec nous. Nous transmettions des réactions psychophysiologiques primitives à nos enfants, qui devaient passer toute une vie à apprendre par une expérience très douloureuse que quelque chose n'allait pas quelque part. Aujourd'hui, nous comprenons que l'origine de la difficulté réside dans l'absence de recherches scientifiques qui auraient analysé, de manière non-élémentalistique, les aspects structurels du langage et les *réactions sémantiques* qui y sont connectées. Tout cela, je le répète, fonctionne automatiquement, comme l'expérience et les expérimentations le montrent abondamment. Ainsi, l'analyse du mécanisme de time-binding dépend de la découverte d'une différence catégorique *non-élémentalistique* entre 'Médor' et 'Dupond', et de la formulation de moyens permettant de rendre les caractéristiques de time-binding de l'être humain pleinement efficaces avec tous les individus, à l'exception de ceux qui sont lourdement pathologiques.

En abolissant l'identification, nous généralisons la différenciation et transmettons ainsi la conscience d'abstraire, facteur indispensable à une *bonne évaluation* et condition absolue d'un comportement d'adaptation et donc de survie. Ainsi, un système-$\bar{A}$ devient une théorie générale de la sanité et une théorie générale du time-binding, d'où découle une sémantique générale.

5) L'une des caractéristiques les plus importantes du présent système-$\bar{A}$ consiste en son caractère structurel *non-élémentalistique*. Nous pouvons analyser les problèmes d'une manière scientifique 'intellectuelle' ; mais cette analyse, parce que *non-élémentalistique*, structurelle et sémantique, fait appel et agit sur nos 'ressentis', 'intuitions', etc., impliquant des facteurs psychophysiologiques fondés sur l'ordre. Ainsi, les traductions structurellement nécessaires d'un niveau d'abstractions dans les autres et vice versa sont énormément facilitées, alors que dans les systèmes *élémentalistiques*, ces traductions étaient entravées par des blocages sémantiques inévitables. Ainsi, 'intellect', 'émotions', 'corps', 'esprit', etc., ne sont pas divisés. L'organisme est affecté *comme-un-tout*, car des moyens *non-élémentalistiques* structurellement corrects sont utilisés, ce qui rend de nombreux avantages du système accessibles aux enfants, aux crétins et, peut-être même, aux idiots supérieurs. Les derniers résultats sont prévisibles, bien qu'ils n'aient pas encore été vérifiés empiriquement.

6) Mais la caractéristique la plus opérationnelle du système réside dans le fait qu'il est fondé sur des principes fondamentaux tels que la nonidentification, le non-élémentalisme, etc., et qu'il présente une unité organique. Les questions principales sont toutes étroitement interreliées et s'appliquent à 'corps', 'esprit', 'émotions', etc., d'une manière *non-élémentalistique*, et fonctionnent toutes *automatiquement*, quel que soit l'angle sous lequel nous abordons l'entraînement.

Ainsi, si nous partons de ordre, nous sommes conduits à relations et à structure ; celles-ci établissent la différenciation et la stratification, éliminant identification et 'toutisme', ce qui aboutit à la conscience d'abstraire, nécessitant une sémantique générale ∞-valuée, indispensable à une évaluation et à un ajustement corrects. Si nous partons de la non-identité, nous sommes conduits à ordre, relations, structure, différenciation, stratification, non-toutisme, conscience d'abstraire, sémantique ∞-valuée, évaluation correcte et ajustement. Si nous commençons par différenciation ou stratification, nous sommes conduits à ordre, relations, structure, non-identification, non-toutisme, conscience d'abstraire et évaluation correcte.

Il convient de noter que la conscience d'abstraire et l'évaluation correcte sont des résultats finaux complexes qui ne peuvent être transmis directement, mais qui deviennent automatiquement des états sémantiques durables seulement après que nous ayons éliminé l'identification mono-valuée, ou introduit l'ordre, la différenciation ∞-valuée, la stratification, etc. L'avantage *non-élémentalistique* du système consiste à impliquer l'organisme comme-un-tout. Ainsi, l'*ordre* quadridimensionnel joue le rôle d'un puissant facteur *physiologique* dans le processus et devient le fondement de la psychophysiologie. La non-identité est un terme appliqué aux niveaux verbaux qui, aux niveaux visuels et auditifs, implique la différenciation, l'ordonnancement et la stratification. Ce système implique donc tous les centres nerveux nécessaires et fonctionne de manière *non-élémentalistique*, car les réactions à un niveau sont facilement et organiquement traduites dans les termes d'autres niveaux, ce qui rend la psychophysiologie possible.

7) Enfin, il est significatif que de nombreuses publications au cours des dix dernières années aient montré des efforts dans une direction similaire, qui ont reçu une approbation scientifique et publique. Comme je m'intéresse davantage au travail créatif qu'au travail critique, je n'analyserai pas ces efforts, sauf pour faire une remarque générale : parce qu'ils ne sont pas fondés sur l'ordre, la structure, les *réactions sémantiques non-élémentalistiques*, l'élimination complète de l'identification, etc., ils sont précieux et utiles pour quelques personnes sélectionnées, mais en aucun cas une psychophysiologie ou une théorie de la sanité ne pourrait être fondée sur ces travaux qui pourraient être applicables dans l'enseignement linguistique et sémantique élémentaire général. Si je ne me trompe pas, à cet égard, le présent ouvrage diffère radicalement des autres qui me sont familiers.

D'un point de vue *non-élémentalistique*, nous ne pouvons jamais ignorer l'effet que 'corps' ou 'émotions' ont sur 'esprit', et vice versa l'effet que 'esprit' a sur 'émotions' et 'corps', etc. L'identification et toutes ses conséquences impliquent des facteurs sémantiques gravement perturbateurs avec les perturbations colloïdales correspondantes, et il semble que, jusqu'à présent, l'espèce humaine, en dehors de cas très exceptionnels, n'ait jamais été exempte de ces perturbations. Il est impossible à ce stade de prévoir quel sera l'effet de l'élimination de ces perturbations sur l'espèce humaine, si ce n'est qu'il faut s'attendre à ce que les conséquences soient très bénéfiques.

Nous nous sommes déjà familiarisés avec les termes de réactions 'conditionnelles' et 'inconditionnelles'. Dans l'exemple du patient et des roses en papier, nous avons vu que les symptômes pathologiques étaient 'inconditionnels'. Ils étaient obligatoires, comme dans le cas des chiens mentionnés dans la Partie VI. Chez un individu en bonne santé, il s'agirait de réactions entièrement conditionnelles, sous contrôle sémantique. La terminologie ci-dessus peut être étendue de manière à s'appliquer à toutes les maladies 'mentales', car ici ce qui, chez la personne 'normale', est une réaction entièrement conditionnelle devient inconditionnelle, ou une *réaction de conditionnalité d'ordre inférieur* (obligatoire) échappant au contrôle conscient. Nous nous distinguons ici des animaux et des cas en hôpital. Lorsque nos réactions conditionnelles ne sont pas entièrement régulées par des *réactions sémantiques* appropriées et deviennent inconditionnelles, nous copions les animaux et nous nous trouvons alors dans un état de développement arrêté ou de régression.

Les mesures thérapeutiques et *préventives* générales sont clairement indiquées par ces considérations. Les réactions conditionnelles chez l'être humain doivent devenir *pleinement* conditionnelles et non pas fixées comme *in*conditionnelles ou conditionnelles d'ordre inférieur. En d'autres termes, au lieu de la 'fixation', nous devrions avoir des moyens et des méthodes pour préserver et favoriser la *flexibilité sémantique. Cette dernière est accomplie en acquérant des réactions sémantiques connectées à la conscience d'abstraire*. Je recommande ce dernier point à l'attention des spécialistes, car il est impossible dans le cadre de ce travail d'aller plus loin dans les détails. La flexibilité est une caractéristique sémantique importante des jeunes en bonne santé. La fixation est une caractéristique sémantique de la vieillesse. Dans le contexte colloïdal, la transmission de la flexibilité sémantique permanente que chacun acquiert en prenant conscience d'abstraire pourrait s'avérer être un facteur colloïdal neuro-physico-chimique crucial, pouvoir dont on ne se rend pas encore compte actuellement. Le comportement colloïdal de nos 'corps' dépend de manifestations électromagnétiques, etc., qui, à leur tour, sont connectées à des états 'mentaux' de toutes sortes. Si le vieillissement colloïdal, qui entraîne la vieillesse, des symptômes 'physiques' et 'mentaux' et, en fin de compte, la mort, est connecté à une telle fixité 'mentale', nous pouvons nous attendre à des résultats plutôt surprenants si nous lui conférons une flexibilité sémantique permanente. Le 'vieillissement' implique des changements électriques dans l'arrière-plan colloïdal, qui sont forcément connectés aux anciens états sémantiques. Les nouveaux états sémantiques fluides devraient avoir des influences électriques différentes qui, à leur tour, entraîneraient une différence dans le comportement colloïdal dont dépendent nos états 'physiques'.

Du point de vue $\bar{A}$ du développement humain, une nouvelle ère semble possible, dans laquelle, par une simple analyse structurelle et une révision linguistique, nous découvrirons des mécanismes sémantiques méconnus fonctionnant en chacun de nous, qui peuvent être facilement influencés et contrôlés ; et nous découvrirons également qu'au moins une grande partie de la prévention peut être accomplie.

Il semble également que nous en découvrirons davantage sur la dépendance de la 'nature humaine' à l'égard de la structure de nos langages, doctrines, institutions, etc., et que nous en conclurons que pour l'ajustement, la stabilité, etc., nous devons ajuster ces conditions sémantiques et autres, créées et inventées par l'être humain, en conformité avec cette 'nature humaine' nouvellement découverte. Cela nécessiterait bien sûr une révision scientifique 1933 approfondie, physico-mathématique, épistémologique, structurelle et sémantique de tous les intérêts, inclinations, institutions, etc., de l'humain, à réaliser par les spécialistes d'une "science de l'être humain". Si une telle révision est effectuée suffisamment tôt, elle permettra peut-être d'ajuster pacifiquement les normes d'évaluation et d'éviter la répétition des luttes sanglantes de forces aveugles non éclairées contre les forces *tout aussi aveugles* des pouvoirs et des réactions existants.

Les forces de la vie, de l'humanité et du time-binding sont en conflit ; dans l'argot moderne, une 'confrontation' est imminente ; elle *aura lieu* et personne ne peut l'empêcher. Pour une compréhension $\bar{A}$, le seul problème important est de savoir si cette 'confrontation' sera scientifique, éclairée, ordonnée et pacifique, avec un minimum de souffrances, ou si elle prendra une tournure aveugle, chaotique, stupide, sanglante et inutile, avec un maximum de souffrances.

Les problèmes de structure, de langage et de "conscience d'abstraire" jouent un rôle sémantique crucial. Pour être moderne, il faut accepter une métaphysique moderne et un langage moderne structurellement révisé. Jusqu'à présent, ces problèmes sémantiques ont été *complètement* ignorés dans l'enseignement général. Cela est probablement dû au fait que, dans une civilisation infantile et commerciale, nous encourageons les sciences de l'ingénieur et les sciences appliquées, la médecine, la biologie, etc., pour augmenter les profits privés, etc., et préserver ou augmenter les volumes d'acheteurs. Mais nous n'encourageons pas dans la même mesure des branches de la science comme les mathématiques, la philosophie mathématique, les recherches linguistiques, structurelles et sémantiques, etc., qui n'augmenteraient pas directement les profits ou le nombre de clients, mais qui découvriraient néanmoins des moyens structurels d'accroître le bonheur de tous.

Accidentellement - et cela est recommandé à l'attention des économistes - la loi classique de "l'offre et de la demande" est structurellement et sémantiquement une *loi animalistique*, qui doit être reformulée dans une civilisation humaine adulte. En fait, il ne peut y avoir de civilisation humaine adulte si nous conservons des 'lois' animalistiques aussi fondamentales. Dans le monde animal, le nombre d'individus ne peut augmenter au-delà de ce que les conditions données permettent. Les animaux ne produisent pas artificiellement.

Ce n'est pas le cas de notre monde humain. Nous produisons artificiellement, parce que nous sommes des time-binders et que nous nous appuyons tous sur les épaules d'autres personnes et sur le travail des morts. Nous pouvons surpeupler ce globe, comme nous l'avons fait. Notre nombre n'est pas contrôlé par la nature, mais il peut être considérablement augmenté. Dans le monde animal, les effectifs sont régulés par l'offre de nourriture, etc., et non par les conditions imposées par les animaux à cette offre de nourriture. La loi animale de l'offre et de la demande est stricte. Dans une classe de vie humaine, qui produit artificiellement, la production doit satisfaire les besoins de tous, ou leur nombre doit être contrôlé jusqu'à ce que les besoins puissent être satisfaits. L'application des lois animalistiques à nous-mêmes rend les conditions très compliquées et préjudiciables à la plupart d'entre nous, si ce n'est à tous. Il est également facile de comprendre pourquoi il doit en être ainsi. L'ignorance et la manipulation A (*Aristotélicienne*) de symboles puissants se sont révélées dangereuses lorsque nous ne nous rendons pas compte de rôle sémantique écrasant et de l'importance des symboles dans une classe de vie symbolique.

Une autre application intéressante de la conscience d'abstraire est donnée par notre attitude envers l'argent, les obligations, les titres de propriété, etc. L'argent représente un symbole de toutes les caractéristiques humaines de time-binding. Les animaux n'en ont pas. Certes, les abeilles produisent du miel, mais ces produits des abeilles ne constituent pas une richesse tant que l'être humain ne met pas la main dessus. L'argent n'est ni comestible ni habitable. Il ne vaut rien si l'autre refuse de le prendre. La *réalité multiordinale* derrière le symbole se trouve dans l'*accord humain*. La *valeur* derrière le symbole est *doctrinale*. Médor ne fait pas de distinction entre les différents ordres d'abstractions. Si nous le copions, nous adorons le symbole seul. La devise 'In gold we trust (NdT : jeu de mot sur la devise américaine :gold : or, God : Dieu', en l'or nous croyons) devient la devise, avec toutes ses identifications et ses conséquences destructrices. Dupond ne doit pas identifier la réalité multiordinale qui se cache derrière le symbole avec le symbole. Il est amusant, quand ce n'est pas tragique, de voir comment ce qu'on appelle la 'personne pratique' s'occupe principalement de valeurs fictives, pour lesquelles elle est prête à vivre et à mourir. Quand elle a le dessus et qu'elle joue par ignorance avec les symboles, sans tenir compte des réalités multiordinales qui les sous-tendent, elle conduit bien sûr la civilisation au désastre. L'histoire est pleine d'exemples de ce type.

Nous voyons la folie totale de la course à l'accumulation de symboles, sans valeur en soi, tout en détruisant les valeurs 'mentales' et 'morales' qui se cachent derrière les symboles. Car il est inutile de 'posséder' un monde sémantiquement déséquilibré. Une telle propriété est une fiction, aussi stable qu'elle puisse paraître sur le papier. Le mercantilisme, en tant que croyance, est une folie de ce type. Un jour, même les économistes, les banquiers et les commerçants comprendront que des travaux aussi 'improductifs' que celui-ci sur la structure, les *réactions sémantiques*, etc., conduisent à la révision des normes d'évaluation et contribuent directement à la stabilisation d'un système économique. En même temps, dans leur ignorance, ils font de leur mieux pour maintenir le système économique non-scientifique et, par conséquent, déséquilibré. L'histoire montre clairement comment les dirigeants ont généralement rendu la vie insupportable au reste de l'humanité et quels résultats sanglants en ont découlé. Depuis la première Guerre Mondiale, certaines conditions deviennent de plus en plus difficiles, et les systèmes infantiles et animalistiques nous poussent avec fatalisme vers de nouvelles catastrophes. L'avenir inconnu décidera si ces catastrophes se produiront ou non ; mais de cet inconnu, il reste une certitude, à savoir que cela dépendra de la capacité ou non de la science à s'emparer des affaires humaines ; j'espère qu'elle le pourra, mais les forces aveugles de l'identification sont si fortes et si puissantes que de tels espoirs sont peut-être prématurés. Peut-être qu'une nouvelle civilisation y parviendra après l'extinction de celle-ci, à l'exception de quelques vestiges dans les musées.

Les problèmes du déterminisme et de l'indéterminisme ne sont pas purement 'académiques' mais influencent, dans une large mesure, nos théories et notre comportement, et sont donc fondamentaux pour l'ajustement. Historiquement, la science a utilisé un déterminisme deux- ou trois-valué, qui s'est récemment révélé insuffisant dans le cas de la nouvelle mécanique quantique. L'absence de formulation d'une sémantique ∞-valuée, nécessaire au déterminisme ∞-valué, semble indiquer que même la science tend à dériver vers l'indéterminisme, une tendance plutôt déconcertante et inquiétante pour de nombreux scientifiques.

Différentes 'éthiques' et 'morales' ont combattu le déterminisme tout au long de notre histoire, au motif que dans un monde déterministique, toute 'morale' et toute 'éthique' seraient impossibles. Si un être humain est contraint de faire quelque chose, alors, nous dit-on, il n'est pas responsable. Ils affirment qu'il en résulterait une liberté indésirable, oubliant que le déterminisme implique tout le contraire de la liberté.

Nous avons déjà fait connaissance avec le narcissisme et la suffisance infantiles. Ces caractéristiques infantiles ont non seulement façonné nos attitudes sémantiques, mais aussi nos théories 'scientifiques'. Dupond et cette petite terre ont été considérés à maintes reprises comme le centre de l'univers. Les découvertes scientifiques ont montré que de telles déclarations ne correspondaient pas aux faits, et Dupond a été évincé de cette position primitive et infantile centrée sur lui-même. L'astronome polonais Copernic a été le premier à donner ce choc brutal. La petite terre n'était plus *le* 'centre de *l*'univers'. Darwin vint ensuite avec un autre choc pour cet orgueil infantile. Dupond n'était plus une 'création spéciale', mais appartenait à la série générale des formes vivantes, dont aucune n'était une 'création spéciale'. Enfin, Freud a développé l'idée que même dans les processus sémantiques, le déterminisme prévaut. Toutes nos actions, tous nos états psycho-logiques et sémantiques, etc., ont des 'causes' psycho-physiologiques conscientes et inconscientes très précises qui nous activent.

Une société infantile avait du mal à abandonner ses plaisantes illusions, et ces trois personnages ont été dûment persécutés, critiqués, et amèrement attaqués et haïs par beaucoup.

La situation actuelle peut sembler déconcertante parce que la science découvre des faits qui semblent conduire à un indéterminisme 'indésirable' dans la science et à un déterminisme dans les processus 'mentaux'. Le lecteur, je l'espère, se rend maintenant compte que ces deux résultats 'indésirables' ne le sont qu'en raison de l'identification et de la confusion des ordres d'abstraction, qui ont abouti à l'attribution d'une *généralité et d'une unicité indues* à la 'logique' deux- et trois-valuée A (*Aristotélicienne*). Mais une fois que nous nous rendons compte que dans un système-$\bar{A}$, ∞-valué, plus général, les aspects deux- et trois-valués ne sont que des instances particulières, qui s'appliquent à certaines instances mais pas à d'autres, toutes nos difficultés s'évanouissent. D'un point de vue structurel $\bar{A}$, nous comprenons également que le déterminisme ∞-valué devient une nécessité pour nos *réactions sémantiques* dans la recherche et la comparaison des structures.

Le résultat semble être que le problème du déterminisme ou de l'indéterminisme n'est pas principalement un problème du monde extérieur, mais simplement un problème de nos *réactions sémantiques* et de notre ignorance versus notre 'connaissance'. En abandonnant l'élémentalisme et l'identification, nous cessons d'argumenter 'le *monde est-il* déterministique ou non', etc. ; mais, par l'analyse, nous trouvons quelle sémantique correspond le mieux, structurellement, aux faits et à nos capacités à abstraire. Les résultats auxquels nous parvenons ne sont pas entièrement nouveaux, mais le conflit sémantique est éliminé.

La science utilise le déterminisme en raison de la structure et de la fonction de notre système nerveux. Nous ne pouvons faire autrement que de préserver le déterminisme ∞-valué et de fournir pas à pas les liens manquants dans nos ajustements structurels du langage à la structure des données empiriques.

Répétons encore que les anciens problèmes du 'déterminisme' *en général* étaient le résultat de l'élémentalisme et de l'identification et d'une incompréhension totale du rôle de la structure. Une fois ces affections indésirables éliminées, les problèmes artificiels qu'elles créent sont également éliminés. Les considérations structurelles montrent clairement que le déterminisme est une nécessité neurologique. Si des faits empiriques conduisent à l'indéterminisme linguistique, c'est le signe indubitable que le langage utilisé n'a pas une structure similaire à celle du monde qui nous entoure et que nous devrions simplement produire un langage de structure différente. *Un tel déterminisme est une condition essentielle dans la recherche de la structure et ne peut être abandonné*.

Devons-nous donc conserver l'attitude déterministique dans nos processus 'mentaux'? Les objections d'ordre 'moral' et 'éthique' sont-elles suffisamment sérieuses pour nous inciter à réintégrer dans nos attitudes sémantiques l'ancien 'indéterminisme', structurellement trompeur?

Rappelons d'abord les faits. Dans nos anciennes attitudes élémentalistiques et infantiles vis-à-vis de l'identification, nous avons analysé un enfant ou un adulte comme s'ils étaient *isolés*. Le déterminisme a été appliqué à cet individu fictif *inexistant*, et les anciennes spéculations objectifiées et *élémentalistiques* ont suivi. Si quelqu'un est enclin à contester la déclaration ci-dessus, qu'il fasse une expérience et qu'il isole 'complètement' un enfant immédiatement après sa naissance. Il constatera qu'il n'est pas possible de le faire avec un bébé humain sans détruire l'enfant. Par conséquent, les anciennes spéculations portent sur des conditions structurellement *fictives*. Les faits sont qu'un bébé est, dès le départ, soumis à un traitement fondé sur la sémantique, la structure du langage, les doctrines, la compréhension, les connaissances, les attitudes, la métaphysique, etc., de ses parents ou de leurs substituts, qui *façonnent ses réactions sémantiques*.

Si nous abandonnons le problème du 'déterminisme' deux-valué en connexion avec un tel individu fictif et isolé, et que nous appliquons le déterminisme ∞-valué à un véritable individu nonisolé, nous voyons immédiatement que toute la situation est différente. Si les parents et la société acceptent le déterminisme ∞-valué, ils se rendent compte de leurs propres *responsabilités* à l'égard de l'individu et comprennent que les actions des parents, de la société, etc., sont, dans une large mesure, responsables du développement futur de l'enfant sur des bases psychophysiologiques tout à fait déterministiques. Si un individu se comporte d'une manière préjudiciable aux autres et à lui-même, et qu'une société éclairée décide de faire ceci ou cela avec lui, c'est une autre affaire. L'essentiel est que, si nous acceptions une attitude indéterministique, les parents, les enseignants, les prédicateurs et la société en général feraient beaucoup de mal, un mal qui pourrait être évité. Dans une large mesure, on ne s'en est pas rendu compte et, dans l'ancien système, personne n'était censé être *responsable*, sauf la pauvre victime du 'libre arbitre'. Dans de telles conditions *A* (*Aristotéliciennes*), nous sponsorisons l'amertume, la cruauté, etc., sous les étiquettes 'péché', 'justice', 'vengeance', 'punition', ou autre. Sur des bases déterministiques, lorsque la société et les éducateurs se rendront pleinement compte de leurs propres responsabilités, nous devrions blâmer moins l'individu et nous devrions enquêter de plus en plus sur la structure, le langage, nos systèmes, la métaphysique, l'éducation, les conditions de vie, etc. Au lieu d'une sainte frénésie de 'justice', de 'punition', de 'vengeance', etc., nous devrions essayer d'améliorer les conditions de vie et d'éducation, afin qu'un nouveau-né ne soit pas handicapé dès le jour de sa naissance.

Puisque l'organisme fonctionne comme-un-tout et que *personne* n'est exempt d'abstractions d'ordre supérieur et d'hypothèses structurelles, nous voyons que le *maintien de la métaphysique sauvage* ne peut que nous impliquer, individuellement et collectivement, dans un développement arrêté ou régressif. Du point de vue de l'organisme-comme-un-tout, l'ignorance structurelle se traduit forcément par une certaine déficience sémantique.

L'objection selon laquelle il existe des cas de grande brillance 'mentale' accompagnée de tendances très vicieuses trouve une réponse facile dans le fait que le problème est formulé de manière *élémentalistique*. La brillance 'mentale' ne dit pas tout de l'organisme-comme-un-tout. On peut être 'mentalement' brillant, mais infantile ou 'imbécile moral'. Dans la vie, nous avons affaire à l'individu complet, non-isolé, qui peut être pathologique à bien des égards. Si l'on objecte que la science est si compliquée qu'il serait impossible de transmettre de telles connaissances aux masses, la réponse est que, comme le montre cette enquête, la science implique une métaphysique structurelle et des composants sémantiques qui, une fois découverts, sont d'une simplicité enfantine et peuvent être enseignés dans le cadre de l'éducation élémentaire.

La science représente les abstractions structurelles les plus élevées qui ont été produites à chaque date. C'est une abstraction suprême de toutes les expériences d'innombrables individus et générations. Puisque les centres inférieurs produisent la matière première à partir de laquelle les abstractions supérieures sont faites, et que ces abstractions supérieures influencent à nouveau le fonctionnement des centres inférieurs, il est évident que l'on *peut concevoir un moyen de réintroduire dans les circuits nerveux les effets bénéfiques de ces abstractions les plus élevées.*

La déclaration ci-dessus peut sembler visionnaire, et beaucoup diront probablement : 'Ce n'est pas possible'. Or, la principale affirmation de la présente théorie, vérifiée empiriquement, est qu'elle *peut* être réalisée de manière extrêmement simple, à condition d'étudier les aspects *non-élémentalistiques* négligés des mathématiques et de la science, à savoir leurs aspects structurels et sémantiques. Cette étude nous a permis de découvrir dans un système-$\bar{A}$ les moyens d'affecter les centres inférieurs par les produits des centres supérieurs des meilleurs êtres humains dont nous disposons. Nous avons déjà découvert que tous les progrès de la science et des mathématiques nous fournissent une quantité incroyable de données purement psycho-logiques et sémantiques d'une extrême simplicité qui, sans aucune technicité, peuvent être transmises aux masses dans le cadre d'une éducation structurelle élémentaire. Une telle éducation permet de donner très simplement aux enfants les 'résultats culturels', ou de leur transmettre les *réactions sémantiques*, qui sont le but de la formation universitaire, dans un délai relativement court et sans aucune technicité. Ces bénéfices, dans le cadre d'une éducation A (*Aristotélicienne*), sont trop rarement acquis, même par les diplômés universitaires, et impossibles à transmettre aux masses, qui restent désemparées face à des hypothèses structurelles archaïques et délirantes.

D'un certain point de vue, les questions $\bar{A}$ sont simples et évidentes pour un enfant, mais d'un autre point de vue, en raison de la puissance des vieilles habitudes établies et des *réactions sémantiques*, elles sont très difficiles à appliquer pour les adultes. Il semble évident qu'un enfant est forcément sous l'influence des normes d'évaluation de ceux qui s'occupent de lui, automatiquement connectées à la structure du langage qui lui est enseigné. Dans ces conditions incontournables, il est évident que pour donner le plein bénéfice d'un système-$\bar{A}$ dans l'éducation des enfants, les parents et les enseignants devraient eux-mêmes avoir entièrement assimilé ces nouvelles normes.

Une civilisation $\bar{A}$ nécessitera une unification de toutes les disciplines humaines existantes sur la base des sciences exactes. Cette unification nécessitera que tous les scientifiques, mathématiciens, physiciens et psychiatres compris, se familiarisent avec les normes d'évaluation $\bar{A}$ et les mettent *pleinement* en pratique. Une révision $\bar{A}$ aurait une application internationale et inter civilisationnelle, exigeant une révision très approfondie de toutes les doctrines, une meilleure connaissance des spécialistes d'un domaine avec les accomplissements dans d'autres domaines, et une *épistémologie actualisée*. Si nous essayons consciemment de ne pas prendre en compte l'épistémologie, nous nous berçons d'illusions, car nous ne pouvons pas éliminer *une certaine* épistémologie comme fondement de nos méthodes d'évaluation et, par conséquent, nous conservons inconsciemment une épistémologie primitive qui, par le biais de normes d'évaluation inappropriées, introduit des blocages sémantiques.

Mach l'a dit il y a longtemps : "Tous les physiciens ne sont pas des épistémologues, et tous ne doivent ni ne peuvent l'être. L'investigation spéciale exige un être humain entier, de même que la théorie de la connaissance". L'influence de Mach sur la science moderne est bien connue ; des personnes tels que Jacques Loeb, Einstein, les jeunes pionniers de la physique quantique, etc., ont été profondément influencées par les écrits de Mach, parce que Mach a étudié en profondeur l'épistémologie. Mais dans une société de type $\bar{A}$, sa déclaration doit être légèrement reformulée, à savoir : "Toutes les personnes ne connaissent pas ou ne se rendent pas compte de l'importance de l'épistémologie, ou ne semblent pas s'en préoccuper consciemment; mais tous en ont une inconsciemment et agissent et vivent en fonction d'elle. Chaque personne a ses propres problèmes, dont la solution exige toujours l'être humain complet, et aucun être humain n'est complet s'il ne se rend pas compte consciemment de la présence permanente dans sa vie de certaines normes d'évaluation. Chacun a donc *une certaine* épistémologie. Il n'y a pas moyen de s'en séparer, pas plus que de l'air ou de l'eau, et de vivre. Le seul problème est de savoir si ses critères d'évaluation sont pollués par les vestiges primitifs d'époques révolues, de diverses manières, ou s'ils sont assainis par la science et l'épistémologie moderne."

Le présent travail montre que tout système implique une épistémologie particulière que nous acceptons inconsciemment, une fois que nous acceptons le système.

Évaluer un système équivaut pratiquement à formuler son épistémologie. Ceci est strictement connecté aux recherches linguistiques et structurelles.

Afin de centraliser et de coordonner les efforts $\bar{A}$ une *Bibliothèque Internationale Non-aristotélicienne a été* créée, dont le champ d'action englobe, en fin de compte, toutes les doctrines connues et tous les intérêts humains, et dont la première publication est le présent manuel. Afin de faciliter l'application des disciplines $\bar{A}$ et de stimuler les recherches, une *Société Internationale Non-aristotélicienne* a été constituée, dont le siège se trouve à New York et dont les branches seront établies dans toutes les villes du monde dotées d'établissements d'enseignement. Les principaux objectifs de la Société sont d'ordre scientifique et éducatif et consistent à étudier, au moyen de communications et de conférences suivies de discussions, les aspects $\bar{A}$ nécessaires à la révision et, par conséquent, à la coordination de toutes les sciences existantes et de toutes les préoccupations de l'être humain. Comme les aspects de la science qui intéressent la Société sont *structurels* et *sémantiques,* du point de vue d'une *théorie générale des valeurs*, les conférences auront un caractère général non technique et s'adresseront à des profanes en sciences intelligents. La science ne serait pas 'vulgarisée' mais analysée d'un point de vue épistémologique fondamental $\bar{A}$, obligeant les orateurs et les auteurs des articles à analyser les fondements *non-élémentalistiques*, structurels et sémantiques de l'expérience, ainsi que des théories. Le profane en sciences en bénéficierait parce qu'il recevrait un enseignement structurel facilement compréhensible, sans être égaré par l'ancienne 'vulgarisation'. Plus tard, si cela est économiquement possible, il est prévu de publier une *Revue Internationale Non-aristotélicienne* mensuelle et d'organiser des *Congrès Internationaux Non-aristotéliciens*.

Le système-A (*Aristotélicien*) est le résultat des *réactions sémantiques* de la civilisation occidentale d'il y a plus de deux mille ans ; elle a construit les doctrines, les institutions, etc., appropriées à ce système. À cette époque, les connaissances étaient très maigres ; l'interconnexion des différents peuples, vague ; les moyens de communication, très primitifs, etc. On peut considérer que la science, et en particulier les mathématiques, ont entamé une révolution en cherchant explicitement à structurer et à ajuster la structure des langages scientifiques, que nous appelons habituellement 'terminologie', 'théories', etc. Les conditions de vie modernes sont, dans une large mesure, tributaires de la science $\bar{A}$ mais exploitées par les doctrines complètement A (*Aristotéliciennes*) des commerçants, des militaristes, des politiciens, des prêtres, des avocats, etc., ce qui aboutit à un chaos déconcertant, entraînant des souffrances inutiles, grandes et imposées pour les grandes masses de l'humanité, comme l'illustrent des cataclysmes tels que les guerres, les révolutions, le chômage, les différentes crises économiques, etc.

Les disciplines $\bar{A}$, ou la science *en tant que telle*, sont tout à fait bénéfiques à l'humanité dans son ensemble ; mais l'exploitation et l'utilisation A (*Aristotélicienne*) de ces produits $\bar{A}$ sont, et ne peuvent qu'être, une source de souffrances infinies pour l'énorme majorité de l'humanité, conduisant automatiquement à toutes sortes de ruptures. Il est impossible de donner une analyse plus complète de cette interrelation complexe, car cela nécessiterait un volume séparé ; je ne présenterai donc qu'un tableau de quelques suggestions qui se recoupent.

Normes d'évaluation non-aristotéliciennes, Scientifiques, Adultes	Normes d'évaluation, Aristotéliciennes, Infantile Du Mercantilisme, Militarisme, Etc.
Les sciences biologiques.	
La médecine, en particulier, a découvert des moyens de conserver ou de rétablir la santé, d'éliminer la souffrance, de sauver et de prolonger la vie, etc. ; mais la médecine nous donne aussi des moyens de prévenir la surpopulation de la planète et nous enseigne ainsi comment éviter les grandes souffrances dues à la surpopulation, qui se traduit par une lutte acharnée pour la nourriture, le logement, l'emploi, etc.	La médecine commercialisée n'est pas accessible à la grande masse des pauvres. Le mercantilisme, le militarisme, les rêves infantiles "d'empires mondiaux" favorisent la reproduction non-intelligente en grand nombre, ce qui fait monter le prix des terres et des maisons, abaisse le prix de la main-d'œuvre, fournit de la chair à canon, etc. Le contrôle intelligent du nombre de la population est empêché par l'emprisonnement et la persécution des travailleurs scientifiques, persécution qui n'affecte que les pauvres et les sans instruction.
Chimie.	
Les antiseptiques, fondamentaux pour la médecine et le contrôle de l'augmentation ou de la diminution de la population.	Encouragement de la surpopulation par la rétention forcée de connaissances auprès des masses.
Médicaments, fondamentaux pour la médecine.	Utilisation de drogues en temps de guerre pour permettre au soldat pour supporter deux fois plus de douleurs. Trafiquants de drogue commercialisées.
Explosifs, nécessaires à l'agriculture, à l'exploitation minière, etc	Utilisation d'explosifs puissants pour tuer dans la lutte pour des 'empires mondiaux' finalement futiles.
Production de produits alimentaires. Alcool, vin, bière, etc.	Destruction de la nourriture pour maintenir les prix à un niveau élevé. Commercialisation de la boisson. Saloons, crimes, 'prohibitions', financement des gangsters, corruption du gouvernement et de la justice, etc.
Gaz toxiques, nécessaires à l'élimination des insectes.	Les gaz toxiques dans les guerres.
Linguistique	
La loi, en tant qu'expression de certaines normes d'évaluation.	Interprétations par des avocats commerciaux pour contourner la loi, et influence de la formulation de la loi afin de rendre possible le contournement. Lobbyistes.
Les journaux, les magazines, etc., qui constituent les moyens éducatifs les plus puissants.	Journaux commercialisés, etc., contrôlés par les profits et la publicité, fournissant un matériel abrutissant et contrôlé, stimulant les potentialités morbides de la foule, afin d'augmenter le tirage, etc.

Normes d'évaluation non-aristotéliciennes, scientifiques, adultes	Normes d'évaluation, aristotéliciennes, infantile du mercantilisme, militarisme, etc.
Les autres imprimés publics, qui fournissent des informations nécessaires ou utiles.	Publicités commercialisées. Jeux de mots schizophrènes, promotion de l'infantilisme, etc.
Les religions représentent des rationalisations structurelles primitives, ou une 'science' primitive ; elles sont également conçues comme des guides de conduite et d'ajustement, conformément aux hypothèses structurelles de l'époque de leur origine primitive.	Religions commercialisées. Les religions ayant dépassé leur utilité, elles deviennent souvent des prêtrises comme source de revenus et de contrôle. Le parrainage de normes d'évaluation primitives et délirantes, souvent à des fins privées. L'imposition de normes d'évaluation primitives implique des facteurs pathologiques.

Physique et sciences connexes.

Les avions, en tant que moyens de communication et d'exploration scientifique.	Avions militarisés, moyens de destruction et de meurtre.
Les automobiles, en tant que moyens de transport et de plaisir.	Automobiles militarisées, comme moyens de destruction et de souffrance.
Les machines et les outils, en tant que moyens d'éliminer les efforts inutiles et de tirer pleinement parti des ressources naturelles, d'améliorer le confort et les conditions sanitaires, de permettre davantage de loisirs pour les activités culturelles, etc.	Machines commercialisées, comme moyen d'accroître les profits individuels et les souffrances des masses de plus en plus nombreuses de chômeurs et d'affamés. Production en masse d'armes, de munitions, etc., en vue d'une extermination et d'une destruction massives, et de profits plus importants pour les fabricants et les investisseurs.
Les films cinématographiques en tant que puissants moyens d'éducation.	Commercialisation des films cinématographiques, pour stimuler et satisfaire les foules sur les plans érotique et morbide, et pour la propagande privée.
La radio, puissant moyen de communication et d'éducation.	Radio commercialisée, publicité, propagande privée, qui stimule souvent les penchants morbides de la foule.
Les chemins de fer, en tant que moyens de transport public.	Les chemins de fer commercialisés, comme moyen de réaliser des gains privés et de contrôler par quelques-uns de vastes régions et de nombreuses personnes.
Les tracteurs, en tant que moyens de transport et sources d'énergie dans l'agriculture.	Les tracteurs, en tant que chars d'assaut et moyens de destruction et de meurtre dans les guerres.

Les fonctionnaires.

Les juges, en tant que gardiens de certaines normes d'évaluation.	Politiciens commercialisés, en tant que juges, corruption, manque de justice, etc.
Les avocats, en tant qu'assistants dans l'administration de la justice	Commercialisation et corruption de la profession juridique.

Normes d'évaluation non-aristotéliciennes, Scientifiques, Adultes	Normes d'évaluation, Aristotéliciennes, Infantile Du Mercantilisme, Militarisme, Etc.
La police, en tant que force exécutive, régulatrice et de sécurité.	Moyens d'échapper à la justice ou de la pervertir. Commercialisation de la police par les politiciens, corruption, combinaisons avec la pègre, etc.
Le sport, en tant que moyen de préserver et de développer la santé, l'orientation coordonnée, le fair-play et, dans une moindre mesure, la récréation.	Commercialisation des sports, élimination des avantages. Jeux d'argent. Abaissement des normes éducatives, etc.

D'un point de vue $\bar{A}$ qui élimine les *réactions sémantiques* primitives, il devient évident que l'humanité représente une classe de vie de time-binding interdépendante, et que tout groupe de personnes qui possède des moyens physiques de destruction et conserve des normes d'évaluation infantiles devient une menace pour la culture de l'ensemble de la civilisation. Dans ces conditions, nous devons disposer d'organismes d'échange et d'évaluation de nos normes au niveau international, ainsi que de méthodes qui nous aideraient à ajuster ces normes.

À présent, nous devons admettre qu'avec les progrès modernes, rapides et internationaux de la science, nous disposons de normes $\bar{A}$ internationales relativement bien établies en matière de valeurs scientifiques. Les congrès scientifiques internationaux sont non seulement nécessaires au progrès de la science, mais ils prouvent aussi explicitement que la science est entièrement internationale.

L'institution la plus récente et la plus importante $\bar{A}$ se trouve dans la Société des Nations, (NdT : La Société des Nations (1920 – 1946) est la première organisation intergouvernementale créée pour "développer la coopération entre les nations et pour leur garantir la paix et la sécurité". Elle a précédé les Nations Unies.) qui englobe pratiquement tout le monde civilisé, à l'exception d'un très petit nombre de nations qui font preuve d'une distanciation infantile et A (*Aristotélicienne*), en utilisant différentes excuses trompeuses, et qui, dans une large mesure, handicapent le pouvoir et l'utilité de la Société.

Comme nous l'avons appris récemment, non seulement les accomplissements humains, mais aussi les catastrophes humaines, sont le plus souvent interreliées et internationales, et le sont de plus en plus chaque année. À l'évidence, avec l'étroitesse, l'égoïsme, la myopie, l'infantilisme, le mercantilisme, le militarisme, le nationalisme, etc., effrénés du système A (*Aristotélicien*), l'humanité, pour éviter d'autres catastrophes majeures de ce système A (*Aristotélicien*), devrait créer un organisme international spécial qui coordonnerait les diverses réalisations structurelles, les efforts, etc., et qui formulerait et informerait les grandes masses de l'humanité des normes $\bar{A}$ scientifiques modernes d'évaluation des adultes.

À présent, nous disposons déjà des agences nécessaires, mais elles sont encore inefficaces et non-coordonnées. Il s'agit des congrès scientifiques internationaux et de la Société des Nations. Les points faibles de ces organisations résident dans le fait que les congrès scientifiques sont trop lourds, coûteux, non coordonnés et uniquement périodiques. La Société des Nations, bien qu'il s'agisse d'un organe de type $\bar{A}$ dans sa structure, est principalement composée de personnes qui ne connaissent pas d'autres critères d'évaluation que l'A (*Aristotélisme*), et qui donc souvent manquent des moyens pour présenter une argumentation scientifique, ou $\bar{A}$, et ne se rendent généralement pas compte de l'énorme pouvoir qu'ils auraient dans un système-$\bar{A}$. Dans les affaires humaines, par exemple, il ne peut y avoir d'absent neutre et innocent. Un tel absent, armé de canons et de cuirassés, devient un puissant facteur de blocage et donc, en fin de compte, de perturbation pour le reste de la civilisation. Un tel absent n'est donc pas coupable par omission ; mais, du point de vue $\bar{A}$, devient coupable par obligation. La Société des Nations, lorsqu'elle sera définitivement et pleinement alliée à la science internationale, aura un jour l'audace de faire une telle déclaration et d'agir en conséquence. Une Ligue $\bar{A}$ des Nations consciente ne se limitera pas à la tâche ingrate et très souvent inutile d'ajuster les inévitables conflits de normes d'évaluation A (*Aristotéliciennes*), mais entreprendra, avec la pleine coopération des scientifiques, le devoir beaucoup plus important, constructif et unique de gardien et de chef de file de la culture humaine. Une telle Société des Nations deviendrait une organisation scientifique, professionnelle, internationale, coordonnatrice, culturelle et time-binding pour toutes les nations. Les gouvernements A (*Aristotéliciens*) nationaux, au lieu de se contenter de *donner des instructions* à leurs représentants A (*Aristotéliciens*), *consulteraient* d'abord les nouveaux *spécialistes $\bar{A}$*.

De nombreux politiciens et leurs partisans deviennent presque hystériques à l'évocation de la Société des Nations, qu'ils associent mystérieusement à un 'super-État' ou à un 'contrôle', etc. Permettez-moi de dire tout de suite qu'une classe de vie symbolique, ou humaine, est très largement contrôlée par des facteurs qu'elle ignore, cachés, souvent pathologiques, etc., qui *échappent au contrôle public*, dont la majorité est totalement ignare. Dans la classe de vie symbolique humaine, personne n'est entièrement libre, mais toutes nos vies sont intriquées dans une interdépendance de relations humaines. La dépendance à l'égard de ces puissances qui sont aujourd'hui cachées et *échappent au contrôle public* constitue un grave danger pour tous. Il n'en va pas ainsi avec une opinion publique scientifique et éclairée, dotée de normes d'évaluation adultes, telles que formulées par une future coordination de la science et de la Société des Nations. Ces opinions-hautement-majoritaires resteront des opinions, ou des déclarations de normes d'évaluation, que tout membre de la Société pourra accepter ou rejeter ; mais il lui faudra alors déclarer publiquement ses normes d'évaluation et décider consciemment d'agir avec ou contre, ou d'éclairer davantage l'opinion de la société humaine. Il n'est évidemment pas question de 'Super-États' ou de 'contrôle', si ce n'est la demande unifiée d'une prise de position consciente et explicite sur n'importe quel sujet important par n'importe quelle nation. L'opinion publique fera le reste, une fois qu'elle aura été incitée à agir.

Je ne suis pas un pacifiste au sens où on l'entend. Dans une société animalistique, infantile ou A (*Aristotélicienne*), ce serait non seulement impossible mais carrément idiot. Bien au contraire, je suis dégoûté par les normes infantiles qui régissent les guerres. Ainsi, nos dirigeants et nos seigneurs de guerre, soutenus par le mercantilisme, comme des petits garçons, font des guerres une sorte de jeu et contribuent ainsi à les préserver en tant qu'institution. Dans une société cohérente, les guerres devraient être aussi impitoyables que possible *pour tous*. Si quelqu'un veut la guerre, il doit en assumer toutes les conséquences. Mais cela ne conviendrait pas à nos gouvernants infantiles ; ils savent que lorsque les petits garçons jouent à la guerre, et qu'un groupe devient trop brutal, l'autre groupe refuse de jouer, et le jeu de la guerre prend fin.[3] Tous ces 'humanitarismes' pervers ne font qu'encourager les guerres parce que, dans une guerre moderne illimitée, les gens reviendraient vite à la raison et refuseraient de souffrir pour le bénéfice d'un très petit nombre. Je suis donc loin d'être un pacifiste A (*Aristotélicien*).

Mais pourquoi nos destins devraient-ils dépendre de la structure accidentelle et primitive du langage que nous utilisons, etc., dépasse mon entendement. Je reconnais que si nous acceptons tels ou tels postulats, des 'logiques' A (*Aristotéliciennes*) deux-valuées, *élémentalistiques*, structurellement fausses quant aux faits, des 'psychologies', etc., toutes les conséquences anciennes et trop familières s'ensuivent, que nous avons, dans notre ignorance, imposées à la vie humaine.

Mais si nous plaçons tous les systèmes et toutes les 'logiques', etc., sur de nouvelles fondations $\bar{A}$, structurellement plus proches des faits de la vie (1933), toutes les anciennes conclusions peuvent même être inversées. Le problème qui se pose aujourd'hui à l'humanité est de savoir si le nouveau système-$\bar{A}$ a une structure plus proche du monde et de notre système nerveux que l'ancien. De la réponse à cette question dépend l'avenir de la civilisation.

Du point de vue actuel, nous devrions établir avec la Société des Nations un département scientifique $\bar{A}$ permanent, composé de quelques-uns des meilleurs savants de tous les pays, qui resteraient en contact, non seulement avec les développements de leurs spécialités, mais les coordonneraient également sur des bases structurelles et épistémologiques générales. Ce département serait l'autorité internationale en matière de normes d'évaluation modernes, révisées et coordonnées, qui seraient publiées dans des actes spéciaux. Les divergences actuelles et le manque de coordination entre les différentes branches de la connaissance deviennent véritablement alarmants et préjudiciables à l'humanité, parce qu'en 1933, il est humainement impossible pour une seule personne de tenter une telle coordination. Les membres de ce groupe seraient choisis par les universités de chaque pays. Dans leurs recherches, leurs études conjointes et leurs résultats, l'humanité dans son ensemble trouverait les avis scientifiques et les opinions $\bar{A}$ les plus fiables produits à chaque date, et disposerait de normes d'évaluation définies et conscientes pour s'orienter.

Le 'vote' moderne présente certains avantages dans les affaires locales, mais lorsque sa validité très limitée n'est pas comprise, il devient un grave danger pour l'humanité. Ainsi, lorsque nous sommes malades ou que nous voulons faire construire un pont, nous demandons à des spécialistes leur coopération scientifique ; nous ne pourrions guère compter sur des électeurs ignorants. Similairement, dans une civilisation scientifique $\bar{A}$, les grands problèmes de l'humanité seraient analysés par des spécialistes scientifiques, des recommandations seraient proposées pour être acceptées ou rejetées, selon le cas ; mais l'électeur ignorant aurait à sa disposition l'opinion impartiale, impersonnelle et responsable de spécialistes scientifiques internationaux à comparer avec les équivoques de quelque politicien local ignorant.

Pour faciliter ces activités $\bar{A}$ futures, la Société Internationale Non-Aristotélicienne a été créée. On espère que bientôt les travailleurs scientifiques, éducatifs, d'hygiène mentale, etc., commenceront à s'unir sur une base locale et nationale $\bar{A}$. Plus tard, des congrès internationaux réuniront les sociétés locales qui, à terme, deviendront une institution permanente, très probablement dans le cadre de la Société des Nations.

En formulant le système ci-dessus, une observation curieuse s'est imposée à moi, à savoir que des affirmations qui sont, par exemple, tout à fait légitimes pour le langage anglais, même si elles s'appliquent probablement en général à tous les langages indo-européens, ne s'appliquent pas dans la même mesure.

Je connais intimement six langages, deux slaves, deux latins et deux teutons, ainsi que les tendances psycho-logiques de ces groupes. J'ai été amené à soupçonner fortement que les différences les plus fines dans la structure de ces langages et leur utilisation sont connectées à la sémantique de ces groupes nationaux. Une enquête sur ce problème présente, à mon avis, de grandes possibilités sémantiques et pourrait constituer la base de la compréhension des différences psycho-logiques internationales. Une fois formulée, elle nous conduirait à une meilleure compréhension mutuelle, en particulier si une révision sémantique $\bar{A}$ de ces différents langages était entreprise. À ma connaissance, ce domaine de recherche est entièrement nouveau et très prometteur.

Il doit être évident pour le lecteur qu'un programme aussi vaste est hors de portée d'un seul homme et l'auteur espère que le public s'intéressera à cette entreprise.

Si le système-$\bar{A}$ n'a fait qu'attirer l'attention de l'humanité sur certains problèmes négligés, s'il n'a fait qu'indiquer la voie, non pas vers des panacées, mais vers des suggestions en vue d'un programme scientifique opportun, constructif et unifié permettant d'éviter ou d'atténuer les désastres futurs, l'auteur sera satisfait.

LIVRE III

DONNÉES STRUCTURELLES SUPPLÉMENTAIRES SUR LES LANGAGES ET LE MONDE EMPIRIQUE

Le langage de tous les jours pue la philosophie . . . Il s'effondre au moindre progrès de la connaissance. Il se brise à chaque fois que la connaissance progresse. En son cœur se trouve le paradoxe.

Le langage des mathématiques, au contraire, se maintient et s'affermit. Il rend service aux hommes au-delà de tout autre langage. (25)

ARTHUR F. BENTLEY

Rien n'est plus intéressant pour le vrai théoricien qu'un fait qui contredit directement une théorie généralement admise jusqu'alors, car c'est là son travail particulier. (415)

M. PLANCK

Il n'est pas surprenant que notre langage soit incapable de décrire les processus qui se produisent à l'intérieur des atomes, car, comme on l'a fait remarquer, il a été inventé pour décrire les expériences de la vie quotidienne, et celles-ci ne consistent qu'en des processus impliquant un très grand nombre d'atomes. En outre, il est très difficile de modifier notre langage pour qu'il soit capable de décrire ces processus atomiques, car les mots ne peuvent décrire que des choses dont nous pouvons nous faire une image mentale, et cette capacité, elle aussi, est le résultat de l'expérience quotidienne. (215)

W. HEISENBERG

REMARQUES PRÉLIMINAIRES

In re mathematica ars proponendi quaestionem pluris facienda est quam solvendi. (*NdT : en mathématiques, l'art de poser des questions est plus précieux que la résolution de problèmes*) (74)

GEORG CANTOR

Nous ne pouvons pas décrire la substance, nous ne pouvons que lui donner un nom. Toute tentative de faire plus que de donner un nom conduit immédiatement à l'attribution d'une structure. Mais la structure peut être décrite dans une certaine mesure ; et lorsqu'elle est réduite à des termes ultimes, elle semble se résoudre en un complexe de relations . . . Une loi de la nature se résout en une relation constante, . . . des deux conditions du monde auxquelles les différentes classes de quantités observées formant les deux côtés de l'équation peuvent être rattachées. Une telle relation constante indépendante du code de mesure ne peut être exprimée que par une équation tensorielle. (148)

A. S. EDDINGTON

Nous avons trouvé des raisons de croire que cette action créatrice de l'esprit suit de près le processus mathématique de la différenciation hamiltonienne d'un invariant. (148)

A. S. EDDINGTON

La seule justification de nos concepts et de notre système de concepts est qu'ils servent à représenter le complexe de nos expériences ; au-delà, ils n'ont aucune légitimité. Je suis convaincu que les philosophes ont eu un effet néfaste sur le progrès de la pensée scientifique en déplaçant certains concepts fondamentaux du domaine de l'empirisme, où ils sont sous notre contrôle, vers les hauteurs intangibles de l'*a priori*. (152)

A. EINSTEIN

En rédigeant l'étude *sémantique* suivante d'un domaine assez vaste des mathématiques et de la physique, j'ai été confronté à la tâche difficile de sélectionner les livres sources. *N'importe quel* traité mathématique implique des notions conscientes et souvent inconscientes concernant "l'infini", la nature des nombres, les mathématiques, la 'preuve', la 'rigueur', etc., qui sous-tendent les définitions d'autres termes fondamentaux, tels que 'continuité', 'limites', etc. Il semble que lorsque nous découvrons une *relation empirique* universellement *constante*, telle que la 'non-identité', et que nous l'appliquons, toutes les autres hypothèses doivent être révisées à partir de ce nouveau point de vue, quelles que soient les conséquences surprenantes qui peuvent en découler.

À présent, ni les profanes en sciences ni la majorité des scientifiques ne se rendent compte que le comportement mathématique humain comporte de nombreux aspects qui ne devraient jamais être identifiés. Ainsi,

(1) être attentif, d'une manière ou d'une autre, que 'un et un se combinent d'une manière ou d'une autre pour former deux' est une notion courante même chez les enfants, les déficients 'mentaux' et les peuples les plus primitifs.

(2) La notion mathématique '1+1=2' représente déjà un stade de développement très avancé (en théorie, en méthode, etc.), bien que dans la *pratique* ces deux *réactions sémantiques* puissent conduire à un même résultat. Il convient de noter que le point (1) ci-dessus représente une *réaction sémantique* individuelle, puisqu'il ne s'agit pas d'une formulation générale, et que le point (2) représente et implique une

réaction sémantique généralisée. Cela épuise-t-il le problème de '1+1=2'? Cela ne semble pas être le cas. Ainsi,

(3), dans les *Principia Mathematica* de Whitehead et Russell, qui traitent des significations et des fondements des mathématiques, écrites dans une sténographie spéciale, abrégeant les énoncés peut-être dix fois, il faut plus de 350 grandes pages 'sténographiques' pour arriver à la notion de 'nombre un'.

Il est évident que nous ne devrions pas identifier la manipulation des symboles mathématiques avec les aspects sémantiques des mathématiques. L'histoire et les recherches montrent que les deux aspects sont nécessaires et importants, bien que des deux, les découvertes sémantiques soient strictement connectées aux progrès révolutionnaires de la science, et ont invariablement marqué une nouvelle période du développement humain. Le lecteur trouvera au Chapitre XXXIX un exemple très impressionnant de ce fait *général*. Ainsi, ce que l'on appelle la 'transformation de Lorentz' *ressemble* à la 'transformation d'Einstein'. Lorsqu'elles sont manipulées numériquement, les deux donnent des résultats numériques égaux, mais les significations et les aspects sémantiques sont différents. Bien que Lorentz ait produit la 'transformation de Lorentz', il n'a pas, et n'*aurait pas pu*, produire la théorie révolutionnaire d'Einstein.

Il est bien connu que les mathématiciens sont d'accord lorsqu'il s'agit de manipuler des symboles, mais lorsqu'il s'agit des aspects sémantiques ou des significations, etc., il est vrai qu'ils sont désespérément en désaccord. Dans un monde A (*Aristotélicien*) prédominant, nous n'avons pas eu de théorie satisfaisante de "l'infini", ni de définition $\bar{A}$ des nombres et des mathématiques. Il en résulte nécessairement que les aspects sémantiques de pratiquement tous les ouvrages mathématiques importants rédigés par différents auteurs impliquent souvent des *présupposés sémantiques individuels* ou des orientations concernant les principes fondamentaux. Mon exposé se veut avant tout sémantique et élémentaire, et ne s'intéresse que de loin à la manipulation des symboles. Un système-$\bar{A}$, qui rejette "l'identité", diffère très largement des attitudes A (*Aristotéliciennes*) et introduit des exigences $\bar{A}$ distinctes. J'ai donc dû sélectionner parmi de nombreux ouvrages, avec leurs présupposés *individuels*, ceux qui étaient moins en conflit avec les principes $\bar{A}$ que les autres.

Une enquête sur les traités mathématiques importants montre que, bien que la majorité des mathématiciens modernes abjurent explicitement "l'infinitésimal", cette notion persiste dans certaines présentations. Dans ma présentation, je rejette "l'infinitésimal" explicitement et implicitement, bien que les formules ne soient pas modifiées. Le calcul 'moderne' est fondé *officiellement* sur la théorie des limites, mais comme la théorie des limites implique la théorie non clarifiée de "l'infini", etc., je n'aurais rien gagné sur le plan sémantique et pour mon propos si j'avais mis l'accent sur ces possibilités formelles du calcul. Bien au contraire, si je l'avais fait, je n'aurais pas souligné le principe et la tâche les plus fondamentaux $\bar{A}$ d'établir la *similarité de structure entre les langages et les niveaux et événements indicibles comme conséquence première et cruciale de l'élimination de l'identité*. Pour ces raisons importantes, dans ma présentation, j'ai suivi certains manuels plus anciens, en particulier celui d'Osgood, qui, d'un point de vue $\bar{A}$, sont plus solides que les rationalisations et les justifications plus récentes, essentiellement A (*Aristotéliciennes*).

Cependant, il faut se rendre compte que pratiquement tous les mathématiciens exceptionnels et créatifs ont eu, et ont encore, des attitudes $\bar{A}$. Pourtant, ces attitudes bénéfiques privées, n'étant pas formulées dans un système-$\bar{A}$, n'ont pas pu devenir des atouts *conscients*, simples, réalisables, publics et éducatifs. Nous pouvons être simples sur ce point. Avec l'élimination de l'identité, la structure devient le *seul* contenu *possible* de la 'connaissance' - et la structure des niveaux indicibles doit être *découverte*. La découverte dépend de la façon de trouver de *nouvelles* caractéristiques, et donc de caractéristiques *différentes*. Dans la *formulation* de la dernière phrase, nous ne pouvons pas faire de la 'formation à la découverte' une *discipline éducative*. Le contraire est vrai dans un système-$\bar{A}$, fondé sur la non-identité, car *nous pouvons nous former simplement et efficacement à la non-identité*, qui conduit finalement à la différenciation, et donc à la découverte.

En raison du caractère élémentaire et purement sémantique des pages qui suivent, je me suis souvent abstenu de donner des rationalisations techniques, prétendument 'rigoureuses', et souvent A (*Aristotéliciennes*), que nous appelons parfois des définitions. Dans un traitement sémantique et $\bar{A}$, à ce stade pionnier, mettre l'accent sur des définitions anciennes serait très déroutant ; et je souhaitais éviter des 'définitions' wittgensteiniennes aussi spirituelles que "Un point dans l'espace est un lieu pour un argument". Dans un certain nombre de cas, et pour mon objectif, j'ai souvent évité les définitions formelles non-satisfaisantes, préférant m'appuyer sur les significations ordinaires des mots.

Pour le lecteur qui souhaite se familiariser avec une théorie élémentaire des limites et les ensembles de définitions correspondants, je suggère le livre de feu le professeur J. G. Leathem, *Elements of the Mathematical Theory of Limits* (Londres et Chicago, 1925). Cette théorie est fondée sur le *Calcolo Infinitesimale* de Pascal, *la Théorie des fonctions* de Borel et la *Théorie des séries* de Godefroy. Le livre de Leathem a été imprimé sous la supervision du professeur H. F. Baker, F.R.S., de l'université de Cambridge, et du professeur E. T. Whittaker, F.R.S., d'Édimbourg. Je donne ces noms pour des mathématiciens professionnels, afin d'indiquer la tendance sémantique qui sous-tend ce traitement particulier des limites et qui n'est pas trop en conflit avec une perspective $\bar{A}$. Cette perspective peut être résumée en partie, dans les mots de Borel, comme suit : "À l'évolution de la physique devrait correspondre une évolution des mathématiques qui, sans abandonner les théories classiques et éprouvées, devraient cependant se développer en tenant compte des résultats des expériences". Cette déclaration implique vaguement la 'similarité de structure', etc., et exige donc comme *modus operandi* le rejet de l'identité.

Il ne fait guère de doute qu'une révision complète et radicale des aspects sémantiques du comportement mathématique humain s'impose. Une telle révision semble être laborieuse et difficile, et devrait être entreprise du point de vue de la théorie des relations uniques et spécifiques, appelées nombres. Je doute qu'une seule personne puisse accomplir cette révision. Une telle entreprise sera probablement le résultat d'activités de groupe et peut, au début, être *unifiée* par la formulation d'un principe *fondamental* de non-identité, dont la méconnaissance, en partant de la science jusqu'aux maladies 'mentales', peut être trouvée à la base de pratiquement toutes les difficultés humaines évitables.

Les problèmes sont très compliqués et extrêmement difficiles, et doivent être traités sous de nombreux angles. À présent, nous avons de nombreuses sociétés scientifiques, regroupées en fonction de leurs spécialités, mais nous n'avons pas de société scientifique composée de *nombreux spécialistes différents* dont les travaux pourraient être unifiés par un *principe commun et général*. Il ne fait aucun doute que le principe "d'identité", ou de 'mêmeisme absolu sous *tous* les aspects', est invariablement faux quant aux faits. Le problème principal est de *traquer* cette perturbation sémantique de l'évaluation incorrecte dans tous les domaines de la science et de la vie, et cela nécessite un nouvel *organisme scientifique de coordination* composé de nombreux spécialistes, avec des antennes dans toutes les universités. Chaque groupe se réunirait, par exemple une fois par mois, pour discuter de ses problèmes et s'apporter une assistance technique mutuelle dans la recherche de *cette première perturbation sémantique générale*. De telles réunions stimuleraient énormément la productivité scientifique. En effet, sans un tel organe de coordination, les énormes développements techniques actuels dans chaque branche de la science empêchent la révision des principes généraux, dont, en dernière analyse, toutes nos autres activités dépendent grandement. La première tâche consiste donc à trouver un principe de coordination et à le présenter au monde scientifique.

La psychiatrie et l'expérience courante nous enseignent que c'est dans les cas graves de démence paradoxale que l'on trouve "l'identification" la plus développée. Les considérations $\bar{A}$ suggèrent que *n'importe quelle* identification, aussi légère soit-elle, représente un facteur de démence paradoxale dans nos réactions sémantiques. Le reste n'est qu'une question de degrés de cette inadaptation. De ce point de vue, on trouvera des facteurs de démence paradoxale même en mathématiques. En physique, ce n'est que depuis Einstein que ce facteur de non-sanité a été éliminé, et cette élimination a déjà produit un nombre toujours croissant de 'génies', ce qui signifie simplement que certaines inhibitions de mauvaise évaluation ont été éliminées chez ces jeunes gens, et qu'ils sont humainement plus 'normaux' que les autres.

En mathématiques, du point de vue $\bar{A}$, nous devons en premier ne *pas identifier* différents aspects de notre comportement mathématique, ni essayer de couvrir ces identifications d'aspects infinis par le seul et Très vieux terme 'mathématiques'. Ce mot, 'mathématiques', dans son *acception courante*, recouvre une fiction qui n'existe pas. Ce qui existe, et la seule chose dont nous nous occupons pour de vrai, c'est le *comportement mathématique humain, les réactions sémantiques* humaines et les *résultats* du *comportement mathématique* humain et des *réactions sémantiques*. Un traité, disons, sur une nouvelle mécanique quantique, n'a aucune valeur pour un singe ou un cadavre, et seuls le *comportement mathématique* humain et les *réactions sémantiques* ont une existence vraie *non-élémentalistique*, et c'est la *seule* chose qui compte vraiment. Nous voyons donc que les 'mathématiques' recouvrent une fiction inexistante *si elles sont* séparées de *manière élémentalistique* du comportement mathématique humain et des *réactions sémantiques*. J'utilise le terme 'mathématiques' dans le sens *non-élémentalistique* et tente de signaler certaines des difficultés que le non-élémentalisme implique à ce stade transitoire.

D'un point de vue $\bar{A}$, de non-identité, structurel et *non-élémentalistique*, le comportement mathématique humain doit être traité uniquement comme une discipline physico-mathématique, et les méthodes postulatoires doivent être utilisées exclusivement comme une méthode de *vérification* des plus précieuses. *Fonder* le comportement mathématique et les *réactions sémantiques* exclusivement sur des méthodes postulatoires revient à introduire dans la science des facteurs de démence praecox, ce qui ne fait qu'induire la propagation de l'inadaptation sémantique dans la vie.

Notre tâche principale dans la révision $\bar{A}$ des *réactions sémantiques* mathématiques consiste à éliminer l'identification de nos *réactions sémantiques* concernant "l'infini" et à formuler une définition $\bar{A}$ des nombres en termes de relations. Cela nous permettrait de reconstruire les *réactions sémantiques* mathématiques humaines du point de vue de la théorie des nombres, en tant que discipline *physico-mathématique*. La théorie intrinsèque ou interne des surfaces et le calcul tensoriel ou absolu sont méthodologiquement nos guides épistémologiques les plus sûrs.

Je suggérerais que les lecteurs mathématiques et scientifiques intéressés par une révision $\bar{A}$ devraient, dans un premier temps, dans leurs domaines particuliers, esquisser dans des documents techniques, présentés devant les sociétés internationales non-aristotéliciennes locales, des pièges *A* (*Aristotéliciens*) et des problèmes et perspectives $\bar{A}$. Ce n'est qu'après cela que nous pourrons commencer à coordonner leurs résultats, et ainsi initier une science et des mathématiques révisées et unifiées, et peut-être en fin de compte une *civilisation scientifique* plus saine.

Les accomplissements scientifiques traitées dans le Livre III évoluent si rapidement et les points de vue techniques changent si souvent qu'il est impossible de leur rendre justice sur une page imprimée statique. L'auteur n'a pas ménagé ses efforts pour se tenir informé de ces développements scientifiques jusqu'à deux semaines avant la parution de ce livre ; cependant, comme ces nouveaux développements ne représentent pas des facteurs sémantiques nouveaux et fondamentaux, c'est délibérément que je ne les inclus pas ici. Dans certains cas, un auteur donné peut sembler changer d'avis, mais, du point de vue de l'*auteur*, il apparaît parfois que les notions originales étaient plus justifiées, et je les ai donc conservées sans les modifier.

Les pages qui suivent sont écrites exclusivement d'un point de vue sémantique, une entreprise qui est beaucoup plus difficile que de traiter un problème technique physico-mathématique restreint, parce qu'elle implique des observations de *second ordre* des observations d'ordre premier, de l'observateur d'ordre premier, et des relations entre eux, etc. Au moment de la révision finale du manuscrit et de la lecture des épreuves, j'ai constaté qu'il n'était pas facile de traiter à la fois de domaines, de langages et de symbolismes aussi variés, et j'espère seulement ne pas avoir négligé trop d'erreurs ou de fautes d'impression.

Si nous devons avoir des slogans, une devise $\bar{A}$ s'impose d'elle-même : 'Scientifiques du monde entier, unissez-vous'. Cette devise pourrait peut-être s'avérer plus constructive et opérationnelle que les slogans *A* (*Aristotéliciens*) *élémentalistiques* familiers qui ont le plus souvent conduit au démembrement de la société humaine. Il ne faut pas confondre les protestations contre une mauvaise administration avec la proclamation de *principes généraux* perturbateurs. Permettez-moi de répéter une fois de plus que le plus humble des travailleurs manuels *n'*est utile *que* grâce à son système nerveux humain, qui a produit toute la science, et qui le différencie de l'animal, et non pas principalement pour ses seules mains ; sinon, nous élèverions des singes pour faire le travail du monde.

Pour l'explication de certaines notions géométriques et de certaines parties de la théorie d'*Einstein*, j'ai souvent suivi de très près la *théorie de la relativité d'Einstein* de Max Born, qui est de loin le meilleur exposé élémentaire que j'ai lu, ainsi que les livres d'Eddington. Dans le domaine quantique, j'ai surtout suivi les livres de Biggs, Birtwistle, Bôcher, Haas et Sommerfeld, et je tiens à reconnaître ma dette envers ces auteurs.

J'ai également de lourdes obligations envers les professeurs E. T. Bell, P. W. Bridgman, B. F. Dostal, R. J. Kennedy et G. Y. Rainich, qui ont eu la gentillesse de lire le manuscrit et/ou les épreuves, et dont les critiques et les suggestions m'ont été précieuses. J'assume cependant l'entière responsabilité des pages qui suivent, d'autant plus que je n'ai pas toujours suivi les suggestions qui m'ont été faites.

PARTIE VIII
SUR LA STRUCTURE DES MATHÉMATIQUES

Étant moi-même un homme remarquablement stupide, j'ai dû me désapprendre les difficultés, et je me permets maintenant de présenter à mes camarades idiots les parties qui ne sont pas difficiles. Maîtrisez-les à fond, et le reste suivra. Ce qu'un imbécile peut faire, un autre le peut. (510)
SILVANUS P. THOMPSON

En outre, la théorie des surfaces est le modèle sur lequel toutes les théories supérieures sont construites et doivent être construites, et il est bon de la maîtriser complètement avant de tenter des généralisations. (425)
G. Y. RAINICH

Pour trouver de telles relations, Einstein a appliqué une méthode mathématique très puissante - le calcul des tenseurs - avec un succès extraordinaire. Le calcul permet d'extraire les lois de la nature, en séparant les excentricités de l'observateur de ce qui est indépendant de lui, avec la superbe efficacité d'une moissonneuse moderne. (21)
E. T. BELL

CHAPITRE XXXII
SUR LA SÉMANTIQUE DU CALCUL DIFFÉRENTIEL

> **Le principe de la connaissance du monde extérieur à partir du comportement de ses parties infinitésimales** est le moteur de la théorie de la connaissance en physique infinitésimale comme en géométrie de Riemann, et, en fait, le moteur de tous les travaux éminents de Riemann, en particulier ceux qui traitent de la théorie de la fonction complexe. (547) HERRMANN WEYL

> La conception des tenseurs est possible grâce à la circonstance que le passage d'un système de coordonnées à un autre s'exprime comme une transformation linéaire dans les différentielles. On utilise ici le procédé mathématique extrêmement fructueux qui consiste à rendre un problème 'linéaire' en revenant à des quantités infiniment petites. (547) HERRMANN WEYL

Section A. Introduction.

Dans la première version de ce livre écrite en 1928, les pages suivantes précédaient la Partie VII. Lors d'une dernière révision en 1932, il a semblé souhaitable de transférer les pages qui, pour les profanes en sciences, paraissent 'mathématiques', à la fin du volume, parce que la majorité des lecteurs, même intelligents, ont une sorte de "complexe d'infériorité" à l'égard de tout ce qui est 'mathématique'.

Le lecteur patient sait maintenant, je l'espère, que pour des raisons neurologiques, il doit pour le bien de la sanité être capable de traduire la dynamique en statique et la statique en dynamique, et qu'il doit connaître au moins la structure moderne de 'espace', 'temps' et 'matière'. Ces conditions semblent essentielles à la sanité, et je n'ai donc pas eu d'autre choix que de donner le minimum d'un aperçu structurel et sémantique, et de familiariser le lecteur avec l'existence de problèmes et de vocabulaires scientifiques modernes. Mon but n'est pas d'enseigner au lecteur les mathématiques ou la physique moderne. Je dois me limiter aux questions structurelles et sémantiques, car il existe d'excellents livres élémentaires qui lui donneront les informations nécessaires.

Les pages qui suivent ne doivent en aucun cas intimider le lecteur intelligent. Des déclarations structurelles élémentaires et des définitions sont données dans un langage simple, suivis d'illustrations pour rendre leurs significations plus compréhensibles. Les pages sont moins techniques qu'elles n'en ont l'air, car chaque exemple est traité de la manière la plus élémentaire dans tous ses détails, de manière à faciliter la lecture. La véritable difficulté pour certains lecteurs peut venir du blocage sémantique créé par l'utilisation de termes apparemment étranges et, pour eux, inconnus, ou d'un sentiment d'effroi ou d'horreur de tout ce qui est mathématique, dû à une introduction déplorablement défectueuse à une branche des mathématiques de la part d'un professeur innocent des aspects épistémologiques plus larges de la science. Je connais des scientifiques très doués en mathématiques qui ont dû surmonter cette phobie des mathématiques. Dès que le mot 'mathématiques' leur était prononcé, ils étaient 'mentalement' paralysés. Une peur 'émotionnelle' s'emparait d'eux et il leur fallait quelques mois pour surmonter ces *réactions sémantiques* infantiles indésirables. J'utilise le sujet des mathématiques pour illustrer cette difficulté, parce que je veux opposer la simplicité comparative des notions mathématiques à la complexité des problèmes humains et du langage. En effet, lorsque nous aurons compris les notions *les plus simples*, qui se trouvent être mathématiques, alors seulement nous pourrons mieux comprendre nos problèmes humains, qui sont en comparaison si difficiles et si confus.

Tout lecteur qui a une aversion pour les mathématiques aura tout intérêt à surmonter sa phobie sémantique et à parcourir ces pages, même plusieurs fois. Ce faisant, il trouvera alors les mathématiques simples, bien que pas toujours faciles. Il est toujours utile, d'un point de vue sémantique, de surmonter ses phobies ; cela permet de se libérer de peurs injustifiées, de sentiments d'infériorité, etc., Le but principal de toute cette discussion est d'évoquer les composantes sémantiques d'un Dupond vivant, lorsqu'il utilise habituellement la méthode qui sera expliquée ci-après. Cette méthode est si simple et si fondamentale que, sous la forme d'un système-$\bar{A}$ et simplifiée en fonction des dons de l'enseignant, elle sera un jour introduite dans les écoles *élémentaires* sans formalités techniques, comme méthode sémantique *préventive* contre "l'insanité", la non-sanité et d'autres difficultés nerveuses et sémantiques, comme base d'une formation à la *sanité* et à l'adaptation.

Section B. Sur le calcul différentiel.

1. CONSIDÉRATIONS GÉNÉRALES

Comme nous l'avons déjà vu, la notion structurelle de fonction est étroitement liée à celle de variable. La variable, à un niveau, ne 'varie' pas ; il s'agit d'une sélection par Dupond d'une valeur définie à partir d'un ensemble donné. Alors que ces processus se déroulent à l'intérieur de la peau de Dupond, il peut éprouver à un autre niveau un sentiment de 'changement'. La méthode de traitement de ces problèmes est fournie par le calcul mathématique différentiel et intégral.

Les débuts des méthodes traitant du 'changement' se trouvent même chez les anciens. Galilée, Roberval, Napier, Barrow et d'autres s'intéressaient aux méthodes 'fluxionnelles' avant Newton et Leibnitz.[1] Les découvertes faisant date de ces deux derniers mathématiciens ont consisté non seulement à perfectionner les connaissances acquises et à inventer de nouvelles méthodes, mais aussi - et c'est peut-être le plus important - à formuler une théorie *générale* de ces méthodes structurelles et à inventer une nouvelle notation adaptée à leur usage. L'abandon définitif des anciennes méthodes provisoires d'intégration au profit de méthodes dans lesquelles l'intégration est considérée comme l'inverse de la différenciation est surtout l'œuvre de Newton. Le travail principal de Leibnitz a été dans le domaine de la formulation précise de règles simples pour la différenciation dans des cas particuliers et l'introduction d'une notation très utile.

Il n'est pas exagéré de dire que le calcul est l'une des méthodes les plus inspirantes, créatives et structurelles des mathématiques. Il ne fait aucun doute que l'analyse des fondements des mathématiques et leur révision ont été suggérées par l'étude des méthodes de calcul. Il est *structurellement et sémantiquement la 'logique' de la sanité* et, en tant que tel, peut être transmis en fin de compte sans technicité par l'actuel système-$\bar{A}$ et la formation sémantique, à l'aide du Structurel Différentiel.

L'application du calcul différentiel à la géométrie a donné naissance à la géométrie différentielle. Cela a ouvert la voie aux notions d'Einstein et de Minkowski.

L'ensemble de la physique moderne devient possible grâce au calcul, et il sera probablement correct de dire que les accomplissements de l'avenir en dépendront également.

Le présent ouvrage s'en inspire également dans une large mesure et développe des méthodes simples et non techniques par lesquelles les *réactions* psycho-logiques, structurelles et *sémantiques* requises par le calcul peuvent être transmises aux masses dans l'enseignement élémentaire sans aucune connaissance technique. Cette déclaration n'inclut pas les enseignants, qui devraient connaître au moins les rudiments du calcul.[2]

Il est vrai qu'au début, nous ne soupçonnions pas que la sémantique du calcul était indispensable à l'éducation à la *sanité*. C'est la *seule* méthode structurelle qui peut réconcilier les abstractions d'ordre supérieur et d'ordre inférieur encore inconciliables. Sans cette réconciliation, à notre niveau actuel de développement, la sanité est une question de chance qui échappe à notre contrôle conscient ou pédagogique.

Rappelons la définition approximative d'une fonction : on dit que y est une fonction de x si, lorsque x est donné, y est déterminé. En symboles, on écrit $y=f(x)$, ce qui se traduit par "y est égale à une fonction de x" ou "y est égale à f de x". Si y est une fonction de x, ou $y=f(x)$, alors x est appelé la variable indépendante, c'est-à-dire celle à laquelle nous attribuons arbitrairement *la* valeur de notre choix parmi un ensemble donné de valeurs. La variable y est appelée variable dépendante, car sa valeur dépend de la valeur que nous attribuons à x.

Une fonction peut avoir plus d'une variable indépendante ; dans ce cas, nous avons une fonction de plusieurs variables. Il arrive fréquemment qu'à une valeur de la variable indépendante correspondent plusieurs valeurs de la variable dépendante. On dit alors que y est une fonction à multiple-valuée de x.

En gros, une fonction est dite continue si un petit incrément de la variable donne lieu à un petit incrément de la fonction.

Une théorie des fonctions peut être développée sans aucune référence aux graphiques et aux notions géométriques de coordonnées et de longueurs ; mais dans la pratique (et dans ce travail), il est extrêmement utile d'introduire ces notions géométriques, car elles facilitent l'intuition. Une définition moderne d'une fonction analytique est technique et inutile pour notre propos. Il suffit de dire qu'elle est connectée aux dérivées et aux séries de puissance, *ce qui signifie structure*.

La géométrie est une science très remarquable. Elle peut être traitée comme des mathématiques pures ou comme de la physique. Elle peut donc être utilisée comme un lien entre les deux ou comme un lien entre l'ordre supérieur et l'ordre inférieur des abstractions. Ce fait est d'une importance psycho-logique et sémantique considérable. Ce n'est pas un hasard si les auteurs les plus importants de la philosophie mathématique, ceux qui ont généralisé leur connaissance des mathématiques pour y inclure les résultats humains, étaient pour la plupart des géomètres.

En effet, Whitehead, dans son *Universal Algebra (Algèbre Universelle)* (p. 32), dit, à juste titre, qu'un traité d'algèbre universelle est aussi un traité sur certaines notions généralisées "d'espace". Par 'espace', il faut entendre 'plénitude', 'plénitude de quelque chose', plénum. Un discours naturellement cohérent, comme l'algèbre universelle, doit être un discours cohérent sur *quelque chose*. "L'espace généralisé" devient un plénum généralisé et appartient donc à *deux* domaines. L'un est sans contenu et formel, d'où l'algèbre généralisée ; l'autre, en ce qu'il se réfère à un plénum généralisé, devient la géométrie généralisée ou la physique généralisée.

L'importance principale de la géométrie réside peut-être dans le fait qu'elle peut être interprétée dans les *deux directions*. L'une se présente comme des mathématiques pures, et donc comme l'étude d'ensembles de nombres représentant des coordonnées. L'autre prend la forme d'une interprétation, dans laquelle ses termes impliquent un lien avec les entités empiriques de notre monde. Il est évident que si le discours n'est pas les choses dont on parle, nous devons avoir une discipline spéciale qui traduira le langage cohérent des mathématiques pures, qui est sans contenu par définition, en une autre façon de parler qui utilise un vocabulaire différent capable des *deux* interprétations.

Là encore, les différents ordres d'abstraction que produit notre structure nerveuse se reflètent parfaitement dans la structure même et les méthodes des mathématiques. La possibilité d'utiliser les 'intuitions' des abstractions d'ordre inférieur est extrêmement utile en mathématiques pures. Ce fait rend la géométrie également *unique*. Ce fait nous permet d'appliquer au développement de la géométrie les deux ordres d'abstractions - les 'intuitions', les 'ressentis' des abstractions d'ordre inférieur, et les méthodes statiques, 'de saut quantiques', de l'analyse pure. C'est également la raison pour laquelle la physique einsteinienne devient une géométrie quadridimensionnelle qui, parce qu'elle peut être traitée aux deux niveaux d'abstraction, fournit des moyens psycho-logiques extrêmement puissants et importants pour la sanité et la coordination nerveuse de la personne. Depuis Einstein, de nombreux scientifiques qui voient loin ont déclaré que, bien qu'ils ne sachent pas dans quelle mesure la théorie d'Einstein affectera notre vie, ils ont le sentiment qu'elle aura une influence considérable. J'ose suggérer que l'incidence de la théorie d'Einstein et de son développement sur les problèmes de sanité, telle qu'elle est expliquée dans cet ouvrage, est un résultat sémantique nouveau et inattendu de l'application de la science moderne à notre vie. De même que la théorie d'Einstein aurait pu être formulée il y a plus de deux cents ans, lorsque la vitesse finie de la lumière a été découverte, de même la théorie actuelle est en retard de plusieurs centaines d'années. La seule consolation qu'il nous reste est qu'il vaut mieux tard que jamais.

Le cadre de ce travail ne nous permet pas d'aller au-delà de ces simples remarques, et ne nous autorise qu'une très brève explication des débuts les plus fondamentaux et les plus élémentaires du calcul. Dans cette présentation, je ferai très souvent appel à l'intuition (abstractions d'ordre inférieur), car cela aidera le lecteur.

La notion de différenciation d'une fonction continue est le processus de mesure du taux de croissance, c'est-à-dire l'évaluation de l'accroissement de la fonction par rapport à la croissance ou à l'accroissement de la variable. Nous pouvons décrire ce processus comme suit : Si y est une fonction de x, il est utile de ne pas considérer x comme ayant l'une ou l'autre valeur particulière, mais comme s'écoulant ou croissant, tout comme nous ressentons le 'temps' ou suivons les ondulations produites par une pierre jetée dans un étang.

La fonction y varie en fonction de x, parfois à la hausse, parfois à la baisse. Nous avons déjà défini la variable comme *toute* valeur choisie dans un intervalle donné. Considérons notre x comme étant donné dans l'intervalle entre 1 et 5. Nous nous intéressons maintenant à toutes les valeurs que notre x peut prendre entre ces deux valeurs, ou, comme nous le disons, dans cet intervalle. Il est évident que nous pouvons sélectionner quelques valeurs, c'est-à-dire faire de grands pas ; comme, par exemple, attribuer à x les valeurs successives $x_1 = 1$, $x_2 = 2$, $x_3 = 3$, $x_4 = 4$, $x_5 = 5$. Dans ce cas, nous aurions peu de valeurs et la différence entre deux valeurs successives serait assez grande, par exemple, $x_3 - x_2 = 1$. Mais ces grandes différences ne nous intéressent pas beaucoup ici. Nous pouvons, si nous le souhaitons, choisir des différences plus faibles ; en d'autres mots, attribuer plus de valeurs à notre variable dans l'intervalle donné.

Prenons, par exemple, pour notre x la série de valeurs 1, $1\frac{1}{2}$, 2, $2\frac{1}{2}$, 3, $3\frac{1}{2}$, 4, $4\frac{1}{2}$, 5. Nous voyons ici que la différence entre deux valeurs successives est plus petite que 1, elle est de $\frac{1}{2}$. Nous avons donc déjà neuf valeurs, au lieu de cinq, que nous pouvons attribuer à notre x. Nous avons donc choisi des étapes plus petites pour procéder. Choisissons des étapes encore plus petites ; par exemple, $\frac{1}{4}$. Notre ensemble extensionnel de valeurs pour x dans l'intervalle entre 1 et 5 serait alors : 1, $1\frac{1}{4}$, $1\frac{1}{2}$, $1\frac{3}{4}$, 2, $2\frac{1}{4}$, $2\frac{1}{2}$, $2\frac{3}{4}$, 3, $3\frac{1}{4}$, $3\frac{1}{2}$, $3\frac{3}{4}$, 4, $4\frac{1}{4}$, $4\frac{1}{2}$, $4\frac{3}{4}$, 5. Nous voyons que dans l'intervalle entre 1 et 5, nous avons déjà 17 valeurs que nous pouvons assigner à notre variable, mais nous avons suivi la 'croissance' de notre x par des pas plus petits ; à savoir, par des pas de $\frac{1}{4}$. Si nous choisissons de réduire les pas à $\frac{1}{10}$, nous aurons pour notre ensemble extensionnel des valeurs : 1, 1.1, ..., 1.9, 2, 2.1, ..., 2.9, 3, 3.1, ..., 3.9, 4, 4.1, ..., 4.9, 5 : en tout, 41 valeurs pour x, deux valeurs successives différant de $\frac{1}{10}$. Si nous choisissons des pas encore plus petits - disons $\frac{1}{100}$ - nous avons 401 valeurs pour x et la différence entre deux valeurs successives est encore plus petite, à savoir $\frac{1}{100}$. Ce processus peut être poursuivi jusqu'à ce que nous ayons autant de nombres entre 1 et 5 que nous le souhaitons, puisque nous pouvons rendre la différence entre les nombres successifs de la séquence aussi petite que nous le souhaitons. À la limite, entre deux nombres quelconques, disons. 1 et 2, ou deux fractions quelconques, il existe une infinité d'autres nombres ou fractions. Il est évident que dans un intervalle donné, disons entre 1 et 5, nous pouvons avoir un nombre indéfiniment grand de nombres intermédiaires disposés selon une progression croissante, de telle sorte que la différence entre deux nombres successifs peut être rendue plus petite que n'importe quelle valeur assignée, qui est elle-même supérieure à zéro.

Ce qui précède peut être rendu plus clair par une illustration géométrique. Prenons un segment de ligne d'une longueur définie, disons 2 centimètres. Désignons les extrémités par les numéros 1 et 3. Dans la Fig. (A), nous divisons le segment

en deux parties égales de un centimètre chacune, et nous voyons que pour atteindre 3 en commençant par 1, nous devons procéder par deux grands sauts de 1 à 2, et de 2 à 3. Dans la Fig. (B), nous avons plus de pas dans l'intervalle, et les pas sont donc plus petits. Dans les figures (C) et (D), les pas sont encore plus petits et leur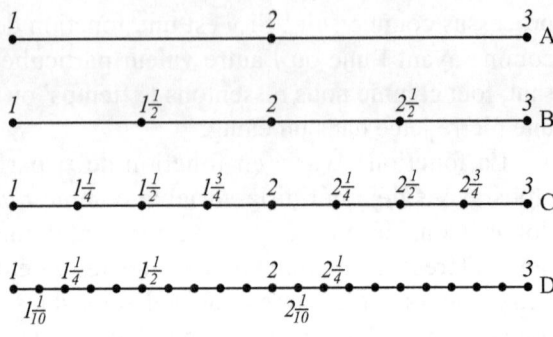
nombre plus grand. Si le nombre de pas est très grand, les pas sont très petits. Dans la limite, si le nombre de pas devient infini, la longueur des pas tend vers zéro et l'ensemble de ces points de division représente (en gros seulement) une ligne *continue*.

Il est important que le lecteur se familiarise avec les considérations simples ci-dessus, car elles lui seront très utiles dans *n'importe quel* domaine d'activité. Nous avons déjà appris à traduire, d'une manière ou d'une autre, des sauts discontinus en entités lisses et 'continues'. En raison de la structure de notre système nerveux, nous 'ressentons' la 'continuité', mais nous pouvons l'analyser en un nombre plus ou moins grand de sauts définis, selon nos besoins. Le secret de ce processus réside dans l'attribution d'un nombre croissant de sauts qui, à mesure qu'ils deviennent de plus en plus petits, ou tendent vers zéro, cessent d'être ressentis comme des sauts et sont ressentis comme un mouvement 'continu', ou un changement, ou une croissance, ou quoi que ce soit de ce genre.

Les films cinématographiques en sont un excellent exemple. Lorsque nous les regardons, nous voyons une très bonne représentation de la vie avec toute sa continuité de transitions entre la joie et la tristesse. Si nous regardons un film arrêté, nous trouvons un nombre défini d'images *statiques*, chacune différant de la suivante par une différence ou un saut mesurable, et la joie ou la tristesse qui nous a tant émus dans le jeu des acteurs sur le film *en mouvement*, devient un ensemble statique d'images statiques, chacune différant mesurablement de sa voisine par une grimace un peu plus ou un peu moins accentuée. Si nous augmentons le nombre d'images dans une unité de 'temps' en utilisant une caméra plus rapide et que nous lançons ensuite le film à la vitesse normale, nous obtenons ce que l'on appelle des images au ralenti, que nous connaissons tous. Dans ces images, nous remarquons une plus grande fluidité des mouvements qui, dans la vie, sont saccadés, comme, par exemple, les mouvements d'un cheval qui court. Ils paraissent lisses et non saccadés, le cheval a l'air de nager. En effet, nous nageons tout autant que les poissons, sauf que notre milieu, à savoir l'air, est moins dense que l'eau, et que nos mouvements doivent donc être plus énergiques pour vaincre la gravitation. L'exemple ci-dessus est en effet la meilleure analogie existante du fonctionnement de notre système nerveux et de la différence entre les ordres d'abstraction. Imaginons que quelqu'un veuille *étudier* un événement tel qu'il est présenté par la caméra. Que ferait-il? Il verrait d'abord l'image, dans sa forme dynamique et en mouvement, puis il arrêterait le mouvement et se consacrerait à la contemplation de l'ensemble extensionnel statique, ou série, des images statiques du film. Il convient de noter que les différences entre les images statiques sont finies, définies et *mesurables*.

Le pouvoir d'analyse que nous humains possédons dans nos abstractions d'ordre supérieur est précisément dû au fait qu'elles sont *statiques* et que nous pouvons donc prendre notre 'temps' pour enquêter, analyser, etc. Les abstractions d'ordre inférieur, comme le fait de *regarder* un film en mouvement, sont mouvantes et non permanentes et échappent donc à toute analyse sérieuse. Au niveau du *visionnage* du film *en mouvement*, nous avons une *impression* générale des événements, avec un souvenir très imparfait de ce que nous avons vu, coloré dans une large mesure par nos humeurs et d'autres états 'émotionnels' ou organiques. Nous nous trouvons au niveau changeant des abstractions d'ordre inférieur, des 'ressentis', des 'mouvements' et des 'émotions'. Les premiers centres inférieurs font de leur mieux dans un cas donné, mais la valeur de leurs résultats est très douteuse, car ils ne sont pas particulièrement fiables. Les abstractions d'ordre supérieur sont produites par les centres supérieurs, plus éloignés et qui ne sont pas en contact direct avec le monde qui nous entoure. Compte tenu de la vitesse limitée des courants nerveux, il faut du temps pour que les impulsions atteignent ces centres, car les voies corticales offrent des résistances neurales plus élevées que les autres voies.[3] Il doit donc y avoir un mécanisme de survie dans la production de moyens nerveux pour arrêter le flux d'événements et produire des images *statiques* de caractère permanent, qui peuvent nous permettre d'enquêter, de vérifier, d'analyser, etc. Il faut noter qu'en raison de cette plus grande résistance neurale des centres supérieurs et du caractère statique des abstractions supérieures, ces abstractions sont moins déformées par les humeurs affectives. En effet, étant donné que les abstractions supérieures persistent, si nous prenons la peine de nous en souvenir, et que les humeurs varient, nous pouvons contempler les abstractions sous différentes humeurs et parvenir ainsi à une certaine vision *moyenne* d'un problème donné. Il est vrai que nous le faisons rarement, mais nous *pouvons* le faire, et c'est important pour nous.

Comme l'un des objectifs du calcul est d'étudier les taux de variation relatifs, nous considérerons une série de valeurs successives de notre variable qui diffèrent peu l'une de l'autre. Si nous avons $y=f(x)$, nous pouvons considérer le changement de x pour un court intervalle, disons de x_0 à x_1, de sorte que nous attribuons à notre x deux valeurs, $x=x_0$ et $x=x_1$. Les valeurs correspondantes de notre fonction ou y seront $y_0=f(x_0)$ et $y_1=f(x_1)$. En général, de petites variations de y seront presque proportionnelles aux variations correspondantes de x, à condition que $f(x)$ soit 'continue'.

En désignant le petit incrément de x par Δx, de sorte que $x_1-x_0=\Delta x$ ou $x_1=x_0+\Delta x$, la fonction y reçoit l'incrément $y_1-y_0=\Delta y$ ou $y_1=y_0+\Delta y$. Puisque $y_1=f(x_1)$ et $x_1=x_0+\Delta x$, nous avons :

Des deux côtés
$y_0+\Delta y=f(x_0+\Delta x);$ Si nous soustrayons
$y_0=f(x_0)$ Nous obtenons
$\Delta y=f(x_0+\Delta x)-f(x_0);$ Divisant des deux côtés

par Δx nous obtenons
$$\frac{\Delta y}{\Delta x} = \frac{f(x_0+\Delta x) - f(x_0)}{\Delta x} \tag{1}$$

Le rapport ci-dessus représente le rapport entre l'incrément de la fonction et l'incrément de la variable. Dans la limite où l'incrément de la variable devient infiniment petit ou lorsque Δx tend vers zéro, et que notre fonction est continue, la limite de ce rapport nous donne la loi de changement ou de croissance de notre fonction.

La limite que le rapport (1) approche lorsque Δx tend vers 0,

$$\lim_{x \to 0} \frac{\Delta y}{\Delta x} = \lim_{\Delta x \to 0} \frac{f(x_0 + \Delta x) - f(x_0)}{\Delta x} \qquad (2)$$

est appelée la dérivée de y par rapport à x et est notée $D_x y$, que nous lisons "D_x de y", en symboles,

$$\lim_{x \to 0} \frac{\Delta y}{\Delta x} = D_x y \qquad (3)$$

Illustrons cela par un exemple numérique simple. Prenons l'équation $y = x^2$ et supposons que $x = 100$, d'où $x = 10\,000$. Supposons que l'incrément de x, à savoir $\Delta x = 1/10$. Alors $x + \Delta x = 100{,}1$ et

$$(x + \Delta x)^2 = 100{,}1 \times 100{,}1 = 10020{,}01$$

Le dernier 1 est 1/100 et seulement une millionième partie des 10 000, et donc, nous pouvons le négliger et considérer $y + \Delta y \approx 10020$; d'où $\Delta y = 20$ et $\Delta y / \Delta x = 20/0{,}1 = 200$. Dans le cas général, si $y = x^2$ et qu'au lieu de x nous prenons une valeur légèrement plus grande, $x + \Delta x$, alors notre fonction y devient également légèrement plus grande ; ainsi

$$y + \Delta y = (x + \Delta x)^2 = x^2 + 2x\,\Delta x + (\Delta x)^2$$

Si l'on soustrait $y = x^2$ de la dernière expression, on obtient
$\Delta y = 2x \Delta x + (\Delta x)^2$, en divisant par Δx, on obtient
$\Delta y / \Delta x = 2x + \Delta x$

Dans la limite où Δx tend vers zéro, la valeur du rapport ci-dessus, ou le taux de variation de notre fonction, serait de $2x$, puisque Δx disparaîtrait. Si notre $x = 100$, le rapport ci-dessus serait de 200, comme déterminé ci-dessus dans le cas de l'exemple numérique. Une autre façon de symboliser la dérivée est $D_x y = dy/dx$, mais cela nécessite une courte explication.

Dans le Chapitre XV, nous avons déjà abordé le problème de "l'infinitésimal" et nous avons vu que "l'infinitésimal" est une appellation erronée et qu'il n'existe pas du tout. Pourtant, ce mot est très souvent utilisé de manière non critique par les mathématiciens et est donc souvent source de confusion. Par 'infinitésimal', les mathématiciens entendent une *variable* qui tend vers zéro en tant que limite. La condition qu'il s'agisse d'une variable est essentielle. Il serait probablement préférable d'appeler un 'infinitésimal' une quantité *indéfiniment* petite ou 'indéfinitésimal', et c'est ce que le lecteur doit comprendre lorsqu'il voit quelque part le mot 'infinitésimal' ou 'quantité infiniment petite'.

Ces quantités indéfiniment petites ne sont en général ni égales, ni même d'un seul ordre. Par comparaison, certaines sont indéfiniment plus petites que d'autres et sont donc dites "d'ordre supérieur". On considère généralement plusieurs grandeurs qui s'approchent simultanément de zéro. Dans ce cas, l'une d'entre elles est choisie comme quantité principale indéfiniment petite. Rappelons que si l'on prend un nombre quelconque, par exemple 1, et qu'on le divise par 2, on obtient 1/2. Si nous divisons 1 par 4, nous obtenons 1/4 qui est plus petit que 1/2 ; si nous divisons 1 par 10, nous obtenons 1/10 qui est encore plus petit. Si nous poursuivons ce processus indéfiniment, en prenant des dénominateurs de plus en plus grands, nous obtenons des fractions de valeurs de plus en plus petites. À la limite, lorsque la valeur du dénominateur devient indéfiniment grande, la valeur de la fraction se rapproche de zéro. Cette simple considération nous aidera à classer les quantités indéfiniment petites.

Prenons a comme quantité principale indéfiniment petite et b comme autre quantité indéfiniment petite. Si le rapport b/a tend vers zéro avec a, on dit que b est une quantité indéfiniment petite d'ordre supérieur par rapport à a. En d'autres mots, bien que a tende vers zéro dans la limite, il est infiniment plus grand que b et donc le rapport b/a tend également vers zéro.

Si le rapport b/a tend vers une limite k différente de zéro à mesure que a tend vers zéro, on dit que b est du 'même ordre' que a et que $b/a = k + \varepsilon$ où ε est indéfiniment petit par rapport à a. Dans ce cas, $b = a(k+\varepsilon) = ka + a\varepsilon$, et ka est appelé la partie principale de b. Le terme $a\varepsilon$ est évidemment d'un ordre supérieur à celui de a.

On peut dire en général que si l'on a une puissance de a, par exemple a^n, telle que le rapport b/a^n tend vers une limite différente de zéro, b est appelé 'infinitésimal' (indéfini) d'ordre n par rapport à a.

Prenons une illustration numérique. Nous savons qu'il y a 60 minutes dans une heure, 24 heures dans une journée, soit 1440 minutes dans une journée et, en multipliant 1440 par 7, qu'il y a 10 080 minutes dans une semaine. Nos ancêtres appelaient cette 1/10 080 partie de semaine une 'minute' en raison de son caractère minuscule. Il est évident qu'une minute est très petite par rapport à une semaine. Mais si nous subdivisons une minute en 60 parties égales, nous obtenons une quantité encore plus petite, une quantité d'une petitesse de deuxième ordre, et nous l'avons appelée seconde. En effet, il y a 3 600 secondes dans une heure, 86 400 secondes dans un jour et 604 800 secondes dans une semaine. Si nous décidons qu'à certaines fins, une minute est la période de 'temps' la plus courte que nous ayons à considérer, alors la seconde, 1/60 de minute, est relativement si petite qu'elle peut être négligée. Dans un calcul où 1/100 d'une certaine unité est la plus petite valeur à prendre en considération, nous pouvons définir ce 1/100 comme une petitesse de premier ordre. Dans ce cas, 1/100 de 1/100, ou 1/10 000, de cette unité, qui est relativement petite, est tout à fait négligeable. Les fractions dont nous considérons la petitesse ici sont comparativement grandes, et nous traitons habituellement de quantités beaucoup plus petites, mais plus une quantité est petite, plus la quantité correspondante plus petite d'ordre supérieur devient négligeable.

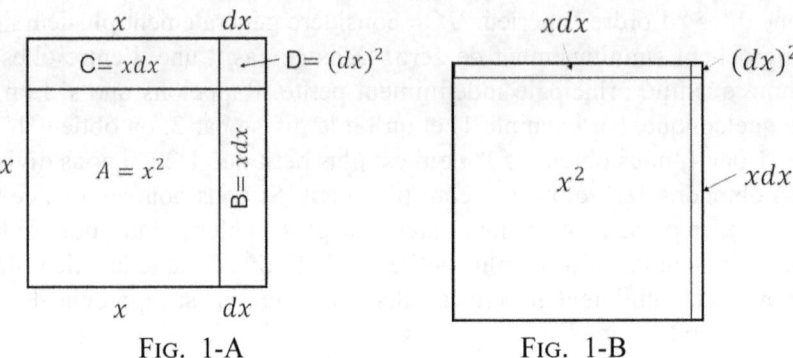

Fig. 1-A Fig. 1-B

Considérons une interprétation géométrique de ce qui précède. Si nous représentons une quantité x par un segment de droite, et une quantité légèrement supérieure, $x+dx$, par un segment de droite légèrement plus long, alors les quantités x^2 et $(x+dx)^2 = x^2 + 2xdx + (dx)^2$ peuvent être représentées par des carrés dont les côtés sont les segments de droite qui représentent respectivement les quantités x et $x+dx$.

Si nous désignons les aires par A, B, C, D, nous voyons que $A = x^2$ et que $A + B + C + D = x^2 + 2xdx + (dx)^2$. Si nous choisissons des dx de plus en plus petits, les surfaces $B = C = xdx$, diminuant dans une seule dimension, deviennent également de plus en plus petites, mais $D = (dx)^2$ s'évanouit beaucoup plus rapidement qu'elle ne diminue dans chacune des deux dimensions, ce qui explique que l'on dise qu'il s'agit d'une quantité de second ordre, que l'on peut négliger pour les besoins de l'étude.

Si nous prenons $y = f(x)$ et sa dérivée

$$\lim_{\Delta x \to 0} \frac{\Delta y}{\Delta x} = D_x y.$$

alors $\dfrac{\Delta y}{\Delta x} = D_x y + \varepsilon$, où ε est un indéfinitésimal,

et $\Delta x = D_x y \, \Delta x + \varepsilon \Delta x.$

Dans l'expression ci-dessus, $D_x y \Delta x$ représente la partie principale et $\varepsilon \Delta x$ apparaît comme un indéfinitésimal d'ordre supérieur. Cette partie principale est appelée la différentielle de y et est désignée par dy. Si nous choisissons $f(x) = x$, nous avons $dx = \Delta x$ et donc $dy = D_x y \, dx$.

On voit donc que la différentielle de la variable indépendante x est égale à l'incrément de cette variable. Cette affirmation n'est généralement pas vraie pour la variable dépendante, car ε ne disparaît généralement pas.

La dérivée est aussi parfois désignée par $f'(x)$ ou y' et cette notation est due à Lagrange ; les trois notations sont utilisées et il est bon de les connaître.

La dérivée d'une fonction $f(x)$ est en général une autre fonction de x, disons $f'(x)$. Si $f'(x)$ a une dérivée, la nouvelle fonction est la dérivée de la dérivée - ou la *dérivée seconde* de $f(x)$ - et est désignée par y'' ou $f''(x)$. De même, la troisième dérivée y''' ou

$f'''(x)$ est définie comme la dérivée de la dérivée seconde, et ainsi de suite. Dans les autres notations, nous avons :

$$D_x(D_x y) = D_x^2 y \text{ ou } \frac{d}{dx}\left(\frac{dy}{dx}\right) = \frac{d^2 y}{dx^2}$$

Ayant introduit ces quelques définitions, il faut souligner que l'importance principale du calcul réside dans son idée centrale, à savoir l'étude d'une *fonction continue* en suivant son histoire par *étapes indéfiniment petites*, comme la fonction *change* lorsque nous donnons des incréments indéfiniment petits à la variable indépendante. Comme nous l'avons souligné précédemment, toute la psycho-logique de ce processus est intimement connectée aux activités de la *structure nerveuse* et aussi à la structure de la science. Dans ce travail, nous ne nous intéressons pas aux calculs, aux complications ou aux subtilités analytiques. Les mathématiciens se sont parfaitement occupés de tout cela. Il nous suffit de connaître la structure et la *méthode* qui permettent de traduire le dynamique en statique, et vice versa ; de traduire la 'continuité' à un niveau, ou ordre d'abstraction, en 'étapes' à un autre niveau.

Pour illustrer ce qui vient d'être dit et donner au lecteur le ressenti du processus, prenons par exemple une équation simple $y = 2x^3 - x + 5$ où y représente la fonction de la variable x exprimée par un groupe de symboles à droite du signe d'égalité.

Pour déterminer le taux de croissance relatif de cette fonction, c'est-à-dire pour la différencier, nous remplaçons x par une valeur légèrement supérieure, à savoir $x + \Delta x$, et nous voyons ce qu'il advient de l'expression. $2x^3$ devient $2(x+\Delta x)^3 = 2x^3 + 6x^2 \Delta x + 6x(\Delta x)^2 + 2(\Delta x)^3$; $-x$; devient $-x - \Delta x$ et la constante 5 reste inchangée. En symboles, $y + \Delta y = 2x^3 + 6x^2 \Delta x + 6x(\Delta x)^2 + 2(\Delta x)^3 - x - \Delta x + 5$, où Δy représente l'incrément de la fonction et Δx représente l'incrément de la variable indépendante.

En soustrayant l'expression originale $y = 2x^3 - x + 5$, nous obtenons la quantité par laquelle la fonction a été augmentée, à savoir :

$$\Delta y = 6x^2 \Delta x + 6x(\Delta x)^2 + 2(\Delta x)^3 - \Delta x.$$

Pour déterminer la *relation*, ou le *rapport*, entre Δy, l'incrément de la fonction, et Δx, l'incrément de la variable indépendante qui a produit Δy, nous divisons Δy par Δx, et nous obtenons l'équation suivante :

$$\frac{\Delta y}{\Delta x} = 6x^2 + 6x\Delta x + 2(\Delta x)^2 - 1$$

Alors, lorsque Δx tend vers 0, les termes du côté droit de l'équation qui contiennent Δx comme facteur tendent également vers 0 et en remplaçant le côté gauche par $\frac{dy}{dx}$ nous obtenons l'équation $\frac{dy}{dx} = 6x^2 - 1$ qui signifie que comme Δx tend vers 0, le rapport entre l'incrément de la fonction et l'incrément de la variable indépendante tend vers $6x^2-1$, ce qui est vrai pour toute valeur que nous pouvons arbitrairement attribuer à x.

Il convient de noter que dans notre fonction, le côté gauche représente le 'tout' composé d'éléments interdépendants qui sont représentés par le côté droit. Lorsque, au lieu de x, nous avons choisi une valeur légèrement plus grande, à savoir $x+\Delta x$, nous avons effectué sur cette valeur modifiée *toutes* les opérations indiquées par notre expression. Nous avons donc en mathématiques, en raison des limitations que nous nous imposons, le premier et le seul exemple d'analyse *complète*, impossible dans les problèmes physiques, car dans ces derniers, il y a toujours des caractéristiques laissées de côté.

Il convient également de souligner une question structurelle et méthodologique importante. Dans le calcul, nous introduisons un 'petit incrément' de la variable ; nous effectuons sur lui certaines opérations indiquées et, dans les résultats finaux, cet incrément arbitraire disparaît en laissant des informations importantes sur le taux de changement de notre fonction. Ce dispositif est structurellement extrêmement utile et peut être généralisé et appliqué au langage avec des résultats similaires.

On a déjà remarqué que le calcul peut être développé sans aucune référence à des graphiques, à des coordonnées ou à des notions géométriques ; mais comme la géométrie est un lien crucial entre l'analyse pure et le monde extérieur de la physique, nous trouvons aussi dans la géométrie le lien psycho-logique entre les niveaux d'abstraction supérieurs et inférieurs. Mais l'appel à des notions géométriques aide l'*intuition* et est donc extrêmement utile. C'est pourquoi nous allons expliquer brièvement un système de coordonnées et montrer quelle est la signification géométrique de la dérivée.

Nous prenons dans un plan deux droites $X'X$ et $Y'Y$, se coupant en O à angle droit, de sorte que $X'OX$ est horizontale et s'étend à gauche et à droite de O et YOY', est verticale et s'étend au-dessus et au-dessous de O, comme cadre de référence pour les emplacements des points, des droites et d'autres figures géométriques dans le plan.

Nous appelons cela un système de coordonnées rectangulaires à deux dimensions. Cette méthode peut être étendue à trois dimensions, et nos points, lignes et autres figures géométriques renvoyés à un système de coordonnées rectangulaire tridimensionnel constitué de trois plans perpendiculaires et se croisant mutuellement.

Comme le montre la Fig. 2, nous avons quatre quadrants I, II, III, IV, formés par les axes $X'X$ et $Y'Y$ qui se croisent. Les coordonnées d'un point P, c'est-à-dire les distances aux axes, déterminent la position du point de manière unique. Nous appelons $X'X$ et $Y'Y$ respectivement l'*axe* des X et l'*axe* des Y, et O l'*origine*. Si nous choisissons un point P_1 dans le plan de $X'X$ et $Y'Y$ et traçons une ligne P_1M perpendiculaire à $X'X$, alors OM et MP_1 sont appelés les coordonnées de P_1 ; OM est appelé l'*abscisse* et est noté $x=b$; et

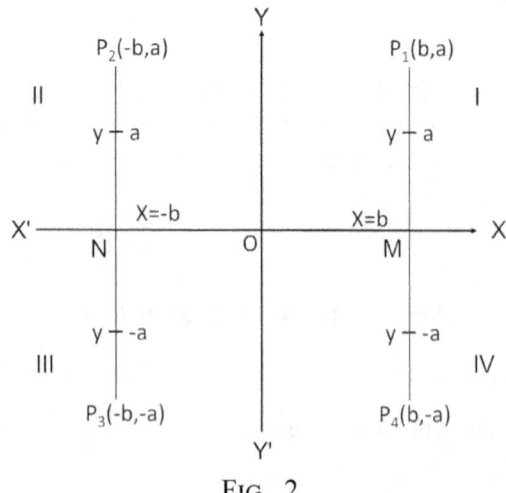

FIG. 2

MP_1 est appelé l'ordonnée et est noté $y=a$. Nous parlons de P_1 comme le point (b, a) ou, en général, de tout point comme le point (x, y).

Traçons $ON=OM=b$ et traçons les lignes P_1P_4 et P_2P_3 à travers M et N respectivement perpendiculaires à $X'X$, ce qui donne $MP_4=NP_2=NP_3=MP_1=a$. Nous avons donc quatre points P_1, P_2, P_3, P_4, dans chacun des quatre quadrants et tous, par construction, auraient des valeurs numériques égales pour leurs abscisses et leurs ordonnées. Pour pouvoir faire la distinction entre les quatre quadrants et éviter ainsi toute ambiguïté, nous convenons que toutes les valeurs de y au-dessus de $X'X$ doivent être positives et au-dessous de $X'X$ négatives, et que toutes les valeurs de x à droite de $Y'Y$ doivent être positives et à gauche négatives. Nous voyons donc que, selon ces conventions, le point P_1 aurait à la fois b et a positif ; P_2 aurait b négatif et a positif ; P_3 à la fois b et a négatif, et enfin P_4 aurait b positif et a négatif, ou, en symboles, $P_1(b, a); P_2(-b, a); P_3(-b, -a)$; et enfin $P_4(b, -a)$.

Il est évident que pour tout point situé sur l'axe des X (par exemple M), l'ordonnée $y=0$. Si notre point est situé sur l'axe des Y, l'abscisse $x=0$ et les coordonnées de l'origine O sont toutes deux nulles $(0,0)$.

Les définitions ci-dessus nous permettent de voir immédiatement comment tracer, ou localiser, un point. Pour tracer le point $(-4,3)$, puisque l'abscisse x est négative et l'ordonnée y est positive, nous plaçons N sur $X'X$, 4 unités à gauche de O. À N, nous traçons une perpendiculaire sur laquelle nous plaçons le point $(-4,3)$, 3 unités au-dessus de N. Le symbole $(-4,3)$ représente un cas particulier du symbole général (x, y) et est donc tracé comme un point particulier, comme nous venons de le voir. Si, au lieu de la paire ou des relations exprimées par deux équations $x=-4, y=3$, nous avons une seule relation exprimée par une équation, par exemple, $y=x-2$, nous avons y exprimé en tant que fonction de x, ce qui signifie qu'en attribuant à x différentes valeurs, les valeurs correspondantes de y sont déterminées, et un ensemble de points peut être tracé où les abscisses et les ordonnées sont les valeurs correspondantes de x et de y respectivement. Ainsi, lorsque $x=0, y=-2$, lorsque $x=1, y=-1$, lorsque $x=2, y=0$, lorsque $x=3, y=1$, lorsque $x=4, y=2$, etc.

Nous pouvons maintenant tracer les points $A(0, -2)$; $B(1, -1)$; $C(2, 0)$; $D(3, 1)$; $E(4, 2)$; ou autant de points supplémentaires que nous le souhaitons en donnant à x d'autres valeurs différentes.

Si nous donnons à x des valeurs successives avec des différences plus faibles, nos points seront plus proches les uns des autres, par exemple pour

$$x=0 \quad y=-2 \quad (A)$$
$$x=0.5 \quad y=-1.5 \quad (A')$$
$$x=1 \quad y=-1 \quad (B)$$
$$x=1.5 \quad y=-0.5 \quad (B')$$
$$x=2 \quad y=0 \quad (C)$$
$$\ldots \quad \ldots$$

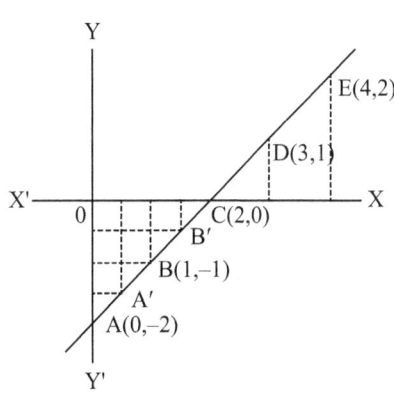

Fig. 3

En traçant un nombre de plus en plus grand de points de plus en plus proches les uns des autres, à la limite, si l'on prend un nombre indéfini de ces points, on s'approche d'une droite lisse. On peut prouver qu'une équation du type de celle donnée dans cet exemple, c'est-à-dire où les deux variables sont du premier ordre, représente toujours une ligne droite. De telles équations sont donc appelées équations *linéaires*, car elles représentent des droites.

Le problème de la linéarité et de la non-linéarité est d'une extrême importance, et nous y reviendrons plus tard. Ici, nous nous intéressons uniquement à la définition et à la signification de la linéarité des équations.

Considérons maintenant une équation simple du second degré, $y = \dfrac{x^2}{2}$. En attribuant des valeurs arbitraires à x, nous remarquons que x^2 est toujours positif (par la règle des signes), que x soit positif ou négatif. Par conséquent, nous pouvons tabuler les valeurs de x avec le double signe $\pm$ qui signifie soit $+$, soit $-$.

$x = 0$	$y = 0$	(O)
$x = \pm 1$	$y = \frac{1}{2}$	(A)
$x = \pm 2$	$y = 2$	(B)
$x = \pm 3$	$y = 4\frac{1}{2}$	(C)
$x = \pm 4$	$y = 8$	(D)
...	...	

Pour chaque valeur de y, nous voyons que nous avons deux valeurs de x qui ne diffèrent que par leur signe. Cela signifie que nous avons des points sur les deux côtés de l'axe Y avec des abscisses numériquement égales et, puisque pour $x = 0$, $y = 0$, le début de notre courbe est à l'origine des coordonnées et la courbe est symétrique par rapport à l'axe Y.

Si l'on connecte les points $D', C', B', A', O, A, B, C, D,$ par des droites, on obtient une ligne brisée. Mais si nous choisissons des différences de plus en plus petites entre les valeurs successives de x, la ligne brisée devient de plus en plus lisse et, à la limite, lorsque nous faisons des pas de plus en plus petits, ou, en d'autres mots, lorsque nous traçons un nombre indéfiniment plus grand de points dans un intervalle, nous nous approchons d'une courbe lisse, ou continue.

Il faut remarquer que dans les équations d'ordre supérieur, le rapport entre les variations de la fonction y et les variations correspondantes de la variable x varie d'un point à l'autre, et nous avons donc une *courbe* au lieu d'une ligne droite. Il est nécessaire de clarifier ce point afin de pouvoir mieux comparer les deux types d'équations quant à la loi de leur croissance.

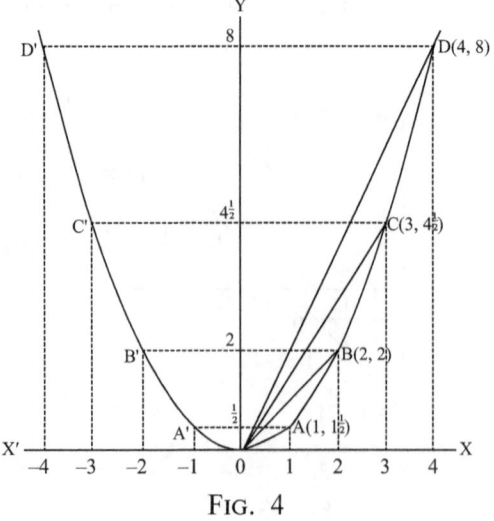

Fig. 4

Notons sur deux colonnes les valeurs successives des deux types d'équations. Prenons l'équation $y=\dfrac{x^2}{2}$ dont le graphe est représenté sur le schéma précédent (Fig. 4) et l'équation $y=2x$ telle que représentée sur la Fig. 5.

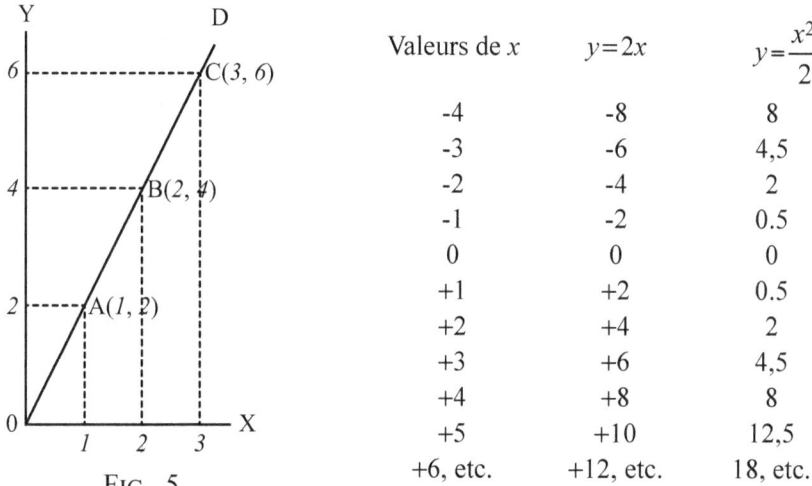

FIG. 5

Valeurs de x	$y=2x$	$y=\dfrac{x^2}{2}$
-4	-8	8
-3	-6	4,5
-2	-4	2
-1	-2	0.5
0	0	0
+1	+2	0.5
+2	+4	2
+3	+6	4,5
+4	+8	8
+5	+10	12,5
+6, etc.	+12, etc.	18, etc.

L'équation $y=2x$ implique les variables du premier degré et nous voyons que le rapport entre les changements dans les ordonnées et les changements correspondants dans les abscisses reste constant (proportionnel). Les triangles de la Fig. 5 sont soit égaux, soit semblables, ce qui nécessite l'égalité des angles et donc la ligne *OABCD* est nécessairement une ligne droite. Dans ce cas, comme $x=0$ nous donne $y=0$, la droite passe par l'origine des coordonnées.

La situation est totalement différente dans le cas de l'équation de degré supérieur, $y=\dfrac{x^2}{2}$ illustrée à la Fig. 4. Le tableau des valeurs de la fonction montre que la valeur de la fonction augmente de plus en plus rapidement que les valeurs de la variable indépendante et que les ordonnées ne sont donc pas *proportionnelles* aux abscisses. Si, sur la Fig. 4, on connecte respectivement *O* à *A*, *O* à *B*, *O* à *C*, *O* à *D*, on constate que les segments de droite *OA*, *OB*, *OC* et *OD* font des angles *différents* avec l'axe *X'X* ; les triangles respectifs ne sont pas semblables et il n'y a donc pas de proportionnalité. Les droites *OA*, *OB*, *OC*, *OD*, etc., ne représentent *pas* une droite car elles font toutes des angles différents avec l'axe *XX'* et donc les points *A*, *B*, *C*, *D*, etc., ne peuvent se situer sur une droite mais représentent une ligne *brisée* qui, à la limite, lorsque les points tracés se rapprochent suffisamment, devient une courbe lisse et continue.

Le fait que les équations dans lesquelles les variables ne sont que du premier degré représentent des lignes droites, et que les équations de degrés supérieurs représentent des lignes courbes est très important, comme nous le verrons plus loin. Il faut également noter que le problème de la *linéarité* est connecté avec la *proportionnalité*.

Ces quelques notions simples concernant l'utilisation des coordonnées vont nous permettre d'expliquer la signification géométrique de la dérivée et de la différentielle.

Considérons P_1 et P_2, (Fig. 6) deux points de la courbe $y=f(x)$, référencés par les axes OX et OY. Traçons les perpendiculaires P_1M_1 et P_2M_2 à partir de P_1 et P_2 à OX. Ce sont les ordonnées $y_1=f(x_1)$ et $y_2=f(x_2)$ des points P_1 et P_2, et OM_1 et OM_2 sont les abscisses x_1 et x_2 des points P_1 et P_2. Par P_1, traçons la sécante P_1P_2, la tangente à la courbe P_1T, et la droite P_1Q parallèle à OX.

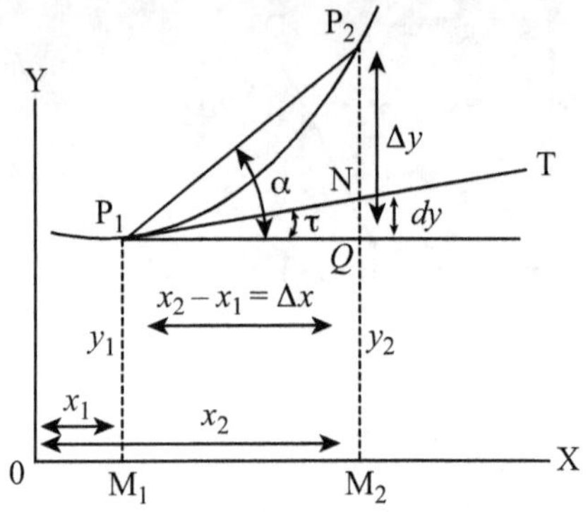

Alors P_1Q représente $\Delta x = x_2 - x_1$ le changement dans la variable x, et P_2Q représente $\Delta y = y_2 - y_1 = f(x_2) - f(x_1)$ le changement de la fonction y.

Fig. 6

Dans le triangle rectangle P_1QP_2 le rapport P_2Q/P_1Q est une mesure (la tangente) de l'angle $\widehat{P_2P_1Q}$ $(=\alpha)$ c'est-à-dire,

$$\tan \alpha = P_2Q/P_1Q = \Delta y/\Delta x = \frac{f(x_2)-f(x_1)}{\Delta x}$$ ou, puisque $x_2 = x_1 + \Delta x$ on peut écrire

$$\tan \alpha = \frac{f(x_1+\Delta x)-f(x_1)}{\Delta x}$$

Lorsque P_2 se rapproche de P_1 le long de la courbe, la sécante P_1P_2 tourne autour de P_1 et se rapproche de P_1T comme limite, et la tangente de α se rapproche de la tangente de τ, τ étant l'angle que P_1T, la tangente à la courbe à P_1, fait avec P_1Q.

Mais lorsque P_2 se rapproche de P_1, $\Delta x = x_2 - x_1 = M_1M_2$ se rapproche de zéro ou symboliquement comme $\Delta x \to 0$; $(\Delta y / \Delta x) \to \tan \tau$, c'est-à-dire $\tan \tau = \lim_{\Delta x \to 0} (\Delta y / \Delta x)$.

Nous voyons $\lim_{x_2 \to x_1} \frac{y_2 - y_1}{x_2 - x_1} = \lim_{\Delta x \to 0} \frac{\Delta y}{\Delta x}$ ne représente ni plus ni moins que la dérivée de la fonction représentant la courbe. En d'autres mots, l'interprétation géométrique du processus analytique de différenciation est la recherche de la pente du graphique de la fonction. L'incrément Δy de la fonction est représenté par P_2Q ; la différentielle dy est égale à NQ et $\Delta x = dx = P_1Q$; $\tan \widehat{TP_1Q} = \frac{dy}{dx}$

Les considérations ci-dessus montrent que le calcul différentiel fournit, par l'application de quelques principes structurels extrêmement simples, une méthode d'analyse qui permet de découvrir une tendance à un stade particulier plutôt que le résultat final après un intervalle défini. C'est à partir de ces principes fondamentaux et pourtant simples que l'ensemble du calcul s'est développé. La plupart de ces développements ne sont pas nécessaires pour notre objectif, mais nous allons expliquer un théorème particulièrement important. Le théorème en question est que la dérivée de la somme de deux fonctions est égale à la somme de leurs dérivées. En symboles

$$D_x(u+v) = D_x u + D_x v$$

Symbolisons $u+v=y$ et choisissons une valeur particulière
$$y_0 = u_0 + v_0 \qquad (4)$$

Puis ensuite $\quad y_0 + \Delta y = u_0 + \Delta u + v_0 + \Delta v$. En soustrayant (4),

nous avons $\quad \Delta y = \Delta u + \Delta v$. Divisant par Δx,

nous avons $\quad \dfrac{\Delta y}{\Delta x} = \dfrac{\Delta u}{\Delta x} + \dfrac{\Delta v}{\Delta x}$. Lorsque Δx *tend vers* de zéro

nous avons la partie à gauche tend vers $D_x y = D_x(u+v)$; et le premier terme de la partie droite se rapproche de $D_x u$, tandis que le second terme se rapproche de $D_x v$ et ainsi,

$$D_x(u+v) = D_x u + D_x v$$

Le symbole D_x signifie également que certaines opérations doivent être effectuées sur notre fonction, à savoir trouver sa dérivée. Lorsqu'il est utilisé dans ce sens, il est appelé opérateur. L'opérateur D_x peut également être écrit sous sa forme différentielle comme $\dfrac{d}{dx}$, et de manière similaire pour les dérivées supérieures.

2. *MAXIMA ET MINIMA*

Il serait utile d'expliquer certaines applications du calcul différentiel.

Si une fonction $y=f(x)$ est continue dans un intervalle $a<x<b$ et a des valeurs plus grandes (ou plus petites) en certains points intermédiaires qu'aux extrémités ou près des extrémités, alors elle a un maximum (ou un minimum) en un point $x=x_0$, à l'intérieur de cet intervalle. Si la Fig. 7 représente le graphique de la fonction, il est évident qu'au maximum (ou au minimum), la tangente à la courbe est parallèle à l'axe des abscisses et que, par conséquent, la pente de cette tangente est nulle. Comme cette pente est donnée par la dérivée et que la pente est nulle, nous disposons d'une méthode simple pour trouver le maximum (ou le minimum) d'une fonction en égalisant la dérivée première à zéro ; à savoir, $D_x y = 0$ lorsque $x=x_0$.

Il est utile de pouvoir discriminer entre le maximum et le minimum d'une fonction. La Fig. 7 montre que cela peut se faire en trouvant des moyens de discriminer entre les deux cas où notre courbe

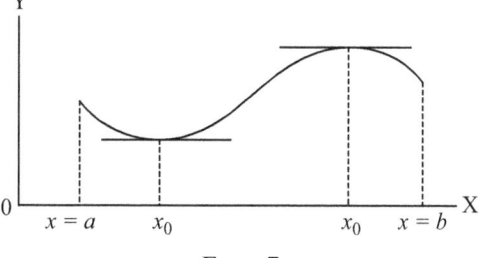

Fig. 7

est concave vers le haut ou concave vers le bas. La pente d'une courbe pour une valeur particulière de x est donnée par la valeur de $D_x y$, correspondant à cette valeur de x. Si la valeur de $D_x y$ est positive, y augmente lorsque x augmente, et la courbe s'incline vers le haut au fur et à mesure que l'on se déplace vers la droite ; si la valeur de $D_x y$ est négative, y diminue lorsque x augmente, et la courbe s'incline vers le bas au fur et à mesure que l'on se déplace vers la droite.

Si nous considérons la courbe $y=f(x)$ dont le côté concave est tourné vers le haut (Fig. 8), la pente de la courbe elle-même est une fonction de x, $\tan \alpha = f'(x)$. Si nous considérons un point variable P sur une courbe $y=f(x)$, ainsi que la tangente à la courbe P, comme suivant la courbe dans la direction des valeurs croissantes de x, la courbe est concave vers le haut chaque fois que la pente est croissante algébriquement, c'est-à-dire lorsque $D_x \tan \alpha = 0$. En d'autres mots, la courbe est concave vers le haut pour les valeurs de x pour lesquelles $D_x \tan \alpha$ est positive, ou puisque $\tan \alpha = D_x y$ pour les valeurs de x pour lesquelles $D_x \tan \alpha = D_x(D_x y) = D_x^2 y$ est positive.

Similairement, une courbe est concave vers le bas pour les valeurs de x pour lesquelles $D_x \tan \alpha = D_x(D_x y) = D_x^2 y$ est négative. Ces résultats peuvent être exprimés de la manière suivante :

Une courbe $y=f(x)$ est concave vers le haut lorsque $D_x^2 y > 0$, ou, en d'autres mots, lorsque la dérivée seconde est positive, et la courbe est concave vers le bas lorsque la dérivée seconde est négative, ou, en d'autres mots, lorsque $D_x^2 y < 0$.

La Fig. 7 montre que pour un maximum, notre tangente doit être parallèle à l'axe $X'X$ et notre courbe concave vers le bas ; dans ces conditions, la dérivée première $[D_x y]_{x=x_0} = 0$ et la dérivée seconde $[D_x^2 y]_{x=x_0} < 0$. Pour un minimum, la dérivée première doit à nouveau être nulle et la dérivée seconde positive, ce qui fait que le côté concave de la courbe est orienté vers le haut. Il convient de noter que les problèmes de maxima et de minima jouent un rôle structurel, psycho-logique et sémantique extrêmement important dans notre vie. Toutes les théories, d'une manière ou d'une autre, sont construites sur un principe de mini-

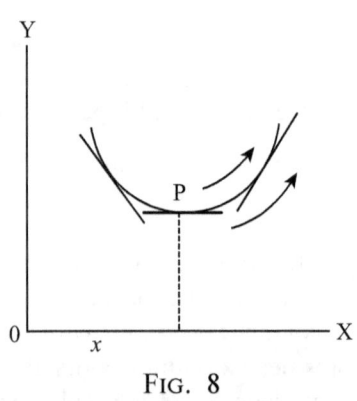

Fig. 8

mum ou de maximum impliquant des évaluations qui sont des facteurs fondamentaux de toutes les réactions sémantiques. Dans la vie quotidienne, nous appliquons continuellement ces notions structurelles et sémantiques. En science, cette tendance s'est manifestée très tôt. Le problème des maxima et des minima a été traité sérieusement dès le deuxième siècle avant J.-C. Au dix-huitième siècle, Maupertuis a formulé une 'loi suprême de la nature' selon laquelle, dans tous les processus naturels, "l'action" (l'énergie multipliée par le 'temps') doit être un minimum. Euler et Lagrange ont donné une base et une forme exactes à ce principe, et enfin Hamilton, en 1834, a établi structurellement ce principe comme un principe *variationnel*, connu sous le nom de principe hamiltonien, qui semble être d'une généralité et d'une utilité extrêmes. Il facilite la dérivation des équations fondamentales de la mécanique, de l'électrodynamique et de la théorie des électrons. Il a également survécu, sous une forme généralisée, à la révolution einsteinienne, car il ne contient rien qui puisse le relier à un système de coordonnées défini ; il ne fait intervenir que des nombres purs et est donc invariant par rapport à toutes les transformations. C'est structurellement l'un des invariants les plus importants attribués à la nature, car il est indépendant des systèmes de référence des observateurs. Il est très souhaitable que ce problème soit approfondi du point de vue structurel, psycho-logique, sémantique et neurologique, car les fondements mêmes de la psycho-logique humaine sont fondamentalement connectés à un tel principe, qui est lui-même un *invariant* de la psycho-logique humaine.

Son importance ne cesse de croître et le principe hamiltonien joue un rôle tout à fait remarquable dans toutes les nouvelles avancées de la science. Il suffit à tout lecteur d'observer attentivement sa vie quotidienne pour se rendre compte que là aussi ce principe joue un rôle prépondérant.

3. COURBURE

Dans la littérature scientifique moderne, le terme fondamental de 'courbure' est souvent mentionné et il n'est pas inutile d'en dire quelques mots. Si nous prenons deux lignes perpendiculaires $X'OX$ et OY et que nous choisissons sur OY un certain nombre de points A, B, C, D, etc., de plus en plus éloignés de O et décrivons des arcs de cercle ayant pour centre ces points et pour rayon AO, BO, CO, DO, etc., respectivement, voir Fig. 9, nous trouvons chaque arc successif plus plat et plus proche de la ligne $X'X$ que son prédécesseur. En d'autres mots, plus le rayon de notre cercle est grand, plus son arc est plat. Dans la limite où le rayon du cercle devient indéfiniment grand, l'arc se rapproche d'une ligne droite par intuition et par définition. Nous remarquons également que la courbure de chaque cercle est uniforme, c'est-à-dire mono-valué en tout point, mais que lorsque nous passons d'un cercle à un autre de rayon différent, la courbure change.

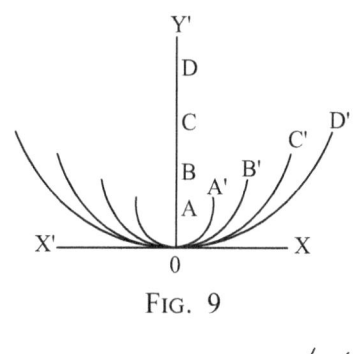

Fig. 9

Si l'on considère une courbe et deux points sur cette courbe, M_1 et M_2, (Fig. 10) et que l'on trace deux tangentes en ces points, l'angle entre ces deux tangentes dépendra de deux facteurs, la finesse de la courbe et la distance entre les points M_1 et M_2.

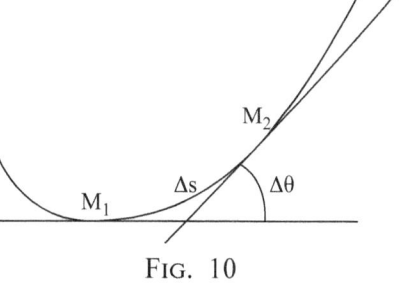

Fig. 10

Si nous prenons les points suffisamment proches et désignons la longueur de l'arc entre eux par Δs, l'angle entre les deux tangentes par $\Delta\theta$, alors la valeur limite du rapport $\Delta\theta/\Delta s$, lorsque M_2 se rapproche de M_1, devient $d\theta/ds$, et est une mesure du taux de changement de la direction de la tangente en M, à mesure que M se déplace le long de la courbe. Désignons par courbure le taux à laquelle la tangente tourne à l'endroit où le point décrit la courbe avec une vitesse unitaire, ou $k = \pm d\theta/ds$, mais comme k est essentiellement un nombre positif ou zéro, nous n'acceptons que la valeur absolue de ce rapport. Pour trouver $d\theta/ds$, nous remarquons que $\tan\theta = dy/dx$

Ou $\theta = tan^{-1}\dfrac{dy}{dx} = tan^{-1} y'$, d'où $d\theta = \dfrac{dy'}{1+y'^2} = \dfrac{y''dx}{1+y'^2}$

Mais $k = \dfrac{d\theta}{ds}$ où $ds = \sqrt{(dx)^2 + (dy)^2} = \sqrt{1+y'^2}\,dx$

où $k = \dfrac{y''}{\left(1+y'^2\right)^{3/2}}$

L'inverse de la courbure est appelé rayon de courbure. Le rayon de courbure d'un cercle est son rayon. La courbure d'une courbe est mesurée par le rayon du cercle osculateur, c'est-à-dire le cercle qui épouse le mieux la courbe au voisinage de notre point.

4. *VITESSE*

Jusqu'à présent, nous avons traité nos variables indépendantes comme *n'importe quelle* quantité : mais il existe de nombreux problèmes où la variable indépendante représente le 'temps'. Par exemple, si nous voyageons en chemin de fer, la distance augmente avec le 'temps', les plantes et les animaux grandissent avec le 'temps', etc. Par vitesse moyenne avec laquelle un point donné se déplace pendant une durée donnée, nous entendons la distance parcourue divisée par le temps écoulé. Si, par exemple, un train parcourt 15 kilomètres en 10 minutes, on dira que sa vitesse moyenne est de 90 kilomètres par heure, ou, en symboles : Vitesse, $v=\dfrac{s}{t}$. Dans ce cas, nous avons considéré une vitesse uniforme, mais nous sommes souvent confrontés à des vitesses qui ne sont pas uniformes et qui peuvent être croissantes ou décroissantes. Dans ce cas, nous pouvons décrire approximativement la vitesse à un moment donné si nous prenons un court intervalle de 'temps' immédiatement après le moment en question et prenons la vitesse moyenne pour ce court intervalle.

Par exemple, la distance de chute d'une pierre est, selon la loi, $s=16t^2$. Nous voulons connaître sa vitesse après t_1 secondes, lorsque $s_1 = 16t_1^2$, et peu de temps après, nous avons, disons, $s_2 = 16t_2^2$. Il est évident que la vitesse moyenne pour intervalle t_2-t_1 est $\dfrac{s_2-s_1}{t_2-t_1}$ mètres par seconde. Si nous prenons $t_1 = 1$, $s_1 = 16$, et la différence $t_2-t_1 = 0.1$ seconde alors $s_2 = 16t_2^2 = 16 \times 1.21 = 19.36$ et

$\dfrac{s_2-s_1}{t_2-t_1} = \dfrac{19.36-16}{0.1} = \dfrac{3.36}{0.1} = 33.6$ mètres par seconde

Si nous prenons un intervalle de 'temps' plus petit, par exemple 1/100 de seconde, nous aurions alors $\dfrac{s_2-s_1}{t_2-t_1} = 32.2$ mètres par seconde, et si nous prenons les intervalles comme 1/1000 de seconde, la vitesse moyenne serait de 32,0 mètres par seconde.

Nous voyons que nous pourrions déterminer la vitesse de la pierre à chaque instant avec un certain degré de précision par calcul direct, mais ce n'est pas nécessaire. Si nous considérons l'intervalle t_2-t_1 comme un incrément de la variable t, c'est-à-dire comme Δt, et $s_2-s_1=\Delta s$ qui représente l'incrément de la distance considérée comme une fonction du 'temps', nous aurons la vitesse moyenne $= \Delta s/\Delta t$. Lorsque Δt s'approche de zéro dans la limite, la vitesse moyenne s'approche d'une limite et cette limite est la vitesse v à l'instant t_1, ou en symboles

$$v = \lim_{\Delta t \to 0} \frac{\Delta s}{\Delta t} = \frac{ds}{dt}$$

En mots, la vitesse d'un point est la dérivée 'temporelle' de l'espace parcouru.

Si la vitesse n'est pas uniforme, la vitesse à laquelle elle augmente est appelée accélération et peut s'écrire $a = \frac{dv}{dt}$, mais comme nous l'avons déjà vu, dv est lui-même $d\left(\frac{ds}{dt}\right)$, donc $a = \frac{d^2s}{dt^2}$ En mots, l'accélération est la dérivée seconde de la distance par rapport au 'temps'.

Dans les notes ci-dessus, nous n'avons pas essayé de donner au lecteur plus que quelques notions structurelles et méthodologiques, et ce qui revient en fait à de brèves explications structurelles de définitions qui seront utiles plus tard. Le lecteur peut trouver de nombreux et excellents ouvrages qui lui donneront toutes les informations complémentaires qu'il souhaite.

Section C. Sur le calcul intégral.

Jusqu'à présent, nous avons étudié une méthode permettant de trouver la variation d'une fonction donnée correspondant à une variation indéfiniment petite de notre variable. Nous avons vu que le *taux de variation* de notre fonction était donné par la dérivée première, qui à son tour était aussi une fonction (généralement différente) de notre variable indépendante et pouvait donc elle-même varier et avoir un taux de variation, et donc nous donner une dérivée seconde, etc.

Nous devons maintenant expliquer brièvement le problème inverse, à savoir trouver la fonction à partir de la dérivée. En symboles, étant donné $u = D_x U$, trouver U.

La fonction U est appelée l'intégrale de u par rapport à x, ou, en symboles,

$$U = \int u\, dx$$

Intégrer une fonction $f(x)$, c'est trouver une fonction $F(x)$ qui, une fois dérivée, redonne la fonction $f(x)$ de départ. Comme dans ce travail nous ne nous intéressons pas aux calculs, mais seulement aux aspects structurels, méthodologiques et sémantiques, le

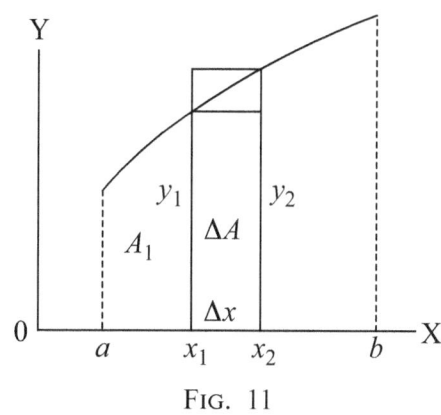

Fig. 11

problème inverse de la différenciation, à savoir l'intégration, est moins important pour nous ici, et je n'expliquerai qu'un seul exemple.

Nous avons déjà différencié la fonction $y=2x^3-x+5$ et trouvé sa dérivée $dy/dx=6x^2-1$. Tout comme la dérivée de la somme d'un certain nombre de fonctions est égale à la somme de leurs dérivées, une règle similaire s'applique aux intégrales, à savoir que l'intégrale de la somme d'un certain nombre de fonctions est égale à la somme de leurs intégrales. Nous ne pouvons donc prendre dans notre exemple que le premier terme de notre équation. En symboles $D_x(2x^3)=6x^2$; en mots, la dérivée de $2x^3$ est $6x^2$.

Dans un problème d'intégration, nous aurions $6x^2$ donné et nous devrions trouver la fonction originale à partir de laquelle $6x^2$ a été obtenue par différenciation. Dans notre cas, la solution est déjà donnée, à savoir $\int 6x^2 dx = 2x^3$.* En général, la solution des problèmes d'intégration dépend largement de l'ingéniosité du résolveur, bien que nous disposions d'un certain nombre de formules et de méthodes standard. La signification géométrique de l'intégration est beaucoup plus intéressante pour nous et nous allons l'expliquer brièvement.

Si nous considérons la courbe donnée par l'équation $y=f(x)$ et la zone délimitée par l'axe des X, les deux ordonnées dont les abscisses sont $x=a$ et $x=b$ et la courbe, on peut trouver la zone de la manière suivante :

Si nous choisissons une valeur arbitraire $x=x_1$ pour laquelle $y=y_1=f(x_1)$, en désignant la valeur correspondante de la surface A par A_1 (Fig. 11) et que nous donnons à x_1 un incrément Δx, alors la surface A_1 recevra l'incrément ΔA. Nous pouvons approximer ΔA à l'aide de deux rectangles, l'un de hauteur $y_1=f(x_1)$, l'autre de hauteur $y_2=y_1+\Delta y=f(x_2)=f(x_1+\Delta x)$.

Nous voyons que ΔA est plus grand que le petit rectangle.

En symboles
$$y_1 \Delta x < \Delta A < (y_1 + \Delta y)\Delta x,$$
d'où
$$y_1 < \frac{\Delta A}{\Delta x} < (y_1 + \Delta y).$$

En passant à la limite et en laissant Δx tendre vers zéro, on a $\lim_{\Delta x \to 0} \frac{\Delta A}{\Delta x} = y_1$. Autrement dit, $D_x A = y_1 = f(x_1)$ lorsque $x=x_1$; ce qui signifie que l'ordonnée de la courbe en tout point est égale à la dérivée x de l'aire en ce point. En général, $D_x A = y$, et donc $A = \int y dx$

L'examen de ce que l'on appelle l'intégrale définie est encore plus instructif. Prenons la courbe de la Fig. 12 représentée par une équation $y=f(x)$ et une paire d'ordonnées qui coupent l'axe X aux points $x=x_0$ et $x=x_n$. Divisons l'intervalle $x_0 x_n$ en n parties égales et érigeons des ordonnées à chaque point de division. Construisons un ensemble de paires de rectangles avec ces ordonnées comme nous avons construit la paire unique de rectangles de la Fig. 11. En examinant la figure, nous constatons que l'aire sous la courbe est légèrement supérieure à la somme des aires des rectangles inclus et de légèrement inférieure à la somme des aires des rectangles inclus.

---

* La constante d'intégration est omise afin de ne pas troubler le lecteur.

SUR LA SÉMANTIQUE DU CALCUL DIFFÉRENTIEL 551

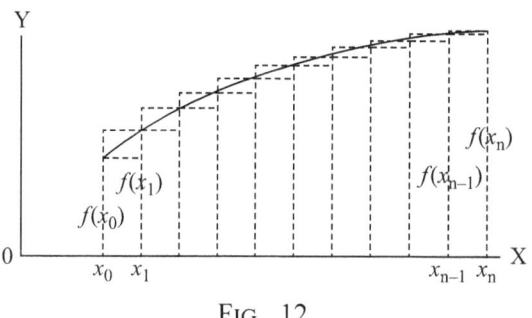

Fig. 12

Lorsqu'on laisse n augmenter sans limite, la somme des aires de l'un ou l'autre ensemble de ces rectangles s'approche de l'aire délimitée par la courbe, l'axe des X et les ordonnées à l'extrémité. En symboles, l'aire du premier rectangle sous la courbe est $f(x_0)\Delta x$, où Δx représente $x_1 - x_0 = \dfrac{x_n - x_0}{n}$. L'aire du deuxième rectangle est $f(x_1)\Delta x$, etc. La somme de ces aires est : $f(x_0)\Delta x + f(x_1)\Delta x + \ldots + f(x_{n-1})\Delta x = \sum_{i=0}^{n-1} f(x_i)\Delta x$

Si nous permettons à n de croitre sans limite, nous obtenons l'aire sous la courbe :

$$A = \lim_{n\to\infty}[(f(x_0)\Delta x + f(x_1)\Delta x + \ldots + f(x_{n-1})\Delta x] = \lim_{\Delta x \to 0} \Sigma f(x) dx =$$

$$\int_{x=x_0}^{x=x_n} f(x) dx = \left[F(x)\right]_{x=x_0}^{x=x_n} = F(x_n) - F(x_0)$$

En mots, la formule ci-dessus indique le processus fondamental du calcul intégral, à savoir : Soit $f(x)$ une fonction continue de x sur tout l'intervalle $x_0 \leq x \leq x_n$. Si l'on divise cet intervalle en n parties égales par les points $x = x_0, x_1, \ldots, x_n$, et formons la somme $f(x_0)\Delta x + f(x_1)\Delta x + \ldots + f(x_{n-1})\Delta x$, si on laisse n augmenter sans limite, cette somme s'approchera d'une limite, que l'on peut trouver en intégrant la fonction $f(x)$, c'est-à-dire en trouvant la fonction $F(x)$ dont $f(x)$ est la dérivée, et en faisant l'intégrale entre les limites $x=x_0$ et $x=x_n$; c'est-à-dire en faisant la différence entre $F(x_n)$ et $F(x_0)$.

Il faut remarquer que dans notre premier exemple, le cas de l'intégrale indéfinie, nous avons considéré l'intégration comme l'inverse de la différenciation ; dans le deuxième exemple, nous avons considéré l'intégrale définie comme la limite d'une somme.

Le symbole de l'intégrale, $\int$, trouve son origine dans la lettre S du mot latin 'summa', l'intégrale étant historiquement comprise comme l'intégrale définie ou la limite d'une somme.

Section D. Autres applications.

1. *DIFFÉRENCIATION PARTIELLE*

Lorsque nous avons plus d'une variable indépendante, par exemple deux, nous devons nous familiariser avec ce que l'on appelle la différenciation partielle. Ce processus est important, car dans la pratique, nous avons généralement affaire à plusieurs variables indépendantes. Il présente très peu de nouveautés d'un point de vue structurel et méthodologique, mais nous le donnons ici, simplement pour expliquer la signification du terme, tel que le lecteur peut le trouver utilisé dans d'autres ouvrages.

Si nous avons une fonction z de deux variables indépendantes x et y, $z=f(x, y)$ qui représente géométriquement une surface, nous pouvons différencier par rapport à l'une des variables, disons x, et maintenir l'autre variable y, c'est-à-dire la traiter comme une constante. De la même façon, si nous considérons x comme une constante et que nous différencions par rapport à y, nous devrions avoir la dérivée partielle de z par rapport à y. Les définitions ci-dessus nous donnent les règles de la différenciation partielle, c'est-à-dire que nous suivons les règles ordinaires, en considérant chaque variable individuellement et en traitant toutes les autres variables comme constantes.

La notation des dérivées partielles est similaire à celle expliquée précédemment, sauf que la lettre minuscule d est remplacée par la forme script ∂ ou qu'un indice est utilisé pour indiquer la variable par rapport à laquelle la différenciation est effectuée ; par exemple, $\frac{\partial f}{\partial x} = \frac{\partial z}{\partial x} = f_x' = z_x' = D_x f = D_x z$, etc. Les dérivées supérieures sont obtenues sans difficulté de la même manière. Si $z=f(x, y)$ et $\frac{\partial z}{\partial x} = f_x'(x, y)$ et $\frac{\partial z}{\partial y} = f_y'(x, y)$, les dérivées partielles elles-mêmes sont en général également des fonctions de x et y et peuvent à leur tour être différenciées.

Et donc $\frac{\partial}{\partial x}\left(\frac{\partial z}{\partial x}\right) = \frac{\partial^2 z}{\partial x^2} = f''_{xx}(x,y)$ ou $\frac{\partial}{\partial y}\left(\frac{\partial z}{\partial x}\right) = \frac{\partial^2 z}{\partial x \partial y} = f''_{xy}(x,y)$. L'ordre dans lequel nous différencions n'a pas d'importance, à condition que les dérivées concernées soient continues. La *différentielle totale* d'une fonction de deux variables, pour par exemple, $f(x, y)$, $df = d_x f + d_y f = \frac{\partial f}{\partial x} dx + \frac{\partial f}{\partial y} dy$ est égale à la somme des différentielles partielles du premier ordre si l'on néglige les termes d'ordre supérieur, dont les valeurs sont des quantités indéfiniment petites par rapport à la première. En symboles, $df = d_x f + d_y f = \left(\frac{\partial f}{\partial x}\right) dx + \left(\frac{\partial f}{\partial x}\right) dy$. En mots, la différentielle totale de $f(x, y)$ est obtenue en trouvant les dérivées partielles par rapport à x et y, en les multipliant respectivement par dx et dy, et en les additionnant.

2. ÉQUATIONS DIFFÉRENTIELLES

Le développement naturel de l'invention du calcul a été l'introduction des équations différentielles. Les équations différentielles diffèrent des équations ordinaires des mathématiques en ce sens qu'en plus des variables et des constantes, elles contiennent également des dérivées d'une ou de plusieurs des variables impliquées. Les équations différentielles sont extrêmement importantes et apparaissent dans de nombreux problèmes. Newton a résolu sa première équation différentielle en 1676 en utilisant une série infinie, onze ans après sa découverte du calcul en 1665. Leibnitz a résolu sa première équation différentielle en 1693, l'année où Newton a publié ses résultats pour la première fois. À partir de cette date, les progrès dans le développement et l'application des équations différentielles ont été très rapides et, aujourd'hui, le sujet des équations différentielles occupe, dans le domaine général des mathématiques, une position centrale à partir de laquelle des lignes de développement importantes et utiles partent dans de nombreuses directions différentes.

Intégrer ou résoudre une équation différentielle signifie, analytiquement, trouver toutes les fonctions qui satisfont l'équation. En géométrie, cela signifie trouver toutes les courbes qui ont la propriété exprimée par l'équation. En mécanique, cela signifie trouver tous les mouvements qui peuvent résulter d'un ensemble donné de forces, etc. Le *degré* de l'équation différentielle est défini comme le degré de la dérivée de l'ordre le plus élevé qui entre dans l'équation. L'*ordre* des équations différentielles est l'ordre de la dérivée la plus élevée qu'elles contiennent.

Les équations en x et y, du premier degré en y et ses dérivées par rapport à x, y', y'', *etc.* sont appelées *équations linéaires*. Les principales équations de la physique sont des équations différentielles *linéaires* du second ordre, puisque y, la fonction primitive, y', la dérivée première, et y'', la dérivée seconde, n'apparaissent qu'au premier degré. Par exemple, l'équation $\frac{d^2y}{dx^2} + a_1 \frac{dy}{dx} + a_2 y = X$ ou $y'' + a_1 y' + a_2 y = X$, quand X représente une fonction du seul x est une telle équation. Elle est linéaire, ou du premier degré, parce que la dérivée seconde, y'', n'apparaît qu'au premier degré. Elle est du second ordre parce que c'est la dérivée la plus élevée de l'équation. Comme nous le rappelons, la dérivée d'une fonction nous donne le *taux de variation* de la fonction lorsque nous donnons des valeurs successives à la variable indépendante. Lorsque nous étudions le taux de variation du taux de variation de notre fonction, nous étudions le taux de variation de la dérivée première qui exprime le taux de variation de la fonction, d'où nous obtenons la dérivée du second ordre, et ainsi de suite Si nos dérivées sont égales à zéro, ou si nous choisissons une valeur de la variable pour laquelle notre dérivée devient nulle, le taux de variation de notre fonction devient nul. En d'autres mots, la valeur de notre fonction est momentanément constante, elle a une valeur stationnaire.

Tout naturellement, les équations différentielles qui impliquent des dérivées impliquent implicitement et explicitement l'ensemble du cadre structurel fondamental du calcul tel qu'expliqué dans ce chapitre en exprimant le 'taux de changement' d'un processus naturel. Si le taux de variation est nul, il peut exprimer une 'loi naturelle' ou une certaine uniformité telle qu'on la trouve dans la nature. En d'autres mots, les équations différentielles expriment des lois différentielles qui, à leur tour, expriment les tendances momentanées de processus dont les résultats sont donnés par le processus d'intégration.

D'après ce qui a déjà été dit, il est évident que les équations différentielles et les lois différentielles qu'elles expriment sont d'une extrême importance structurelle. Elles ne formulent pas seulement les uniformités et les tendances que l'on trouve dans la nature, mais impliquent aussi nécessairement, d'une manière ou d'une autre, la causalité. En outre, elles sont en accord avec la structure physique et la fonction du système nerveux. Nous reviendrons sur ce sujet essentiel dans le prochain chapitre, où nous analyserons la signification et les aspects physiques de ce qui a été expliqué ici.

3. *MÉTHODES D'APPROXIMATION*

En discutant les notions fondamentales du calcul ci-dessus, nous avons considéré une portion *AB* de la courbe donnée par l'équation $y = f(x)$, (Fig. 13) et deux points sur cette courbe P_1 avec les coordonnées (x_1, y_1) et P_2 avec les coordonnées (x_2, y_2) se déplaçant le long de la courbe, la sécante, ou corde, P_1P_2 tourne autour de P_1, sa longueur diminuant régulièrement, et dans la limite où la longueur de la corde P_1P_2 tend vers zéro, la pente de la sécante se rapproche de la pente de la tangente P_1T. Nous avons vu que la pente de cette tangente était donnée par la

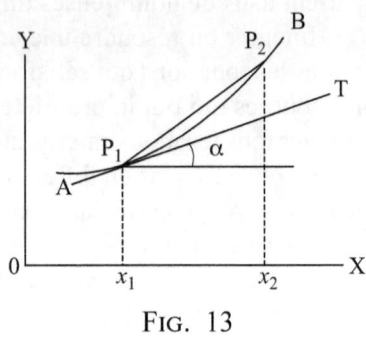

FIG. 13

valeur de la dérivée première de la fonction qui représentait la courbe. Nous avons essayé de connaître la direction de notre courbe en un point donné en considérant la pente d'une *droite* de longueur de plus en plus petite. Lorsque nous avons étudié la courbure de notre courbe, nous avons considéré le taux de changement de la pente de notre tangente et ainsi, à l'aide d'une dérivée seconde, nous avons trouvé la courbure. Dans ce cas, nous avons approximé notre courbe par un cercle de rayon égal au rayon de courbure de la courbe en un point donné.

En essayant de déterminer la longueur d'une portion de notre courbe, un point ne peut pas être considéré comme un morceau de la courbe mais seulement comme marquant une position sur celle-ci. Pour déterminer la longueur d'un arc, il est commode de remplacer chaque petit élément de l'arc par sa corde, un *élément linéal*. Par définition, la longueur d'un arc de courbe est la limite, si elle existe, vers laquelle tend la somme des longueurs des cordes de ses petites subdivisions à mesure que le nombre de cordes augmente indéfiniment et que leurs longueurs individuelles se rapprochent toutes uniformément de zéro. Par exemple, la circonférence d'un cercle est la limite vers laquelle tend le périmètre d'un polygone inscrit lorsque le nombre de ses côtés augmente indéfiniment, les longueurs des côtés individuels se rapprochant toutes de zéro.

Similairement, la longueur d'une courbe peut être approximée par la somme des longueurs des segments des tangentes en des points successifs arbitrairement choisis, simplement en choisissant les points de plus en plus proches les uns des autres. Par exemple, la circonférence d'un cercle est la limite vers laquelle se rapproche le périmètre d'un polygone circonscrit lorsque le nombre de ses côtés augmente indéfiniment, les longueurs des côtés individuels se rapprochant toutes de zéro. Dans les deux cas, un point d'une courbe pris avec une partie infiniment petite de la tangente à la courbe en ce point peut être appelé l'*élément linéal* de la courbe.

Les définitions ci-dessus s'appliquent aussi bien à deux qu'à trois dimensions. L'élément linéal en deux dimensions peut être défini par trois coordonnées x, y, p, dont x et y sont les coordonnées du point par lequel passe l'élément linéal et p est la pente de l'élément. Cette pente, comme nous le savons déjà, doit être trouvée par différenciation et est donnée par la formule $p = dy/dx$. Dans les problèmes géométriques qui mettent en relation la pente d'une tangente avec celle d'autres droites, ce n'est pas la tangente qui importe vraiment mais l'*élément linéal*. De ce point de vue, une courbe est composée d'une infinité d'éléments linéaux infiniment petits qui lui sont tangents, ce qui est le point de vue du calcul différentiel. Ou bien la courbe est composée d'une infinité de cordes infiniment petites qui sont les côtés d'un polygone inscrit, ce qui est le point de vue du calcul intégral.

Évidemment, à la limite, les deux points de vue sont équivalents, même si, pour des raisons de commodité, ils peuvent être différents. Quoi qu'il en soit, il doit être évident pour le lecteur que l'utilisation de *lignes droites* au lieu de morceaux de courbe, ou l'utilisation d'arcs de cercle comme approximations plus proches, facilite notre étude des courbes, et rend même cette étude possible, et dans la pratique nous pouvons mener notre travail à n'importe quel degré d'approximation que nous choisissons. Mais dans les travaux théoriques, nous avons besoin de précision, c'est pourquoi nous pensons en termes de nombres infinis de pas infiniment petits. Le calcul différentiel et intégral fournit la seule technique parfaite pour ces processus d'analyse et de synthèse.

4. *FONCTIONS PÉRIODIQUES ET ONDES*

Nous avons déjà dit que les relations les plus importantes de la physique sont représentées par des équations différentielles linéaires du second ordre. Il est important de connaître la connection ces équations avec la théorie générale des ondes ou des oscillations.

Si, sur un cercle de rayon unitaire, comme le montre la Fig. 14, nous prenons plusieurs points P_1, P_2, P_3, P_4, et que nous connectons ces points par des lignes droites avec le centre O, nous obtenons les angles $\widehat{XOP_1}$, $\widehat{XOP_2}$, etc. En trigonométrie, nous définissons certaines fonctions de ces angles et une unité de mesure. Pour notre propos, nous ne définirons que le sinus et le cosinus, puisque nous avons déjà rencontré la définition de la tangente $tan\ \theta = \dfrac{M_1P_1}{OM_1}$. Les angles $\widehat{XOP_1}$, $\widehat{XOP_2}$, etc., peuvent être spécifiés par les rapports M_1P_1 / OP_1, M_2P_2 / OP_2, etc., respectivement, chacun de ces rapports a une valeur définie. Ce rapport s'appelle dans tous les cas le *sinus* de l'angle et s'écrit sous la forme abrégée *sin θ*. Si le rayon de notre

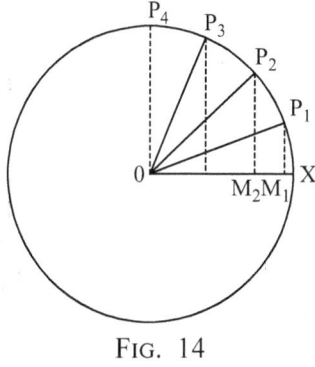

Fig. 14

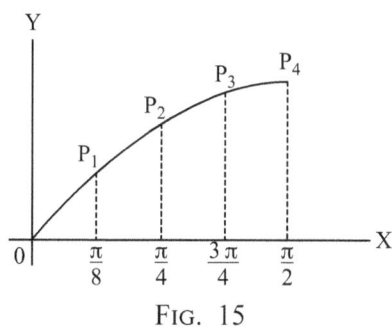

Fig. 15

cercle est pris comme unité, alors simplement $M_1P_1 = \sin \widehat{P_1OM_1} = \sin \theta$, puisque $OP_1 = 1$. Le rapport OM_1 / OP_1 *est* appelé le *cosinus* de l'angle $\widehat{XOP_1}$, et s'écrit *cos θ*.

Il existe deux unités de mesure des angles. En mesure ordinaire, ou sexagésimale, l'unité d'angle est le degré, soit 1/360 de l'angle entier autour d'un point, 1/180 d'un angle droit ou 1/90 d'un angle droit. Le degré est divisé en 60 parties égales appelées minutes. La minute est divisée en 60 parties appelées secondes. En mesure circulaire, l'unité d'angle est le radian, l'angle au centre d'un cercle dont l'arc est égal au rayon du cercle. Cet angle est constant, que le cercle soit grand ou petit, car les circonférences des cercles varient comme leurs rayons et, dans un cercle, les angles au centre sont proportionnels à leurs arcs. Le rapport constant entre la circonférence du cercle et son rayon est donné par le nombre $\pi = 3,14159\ldots$, ce nombre étant 'incommensurable' avec l'unité. Comme la longueur de la circonférence d'un cercle de rayon R est $2\pi R$, on voit que l'angle entier autour du centre, qui est de 360 degrés, est de 2π radians ; qu'un angle droit est égal à 180 degrés ou π radians ; et qu'un angle droit est égal à 90 degrés ou $\frac{\pi}{2}$ radians.

Ainsi, 1 radian = $\frac{180°}{\pi}$ = 57°17′44″.806... qui, comme il dépend de la valeur de π, est lui-même un nombre 'irrationnel'. "L'incommensurabilité" du radian avec les angles droits rend son utilisation pratique peu commode. L'une des principales utilisations du radian est théorique, car il introduit une simplification notable : le rapport entre le sinus d'un angle indéfiniment petit et l'angle lui-même est égal à 1, lorsque l'angle est mesuré en radians. En d'autres mots, l'équivalence d'un arc et d'une corde indéfiniment petits devient apparente numériquement lorsque l'angle et le sinus sont exprimés dans une seule unité.

Le tableau suivant donne les mesures ordinaires et radian, le sinus, le cosinus et la tangente des angles de 0, 1, 2, 3 et 4 angles droits.

Angle en angles droits	Angle en degrés	Angle en radian	Sinus	Cosinus	Tangente
0	0	0	0	1	0
1	90	π/2	1	0	±∞
2	180	π	0	−1	0
3	270	3π/2	−1	0	±∞
4	360	2π	0	1	0

De la Fig. 14 et de ce tableau, il résulte que les valeurs des fonctions trigonométriques sont égales pour les angles 0 et 2π, ou dans le langage des degrés, pour les angles 0° et 360°. La Fig. 14 montre également que l'angle $\widehat{XOP_1}$, ou tout autre angle, a une mesure exprimée par ses fonctions trigonométriques si nous lui ajoutons 360° ou 2π radians.

L'importance structurelle des fonctions trigonométriques dans l'analyse réside dans le fait qu'elles sont les fonctions *les plus simples* à *périodicité* unique et qu'elles sont donc adaptées à la représentation des ondulations. Comme nous l'avons déjà vu, le sinus et le cosinus ont une période réelle unique de 2π, ce qui signifie que leur valeur n'est pas modifiée par l'ajout de 2π à la variable. La tangente a une période de π.

Outre les trois fonctions définies ci-dessus, nous en définissons habituellement trois autres, la sécante, la cosécante et la cotangente, comme réciproques respectivement du cosinus, du sinus et de la tangente. Ces trois dernières fonctions peuvent être ignorées dans le cadre de la présente discussion.

Considérons la fonction $y = sin\ x$, et construisons la courbe que cette équation représente. Si nous traçons un cercle de rayon *unitaire*, Fig. 14, les ordonnées correspondant aux différents angles $\widehat{XOP_1}$, $\widehat{XOP_2}$, etc., donnent les valeurs de y, tandis que les angles mesurés en radians donnent les valeurs correspondantes de l'abscisse x.

En traçant les valeurs correspondantes de x et de y ainsi obtenues à la Fig. 14, nous obtenons à la Fig. 15 le graphique partiel de la fonction $y = sin\ x$. En faisant à nouveau le tour du cercle de la Fig. 14, c'est-à-dire en ajoutant 360° ou 2π à chacun de nos angles, et donc aux abscisses de la courbe de la Fig. 15, nous ajoutons au graphique une deuxième onde complète. Nous pouvons ainsi avancer ou reculer en obtenant autant d'ondes complètes, ou d'ondulations, que nous le souhaitons, comme dans la Fig. 16.

La courbe représentée par $y = cos\ x$ est obtenue de la même manière et est assez semblable à la courbe sinusoïdale. (Voir Fig. 17.)

Pour différencier $sin\ x$, nous donnons à x les valeurs arbitraires x_1, et $x_1 + \Delta x$ et calculons pour y les valeurs correspondantes $y_1 = sin\ x_1$ et $y_1 + \Delta y = sin\ (x_1 + \Delta x)$.

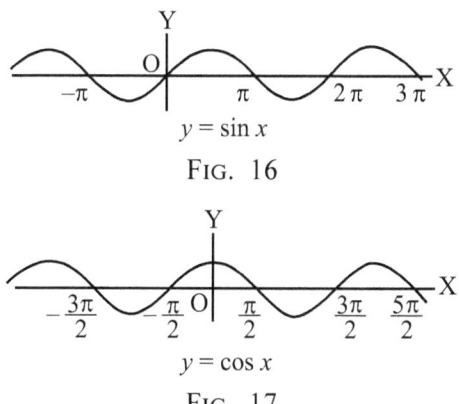

$y = \sin x$

Fig. 16

$y = \cos x$

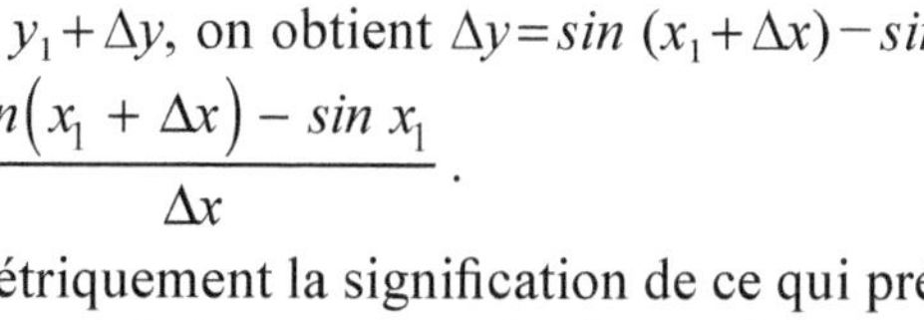

Fig. 17

En soustrayant y_1 de $y_1 + \Delta y$, on obtient $\Delta y = sin\ (x_1 + \Delta x) - sin\ x_1$. En divisant par Δx, on obtient $\dfrac{\Delta y}{\Delta x} = \dfrac{sin(x_1 + \Delta x) - sin\ x_1}{\Delta x}$.

Pour exprimer géométriquement la signification de ce qui précède, nous pouvons prendre un cercle de rayon unitaire et construire les angles x_1 et $(x_1 + \Delta x)$, (Fig. 18).

Alors $M_1P_1=sin\ x_1$, $M_2P_2=sin\ (x_1+\Delta x)$, $QP_2=sin\ (x_1+\Delta x)-sin\ x_1=\Delta y$, et l'arc $P_1P_2 = \overparen{P_1P_2} = \Delta x$.

La limite approchée par le rapport $\Delta y / \Delta x = QP_2 / P_1P_2$ comme $P_2 \to P_1$, ou comme $\Delta x \to 0$, est, selon les définitions précédentes, le cosinus de l'angle $\widehat{M_2P_2P_1}$, puisque *à la limite* l'arc $\overparen{P_1P_2}$ devient une ligne droite, l'hypoténuse du triangle rectangle P_1QP_2, qui est similaire au triangle rectangle $P_1M_1O_1$, d'où l'angle $\widehat{M_2P_2P_1} = \hat{x_1}$.

En d'autres mots, $\lim_{\Delta x \to 0} \dfrac{\Delta y}{\Delta x} = \lim_{\Delta x \to 0} \dfrac{QP_2}{P_1P_2} = \dfrac{OM_1}{OP_1} = cos\ x$, or $D_x sin\ x = cos\ x$

Il peut être facilement démontré de façon similaire que $D_x cos\ x = -sin\ x$. Nous nous intéressons principalement à la dérivée seconde. Nous voyons que la dérivée de *sin x* est *cos x*, et que la dérivée de *cos x* est $-sin\ x$.

En différentiant à nouveau, nous obtenons la dérivée seconde de *sin x* comme $-sin\ x$, et la dérivée seconde de *cos x* comme $-cos\ x$.

Le sinus, le cosinus et leurs combinaisons linéaires sont les seules fonctions qui, lorsqu'elles sont différenciées deux fois, nous donnent le second coefficient différentiel égal à et de signe opposé à la fonction d'origine.

En symboles

$$\frac{d^2 (\sin x)}{dx^2} = -\sin x\ ;\ \text{et}\ \frac{d^2 (\cos x)}{dx^2} = -\cos x.$$

En physique, nous avons affaire à de nombreux processus qui sont structurellement périodiques, ce qui signifie qu'un état physique défini se reproduit constamment après des intervalles de temps égaux. Le nombre de secondes ou de fractions de secondes au cours desquelles le processus se déroule s'appelle la période. Nous savons déjà que les fonctions périodiques les plus simples sont les fonctions sinus et cosinus du type

$sin(x+2n\pi)=sin\ x$, et

$cos(x+2n\pi)=cos\ x$, où *n* peut avoir n'importe quelle valeur entière.

En outre, nous avons déjà vu que les dérivées premières, et donc toutes les dérivées de ces fonctions, sont également des fonctions sinus et cosinus simples. En particulier, les dérivées secondes des fonctions sinus et cosinus sont également des fonctions sinus et cosinus prises avec le signe algébrique opposé.

Si nous exprimons la variabilité d'un processus en fonction du 'temps', c'est-à-dire par une équation de la forme $S=F(t)$, alors dans un processus périodique, $F(t_1+nT)=F(t_1)$, où *T* est la période et *n* un nombre entier. Si le processus se répète, comme dans un processus périodique, nous devons avoir

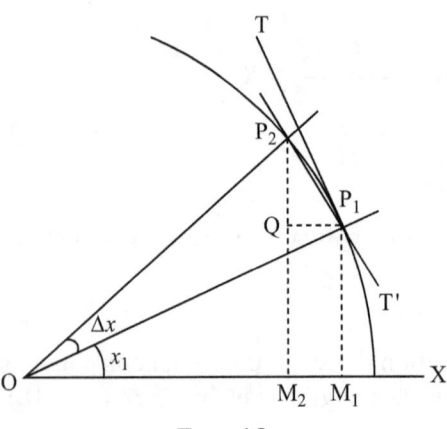

Fig. 18

$$\left|\frac{dF}{dt}\right|_{t=t_1+nT} = \left|\frac{dF}{dt}\right|_{t=t_1} \quad \text{et} \quad \left|\frac{d^2F}{dt^2}\right|_{t=t_1+nT} = \left|\frac{d^2F}{dt^2}\right|_{t=t_1} \quad \text{etc.}$$

mais, comme nous l'avons déjà vu, les fonctions sinus et cosinus satisfont ces conditions.

Un processus qui peut être décrit par une équation du type $S = A\sin\frac{2\pi t}{T}$ est appelé *vibration harmonique* ou 'vibration sinusoïdale pure', ou simplement 'vibration' ou 'oscillation'. La constante A, qui représente la valeur maximale du déplacement de part et d'autre, est appelée amplitude. La période T est appelée 'temps de vibration', sa valeur réciproque, qui donne le nombre de vibrations dans une unité de 'temps', est appelée 'nombre de vibrations' ou *'fréquence'*.

Comme les dérivées secondes des fonctions sinus et cosinus sont égales aux fonctions originales prises avec les signes opposés, nous pouvons décrire les vibrations harmoniques par des équations différentielles du premier degré (linéaires) et du second ordre du type $\frac{d^2S}{dt^2} = -a^2 S$, où $S = A\sin(\frac{2\pi t}{T}+\varepsilon)$, A représentant l'amplitude, T la période, ε la phase de la vibration. Le facteur de proportionnalité a est pris comme le carré d'une quantité réelle arbitraire pour indiquer que le côté droit doit toujours avoir le signe opposé à celui de S.

La propagation d'une vibration est appelée onde plane en mouvement, qui possède à la fois une vitesse et une direction

Fourier a montré que toute forme d'onde peut être représentée par la superposition d'une série d'ondes sinusoïdales, ce qui confère aux ondes sinusoïdales une grande importance théorique et pratique.

En rédigeant ce chapitre, j'avais deux objectifs principaux. L'un était d'indiquer brièvement les facteurs sémantiques essentiels impliqués dans les méthodes différentielles. D'autre part, familiariser le lecteur général et même les spécialistes qui ne sont pas mathématiciens avec certains termes et rudiments de méthode qui seront nécessaires pour la suite de la discussion.

Les méthodes différentielles impliquent des facteurs sémantiques essentiels pour un système-$\bar{A}$, la sémantique ∞-valuée de la probabilité et pour la sanité, et ne peuvent plus être négligés.

Les principales questions urgentes sont de deux ordres. D'une part, il s'agit de formuler des méthodes qui transmettent les réactions sémantiques $\bar{A}$ du calcul, qui n'impliquent aucune technicité et qui peuvent être transmises dans le cadre de l'enseignement le plus élémentaire à la maison ou à l'école. L'autre est d'attirer l'attention des spécialistes sur ces problèmes sémantiques afin qu'ils les résolvent.

Une tentative de résolution de la première question a été entreprise dans le présent volume. La seconde tâche sera probablement accomplie dans un avenir assez proche.

Il est vivement conseillé à tous les scientifiques, professionnels et enseignants, qui ne sont pas mathématiciens, de se familiariser avec les méthodes différentielles et d'acquérir ainsi les réactions sémantiques appropriées. L'expérience, dans de nombreux cas, a montré que cela les aiderait à acquérir un équilibre sémantique et une efficacité 'mentale'. Les enseignants et les médecins, en particulier, seraient grandement aidés dans leurs efforts pour former les enfants et les patients aux réactions $\bar{A}$. L'avantage ne réside pas dans un quelconque 'calcul', mais dans la méthode et les réactions psycho-logiques qui en découlent.

Sylvanus P. Thompson *Calculus Made Easy* (Macmillan) a publié un excellent, court, très élémentaire et amusant exposé sur le calcul qui, pour l'instant, est tout ce dont on a besoin à cette fin.

CHAPITRE XXXIII
SUR LA LINÉARITÉ

> La conception de la transformation linéaire joue donc le même rôle dans la géométrie affine que la congruence dans la géométrie générale, d'où son importance fondamentale. (547)
> HERRMANN WEYL

> Il est instructif de comparer l'appareil mathématique de la théorie quantique avec celui de la théorie de la relativité. Dans les deux cas, il y a une application de la théorie des algèbres linéaires. (215)
> W. HEISENBERG

> Cette 'théorie des perturbations' est le pendant complet de celle de la mécanique classique, sauf qu'elle est plus simple car en mécanique ondulatoire on est toujours dans le domaine des relations *linéaires*. (466)
> E. SCHRÖDINGER

> À la suite d'une recherche expérimentale sur l'association, en 1904, j'ai été amené à montrer la complexité des facteurs qui régissent l'évocation ... Et j'ai souvent insisté depuis sur cette idée essentielle, en opposition au schéma simple de la connexion associative linéaire. (411)
> HENRI PIÉRON

Nous avons déjà eu l'occasion d'évoquer à plusieurs reprises la question du 'plus' ou de l'additif dans le cadre de la linéarité. Ce problème revêt une importance sémantique structurelle et linguistique, mais aussi empirique et psycho-logique. Il suffit pour l'instant de noter deux faits, à savoir :

(1) que dans une dimension, la linéarité exprime la *relation* de proportionnalité ;
(2) que les problèmes de linéarité dépendent de la *relation* d'additivité.

La notion structurelle d'additivité est très ancienne. Étant la plus simple de ces notions, elle est naturellement apparue très tôt dans notre histoire. Les documents les plus anciens montrent que les Babyloniens et les Égyptiens utilisaient le principe d'additivité dans leurs notations. Nos ancêtres primitifs, bien avant qu'aucun document n'ait été écrit, disposaient de conditions structurelles similaires à celles que nous connaissons aujourd'hui et qui se prêtaient à l'investigation et à la réflexion. Il ne s'agit pas d'une simple supposition. Sinon, nous en serions encore à leur stade de développement. Il fallait bien commencer quelque part. Il ne fait guère de doute que les êtres humains de la lointaine antiquité présentaient plusieurs types d'inventivité, comme nous le faisons aujourd'hui. Certains, par exemple, étaient plus curieux que d'autres, plus inventifs, plus réfléchis, etc. Ce qui, comme nous le savons aujourd'hui, se retrouve même chez les animaux. Ces individus plus doués ont été, comme d'habitude, les inventeurs, les découvreurs et les bâtisseurs des systèmes et du langage de leur époque. Ils ne pouvaient pas longtemps ignorer le fait qu'une pierre *et* une pierre, ou un fruit *et* un fruit sont *différents* d'*une* pierre ou d'*un* fruit. Par exemple, les deux pierres auraient pu sauver la vie de l'observateur primitif en cas de défense, ou les deux fruits auraient pu satisfaire sa faim ou sa soif, alors qu'une seule pierre ne l'aurait pas fait. Une accumulation d'objets était manifestement différente d'un objet unique. Comme ces problèmes étaient souvent d'une importance vitale pour leur vie, des noms pour ces accumulations d'objets ont commencé à être inventés, et un et un ont été appelés deux, deux et un ont été appelés trois, etc. Les nombres et les mathématiques sont nés comme une sémantique structurelle nécessaire à la vie pour une classe de vie de time-binders. Ils étaient l'expression de la structure et de la fonction neurologiques et de la tendance à l'induction.

Au début, des noms et des généralisations ont été faits à partir des faits bruts les plus simples de la vie, et nos ancêtres primitifs ne se rendaient pas compte que ces généralisations grossières pouvaient ne pas avoir une validité structurelle, dont ils ne doutaient que rarement, tout comme nous en doutons rarement aujourd'hui. Ces scientifiques primitifs (et nous ne différons guère d'eux aujourd'hui), après avoir produit des *termes*, les ont objectifiés et ont commencé à spéculer à leur sujet. Examinons quelques exemples de ces spéculations mathématiques primitives. L'addition, bien sûr, par laquelle nous *générons des nombres* - un et un font deux, deux et un font trois, etc., était d'une importance capitale. Ils ne pouvaient pas ignorer le simple fait que trois, qui est égal à deux et un, par définition, est plus que deux ou un. Une généralisation primitive, à savoir que la somme est toujours supérieure aux parties additionnées prises séparément, a été encore plus généralisée en un postulat selon lequel une partie est plus petite que le tout. Cette généralisation a entravé les mathématiques presque jusqu'à nos jours, et pendant plusieurs milliers d'années, elle a empêché la découverte de la notion d'infini mathématique, dont nous avons déjà parlé au Chapitre XIV.

Il convient de noter que de telles généralisations impliquent des *réactions sémantiques,* qui sont objectiques et indicibles. Si elles sont formulées verbalement, elles doivent avoir une structure similaire à celle des faits, sinon elles sont fantaisistes et vicieuses, car elles ne sont pas correctement formulées. Une fois formulées, elles deviennent des faits structurels publics (les *réactions sémantiques* sont personnelles, individuelles, non-transmissibles et indicibles) et peuvent donc être critiquées, améliorées, révisées, rejetées, etc. Toute l'histoire de l'humanité montre que la formulation structurelle correcte d'un problème est généralement aussi bonne que sa solution, car tôt ou tard, une solution suit toujours une formulation.

Après plusieurs milliers d'années - en fait, pratiquement pas plus tard que l'autre jour - on a découvert que ces généralisations primitives n'étaient en général pas valables. Les nombres négatifs ont été inventés, et deux plus moins-un n'étaient plus trois mais un, $2+(-1)=1$. La somme n'était plus supérieure à ses parties additionnées. Ici aussi, on assiste à la tragédie habituelle. Quelques personnes connaissent les faits, mais les anciennes *réactions sémantiques* structurelles primitives *subsistent* chez certaines d'entre elles, ainsi que chez la grande majorité d'entre nous qui n'avons même pas connu les faits. Le fait que de telles *réactions sémantiques* structurelles ne disparaissent pas rapidement, ou de manière générale, a été prouvé à maintes reprises au cours de l'histoire. Nous le voyons très clairement dans les problèmes de "l'infini", des géométries $\bar{E}$ ou de la physique $\bar{N}$. Mais le spectacle le plus pathétique est celui de scientifiques qui ont *rationalisé* la technique sans rééduquer plus profondément leurs *réactions sémantiques*. C'est ce que l'on voit le plus clairement dans le cas de nombreux auteurs sur les fondements des mathématiques, la théorie d'Einstein ou la nouvelle mécanique quantique. Ils *ressentent* selon l'ancienne structure et *rationalisent* selon la nouvelle, ce qui explique que leurs travaux soient truffés d'autocontradictions. Les lecteurs et les étudiants ont l'impression que le sujet est 'difficile' et désordonné. En fait, les nouvelles théories ne sont ni compliquées ni difficiles. Elles sont en réalité beaucoup plus simples et faciles que les anciennes théories, *à condition que* nos *réactions sémantiques* structurelles soient purgées des tendances structurelles primitives dont chacun d'entre nous est héritier. Lorsque cette rééducation sémantique de nos sentiments structurels est accomplie, c'est l'ancien qui devient 'non-pensable' et incompréhensible, parce qu'il donne un tel désordre structurel.

On pourrait dire quelque chose de similaire d'un ressenti profondément ancré en chacun de nous, à savoir le ressenti du 'plus'. Dans toutes les avancées de la science, nous luttons contre ce ressenti. Par exemple, l'exemple de la feuille verte de facture humaine donné précédemment montre clairement que les choses de facture humaine peuvent, avec une certaine plausibilité, être considérées comme des choses 'plus', mais ce n'est pas le cas des feuilles naturelles qui ne sont pas de facture humaine, qui n'apparaissent pas comme des 'plus', mais comme des choses fonctionnelles, où la couleur verte *n'a pas* été structurellement *ajoutée*, mais s'est produite, ou est advenue. En tant que fait structurel, le monde qui nous entoure *n'est pas* une affaire de 'plus' et nécessite une représentation fonctionnelle. En chimie, par exemple, est-ce que l'hydrogène 'plus' l'oxygène produit-il de l'eau, H_2O? Si nous mélangeons les deux gaz, deux parties d'hydrogène avec une partie d'oxygène, nous n'obtenons pas d'eau. Il faut d'abord faire passer une étincelle dans le mélange, puis une explosion se produit et le résultat devient de *l'eau*, un *nouveau* composé très *différent* de ses éléments ou d'un simple mélange de ceux-ci. Est-ce qu'un litre d'eau et un litre d'alcool font deux litres d'un mélange? Non, cela donne moins de deux litres. La lumière ajoutée à la lumière donne-t-elle plus de lumière? Pas toujours. Les phénomènes d'interférence montrent clairement que la lumière 'ajoutée' à la lumière produit parfois de l'obscurité. Quatre atomes d'hydrogène, d'un poids atomique 1,008, produisent, dans des conditions appropriées, un atome d'hélium, non pas d'un poids atomique 4,032, mais d'un poids atomique 4. Le 0,032 a mystérieusement disparu. De tels exemples pourraient être cités sans fin. Ils montrent sans ambiguïté que, structurellement, ce monde n'est pas une affaire de 'plus', mais qu'il faut rechercher des principes *autres* qu'additifs.

La lutte contre ce sentiment de 'plus' est assez évidente, mais souvent infructueuse, dans la littérature scientifique. l'être humain 'est' un animal 'plus' quelque chose. La vie 'est' de la 'matière morte', 'plus' un 'principe vital', etc. Dans la littérature scientifique, on trouve des expressions curieuses : par exemple, "Il est impossible d'exprimer le comportement d'un animal entier comme la somme algébrique des réflexes de ses composants isolés" ; ou, "L'individu représente l'hérédité *plus* l'environnement" ; ou, "Le fait que l'abstraction ne se contente pas de retirer certains éléments d'un certain nombre de groupes d'engrammes et de combiner les autres en une seule somme, mais qu'elle forme ainsi une nouvelle structure psychique, est évident en soi et n'est en aucun cas propre à la psyché. Ainsi, une horloge est aussi peu la simple *somme* de ses petites roues qu'un être humain est la *somme* de ses cellules et molécules' ; et plus loin, 'pour être exact, l'ego est constitué des engrammes de toutes nos expériences *plus le* psychisme actuel'". On pourrait citer sans fin des références, mais pour notre propos, ces quelques exemples suffiront. Nous ne les donnons pas dans le but de citer des exemples faisant autorité sur la nécessité de considérations non-pensable. Loin de là. Nous le faisons pour souligner le fait étonnant que, bien que les meilleurs êtres humains dans leur domaine aient vaguement ressenti cette nécessité, même eux deviennent la proie de cette très ancienne tendance structurelle, linguistique et sémantique. Dans les trois cas cités, les auteurs étaient parmi les meilleurs que nous ayons. Ils ont lutté toute leur vie contre la tendance et les méthodes 'plus' ; et pourtant, s'ils parviennent à éliminer cette tendance d'une partie de leur sujet, ils l'implantent de manière tout à fait évidente ailleurs. Nous voyons qu'il s'agit d'une tendance psycho-logique enracinée à laquelle on ne peut remédier que par une recherche fondamentale, structurelle et sémantique $\bar{A}$.

Analysons ces citations. Dans le deuxième cas, nous entendons, après une attaque réussie contre les tendances *plus*, une déclaration selon laquelle "l'individu représente l'hérédité *plus* l'environnement". Cette déclaration est-elle vraie? Prenons des exemples. Certains poissons sont héliotropes et nagent vers la lumière, mais si l'on modifie la température de l'eau, ils deviennent héliotropes négatifs et *s'éloignent* de la lumière. Cette activité très complexe de l'organisme-comme-un-tout est-elle un fait 'plus environnement', ou le changement de température produit-il des changements fonctionnels fondamentaux? Lorsque, par exemple, une bonne mère rat, après avoir été soumise à un régime alimentaire différent, mais toujours abondant et privé d'une quantité infime de vitamines spéciales, commence à manger ses petits, s'agit-il encore d'une réaction 'plus' ou d'un changement fonctionnel très complexe de l'organisme-comme-un-tout? Ou lorsqu'un être humain, parce qu'il a reçu dans son enfance un choc 'émotionnel' dû à des événements extérieurs (action ou langage des parents, par exemple), développe un trouble fonctionnel, voire une maladie physique, s'agit-il là encore d'un problème 'plus environnement'? Ou encore, lorsque des poulets nourris d'œufs pondus par des poules élevées sans soleil ni rayons ultra-violets, ou qui n'ont reçu la lumière du soleil qu'à travers une vitre, développent le rachitisme et meurent rapidement, alors qu'ils ne meurent pas lorsque les vitres sont enlevées et que la lumière du soleil est autorisée à agir directement sur les poules. S'agit-il là encore d'un exemple de 'plus environnement'?

Un 'Dupond' et un 'Dupond' font deux 'Dupond', en ce qui concerne les billets de théâtre ou de train, mais dans la vie, dans des conditions appropriées, ils forment une famille et, très souvent, bien plus de deux 'Dupond' naissent d'une telle 'addition'. Qu'en est-il de leur travail? S'agit-il d'une simple somme? Dans le cas des inventeurs qui peuvent avoir été influencés par un ou plusieurs personnes, directement ou indirectement, leurs inventions produisent-elles une somme du travail d'autant de personnes? La machine à vapeur ou la dynamo produisent certainement plus de travail que n'auraient jamais pu produire non seulement les inventeurs, mais aussi la série d'autres êtres humains qui ont été indirectement à l'origine de l'inspiration des inventeurs. Il ne s'agit donc pas d'une affaire de 'plus'.

Dans le troisième cas, nous voyons l'auteur attaquer la tendance 'plus' sur une page, et planter un autre 'plus' quelques pages plus loin, ce qui implique immédiatement une entité *supplémentaire* objectifiée. À cet égard, il convient de noter que cette tendance *additive* représente un *mécanisme* structurel et sémantique partiel et important *d'identification*, et que pour l'aborder avec succès, nous devons éclaircir le problème connecté à la tendance *additive*.

Les innombrables et interminables volumes 'philosophiques', par exemple, qui ont été écrits sur les problèmes 'corps-âme', montrent l'énorme importance structurelle et sémantique de la clarification de cette question du 'plus' par rapport au 'non-plus'. Le lecteur se souviendra peut-être que les systèmes $\bar{A}$, $\bar{E}$ et $\bar{N}$ ont une métaphysique structurelle sous-jacente. Les systèmes $\bar{E}$ traitent d'équations non-linéaires et de lignes courbes, dont l'équation linéaire et la ligne droite (de courbure nulle) ne sont que des cas particuliers. Et la théorie générale d'Einstein, qui est à la base des systèmes $\bar{N}$, introduit également des équations non-linéaires. Faut-il s'étonner qu'un *système-$\bar{A}$* doive aussi résoudre ce difficile problème structurel et sémantique de linéarité versus non-linéarité, d'additivité versus non-additivité ?

En effet, les problèmes qui requièrent notre attention sont extrêmement déconcertants et difficiles. Même dans une science aussi perfectionnée que la physique, nous avons de grandes difficultés à utiliser des équations non-linéaires et nous en sommes encore au stade où nous résolvons peu d'équations autres que linéaires. Pour progresser, nous devons commencer par les problèmes *les plus simples* dans ce domaine, à savoir les problèmes mathématiques. À ce stade, l'essentiel n'est pas de résoudre le problème, mais de le formuler. Une fois formulé et porté à l'attention de l'humanité, il ne fait aucun doute qu'il finira par être résolu.

Pour mieux comprendre le principe additif, considérons un groupe d'éléments dont les individus sont désignés par les lettres a,b,c,d, etc. Prenons deux ou plusieurs de ces éléments et réalisons une synthèse qui aboutit à une troisième ou $n^{\text{ème}}$ entité. Cette synthèse doit être telle que les caractéristiques attribuées aux éléments soient également présentes dans la synthèse résultante, c'est-à-dire qu'elles aient ce que l'on appelle une caractéristique de groupe. Si nos éléments sont, par exemple, des nombres, la nouvelle synthèse est également un nombre et appartient au groupe d'origine. Il convient de noter que le problème de l'*ordre* est important dans la formulation du principe additif. Si a et b sont les deux éléments dont nous définissons la synthèse, il doit être clair que a en premier et b en second, ou b en premier et a en second, doivent être reconnus dans la synthèse. Supposons également que seuls les deux ordres alternatifs a et b, ou b et a, ont de l'importance dans ce cas. La loi de commutativité affirme que *a plus b* est égal à *b plus a*, $a+b=b+a$, ce qui signifie que les deux ordres alternatifs possibles donnent des résultats équivalents. Il faut noter que cela ne signifie pas que l'ordre n'entre pas dans cette synthèse ; dans ce cas, la loi commutative mentionnée ci-dessus n'affirmerait rien du tout. Il est important que l'ordre soit impliqué dans la synthèse. Il n'est indifférent qu'en ce qui concerne l'équivalence par une loi commutative.

Il convient de noter que la synthèse présente les 'mêmes' caractéristiques que les éléments. En d'autres termes, si nous connaissons les caractéristiques des éléments, nous connaissons les caractéristiques du résultat. Par exemple, si les éléments sont des nombres, le résultat sera un nombre, et aucune caractéristique absente des éléments n'apparaîtra dans le résultat. Cette prévisibilité des caractéristiques des éléments à celles du résultat est peut-être l'une des caractéristiques les plus frappantes de l'additivité. D'une part, elle nous permet de prédire l'avenir ; d'autre part, elle limite considérablement l'applicabilité du principe additif. Il est évident que lorsque nous combinons des éléments et que les résultats présentent de *nouvelles* caractéristiques absentes des éléments d'origine, les nouveaux problèmes ne sont structurellement plus de nature additive et la synthèse doit être différente.

Seules quelques entités parmi les plus simples de la physique possèdent des caractéristiques additives. Si nous prenons, par exemple, le 'poids', la 'longueur' ou le 'temps', nous constatons que ces unités sont additives. Un kilogramme, un centimètre ou une seconde, ajoutés respectivement à un kilogramme, un centimètre ou une seconde, donnent deux kilogrammes, deux centimètres ou deux secondes. Il n'en va pas de même pour la température, la densité ou de nombreuses autres grandeurs dérivées, comme nous les appelons. Si nous avons un corps d'une température de un degré et que nous le combinons avec un autre corps d'une température égale, la synthèse n'aura pas une température de deux degrés (comme dans le cas du poids), mais de un degré. Il en va de même pour la densité, etc., deux corps de densité un chacun ne donneront pas un corps de densité deux, mais de densité un.

Avant de poursuivre l'analyse des problèmes de linéarité et d'additivité, il convient d'examiner quelques définitions.

Si une entité u est transformée en une entité v par un processus quelconque, le changement peut être considéré comme le résultat d'une opération effectuée sur u, l'opérande, qui l'a converti en v. Si nous désignons l'opération par f, alors le résultat peut être écrit comme $v=fu$. Le symbole de l'opération f est appelé *opérateur*. Nous en connaissons beaucoup ; en effet, les symboles de toutes les opérations mathématiques peuvent être traités comme des opérateurs. Ainsi, par exemple, le symbole $\sqrt{}$ indique l'opération d'extraction de la racine carrée. Si nous traitons d'une plage de valeurs pour une variable x, ce que nous avons défini comme le symbole de la fonction $f(x)$ peut être traité comme un opérateur dont l'opération sur x peut être indiquée par le symbole fx. L'opération de différenciation peut être symbolisée par D, dont le résultat de l'opération sur la variable u, Du, est la dérivée de u. Le signe de l'intégrale définie $\int_a^b$ peut être considéré comme indiquant une opération qui convertit une fonction en un nombre, etc.

Il est important de savoir que de nombreuses règles d'algèbre et d'arithmétique, définies de cette manière, donnent lieu à un calcul des opérations. La notion fondamentale d'un tel calcul est celle de produit. Si l'on opère sur u avec f, le résultat v est indiqué par fu, ou symboliquement, $v=fu$. Si v est à son tour opéré par g, le résultat w est indiqué par gv, ou symboliquement, $w=gv=gfu$, d'où l'opération gf qui convertit u directement en w est appelée le produit de f et g. Si cette opération est répétée plusieurs fois de suite, la notation habituelle des puissances est utilisée, par exemple $ff=f^2$, $fff=f^3$, etc. La non-application de l'opérateur, que nous désignerons par f^0, laisse u inchangé, ce que nous indiquons symboliquement par l'équation $f^0u=u$. L'opérateur f^0 est équivalent à une multiplication par 1, par $f^0=1$, d'où le nom d'*opérateur identité*. Nous voyons également que la loi des indices est valable, à savoir que $f^m \times f^n = f^{m+n}$.

Pour notre propos, nous n'analyserons qu'un seul cas particulier, à savoir celui où nous avons u, v et $u+v$ comme opérandes, et un opérateur, f, tel que $f(u+v)=fu+fv$. En d'autres termes, cela signifie que l'opérateur appliqué à la somme des deux opérandes donne un résultat égal à la somme des résultats obtenus en opérant sur chaque opérande séparément. Un tel opérateur spécial est appelé opérateur *linéaire* ou distributif.

En termes de fonctions, nous aurions $f(x+y)=f(x)+f(y)$, ce qui peut être appelé une équation fonctionnelle. Il a été prouvé qu'une telle équation fonctionnelle n'a qu'un seul type de solutions, à savoir lorsque f est équivalent à une multiplication par une *constante*, ou $fx=cx$. Ce fait est d'une grande importance pour nous. De nombreux problèmes scientifiques sont énoncés en termes de variation. À des fins d'analyse, une déclaration selon laquelle '*x varie comme y*' s'écrit $y=kx$, où k est appelé facteur de proportionnalité, ce qui nous permet de convertir une déclaration de variation en une équation. Si y varie inversement à x, quand $x \neq 0$ on écrit $y = k(1/x)$ ou $y = k/x$. Une multiplication par une *constante* introduit donc une relation de proportionnalité, d'où l'importance de la proportionnalité dans un monde où les constantes sont présentes.

Il faut aussi remarquer que les deux opérations fondamentales du calcul sont *linéaires* sans être équivalentes à une multiplication par une constante. Il s'agit de : 'la dérivée de la somme est la somme des dérivées', c'est-à-dire $D(u+v)=Du+Dv$; et "l'intégrale de la somme est la somme des intégrales", c'est-à-dire $\int (u+v)dx = \int u dx + \int v dx$. Mais comme la notion fondamentale du calcul consiste à substituer à une fonction donnée une fonction *linéaire*, en d'autres termes, à traiter les courbes comme les limites de droites infiniment petites, cette linéarité sous-tend structurellement toutes les hypothèses fondamentales du calcul, et l'on pourrait dire avec Weyl que "l'on utilise ici l'artifice mathématique extrêmement fructueux qui consiste à rendre un problème *linéaire* en revenant à des quantités infiniment petites".[1]

Un vecteur est défini approximativement comme un segment de ligne qui a une direction et une grandeur définies, et toute quantité qui peut être représentée par un tel segment est définie comme une quantité vectorielle.

L'addition de vecteurs est définie par la loi du parallélogramme, comme dans le cas de deux forces. Il convient de noter qu'en raison de cette définition, la somme de deux vecteurs *diffère* en général de la somme arithmétique des longueurs, et que seuls les vecteurs colinéaires ou parallèles obéissent à la loi de la somme arithmétique.

L'introduction par définition d'entités mathématiques obéissant à des lois différentes des lois arithmétiques habituelles est une innovation structurelle et méthodologique importante. Elle nous donne le *précédent* utile de définir nos *opérations* en fonction de nos besoins. Le calcul vectoriel a accepté comme définition de la somme de deux vecteurs la loi établie *expérimentalement* en physique pour la somme de deux forces ; ainsi, dès le début, le calcul vectoriel a été structurellement un langage particulièrement utile en physique. Ce n'est que depuis Einstein que la valeur et l'importance du calcul vectoriel pour la physique ont été généralement appréciées.

Si nous avons deux vecteurs, $\vec{a}$ et $\vec{b}$, partant d'une origine commune O et que nous complétons le parallélogramme comme dans la Fig. 1, la diagonale du parallélogramme sera la somme requise, $\vec{a} + \vec{b}$, par *définition*.

Si nous choisissons deux vecteurs co-initiaux de longueur unitaire, l'un sur l'axe X et l'autre sur l'axe Y, et que nous les appelons $\vec{i}$ et $\vec{j}$, nous pouvons toujours

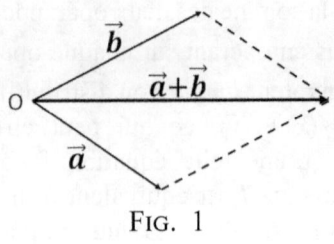

Fig. 1

représenter n'importe quel vecteur $\vec{x}$ comme la somme de deux vecteurs, dont l'un est la projection de $\vec{x}$ sur l'axe X et l'autre la projection de $\vec{x}$ sur l'axe Y. (Voir Fig. 2).

Appelons ces vecteurs respectivement $\vec{x'}$ et $\vec{x''}$. Alors $\vec{x} = \vec{x'} + \vec{x''}$, par définition. Mais $\vec{x'}$ ne diffère de $\vec{i}$ que par sa longueur et peut donc être obtenu en multipliant $\vec{i}$ par un nombre approprié, par exemple a. Similairement, $\vec{x''}$ peut être obtenu à partir de $\vec{j}$ en multipliant $\vec{j}$ par b, et donc, en symboles, $\vec{x'} = a\vec{i}$, $\vec{x''} = b\vec{j}$, et $\vec{x} = a\vec{i} + b\vec{j}$. Tous les vecteurs du plan peuvent être obtenus à partir de $\vec{i}$ et $\vec{j}$ sous cette forme. Les nombres a et b sont appelés *composantes* de $\vec{x}$.

Maintenant que nous savons comment exprimer un vecteur en termes de ses composantes, à savoir $\vec{x} = a\vec{i} + b\vec{j}$, considérons une fonction vectorielle $f(\vec{x})$ qui satisfait à l'équation $f(\vec{x} + \vec{y}) = f(\vec{x}) + f(\vec{y})$. Nous pouvons prendre $a\vec{i} = \vec{x}$ et $b\vec{j} = \vec{y}$ et $\vec{x} + \vec{y} = \vec{z}$ alors nous avons $f(\vec{z}) = f(\vec{x} + \vec{y}) = f(a\vec{i}) + f(b\vec{j})$. Mais comme a et b sont des nombres, on a $f(a\vec{i}) = af(\vec{i})$, et de même, $f(b\vec{j}) = bf(\vec{j})$; donc $f(\vec{z}) = af(\vec{i}) + bf(\vec{j})$. Mais $f(\vec{i})$ est lui-même un vecteur et peut donc être exprimé sous la forme $a'\vec{i} + b'\vec{j}$, et $f(\vec{j}) = c\vec{i} + d\vec{j}$. Par conséquent, $f(\vec{z}) = a(a'\vec{i} + b'\vec{j}) + b(c\vec{i} + d\vec{j}) = (aa' + bc)\vec{i} + (ab' + bd)\vec{j}$. En général, les composantes sont les coefficients accompagnant $\vec{i}$ et $\vec{j}$, et nous avons donc les composantes de $f(\vec{z}) = f(\vec{x} + \vec{y})$ en termes de composantes de $\vec{z}$; et nous voyons comment les composantes d'un vecteur sont transformées en composantes de la fonction vectorielle linéaire du vecteur.

En termes généraux, une fonction vectorielle continue d'un vecteur est dite *linéaire* lorsque la fonction de la somme de deux vecteurs quelconques est la somme des fonctions de ces vecteurs ; autrement dit, la fonction f est linéaire si $f(\vec{r_1} + \vec{r_2}) = f(\vec{r_1}) + f(\vec{r_2})$, d'où, si a est un nombre positif ou négatif quelconque et si f est une fonction *linéaire*, la fonction de a multipliée par $\vec{r}$ est a fois la fonction de $\vec{r}$; $f(a\vec{r}) = af(\vec{r})$.

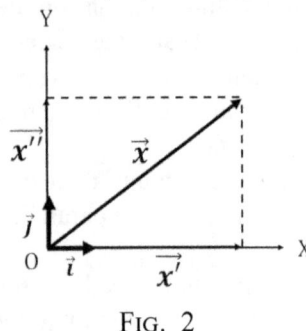

Fig. 2

Les opérateurs vectoriels linéaires sont également définis par une équation similaire, à savoir $L(\vec{a} + \vec{b}) = L\vec{a} + L\vec{b}$.

Récapitulons. Si nous prenons l'*équation* fonctionnelle $f(x+y)=f(x)+f(y)$, qui pourrait être utilisée comme définition de la *linéarité* et qui est fondée sur l'*additivité*, et que nous prenons $x=y=1$, nous avons $f(1+1)=f(2)$ et aussi $f(1)+f(1)=2f(1)$; et donc notre équation originale devient par substitution $f(2)=2f(1)$.

Il est évident que l'équation originale, $f(x+y)=f(x)+f(y)$, est la source d'un nombre indéfini de relations de ce type pour des nombres particuliers. Par exemple, $f(3)=f(2+1)=f(2)+f(1)$; mais, conformément à ce que nous avons obtenu précédemment, $f(2)=2f(1)$; de sorte que $f(3)=2f(1)+f(1)=3f(1)$, et en général, $f(x)=xf(1)$. Ainsi, si nous avons une équation $f(x+y)=f(x)+f(y)$ pour des nombres, nous savons que nous pouvons obtenir la valeur de cette fonction pour n'importe quel x si nous la connaissons pour 1. Si nous désignons la fonction de 1, qui est une *constante*, par $f(1)=k$, nous avons la forme générale de la fonction qui satisfait $f(x+y)=f(x)+f(y)$ exprimée par $f(x)=kx$. En d'autres termes, une équation fonctionnelle du type ci-dessus, à savoir une fonction de la somme égale à la somme des fonctions, n'a qu'un seul type de solution possible, à savoir lorsque f est équivalent à une multiplication par une constante, ou $f(x)=kx$ Mais cette dernière signifie proportionnalité. Les valeurs de la fonction sont proportionnelles aux arguments (variables). En fait, considérons deux arguments, c'est-à-dire deux valeurs des variables indépendantes x et y. Nous avons, comme indiqué précédemment, $f(x)=kx$ et $f(y)=ky$. En divisant la première par la seconde, on obtient $f(x)/f(y)=kx/ky=x/y$ ou, sous une autre forme, $f(x)/x=f(y)/y=k$.

Prenons un exemple. La géométrie élémentaire nous apprend que si l'on prend un angle α et que l'on trace des parallèles qui coupent les côtés en AA', BB', CC', DD', etc. les ordonnées correspondantes sont proportionnelles. En général, les longueurs des segments du côté gauche ne sont pas égales, ni celles des segments du côté droit. Si nous désignons le segment AB par x et BC par y, les segments correspondants $A'B'$ et $B'C'$ peuvent être désignés respectivement par $f(x)$ et $f(y)$, respectivement, ce qui signifie fonction de x et fonction de y. $A'B'=f(x)$, $B'C'=f(y)$.

Mais les intervalles ci-dessus sont proportionnels, ce qui signifie que

$$\frac{AB}{A'B'} = \frac{BC}{B'C'} = \frac{AB + BC}{A'B' + B'C'}$$

Nous voyons facilement sur la Fig. 3 que $AB+BC=AC=x+y$; et $A'B'+B'C'=A'C'$ et donc $A'C'$ d'une part est $f(AC)=f(x+y)$ et d'autre part est $f(x)+f(y)$ et donc $f(x+y)=f(x)+f(y)$. On pourrait multiplier les exemples en prenant les relations entre les angles centraux d'un cercle et les arcs de sa circonférence. En fait, tout problème de *mesure* en géométrie E peut servir d'exemple.

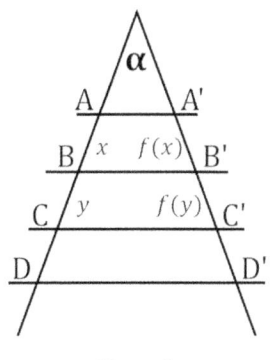

FIG. 3

Au cours de notre développement, nous avons commencé par des tendances naturelles *additives* définies, non seulement dans nos mathématiques les plus élevées, encore non développées, que nous appelons notre langage quotidien et scientifique, mais aussi dans notre langage le plus bas, mais perfectionné, que nous appelons les mathématiques. Dans ce langage perfectionné, la notion d'*additivité* est connectée à la *linéarité*, et les *méthodes d'approximation* sont également fondées sur l'additivité et la linéarité.

Cependant, le monde qui nous entoure, dans ses aspects structurels les plus fondamentaux, n'est pas additif et, pour l'*ajuster*, nous devons trouver des moyens de passer de tendances et de formulations additives à des tendances et à des formulations non-additives. Les mathématiques modernes ont développé ces méthodes et la physique moderne commence à les appliquer. Répétons-le : l'importance des fonctions linéaires implique l'importance des lignes 'droites'. Elles sont importantes à deux titres : premièrement, parce qu'elles sont plus simples que toutes les autres courbes, de sorte que nous voulons naturellement les étudier avant d'étudier d'autres courbes, comme, par exemple, les cercles ou les autres sections coniques en géométrie élémentaire ; et deuxièmement, parce que toutes les courbes peuvent être approximées par des lignes droites. Ce point est très important, car l'approximation est la méthode la plus puissante dont nous disposons pour gérer des situations compliquées.

Il existe deux méthodes d'approximation d'une courbe au voisinage d'un point. Si l'on s'intéresse au voisinage immédiat d'un point, on approxime la courbe par sa tangente, car la tangente approxime la courbe au voisinage d'un point mieux que toute autre droite. Si l'on veut diminuer l'erreur que l'on fait dans cette approximation, il suffit de diminuer le voisinage dans lequel on la considère. Si nous ne voulons pas nous limiter à un petit voisinage, nous devons utiliser des méthodes d'approximation plus compliquées. Nous inscrivons dans la courbe une ligne brisée qui se compose de segments de droites. Les débuts de l'étude des courbes consistent à réduire l'étude des courbes à :

(1) l'étude des droites reliées aux tangentes des courbes, qui est le point de départ du calcul différentiel ; et

(2) l'étude des lignes brisées inscrites, qui est le point de départ du calcul intégral.

Les courbes ne représentent que les dépendances les plus simples. Dans d'autres cas, nous avons des types de fonctions plus complexes, par exemple des fonctions vectorielles, mais dans tous les cas, nous avons des fonctions *linéaires*, les plus simples de leur type, et d'autres fonctions sont étudiées en les approchant d'une manière ou d'une autre par des fonctions linéaires. En utilisant le terme 'fonction', nous entendons non seulement les fonctions numériques, mais aussi les *opérateurs*, qui sont aux fonctions ordinaires ce que les fonctions ordinaires sont aux nombres. Une définition générale de la linéarité peut être connectée à celle de la proportionnalité de la manière suivante. Si deux variables sont proportionnelles l'une à l'autre, alors à la somme des valeurs quelconques de la première correspond la somme des valeurs correspondantes de la seconde.

La partie la plus simple de tout domaine est l'examen de questions linéaires, additives ; équations linéaires (équations du premier degré en algèbre), équations différentielles linéaires, équations intégrales linéaires, matrices linéaires, opérateurs linéaires, etc. Mais tôt ou tard, nous arrivons aux problèmes non-linéaires, plus difficiles et plus intéressants. La principale importance de la théorie générale d'Einstein réside peut-être dans le fait que les équations de la physique deviennent *non-linéaires*. Maintenant, bien que les équations non-linéaires puissent être approximées par des équations linéaires, le caractère d'un monde déterminé par des équations non-linéaires doit être entièrement différent de celui d'un monde déterminé par des équations linéaires. Dans un monde linéaire, les électrons ne se repousseraient pas les uns les autres, mais se déplaceraient indépendamment les uns des autres, et il ne pourrait y avoir aucune relation entre les charges des différents électrons. Or, nous savons que les électrons se repoussent et attirent les protons, et que leurs charges sont égales. En physique, si un système peut être décrit par des équations différentielles linéaires, les trains de causalité initiés par différents événements se propagent d'eux-mêmes *sans interférence*, par simple *addition* d'effets.

Les propriétés des systèmes qui peuvent être décrits par des équations différentielles linéaires ont, comme nous l'avons déjà vu, la propriété d'*additivité*. Cela signifie que le résultat des effets d'un certain nombre d'éléments est la somme des effets pris séparément, et qu'aucun nouvel effet n'apparaîtra dans l'ensemble s'il n'était pas présent dans les éléments. Dans un tel univers, il y a 'continuité', les corps sont superposables, les perturbations ondulatoires sont additives, "l'énergie" et la 'masse' sont indestructibles, etc. Dans un tel univers, nous pouvons avoir une *causalité* deux-valuée, car les trains de causalité lancés par différents événements se propagent sans *interférence* et avec une simple addition des effets, et le présent peut être analysé à rebours dans la somme des événements élémentaires, c'est-à-dire qu'une analyse causale deux-valuée est possible.

Si nos équations ne sont pas linéaires, les effets ne sont pas additifs et une analyse causale deux-valuée n'est pas possible.

L'effet conjoint de *deux* causes agissant ensemble n'est pas la *somme* de leurs effets séparément[2], et nous avons besoin d'une causalité ∞-valuée.

Analytiquement, si nous avons des équations différentielles *linéaires* et que nous avons une solution $y_1 = f(x)$ et une autre solution $y_2 = F(x)$, alors leur somme est également une solution, à savoir $y_3 = f(x) + F(x)$. Si les équations différentielles ne sont pas linéaires et si $y_1 = f(x)$ et $y_2 = F(x)$, sont deux solutions, alors $f(x) + F(x)$ n'est *pas* une solution.

Les problèmes linéaires et les équations linéaires jouent un rôle structurel très important dans la science et il ne fait guère de doute que les équations linéaires prévalent énormément, bien que de nombreux événements fondamentaux ne puissent être décrits par de telles équations. Un univers qui peut être décrit par des équations différentielles linéaires du second ordre présente des caractéristiques structurelles définies, qui sont pour la plupart en accord avec l'observation. Comme ces équations différentielles nous donnent la tendance d'un processus, nous pouvons les utiliser pour décrire les phénomènes à grande échelle par intégration, ou les phénomènes statistiques des grands nombres.

Malheureusement, l'étude des problèmes non-linéaires est structurellement très difficile et constitue en grande partie un problème d'avenir.

Il y a un point très important que nous ne devons pas négliger. Nous savons déjà qu'il existe une différence fondamentale entre les différents ordres d'abstraction. Les abstractions de nature corporelle ont toujours des caractéristiques omises, tandis que nos abstractions d'ordre supérieur sont plus éloignées de la vie, mais elles incluent toutes des caractéristiques. Le problème de la santé mentale étant un problème d'ajustement, nous devons d'une manière ou d'une autre établir une corrélation entre ces abstractions dans lesquelles des caractéristiques sont *omises* et celles qui incluent toutes les caractéristiques, et nous *devons* donc procéder *par approximations*. Les méthodes mathématiques, en particulier celles du calcul différentiel et intégral, ont développé la meilleure technique d'*approximation* qui existe aujourd'hui et qui, comme nous l'avons vu, est strictement connectée à la *linéarité* ou à l'*additivité*.

Un besoin similaire, qui nous a poussés à exprimer nos tendances et méthodes additives dans la structure du langage, a conduit à la production du calcul. Pour des organismes qui abstraient dans des ordres si nombreux et si différents, les méthodes du calcul sont donc des dispositifs psycho-logiques fondamentaux, conditionnant la santé mentale.

En conclusion, il convient de noter deux faits très importants. L'un d'eux est que le système nerveux, en état de tension nerveuse, ne peut structurellement pas être une simple affaire additive dans toutes ses fonctions, un fait dont chacun d'entre nous a fait l'expérience. Trop de stimulations émoussent, abolissent ou modifient la réaction de façon extrêmement variée. Piéron, à la suite d'expériences d'association, a non seulement montré la complexité de ces processus, mais il est également parvenu à la conclusion que les connexions associatives ne sont pas linéaires.[3] L'autre point le plus important est que, structurellement, le terme 'et' implique l'addition. Lorsque nous confondons les ordres d'abstraction ou les niveaux d'analyse, les implications additives du 'et' faussent les problèmes. Ainsi, par exemple, deux atomes d'hydrogène, un atome d'oxygène *et* une étincelle produisent de l'eau. Le deuxième 'et', au moins, est utilisé de manière illégitime, car il s'applique à un niveau entièrement différent (l'étincelle) de celui des atomes. Sur le plan linguistique, nous avons introduit des implications additives, alors que sur le plan empirique, nous avons affaire à des fonctions de degré supérieur non-additives et non-linéaires très complexes. Lorsque nous confondons les ordres d'abstraction, comme nous le faisons tous, le 'et' est voué à introduire des implications structurellement fausses, qu'il est très difficile d'éviter - d'autant plus que ces problèmes sémantiques sont généralement entièrement négligés.

CHAPITRE XXXIV

SUR LA GÉOMÉTRIE

En même temps, il ne faut pas oublier que la réalité physique de la géométrie ne peut être mise en évidence avec toute la clarté voulue que s'il existe aussi une théorie abstraite. ... Ainsi, par exemple, si le terme électron peut avoir plusieurs significations physiques, il n'est en aucun cas un objet aussi protéiforme qu'un point ou un triangle. (259)   OSWALD VEBLEN

L'espace euclidien est simplement un groupe. (417)   HENRI POINCARÉ

Ce n'est que dans la géométrie euclidienne 'sans gravitation' que l'on obtient l'intégrabilité. (551)   HERRMANN WEYL

Le fait fondamental de la géométrie euclidienne est que le carré de la distance entre deux points est une forme quadratique des coordonnées relatives des deux points (théorème de Pythagore). Mais si l'on considère que cette loi n'est strictement valable que dans le cas où ces deux points sont infiniment proches, on entre dans le domaine de la géométrie de Riemann. (547)

HERRMANN WEYL

... le déplacement parallèle d'un vecteur doit laisser inchangée la distance qu'il détermine. Ainsi, le principe de transfert des distances ou des longueurs qui est à la base de la géométrie métrique, entraîne un principe de transfert de la direction ; en d'autres termes, **une relation affine est inhérente à l'espace métrique.** (547)

HERRMANN WEYL

Mais avant de traiter du cerveau, il convient de distinguer une seconde caractéristique de l'organisation nerveuse qui en fait une organisation en niveaux. (411)   HENRI PIÉRON

Section A. Introduction.

La principale règle métrique en géométrie est le célèbre théorème de Pythagore. En 1933, cette règle n'est plus considérée comme généralement valable en dehors du système euclidien, car sa preuve dépend du postulat douteux des parallèles. Elle est considérée comme une généralisation empirique dans laquelle l'erreur relative diminue lorsque les distances deviennent plus petites. En effet, le petit élément de longueur, *ds*, donné par la règle de Pythagore est considéré comme pratique et fiable dans notre exploration du monde.

La règle de Pythagore stipule que dans tout triangle rectangle ABC, le carré du côté opposé à l'angle droit (l'hypoténuse) est égal à la somme des carrés des deux autres côtés (les branches). En symboles, $AB^2 = AC^2 + BC^2$. Si nous construisons des carrés sur les trois côtés du triangle ABC et que nous désignons les aires de ces carrés par C', A' et B', nous obtenons $C' = A' + B'$.

La règle ci-dessus est également la principale règle métrique de la géométrie des coordonnées, qui nous donne la longueur du segment de droite joignant deux points quelconques. Considérons, par exemple, deux points en deux dimensions, P_1 et P_2, dont les coordonnées

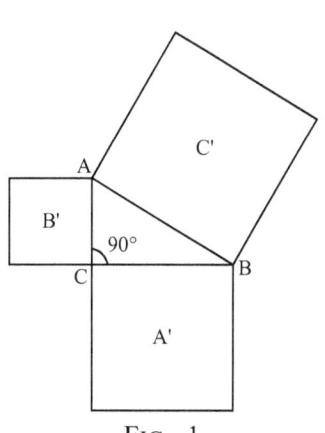

FIG. 1

rapportées à une paire d'axes dans le plan sont (x_1, y_1) et (x_2, y_2). En traçant les lignes P_1Q et P_2Q parallèlement aux axes X et Y respectivement, on obtient un triangle rectangle P_1QP_2 dont les branches P_1Q et P_2Q sont égales à x_2-x_1 et y_2-y_1 respectivement, d'où P_1P_2, l'hypoténuse du triangle rectangle, ou la distance s entre les points, est égale à $\sqrt{P_1Q^2 + P_2Q^2}$, ou $s = \sqrt{(x_2 - x_1)^2 + (y_2 - y_1)^2}$. Si nous passons à des quantités indéfiniment petites et choisissons de traiter des différentielles, nous avons $ds^2 = dx^2 + dy^2$ où $dx = x_2 - x_1$ et $dy = y_2 - y_1$. En général, les physiciens traitent leurs différentielles comme de très petites quantités et nous pouvons faire de même, bien que ce ne soit pas précisément ce que représente une différentielle.

En trois dimensions, des formules similaires apparaissent, à savoir $s^2 = x^2 + y^2 + z^2$ pour la distance d'un point à l'origine et $s = \sqrt{(x_2 - x_1)^2 + (y_2 - y_1)^2 + (z_2 - z_1)^2}$ pour la distance entre deux points $P_1(x_1, y_1, z_1)$ et $P_2(x_2, y_2, z_2)$, ainsi que $ds^2 = dx^2 + dy^2 + dz^2$, pour la distance indéfinitésimalement petite entre deux points.

En référant nos entités géométriques à des axes de coordonnées, ou à des cadres de référence, comme on les appelle, nous nous intéressons aux propriétés de nos entités géométriques et non aux caractéristiques accidentelles de nos cadres de référence, ou aux caractéristiques accidentelles de la représentation que nous utilisons. Les mathématiciens ont découvert il y a longtemps que la forme de la représentation n'est pas indifférente aux résultats qu'ils obtiennent. En parlant grossièrement, ils ont découvert que dans une forme de représentation, ils obtenaient les caractéristiques $a, b, c, d, \ldots m, n$; dans une autre forme, les caractéristiques $a, b, c, d, \ldots p, q$; et sous une autre forme encore, les caractéristiques $a, b, c, d, \ldots s, t$, etc. Dans les cas où l'inspection directe était possible, ils ont constaté, en vérifiant les caractéristiques prédites, que des caractéristiques telles que a, b, c, d dans notre exemple appartiennent vraiment à l'objet de notre analyse, tandis que les caractéristiques $m, n, \ldots p, q, \ldots s, t, \ldots$ n'appartiennent *pas du tout* à notre sujet, mais *varient* d'une forme à l'autre en fonction de la forme de représentation. De tels faits amènent les mathématiciens à distinguer les caractéristiques *intrinsèques*, qui appartiennent vraiment au sujet indépendamment de la forme de représentation, et les caractéristiques *extrinsèques*, qui n'appartiennent pas au sujet, mais sont accidentelles et varient avec la forme de représentation que l'on utilise.

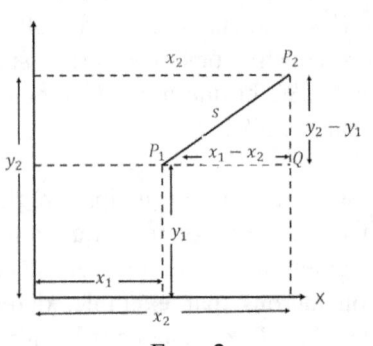

Fig. 2

Si nous mélangeons les caractéristiques intrinsèques et extrinsèques, nous avons une connaissance structurellement déformée de notre sujet. Il est évident que nous nous intéressons aux méthodes permettant de séparer et de distinguer ces deux types de caractéristiques.

De telles méthodes se retrouvent dans ce que nous appelons la transformation des coordonnées,

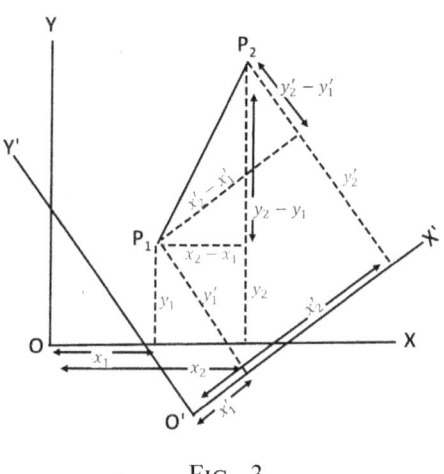

FIG. 3

c'est-à-dire le passage d'une forme de représentation à une autre, d'un système de coordonnées à un autre, ce qui correspond à la traduction d'un langage à un autre. Il est évident que les caractéristiques intrinsèques à notre sujet sont et doivent être *indépendantes* de la sélection accidentelle de notre forme de représentation et doivent donc rester inchangées lorsque nous passons d'un cadre de référence à un autre. Toute caractéristique qui est modifiée par une telle transformation de nos systèmes de référence est clairement une caractéristique extrinsèque injectée par la forme de représentation et n'appartenant pas à notre sujet ; la transformation des coordonnées est donc précisément le test dont nous avons besoin et que nous utilisons.

Prenons par exemple le segment de ligne P_1P_2, comme dans la Fig. 3. Nous pouvons référencer P_1P_2 à un système O, ou à un système O'. Il est évident que la longueur de la ligne P_1P_2 est indépendante des axes de référence utilisés et que la formule de la longueur d'une ligne n'est pas modifiée, bien que les valeurs des x et des y soient différentes dans les deux systèmes. En d'autres termes, la somme des carrés des différences des coordonnées reste invariable. En symboles,

$$s = \sqrt{(x_2 - x_1)^2 + (y_2 - y_1)^2} = \sqrt{(x'_2 - x'_1)^2 + (y'_2 - y'_1)^2}$$

Des expressions telles que $x_1 + x_2$ ou $y_1 y_2$, etc., *ne sont pas* des caractéristiques de notre sujet mais des caractéristiques du cadre de référence particulier utilisé, et ne nous intéressent donc généralement pas.

Dans un exemple aussi élémentaire que celui-ci, nous connaissons directement nos entités et nous pouvons donc les inspecter directement et vérifier leurs caractéristiques intrinsèques et extrinsèques. Mais lorsque nous avons affaire à des géométries de plus de trois dimensions, ce contrôle devient difficile, voire impossible, et de nouvelles méthodes doivent être inventées.

Si l'on souhaite éliminer l'unité de mesure des lignes, on peut le faire en utilisant une relation appelée *rapport*. Choisissons, par exemple, 3 points A, B, C, et écrivons les formules invariantes pour la distance AB et AC sous la forme

$$\sqrt{(x_2 - x_1)^2 + (y_2 - y_1)^2} \text{ et } \sqrt{(x_3 - x_1)^2 + (y_3 - y_1)^2}$$

alors le rapport $R = \dfrac{\sqrt{(x_2 - x_1)^2 + (y_2 - y_1)^2}}{\sqrt{(x_3 - x_1)^2 + (y_3 - y_1)^2}}$

est indépendant de notre unité de mesure. Si, par exemple, ce rapport R=1, nous concluons que *AB=AC*, une caractéristique qui appartient à nos lignes et qui est *indépendante non seulement de notre système de référence mais aussi de l'unité que nous avons utilisée.*

Un grand pas en avant dans la formulation de méthodes conduisant à des formulations invariantes et intrinsèques a été fait avec l'invention de ce que l'on appelle le calcul vectoriel et son extension dans le calcul tensoriel moderne. Quelques explications de ce principe sont intéressantes.

Un vecteur est en gros un segment orienté d'une ligne droite sur laquelle on distingue le point initial et le point terminal. Un vecteur a donc une magnitude et une direction. Dans la pratique, nous avons affaire à deux types d'entités : certaines sont purement numériques, établissant une relation spécifique, le plus souvent asymétrique, et n'ont pas de direction, comme par exemple la masse, la densité, la température, l'énergie, la charge électrique, la population, la mortalité, etc. Ces quantités qui n'impliquent pas de direction sont appelées quantités scalaires.

Des grandeurs telles que la vitesse, l'accélération, le courant électrique, les contraintes, les flux de chaleur ou de fluides, etc., qui impliquent non seulement une magnitude mais aussi une direction définie, sont appelées quantités vectorielles et ont donné lieu à un calcul spécial appelé calcul vectoriel.

L'invention du calcul vectoriel a constitué une étape structurelle et méthodologique tout à fait révolutionnaire et bénéfique. Elle a été mise au point indépendamment par Hamilton et Grassmann. Les avantages de cette méthode sont multiples, mais nous ne nous intéresserons qu'à deux d'entre eux. Le premier est que les équations vectorielles sont plus simples et moins nombreuses que les équations de coordonnées. Le second, et le plus important, est que le langage des vecteurs est indépendant du choix des axes et des cadres de référence. Il est naturellement invariant pour toutes les transformations des axes. Si des axes sont nécessaires, nous pouvons facilement et simplement les introduire, mais nous disposons toujours de moyens pour faire la distinction entre les caractéristiques intrinsèques et extrinsèques. Le calcul tensoriel moderne qui a rendu possible la théorie générale d'Einstein est simplement une extension du calcul vectoriel.

Les remarques méthodologiques et structurelles ci-dessus sont d'une importance sémantique fondamentale pour nous dans toutes nos affaires. La vie et les affaires humaines ne sont jamais exemptes de questions linguistiques. Leur rôle est similaire à celui des *mathématiques*, c'est-à-dire qu'une forme de *représentation* nous donne non seulement les caractéristiques intrinsèques à notre sujet, mais introduit également des caractéristiques extrinsèques qui n'appartiennent pas au sujet de notre analyse, mais qui sont dues au langage particulier que nous utilisons et à sa *structure*. L'analyse de ces questions linguistiques est très tardive et extrêmement difficile en raison de la complexité structurelle de notre langage. Ces problèmes ont d'abord été découverts en mathématiques en raison de leur *simplicité* structurelle évidente ; et il est important que nous soyons attentifs à ces problèmes sémantiques fondamentaux, nouveaux et inattendus. Nous ne nous étendrons pas sur cette phase du problème ici, si ce n'est pour mentionner que l'ensemble du présent travail, qui utilise un langage différent, d'une *structure* différente, montre déjà l'utilité de la nouvelle méthode. Parfois nous découvrons de nouvelles caractéristiques, parfois nous sommes amenés à mettre l'accent sur des caractéristiques connues mais pas encore suffisamment analysées.

Pour pousser plus loin notre analogie linguistique, nous pouvons prendre, par exemple, la déclaration 'la connaissance est utile'. Nous pourrions traduire cette déclaration dans n'importe quel autre langage et elle conserverait sa signification. Mais si nous déclarons que 'la connaissance est un mot qui a sept consonnes et cinq voyelles' cette déclaration peut être fausse lorsqu'elle est traduite dans un autre langage. Les mathématiques, en tant que langage, présentent des difficultés similaires à celles du langage ordinaire, mais en mathématiques, il est souvent beaucoup plus difficile de séparer des autres énoncés ceux qui sont purement liés au langage utilisé. Le calcul tensoriel tente d'accomplir cette dernière tâche.

Le calcul tensoriel est une extension du calcul vectoriel, devenu célèbre depuis Einstein. Il nous donne des formulations indépendantes de tout cadre de référence particulier. En l'utilisant, nous sommes automatiquement empêchés d'attribuer aux événements qui nous entourent des caractéristiques qui ne leur appartiennent pas. Les équations tensorielles nous donnent des formulations absolues, l'absolu étant compris comme relatif, peu importe à quoi. Il est évident que le seul langage apte à exprimer les 'lois de la nature' devrait être indépendant du point de vue ou du langage particulier d'un observateur. Il devrait nous donner des formulations invariantes pour tous les systèmes de référence, bien que nous puissions utiliser des systèmes de référence préférés, comme, par exemple, les axes principaux d'une ellipse, sans aucun danger. Le lecteur ne doit pas perdre de vue qu'un tel idéal doit être considéré comme l'idéal le plus élevé de la science. C'est l'espèce mathématique d'une théorie de "l'accord universel". Ce qui précède *semble* simple et innocent, mais lorsqu'on l'applique vraiment, la plupart de nos anciennes 'lois universelles' sont mises à mal. Ces lois ne survivent pas à ce test important et unique, et deviennent donc de simples ragots locaux au lieu d'être les 'lois universelles' qu'elles prétendent être. Nous reviendrons plus tard sur le problème structurel des formulations invariantes. Pour l'instant, nous devons expliquer d'autres considérations simples.

Sur toute surface, nous avons besoin de deux nombres ou 'coordonnées' pour spécifier la position d'un point, et c'est pourquoi une surface est appelée un ensemble à deux dimensions. Les points d'un ensemble tridimensionnel nécessitent trois nombres, les points d'un ensemble quadridimensionnel quatre nombres, et il en va similairement pour n'importe quel nombre de dimensions.

Pour notre propos, il suffit de parler en deux dimensions, car nos déclarations peuvent facilement être généralisées à un nombre quelconque de dimensions. Si nous voulons localiser un point sur une surface, il suffit de diviser la surface en *mailles* par deux systèmes de lignes quelconques qui se croisent. En étiquetant les lignes de chaque système avec des nombres consécutifs, deux nombres, un de chaque système, spécifieront une maille particulière. Si les mailles sont suffisamment petites, nous pourrons localiser n'importe quel point avec précision.

Ces étiquettes ou nombres spécifiques exigent que nous sachions quel type de maillage nous utilisons. Les *distances* entre les points sont *indépendantes* des systèmes de maillage.

Pour les raisons susmentionnées, il est important de disposer de plus de données sur le système de maillage que nous utilisons, ce qui signifie que nous disposons de formules qui expriment la *distance* entre deux points, qui est indépendante des systèmes de maillage, en termes de système de maillage.

Nous avons déjà vu, dans notre étude du calcul différentiel, qu'en règle générale, il est plus simple de traiter des distances très courtes et qu'il est facile de passer à des distances plus grandes par le processus d'intégration. Jusqu'à présent, nous n'avons utilisé que des systèmes de mailles rectangulaires planes dans nos illustrations, mais cette restriction n'est pas nécessaire. Si nous utilisons des coordonnées obliques (Fig. 4), la formule de la distance élémentaire est $ds^2 = dx_1^2 - 2k dx_1 dx_2 + dx_2^2$, où $k=$ cosinus de l'angle entre les lignes de partition.

Les coordonnées polaires (Fig. 5) du point P sont la distance $r = OP$, du point par rapport à l'origine O, et l'angle, $\theta = \widehat{XOP}$, entre la ligne OP et l'axe OX. La formule de la distance élémentaire en coordonnées polaires est $ds^2 = dr^2 + r^2 d\theta^2$.

La Fig. 6 montre les coordonnées fréquemment utilisées par les géographes, à savoir la longitude et la latitude géographiques, où la distance $ds^2 = d\beta^2 + \cos^2\beta \, d\lambda^2$.

Il convient de noter que ces formules sont *différentes* selon les systèmes de coordonnées. Pour que cela soit encore plus évident à l'œil nu, nous les présenterons sous forme de tableau en une seule lettre, comme suit :

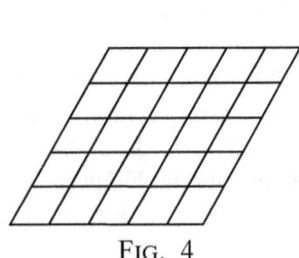
Fig. 4

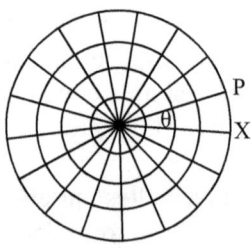
Fig. 5

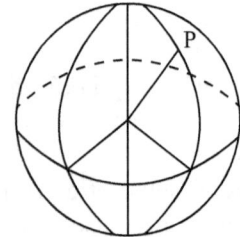
Fig. 6

$$ds^2 = dx_1^2 + dx_2^2 \quad \text{pour les systèmes rectangulaires}$$
$$ds^2 = dx_1^2 + x_1^2 dx_2^2 \quad \text{pour les systèmes polaires}$$
$$ds^2 = dx_1^2 - 2k dx_1 dx_2 + dx_2^2 \quad \text{pour les systèmes obliques} \tag{1}$$
$$ds^2 = dx_1^2 + \cos^2 x_1 \, dx_2^2 \quad \text{pour les systèmes de latitude et de longitude[1]}$$

Il faut remarquer que les valeurs des variables ne sont pas égales dans ces différentes équations. Il n'est pas nécessaire que le lecteur sache en détail comment ces formules sont obtenues, mais il est nécessaire de voir qu'elles sont différentes, qu'elles ont une structure différente. Le nombre de systèmes de coordonnées différents que nous pouvons utiliser est infini, mais dans la pratique, nous n'utilisons que quelques types bien connus. Il existe également des formules précises et simples pour passer d'un système de coordonnées à un autre.

Nous ne devrions pas supposer que, dans la pratique, nous savons toujours quel système de coordonnées nous employons. Par exemple, avant d'apprendre que notre terre est 'ronde', nous ne savions pas si, dans nos mesures, nous utilisions les coordonnées planes d'un plan ou les coordonnées sphériques. Nous avons effectué des mesures, puis nous avons dû découvrir quel type de formule correspondait à ces mesures.

Pour savoir quel type de système de coordonnées nous utilisons, nous choisissons deux points, disons (x_1, x_2) et (x_1+dx, x_2+dx) très proches l'un de l'autre, nous mesurons notre ds, puis nous testons notre ds pour trouver la formule à laquelle il correspond. Si nous constatons, par exemple, que notre ds^2 est toujours égal à $dx_1^2+dx_2^2$, nous pouvons supposer, pour des raisons de simplicité et pour notre objectif, que notre système de coordonnées est plan et rectangulaire.

Si nos mesures correspondent à l'une des trois premières formules (1), nous pouvons supposer, pour des raisons de simplicité et pour notre objectif, que nous avons affaire à une surface plane, puisque chacun de ces systèmes appartient au plan. Mais si nous constatons que les mesures réelles de ds^2 sont telles qu'elles ne correspondent jamais à ces trois premières formules, mais seulement à la quatrième, nous savons que notre surface n'est pas plane mais courbe comme une sphère. Nous aurons beau essayer, nous ne pourrons pas construire sur un plan un système de coordonnées qui corresponde à la dernière formule. Nous arrivons ainsi à une conclusion importante, à savoir que les *mesures* nous donnent une indication *structurelle* sur le *type de monde* dans lequel nous nous trouvons.

Section B. Sur la notion de 'Théorie Interne des Surfaces'.

Imaginons des êtres bidimensionnels confinés à leur surface et incapables d'observer cette surface depuis notre troisième dimension. Pour eux, notre troisième dimension serait 'non-pensable' et, par conséquent, la surface d'une sphère comme notre terre, qui est incurvée dans la troisième dimension, serait également 'non-pensable' ou 'hors de leur portée'. S'ils effectuaient des mesures dans leur 'monde' et découvraient que ces mesures ne correspondent à aucune des trois premières formules mais seulement à la quatrième, ils devraient reconstruire radicalement leur 'conception du monde' et conclure que leur monde est une surface sphérique. Notre propre situation ne diffère pas radicalement de celle des habitants de ce monde bidimensionnel hypothétique.

Si nous nous trouvons dans l'impossibilité de savoir si nous avons affaire à une surface plane ou sphérique, nous pouvons choisir un point O et, avec un rayon R défini, décrire à partir de ce point un cercle ABC. Nous pouvons ensuite mesurer la circonférence de ce cercle. La géométrie nous apprend que, dans le *plan*, la

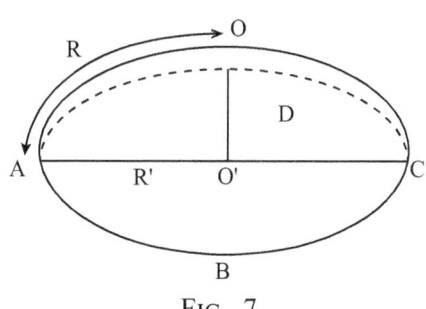

Fig. 7

circonférence du cercle $L = 2\pi R$ où R est le rayon du cercle et $\pi = 3{,}1415\ldots$ Si notre surface est plane ($ABCD$), nos mesures de L et R satisferont la relation exprimée dans la formule. Mais si la surface est courbe, notre $R = OA$ sera plus grand que $R' = AO'$, et nous constaterons que notre π n'est pas $3{,}1415\ldots$, etc., mais plus petit. Nous voyons une fois de plus que les *propriétés métriques de notre monde nous éclairent sur son caractère structurel*.

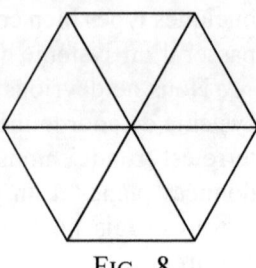

Fig. 8

Notons également que la courbure d'une surface bidimensionnelle se situe dans la troisième dimension et qu'elle est le moyen de nous fournir des données sur la surface sans que nous quittions la surface pour entrer dans une troisième dimension. Il est facile de se convaincre de ces faits en prenant 12 fils ou cordes de même longueur et en construisant la figure de la Fig. 8. Si nous la construisons sur une surface plane, les 12 fils égaux s'emboîteront exactement. Mais si nous tentons cette expérience sur une surface incurvée, par exemple sur une surface en forme d'oreiller ou de selle, le dernier fil de fermeture ne conviendra pas et sera trop court ou trop long selon le type de surface que nous avons.

Les formules (1) ont été généralisées à
$$ds^2 = g_{11}dx_1^2 + 2g_{12}dx_1dx_2 + g_{22}dx_2^2 \tag{2}$$
pour deux dimensions et à
$$ds^2 = g_{11}dx_1^2 + g_{22}dx_2^2 + g_{33}dx_3^2 + g_{44}dx_4^2 + 2g_{12}dx_1dx_2$$
$$+ 2g_{13}dx_1dx_3 + 2g_{14}dx_1dx_4 + 2g_{23}dx_2dx_3 + 2g_{24}dx_2dx_4 + 2g_{34}dx_3dx_4 \tag{3}$$

pour quatre dimensions. Il est facile de voir que $ds^2 = dx_1^2 + dx_2^2$ est obtenu à partir de (2) en prenant $g_{11} = 1$; $g_{12} = 0$ et $g_{22} = 1$. Cela s'applique à la formule (3) à partir de laquelle nous pouvons obtenir n'importe laquelle des autres formules en assimilant certains des g à des zéros, ou à une ou à d'autres valeurs. La formule (3) est appelée 'règle de Pythagore généralisée', dont la forme ordinaire donnée précédemment n'est qu'un cas particulier. On voit, en comparant les formules (1) avec (2) et (3), que ces g ne sont pas égaux pour différents systèmes de coordonnées, et qu'ils sont des facteurs de mesure-détermination qui représentent la géométrie de la surface considérée. Il est d'usage d'écrire les formules ci-dessus sous une forme abrégée : $ds^2 = \Sigma\Sigma g_{mn}dx_m dx_n$ où nous donnons à m et n les valeurs 1, 2, 3, 4, ou ($m, n = 1, 2, 3, 4$) et où le symbole Σ signifie la sommation.

Nous allons maintenant expliquer brièvement les généralisations ci-dessus et la signification des g donnés dans les expressions.

Au début du dix-neuvième siècle, le mathématicien Gauss a formulé la théorie *interne* des surfaces sans référence à l'espace dans lequel elles sont intégrées. Cette théorie est peut-être et restera un modèle sur lequel toutes les théories devraient être construites. Il a également introduit un nouveau type de coordonnées qui sont devenues d'une importance capitale et qui, depuis Einstein, sont appelées coordonnées gaussiennes. Gauss a étudié la théorie des surfaces, qui sont en général courbes, encapsulées dans un 'espace' tri-dimensionnel. En 1854, le grand mathématicien Riemann a généralisé la théorie gaussienne bi-dimensionnelle à un ensemble continu d'un nombre quelconque de dimensions. Historiquement, Gauss et Riemann peuvent être considérés comme les précurseurs d'Einstein.

Imaginons qu'un géomètre ait pour tâche de cartographier une région vallonnée et très boisée. En raison des conditions de son travail, il ne peut pas utiliser d'instruments optiques et n'a pas de 'lignes droites' à traiter. La géométrie euclidienne ne sera donc, en général, pas applicable à la région dans son ensemble. On

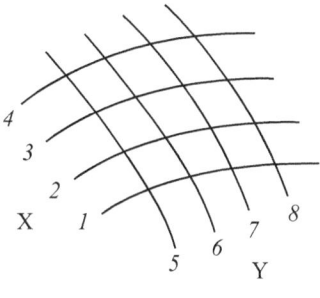

Fig. 9

peut cependant supposer que la géométrie euclidienne peut être appliquée à de *très petites* régions qui peuvent être considérées comme plates. Ce que nous savons déjà du calcul différentiel et intégral nous montre que de telles approximations, à très petite échelle, sont parfaitement fiables et justifiables.

Le géomètre trace sur son terrain un réseau de lignes aux courbes douces, en deux familles, une famille X et une famille Y (Fig. 9). Toutes les courbes de la famille X croisent toutes les courbes de la famille Y, mais aucune courbe X ne croise une autre courbe X, et aucune courbe Y ne croise une autre courbe Y.

Prenons le réseau du géomètre et étiquetons les courbes par des nombres consécutifs dans chaque famille. Le point essentiel est que ces nombres (appelons-les les nombres X et Y) *ne* représentent ni des longueurs, ni des angles, ni d'autres quantités mesurables, mais sont simplement des étiquettes pour les courbes, tout comme lorsque nous étiquetons les rues par des nombres.

Mais une telle numérotation ne nous mène pas loin. Nous devons introduire des *relations de mesure*. Nous disposons d'une chaîne de mesure et des mailles *arbitraires* du réseau que nous avons introduites. L'étape suivante consiste à mesurer les petites mailles l'une après l'autre et à les reporter sur notre carte. Une fois cette étape franchie, nous disposons d'une carte complète dont la structure est similaire à celle de notre région. En raison de la petitesse des mailles, nous pouvons les considérer comme de petits parallélogrammes, et de tels parallélogrammes peuvent être définis par les longueurs de deux côtés adjacents et d'un angle.

Nous pouvons cependant procéder différemment, comme le montre la Fig. 10.

Choisissons une maille, par exemple celle délimitée par les courbes 3 et 4 et par les courbes 7 et 8. Considérons un point P à l'intérieur de la maille, et désignons sa distance au point O ($x=3$, $y=7$) par s. Cette distance peut être directement mesurée. Traçons à partir du point P des parallèles à nos lignes de maillage et désignons les intersections avec les lignes de maillage par A et B, respectivement. Traçons également PC perpendiculairement à l'axe des x.

Les points A et B ont alors également des numéros, des étiquettes ou des coordonnées gaussiennes dans notre réseau. La coordonnée de A peut être

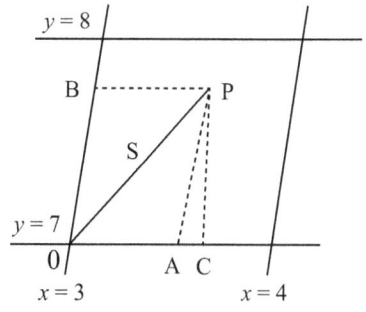

Fig. 10

déterminée en mesurant le côté du parallélogramme sur lequel A se trouve et la distance de A à O. Nous pouvons considérer la relation appelée le *rapport* de ces deux longueurs comme l'*augmentation* de la coordonnée x de A vers O. Nous désignerons cette augmentation elle-même par x, en choisissant O comme origine des coordonnées gaussiennes. Similairement, nous déterminons la coordonnée gaussienne de y de B comme le rapport dans lequel B coupe le côté correspondant. Nous voyons que ces deux *rapports*, que nous appelons x et y par souci de concision, sont les coordonnées de notre point P.

Comme x et y sont des *rapports*, ils ne nous donnent évidemment pas les longueurs de OA et OB, mais ces longueurs sont données, par exemple, par ax et by, où a et b sont des nombres définis, à trouver par d'autres mesures. Si nous déplaçons le point P, ses coordonnées gaussiennes changent mais les *nombres a et b* qui donnent le rapport entre les coordonnées gaussiennes et les vraies longueurs *restent inchangés*.

Nous trouvons la longueur s, qui est la distance du point P à O, à partir du triangle rectangle OPC par la règle de Pythagore : $s^2 = OP^2 = OC^2 + CP^2$. Mais $OC = OA + AC$ et par conséquent, en substituant et en élevant au carré, nous avons $s^2 = AO^2 + 2OA \cdot AC + AC^2 + CP^2$. Le triangle rectangle APC nous donne $AC^2 + CP^2 = AP^2$, ce qui, par substitution de nouveau, nous donne $s^2 = OA^2 + 2OA \cdot AC + AP^2$. Mais $OA = ax$, $AP = OB = by$, et comme AC est la projection de $AP = by$, il a aussi un *rapport fixe* avec lui, ce qui nous permet de mettre $AC = cy$, et nous obtenons ainsi l'importante formule $s^2 = a^2x^2 + 2acxy + b^2y^2$, dans laquelle a, b, c sont des *rapports* donnés par *des nombres fixes*. Habituellement, cette formule est représentée différemment, a^2 est désigné *par* g_{11}, ac *par* g_{12}, et b^2 *par* g_{22} ; ainsi notre formule devient $s^2 = g_{11}x^2 + 2g_{12}xy + g_{22}y^2$ dans laquelle les nombres 11, 12 et 22 sont simplement des étiquettes d'ordre sans valeurs quantitatives, de simples indices, étiquettes, attributs, etc., qui indiquent que les différents g ont des valeurs différentes. On voit que la formule ci-dessus est celle qui était donnée précédemment par (2).

Les g avec des étiquettes différentes servent simplement de côtés ou d'angles pour la détermination des tailles réelles des parallélogrammes et nous les appelons les *facteurs* de la *détermination* de la mesure. Ils peuvent avoir des valeurs différentes d'une maille à l'autre, mais s'ils sont connus pour chaque maille, alors, par la dernière formule, la vraie distance d'un point arbitraire P, à l'intérieur d'une maille arbitraire, par rapport à l'origine peut être calculée.[2]

La procédure permettant de localiser n'importe quel point de la surface est simple. Si notre point P se trouve entre les deux courbes $x=3$ et $x=4$, nous pouvons tracer neuf courbes entre ces deux courbes et les appeler $3,1$; $3,2$;... ; $3,9$. Si P se trouve maintenant entre les courbes $3,1$ et $3,2$, nous pouvons tracer neuf courbes entre ces deux courbes et les appeler $3,11$; $3,12$;... ; $3,19$, etc. Nous pourrions faire de même avec les courbes y et, de cette façon, nous réussirions à attribuer à tout point une paire d'étiquettes numériques aussi précises que nous le souhaitons, et nous aurions ainsi les coordonnées gaussiennes de n'importe quel point. Nous avons utilisé neuf courbes simplement pour obtenir la méthode d'étiquetage décimale très pratique. Les systèmes de coordonnées cartésiennes que nous utilisons en géométrie plane ne représentent évidemment que des *cas particuliers* des systèmes gaussiens.

Comme nous l'avons déjà vu, nos g sont des *ratios* et représentent donc des nombres. Ces nombres peuvent être considérés comme des tenseurs de rang zéro pour la commodité du traitement mathématique ; et les quantités g_{xx}, g_{xy}, g_{yy}, peuvent être traitées comme des composantes d'un tenseur. Comme ce tenseur détermine les relations de mesure dans toute région particulière, il est appelé *tenseur fondamental métrique*. Sa valeur doit être donnée pour la région dans laquelle nous voulons faire nos calculs. Il détermine la géométrie complète de la surface dans une région donnée ; et, inversement, nous pouvons également déterminer le tenseur fondamental dans une région donnée à partir de mesures effectuées dans cette région, sans aucune connaissance préalable de la façon dont notre surface courbe est intégrée dans "l'espace" à l'endroit en question. En général, le tenseur fondamental varie continuellement d'un endroit à l'autre, de sorte que tout ensemble géométrique peut être considéré comme le champ de son tenseur fondamental métrique.

Des recherches purement mathématiques montrent que le tenseur fondamental définit un nombre appelé 'scalaire de Riemann', qui est totalement indépendant du système de coordonnées et conduit à la définition du *tenseur de courbure*, qui peut être connecté au 'tenseur de matière'.[3]

L'importance principale de l'introduction de ces courbes arbitraires est de produire des formules pour les surfaces qui restent inchangées pour un changement des coordonnées gaussiennes - en d'autres termes, qui restent invariantes. Ceci a été réalisé par l'introduction des relations appelées *rapports* qui sont des nombres purs, et ainsi la géométrie des surfaces devient une théorie des invariants d'un type très général.

Sur les surfaces courbes, il n'y a généralement pas de lignes droites - il existe des *lignes plus courtes*, appelées 'lignes géodésiques'. Pour les trouver, nous divisons toute ligne arbitraire joignant deux points en petits éléments que nous mesurons, et nous choisissons la ligne pour laquelle la somme de ces éléments est inférieure à celle de toute autre ligne entre les deux points.* Analytiquement, nous pouvons les calculer, lorsque les g sont donnés, à l'aide du théorème de Pythagore généralisé. Les lignes géodésiques, ainsi que la courbure, sont données par des formules invariantes, qui représentent des caractéristiques intrinsèques de la surface, indépendantes de toute coordonnée. Tous les invariants supérieurs sont obtenus à partir de ces invariants.[4]

Nous ne tenterons pas de donner une explication du calcul tensoriel, car il n'existe actuellement aucun moyen élémentaire de présenter une brève explication; à moins d'un petit volume - du moins l'auteur n'en connaît-il pas.[5]

Le nom 'tenseur' vient à l'origine du mot latin tendere=étirer, d'où *tensio*=tension. De nos jours, cependant, il est utilisé de manière plus générale, à savoir pour exprimer la *relation* d'un vecteur à un autre, sans nécessairement impliquer une contrainte ou une tension. À titre d'exemple, nous pouvons donner la représentation des contraintes qui se produisent dans les corps élastiques, ce qui a donné lieu à l'origine à l'appellation.[6]

Comme nous l'avons déjà vu, lorsque nous traitons des *relations* de vecteurs, nos expressions deviennent en outre indépendantes des unités. De telles équations, indépendantes du code de mesure, sont appelées équations tensorielles.[7]

---

* Plus généralement, la géodésique représente une trace de longueur d'intervalle minimale ou maximale entre deux événements distants, l'un ou l'autre étant unique (mono-valuée) dans un cas donné.

Comme nous nous intéressons à des équations invariantes sous des transformations arbitraires, certaines fonctions, appelées tenseurs, sont définies, par rapport à tout système de coordonnées, par un certain nombre de fonctions de ces coordonnées, appelées les composantes du tenseur, à partir desquelles nous pouvons les calculer pour tout nouveau système de coordonnées. Si deux tenseurs d'un même type sont égaux dans un système, ils seront égaux dans tout autre système. Si les composantes s'évanouissent dans un système, elles s'évanouissent dans tous les systèmes. Ces équations expriment des conditions qui sont indépendantes du choix des coordonnées. L'étude des lois structurelles de la formation des tenseurs nous permet de formuler les lois structurelles de la nature sous des formes généralement invariantes. Il est évident que ces méthodes et ce langage conviennent uniquement à la physique et à la formulation des lois de la nature. Si une loi ne peut être formulée sous une telle forme, c'est que quelque chose ne va pas dans la formulation et qu'il faut la réviser.

Le calcul tensoriel est également particulièrement adapté à la description des processus dans un *plénum*. Nous ne l'utilisons pas pour décrire les conditions métriques, mais pour décrire le *champ* qui exprime les états physiques dans un plénum métrique.

Eddington donne un excellent exemple du fait qu'il est absolument nécessaire de se pencher sur la manière dont nous construisons nos formules (structure) et sur la façon dont nous les manipulons.

Le problème est de déterminer si un type particulier d'espace-temps est possible. Nous devons étudier les différents g qui nous donnent différents types d'espace-temps, et non ceux qui distinguent différents types de systèmes de maillage dans un même espace-temps. Cela signifie que nos formules ne doivent en aucun cas être modifiées si nous changeons de système de maillage.

La condition ci-dessus permet de tester de manière extraordinairement simple les lois qui ont été ou peuvent être suggérées. Entre autres, la loi de Newton est balayée. La manière dont cela se produit peut être démontrée en deux dimensions.

Si dans un système de mailles (x, y) nous avons, $ds^2 = g_{11}dx^2 + 2g_{12}dxdy + g_{22}dy^2$, et dans un autre système (x', y') $ds^2 = g_{11}'dx'^2 + 2g_{12}'dx'dy' + g_{22}'dy'^2$, une loi doit être satisfaite si les lettres non accentuées sont remplacées par des lettres accentuées. Supposons que l'on postule la loi $g_{11} = g_{22}$. Nous modifions le système de maillage, par exemple en espaçant les lignes y de deux fois, c'est-à-dire en prenant $y' = y/2$ et en conservant $x' = x$. Alors

$$ds^2 = g_{11}dx^2 + 2g_{12}dxdy + g_{22}dy^2 = g_{11}dx'^2 + 4g_{12}dx'dy' + 4g_{22}dy'^2$$

On voit que $g_{11}' = g_{11}$ et $g_{22}' = 4g_{22}$. Par conséquent, si g_{11} est pris égal à g_{22}, g_{11}' ne peut pas être égal à g_{22}'.

Quelques exemples nous convaincront qu'il est extrêmement facile de modifier entièrement une formule par le simple changement des systèmes de maillage. Il semble inutile d'insister sur le fait que les 'lois universelles', pour être 'universelles', ne devraient pas dépendre structurellement dans une telle mesure du choix accidentel et, après tout, sans importance, des systèmes de référence.[8]

C'est pour remédier à cet état de fait, impossible dans une science mature, que le calcul tensoriel a été inventé. Toute la théorie générale d'Einstein semble exiger que

SUR LA GÉOMÉTRIE

les équations de la physique soient finalement exprimées sous forme de tenseurs ; en d'autres termes, que les 'lois universelles' cessent d'être des 'ragots locaux', une exigence qui doit être satisfaite, et *sur ce point* la théorie d'Einstein est à l'abri de toute critique et constitue un progrès méthodologique d'époque de caractère linguistique structurel irréversible.

Section C. Espace-temps.

Jusqu'à présent, les systèmes de coordonnées n'ont été utilisés que pour représenter des entités 'spatiales', des étendues de différentes dimensions. Il est souhaitable de se familiariser avec une autre utilisation des coordonnées, dans laquelle l'une d'entre elles représentera le 'temps'. Cette dernière utilisation est aussi simple que la précédente, mais les graphiques que nous obtenons sont différents.

Prenons l'exemple le plus simple, celui d'un point P se déplaçant uniformément le long d'une ligne droite OX à la vitesse de un centimètre par seconde. Nous pourrions représenter son mouvement en une dimension, comme sur la Fig 11, et *dire* que notre point P est à P_1 après une seconde ($t=1$), à P_2 après deux secondes (t=2), etc. ; au point P_n, après n secondes ($t=n$).

Mais on peut aussi représenter ce mouvement d'une autre manière. Nous pourrions choisir deux axes perpendiculaires l'un à l'autre, OX et OT, comme dans la Fig. 12, OX représentant la direction 'spatiale' réelle du mouvement et OT, que nous avons utilisé précédemment pour représenter une deuxième coordonnée 'spatiale', représentant maintenant la coordonnée 'temporelle'.

Nous placerions sur l'axe X nos centimètres, 1, 2, 3, . . . n, et sur l'axe T nos secondes 1, 2, 3, . . . n. Dans notre *espace-temps* bidimensionnel, notre point P se trouverait au point O ($x=0$, $t=0$). Après une seconde, il se trouverait au point $P_1(x=1, t=1)$, après deux secondes au point $P_2(x=2, t=2)$; après n secondes au point $P_n(x=n, t=n)$. Nous voyons que la position de notre *point P* dans l'*espace-temps* à deux dimensions serait représentée par une série de points donnés chacun par deux données : l'une 'spatiale', l'autre 'temporelle' correspondante. Si les intervalles sont indéfiniment petits, à la limite, notre *point 'mobile'* serait représenté par une ligne statique inclinée sur *l'axe X*. Nous pourrions alors parler soit de notre point 'mobile', soit ne pas utiliser le terme 'mobile' mais parler d'une infinité de points statiques, chacun étant donné par deux nombres, l'un représentant une distance, l'autre le 'temps'. Notre *point 'mobile'* deviendrait une *ligne-du-monde statique*. Le lecteur remarquera que, dans ce cas, nous avons structurellement changé notre *langage* de dynamique à statique, et augmenté la dimension. Notre 'point' mathématique 'mobile', qui n'avait aucune dimension dans notre 'espace' unidimensionnel, est représenté dans notre *espace-temps* bidimensionnel par une *ligne statique* unidimensionnelle.

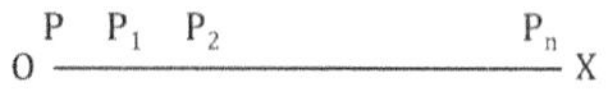

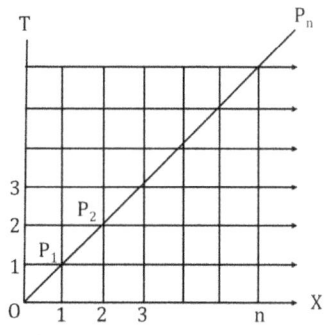

Fig. 11

Fig. 12

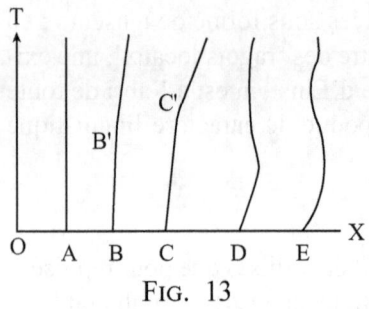

Fig. 13

Dans cet exemple, nous avions une translation uniforme. Nous n'avons pas introduit d'accélération. Les distances étaient proportionnelles aux 'temps', notre ligne était donc 'droite' et inclinée vers l'axe X à un angle constant.

En utilisant cette représentation de l'espace-temps, nous constatons qu'un point qui n'est pas 'en mouvement', mais stationnaire, est représenté par une ligne parallèle à l'axe du 'temps' T, comme le montre le point A de la Fig. 13.

Notre point A vieillit, pour ainsi dire, mais ne 'bouge' pas Dans le cas suivant, le point B ne 'bouge' pas avant d'avoir vieilli de quelques secondes, lorsqu'à B' il commence à 'bouger' avec une vitesse constante. Le point C 'bouge' au début à une vitesse constante jusqu'à C' où il acquiert une certaine vitesse différente et la direction change.

Dans la Fig. 13, D représente un point subissant une série de changements soudains de vitesse. Le graphique est une succession de courtes lignes droites formant une ligne brisée ou un polygone ouvert. Au fur et à mesure que les changements de vitesse se produisent, les côtés de notre polygone deviennent de plus en plus petits ; et à la limite, lorsque les changements de vitesse deviennent continus, notre ligne brisée devient une courbe lisse E.

Un mouvement dont la vitesse varie continuellement est appelé mouvement accéléré ou retardé. Le taux de variation de la vitesse est appelé accélération et est représenté par la dérivée seconde de la distance par rapport au 'temps' ; symboliquement, $A = dv/dt = d^2s/dt^2$.

Il est important de noter que dans l'espace-temps, un mouvement *accéléré* est représenté par une ligne *courbe*. Dans un mouvement uniforme (à vitesse constante), les distances sont proportionnelles aux 'temps', la ligne est droite et son équation est du premier degré. Dans un mouvement accéléré, les distances ne sont pas proportionnelles aux 'temps', les lignes sont courbes et l'élément 'temps' dt entre au moins au second degré, c'est-à-dire sous la forme dt^2.

Par exemple, étudions le graphique du mouvement représenté par l'équation $x = At^2/2$ qui signifie que la distance x est proportionnelle au carré du 'temps'.

Soit OX (Fig. 14) l'axe 'spatial' et OT l'axe 'temporel'. Nous plaçons sur notre axe T des points régulièrement espacés, représentant les secondes 1, 2, 3, 4, etc., et calculons les distances x pour chacune de ces valeurs à partir de l'équation $x = At^2/2$ où A représente une accélération constante.

Supposons que l'accélération constante A soit égale à 4 mètres par seconde par seconde. L'équation $x = 4t^2/2$ devient $x = 2t^2$. Aux valeurs $t = 0, 1, 2, 3, 4$, etc. nous avons les valeurs $x = 0, 2, 8, 18, 32$, etc. Si nous traçons ces points et supposons que le changement est continu, nous pouvons relier les points par une *courbe* continue, qui représente le mouvement du point sous la forme d'une ligne-du-monde *courbe*.

Similairement, dans l'espace-temps tridimensionnel, un point se déplaçant uniformément dans le *plan XY* serait représenté dans le *plan XY* par la *ligne AB*, et dans l'espace-temps tridimensionnel par la ligne statique AB', où les 'temps' sont proportionnels à la distance.

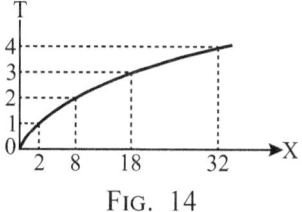

Fig. 14

Comme nous l'avons déjà vu, un mouvement non-rectilign peut être considéré comme un mouvement accéléré. Nous généraliserons ce qui précède au cas où une trajectoire *courbe* est parcourue à vitesse *constante*. Dans ce cas, la direction de la vitesse est modifiée. Si nous prenons le mouvement d'un point qui décrit une orbite circulaire avec une vitesse *constante*, il est facile de trouver son accélération qui est appelée dans ce cas centripète.

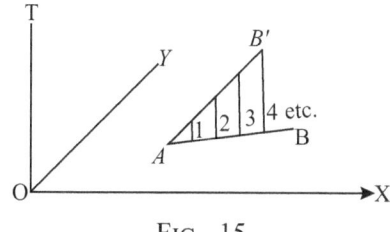

Fig. 15

Considérons un point P, se déplaçant sur une orbite circulaire avec une vitesse *constante* v, comme indiqué sur la Fig. 16. Si, à un certain moment, il se trouve en A, après un court intervalle t, il sera en B. La direction de la vitesse passera de AA' à BB'.

Si nous construisons le triangle DCE en traçant CD parallèle et égal à AA', et CE parallèle et égal à BB', nous constatons que l'angle $\widehat{DCE}$ est égal à l'angle $\widehat{A'A''B'}$ car les côtés sont parallèles, et qu'il est également égal à l'angle $\widehat{AOB}$ dont les côtés sont perpendiculaires à AA' et BB'. Les triangles ABO et CDE sont semblables car ils sont isocèles et

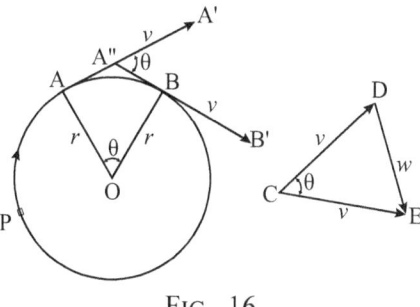

Fig. 16

les angles entre les côtés égaux sont égaux. Il est clair que le côté $DE=w$, représente la vitesse supplémentaire qui transforme AA' en BB'. Nous savons que dans les triangles semblables, les côtés sont proportionnels et nous pouvons donc écrire $DE/CD=AB/OA$. En examinant nos figures, nous constatons que $DE=w$; $CD=v$; $OA=r$, le rayon du cercle. La corde AB peut être considérée comme l'arc $\widehat{AB}$ du cercle, à condition que l'intervalle de temps soit suffisamment petit. Écrivons corde $AB=s$. Nous avons $w/v=s/r$ ou $w=sv/r$. Si nous divisons les deux côtés de notre équation par t, nous obtenons $w/t=sv/tr$. Mais $w/t=A$, l'accélération, et $s/t=v$ d'où $A=v^2/r$. En mots, l'accélération centripète est égale au carré de la vitesse dans le cercle divisé par le rayon.

La formule ci-dessus est d'une importance structurelle car elle est à la base de la preuve empirique de la loi de la gravitation de Newton. En ce qui nous concerne, elle est importante pour d'autres raisons, qui seront exposées plus loin.

Deux autres diagrammes doivent être pris en compte dans ce contexte.

La Fig. 17 représente le mouvement circulaire plan d'un point P dont l'orbite dans le plan XY est le cercle PAB. Dans l'espace-temps tridimensionnel, l'orbite circulaire plane du mouvement serait représentée par l'hélice cylindrique statique (ou ligne

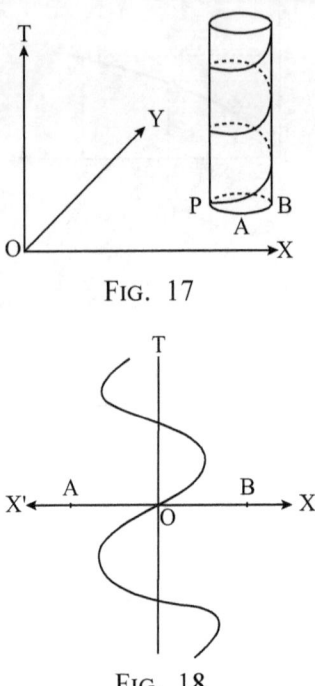

Fig. 17

Fig. 18

de vissage) dont l'axe est parallèle à l'axe 'temporel' *T*. (Fig. 17). Nous devons noter que le mouvement est *dynamiquement circulaire* dans le plan *XY*, mais qu'une représentation dans l'espace-temps tridimensionnel nous donne une hélice stationnaire.

Similairement pour les mouvements vibratoires, qui pourraient être représentés en une dimension par des mouvements de va-et-vient sur l'axe *X* de *A* à *B* et de *B* à *A*. (Fig. 18). Si nous introduisons notre forme spatio-temporelle de représentation en introduisant l'axe *T*, notre ligne de monde vibratoire serait représentée structurellement par une ligne d'onde le long de l'axe *T*. En particulier, si le mouvement vibratoire est simplement harmonique, un choix approprié de l'unité 'temps' fait de la ligne d'onde une courbe sinusoïdale.[9]

En se familiarisant avec ces quelques exemples simples, le monde de Minkowski-Einstein et le nouveau monde quantique perdent beaucoup de leur mystère. Nous constatons qu'il n'y a rien d'extraordinaire à ce que des langages de structures différentes donnent lieu à des représentations et des images différentes et que, dans un monde où les accélérations sont nombreuses, nous pouvons utiliser avec profit le terme 'courbe'.

Lorsque nous parlerons de la théorie d'Einstein, de l'espace-temps quadridimensionnel de Minkowski et de la nouvelle mécanique quantique, ces quelques notions et illustrations nous seront d'une grande utilité.

Section D. L'application des notions géométriques à la localisation cérébrale.

Dans le présent travail, nous traitons principalement de la structure et de l'ajustement de la structure de nos langages aux structures empiriques, et il sera utile à ce stade de suggérer certaines des conséquences qui découlent de ce qui a été dit.

La question de la localisation cérébrale est un problème difficile et vital. Autrefois, on supposait que le cerveau possédait des centres individualisés aux fonctions strictement définies. On a tenté d'attribuer à certaines parties du cerveau des fonctions précises telles que la mémoire, l'intelligence, la moralité, les talents, etc. Entre-temps, des faits expérimentaux ont réfuté ces vues structurelles et, en réaction, une autre tendance est apparue, à savoir la négation de toute localisation.

Les recherches modernes montrent sans ambiguïté que ces deux tendances extrêmes sont en contradiction avec les faits structurels expérimentaux. Il apparaît que les centres inférieurs jouent un rôle plus important selon que les centres terminaux ou supérieurs sont moins développés et qu'il existe une variabilité considérable, au moins chez l'être humain, non seulement du point de vue morphologique et histologique, mais aussi du point de vue fonctionnel. Il s'est avéré impossible de généraliser le développement particulier de la centralisation et de la distribution fonctionnelle chez une espèce à la distribution chez une autre espèce. La localisation peut varier même chez un individu dans des circonstances différentes.[10] Le métabolisme et de légères perturbations dans le fonctionnement d'un neurone ont également une influence très importante, qui se manifeste dans les relations avec d'autres groupes de neurones. Les problèmes de localisation sont beaucoup trop complexes pour que l'on puisse tenter d'en rendre compte, d'autant plus que le lecteur trouvera d'excellents comptes rendus dans l'abondante littérature consacrée à ce sujet. La conclusion générale à laquelle parviennent pratiquement tous les chercheurs est qu'une certaine localisation de la fonction nerveuse existe, mais qu'elle présente une certaine variabilité qui dépend d'un très grand nombre de facteurs.

Les méthodes exposées dans ce chapitre vont nous permettre de proposer une méthode pour nous orienter dans la complexité déconcertante du fonctionnement du système nerveux.

L'une des principales difficultés réside dans le fait que la structure de ce monde est telle qu'il est composé d'individus absolus, chacun ayant une relation unique avec l'environnement (au sens le plus large) ; et nous devons en parler en termes de généralités. Les 'lois', etc., formulées selon les *anciennes méthodes deux-valuées*, ne peuvent jamais rendre compte de manière adéquate des faits en présence, n'étant que des approximations. Les méthodes mathématiques qui ont déjà été expliquées nous donnent d'emblée un grand avantage. Nous avons vu que si nous avons une fonction, disons $y=f(x)$, et que nous prenons le graphique de cette fonction, à chaque point du graphique correspond une paire de valeurs x et y. Nous avons également vu que chacun des quatre quadrants I, II, III, IV a une paire de signes caractéristique. Dans le quadrant I, x et y sont tous deux positifs ; dans II, x est négatif et y positif ; dans III, x et y sont tous deux négatifs, et enfin, dans IV, x est positif et y négatif. Nous pouvons facilement voir que la valeur des variables peut être considérée comme des conditions variables différentes pour chaque individu, et que des *localisations* définies leur correspondent. Dans notre exemple, il s'agissait d'une fonction d'une variable indépendante, et nous avions une ligne unidimensionnelle, courbée en deux dimensions. Lorsque nous avions une fonction de deux variables indépendantes, nous avions une surface qui, en général, était incurvée dans une troisième dimension. Par analogie, nous pouvons passer à un nombre quelconque de dimensions, où par dimension nous n'entendons rien de mystérieux, mais approximativement le nombre de variables impliquées dans le problème.

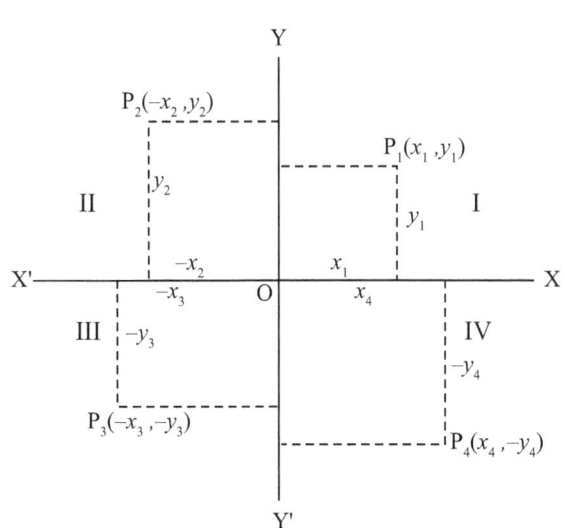

Fig. 19

Nous voyons que si nous pensons l'activité du système nerveux en termes de fonction mathématique avec un nombre énorme de variables, nous aurons non seulement la place pour l'unicité de chaque individu, déterminée par la valeur des variables et le caractère de la fonction, mais que cela impliquerait aussi une *localisation*, qui est *permanente* dans un individu donné à un 'moment' donné ; ce qui implique à nouveau l'ensemble des 'circonstances', etc. Notre fonction serait $N=f(x_1, x_2, x_3,... x_n)$.

En fait, on ne voit pas comment il est possible d'analyser autrement les activités du système nerveux. Le fait est que chaque organisme est un individu, distinct et différent des autres, et qu'il faut donc disposer de moyens pour tenir compte de cette individualité. Des valeurs différentes pour les différentes variables permettent de régler ce point. Les similarités sont prises en compte par le caractère structurel général des fonctions. Par exemple, toute équation quadratique à deux inconnues nous donne une section conique. Une équation du type $y^2=ax$ représente une parabole, le graphique de toute équation de la forme $xy=a$ représente une hyperbole, etc. Pour tout ensemble défini de valeurs de nos variables, la localisation implicite est également définie, ce qui correspond au fait que chez un individu donné à un 'moment' donné, etc., la localisation est définie. Une valeur unique pour l'ensemble de la fonction peut être obtenue en donnant différents ensembles de valeurs aux différentes variables. Par exemple, dans la fonction $z=5x-2y-1$, si $x=1$ et $y=1$, alors $z=2$; mais nous pouvons obtenir $z=2$ en prenant $x=2$ et $y=3,5$. Ou si l'une des conditions est inexistante, ce qui signifie que la valeur de l'une de nos variables est nulle, par exemple, $x=0$, nous pouvons toujours obtenir la valeur $z=2$ en prenant $y=-1,5$. Ce fait explique les correspondances de *beaucoup-à-un* facteurs causaux, comme par exemple le fait que le soleil *ou* l'huile de foie de morue produisent un effet similaire.

Il faut comprendre que dans ce qui est dit ici, les valeurs numériques n'ont pas d'importance. Dans la plupart des cas, nous ne sommes pas assez avancés pour pouvoir traiter de telles valeurs numériques. Ce qu'il faut souligner, c'est la structure du langage que nous utilisons. La méthode devrait nous permettre, au lieu d'avoir recours à des généralisations dans l'ancien langage, qu'il faudra quelque part contredire, d'utiliser un langage de structure mathématique qui rendra compte des faits et laissera de la place pour les grandes variétés individuelles des organismes dans leur structure et leur fonction.

Après tout, nous ne devrions pas être surpris que la théorie des fonctions et le langage des fonctions soient structurellement appropriés pour exprimer, et donc pour comprendre, le *fonctionnement* du système nerveux ou de tout autre système. Personnellement, cette méthode m'a beaucoup apporté, et de nombreuses complexités structurelles déconcertantes ont été considérablement simplifiées.

Structurellement, lorsque nous utilisons le langage des fonctions, des variables, etc., nous introduisons automatiquement une structure *extensionnelle*, comme nous l'avons déjà expliqué, et nous avons à notre disposition des méthodes de traduction de différents ordres d'abstractions - dynamiques en statiques, et vice versa - ce qui est une nécessité structurelle neurologique pour être rationnel et sane. Et la science devrait certainement essayer d'être rationnelle. Il convient de souligner à nouveau que, dans notre problème, les valeurs numériques importent très peu, mais que la structure et la méthode, pour les nombreuses raisons déjà expliquées, sont d'une importance capitale. Peut-être même la valeur des nombres est-elle due principalement au fait structurel qu'ils nous ont imposé des méthodes extensionnelles et relationnelles. C'est le seul langage qui soit en accord avec la structure et le fonctionnement du système nerveux, et qui aide donc à coordonner ces activités au lieu de les désorganiser.

Il est vraiment étonnant que ces simples dépendances structurelles aient été découvertes si tardivement. La seule explication que je puisse donner est que nous avons été tellement absorbés par les généralisations que nous avons perdu de vue le fait que, dans la vie, nous traitons structurellement avec des *individus absolus* et que le seul *langage* qui préserve l'*individualité structurelle extensionnelle* de ses éléments se trouve dans les mathématiques, et plus précisément dans les nombres.

Il se peut que l'étude de la structure mathématique et de la psycho-logique des mathématiques donne des résultats d'une valeur humaine inégalée, en particulier pour notre santé. Les problèmes de santé sont des problèmes d'ajustement, et aucun moyen d'ajustement ne devrait être négligé. Il se peut aussi que l'on découvre un jour que l'importance principale des mathématiques réside davantage dans les *méthodes* et la structure mathématiques dont elles sont à l'origine, méthodes imposées au mathématicien par le caractère relationnel des entités qu'il doit traiter, que dans les combinaisons possibles de ces entités elles-mêmes.

Quoi qu'il en soit, nous devons malheureusement admettre que les problèmes de méthodes et de structures mathématiques et les valeurs psycho-logiques des mathématiques ont jusqu'à présent reçu très peu d'attention, car nous n'avons pas pris conscience de leur importance humaine. À l'avenir, ce problème fera l'objet d'un examen plus approfondi.

PARTIE IX
SUR LA SIMILARITÉ DES STRUCTURES EMPIRIQUES ET VERBALES

La théorie de la relativité est le résultat d'une combinaison des trois éléments nécessaires à la reconstruction de la physique : premièrement, des expériences délicates ; deuxièmement, une analyse logique ; et troisièmement, des considérations épistémologiques. (457)

BERTRAND RUSSELL

L'essence de la généralisation d'Einstein est la désintrication finale de la partie de tout événement physique qui est apportée par l'observateur de celle qui est inhérente à la nature des choses et indépendante de tous les observateurs. (21)

E. T. BELL

Même Leibniz a formulé le postulat de la continuité, de l'action infiniment proche, comme un principe général, et n'a pas pu, pour cette raison, se réconcilier avec la loi de la gravitation de Newton, qui implique une action à distance et qui correspond tout à fait à celle de Coulomb. (547)

HERRMANN WEYL

Cette limitation à ce qui est directement observable est en fin de compte fondée sur la philosophie de Mach et, directement inspirée par Mach, a conduit il y a trois décennies à la propagation de la théorie dite de "l'Énergétique", qui cherchait à reconnaître uniquement les quantités d'énergie comme des quantités physiquement données et observables. (481)

A. SOMMERFELD

CHAPITRE XXXV
ACTION PAR CONTACT

> La difficulté réside dans le fait que la méthode appropriée et adéquate pour décrire les changements dans les corps déformables continus est la méthode des *équations différentielles*. . . . Ils expriment mathématiquement la conception physique de l'action contiguë. (45)   MAX BORN

L'analyse de 'matière', 'espace' et 'temps' du point de vue de la structure et des ordres d'abstractions nous a conduits à des conclusions d'une grande portée. Résumons les résultats sémantiques et examinons certaines de leurs conséquences immédiates.

Nous pouvons commencer par rappeler la différence entre les abstractions d'ordre inférieur et les abstractions d'ordre supérieur. Les abstractions d'ordre inférieur nous sont données par les centres nerveux inférieurs. Elles sont 'dynamiques', 'continues', non-permanentes, changeantes, peu fiables et surtout *indicibles*.

Elles ont un caractère d'immédiateté, car, structurellement en termes d'ordre, elles sont les plus proches des événements extérieurs. Elles viennent en premier dans l'ordre du fonctionnement du système nerveux. Nous leur associons toujours une certaine 'objectivité' car, par nécessité, la définition éventuelle d'un 'objet' commence à ce niveau.

Il convient de souligner à plusieurs reprises que, à proprement parler, *à ce niveau,* nous ne pouvons rien définir, car les abstractions à ce niveau sont fondamentalement *indicibles*. Nous pouvons regarder, écouter, manipuler, sentir, etc., mais nous ne pouvons *pas parler* et, par conséquent, nous ne pouvons pas définir. Dès que nous *définissons* nos objets, nous ne sommes plus au niveau des abstractions d'ordre inférieur. Par nécessité structurelle neurologique, nous sommes passés aux centres nerveux supérieurs (la parole) et aux abstractions d'ordre supérieur. C'est ce que l'on entend lorsque l'on dit que ce niveau inférieur est *indicible*.

Parce que ces abstractions d'ordre inférieur sont plus proches des événements extérieurs et parce qu'elles viennent *en premier dans l'ordre*, elles ont un caractère spécial d'immédiateté, avec lequel nous *devons commencer*. La lutte commence lorsque, par le biais de doctrines primitives ou d'hypothèses structurelles (métaphysique), nous essayons d'éviter d'aller plus loin que ces abstractions d'ordre inférieur. En fait, c'est impossible, en raison de la structure même de notre système nerveux. Quelle que soit l'intensité avec laquelle nous croyons qu'il est possible de le faire, et quelle que soit la manière dont nous essayons 'émotionnellement' de le faire, nous chérissons des délires, qui deviennent facilement des identifications *morbides*, des délires, des illusions, et souvent des hallucinations.

Ce niveau étant *indicible*, la seule façon de fonctionner à ce niveau est de regarder, d'écouter, etc., mais d'*être silencieux* à l'extérieur de soi comme à l'*intérieur de soi-même*. Cette dernière condition représente un état sémantique très bénéfique, vraiment difficile, voire impossible, à acquérir sans entraînement.

Les abstractions d'ordre supérieur semblent être des produits de l'activité des centres nerveux supérieurs, plus éloignés des événements extérieurs et manquant donc d'immédiateté. Mais ces abstractions supérieures sont statiques et peuvent donc être analysées. Elles ont une structure en unité de 'quantum' séparable, qui peut être traitée individuellement. Il convient de noter que le caractère statique de ces abstractions d'ordre supérieur est à l'origine de leur caractère de quantum séparable, conditionné par la structure nerveuse humaine. Si elles sont correctement traitées, elles sont fiables et sont les seules responsables de notre capacité de time-binders.

De nouveau, par la nécessité structurelle de notre système nerveux, nous traitons d'abord des abstractions d'ordre inférieur, et ensuite des abstractions d'ordre supérieur. Il faut remarquer que *personne*, à moins d'être (pathologiquement) entièrement privé des centres nerveux supérieurs, n'est, ou ne peut être, une exception. Nous nous occupons tous d'abord des abstractions inférieures, puis des abstractions supérieures, quelle que soit la perfection ou l'imperfection de ces abstractions.

La confusion générale des ordres d'abstractions, l'absence de théories et donc de compréhension structurelle des caractères entièrement différents de ces ordres d'abstractions distincts, conduisent et ne peuvent que conduire à l'identification ou à la confusion des ordres d'abstractions. Comme les différents processus se déroulent, que nous le voulions ou non, en chacun de nous, ils peuvent aboutir à l'attribution *délirante* des caractéristiques des abstractions d'ordre supérieur aux abstractions d'ordre inférieur, comme par exemple la permanence, l'immuabilité, etc., impliquant en quelque sorte des 'infinis'. Lorsqu'elles sont objectifiées, nous avons des perturbations sémantiques telles que le fanatisme, l'absolutisme, le dogmatisme, le finalisme, etc., qui deviennent souvent des états sémantiques morbides.

Une confusion similaire peut conduire à l'attribution délirante des caractéristiques des abstractions d'ordre inférieur aux abstractions d'ordre supérieur. Dans de telles illusions, nous attribuons aux abstractions supérieures la fluidité, le changement, la non-permanence, la 'non-connaissabilité', etc., ce qui entraîne le pessimisme, le cynisme, le mépris de la science, l'amertume, l'effroi, le désespoir et d'autres perturbations sémantiques tout aussi vicieuses. Celles-ci affectent à leur tour, par nécessité structurelle, le bon fonctionnement de l'organisme tout entier, qui fonctionne toujours comme-un-tout.

Le système-A (*Aristotélicien*) et d'autres systèmes plus anciens n'ont pas seulement été construits avant que ces faits ne soient structurellement connus, mais ils étaient en fait fondés sur une telle confusion. D'où leur caractère vicieux. En construisant un langage et une méthode de cette nature, ils ont perpétué et rendu efficace, *mécaniquement*, par la structure du langage, une confusion néfaste. Ce langage n'étant pas conforme à la structure et au fonctionnement du système nerveux et du monde, produit forcément quelque part des résultats pathologiques.

Nous avons déjà vu que l'utilisation du 'est' d'identité est inconditionnellement délirante. Naturellement, les attitudes (affectives, abstractions d'ordre inférieur) qui peuvent affirmer (abstractions d'ordre supérieur) que telle ou telle chose sur le plan objectique 'est' telle ou telle chose, conduisent forcément à des résultats pathologiques. En science, cette situation est profondément insatisfaisante et doit faire l'objet d'une révision structurelle.

Les mathématiciens, bien qu'inconscients ou innocents des questions structurelles, sémantiques et neurologiques en jeu, ont néanmoins résolu ce problème en produisant des méthodes permettant de passer d'un ordre d'abstractions à un autre, du dynamique au statique, et vice-versa. L'influence de ces découvertes a également touché les autres sciences *inconsciemment*. Sans le reconnaître consciemment, la tendance moderne de la science est de bannir de ses habitudes et de ses méthodes l'application du 'est' d'identité.

En science, nous devons donc utiliser un langage actionnel, 'comportemental', 'fonctionnel', 'opérationnel', dans lequel nous *ne* disons *pas* que ceci et ceci 'sont' ainsi et ainsi, mais où nous décrivons de *manière extensionnelle* ce qui se produit dans un certain *ordre*. Nous décrivons comment quelque chose *se comporte*, ce que quelque chose *fait*, ce que nous *faisons* dans notre travail de recherche, etc. Si l'on demande, par exemple, ce qu'*est* la 'longueur', ce *qu'est* "l'espace", ce *qu'est* le 'temps', ce *qu'est* la 'matière', etc., la seule réponse correcte serait : "Comme vous avez posé la question verbalement et que j'y réponds *verbalement, les termes* ci-dessus *restent des termes* qui, outre leur structure, n'ont aucun lien avec le monde extérieur". Pourtant, il ne fait aucun doute que nous nous intéressons à ce monde extérieur et que nous aimerions utiliser un langage qui nous aiderait à mieux le comprendre. Que faire? Il semble que si nous produisons un langage qui est *similaire en structure* à celle du monde extérieur, en quelque sorte, comme une carte ou une image dont la structure est similaire à celle de la région qu'elle représente, nous devrions disposer d'un langage particulièrement approprié. Comment y parvenir? C'est très simple dès que l'on découvre le principe. Tout d'abord, il faut abandonner complètement le 'est' d'identité A (*Aristotélicien*) et, à la place, décrire les événements ordonnés dans un langage actionnel et fonctionnel. Un tel langage partage avec le monde extérieur au moins l'ordre multi-dimensionnel des événements, et il nous donne une solution.

Il est facile de voir que les arguments (verbaux) sur 'matière', 'espace', 'temps', etc., ne deviendront jamais autre chose que verbaux. Toutes les utilisations du 'est' d'identité doivent conduire à une évaluation délirante. La situation est radicalement différente lorsque nous utilisons un langage actionnel ou fonctionnel, lorsque nous décrivons ce que fait un physicien lorsqu'il trouve sa 'longueur' ou sa 'seconde' ou toute autre entité qui l'intéresse.

Il convient de noter ici que la procédure décrite ci-dessus implique des conséquences structurelles et sémantiques extrêmement importantes. Tout d'abord, nous abandonnons l'utilisation vicieuse du 'est' d'identité et nous éliminons la perturbation sémantique appelée identification. Nous introduisons automatiquement le mécanisme de fonctionnement psycho-logique complet des méthodes *extensionnelle, d'ordre*, et de la discrimination entre les ordres des abstractions. Nous introduisons les méthodes quadridimensionnelles et différentielles, nous construisons des unités statiques, les 'quanta', et nous introduisons ainsi la *mesure* et son langage appelé mathématiques, qui conduit à la structure et donc à la connaissance à chaque date.

Il est utile de rappeler pourquoi les mathématiques et les mesures sont d'une certaine manière si importantes dans notre vie. Notre système nerveux, comme nous l'avons vu, présente différentes activités à différents niveaux. À un niveau, les abstractions sont mouvantes, non-permanentes ; à l'autre, elles sont statiques et permanentes en principe. Cela s'exprime dans notre vie par un désir de permanence, de sécurité, d'absolu. Les mathématiques ont formulé cette tendance en premier et avec *un plein succès*. Les mathématiques ont non seulement formulé des théories complètes et réussies du 'changement', comme, par exemple, la théorie des fonctions et les différents calculs, mais aussi des théories complètes et remarquables de l'*invariance* sous l'effet des transformations. Ces nouvelles théories de l'invariance sont en fait des formulations *absolues* dans le seul sens où le terme 'absolu' a une signification, à savoir relatif, peu importe à quoi ; tout cela conduit au seul contenu de la connaissance-structure.

Toute la théorie d'Einstein devrait, en ce sens, être appelée la 'théorie de l'absolu' et peut être exprimée comme la simple exigence que les 'lois universelles' soient formulées sous une forme invariante, une exigence des plus révolutionnaires et pourtant si *naturelle sur le plan structurel* que personne ne peut la nier.

Quand nous mathématisons ou parlons de mesures potentielles ou vraies, nous traitons d'entités *ordonnées, extensionnelles,* actionnelles, comportementales, fonctionnelles et opérationnelles, et nous construisons donc un langage qui a au moins une *structure* similaire à celle des événements extérieurs. Les nombres impliquent des unités, des quanta, mais aussi de l'ordre. Il semble que le nombre soit la seule abstraction sur laquelle nous sommes tous d'accord. Nous ne doutons jamais qu'une déclaration telle que "j'ai cinq euros dans ma poche" puisse être parfaitement définie et vérifiable pour tous. Les relations spécifiques et uniques appelées nombres semblent avoir une signification absolue. Il faut ajouter que l'existence de branches non quantitatives des mathématiques ne change rien à ce qui est dit ici. Dans ces branches, la relation asymétrique d'ordre reste primordiale et nous pouvons traiter les nombres sous l'un ou l'autre de leurs deux aspects, le cardinal ou l'ordinal.

L'importance faisant date des travaux d'Einstein-Minkowski réside précisément dans le fait qu'ils ont été les premiers à *appliquer* ce qui précède, sans toutefois, il est vrai, en formuler le principe général. L'absence d'une telle formulation épistémologique générale retarde considérablement la compréhension de leur travail, et les profanes en sciences passent ainsi à côté de l'énorme effet structurel et sémantique bénéfique sur le bon fonctionnement de notre système nerveux et de notre santé.

Avant de donner un bref aperçu méthodologique de la théorie d'Einstein, il convient de rappeler certaines conclusions structurelles et sémantiques que le calcul différentiel suggère.

Lorsque nous avons abordé la notion de variable, nous avons vu que la variable pouvait être *n'importe quel* élément sélectionné dans un ensemble ordonné d'éléments. Nous pouvons choisir des éléments relativement éloignés les uns des autres, comme, par exemple, les chiffres 1 et 2, ou des points distants, disons, d'un centimètre. Il est évident que si nous le voulons, nous pouvons réduire les écarts et postuler une infinité d'étapes intermédiaires. Lorsque nous réduisons nos écarts, les éléments sont ordonnés plus densément et plus proches les uns des autres. À la limite, si nous choisissons un nombre indéfini d'éléments entre deux éléments quelconques, nos séries deviennent compactes, s'il reste une possibilité de trous ; ou elles deviennent éventuellement ce que nous appelons continues, lorsqu'il n'y a plus de trous.

ACTION PAR CONTACT

Sans légiférer sur le caractère 'continu', 'compact' ou 'discontinu' des entités que nous utilisons en physique, nous pouvons admettre que l'élucidation maximale de ces termes en mathématiques est très utile. Nous pouvons facilement voir qu'en termes d'*action*, une série continue nous donne une *action par contact*, puisque les éléments consécutifs sont indéfiniment proches les uns des autres. Comme le calcul différentiel et intégral a été construit sur l'hypothèse structurelle de *continuité*, l'utilisation du calcul nous met en contact non seulement avec notre x mais aussi avec son voisin indéfiniment proche $x+dx$. Nous voyons que le calcul introduit une innovation structurelle et sémantique très importante, à savoir qu'il s'agit d'un langage permettant de décrire l'*action* par *contact*, en contradiction flagrante avec l'hypothèse structurelle de l'action à distance.

Illustrons ce qui précède par un exemple structurel. Considérons une série de petites sphères matérielles égales reliées entre elles par de petits ressorts en spirale, comme le montre la Fig. 1.

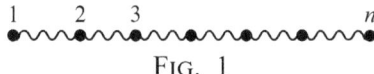

Fig. 1

Ces petites sphères ont toutes une inertie, grâce à laquelle, et grâce aux petits ressorts, elles résistent au déplacement. Si nous déplaçons la première de nos sphères dans le sens transversal ou longitudinal, elle agit sur la deuxième sphère qui, à son tour, agit sur la troisième, etc. Nous voyons que la perturbation de l'équilibre de la première petite sphère est transmise comme une onde à la sphère suivante et ainsi de suite tout au long de la série. Le point le plus important dans l'analyse d'une telle onde d'excitation est qu'elle n'est pas transmise avec une 'vitesse infinie', ou 'infiniment vite' ou en 'non-temps'. L'action de chaque sphère est légèrement retardée en raison de son inertie, c'est-à-dire qu'elle ne répond pas 'instantanément' à une impulsion. Il faut remarquer que le déplacement n'est pas dû à une vitesse, mais à une accélération, qui est un changement de vitesse et nécessite un court intervalle de 'temps'. Le changement de vitesse nécessite à nouveau un intervalle de 'temps' pour surmonter l'inertie et produire un déplacement. Un raisonnement similaire s'applique à un long train qui vient d'être mis en marche par la locomotive. Les wagons étant couplés entre eux par des moyens plus ou moins élastiques, la locomotive peut se déplacer uniformément et certains des derniers wagons peuvent encore être immobiles. La traction de la locomotive n'est *pas* transmise instantanément mais avec une vitesse *finie*, toujours en raison de l'inertie des wagons.

Nous voyons que le seul moyen structurellement adéquat de décrire les changements dans les matériaux continus et déformables se trouve dans les équations différentielles qui expriment une méthode de traitement de l'*action* par *contact*.

Nous avons déjà vu que cette action par contact implique également la vitesse *finie* de propagation, un fait d'une importance structurelle et sémantique cruciale. Dans l'histoire des sciences, on peut distinguer trois périodes. La première est naturellement celle de l'action à distance, la mieux illustrée par les travaux de deux grands personnages, Euclide et Newton. On y trouve bien sûr une surabondance "d'infinis".

Avec l'avènement du calcul différentiel et l'introduction des équations différentielles dans l'étude de la nature, la notion d'action à distance est devenue de plus en plus insoutenable. Nous avons connu une période d'action pseudo-contiguë, qui impliquait effectivement des équations différentielles ; mais la *vitesse de propagation* n'était pas introduite explicitement, et il restait donc une hypothèse structurelle implicite de 'vitesse infinie' de propagation. Comme exemple d'une telle action pseudo-contiguë, nous pouvons citer les anciennes théories du potentiel, qui donnent des équations différentielles pour le changement d'intensité du champ d'un endroit à l'autre, mais qui ne contiennent pas de membres exprimant un changement dans le 'temps', et donc ne prennent pas en compte la transmission de l'électricité avec une vitesse finie.[1]

Les théories modernes, comme par exemple la théorie de Maxwell de l'électromagnétisme et la théorie d'Einstein, sont fondées sur l'*action par contact*. Ces théories utilisent non seulement la méthode différentielle, mais elles introduisent aussi explicitement la *vitesse finie* de propagation.

L'invention de la géométrie différentielle avec la contribution récente de Weyl, que nous avons déjà mentionnée, transforme la géométrie d'Euclide d'un langage d'action à distance en géométrie de contact, ou langage d'action indéfiniment proche.

Il convient peut-être de mentionner que la géométrie différentielle riemannienne est plus générale que toutes les géométries $\overline{E}$ qui l'ont précédée, et qu'elle les inclut, ainsi que la géométrie E *(euclidienne)*, en tant que cas particuliers. Peut-être, comme le souligne Weyl[2], l'étude du fameux cinquième postulat, qui a marqué le début de la géométrie $\overline{E}$, n'a eu qu'une importance accidentelle et la principale valeur structurelle des géométries $\overline{E}$ réside précisément dans l'application des méthodes différentielles à la géométrie, qui a été initiée par le grand travail de Riemann. Ce travail, nous le voyons, nous a fait passer d'une action métaphysique à distance à une action physique par contact. En passant de l'ancienne mécanique aux événements électromagnétiques, une analogie très frappante apparaît, qui explique la vitesse finie de propagation.

En mécanique, lorsque nous avons des ondes dans un milieu élastique, la vitesse finie de propagation est due au retard qui se produit en raison de l'inertie des matériaux. Or l'inertie est déterminée par l'accélération (d^2s/dt^2), qui représente le taux de variation de la vitesse ($v=ds/dt$), la vitesse étant elle-même un taux de variation du déplacement. Nous voyons que ce retard, ou accélération négative, est représenté par une double différenciation.

Un phénomène analogue se produit dans les événements électromagnétiques. Le taux de variation du champ électrique (de/dt) détermine le champ magnétique ; puis le taux de variation (dh/dt) de ce dernier détermine le champ électrique en un point voisin. L'avancée du champ électrique d'un point à l'autre est donc conditionnée par deux différenciations par rapport au 'temps', ce qui est tout à fait analogue à l'accélération.

C'est grâce à cette double différenciation par rapport au 'temps' que la formulation des ondes électromagnétiques est structurellement possible. Si les effets partiels se produisaient sans perte de 'temps', il ne se produirait pas de propagation des ondes électriques. Les 'équations de champ' maxwelliennes n'expriment pas seulement les relations susmentionnées, mais introduisent structurellement la vitesse de propagation finie qui fait de la théorie électromagnétique de Maxwell une théorie de contact.

La théorie d'Einstein est aussi structurellement une théorie du contact, et l'on peut dire qu'elle est née de cette tendance au contact, et qu'elle l'a poussée jusqu'à la limite, comme nous le verrons plus loin. La théorie gaussienne des surfaces, dont l'extension à un nombre quelconque de dimensions a été réalisée par Riemann, représente également une action par contact. Cette théorie n'énonce pas les lois des surfaces à grande échelle, mais seulement leurs propriétés différentielles, les coefficients de détermination de la mesure, les invariants que l'on peut former, et la courbure et sa mesure. La forme d'une surface et ses caractéristiques peuvent alors être calculées par un processus similaire à la résolution d'équations différentielles en physique.

Nous sommes maintenant en mesure de comprendre pourquoi la nouvelle physique et les systèmes $\bar{N}$, qui reposent entièrement sur les fondements de l'action par contact, ont trouvé le *système E (euclidien)* insatisfaisant. Le *système E (euclidien)* était construit sur l'hypothèse structurelle de l'action à distance, et nous avons dû choisir les géométries $\bar{E}$ telles qu'elles ont été créées par Gauss, Lobatchevski, Riemann et d'autres, qui ont donné à la physique la géométrie nécessaire de l'action par contact.

Mais la question de l'action à distance par rapport à l'action par contact comporte également un aspect expérimental qui rend cette dernière théorie plus satisfaisante.

Faraday (1791–1867) n'était pas un académicien érudit, mais il était beaucoup plus libre de préjugés scientifiques que n'importe lequel de ses contemporains. D'apprenti relieur, il est devenu, grâce à son génie, l'un des fondateurs de la physique moderne. Sa méthode d'expérimentation consistait à essayer toutes les expériences possibles et à noter ce qui se passait.

En 1838, Faraday a fait une importante découverte structurelle, à savoir que l'action mutuelle entre deux corps chargés électriquement dépend de la nature du milieu intermédiaire. Faraday a établi par cette expérience que la capacité d'un condensateur sphérique change lorsque l'on utilise un autre matériau que l'air comme milieu de séparation. Il a constaté que la capacité devenait deux fois plus importante lorsque le milieu était de la paraffine, trois fois plus importante pour la gomme-laque, six fois plus importante pour le verre et environ quatre-vingts fois plus importante pour l'eau.

Cette expérience est devenue le fondement de la nouvelle théorie. L'ancienne théorie de "l'action à distance" postulait que le champ électrostatique n'était qu'une structure géométrique sans signification physique, alors que cette nouvelle expérience a montré que le champ avait une signification physique. Toute charge agit d'abord sur son environnement immédiat, et ce n'est qu'à travers celui-ci que l'action se propage. La découverte des courants de déplacement a nécessité l'extension de son point de vue à toutes les distances.[3]

Faraday fut tellement impressionné par cette découverte qu'il abandonna les anciennes théories de l'action à distance et

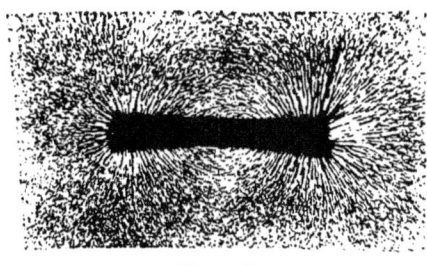

Fig. 2

formula une théorie structurellement nouvelle de l'action contiguë pour les événements électriques et magnétiques.

N'importe qui peut se convaincre du fait que les champs représentent des conditions physiques très vraies en prenant une feuille de papier, en y saupoudrant de la limaille de fer et en plaçant un aimant sous le papier. Il constatera que les particules de limaille de fer s'organisent selon une structure très précise, comme le montre la Fig. 2.

Faraday a également découvert que les forces entre deux pôles magnétiques dépendent également du milieu qui se trouve entre eux. Il en conclut à juste titre que les forces électriques et magnétiques sont produites par un état de tension dans le milieu intermédiaire.

Ces deux exemples suffiront à illustrer le propos, mais on peut dire de manière générale que toute la physique moderne prouve amplement la justesse du point de vue structurel de Faraday. Certains physiciens, comme Helmholtz, ont construit des appareils spéciaux pour tester la justesse de cette théorie. En fait, le succès de toute la théorie électromagnétique de Maxwell, qui est structurellement construite comme une théorie de contact, dans laquelle la vitesse de propagation est considérée comme finie, est en soi l'une des meilleures preuves de la justesse de la théorie.

La vitesse finie de la lumière a été découverte par Olaf Rømer en 1676 et a été vérifiée à plusieurs reprises depuis. Cette vitesse est généralement désignée par c et on sait qu'elle est d'environ 300 000 kilomètres par seconde, soit $c = 3 \times 10^8$ m/sec. (NdT (2024) : $299\ 792\ 458\ m/s$).

En 1856, Weber et Kohlraush ont calculé une certaine constante qui apparaît dans la théorie électromagnétique et ont découvert que cette constante avait la dimension de la vitesse, $[c] = \left[\dfrac{L}{T}\right]$, et que sa valeur numérique était de 3×10^8 m/sec, ce qui est la valeur exacte de la vitesse de la lumière. Ce fait a conduit Maxwell à associer la lumière aux ondes électromagnétiques, un point de vue justifié par les expériences. En 1888, Hertz a non seulement établi une fois de plus l'interrelation entre l'optique et l'électrodynamique, mais il a également découvert que la vitesse de propagation des ondes électromagnétiques est finie et exactement égale à la vitesse de la lumière.[4]

En dehors des sciences exactes, le principe de l'action par contact ne progresse que lentement, peut-être en raison de *réactions sémantiques A (Aristotéliciennes)* et du manque de formulations structurelles des questions générales qui se posent. Nous sommes heureux de trouver une exception notable dans les travaux biologiques du professeur C. M. Child, qui a jeté les bases de la biologie $\bar{A}$ et dont le système est structurellement fondé sur l'action par contact. Cette biologie $\bar{A}$ a été appliquée à la neurologie par le professeur C. J. Herrick. Le présent ouvrage, étant un système-$\bar{A}$, doit suivre les avancées méthodologiques et structurelles expliquées ici, ainsi que la biologie et la neurologie $\bar{A}$ fondées par Child et Herrick.

Il est intéressant de suivre la fusion structurelle de la géométrie et de la physique. Certains Dupond et Durand se disent physiciens. Il y a des salles avec divers instruments, que l'on appelle des laboratoires de physique. Les activités des physiciens qui nous intéressent sont doubles. Premièrement, ces scientifiques viennent dans leurs laboratoires, manipulent leurs instruments, notent les positions de certains afficheurs, manipulent à nouveau les instruments, notent à nouveau les positions, etc. Il s'agit là d'un niveau d'activité *indicible*. Tout ce qui arrive arrive, mais il n'y a rien à dire à ce niveau.

Plus tard, le scientifique décrit ses expériences avec des mots. Il est évident qu'il existe deux étapes totalement différentes dans la construction de la physique, que nous ne distinguons généralement pas.

Il est évident que le niveau *indicible* ne peut être appelé 'physique', et nous devons donc appliquer ce terme aux abstractions d'ordre supérieur au *niveau verbal*; c'est-à-dire au compte rendu verbal raisonné de ce que l'expérimentateur a vu, ou ressenti, ou expérimenté, en général abstrait aux niveaux inférieurs, résumé, généralisé, etc., dans les niveaux supérieurs.

La physique représente donc une discipline verbale. Étant verbale, elle a besoin d'un langage. Quel langage choisir? Puisque nous voulons avoir une science appelée physique, nous allons naturellement essayer d'utiliser le langage le plus structurellement correct qui existe, et donc, par nécessité, nous devons nous tourner vers les mathématiques.

En mathématiques on trouve à l'origine deux disciplines totalement différentes. L'une est appelée arithmétique, l'autre géométrie. En nous familiarisant avec ces deux langages séparés à l'origine, nous constatons que les expériences vraies et les stimuli de nombreuses expériences importantes pour nous se trouvent en dehors de notre peau ; nous essayons donc de choisir celui de ces deux langages dont la structure est la plus étroitement reliée aux abstractions inférieures, c'est-à-dire à ce que nous voyons, ressentons, etc. Naturellement, nous avons un penchant pour les langages géométriques, qui traitent des 'lignes', des 'surfaces', des 'volumes', etc., des termes pour lesquels nous trouvons des applications immédiates et évidentes. En poussant plus loin nos recherches, nous constatons que les deux langages sont devenus si développés dans leur structure que l'une peut être traduite parfaitement dans l'autre. Ce fait positionne la géométrie comme le lien entre les abstractions d'ordre supérieur et les abstractions d'ordre inférieur. Nous avons vu que la *physique* et la géométrie doivent être considérées comme des disciplines *verbales* et que leur fusion devient un fait très naturel.

Il est vrai que, jusqu'à présent, le 'temps' apparaît comme le facteur gênant, mais le 'temps' peut très bien être représenté géométriquement, sauf que nos diagrammes et nos figures sont un peu différents. Par exemple, une orbite circulaire plate dans un 'espace' bi-dimensionnel devient une hélice dans un espace-temps tri-dimensionnel, un mouvement vibratoire dans un 'espace' uni-dimensionnel devient une ligne d'onde dans un espace-temps bi-dimensionnel, etc. Le 'temps', lorsqu'il est correctement représenté, devient simplement une autre dimension géométrique.

Il ne faut pas oublier que les mathématiciens tirent la plupart de leurs inspirations structurelles de la physique et élaborent des théories mathématiques pour répondre aux besoins structurels des physiciens. Les géométries $\overline{E}$ en sont un excellent exemple. À l'époque d'Euclide, alors que la physique n'existait pratiquement pas, nous avions le 'vide', "l'action à distance" et d'autres notions qui répondaient parfaitement aux besoins des géomètres et des constructeurs. Avec le développement de l'astronomie et de la physique, les lignes courbes sont devenues de plus en plus importantes d'un point de vue structurel, et le flou de la définition de la 'ligne droite' est également apparu. La notion de 'vide' est également devenue peu à peu insoutenable sur le plan structurel. Des géomètres comme Gauss, Lobatchevski et d'autres ont commencé à exiger que les axiomes de la géométrie soient testés par l'expérience. Avec l'introduction de la 'courbure', la 'ligne droite' n'est plus qu'un cas particulier de courbe à courbure nulle.

L'invention du calcul différentiel a également eu une influence structurelle considérable. Elle a introduit la continuité comme hypothèse de base dans la vaste structure de la science et a ouvert la voie aux travailleurs scientifiques formés à la psycho-logique dans la continuité structurelle, et donc dans l'*action par contact*.

La découverte que la lumière apparaît sous forme d'ondes électromagnétiques et la vitesse finie de ces deux ondes ont rendu la notion de 'vide absolu' structurellement indéfendable ; la géométrie E (*euclidienne*), avec son action à distance, son 'vide' et sa non-prise en compte de la gravitation et de l'électricité, est donc devenue très insatisfaisante. En effet, si notre univers était E (*euclidien*), la lumière ne pourrait pas nous atteindre.

Leibnitz, qui a inventé le calcul différentiel indépendamment de Newton, a formulé un postulat d'action par contact et ne pouvait donc pas se réconcilier avec la loi de la gravitation de Newton, qui était structurellement une loi d'action à distance, correspondant pleinement à la loi de Coulomb en électricité. Cette dernière loi stipule que la force exercée par deux corps chargés électriquement l'un sur l'autre est inversement proportionnelle au carré de la distance qui les sépare et agit dans la direction de la ligne qui les relie.[5]

L'introduction par Faraday de la notion structurelle de 'champ', au lieu de la notion de charges électriques agissant à distance, a introduit la notion de contrainte du champ électrique, qui apparaît structurellement comme des 'lignes de force'. Ici, nous avons déjà une 'plénitude' de 'lignes' et un grand pas vers la fusion structurelle de la physique avec la géométrie a été fait.

Le passage de la géométrie E (*euclidienne*) à la géométrie riemannienne correspond structurellement au passage d'une physique fondée sur l'action à distance à une physique fondée sur l'action par contact. Le théorème métrique fondamental de la géométrie E (*euclidienne*) est la règle de Pythagore, qui exprime le fait que le carré de la distance entre deux points est une forme quadratique des coordonnées des points. Si l'on considère que ce théorème n'est strictement valable que dans le cas de points très proches, on passe immédiatement de la géométrie E (*euclidienne*) à la géométrie différentielle. Ce faisant, nous obtenons un avantage structurel notable, puisque nous nous dispensons de la nécessité de définir nos coordonnées plus précisément ; car la loi pythagoricienne, lorsqu'elle est exprimée sous forme différentielle, est invariante pour des transformations arbitraires.[6]

D'un point de vue sémantique, Riemann est le prédécesseur immédiat d'Einstein, bien que ce dernier n'ait pas été directement influencé par lui. En géométrie différentielle, nous devrions commencer par des points indéfiniment proches et dépendre de l'intégration pour l'analyse de distances plus grandes, de surfaces et de volumes. La notion difficile de 'ligne droite' doit être remplacée par la notion de ligne la plus courte (géodésique), qui est facilement définie par des méthodes différentielles et trouvée empiriquement. Dans l'ancienne méthode, la longueur d'une courbe devait être trouvée en général, par le processus d'intégration. La longueur d'une 'ligne droite' entre deux points était censée être définie comme un tout, et non comme la limite d'une somme de morceaux indéfiniment petits. Riemann considérait qu'une 'ligne droite' ne diffère pas en cela d'une courbe. Les mesures qui sont toujours effectuées au moyen d'un instrument sont des opérations physiques, et leurs résultats dépendent, pour leur interprétation, des théories de la physique. Il est donc préférable de traiter de géodésie plutôt que de 'lignes droites'.[7]

Nous voyons que le problème était mûr pour un dernier coup de génie. La découverte structurelle par Einstein de la dépendance de 'espace' et 'temps', et le succès de Minkowski à donner une interprétation géométrique à la théorie d'Einstein ont accompli la fusion probablement irréversible.

La cinématique tri-dimensionnelle devient une géométrie quadridimensionnelle, la *dynamique tri-dimensionnelle* peut être considérée comme une *statique quadridimensionnelle*.

Nous voyons immédiatement l'importance humaine, psycho-logique, sémantique et neurologique de ce fait. Notre système nerveux, de par sa structure, produit des abstractions d'ordres différents, dynamiques à certains niveaux, statiques à d'autres. Les problèmes de sanité et d'adaptation deviennent des problèmes de traduction d'un niveau à l'autre, pour lesquels les progrès structurels de la science nous fournissent des méthodes de solution.

Il convient de noter que le gain sémantique dû aux faits susmentionnés est considérable et que, étant structurel, il est à la fois pratique et théorique. Le fait que la géométrie ait perdu son ancien statut restreint, qui s'appliquait principalement à ce qui pouvait être 'visualisé intuitivement' et qui a été davantage abstrait pour s'appliquer à ce qui peut être 'conçu', a fusionné la géométrie avec le reste des mathématiques. Cette fusion représente un grand progrès structurel et sémantique et rend possible le traitement des problèmes géométriques par des moyens purement analytiques. Elle libère la géométrie des restrictions des abstractions d'ordre inférieur. En utilisant "l'intuition géométrique" (abstractions d'ordre inférieur), nous retrouvons une aide précieuse pour l'analyse.

Dans les courants nerveux cycliques, nos 'intuitions' (abstractions d'ordre inférieur) ne sont pas structurellement isolées de nos 'conceptions' (abstractions d'ordre supérieur), mais toutes deux sont intimement connectées et s'influencent mutuellement. Les progrès modernes ne sont pas seulement en parfait accord avec le principe de "l'organisme-comme-un-tout", mais ils nous donnent d'excellentes preuves de la validité de ce principe. Les 'psychologues' passent à côté de beaucoup de choses en négligeant cette forme importante et unique de comportement humain que nous appelons 'mathématiser'.

CHAPITRE XXXVI

SUR LA SÉMANTIQUE DE LA THÉORIE D'EINSTEIN

> C'est précisément là, dans une meilleure compréhension de nos relations mentales avec la nature, que se trouve la contribution permanente de la relativité. Nous devrions maintenant nous efforcer de comprendre si parfaitement le caractère de nos relations mentales permanentes avec la nature qu'un autre changement d'attitude tel que celui dû à Einstein sera à jamais impossible. (55)
>
> P. W. BRIDGMAN

Mon but n'est pas d'exposer la théorie d'Einstein en tant que telle. Il existe de nombreux ouvrages excellents et compétents sur ce sujet. J'ai déjà expliqué et souligné plusieurs points structurels qui, en dernière analyse, constituent le fondement de l'œuvre d'Einstein. De nombreux 'penseurs' ont vaguement ressenti, à travers les âges, les dangers de la structure du langage et le caractère vicieux de l'objectification, c'est-à-dire de l'attribution illusoire de valeurs objectives à des formes verbales. Ce ressenti vague est bien sûr utile aux individus, mais il s'agit d'un avantage privé qui ne peut être rendu public sans une certaine forme de formulation. Le coup de génie d'Einstein a été de produire un système linguistique *non-élémentalistique* d'une nouvelle structure. Einstein, en tant que physicien, a décidé à juste titre, comme nous le comprenons aujourd'hui, d'être entièrement actionnel, comportemental, fonctionnel et opérationnel, et d'arrêter de jouer avec les mots. Les anciens problèmes linguistiques élémentalistiques de la 'matière', de "l'espace" et du 'temps' étaient dans un tel désordre, en raison de l'objectification des structures verbales, qu'il était inutile de continuer à parler à l'ancienne. Il a décidé de décrire ce que *fait* un physicien lorsqu'il mesure 'espace' et 'temps', et d'abandonner, peut-être inconsciemment, le 'est' d'identité.

Il semble inutile d'insister sur le simple fait que lorsque nous mesurons un morceau de bois, par exemple, nous le marquons avec un autre morceau de matériau que nous avons accepté arbitrairement comme notre 'unité de longueur'. La coïncidence de notre 'unité' avec les intervalles entre les marques est à nouveau jugée par un processus électromagnétique-neural extrêmement complexe, qui a été ignoré jusqu'à Einstein. Notre jugement est conditionné par les rayons lumineux voyageant à vitesse finie qui excitent notre système nerveux à travers la rétine, cette excitation voyageant à son tour à vitesse finie. Nous voyons que la mesure apparemment simple d'une 'longueur' est en réalité un processus extrêmement complexe, dans lequel la vitesse *finie* de la lumière et des courants nerveux joue un rôle très important. Naturellement, si nous supposons que la vitesse de propagation de la lumière est 'infinie', nos spéculations verbales sur 'espace' et 'temps' seront peut-être divertissantes, mais elles seront fondamentalement et structurellement erronées.

Des remarques similaires s'appliquent à la mesure du 'temps'. Que voulons-nous dire lorsque nous affirmons qu'un train est arrivé à la gare à 9 heures? Nous voulons dire ni plus ni moins que l'arrivée du train a coïncidé avec l'arrivée de l'aiguille d'une horloge à un point marqué 9 sur le cadran de l'horloge. En d'autres termes, nous avons vu 'simultanément' l'arrivée du train et l'aiguille de l'horloge atteindre le chiffre 9.

Notre jugement sur les résultats des mesures du 'temps' dépend de la coïncidence *constatée* des événements - dans ce cas, de l'arrivée du train avec l'arrivée de l'aiguille de l'horloge au point 9. Des considérations similaires, qui s'appliquaient aux mesures de 'longueurs', s'appliquent également aux mesures de 'temps'.

Nous voyons avec Einstein que si nous voulons progresser, nous devons étudier les deux termes clés que sont 'vitesse' et 'simultanéité'.

Les newtoniens prennent un plaisir particulier à accuser Einstein d'être un 'psychologue' et non un physicien. Nous avons déjà souligné la subjectivité physique des instruments physiques. Ce qui est dit ici s'applique non seulement à la rétine de l'œil, mais aussi à un appareil photographique, à un microscope ou à un télescope, ou à tout autre instrument. Avant qu'un paquet d'énergie, qu'il s'agisse d'une impulsion lumineuse ou d'une balle, ne soit en mesure d'accomplir un quelconque résultat, il doit d'abord atteindre sa cible, et la vitesse de propagation limitée doit donc être prise en considération, ce qui est un fait structurel empirique, solidement établi. Les critiques des newtoniens sont donc tout simplement superficielles et non-scientifiques (1933). Ils ne tiennent pas compte des faits physiques empiriques les plus importants et se contentent donc de défendre une perturbation sémantique sans aider la science (1933).

Avec les einsteiniens, nous traitons l'œil sur le même plan que l'appareil photo ou tout autre instrument physique. Même les newtoniens doivent admettre que lorsqu'ils photographient un événement sur le soleil, par exemple, cet événement s'est produit (approximativement) huit minutes *avant* que la plaque photographique ne soit touchée. Ces huit minutes correspondent au 'temps' nécessaire à la lumière pour atteindre la terre depuis le soleil.

Analysons d'abord le terme 'vitesse'. Nous nous trouvons ici, comme dans n'importe quel autre problème humain, à deux niveaux d'abstraction distincts, et nous devons les distinguer.

Abordons d'abord le niveau verbal. Nous voyons qu'avant de pouvoir parler de nos termes 'espace' ou 'temps', 'longueur' ou 'secondes', nous devons en savoir beaucoup sur le terme 'vitesse'. Comment définir le terme 'vitesse'? Nous la définissons comme "l'espace divisé par le temps", $v = s/t$. On voit que sur le plan *verbal*, la situation est parfaitement désespérée et qu'aucun résultat ne peut être attendu du jeu verbal. On peut ajouter que les notions plus anciennes étaient fondées sur l'objectification, ou la confusion entre les deux niveaux d'abstraction, et la croyance affective dans la magie des mots, l'identification jouant le plus grand rôle dans les ravages structurels.

Qu'en est-il du niveau instrumental, le niveau silencieux de l'abstraction d'ordre inférieur? À ce niveau, nous constatons que les physiciens, dans leurs actions, leur comportement, leurs opérations, etc., ont élaboré une technique assez précise pour trouver les données dont ils ont besoin. Nous voyons donc qu'il n'y a pas le choix, nous devons *commencer* à ce niveau.

Mais commencer à ce niveau n'est pas tout, ni suffisant. Nous devons d'une manière ou d'une autre *parler* de ces actions et de ces opérations. Nous devons donc choisir un langage dont la *structure* reflète la structure de ces actions et opérations. Nous devons donc abandonner le 'est' d'identité et *décrire* dans le langage asymétrique de l'ordre les événements enregistrés par un instrument ou par nos centres nerveux inférieurs.

Sans entrer dans les détails, nous pouvons résumer les résultats obtenus par les physiciens. Les expériences des physiciens, telles qu'indiquées par les coïncidences des pointeurs sur différents instruments, ont apparemment établi le fait que la 'vitesse' de la lumière, telle qu'elle est définie par des moyens instrumentaux *comportementaux et opérationnels*, est *une constante*, c=3. 10¹⁰ cm./sec, indépendante de la vitesse relative des observateurs. Par 'observateurs', nous entendons encore une fois les relevés des instruments que l'observateur porte sur lui. Ce résultat contredit totalement les *attentes verbales* établies auxquelles nous sommes parvenus au niveau verbal grâce à la structure élémentalistique du langage et à la perturbation sémantique qui consiste à attribuer une existence 'objectique' aux *termes* 'espace' et 'temps'.

La situation est aigue. Devons-nous suivre nos perturbations sémantiques et rejeter les faits structurels empiriques, ou devons-nous accepter les faits expérimentaux et éliminer les perturbations sémantiques?

Comme d'habitude, la réponse est impliquée par la façon de poser la question. Nous acceptons les faits expérimentaux et révisons nos perturbations sémantiques. Dans ce cas, un psychiatre pourrait être un collaborateur utile du physicien.

La révolution einsteinienne est structurellement et sémantiquement si fondamentale que toute personne intelligente devrait la connaître. Il convient donc d'en examiner certains détails.

En mécanique classique, nous avions le principe mécanique classique de la relativité, à savoir que toutes les équations mécaniques ont une forme unique pour deux systèmes de coordonnées se déplaçant uniformément l'un par rapport à l'autre. Ce principe a une signification empirique très simple. Si nous voyageons dans un train, disons à une vitesse de 50 km/h (kilomètres par heure), toutes nos activités dans le train ont la même vitesse relative que si le train était au repos. Si nous lançons une balle à une vitesse de 20 km/h à un autre passager du train dans la direction du mouvement du train, la balle n'atteindra pas l'autre passager avec la vitesse de 20 km/h *plus* la vitesse supplémentaire de 50 km/h du train, mais l'atteindra avec la vitesse comme si le train était à l'arrêt. Il n'en va pas de même si la balle est lancée à un observateur qui se tient sur la voie ferrée. La balle pourrait le blesser, car elle aurait, par rapport à lui, la vitesse de 20 kilomètres/heure de la balle, plus la vitesse de 50 km/h du train, soit, au total, une vitesse de 70 km/h.

Très probablement, même nos lointains ancêtres qui utilisaient des moyens de transport artificiels sur terre ou sur l'eau n'ont pas ignoré le fait structurel que les événements mécaniques se produisent d'une seule manière, que le système soit au repos ou en mouvement relatif. Avec l'avènement des formulations verbales de la physique et de la mécanique, ces événements ont été formulés verbalement et c'est ainsi que s'est lentement construit le langage de l'ancienne structure avec les objectifications qui en découlent.

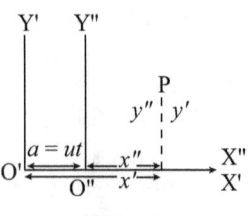

Fig. 1

Or, sur la base de *considérations verbales*, qui semblaient justifiées par des faits expérimentaux macro-mécaniques, nous avons conclu qu'une seule loi devait être valable pour les événements électrodynamiques et optiques.

Pour reformuler ce qui précède à l'aide de symboles simples, imaginons deux systèmes de coordonnées parallèles, O' et O'', dont le second se déplace à une vitesse u par rapport au premier dans la direction x commune. Si nous désignons les coordonnées du premier système par des notations de type x' (lettre primée), et les coordonnées du second système par des notations de type x'' (lettre doublement primée), alors, comme d'habitude, les coordonnées d'un point P dans le second système seront reliées à ses coordonnées dans le premier système par l'équation $x''=x'-ut$, ce qui signifie que la coordonnée x'' est inférieure à la coordonnée x' de la quantité font s'est déplacé notre second système de coordonnées ; à savoir, par $a=ut$. Nous avons donné le diagramme en deux dimensions parce qu'il est plus simple et, comme nous avons supposé que le déplacement est parallèle à l'axe des x, les autres coordonnées restent inchangées, $y''=y'$, $z''=z'$. Le 'temps', selon les anciennes hypothèses, étant 'objectique' et 'absolu', serait 'le même', à savoir $t''=t'$('temps absolu'). La loi classique du mouvement relatif stipule que si l'équation du mouvement dans le premier système est $f(x', y', z', t)=0$, cette fonction doit également être nulle lorsque x' est remplacé par sa nouvelle valeur ; à savoir, $(x'-ut)=x''$ de sorte que $f(x'', y'', z'', t)=0$.

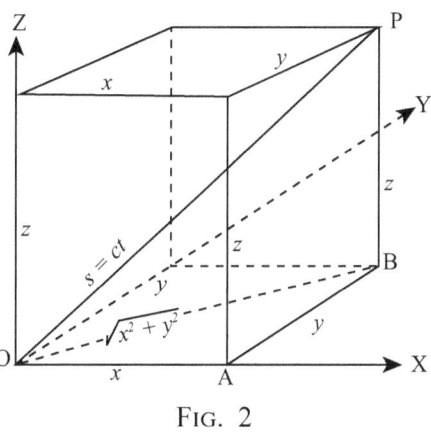

FIG. 2

Voyons si les conditions ci-dessus se vérifient lorsque nous traitons de la *propagation de la lumière dans des ondes sphériques*.

$$OB^2 = OA^2 + AB^2$$
$$OB^2 = x^2 + y^2$$
$$OP^2 = OB^2 + BP^2$$
$$OP^2 = x^2 + y^2 + z^2$$
$$c^2t^2 = x^2 + y^2 + z^2$$

Si nous choisissons un système de coordonnées tridimensionnelles O, la distance s du point P par rapport à O est égale, selon la règle de Pythagore, à $s^2=x^2+y^2+z^2$. Si nous supposons qu'un rayon lumineux se déplace de O à P, la distance s pourrait alors être représentée par le produit de la vitesse de la lumière c par le 'temps' ou ct. Le carré de cette distance serait alors $c^2t^2=s^2$. Nous avons $x^2+y^2+z^2=c^2t^2$ ou $x^2+y^2+z^2-c^2t^2=0$.

Nous pouvons facilement nous convaincre que si la dernière équation pour les ondes lumineuses est valable dans le premier système de coordonnées, elle ne peut pas l'être dans le second.

Si nous écrivons la dernière équation dans nos lettres primées, nous avons $x'^2+y'^2+z'^2-c^2t^2=0$. Si nous passons à notre deuxième système de coordonnées se déplaçant uniformément dans la direction X avec la vitesse u par rapport au premier système, nos y', z', t, ne changent pas par hypothèse, mais seulement $x''=x'-ut$. Nous aurions en substituant $x'-ut$ à x'', et en conservant les valeurs primitives pour y', z', t :

$$(x'-ut)^2 + y'^2 + z'^2 - c^2t^2 = x'^2 - 2x'ut + u^2t^2 + y'^2 + z'^2 - c^2t^2$$
$$= x'^2 + y'^2 + z'^2 - c^2t^2 + \left(u^2t^2 - 2x'ut\right). \tag{1}$$

Mais, par hypothèse, $x'^2+y'^2+z'^2-c^2t^2=0$ et donc l'équation (1) ne peut être nulle que si $(u^2t^2-2x'ut)=0$. Cette dernière condition signifierait que notre second système de coordonnées est également au repos. Nous voyons que pour les *ondes lumineuses*, l'ancien principe mécanique de relativité *ne* tient *pas*, car les équations *sont modifiées* lorsque nous passons d'un système de coordonnées à un autre qui se déplace avec une vitesse uniforme par rapport au premier.

Pour l'indiquer de façon plus évidente, nous allons l'exprimer par des formules. Considérons deux systèmes de coordonnées O' et O'', dans lesquels le second se déplace avec une vitesse uniforme dans la direction X par rapport au premier. Si, pour les *ondes lumineuses*, l'équation $x'^2+y'^2+z'^2-c^2t^2=0$ s'applique au premier système, une équation similaire pour le second système de coordonnées en mouvement, $x''^2+y''^2+z''^2-c^2t^2=0$ ne peut pas être vraie. En d'autres termes, $x'^2+y'^2+z'^2-c^2t^2 \neq x''^2+y''^2+z''^2-c^2t^2$; nous avons donc une *inégalité*, qui contredit fondamentalement le principe classique de relativité.

Cette inégalité extraordinaire et inattendue, parce qu'elle contredisait structurellement les principes mécaniques classiques de la relativité, qui avaient apparemment été bien établis expérimentalement, a créé une situation sémantique déconcertante et profondément insatisfaisante.

Que pouvons-nous faire à ce sujet? Devrions-nous abandonner l'ancien principe de relativité mécanique, ou devrions-nous avoir deux lois différentes, l'une pour l'ancienne relativité mécanique macroscopique brute, et l'autre pour les événements optiques et électrodynamiques, ou devrions-nous examiner les hypothèses structurelles fondamentales qui sous-tendent nos formules, et voir si la divergence n'est pas due à un préjugé ou à un dogme structurel que nous avons négligé pendant des siècles?

Si une solution de ce dernier type était trouvée, elle serait naturellement la plus satisfaisante. L'admission de deux relativités, l'une pour les événements mécaniques, l'autre pour les événements optiques, irait à l'encontre de toute la tendance de la science, qui exige l'unification des théories.

Une telle révision structurelle, à savoir l'élimination de l'ancien dogme injustifié qui avait causé tous les problèmes, a été l'œuvre du génie d'Einstein. Dans cette découverte qui fait date, il a été *aidé* au début par la célèbre expérience Michelson-Morley, réalisée depuis à plusieurs reprises avec des résultats similaires, prouvant *apparemment* que la vitesse de la lumière est une constante quel que soit le mouvement relatif de l'observateur. Si nous prenons l'équation de la propagation sphérique des ondes lumineuses $x^2+y^2+z^2-c^2t^2=0$ ou $x^2+y^2+z^2=c^2t^2$;

Alors $\quad c = \dfrac{\sqrt{x^2+y^2+z^2}}{t} \quad$ dans un système de coordonnées,

et $\quad c = \dfrac{\sqrt{x'^2+y'^2+z'^2}}{t} \quad$ dans un autre système de coordonnées

sont égaux, ce qui, sous une autre forme, signifierait que

$$x^2+y^2+z^2-c^2t^2 = x'^2+y'^2+z'^2-c^2t^2$$

L'expérience indique que cette relation est vraie ; les arguments déjà avancés montrent qu'elle ne peut pas être vraie. Nous devons donc rechercher une erreur ou une compensation.

Avec l'explication d'Einstein, la découverte de l'erreur est simple en soi. Dans l'ancienne relativité mécanique, notre 'espace' et notre 'temps' étaient *objectifiés*, nous leur dotions des valeurs objectives de définitude et de rigidité, nous avions affaire à un 'espace absolu' et à un 'temps absolu', qui étaient 'immuables' et 'identiques pour tous'. Dans les anciennes hypothèses, nos vitesses *variaient*. Si A avait une vitesse de 5 centimètres par seconde, par exemple, et que B dépassait A à une vitesse de 7 centimètres par seconde, la vitesse relative entre A et B était de 7−5=2 cm par seconde. Les *unités "d'espace" et de 'temps' étaient définies, immuables et ne varient pas et ne peuvent pas varier*, ce qui découle directement des hypothèses d'un 'espace absolu' et d'un 'temps absolu' 'objectique'.

Dans le cas de la lumière, nous sommes entrés en contact avec une vitesse qui *ne varie pas* pour un observateur, quel que soit son mouvement relatif. La vitesse c s'est avérée être constante, de sorte que l'hypothèse naturelle à faire est que notre *'espace' et notre 'temps' varient* pour différents observateurs.

Dans les équations ci-dessus, le 'temps absolu', $t=t$, est supposé 'identique' pour tous les observateurs, ce qui rendait cette égalité impossible. En supposant des 'temps' différents pour les différents observateurs, t pour le premier et t' pour le second, une telle compensation transforme notre inégalité en une égalité, comme l'exigent à la fois l'expérience et la théorie.

Au lieu d'écrire

$$x^2+y^2+z^2-c^2t^2=x'^2+y'^2+z'^2-c^2t^2, \ (t=t),$$

ce qui *ne peut être vrai*, nous écrivons,

$$x^2+y^2+z^2-c^2t^2=x'^2+y'^2+z'^2-c^2t'^2=0, \ (t \neq t')$$

ce qui peut être vrai. On remarquera que dans la première équation on a des deux côtés t, ce qui rend l'équation impossible, alors que dans la deuxième équation on a du côté gauche t et du côté droit un t différent; à savoir t'.

Les considérations ci-dessus signifient qu'il existe une divergence structurelle certaine entre l'ancien langage et le monde empirique, ce qui nécessite une révision linguistique structurelle fondamentale. Cette révision a été effectuée et est connue sous le nom de théorie d'Einstein. Il ne s'agit pas de dire que le travail d'Einstein est définitif, mais qu'il montre clairement les erreurs structurelles de l'ancien élémentalisme auxquelles nous ne pourrons jamais revenir.

En d'autres termes, dans l'ancienne mécanique, nous avions un 'temps' défini et permanent (absolu) et des vitesses relatives variables. En ce qui concerne les *ondes lumineuses*, nous constatons expérimentalement que la vitesse c de la lumière *ne varie pas* en fonction des mouvements relatifs des observateurs et que nous devons supposer un *temps variable* pour préserver nos équations.

Une objection évidente peut être soulevée à ce sujet : pourquoi modifier nos notions habituelles de 'temps'? Ne pouvons-nous pas conserver les anciennes *réactions sémantiques* et trouver une autre méthode de compensation, moins gênante et moins révolutionnaire? Les physiciens les plus anciens et Einstein donnent une liste longue et convaincante de raisons parfaitement suffisantes pour un tel changement ; cependant, leurs arguments nous laissent toujours un peu dans le doute, avec le sentiment d'une possibilité latente que l'ancien puisse être préservé.

Ce qui a déjà été dit dans ce travail sur la structure et les perturbations sémantiques et sur le fait que les *termes* 'matière', 'espace' et 'temps' *ne sont pas des objets*, ce qu'ils ne peuvent pas être, lève peut-être définitivement le dernier doute sur la signification et la valeur révolutionnaires et faisant date des découvertes linguistiques structurelles d'Einstein. Pour cette *seule* raison, le retour à l'ancien est impossible. L'ancien est dû à l'objectification des particularités structurelles de l'ancien langage élémentalistique et aux perturbations sémantiques qui, au bas niveau actuel de notre développement, sont inévitablement le résultat *de notre copiage des animaux inférieurs dans notre 'façon de penser'*, un processus *pathologique* pour 'l'être humain'.

Il convient d'expliquer ici pourquoi j'ai dit que l'expérience Michelson-Morley n'a fait qu'*aider* Einstein et n'a prouvé qu'*en apparence* la constance de la vitesse de la lumière. Historiquement, il ne fait aucun doute que le début de la théorie d'Einstein a été suggéré par cette expérience et a trouvé sa base physique dans cette expérience. En réalité, comme le montre l'ensemble de ce travail sur la structure, les deux questions sont tout à fait indépendantes. Le fait que la vitesse de la lumière soit *finie* n'a jamais été contesté, au contraire, il est de plus en plus solidement établi, à la fois empiriquement et théoriquement, simplement parce qu'une 'vitesse infinie' n'a pas de signification.

Avec les résultats structurels de ce travail et l'établissement du fait de la vitesse finie de la lumière, l'ensemble de la *théorie* d'Einstein a une base structurelle et linguistique parfaitement solide (1933). Néanmoins, il est extrêmement gratifiant que le dernier, très important et minutieux travail du Docteur Roy J. Kennedy semble une fois de plus apporter un soutien expérimental fondamental à la justesse de la théorie d'Einstein.* Du point de vue de la structure, Einstein a simplement éliminé quelques vestiges primitifs, peut-être même animalistiques, de l'objectification qui subsistaient encore dans la structure de notre langage de 'matière', 'espace' et 'temps'. En tant qu'animalistiques, ces notions étaient impropres à l'être humain ; elles nuisaient non seulement à notre vie quotidienne, mais aussi à la science. (Eddington, dans *The Mathematical Theory of Relativity,* p. 196, utilise le terme 'pré-humain' dans un contexte similaire).

Il convient de rappeler que la définition de la vitesse est connectée de manière *circulaire* à 'espace' et 'temps'. En d'autres termes, dans la définition de la relation entre vitesse ($v = s/t$), 'espace' et 'temps', la définition de n'importe lequel de nos trois termes dépend de notre définition des deux autres, d'où les nombreuses possibilités d'ajustement verbal.

Comme nous l'avons vu, le principe verbal mécanique de la relativité que nous connaissons tous n'était pas structurellement en mesure de rendre compte de manière satisfaisante d'une relativité similaire des événements optiques et électrodynamiques.

---

* Voir 'The Velocity of Light', dans *Nature,* 20 août 1932, par R. J. Kennedy, et son dernier article (n° 261) dans la bibliographie.

Les anciennes formules de transformation étaient, comme nous l'avons déjà dit, $x'=x-ut$, $y'=y$, $z'=z$, $t=t$. Ces formules sont appelées transformations de Galilée en l'honneur du fondateur de la mécanique et, comme nous l'avons vu, elles ne sont pas assez générales du point de vue structurel.

Si nous considérons les équations $x^2+y^2+z^2-c^2t^2=0$ et $x'^2+y'^2+z'^2-c^2t'^2=0$, nous constatons que les transformations galiléennes ne les satisfont pas. Lorentz et Einstein ont trouvé un autre ensemble de transformations qui satisfont de manière unique les équations ci-dessus. Ces formules de nouvelle structure sont appelées transformation de Lorentz-Einstein et sont données par les équations suivantes : $x'=\beta(x-vt)$, $y'=y$, $z'=z$, $t'=\beta(t-vx/c^2)$; où v est la vitesse relative d'un système par rapport à l'autre, c, comme d'habitude, représente la vitesse de la lumière, et le facteur $\beta=1/\sqrt{(1-v^2/c^2)}$.

La caractéristique la plus frappante de ces formules est que si nous supposons que c, la vitesse de la lumière, est *'infinie'*, toutes les expressions contenant c^2 deviendraient nulles c^2 n'entrant que dans les dénominateurs des fractions. Dans un tel cas limite, $\beta=1/\sqrt{(1-0)}=1/1=1$ et $x'=(x-ut)$, $y'=y$, $z'=z$, $t'=t$ qui sont les anciennes transformations galiléennes.

Ainsi apparaît le fait étonnant que toute la physique et la mécanique pré-einsteiniennes qui impliquaient l'hypothèse structurelle de la transformation galiléenne, avaient une *hypothèse structurelle tacite* de la vitesse infinie de la lumière. Cette hypothèse, dont *on sait depuis 1676* qu'elle est fausse quant aux faits, est restée inaperçue avant Einstein.

Comme $c=3\times 10^{10}$ cm./sec, $c^2=9\times 10^{20}$ est un très grand nombre, d'où les fractions vx/c^2 et v^2/c^2 sont très petites, et β diffère très peu de l'unité.

Si nous appliquons la transformation de Lorentz-Einstein au lieu de l'ancienne transformation galiléenne aux problèmes mécaniques, les changements sont si faibles qu'ils peuvent à peine être détectés par des expériences, les vitesses terrestres v^2 ou vx étant si petites par rapport au carré de la vitesse de la lumière.

Il est démontré *expérimentalement* que les transformations galiléennes ne sont pas structurellement valables pour les phénomènes optiques et électrodynamiques. Les transformations de Lorentz-Einstein satisfont structurellement les événements optiques et électrodynamiques et s'appliquent également aux anciens problèmes mécaniques. Nous constatons que les transformations de Lorentz-Einstein sont *plus générales*, car elles incluent les transformations galiléennes comme un cas particulier lorsque nous supposons que $c=\infty$.

Dans quelques cas, lorsqu'il s'agit de grandes vitesses, les valeurs des fractions contenant le carré de la vitesse de la lumière deviennent appréciables et permettent des tests expérimentaux. Jusqu'à présent, toutes ces expériences ont permis de vérifier la théorie d'Einstein.

Nous devons répéter que l'accomplissement d'Einstein a été la construction d'un système linguistique dont la structure est similaire à celle du monde, qui a éliminé un facteur pathologique pré-humain d'objectification des termes. Une telle élimination structurelle ne pouvait qu'apporter un peu de sanité à nos théories, et ce fait est indépendant des expériences menées dans les laboratoires physiques. Cependant, il est gratifiant de constater que les expériences soutiennent (1933) la théorie d'Einstein. C'était particulièrement gratifiant au début, lorsque les physiciens et Einstein lui-même croyaient que sa théorie serait confirmée ou infirmée par l'expérience. Aujourd'hui, nous constatons que cette théorie représente un progrès général, structurel, épistémologique, psycho-logique et méthodologique *non-élémentalistique* tellement énorme que, quoi que les expériences montrent ou puissent montrer à l'avenir, nous ne pouvons pas revenir à un langage de l'ancienne structure, *élémentalistique*, manifestement erronée, de l'époque pré-einsteinienne. Comme d'habitude, les résultats négatifs sont les plus importants. Quelles que soient les expériences, nous n'accepterons plus jamais l'hypothèse structurelle silencieuse d'une vitesse 'infinie' de la lumière, alors que nous savons pertinemment que cette vitesse est finie. Nous ne traiterons plus jamais les *termes* 'matière', 'espace' et 'temps' comme des objets - des abstractions d'ordre inférieur - alors que nous savons qu'ils représentent des *termes* - des abstractions d'ordre *supérieur*. Une fois que nous nous rendons compte de cela, nous ne pouvons plus attribuer 'finitude' ou 'infinitude', 'définitude', 'rigidité', etc., aux *termes*, aux formes verbales, aux formes de représentation. De ce point de vue, on peut considérer la théorie d'Einstein comme un gain irréversible. Si elle n'a réussi qu'à éliminer divers préjugés et dogmes structurels, elle a bien fait, et c'est du moins ce qu'Einstein a déjà accompli.

La recherche structurelle, verbale, corticale de l'invariance dans nos formulations devient également évidente. L'ancienne science mécanique était invariante sous la transformation galiléenne, les équations conservaient leur forme dans différents systèmes de coordonnées. Dans la théorie spéciale de la relativité, les nouvelles lois sont invariantes par la transformation de Lorentz-Einstein. Dans cette théorie spéciale, ou restreinte, de la relativité, seul le mouvement relatif uniforme était pris en compte. Si nous généralisons le principe de relativité *à n'importe quel* type de mouvement relatif, nous passons de la théorie restreinte à la théorie *générale*, qui exige que les lois de la physique soient formulées sous une forme généralement invariante pour toute transformation arbitraire.

Pour cette raison structurelle, corticale, il est nécessaire d'exprimer toutes les lois de la physique en équations tensorielles, qui satisfont à ces conditions d'invariance générale. Si cela n'est pas possible, il doit y avoir un problème avec notre langage en tant que tel et avec nos lois verbales. Nous avons besoin d'une révision structurelle de ces lois afin de pouvoir les exprimer en équations tensorielles. La loi newtonienne de la gravitation et l'ancienne forme de la loi de conservation de l'énergie en sont peut-être les exemples les plus remarquables. Elles ne survivent pas à des exigences structurelles aussi minimales, et pourtant entièrement justifiées, que celles de la théorie générale d'Einstein, et ne peuvent donc pas être structurellement satisfaisantes.

Nous avons déjà vu que l'équation $x^2+y^2+z^2=c^2t^2$ ou $x^2+y^2+z^2-c^2t^2=0$ représente l'équation de la *propagation* sphérique *de la lumière* avec la vitesse finie c. La découverte que la vitesse de la lumière est une constante universelle pour tous les observateurs et l'équation ci-dessus ont conduit historiquement à la redécouverte par Einstein de la transformation de Lorentz qui, comme nous l'avons vu, a pris une importance structurelle si écrasante. La signification de ces faits mérite d'être examinée.

Au Chapitre XVII, nous avons brièvement analysé le langage élémentalistique de 'matière', 'espace' et 'temps' et nous sommes arrivés à la conclusion que pour éliminer l'objectification, nous devons abandonner la perturbation sémantique et l'utilisation du terme 'est' d'identité. Nous devons plutôt utiliser un langage fonctionnel actionnel pour décrire le fonctionnement ordonné, le comportement ou les opérations. Par nécessité, nous avons été amenés à utiliser une méthode de 'contact'. Nous avons également découvert qu'en acceptant les méthodes structurelles susmentionnées, nous étions obligés de faire la distinction entre différents niveaux d'abstraction, puisque ce que nous voyons, ressentons et expérimentons *n'est pas* ce que nous en disons. Nous avons découvert qu'au niveau 'objectique' de nos vraies activités (manipulation d'instruments, etc.), qui représente le niveau silencieux *indicible*, nous ne pourrions jamais trouver une situation dans laquelle le vieux langage de 'matière', 'espace' et 'temps' pourrait être utilisé sans entrer violemment en conflit avec les faits correctement analysés. Nous sommes arrivés à la conclusion que ce langage n'était pas structurellement satisfaisant, car *verbalement*, 'espace', 'temps' et 'matière' étaient censés être des entités tout à fait flagrantes et *séparées*, alors que dans la vraie expérience, *nous n'avons jamais pu trouver de telles* entités objectives *séparées*. Il est devenu évident que la *structure* de l'ancien langage de 'matière', 'espace' et 'temps' était *différente* de la structure du monde extérieur tel que nous le connaissons aujourd'hui. Nous nous sommes retrouvés dans une situation où nous devions choisir soit de conserver l'ancien langage qui ne pourrait jamais rendre compte de manière cohérente des faits présents parce qu'il différait d'eux par sa structure, soit de construire un nouveau langage avec une *structure* similaire à celle du monde extérieur, afin d'avoir la possibilité d'avoir une conversation cohérente à son sujet.

L'invention d'un tel nouveau langage est bien sûr une entreprise extrêmement difficile. En fait, il faut un certain génie pour inventer de nouvelles formes de représentation, structurellement plus similaires, pour les anciens faits. Lorentz, Einstein et Minkowski ont préparé et finalement produit un tel langage structurellement nouveau. La difficulté résidait dans le fait que nous avions déjà séparé verbalement ce qui ne pouvait l'être empiriquement. Le problème était d'amalgamer d'une manière ou d'une autre l'ancien langage structurellement *élémentalistique* de 'espace' *et* 'temps' dans un langage *non-élémentalistique*. La clé d'un tel amalgame se trouve dans l'équation de l'onde lumineuse qui nous donne les informations structurelles sur le monde, $x^2+y^2+z^2=c^2t^2$.

Cette équation représente une égalité. Le côté gauche est exprimé en termes 'spatiaux' uniquement - la *distance* entre deux points O et P. Le côté droit exprime la longueur 'spatiale', mais en termes 'temporels'. Nous voyons que nous disposons ici d'un moyen de traduction et d'une possibilité de fusion de deux langages *élémentalistiques*, qui n'étaient pas censés être interchangeables.

Les formules de transformation de Lorentz-Einstein sont $x'=\beta(x-vt)$, $y'=y$, $z'=z$, $t'=\beta(t-vx/c^2)$ où v est la vitesse relative des deux systèmes de coordonnées ; c, la vitesse constante de la lumière, et $\beta=1/\sqrt{(1-v^2/c^2)}$.

Les formules pour x' et t' qui caractérisent, du côté gauche, x' une *longueur* 'spatiale' et t' un 'temps', sont particulièrement intéressantes. Nous voyons que, dans la partie droite des expressions, la valeur du x' 'spatial' est donnée par $\beta(x-vt)$ qui implique le *'temps'*. La valeur du 'temps', t', est donnée par $\beta\left(t - vx/c^2\right)$, qui implique la *longueur* 'spatiale' x. Nous voyons donc que notre amalgame est complet, et la séparation impossible. Les formules ci-dessus expriment structurellement le *simple* fait *expérimental* que 'espace' et 'temps' ne peuvent être séparés. À ce stade, nous ne sommes pas prêts à discuter de la 'matière'. Celle-ci sera examinée plus loin dans cet ouvrage (voir les Chapitres XL et XLI).

Les formules ci-dessus ont également une signification physique et expérimentale très importante, car elles introduisent les méthodes de 'contact' dans notre langage. Nos mesures actuelles de 'espace' et 'temps' sont strictement connectées aux lectures de certains instruments et impliquent donc des coïncidences entre les pointeurs et la 'simultanéité'. Dans tous les cas, il faut tenir compte de la vitesse de propagation limitée des signaux. Lorsque notre instrument, ou l'œil, est affecté par des signaux, il y a toujours un retard dû à la vitesse finie de propagation des signaux. Ces retards font partie intégrante de notre expérience et nos formules doivent donc contenir des termes impliquant explicitement cette vitesse de propagation finie. Cette innovation implique non seulement une révolution épistémologique et sémantique structurelle très profonde, mais fournit le facteur même qui nous permet de formuler des langages (théories) structurellement plus satisfaisants, ce que Lorentz, Einstein et Minkowski ont produit.

Nous avons opposé les vitesses finies et les vitesses 'infinies'. Disons franchement que la vitesse 'infinie' est une façon polie de parler des erreurs d'observation. La vitesse 'infinie' est vide de signification. La vitesse est définie comme $v=s/t$ et si t est pris pour zéro ou, en d'autres termes, si l'un des facteurs fondamentaux de notre *définition* fait défaut, notre *définition cesse de définir le terme en question* - en l'occurrence, la vitesse. Ainsi, lorsque le terme 'temps' fait défaut, nous *n'avons pas* de vitesse, par définition. Par conséquent, parler ou spéculer sur une vitesse 'infinie' revient simplement à faire du bruit, sans rien dire. Le *négatif* de ce bruit, à savoir dire que la vitesse *n'est pas* 'infinie' ou, dans un sens positif, que la vitesse est 'finie', se situe sur un autre plan verbal, même s'il reste une invitation polie à cesser de dire des bêtises.

Il convient de noter que la théorie *générale* d'Einstein est une généralisation structurelle poussée de la théorie spéciale et que toutes deux sont des généralisations du principe mécanique classique de la relativité. Elle est fondée, non pas sur l'introduction d'hypothèses structurelles extraordinaires, mais sur l'élimination de certaines hypothèses structurelles injustifiées et fausses-quant-aux-faits, comme celle de la vitesse 'infinie' de la lumière.

La théorie d'Einstein et la théorie présentée dans cet ouvrage sont toutes deux attendues depuis longtemps. La théorie d'Einstein aurait pu être formulée dès la découverte de la vitesse *finie* de la lumière, en 1676. Il convient de noter que cette dernière découverte n'avait également que trop tardé, car il *n'y avait pas* besoin d'expériences pour établir la vitesse finie de la lumière. Il suffisait d'établir le caractère vide de signification de la vitesse 'infinie', ce qui, d'un point de vue symbolique, aurait pu être fait bien plus tôt, et de conclure que la vitesse de la lumière *ne pouvait qu'être* finie. Cet exemple montre l'effet d'entrave, de blocage et de sémantique que les différentes structures verbales vides de signification ont sur nous. Pour exprimer cette généralisation structurelle élevée et satisfaisante, Einstein a dû choisir le langage le plus général et le plus approprié du point de vue structurel. À un moment donné de son travail, il a choisi le langage des géométries $\bar{E}$ et quadridimensionnelles en général, et celui de la géométrie différentielle et du calcul tensoriel en particulier. Dans la dernière théorie des champs, Einstein et Mayer introduisent un nouveau langage mathématique *plus général* et très révolutionnaire dans lequel les vecteurs et les tenseurs dans un espace *à n dimensions* peuvent avoir *m* composantes.

À présent, il semble que deux autres disciplines mathématiques très générales seront de plus en plus utilisées à l'avenir. L'une d'entre elles est la *théorie des groupes* ; l'autre est l'*analysis situs* (NdT : ou topologie, de Poincaré). Dans cette dernière, nous n'étudions que les caractéristiques des figures qui ne sont pas affectées (invariantes) par une déformation continue produite sans déchirure. Deux points structurels nous intéressent à cet égard : à savoir que l'analysis situs est fondamentalement une discipline *différentielle* et *ordinale*, fondée sur des relations asymétriques. Dans le chapitre suivant, pour illustrer la méthode de contact, actionnelle, comportementale, fonctionnelle, opérationnelle, différentielle, nous donnerons un bref aperçu de la manière dont Einstein a traité structurellement la 'simultanéité'. L'élimination de l'ancien dogme structurel de la 'simultanéité' résultant de la perturbation sémantique de l'objectification du 'temps' est l'une des réalisations les plus remarquables d'Einstein et constitue historiquement le début de sa théorie.

CHAPITRE XXXVII
SUR LA NOTION DE 'SIMULTANÉITÉ'

> On voit donc qu'on ne peut pas attacher une signification *absolue* à la notion de simultanéité, mais que deux événements qui, vus d'un système de coordonnées, sont simultanés, ne peuvent plus être considérés comme des événements simultanés lorsqu'ils sont envisagés d'un système en mouvement relatif par rapport à ce système. (155)
>
> A. EINSTEIN

Autrefois, nous acceptions comme une évidence l'hypothèse structurelle selon laquelle il y a un sens dans une affirmation telle que celle selon laquelle un événement A sur le soleil était 'simultané' à un événement B sur Terre. Nous supposions également que les 'moments de notre conscience' avaient une 'signification' universelle. Nous supposions tacitement, par exemple, que lorsque nous voyions ou photographiions un événement sur le soleil, il se produisait au moment même où nous le voyions. Ces hypothèses structurelles ont été brutalement perturbées par la découverte de la vitesse *finie* de la lumière. Aujourd'hui, nous savons que lorsque nous voyons ou photographions un événement sur le soleil, cet événement s'est produit environ huit minutes plus tôt, car il faut environ huit minutes à la lumière du soleil pour atteindre notre Terre. Nous commençons à nous rendre compte que les moments de nos perceptions n'ont pas de signification universelle.

Nous nous demandons d'abord ce que nous entendons structurellement par simultanéité. Il n'est pas nécessaire d'entrer dans les détails. L'application des méthodes fonctionnelles et de contact, même grossières, nous aidera. Nous pouvons parler en termes d'instruments. Par exemple, nous pouvons construire une caméra spéciale, très rapide, C, avec deux objectifs D et E, sur deux côtés opposés, et un film calibré, F, qui passe rapidement au milieu de la caméra, comme le montre la Fig. 1.

Si nous faisons la mise au point de notre double caméra sur deux éclairs, A et B, se produisant à des 'distances égales', L, du film, nous disons que les éclairs se produisent simultanément par définition si les photos *a* et *b* des éclairs A et B apparaissent exactement l'une en face de l'autre sur le film, ou si nous *n'avons qu'une seule* photo. Si, dans les conditions de l'expérience, où les distances entre les origines des éclairs et le film sont égales, et que notre film se déplace très rapidement, les photos des éclairs n'apparaissent pas exactement l'une en face de l'autre, mais qu'une photo est séparée de l'autre, alors nous avons deux photos, et nous concluons, par *définition*, que les éclairs *ne* sont *pas* simultanés.

Nous introduisons cet instrument hypothétique pour montrer qu'en discutant de physique, et de la théorie d'Einstein en physique, nous ne parlons pas de 'psychologie' ou de 'subjectivité' personnelle, mais que nous traitons de la subjectivité physique inhérente aux instruments et de la vitesse de propagation finie. Lorsque nous discutons de la signification psycho-logique, méthodologique ou sémantique de la science et de la méthode scientifique, nous traitons de sujets différents.

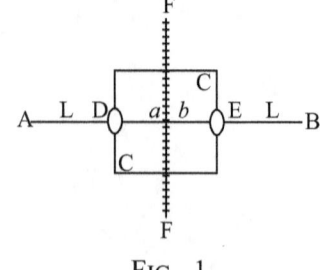

FIG. 1

Lorsque nous utilisons le terme 'observateur', nous entendons un observateur équipé de manière à pouvoir faire tout ce qui lui est demandé.

Ce qui a été dit sur la définition de la 'simultanéité' à l'aide de la caméra s'applique également à nous-mêmes.

Le problème de première importance qui se pose à nous est de savoir si la 'simultanéité', telle qu'elle est définie, a une signification 'absolue' et universelle, ou s'il s'agit peut-être d'une notion privée et relative.

Nous effectuerons l'analyse de deux manières, la première par l'exemple, qui sera instructive, mais peut-être pas complètement concluante, l'autre par l'utilisation de la transformation de Lorentz-Einstein.

Réalisons notre dernière expérience, qui semble réalisable avec les méthodes modernes, sous une forme légèrement plus compliquée.

Nous pouvons choisir une nuit sombre au cours de laquelle les flashes photographieront bien, même à des distances considérables. Nous pouvons placer de puissants projecteurs en A et B et placer notre caméra de manière à ce que le film arrive exactement en C, à mi-chemin entre A et B. Nous pouvons mettre en marche le mécanisme du film qui se déplace rapidement et, par un contact électrique établi en C, nous pouvons produire un bref éclair à partir de chacun des deux projecteurs. En raison des hypothèses AC=CB et de la vitesse égale de propagation des courants électriques et des ondes lumineuses dans toutes les directions, nous aurons, selon les définitions structurelles qui conditionnent l'expérience, *une* photo à la Fig. 2, disons à l'endroit de notre film en mouvement marqué par 5. Les rayons de lumière provenant de A et B arriveraient 'simultanément' - c'est-à-dire 'en même temps' - et affecteraient notre film en mouvement en *un seul endroit*. Notre définition s'appliquait à un observateur stationnaire et, dans ces conditions, l'expérience était assez précise - toutes les hypothèses structurelles sous-jacentes étant bien sûr considérées comme acquises.

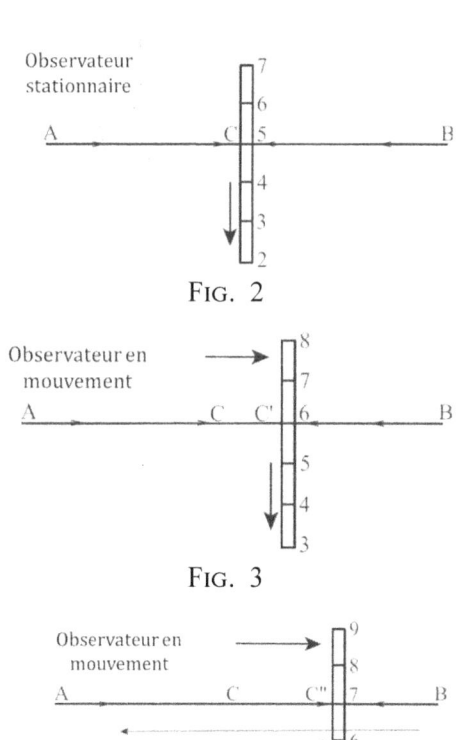

Fig. 2

Fig. 3

Fig. 4

Considérons maintenant un observateur, comme le montre la Fig. 3, se déplaçant uniformément dans la direction de A à B.

Supposons qu'il soit également équipé d'une caméra mobile du même type que celle de l'observateur stationnaire et que, juste avant qu'il ne passe le point C, l'impulsion électrique soit envoyée aux projecteurs. Supposons en outre que la marque 5 sur son film en mouvement se trouve exactement au point focal de la caméra au moment du passage de C. Les impulsions électriques allant de C à A et B parcourraient la distance AC=BC, produiraient les éclairs A et B qui, eux aussi, se déplaceraient avec une vitesse finie dans toutes les directions. Pendant l'intervalle de temps où ces impulsions et ondes lumineuses se déplacent, notre observateur se déplace de A vers B et la tache 5 sur son film en mouvement n'est plus au foyer de la caméra. Il est évident qu'il rencontrera d'abord l'onde lumineuse en provenance de B, en C', disons, lorsque la marque 6 sur son film est au foyer (Fig. 3). Après un autre court intervalle, lorsqu'il atteint C" et que la marque 7 de son film est au foyer, l'onde lumineuse provenant de A le rattrape (Fig. 4).

Nous voyons donc que ce qui était 'simultané' (par définition) et produisait *une* impression sur la pellicule en mouvement de l'observateur immobile, n'était pas 'simultané' (toujours par définition) pour l'observateur en mouvement, puisque *sa* pellicule enregistre *deux* photos.

Comme les deux observateurs utilisent des instruments similaires et un même ensemble de définitions, ils sont évidemment tous deux en droit d'affirmer que leurs enregistrements sur le film sont concluants. Le premier peut donc affirmer que les éclairs étaient 'simultanés', le second peut affirmer qu'ils n'étaient pas 'simultanés'. L'inverse est également vrai. Si l'observateur en mouvement dispose d'*une* photo et prétend à la 'simultanéité', l'observateur immobile dispose de *deux* photos et nie la 'simultanéité'.

Mais quand deux observateurs sont également *justifiés* de faire *deux* revendications opposées alors que, de par leurs significations mêmes, il n'y en a qu'une seule possible, nous devons conclure que la revendication elle-même est vide de signification. Nous voyons que la 'simultanéité absolue' est une fiction et qu'il est impossible de l'établir, car elle dépendrait d'un 'mouvement absolu' impossible ou d'une 'vitesse infinie' de propagation des signaux.

La forme analytique de la démonstration de l'impossibilité de la 'simultanéité absolue' est très simple et découle directement de la transformation de Lorentz-Einstein.

Imaginons deux observateurs, l'un dans un système S de coordonnées (x, y, z, t) et l'autre dans un système S' de coordonnées (x', y', z', t') se déplaçant relativement à la vitesse v.

Supposons que deux événements se produisent dans le système S non-primé au point (x_1, y_1, z_1) au 'moment' t_1, et l'autre au point (x_2, y_2, z_2) au 'moment' t_2. Selon la transformation de Lorentz-Einstein, les 'moments' auxquels les deux événements se produisent par rapport au système primé sont donnés par les formules :

$t'_1=\beta(t_1-x_1v/c^2)$, $t'_2=\beta(t_2-x_2v/c^2)$ où comme d'habitude $\beta=1/\sqrt{1-v^2/c^2}$.

Si nous supposons que dans notre système (non-primé) S, les deux événements sont 'simultanés', c'est-à-dire qu'ils 'se produisent en même temps', t_1 serait égal à t_2, c'est-à-dire que $t_1=t_2$, ou $t_1-t_2=0$. Trouvons la différence entre les deux 'temps' dans le système mobile (primé) ', et voyons si cette différence est nulle, ce qui signifierait que les 'temps' dans S' sont égaux.

En revenant à nos formules qui nous donnent les valeurs des 'temps' du système S', nous exprimons leur différence comme suit

$$t_1' - t_2' = \beta(t_1 - x_1 v/c^2) - \beta(t_2 - x_2 v/c^2) = \beta(t_1 - t_2 + x_2 v/c^2 - x_1 v/c^2) \tag{1}$$

Mais nous avons supposé que $t_1 - t_2 = 0$; donc $t_1' - t_2' = \beta(x_2 v/c^2 - x_1 v/c^2)$.

Cette dernière formule montre clairement que $t_1' - t_2'$ ne peut être nul ; ou en d'autres termes, t_1' ne peut être égal à t_2' que si $x_1 = x_2$.

Les deux événements qui, pour un observateur dans le système S, se produisent 'simultanément' ($t_1 = t_2$, ou $t_1 - t_2 = 0$) à des endroits différents (ou x_1 n'est pas égal à x_2, $x_1 \neq x_2$) ne peuvent pas être 'simultanés' pour un observateur en mouvement dans le système S', mais se produiront à des 'moments' différents (t_1' n'est pas égal à t_2', ou $t_1' - t_2' \neq 0$).

Il est extrêmement instructif d'examiner plus avant ce qui se passe lorsqu'on mesure des 'temps' et des 'longueurs' dans des systèmes qui se déplacent relativement les uns par rapport aux autres.

Si, dans l'équation (1) ci-dessus, nous supposons que $x_1 = x_2$, cela signifie que les deux événements se produisent en un seul endroit du système stationnaire S.

En changeant les signes et en annulant les termes avec x_1 et x_2, qui sont égaux et de signes opposés, nous avons $t_2' - t_1' = \beta(t_2 - t_1)$ d'où, en substituant à β sa valeur $1/\sqrt{1 - v^2/c^2}$, nous obtenons

$$t_2' - t_1' = \frac{t_2 - t_1}{\sqrt{1 - v^2/c^2}}$$

Cette dernière formule met en évidence quelques points remarquables. Aux vitesses terrestres, le carré de la vitesse du mouvement v^2 de l'observateur dans le système S' est très petit par rapport au carré de la vitesse de la lumière c^2, de sorte que la fraction v^2/c^2 est petite, $\sqrt{1 - v^2/c^2}$ diffère très peu de l'unité mais le dénominateur entier est *inférieur* à l'unité, et donc $t_2' - t_1'$ n'est pas égal à $t_2 - t_1$, mais plus grand.

En d'autres termes, l'intervalle de 'temps' entre les deux événements semble *plus grand* à l'observateur du système en mouvement S' qu'à l'observateur du système stationnaire S. En général, parmi tous les systèmes en mouvement relatif uniforme, celui dans lequel deux événements se produisent à *un endroit donné* est caractérisé par le fait que l'intervalle de 'temps' entre les deux événements semble *le plus court* à l'observateur de ce système. L'intervalle le plus court signifie que pour un observateur du système, les événements se déroulent plus rapidement. Un processus qui, en référence à un système donné, se produit en *un seul* endroit, semble se dérouler le plus rapidement pour un observateur dans ce système, mais plus lentement pour un observateur en mouvement dans n'importe quel autre système.

Plus le mouvement relatif est rapide, plus le processus semble lent et, à la limite, si un observateur pouvait se déplacer à la vitesse de la lumière, $v^2 = c^2$, le dénominateur de notre équation deviendrait $1 - 1 = 0$ et $t_2' - t_1'$. deviendrait 'infini' et tous les événements seraient à l'arrêt.

Comme les formules pour la longueur, x et x', impliquent les 'temps' et, comme nous le voyons, les intervalles de 'temps' dépendent des vitesses relatives, par un processus de raisonnement similaire, nous trouvons que les normes de longueur sont également relatives, et que la longueur L' dans le système S' est représentée par $L'=L\sqrt{1-v^2/c^2}$. En d'autres termes, pour un observateur qui voit la tige en mouvement, elle apparaît 'raccourcie', et parmi tous les systèmes en état de mouvement relatif uniforme, celui dans lequel la tige est au repos se distingue de tous les autres par le fait que la tige y apparaît plus longue que dans n'importe quel autre système. Par exemple, une tige d'un mètre posée sur la terre dans la direction de son mouvement apparaîtrait à un observateur situé sur le soleil comme étant raccourcie de 5×10^{-7}cm.

Dans la limite, lorsque $v=c$, la fraction $v^2/c^2=1$, $1-1=0$ et $L'=0$, ce qui signifie que pour un observateur se déplaçant à la vitesse de la lumière, un corps tridimensionnel apparaîtrait comme bidimensionnel, ou une figure bidimensionnelle comme unidimensionnelle. Les coordonnées y et z, comme nous l'avons vu, n'entrent pas en ligne de compte puisqu'elles sont égales dans les deux systèmes se déplaçant relativement dans la direction X, et les coordonnées 'temps' sont indépendantes d'elles.

Si un corps au repos apparaît à l'observateur du système S comme une sphère, il apparaîtra comme un *sphéroïde oblat* à l'observateur du système S'.

Nous constatons que, structurellement, non seulement la 'simultanéité' et le 'temps' ne sont pas absolus, mais aussi que la longueur, et donc la *forme*, sont relatives.

Nous avons vu que les valeurs 'les plus courtes' et 'les plus longues' sont des caractéristiques importantes du mouvement. Cela explique pourquoi, dans la théorie générale d'Einstein, nous nous intéressons à la géodésie et l'introduisons. Il convient de mentionner ici que la transformation de Lorentz a été obtenue par des considérations difficiles impliquant les équations du champ électromagnétique de Maxwell, sans rapport avec la théorie d'Einstein. Einstein a trouvé la transformation de Lorentz par la *considération la plus simple* connectée à sa théorie. La découverte d'équations aussi importantes par deux méthodes, entièrement différentes sur le plan structurel, doit être considérée comme une preuve convaincante de l'importance fondamentale de ces formules, d'autant plus qu'elles découlent de principes structurels très simples et fondamentaux qui, en eux-mêmes, ne peuvent être niés parce qu'ils sont de nature négative. Dans les nouveaux systèmes, les déclarations négatives se situent sur un autre plan ; elles découlent structurellement d'une orientation $\bar{A}$, tout comme les anciens dogmes positifs étaient les résultats structurels de l'aristotélisme et les résultats délirants de l'identification.

Les faits mentionnés concernant les mesures de longueur et le comportement des horloges ne présentent aucun paradoxe. Ils indiquent simplement que ces divergences sont mutuelles et inévitables, car toute mesure n'est une mesure que lorsqu'elle peut être enregistrée par un instrument, ou vue, ou enregistrée d'une manière ou d'une autre. Si les barres de mesure et les horloges sont en mouvement par rapport à nous, ce que nous voyons ou ce que nos instruments enregistrent *n'est pas* ce qui se passe sur le système en mouvement, que personne ne peut voir ou enregistrer de l'extérieur du système. Ce qui nous parvient est simplement ce que les ondes lumineuses ou d'autres signaux se déplaçant à une vitesse finie (et donc retardés par un mouvement s'éloignant de nous) nous apportent. Comme toutes les méthodes de communication existantes et tous les signaux connus ont des vitesses *finies*, ces différences structurelles, qui sont conditionnées par les caractéristiques inhérentes au monde, devraient être prises en considération dans la science moderne.

Si nous dessinons un carré *ABCD* (Fig. 5) et qu'un aviateur E passe devant ce signe carré à une vitesse de 161 000 km par seconde* dans la direction *AB*, il verra - et tout instrument dont il disposerait l'enregistrerait - les côtés de *notre carré* ($AB=BC=CD=DA$) dans la direction de son vol, à savoir *AB* et *CD*, comme étant 'contractés' à la moitié de leur longueur. S'il tournait à angle droit, les côtés *AB* et *CD* se 'dilateraient' et les autres côtés, qui sont à angle droit, *BC* et *DA*, se 'contracteraient'. Pour nous, les côtés *AB* et *BC* sont *égaux*, pour lui, l'un semble deux fois plus grand que l'autre. Pour lui, notre carré est oblong.

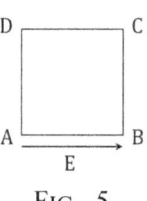

FIG. 5

Dans ces conditions *structurelles naturelles*, il est fondamentalement erroné d'attribuer aux 'longueurs', aux 'formes' ou aux 'temps' une signification 'absolue'. Si nous saisissons le fait structurel que 'longueur' et 'durée' ne sont pas des *choses* inhérentes au monde extérieur, pas plus que 'matière', 'espace' et 'temps', mais qu'elles apparaissent comme des relations entre des événements et un observateur spécifié, et des formes de représentations, alors tous les paradoxes disparaîtront.

Une suggestion concernant la visualisation peut être utile. Si nous nous rendons compte du fait structurel que les mots *ne sont pas* les objets qu'ils représentent, nous ferons toujours automatiquement la distinction entre ce que nous *voyons, ressentons*, etc., au niveau des abstractions d'ordre inférieur, et ce que nous *disons* au niveau des abstractions d'ordre supérieur. Quand nous aurons surmonté cette seule difficulté, nous ne pourrons plus jamais identifier les deux différents ordres d'abstractions. Nous évaluerions les *termes* 'matière', 'espace' et 'temps' comme des formes de représentation et des non-objets, et nous décririons les événements dans un langage d'ordre fonctionnel, opérationnel et comportemental. Si nous nous rendons compte de et ressentons la vitesse *finie* de propagation de tous les processus, nous pouvons visualiser tout ce qui a été expliqué ici. Le fait de schématiser et même de suivre de la main *l'ordre visualisé* des événements est d'une grande aide. Essayez de visualiser comment l'aviateur du dernier exemple s'envole et comment les impressions lumineuses de la terre lui parviennent ou parviennent à ses instruments beaucoup plus lentement, et les difficultés s'évanouiront rapidement.

Notre pouvoir de visualisation sera également grandement facilité si nous nous familiarisons avec la structure du monde quadridimensionnel de Minkowski. Une explication à ce sujet figure dans le chapitre suivant.

---

* Je choisis délibérément une telle vitesse afin de réaliser la contraction donnée par la formule $L'=L\sqrt{1-v^2/c^2}=1/2$. Dans ce but, il faut faire la fraction représentée par $v^2/c^2=3/4$, puis $1-3/4=1/4$ et $\sqrt{1/4}=1/2$. Nous trouvons le carré de notre vitesse v en prenant 3/4 du carré de la vitesse de la lumière $v^2=\frac{3}{4}c^2$ et trouvons $v=\frac{c}{2}\sqrt{3}=161,000$ km par seconde

CHAPITRE XXXVIII
SUR LE 'MONDE' DE MINKOWSKI

> De plus, les choses vraiment fondamentales ont une façon d'apparaître simples une fois qu'elles ont été énoncées par un génie, qui était en l'occurrence Minkowski. (431)
>
> G. Y. RAINICH

Nous avons déjà utilisé librement le terme structurel de 'dimension' et n'avons fait qu'évoquer ses significations. Avant d'aborder le monde de Minkowski, nous devons résumer grossièrement ce que nous devons savoir sur les dimensions.

Le terme 'dimension' n'a rien de mystérieux. Tout d'abord, la dimensionnalité d'un ensemble n'est pas inhérente à l'ensemble en tant que tel. C'est une caractéristique de l'*ordre* et donc de la structure. Un ensemble peut être ordonné de différentes manières, de sorte qu'il s'ensuit qu'un ensemble peut avoir une dimensionnalité différente, en fonction de la manière dont nous l'*ordonnons*.

Un ensemble qui présente un ordre et une structure linéaires est appelé unidimensionnel. Un ensemble bidimensionnel est alors un ensemble linéairement ordonné d'ensembles linéairement ordonnés, etc.

Habituellement, nous parlons de notre 'espace' d'expériences quotidiennes comme d'un ensemble tri-dimensionnel, mais cela n'est vrai qu'en référence à des points, et non en référence à des lignes ou à des sphères. L'ensemble des sphères de 'espace' est, par exemple, un ensemble à quatre dimensions ; il en va de même pour l'ensemble des lignes.

Expliquons la dimensionnalité-ligne de notre 'espace' en termes de lignes. Une ligne peut être donnée par deux points - l'un, disons, dans le sol de notre pièce, l'autre dans le plafond. Chacun de ces points est donné par deux coordonnées ; il possède deux degrés de liberté ; notre 'espace' est donc un ensemble quadridimensionnel (2×2) *en lignes*. Cela signifie que pour distinguer une ligne de notre 'espace' d'une autre ligne, nous devons disposer de *quatre données*. Similairement, si nous traitons avec des sphères, un ensemble composé de sphères nécessite quatre données, trois pour localiser le centre et une pour donner le rayon de la sphère. Les exemples ci-dessus n'épuisent évidemment pas les possibilités structurelles.[1]

Le terme 'dimension' ne s'applique pas uniquement à ce que nous appelons 'espace'. Il s'applique à tout ensemble que nous pouvons ordonner d'une certaine manière. Les ensembles sont omniprésents dans notre vie. Le domaine des couleurs, par exemple, est un ensemble ; il en va de même pour le domaine des tons, des souvenirs, etc., Aucun ensemble n'a de dimension en soi. Pour attribuer une dimensionnalité à un ensemble, nous devons d'abord l'ordonner et le nombre de ses dimensions, ou sa structure attribuée ou découverte, peut différer selon le principe d'ordonnancement utilisé.

En discutant de la dimensionnalité, nous avons deux objectifs. D'une part, dissiper le flou sémantique qui entoure ce terme simple et, d'autre part, suggérer des *moyens de visualisation* qui, pour notre propos, sont d'une grande importance sur le plan neurologique.

Quand nous disons que le monde est structurellement un ensemble quadridimensionnel, nous voulons seulement dire que, selon notre expérience et la structure de notre système nerveux, le monde de notre expérience est représenté par un ordre quadruple. Nous pouvons classer les événements comme suit : à droite et à gauche, en avant et en arrière, en haut et en bas, plus tôt et plus tard. Dans notre expérience, ce quadruple ordre est complètement uni et ne peut être séparé, à moins que nous ne choisissions délibérément de *négliger* certains de ces ordonnancements.

Cela ne signifie pas non plus que toutes ces dimensions sont 'identiques'. Nous avons l'habitude, par exemple, de considérer les trois dimensions "d'espace" comme 'identiques', ou du moins équivalentes. Est-ce vrai dans la vie? Peut-on ne pas tenir compte, par exemple, de la différence structurelle entre le vertical et l'horizontal? Si nous le faisions, il est fort probable, comme le remarque Eddington, que nous aurions une fin prématurée et que nous nous casserions le cou.

Il est évident que si nous *visualisons* notre *plénum* comme étant composé de lignes ou de particules, nous visualisons nécessairement un ensemble quadridimensionnel. Il convient de noter qu'un 'vide absolu' ou un 'néant absolu' quadridimensionnel, en plus d'être un non-sens, ne peut pas être visualisé du tout, car il *ne peut pas avoir de structure*.

Nous constatons que toutes les 'quatrièmes dimensions' métaphysiques ne sont pas seulement absurdes, mais qu'elles indiquent généralement une perturbation sémantique pathologique. L'intensité de ces troubles est souvent élevée, car il est tout à fait impossible pour une personne saine de faire face à de tels bruits vides de signification. La victime est obsédée par les tentatives de faire l'impossible, une tâche sémantiquement désespérée et douloureuse.

De telles objectifications des termes sont très dangereuses et la science devrait essayer, en mettant l'accent sur ce point, de les éliminer. En dehors de la science, le terme 'dimension' n'a aucune *signification* et devrait être définitivement abandonné dans nos spéculations, pour le bien de la sanité.

La notion de 'temps' en tant que 'quatrième dimension' n'est pas nouvelle. Elle est apparue sous une forme vague il y a plusieurs siècles. Cependant, cette notion n'a pas été formulée correctement et s'est donc révélée inapplicable. Au lieu d'aider la science, elle l'a entravée.

Inspiré par les travaux d'Einstein, le mathématicien Minkowski, dont les travaux portaient principalement sur la théorie des nombres, a commencé à travailler sur la théorie des ensembles de dimensions quelconques. En 1908, il a prononcé son célèbre discours sur *Espace et Temps* qui a fait date sur le plan sémantique et qui a fusionné structurellement la géométrie et la physique. Dans ce discours, il insiste sur le fait que la connexion entre 'espace' et 'temps', telle qu'elle est donnée par les formules de Lorentz-Einstein, n'est pas accidentelle, mais qu'elle montre cette connexion ou structure interne à laquelle nous n'avons pas prêté suffisamment d'attention.[2]

Dans notre *expérience*, 'espace' et 'temps' ne peuvent jamais être entièrement séparés, comme nous l'avons déjà expliqué, et c'est pourquoi Minkowski les a combinés en une entité supérieure appelée 'monde de Minkowski'. Dans le monde de l'expérience, la donnée semble être, non pas un lieu et un point dans le 'temps', mais l'*événement* ou le *point du monde* - c'est-à-dire un lieu à une *date* précise.

L'image graphique d'un point en mouvement est une *ligne-du-monde*. Un mouvement rectiligne uniforme correspond donc à une ligne-du-monde droite ; un mouvement accéléré, à une ligne-du-monde courbe.

L'*événement* est la notion la plus élémentaire. Nous l'utiliserons dorénavant dans ce travail dans le sens d'un volume quadridimensionnel de l'espace-temps qui est petit dans les quatre dimensions. Nous ne posons pas la question de savoir si les événements eux-mêmes ont une structure ou non, mais il est préférable de supposer qu'ils n'ont pas de structure spatio-temporelle, ce qui signifie que l'événement n'a pas de parties extérieures les unes aux autres dans l'espace-temps L'ordre des événements est quadruple, comme nous l'avons montré précédemment.

L'agrégat ou l'ensemble de tous les événements-points est alors appelé le monde. Les événements-points sont donnés par quatre nombres représentant les coordonnées, trois donnant les coordonnées 'spatiales' et le quatrième les coordonnées 'temporelles'.

Les termes 'continuum espace-temps' ou 'ensemble espace-temps' sont souvent utilisés et impliquent que les nombres x, y, z, t, varient de manière continue.

Dans un tel continuum espace-temps, tous les événements sont structurellement des intersections de lignes du monde, et si nous pouvions décrire les lignes du monde de tous les points de l'univers, nous aurions un compte rendu complet de l'univers, 'passé' et 'futur'. Nous voyons que toute la physique, avec le *reste de nos problèmes*, doit alors être considérée comme un chapitre de l'étude structurelle et sémantique *générale* des ensembles continus à quatre dimensions.

Mais nous sommes déjà familiarisés avec ces théories. Par exemple, la théorie interne des surfaces peut être considérée comme une partie du sujet en deux et trois dimensions. Nous avons vu que différentes surfaces sont caractérisées par l'expression de l'élément de ligne $ds^2 = g_{11}dx_1^2 + 2g_{12}dx_1dx_2 + g_{22}dx_2^2$, ou par le groupe de transformations qui laisse l'élément de ligne invariant. Nous savons déjà que dans les géométries E (euclidiennes) et riemanniennes, nous avons des expressions et des transformations caractéristiques similaires.

Si la physique doit être considérée comme une branche de la théorie des ensembles quadridimensionnels, nous devrions naturellement rechercher certaines de ces transformations. L'ensemble représente le monde, la théorie de la relativité *généralisée** donne la réponse souhaitée. Minkowski a proposé un postulat, qu'il appelle le postulat *d'un monde absolu*, ou postulat-monde, qui affirme l'*invariance de toutes les lois* de la nature par rapport à des transformations linéaires, pour lesquelles la fonction $x^2 + y^2 + z^2 - c^2t^2$ est invariante.

Le lecteur est déjà familier avec l'expression $x^2 + y^2$, qui donne la longueur invariante en géométrie E (euclidienne) en deux dimensions, et $x^2 + y^2 + z^2$ qui la donne en trois dimensions. Il serait naturel de s'attendre à ce qu'en quatre dimensions nous ayons une expression du type $x^2 + y^2 + z^2 + t^2$ mais dans ce cas notre expression est

---

* J'utilise le terme 'généralisé' pour englober la théorie unifiée des champs et éventuellement la théorie quantique, bien que, pour notre propos, je n'utilise que la théorie spéciale et la théorie générale.

$x^2+y^2+z^2-c^2t^2$. Il convient de noter que les différents types d'expressions ci-dessus ont des origines différentes. Les deux premières relèvent de la géométrie pure, et la dernière a ses racines dans la physique. Le problème était d'harmoniser une expression expérimentale avec une expression géométrique familière. Minkowski a introduit l'expression $ict=u_4$, où i est comme d'habitude la racine carrée de moins un, ($i = \sqrt{-1}$). Alors bien sûr $-c^2t^2$ devient $(ict)^2=u_4^2$.

Si nous changeons les lettres et que nous notons $x=u_1$; $y=u_2$; $z=u_3$, notre expression $x^2+y^2+z^2-c^2t^2$ devient $u_1^2+u_2^2+u_3^2+u_4^2$, une simple formule pour la distance dans la géométrie à quatre dimensions. Il ne serait pas utile de spéculer sur cette substitution ; elle a été introduite simplement pour des raisons mathématiques et verbales et peut être facilement ramenée aux termes habituels de c et t.

Nous avons déjà vu que l'expression $x^2+y^2+z^2-c^2t^2=x'^2+y'^2+z'^2-c^2t'^2$ est invariante sous la transformation de Lorentz-Einstein. Ce fait d'invariance est fondamental, et il est bon de s'en convaincre. La transformation de Lorentz-Einstein était $x'=\beta(x-vt)$, $y'=y$, $z'=z$, $t'=\beta(t-vx/c^2)$ où $\beta=1/\sqrt{1-v^2/c^2}$. Comme les coordonnées y et z sont égales dans les deux systèmes, nous pouvons les négliger et vérifier que $c^2t'^2-x'^2=c^2t^2-x^2$. Remplaçons t' et x' par les valeurs données par la transformation de Lorentz-Einstein. Nous avons alors :

$$c^2t'^2-x'^2=c^2\beta^2\left(t-vx/c^2\right)^2-\beta^2\left(x-vt\right)^2=c^2t^2\beta^2+\frac{c^2\beta^2v^2x^2}{c^4}-\frac{2c^2\beta^2tvx}{c^2}-\beta^2x^2-\beta^2v^2t^2$$
$$+2\beta^2xvt=c^2t^2\beta^2\left(1-v^2/c^2\right)-x^2\beta^2\left(1-v^2/c^2\right)=c^2t^2\frac{1-v^2/c^2}{1-v^2/c^2}-x^2\frac{1-v^2/c^2}{1-v^2/c^2}=c^2t^2-x^2;$$

puisque $\beta^2=\dfrac{1}{1-v^2/c^2}$. Similairement, il est facile de montrer, si nous prenons une particule-événement, comme, par exemple, une étincelle momentanée, qui a les coordonnées x_1, y_1, z_1, t_1 dans un système de coordonnées, disons S, et qu'une autre particule-événement se produit dans ce système à x_2, y_2, z_2, t_2, que les formules restent invariantes. Si nous désignons la distance entre les deux événements par r, sa valeur sera donnée par $r^2=(x_2-x_1)^2+(y_2-y_1)^2+(z_2-z_1)^2$.

Dans un système différent, S', se déplaçant uniformément par rapport à S, r'^2 ne serait en général pas égal à r^2, mais l'expression $r^2-c^2(t_2-t_1)^2$ serait égale à $r'^2-c^2(t_2'-t_1')^2$, $r^2-c^2(t_2-t_1)^2=r'^2-c^2(t_2'-t_1')^2$.

L'expression ci-dessus est appelée *intervalle* et exprime une caractéristique structurelle fondamentale, à savoir que l'intervalle est invariant pour tous les systèmes en mouvement relatif uniforme. Ce résultat est tout à fait général et indépendant de l'orientation relative des axes ou de l'angle que la vitesse fait avec les axes. L'intervalle joue dans la théorie d'Einstein un rôle similaire à celui que la règle de Pythagore jouait dans la géométrie E (Euclidienne).

En raison de la vitesse finie de nos signaux de mesure, nos formules doivent impliquer une vitesse finie. Par conséquent, l'intervalle est la seule mesure vraie que nous puissions jamais effectuer dans la pratique. D'où son

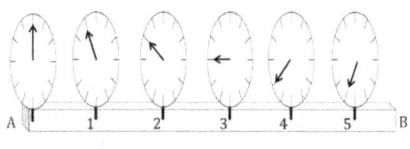

Fig. 1

importance sémantique fondamentale. Eddington donne un très beau diagramme pour expliquer comment les intervalles sont mesurés. Je le reproduis ici (Fig. 1).

L'expression ct, où c est la vitesse de la lumière, 300 000 kilomètres par seconde, nous donne la *distance* parcourue par la lumière dans le 'temps' t. Il est naturel de considérer la vitesse de la lumière, qui est une constante et se traduit facilement dans le langage des longueurs, comme une unité de 'temps'. Dans le monde de Minkowski, il est d'usage, pour des raisons de commodité, de considérer 1 seconde comme l'équivalent de 300 000 kilomètres et de mesurer les longueurs ou les 'temps' indifféremment en secondes ou en kilomètres.

Imaginons une échelle graduée en kilomètres et des horloges dont les cadrans sont également gradués en kilomètres (1/300 000 de seconde). Si les horloges sont réglées correctement et que nous les observons depuis A, la somme de la lecture de n'importe quelle horloge et de la division de l'échelle à côté d'elle est une pour tous, car la lecture de l'échelle donne la correction pour le 'temps' mis par la lumière, voyageant avec une vitesse unitaire, pour atteindre A.

Si nous plaçons l'échelle dans l'axe des deux événements et notons les relevés de l'horloge et de l'échelle, t_1 et x_1, du premier événement, et les relevés correspondants, t_2 et x_2, du second événement, alors $s^2 = (t_2-t_1)^2 - (x_2-x_1)^2$ où s représente "l'intervalle" mentionné ci-dessus.

Si l'échelle se déplaçait dans la direction AB, les divisions auraient avancé jusqu'au deuxième événement et la différence (x_2-x_1) serait plus petite. Mais cela est *compensé*, car (t_2-t_1) est également modifié. Lorsque A avance pour rencontrer la lumière provenant de l'une des horloges de l'échelle, la lumière arrive trop rapidement et la lecture de l'horloge apparaît plus petite.

Le résultat net est, en gros, que quel que soit le mouvement uniforme donné à l'échelle, les résultats finaux pour l'intervalle s sont toujours égaux.[3]

Nous pouvons maintenant comprendre l'importance vitale du signe moins avec la coordonnée 'temps'. En effet, si dans nos équations tous les signes étaient plus, en utilisant 'espace' et 'temps' d'un observateur, on obtiendrait une valeur de s ; mais en utilisant 'espace' et 'temps' d'un autre observateur, on obtiendrait une valeur différente. Avec le signe moins pour la coordonnée 'temps', nous voyons que nous pouvons avoir des valeurs de s qui sont égales pour tous les observateurs. Si les distances augmentent, l'élément 'temps' augmente également, et la *différence* peut donc rester inchangée, mais avec le signe positif, ce n'est pas le cas.

On voit que l'intervalle s représente quelque chose qui ne concerne que les événements considérés. L'entité correspondante en géométrie ordinaire est la *distance*, qui est indépendante du choix accidentel des coordonnées. Le signe moins rend la géométrie de l'espace-temps *non-euclidienne*.

Pour nous familiariser avec ce qui a déjà été expliqué sur la simultanéité et la géométrie de l'espace-temps, nous allons le retravailler, mais à présent par la méthode de Minkowski.

Il suffira d'utiliser deux dimensions, l'une représentée sur l'axe X, l'autre sur l'axe T. Considérons trois points $A, B, C,$ au repos dans notre système O sur l'axe X (Fig. 2).

Dans notre espace-temps, ils seront représentés par trois parallèles à l'axe T. Soit C à mi-chemin entre A et B, de sorte que $AC=CB$. Supposons que des signaux lumineux soient envoyés dans les deux directions à partir de C à l'instant $t=0$. Nous supposons que le système est 'au repos', ce qui signifie que les signaux lumineux se propagent vers la droite et vers la gauche avec des vitesses égales. Nous pouvons donc les représenter par des lignes droites également inclinées vers l'axe X. Ces lignes sont appelées 'lignes-lumière'.

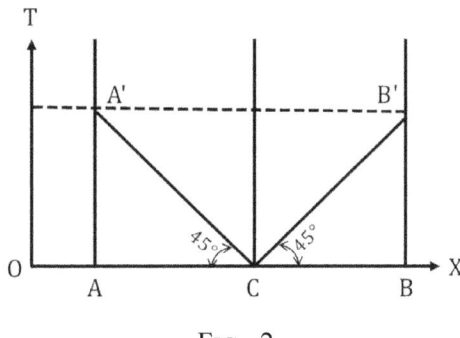

FIG. 2

Les points A', B' qui sont l'intersection des 'lignes-du-monde' des points A et B avec les lignes-lumière nous donnent les 'temps' auxquels les signaux arrivent. Il ressort du dessin que $A'B'$ est parallèle à l'axe X, ce qui signifie que A' et B' sont 'simultanés' (temps égaux).

Prenons maintenant un autre cas dans lequel nos points A, B, C, se déplacent uniformément avec une vitesse égale (Fig. 3). Leurs lignes-du-monde seront également parallèles l'une à l'autre, mais *inclinées* par rapport à l'axe. Dans le dessin, les lignes-lumières seront représentées par des lignes similaires, mais leurs intersections avec les lignes-du-monde de A et B ne seront pas parallèles à l'axe X et ne seront donc pas simultanées.

Notons qu'un observateur qui se déplacerait avec le système dans la direction OX' serait parfaitement en droit de prétendre que A' et B' *lui sont simultanés*. Son système de coordonnées serait celui dans lequel les points A' et B' sont parallèles à *son axe X'* alors qu'il est *au repos* dans son système $OX'T'$. Les lignes-du-monde A, B, C sont parallèles à l'axe T' car les points sont supposés être au repos dans ce système et donc les x ont des valeurs égales pour tous les t.

Il convient de noter un point important, à savoir que nous n'avons qu'un seul espace-temps et que les façons indéfiniment nombreuses dont les différents observateurs divisent leur 'espace' et leur 'temps' représentent simplement les nombreuses façons indéfinies dont il peut être divisé. Si nous le considérons dans sa totalité, nous voyons que nous ne pouvons pas le diviser en 'espace' et en 'temps', car toute subdivision comporte les deux aspects.[4]

La méthode de représentation de Minkowski rend très évident le changement dans nos mesures de longueur, tel qu'il est donné par la transformation de Lorentz-Einstein.

Une barre de mesure n'est pas une configuration purement 'spatiale', puisqu'une telle chose n'existe pas dans le vrai monde, mais c'est une configuration spatio-temporelle.

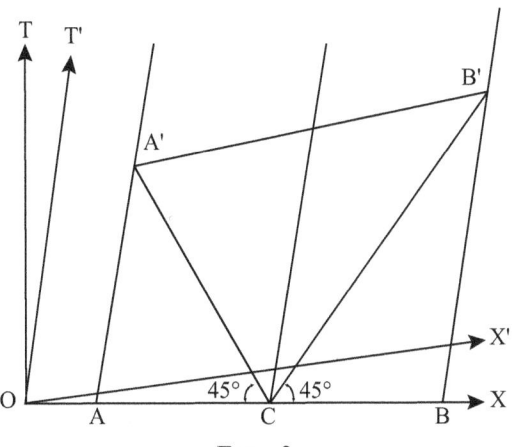

FIG. 3

Chaque point de la barre existe à chaque instant du 'temps'. Nous voyons que dans l'espace-temps, nous ne pouvons pas représenter notre barre comme un segment sur l'axe X, mais nous devons la représenter structurellement comme une *bande* dans le plan XT. Pour simplifier, nous supposons ici que la barre est unidimensionnelle (Fig. 4).

Une barre au repos dans un système est représentée par une bande parallèle à l'axe T. Si elle est en mouvement, sa bande est inclinée par rapport à l'axe T. La 'contraction' n'affecte pas du tout la bande, mais il s'agit plutôt

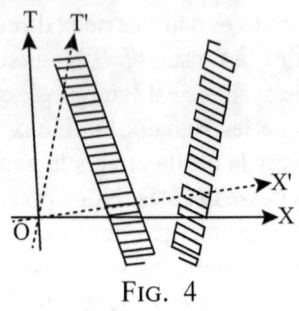

FIG. 4

d'une section découpée de l'axe X. Dans l'expérience vraie, c'est seulement la bande en tant qu'ensemble de points-du-monde qui a une *réalité physique*, et non les sections transversales, qui, comme nous le voyons, ne sont pas égales sur les différents axes. La 'contraction' n'est pas un changement dans la 'réalité physique', mais simplement une conséquence de notre façon de voir les choses. On voit que la fameuse dispute sur le caractère 'réel' ou 'apparent' de la 'contraction' repose sur un malentendu. Born en donne un excellent exemple. Si nous coupons un concombre en tranches dans différentes directions, il est fallacieux d'affirmer que la plus petite tranche, perpendiculaire à l'axe, est la 'réelle' et que les plus grandes tranches obliques ne sont "qu'apparentes". De même, dans la théorie d'Einstein, une barre a différentes longueurs en fonction du mouvement de l'observateur. L'une de ces longueurs, la longueur statique, est la plus grande, mais elle n'est pas plus 'réelle' qu'une autre. Des remarques similaires peuvent être faites à propos du 'temps'.

Il convient de prêter attention à un point sémantique extrêmement important concernant le monde quadridimensionnel de Minkowski. Nous savons déjà que pour nos systèmes nerveux, le passage du dynamique au statique, et vice versa, est un problème structurel des plus vitaux. La première étape de cette traduction a déjà été donnée dans la notion de 'variable'. Le calcul l'a poussée plus loin. Dans le monde de Minkowski, nous atteignons la solution complète du problème.

Comme le souligne Keyser dans sa *Philosophie Mathématique*, nous disposions de deux méthodes verbales pour traiter le 'temps'. L'une était la méthode de Newton, la méthode de l'importation structurelle du 'temps'. Depuis le monde dynamique objectique des abstractions d'ordre inférieur, le 'temps' est importé dans le monde statique des abstractions d'ordre supérieur. Nous l'importons avec le 'mouvement', nous disons que les choses 'bougent'. Un tel langage est structurellement insatisfaisant, même au premier niveau de notre développement. Il entrave l'analyse et est contraire à la structure et à la fonction du système nerveux *humain*. Il engendre d'énormes impasses métaphysiques et repose en fin de compte sur des perturbations sémantiques dues à l'identification.

Si nous introduisons des entités dynamiques et changeantes dans des abstractions statiques d'ordre supérieur, la rationalité est impossible et nous dérivons vers le mysticisme.

Un problème sémantique très réel apparaît ici. Nous voulons rendre compte le mieux possible du monde structurellement *dynamique* qui nous entoure ; pourtant, nos abstractions d'ordre supérieur sont structurellement *statiques* et, pour fonctionner correctement, elles doivent utiliser des moyens statiques. Il semble qu'il s'agisse là d'une impasse qui, pendant des millénaires, a défié toute solution. Des 'philosophes' de différentes écoles prêchaient et enseignaient que nous ne pourrions jamais être 'rationnels' et comprendre ce monde et nous-mêmes. Des écoles anti-intellectuelles ont commencé à fleurir, au grand désarroi de tous.

La question, après tout, était simple, à partir du moment où quelqu'un l'a découverte et énoncée. Nous n'avions pas besoin de changer le monde qui nous entoure ni nous-mêmes ; nous devions simplement découvrir une nouvelle méthode structurelle pour traiter les anciens problèmes sans les modifier.

La nouvelle méthode est celle donnée par Einstein et Minkowski. Au lieu de rendre dynamique le monde statique des abstractions d'ordre supérieur, ce qui ne peut être fait sans produire des perturbations sémantiques, ils ont inventé des méthodes structurelles pour traiter le monde dynamique par des moyens statiques. La clé a été trouvée dans le traitement du facteur gênant, le 'temps'. Minkowski a décidé de remettre le 'temps' à sa place en introduisant le monde quadridimensionnel structurellement nouveau.

Dans le cas de la particule P, on a coutume de dire que le point P à un instant t se trouvait en un point de l'espace (x, y, z). À l'instant t', il était au point (x', y', z'), etc. Nous avions toujours besoin de quatre nombres, qui nous donnaient le où et le quand par rapport à un *cadre de référence*.

Comme nous l'avons vu, Minkowski a décidé de considérer structurellement cette tétrade de quatre nombres (x, y, z, t) 'comme-un-tout'. En d'autres termes, il s'est placé à un niveau d'abstraction supérieur. Il a pris en considération les résultats antérieurs, les a combinés et a appelé cette combinaison d'un seul nom, le 'point monde'. Un tel point monde a également quatre nombres (pas 3 plus 1, mais bien 4). Un monde composé de tels points est un monde quadridimensionnel dans lequel tous les points coexistent. Le flux des abstractions d'ordre inférieur et 'temps' sont supprimés. Il n'y a plus de 'mouvement' dans un 'écoulement de temps'. Dans un tel monde, le terme 'où' a des significations structurelles plus complètes, il a absorbé le '*quand*'. Si nous demandons où se trouve la particule P dans un tel monde, nous répondons : au point (x, y, z, t). Où se trouve la particule P'? Au point (x', y', z', t').

Nous constatons que les particules d'un tel monde *ne sont jamais 'les mêmes'* ; elles ne 'changent' pas et ne 'passent' pas ; elles coexistent et tout est *statique*. C'est ainsi que la dynamique tri-dimensionnelle devient une statique quadridimensionnelle.

Il convient de noter que nous avons maintenant affaire à un langage d'une structure nouvelle, qui correspond parfaitement à la structure et à la fonction de notre système nerveux. Bien entendu, nous n'avons rien changé au monde qui nous entoure. L'exemple de l'image en mouvement et du film statique, tel qu'il a été donné précédemment, est un excellent exemple de cette innovation structurelle.

Le fait que, dans ce nouveau monde, rien ne se répète parce qu'il a une autre date, à moins que les lignes temporelles ne soient fermées, a des conséquences très importantes, dont nous avons déjà parlé et que nous analyserons plus en détail par la suite.

CHAPITRE XXXIX
RÉFLEXIONS GÉNÉRALES SUR LA THÉORIE D'EINSTEIN

> Car, au-delà de la science aussi, la réflexion objective et relative est un gain, une libération des préjugés, une libération de l'esprit des normes dont la prétention à la validité absolue s'évanouit devant le jugement critique du relativiste. (45)
>
> MAX BORN

Il est extrêmement instructif de suivre les éléments d'identification tels qu'ils apparaissent dans l'évolution de la théorie d'Einstein.

Nous savons que les résultats de l'expérience de Michelson, qui a révélé que la lumière se propage dans toutes les directions avec des vitesses égales pour tous les observateurs, quelles que soient leurs vitesses relatives, ne pouvaient pas être conciliés avec l'ancienne mécanique. Ces résultats ont profondément troublé les physiciens et des tentatives ont été faites pour sortir de cette apparente impasse. Dans ce qui suit, nous serons amenés à analyser incidemment les activités de certains de nos grands scientifiques, des personnages qui ont énormément apporté à nos connaissances, et ce fait doit être apprécié. Notre propos ne se veut pas une critique, loin de là, mais une simple analyse structurelle et sémantique.

Le sentiment que nous objectifions indûment et que nous ne devrions pas utiliser le langage du 'est' d'identité, que nous devrions utiliser un langage et des méthodes actionnels, comportementaux, fonctionnels, opérationnels, n'est pas nouveau dans la science, bien que le besoin n'ait pas été formulé structurellement, il est vrai, et qu'il ne soit donc jamais devenu une base utilisable. Les principaux succès dans ces domaines ont été plutôt accidentels et ont été les prérogatives personnelles de quelques personnes que leur constitution psycho-logique incitait à accomplir. L'objectification, qui, comme nous le savons, est une attribution sémantique d'une existence et de valeurs *objectiques* à des termes, devait bien faire son apparition quelque part.

Cette lutte contre l'identification se retrouve dans toutes les sciences, mais il suffit d'en donner l'exemple le plus frappant dans la relation des travaux de Lorentz et d'Einstein. Lorentz a objectifié, Einstein n'a pas objectifié. Nous nous trouvons ici en présence d'un fait sémantique considérable qui a trait à l'*interprétation* des formules mathématiques. Lorentz, sur des bases élaborées et difficiles, connectées aux équations du champ de Maxwell, a produit ce que l'on appelle généralement la transformation de Lorentz. Il lui a donné une interprétation *objectifiée*. Einstein a introduit une interprétation fondamentale entièrement différente du *principe* structurel impliqué. Les formules se ressemblent, mais elles ont maintenant des significations différentes et très simples.

Hertz, dont les découvertes faisant date ont rendu possible la transmission sans-fil, a défendu il y a longtemps ce que l'on appelle le point de vue phénoménologique, qui, dans notre langage, correspond approximativement au langage et à la méthode actionnels, comportementaux, opérationnels et fonctionnels. Dans ses écrits, il refusait implicitement d'utiliser le terme vicieux 'est' d'"identité", et donc d'objectifier ses termes, refus qu'il exprimait dans un langage pittoresque comme un refus de légiférer sur les 'essences'.

L'ancien langage *E (euclidien)* et *N (newtonien)* de l'"espace absolu" et du 'vide absolu' a longtemps été structurellement insatisfaisant. Les physiciens avaient l'impression de ne pas pouvoir s'en occuper, mais il ne leur est jamais venu à l'esprit que ce 'néant absolu' est au objectivement vide de signification et que, par conséquent, personne ne peut en faire quelque chose. Ignorant cela, ils ont poliment qualifié ce non-sens de 'question métaphysique' et ont éludé les problèmes en laissant la solution entre les mains des 'philosophes', sans jamais la résoudre.

J'espère que le lecteur est tout à fait vigilant maintenant de ce que les problèmes vides de signification ne peuvent être résolus par personne et que les questions *méta*-physiques n'existent pas. Il peut cependant y avoir une question concernant l'*élargissement* du domaine de la physique.

Contraints d'abandonner ce 'vide absolu', les physiciens sont allés à l'autre extrême et ont postulé une sorte d'éther 'matériel'. Notons qu'un tel postulat implique structurellement le 'est' d'identité et l'objectification. Lorentz, en opposition à Hertz, a postulé un 'éther' qui était 'immobile' dans "l'espace absolu". Notons que nous avons ici un exemple parfait d'*objectification* structurelle *de termes.* "L'espace absolu" est pour lui sémantiquement une sorte de 'vide absolu' qui, n'étant pas satisfaisant pour le physicien, est rempli d'un éther 'matériel', 'immobile'. L'expression 'immobile' est elle-même une objectivation du langage, car elle *n'*a ici *aucunes* significations physiques ou objectique.

En poursuivant les spéculations sur les *termes objectifiés* (perturbations sémantiques), il était naturel de s'attendre, puisque la terre n'est pas au repos par rapport au soleil, aux autres planètes, etc., à l'apparition d'un 'vent d'éther' ou d'une 'dérive de l'éther' qui rendrait impossible la vitesse constante de la lumière pour des observateurs se déplaçant à des vitesses relatives différentes. Mais ces attentes structurelles n'ont pas été satisfaites. La vitesse de la lumière, comme l'ont montré de nombreuses expériences, était constante pour tous les observateurs. "L'éther matériel immobile" est également devenu structurellement impossible, comme on peut s'y attendre si l'on cesse d'objectifier les termes.

En 1892, FitzGerald a proposé une théorie *objectifiée*, supposant une 'longueur' et un 'temps' 'absolus' *supérieurs à la mesure*, qui impliquent l'identification et ne permettent pas l'utilisation des attitudes, du langage et des méthodes actionnelles, comportementales, opérationnelles et fonctionnelles. FitzGerald supposait que tout corps 'se déplaçant' à la vitesse v dans "l'éther" est raccourci dans la direction du mouvement. Il convient de noter que toute mention de 'raccourcissement' ou de 'contraction' *présuppose* des normes '*absolues*' de 'repos', de 'mouvement' ou de 'longueur', qui n'existent pas et ne peuvent pas exister à l'extérieur de notre peau, mais qui ne sont que des perturbations sémantiques, à l'intérieur de notre peau, qui se produisent lorsque nous identifions et attribuons une existence et une valeur objectique à des *termes*.

L'exemple de Lorentz montre bien à quel point ces objectifications imprègnent notre vie quotidienne et scientifique. En 1917 déjà, dans ses conférences de Haarlem, il exprimait l'espoir structurel qu'un éther 'matériel', 'substantiel' puisse être préservé, que 'espace' et 'temps' puissent être nettement séparés et que la 'simultanéité' puisse avoir une signification absolue.

Dans la *Théorie de la Relativité* de Whitehead, et chez d'autres auteurs qui traitent de la théorie d'Einstein, et en particulier chez tous les critiques d'Einstein, nous trouvons une objectification similaire des termes.

Ils *ressentent* encore les anciens E (*euclidiens*) et N (*newtoniens*) 'vide absolu', 'espace absolu', 'temps absolu', *termes* auxquels ils attribuent une objecticité structurelle. Dans ces œuvres, le terme 'contraction' est fréquemment utilisé.

Rappelons le mécanisme de l'objectification. Si nous ne rejetons pas explicitement et implicitement le 'est' d'identité, nous identifions automatiquement différents ordres d'abstractions et attribuons des caractéristiques objectiques aux termes. Ainsi, le terme 'temps', qui représente une étiquette pour une sensation à l'intérieur de notre peau, reçoit une évaluation objective. S'il est 'objectique', il doit avoir une 'propriété' de 'simultanéité', un processus sémantique repris de la comparaison de deux bâtons objectiques dont on fait coïncider les deux extrémités. Au niveau externe objectique, nous n'avons jamais affaire au 'temps', mais nous *comparons* simplement des *processus*. Lorsque nous sélectionnons une unité-processus arbitraire au niveau objectique, quoi que nous puissions *dire* qu'elle 'est', eh bien, elle *ne l'est pas*, et la difficulté réside exclusivement dans l'utilisation du 'est' d'identité.

Si nous abandonnons complètement le 'est' d'identité, nous cessons d'objectifier, nous n'attribuons pas une existence et des valeurs objectique à *l'extérieur* de notre peau, à des termes et des réactions sémantiques à *l'intérieur* de notre peau. Mais alors, bien sûr, nous devons changer la *structure* de notre langage, sinon les anciennes *réactions sémantiques* continueront à nous jouer des tours. Un langage d'*ordre* actionnel, opérationnel et fonctionnel *est* la solution structurelle à notre difficulté sémantique.

Si nous objectifions 'espace' en 'espace absolu', nous devons l'objectifier en tant que 'vide absolu' car seul un tel 'espace absolu' peut être au 'repos absolu', c'est-à-dire statique au sens E (*euclidien*) ou N (*newtonien)*. De même, seul le 'temps' objectifié peut avoir la 'propriété' de 'simultanéité absolue'.

Si nous nous rendons compte que ces 'absolus' ne sont que des objectifications sémantiques de termes (où les activités des centres nerveux inférieurs sont structurellement attribuées aux activités des centres nerveux supérieurs et vice versa), nous commençons à différencier entre les abstractions d'ordre différent, et à les maintenir différenciées. En ce qui concerne notre nouveau langage structurel, nous devenons "conscients d'abstraire", puis nous utilisons habituellement *et inconsciemment* le langage et les méthodes comportementalistes de l'*ordre*.

Si nous nous représentons ce 'vide absolu' ou 'néant absolu' (ce qui ne peut être fait avec succès, car cela n'a aucune signification), et que nous essayons de le comparer à un plénum, ou 'plénitude' (un nuage de fumée, par exemple), nous voyons immédiatement que seul ce 'vide absolu' peut être statique, homogène, etc., une condition qui est impossible avec une plénitude dynamique.

Peut-être pouvons-nous maintenant apprécier l'énorme signification sémantique de la théorie d'Einstein, qui introduit structurellement une attitude *non-objectifiée*, humaine et saine d'évaluation correcte de ce monde. Nous ne devrions pas être surpris de constater qu'un système-$\bar{A}$, qui est un concomitant structurel général inévitable des systèmes- $\bar{E}$ et $\bar{N}$ de la géométrie et de la physique, devrait *formuler comme une question structurelle et sémantique générale* ce que les systèmes- $\overline{E}$ et $\overline{N}$ ont *fait* dans leurs domaines particuliers, sans une telle formulation générale.

De notre point de vue structurel, il n'y a pas de retour en arrière possible ; le travail d'Einstein est irréversible. Chez les jeunes scientifiques d'aujourd'hui, l'attitude non-objectifiée à l'égard des *termes* 'espace' et 'temps' est déjà un fait sémantique accompli, tout à fait indépendant de ce que les expériences futures pourraient montrer. En effet, les expériences ne peuvent jamais justifier l'identification et ne peuvent donc avoir aucun effet préjudiciable sur cette révolution structurelle, linguistique et sémantique fondamentale et extrêmement bénéfique. Notre tâche $\overline{A}$ consistait à formuler ces questions de manière *générale* afin que nous en prenions conscience ; et je suppose que c'est à ce point sémantique que l'immense valeur du travail d'Einstein se manifestera dans la vie. En effet, nous verrons plus loin dans ce volume que la nouvelle mécanique quantique, qui a commencé à se développer assez rapidement, n'est possible que grâce à l'arrière-plan sémantique transmis *inconsciemment* (jusqu'à présent) aux jeunes physiciens par la théorie d'Einstein. J'espère que le présent travail rendra *conscientes* les questions susmentionnées et nous permettra non seulement de transmettre cette attitude sémantique plus facilement et avec moins de travail, mais aussi d'en bénéficier plus universellement dans notre *vie quotidienne*. Les problèmes de la science et de la vie ne diffèrent pas à cet égard. Dans les deux cas, nous sommes également gênés par des troubles sémantiques, des 'stupeurs émotionnelles', des identifications et d'autres difficultés similaires, dont l'élimination signifie une meilleure adaptation pour chacun d'entre nous, ainsi qu'un progrès plus rapide dans le domaine de la science.

Une étude de l'histoire des sciences montre à quel point les progrès scientifiques ont été lents et douloureux. Nous commençons maintenant à comprendre pourquoi. Les 'génies', comme le montre l'histoire, sont des êtres humains qui, au moins dans certains domaines, sont plus libres que d'autres de toute identification et de toute évaluation erronée. Ils ne sont pas entravés dans la même mesure par la 'stupeur émotionnelle' ; ils peuvent donc évaluer l'ancien *à l'aune du nouveau*. Lorentz, par exemple, a produit les formules, mais ses objectifications l'ont *empêché* d'évaluer correctement les nouvelles formules. Pour l'histoire, les formules de Lorentz avaient été découvertes par Voigt plusieurs années auparavant, mais l'identification a rendu impossible l'évaluation de ces formules, ce qui a *retardé* la découverte de la théorie d'Einstein. Ce facteur d'identification se retrouve tout au long de l'histoire, sous la forme d'un blocage sémantique retardateur.

Si nous pouvions trouver des méthodes pour éliminer ces perturbations sémantiques, un facteur psycho-logique extrêmement gênant et paralysant serait éliminé, et les 'génies' pourraient devenir la règle plutôt que l'exception. Je le répète : autrefois, on fabriquait des crétins et on enfantait des génies ; aujourd'hui, il est peut-être possible d'inverser la tendance et de faire naître des *crétins et de fabriquer des génies*. C'est ce que l'on observe chez les jeunes physiciens post-einsteiniens, où le nombre de 'génies' augmente rapidement, bien que les questions structurelles susmentionnées ne soient pas encore appliquées de manière consciente dans l'enseignement général. Le secret du travail créatif est de se libérer de la servitude structurelle, et en particulier de la servitude sémantique structurelle des mots.

Le lecteur ne doit pas penser que les quelques explications structurelles simples données dans ce livre épuisent la théorie d'Einstein. Je n'ai même pas essayé de résumer la théorie ; je n'ai donné que quelques faits sémantiques, qui relèvent de la sémantique générale et de la théorie de la connaissance. La théorie d'Einstein est en effet une réalisation linguistique structurelle si extraordinaire qu'il est fort probable que sa signifiance et significations sémantiques complètes ne seront pas élaborées avant de nombreuses années. Nous n'avons donné ici que le minimum d'explications nécessaires à notre objectif spécifique.

Le développement historique d'une théorie n'a généralement pas grand-chose à voir avec l'importance sémantique de la théorie ou ses significations profondes. La constance de la vitesse de la lumière pour tous les observateurs, qui a ouvert le bal, était un début historique et a bien rempli son rôle, bien que les 'contractions' et formules objectifiées de FitzGerald et Lorentz aient également joué leur rôle, car elles ont aidé Einstein et Minkowski à produire leur défi structurel faisant date aux vieux préjugés tels que "l'espace absolu" et le 'temps absolu', qui étaient des vestiges sémantiques d'un passé primitif, peut-être préhumain, lointain. Une fois cette tâche accomplie, quelle qu'en soit la manière, il n'y a pas de retour possible. En ce qui concerne les faits structurels physiques, tout ce dont nous avons besoin est la vitesse *finie* de propagation des événements,* qui, comme nous le savons déjà, implique des questions structurelles et sémantiques d'une grande portée. En ce qui concerne les questions psycho-logiques, il suffit d'éliminer les perturbations sémantiques qui se produisent encore lorsque nous copions les animaux dans nos processus nerveux et que nous ne faisons pas la distinction entre les différents ordres d'abstractions - que les animaux ne détectent pas. Cette élimination peut se faire par l'entraînement aux méthodes $\bar{A}$ expliquées précédemment, avec le résultat net que nous devenons "conscients d'abstraire" à différents niveaux et que nous pouvons donc instinctivement et par sentiment discriminer habituellement entre les ordres d'abstractions, ce qui structurellement et sémantiquement ne pouvait pas être fait par les anciennes disciplines.

La théorie d'Einstein a de nombreuses applications, mais il suffit d'en mentionner quelques-unes, que nous utiliserons plus tard.

Tout d'abord, et avant tout, il n'y a pas de significations 'absolues' possibles pour 'espace' et 'temps', au-delà des relations établies par les mesures. La structure de notre langage impliquant 'espace 'et 'temps' devrait être similaire à la structure des faits expérimentaux, qui montrent en fin de compte l'impossibilité de les diviser nettement.

---

* Mais', demandera peut-être un lecteur, 'bien que vous supposiez une vitesse de propagation finie, n'est-il pas possible qu'un jour une vitesse 'infinie' soit découverte?

Une telle question montrerait que le lecteur n'a pas compris le sens du présent travail. Nous sommes convaincus qu'une vitesse 'infinie' n'a pas de signification et que, quoi que nous découvrions, elle ne sera jamais découverte. Cela devient encore plus clair si nous utilisons la *définition* différentielle de la 'vitesse'. La vitesse est définie comme la dérivée 'temps' de "l'espace" parcouru. Si le 'temps' est considéré comme nul, ou si nous n'avons 'pas de temps', il ne peut y avoir de 'dérivée temporelle', comme nous le supposons, et donc pas de 'vitesse'. Il n'y a donc aucun risque que nous découvrions un jour dans le monde réel une vitesse 'infinie'.

Si quelqu'un conteste cette déclaration, il ne peut *a priori* être critiqué. Une telle critique irait totalement à l'encontre de la tendance générale du présent ouvrage. Mais une telle personne pourrait être approchée avec une curiosité et une attente non négligeables. On pourrait lui demander : 'Vous prétendez que vous pouvez absolument diviser 'espace' et 'temps' au niveau objectif. Ce serait une découverte structurelle qui ferait date. *Veuillez nous montrer comment le faire*'.

Le fait est, bien sûr, qu'il ne peut pas démontrer le processus, car il se réfère à des identifications à l'intérieur de sa peau ; pourtant, il prétend pouvoir le démontrer *objectivement* à l'extérieur de sa peau. Voilà qui met fin à ce problème.

En parlant de la théorie d'Einstein, il convient de mentionner quelques-unes des nombreuses différences structurelles entre l'ancienne mécanique newtonienne et la nouvelle mécanique einsteinienne.

Dans le *système-N* (*newtonien*), les vitesses relatives étaient simplement additionnées $W_N = v + v'$. Dans le système einsteinien, que nous désignerons par $\bar{N}$, la structure n'est pas aussi simple. Nous devons introduire la vitesse finie de propagation de nos signaux, qui *seuls* nous fournissent les données, et donc

$$W_{\bar{N}} = \frac{v+v'}{1+vv'/c^2}$$

La formule ci-dessus fait intervenir une constante remarquable, c, la vitesse de la lumière. Si nous supposons dans la formule ci-dessus que notre vitesse v' est égale à la vitesse de la lumière, c, nous aurons

$$W_{\bar{N}} = \frac{v+c}{1+vc/c^2} = \frac{v+c}{1+v/c} = c.$$

Cela signifie que l'ajout d'une certaine vitesse à la vitesse de la lumière ne modifie pas la vitesse de la lumière, qui apparaît donc comme une vitesse *limite*. Ceci s'applique à la différence de vitesse où

$$W_{\bar{N}} = \frac{v-v'}{1-vv'/c^2}$$

Donnons ici un exemple d'Eddington. Supposons deux vitesses relatives différant chacune de seulement 1 km/sec. de la vitesse de la lumière. Disons que l'une est de 299 999 km/sec. et l'autre de 300 001 km/sec. Calculons maintenant la vitesse relative. Cette vitesse relative sera de 180 000 000 000 km/sec. Car dans notre formule $v - v' = (c+1) - (c-1) = 2$, et

$$\left(1 - vv'/c^2\right) = 1 - \frac{(c+1)(c-1)}{c^2} = 1 - \frac{c^2-1}{c^2} = 1 - 1 + 1/c^2 = 1/c^2,$$

d'où $W_{\bar{N}} = \dfrac{2}{1/c^2} = 2c^2 = 2 \times 300\,000 \times 300\,000 = 180\,000\,000\,000.$

On constate qu'une particule qui tenterait de dépasser la lumière en ayant une vitesse supérieure de un km/s à la vitesse de la lumière n'y parviendrait jamais. Lorsque la vitesse 299 000, par exemple, est atteinte, la particule se retrouve plus éloignée de son but qu'elle ne l'était au départ.[1]

Des considérations générales similaires s'appliquent à la masse. Si nous désignons la masse d'une particule au repos par m_0 sa masse en mouvement

$$m_{\overline{N}} = \frac{m_0}{1-v^2/c^2}$$

Comme le dénominateur est inférieur à l'unité, la masse en mouvement, $m_{\overline{N}}$ est supérieure à m_0, la masse au repos. Dans le cas limite, lorsque la vitesse deviendrait égale à c, le dénominateur deviendrait nul et notre masse $m_{\overline{N}}$ tendrait vers des valeurs infinies, ce qui est une autre façon de dire que c'est physiquement impossible.

Dans le système-N (*newtonien*), nous avions deux types d'énergie : l'une était appelée *vis viva* ou énergie cinétique, et était représentée par $T = \frac{1}{2} mv^2$; l'autre était appelée énergie potentielle, ou capacité de travail, et était désignée par U. La loi de conservation de l'énergie dans le système-N (*newtonien*) était exprimée par la déclaration que la somme, $T+U=E$, ou l'énergie mécanique totale d'un système, reste constante (variation nulle) pendant le mouvement du corps.

On constate que, comme la formule ci-dessus fait intervenir les termes m et v, les anciennes formules pour l'énergie doivent être modifiées, d'autant plus qu'elles ne survivent pas à une transformation de Lorentz-Einstein. On trouve que

$$T_{\overline{N}} = c^2 \left(m - m_0 \right), \text{ ou } m = m_0 + T_{\overline{N}}/c^2$$

Cette formule apparaît comme une définition rigoureuse de l'énergie cinétique, même si l'on prend en compte des membres d'ordre supérieur à la seconde. En d'autres termes, la masse en mouvement diffère de la masse au repos par l'énergie cinétique divisée par le carré de la vitesse de la lumière.

Cette expression suggère immédiatement que la masse statique, m, est reliée similairement au contenu énergétique du corps au repos. En généralisant nos résultats, nous aurions $m = E/c^2$, une équation qui s'applique généralement à la masse et à l'énergie. Ce fait a été appelé par Einstein la loi de l'*inertie de l'énergie*. Il a été vérifié à plusieurs reprises par des expériences et constitue l'un des résultats structurels les plus frappants de la théorie d'Einstein. La déclaration ci-dessus signifie que les deux notions fondamentales de 'masse' et "d'énergie" sont équivalentes et que nous avons donc une vision plus claire de la structure de la 'matière'. Les deux anciennes lois structurelles de la 'conservation de la matière' et de la 'conservation de l'énergie' se fondent en une seule. La masse devient structurellement et verbalement rien d'autre que de l'énergie concentrée en un point, et elle apparaît comme une forme de manifestation de l'énergie.[2]

Les considérations ci-dessus ont également conduit à une révision de nos notions structurelles sur "l'énergie", qu'il n'est pas nécessaire d'expliquer ici. Il suffit de dire que l'ancienne énergie 'potentielle' n'est plus associée structurellement à aucune caractéristique de ce monde. On peut la faire disparaître en choisissant correctement les coordonnées, et elle n'est donc plus considérée comme de l'énergie de quelque nature que ce soit.[3]

Avec le monde de Minkowski, nous nous sommes familiarisés avec un nouveau *langage* qui représente structurellement plus étroitement les faits de l'expérience (abstractions d'ordre inférieur) et partage la structure de nos abstractions d'ordre supérieur. Nous avons donc le langage d'"espace-temps". Qu'en est-il de 'matière'? Le fait de se cogner contre quelque chose de dur n'est pas à négliger. Il est vrai que *nous avons besoin d'un langage d'une nouvelle structure, mais c'est tout*. Dans la théorie d'Einstein, 'matière' n'est évidemment pas traitée séparément en tant que telle. Elle est issue du champ et est connectée à la courbure du monde. Le lecteur ne sera pas surpris de constater que le monde de Minkowski, qui présente des accélérations, doit être courbé dans cette nouvelle forme de représentation structurelle.

Nous avons déjà défini une entité fondamentale appelée 'action'. Naturellement, dans un ensemble espace-temps, l'énergie multipliée par le 'temps' devrait être une entité plus fondamentale que l'énergie, et nous l'appelons 'action'. Lorsque nous parlons d'une matière continue présente dans 'espace' et 'temps', nous parlons en termes de densité. La densité multipliée par un volume tri-dimensionnel de 'espace' nous donne la masse, ou ce qui semble être son équivalent, *l'énergie*. D'un point de vue quadridimensionnel, ou espace-temps, la densité multipliée par un volume quadridimensionnel d'espace-temps nous donne l'action. Nous voyons que la multiplication de la densité par les trois dimensions d'espace nous donne la masse ou l'énergie. Une quatrième multiplication par la dimension du 'temps' nous donne la masse ou l'énergie multipliée par le 'temps' qui devient l'action par définition. Il est évident que, structurellement, l'action doit être plus fondamentale que les anciennes quantités.

En termes de courbure, l'action représente la courbure du monde, car là où nous trouvons "l'action", nous trouvons aussi la 'matière', l'accélération, la gravitation, etc.[4]

"L'action" est fondamentale parce que, structurellement, dans un ensemble métrique quadridimensionnel, elle prend la forme de l'*invariant* intégral le plus simple qui puisse exister. C'est sur cette forme d'action qu'est construite la théorie électromagnétique de Maxwell. La quantité d'action apparaît comme un nombre pur[5], une relation unique et spécifique qui conditionne la structure.

Nous devrions nous attendre à ce que l'action représentée par le chiffre 1 soit la plus intéressante et finisse par représenter l'atome indivisible de l'action. La théorie quantique moderne semble favoriser ce point de vue.

Lorsque nous rencontrons un nombre pur ayant une importance aussi cruciale dans ce monde, nous ne devons pas nous étonner qu'il nous intrigue. Jusqu'à présent, il est impossible d'affirmer que l'action ne peut pas avoir de nombres fractionnaires. Que représenterait alors l'action?

Eddington suggère que le nombre peut représenter une *probabilité* ou une fonction d'une probabilité.

On combine les probabilités par multiplication, mais on combine les actions dans deux régions par addition. Nous voyons donc que le logarithme d'une probabilité donne la fonction indiquée et Eddington suggère l'équivalence provisoire de l'action avec le négatif du logarithme de la probabilité statistique de l'état du monde qui nous entoure. Cette suggestion est extrêmement séduisante et importante, car le principe de *moindre action* peut être énoncé comme le principe de *plus grande probabilité*. Les lois de la nature semblent être telles que l'état vrai du monde est représenté par ce qui est statistiquement le plus probable !⁶

Le fait qu'une telle conclusion structurelle puisse être tirée est d'une importance sémantique considérable pour nous car, comme nous *abstrayons* dans des ordres différents tout au long du processus, le seul langage approprié dans lequel nous pouvons éventuellement espérer parler correctement est le langage des probabilités, des moyennes statistiques, etc.

L'action est l'un des termes de la physique pré-einsteinienne qui n'a pas été modifié, le seul autre étant l'entropie. La loi de la gravitation, les lois de la mécanique et les lois de l'électromagnétisme peuvent toutes être non seulement résumées, mais aussi déduites d'un seul principe de moindre action. Cette importante unification structurelle a été accomplie avant même l'avènement de la théorie einsteinienne, et seul l'ajout de la gravitation à cette liste est nouveau.⁷

Dans ce bref survol structurel et sémantique, nous n'avons eu ni l'occasion ni la nécessité d'analyser la théorie générale d'Einstein, qui incarne et unifie la plupart des lois de la mécanique, y compris celle de la gravitation.* C'est dans cette unification que réside la grandeur inégalée de la théorie. Comme nous le verrons plus loin, les nouvelles théories quantiques ont déjà été très influencées par la théorie d'Einstein. Comme toutes les théories possibles dépendent de l'*ingéniosité humaine* et ne peuvent jamais être les événements eux-mêmes, nous pouvons être assurés qu'une fois libéré des 'stupeurs émotionnelles' et des perturbations sémantiques, le monde ne tardera pas à produire un système scientifique structurellement unifié.

Dans nos discussions, nous parlons "d'apparent", de 'réel', de 'vrai' et d'autres termes similaires *multiordinaux*. Il convient de rappeler que les mathématiques sont *exclusives* à un égard, à savoir qu'elles n'ont pas de contenu. Elles sont entièrement le produit d'abstractions supérieures créées par définition à partir de termes non-définis. Nous avons vu que les mathématiques doivent être considérées comme un langage d'une structure particulière qui est cependant similaire à la structure du monde qui nous entoure.

Notre langage quotidien A (*Aristotélicien*), entre autres, étant fondé sur le 'est' d'"identité", ne peut jamais donner une image structurellement satisfaisante de ce monde ou de nous-mêmes, mais empêche en fait un tel accomplissement. Après avoir abandonné un langage qui conduit à l'identification, nous pourrons appliquer un nouveau langage, avec une nouvelle structure, grâce auquel nous obtiendrons de meilleurs moyens de représenter les événements qui nous entourent. De ce point de vue, les mathématiques et notre langage quotidien ne diffèrent pas. Les termes, n'étant pas les choses qu'ils représentent, doivent nécessairement être des créatures de définitions et de termes indéfinis. La solution de nombreux problèmes sémantiques déconcertants se trouve dans la *structure* d'un langage qui implique différentes attitudes sémantiques et inconscientes.

---

* En fait, il y a quelques mois, Einstein et Mayer ont réussi à réduire les lois des champs gravitationnels et électromagnétiques à une seule base. Ils y sont parvenus grâce à une découverte mathématique très révolutionnaire, à savoir qu'il est possible d'introduire dans un 'espace' de n dimensions des vecteurs à m composantes. Bien qu'à l'heure actuelle les résultats de la théorie quantique ne soient pas inclus dans cette théorie, il ne fait aucun doute que sous peu, grâce à cette découverte mathématique, ils seront inclus dans une théorie *généralisée* de la relativité.

PARTIE X
SUR LA STRUCTURE DE LA 'MATIÈRE

En dépit de mon bon jugement, je vais essayer de donner une impression générale de la théorie. Il serait probablement plus sage de clouer au-dessus de la porte de la nouvelle théorie quantique un avis, "Modifications structurelles en cours - Pas d'admission sauf pour des raisons professionnelles", et en particulier d'avertir le gardien de la porte d'empêcher les philosophes indiscrets d'entrer. (149)

S. EDDINGTON

CHAPITRE XL

L'ANCIENNE 'MATIÈRE'

> Et pourtant, lorsque j'entends aujourd'hui des protestations contre le bolchevisme de la science moderne et des regrets pour l'ancien ordre établi, je suis enclin à penser que c'est Rutherford, et non Einstein, qui est le véritable méchant de l'histoire. (149)   A. S. EDDINGTON

> La micromécanique apparaît comme un raffinement de la macro-mécanique, rendu nécessaire par la petitesse géométrique et mécanique des objets, et le passage est de même nature que celui de l'optique géométrique à l'optique physique. (466)
>
> E. SCHRÖDINGER

Depuis l'aube de l'histoire, l'être humain a été confronté à différents types de matériaux, certains durs et solides comme les pierres, d'autres mous comme les fruits ou la chair, d'autres encore liquides. Dans la lointaine antiquité, l'air et les gaz n'étaient pas considérés comme de la 'matière'.

À cette époque, la 'matière' n'était structurellement que ce qui pouvait être vu, senti ou touché, etc., : tout le reste était une sorte "d'esprit", et tout 'existait' dans un 'vide absolu'. Mais même dans la lointaine antiquité, nos ancêtres primitifs n'ont pas pu ignorer que les morceaux de matière qu'ils traitaient pouvaient être divisés en morceaux plus petits. Naturellement, si nous pouvons subdiviser des morceaux en morceaux plus petits, une question intéressante se pose : jusqu'où cette division peut-elle être poursuivie? Il semble que Démocrite (vers 460-360 av. J.-C.) ait été la première personne connue à formuler une théorie atomistique. Il postulait déjà une image structurelle du monde subjectif, à opposer à un monde 'absolu' ou objectif dans lequel le 'mouvement' était primordial. Cette théorie nous a engagés sur la voie mécanistique formulée pour les événements macroscopiques, ainsi que sur la voie de l'individualisation, de l'étude de morceaux de matériaux de plus en plus petits et de la recherche de briques unitaires à partir desquelles ce monde semblait être construit ; tout cela constituait déjà une recherche de structure *multiordinale*.

L'avènement de la chimie a jeté une nouvelle lumière structurelle fondamentale sur le problème de l'individualisation. On a découvert que certains matériaux, comme le fer, le cuivre, etc., restent un seul et même matériau, quelle que soit l'étendue de notre subdivision. Ces matériaux ont été appelés 'éléments'. À l'heure actuelle, nous reconnaissons 92 éléments, un nombre censé représenter tous les éléments possibles. Parmi ceux-ci, quelques-uns ont d'abord été prédits théoriquement, puis, l'autre jour, découverts expérimentalement. Tous les autres matériaux ne résistent pas aussi bien à la division. À un moment donné, ils se décomposent en leurs éléments. Le plus petit morceau de l'un de ces derniers matériaux qui possède encore les caractéristiques de l'ensemble s'appelle une molécule. La molécule est construite à partir d'atomes des éléments. Par exemple, la molécule d'eau possède encore les caractéristiques de l'eau et se compose de deux atomes d'hydrogène et d'un atome d'oxygène, qui ne sont plus de l'eau mais des éléments aux caractéristiques entièrement différentes.*

---

* Les déclarations ci-dessus sont simplifiées à l'extrême, mais satisfaisantes pour mon propos.

Entre-temps, l'électrochimie nous a enseigné une leçon structurelle importante, à savoir que des charges électriques définies sont combinées avec les atomes. Ces atomes portant une charge électrique sont appelés 'ions' (voyageur en grec). Par exemple, une molécule d'eau se décompose en un ion hydrogène chargé positivement, composé de deux atomes d'hydrogène, et en un ion oxygène chargé négativement, composé d'un atome d'oxygène.

Mais l'électricité nous réservait d'autres surprises structurelles. Vers 1880, de nouveaux faits ont été découverts. L'un d'eux était qu'une charge électrique en mouvement a l'effet d'un courant électrique, c'est-à-dire qu'elle peut dévier un aimant tout comme le fait un courant. Ces charges électriques en mouvement étaient appelées courants de convection, et le fait qu'elles produisent des effets similaires à ceux d'un courant électrique a conduit J. J. Thomson à une conclusion surprenante. Selon la théorie de Maxwell de l'électromagnétisme, une certaine quantité d'énergie doit être associée à chaque champ électrique ou magnétique. Si une charge électrique en mouvement peut produire des effets magnétiques, donc de l'énergie, il a été conclu, et vérifié par l'expérience, qu'il fallait de l'énergie pour mettre une charge électrique en mouvement. Il s'ensuit structurellement qu'une charge électrique possède une caractéristique commune avec les autres matériaux, à savoir l'inertie, qui ne peut être surmontée que par l'application d'énergie. Cette masse inertielle de la charge électrique a été appelée masse électromagnétique.

Deux problèmes structurels fondamentaux se posent ici. D'une part, l'électricité semble avoir une masse inertielle similaire à celle de la 'matière'. D'autre part, les courants de convection nous permettent d'étudier le parallélisme électromécanique et de découvrir ainsi la relation entre les théories électriques et mécaniques.

En 1895, Lorentz a proposé la théorie des électrons. Il part du principe que les molécules en mouvement contiennent des charges électriques et produisent ainsi des courants de convection. Ces charges sont supposées constituer un quantum électrique et sont appelées électrons. La théorie des électrons s'est avérée extrêmement fructueuse et tous les progrès ultérieurs de nos connaissances structurelles sont intimement liés à cette théorie.

Au fur et à mesure que les connaissances progressaient, les preuves structurelles en faveur d'une théorie électronique devenaient de plus en plus convaincantes. Comme nous l'avons déjà noté, une charge électrique en mouvement produit des effets magnétiques. Il en va de même pour un électron en mouvement, ce qui nous a permis de rendre compte des effets magnétiques en termes d'électrons en mouvement qui, dans ce cas, représentent les courants de convection moléculaires.

Si l'on admet cette hypothèse, un électron en rotation devrait également représenter un petit aimant et un gyroscope mécanique. En 1915, Einstein a vérifié cette hypothèse par une expérience. Si ces hypothèses structurelles étaient vraies, alors, par une inversion rapide du magnétisme, une tige de fer doux devrait tourner d'une quantité légère mais définie. L'effet inverse a également été vérifié, à savoir qu'une tige de fer doux est magnétisée lorsqu'elle est tournée rapidement autour de son axe.

La découverte des matériaux radioactifs a également eu une importance structurelle considérable, car elle nous a permis d'étudier directement les rayons émis par ces matériaux. On a découvert que ces rayons étaient de trois sortes et ont été appelés par les premières lettres de l'alphabet grec. Les rayons α ont été assimilés à des rayons positifs, les rayons β à des rayons cathodiques et enfin les rayons γ à des rayons de Röntgen. Des recherches plus approfondies ont révélé que les rayons α étaient des atomes d'hélium chargés d'une double charge positive d'électricité, et que les rayons β étaient des particules chargées négativement avec la charge d'un électron.

Ces quelques remarques font déjà apparaître le fait structurel que les phénomènes électromagnétiques présentent des caractéristiques assez proches de celles de la 'matière', certains de leurs processus sont atomiques, ils ont de l'inertie, etc.

Autrefois, nous avons essayé d'appliquer des lois structurelles mécaniques macroscopiques aux phénomènes électromagnétiques, mais nous n'avons pas eu beaucoup de succès. Les lois qui s'appliquaient à ces niveaux submicroscopiques étaient apparemment différentes de celles qui s'appliquaient aux niveaux macroscopiques bruts, tout comme la psycho-logique de l'individu diffère de la psycho-logique de la foule.

Rutherford a franchi un pas sémantique qui fait date en formulant la théorie électromagnétique de la structure de la 'matière'. Dans cette théorie, les atomes représentent des structures complexes constituées d'électrons positifs et négatifs, dont le nombre et la disposition (structure) déterminent les caractéristiques chimiques et physiques de l'atome en question. L'ancien dogme structurel de l'immuabilité des éléments est devenu insoutenable ; et aujourd'hui, théoriquement, et dans quelques cas expérimentalement, il a été établi que la transmutation des éléments n'est pas seulement une possibilité, mais un fait structurel assez bien établi de 1933.

Il convient de noter qu'une fois de plus, l'une des 'infinités' linguistiques et structurelles fantaisistes a été supprimée. Les éléments apparaissent comme des processus transitoires ayant une 'vie' *limitée* à quelques années. Les preuves structurelles expérimentales que les physiciens et les chimistes ont rassemblées sont accablantes et, bien que les théories *positives* (structures verbales) ne soient pas toujours satisfaisantes, les résultats *négatifs* conduisant au rejet des anciennes théories sont concluants. Ce point est d'une importance structurelle suprême pour nous.

Une brève description des différents modèles atomiques est présentée plus loin dans ce chapitre, mais il faut d'abord parler de l'ancienne théorie quantique, qui représente actuellement le problème central de la science et dont la solution est appelée à avoir les conséquences les plus révolutionnaires.

Les principaux problèmes de la théorie quantique peuvent être décrits et contrastés comme suit. Si nous prenons une ligne $X'X$ et choisissons un point O comme origine, nous pouvons fixer la position d'un point P sur cette ligne par la coordonnée x. En pratique, nous trouvons les valeurs de x par des mesures. Si nous supposons que x varie de *façon continue*, nous pouvons nous attendre à ce que des mesures raffinées nous permettent de trouver des valeurs de x aussi proches les unes des autres que nous le souhaitons.

Les expériences montrent que pour les processus qui se déroulent "à l'intérieur de l'atome", les conditions structurelles sont en quelque sorte

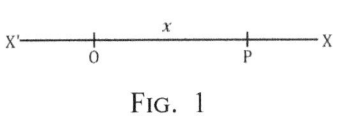

Fig. 1

radicalement différentes. En les comparant avec l'exemple ci-dessus, nous devrions donner à notre point seulement la liberté d'occuper certains points discrets, disons 1, 2, 3, etc., mais toutes les valeurs fractionnaires, telles que 1/2 ou 2/3, seraient impossibles. Si les seules valeurs possibles de x sont des nombres entiers, la possibilité de trouver des valeurs de x aussi proches que nous le souhaitons pour effectuer des mesures plus précises est exclue. Si nous constatons, par exemple, que notre x n'est ni 1, ni 2, ni 4, et qu'il ne peut pas être plus grand que 4, la seule solution est que notre x doit être 3.

Ces conditions, que l'on retrouve dans la mécanique atomique, représentent un état de fait structurel entièrement nouveau et inattendu. L'ensemble de l'ancienne mécanique quantique peut être résumé par la déclaration que sa particularité réside dans le fait que des *nombres discrets* structurellement caractéristiques font leur apparition et que les processus "à l'intérieur de l'atome" doivent être décrits par des nombres *discrets*.

La mécanique quantique classique habituelle exige que x puisse prendre toutes les valeurs continues possibles, mais que les *valeurs intégrales* de x représentent ce que l'on appelle les états stationnaires dans les conditions quantiques. Dans ces conditions, les valeurs fractionnaires intermédiaires n'ont aucune signification.

On peut dire sans risque de se tromper que lorsque Planck a formulé en 1900 sa théorie quantique selon les lignes structurelles esquissées ici, il s'agissait d'une rupture structurelle et sémantique complète et révolutionnaire par rapport à toutes les normes acceptées dans la vie et la science, pour l'étude de ce monde.

Planck a montré qu'il est impossible d'expliquer la distribution spectrale de l'énergie rayonnée par un corps noir en se basant sur les anciennes hypothèses selon lesquelles l'énergie peut être divisée indéfiniment en parties de plus en plus petites, mais qu'elle peut être expliquée en se basant sur l'hypothèse structurelle selon laquelle l'énergie existe en quanta de taille finie hv, où v est la fréquence du rayonnement et h est une constante ($h = 6,54 \times 10^{-27}$ erg sec.).(NdT en 2024 : $6,626 \times 10^{-34}$ J.s)

Ces observations conduisent à la conclusion structurelle révolutionnaire que l'émission de rayonnement se produit de *manière discontinue*, et que les nombres discrets caractéristiques font ainsi leur apparition.

Il semble naturel qu'en raison de cette apparition particulière des nombres entiers, les processus périodiques tels que les rotations ou les oscillations soient étroitement reliés structurellement à la théorie quantique. En fait, la réconciliation structurelle et sémantique la plus importante des équations différentielles continues de l'ancienne mécanique avec l'apparition de nombres entiers discontinus a été résolue par la nouvelle mécanique quantique sur cette base, comme nous l'expliquons dans le chapitre suivant.

La théorie cinétique de la chaleur et la théorie atomistique de l'électricité ont fait preuve d'une énorme productivité. Il est tout à fait naturel que ces théories (structures verbales) soient hautement opérationnelles, compte tenu de la structure de nos systèmes nerveux, telle qu'elle est expliquée dans les chapitres précédents. C'est ce principe d'individualisation qui nous a tant aidés. La théorie quantique est une tentative structurelle d'étendre cette méthode d'individualisation, ou le principe atomistique, aux processus eux-mêmes.

De même que nous avons introduit des unités ou des quanta élémentaires de masse et, plus tard, un quantum élémentaire de charge électrique, nous avons besoin d'un quantum élémentaire d'action dans le cadre de nos connaissances plus récentes. L'action est définie comme l'énergie multipliée par le 'temps', ou $A = Et$.

Naturellement, un produit tel que l'énergie multipliée par le 'temps' doit jouer un rôle structurel et sémantique extrêmement important dans ce monde de l'espace-temps, où rien ne se produit 'instantanément', mais où toute action nécessite du 'temps'. Si nous pouvions découvrir une unité d'action, nous pourrions passer du langage de "l'énergie" et du 'temps' au langage de "l'action" et des '*temps*'. Ce langage est d'ailleurs beaucoup plus satisfaisant et structurellement plus proche de l'expérience que les anciens langages. "L'action", telle qu'elle est définie structurellement (produit de "l'énergie" par le 'temps'), est l'une des deux entités fondamentales de la physique pré-relativité qui ont survécu à la révolution d'Einstein. Il s'agit vraiment d'un terme universel que nous pouvons appliquer sans risquer de dégrader la science en bavardage privé. Du point de vue neurologique, puisqu'il s'agit d'unités et de temps définis, ce terme présente tous les attributs structurels d'une abstraction de premier ordre et d'une importance sémantique réelle. L'énergie dans l'espace-temps doit nécessairement être reformulée en 'action'. La théorie quantique postule structurellement que l'action des processus physiques est constituée d'un certain nombre de quanta d'action élémentaires.

Du fait que les ondes électromagnétiques et les ondes lumineuses ont la même vitesse, Maxwell a conclu que les ondes lumineuses sont de nature électromagnétique, une conclusion que d'autres expériences ont pleinement justifiée. En 1905, Einstein a appliqué avec succès le principe structurel quantique à la théorie de la lumière et, en 1907, à la théorie de la chaleur des corps solides.

L'évolution de nos théories concernant la structure interne des atomes a, jusqu'à récemment, suivi de près nos théories astronomiques, mais avec la nouvelle mécanique quantique, cette analogie structurelle semble moins utile. Le premier modèle atomique sur une base électrique a été proposé par J. J. Thomson. Il supposait que l'atome était constitué d'un volume sphérique uniformément dense, chargé d'électricité positive, à l'intérieur duquel les électrons décrivaient des orbites circulaires. Mais la découverte de la radioactivité et le fait que les rayons alpha pouvaient traverser plusieurs centimètres d'atomes (ce qui signifie qu'ils pénétraient à travers plusieurs milliers d'atomes), sans que leur direction soit modifiée, ont rendu ces hypothèses structurellement indéfendables.

Les photographies de Wilson (Fig. 2) montrent clairement qu'un seul atome peut dévier la particule alpha d'un angle important, ce qui montre que le noyau d'un atome doit être considéré comme une très petite partie du volume de l'atome. Les grandes déviations des particules alpha montrent également que la masse du noyau doit être beaucoup plus importante que la masse des particules déviées. Les observations montrent également que les déviations augmentent avec le poids atomique des matériaux déviants. Ces faits et d'autres similaires ont conduit à l'hypothèse structurelle que la masse de l'atome est principalement concentrée dans le noyau et que la masse des électrons doit être très faible par rapport à celle du noyau.

Fig. 2

Comme les atomes sont en général électriquement neutres, nous devions supposer que les charges positives du noyau étaient compensées par les charges négatives des électrons. Ces considérations structurelles et d'autres ont conduit Rutherford à proposer un modèle atomique différent, qui a eu beaucoup plus de succès pendant un certain temps.

L'atome de Rutherford est supposé être composé d'un noyau d'électricité positive entouré d'électrons négatifs. L'atome le plus simple est celui de l'hydrogène, et qu'on a supposé constitué d'un électron tournant autour du noyau positif le plus simple ou proton, chacun ayant une charge, $e = 4{,}77 \times 10^{-10}$ *e.s.u.*, (NdT en 2024 : $-1{,}602 \times 10^{-19}$ Coulomb) et des masses différentes, la masse du noyau ou proton étant 1845 fois la masse de l'électron. Les autres atomes représentent des structures plus complexes constituées de protons et d'électrons, dans les détails desquelles il n'est pas nécessaire d'entrer ici. Mais cette théorie s'est heurtée à des difficultés d'ordre théorique et expérimental. Niels Bohr a éliminé la plupart d'entre elles en appliquant la théorie quantique à l'atome.

Pour simplifier la rédaction de ce qui suit, j'utiliserai un langage descriptif en omettant dans chaque déclaration 'nous supposons', etc., mais le lecteur doit être constamment vigilant de ce que lorsque nous traitons des niveaux submicroscopiques, nous avons affaire à des unités inférentielles dont la représentation implique un grand nombre d'hypothèses. Pour mon propos, il suffit de souligner

(1) le fait *négatif* que la structure des matériaux est définitivement différente de ce qui était supposé avant l'avènement des théories quantiques,

(2) qu'*en science*, les unités inférentielles représentent des abstractions d'ordre supérieur et sont aussi fiables que les abstractions d'ordre inférieur que nous recueillons aux niveaux macroscopiques, *si* elles sont traitées sémantiquement comme des unités *hypothétiques*.

Le profane en sciences devrait se rendre compte que sa 'vision du monde' semble aussi pleine d'hypothèses que n'importe quelle vision scientifique, sauf que ses hypothèses ne sont pas conscientes et ne peuvent pas être vérifiées, alors que la plupart des hypothèses scientifiques sont conscientes et sont *continuellement vérifiées*.

Dans l'ancienne théorie, les orbites des électrons étaient supposées arbitraires ; dans la théorie de Bohr, ce sont les orbites qui priment, pour lesquelles une magnitude définie, un multiple entier du quantum d'action élémentaire, est spécifiée. Nous proposons des orbites à un quantum, des orbites à deux quantums, etc., auxquelles correspondent des valeurs définies des orbites, de la vitesse, du nombre de révolutions et de l'énergie. Dans une orbite à un quantum, par exemple, la vitesse est supposée être égale à $c/140$, c'est-à-dire un $140^{\text{ème}}$ de la vitesse de la lumière, et le nombre de révolutions égal à 6000 milliards par seconde.

Plus tard, Bohr a modifié la structure de son modèle atomique en tenant compte du mouvement du noyau. L'électron n'était plus censé tourner autour du proton, mais le proton et l'électron étaient supposés tourner autour de leur centre de gravité commun. Dans sa forme la plus simple, le modèle atomique de Bohr est illustré à la Fig. 3. Il représente l'atome d'hydrogène, que nous supposons être constitué d'un noyau avec une charge positive et d'un électron qui tourne autour de ce noyau. Le noyau est désigné par une étoile, les trois

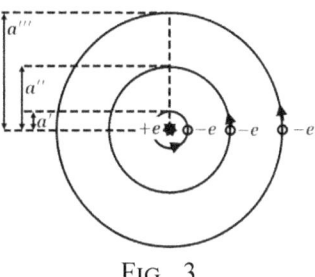

Fig. 3

cercles représentent les orbites possibles pour l'électron. L'orbite de rayon a' est la plus stable et l'électron de l'hydrogène est généralement supposé s'y trouver, mais sous l'action de la chaleur, des champs électriques, des collisions, etc., l'électron peut être déplacé vers l'une des orbites extérieures a'' ou a'''. Un tel état n'est pas très stable et, tôt ou tard, l'électron est supposé revenir sur l'orbite a'. Au cours de ces transitions de l'électron, de l'énergie est émise. Ce modèle structurel est similaire au système planétaire copernicien, la planète-électron tournant autour du noyau solaire.[1]

Les diagrammes ci-dessus montrent schématiquement la structure supposée de certains des atomes les plus simples.

La Fig. 4 représente l'atome d'hydrogène, composé d'un proton et d'un électron tournant autour du proton. La masse du proton est environ 1 845 fois supérieure à celle de l'électron, et nous supposons que le proton nous donne effectivement la masse de l'atome.

La Fig. 5 représente l'atome neutre d'hélium. Son noyau est constitué de quatre protons et de deux électrons, et il a deux électrons tournants ; en tout, quatre protons avec quatre charges positives et quatre électrons avec quatre charges négatives, les charges se neutralisant simplement l'une l'autre.

La Fig. 6 représente un atome d'hélium qui a perdu un électron. Il possède donc quatre charges positives et seulement trois charges négatives. Un tel atome a une charge positive résultante et est désigné par He^+. Si l'atome d'hélium perd deux électrons, il est doublement chargé d'une charge positive (He^{++}). Le noyau d'hélium He^{++}, comme le montre la Fig. 7, représente la particule émise par les matériaux radioactifs.

Le lithium est constitué de deux isotopes, c'est-à-dire de deux éléments qui semblent extrêmement similaires l'un à l'autre en termes de caractéristiques physiques et chimiques, mais qui diffèrent l'un de l'autre par le nombre d'électrons et de protons. La Fig. 8 représente le lithium$_6$, avec 6 protons et 3 électrons dans le noyau, et 3 électrons tournants. La Fig. 9 représente le lithium$_6$, avec 7 protons et 4 électrons dans le noyau et 3 électrons tournants.[2]

En termes généraux, Bohr a essayé de rendre compte de tous les autres atomes sur la base de la structure de l'atome d'hydrogène. La prochaine généralisation et extension importante de la théorie de Bohr a été réalisée par Sommerfeld vers 1915. La réussite de Sommerfeld peut être comparée à l'avancée réalisée par Kepler sur la théorie copernicienne des mouvements planétaires. Copernic considérait les orbites planétaires

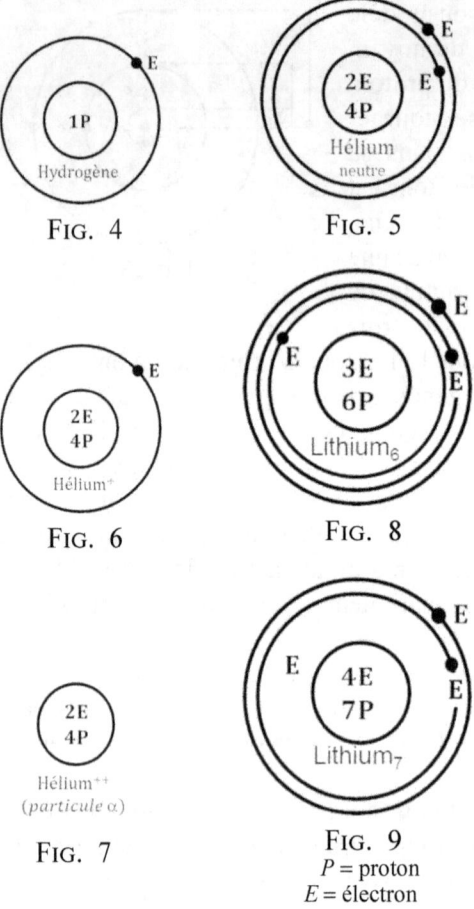

Fig. 4
Fig. 5
Fig. 6
Fig. 8
Fig. 7
Fig. 9
P = proton
E = électron

comme circulaires. Kepler* les considérait comme elliptiques et a ainsi introduit un progrès structurel considérable en astronomie. Sommerfeld a remplacé les orbites circulaires de Bohr par des orbites elliptiques. La théorie est devenue beaucoup plus compliquée, car un cercle est donné par une seule grandeur, à savoir son rayon, tandis qu'une ellipse nécessite deux données, son grand axe et son petit axe, et donc deux nombres quantiques pour la spécification d'une orbite. Sommerfeld a également introduit certains résultats de la théorie d'Einstein, par exemple le fait que la masse d'un corps dépend également de sa vitesse. Comme la vitesse des électrons négatifs dans l'atome est supposée être très grande, il est probable que les considérations relatives à la relativité soient appréciables. Selon la théorie d'Einstein, plus un corps se déplace rapidement, plus sa masse est importante. Sur une orbite elliptique, l'électron devrait avoir une masse plus importante au périhélie qu'à l'aphélie, et donc l'orbite ne serait pas exactement une ellipse, mais le périhélie avancerait légèrement à chaque révolution.

La Fig. 10 nous donne l'orbite de Kepler relativiste telle qu'elle a été introduite par Sommerfeld. O est le foyer fixe dans lequel se trouve le noyau et P est la position initiale du périhélie. Le mouvement du périhélie se produit dans un sens avec celui de l'orbite.[3]

La dernière analogie dans la structure de l'atome reprise de l'astronomie a été introduite en 1925, lorsque Goudsmit et Uhlenbeck ont proposé leur théorie de l'électron en rotation. L'électron était supposé tourner autour de son axe comme une planète ou une toupie. Une notion similaire a été utilisée par Compton en 1921, en relation avec le magnéton, mais l'idée d'utiliser l'électron en rotation pour résoudre une difficulté structurelle dans la théorie quantique, et donc d'attribuer un quatrième degré de liberté aux électrons, est née chez Goudsmit et Uhlenbeck indépendamment des travaux de Compton.[4] Il n'est pas nécessaire pour notre propos de suivre tous les raffinements ultérieurs des théories classiques. Il suffit de dire que les scientifiques travaillent sous un contrôle mutuel extrêmement strict et que toute théorie avancée

---

* La première loi de Kepler stipule que : "La planète se déplace sur une ellipse dont l'un des foyers est le soleil. Le périhélie est le point de l'orbite d'une planète où elle est la plus proche du soleil. L'aphélie est le point de l'orbite d'une planète où elle est la plus éloignée du soleil".

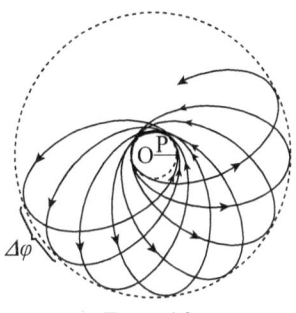

Fig. 10

dans le domaine scientifique n'est prise en considération que lorsque les nouvelles théories s'accordent mieux avec les expériences et qu'elles s'avèrent également structurellement fructueuses pour prédire de nouveaux faits expérimentaux, qui doivent à nouveau résister à l'épreuve de l'expérience.

Les orbites de Sommerfeld se sont révélées être un progrès par rapport aux anciennes orbites de Bohr, mais elles ont également dû être affinées pour tenir compte du fait que l'électron ne semble pas tourner autour d'un simple noyau, mais autour d'un *noyau* composé du noyau et d'un ou plusieurs électrons ; nous avons donc eu à nouveau des orbites plus complexes.

Pour notre objectif sémantique, il suffit de dire qu'au mieux de nos connaissances (1933), ce monde semble entièrement *différent* de ce que nos ancêtres primitifs connaissaient il y a des milliers d'années, et peut-être de ce que le profane en sciences moyen connaît aujourd'hui. Comme les problèmes de 'sanité' sont des problèmes d'*ajustement* sémantique, et que l'ajustement signifie s'adapter à quelque chose - en l'occurrence aux structures du monde autour de nous et en nous - il semble impératif que nous tenions compte de la meilleure connaissance que nous ayons de ces structures.

Les quelques remarques faites ci-dessus sur la structure de la 'matière' montrent déjà sans équivoque que l'ancienne 'matière' n'est pas si 'matérielle', si 'solide', si définie que nous l'avions supposé ; mais elle représente un *processus*. Nous voyons que notre système nerveux, en raison de sa croissance et de son évolution graduelles, a développé différents niveaux ou strates ; notre 'connaissance' a également différents niveaux ou strates, fonctionnant comme-un-tout, bien que différents aspects de celle-ci puissent être analysés en termes d'ordre. Le lecteur doit se rendre compte qu'en raison des anciennes *réactions sémantiques*, nous avons toujours 'besoin' de certains 'morceaux' de quelque chose pour en parler. Il s'agit d'une conséquence sémantique de notre langage préscientifique, *élémentalistique*, qui suppose 'matière', 'espace' et 'temps' absolus. Ainsi, par un processus d'identification, nous attribuons à ces termes une existence objective. Dans l'ancienne façon de parler, le terme 'est' d'identité jouait le rôle principal de ravage sémantique.

Autrefois, les électrons étaient souvent considérés comme des 'morceaux' de quelque chose ou d'autre. Pour le profane en sciences, un 'morceau' était assimilé à de la 'matière', et c'est là qu'apparaît une grande confusion. Même un 'morceau' de quelque chose n'est pas nécessairement matériel. Les matériaux, par *définition*, sont censés présenter une couleur, une température, une dureté, etc. Un 'morceau' qui n'aurait pas ces caractéristiques ne serait pas matériel par définition.

Bien que "l'électron" soit défini comme une charge électrique, nous avions autrefois l'habitude de considérer les électrons comme des 'morceaux' définis de quelque chose, une sorte de 'matière'. Par un processus d'objectification, nous les faisions tourner sur des 'orbites' définies, avec des 'vitesses' définies, etc., ce qui impliquait l'application définie de *termes* tels que 'espace' et 'temps', dérivés de l'*expérience macroscopique brute*, mais pas nécessairement applicables aux niveaux subatomiques.

Ce qui a été dit ici sur la structure de la 'matière' est tout à fait suffisant pour notre objectif. Ici, comme toujours, les résultats *négatifs* - le 'n'est pas' - comptent. Nous sommes désormais en mesure de comprendre que les preuves écrasantes fournies par la science, qu'il serait impossible de répéter ici, nous montrent une image structurelle du monde d'une complexité, d'une beauté et d'un mystère extraordinaires, d'une structure dont nos ancêtres primitifs n'auraient jamais pu rêver, eux qui ont formulé les structures mythologiques actuelles qui ont façonné nos *réactions sémantiques* et nos langages les plus anciens.

Pour notre propos, nous pouvons résumer ce que nous savons de la structure de la 'matière' de la manière suivante. Les fragments de matériaux visibles et invisibles à l'œil nu semblent moins simples que nous le supposons et représentent, au mieux de nos connaissances (1933), des processus extrêmement complexes d'une structure dynamique. Il apparaît également que nos formes habituelles de représentation verbale, construites par nos ancêtres primitifs, n'ont pas une structure similaire à celle du monde et ne sont donc pas aptes à représenter les événements qui se déroulent à des niveaux indicibles. Comme toutes nos connaissances sont dues à la structure et à la fonction de notre système nerveux, qui représente un mécanisme pour abstraire, toutes nos connaissances apparaissent donc comme des sortes d'abstractions de différents ordres, à différents niveaux, de différents caractères, et d'une précision et d'une intensité variables, entraînant diverses *réactions sémantiques* générales ou individuelles définies.

Pour ramener ce qui est dit ici au niveau inférieur d'abstraire, c'est-à-dire au niveau de la visualisation structurelle et de la sensation, nous pouvons utiliser l'analogue grossier d'un ventilateur électrique ou mécanique. Lorsqu'un tel ventilateur tourne, nous *voyons un disque*, simplement parce que notre système nerveux a évolué dans des conditions naturelles nécessitant l'intégration, et ne fait donc pas de distinction entre les pales qui tournent. Les différentes pales en rotation sont visuellement présentées comme un seul disque solide, bien qu'il n'y ait pas de disque.

D'après nos meilleures connaissances, les atomes représentent de minuscules configurations énergétiques ou des structures dynamiques où se déroulent des processus extrêmement rapides, que notre système nerveux assimile à des 'solides'. Si l'on en juge par nos normes actuelles en matière de science et par la quantité de connaissances dont nous disposons, on peut considérer qu'à l'époque de Newton (1643-1727), la science n'en était qu'à ses balbutiements. À cette époque, nous en savions peu sur les points brillants que nous voyons dans le ciel, et davantage sur les faits macroscopiques bruts de notre expérience quotidienne. Le génie de Newton a non seulement fait progresser les connaissances détaillées de son époque dans de nombreuses branches de la science, mais il a également formulé deux théories générales. L'une est le calcul différentiel et intégral, qu'il a découvert indépendamment de son contemporain Leibnitz, l'autre est ce que nous appelons la mécanique.

À l'époque de Newton, les problèmes des niveaux d'investigation macroscopique, microscopique et sous-microscopique n'étaient pas encore apparus au sens moderne du terme, bien qu'en formulant le calcul différentiel et intégral, une étape structurelle théorique ait été franchie vers l'analyse des processus aux niveaux les plus subtils. Tout naturellement, nous avons appliqué la sagesse dérivée de Newton à toutes les phases de la vie et de la connaissance. Avec l'avènement d'une connaissance structurelle plus détaillée des phénomènes électromagnétiques qui se produisent à des niveaux submicroscopiques et macroscopiques, des difficultés ont commencé à apparaître. Il semblait que la mécanique newtonienne n'était pas entièrement applicable à ces nouveaux phénomènes à plus petite échelle. Finalement, Maxwell (1831-1879) a élaboré sa célèbre théorie de l'électromagnétisme. Cette théorie semble structurellement en désaccord avec la mécanique classique. Des tentatives ont été faites pour réconcilier les deux types de phénomènes en une seule théorie. Les problèmes de la structure et des niveaux macroscopiques, microscopiques et submicroscopiques sont apparus au premier plan.

Avec l'avènement de la théorie quantique, d'autres difficultés sont apparues. Il est devenu évident que ni la mécanique classique 'continue', ni la théorie électromagnétique classique ne pouvaient rendre pleinement compte des faits quantiques 'discontinus'. La situation est devenue aiguë et déconcertante. La théorie d'Einstein, avec sa profonde révolution structurelle, sémantique et méthodologique, nous a libérés de nos illusions sémantiques sur l'unicité, l'absolu et 'l'objectivité' de 'matière', de 'espace' et de 'temps'. Elle a créé une nouvelle attitude sémantique dans la jeune génération de scientifiques déjà formés à cette nouvelle structure, et donc libérés des anciens préjugés. De nouvelles théories sont maintenant formulées selon des lignes de plus en plus constructives et créatives.

Il est vrai que jusqu'à présent, ni les 'psychologues' ni les 'philosophes' n'ont accordé suffisamment d'attention aux sujets abordés ici et ne nous ont donc pas rendus conscients des problèmes structurels et sémantiques qu'ils posent. Cependant, la théorie d'Einstein a eu une profonde influence structurelle sur les attitudes sémantiques des jeunes scientifiques, bien qu'ils en soient pour la plupart inconscients.

Les principales questions qui se posent sont de deux ordres. L'un est sémantique : il s'agit d'inculquer le ressenti structurel permanent que les mots *ne sont pas* les choses qu'ils représentent. S'il est appliqué de manière habituelle, ce ressenti conduit au rejet du terme 'est' d'identité. L'autre consiste à remplacer les anciens langages et méthodes par des langages structurellement nouveaux et de nouvelles méthodes, dans lesquels, lorsque nous décrivons des événements ordonnés, nous décrivons le fonctionnement, le comportement, etc., en parlant davantage dans un langage de ce que quelque chose 'fait' que dans l'ancien langage de ce que quelque chose 'est', qui, comme nous l'avons vu, *ne peut être que* toujours structurellement fallacieux et sémantiquement dangereux.

Le lecteur ne doit pas prendre à la légère ces questions structurelles et sémantiques les plus générales. Elles sont exceptionnellement importantes pour la sanité. Lorsqu'elles sont formulées, nous pouvons les transmettre et éduquer assez facilement les enfants aux nouvelles *réactions sémantiques*. Il est beaucoup plus difficile, après avoir éduqué un enfant à fond dans les *vieilles* habitudes sémantiques structurelles vicieuses d'identification, de devoir éventuellement nommer un ange gardien pour le surveiller jour et nuit afin de lui rappeler qu'un mot *n'est pas* un objet, etc. Une telle procédure serait très contraignante pour nous et pour l'ange gardien. Elle serait probablement aussi très coûteuse, si l'on en juge par les substituts terrestres actuels des 'puissances célestes'.

Une fois que l'on s'est rendu compte de cela et qu'on l'a appliqué, la deuxième question devient une question linguistique purement structurelle. Il n'y a aucune raison *a priori* pour qu'un langage qui s'applique à un niveau s'applique à un autre.

Au vu de ces deux questions principales, on comprend aisément pourquoi la science moderne s'efforce tant de développer des langages et des méthodes fonctionnels afin de pouvoir décrire en termes d'ordre les événements et les processus observés. On pourrait dire une chose similaire de *toutes* les théories qui postulent un mécanisme trop précis, impliquant généralement une identification quelque part.

La moindre divergence entre une telle théorie et l'observation élimine la théorie comme structurellement insatisfaisante, tandis que les théories qui parviennent à ne pas postuler de mécanismes, et qui sont donc formulées dans un langage fonctionnel, durent beaucoup mieux. L'un des énormes avantages de la théorie magnétique de Maxwell est qu'elle décrit le comportement de l'électricité et du magnétisme tout en ne postulant pratiquement aucun mécanisme ! Une affirmation similaire s'applique également à la théorie d'Einstein.

Les remarques générales ci-dessus sont très bien illustrées par la nouvelle mécanique quantique.

Les théories classiques, comme toutes les théories scientifiques, étaient très satisfaisantes à bien des égards, mais pas à tous, ce qui est un idéal inatteignable toujours exigé d'une bonne théorie scientifique. Elles postulaient également un mécanisme trop précis, ce qui a donné lieu à la perturbation sémantique appelée identification. En effet, j'ai lu un discours prononcé par un éminent physicien dans lequel il affirme avoir 'vu' un 'électron' et invite tout le monde à le 'voir'. Il défie ses détracteurs et semble avoir envie de se battre - un résultat tout à fait habituel de l'identification. Les électrons représentent des *entités inférées* et, en tant que telles, ne peuvent être 'vues', mais seulement inférées, ce qui n'enlève rien à l'importance des 'électrons'. Le fait de 'voir' était suffisant dans les débuts de la science, mais pas en 1933. Nous 'voyons' le bâton cassé dans l'eau, la caméra l'enregistre comme cassé, et pourtant il n'est pas cassé. Nous 'voyons' le ventilateur comme un disque, la caméra l'enregistre comme tel, mais il n'y a pas de disque. Nous 'voyons' un morceau de bois ou de pierre 'solide' qui, au microscope, s'avère avoir une structure très différente, etc.

Autrefois, l'électrodynamique des corps en mouvement présentait des difficultés assez semblables à celles rencontrées dans la mécanique quantique. Einstein, par un coup de génie faisant date, a résolu le problème en observant que, dans les langages en question, nous utilisions une notion de 'simultanéité' qui ne correspondait à aucun phénomène structurel observable dans le monde physique. Il a découvert qu'il est impossible d'établir la simultanéité de deux événements se produisant à des endroits différents, et qu'une révision complète de nos anciennes théories est nécessaire à cet égard. Einstein a formulé une procédure, une méthode de mesure, en tenant compte des lois connues de la propagation de la lumière et des phénomènes électromagnétiques.

Il a une fois de plus établi la thèse sémantique la plus importante, à savoir que les lois de la nature sont des relations découvertes entre des événements réellement observés ou *fondamentalement observables*.

Il semble que l'ancienne mécanique quantique ait introduit des entités objectifiées qui n'ont jamais été observées, comme, par exemple, les positions, les vitesses et les périodes des 'électrons' à l'intérieur de l'atome. Comment pourrions-nous en effet trouver des longueurs et des 'temps' *à l'intérieur* de l'atome? Une telle procédure nécessite l'introduction de tiges et d'horloges, elles-mêmes constituées d'atomes, de sorte qu'*à l'intérieur* de l'atome, une telle procédure ne peut être appliquée. Nous voyons clairement que toutes ces conclusions sont de nature indirecte ; mais il va de soi que ces conclusions devraient être fondées sur des faits observables, et pas seulement sur notre liberté d'utiliser des mots de quelque manière que ce soit. Il s'ensuit que nous devons renoncer à un langage qui parle de la 'position' d'un électron à un 'moment' donné, etc., et utiliser à la place un langage qui décrit des caractéristiques observables, comme, par exemple, les niveaux d'énergie qui sont directement mesurables par les impacts d'électrons et les fréquences qui en découlent, l'intensité et la polarisation des ondes émises ; au lieu de 'mouvements' électroniques à l'intérieur de l'atome, qui ne sont jamais et ne *peuvent* jamais *être* réellement *observés*. Il est structurellement indispensable de rechercher ces données qui sont vraies ou au moins observables.

Comme les mots ne sont pas les choses dont nous parlons, et que la structure est le seul lien entre eux, la structure devient le seul contenu de la connaissance. Si nous parions sur des structures verbales qui n'ont pas de structures empiriques observables, ce jeu ne pourra jamais nous donner d'informations structurelles sur le monde. Par conséquent, ces structures verbales sont structurellement obsolètes et, si nous y croyons, elles induisent des délires ou d'autres perturbations sémantiques.

CHAPITRE XLI
LA NOUVELLE 'MATIÈRE'

> La double nature de la lumière, onde lumineuse et quantité lumineuse, est ainsi étendue aux électrons et, plus loin, aux atomes : leur nature ondulatoire s'affirme de plus en plus, théoriquement et expérimentalement, comme concomitante de leur nature corpusculaire. (481)
>
> A. SOMMERFELD

> Les concepts d'amplitude des ondes, d'intensité des champs électriques et magnétiques, de densité d'énergie, etc., ont été dérivés à l'origine d'expériences primitives de la vie quotidienne, telles que l'observation des vagues de l'eau ou des vibrations des corps élastiques. (215)
>
> W. HEISENBERG

> Le problème de la théorie quantique réside dans le fait que l'image de la particule et l'image de l'onde ne sont que deux aspects différents d'une seule et même réalité physique. (215)
>
> W. HEISENBERG

> Il me semble extraordinairement difficile d'aborder des problèmes de ce type tant que nous nous sentons obligés, pour des raisons épistémologiques, de réprimer l'intuition dans la dynamique atomique et de ne travailler qu'avec des idées abstraites telles que les probabilités de transition, les niveaux d'énergie, etc. (466)
>
> E. SCHRÖDINGER

> ... Pour la visualisation, cependant, nous devons nous contenter de deux analogies incomplètes : l'image ondulatoire et l'image corpusculaire. (215)
>
> W. HEISENBERG

> Tout physicien n'est pas épistémologue, et tout le monde ne doit ni ne peut l'être. L'investigation spéciale exige une personne entière, tout comme la théorie de la connaissance. (326)
>
> E. MACH

Le chapitre suivant a été écrit en 1928 et, depuis lors, la nouvelle mécanique quantique a été développée beaucoup plus avant, s'est révélée extrêmement fructueuse et a été étayée à maintes reprises par des expériences. La littérature sur ce sujet ne cesse de s'accumuler, les mémoires classiques les plus importants des initiateurs de ce nouveau courant scientifique ont été rassemblés sous forme de livres et sont désormais facilement accessibles. Il existe également un grand nombre d'excellentes présentations techniques et non techniques. En relisant en décembre 1932 ce que j'avais écrit en 1928, j'ai constaté que, bien que sous certains aspects la présentation puisse être considérée comme insatisfaisante et désuète, l'aspect épistémologique de l'ancienne présentation reste valable. Il semble donc souhaitable de conserver ce chapitre et d'y ajouter seulement quelques suggestions supplémentaires $\bar{A}$.

On sait que pratiquement tous les physiciens créatifs et constructifs, qui ont produit des œuvres révolutionnaires et durables, se sont intéressés à l'épistémologie. Il existe de nombreux physiciens qui connaissent autant de physique qu'un Einstein, par exemple, mais ce dernier reste tout à fait unique et ses travaux sont dans une large mesure à l'origine des développements révolutionnaires actuels de la physique. La raison en est simple. Einstein a corrigé une erreur épistémologique établie de longue date, qui peut être exprimée dans mon langage comme le rejet de l'erreur structurelle de l'élémentalisme dans un domaine limité mais très important de la physique. Il a également établi et appliqué de nouveaux principes épistémologiques fondamentaux, ce qui est une autre façon de dire qu'il a établi de nouvelles normes d'évaluation en physique, comme par exemple, que nous ne devrions jamais postuler des entités qui ne peuvent pas être observées, que les 'lois de la nature' devraient être formulées en termes de relations généralement invariantes exprimées dans des équations tensorielles, etc.

La faiblesse du système d'Einstein, qui a donné lieu à de nombreuses et vaines critiques, réside dans le fait qu'il a éliminé l'élémentalisme dans une région vitale de la physique, mais qu'il n'a pas formulé le *principe épistémologique général du non-élémentalisme*, qui devrait être appliqué partout, y compris dans la vie quotidienne. Il n'aurait pu l'accomplir sans une enquête encore plus approfondie sur le mécanisme du time-binding, qui produit toute la science, et qui conduit à la découverte de l'erreur fondamentale dans l'utilisation du 'est' d'identité. Ce n'est qu'après avoir éliminé ce vestige de l'être humain primitif que la *structure* devient le seul lien possible entre le monde objectique et le monde verbal, et qu'elle devient aussi le seul contenu possible de la 'connaissance'. La 'similarité de structure' exige alors l'élimination complète et générale de tout élémentalisme dans la science et dans la vie.

La force de la nouvelle mécanique quantique réside dans le fait que les jeunes physiciens ont accepté les nouvelles normes d'évaluation ou principes épistémologiques einsteiniens qui avaient fait date ; la faiblesse réside dans le fait que les scientifiques ne se rendent pas compte que l'erreur de l'élémentalisme est entièrement générale et vicie *toutes* les perspectives scientifiques. Personne ne peut produire des théories satisfaisantes, ni les évaluer, ni les interpréter correctement tant qu'il continue à utiliser les 'logiques' et les 'psychologies' *élémentalistiques* et peu-valuée, qui se trouvent actuellement toujours au fond de toute 'évaluation' ou 'interprétation'.

Les derniers travaux de Dirac vont très loin dans la direction de la construction de la physique $\bar{A}$ en établissant son langage de transformations, d'états, d'observables, etc., en attribuant une *structure* aux protons, aux pôles magnétiques, etc., mais même Dirac ne semble pas se rendre compte des problèmes fondamentaux généraux $\bar{A}$ que cela implique. Dirac déclare : "La description que la mécanique quantique nous permet de donner *n'est simplement qu'*une façon de parler qui nous aide à déduire et à nous souvenir des résultats des expériences et qui ne conduit jamais à des conclusions erronées. *Il ne faut pas chercher à lui donner trop de signification.*"[1] (Les italiques sont de moi.) Les mots en italique montrent que même Dirac ne réalise pas pleinement le mécanisme d'identification, car sinon il n'aurait pas utilisé ces mots sous cette forme. Si nous abandonnons complètement l'identification, alors une théorie ou un livre, étant verbal, ne représente rien d'autre qu'un langage spécial ; il n'y a pas non plus de 'simplement' à ce sujet, la structure étant le seul lien possible entre les mondes non-verbal et verbal. Au lieu d'avertir le lecteur "qu'il ne faut pas essayer de lui donner trop de signification", nous devons simplement *insister* sur le fait que la *seule* 'signification' doit être recherché dans la structure, etc., le 'trop de signification' indique toujours une évaluation inappropriée et, en fin de compte, des perturbations sémantiques.

La littérature physique actuelle montre que les principaux problèmes "d'interprétation" dépendent de la *solution* des problèmes *multiordinaux* de 'observation', 'réalité', 'fait', etc., et se situent à la frontière de la solution *scientifique* des problèmes de 'délires', 'illusions' et 'hallucinations' pathologiques, qui impliquent tous les problèmes fondamentaux de l'élimination de l'identification. Mais une fois que les questions $\bar{A}$ sont formulées structurellement et appliquées dans la pratique, elles aboutissent à une orientation $\bar{A}$, *non-élémentalistique*, ∞-valuée, qui implique la reconnaissance de la *multiordinalité* des termes, etc., qui résout également les problèmes des 'interprétations' quantiques, dont je ne peux entrer dans les détails ici.

À l'origine, les auteurs quantiques étaient enclins à attribuer une 'signification physique' aux ondes. La tendance actuelle des spécialistes est de considérer les ondes comme 'purement symboliques', en oubliant que, expérimentalement, quelque chose d'autre que les symboles 'épouse les formes'. Du point de vue $\bar{A}$, lorsque les problèmes de la multiordinalité de termes tels que 'observation', 'fait', 'réalité', etc., seront compris, nous devrons attribuer une 'réalité physique' aux ondes, attribuer une *structure* plus fine à "l'électron", etc. Nous devrions également abandonner l'orientation-'particule' A (*Aristotélicienne*) et traiter 'électron', 'proton', etc., d'une manière $\bar{A}$, ∞-valuée, comme de minuscules *champs* qui, dans les conditions expérimentales actuelles, se comportent comme des 'particules'. Cette orientation-champ $\bar{A}$ suggère un grand nombre d'interprétations possibles, impossibles dans l'orientation-'particule' A (*Aristotélicien*).

D'un point de vue mathématique, la géométrie des courbes de "remplissage de l'espace" devrait être développée davantage afin de mieux comprendre la *structure des plénums* et ces connaissances devraient être appliquées à la physique.

Nous devrions également procéder à une série d'expériences directes avec une boîte de Faraday plus élaborée. Un petit laboratoire en bois devrait être isolé du reste du monde par tout *écran énergétique* disponible et les expériences physiques répétées dans ces nouvelles conditions dynamiques. Techniquement, l'enroulement de fils isolés d'une épaisseur de 30 cm, par exemple, pour différents courants, ne présenterait aucune difficulté, à l'exception de la porte qui devrait également faire partie du circuit. Les résultats probables des expériences menées dans un tel laboratoire dans différentes conditions pourraient être calculés à l'avance, et l'on peut raisonnablement s'attendre à ce que des écarts au moins significatifs apparaissent entre les calculs et les expériences réelles, ce qui jetterait une lumière nouvelle sur la structure du plenum spatio-temporel, la connexion éventuelle entre la gravitation et l'électromagnétisme, etc. Les arguments seuls ne seront d'aucune utilité dans ce domaine et seules les expériences indiqueront la voie à suivre.

En raison de l'abondante littérature traitant de la nouvelle mécanique quantique, il semble inutile de s'y attarder davantage, si ce n'est en exprimant l'espoir que certains mathématiciens et physiciens maîtriseront l'orientation $\bar{A}$ ∞-valuée et réviseront les théories existantes.

Section A. Introduction.

Les nouvelles recherches sur la structure des matériaux de l'univers se sont déroulées dans des conditions uniques. D'une part, depuis que Planck, en 1900, est à l'origine de la théorie quantique, que nous appelons aujourd'hui la théorie quantique classique, la quantité de faits expérimentaux allant dans le sens d'*une certaine* théorie quantique est devenue très convaincante, mais, d'autre part, l'absence d'une théorie structurellement satisfaisante pour coordonner ces nouveaux faits expérimentaux devient pénible.

Il semble qu'il y ait un manque de 'génies' capables de produire les nouvelles théories requises, ou que les génies existent, mais qu'ils sont incapables de fonctionner correctement. Ils semblaient souffrir d'un blocage sémantique dû à une identification qui réussissait à empêcher une vision plus large et sans entrave.

Les théories de coordination *ont* actuellement *été* produites. Dans la production de la nouvelle mécanique quantique, nous voyons à l'œuvre l'influence sémantique libératrice inconsciente des systèmes $\bar{E}$ et $\bar{N}$ qui avaient été développés et que nous avons déjà analysés. Les théories classiques étaient dans une impasse structurelle, mais avec l'arrivée de jeunes scientifiques, qui ont été éduqués dans la liberté sémantique théorique de ces nouveaux systèmes, le blocage sémantique dû à l'attribution d'une 'objectivité' à 'matière', 'espace' et 'temps' a été supprimé, les forces créatrices ont été libérées et ces jeunes scientifiques ont procédé à la construction des formulations structurelles nécessaires. Ils sont aujourd'hui considérés à juste titre comme des génies.

Il est étonnant de voir comment ces jeunes scientifiques post-einsteiniens, issus de différents pays et de différentes tendances, ont produit, indépendamment et pratiquement simultanément, diverses nouvelles théories quantiques, en utilisant des méthodes différentes et des langages mathématiques différents, ainsi que des langages nationaux différents. Quand ces différentes théories ont été étudiées et comparées, il s'est avéré qu'elles équivalaient pratiquement à une seule théorie, mais exprimée par des langages mathématiques différents. Aujourd'hui, l'utilisation de différents langages mathématiques pour exprimer un groupe de faits expérimentaux présente l'avantage supplémentaire de fournir des informations structurelles verbales diversifiées sur les problèmes posés. Comme ces développements sont très récents et que les progrès ont été extrêmement rapides, il est difficile de suivre l'état d'avancement du problème.

Dans cet exposé de la nouvelle mécanique quantique, je ne mettrai l'accent que sur l'aspect structurel et sémantique, en traitant les différentes théories comme le comportement de leurs auteurs respectifs et comme l'illustration des questions susmentionnées. De ce point de vue, nous ne sommes pas intéressés à discuter dans quelle mesure les théories données sont 'vraies' ou 'fausses', ce qui ne signifie rien de plus que similaire ou dissimilaire au monde en termes de structure. Nous nous intéressons directement aux aspects sémantiques du comportement humain qui ont été négligés. Quand 'Dupond' met une marque noire sur du papier blanc, il s'agit d'un *comportement humain*, et d'un comportement *propre* à l'être humain. Notre analyse ne porte pas sur la question de la validité de ses actes. Mais puisqu'il l'a fait, analysons ses actes.

Lorsqu'on parle de théories aussi complexes et techniques que la nouvelle mécanique quantique, il est pratiquement impossible d'en donner un compte rendu satisfaisant d'une manière non-technique. Ces théories n'ont pas encore été suffisamment

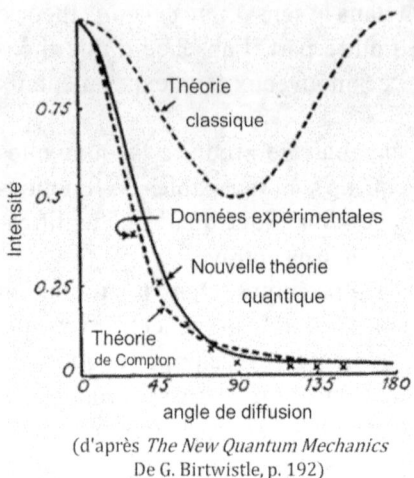

(d'après *The New Quantum Mechanics*
De G. Birtwistle, p. 192)

Fig. 1

approfondies, de nombreux points ne sont pas encore clairs et aucune évaluation correcte n'est possible à l'heure actuelle. Ces difficultés n'ont pas vraiment d'importance pour notre objectif actuel, car ces théories sont des *faits empiriques documentés* et elles jettent une lumière importante sur le comportement humain. Il ne s'agit pas ici de faire des réflexions sur le monde qui nous entoure, mais d'analyser une certaine forme linguistique et structurelle du comportement humain.

Du point de vue de la structure et des *réactions sémantiques*, la mécanique quantique classique serait tout à fait suffisante pour la *sanité* et l'ajustement ; il suffit de se rendre compte que les théories encore plus anciennes de 'matière', 'espace' et 'temps' sont *élémentalistiques, structurellement fallacieuses* et ne représentent que des identifications primitives.

L'avènement d'une telle moisson de génies et de plusieurs théories exprimées très différemment et pourtant presque équivalentes est un événement d'une profonde signification sémantique humaine. Il permet de comprendre le fonctionnement du système nerveux humain et s'inscrit dans le cadre de la théorie générale actuelle.

Du point de vue du physicien, ces nouvelles théories constituent une nette amélioration structurelle par rapport à la théorie classique, ce qui peut être illustré par le diagramme d'un cas particulier. Dans la Fig. 1, les croix indiquent les données expérimentales, les courbes indiquent les résultats prévus par la théorie classique, par la théorie Compton et par la nouvelle mécanique quantique. Il convient de noter que la nouvelle théorie quantique semble beaucoup plus en accord avec les données expérimentales que les théories plus anciennes. Ce fait est d'une grande importance structurelle et sémantique pour nous comme pour le physicien.

Section B. La nature du problème.

À ce stade, nous pouvons expliquer brièvement la nature du problème qui exigeait une solution.

Nous nous sommes familiarisés avec l'utilisation des coordonnées. Cette procédure a été généralisée et a donné naissance aux 'coordonnées généralisées'. Celles-ci sont définies comme des variables *arbitraires* qui représentent non seulement des longueurs, mais aussi des angles, des surfaces, des volumes, etc., tout en étant capables de représenter les $3n$ coordonnées orthogonales. Si, dans un cas particulier, nous faisons en sorte que le nombre de coordonnées généralisées soit égal au nombre de degrés de liberté du système, ces s coordonnées généralisées peuvent être considérées comme indépendantes les unes des autres. Si nous désignons par q_i la coordonnée généralisée, q_i ($i = 1$ à s), alors les coordonnées orthogonales de n'importe laquelle des n particules peuvent être représentées comme des fonctions définies des coordonnées généralisées, de sorte que

$$x_h = f_h(q_1,\ q_2,\ q_3,\ \dots\ q_s). \tag{1}$$

Nous savons que l'énergie cinétique est représentée par $1/2\ mv^2$ où m représente la masse et v la vitesse, ou la dérivée par rapport au 'temps' de "l'espace" parcouru.

Si nous voulons trouver la valeur de l'énergie, nous devons différencier chacune des $3n$ équations (1) par rapport au 'temps', ce qui donne les composantes de la vitesse, les élever au carré, les multiplier par les masses correspondantes et les additionner pour trouver la double valeur de l'énergie.

Pour simplifier, nous désignerons les dérivés 'temporelles' par la lettre choisie mais avec un point au-dessus (méthode newtonienne) ($\dot{q} = \dfrac{\partial q}{\partial t}$). Ainsi,

$$\dot{x}_h = \frac{\partial x_h}{\partial q_1}\dot{q}_1 + \frac{\partial x_h}{\partial q_2}\dot{q}_2 + \ \dots\ + \frac{\partial x_h}{\partial q_s}\dot{q}_s \tag{2}$$

En élevant au carré (2), on obtient

$$\left. \begin{aligned} \dot{x}_h^2 &= \left(\frac{\partial x_h}{\partial q_1}\right)^2 \dot{q}_1^{\,2} + \left(\frac{\partial x_h}{\partial q_2}\right)^2 \dot{q}_2^{\,2} + \dots + \left(\frac{\partial x_h}{\partial q_s}\right)^2 \dot{q}_s^{\,2} \\ &\quad + 2\frac{\partial x_h}{\partial q_1}\frac{\partial x_h}{\partial q_2}\dot{q}_1\dot{q}_2 + 2\frac{\partial x_h}{\partial q_1}\frac{\partial x_h}{\partial q_3}\dot{q}_1\dot{q}_3 + \dots \\ &\quad + 2\frac{\partial x_h}{\partial q_2}\frac{\partial x_h}{\partial q_3}\dot{q}_2\dot{q}_3 + \dots \end{aligned} \right\} \tag{3}$$

La dernière expression (3) peut être simplifiée :

$$\dot{x}_h^2 = \sum_{i=1}^{i=s}\sum_{k=1}^{k=s} \frac{\partial x_h}{\partial q_i}\frac{\partial x_h}{\partial q_k}\dot{q}_i\dot{q}_k. \tag{4}$$

Il est facile de voir que si dans (4) nous mettons $k=i$ nous aurons des membres carrés, et quand $i\neq k$, chaque terme apparaîtra deux fois et donc l'abréviation ci-dessus (4), couvre la formule (3).

Si nous écrivons des expressions similaires pour les $3n$ coordonnées orthogonales, que nous les multiplions par les masses correspondantes et que nous les additionnons, nous obtenons le double de la valeur de l'énergie cinétique $2L$.

$$2L = \sum_{i=1}^{i=s}\sum_{k=1}^{k=s} c_{ik}\dot{q}_i\dot{q}_k, \text{ où}$$

$$c_{ik} = \sum_{h=1}^{h=n} m_h \left[\frac{\partial x_h}{\partial q_i}\frac{\partial x_h}{\partial q_k} + \frac{\partial y_h}{\partial q_i}\frac{\partial y_h}{\partial q_k} + \frac{\partial z_h}{\partial q_i}\frac{\partial z_h}{\partial q_k}\right].$$

Les coefficients du développement de c_{ik} ne dépendent que des valeurs des coordonnées généralisées et sont indépendants de la valeur des dérivées temporelles. Dans un système Lagrangien à n coordonnées généralisées ($q_1, q_2,..., q_i,..., q_n$), les dérivées temporelles peuvent être correctement appelées vitesses *généralisées*, et nous pouvons les désigner par ($\dot{q}_1, \dot{q}_2, ..., \dot{q}_i, ..., \dot{q}_n$), où $\dot{q}_i = \dfrac{\partial q_i}{\partial t}$.[2]

En établissant des formules pour la théorie quantique, nous voulons être aussi généraux que possible et ne pas nous limiter à l'énergie vibratoire. Nous voulons prendre en considération *n'importe quel* point de masse arbitraire, que ce point soit chargé ou non.

Nous définissons la quantité de mouvement ou l'impulsion comme le produit de la masse et de la vitesse, soit $p = mv$. Si, au lieu de désigner nos coordonnées par x, y et z, nous utilisons les coordonnées généralisées q_i, nous aurons pour la magnitude et la direction des vitesses les dérivées temporelles des coordonnées ; à savoir q_i où

$$\dot{q}_1 = \dot{x} = \frac{dx}{dt}, \quad \dot{q}_2 = \dot{y} = \frac{dy}{dt}, \text{ etc.}$$

Si p_1, p_2, p_3 représentent les composantes correspondantes de la quantité de mouvement ou de l'impulsion, nous aurions alors

$$p_i = m\dot{q}_i \tag{5}$$

Il convient de noter que le triplet dynamique des coordonnées de l'impulsion se produit conjointement avec le triplet géométrique des coordonnées de la position. La deuxième loi du mouvement nous dit que 'le changement de quantité de mouvement est proportionnel à la force imprimée et a lieu dans la direction dans laquelle cette force agit'. Si nous supposons que la force K peut être dérivée de l'énergie potentielle E_{pot}, (une fonction de q_i), alors nous avons

$$\dot{p}_i = K_i = \frac{-\partial E_{pot}}{\partial q_i} \tag{6}$$

L'énergie cinétique (E_{kin}) est représentée par

$$E_{kin} = \frac{m}{2}(\dot{q}_1^2 + \dot{q}_2^2 + \dot{q}_3^2) = \frac{p_1^2 + p_2^2 + p_3^2}{2m}$$

où par (5), $\dot{q}_i^2 = p_i^2 / m^2$

Nous appelons l'énergie totale, qui est représentée par la somme de l'énergie cinétique et de l'énergie potentielle, exprimée en termes de coordonnées et de moments généralisés, la fonction hamiltonienne H. Nous avons alors :

$$H(q,p) = E_{kin} + E_{pot}, \quad \frac{\partial H}{\partial q_i} = \frac{\partial H_{pot}}{\partial q_i}, \quad \frac{\partial H}{\partial p_i} = \frac{\partial H_{kin}}{\partial p_i} = \frac{p_i}{m} \tag{7}$$

À partir de (5), (6) et (7), nous obtenons les équations fondamentales du mouvement,

$$\frac{dq_i}{dt} = \frac{\partial H}{\partial p_i}, \text{ et } \frac{dp_i}{dt} = -\frac{\partial H}{\partial q_i}.$$

La forme hamiltonienne, ou canonique, des équations ci-dessus est remarquable parce qu'elle conserve sa forme si des coordonnées arbitraires sont introduites ; elle est invariante sous la transformation des coordonnées. Les équations sont valables non seulement pour une masse ponctuelle individuelle, mais aussi pour tout système mécanique arbitraire. Pour des coordonnées et des systèmes arbitraires, la quantité de mouvement ou l'impulsion p est définie par

$p_i = \frac{\partial E_{kin}}{\partial \dot{q}_i}$, de telle sorte que l'énergie cinétique est exprimée en fonction des q_i et de leurs dérivées les $\dot{q}_i$.

Pour faciliter la visualisation, nous pouvons construire et considérer p et q comme des coordonnées rectangulaires en deux dimensions dans le plan de phase de notre système. Dans ce plan, la séquence des points du graphique qui correspondent aux états de mouvement successifs du système représente les trajectoires de phase ou orbites de phase. La caractéristique structurelle de la théorie quantique est qu'elle sélectionne une famille discrète d'orbites de phase parmi l'infinité d'orbites possibles.

Nous considérons ensuite une masse ponctuelle m qui est liée élastiquement à sa position de repos et qui ne peut se déplacer de part et d'autre de la position centrale que dans la direction $x=q$, ou l'inverse, lorsqu'elle est soumise à une force de rappel. Nous appelons cette masse ponctuelle un oscillateur linéaire. Si nous voulons souligner que notre oscillateur n'est capable que de vibrations définies, en raison de sa fixation élastique, nous l'appelons 'oscillateur harmonique'. Si le nombre de vibrations, ou la fréquence de l'oscillateur, qui est représenté par le nombre de ses vibrations libres par unité de 'temps', est noté v, alors la vibration est représentée par $x = q = a \sin 2\pi v t$. L'impulsion devient $p = mv = m\dot{q} = 2\pi v m a \cos 2\pi v t$. L'orbite de phase est représentée par une ellipse dans le *plan* $p-q$ et est donnée par l'équation $\frac{q^2}{a^2} + \frac{p^2}{b^2} = 1$, où le petit axe $b = 2\pi v m a$.

Dans notre famille d'orbites, la surface de phase entre deux orbites est égale au quantum d'action h. Sommerfeld considère h comme une région élémentaire ou un élément de la surface de phase, et la considère comme la définition du quantum d'action h de Planck. Si W_n représente l'énergie de l'oscillateur lorsqu'il décrit la n^{ème} orbite, alors $W_n = nhv$. Dans ces orbites, l'énergie apparaît comme un multiple entier du quantum d'énergie élémentaire ; $\varepsilon = hv$, et $W_n = n\varepsilon$.

Nous appelons *états stationnaires* de l'oscillateur les états par lesquels l'oscillateur peut passer sans arrêt et sans perte d'énergie, ou sans rayonnement.

Lorsqu'un oscillateur conserve son état stationnaire, son énergie est constante et son graphique apparaît comme une ellipse de la famille dans le plan de phase. Cependant, lorsque l'énergie de l'oscillateur change et qu'il passe sur une orbite plus petite, il émet de l'énergie. Lorsqu'il passe sur une orbite plus grande, il absorbe de l'énergie. L'émission et l'absorption d'énergie se produisent en multiples du quantum d'énergie, ε.

Les graphes du système dans le plan de phase sont limités à certaines orbites 'quantifiées'. Entre chaque orbite et son successeur, il existe une région élémentaire d'aire h. La $n^{\text{ème}}$ orbite, si elle est fermée, a pour aire nh. Ou, exprimé symboliquement, $\int pdq = nh$. Cette intégrale est appelée intégrale de phase et est prise le long de la $n^{\text{ème}}$ orbite.

L'hypothèse quantique peut être formulée de manière à ce que l'intégrale de phase soit un multiple entier du quantum d'action h. Cette forme du postulat quantique classique est plus générale que la formulation originale de Planck, bien qu'elle comprenne ce dernier comme un cas particulier.

Dans le cas d'une masse ponctuelle en rotation, une analyse similaire nous donne $E_{kin} = \frac{p\dot{q}}{2}$ et lorsque $v = \frac{q}{2\pi}$, $E_{kin} = \frac{nh}{2} \frac{\dot{q}}{2\pi} = \frac{nhv}{2}$, où v représente la fréquence de rotation du rotateur, ou le nombre de révolutions complètes par unité de 'temps', et prend la place du nombre de vibrations de l'oscillateur.

Dans la théorie classique, les états 'quantisés' se distinguaient de toutes les autres possibilités par les nombres entiers caractéristiques, et nous avions donc un réseau. Dans une orbite quantique, "l'électron", s'il n'est pas perturbé, est censé se déplacer en permanence sans résistance et ne pas émettre de rayonnement. L'espace des phases, qui représente l'ensemble des états possibles, y compris les états non stationnaires, est traversé, à la manière d'une maille, par les courbes des orbites stationnaires. La taille des mailles est déterminée par la constante de Planck h.[3]

Section C. Matrices.

L'ancienne mécanique quantique forme un système élaboré et nous disposons d'une grande accumulation de données numériques. Certaines de ces données corroborent bien les anciennes théories, mais d'autres sont en contradiction avec la théorie classique. Le problème n'était pas d'écarter les données numériques qui, quelle que soit leur signification structurelle, représentent des données solidement établies, mais de trouver de nouvelles équations qui seraient satisfaites par ces faits. Or, 'nouvelles équations' signifie en réalité des *langages d'une nouvelle structure*, et il fallait donc découvrir de nouvelles formulations.

S'agissant de tableaux qui donnent des données théoriques particulières, il était naturel de commencer par un calcul qui traite de tels tableaux numériques particulières. Un tel calcul a été développé il y a longtemps et a été appelé le calcul matriciel. Plus tard, lorsque les matrices elles-mêmes ont été traitées comme des quantités complexes, et encore plus tard, comme des opérateurs, nous avons pu passer aux calculs plus développés qui utilisent des équations différentielles ordinaires. Les nouvelles théories quantiques nous offrent un cas unique, dans lequel plusieurs méthodes mathématiques ont été utilisées à la fois et dont les résultats sont assez concordants.

À ce stade, il convient de donner quelques explications structurelles de ces notions mathématiques, y compris le calcul matriciel. Si nous avons deux équations du premier degré à deux variables, à savoir $a_1 x + b_1 y = c_1$ et $a_2 x + b_2 y = c_2$, la solution de ces équations prend la forme : $x = \dfrac{b_2 c_1 - b_1 c_2}{a_1 b_2 - a_2 b_1}$; $y = \dfrac{c_2 a_1 - c_1 a_2}{a_1 b_2 - a_2 b_1}$. Le dénominateur commun des deux solutions peut être écrit dans un tableau à deux dimensions.

$$\begin{vmatrix} a_1 & b_1 \\ a_2 & b_2 \end{vmatrix} \qquad (1)$$

qui se comprend comme le produit du nombre supérieur gauche et du nombre inférieur droit, moins le produit du nombre inférieur gauche et du nombre supérieur droit.

De même, les numérateurs de ces solutions peuvent également être représentés sous la forme de tableaux à deux dimensions, à savoir

$$b_2 c_1 - b_1 c_2 = \begin{vmatrix} c_1 & b_1 \\ c_2 & b_2 \end{vmatrix} \quad (2) \text{ et } c_2 a_1 - c_1 a_2 = \begin{vmatrix} a_1 & c_1 \\ a_2 & c_2 \end{vmatrix} \qquad (3)$$

à laquelle s'applique la règle susmentionnée. Les expressions telles que (1), (2), (3), sont appelées déterminants du second ordre.

Les nombres figurant dans les première, deuxième, etc., lignes horizontales sont appelés respectivement première, deuxième, etc., *lignes* ; les lignes verticales sont appelées première, deuxième, etc., *colonnes*.

Les définitions et la méthode ci-dessus peuvent être appliquées à n'importe quel nombre d'équations avec un nombre égal de variables, et dans chaque cas, notre déterminant aura n^2 nombres, n lignes et n colonnes.

Nous pouvons utiliser une autre notation qui emploie une lettre pour les coefficients de nos variables, avec des indices ou des suffixes pour indiquer que leurs valeurs sont différentes. Considérons n^2 éléments dans le tableau :

$$\begin{vmatrix} a_{1,1} & a_{1,2} & a_{1,3} & \cdot & a_{1,n} \\ a_{2,1} & a_{2,2} & a_{2,3} & \cdot & a_{2,n} \\ \cdot & \cdot & \cdot & \cdot & \\ a_{n,1} & a_{n,2} & a_{n,3} & \cdot & a_{n,n} \end{vmatrix}. \qquad (4)$$

L'expression (4) est appelée déterminant du $n^{\text{ème}}$ ordre.

La notation par suffixes est très pratique et très utilisée de nos jours. Le premier suffixe indique la ligne, le second la colonne dans laquelle se trouve l'élément. Habituellement, la virgule séparant les deux nombres de l'index est supprimée et les coefficients sont écrits simplement a_{11}, au lieu de $a_{1,1}$. En général, l'élément $a_{i,k}$ ou a_{ik}, représente l'élément de la ligne i et de la colonne k.

Les éléments de la diagonale reliant le nombre supérieur gauche au nombre inférieur droit sont appelés diagonale principale. Dans notre exemple, nous remarquons que les éléments de la diagonale sont tels que $i=k$.

Nous disposons de règles précises pour parvenir à la solution de nos équations, une fois que les coefficients, qui sont les éléments du déterminant, sont donnés. En général, les déterminants sont traités comme une forme fonctionnelle.

Si m et n sont des entiers positifs, un ensemble, ou un système de mn quantités ou éléments ordonnés disposés en m lignes horizontales et n colonnes verticales, sera appelée *matrice rectangulaire* et nous pouvons utiliser la notation $A = \left(a_{ij} \right)_{\substack{1 \leq i \leq m \\ 1 \leq j \leq n}}$:

$$\begin{pmatrix} a_{11} & a_{12} & a_{13} & \cdots & a_{1n} \\ a_{21} & a_{22} & a_{23} & \cdots & a_{2n} \\ a_{31} & a_{32} & a_{33} & \cdots & a_{3n} \\ \cdot & \cdot & \cdot & \cdot & \\ \cdot & \cdot & \cdot & \cdot & \\ \cdot & \cdot & \cdot & \cdot & \cdot \\ a_{m1} & a_{m2} & a_{m3} & \cdots & a_{mn} \end{pmatrix}, \text{ ou } \left(a_{ij} \right)_{\substack{1 \leq i \leq m \\ 1 \leq j \leq n}}$$

Les nombres n et m sont appelés les ordres de la matrice. Si $m=n$, la matrice est appelée matrice *carrée*. Sans perte de généralité, nous pouvons traiter toute matrice rectangulaire dans laquelle $m \neq n$ comme une matrice carrée en complétant les lignes et les colonnes manquantes par des zéros.

Une matrice du type,

$$1 = \begin{pmatrix} 1 & 0 & 0 & 0 & \cdots \\ 0 & 1 & 0 & 0 & \cdots \\ 0 & 0 & 1 & 0 & \cdots \\ 0 & 0 & 0 & 1 & \cdots \\ \cdots & \cdots & \cdots & \cdots & \cdots \end{pmatrix} \text{ ou } \left(\delta_{ij} \right)_{\substack{1 \leq i \leq m \\ 1 \leq j \leq n}}$$

où $\delta_{ij}=1$ pour $i=j$, et $\delta_{ij}=0$ pour $i \neq j$ est appelée matrice unitaire.

La matrice

$$\begin{pmatrix} a_{11} & 0 & 0 & \cdots \\ 0 & a_{22} & 0 & \cdots \\ 0 & 0 & a_{33} & \cdots \\ \cdots & \cdots & \cdots & \cdots \end{pmatrix} \text{ ou } \left(a_{ij} \delta_{ij} \right)_{\substack{1 \leq i \leq m \\ 1 \leq j \leq n}}$$

est appelée matrice diagonale. Dans la nouvelle mécanique quantique, une matrice diagonale est indépendante de t et représente une constante de la théorie classique. L'inverse n'est pas nécessairement vrai. L'opération de différenciation peut être exprimée en termes de multiplication de matrices à l'aide de la matrice unitaire.[4]

Les équations dans lesquelles les matrices sont mises en équation sont appelées équations matricielles. Si les équations n'impliquent qu'une seule matrice inconnue, qui n'apparaît pas plus d'une fois en tant que facteur, ces équations sont appelées équations matricielles du premier degré.

Les m équations scalaires

$$a_{11}x_1 + a_{12}x_2 + \ldots + a_{1n}x_n = c_1$$
$$a_{21}x_1 + a_{22}x_2 + \ldots + a_{2n}x_n = c_2$$
$$\cdot \quad \cdot \quad \cdot \quad \cdot \quad \cdot \quad \cdot \quad \cdot \quad \cdot \quad \cdot$$
$$\cdot \quad \cdot \quad \cdot \quad \cdot \quad \cdot \quad \cdot \quad \cdot \quad \cdot \quad \cdot$$
$$a_{m1}x_1 + a_{m2}x_2 + \ldots + a_{mn}x_n = c_m$$

sont équivalents à une seule équation matricielle. Il existe plusieurs façons de simplifier la notation.

La différence entre un déterminant et une matrice est subtile, mais importante. Par déterminant, nous entendons, par définition, un certain polynôme homogène du $n^{\text{ème}}$ degré, dans les n^2 éléments a_{ij}. Par conséquent, un déterminant donne un nombre défini lorsqu'il est calculé.

Mais dans de nombreux cas, nous sommes intéressés par le *tableau*, ou les n^2 éléments disposés dans un certain ordre mais *non* combinés en un polynôme. Un tel tableau est appelé matrice. Ainsi, de ce point de vue, une matrice ne représente pas une quantité définie, mais un système de quantités, et donc une matrice n'est *pas un* déterminant.

Nous pouvons illustrer cette différence par un exemple. Si nous prenons un déterminant du second ordre

$$\begin{vmatrix} a_1 & b_1 \\ a_2 & b_2 \end{vmatrix}$$

et transformons les lignes en colonnes, ou vice versa, comme suit :

$$\begin{vmatrix} a_1 & a_2 \\ b_1 & b_2 \end{vmatrix}$$

la valeur des deux déterminants sera égale, à savoir $a_1b_2 - a_2b_1$, selon la règle de définition déjà donnée ; pourtant les *matrices* des deux déterminants sont *différentes*.

Bien que différent, un déterminant définit néanmoins une matrice, appelée matrice du déterminant ; inversement, une matrice définit un déterminant, appelé déterminant de la matrice.

Nous avons dit qu'une matrice ne représente pas une quantité, alors qu'un déterminant en représente une. À ce stade, et de ce point de vue, nous pouvons le dire légitimement. Cependant, nous pourrions éventuellement traiter une matrice comme une quantité également ; mais pour ce faire, nous devrions élargir la signification du terme 'quantité'.

Dans notre utilisation actuelle du terme 'quantité', nous entendons les quantités réelles et complexes de l'algèbre ordinaire.

On peut dire que les mathématiciens ont eu une tendance particulière, qui s'est avérée très utile pour le développement des mathématiques, à étendre progressivement la signification des termes afin d'englober de nouvelles notions au fur et à mesure qu'elles apparaissent. Par exemple, nous avons élargi la signification primitive appliquée aux entiers positifs pour englober les nombres négatifs, qui auparavant n'auraient pas été considérés comme des quantités. De même, si nous utilisons ici la notion ordinaire de quantité algébrique, une matrice n'est pas une quantité mais un système de quantités. Le problème est de savoir comment élargir cette signification pour y inclure les matrices?

Les mathématiques reconnaissent que cette généralisation des notions *mathématiques* est extrêmement utile et *légitime*. Ce problème structurel semble être d'application très générale, puisque nous avons tous tendance à le faire. Il s'agit d'une tendance purement mathématique et utile en mathématiques, mais qui conduit à des résultats désastreux lorsqu'elle est appliquée aux abstractions de la vie quotidienne, comme nous l'expliquerons dans la Partie VII. À cet égard, il convient de rappeler la différence entre les abstractions mathématiques sans contenu et les abstractions à contenu physique, dont nous nous occupons généralement dans la science et dans la vie.

Poursuivons maintenant la méthode par laquelle une matrice peut être considérée comme une quantité. Si nous avons des objets de deux ou plusieurs sortes qui peuvent être comptés ou mesurés, et si nous considérons un ensemble de ces objets, disons 5 chevaux, 3 vaches et 2 moutons, nous pourrions désigner une telle quantité complexe par le symbole (5,3,2). Dans ce cas, la première place de notre symbole serait réservée aux chevaux, la deuxième aux vaches et la troisième aux moutons.

En mathématiques, nous ne spécifions pas des chevaux, des vaches ou des moutons, mais nous considérons des ensembles de quantités et nous les distinguons par la position qu'ils occupent dans notre symbolisme. Nous pouvons désigner une telle quantité complexe par une seule lettre, $A = (a, b, c,)$. (Par exemple, nous désignons une fraction par une seule lettre, bien qu'une fraction soit spécifiée par *deux* nombres).

Dans ce cas, nous pouvons dire qu'une quantité complexe est égale à une autre lorsque, et seulement lorsque, les composants sont respectivement égaux. Et on dit qu'une quantité complexe ne disparaît que si toutes ses composantes disparaissent.

Les opérations mathématiques ordinaires peuvent être appliquées à ces quantités complexes.

Par exemple, nous pouvons définir une somme ou une différence de deux quantités complexes

$$A' = \left(a_1, b_1, c_1\right) \text{ et } A'' = \left(a_2, b_2, c_2\right) \text{ comme}$$
$$A' \pm A'' = \left(a_1 \pm a_2, b_1 \pm b_2, c_1 \pm c_2\right), \text{ etc.}$$

une définition tout à fait satisfaisante sur le plan théorique, mais aussi sur le plan pratique, comme le montre notre exemple.

De ce point de vue, nous pouvons considérer une matrice comme une quantité complexe avec mn ou m^2 composantes. Une matrice représenterait alors une quantité complexe, comme un cas particulier de la méthode générale esquissée ci-dessus.

Nous pourrions alors définir nos autres opérations. Une matrice est dite nulle lorsque tous ses éléments sont égaux à zéro. Deux matrices sont dites égales lorsqu'elles ont le même nombre de lignes et de colonnes et que chaque élément de l'une est égal à l'élément correspondant de l'autre.

En établissant certaines de ces règles, nous pourrions développer un calcul des matrices, et les matrices seraient considérées comme des nombres complexes. En général, les règles algébriques s'appliqueraient aux matrices, ce qui justifierait davantage le fait de traiter les matrices comme des nombres complexes.

L'une des exceptions notables dans nos opérations se trouve dans l'application de l'opération classique de multiplication et de ses conséquences. En algèbre et en arithmétique ordinaires, la multiplication est dite 'commutative', ce qui signifie que $2 \times 3 = 3 \times 2 = 6$, ou que $a \times b = b \times a$.

En définissant la multiplication des matrices, nous n'avons pas de raisons *a priori* de déterminer pourquoi une définition ou une restriction devrait être préférable à une autre.

Seule la pratique peut montrer quelle définition est la plus pratique ou la plus fructueuse en termes de résultats. Dans le calcul matriciel, la définition de Cayley est généralement acceptée, car elle a conduit aux résultats les plus exploitables. Elle est fondée sur des considérations de composition de transformations *linéaires*.

La définition est approximativement la suivante : Le produit **ab** de deux matrices carrées du $n^{\text{ème}}$ ordre donne une matrice carrée du $n^{\text{ème}}$ ordre dans laquelle l'élément qui se trouve dans la $i^{\text{ème}}$ ligne et la $j^{\text{ème}}$ colonne est obtenu en multipliant chaque élément de la $i^{\text{ème}}$ ligne de **a** par l'élément correspondant de la $j^{\text{ème}}$ colonne de **b** et en additionnant les résultats.

Si nous désignons par a_{ij} et b_{ij} les éléments de la $i^{\text{ème}}$ ligne et de la $j^{\text{ème}}$ colonne de **a** et **b** respectivement, alors par définition l'élément (i,j) de notre produit **ab** donnerait,

$$a_{i1}b_{1j} + a_{i2}b_{2j} + \ldots + a_{in}b_{nj} \tag{5}$$

et l'élément (i,j) de la matrice **ba** serait

$$a_{1j}b_{i1} + a_{2j}b_{i2} + \ldots + a_{nj}b_{in} \tag{6}$$

En général, les quantités (5) et (6) ne sont pas égales et nous voyons donc que la multiplication des matrices *n'est*, en général, *pas commutative*. L'*ordre* dans lequel nous effectuons notre multiplication est important et **ab** *n'est* généralement *pas* égal à **ba**, (**ab** ≠ **ba**).[5]

Il est à noter que le calcul vectoriel nous a familiarisés avec de nouvelles opérations qui diffèrent des opérations arithmétiques. Par exemple, la somme de deux vecteurs diffère en général de la somme arithmétique et est définie par la loi du parallélogramme (voir Chapitre XXXIII). Cette définition est plus générale, et la définition arithmétique n'exprime que le cas particulier où les vecteurs ont une seule direction. De même, la loi non-commutative de la multiplication correspond davantage à la multiplication vectorielle qu'à la multiplication arithmétique.

Nous n'entrerons pas dans les détails du calcul matriciel, qui est une discipline mathématique bien développée et qui fait l'objet d'une abondante littérature, mais nous soulignerons quelques points méthodologiques importants.

L'une des principales applications de la théorie des matrices se trouve dans le domaine des *transformations linéaires*.

En mathématiques, au lieu d'utiliser les variables données, nous introduisons très souvent de nouvelles variables qui sont des fonctions des anciennes. Ces transformations, ou changements de variables, sont particulièrement simples et importants lorsque les fonctions en question sont homogènes et *linéaires*.

Si $x_1, x_2,...., x_n$ représentent les variables d'origine, et $x'_1,..., x'_n$ les nouvelles variables, nous avons, par définition, les formules de transformations :

$$x'_1 = a_{11}x_1 + \ldots + a_{1n}x_n$$
$$\ldots \ldots \ldots \ldots$$
$$x'_n = a_{n1}x_1 + \ldots + a_{nn}x_n.$$

La matrice carrée composée des coefficients est appelée la matrice de la transformation et le déterminant est appelé le déterminant de la transformation et est entièrement déterminé par la matrice. Nous avons déjà vu l'importance des équations linéaires et des transformations linéaires en physique et donc dans l'étude du monde qui nous entoure. La théorie des matrices est connectée à ces transformations, d'où l'importance de la théorie des matrices pour la physique.

Pour notre propos, une autre caractéristique du calcul matriciel est intéressante : en physique, nous disposons généralement d'un grand nombre de données numériques empiriques qui entrent comme coefficients dans les équations et qui peuvent toujours être présentées sous la forme d'un tableau bidimensionnel de nombres, ou d'une table, que nous venons d'appeler une matrice.

Il apparaît que toute grandeur physique, aussi compliquée soit-elle, peut être représentée par un tel tableau donnant les valeurs des paramètres qui déterminent son caractère. À partir de la définition du terme 'variable' comme *n'importe quelle* valeur parmi une gamme de valeurs possibles, nous pouvons traiter nos variables de deux manières distinctes, l'une du point de vue de la *fonction* ou des opérations, l'autre du point de vue *extensionnel*, lorsque la fonction ou les opérations sont inconnues, bien que les valeurs particulières de la variable soient données. Le calcul matriciel adopte ce dernier point de vue.

Dans les travaux de recherche physique, nous traitons la plupart du temps de tableaux de nombres ou de relations uniques et spécifiques, le plus souvent asymétriques, que les expériences nous fournissent. Notre problème habituel est de trouver la structure, la fonction et les opérations qui sont satisfaites par les relations expérimentales données.

Nous voyons que l'approche duale de nos solutions est entièrement due à la définition que nous avons acceptée pour la variable. Nous avons deux problèmes : soit trouver les valeurs de la variable qui satisfont la fonction et les opérations données, soit, ayant des valeurs particulières de la variable (expérimentale), trouver la fonction et les opérations.

Il est évident que toute grandeur physique peut être représentée par une matrice, qui peut être une séquence, et que tout théorème mathématique peut être réduit à une propriété des matrices. Une fois les théories mathématiques appropriées élaborées, il sera toujours possible de passer d'une forme de représentation à l'autre.[6]

Dans les anciennes approches de la mécanique en physique, les fonctions étaient plutôt évidentes et l'utilisation du calcul matriciel n'était donc pas si impérative. Dans la mécanique plus récente, c'est le contraire qui se produit. Nous disposons d'un grand nombre de relations numériques expérimentales, mais les fonctions et les opérations connectant ces variables sont inconnues et le problème est de les trouver. De ce point de vue, le calcul matriciel représente un calcul *extensionnel*, un calcul *d'observation*. En utilisant le terme descriptif "d'observation", nous devons ajouter que certaines objections ont été formulées à l'encontre d'une telle utilisation du terme. La réponse est que le terme 'observation', comme la plupart de nos termes les plus importants, doit être considéré comme un *terme multiordinal*. Une fois que l'on a compris cela, les objections à l'utilisation du terme ne tiennent plus.

Il n'y a aucune limitation quant à ce que les éléments d'une matrice peuvent représenter ; il peut s'agir de fonctions, de fonctions de fonctions, etc.

Section D. Le calcul des opérateurs.

L'utilisation de l'*opérateur calcul* est intéressante, d'un point de vue structurel et psycho-logique, dans la mesure où l'attention est concentrée non pas sur les quantités numériques, mais sur les *opérations* sémantiques qui *consistent à* les *combiner*. Les calculs utilisés dans la nouvelle mécanique quantique sont particuliers car, tout en conservant les données numériques et, dans la mesure du possible, les équations classiques, ils modifient les opérations par lesquelles ces quantités sont combinées, ou l'interprétation des équations.

Pour illustrer cette procédure, nous pouvons prendre deux formules différentes pour l'addition des vitesses ; l'une est issue de la mécanique classique, où

$$V_{13} = V_{12} + V_{23}, \tag{1}$$

et l'autre, la formule de la vitesse telle qu'elle est donnée par la théorie d'Einstein, à savoir,

$$V_{13} = \frac{V_{12} + V_{23}}{1 + \frac{V_{12} \times V_{23}}{c^2}}. \tag{2}$$

Dans ces formules, V_{12} représente la vitesse du corps 1 par rapport au corps 2, etc. Dans la formule (1), le signe '+' symbolise l'opération arithmétique ordinaire de l'addition. Comme nous le savons déjà, cette formule s'est avérée trop simple pour représenter avec précision les données expérimentales, et Einstein l'a remplacée par la formule plus élaborée (2).

La déclaration ci-dessus est la façon habituelle de parler de la modification de la formulation qui a eu lieu en physique depuis Einstein. Mais nous pourrions tout aussi bien dire que la formule *n*'a *pas* été modifiée, si ce n'est que le '+' n'a plus l'ancienne signification et ne représente plus l'opération arithmétique de l'addition. Les deux points de vue conduisent finalement à une seule valeur, V_{13}, et les *calculs* sont similaires dans les deux cas.

Il convient de noter en particulier la grande liberté avec laquelle nous pouvons traiter les entités mathématiques. Le choix volontaire du point de vue devient important. Une liberté similaire dans le choix de l'interprétation apparaît dans une mesure encore plus grande dans tous les problèmes *verbaux*, un fait d'une importance structurelle et sémantique considérable dans toute théorie de la santé, comme nous l'avons déjà vu.

La façon dont la notion ordinaire de multiplication est réinterprétée dans le calcul des opérateurs illustre bien cette liberté. Désignons par q et f, deux quantités numériques, et par qf leur produit. Mais nous pourrions envisager ce problème différemment. Nous pourrions dire que *qf résulte* d'une *opération* sémantique q effectuée sur f, ou d'un *opérateur* sémantique $(q\times)$ agissant sur f qui a transformé f en qf. Nous pourrions désigner l'*opération* de multiplication par q ou l'opérateur $(q\times)$ par un seul symbole Q. Il est évident que l'opérateur Q n'*est* pas le nombre q ; en d'autres termes, l'opération sémantique consistant à multiplier, disons par deux, *n'est pas* le nombre 2.

L'opération consistant à multiplier l'entier 1 par l'entier 2 donne le résultat 2. De même, l'opération consistant à multiplier 1 par q, ou, dans notre nouveau langage, l'application de l'opérateur Q à l'entier 1, donne q. En symboles, $Q1 = q$. Si nous prenons une fonction f quelconque, le résultat de l'opération de Q sur f est écrit $Qf = qf$. Si nous suivons l'opération Q par l'opération différentielle d/dx, on obtient le résultat suivant*

$$\frac{d}{dx}(Qf) = \frac{dq}{dx}f + q\frac{df}{dx} = \left[\frac{dq}{dx}\times\right]f + Q\frac{df}{dx}$$

Mais comme f est arbitraire, il peut être omis des équations et le résultat écrit sous forme d'opérateur comme

$$\frac{d}{dx}Q - Q\frac{d}{dx} = \left[\frac{dq}{dx}\times\right] = \frac{dQ}{dX}$$

Le symbole $\frac{dQ}{dX}$ défini par cette équation, doit être lu comme "l'opération de multiplication par dq/dx". Similairement,

---

* L'opérateur D_x, également écrit d/dx, est appelé opérateur différentiel. Si on l'applique à un produit (uv), les résultats sont donnés par la formule. $D_x(uv) = uD_xv + vD_xu$.

$$\frac{d(QP)}{dX} = \frac{dQ}{dX}P + Q\frac{dP}{dX}$$

La traduction des équations ordinaires dans le langage des opérateurs n'apporte rien de nouveau. Cette traduction n'implique qu'un changement de *focalisation 'mentale'*. Au lieu de concentrer notre attention sur les valeurs numériques, nous nous concentrons sur les opérations permettant de les combiner. Étant donné que les grands problèmes de la mécanique quantique consistent à trouver de nouvelles méthodes de calcul ou de combinaison de valeurs numériques, un tel changement d'attitude peut s'avérer structurellement utile.

Il convient de noter ici qu'une fois que les matrices sont considérées et traitées comme des quantités ou des relations uniques et spécifiques, elles peuvent, par un raisonnement similaire, être traitées comme des opérateurs. Ce problème est d'une importance structurelle et sémantique fondamentale car, dans la théorie quantique, nous avons affaire à des matrices dont le nombre de termes est infini et, étant donné que cette complexité présente de grandes difficultés techniques, il est extrêmement avantageux de pouvoir passer à des méthodes de calcul plus développées.

Au stade préliminaire du calcul des opérateurs, nous avons supposé que la multiplication était commutative, c'est-à-dire que $QP=PQ$; mais dans le développement ultérieur et plus général de la théorie, ce n'est pas le cas.

En général, nous devons supposer dans le calcul des opérateurs que la multiplication n'est pas commutative, que $QP \neq PQ$. Par exemple, si $Q=(q\times)$ et $P = d/dq$, les deux opérations ne sont certainement pas commutatives. Naturellement, la validité de $2\times 2=4$ n'est pas mise en doute, mais la multiplication non-commutative généralisée a une interprétation géométrique asymétrique et donc structurelle, que l'on retrouve dans le calcul vectoriel. Lorsque nous associons à chaque quantité numérique sa propre opération de multiplication, nous obtenons un calcul plus général. Les opérateurs peuvent être considérés comme composés, ou construits à partir des opérations arithmétiques élémentaires que sont l'addition et la multiplication. Ils représentent, en quelque sorte, des fonctions de ces opérations.[7]

Section E. La nouvelle mécanique quantique.

Le principal problème de la théorie quantique est de déterminer ces fonctions des opérations, de sorte que la solution de certaines équations (hamiltoniennes) puisse représenter les faits expérimentaux. Les équations originales de la nouvelle mécanique de Heisenberg, Born et Jordan étaient franchement fondées sur une base empirique. Comme le dit Dirac, en cherchant les nouvelles équations, les équations classiques devaient être conservées autant que possible et seules les opérations par lesquelles ces quantités sont combinées devaient être modifiées.

Pour obtenir cette liberté de modifier la multiplication, les données ont d'abord été interprétées comme des matrices. Born et Wiener ont ensuite découvert que les matrices pouvaient être interprétées comme un type spécial d'opérateur, ce qui permettait de calculer les matrices. Carl Eckart a développé indépendamment un calcul d'opérateur simple pour la résolution des problèmes quantiques. Dans le présent travail, je suis de près l'article d'Eckart.[7]

La nouvelle mécanique quantique est née d'un article de Werner Heisenberg qui a fait date, en juillet 1925. L'ancienne théorie quantique postulait l'existence d'états stationnaires de l'atome, qui étaient calculés à l'aide de l'ancienne mécanique. Dans la nouvelle mécanique, les équations ont une forme similaire à celle de la théorie classique, mais les variables n'obéissent plus à la loi de multiplication commutative. En général, pq n'est pas égal à qp ($pq=qp$ et $pq-qp=0$ dans la théorie classique), mais $pq-qp=\dfrac{h}{2\pi i}1$, où h représente la constante de Planck, q la coordonnée généralisée, p la quantité de mouvement, 1 représente la matrice unitaire, et π et i ont la signification habituelle. Le fait que la multiplication ne soit pas commutative dans notre calcul nous permet de donner une valeur définie à la différence ci-dessus et, en introduisant la constante de Planck h, nous sommes en mesure d'introduire les conditions quantiques dans nos calculs.

Les conditions quantiques de l'ancienne théorie ont conduit à une équation algébrique. En utilisant l'équation classique avec une loi de multiplication non-commutative pour les variables, il est possible d'effectuer des calculs dans le nouveau et plus large schéma de la dynamique. La différence entre pq et qp est exprimée en termes de la constante de Planck h. Lorsque h s'approche de zéro, pq se rapproche de qp, et nous passons ainsi à la mécanique classique. Nous voyons ainsi que la mécanique classique n'apparaît que comme un cas particulier de cette théorie plus générale.

En présentant sa théorie, Heisenberg fait remarquer que l'ancienne mécanique utilise des grandeurs qui *ne sont jamais observables* et *ne peuvent jamais être observées*, comme, par exemple, les fréquences et amplitudes orbitales, ou la position et le 'temps' de révolution d'un 'électron', etc., qui, en tant que telles, n'ont aucune signification physique. Il propose d'utiliser des données *observables*, comme les fréquences et les intensités des rayonnements, etc. Or ces fréquences sont toujours des différences entre deux termes donnés par des entiers. Si T_n et T_m sont deux de ces termes, la fréquence observable est théoriquement représentée par $v_{nm}=T_n-T_m$. Des nombres tels que v_{nm} caractérisent l'atome dans la mesure où il est observable. Il était naturel qu'une telle collection ('somme' dans ce cas n'a plus de signification physique) de termes puisse être représentée au mieux par une matrice. Dans la théorie classique, une quantité dynamique était représentée structurellement par une série trigonométrique de Fourier ; dans le nouveau, elle est représentée par une table de valeurs à deux dimensions, c'est-à-dire par une matrice donnant les fréquences et les intensités des rayonnements.

Une question structurelle importante et intéressante apparaît maintenant. La théorie de Heisenberg donne une nouvelle formulation aux équations hamiltoniennes du mouvement, qui conservent leur forme tout en s'appliquant à la fois aux *mouvements* périodiques et *non-périodiques*. Il devient possible de fusionner la mécanique classique et la mécanique quantique. La distinction entre mouvement 'quantifié' et 'non-quantifié' perd toute signification et une équation fondamentale, $pq-qp=\dfrac{h}{2\pi i}1$, est formulée, qui est valable pour *tous les mouvements*.

La théorie d'Heisenberg se caractérise également par son caractère profondément comportemental, actionnel, fonctionnel et opérationnel. Le nombre d'hypothèses injustifiables est le plus faible qui soit et la plupart des identifications sont éliminées. Selon Heisenberg, les électrons et les atomes n'ont pas le 'même' type de 'réalité' que les *objets* ordinaires des abstractions d'ordre inférieur. Cette conclusion, qui sous-tend l'ensemble de son œuvre, revêt une importance particulière sur le plan structurel. Comme nous le savons, les différences de caractère séparent les différents ordres d'abstraction et, puisque les phénomènes quantiques appartiennent à un ordre d'abstraction supérieur, ils doivent être différents des objets qui appartiennent à un ordre d'abstraction inférieur. Dans cette théorie, les notions de 'espace' et 'temps' ne s'appliquent plus à "l'intérieur" de l'atome, comme on pouvait s'y attendre.

La distinction entre les électrons 'internes' et 'externes' d'un atome devient vide de signification, puisqu'il est impossible de reconnaître une entité particulière parmi une série d'entités similaires. Conformément à la nouvelle perspective 'espace-temps', nous obtenons une base physique pour l'individualité absolue d'une unité éventuelle.

En raison de sa structure, la théorie d'Heisenberg est très fondamentale et il ne fait guère de doute que les *méthodes* d'Heisenberg seront élaborées plus avant et resteront une *méthode de contrôle* permanente en physique. Une théorie qui est entièrement comportementale, avec un minimum d'hypothèses, restera probablement à la fois un instrument de recherche très important et une source d'inspiration pour les physiciens et les mathématiciens.

La théorie d'Heisenberg, encore une fois, en raison de sa structure et de sa méthode, ne se prête pas facilement à la visualisation. Ce n'est pas contre la théorie. Il ne faut pas se fier aux représentations imagées des abstractions d'ordre inférieur. En outre, la visualisation dépend des *centres inférieurs* et doit donc être représentée par une représentation *macroscopique* de caractère continu (plutôt que discret), comme les ondes, etc.

Si l'on essayait de décrire la théorie de Heisenberg de manière imagée, ce qui est évidemment difficile à faire, il faudrait donner une description *négative*. Nous devrions dire que ce que nous observons doit être considéré uniquement comme des radiations provenant de l'emplacement que l'atome était censé occuper.[8]

Il ne reste plus qu'à mentionner quelques autres caractéristiques de la théorie d'Heisenberg qui semblent avoir une portée structurelle et sémantique très importante.

Cette théorie semble franchement statistique et introduit des hypothèses de probabilité fondamentales. Dès lors que nous nous rendons compte que l'organisme humain est essentiellement une affaire qui *abstrait* et que cet abstraire s'effectue à différents niveaux ou dans différents ordres, il devient évident que les méthodes statistiques et les notions de probabilité deviennent fondamentales.

Auparavant, nous supposions que les lois statistiques étaient des lois avec des exceptions. Ce point de vue était conditionné par le fait que nous traitions d'événements macroscopiques. Maintenant que nous analysons ces événements macroscopiques en termes d'événements microscopiques et submicroscopiques, les lois statistiques deviennent des lois précises, non pas pour des individus mais pour *des groupes* d'individus. Parce que nous abstrayons dans des ordres différents, nous *ne* traitons *seulement* que des données statistiques, des effets de masse de différents 'paquets' d'excitation nerveuse, comme l'illustrent les différents seuils dans les différents tissus nerveux.

Les processus dans les centres supérieurs, *plus éloignés du monde extérieur*, traitent d'un matériel spécial, non plus de données statistiques de 'paquets' et de moyennes, mais de ce que nous appelions autrefois 'inférences', 'inductions', etc., qui ne donnent que la *probabilité* des occurrences des phénomènes. Mais comme nous l'avons déjà vu, la probabilité est devenue une discipline mathématique structurelle bien développée, qui n'a pas encore eu beaucoup d'effet sur notre métaphysique et notre langage macroscopiques primitifs. Il convient de noter que les activités les plus élevées des centres nerveux sont fondées sur des données statistiques fournies par les centres inférieurs. Nous voyons donc que, au mieux de notre connaissance de nous-mêmes et du monde qui nous entoure, une perspective structurelle et sémantique moderne, dans la science ou dans la vie, doit être fondée sur des méthodes statistiques et probabilistes.

Dans l'espace-temps, chaque point a une date et, par conséquent, dans le langage de l'espace-temps, tous les points sont différents et ne se répètent pas. Une telle perspective structurelle est, bien sûr, à nouveau conditionnée, et conduit vers les méthodes statistiques et de probabilité. La principale importance psycho-logique des nouvelles méthodes est de diminuer la tension affective, qui est toujours inutile et nuisible. Les inférences peuvent impliquer des croyances. Quand la *croyance* est *trop forte*, bien qu'elle ne soit jamais justifiée selon les meilleures connaissances modernes, nous tombons très facilement dans l'identification, le délire, les illusions, et d'autres. Il convient de souligner que les derniers états pathologiques mentionnés sont toujours composés. Ils comportent au moins deux composantes. L'une d'entre elles consiste en une certaine ignorance, l'autre en une forte croyance affective en la 'vérité' de nos notions erronées. Plus la tension affective est forte, plus la perturbation sémantique est dangereuse.

La théorie de Heisenberg a réussi à formuler des méthodes structurelles (verbales) qui sont les plus aptes à représenter les faits expérimentaux qui sous-tendent la physique, et qui sont structurellement en accord avec le fonctionnement du système nerveux humain. C'est pourquoi j'ose affirmer que cette théorie ne sera jamais abandonnée en tant qu'instrument de contrôle et de recherche.

Dans le cadre d'une expérience hypothétique dans le domaine quantique, nous pouvons utiliser ce que l'on appelle un microscope à rayons gamma. Si nous éclairions un 'électron' avec des rayons gamma, les rayons perturberaient l'expérience, et dans notre équation fondamentale, $pq - qp = \dfrac{h}{2\pi i} 1$, par laquelle la 'position' devait être déterminée, la 'quantité de mouvement' serait ainsi perturbée. Cette modification de la 'quantité de mouvement' serait d'autant plus grande que la longueur d'onde des rayons utilisés serait plus courte ; or, plus la longueur d'onde du rayon serait courte, plus la détermination de la 'position' serait précise. Par conséquent, plus une coordonnée q peut être trouvée avec précision, moins sa quantité de mouvement p peut être trouvée avec précision, et vice versa.

Nous devons donc introduire des corrections pour les erreurs, ainsi que des 'valeurs moyennes' et des 'fonctions de probabilité', que nous pouvons développer et calculer. Récemment, Bohr a développé les aspects probabilistes de la nouvelle mécanique quantique, mais je n'ai pas vu ce travail. Heisenberg introduit des 'paquets de probabilité' qui correspondent aux "paquets d'ondes" de Schrödinger.

Il est difficile de parler brièvement, mais de manière satisfaisante, de ces nouveaux développements, et il est particulièrement difficile d'en attribuer le mérite aux différents auteurs. Tous leurs travaux sont imbriqués les uns dans les autres et, à l'heure actuelle, ils travaillent réellement ensemble, même si, historiquement, certaines de ces théories ont été développées indépendamment les unes des autres.

Ce que nous appelons aujourd'hui, par souci de concision, la théorie de Heisenberg, en raison de son initiateur, a été développée par Heisenberg, Born, Jordan et d'autres. Plus tard, lorsque la mécanique ondulatoire est apparue, toutes les nouvelles théories ont finalement été fusionnées en une structure très élaborée et impressionnante.

Historiquement, P. A. M. Dirac a abordé la théorie d'un point de vue mathématique différent, en utilisant ce que l'on appelle la méthode des 'crochets de Poisson'. Cette méthode permet d'éviter les difficultés du calcul matriciel. Il a introduit des variables dynamiques qu'il a appelées les nombres q. Ceux-ci n'obéissent pas à la loi commutative de la multiplication, contrairement aux nombres c (classiques). Il a également examiné la différence des produits non commutatifs $xy - yx$, où x et y sont des fonctions, respectivement, des coordonnées $q_1... q_s$, et des moments $p_1... p_s$ d'un système périodique multiple à s degrés de liberté.

Dirac a généralisé la théorie des matrices et les équations de Schrödinger. Son travail semble être le plus important, en physique et en mathématiques, mais il ne nous est pas possible de l'examiner ici en détail.[9]

Rappelons une fois de plus qu'il existe des différences fondamentales entre les différents ordres d'abstraction et que nous devons tous abstraire dans des ordres différents. De ce point de vue, il est naturel que *chaque* théorie, même si elle est exprimée actuellement sous une forme non *visualisable*, comme la théorie de Heisenberg ou la théorie originale de Dirac, doive tôt ou tard être exprimée sous une forme structurelle visualisable. Ces problèmes n'ont vraiment rien à voir, ou tout au plus très peu, avec le monde qui nous entoure. Ils concernent la structure neurologique qui produit *toutes* les théories.

Les théories d'une structure comme celle de la théorie d'Heisenberg sont extrêmement importantes, comme nous l'avons déjà expliqué, mais en elles nous perdons l'aide de "l'intuition". Or, "l'intuition" (centres inférieurs) a deux effets très différents : parfois elle nous égare, mais à d'autres occasions elle nous aide grandement.

Une théorie 'intuitive' a un aspect créatif, mais doit toujours être révisée et examinée ultérieurement par des moyens non intuitifs. En fait, en raison de notre structure nerveuse, nous devrions toujours nous efforcer de produire les *deux aspects* des théories - nous efforcer *consciemment* - car c'est ainsi que nous facilitons le progrès.

Historiquement, nous ne pouvons jamais éviter complètement de produire les deux types de théories, car elles sont inhérentes à notre structure nerveuse et aux différents ordres d'abstractions que nous produisons.

C'est précisément dans la nouvelle mécanique quantique que l'on trouve un exemple typique de ce simple fait neurologique. Le traitement non intuitif des données a été introduit par Heisenberg : la traduction du calcul matriciel en méthodes opérationnelles et 'crochets de Poisson' et, enfin, la nouvelle 'mécanique ondulatoire' de de Broglie, Schrödinger et d'autres, nous donne une traduction parfaite en méthodes intuitives.

Il convient de noter que, selon les anciennes notions, ces deux méthodes, l'intuitive et la non-intuitive, n'étaient pas censées être une *nécessité neurologique*. Nous supposions encore qu'elles étaient séparées 'absolument', et même aujourd'hui, dans de nombreux milieux, nous discutons comme si elles étaient absolument séparables. Si nous acceptons le principe du non-élémentalisme, nous nous rendons compte que cette distinction est uniquement verbale et que l'invention de moyens verbaux n'a que peu ou pas de rapport avec le monde qui nous entoure, mais qu'elle dépend de l'ingéniosité structurelle de l'être humain.

L'étude des courants nerveux cycliques ordonnés montre sans ambiguïté qu'une différenciation aussi nette est injustifiable ; et nous devons conclure, conformément à l'expérience historique, que le passage d'une méthode à l'autre est une nécessité, et qu'il s'accomplira un jour dans tous les domaines. Il est vrai qu'à l'heure actuelle, la théorie d'Einstein n'a pas été traduite avec un succès total en termes d'abstractions d'ordre inférieur. Cette tâche est facilitée par le présent ouvrage. La nouvelle mécanique quantique nous donne un exemple inégalé d'une telle traduction, et c'est pourquoi notre intérêt principal devrait se concentrer sur cet aspect structurel.

D'un point de vue neurologique, il semble certain que la visualisation implique d'une certaine manière les centres nerveux inférieurs qui, eux aussi, par nécessité évolutive, impliquent des formes macroscopiques de représentation. Notre expérience macroscopique nous a conduits à des *intuitions géométriques*. Celles-ci étaient encadrées tridimensionnellement dans le '*vide absolu*' et étaient impossibles dans les dimensions supérieures. L'ancienne structure représentait un 'espace' statique et vide dans lequel rien ne pouvait se produire et qui était donc impropre à représenter ce monde qui nous entoure et dans lequel il se passe partout quelque chose.

La nouvelle structure représente la '*plénitude*' ou un plénum. Nous pouvons la visualiser comme un réseau d'intervalles ou de lignes-du-monde et ensuite, grâce aux notions du calcul différentiel, comme nous l'avons déjà expliqué, nous passons facilement à la visualisation du monde spatio-temporel multidimensionnel de Minkowski-Einstein. Maintenant, dans un tel monde, les courbes sont représentées par des fonctions et, inversement, les fonctions représentent des courbes. Il est donc évident que les méthodes analytiques 'non-intuitives' ont des contreparties géométriques structurelles 'intuitives'. De ce point de vue, la méthode des opérateurs représente une étape de passage des méthodes non-intuitives aux méthodes intuitives. Dès que nous disposons de fonctions, nous pouvons représenter un calcul fonctionnel comme un calcul opérationnel. Cela implique une attitude sémantique davantage béhavioristique et conduit donc à la possibilité de traduire l'une ou l'autre méthode dans l'autre. En fin de compte, il s'agit de transformations et de traductions psycho-logiques.

Nous ne devrions pas être surpris de constater que, dans le développement de la nouvelle mécanique quantique, le calcul opérationnel joue précisément ce rôle.

Or, notre expérience macroscopique plus ancienne, qui a affecté nos centres nerveux inférieurs, a donné naissance aux notions structurelles géométriques élémentaires de 'lignes', 'surfaces', 'volumes', etc. Pour construire la physique, nous avons dû introduire le 'temps', le 'mouvement', etc. Autrefois, nous ne nous rendions pas compte qu'il s'agissait de formes de représentation et qu'il nous appartenait de choisir les formes que nous acceptions comme fondamentales ou que nous utilisions comme point de départ.

L'ancien appareil descriptif posait structurellement un 'espace' (vide), un 'temps' et une 'matière' absolus et immuables, à partir desquels nous construisions une définition verbale du 'mouvement'. L'attitude sémantique de chacun d'entre nous, scientifiques compris, dépendait de l'identification. Nous avons attribué une signification de centre inférieur à des abstractions de centre supérieur. Nous ne faisions pas assez de distinction entre les événements macroscopiques et les événements à petite échelle. C'est ainsi que nous avons eu "l'optique géométrique", dans laquelle nous avons 'perçu' un rayon de lumière (dans une pièce poussiéreuse, disons) comme une 'ligne droite'. Un examen plus approfondi a révélé que les 'rayons' à un niveau d'abstraction étaient des *ondes* à un autre niveau, mais qu'ils n'étaient pas perçus comme des ondes par les centres inférieurs.

Mais par l'intermédiaire de nos centres inférieurs, nous avons pris connaissance avec certaines vagues, comme dans l'eau ; la représentation des vagues a donc été développée. La théorie ondulatoire restait intuitivement utilisable, même lorsque nous avions affaire à des ondes que nous ne pouvions pas voir. Aujourd'hui, les équations des ondes sont bien connues. Il est alors possible de traduire une mécanique matricielle nonintuitive, lorsque nous traitons les matrices comme des opérateurs, en un calcul fonctionnel qui possède une représentation géométrique intuitive des ondes.

C'est précisément ce qui s'est passé et maintenant, peut-être pour la première fois dans l'histoire de l'humanité, tous les aspects d'une théorie sont élaborés simultanément, avec la coopération mutuelle de tous les travailleurs et l'utilisation de méthodes qui se complètent mutuellement du point de vue neurologique. Il semble peu risqué de prédire que, grâce à ces facteurs neurologiques, la nouvelle mécanique quantique donnera des résultats extrêmement rapides et d'une grande portée. Lorsque les scientifiques deviendront attentifs aux questions sémantiques et neurologiques structurelles en jeu, peut-être ces résultats seront-ils multipliés *consciemment*, au lieu d'être une sorte de coïncidence.

Personnellement, je suis convaincu que ces nouvelles réalisations ne sont pas le fruit d'une simple coïncidence. Il semble que l'abolition des anciens 'espace absolu' et 'temps absolu', élémentalistiques et statiques, ait libéré les *jeunes scientifiques d'un blocage sémantique*. Cette libération est due à l'audacieux coup de génie d'Einstein qui a refusé d'utiliser le vicieux 'est' aristotélicien d'identité. Dès que nous nous rendons compte que les mots ne sont pas les niveaux objectifs, nous gagnons une *liberté sémantique inconsciente* dans le maniement des mots, en tant que mots. Cette liberté est vouée à produire immédiatement de nombreuses formes différentes de représentation des événements, en fonction de la composition personnelle des travailleurs individuels. Et bien sûr, ces formes peuvent être traduites les unes dans les autres.

Section F. La mécanique ondulatoire.

Nous ne disposons pas de suffisamment d'espace pour discuter plus en détail de la nouvelle mécanique ondulatoire. J'ai constaté qu'en l'absence d'un petit volume, il n'était pas possible de fournir des explications facilement compréhensibles.

En mathématiques et en physique, qui représentent les sciences les plus développées, nous nous efforçons consciemment et inconsciemment d'obtenir des formulations de plus en plus générales. Les travaux d'Einstein, qui ont montré que la mécanique classique n'était qu'un cas particulier d'une mécanique plus générale, ont donné une saine stimulation à une ligne de travail aussi fructueuse.

Comme les phénomènes quantiques ne pouvaient être expliqués par l'ancienne mécanique, il était naturel que les physiciens essaient des schémas de nouvelle mécanique qui incluaient la mécanique classique comme un cas particulier. Ainsi, Sommerfeld, grâce à ses méthodes d'application de la théorie d'Einstein à la mécanique quantique et à ses généralisations de l'espace des phases, ainsi qu'à son traitement de la relation entre l'optique ondulatoire et l'optique des rayons et de la relation entre la mécanique et l'optique des rayons, s'est approché de la découverte de la mécanique ondulatoire.[10]

La nouvelle vague mécanique est née en 1924 à Paris, avec la thèse de Louis de Broglie, publiée en 1925, et rééditée sous forme de livre en 1926.

La controverse entre la théorie corpusculaire de la lumière de Newton (théorie de l'émission) et la théorie ondulatoire de Huygens est bien connue. La théorie de l'émission s'appuyait sur la propagation 'rectiligne' de la lumière, qui découlait de l'inertie des particules de lumière. Elle expliquait également la réflexion et la réfraction, etc., de la lumière, mais échouait à d'autres égards. Il est vrai que la théorie ondulatoire avait aussi ses faiblesses structurelles. La propagation 'rectiligne' de la lumière y restait un mystère complet et elle ne rendait absolument pas compte de la dispersion de la lumière, jusqu'à ce qu'elle soit expliquée par la théorie des électrons.

Les deux théories supposaient la périodicité des phénomènes lumineux, mais l'acceptation d'une théorie signifiait généralement le rejet de l'autre. Il n'est pas venu à l'esprit de beaucoup que les deux théories pouvaient être correctes, mais qu'elles n'étaient que des aspects structurels partiels d'une théorie plus générale.

Avec l'avènement de la théorie quantique de Planck (1900), de nouvelles méthodes ont été trouvées. En 1905, Einstein a exposé avec succès sa théorie des 'quanta de lumière'. Il part du principe que le rayonnement se produit sous forme de quanta discrets d'énergie $h\nu$, où ν représente la fréquence. De ce point de vue, le quantum avait la caractéristique discrète d'un corpuscule, et pourtant la fréquence caractéristique d'une onde. On voit que la nouvelle théorie est une sorte de mélange des deux théories plus anciennes.

De Broglie a encore généralisé les notions précédentes. Sa théorie est en quelque sorte le résultat de la théorie d'Einstein. Comme nous le savons déjà, Einstein montre la connexion entre masse et énergie, de sorte que la conservation de la masse devient également la conservation de l'énergie, et vice versa. Partant de ces prémisses, de Broglie a conclu que si un élément, au sens le plus général, qu'il s'agisse d'un électron, d'un proton, d'un quantum de lumière ou autre, possède une énergie W, il doit y avoir dans le système un phénomène périodique de fréquence v, défini par $W=hv$. De ce point de vue, toute forme d'énergie, rayonnement compris, doit avoir une structure atomique et les atomes d'énergie doivent être regroupés autour de certains points, formant ce que nous appelons des 'électrons', des 'quanta de lumière', etc.

En appliquant la transformation de Lorentz-Einstein, il trouve un fait plutôt surprenant - que la fréquence associée à toute masse supposée m_0 ; à savoir, $v_0 = \dfrac{m_0 c^2}{h}$, représente ni plus ni moins qu'un phénomène *périodique*, analogue à une onde stationnaire, qui se propage autour du point dont la masse est une singularité.[11]

En d'autres termes, une 'particule masse' au repos est le centre d'une pulsation tout au long de la propagation, sinon elle est une singularité de la pulsation. La quantité qui pulse est appelée ψ et $\psi\bar{\psi}$; elle est interprétée comme la *densité électrique*, où $\bar{\psi}$, est le conjugué de la quantité complexe ψ.

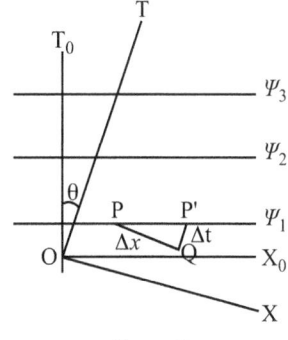

Fig. 2
(tiré de Waves Mechanichs, De H.F. Biggs)

Dans la représentation de Minkowski, le résultat étonnant ci-dessus devient très simple, et nous pouvons voir clairement comment les pulsations simultanées deviennent des ondes en déplacement. La Fig. 2 présente un diagramme bi-dimensionnel de l'espace-temps. OX_0 est la coordonnée 'espace', OT_0 la coordonnée 'temps' (ict_0). ψ_1, ψ_2, ψ_3, représentent les traces des surfaces de phase constante qui sont perpendiculaires à OT_0. La transformation de Lorentz-Einstein est équivalente à la transformation du système rectangulaire $X_0 OT_0$ au système rectangulaire XOT, formant un angle θ. Dans le nouveau système, les lignes ψ_1, ψ_2, ψ_3. etc., ne sont plus parallèles à l'axe X et représentent donc un *front d'onde* en mouvement. Dans ce nouveau système, les lignes ψ représentent le front d'onde mobile pour différents points, P, P', etc., sur une ligne de phase et ont *différentes* valeurs de t. Plus la vitesse (v) de la particule est faible, plus l'angle θ est petit et plus la distance PQ parcourue par la phase en un 'temps' donné, $P'Q$ ou Δt, est grande, ce qui signifie que plus la vitesse de phase u est grande.

La fréquence de ces pulsations ou ondes est "l'énergie totale de la particule" divisée par la constante de Planck, h. En symboles, $hv = mc^2 + $ *énergie potentielle*, où

$$m = \frac{m_0}{\sqrt{1-\beta^2}}, \ \beta = \frac{v}{c}$$

Le problème qui se pose à nous est de connecter structurellement les ondes à deux observations, l'une des radiations, l'autre de ce que nous appelons les 'particules matérielles'.

Nous ne nous intéressons pour l'instant qu'à la connexion avec cette dernière. Selon cette théorie, la 'région occupée par la particule' n'est qu'une région où un ensemble d'ondes-ψ, qui varient continuellement en direction et en fréquence dans une petite plage, se renforcent mutuellement pour donner un *groupe-d'ondes* se déplaçant avec ce que nous appelons habituellement 'vitesse de la particule'.

Comme les ondes ont des fréquences différentes, elles se déplacent à des vitesses différentes et nous devons donc faire face au problème du milieu dispersant, où, selon les théories classiques, la région de renforcement a une vitesse différente de celle de la phase. L'expression ordinaire de la 'vitesse de groupe' donne, selon l'interprétation ondulatoire, la magnitude de la 'vitesse de la particule'.[12]

Ce que, dans les théories classiques, nous appelions le 'mouvement de la particule' est représenté par le mouvement de la région de renforcement des ondes-ψ. La direction du mouvement est représentée par la direction d'un rayon ou d'une onde normale. Le rayon particulier choisi comme position de la 'trajectoire de la particule' est représenté par le rayon coupé en phase coïncidente par un ensemble d'ondes-ψ dont les directions varient légèrement. La 'position de la particule' est donnée par la petite région occupée par le *groupe* d'ondes de fréquences et de vitesses légèrement différentes.

À cet égard, il convient de noter un point important qui est rendu nécessaire par les méthodes de généralisation et de transposition des événements macroscopiques aux événements submicroscopiques et vice versa. Schrödinger, en formulant les équations différentielles pour les ondes ψ, a clairement mis en évidence le point structurel important selon lequel la mécanique ondulatoire a une relation similaire à la mécanique classique des particules, comme l'optique ondulatoire a une relation avec l'optique des rayons.

Ici encore, les phénomènes macroscopiques peuvent être traités par des méthodes mathématiques différentes de celles utilisées pour les phénomènes à petite échelle.

En mécanique classique, l'état d'un système dont les coordonnées étaient $q_1... q_s$, et dont les moments étaient $p_1... p_s$, était représenté par un point dans un étalement q à 2s-dimensions et les changements dans le système étaient représentés par le passage du point le long d'une courbe, d'un 'rayon' en quelque sorte. Schrödinger considère que la mécanique classique n'est qu'une approximation, alors qu'un traitement rigoureux doit être effectué à l'aide de la mécanique ondulatoire.

Les processus mécaniques à grande échelle, ou macroscopiques, correspondent à un signal d'onde dans l'*étalement-q* et peuvent être considérés comme un point par rapport à la structure géométrique du chemin. Dans les phénomènes à petite échelle, tels que les processus atomiques, une formulation ondulatoire rigoureuse doit être utilisée.

Cette analyse peut être poussée plus loin et Hamilton connaissait bien et utilisait l'analogie entre la mécanique et l'optique géométrique. Le principe de variation de Hamilton, $\delta \int L dt = 0$ est le principe de Fermat pour un mouvement ondulatoire ;

l'équation de Hamilton-Jacobi exprime le principe de Huygens pour le mouvement ondulatoire ; et la nouvelle mécanique ondulatoire exprime l'analyse de Kirchhoff de l'optique physique. De même que le principe de Huygens a pu traiter les problèmes d'optique physique jusqu'à un certain point, de même les équations de Hamilton-Jacobi ont pu traiter les problèmes atomiques jusqu'à un certain point. L'analyse ondulatoire exacte de Kirchhoff était nécessaire pour éclaircir les points les plus fins de l'optique physique, de même que la nouvelle mécanique ondulatoire est nécessaire pour la solution exacte des problèmes atomiques.[13]

Une analyse détaillée montre que la mécanique classique était associée à l'optique géométrique (optique des rayons). Il est évident qu'un système mécanique plus exact serait celui associé à l'optique ondulatoire, qui donnerait les résultats classiques dans tous les cas où la longueur d'onde est négligeable par rapport aux dimensions du chemin. Schrödinger suggère qu'une extension correcte de l'analogie consisterait à considérer le système ondulatoire comme des *ondes sinusoïdales*. À cet égard, il convient de rappeler que Fourier a montré que toute forme donnée d'ondes peut être représentée par la superposition d'*ondes sinusoïdales* et que, par conséquent, une *onde sinusoïdale* (voir Chapitre XXXII) peut être considérée comme une formulation générale.

Les méthodes des rayons en physique n'ont fonctionné que dans une certaine mesure, c'est-à-dire dans les cas où les rayons de courbure de ces rayons et les dimensions des étalements étaient importants par rapport à la longueur d'onde. Lorsque ce n'est pas le cas, nous devons considérer des ondes et non des rayons. Naturellement, lorsqu'il s'agit de dimensions atomiques, qui sont très petites, au lieu d'utiliser les trajectoires des particules ou les rayons-ψ, nous devons utiliser les ondes-ψ. Il semble que cette différence ait été la principale distinction, plutôt déroutante, entre la mécanique classique et la mécanique quantique, entre les théories macroscopiques et les théories submicroscopiques.

La réalisation ci-dessus, et sa formulation en une théorie mathématique, semble être une généralisation importante et extrêmement fructueuse, qui sera probablement retenue comme méthode.

L'une des caractéristiques déroutantes de la théorie quantique a été l'apparition structurelle des lois sur les nombres entiers des 'orbites'. Le fait qu'une telle relation entre nombres entiers soit justifiée semble bien établi, mais elle contredit l'ancienne mécanique 'continue'. Une nouvelle théorie, pour être satisfaisante, devrait pouvoir s'adapter à ces données empiriques en nombres entiers. C'est précisément dans ce domaine que la nouvelle mécanique ondulatoire a été testée pour la première fois et qu'elle a connu son premier succès.

Si un rayon de l'onde-ψ devait tourner en rond pour un état stationnaire, la circonférence devrait être un *multiple entier* de la longueur d'onde, où

$$2\pi r = n\lambda = n\frac{h}{mv} \text{ et } mvr = n\frac{h}{2\pi}$$

où n est un nombre entier. Nous voyons que la condition quantique de la théorie de Bohr, selon laquelle le moment angulaire doit être un multiple entier de $h/2\pi$, n'est que le résultat de l'exigence selon laquelle la fonction-d'onde ψ doit être unique-valuée, ce qui est une autre façon de dire que la circonférence ($2\pi r$) doit contenir un nombre entier de longueurs d'onde. On peut comparer cela à des ondes se déplaçant autour d'une boucle circulaire de corde. Si elles se déplaçaient dans les deux sens, nous aurions des ondes stationnaires.

C'est à ce stade qu'apparaît une caractéristique structurelle très importante de la nouvelle mécanique ondulatoire. Dans l'interprétation ci-dessus, la "vitesse de l'électron" a perdu sa signification physique, elle devient simplement la *longueur d'onde* des ondes-ψ. Dans la mécanique ondulatoire, tout comme dans la mécanique matricielle, l'ancienne "position d'un électron sur son orbite" n'a plus de signification. La mécanique ondulatoire reprend donc les avantages de la mécanique matricielle en ne postulant pas d'entités qui ne pourront jamais être observées. Les nombres entiers, comme le remarque Schrödinger, "apparaissent aussi naturellement que les 'entiers' dans la théorie des cordes vibrantes". Dans la théorie des cordes vibrantes, ces nombres entiers sont déterminés par certaines conditions aux limites qui doivent être satisfaites par la solution d'une équation différentielle. Dans la nouvelle mécanique ondulatoire, il existe également une équation différentielle représentant l'équation ondulatoire de Schrödinger.[14]

Section G. Aspects structurels des nouvelles théories.

Il convient de noter la distinction importante entre les deux types structurels de ces théories. La théorie matricielle extensionnelle peut difficilement être visualisée, avec tous les avantages et inconvénients qui en découlent. La mécanique ondulatoire peut être visualisée. D'après ce que nous savons déjà de la structure et du fonctionnement du système nerveux, nous voyons que la mécanique ondulatoire aura un élément *créatif* et que la mécanique matricielle restera une méthode de *contrôle* importante.

Aujourd'hui, toutes ces nouvelles théories semblent s'être mélangées ou peut-être vaudrait-il mieux dire qu'elles ont été traduites d'un langage à l'autre et que tous les intervenants dans ce domaine travaillent sous tous les angles.

Il convient également de mentionner qu'Einstein, Bose, Jordan et d'autres travaillent du point de vue des *statistiques*, et que ces méthodes sont également retraduites et connectées au reste des nouvelles théories.

La nouvelle mécanique ondulatoire évite les difficultés du calcul matriciel et fait entrer la nouvelle mécanique dans le champ d'application de l'analyse hautement développée de la théorie des équations différentielles. Elle fait également appel aux aspects créatifs de "l'intuition", de la 'visualisation', etc.

Pour conclure notre examen du sujet, il convient de mentionner trois aspects remarquables de la mécanique ondulatoire. Nous connaissons déjà le terme 'action'. Il semble que le point principal du passage de l'ancienne mécanique à la nouvelle ait été le coup de génie de de Broglie, lorsqu'il a divisé l'action par la constante fondamentale h avec un facteur numérique défini qui nous donne alors la *phase*. Dans l'expression de ψ, l'énergie apparaît comme la composante 'temps' d'un vecteur espace-temps dont les composantes 'espace' sont celles de la quantité de mouvement. Lorsque ce vecteur est divisé par h, ses composantes deviennent la *fréquence*, ou le nombre d'ondes que chaque axe coupe par centimètre.

Ce sont ces méthodes qui nous permettent d'utiliser des équations différentielles, grâce auxquelles les anciennes discontinuités disparaissent et la particule est représentée comme un groupe d'ondes qui se renforcent.[15]

De ce point de vue, nous arrivons également à la conclusion que la "conservation de l'énergie", qui était très précieuse autrefois, n'est peut-être qu'une généralisation macroscopique grossière et qu'elle cédera la place à une notion plus nouvelle et plus fondamentale de conservation de la *fréquence* ou des 'temps'.[16]

Il a déjà été mentionné que la nouvelle mécanique doit être représentée conformément aux données *statistiques*, aux *probabilités*, en accordant l'attention nécessaire à la théorie des erreurs, etc. Ces exigences n'ont pas grand-chose à voir avec le monde qui nous entoure, mais elles sont inconditionnellement requises par notre structure nerveuse, qui est, après tout, l'auteur général de toutes nos 'connaissances' et de toutes nos 'théories'. Soyons francs, il n'y a pas de 'connaissance' en dehors d'un système nerveux, et donc les exigences neurologiques, déjà mentionnées, deviennent primordiales. Les nouvelles théories répondent brillamment à cette exigence.

À titre d'exemple, on peut peut-être mentionner un aspect de la théorie de la mécanique ondulatoire qui n'est pas encore fixé, mais qui reste tout aussi intéressant.

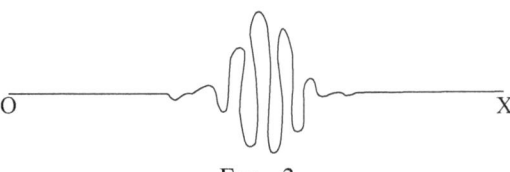

FIG. 3
(Tiré de The New Quantum Mechanics, p. 115, par George Birtwistle)

Schrödinger montre que dans les états très excités, un groupe d'ondes convenablement choisi représente un "*paquet d'ondes*", qui se comporte comme une masse ponctuelle de la mécanique ordinaire. Il oscille à la fréquence v_0 sur une trajectoire rectiligne. Le nombre et la largeur des ondes qui forment le paquet varient avec le 'temps', mais la largeur du paquet reste constante. L'aspect remarquable de la forme de la courbe est qu'elle représente la *courbe d'erreur de Gauss*.

Heisenberg a montré que ce résultat n'est vrai qu'accidentellement, mais pour notre besoin d'illustration, cela suffit amplement.

La nouvelle mécanique quantique a montré une fois de plus la nécessité d'une réanalyse de nos notions fondamentales. Du point de vue de l'espace-temps, qui semble être un acquis permanent de la science, puisqu'il s'agit d'un langage et d'une méthode de structuration plus proches du monde extérieur que les langages et méthodes plus anciens, il semble incontestable que même les phénomènes macroscopiques sont le résultat d'*observations répétées*. Or, un tel point de vue, bien qu'extrêmement plausible et proche des données neurologiques et physiques, nécessite une reconstruction complète de notre appareil de description, qui n'est pas adapté à une telle perspective.

Le problème de "l'observation" se pose. Bohr suggère, à juste titre, que ce vocabulaire est strictement lié au vocabulaire 'causal' plus ancien. Un des points principaux du présent travail est d'attirer l'attention sur le *mécanisme et les termes multiordinaux* et de montrer que l'analyse de ces problèmes ne peut même pas être tentée sans analyser d'abord la structure de nos langages, de nos 'connaissances', et les aspects neurologiques et sémantiques qu'une telle analyse implique.

Lorsque cette analyse est menée à bien, nous constatons que les problèmes de 'continuité' et de 'discontinuité' perdent leur caractère absolu. Ils deviennent des problèmes *verbaux*, à résoudre grâce à l'ingéniosité de celui qui proposera les solutions.

La nouvelle mécanique quantique nous donne amplement de quoi travailler sur ces problèmes, mais elle illustre également un problème beaucoup plus général et important, qui fait l'objet du présent ouvrage, à savoir que toute 'connaissance' est *structurelle*, qu'elle dépend strictement de la structure et du fonctionnement du système nerveux, ainsi que du langage que nous utilisons. La 'méthode' est l'aspect de la recherche de la structure qui traite des moyens les plus appropriés pour trouver la structure. Comme les mots *ne sont pas* les choses dont nous parlons, l'étude de la structure linguistique devient une méthode de recherche très importante. Plus nous disposons de langages (théories) pour l'analyse et la comparaison structurelle, plus nous avons d'aperçus de la structure du monde. La nouvelle mécanique quantique nous offre un énorme matériel à caractère linguistique, structurel et sémantique.

Il est naturel que cette sagesse ne puisse venir que de l'étude de la structure des langages les plus développés qui existent, à savoir les langages mathématiques. Si nous voulons progresser dans n'importe quel domaine de l'activité humaine, ce progrès dépend toujours des langages que nous utilisons, puisque ce que nous appelons 'progrès' est une affaire de coopération et dépend donc des moyens de communication et des langages.

Du point de vue de la structure, nous avons affaire à un monde d'*individus absolus* et nos langages doivent donc refléter cette individualité. Nous savons déjà que cela implique une attitude et des méthodes extensionnelles, qui ont historiquement produit les mathématiques comme le seul langage qui reflète encore la structure du monde qui nous entoure.

Avec la nouvelle mécanique quantique, l'ancienne 'discontinuité' se résout en une *individualité* essentielle, comme l'a remarqué Bohr, parfaitement étrangère aux anciennes théories.

L'histoire prouve que nous avons mis du temps à en arriver là. Nos tragédies ont commencé lorsque le biologiste 'intensionnel' Aristote a pris le pas sur le philosophe mathématicien 'extensionnel' Platon et a formulé toutes les identifications primitives, le sujet-prédicativisme, etc., en un système imposant que, pendant plus de deux mille ans, nous n'avons pas été autorisés à réviser sous peine de persécution. Les mathématiques n'ont pas été particulièrement encouragées, mais au moins, elles n'ont pas été persécutées, de sorte qu'elles se sont développées pour devenir le grand système linguistique d'aujourd'hui. La théorie de la fonction implique des facteurs sémantiques de non-identification.

L'invention du calcul différentiel et du calcul intégral représente les deux grands aspects structurels et psycho-logiques de l'analyse et de la différenciation, par opposition à la synthèse et à l'intégration.

L'application de ces méthodes nous a conduits aux géométries différentielles, aux méthodes de traitement de la 'plénitude' et aux méthodes de 'contact'. La 'plénitude' nécessitait des géométries de dimensions supérieures, impossibles dans le 'vide absolu', et la fusion de la géométrie et de la physique devenait donc possible.

Le monde quadridimensionnel de Minkowski et la théorie d'Einstein ont finalement accompli cette fusion. L'étape suivante a été l'invention de la nouvelle mécanique quantique, où toutes ces accomplissements structurels, sémantiques et linguistiques importants, voire primordiaaux, ont trouvé leur point culminant. L'ancienne métaphysique primitive devient trop 'matérialiste' pour une époque éclairée.

Sans légiférer sur la 'vérité' ou la 'fausseté' des nouvelles mécaniques, ces théories constituent, en ce qui concerne le *comportement humain*, les meilleures indications et les meilleurs exemples de la structure de la 'connaissance' humaine, que j'ai tenté de formuler dans cet ouvrage sous la forme d'une théorie générale.

Le système-*A* (*Aristotélicien*) était strictement interconnecté à des hypothèses structurelles ou métaphysiques primitives, reflétées dans la structure des langages anciens et dans les notions élémentalistiques sur le langage, la 'psychologie', la 'logique' et l'astronomie, la physique et d'autres disciplines anthropomorphiques préscientifiques. Récemment, la science s'est développée en dépit de tous les handicaps et de toutes les persécutions, et a commencé à s'écarter structurellement et sémantiquement de la voie de l'aristotélisme et de l'âge des ténèbres. Chaque science a dû construire son propre langage et ce fait condamne totalement le langage *A* (*Aristotélicien*), que nous continuons à préserver dans notre vie quotidienne, ce qui est choquant.

Faut-il s'étonner que nous n'ayons guère progressé dans nos affaires et notions purement humaines? Nous devrions plutôt nous étonner d'avoir pu survivre jusqu'à présent, bien qu'avec des difficultés et des souffrances inutiles. Davantage de guerres, davantage de révolutions, davantage d'insanité, davantage d'abrutissement, davantage de lutte et de concurrence, davantage de malheur, voilà ce que nous sommes en droit d'*attendre et de prédire* comme résultat de cette situation structurellement et sémantiquement impossible.

Comme l'organisme fonctionne comme-un-tout, des choses telles que 'intellect pur' ou 'émotions pures' représentent des fictions structurellement élémentalistiques et les scientifiques devraient se rendre compte que leur attitude scientifique détachée est profondément et fondamentalement injustifiée. Toute science comporte des composantes 'émotionnelles', qui jouent un rôle très important dans la vie. Si nous vivons dans un monde moderne, mais que nous conservons les 'attitudes émotionnelles' d'une époque primitive révolue, nous sommes naturellement condamnés à être sémantiquement déséquilibrés et nous ne pouvons pas nous adapter à une 'civilisation' fondamentalement primitive au milieu des grands accomplissements techniques.* Lorsque les scientifiques comprendront cela, le profane en sciences aura une attitude différente à l'égard de la science. Il comprendra que la science n'est pas un privilège réservé à quelques-uns, quelque chose qui n'a pas d'effet sur tous et sur chacun. Il se rendra compte que même s'il vit dans un monde moderne, *rendu tel* par la science, l'*ignorance structurelle* des principes fondamentaux découverts par la science le laisse avec des hypothèses structurelles ou métaphysiques primitives qui,

---

*   Voir mon ouvrage *Manhood of Humanity* (E. P. Dutton, New York).

par nécessité, construisent pour lui un monde illusoire conduisant à un déséquilibre sémantique et finalement à des maladies 'mentales' et nerveuses.

D'un point de vue *non-élémentalistique*, la seule issue est de se rendre compte que l'ignorance chez un adulte est et ne peut être que pathologique, car la 'connaissance' doit être considérée comme une caractéristique normale du *tissu nerveux* humain.

Un compte rendu structurel et méthodologique spécial, bref et simplifié, des accomplissements scientifiques, tel que je l'ai tenté dans ce travail, doit faire partie d'une théorie de la *sanité*. La sanité signifie l'*ajustement* et sans le minimum de la meilleure connaissance structurelle de chaque date concernant ce monde, un tel ajustement est impossible.

Il n'est pas nécessaire que le lecteur comprenne parfaitement tous les détails techniques d'une théorie, mais qu'il soit *vigilant* (instinctivement, affectivement, etc.) de l'*existence* des problèmes structurels et sémantiques et qu'il se rende compte que certains des professionnels les plus compétents et les plus habiles travaillent sur ces théories. Cette vigilance a une grande influence sémantique pacificatrice ; elle élimine les anciennes tensions affectives dues aux identifications, à l'absolutisme, au dogmatisme, aux envolées mystiques et à d'autres perturbations pathologiques similaires.

Un *système non-aristotélicien* doit traiter toutes ces questions structurelles et sémantiques. Nous espérons qu'une fois qu'un système-$\bar{A}$ sera présenté au public, les scientifiques et les profanes en sciences s'intéresseront davantage aux questions structurelles et sémantiques soulignées ici, et que de nouvelles recherches plus approfondies seront entreprises.

L'histoire montre que ces espoirs ne sont pas illusoires. Les plus grands personnages de science ont toujours eu des objectifs et des intérêts humains très larges. D'un point de vue *non-élémentalistique*, ils sont probablement devenus des génies productifs en raison de ce besoin humain général. Du point de vue de la psychiatrie, il est bien connu que les maladies 'mentales' impliquent généralement des attitudes affectives antisociales. Quand nous voyons des personnes avec des tendances clairement antisociales, quelle que soit la manière dont elles les rationalisent, elles sont invariablement malades d'une manière ou d'une autre. Un individu en pleine santé n'est jamais antisocial.

Que la science doive inclure les facteurs structurels et sémantiques de la sanité peut être une notion surprenante, mais seulement à première vue ! Dans la présente analyse, cela s'avère être, de manière plutôt inattendue, une nécessité. Mais à bien y réfléchir, nous devrions plutôt nous y attendre. La science et les mathématiques montrent le fonctionnement de "l'esprit humain" dans ce qu'il a de meilleur. En conséquence, nous pouvons apprendre de la science et des mathématiques comment cet 'esprit humain' devrait fonctionner *pour donner le meilleur de lui-même*. Ensuite, nous devrions analyser la science et les mathématiques d'un point de vue structurel et sémantique plus large, tâche qui a été entreprise dans le présent ouvrage.

À ce stade précoce, il est bien sûr relativement peu important de savoir dans quelle mesure cette analyse s'avère satisfaisante. L'essentiel est qu'elle ait été *entreprise*. Si l'auteur actuel échoue, d'autres, peut-être même à cause de son échec, pourront être incités à faire mieux. L'essentiel, c'est que quelqu'un le fasse.

SUPPLÉMENT I

LA LOGIQUE DE LA RELATIVITÉ

par R. D. Carmichael

Pour pouvoir traiter les quantités impliquées dans la mesure du mouvement, du temps, de la vitesse, etc., ou même dans l'analyse quantitative de tout phénomène physique, il est nécessaire de disposer d'un ou de plusieurs systèmes de référence par rapport auxquels les mesures peuvent être effectuées. Considérons un ensemble de choses composé d'objets et de quantités physiques quelconques, comme des charges électriques, des aimants, des sources lumineuses, des télescopes ou d'autres objets et instruments, dont chacun est au repos par rapport à tous les autres. Supposons que parmi les objets se trouvent des horloges, utilisées pour mesurer le temps, et des barres ou des règles, utilisées pour mesurer la longueur, et que le temps et la longueur peuvent être mesurés à n'importe quel moment et à n'importe quel endroit. Un tel ensemble d'objets, de quantités et d'instruments, y compris l'équipement pour mesurer le temps et la longueur, tous étant au repos les uns par rapport aux autres, est appelé système de référence. Un tel système sera désigné par S. Au cas où nous *aurions* à traiter simultanément de deux ou plusieurs systèmes de référence, nous les désignerons par $S, S', S_1, S_2, \ldots$

Dans cette définition des systèmes de référence, rien de spécifique n'a été dit sur les unités de longueur et de temps. S'il s'agissait de nos principes habituels de mécanique, nous pourrions passer sur cette question sans éprouver la moindre difficulté ; il suffirait de procéder conformément à nos conceptions intuitives du temps et de la longueur. Mais dans la théorie de la relativité, ces notions apparaissent sous un jour nouveau. Nous ne pouvons pas nous fier à notre intuition. D'autre part, nous n'essaierons pas de donner des définitions explicites des unités de temps et de longueur. Nous partirons de certains principes ou postulats, qui seront énoncés ultérieurement, pour analyser le temps et la longueur et parvenir ainsi à une précision appropriée de ces concepts au moyen de certains principes directeurs. On verra qu'il n'est pas faux de dire que nos termes fondamentaux sont définis implicitement et indirectement par les déclarations faites à leur sujet et acceptées initialement comme valables et qu'ils peuvent signifier tout ce qui est compatible avec la vérité de ces principes et postulats fondamentaux.

Le principe de relativité restreinte peut maintenant être énoncé sous la forme suivante :

PRINCIPE DE RELATIVITÉ RESTREINTE. *Si S_1 et S_2 sont deux systèmes de référence ayant l'un par rapport à l'autre un mouvement uniforme non accéléré, alors les phénomènes naturels se déroulent par rapport à S_2 exactement selon les mêmes lois générales que par rapport à S_1.*

Ce principe ne dit rien sur l'adéquation d'un système de référence particulier à l'expression pratique des lois de la nature ; mais il dit que si S_1 ou S_2 convient, l'autre convient également, si tant est que le mouvement relatif des deux n'est pas accéléré.

Pour mettre en relation les mesures effectuées dans un système de référence et celles effectuées dans un autre, il est nécessaire d'avoir un accord sur la correspondance des unités dans les deux systèmes. En conséquence, nous ferons l'hypothèse suivante concernant la correspondance des unités :

PRINCIPE DE CORRESPONDANCE DES UNITÉS. *Les unités de deux systèmes quelconques S_1 et S_2 sont telles que le même résultat numérique sera obtenu en mesurant avec les unités de S_1 une quantité L_1 et avec les unités de S_2 une quantité L_2 lorsque la relation de L_1 à S_1 est précisément la même que celle de L_2 à S_2.*

Nous conviendrons que le principe de relativité restreinte doit être compris dans un sens qui implique cette hypothèse concernant la correspondance des unités, c'est-à-dire que cette dernière sera considérée comme une formulation plus précise d'une partie du contenu du premier. Il est clair que la possibilité de réaliser cette dernière est considérée comme acquise dans la mécanique Galileo-Newtonienne ; elle est souvent passée sous silence alors qu'il s'agit d'un fait profond et qu'elle fait partie de la base essentielle de toute théorie du mouvement.

C'est une grave question que de savoir si le principe de relativité restreinte peut être maintenu dans l'interprétation des phénomènes naturels. En effet, dans la théorie plus générale de la relativité, qui sera abordée plus loin, il est traité simplement comme une sorte d'approximation d'un principe plus complet - une approximation strictement valable uniquement en l'absence d'un champ gravitationnel, mais très proche de la vérité pour une grande variété de phénomènes, y compris la plupart de ceux qui sont purement terrestres.

Deux postulats caractéristiques, ou 'lois de la nature', sont à la base de la théorie de la relativité restreinte. Ils peuvent être énoncés comme suit ;

POSTULAT M. *Le mouvement non-accéléré d'un système de référence S ne peut être détecté par des observations faites sur S seul, les unités de mesure étant celles appartenant à S.*

POSTULAT R. *La vitesse de la lumière, dans l'espace libre, mesurée sur un système de référence S non-accéléré au moyen d'unités appartenant à S, est indépendante de la vitesse de S et de la vitesse non accélérée de la source lumineuse.*

Pour ces deux postulats particuliers, il existe les preuves expérimentales les plus solides possibles. Tout ce que l'on sait va dans le sens de leur vérité, et rien de ce que l'on sait ne semble être en désaccord avec eux. Il est à noter qu'ils ne s'appliquent qu'au cas idéal, c'est-à-dire au cas où il est supposé ne pas y avoir de champ gravitationnel.

Pour le développement de la théorie restreinte de la relativité, il y a trois postulats supplémentaires nécessaires, ou 'lois de la nature', que la théorie a en commun avec la mécanique Galileo-Newtonienne. Ces postulats, sous une forme ou une autre, sont essentiels aux arguments initiaux et aux conclusions qui en sont tirées. Pour le présent auteur, il semble préférable d'énoncer explicitement ces hypothèses. Elles peuvent être formulées de la manière suivante :

POSTULAT V. *Si la vitesse d'un système de référence S_2 par rapport à un système de référence S_1 est mesurée au moyen des unités appartenant à S_1 et si la vitesse de S_1 par rapport à S_2 est mesurée au moyen des unités appartenant à S_2, les deux résultats concorderont en valeur numérique.*

POSTULAT T. *Si deux systèmes de référence S_1 et S_2 se déplacent avec une vitesse relative non accélérée et si un corps se déplace par rapport à l'un des systèmes en ligne droite avec une vitesse non accélérée, il se déplace également en ligne droite par rapport à l'autre système avec une vitesse non accélérée.*

POSTULAT L. *Si deux systèmes de référence S_1 et S_2 se déplacent avec une vitesse relative non accélérée et si un segment de droite l est perpendiculaire à la ligne de mouvement relatif de S_1 et S_2 et est fixé à l'un de ces systèmes, alors la longueur de l mesurée au moyen des unités appartenant à S_1 sera la même que sa longueur mesurée au moyen des unités appartenant à S_2.*

Nous avons maintenant devant nous la base logique sur laquelle peut être construite la théorie restreinte de la relativité dans tous ses détails. Elle a été présentée essentiellement sous la même forme que celle employée dans ma 'Théorie de la relativité' (publiée par Wiley and Sons, New York) et dans mes articles précédents dans 'The Physical Review'. On pourra se référer à l'ouvrage cité pour le développement détaillé de la théorie. Nous nous contenterons ici d'esquisser l'évolution des idées et d'indiquer les principales conclusions.

La première chose à faire pour développer la théorie sur cette base est d'examiner attentivement la relation entre les unités de temps des deux systèmes. Un raisonnement tout à fait convaincant permet d'arriver à la conclusion remarquable suivante :

Si deux systèmes de référence S_1 et S_2 se déplacent avec une vitesse relative v et que β est le ratio v/c de v à la vitesse c de la lumière mesurée dans l'un ou l'autre système, alors pour un observateur sur S_1 l'unité de temps de S_1 semble être dans le rapport $\sqrt{1-\beta^2}:1$ par rapport à l'unité qui lui est décrite par un observateur sur S_2, tandis que pour un observateur sur S_2, l'unité de temps de S_2 semble être dans le rapport $\sqrt{1-\beta^2}:1$ à celle qui lui est décrite comme unité par l'observateur sur S_1.

Nous arrivons donc à la conclusion extraordinaire que les unités de temps des deux systèmes de référence S_1 et S_2, qui ne sont pas au repos l'un par rapport à l'autre, sont de longueurs différentes, de telle sorte qu'un observateur de l'un ou l'autre système pense que l'unité de temps de l'autre système est plus grande que la sienne. Il est évident qu'un simple changement d'unité dans l'un ou l'autre système (ou dans les deux) ne fera pas concorder les unités pour les observateurs des deux systèmes. Comme les postulats V, L et T sont généralement acceptés et n'ont pas conduit ailleurs à des conclusions aussi étranges, il est naturel de supposer que l'étrangeté ici n'est pas due à ces postulats. Dans l'argumentation, le principe de relativité restreinte ne doit être utilisé que dans la mesure où il est impliqué dans la conclusion que les unités de deux systèmes de référence quelconques S_1 et S_2 sont telles que le même résultat numérique est obtenu en mesurant avec les unités de S_1 une quantité L_1 et avec les unités de S_2 une quantité L_2 lorsque la relation de L_1 à S_1 est précisément la même que la relation de L_2 à S_2. Mais ce principe est accepté dans la mécanique classique et n'a pas ailleurs conduit à des résultats étranges. La conclusion du postulat M semble être exigée par les preuves expérimentales les plus solides ; elle est généralement acceptée ; si l'élément étrange dans le résultat concernant les unités de temps est dû à ce postulat, il semble que nous devions l'accepter comme étant exigé par l'expérience qui a déjà été testée avec le soin nécessaire. La conclusion semble donc inévitable que l'étrangeté de notre résultat est due principalement au postulat R.

Nous verrons plus loin que la même base de postulats conduit à la conclusion que les unités de longueur correspondantes dans les deux systèmes sont également différentes lorsqu'elles sont prises dans certaines directions. Des transformations du temps et de l'espace qui résultent des conclusions ainsi obtenues, on peut déduire toute la théorie restreinte de la relativité (comme le montre le livre mentionné). Cette théorie dépend donc essentiellement du principe de correspondance des unités dans deux systèmes de référence et des propositions énoncées explicitement dans les postulats ; et toutes ces propositions sont soit des généralisations tirées de l'expérience, soit des énoncés de lois qui ont été habituellement acceptées. D'où notre conclusion : *La théorie de la relativité restreinte peut être développée par des processus logiques à partir des résultats généralisés de certaines expériences et de certaines lois acceptées depuis longtemps.*

Le résultat principal concernant la relation des unités de longueur peut être formulé de la manière suivante :

Si deux systèmes de référence S_1 et S_2 se déplacent avec une vitesse relative v et si β est le rapport v/c de v à la vitesse c de la lumière mesurée sur l'un ou l'autre système, alors pour un observateur sur S_1 l'unité de longueur de S_1 le long de la ligne de mouvement relatif semble être dans le rapport $\sqrt{1-\beta^2}:1$ par rapport à l'unité qui lui est décrite par un observateur sur S_2, tandis que pour un observateur sur S_2, l'unité de longueur de S_2 le long de la ligne de mouvement relatif semble être dans le rapport $\sqrt{1-\beta^2}:1:1$ à celle qui lui est décrite comme unité par l'observateur sur S_1.

Ces conclusions remarquables concernant les unités de longueur dans deux systèmes de référence reposent précisément sur les postulats qui ont conduit aux résultats étranges concernant les unités de temps.

La conclusion la plus remarquable de la théorie de la relativité est souvent celle qui implique que la notion de simultanéité d'événements se produisant à des endroits différents est indéfinie jusqu'à ce qu'une convention soit adoptée sur la manière de déterminer la simultanéité. En fait, *la simultanéité absolue d'événements se produisant en des lieux différents n'existe pas*. En ce qui concerne le temps et l'espace mesurés en physique, nous devons conclure que le temps ne s'écoule pas indépendamment de l'espace. Le temps et l'espace mesurés sont indissolublement liés. Le théorème qui l'énonce le plus concrètement peut être formulé de la manière suivante :

Soit deux systèmes de référence S_1 et S_2 ayant une vitesse relative non accélérée v. Soit un observateur sur S_2 qui place deux horloges dans la ligne de mouvement relatif de S_1 et S_2 et les ajuste de telle sorte qu'elles lui semblent marquer simultanément la même heure. Alors, pour un observateur sur S_1, l'horloge sur S_2 qui est en avant dans le point de mouvement semble être en retard dans le point de temps de la quantité de

$$\frac{v}{c^2} \cdot \frac{d}{\sqrt{1-\beta^2}}$$

où c est la vitesse de la lumière, $\beta = v/c$, et d est la distance entre les deux horloges, mesurée par l'observateur sur S_1.

Grâce aux théorèmes précédents, nous pouvons facilement obtenir les formules de la célèbre transformation de Lorentz des coordonnées spatiales et temporelles (le lecteur non mathématicien peut omettre le reste de ce paragraphe). Supposons que deux systèmes de référence S et S' aient la vitesse relative v sur la ligne l. Attachons aux systèmes de référence S et S' des systèmes de coordonnées rectangulaires de telle sorte que l'axe des x de chaque système soit sur la ligne l et que les deux axes des x aient la même direction positive, et que l'axe des y et l'axe des z d'un système soient parallèles respectivement à l'axe des y et à l'axe des z de l'autre système et aient leurs sens positifs dans les mêmes directions. Faisons coïncider ces deux systèmes d'axes à l'instant zéro. En outre, par souci de distinction, notons les coordonnées spatiales et temporelles sur S par x, y, z, t, et celles sur S' par x', y', z', t'. Supposons que S' se déplace par rapport à S dans le sens des valeurs croissantes de x. Il s'avère alors que les théorèmes précédents impliquent les relations suivantes entre les deux systèmes de coordonnées :

$$t' = \frac{1}{\sqrt{1-\beta^2}}(t - \frac{v}{c^2}x),$$
$$x' = \frac{1}{\sqrt{1-\beta^2}}(x - vt),$$
$$y' = y,$$
$$z' = z,$$

où $\beta = v/c$ et c est la vitesse de la lumière.

Les théorèmes précédents, ou (dans un langage plus compact) les équations de transformation précédentes, fournissent les moyens effectifs de développer l'ensemble de la théorie restreinte de la relativité. Notre objectif n'exige pas que nous suivions ce développement en détail. Mais nous pouvons mentionner quelques-unes des conclusions remarquables qui se dégagent facilement. Si deux vitesses, dont chacune est inférieure à c, sont combinées, la vitesse résultante est également inférieure à c. La masse d'un corps augmente avec l'augmentation de sa vitesse par rapport au système sur lequel la masse est mesurée. La masse d'un corps au repos semble être la mesure de son énergie interne. La masse et l'énergie en général semblent être des termes essentiellement convertibles. La vitesse de la lumière est un maximum dont la vitesse d'un corps matériel peut s'approcher, mais qu'elle ne peut jamais égaler ou dépasser.

L'élaboration par Einstein, en 1905, de la théorie restreinte de la relativité décrite ci-dessus a conduit à une nouvelle analyse de l'ensemble des fondements de la physique. Cette analyse était rendue inévitable par l'attaque efficace contre des notions aussi fondamentales que celles de longueur et de temps, de masse et de vitesse. Einstein lui-même a réussi en 1915 à étendre considérablement la portée de sa théorie, en développant ce que l'on appelle depuis la théorie de la relativité générale. Nous allons maintenant parler brièvement des fondements de cette dernière.

Déjà dans la théorie restreinte, le temps et l'espace s'étaient essentiellement confondus, de sorte que nous ne pouvions plus parler d'un espace tri-dimensionnel séparé de l'unique dimension qu'est le temps. Une sorte de combinaison des deux est apparue dans notre conception et nous avons commencé à nous rendre compte qu'ils ne pouvaient pas être démêlés par les mesures de la physique. Nous sommes obligés de considérer un continuum quadridimensionnel d'espace et de temps. C'est avec cette extension de l'espace-temps à quatre dimensions que la théorie générale de la relativité a essentiellement à faire ; et ses problèmes sont intimement liés aux relations entre deux systèmes de référence du type généralisé que cela rend nécessaire. La transformation de Lorentz a été d'une grande aide psycho-logique (et même logique) dans la formation de la nouvelle théorie.

Considérons une extension quadridimensionnelle dans laquelle l'espace et le temps sont intimement liés et confondus de telle sorte que chaque point P de ces quatre dimensions représente un lieu défini A à un moment défini t auquel A doit être considéré. Au cours du temps, une particule matérielle est représentée par une succession de ces points P. Tous ces points, pour une particule matérielle donnée, se trouvent sur ce que l'on appelle la 'ligne-du-monde' de cette particule ; et cette ligne du monde représente l'état de mouvement (ou éventuellement l'état de repos) de la particule matérielle. Si deux objets coïncident à un moment donné, leurs lignes du monde se croisent. Les choses dont le physicien s'occupe en fin de compte sont ces intersections de lignes-du-monde.

Pour les traiter, il juge nécessaire d'introduire certains nombres de référence que nous pouvons appeler les coordonnées x_1, x_2, x_3, x_4. Ces nombres changent de telle sorte que leur variation le long de toute ligne du monde est continue et qu'il n'y a jamais deux points auxquels on attribue le même ensemble ordonné de quatre nombres. Nous disposons ainsi d'un ensemble très général de coordonnées. Il est clair que les coordonnées peuvent être définies d'une immense variété de façons de manière à avoir ces quelques propriétés très générales. Un des premiers problèmes de la théorie générale de la relativité est celui du caractère de la transformation par laquelle on peut passer d'un choix donné x_1, x_2, x_3, x_4 de coordonnées à un second $\xi_1, \xi_2, \xi_3, \xi_4$. Il est clair que nous devons avoir des relations de la forme

$$\xi_i = f_i(x_1, x_2, x_3, x_4), \quad i = 1, 2, 3, 4,$$

où les fonctions f_i des variables x_1, x_2, x_3, x_4 sont des fonctions assez générales de ces quatre arguments et sont en fait dans une large mesure arbitraires. Supposons maintenant que les lois de la nature soient exprimées en termes de coordonnées x et aussi en termes de coordonnées ξ ; la question se pose de savoir quelle relation on doit s'attendre à trouver entre ces deux formes de la loi. Or, il n'y a pas de coordonnées dans la nature. Elles ont été insérées par nous pour notre commodité. Quoi de plus naturel, alors, que d'exiger que nous formulions nos énoncés de ces lois de manière à ce qu'elles aient la même forme dans ces deux systèmes de référence, et en fait dans tous les systèmes de référence possibles? C'est précisément l'une des exigences fondamentales sur lesquelles Einstein insiste. Il a appelé le principe correspondant le principe de covariance. Sous une forme détaillée et précise, il peut être énoncé comme suit :

Principe de Covariance. *Les lois de la nature peuvent être (et doivent être) exprimées sous une forme mathématique en termes de coordonnées spatio-temporelles x_1, x_2, x_3, x_4, de telle sorte qu'elles restent invariantes sous toute transformation de la forme $\xi_i = f_i(x_1, x_2, x_3, x_4)$, $i = 1, 2, 3, 4$, où les fonctions f sont soumises aux conditions suivantes :*

1) Elles sont (sauf points exceptionnels ou régions de moins de quatre dimensions) finies et continues et indéfiniment différentiables ;

2) Elles sont telles que la transformation est uniquement réversible, la transformation inverse ayant les propriétés requises pour la transformation directe ;

3) Elles sont telles que dans la transformation et son inverse, la quatrième variable a le caractère d'une variable temporelle tandis que les trois autres ont le caractère de variables spatiales.

Ce principe exige l'atteinte d'un idéal dont le caractère mathématique est avéré. À lui seul, il ne permet pas d'appréhender les phénomènes. Il faut des hypothèses supplémentaires. L'une d'entre elles est que la théorie de la relativité restreinte est valable dans l'espace libre, c'est-à-dire dans l'espace dépourvu de champ gravitationnel. L'autre est la célèbre loi d'équivalence des forces gravitationnelles et des forces apparentes dues à l'accélération. Elle peut être énoncée comme suit:

Principe d'Équivalence. *Pour une région indéfiniment petite du monde (c'est-à-dire une région si petite que la variation de la gravitation y est négligeable à la fois dans le temps et dans l'espace), il existe un système de coordonnées S_0 (X_1, X_2, X_3, X_4) par rapport auquel la gravitation n'a aucune influence sur les mouvements des particules de masse ou sur tout autre phénomène physique quel qu'il soit.*

Telle est la base logique de la théorie générale de la relativité. Nous ne pouvons pas ici la suivre dans sa grande entreprise de conquête des lois de la nature. La route (aujourd'hui et peut-être pour longtemps encore) ne peut être suivie que par celui qui est prêt à accorder une attention sérieuse et prolongée à l'étude de certaines branches des mathématiques. Dans les premières parties de l'argumentation, le raisonnement est plutôt technique et abscons et les étapes générales ne sont compréhensibles que pour ceux qui ont une prise de connaissance considérable d'une certaine gamme d'idées mathématiques. Au bout d'un certain temps, l'exposé se ramène, sinon à la terre, du moins au système solaire, et des cas commencent à apparaître dans lesquels il est possible de trouver des moyens de choisir entre la théorie de Newton et celle d'Einstein.

Trois phénomènes cruciaux ont été mis en évidence, qui permettent de tester les deux théories. Nous allons maintenant parler brièvement de chacun d'entre eux.

Les astronomes savent depuis longtemps qu'il y a une certaine avance dans la position du périhélie de la planète Mercure qui ne peut être expliquée par la théorie de Newton. Cette avance représente environ 42 secondes de mesure angulaire par siècle. La théorie d'Einstein en rend bien compte.

Einstein a prédit, sur la base de sa théorie, qu'un rayon de lumière provenant d'une étoile apparemment proche du bord du soleil serait détourné de sa trajectoire droite et que la déviation ainsi provoquée serait de 1,74 seconde de mesure angulaire, la déviation étant telle que l'étoile pourrait être vue juste derrière le bord du soleil. La prédiction a été vérifiée avec un bon degré de précision, des observations ayant été faites lors de deux éclipses de soleil.

Un troisième phénomène crucial est associé aux vibrations d'un atome dans un champ gravitationnel. Les périodes d'un atome constituant une sorte d'horloge naturelle, elles devraient donner une mesure invariante d'un intervalle de temps. En partant de cette hypothèse, on conclut qu'un atome vibre plus lentement sur le soleil que sur la terre, en raison de l'influence du champ gravitationnel plus important du soleil. Les lignes du spectre devraient donc être déplacées vers le rouge. Pour la partie du spectre habituellement observée, cela représente environ 0,008 Angström (un Angström=10^{-10} mètres). Pendant longtemps, il y a eu de sérieux doutes quant à l'existence réelle de ce phénomène, mais les preuves de son existence semblent aujourd'hui (1933) concluantes.

En outre, ces dernières années, il a été reconnu que les étoiles connues sous le nom de naines blanches ont des masses comparables à celle du soleil, alors que leurs rayons sont beaucoup plus petits. Le compagnon de Sirius est une étoile dont le rayon est environ 1/35 de celui de notre soleil. Les calculs montrent que le décalage des raies du spectre produit par la lumière passant à proximité de cette étoile devrait être d'environ 0,30 Angström. Cette question a été testée à l'observatoire du Mont Wilson et un décalage réel de 0,32 Angström a été constaté. On peut donc en conclure qu'il n'est plus guère possible de douter de l'existence du décalage spectral prédit par la théorie d'Einstein.

Quel que soit le verdict final concernant la validité de la théorie de la relativité dans son ensemble, il est certain qu'elle a apporté une contribution fondamentale et permanente à l'astronomie en développant une modification de la loi de la gravitation de Newton. Elle a été vérifiée expérimentalement de trois manières très différentes et s'est donc établie sur une base assez solide. Trois conquêtes comme celles que nous venons d'évoquer n'ont probablement jamais été réalisées aussi simultanément par une seule théorie développée à partir d'un point de vue maintenu de manière cohérente tout au long du processus.

SUPPLÉMENT II

LA THÉORIE DES TYPES*

par Paul Weiss **

Il semblerait, d'après l'interprétation que Whitehead et Russell donnent de la théorie des types, qu'il soit impossible ou dénué de signification d'énoncer des propositions qui ont un éventail de valeurs possibles illimité ou qui, dans un sens quelconque, sont des arguments pour elles-mêmes. Ainsi, si l'on accepte le principe selon lequel les énoncés concernant toutes les propositions sont dépourvus de significations[2], il serait illégitime de dire 'toutes les propositions sont représentables par des symboles', 'toutes les propositions impliquent un jugement', 'toutes les propositions sont élémentaires ou ne sont pas élémentaires', et si aucun énoncé ne pouvait être fait concernant tous les membres d'un ensemble,[3] il serait impossible de dire 'toutes les significations sont limitées par un contexte', 'toutes les idées sont psycho-logiquement conditionnées', 'toutes les assertions significatives ont des structures grammaticales', etc., qui sont toutes censées s'appliquer à elles-mêmes. La théorie semble également rendre inefficace une forme familière de réfutation. Les propositions générales sont souvent niées parce que leur énonciation ou leur reconnaissance dépend de la supposition tacite de la vérité d'une proposition contradictoire ou contraire. De telles réfutations supposent que la proposition générale soit capable d'être un argument du même type et de la même fonction que ses propres arguments, de sorte que, selon Whitehead et Russell, elles réfutent fallacieusement 'par un argument qui implique un cercle vicieux fallacieux'.[4]

Le fait que ces limites à la portée des affirmations ou à la validité des réfutations soient rarement respectées ressort même d'un examen superficiel des écrits philosophiques depuis 1910. Ainsi, Russell, à propos de la tentative de Bergson d'énoncer une formule pour le comique, déclare :*** 'il semblerait impossible de trouver une formule telle que celle recherchée par M. Bergson. Chaque formule traite ce qui est vivant comme s'il s'agissait d'une mécanique, et est donc, selon ses propres règles, un objet de rire approprié'. La caractérisation de toutes les formules, même si elle se réfère à une totalité, semble à M. Russell être du même type que les formules caractérisées.

Si la théorie ne présentait pas d'embarras propres et était indispensable à la résolution des prétendus paradoxes**** (ce que personne ne semble croire), il n'y aurait

---

* Chapitre II, *Principia* Mathematica
** [Réimpression de Mind : a Quarterly Review of Psychology and Philosophy. Vol. XXXVII,N.S., n° 147 ; avec des corrections mineures].
[2] P. *37, ibid.* (deuxième édition).   [3] P. 37, *ibid.*   [4] P. 38, *ibid.*
*** 'Prof. Guide to Laughter', *Cambridge Review,* Vol. 32, 1912, et *Philosophie de M. B*tr*nd R*ss*ll de* Jourdain, pp. 86-7.
****   Les paradoxes, bien que contraires à l'opinion commune, peuvent être et sont souvent vrais. Les paranomènes, qui violent les principes de la logique ou de la raison, s'ils ne sont pas dépourvus de significations, sont faux, et ce sont les seuls à pouvoir faire l'objet d'une analyse et d'une résolution logiques.

rien d'autre à faire que de reconnaître l'impossibilité des formulations cosmiques, ainsi que l'inadéquation des critiques philosophiques, et de passer charitablement sur des remarques telles que celles de Russell comme de simples accidents d'une vie bien remplie. Cependant, l'énoncé de la théorie elle-même comporte les difficultés suivantes en ce qui concerne (1) sa portée, (2) son applicabilité aux propositions faites à son sujet, et (3) sa description.

1. Soit il s'agit de toutes les propositions, soit ce n'est pas le cas.
   A. Si elle concernait toutes les propositions, elle violerait la théorie des types et serait dépourvue de signification ou auto-contradictoire.
   B. Si elle ne concernait pas toutes les propositions, elle ne serait pas universellement applicable. Pour l'énoncer, il faudrait préciser ses limites d'application. On ne peut pas dire qu'il existe une théorie des types différente pour chaque ordre de la hiérarchie, car la proposition sur la hiérarchie introduit à nouveau la difficulté.

2. Les propositions relatives à la théorie des types (telles que les présentes, ainsi que celles des *Principia*) sont soumises à la théorie des types ou ne le sont pas.
   A. Si c'était le cas, la théorie inclurait dans son propre champ d'application des propositions d'un ordre supérieur, et serait donc un argument pour ce qui est un argument pour elle.*
   B. Si ce n'était pas le cas, il y aurait un nombre illimité de propositions, non soumises à la théorie, qui pourraient être faites directement ou indirectement à son sujet. Parmi ces propositions, certaines pourraient se référer à une totalité et impliquer des fonctions dont les arguments présupposent la fonction.

3. L'énoncé de la théorie des types est soit une proposition, soit une fonction propositionnelle, soit aucun des deux, soit les deux.
   A. S'il s'agissait d'une proposition, elle serait soit élémentaire, soit de premier ordre, soit générale, etc., aurait une place définie dans une hiérarchie et se référerait uniquement aux propositions d'un ordre inférieur. S'il était considéré comme une proposition de dernier ordre, alors le nombre d'ordres aurait un dernier terme, et il ne pourrait pas y avoir de propositions significatives sur la théorie. Les *Principia* ne devraient pas être en mesure de dire, sur cette base, quels sont le but, le caractère et l'application de la théorie.
   B. De même, s'il s'agissait d'une fonction propositionnelle, elle aurait une place définie dans une hiérarchie, étant dérivée d'une proposition par généralisation. Elle ne pourrait pas se référer à toutes les propositions ou fonctions propositionnelles, mais seulement à celles d'un ordre inférieur.
   C. S'il n'était ni l'un ni l'autre, il ne pourrait pas être vrai ou faux, ni se référer à quoi que ce soit qui soit vrai ou faux. Elle ne pourrait pas s'appliquer aux propositions, car seules les propositions ou les fonctions propositionnelles, dans une logique, se réfèrent aux propositions.
   D. Si elle était les deux à la fois, elle serait nécessairement auto-réflexive.

Ce que les *Principia* tentent de faire, c'est de résoudre les paranomènes apparents par un paranomène réel.
* P. 39, *Principia* Mathematica

a. a. Si, en tant que fonction, elle avait sa propre valeur, elle se référerait à elle-même. Mais la théorie des types nie qu'une fonction puisse avoir elle-même une valeur.
   b. b. Si, en tant que fonction, elle avait une autre valeur, elle serait conforme à la théorie, qui insiste sur le fait que les fonctions ont une autre valeur. La théorie s'applique alors à elle-même et est autoréflexive, et donc ne s'applique pas à elle-même. Comme, par hypothèse, il s'agit d'une valeur d'une autre fonction, il doit exister des propositions d'un ordre supérieur et d'une portée plus large que la théorie des types.

Il n'est pas étonnant que les auteurs de la théorie n'en aient pas été tout à fait satisfaits ! La meilleure façon de découvrir ce qu'elle contient de solide - et il y en a beaucoup - est d'oublier complètement leurs déclarations et de s'efforcer d'analyser les problèmes auxquels elle a été conçue pour répondre, sans avoir recours à leur mécanisme. Le résultat sera la reconnaissance d'une théorie des types ayant une application limitée, et la formulation d'un principe qui permettra certains types de propositions générales non restreintes.

Pour ce faire, nous traiterons en détail deux paranoumena (NdT : paranoumena : dans la théorie des Types Logiques : violant les principes de la logique ou de la raison, s'ils ne sont pas dépourvus de significations, sont faux, et ce sont eux seuls qui sont capables de logique) apparents abordés dans les Principia, où la difficulté est largement méthodologique. Nous traiterons ensuite du problème 'hétérologique-autologique' de Weyl, où la difficulté est due à une confusion de significations. Les problèmes qui ne peuvent être traités sous l'une ou l'autre rubrique seront ceux dont la résolution nécessite une théorie des types.

1. *Épiménide.* La proposition 'Tous les Crétois sont des menteurs" doit être fausse si elle s'applique aussi à Épiménide, car elle ne peut être vraie, et ce n'est qu'en tant que fausse qu'elle a une signification. Si elle était vraie, elle impliquerait sa propre fausseté. Lorsqu'elle est considérée comme fausse, il n'y a pas de contradiction, ni même de paradoxe, car la vérité serait alors "*certains* Crétois disent la vérité". (La vérité ne pourrait pas être "tous les Crétois disent la vérité", car Épiménide doit être un menteur pour que cela soit vrai et, par conséquent, cela doit être faux). Épiménide lui-même serait l'un des Crétois menteurs, et l'un des mensonges que les Crétois devraient faire serait "tous les Crétois sont des menteurs". Ainsi, si Épiménide voulait inclure toutes ses propres remarques dans la portée de l'affirmation, il se contredirait ou énoncerait une fausseté. Si l'on nie qu'une affirmation contradictoire puisse avoir une signification, il doit dire quelque chose de faux s'il dit quelque chose d'important. S'il avait voulu parler de tous les autres Crétois, il n'y aurait évidemment aucune difficulté, car il invoque alors une sorte de théorie des types par laquelle il fait une remarque qui n'est pas censée s'appliquer à lui-même. Toute difficulté disparaît lorsqu'on reconnaît que l'implication formelle 'tous les énoncés crétois sont des mensonges' peut, en tant qu'énoncé particulier, être considérée comme l'une des valeurs des termes de cette implication. Si $Ep!p$ représente "Épiménide a un jour affirmé p", ϕ représente "Crétois" et p représente un énoncé ou proposition, alors pour 'Toutes les affirmations crétoises sont fausses (ou mensongères)", nous avons :

$$\Phi p . \supset_p . \sim p.$$

Et comme Épiménide est un Crétois, nous disposons de toutes les affirmations qu'il fait :

2. $Ep\ !p . \supset_p . \phi p.$

Comme le n° 1 est un argument par rapport à ce qui précède - il s'agit de la remarque actuelle d'Épiménide -, nous obtenons :

3. $Ep\ !\ \{\phi p.\supset_p . \sim p\} . \supset . \phi \{\phi p.\supset_p . \sim p\}$

Le n° 1, en tant qu'énoncé crétois, est un argument au n° 1 en tant qu'implication formelle ou principe sur les énoncés crétois, de sorte que :

3A. $\phi\ \{\phi p.\supset_p \sim p\} . \supset . \sim \{\phi p.\supset_p . \sim p\}$

Le n° 3 et le n° 3A par le syllogisme donnent :

3B. $Ep!\ \{\phi p.\supset_p \sim p\} . \supset . \sim \{\phi p.\supset_p . \sim p\}$

de sorte qu'en l'occurrence, Épiménide a menti.

Il est important de noter que le n°1 énonce une implication formelle et que les n°3, 3A et 3B utilisent le n°1 comme une assertion particulière ou un argument spécifique à leurs fonctions. Le n°3A est un exemple de l'implication exprimée par le n°1, et il l'est en raison de l'argument particulier qu'il possède. Il énonce le fait que " 'tous les énoncés crétois sont faux' est un énoncé crétois' ", ce qui implique que " 'tous les énoncés crétois sont faux' est faux ". Si l'on substituait un autre argument, on obtiendrait un cas différent, bien qu'il s'agisse évidemment de la même implication. L'implication contenue dans son argument n'a pas d'instances. " 'Certains énoncés crétois sont faux' est un énoncé crétois " ou " 'Cet énoncé crétois est faux' est un énoncé crétois " ne sont pas des instances de " 'Tous les énoncés crétois sont faux' est un énoncé crétois ", mais de "P est un énoncé crétois ". Ces trois propositions ont des sujets différents ; ce sont des valeurs différentes de la même fonction propositionnelle. Que ces sujets aient des relations entre eux n'a aucune importance. "Ma femme m'aime" et "ma belle-mère est vieille (ou m'aime)" sont deux propositions distinctes et logiquement indépendantes, même s'il existe une relation entre les deux sujets.

C'est parce que toute proposition générale est à la fois un fait individuel et une implication ou un principe formel, avec de nombreux arguments possibles, qu'elle peut être considérée comme un argument pour elle-même. Toutes les propositions concernant les mots, la logique, la vérité, la signification, les idées, etc., prennent des arguments qui tombent dans ces mêmes catégories, et dans la mesure où une telle proposition générale est énoncée en mots, déterminée par la logique, etc. Le principe doit être faux si cela ne peut être fait, car il suffit, pour inverser une proposition de ce genre, de produire un argument pour lequel elle ne tient pas. On peut limiter le principe en affirmant qu'il vaut pour 'tout sauf...', auquel cas il s'agit d'une proposition générale *restreinte*. Le nominalisme, l'association d'idées, le scepticisme, la théorie de la tautologie universelle, la négation de la logique sont défendus dans des propositions qui ne peuvent se prendre pour des arguments, et qui, en tant que faits, sont des arguments pour des principes contradictoires. Leurs principes contradictoires se vérifient donc parfois au moins, de sorte que ces doctrines doivent être fausses si elles sont présentées sans restriction, et ne peuvent être universellement vraies, si, selon les termes de Bradley, elles 'apparaissent'.

2) L'affirmation "Je mens", si elle est prise indépendamment de tout fait, n'a pas de signification. Il doit y avoir une vérité objective qui est déformée, et à moins qu'elle ne soit fournie, l'affirmation n'a aucune signification. Cette proposition signifie soit "je mens à propos de X", soit "je mens toujours", soit "j'ai toujours menti". La première peut être vraie ou fausse sans poser de problème, sauf si "toutes mes affirmations" est un argument en faveur de X, auquel cas elle est équivalente à la deuxième ou à la troisième formulation. "Je mens toujours" implique la même situation que pour Épiménide, et la proposition est fausse. La supposition de sa vérité impliquerait une contradiction ; la supposition de sa fausseté signifie simplement que je mens parfois et que je dis parfois la vérité. Si l'on veut dire que "j'ai toujours menti", cela n'implique pas de contradiction, car il s'agit d'une proposition restreinte, qui s'applique à *toutes* les situations *sauf* à la présente. Elle peut être vraie parce qu'elle ne s'applique pas à toutes les propositions ; si elle était fausse, alors parfois j'ai menti et parfois je n'ai pas menti. En bref, il n'y a rien de tel qu'un menteur universel autoréflexif, ce qui est une conclusion morale intéressante à tirer d'une analyse logique. De même, il ne peut y avoir de scepticisme approfondi considéré comme valable par le sceptique.

Le professeur Whitehead (à qui je dois également la notation) m'a fait remarquer que lorsqu'une conjonction de propositions aboutit à une *réduction à l'absurde*, il n'y a aucun moyen de déterminer, sur la seule base de critères logiques, lequel des antécédents échoue ou est faux (bien que l'un d'entre eux au moins doive l'être). Ainsi, dans le cas d'Épiménide, nous avons :

$$4.\ \underbrace{\{\phi p . \supset_p . \sim p\}}_{(A)} \cdot \underbrace{\{Ep!p . \supset_p . \phi p\}}_{(B)} \cdot \underbrace{Ep!\{\phi p . \supset_p . \sim p\}}_{(C)}$$

$$\underbrace{. \supset . \sim \{\phi p . \supset_p . \sim p\}}_{(D)}$$

C'est parce que B et C sont dans ce cas supposés exister que nous pouvons dire que A doit échouer. Si la vérité de tous ces antécédents était indéterminée, nous n'aurions que la règle générale : une *réduction à l'absurde* a pour condition nécessaire la conjonction d'une ou plusieurs propositions fausses. Transposition-

$$4'. \quad \{\phi p. \supset_p. \sim p\}. \supset. \sim \{\phi p. \supset_p. \sim p\}$$
$$\text{(D)} \qquad\qquad \text{(A)}$$
$$.\vee. \sim\{Ep!p.\supset_p. \phi p\} .\vee. \sim Ep!\{\phi p.\supset_p.\sim p\}$$
$$\text{(B)} \qquad\qquad\qquad \text{(C)}$$

fait apparaître que nier la conclusion d'une *reductio ad absurdum* (NdT : réduction à l'absurde) revient à impliquer qu'au moins l'un des antécédents est faux.

En relation avec la *réduction à l'absurde* qu'impliquent les affirmations "je mens toujours" et "je doute toujours", le point 4B se réduit aux tautologies : "Si j'affirme p, p est mon affirmation" et "Si je doute, le doute est le mien". Dans ces cas, les seules alternatives restantes sont la négation du fait de l'affirmation (n°4C), ou la vérité du principe lui-même (n°4A).

3) La contradiction hétéro-autologique de Weyl* est le résultat d'une erreur matérielle d'amphibologie (NdT : Manière de s'exprimer offrant une double signification en raison de la construction généralement maladroite (quoique grammaticalement correcte) d'un membre de phrase) liée à l'emploi d'adjectifs. La forme la plus simple de cette erreur est due à l'absence de distinction entre un adjectif en tant que substantif et un adjectif en tant qu'attribut. Ainsi, si nous considérons le sujet et l'attribut dans "grand est petit" et "petit est grand" comme des attributs unis par une copule exprimant l'identité (au lieu de lire "grand est un petit mot", "petit est un grand mot"), nous pourrions dire "tout ce qui est petit est grand, et tout ce qui est grand est petit". Personne, je crois, depuis les Mégariques, n'a été troublé par cette confusion particulière.

Le problème actuel résulte d'une confusion, non pas entre substantif et adjectif, mais entre un adjectif qui exprime une propriété et un adjectif qui exprime une relation entre cette propriété et le substantif. Tous les mots peuvent être décrits en fonction d'une propriété : ce sont des mots longs, courts, beaux, mélodieux, etc. Ils peuvent être classés en fonction de ces propriétés, ce qui nous donne la classe des mots longs, des mots courts, etc. On peut aussi les classer comme 'autologiques' ou 'hétérologues', selon que le même mot est à la fois substantif et propriété-adjectif, les termes 'autologiques' et 'hétérologues' exprimant des relations entre le substantif et l'adjectif.

La classe autologique est composée de mots qui expriment chacun une propriété qu'ils possèdent, bien qu'ils aient tous des propriétés uniques. Si 'court' était court, et si 'mélodieux' était mélodieux, ils seraient tous deux membres de la classe autologique ; mais en plus, 'court' serait membre de la classe des mots courts, et 'mélodieux' serait membre de la classe des mots mélodieux.

La classe hétérologue est composée de mots dont chacun exprime une propriété qu'il ne possède pas. Si 'long' était court, et si 'gros' était mince, ils appartiendraient

---

*   En bref, elle est la suivante : tous les mots qui expriment une propriété qu'ils possèdent sont autologiques ; tous les mots qui expriment une propriété qu'ils ne possèdent pas sont hétérologues. Si 'hétérologue' est hétérologue, il exprime une propriété qu'il possède et est donc autologique ; s'il est autologique, il exprime une propriété qu'il ne possède pas et est donc hétérologue. *Das Kontinuum*, p. 2.

tous deux à la classe hétérologique ; mais ici aussi 'long' appartiendrait à la classe des mots courts, et 'gros' à la classe des mots minces. Même si, classés selon la relation de l'adjectif au substantif, 'court' serait un mot autologique et 'long' un mot hétérologique, ils seraient tous deux membres de la classe définie en termes de propriétés des mots, c'est-à-dire, dans ce cas, membres de la classe des mots courts.

Or, si l'hétérologicité était une propriété qu'un mot pouvait avoir, et si le mot 'hétérologue' avait cette propriété, il serait membre de la classe autologique, car il posséderait alors une propriété qu'il exprimerait. Mais il appartiendrait aussi à une classe de mots ayant la *propriété* d'hétérologicité. Cette classe est déterminée par la prise en compte des propriétés des mots, et si elle est dite 'hétérologue', elle doit être distinguée de la classe qui a été déterminée non par les propriétés, mais par la relation entre les propriétés et les substantifs.

S'il existait une propriété comme l'autologicité et si 'hétérologue' avait cette propriété,* il serait membre de la classe hétérologue, car il exprimerait une propriété qu'il ne possède pas. Mais il ferait aussi partie de la classe des mots qui possèdent l'autologicité et qui peuvent donc être classés.

Ainsi, si 'hétérologue' avait la propriété d'autologicité, il serait dans la classe hétérologique en raison de la *relation* qui existe entre la propriété et le substantif (ou entre une propriété qu'il possède et la propriété qu'il exprime) ; mais il serait dans la classe des mots autologiques, en raison d'une *propriété* qu'il possède. S'il avait la propriété d'hétérologicité, il serait dans la classe autologique sur la base de la *relation*, et dans la classe des mots hétérologues sur la base de la classification des *propriétés*. Il n'y a aucune difficulté à considérer une chose comme membre de deux classes distinctes, du fait de l'emploi de méthodes de classification différentes. Il n'y a pas de contradiction à dire : " 'hétérologue' exprime la propriété hétérologique, possède la propriété autologique et la relation entre ces propriétés est hétérologique, ou qu'il exprime et possède la propriété hétérologique et la relation entre ces propriétés est autologique". De même, la contradiction de Richard, la contradiction de Berry et celle concernant l'ordinal le moins indéfinissable peuvent être résolues en reconnaissant que 'nommable' et 'indéfinissable' sont utilisés dans deux significations bien distinctes. Elles ne nécessitent pas de hiérarchie, mais une discrimination dans les méthodes de description.

Quand une distinction est faite entre une classe et ses membres (la distinction entre un nombre de nombres et un nombre en est un cas particulier), et entre une relation d'objets et une relation de relations, les conditions nécessaires à la résolution des autres problèmes mathématiques sont réunies. Une classe est autre que ses membres, et une relation, comme tous les universels, transcende toute instance ou totalité d'instances donnée. Comme ils ont des caractères propres, les universaux peuvent être décrits en termes d'autres universaux, qui les transcendent à leur tour. Les arguments sont d'un 'type' différent de celui des fonctions, dans la mesure où ils

---

*   En effet, 'hétérologue' a les propriétés d'être long, polysyllabique, etc., et on peut se demander s'il existe des propriétés comme l'autologicité et l'hétérologicité possédées par les mots. S'il n'y a pas de telles propriétés, 'hétérologue' fait partie de la classe des mots longs, polysyllabiques, etc. En outre, il serait l'un des termes reliés par la relation hétérologique, ce qui ne lui conférerait pas la *propriété d'*hétérologicité.

ont des caractéristiques logiques différentes, *c'est-à-dire* qu'ils sont des faits logiques différents. La classe qui est un argument d'une fonction sur les classes a, en tant qu'argument, une importance logique différente de celle de la fonction, et ses arguments ont une importance différente de la sienne. Ceci est vrai pour toutes les fonctions, qu'elles soient restreintes ou non, car cela signifie simplement qu'elles peuvent être distinguées de leurs arguments. Elles peuvent, malgré cette différence, avoir des caractéristiques communes avec leurs arguments, et sont dans cette mesure non restreintes. Ainsi, dans le cas de 'la classe des classes qui sont identiques à elles-mêmes', la classe des classes peut être prise simplement comme une classe, sans embarras logique. Cependant, une classe de classes diffère d'une classe et doit donc être capable d'une caractérisation différente, et donc aussi être un argument d'une fonction d'un type différent. Pour certaines classes, il n'est pas possible de les considérer comme des arguments de leurs propres fonctions, sans découvrir une contradiction. Dans de tels cas (*par exemple*, la classe des classes qui ne sont pas membres d'elles-mêmes, et les relations qui sont reliées par leurs contradictoires), c'est la différence entre la fonction et l'argument qui est importante. Le fait que *certaines* fonctions ne puissent pas se prendre elles-mêmes comme arguments n'indique pas que *toutes* les fonctions ont une portée restreinte, mais simplement qu'elles sont *non-restreintes*. Certaines classes et fonctions sont restreintes et d'autres non. Dire que toutes sont restreintes parce que certaines le sont est une erreur évidente.

Lorsque, en tant qu'individu, une proposition générale appartient à la classe des objets dont elle traite, mais ne peut être considérée comme un argument pour elle-même, elle est soit fausse, soit de portée restreinte. Dans le second cas, son éventail d'arguments doit être spécifié. En conséquence, nous pouvons affirmer comme condition *nécessaire* à la vérité d'une proposition générale, dont la portée n'est pas spécifiée, que lorsqu'elle a un caractère qui est l'un des caractères dont elle parle, elle *doit être* un argument pour elle-même. Ainsi, si Bergson a bien décrit le comique, sa formule doit être un objet de rire, et si la théorie des types est d'application universelle, elle doit pouvoir être sujette à elle-même. La conformité à cette condition indique que la proposition non restreinte est *possiblement* vraie, et non qu'elle est nécessairement vraie. Pour démontrer qu'une telle proposition est nécessairement vraie, il serait essentiel de montrer que la supposition de sa fausseté suppose sa vérité. Le danger de l'application de cette règle apparaît à l'examen d'une proposition telle que : 'Tout est fait d'éléments de langage'. Sa négation sera constituée d'éléments de langage et semblera démontrer que la proposition était nécessairement vraie. La supposition de la fausseté d'une proposition ne signifie cependant une négation verbale que dans la mesure où la proposition s'applique au domaine du langage. Si elle s'applique à tout, la supposition de sa fausseté implique de poser les objets des assertions, et non les assertions. Une proposition nécessaire et illimitée sur tout ne peut être soutenue que par la démonstration que la supposition d'un argument pour lequel elle ne s'applique pas est auto-contradictoire. Si la proposition concerne la grammaire, la signification, la logique, le jugement, etc., les conditions d'une proposition nécessairement vraie et illimitée seraient les suivantes 1. Son affirmation est un argument en sa faveur ; 2. Toute négation possible est un argument en sa faveur. Le fait que l'on exige "toute négation possible" plutôt que "toute négation donnée" ressort de l'examen des propositions suivantes : "Toutes les phrases sont composées de huit mots", "Aucune phrase n'est composée de huit mots". Chacune d'entre elles contient huit mots. C'est parce que l'on peut formuler des propositions telles que "Il est faux que toute proposition soit composée de huit mots" que l'on considère que la condition n'est pas remplie.

Une proposition non-limitée s'applique à chaque membre de la catégorie et a un aspect d'elle-même comme valeur. Elle est donc, en quelque sorte, un déterminant de la catégorie qu'elle détermine. Si la proposition se réfère à une autre catégorie que celui auquel il appartient en tant que fait, ou un aspect de celui-ci en tant que fait, il est restreint. Ainsi, "tous les hommes sont mortels" n'est ni homme, ni mortel, et en tant que condition, ne se détermine pas en tant que fait. Toute proposition se référant à cet énoncé serait d'un type différent et traiterait de sa vérité, de sa fausseté, de ses constituants, de sa place historique, de sa structure logique, etc. Bien que les propositions non restreintes n'aient pas de limites, la catégorie à laquelle elles se réfèrent peut en avoir. La remarque d'Épiménide, par exemple, ne concernait que les Crétois. Comme son affirmation était un déterminant de la catégorie, et que son énoncé des conditions supposées imposées aux membres de cette catégorie n'était pas un argument possible à la proposition générale, cette dernière a été considérée comme fausse ou restreinte. S'il avait dit "Tous les Crétois disent la vérité", il aurait énoncé une proposition non restreinte qui était possiblement vraie. On ne peut pas dire qu'elle soit nécessairement vraie, à moins que Crétois et mensonge, selon l'évidence de l'histoire, ne soient réellement contradictoires.

En conséquence, nous dirons : *Toutes les propositions vraies non restreintes sont des arguments pour elles-mêmes ; ou par transposition, les propositions qui ne sont pas des arguments pour elles-mêmes sont soit restreintes, soit fausses*. Comme cette proposition peut se prendre elle-même comme argument, elle est possiblement vraie. À moins qu'aucune proposition ne soit possible qui ne lui soit pas conforme, on ne peut pas dire qu'elle soit nécessairement vraie. Je n'ai pas été en mesure de le démontrer et je l'accepte donc comme une définition ou un 'principe méthodologique de validation'. La théorie des types, dans sa forme la plus générale, peut être énoncée comme suit : *Une proposition ou une fonction d'ordre n, qui ne peut être un argument pour elle-même, est, de fait, un argument d'une proposition ou d'une fonction d'ordre n+1*.

Conformément au schéma de la critique de la théorie des types, nous pouvons décrire notre principe comme (1) s'appliquant à toutes les propositions, y compris (2) celles qui s'y réfèrent. (3) Il est une implication formelle dont l'un des arguments est lui-même. La théorie des types, en revanche, (1) ne s'applique pas à toutes les propositions, mais seulement à celles qui sont restreintes, (2) *peut* s'appliquer aux propositions qui s'y réfèrent, et (3) est une implication formelle qui ne peut pas se prendre elle-même comme argument.

La théorie des types ne peut pas être une proposition non restreinte sur toutes les propositions restreintes. En tant que proposition non restreinte, elle doit se prendre elle-même comme argument ; mais ses arguments sont seulement les propositions qui *ne* sont *pas* des arguments pour elles-mêmes. Elle ne peut donc pas être illimitée sans être limitée. Elle ne peut pas non plus être une proposition restreinte à propos de toutes les propositions restreintes, car elle serait alors l'une des propositions restreintes, et devrait se prendre elle-même comme argument – auquel cas elle serait non restreinte. Elle ne peut donc pas être restreinte sans être non restreinte. Trois solutions possibles peuvent être avancées. La première est que la théorie des types est restreinte et ne s'applique pas à *toutes* les propositions restreintes, mais seulement à *certaines* d'entre elles. Elle n'est pas un argument pour elle-même, mais pour une autre proposition concernant des propositions restreintes. Celle-ci devra à son tour être restreinte et ne se référer qu'à certaines propositions, et ainsi de suite, nous donnant des théories des types de différents ordres. La proposition faite sur la totalité de ces ordres serait d'un ordre encore plus élevé et présupposerait à son tour un ordre plus élevé *à l'infini*. La théorie des types dépend donc sans fin des théories des types des théories des types. Cela semble probable du fait que la théorie est fondée sur la reconnaissance qu'aucune proposition ne peut être faite sur toutes les propositions restreintes, de sorte qu'elle doit par le fait même admettre qu'elle ne peut pas s'appliquer à toutes.

Au lieu donc que la théorie des types s'applique à toutes les propositions, et les détermine dans des ordres divers, elle ne s'applique même pas à toutes les propositions d'une classe donnée. Cette interprétation n'affecterait pas les propositions non restreintes, et montrerait seulement que la détermination des propositions restreintes est sujette à des déterminations sans fin.

La seconde possibilité est suggérée par la considération d'une proposition telle que : "toutes les vérités ne sont que partiellement vraies". Si cette proposition était absolument vraie, elle se contredirait elle-même, et si elle ne l'était pas, elle ne pourrait s'appliquer qu'à certaines vérités. Considérée comme se référant aux limitations nécessaires que tout énoncé fini doit avoir, elle se prendrait elle-même pour un argument dans la mesure où elle est finie, indiquant ainsi qu'elle est absolument vraie à propos de propositions finies, mais pas absolument vraie en ce qui concerne toutes les vérités. En soulignant les limites d'un énoncé fini, il indique qu'il existe une vérité absolue par rapport à laquelle il est relativement vrai. Selon cette interprétation, toute condition qui impose des limites universelles est illimitée en termes de ce qu'elle limite, mais limitée à son tour par une autre condition. On pourrait donc soutenir que la théorie est illimitée en ce qui concerne les propositions restreintes, et restreinte en ce qui concerne toutes les propositions, et qu'elle renvoie à un principe supérieur qui la limite.

La troisième possibilité consiste à autoriser les propositions 'intensives' qui ne sont ni restreintes ni non restreintes et qui sont incapables d'arguments. La théorie des types pourrait être considérée comme une telle proposition intensive, et ce que nous avons appelé ses arguments ne ferait que s'y 'conformer'. Cette interprétation signifie la chute d'une logique complètement extensionnelle, et la détermination d'une logique extensionnelle comme subordonnée à une logique intensionnelle.

Chacune de ces interprétations présente des difficultés. La dernière me semble la meilleure. Dans chacun de ces cas, cependant, une proposition restreinte qui se réfère à quelque chose d'autre que l'aspect restreint de la théorie serait soumise à la théorie et le principe que nous avons énoncé à propos des propositions non restreintes pourrait toujours s'appliquer. Ces propositions restreintes qui se réfèrent au caractère restreint de la théorie ne seraient pas un argument en sa faveur dans la première solution, seraient un argument en sa faveur dans la deuxième solution, et ne seraient ni ne seraient pas un argument en sa faveur dans la troisième solution.

Pour résumer brièvement : La théorie des types doit être limitée dans son application. Tous les problèmes auxquels elle a été conçue pour répondre ne l'exigent pas ; un autre principe de plus grande importance logique est souhaitable ; tandis que pour la résolution des problèmes dans lesquels elle est elle-même impliquée, des remèdes très drastiques sont nécessaires. Quel que soit le sort de la théorie, la possibilité du principe méthodologique et la possibilité d'autres solutions pour les soi-disant paradoxes, indiquent qu'elle n'est pas un instrument aussi important qu'on l'avait cru à l'origine.

SUPPLEMENT III

UN SYSTÈME NON-ARISTOTÉLICIEN ET SA NÉCESSITÉ POUR LA RIGUEUR EN MATHÉMATIQUES ET EN PHYSIQUE*

par Alfred Korzybski

Il s'agit ici d'un problème mathématique concret qui n'est pas trivial, mais qui est en même temps résoluble, et je ne peux imaginer qu'un mathématicien puisse trouver le courage d'éluder sa solution honnête au moyen d'un dogme métaphysique. (549)   HERRMANN WEYL

Je proteste contre l'utilisation de la magnitude infinie comme quelque chose d'achevé qui, en mathématiques, n'est jamais autorisé. L'infini n'est qu'une *façon de parler (NdT : en français dans le texte)* , la signification réelle étant une limite dont certains ratios s'approchent indéfiniment, tandis que d'autres sont autorisés à augmenter sans restriction. (74)   K. F. GAUSS

Une littérature très abondante montre que les problèmes de "l'infini" sont omniprésents dans les réactions psycho-logiques de l'être humain, depuis le stade le plus bas de son développement jusqu'à aujourd'hui, et que sans une théorie de "l'infini", les mathématiques modernes seraient impossibles. Jusqu'à maintenant, aucune théorie satisfaisante de l'infini, sur laquelle tous les mathématiciens pourraient s'accorder, n'a été produite. Les résultats sont plutôt déconcertants, car ce qui apparaît à certains mathématiciens éminents comme des mathématiques parfaitement solides est évalué par d'autres scientifiques tout aussi éminents comme une maladie 'mentale' (Poincaré) ; ou nous trouvons des opinions selon lesquelles une grande partie des mathématiques est dépourvue de preuves et doit être acceptée sur la foi ; ou que certaines parties des mathématiques doivent être traitées comme des nonsens (Kronecker, Brouwer, Weyl, etc.). "Il y a d'éminents savants dans les deux camps et la possibilité de parvenir à un accord dans une période finie est pratiquement exclue", dit Brouwer, et il est certain qu'un tel état de choses ne nous permet pas d'avoir des normes modernes satisfaisantes en matière de preuve et de rigueur ; la dernière chose que nous devrions attendre des mathématiques.

La majorité des mathématiciens qui s'intéressent à la solidité de leur science semblent croire que la principale difficulté réside dans la validité de la 'loi du tiers exclu' ('A est B, ou non B') de la forme chrisippiènne acceptée, deux-valuée, de la 'logique' *A* (*Aristotélicienne*). Ils ne tiennent pas compte du fait que nous sommes nés, élevés, éduqués, que nous parlons un langage, que nous vivons dans des conditions, des institutions, etc., qui restent désespérément *A* (*Aristotéliciennes*) ou même pré-aristotéliciennes. Si nous essayons de rejeter l'une des 'lois de la pensée' deux-valuées ou l'un des postulats du système-*A* (*Aristotélicien*) tout en conservant

---

*   Document présenté à la Société mathématique américaine lors de la réunion de l'A.A.A.S. à la Nouvelle-Orléans, Louisiane, le 28 décembre 1931. Je continue à utiliser les abréviations introduites dans ce livre.

les 'psychologies', 'logiques' et *réactions sémantiques élémentalistiques A (Aristotéliciennes)* ou pré-aristotéliciennes, aucun accord ne peut être attendu dans une 'période finie', et le chaos mathématique actuel se poursuivra.

Parmi les écoles les plus importantes, on peut distinguer grosso modo :[1]

1. L'école logistique représentée par Peano, Russell et Whitehead, qui acceptent la forme chrisippiène, deux-valuée et restreinte de la 'logique' élémentalistique et peuvent donc être appelés l'*école chrisippiène*.

2. L'école axiomatique, représentée par Hilbert et ses disciples, que l'on peut appeler l'*école aristotélicienne*.

3. L'école 'intuitive' représentée par Brouwer et Weyl qui remettent en question la 'loi du tiers exclu', et que l'on peut donc appeler l'*école non-chrisippiène*.

4. L'école polonaise de : (a) formalisme 'intuitif' avec Łukasiewicz, Tarski, Leśniewski comme représentants, qui peut être appelée l'*école non-aristotélicienne*. Łukasiewicz a généralisé la 'logique' A (*Aristotélicienne*) en une 'logique' trois-valuée qui couvre la modalité. Łukasiewicz et Tarski ont finalement produit une 'logique' générale beaucoup-valuée, dont la logique deux-valuée ne représente qu'un cas restreint. Leśniewski a produit *Protothetic*, un système 'logique' encore plus général, en introduisant des 'foncteurs' variables, etc.* (b) L'école *sémantique restreinte* représentée par Chwistek et ses élèves, qui se caractérise principalement par l'approche sémantique et par une attention particulière au *nombre* de valeurs, établissant la thèse selon laquelle l'ancienne 'absence de contradictions' dépend de formulations mono-valuées, comme l'a découvert Skarzenski et l'a cité Chwistek. Cette école a déjà produit de nouveaux fondements (encore *élémentalistiques*) pour la 'logique' et les mathématiques, et conduit à une arithmétique et une analyse généralisées.

5. Le technicien moyen en mathématique qui prévaut, qui ne se rend pas compte qu'il appartient à la classe numériquement importante que peut appeler l'école mathématique de 'science chrétienne', qui procède par la foi et ignore totalement tout problème relatif aux fondements épistémologiques de ses activités prétendument 'scientifiques'.

Il est à noter que toutes les écoles de mathématiques existantes acceptent implicitement, au moins, l'*élémentalisme A (Aristotélicien)* et ne remettent pas en cause l'identité, principe qui se trouve être invariablement faux quant aux faits et qui devrait donc être entièrement aboli.

La classification ci-dessus suggère que, malgré les grands accomplissements dans le domaine des fondements mathématiques, aucune école ne peut espérer être convaincante ou acceptée par les autres écoles tant que nous nous débattrons tous dans les ambiguïtés A (*Aristotéliciennes*) et élémentalistiques qui empêchent toute possibilité d'accord. Il devient également évident que lorsqu'un système-$\bar{A}$ et *non-élémentalistique* sera formulé,

---

* Actuellement, Łukasiewicz et Tarski qualifient leur 'logique' beaucoup-valuée de nonchrisippiène, mais ce nom ne semble pas approprié car ces auteurs ont généralisé les deux formes de la 'logique' aristotélicienne en une 'logique' beaucoup-valuée dont la deux-valuée ne devient qu'un cas limite. Il semble donc que leur 'logique' beaucoup-valuée soit mieux décrite par le terme de 'logique' *non-aristotélicienne*, mais toujours *élémentalistique*.

il nécessitera une nouvelle fondation sans paradoxe pour les mathématiques et donc une nouvelle école de mathématiques verra le jour, que l'on peut appeler :

6. L'école *sémantique générale, non-aristotélicienne et non-élémentalistique* des mathématiques. Il est prématuré de citer les noms des principaux pionniers dans ce domaine à l'heure actuelle.

Dans un système-$\bar{A}$, les problèmes 'logiques' d'absence de contradiction deviennent également des problèmes sémantiques de *significations mono-valuées* rendus possibles que dans le cadre d'une sémantique générale ∞-valuée, $\bar{A}$, *non-élémentalistique*, et de la reconnaissance de la $\bar{A}$ *multiordinalité* des termes, etc. Un système-$\bar{A}$ introduit certaines innovations fondamentales, telles que le rejet complet de l'identité, de l'élémentalisme, etc., et se fonde sur une structure et un ordre *multiordinaux*, et devient donc en fin de compte *non-élémentalistique*. Le système-A (Aristotélicien), (3+1) dimensionnel *élémentalistique*, (principalement) *intensionnel*, devient un système quadridimensionnel, *non-élémentalistique*, (principalement) *extensionnel*. Dans un tel système, nous ne pouvons pas utiliser les formulations des 'logiques' et des 'psychologies' *élémentalistiques*, mais nous devons avoir une *sémantique* générale $\bar{A}$ non-élémentalistique, qui, une fois généralisée, devient une discipline entièrement générale applicable à toute la vie, ainsi qu'aux mathématiques *généralisées*. Pour les raisons susmentionnées, j'utiliserai le mot 'logique', dans sa signification élémentalistique, entre guillemets, et j'emploierai le terme '*sémantique générale*' pour désigner une discipline $\bar{A}$ *non-élémentalistique* correspondant aux 'logiques' *élémentalistiques, A (Aristotéliciennes)* ou $\bar{A}$.

Les recherches montrent que l'être humain primitif (et le malade 'mental') utilise une *sémantique mono-valuée* qui a laissé des traces plus ou moins marquées chez nous, jusque dans les sciences et les mathématiques. L'élimination de ces traces primitives permet de jeter les bases d'une civilisation adulte, d'une théorie de la sanité et de l'élimination des paradoxes scientifiques et mathématiques.

Ce serait une erreur de supposer que parce qu'une 'logique' beaucoup-valuée a été produite, tous les problèmes de l'infini mathématique, des nombres irrationnels, de la continuité, de l'induction mathématique, de la validité de la preuve mathématique, de l'existence mathématique, etc., ont été résolus. Le but du présent article est d'analyser certaines des complexités fondamentales produites par l'opération inconsciente de l'*identification* sémantique mono-valuée dissimulée dans la formulation de la "loi d'identité", qui ont échappé à l'attention jusqu'à présent, et qui rendraient impossible l'application d'une 'logique' beaucoup-valuée ou d'une sémantique et d'un accord ∞-valué. Ici, comme dans les systèmes $\bar{E}$ et $\bar{N}$ seules les formulations les plus générales nous aident à *discriminer* entre les cas particuliers, et donc d'éliminer les traces indésirables de la sémantique mono-valuée en construisant un système-$\bar{A}$, dont le A (*Aristotélicien*) et le *pré-A* (*pré-Aristotélicien*) ne représentent que des cas particuliers.

Je rappelle la 'grammaire philosophique' de notre langage que nous appelons solennellement les 'lois de la pensée', telle qu'elle est donnée par Jevons :[2]
1. La loi d'identité. Tout ce qui est, est.
2. La loi de la contradiction. Rien ne peut à la fois être, et ne pas être.
3. La loi du tiers exclu. Tout doit être ou ne pas être.

Ces 'lois' ont différentes interprétations 'philosophiques' qui ne sont pas d'une grande utilité et, pour mon propos, il suffit de souligner ce qui suit : (1) La deuxième 'loi' représente une déclaration négative de la première, et la troisième représente un corollaire des deux premières, à savoir qu'il n'y a pas de troisième possible entre deux contradictions. (2) Le verbe 'être', ou 'est', et 'identité' jouent un rôle fondamental dans ces formulations. Nous ne devrions pas être surpris de constater que l'étude de ces termes peut nous apporter une solution longtemps recherchée. Une telle recherche est très laborieuse et difficile. "La tentative complète de traiter le terme *est* irait jusqu'à la forme et la matière de tout ce qui existe, au moins, sinon jusqu'à la forme et la matière possibles de tout ce qui n'existe pas, mais qui pourrait exister. Pour autant que cela soit possible, cela donnerait la grande encyclopédie, et son supplément annuel serait l'histoire de l'espèce humaine pour l'époque", a déclaré Auguste de Morgan dans sa *Logique Formelle*, et cette opinion m'a semblé pleinement justifiée.

Je dois donc être bref et dire, en gros, que dans les langages indo-européens, le verbe 'être' a au moins quatre usages totalement différents :

(1) comme verbe auxiliaire, 'Dupond est en route pour venir' ;

(2) comme 'est' de prédication (NdT : prédication : action de prédiquer, énoncé par lequel on attribue un prédicat à un sujet, ou relation qui est établie entre le sujet et le prédicat par un tel énoncé) (d'attribution), 'la pomme est rouge'

(3) comme 'est' "d'existence", 'je suis' ;

(4) comme 'est' d'identité, 'la pomme est un fruit'.

Le fait que quatre mots sémantiquement totalement différents aient un même son et une même orthographe apparaît comme une véritable tragédie des civilisations occidentales, d'autant plus que la discrimination entre leurs usages n'est pas toujours aisée.

Les recherches du présent auteur ont montré que les problèmes en question sont très compliqués et ne peuvent être résolus que par une *étude conjointe* des mathématiques, des fondements mathématiques, de l'histoire des mathématiques, de la 'logique', de la 'psychologie', de l'anthropologie, de la psychiatrie, de la linguistique, de l'épistémologie, de la physique et de son histoire, de la chimie colloïdale, de la physiologie et de la neurologie ; cette étude aboutit à la découverte d'un mécanisme sémantique général qui sous-tend le comportement humain, à de nombreuses nouvelles interrelations et formulations, qui aboutissent à un système-$\bar{A}$. Ce mécanisme sémantique apparaît comme un mécanisme psychophysiologique général fondé sur un ordre quadridimensionnel, présent en chacun de nous et dont chacun de nous abuse, l'être humain primitif, le nourrisson, le malade 'mental' et le génie n'étant pas exclus. Il nous donne un moyen extrêmement simple d'éduquer nos *réactions sémantiques,* qui peut être appliqué dès l'enseignement élémentaire.

Les problèmes scientifiques impliqués sont très vastes et ne peuvent être traités que dans un volume important. Ici, je ne peux donner qu'un résumé très sommaire sans données empiriques, en omettant les subtilités et les détails techniques.

(a)

Paris — Dresde — Varsovie

(b)

Dresde — Paris — Varsovie

Si nous considérons un vrai territoire (*a*), par exemple Paris, Dresde, Varsovie, et que nous construisons une *carte* (*b*) sur laquelle l'ordre de ces villes est représenté par Dresde, Paris, Varsovie, voyager sur une telle carte nous ferait faire fausse route, un gaspillage d'efforts, etc. En cas d'urgence, elle pourrait être gravement préjudiciable, etc. Nous pourrions dire qu'une telle carte n'est pas 'vraie', etc., ou que la carte a une *structure non similaire* au territoire, structure à définir en termes de relations et d'ordre multi-dimensionnel. Il convient de noter que :

A) Une carte peut avoir une structure similaire ou dissimilaire à la structure du territoire. (1)

B) Deux structures similaires ont des caractéristiques 'logiques' similaires. Ainsi, si sur une carte correcte, Dresde est indiquée comme étant située entre Paris et Varsovie, on retrouve une relation similaire dans le vrai territoire. (2)

C) Une carte *n'est pas* le territoire. (3)

D) Une carte idéale contiendrait la carte de la carte, la carte de la carte de la carte, etc., sans fin. Cette caractéristique a été découverte pour la première fois par Royce. Nous pouvons l'appeler autoréflexivité. (4)

Les langages partagent avec la carte les quatre caractéristiques ci-dessus.

A) Les langages ont une structure, ainsi, nous pouvons avoir des langages de structure *élémentalistiques* telles que 'espace' *et* 'temps', 'observateur' *et* 'observé', 'corps' *et* 'âme', 'sensations' *et* 'esprit', 'intellect' *et* 'émotions', 'penser' *et* 'ressentir', 'pensée' *et* 'intuition', etc., qui permettent une division ou une séparation verbale. Nous pouvons également avoir des langages de *structure non-élémentalistiques* tels que 'espace-temps', les langages de la nouvelle physique quantique, le 'time-binding', les "abstractions d'ordres différents", les 'réactions sémantiques', etc, ainsi que des langages mathématiques "d'ordre", de 'relation', de 'structure', de 'fonction', de 'variable', "d'invariant", de 'différence', "d'addition", de 'division', etc., qui s'appliquent aux 'sensorialités' et à "l'esprit", c'est-à-dire qui peuvent être 'vus' et 'pensés', etc. (5)

B) Si nous utilisons des langages dont la structure n'est pas similaire à celle du monde et de notre système nerveux, nos prédictions verbales ne sont pas vérifiées empiriquement, nous ne pouvons pas être 'rationnels' ou ajustés, etc. Nous sommes alors obligés de copier les animaux dans leurs gaspillages et leurs pénibles 'essais et erreurs', comme nous l'avons fait tout au long de l'histoire de l'humanité. En science, nous serions handicapés par des blocages sémantiques, un manque de créativité, un manque de compréhension, un manque de vision, perturbés par des incohérences, des paradoxes, etc. (6)

C) Les mots *ne sont pas* les choses qu'ils représentent. (7)

D) Le langage possède également des caractéristiques auto-réflexives. Nous utilisons le langage pour parler du langage, ce qui introduit de sérieuses difficultés verbales et sémantiques, résolues par la théorie de la *multiordinalité*. (8)

Les considérations inhabituellement simples qui précèdent conduisent à des conséquences d'une portée inattendue.

A) D'après (7), il s'ensuit que les niveaux objectiques qui comprennent les événements, les objets ordinaires, les actions objectiques, les processus, les ressentis immédiats, les 'instincts', les 'idées', les *réactions sémantiques* en général, etc., représentent des niveaux indicibles, *ne sont pas* des mots. (9)

B) D'après (9), l'utilisation du 'est' d'*identité*, tel qu'il est appliqué à des niveaux objectiques, indicibles, semble invariablement structurellement fausse quant aux faits et doit être entièrement abandonnée. Quoi que nous puissions *dire* qu'un événement 'est', *il n'est pas*. (10)

C) D'après (10), la *structure* apparaît comme le seul lien possible entre le niveau objectique, indicible, et le niveau verbal. (11)

D) D'après (11), le seul 'contenu de connaissance' possible devient exclusivement *structurel*. (12)

E) D'après (12), le seul objectif de la 'connaissance' et de la science apparaît comme la recherche empirique de la structure et sa formulation verbale. (13)

F) La seule méthode pour acquérir de la 'connaissance' consiste en une étude *empirique* de la structure potentiellement inconnue du monde, y compris nous-mêmes, pour ensuite ajuster la structure des langages afin qu'elles soient similaires et donc d'une utilité maximale ; au lieu de l'*ordre inversé* délirant qui consiste à attribuer au monde la structure d'un langage primitif hérité. (14)

G) L'étude de la structure potentiellement connue des langages, dans laquelle nous prédisons et vérifions ensuite les prédictions de manière empirique, apparaît comme une méthode importante pour la découverte de la structure du monde. (15)

H) Les recherches révèlent que tous les langages *élémentalistiques A* (*Aristotéliciens*) et les disciplines qui en découlent (les anciennes 'psychologies', 'logiques', etc., et, sur cette base, l'économie, la sociologie, la politique, "l'éthique", etc., qui se reflètent à leur tour dans nos institutions, nos systèmes, etc.) *ne sont pas* structurellement similaires au monde et à notre système nerveux, car elles divisent verbalement ce qui ne peut être divisé empiriquement. Dans de telles conditions, ni une civilisation de niveau supérieur, ni la sanité générale, ni une science et des mathématiques sans paradoxe ne sont possibles. Dans les langages *élémentalistiques*, nos prédictions verbales ne sont pas vérifiées empiriquement et, faute de pouvoir prévoir, nous devons procéder par 'essais et erreurs' animalistiques. (16)

I) Les mathématiques apparaissent comme un langage très limité, mais le seul qui existe, dont la structure est essentiellement similaire à celle du monde qui nous entoure *et* du système nerveux. (17)

J) L'étude des mathématiques, de la physique mathématique et de la physique nous apprend, et continuera à nous apprendre, les fondamentaux de la structure *multiordinale*. Ce n'est pas un mystère que toute la chimie est devenue une branche de la physique, que toute la physique peut devenir une branche de la géométrie, que toute la géométrie fait partie de l'analyse et que toute l'analyse fait partie de la sémantique générale. Le présent travail montre que l'analyse de *tous les problèmes humains* de la vie quotidienne ou de la science dépend de la *sémantique générale* qui, au niveau verbal, devient une mathématique généralisée. Ainsi, les mathématiques, la physique mathématique et la physique deviennent les disciplines les plus importantes à partir desquelles nous apprenons le plus sur la *structure*, le seul 'contenu de la connaissance'. (18)

K) Les anciennes 'psychologies' et 'logiques' *élémentalistiques* doivent, pour être pleinement utiles, être transformées en une psycho-logique et une sémantique générale unifiées, *non-élémentalistiques*, ce qui n'est possible qu'après avoir étudié toutes les formes de comportement humain, y compris les mathématiques. (19)

L) L'étude des mathématiques en tant que forme de comportement humain semble nécessaire avant de pouvoir formuler des lois sémantiques. (20)

M) Le problème des fondements mathématiques n'appartient pas aux mathématiques mais à la psycho-logique qui ne négligerait pas l'anthropologie et ne serait pas viciée par notre persistance à utiliser des 'psychologies' et des 'logiques' *élémentalistiques* structurellement inappropriées et une certaine ignorance des mathématiques. (21)

N) Les écoles de mathématiques formalistes 'intuitionnistes' et 'intuitionnistes' doivent être considérées comme une protestation légitime, bien que mal formulée, contre l'ancien élémentalisme. (22)

O) L'école sémantique générale représentera l'école *non-élémentalistique* et $\bar{A}$ des mathématiques. (23)

P) La crise actuelle des mathématiques dépend en fin de compte de la signification et de l'utilisation de quelques termes tels que 'tout', 'il y a', 'infini', etc., dont la solution dépend d'une théorie *non-élémentalistique* des significations, qui peut en fin de compte être résolue en transformant ce que l'on pourrait appeler le système-A (*Aristotélicien*) *élémentalistique* à (3+1)-*dimensions*, qui divise 'espace' et 'temps', etc., (une attitude que l'on retrouve dans tout le système), en un système-$\bar{A}$ non-élémentalistique quadridimensionnel (une attitude que l'on retrouve également dans tout le système). (24)

Q) D'après (8), il s'ensuit que les déclarations sur les déclarations représentent les résultats de nouveaux processus neurologiques, que leur contenu varie et que nous devons *discriminer* et *ne pas identifier* ces différentes significations. En d'autres mots, ce n'est que par la conscience d'abstraire, qui représente les *réactions sémantiques* les plus générales de la discrimination, ou l'élimination de l'identification, que nous pouvons attribuer des valeurs uniques à des mots qui ont un caractère essentiellement beaucoup-valué. L'identification confond ces nombreuses significations en une seule. (25)

R) Nous devons différencier les mots et les phrases descriptifs de ceux inférentiels, et ne jamais utiliser des termes inférentiels comme descriptifs, sans nous en rendre compte. (26)

S) Certains mots ou expressions utilisés pour parler des langages, tels que 'toutes les déclarations', 'proposition sur toutes les propositions', etc. conduisent à des auto-contradictions. Nous ne pouvons pas parler de 'toutes' les propositions sans certaines limitations, si nous continuons à introduire de nouvelles propositions. Même Saint Paul a ressenti la nécessité de limiter les valeurs de 'tout'.* Nous sommes obligés

---

* Le professeur Cassius J. Keyser a attiré mon attention sur un passage de la première lettre de saint Paul aux Corinthiens, chapitre 15, ligne 27. "Car il a *tout* mis *sous ses* pieds. Mais quand il dit que *toutes* choses lui sont soumises, il est évident qu'il est *excepté,* lui qui a soumis *toutes* choses". Les italiques sont de moi.

d'introduire des équivalents aux 'totalités illégitimes' bibliques ou à la théorie des types de Russell. (27)

T) L'analyse révèle que certains des termes les plus importants que nous utilisons, tels que 'oui', 'non', 'vrai', 'faux', 'tout', 'fait', 'réalité', 'existence', 'définition', 'relation', 'structure', 'ordre', 'nombre', 'est', 'a', 'il y a', 'variable', 'infini', 'abstraction', 'propriété', 'signification', 'valeur', 'amour', 'haine', 'savoir', 'doute', etc., etc., peuvent s'appliquer à tous les niveaux verbaux et, dans chaque cas particulier, peuvent avoir un contenu ou des significations différentes et donc, *en général, n'ont pas de contenu ou de signification unique*. J'appelle ces termes des *termes multiordinaux*. La définition de ces termes est toujours donnée dans d'autres termes *multiordinaux* préservant leur multiordinalité fondamentale. En d'autres termes, un terme *multiordinal* représente un terme beaucoup-valué. Si les nombreuses valeurs sont identifiées, ou ignorées, ou confondues, nous traitons un terme fondamentalement beaucoup-valué comme un terme mono-valué, et nous devons avoir toutes sortes de paradoxes à cause d'une telle identification. Tous les paradoxes connus en mathématiques et dans la vie peuvent être fabriqués en ignorant cette multiordinalité fondamentale. Inversement, en formulant le problème général sémantique de la multiordinalité, nous obtenons des moyens de discriminer entre les nombreuses significations et d'assigner une signification unique dans un contexte donné. Un terme *multiordinal* représente une variable en général et devient constant ou mono-valué dans un contexte donné, sa valeur étant donnée par ce contexte. C'est ici que se trouve l'importance principale du fait sémantique établi par Skarzeński,*, à savoir que l'absence de contradiction 'logique' devient un problème sémantique mono-valué. Mais pour l'application, nous devons disposer d'un système-$\bar{A}$ *extensionnel* quadridimensionnel, *non-élémentalistique*, fondé sur la structure, etc., et l'élimination complète de l'identité. (28)

U) Que la non prise en compte de la multiordinalité, des ordres d'abstractions, peut conduire à l'identification et donc à une évaluation erronée entraînant désaccord et inadaptation. (29)

V) D'après (25-29), il s'ensuit que l'identification ou la confusion des abstractions d'ordre supérieur doit être éliminée. En raison de (7, 9, 10, 25-29) – *toute identification doit être éliminée*. (30)

W) L'élimination de l'identification à tous les niveaux, ou une discrimination complète et inconsciente entre les différents ordres d'abstractions, y compris comme un cas spécial important la multiordinalité des termes, aboutit à une conscience générale d'abstraire qui, à son tour, résout les paradoxes de la vie et des mathématiques et conduit à des mathématiques *généralisées* selon les lignes suggérées par Chwistek. (31)

X) Se rendre compte de la multiordinalité inhérente à certains des termes les plus importants dont nous disposons nous confère une énorme flexibilité linguistique. Elle rend le nombre de nos mots indéfiniment grand. Lorsque l'auteur et le lecteur reconnaissent cette multiordinalité, recherchent la signification dans le contexte et font la

---

* Cité par Chwistek dans ses Neue Grundlagen der Logic und Mathematik.

distinction entre les ordres d'abstraction indiqués par le contexte, la confusion devient impossible. (32)

Y) Le test de multiordinalité est simple. Nous prenons n'importe quelle déclaration et la testons pour voir si un terme donné s'y applique. Ensuite, nous faisons une déclaration à propos de cette déclaration et testons à nouveau si ce terme s'applique à la nouvelle déclaration d'ordre supérieur. Si c'est le cas, le terme donné doit être considéré comme multiordinal, car cette procédure peut être répétée indéfiniment. (33)

Z) *L'élimination complète de l'identification* ne nous permet pas d'utiliser le terme 'est' d'identité, et nous devons donc utiliser des langages opérationnels, fonctionnels, actionnels, comportementaux, etc., qui exigent de nouvelles attitudes et de nouvelles *réactions sémantiques*, impossibles sans la formulation du système-$\bar{A}$. (34)

Z_1) Les *réactions sémantiques* de ceux qui ont produit la théorie générale de la relativité, la théorie unifiée des champs, la nouvelle mécanique quantique, la nouvelle révision des fondements des mathématiques, etc., dépendent des nouvelles attitudes $\bar{A}$, *non-élémentalistiques* et de non-identité, opérationnelles, actionnelles, etc. (35)

Z_2) Comme le système-$\bar{A}$ est fondé sur l'élimination générale du 'est' d'identité, ou sur le "n'est pas", il est impossible de rejeter ces prémisses sans produire des données impossibles, et une théorie de l'accord 'dans une période finie' devient alors une possibilité. (36)

Z_3) L'ancien 'inconnaissable' est aboli et limité au fait simple et naturel que les niveaux objectiques ne sont pas des mots. (37)

L'observation et l'expérience, scientifiques ou non, montrent que la nature présente un ordre précis, qui établit un *ordre naturel*, à savoir que le processus submicroscopique, appelé l'événement ou l'objet scientifique, est apparu en premier ; ce n'est que plus tard que les organismes capables d'abstraire sont apparus et que les objets qui représentent les résultats de ce qu'abstraient les amibes ou les humains, sont apparus ensuite. Dans le processus d'évolution, nous trouvons d'abord l'objet, puis l'étiquette. Les descriptions d'abord, les inférences ensuite. L'*ordre naturel* ci-dessus établit également un *ordre naturel d'évaluation*. Une évaluation correcte devient le fondement des *réactions sémantiques non-élémentalistiques* de survie, d'autant plus que l'évaluation nécessite des relations asymétriques de 'plus' ou 'moins', etc., impossible à traiter correctement dans un système-A (Aristotélicien). Le niveau le plus important est donc représenté par les processus submicroscopiques. Ce dont l'organisme a besoin, ce n'est pas de l'ombre tri-dimensionnelle d'un événement quadridimensionnel, ni de l'abstraction d'ordre inférieur produite par nos systèmes nerveux, appelée objet, mais des processus dynamiques submicroscopiques sans lesquels les résultats finaux souhaités ne se produiraient pas. L'animal, le primitif, le nourrisson, la personne ignorante identifient les deux ; ils vivent dans un monde délirant. Similairement, les niveaux objectiques sont plus importants que les niveaux verbaux, et les descriptions sont plus importantes que les inférences. Si nous *identifions* des ordres quelconques alors que l'ordre naturel est établi par la relation asymétrique du 'plus', le processus sémantique d'évaluation est *inversé* et apparaît pathologique à différents degrés. Si $a>b$ et que nous les rendons illusoirement égaux en valeur (identifier), alors, dans la relation fausse-quant-aux-faits $a=b$, nous avons soit surévalué le côté droit, soit sous-évalué le côté gauche ; dans les deux cas, l'ordre naturel d'évaluation est inversé. Il est important de noter qu'en fondant nos *réactions sémantiques* sur un *ordre naturel* d'évaluation, la sémantique générale devient une science généralisée de l'ordre et des valeurs ; un guide très sûr dans la vie, indispensable à la sanité, comme l'ont montré des expériences, et qui comprend également des mathématiques généralisées.

Un autre mécanisme d'identification très sérieux se trouve dans le langage.

A) Ainsi, nous n'avons qu'*un seul nom*, disons 'pomme', pour :

(a) l'événement ou le processus scientifique indicible, immangeable ;

(b) l'indicible mais mangeable abstraction d'ordre inférieur, l'objet ;

(c) l'image 'mentale' indicible et non-mangeable, ou abstraction d'ordre supérieur, aux niveaux sémantiques ;

(d) et pour une définition aux niveaux verbaux. (38)

B) La multiordinalité des termes n'a été découverte qu'en 1925 et reste généralement inconnue. Elle constitue une difficulté sérieuse qui facilite, voire rend nécessaire, l'identification, à moins qu'elle ne soit évitée par des formulations spéciales et un entraînement spécial. Les termes multiordinaux se ressemblent à tous les niveaux ; l'expérience a montré qu'il est facile de confondre leurs ordres et d'identifier les nombreuses valeurs en une seule. (39)

C) La différenciation entre les descriptions et les inférences, et en particulier entre les mots descriptifs et les mots inférentiels en tant que tels, est également nouvelle et a été largement ignorée jusqu'à la formulation du présent système-$\bar{A}$, ce qui a de nouveau conduit à des identifications et à des évaluations erronées. (40)

Les recherches montrent que chez tous les peuples primitifs connus et chez les malades mentaux, nous trouvons une identification littérale de différents ordres d'abstractions, ce qui explique ces états sémantiques. Même leurs 'perceptions' sont différentes de celles de la personne dite 'normale', 'civilisée', parce que les abstractions d'ordre supérieur sont projetées et identifiées avec des abstractions d'ordre inférieur. Ils identifient ou attribuent une valeur à différents ordres d'abstractions, essentiellement beaucoup-valués, et deviennent ainsi imperméables aux contradictions avec la 'réalité' et imperméables également à l'expérience d'ordre supérieur.

L'enfant, et le reste d'entre nous, identifie beaucoup de choses pour les raisons susmentionnées. Les enquêtes montrent que la plupart des difficultés humaines, qu'elles soient publiques, privées ou *scientifiques*, sont dues à cette *réaction sémantique A (Aristotélicienne)*, qui explique l'état infantile de notre prétendue civilisation commerciale. L'identification abolit l'ordre naturel de l'évaluation, mais il en va de même pour l'hypothèse inconsciente d'une 'vitesse infinie' d'un processus. La trilogie *A (Aristotélicienne)* impliquait des hypothèses fantaisistes sur "l'infini". Ainsi, dans le système-*A (Aristotélicien)*, la vitesse des courants nerveux, dont on sait qu'elle est de 126 mètres par seconde dans le système nerveux humain, est actuellement considérée inconsciemment comme 'infinie', ce qui est rendu évident par l'élémentalisme de 'intellect' ou 'émotions', etc., comme quelque chose 'par eux-mêmes' et de détaché. Dans le système-*E (euclidien)*, la longueur d'une ligne, la constante d'espace et l'unité naturelle de longueur étaient supposées 'infinies'. Dans le système-N (*newtonien*), la vitesse de la lumière, que l'on sait finie, est inconsciemment considérée comme 'infinie'. Dans la trilogie $\bar{A}$, ces 'infinis' injustifiés ou vides de signification ont été éliminés. La 'vitesse infinie' d'un processus n'a pas de *signification*. Elle ne représente qu'un jeu de symboles. La vitesse est définie comme $v = s / t$. Si nous supposons que $t=0$ et que nous écrivons $v = s / 0 = \infty$, il manque à cette 'vitesse' l'un des facteurs fondamentaux de sa définition, à savoir t, et une telle expression cesse donc de définir quoi que ce soit et n'a pas de signification, bien qu'elle puisse être le symbole d'une perturbation sémantique. Mais les résultats de ces *réactions sémantiques* délirantes sont lourds de conséquences, quelque légers qu'ils puissent être. Dans un processus se propageant à l'infini, il n'y aurait pas de transition ou de retard dans l'action, et donc un tel processus *ne* serait *pas ordonné*. Inversement, l'absence d'ordre dans nos observations doit introduire quelque part des 'infinis' mythologiques. Nous voyons donc que le processus sémantique d'identification est intimement connecté aux hypothèses "d'infini", les deux *abolissant l'ordre*. L'entraînement à l'ordre naturel entraîne les *réactions sémantiques* loin de l'évaluation délirante, abolit l'identification pathologique des différents degrés et des 'infinis' fantaisistes.

Nous voyons ainsi que les problèmes de "l'infini" mathématique sont extrêmement complexes et impliquent de nombreuses considérations fondamentales jamais analysées auparavant en relation avec le processus sémantique d'identification. Une fois ces problèmes analysés et formulés d'un point de vue structurel $\bar{A}$, *non-élémentalistique*, les problèmes du 'tiers exclu' deviennent d'une importance secondaire, faciles à gérer dans le cadre de la liberté créative de la "conscience d'abstraire" tant convoitée.

Permettez-moi de rappeler, dans un souci de continuité, que les mathématiciens reconnaissent actuellement deux types "d'infinis". L'un, qui nous est familier depuis l'école, symbolisé par ∞, que Cantor appelle l'infini 'potentiel' et définit comme une *variable finie*, et l'incompréhension de cela introduit des paradoxes même dans les écoles secondaires ; l'autre, le 'vrai' infini, qui introduit des paradoxes dans les universités. Tous ces paradoxes sont dus, comme le montre la présente enquête, à des erreurs fondamentales en connexion avec des processus sémantiques d'identification que nous apprenons à la maison et à l'école élémentaire.

Le processus d'identification des différents ordres d'abstractions peut être dû à des conditions pathologiques, à l'ignorance, "à l'état d'irréflexion", au manque d' observation, à de fausses suppositions inconscientes, à la précipitation, à la superficialité, aux habitudes de langage, à la structure du langage utilisée, etc. En fait, sous l'emprise du système-A (*Aristotélicien*), il est pratiquement impossible de l'éviter, comme nous pouvons le constater dans un domaine aussi avancé que les mathématiques. L'étiquette 'identification' est appliquée au processus sémantique d'évaluation erronée qui se déroule à l'intérieur de notre peau sur les niveaux objectives indicibles, lorsque nous ne sommes pas vigilants aux différences entre les différents ordres d'abstractions. Quand nous le rendons conscient, nous pouvons parler de la confusion des ordres d'abstraction. Pour rendre un tel processus conscient, nous devons nous entraîner à la différenciation ou à la discrimination entre les différents ordres d'abstractions, et distinguer les différents ordres en apprenant vraiment à les ordonner. Un tel entraînement aboutit à une *conscience d'abstraire* générale qui n'est ni innée, ni totalement acquise, même dans le cadre d'une formation universitaire, mais qui nécessite un entraînement *spécial*. Les expériences dans ce domaine sont extrêmement encourageantes ; dans un certain nombre de cas, des individus pathologiques sont devenus 'normaux' et la nature humaine 'immuable' a été vraiment changée. Les *réactions infantiles chez l'adulte sont abolies*, et cet entraînement devient une méthode générale et simple de prévention des troubles sémantiques futurs de fausse évaluation qui doivent aboutir à une inadaptation.

Pour mettre fin à l'identification, nous devons discriminer ou différencier jusqu'à la limite entre ce qui apparaît toujours comme les étapes individuelles absolues, quadridimensionnelles des processus et des situations à tous les niveaux, y compris les niveaux verbaux. Suivons brièvement réellement une telle performance. Si nous réalisons (7), nous acceptons (11-15) et, pour des raisons *structurelles*, nous rejetons l'élémentalisme de la trilogie A (*Aristotélicienne*) tel qu'il s'exprime dans sa 'psychologie', sa 'logique', la division de 'espace' *et* 'temps', etc. Nous acceptons le non-élémentalisme de la trilogie $\bar{A}$ tel qu'il est exprimé dans les nouveaux termes du présent ouvrage et nous acceptons également "l'espace-temps", etc. La différence est très importante dans tous les domaines, lorsqu'elle est appliquée de manière cohérente à l'ensemble du système. Comme nous avons affaire à des processus dynamiques quadridimensionnels qui doivent être considérés comme continuellement différents et à des conditions dans le monde qui changent elles aussi continuellement, les déclarations relatives à ces conditions structurelles, dans un sens extensionnel, doivent être considérées comme impliquant des variables, générant des *fonctions propositionnelles*, des fonctions doctrinales ou systémiques, des fonteurs, etc. Mais les fonctions propositionnelles, qui impliquent des variables, ne sont ni 'vraies' ni 'fausses', mais ambiguës, et pour avoir une proposition il faut assigner une valeur à la variable en lui assignant au *moins* en permanence, en principe, une date. Il faut aussi introduire, en principe et par attitude sémantique, des indices numériques à nos mots. Ainsi, 'pomme' dans le système-A (*Aristotélicien*) représente un *nom* attaché à une *définition intensionnelle*, et les considérations spatio-temporelles n'entrent pas en ligne de compte. Le terme est appliqué à une définition qui peut être considérée comme mono-valuée et permanente. Il est évident alors qu'un tel langage et de telles *réactions sémantiques sont structurellement non-similaires* au monde et à notre système nerveux.

Si nous essayons d'identifier un nom pour une définition, impliquant la permanence, avec le niveau objectique qui est composé d'individus absolus, et représente des processus toujours changeants, nous devons vivre dans un monde délirant dans lequel nous devons nous attendre à toutes sortes de paradoxes et de chocs psycho-logiques.

Dans un système-$\bar{A}$, pour des raisons structurelles, nous devons conserver les implications générales du terme 'pomme', donc nous conservons le mot. Nous devons faire en sorte que notre langage soit en principe extensionnel et que le nom 'pomme' soit un *nom individuel*, en l'appelant 'pomme$_1$', 'pomme$_2$', etc. La combinaison des lettres 'p-o-m-m-e' impliquant des similarités, les indices 1, 2, etc., impliquant des différences individuelles qui empêchent automatiquement l'identification. Mais cela ne suffit pas. Notre 'pomme$_1$ ' représente un nom appliqué à un objet *et* à un processus ; sa *signification* ne devient mono-valuée que lorsque nous lui attribuons au moins une date précise. Ainsi, la 'pomme$_{1\,(01\,\text{décembre}\,1931)}$' de type objectique peut être une affaire très appétissante, et 'pomme$_{1\,(01\,\text{janvier}\,1932)}$' une éclaboussure humide non comestible. Il convient de noter que la différence fondamentale entre les systèmes A et $\bar{A}$ s'avère être une différence d'attitude sémantique. Les faits scientifiques ne sont pas modifiés. La 'pomme' de 'Adam' (NdT : référence à la Genèse de la Bible) ou la nôtre ne diffèrent pas en ce qui concerne les caractéristiques essentielles dont il est question. Dans le système-A (Aristotélicien) comme dans le système-$\bar{A}$, nous avons en fait affaire, en principe, à des *processus beaucoup-valués*. Le problème important est d'ajuster la structure de nos processus verbaux à la structure du monde ; c'est pourquoi un système-$\bar{A}$ doit être extensionnel, *non-élémentalistique,* quadridimensionnel, *etc.* Ici encore, comme en sémantique générale, l'attribution d'une valeur (ou du moins limitée à une petite gamme de valeurs dans la pratique), dans une situation donnée (contexte), élimine les paradoxes et les contradictions sur les anciennes bases 'logiques'. Il convient de noter que les termes multiordinaux doivent être considérés comme des noms pour des *réactions sémantiques* beaucoup-valuées, dépendant de l'ordre des abstractions ; d'où le nom de *multiordinal*. Les noms des événements qui se produisent aux niveaux objectiques s'appliquent à des processus beaucoup-valués mais ne doivent pas être considérés comme multiordinaux. Toute la psycho-logique du calcul différentiel, 'l'espace-temps', entre ici en jeu, mais tout le champ est couvert sémantiquement si nous abandonnons complètement le 'est' d'identité. Au lieu de former au 'toutisme' et au 'est-isme' – 'ceci *est* ceci', nous formerons au 'non-toutisme' et au non-est-isme – 'ceci *n'est pas* ceci', en relation avec un diagramme spécial appelé 'Structurel Différentiel'.

L'expérience et les expérimentations montrent que ce qui précède semble essentiel à la sanité. Il est intéressant de noter que les mathématiques ont produit un langage dont la structure est similaire à celle du système nerveux humain. En gros, la partie centrale du cerveau que nous appelons le thalamus est directement connectée au monde dynamique par l'intermédiaire de nos 'sensorialités' et de ces manifestations sémantiques que nous appelons généralement 'affectives', 'émotions', etc., qui se manifestent toutes comme étant dynamiques. Le cortex, qui nous donne les réactions et définitions verbales statiques, n'est pas directement connecté au monde extérieur, mais reçoit toutes les impulsions par l'intermédiaire du thalamus. Au niveau sémantique, le thalamus ne peut traiter que des matériaux dynamiques, le cortex que des matériaux statiques. Il est évident que pour un fonctionnement optimal du système nerveux humain, qui représente une chaîne cyclique où les centres inférieurs fournissent la matière aux centres supérieurs et où les centres supérieurs doivent influencer les centres inférieurs, nous devons disposer de moyens pour traduire le statique en dynamique et le dynamique en statique ; une méthode fournie *exclusivement* par les mathématiques.

Compte tenu des considérations ci-dessus, nous devons discriminer entre nos capacités sémantiques pour la *divisibilité infinie* des finis et pour la *génération* de processus postulés infinis qui, par définition, *ne peuvent pas être épuisés*. Si nous utilisons un langage *A* (*Aristotélicien*) tri-dimensionnel et que nous appliquons un tel 'tout' à un tel processus infini, nous produisons simplement une autocontradiction. Si nous appliquons à un tel processus sémantique un 'tout avec une date' quadridimensionnel alors nous avons arrêté, pour le moment, le processus, ou pris une coupe statique du processus infini à cette date ; mais nous avons alors affaire à un fini. Une fois que nous sommes constamment conscients d'abstraire dans des ordres différents, ces différences subtiles deviennent tout à fait claires et les solutions des problèmes de l'infini suivent un chemin similaire à celui des anciens problèmes de "l'infinitésimal", qui était également auto-contradictoire, inutile pour les mathématiques. Quand il est traité comme une *variable finie*, il est satisfaisant et suffisant, et s'est avéré être une notion très créative en mathématiques. Dans les problèmes de l'irrationnel, de la continuité, etc., des identifications subtiles similaires ou des non-discriminations de termes *élémentalistiques, A (Aristotéliciens)*, tri-dimensionnels avec des termes quadridimensionnels $\bar{A}$, non-élémentalistiques, se produisent, qui, une fois éliminés, clarifient non seulement les paradoxes, mais aussi certains postulats auto-contradictoires, souvent inconscients, de certaines parties des mathématiques.

Le manque d'espace ne me permet pas d'entrer dans les détails, si ce n'est pour suggérer comment certaines *discriminations* subtiles peuvent aider à éliminer l'identification. Dans mon système-$\bar{A}$, la différenciation entre les ordres d'abstraction sur des bases physiologiques, l'introduction de la multiordinalité des termes, les considérations quadridimensionnelles, etc., en tant que nécessité structurelle pour tous les langages, rendent non-nécessaire la théorie des types.

Pour mieux comprendre le présent travail, il faut au moins faire une distinction :

A) Entre l'expérience numérique et les mathématiques.

B) Entre les langages à contenu et les langages sans contenu.

C) Entre la construction créative de schémas verbaux qui, par souci de généralité, n'ont pas de contenu, appelés mathématiques pures, et l'application de ces schémas à des problèmes réels, avec un contenu, appelés mathématiques appliquées.

D) Entre les mathématiques sans contenu et l'enquête sur les fondements des mathématiques qui représente l'enquête sur les *réactions sémantiques* des mathématiciens et appartient à une future psycho-logique *non-élémentalistique* avec contenu.

E) Entre les différentes formes d'ajustement complexe que nous avons en commun avec l'être humain primitif, et même les animaux supérieurs, et le raisonnement qui part d'observations conscientes, passe à des descriptions et à des inférences, etc.

F) Entre le processus dynamique de la relation ('pensée') sur les niveaux sémantiques indicibles et l'expression verbale des 'relations'.

G) Entre l'utilisation de termes négatifs, le désaccord, la contradiction et l'auto-contradiction. Dans un système-$\bar{A}$, les contradictions prennent la forme d'autocontradictions.

H) Entre les 'logiques' *élémentalistiques* exprimées en termes de 'vrai', 'faux' et modalité, et les recherches sur les *réactions sémantiques* mono-, deux-, trois- et ∞-valuées, qui deviennent une *théorie générale des valeurs*, et qui pourraient un jour inclure tous les intérêts humains.

I) Entre la circularité inhérente à la 'connaissance humaine', qui doit commencer par des ensembles de termes non-définis, et donc commencer par une certaine connaissance, et les définitions ou explications circulaires qui ne définissent ou n'expliquent rien.

Cette liste de suggestions n'est pas exhaustive et apparaît en principe comme inépuisable. Je n'ai sélectionné que quelques thèmes qui répondent à des besoins immédiats.

Il convient également de noter qu'étant donné qu'aux niveaux objectiques, nous traitons structurellement de stades absolument individuels de processus et de situations et que, par nécessité, nous parlons en abstractions et généralités d'ordre supérieur et utilisons de nombreux termes multiordinaux (sans l'utilisation desquels il n'est pas possible de parler), *toute déclaration positive* concernant les niveaux objectiques ne peut être que probable à différents degrés, ce qui introduit un *principe d'incertitude $\bar{A}$* fondamental et entièrement *général*. Le principe restreint de Heisenberg en physique n'apparaît que comme un cas particulier. Pour des raisons structurelles, nous devons préserver le déterminisme, mais en raison de (11-15), l'ancien déterminisme deux-valué doit être reformulé en déterminisme ∞-valué de la probabilité maximale. L'introduction einsteinienne du non-élémentalisme en physique a entraîné l'élimination automatique de certains blocages sémantiques chez les jeunes physiciens. Certains des résultats sémantiques et des triomphes de la science, outre la nouvelle mécanique quantique, peuvent être trouvés dans la nouvelle entropie de Tolman, la plus récente (sans identification du terme 'temps' avec une certaine objectivité).[3]

En résumé, nous constatons que, bien que l'être humain primitif ou le malade mental puisse avoir certaines réactions d'orientation ou de capacité de relation que nous avons en commun avec les animaux supérieurs, ces réactions n'impliquent pas de 'raisonnement' au sens défini précédemment. Ainsi, un boxeur, un joueur de football, etc., active beaucoup de ce qui relève des réflexes et gagne son match, mais cela ne peut être considéré comme un raisonnement au sens strict tel qu'il est utilisé dans le système-$\bar{A}$. Si nous essayons de *discuter* de quelque chose avec un individu primitif ou 'mentalement' malade et que nous notons ses processus de ce sur quoi ça relève, nous devrions conclure qu'il utilise une *sémantique mono-valuée d'identification* de plusieurs valeurs en une seule, ou une sémantique d'inclusion par laquelle 'tout *est* tout le reste'. La 'loi de la contradiction', ou tout 'tiers' ou '$n^{ème}$' 'exclu', n'apparaît pratiquement jamais dans notre sens, bien qu'il soit compliqué par l'utilisation de termes positifs et *négatifs*, auxquels peuvent être attribuées toutes les significations connectées à certaines identifications d'ordres supérieurs. Bien que ses processus sémantiques dominants apparaissent comme une *identification* complète et *littérale*, en raison des capacités générales d'orientation et de relation des organismes et du caractère des termes utilisés, il ne serait ni facile ni profitable de tenter une formulation élémentalistique de ses 'lois de la pensée'. Mais une formulation sémantique, telle qu'elle est donnée ci-dessus, est très instructive et relativement simple.

Notre 'logique' *élémentalistique* actuelle, outre le type de formulation deux-valuée, implique de nombreuses élucidations 'philosophiques' différentes qui, au lieu de clarifier le statut de la 'logique' en général, tendent seulement à dissimuler les questions importantes impliquées dans le *non-élémentalisme*. Le rôle que joue l'identification chez un individu donné apparaît toujours comme un facteur déterminant de son adaptation. Malheureusement, à l'heure actuelle, la sinistre identification n'est pas contrecarrée mais favorisée, voire induite, par la structure des langages que nous utilisons, les différentes mythologies, etc., et l'ensemble de nos systèmes éducatifs, économiques, sociaux, etc.

La 'logique' deux-valuée, *élémentalistique*, tridimensionnelle A (*Aristotélicienne*) ne s'applique pas au monde des événements, aux niveaux objectiques, etc., et, pour les raisons déjà expliquées, ne s'applique pas à l'étude des fondements des mathématiques. Elle s'applique dans une large mesure aux mathématiques techniques sans contenu, y compris ce que l'on appelle la 'logique formelle' de ce système.

Le formalisme, *lorsqu'il est libre* d'identification, devient un outil comparatif unique dans la recherche de la structure ; le formalisme *avec* l'identification de différents ordres d'abstractions, un symptôme de troubles sémantiques, souvent d'un caractère morbide. Il faut se rendre compte que nous pouvons avoir des orientations une-, deux-, trois-, etc., plusieurs- et ∞-valuées, que nous devons utiliser, à l'exception de la mono-valuée, lorsque les conditions justifient une utilisation particulière dans un cas particulier. Ainsi, en mathématiques, pour que les mathématiques servent de norme d'évaluation, *nous choisissons* une orientation fortement deux-valuée qui, dans l'ancien langage, signifie que '*A* est *B* ou n'est pas *B*', *afin de permettre* des affirmations *catégoriques* telles que, par exemple, $1+1=2$. Si nous postulions délibérément que $1+1$ peut parfois être égal à 2 et parfois ne pas être égal à 2, nous aurions des formes de représentation qui s'appliqueraient peut-être plus facilement à la science et à la vie, *mais* les mathématiques en tant que telles seraient impossibles, et nous serions privés de cet outil d'évaluation catégorique.

Il est intéressant de noter que les mathématiciens, en utilisant la *sémantique* deux-valuée (et non la 'logique', parce qu'une discipline élémentalistique ne peut pas être 'vécue' du tout par des individus qui ne sont pas lourdement pathologiques), ont produit les disciplines les plus importantes. Nous disposons ainsi, par exemple, de la théorie de la 'variance' (théorie de la fonction), de la théorie de l'invariance, du calcul différentiel, des systèmes 1, 2, 3, 4 et n-dimensionnels, et d'une foule d'autres structures verbales similaires non seulement au monde, mais aussi au système nerveux humain. Ces résultats nous donnent les moyens non seulement d'élargir notre maîtrise du monde extérieur, mais lorsqu'ils sont généralisés dans un système-$\bar{A}$ *non-élémentalistique,* ils nous donnent les moyens de maîtriser le monde intérieur, ce qui nous conduit à la sanité.

Il est amusant de découvrir, au vingtième siècle, que les querelles entre deux amoureux, deux mathématiciens, deux nations, deux systèmes économiques, etc., habituellement supposées insolubles dans une 'période finie', devraient présenter un mécanisme - le mécanisme sémantique de l'identification - dont la découverte rend possible l'accord universel, en mathématiques et dans la vie.

NOTES ET RÉFÉRENCES

Dans les références suivantes, les chiffres en gras renvoient aux numéros des ouvrages dans la bibliographie ; p, ou pp, indique la ou les pages ; ff (ou ss), indique les pages suivantes.

Dans de nombreux cas, le numéro de la page est indiqué, mais dans d'autres, lorsque je me réfère à un vaste sujet, seul le numéro d'un livre ou d'un document est indiqué, et dans ce cas, il convient de consulter l'index de l'ouvrage en question.

Dans d'autres cas, lorsqu'aucune référence n'est donnée et que le lecteur sérieux et instruit peut parfois se sentir perplexe, je me permets de suggérer, à cet égard, qu'une vaste expérience m'a appris que nous oublions généralement les subtilités structurelles, pas tout à fait courantes, de la grammaire. En outre, nous attribuons souvent aux mots un éventail de significations très limité, personnel et *habituel*, de sorte que certaines difficultés purement linguistiques apparaissent comme de mystérieuses difficultés 'scientifiques', ce qu'elles ne sont pas. Le lecteur, en de telles occasions, sera surpris de découvrir l'énorme quantité de connaissances qu'il peut trouver dans une simple lecture occasionnelle d'une bonne grammaire ou d'un bon dictionnaire, dont la négligence agit comme un blocage psycho-logique à la compréhension.

CHAPITRE II

1—**25**, 2—**212**. 3—**591**, pp. 93, 94.

CHAPITRE III

1—Le besoin de Langages Internationaux, ou d'un *Langage Universel* autre que les mathématiques, se fait de plus en plus pressant. À l'heure actuelle, il existe plusieurs langues de ce type et, dans de nombreuses grandes villes, il existe des organisations, généralement appelées Associations Internationales de Langues Auxiliaires, dont les adresses figurent dans les annuaires téléphoniques. Chacune de ces organisations fournira volontiers des informations sur l'ensemble du mouvement linguistique international. Il existe également un certain nombre de livres écrits sur ce sujet que l'on peut trouver dans les grandes bibliothèques publiques ou universitaires. Des renseignements sur *l'Anglais Basique* d'Ogden en tant que *Langage Universel*, composé d'un nombre étonnamment petit de 850 mots, qui font le travail d'environ 20.000 mots, peuvent être obtenus auprès de l'Orthological Institute, 10 King's Parade, Cambridge, Angleterre (voir aussi **376**, **377**). À mon avis, les possibilités du Basique pour une civilisation scientifique sont illimitées, *à condition* que le Basique soit révisé d'un point de vue non-aristotélicien, non-identité.

Le défaut général et grave de toutes ces langages est que leurs auteurs ont, jusqu'à présent, entièrement ignoré les problèmes non-aristotéliciens de non-identité, et donc de *structure*, sans lesquels la *sanité générale* ou l'élimination des *mondes délirants* est *totalement impossible*.

CHAPITRE IV

1—**590**. 2—**579**, Vol. II, partie IV, *150 et suivantes ; **455–457**, 3—590. 4—**457**, p. 249.

CHAPITRE VII

1—**317, 318, 319**. 2—**83**.

CHAPITRE VIII

1—**92**, pp. 50–52. 2—**91, 92**. 3—**92**, pp. 114, 119, 123, 242. 4—**564, 560**, pp. 16 et suivantes, 28 et suivantes.

CHAPITRE IX

1—**487**, 2—**304**, 7, Vol. II, p. 461 et suivantes. 3—**214**. 4—**7**, tome II, p. 457. 5—**214**, p. 210. 6—**7**, tome II, p. 458. 7—**7**, tome II, p. 251. 8—**7**, Vol. II, p. 634. 9—**7**, tome II, p. 944. 10—**310**, Chap, V. 11—**364, 365-369, 540**. 12—**9, 10, 12, 13, 196, 210, 211, 370**. 13—**257, 272, 328, 345**. 14—**7**, tome II, p. 917 et suivantes, **273, 313, 416**. 15—**7**, tome II, p. 690. 16—**7**, tome II, p. 961 et suivantes. 17—**7**, tome II, p. 644 et suivantes. 18—**7**, tome II, p. 803 et suivantes. 19—**7**, tome II, p. 869 et suivantes 20—**363**. 21—**499, 500-504, 127, 128**. 22—**201, 533**. 23—**49**. 24—**7**, tome II, p. 59 et suivantes.

CHAPITRE X

1—**306**, p. 72 et suivantes. 2—**306**, p, 72 et suivantes. 3—**306**, p. 72 et suivantes, p. 193. 4—**310**, p. 95 et suivantes 5—**309**, p. 197. 6—**309**, p. 202. 7—**309**, p. 204, 211. 8—**411**, p. 233. 9—**211**, p. 139. 10—**221**, p. 144 145, 11—**343, 344**. 12—**559**, p. 15. 13—**242**.

CHAPITRE XI

1—**452, 453-457**. 2—**82, 264, 269**. 3—**470**. 4—**176-184**.

CHAPITRE XII

1—**220**, p. 60 (5e édition), 2—**222**, p. 3-5. 3—**411**, p. 8. 4—**300**, et dans une lettre personnelle. 5—**220**, p. 334. 6—**220**, p. 68, 7—**411**, p. 210. 8—**566**.

CHAPITRE XIII

1—**452, 453**.

CHAPITRE XIV

1—**264**. 2—**203**, p. 39.

CHAPITRE XV

1—**452, 453-457**. 2—**457**, p. 22 et suivantes.

CHAPITRE XVI

1—**449**.

CHAPITRE XVII

1—**547**, p. 102, 2—**208**, p. 811 (17e édition). 3—**208**, p. 815 (17e édition)

CHAPITRE XVIII

1—**455**, p. 18. 2—**126**, pp. 14, 16. 3—**74**, p. 467, **468**.

CHAPITRE XIX

1—**264**. 2—**430**. 3—**468**, p. 133. 4—**468**, p. 141. 5—**264**, p. 153 et suivantes. 6—**264**, p. 153 et suivantes. 7—**222**, p. 166 et suivantes. 8—**289**. 9—**350**. 10—**318, 319**.

CHAPITRE XX

1—**221**, p. **277**. 2—**7**, Vol. II, pp. 59-92, **121, 436**. 3—**216**.

CHAPITRE XXI

1—**394, 395**. 2—Rudyard Kipling, Versets. Édition 1885-1926. New York. 3—**501**. 4—**221**, p. 197. 5—**552, 553-557**. 6—**250**, p. 194.

CHAPITRE XXII

1—**92**, p. 112. 2—**221**, 3—**221**, p. 86, 87, **91**, chap. XIII. 4—**306**, p. 48 et suivantes. 5—**306**, p. 37-40. 6—**306**, p. 85, 86. 7—**306**, p. 61-63. 8—**304**, p. 45. 9—**487**, p. 393. 10—**222**, p. 213, 214. 11—**222**, p. 262, 263. 12—**394**, p. 47, 388. 13—**278**, p. 90-92. 14—**394**, p. 99.

CHAPITRE XXIII

1—**394**, pp. 88-94, 2—**394**, pp. 310, 311. 3—**394**, pp. 310, 311. 4—**394**, pp. 403, 404.

CHAPITRE XXIV

1—**34**.

CHAPITRE XXV

1—Toute l'anthropologie fournit de nombreuses preuves. Dans la présente bibliographie très succincte, consulter **172, 173, 200, 298, 299, 331-336, 492**

CHAPITRE XXVII

1—**579** (1ère édition), Vol. I, p. 40. 2—**590**, n° 3, 332. 3—**97**, 4—**452, 453-457, 579**, et tous les ouvrages modernes sur la 'logique' et les 'fondements des mathématiques'. 5—**579**, pp. 63, 65 et suivantes, tome I (1ère édition).

CHAPITRE XXVIII

1—**247**, 2—l'ensemble des mythologies primitives et modernes, consulter **172, 173, 200, 298, 299, 331-336, 478, 479, 492**. La littérature est très vaste et ne peut être citée ici. Consulter aussi les traités classiques de religion comparative, d'histoire des religions, et les ouvrages des psychiatres qui traitent de ces aspects des maladies 'mentales'.

CHAPITRE XXX

1—**241**, p. 37. 2—**241**, Fig. 2, p. 94, Fig. 3, p, 140. 3—**241**, p. 140-142. 4—**42**, pp. 1, 19, 23, 118-120. 5—**42**, p. 23. 6—**99**, p. 897. 7—**34**, p. 230. 8—**34**, p. 180. 9—**34**, p. 233, 10—**34**, p. 242. 11—**411**, p. 237. 12—**411**, p. 10. 13—**15, 16, 286**, 14—**298**, Chap. IX. 15—**181**, Vol. IV, p. 136, 492. 16—**70**. 17—**487**, pp. 1363, 1334. 18—**487**, pp. 1327-29, 1363. 19—**34**, p. 117, 20—**34**, p. 91. 21—**70**.

CHAPITRE XXXI

1—Science. 22 janvier 1932. 2—**56**. 3—**105, 290, 329, 413, 467, 521, 532**, la littérature sur ce sujet est très vaste, et je ne donne ici que des exemples, voir aussi **110**.

CHAPITRE XXXII

1—**72**, 2—**381, 510, 585**. 3—**220**, p. 368 (5e édition).

CHAPITRE XXXIII

1—**547**, p. 104, 2—**55**, pp. 89, **174, 221**. 3—**411**, p. 191.

CHAPITRE XXXIV

1—147, p. 79. 2—La majeure partie de la présentation ci-dessus suit **45**. 3—**204**, Vol. II, p. 342. 4—**45**, p. 260, 261. 5—voir cependant **472** et **508**. 6—voir C. Runge, Vector Analysis (Londres, New York), p. 178. 7—**148**, p. 49. 8—**147**, p. 86-88. 9—**45**, pp. 18, 22, 24, 25, 36. 10—**411**, p. 24, 50, 91.

CHAPITRE XXXV

1—**45**, p. 132. 2—**547**, p. 92. 3—**204**, Vol. I, pp. 247, 248. 4—**45**, pp. 158, 159. 5—**547**, p. 66. 6—**547**, p. 91. 7—**457**, pp. 66. 21, 22.

CHAPITRE XXXVIII

1—**264**, p. 327 et suivantes, voir cependant 348. 2—**314**, p, 75 et suivants. 3—**147**, p, 58 et suivantes. 4—**45**, pp. 196, 197, 213.

CHAPITRE XXXIX

1—**148**, p. 23 2—**45**, p. 232 3—**148**, p. 136 4—**147**, pages 177, 178. 5—**547**, p. 136. 284, 285, 6—**147**, p. 178. 7—**147**, p. 149.

CHAPITRE XL

1—**480**, pp. 65, 66. 2—**31**, pp. 17-19. 3—**480**, pages 467, 468. 4—**32**, p. 38.

CHAPITRE XLI

1—**142**, p. 5. 2—**204**, tome I, p. 79 et suivantes. 3—**480**, p. 194-202. 4—**32**, p. 64 ; 46, p. 74. 5—**123**, **39**, **522**. 6—**123**, tome III, p. VI. 7—**146**. 8—**457**, p. 42-44. 9—**32**, plus tard Dirac a modifié sa procédure, voir **142**. 10—voir la dernière section de l'appendice 7 dans la 4e édition allemande de **480**, et aussi **481**. 11—**32**, p. 185, **63**, **64**, **65**. 12—**27**, p. 16 et suivantes. 13—**32**, p. 148, 149. 14—**32**, p. 137 ; **27**, p. 25, 26. 15—**27**, p. 64-67. 16—**27**, p. 38.

SUPPLEMENT III

1—pour la littérature, voir sous les noms respectifs. 2—**249**.

BIBLIOGRAPHIE

Une bibliographie complète d'un *système non-aristotélicien* nécessiterait de nombreux volumes et n'est donc pas possible ici. La formulation d'un *système non-aristotélicien,* avec le nombre de faits scientifiques connus en 1933, s'est avérée être un processus extrêmement laborieux.

Un langage et une attitude non-aristotéliciens diffèrent considérablement des langages et des attitudes plus anciens, de sorte qu'un premier système non-aristotélicien ne dispose pas d'une littérature qui traiterait directement du sujet. La déclaration selon laquelle 'tout a déjà été dit' est malheureusement en grande partie vraie. Cela introduit de sérieuses complexités, car très peu de personnes ont le génie d'un Poincaré et se rendent pleinement compte que le langage utilisé pour faire une déclaration joue un rôle prépondérant dans les conséquences qui s'ensuivent. Si nous admettons que 'tout a été dit', je dois ajouter 'mais pas ainsi', ce qui a *empêché la construction* d'un système non-aristotélicien pendant plus de deux mille ans. L'une des tragédies humaines réside dans le fait que les *sages épigrammes* ne fonctionnent pas. Il faut *un système* qui exprime souvent des notions similaires ; mais elles doivent être exprimées dans un *langage unifié* de structure différente pour être utilisables.

En donnant cette bibliographie extrêmement abrégée, insuffisante et peut-être même mal sélectionnée, j'avais, pour l'essentiel, trois objectifs : (1) reconnaître certaines de mes obligations directes ; (2) donner au futur étudiant un aperçu du type de littérature existante qui a un rapport avec mon sujet ; et (3) énumérer les livres et les articles qui donnent de la documentation supplémentaire.

J'ai veillé à répertorier le moins possible de périodiques scientifiques, car les spécialistes d'un domaine donné n'en ont pas besoin et les profanes en sciences n'en veulent pas. Dans un certain nombre de cas, je n'ai répertorié qu'un ou deux des derniers articles d'un auteur, qui donnent ses titres antérieurs.

En raison du manque de coordination linguistique, dans la plupart des cas, je n'ai eu que peu ou pas d'occasions de me référer directement à de nombreux auteurs, bien que les titres des livres suggèrent généralement le matériel nécessaire. Pour de plus amples informations sur un sujet donné, le lecteur est invité à consulter les index respectifs. En règle générale, j'ai dû exprimer de nombreuses notions similaires, mais sous un angle différent et dans une langue différente.

J'ai fait précéder les livres, les parties et les chapitres de nombreuses citations importantes dans le seul but de montrer que toute la science moderne nécessite une révision fondamentale non-aristotélicienne. Le lecteur attentif découvrira que, bien que je sois en général d'accord avec ces citations, dans de nombreux cas, je devrais les exprimer différemment.

Dans le cas des deux volumes de *Colloidal Chemistry* édités par Alexander, qui constituent une collection d'importantes contributions de différents auteurs, il me faudrait énumérer environ cent vingt titres supplémentaires, et je me réfère donc le plus souvent à la page sans donner le nom de l'auteur ou le titre de sa contribution, ce dont je m'excuse. Dans un certain nombre de cas, j'ai utilisé le matériel fourni par *Science*

Service, tel qu'il est imprimé dans *Science*, et j'indique ces références en insérant *SS* avant de donner la date du numéro de *Science*.

1. ACKERMANN, W. Begrundung des "tertium non datur" mittels der Hilbertschen Theorie der Widerspruchsfreiheit. *Math. Ann.* B. 93, H. 1/2.
2. Voir Hilbert.
3. ADAMS, J. T. *Our Business Civilization : Quelques aspects de la culture américaine.* New York.
4. ADLER, A. *La pratique et la théorie de la psychologie individuelle.* Londres, New York.
5. *L'infériorité des organes et sa compensation psychique.* Washington.
6. ALEXANDER, J., et BRIDGES, C. B. Some Physico-Chemical Aspects of Life Mutation, and Evolution. In *Colloid Chemistry*, édité par J. Alexander. New York.
7. ALEXANDER, J., éditeur. *Colloid Chemistry.* Vol. I, *Theory and Methods.* Vol. II, *Biologie et médecine.* New York.
8. ANREP, G. V. Voir Pavlov.
9. BABCOCK, E. B., et COLLINS, J. L Mutations Caused by Radiations from the Earth. *SS. Science.* 2 août 1929
10. Les radiations ionisantes naturelles contrôlent-elles le taux de mutation? *Proc. Nat. Acad. Sci.,* Vol. 15. 1929.
11. BACON, R. *Lettre.* Traduit du latin par T. L. Davis. Easton, Pennsylvanie, Londres.
12. BAGG, H. J. Effets biologiques de l'irradiation. *SS. Science.* 31 mai 1929
13. BAGG, H. J., et HALTER, C. R. Bodily Defects of X-rayed Mice. *SS. Science.* 6 janvier 1928.
14. BALDWIN, J. M. *Thought and Things.* Une étude du développement et de la signification de la pensée ou de la logique génétique. 3 vol. Londres, New York
15. BANCROFT, W. D., et RICHTER, G. H. The Colloid Chemistry of Insanity. *Science.* 8 mai 1931.
16. BANCROFT, W. D., et RUTZLER, J. E. Coagulation réversible dans les tissus vivants. VIII. *Proc. Nat. Acad. Sci.,* Nova 1931.
17. BARON, M. A. Voir Gurwitch
18. BAYLISS, W. M. *Principes de physiologie générale.* New York.
19. *L'état colloïdal dans ses aspects médicaux et physiologiques.* Londres.
20. BECKER, O. *Mathematische Existenz.* Halle.
21. BELL, E. T. Le principe de la relativité générale. Voir Bird, J. M., éditeur.
22. *Démystifier la science.* Seattle.
23. *La reine des sciences.* Baltimore.
24. BENT, S. *Ballyhoo, la voix de la presse.* New York.
25. BENTLEY, A. F. Analyse *linguistique des mathématiques.* Bloomington, Indiana.
26. BERNSTEIN, B. A. Review of *Principia Mathematica,* Vol. I, 2nd edition *Bull. Amer. Math. Soc.* nov. 1926.

27. BIGGS, H. F. *Mécanique des ondes.* Londres, New York.
28. BIRD, J. M., éditeur. *Les théories de la relativité et de la gravitation d'Einstein.* New York.
29. BIRKHOFF, G. D. *Relativité et physique moderne.* Cambridge, Massachusetts, Londres.
30. *L'origine, la nature et l'influence de la relativité.* Londres, New York.
31. BIRTWISTLE, G. *La théorie quantique de l'atome.* Londres, New York.
32. *La nouvelle mécanique quantique.* Londres, New York.
33. BLEULER, E. *Théorie du négativisme schizophrénique.* Washington.
34. *Manuel de psychiatrie.* New York, Londres.
35. BLISS, G. A. *Calcul des variations.* Chicago, Londres.
36. Le calcul des variations et la théorie quantique. *Bull. Amer. Math Soc.* avril 1932.
37. BOAS, F. *L'esprit de l'être humain primitif.* Londres, New York.
38. *Anthropologie et vie moderne.* New York.
39. BOCHER, M. *Introduction à l'algèbre supérieure.* New York, Londres.
40. BOLTON, J. S. *Le cerveau dans la santé et la maladie.* Londres.
41. BOLTON, L. *Introduction à la théorie de la relativité.* Londres, New York
42. BONOLA, R. *Géométrie non euclidienne.* Chicago, Londres.
43. BOOLE, G. *L'analyse mathématique de la logique.* Cambridge.
44. *Enquête sur les lois de la pensée, sur lesquelles sont fondées les théories mathématiques de la logique et des probabilités.* Londres, Chicago.
45. BORN, M. *La théorie de la relativité d'Einstein.* Londres, New York.
46. *Problèmes de dynamique atomique.* Cambridge, Massachusetts.
47. BOTCHARSKY, S., et FOERINGER, A. Radiation from Vitamins. *SS. Science.* 17 juillet 1931.
48. BOUSQUET, G. H. *Précis de sociologie d'après Vilfredo Pareto.* Paris.
49. BOVIE, W. T. The Biological Effects of Light. *(Conférences sur les aspects biologiques de la chimie des colloïdes et de la chimie physiologique,* par W. T. Bovie et d'autres. Philadelphie, Londres.)
50. BRAGG, SIR WILLIAM. *Sur la nature des choses.* Londres, New York
51. BREITWIESER, J. V. *Psychological Education.* New York.
52. BRIDGES, C. B., et MORGAN, T. H. The Third Chromosome Group of Mutant Characters of *Drosophila melanogaster, Carnegie Inst. Pub.* n° 327. 1923.
53. BRIDGES, C. B. Voir Alexander.
54. Voir Morgan, T. H.
55. BRIDGMAN, P. W. *La logique de la physique moderne.* New York, Londres
56. *La physique des hautes pressions.* Londres.
57. Mécanique statistique et deuxième loi de la thermodynamique. Conférence de Gibbs. *Bull. Amer. Math. Soc.* avril 1932.
58. BRIGHAM, C. C. *A Study of American Intelligence.* Princeton.
59. BRILL, A. A. *Psychanalyse : Ses théories et ses applications pratiques.* Philadelphie, Londres.
60. BRILLOUIN, L. Voir de Broglie.

61. BROAD, C. D. La *pensée scientifique.* Londres, New York.
62.   *L'esprit et sa place dans la nature.* Londres, New York.
63. BROGLIE, L. DE. *Ondes et mouvements.* Paris.
64.   *Introduction à l'étude de la mécanique des ondes.* Londres, New York.
65. BROGLIE, L. DE, et BRILLOUIN, L. *Selected Papers on Wave Mechanics.* Londres, Glasgow.
66. BROUWER, L. E. J. Intuitionnisme et formalisme. *Bull. Amer. Math. Soc.* nov. 1913.
67.   Uber die Bedeutung des *principium tertii exclusi* in der Mathematik, besonders in der Funktionentheorie. *Jour. f. Math.,* Vol. 154. 1925
68. BRUNOT, F. *La Pensée et la langue.* Paris.
69. BRUNSCHVICG, L. *Les Etapes de la philosophie mathématique.* Paris, France
70. BURROW, T. *La base sociale de la conscience.* Londres, New York
71.   *La structure de la folie.* Londres.
72. CAJORI, F. *Histoire des conceptions des limites et des fluxions en Grande-Bretagne de Newton à Woodhouse.* Chicago, Londres
73.   *William Oughtred.* Chicago, Londres.
74.   *Une histoire des mathématiques.* New York, Londres.
75.   *A History of Mathematical Notations,* 2 vol. Chicago, London.
76.   *Une histoire de la physique.* New York, Londres.
77. CAMPBELL, N. R. *Physics, the Elements.* Cambridge
78. CANNON, W. B. *Bodily Changes in Pain, Hunger, Fear and Rage.* New York, Londres.
79.   *La sagesse du corps.* New York.
80. CANTOR, G. *Contributions à la fondation de la théorie des nombres transfinis.* Chicago, Londres.
81. CARMICHAEL, R. D. *La théorie de la relativité.* New York, Londres.
82.   *La logique de la découverte.* Chicago, Londres.
83. CARMICHAEL, R. D., et autres. *Un débat sur la théorie de la relativité.* Chicago, Londres.
84. CARNAP, R. *Abriss der Logistik.* Wien.
85. CARREL, A. Le temps physiologique. *Science.* 18 décembre 1931.
86. CASSIRER, E. Das *Erkenntnisproblem in der Philosophie and Wissenschaft der neueren Zeit,* 3 vol. Berlin.
87.   *Substance et fonction, et théorie de la relativité d'Einstein.* Chicago, Londres.
88.   *Philosophie des formes symboliques,* 4 vol. Berlin.
89. CHILD, C. M. *Senescence and Rejuvenescence.* Chicago.
90.   *L'individualité dans les organismes.* Chicago, France
91.   *L'origine et le développement du système nerveux.* Chicago.
92.   *Fondements physiologiques du comportement.* New York.
93. CHURCH, ALONZO. On Irredundant Sets of Postulates. *Trans. Amer. Math. Soc.* juillet 1925
94.   Sur les ensembles irredondants de postulats. *Bull. Amer. Math. Soc.* nov. 1926.
95.   Alternatives à l'hypothèse de Zermelo. *Trans. Amer. Math. Soc.* janv. 1927.

96. Sur la loi du milieu exclu. *Bull. Amer. Math. Soc.* janvier 1928.
97. Revue de *Principia Mathematica,* Vol. II et III, 2ème édition. *Bull. Amer. Math. Soc.* mars, 1928.
98. Un ensemble de postulats pour la fondation de la logique. *Ann. of Math.* avril 1932.
99. CHURCH, ARCHIBALD, et PETERSON, F. *Maladies nerveuses et mentales.* Philadelphie, Londres.
100. CHWISTEK, L. *Wielosc Rzecsywistosci.* Krakow.
101. Théorie des types constructifs (Principes de logique et de mathématiques) 2 parties. *Ann. soc. polonaise de mathématique.* Krakow. 1924, 1925.
102. Uber die Hypothesen der Mengenlehre. *Math. Zeit.* B. 25, H. 3. Berlin. 1926.
103. Une Méthode métamathématique d'analyse. C. *R. du Ier congrès des math. des pays Slaves.* Varsovie. 1929.
104. Neue Grundlagen der Logik und Mathematik, Part I. *Math. Zeit.* B. 30 H. 5. Berlin. 1929. Partie II, B. 34, H. 4. Berlin. 1932.
105. CLARK, P. *Napoléon s'est autodétruit.* New York.
106. COGHILL, G. E. *Anatomy and the Problem of Behaviour.* Cambridge.
107. Les bases structurelles de l'intégration du comportement. *Proc. Nat. Acad. Sci.* oct. 1930.
108. COHEN, E. *Métamorphose physico-chimique et quelques problèmes de piézo-chimie.* New York, Londres.
109. COHEN, M. R. *Raison et nature.* New York.
110. COLLINS, J. Le docteur regarde l'amour et la vie. New York
111. COLLINS, J. L. Voir Babcock.
112. CONKLIN, E. G. *Hérédité et environnement dans le développement des hommes.* Princeton.
113. *La direction de l'évolution humaine.* New York.
114. COOK, W. W. Scientific Method and the Law. *Johns Hopkins Al. Mag.* mars, 1927.
115. COOLIDGE, W. D. Cathode Rays for Drying Paint. *SS. Science.* 15 avril 1927
116. COURANT, R. et HILBERT, D. *Methoden der mathematischen Physik.* B. I. Berlin.
117. COUTURAT, L. La Logique de Leibniz, d'après documents inédits. Paris.
118. Les Principes des mathématiques, avec un appendice sur la philosophie des mathématiques de Kant. Paris.
119. L'algèbre de la logique. Chicago, Londres.
120. Les principes de la logique. (Encyclopédie des sciences philosophiques. Vol. I. Logique. Londres, New York.)
121. CRILE, G. W. Cellules autosynthétiques. SS. Science. 16 janvier 1931.
122. CROOKSHANK, F. G. L'importance d'une théorie des signes et d'une critique du langage dans l'étude de la médecine. (Supplément II dans Ogden et Richards, The Meaning of Meaning. Londres, New York).
123. CULLIS, C. E. *Matrices and Determinoids,* 3 vol. Cambridge.
124. CUNNINGHAM, E. *Relativité, théorie de l'électron et gravitation.* Londres, New York.

125. CURTISS, D. R. *Fonctions analytiques d'une variable complexe*. Chicago, London.
126. DANTZIG, T. *Number, the Language of Science*. New York, Londres.
127. DARROW, C. W. Sensory, Secretory and Electrical Changes in the Skin Following Bodily Excitation. *Jour. Exp. Psych.* juin 1927.
128. — Le réflexe galvanique de la peau et les changements de volume des doigts. *Amer. Jour. Phys.* mar. 1929.
129. DARROW, K. K. *Introduction à la physique contemporaine*. New York.
130. DARWIN, C. G. *La nouvelle conception de la matière*. New York, Londres.
131. DAVENPORT, C. B. *Heredity in Relation to Eugenics*. New York.
132. DAVIS, H. T. *Philosophie et science moderne*. Bloomington, Indiana.
133. DAVIS, T. L. Voir Bacon
134. DEDEKIND, R. *Essais sur la théorie des nombres*. Chicago, Londres.
135. DEJERINE, J. *Le Langage*. Paris.
136. DELACROIX, H. *Le Langage* et la pensée. Paris.
137. DERCUM, F. X. *Essai sur la physiologie de l'esprit*. Philadelphie.
138. DEWEY, J. *Human Nature and Conduct ; an Introduction to Social Psychology*. New York.
139. — *Expérience et nature*. Chicago, Londres.
140. — *The Quest for Certainty ; a Study of the Relation of Knowledge and Action* (La quête de la certitude ; une étude de la relation entre la connaissance et l'action). Londres, Glasgow.
141. DICKSON, L. E. *Introduction à la théorie des nombres*. Chicago, Londres.
142. DIRAC, P. A. M. *Les principes de la mécanique quantique*. Oxford.
143. DRESDEN, A. Brouwer's Contributions to the Foundations of Mathematics. *Bull. Amer. Math.* Soc. janvier 1924.
144. — Quelques aspects philosophiques des mathématiques. *Bull. Amer. Math. Soc.* juillet 1928.
145. DROBISCH, M. W. *Neue Darstellung der Logik*. Hambourg.
146. ECKART, C. Operator Calculus and the Solution of the Equations of Quantum Dynamics. *Phys. Rev.* oct. 1926.
147. EDDINGTON, A. S. Espace, *temps et gravitation*. Cambridge.
148. — *La théorie mathématique de la relativité*. Cambridge.
149. — *La nature du monde physique*. Cambridge.
150. EINSTEIN, A. *Relativité*. New York.
151. — *Aperçu de la relativité*. Londres, New York.
152. — *Le sens de la relativité*. Princeton.
153. — *Investigations sur la théorie du mouvement brownien*. Londres, New York
154. — Zur Einheitlichen Feldtheorie. *Sitz. Preus. Akad. Wiss.* Berlin. 1929.
155. — Voir Lorentz.
156. EINSTEIN, A. et MAYER, W. Einheitliche Theorie von Gravitation und Elektrizitat. *Sitz. Preus. Akad. Wiss.* Berlin. 1931.
157. ELLIS, H. *Studies in the Psychology of Sex*, 6 vol. Philadelphie.

158. ENRIQUES, F. Les problèmes de la logique. *(Encyclopédie des sciences philosophiques. Vol. I. Logique.* Londres, New York.)
159. Problèmes de la science. Chicago, Londres.
160. FAJANS, K., et WUST, J. *A Textbook of Practical Physical Chemistry.* Londres, New York.
161. FERENCZI, S. *Autres contributions à la théorie et à la technique de la psychanalyse.* Londres.
162. FERENCZI, S., et RANK, O. *The Development of Psychoanalysis.* Washington
163. FERENCZI, S., et autres. *La psychanalyse et les névroses de guerre.* Londres.
164. FISCHER, M. H. *Fats and Fatty Degeneration.* New York.
165. *Œdème et néphrite.* New York.
166. Colloid Chemistry in Biology and Medicine. (*Conférences de la Fondation Mayo sur les aspects biologiques de la chimie des colloïdes et de la physiologie.* Philadelphie, Londres).
167. Colloïdes lyophiles et comportement des protoplasmes. In *Colloid Chemistry,* Vol. II, édité par J. Alexander. New York.
168. FISCHER, M. H., et collaborateurs. *Savons et protéines.* New York.
169. FISHER, A. *Théorie mathématique des probabilités*, Vol. I. Londres, New York.
170. FOERINGER, A. Voir Botcharsky.
171. FRAENKEL, A. *Zehn Vorlesungen tuber die Grundlegung der Mengenlehre.* Leipzig, Berlin.
172. FRAZER, J. G. *Totemism and Exogamy. A Treatise on Certain Early Forms of Superstition and Society*, 4 vol. Londres, New York.
173. *The Golden Bough, a Study in Magic and Religion* (Le rameau d'or, une étude sur la magie et la religion). Londres, New York.
174. FREEMAN, W. Psychochimie. *Jour. Amer. Med. Asso.* 1er août 1931.
175. FREGE, G. *Die Grundlagen der Arithmetik.* Breslau.
176. FREUD, S. *Totem et Tabou.* New York.
177. *Introduction générale à la psychanalyse.* New York.
178. *Psychopathologie de la vie quotidienne.* New York, Londres.
179. *Selected Papers on Hysteria and Other Psychoneuroses* (Documents choisis sur l'hystérie et les autres psychonévroses). Washington.
180. *Au-delà du principe de plaisir.* Londres.
181. *Collected Papers*, 4 vol. Londres.
182. *The Ego and the Id* Londres.
183. *Le problème des analyses laïques.* New York.
184. *L'avenir d'une illusion.* Londres, New York.
185. FREUNDLICH, E. *Les fondements de la théorie de la gravitation d'Einstein.* Londres, New York.
186. *La théorie de la relativité.* Londres, New York
187. FREUNDLICH, H. *Chimie des colloïdes et des capillaires.* Londres, New York.
188. GANTT, W. H. Recent Work of Pavlov and his Pupils. *Arch Neur. and Psych.* avril 1927.
189. *Revue médicale de la Russie soviétique.* Londres.

190. Voir Kupalov.
191. Voir Pavlov.
192. GIBBS, W. Voir Wilson, E. B.
193. GOMPERZ, H. *Weltanschauungslehre*, 2 vol. Jena
194. GOMPERZ, T. *Penseurs grecs*. Londres.
195. GONSETH, F. *Les Fondements des mathématiques*. Paris.
196. GOODSPEED, T. H. La sélection de plantes de tabac radiographiées. *SS. Science*. 6 janvier 1928.
197. GRAVEN, P. S. Série de notes cliniques sur les céphalées. *Psychoan. Rev.* juillet 1924.
198. Un cas de phobie de la fumée. *Psychoan. Rev.* avril *1925*.
199. GREGORY, J. C. *A Short History of Atomism from Democritus to Bohr*. Londres.
200. GROOT, J. J. M. DE. *Le système religieux de la Chine*. Londres.
201. GURWITCH, A., et BARON, M. A. Emission de rayons par les cellules végétales. *SS. Science*. 15 juin 1928.
202. GUYE, C. E. *Physico-Chemical Evolution*. Londres.
203. HAAS, A. *La nouvelle physique*. Londres, New York.
204. *Introduction à la physique théorique,* 2 vol. Londres, New York.
205. *Mécanique des ondes et nouvelle théorie quantique*. Londres, New York.
206. *Chimie quantique. Une brève introduction en quatre conférences non mathématiques*. Londres.
207. HALL, G. S. *Jésus, le Christ, à la lumière de la psychologie*. New York.
208. HALLIBURTON, W. D. *Manuel de physiologie*. Londres
209. HALTER, C. R. Voir Bagg.
210. HANCE, R. T. Les résultats des expériences de radiographie sur les animaux à sang chaud. *SS. Science*. 6 janvier 1928.
211. HANSON, F. B., et HEYS, F. A Possible Relation between Natural (Earth) Radiation and Gene Mutations. *Science*. 10 janvier 1930.
212. HEAD, H. *Aphasia and Kindred Disorders of Speech*, 2 vol. Londres, New York.
213. HEAD, H., et autres. *Studies in Neurology,* 2 vol. Londres.
214. HEILBRUNN, L. V. *The Colloid Chemistry of Protoplasm*. Berlin.
215. HEISENBERG, W. *Les principes physiques de la théorie quantique*. Chicago, Londres.
216. HELSON, H. L'effet Tau. Un exemple de relativité psycho-logique. *Science*. 23 mai 1930.
217. HENDERSON, L. J. *The Fitness of the Environment*. New York, Londres.
218. HERELLE, F. D. *The Bacteriophage*. Baltimore.
219. *Immunité dans les maladies infectieuses naturelles*. Baltimore.
220. HERRICK, C. J. *Introduction à la neurologie*. Philadelphie, Londres.
221. *Fondements neurologiques du comportement animal*. New York.
222. *Le cerveau des rats et des hommes*. Chicago.
223. *La machine à penser*. Chicago.
224. Localisation de la fonction dans le système nerveux. *Proc. Nat. Acad. Sci.* oct. *1930*.

225. HEYS, F. Voir Hanson.
226. HILBERT, D. *Les fondements de la géométrie*. Chicago, Londres.
227.   Voir Courant.
228. HILBERT, D., et ACKERMANN, W. *Grundzuge der Theoretischen Logik.* Berlin.
229. HINKLE, B. *La recréation de l'individu*. New York.
230. HOBSON, E. W. *Le domaine des sciences naturelles*. Aberdeen, Cambridge.
231. HOLLANDER, B. *Les symptômes mentaux des maladies cérébrales*. Londres.
232. HOLMES, S. J. *L'évolution de l'intelligence animale*. New York.
233.   *Études sur le comportement animal*. Boston.
234. MOLT, E. B. *The Freudian Wish*. New York.
235.   *La pulsion animale et le processus d'apprentissage*. New York
236. HUNTER, W. S. *The Delayed Reaction in Animals and Children*. Behav. Mono, Vol. 2, No. 1.
237. HUNTINGTON, E. V. *The Continuum*. Cambridge, Massachusetts.
238. HUNTINGTON, E. V., et KLINE, J. R. Sets of Independent Postulates for Betweenness. *Trans. Amer. Math. Soc.* juillet 1917.
239. JAMES, W. *The Principles of Psychology*, 2 vol. New York
240. JEFFREYS, H. *Inférence scientifique*. Cambridge.
241. JELLIFFE, S. E. *La technique de la psychanalyse*. Washington.
242. JELLIFFE, S. E., et WHITE, W. A. *Diseases of the Nervous System. Un manuel de neurologie et de psychiatrie*. Philadelphie.
243. JENNINGS, H. S. *Le comportement des organismes inférieurs*. New York.
244.   *Vie et mort Hérédité et évolution dans les organismes unicellulaires*. Boston.
245.   Compte rendu de l'article de Ritter intitulé *"L'unité de l'organisme ou la conception organique de la vie"*. Phil. Rev. nov. 1921.
246.   *Prométhée ou la biologie et le progrès de l'être humain*. Londres, New York.
247.   *Les bases biologiques de la nature humaine*. New York.
248. JESPERSEN, O. *Langue*. New York.
249. JEVONS, W. S. *Les éléments de logique*. New York.
250.   *Les principes de la science*. Londres, New York.
251. JOHNSON, T. H. La longueur d'onde des atomes. *SS. Science.* 17 juillet 1931.
252. JOHNSTONE, J. *Le mécanisme de la vie*. Londres.
253. JONES, E. *Essais de psychanalyse appliquée*. Londres.
254. JORGENSEN, J. A *Treatise of Formal Log*. Its Evolution and Main Branches with its Relations to Mathematics and Philosophy*, 3 vol. Oxford.
255. JUNG, C. G. *Contributions à la psychologie analytique*. Londres.
256.   *Psychologal Types : or the Psychology of Individuation* (Les types psychologiques ou la psychologie de l'individuation). Londres, New York.
257. JUST, E. E. Effets des rayons ultraviolets sur les œufs de *Néréis*. *SS. Science*. 6 janvier 1928.
258. KAUFMANN, F. *Das Unendliche in der Mathematik und seine Ausschaltung*. Leipzig, Vienne.
259. KEMPF, E. J. *Psychopathologie*. Louis.

260. KENNEDY, R. J. A Refinement of the Michelson-Morley Experiment. *Proc. Nat. Acad. Sci.* nov. 1926,
261. KENNEDY, R. J., et THORNDIKE, E. M. Experimental Establishment of the Relativity of Time. *Phys. Rev.* nov. 1932.
262. KEYNES, J. M. *A Treatise on Probability.* Londres. Londres, New York.
263. KEYSER, C. J. *The Human Worth of Rigorous Thinking.* New York.
264. *Philosophie mathématique.* New York
265. *Penser la pensée.* New York.
266. *Philosophie de la taupe et autres essais.* New York.
267. *Les pâturages de l'émerveillement.* New York.
268. *Humanisme et science.* New York.
269. La nature de la fonction doctrinale et son rôle dans la pensée rationnelle. *Yale Law Jour.* mars 1932.
270. KINDER, E. F. Voir Syz.
271. KLINE, J. R. Voir Huntington.
272. KLUGH, A. B. Ultra-violet Radiations Deadly to the Minute *Crustacea. SS. Science.* 6 janvier 1928.
273. KNUDSON, A. Further Studies on the Antirachitic Activation of Substances by Cathode Rays. *Science.* 19 août 1927.
274. KOFFKA, K. *La croissance de l'esprit.* Londres, New York.
275. KOHLER, W. *Gestalt Psychology.* Londres, New York.
276. *La mentalité des singes. Londres,* New York.
277. KORMES, M. Sur l'équation fonctionnelle $f(x+y)=f(x)+f(y)$. *Bull. Amer. Math. Soc.* nov. 1926.
278. KORZYBSKI, A. *Manhood of Humanity. The Science and Art of Engineering Human.* New York.
279. Destin et liberté. *Mathématiques. Professeur.* Mai 1923.
280. La confrérie des doctrines. *Le Bâtisseur.* Avril 1924.
281. *Time-Binding : La théorie générale.* Présenté devant l'Internat. Math. Congress, 1924, Toronto, Can. New York.
282. *Time-Binding : La théorie générale.* Deuxième article. Devant la Washington Soc. Nervous and Mental Diseases, 25 juin 1925 ; et la Washington Psychopath. Soc. de Washington, 13 mars 1926. Washington, D. C.
283. Discussion sur "L'hygiène mentale et la criminologie". *Proc. First Internat. Congress of Mental Hygiene,* Washington, D.C. Mai 1930.
283a. Un système non aristotélicien et sa nécessité pour la rigueur en mathématiques et en physique. Présenté devant l'Amer. Math. Soc. à la Nouvelle-Orléans, le 28 décembre 1931. Réimprimé dans le présent volume en tant que supplément III.
284. KRETSCHMER, E. *Physique et caractère.* Londres, New York.
285. KUPALOV, P. S., et GANTT, W. H. The Relationship between the Strength of the Conditioned Stimulus and the Size of the Resulting Conditioned Reflex. *Brain.* Vol. 50, Pt. 1. 1927.

286. LANG, H. B., et PATERSON, J. A. A Preliminary Report on Functional Psychoses. *Proc. Nat. Acad. Sci.* nov. 1931.
287. LANGDON-DAVIES, J. *L'être humain entre dans l'âge adulte*. New York
288. LANGWORTHY, O. R., et RICHTER, C. P. The Influence of Efferent Cerebral Pathways upon the Sympathetic Nervous System. *Brain. Vol.* 53, Pt. 2. 1930 289.
289. LASHLEY, K. S. *Brain Mechanisms and Intelligence*. Chicago.
290. LASSWELL, H. D. *Psychopathologie et politique*. Chicago.
291. LEARNED, B. W. Voir Yerkes, R. M.
292. LEDUC, S. *Le mécanisme de la vie*. New York.
293. *Solution* et vie. Dans *Colloid Chemistry,* édité par J. Alexander. New York 294.
294. LENZEN, V. F. - *La nature de la théorie physique*. New York, Londres.
295. LEŚNIEWSKI, S. Grundzuge eines neuen Systems der Grundlagen der Mathematik. *Fund. Math.* B. 14. Varsovie. 1929.
296. Über die Grundlagen der Ontologie. *C. R. des séances de la soc. des sciences et des lettres de Varsovie*. XXIII. 1930. Classe III.
297. Sur les fondements des mathématiques (en polonais). Onze chapitres dans le *Przeglad Filozoficzny* (Revue philosophique). Varsovie, Pologne. 1930, 1931.
298. LEVY-BRUHL, L. *Primitive Mentality*. Londres, New York
299. *Comment pensent les autochtones*. Londres, New York
300. LEWIS, C. I. *A Survey of Symbolic Logic*. Berkeley.
301. LEWIS, G. N. *The Anatomy of Science*. New Haven.
302. Voir Wilson, E. B.
303. LEWIS, N. D. C. *The Constitutional Factors in Dementia Precox*. Washington.
304. LILLIE, R. S. *Protoplasmic Action and Nervous Action*. Chicago
305. LOBATCHEVSKI, N. *Recherches géométriques sur la théorie des parallèles*. Chicago, Londres.
306. LOEB, J. Physiologie *comparative du cerveau et psychologie comparative*. New York, Londres.
307. *Studies in General Physiology*, 2 vol. Chicago.
308. *La dynamique de la matière vivante*. New York.
309. *La conception mécaniste de la vie*. Chicago.
310. *L'organisme comme un tout*. New York, Londres.
311. *Mouvements forcés, tropismes et comportement des animaux*. Philadelphie, Londres.
312. *Les protéines et la théorie du comportement colloïdal*. New York, Londres.
313. LONG, J. S. Cathode Rays for Drying Paint. *SS. Science*. 15 avril 1927.
314. LORENTZ, H. A., EINSTEIN, A., MINKOWSKI, H., et WEYL, H. Le *principe de relativité*. Londres, New York.
315. LOTKA, A. J. *Elements of Physical Biology*. Baltimore.
316. LUCAS, K. *La conduction de l'influx nerveux*. Londres.
317. ŁUKASIEWICZ, J. The Significance and Needs of Mathematical Logic (en polonais). *Nauka Polska*. Vol. X.

318. Philosophische Bemerkungen zu mehrwertigen Systemen des Aussagenkalkuls. *C. R. des séances de la soc. des sciences et des lettres de Varsovie*. XXIII. 1930. Classe III.
319. ŁUKASIEWICZ, J., et TARSKI, A. Untersuchungen uber den Aussagenkalkul. *Ibid*.
320. LUMIERE, A. *Rôle des colloïdes chez les êtres vivants. Essai de biocolloïdologie.* Paris.
321. MACDOUGAL, D. T. "Cellules autosynthétiques" du Dr Crile. *SS. Science*. 16 janvier 1931.
322. Réactions de la matière non vivante. *Ibid*.
323. MACH, E. *La science de la mécanique*. Chicago, Londres.
324. *Conférences scientifiques*. Chicago, Londres.
325. *Espace et géométrie*. Chicago, Londres.
326. *Conservation de l'énergie*. Chicago, Londres.
327. *L'analyse des sensations*. Chicago, Londres.
328. MACHT, D. I. Contributions à la phytopharmacologie ou les applications de la physiologie végétale aux problèmes médicaux. *Science*. 21 mars 1930.
329. MACLAURIN, C. *Post Mortem. Essais historiques et médicaux*. New York.
330. MAIER, H. *Die Syllogistik des Aristoteles*. Tubingen.
331. MALINOWSKI, B. *Argonauts of the Western Pacific*. Londres, New York.
332. Le problème du sens dans les langues primitives. (Supplément I dans *The Meaning of Meaning* de Ogden et Richards. Londres, New York.)
333. *Crime et coutume dans la société sauvage*. Londres, New York.
334. *Le mythe dans la psychologie primitive*. Londres, New York.
335. *Sexe et répression dans la société sauvage*. Londres, New York.
336. *Le père dans la psychologie primitive*. Londres, New York.
337. MAST, S. O. *Light and the Behavior of Organisms*. New York.
338. MAUTHNER, F. *Beitrage zu einer Kritik der Sprache,* 3 vol. Stuttgart, Leipzig.
339. *Aristote*. New York.
340. MAYER, W. Voir Einstein.
341. MCCLENDON, J. F. *Physical Chemistry of Vital Phenomena*. Princeton.
342. MCCLENDON, J. F., et MEDES, G. *Physical Chemistry in Biology and Medicine*. Philadelphie.
343. MCCOLLUM, E. V. *The Newer Knowledge of Nutrition*. Londres, New York.
344. MCCOLLUM, E V., et ORENT, E. R. The Effects of Deprivation of Manganese on the Rat. *Science*. 8 mai 1931.
345. MCCREA, A. Le rayonnement ultraviolet dans la promotion de la croissance des plantes. *SS. Science*. 6 janvier 1928.
346. MCDOUGALL, W. *World Chaos. La responsabilité de la science*. New York.
347. MEDES, G. Voir McClendon.
348. MENGER, K. *Dimensionstheorie*. Leipzig, Berlin.
349. MERZ, J. T. *Histoire de la pensée européenne au XIXe siècle*. Chicago, Londres.
350. MEYER, A. *Psychobiologie*. New York.
351. MIKAMI, Y. Voir Smith, D. E.

352. MINKOWSKI, H. Espace et temps. Dans *Le principe de relativité par* H. A. Lorenz et d'autres. Londres, New York.
353. MONAKOW, C. Von. *Les émotions, la moralité et le cerveau.* Washington.
354. MORGAN, A. DE, *Formal Logic or the Calculus of Inference, Necessary and Probable.* Londres, New York.
355. *Illustrations élémentaires du calcul différentiel et intégral.* Chicago, Londres.
356. MORGAN, C. L. *An Introduction to Comparative Psychology.* Londres.
357. *Emergent Evolution.* New York.
358. MORGAN, T. H. *The Physical Basis of Heredity.* Philadelphie, Londres.
359. *La théorie du gène.* New Haven
360. *Embryologie expérimentale.* New York.
361. Voir Bridges.
362. MORGAN, T. H., STURTEVANT, A. H., MULLER, H. J., et BRIDGES, C. B. *The Mechanism of Mendelian Heredity* New York.
363. MUHL, A. M. Tendances fondamentales de la personnalité chez les femmes tuberculeuses. *Psychoan. Rev.* octobre 1923.
364. MULLER, H. J. Rayons X et évolution. *SS. Science.* 16 septembre 1927.
365. Les effets des radiations X sur les gènes et les chromosomes. Résumé. *Anat. Rec., Vol.* 37, et *Science.* 27 janvier 1928.
366. Le problème de la modification génique. *Verhand. V. Internat. Kongresses Vererb.* B. I. 1928.
367. La production de mutations par les rayons X. *Proc. Nat. Acad Sci.,* Vol. 14. 1928.
368. Voir Morgan, T. H.
369. MULLER, H. J. et PAINTER, T. S. The Cytological Expression of Changes in Gene Alignment Produced by X-rays in *Drosophila. Amer. Naturalist,* Vol. 63. 1929.
370. MURPHY, D. P. Dangers de la radiothérapie. *SS. Science.* 19 juillet 1929.
371. NICOD, J. *Fondements de la géométrie et de l'induction.* Londres, New York.
372. NORDMANN, C. *Einstein et l'univers.* New York.
373. *La tyrannie du temps.* Londres, New York
374. NORTHROP, F. S. C. *Science et premiers principes.* New York, Londres.
375. NUNN, T. P. *Rétativité et gravitation.* Londres.
376. OGDEN, C. K. *Le vocabulaire de base.* Londres.
377. *Anglais de base.* Londres.
378. OGDEN, C. K., et RICHARDS, I. A. *The Meaning of Meaning.* Londres, New York,
379. ORENT, E. R. Voir McCollum.
380. OSBORN, H. F. *Men of the Old Stone Age.* New York.
381. OSGOOD, W. F. *Premier cours de calcul différentiel et intégral.* New York, Londres.
382. PACKARD, C. Les effets des rayons bêta et gamma du radium sur le protoplasme. *Jour. Exp. Zool.* 19. 1915.
383. Susceptibilité des cellules aux radiations de radium. *Biol. Bull,* Vol. 46. 1924.
384. Effets biologiques de l'irradiation. *SS. Science.* 31 mai 1929.

385. PAGET, SIR RICHARD. *La parole humaine*. Londres, New York.
386. PAINTER, T. S. Voir Muller.
387. PARETO, V. Compilé par G. H. Bousquet. *Précis de sociologie*. Paris.
388. PARKER, G. H. *Le système nerveux élémentaire*. Londres Philadelphie.
389.   *L'odorat, le goût et les autres sens chez les vertébrés*. Philadelphie.
390. PATERSON, J. A. Voir Lang.
391. PATON, S. *Education in War and Peace*. New York.
392.   *Les signes de santé et les principes d'hygiène mentale*. New York.
393.   *L'interdiction des esprits et la crise sociale et économique actuelle*. New York.
394. PAVLOV, I. P. *Conditioned Reflexes an Investigation of the Physiological activity of the Cerebral Cortex*. Traduit et édité par G. V. Anrep. Londres, New York.
395.   *Lectures on Conditioned Reflexes*. Traduit par W. H. Gantt. New York.
396. PEANO, G. *Formulaire de mathématiques. Logique mathématique*. Turin.
397. PEARL, R. *Modes de recherche en génétique*. New York.
398.   *La biologie de la mort*. Philadelphie, Londres.
399.   *Études de biologie humaine*. Baltimore.
400.   *Le statut actuel de l'eugénisme*. Hanover, New Hampshire.
401. PEARSON, K. *La grammaire de la science*. Londres.
402. PEIRCE, C. S. *Chance, Love and Logic*. Londres, New York.
403. PETERSON, F. Voir Church, A.
404. PIAGET, J. *Le langage et la pensée de l'enfant*. Londres, New York.
405.   *Jugement et raisonnement chez l'enfant*. Londres, New York.
406.   *La conception du monde par l'enfant*. Londres, New York.
407.   *La conception de la causalité physique chez l'enfant*. Londres, New York.
408. PIAGGIO, H. T. H. *Equations différentielles*. Londres.
409. PIÉRON, H. *L'Evolution de la mémoire*. Paris.
410.   *Principes de psychologie expérimentale*. Londres, New York.
411.   *La pensée et le cerveau*. Londres, New York.
412. PIERPONT, J. La rigueur mathématique, hier et aujourd'hui. *Bull. Amer. Math. Soc.* janvier 1928.
413. PITKIN, W. B. *Une brève introduction à l'histoire de la stupidité humaine*. New York.
414. PLANCK, M. *L'origine et le développement de la théorie quantique. Discours du prix Nobel*. Oxford.
415.   *Une étude de la physique*. Londres, New York.
416. PLAUSON, H. Utilisations des rayons cathodiques. *SS. Science*. 24 août 1928.
417. POINCARÉ, H. *Les fondements de la science*. New York.
418. POLAKOV, W. N. *L'être humain et ses affaires*. Baltimore.
419. PRANTL, C. Von. *Geschichte der Logik im Abendlande*, 4 vol. Leipzig.
420. PRINCE, M. *L'inconscient*. New York.
421.   *La dissociation d'une personnalité*. New York.
422. RABAUD, E. *Comment les animaux trouvent leur chemin*. Londres, New York.

423. RAINICH, G. Y. Tensor Analysis without Coordinates. *Proc. Nat. Acad. Sci.* juin 1923.
424. L'électrodynamique dans la théorie de la relativité générale. *Proc. Nat. Acad Sci.* avril 1924 425.
425. Two-dimensional Tensor Analysis without Coordinates. *Amer. Jour. of Math.* Apr. 1924.
426. Deuxième note. L'électrodynamique dans la théorie de la relativité générale. *Proc. Nat. Acad. Sci.* juillet 1924.
427. L'électrodynamique dans la théorie de la relativité générale. *Trans. Amer. Math. Soc.* janvier 1925.
428. Deuxième article sur l'analyse tensorielle. *Amer. Jour. of Math.* Janv. 1925.
429. Masse dans l'espace-temps courbe. *Proc. Nat. Acad. Sci.* février 1926.
430. Le rôle des groupes dans une théorie physique. *Jour. Franklin Inst.* avril 1929.
431. Fonctions analytiques et physique mathématique. *Bull. Amer. Math. Soc.* oct. 1931.
432. *Mathématiques de la relativité. Lecture Notes.* Ann Arbor, Michigan.
433. RAMSEY, F. P. The Foundations of Mathematics. *Proc. London Math. Soc. de Londres* (2). Vol. 25. 1926.
434. RANK, O. *Le traumatisme de la naissance.* Londres, New York.
435. Voir Ferenczi.
436. RASHEVSKY, N. V. Réactions de la matière non vivante. *SS. Science.* 16 janvier 1931.
437. Des gouttes qui agissent comme des cellules vivantes. *SS. Science.* 8 mai 1931.
438. REISER, O. L. *Logique humaniste pour l'esprit en action.* New York.
439. RICHARDS, I. A. Voir Ogden.
440. RICHTER, G. H. Voir Bancroft.
441. RIETZ, H. L. *Statistique mathématique.* Chicago.
442. RINALDO, J. *La psychanalyse du réformateur.* New York.
443. RITCHIE, A. D. *Scientific Method.* Londres, New York.
444. PITTER, W. E. *The Unity of the Organism ; or the Organismal Conception of Life*, 2 vol. Boston.
445. ROBACK, A. A. *Behaviorism and Psychology.* Cambridge, Mass.
446. *La psychologie du caractère. Londres*, New York.
447. ROBACK, A. A., éditeur. *Problems of Personality.* Londres, New York.
448. ROBB, A. A. *Les relations absolues du temps et de l'espace.* Cambridge.
449. ROYCE, J. Les principes de la logique. *(Encyclopédie des sciences philosophiques.* Vol. I. *Logique.* Londres, New York.)
450. RUARK, A. E., et UREY, H. C. *Atomes, molécules et quanta.* New York.
451. RUEFF, J. *Des sciences physiques aux sciences sociales : Introduction à une étude de la théorie économique et éthique.* Baltimore.
452. RUSSELL, B. *Les principes des mathématiques.* Cambridge
453. *Notre connaissance du monde extérieur.* Chicago, Londres.
454. *Mysticisme et logique.* New York Londres.

455.   *Introduction à la philosophie mathématique*. Londres, New York.
456.   Introduction au *Tractatus Logico-Philosophicus* de Ludwig Wittgenstein. Londres, New York.
457.   *L'analyse de la matière*. Londres, New York.
458.   *L'A B C des atomes*. New York.
459.   Voir Whitehead.
460. RUTZLER, J. E. Voir Bancroft.
461. SANTAYANA, G. *Scepticisme et foi animale*. New York.
462. SCHILLER, F. C. S. *Énigmes du Sphinx. Une étude de la philosophie de l'humanisme*. New York, Londres.
463. SCHLICK, M. *Allgemeine Erkenntnislehre*. Berlin.
464.   *L'espace et le temps dans la physique contemporaine*. Londres, New York.
465. SCHRODINGER, E. *Mécanique des ondes*. Londres, Glasgow.
466.   *Recueil de documents sur la mécanique des ondes*. Londres, Glasgow.
467. SENCOURT, R. *La couronne espagnole*. New York.
468. SHAW, J. B. *Lectures on the Philosophy of Mathematics*. Chicago, Londres.
469. SHEFFER, H. M. A Set of Five Independent Postulates for Boolean Algebras. *Trans. Amer. Math. Soc.* oct. 1913.
470.   *La théorie générale de la relativité notationnelle*. Édition ronéotypée. Harvard. Cambridge, Massachusetts, et *Proc. Sixth Internat. Congress of Philos.* Harvard. Cambridge, Massachusetts.
471.   Revue de *Principia Mathematica*, 2ème édition Vol. I. Isis. février 1926.
472. SHEPPARD, W. F. *From Determinant to Tensor*. Londres, New York.
473. SHERRINGTON, C. S. *L'action intégrative du système nerveux*. New York.
474. SIERPINSKI, W. *Leçons sur les nombres transfinis*. Paris.
475. SILBERER, H. *Problems of Mysticism*. New York.
476. SILBERSTEIN, L. *La théorie de la relativité*. Londres, New York.
477. SMITH, D. E., et MIKAMI, Y. *A History of Japanese Mathematics*. Chicago, Londres.
478. SMITH, W. B. *Der Vorchristliche Jesus*. Iéna.
479.   *Ecce Deus*. Londres.
480. SOMMERFELD, A. *Structure atomique et lignes spectrales*. Londres, New York.
481.   *Mécanique des ondes*. Londres, New York.
482. SOMMERVILLE, D. M. Y. *The Elements of Non-Euclidean Geometry*. Londres, Chicago.
483. SPAULDING, E. G. *Le nouveau rationalisme*. Londres, Chicago.
484. SPEARMAN, C. E. *La nature de l'"intelligence" et les principes de la cognition*. Londres.
485.   *Les capacités de l'être humain*. Londres, New York.
486. SPENGLER, O. *The Decline of the West*, 2 vol. New York.
487. STARLING, E. H. *Principes de physiologie humaine*. Philadelphie, New York.
488. STEKEL, W. *Conditions of Nervous Anxiety and their Treatment*. Londres.
489. STEWART, SIR JAMES PURVES. *Le diagnostic des maladies nerveuses*. Londres.
490. STIEGLITZ, J., éditeur. *Chemistry in Medicine*. New York.

491. STILES, P. G. *Le système nerveux et sa conservation*. Philadelphie.
492. STORCH, A. *The Primitive Archaic Forms of Inner Experiences and Thought in Schizophrenia* (Les formes primitives archaïques des expériences intérieures et de la pensée dans la schizophrénie). Washington.
493. STURTEVANT, A. H. Voir Morgan, T. H.
494. SULLIVAN, H. S. Schizophrénie. Ses caractéristiques conservatrices et malignes. *Amer. Jour. Psychiat.* juillet 1924.
495. Le complexe oral. *Psychoan. Rev.* janvier 1925.
496. Particularité de la pensée dans la schizophrénie. *Amer. Jour. Psychiat.* juillet 1925.
497. Recherche sur la schizophrénie. *Amer. Jour. Psychiat.* Nov. 1929.
498. SULLIVAN, J. W. N. *Three Men Discuss Relativity*. Londres.
499. SYZ, H. C. Psycho-Galvanic Studies on Sixty-four Medical Students. *Brit. Jour. Psych.* juillet 1926.
500. Observations on the Unreliability of Subjective Reports of Emotional Reactions. *Brit. Jour. Psych.* Oct. 1926.
501. Études psychogalvaniques dans la schizophrénie. *Arch. Neur. and Psychiat.* Déc. 1926
502. Observations sur les convulsions expérimentales avec une référence particulière aux changements de perméabilité. *Amer. Jour. Psychiat.* Sept. 1927.
503. Sur une approche sociale des états névrotiques. *Jour. Nervous and Mental Disease.* Déc. 1927
504. SYZ, H. C., et KINDER, E. F. Electrical Skin Resistance in Normal and in Psychotic Subjects. *Arch. Neur. and Psychiat.* June, 1928.
505. TARSKI, A. Fundamentale Begriffe der Methodologie der deduktiven Wissenschaften. I. *Monatsh. f. Math. und Phys.* B. XXXVII, H. 2. 1930.
506. Voir Łukasiewicz.
507. THALBITZER, S. *Emotion et folie*. Londres, New York.
508. THOMAS, T. Y. *Théorie élémentaire des tenseurs*. Londres, New York.
509. THOMPSON, D'ARCY W. *On Growth and Form*. Cambridge.
510. THOMPSON, S. P. *Calculus Made Easy*. Londres, New York.
511. THORNDIKE, E. L. *La nature originelle de l'être humain*. New York.
512. *Psychologie de l'éducation*, 3 vol. New York.
513. THURSTONE, L. L. *The Nature of Intelligence*. Londres, New York.
514. TILNEY, F. *Le cerveau du singe à l'être humain*. New York.
515. TOLMAN, R. C. *Mécanique statistique avec applications à la physique et à la chimie*. New York.
516. Sur le problème de l'entropie de l'univers dans son ensemble. *Phys. Rev.* 15 juin 1931.
517. Modèle non statique de l'univers avec annihilation réversible de la matière. *Phys. Rev.* 15 août 1931.
518. TRAMER, M. *Technisches Schaffen Geisteskranker*. Munich, Berlin.
519. Thérapie du travail. *Schw. Arch. f. Neur. u. Psychiat.* B. XXI, H. 2. 1927.

520. Allgemeine Psychohygiene. *Schw. ZS. f. Hygiene.* 1931.
521. TSCHURPIK, K. *Ludendorff, la tragédie d'un esprit militaire.* Boston.
522. TURNBULL, H. W. *The Theory of Determinants, Matrices, and Invariants.* Londres.
523. TYLER, E. B. *Primitive Culture.* Londres.
524. UREY, H. C. Voir Ruark.
525. VAIHINGER, H. *La philosophie du "comme si".* Londres, New York.
526. VASILIEV, A. V. *Space Time Motion.* Londres.
527. Les acquisitions et les énigmes de la philosophie de la nature. *Proc. Sixième Congrès Intern. Congress of Philos.* Harvard. Cambridge, Mass.
528. VEBLEN, O. A System of Axioms for Geometry. *Trans. Amer. Math. Soc.* juillet 1904.
529. Géométrie et physique. *Science.* 2 février 1923
530. *Analyse Situs.* Coll. Publ. Amer. Math. Soc. New York.
531. VENDRYES, J. *Langue.* Londres, New York.
532. VULLIAMY, C. E., éditeur. *Les lettres du Tsar à la Tsaritsa,* 1914–1917. New York, Londres.
533. WAGNER, N. Emission de rayons par des cellules végétales. *SS. Science.* 15 juin 1928.
534. WASHBURN, M. F. *L'esprit animal.* New York.
535. *Mouvement et imagerie mentale.* New York
536. WATSON, J. B. *Behavior.* New York.
537. *La psychologie du point de vue d'un béhavioriste.* Philadelphie.
538. WEATHERBURN, C. E. *Analyse vectorielle élémentaire.* Londres.
539. *Analyse vectorielle avancée.* Londres.
540. WEINSTEIN, A. La production de mutations et de réarrangements de gènes par les rayons X. *Science.* 6 avril 1928.
541. WEISS, P. La théorie des types. *L'esprit.* Vol. XXXVII, n° 147. Réimprimé en tant que supplément II dans ce volume.
542. La relativité en logique. *Monist.* Oct. 1928.
543. La nature des systèmes. *Monist.* Avril et juillet 1929.
544. Logique à deux valeurs. Une autre approche. *Ann. Philos.* B. 2, H. 4. 1931.
545. La métaphysique et la logique des classes. *Monist.* janvier 1932.
546. WEYL, H. *Das Kontinuum. Kritische Untersuchungen uber die Grundlagen der Analysis.* Leipzig.
547. *L'espace, le temps et la matière.* Londres, New York.
548. Uber die neue Grundlagenkrise der Mathematik. *Math. ZS.* Vol. 10. 1921.
549. *Cohérence en mathématiques.* Rice Inst. Pamphlet. octobre 1929.
550. *Théorie des groupes et mécanique quantique.* Londres, New York.
551. Voir Lorentz.
552. WHEELER, W. M. *Ants, Their Structure, Development and Behavior.* New York.
553. *La vie sociale chez les insectes.* New York
554. *Les insectes sociaux.* Londres, New York.

555. L'évolution émergente du social. *Proc. Sixth Internat. Congrès international de Philos.* Harvard. Cambridge, Mass.
556. *L'évolution émergente et le développement des sociétés.* New York.
557. *Les démons de la poussière.* New York.
558. WHITE, A. D. *A History of the Warfare of Science with Theology in Christendom,* 2 vol. New York, Londres.
559. WHITE, W. A. *Outlines of Psychiatry.* Washington.
560. *Fondements de la psychiatrie.* Washington.
561. *Principes d'hygiène mentale.* New York, Londres.
562. *L'aliénation mentale et le droit pénal.* New York, Londres
563. *Introduction à l'étude de l'esprit.* Washington.
564. *Essais de psychopathologie.* Washington.
565. *Le sens de la maladie.* Baltimore.
566. Le langage de la schizophrénie. *Arch. Neur. and Psychiat.* Oct. 1926.
567. *Psychologie médicale.* Washington.
568. Un message de la psychologie médicale à la médecine générale. *Milwaukee Proc. Postgrad. Med. Asso. N. Amer.* 1931.
569. Voir Jelliffe.
570. WHITEHEAD, A. N. *Algèbre universelle.* I. Cambridge.
571. *Introduction aux mathématiques.* New York Londres
572. *Enquête sur les principes de la connaissance naturelle.* Cambridge.
573. *Le concept de nature.* Cambridge.
574. *Le principe de relativité et ses applications à la science physique.* Cambridge.
575. *La science et le monde moderne.* Londres, New York.
576. *Le symbolisme, sa signification et ses effets.* New York, Londres.
577. *La fonction de la raison.* Princeton.
578. *Processus et réalité.* Londres, New York.
579. WHITEHEAD, A. N., et RUSSELL, B. *Principia Mathematica,* 3 vol. Cambridge.
580. WILDER, H. H. *The Pedigree of the Human Race.* New York.
581. WILLIAMS, F. E. *Adolescence. Studies in Mental Hygiene.* New York
582. WILLIAMS, H. B. Mathematics for the Physiologist and Physician. *Math. Enseignant.* Mars 1920.
583. Les mathématiques et les sciences biologiques. Conférence Gibbs. Bull. *Amer. Math. Soc.* juin 1927.
584. WILSON, E. B. Logic and the Continuum. *Bull. Amer. Math. Soc.* juin 1908.
585. *Advanced Calculus.* New York, Boston.
586. WILSON, E. B., et GIBBS, J. W. *Vector Analysis.* New York.
587. WILSON, E. B., et LEWIS, G. N. The Space-time Manifold of Relativity. *Proc. Amer. Acad. Arts and Sci.* nov. 1912.
588. WINDELBAND, W. Les principes de la logique. (*Encyclopédie des sciences philosophiques.* Vol. I. *Logique.* Londres, New York.)
589. *Histoire de la philosophie.* New York, Londres.
590. WITTGENSTEIN, L. *Tractatus Logico-Philosophicus.* Londres, New York.
591. WOODWORTH, R. S. *Psychologie. Une étude de la vie mentale.* New York.

592. WUNDT, W. *Elements of Folk Psychology*. Londres, New York.
593. WUST, J. Voir Fajans.
594. YEALLAND, L. R. *Hysterical Disorders of Warfare*. Londres, New York.
595. YERKES, A. W. Voir Yerkes, R. M.
596. YERKES, R. M. *La vie mentale des singes et des singes*. Behav. Mono. Vol. 3, No. 1. 1916.
597. *Almost Human*. New York.
598. L'esprit d'un gorille. *Psych. gén. Mono*. Vol. 2. 1927. *Comp. Psych. Mono*. Vol. 5. 1928.
599. YERKES, R. M., et LEARNED, B. W. *Chimpanzee Intelligence and Its Vocal Expression*. Baltimore.
600. YERKES, R. M., et YERKES, A. W. *The Great Apes*. New Haven.
601. YOUNG, J. W. *Lectures on Fundamental Concepts of Algebra and Geometry*. New York, Londres.
602. YOUNG, J. W. A., éditeur. *Monographies sur des sujets de mathématiques modernes*. Londres, New York.
603. ZAREMBA, S. *La Logique des mathématiques*. Paris.

Les éléments importants suivants de la bibliographie ont été omis par inadvertance ou sont apparus après l'achèvement de la numérotation de la bibliographie.

604. BELL, E. T. *Numerology*. Baltimore
605. BRIDGES, C. B. La génétique du sexe chez la drosophile. *Sexe et sécrétions internes*. 1932.
606. Appareils et méthodes pour la culture de la drosophile. *Amer. Naturalist* mai juin 1932.
607. ECKART, C. Application de la théorie des groupes à la dynamique quantique des systèmes monatomiques. *Rev. de la physique moderne.* Juillet 1930.
608. EDDINGTON, A. S. *L'univers en expansion*. New York, Londres.
609. GANTT, W. H. *Histoire de la médecine russe*.
610. HEDRICK, E. R. Tendances dans la logique des mathématiques. *Science*. 7 avril 1933.
611. HUNTINGTON, E. V. New Sets of Independent Postulates for the Algebra of Logic, with Special Reference to Whitehead and Russell's *Principia Mathematica. Trans. Amer. Math. Soc.* janvier 1933.
612. KLEIN, F. *Mathématiques élémentaires d'un point de vue avancé*. Traduction anglaise. New York, Leipzig.
613. LEATHEM, J. G. *Eléments de la théorie mathématique des limites*. Londres, Chicago.
614. LOUCKS, R. B. An Appraisal of Pavlov's Systematization of Behavior from the Experimental Standpoint. *Jour. Comp. Psychology.* Feb. 1933
615. MORGAN, T. H. The Rise of Genetics. *Science*. Sept. 23 et 30, 1932 616.
616. SMITH, H. B. *Symbolic Logic*. Ann Arbor, Michigan (Edwards Bros.).

617. TOLMAN, R. C. Thermodynamique et relativité. The Gibbs Lecture. *Bull Amer. Math. Soc.* février 1933.
618. THOMSON, G. P. *La mécanique des ondes des électrons libres*. New York, Londres.
619. WHITEHEAD, A. N. *Adventures of Ideas*. New York, Londres.

SCIENCE ET SANITÉ
UNE INTRODUCTION AUX SYSTÈMES NON-ARISTOTÉLICIENS ET À LA SÉMANTIQUE GÉNÉRALE

PAR

ALFRED KORZYBSKI

(Auteur de Manhood of Humanity)

OPINIONS SCIENTIFIQUES À PROPOS DE LA PREMIÈRE ÉDITION, 1933

1	ANTHROPOLOGIE	Professeur B. Malinowski, université de Londres
2	BIOLOGIE	Docteur C.B. Bridges, Carnegie Institution
		Professeur C.M. Child, université de Chicago
		Professeur H.S. Jennings, université Johns Hopkins
		Professeur R. Pearl, université Johns Hopkins.
3	BOTANIQUE	Docteur D. G. Fairchild, United States Department of Agriculture.
4	RÉFLEXES CONDITIONNÉS	Docteur W. H. Gantt, Institut Psychiatrique Phipps, Hôpital Johns Hopkins
5	ÉDUCATION	Docteur E. L. Hardy, President States Teachers' College, San Diego, California.
		C. L. Williams, President Williams College, Berkeley, California,
6	ENTOMOLOGIE	Professor W. M. Wheeler, université de Harward
7	GÉNÉTIQUE	Voir C. B. Bridges, D. G. Fairchild, H, S. Jennings.
8	OPHTALMOLOGIE	Professeur W. H. Wilmer, université Johns Hopkins.
9	MATHÉMATIQUES	Professeur E. T. Bell, Institut de Technologie de Californie
10	FONDATIONS ET LOGIQUE MATHÉMATIQUE	Bertrand Russell, F.R.S., Londres, Angleterre
11	MATHÉMATIQUES PHYSIQUES	Professeur B. F. Dostal, Université de Floride
12	NEUROLOGIE	Professeur C. J. Herrick, Université de Chicago
13	PHYSIQUE	Professor P. W. Bridgman, université de Harvard
		Professor R. J. Kennedy, Université de Washington, Seattle, Washington.
14	PHYSIOLOGIE	Professeur R. S. Lillie, Université de Chicago
		Professeur H. B. Williams, université de Columbia
15	PSYCHIATRIE	Docteur P. S. Graven, Washington, D. C.
		Docteur J A. P. Millet, New York City.
		Docteur M. Tramer, University of Bern, Switzerland,
		Docteur W. A, White, Superintendent Saint Elizabeth's Hospital, Washington, D. C.
16	SÉMANTIQUE	Voir B. Malinowski,

INTERNATIONAL
NON-ARISTOTELIAN
LIBRARY

THE SCIENCE PRESS
LANCASTER, PA., U.S.A.
DISTRIBUTORS

1. ANTHROPOLOGIE.

BRONISLAW MALINOWSKI, Ph.D. (Cracovie), D.Sc. (Londres),Professeur d'anthropologie sociale, School of Economics, University of London.

"La conception fonctionnelle ou relationnelle de la matière, de l'esprit et, finalement, de la culture humaine, semble se cristalliser progressivement à partir de toutes les tentatives de synthèse scientifique.

Le travail du comte Korzybski contribue largement à ces efforts. Je suis peut-être partial en tant que compatriote, mais cette tentative polonaise de synthèse me semble être l'une des plus importantes. Je ne suis évidemment pas en mesure d'exprimer un jugement compétent sur ses aspects mathématiques, scientifiques - au sens étroit du terme - et philosophiques. Cependant, en ce qui concerne la sémantique et les questions anthropologiques abordées par le comte Korzybski, je suis tout à fait d'accord avec son approche. Je voudrais ajouter que l'approche est tellement nouvelle et fondamentale qu'il nous faudra un certain temps pour nous familiariser complètement avec elle. Pour l'instant, je voudrais dire que je n'ai pas encore maîtrisé toutes les subtilités du système du comte Korzybski, de sorte que mon appréciation doit naturellement être considérée comme préliminaire".

2. BIOLOGIE.

DOCTEUR CALVIN B. BRIDGES, biologiste, spécialiste internationalement reconnu de l'hérédité, Carnegie Institution of Washington, en résidence au California Institute of Technology, Pasadena.

"Dans plusieurs domaines des sciences biologiques, la dérive inconsciente de la pensée s'oriente de plus en plus, depuis quelques années, dans la direction que le comte Korzybski qualifie de 'non-élémentalistique'. Ainsi, la distinction, autrefois considérée comme fondamentale, entre l'hérédité et l'environnement, perd de sa force, et l'organisme est maintenant redéfini comme le centre des activités internes (héréditaires) et externes (environnementales). Ce qui est considéré comme externe plutôt qu'interne change avec le point de vue et la taille de l'unité (nations, être humain, glande, cellule, noyau, chromosome, gène) qui devient la base de la formulation. La formulation devient relationnelle, non élémentalistique, l'organisme-comme-un-tout. La reformulation des concepts biologiques est rendue finalement inévitable, et est grandement accélérée et facilitée dans la transition par le point de vue généralisé établi dans le système non aristotélicien de Korzybski. L'élimination de "l'identité" constitue la première étape générale et la plus fondamentale d'une telle reconstruction non-aristotélicienne et non élémentalistique. Suite à cette reformulation complète et à son application dans la science et dans la vie, les conditions psycho-logiques et environnementales pour l'être humain seraient améliorées à un point tel qu'il n'est pas encore possible de prévoir l'ensemble des résultats dans le nouvel ensemble enviro-génétique."

C. M. CHILD, professeur de zoologie à l'université de Chicago.

"Je pense que le comte Korzybski a un point de vue d'un grand intérêt et que sa méthode d'attaque des différents problèmes qu'il traite ne peut manquer d'être précieuse".

H. S. JENNINGS, professeur de zoologie Henry Walters et directeur du laboratoire de zoologie de l'université Johns Hopkins.

"La tentative du comte Korzybski de formuler le monde et ses processus, en gardant comme principe directeur le fait qu'il n'y a pas deux choses identiques, me semble du plus grand intérêt et de la plus grande valeur. C'est quelque chose qui devait être fait et qui porte en lui les germes d'une révolution intellectuelle dont nous avons tant besoin."

RAYMOND PEARL, professeur de biologie à l'université Johns Hopkins.

"Je connais et suis les travaux du comte Korzybski depuis de nombreuses années avec le plus vif intérêt. Dans ce nouveau livre, il apporte, à mon avis, une contribution de toute première importance à la pensée et à la compréhension humaines. Il énonce et développe une idée vraiment nouvelle. Les conséquences de cette idée seront, avec le temps, d'une portée considérable et fondamentale. Enfin, un véritable espoir est offert de libérer l'être humain de certaines des terribles conséquences de ses liens verbaux."

Voir aussi W. M. WHEELER.

3. BOTANIQUE.

DOCTEUR DAVID G. FAIRCHILD, botaniste, U. S. Département d'Agriculture, Washington, D.C., explorateur de plantes et pathologiste.

"Je suis très impressionné par la profondeur de *Science et Sanité* de Korzybski. J'ai du mal à sortir des mailles de l'ancien aristotélisme et je regrette de ne pas avoir pu lire ce livre dans ma jeunesse, car j'aurais alors pu acquérir le nouveau langage des relations.

Le magistral traité de Korzybski agira peut-être comme une puissante force de sélection naturelle lorsqu'il introduira dans l'usage courant les méthodes non-aristotéliciennes, car il favorisera dans la plupart des activités ceux qui sont capables d'une pensée conceptuelle et confondra et éliminera ceux qui veulent des décisions rapides comme celles que l'on prend habituellement avec beaucoup d'assurance. Nous pouvons être sûrs d'une chose : une fois qu'un être humain a saisi l'idée générale de Korzybski, il ne peut manquer de regarder le monde du langage quotidien d'un point de vue différent.

Les critiques de Korzybski sont si profondes qu'elles modifient les fondements mêmes sur lesquels nous avons l'habitude de nous appuyer. Lorsque je repense à mes années de voyage à travers le monde, je constate que j'ai fait tout ce que je n'aurais pas dû faire en matière de mauvaise pensée (nous l'avons tous fait, je suppose ; la mauvaise pensée doit être le fléau commun de l'humanité).

Ces dernières années parmi les Africains de l'Ouest en Afrique et aux Antilles m'ont fait prendre conscience que l'humain primitif s'identifie à peu près comme le font les animaux et n'a aucune conscience qu'il fait des abstractions. Bien sûr, si nous ne sommes pas conscients d'abstraire, en d'autres termes, si nous copions les primitifs ou les animaux dans nos réactions nerveuses, alors je suppose que l'on peut s'attendre à toute sorte d'inadaptation. La technique neuropsycho-logique non-aristotélicienne, simple et efficace, que Korzybski formule dans son Structurel Différentiel dans le but d'éliminer l'identification, promet que nous pourrons enfin dépasser le stade infantile de notre civilisation. Je m'étonne que les éducateurs n'aient pas déjà pris en charge ce problème urgent et n'aient pas fait de l'élimination de l'identification et de l'acquisition de la conscience d'abstraire les principaux objectifs de l'ensemble de l'éducation.

Ces impressions concernant le remarquable livre de Korzybski viennent à la fin de nombreuses années de voyages à travers le monde, dans des pays sauvages, en Orient, en Amérique du Sud et en Afrique du Sud, et si elles avaient seulement fait partie de ma formation mentale avant ces voyages, les résultats de mes observations n'auraient guère pu manquer d'être beaucoup plus proches des faits réels.

Je prédis une 'conversion' régulière au point de vue de ce travail des plus intéressants et des plus importants".

4. LES RÉFLEXES CONDITIONNELS.

DOCTEUR W. HORSLEY GANTT, Institut psychiatrique Phipps, Hôpital Johns Hopkins. Ancien collaborateur du professeur Pavlov à Leningrad pendant cinq ans.

"J'ai lu avec grand intérêt *Science et Sanité* du Comte Korzybski et je pense qu'il est très important pour la science ainsi que pour l'éducation générale et le progrès de la pensée humaine. Il exprime un point de vue et une vérité que je n'ai jamais vus énoncés auparavant. J'ai été particulièrement intéressé par les chapitres traitant des réflexes conditionnels. Korzybski aborde la question avec une compréhension profonde et précise, et les suggestions qu'il fait sont tout à fait opportunes et utiles pour ceux qui travaillent dans ce domaine. Toute personne intéressée par les aspects plus larges de la science trouvera dans le livre de Korzybski une vision originale et clairvoyante de l'ensemble de l'enseignement moderne du sujet".

5. ÉDUCATION.

DOCTEUR EDWARD L. HARDY, Président State Teachers College, San Diego, Californie.

"*Science et Sanité* du comte Korzybski devrait être lu par toutes les personnes sérieusement intéressées ou concernées par les prochaines étapes nécessaires dans le développement des principes et des procédures éducatives."

CORA L. WILLIAMS, mathématicienne, présidente de l'Institut Williams, Berkeley, Californie.

"Ce qu'Einstein a fait pour le domaine extérieur de notre être, Korzybski le fait pour notre domaine intérieur. Il faut espérer qu'une personne compréhensive lui attribuera une chaire de sémantique générale non-aristotélicienne à l'Institute of Advanced Study, afin que ces deux lignes de recherche puissent se poursuivre ensemble".

6. ENTOMOLOGIE.

WILLIAM MORTON WHEELER, professeur d'entomologie à l'université de Harvard.

"L'ouvrage du comte Korzybski me semble présenter un intérêt et une valeur réels non seulement pour le lecteur profane en sciences, mais aussi pour l'étudiant en sciences et pour le biologiste et le sociologue en particulier, et ce pour trois raisons.

Premièrement, son point de vue confère une plus grande généralité à la signification de l'organisme comme un tout, de la structure et de la synthèse créative, ou émergence, qui sont de plus en plus soulignées par les biologistes, les psychologues et les sociologues travaillant dans les domaines les plus divers. Deuxièmement, les sections de son ouvrage qui traitent des vices intellectuels que sont les souhaits, le verbalisme et l'identification, auxquels nous sommes tous plus ou moins accros, indiquent la voie à suivre pour acquérir l'équilibre mental et la santé mentale. Et troisièmement, sa méthode pour atteindre cette santé mentale à travers un système non aristotélicien et une prise de conscience de la signification des abstractions et des symboles que nous utilisons constamment, jette les bases d'une éthique sociale, commerciale et politique solide et indispensable.'

7. GÉNÉTIQUE.

Voir CALVIN B. BRIDGES, D. G. FAIRCHILD et H. S. JENNINGS.

8. OPHTHALMOLOGIE.

WILLIAM H. WILMER, M.D., professeur d'ophtalmologie à l'université Johns Hopkins et ophtalmologue en chef à l'hôpital Johns Hopkins.

"Le point de vue du comte Korzybski est tout à fait unique, fascinant et, je pense, très logique. L'induction de la non-identité couvrirait un grand nombre de maux, mentaux, moraux et physiques. Depuis plus d'un quart de siècle, j'observe la régression d'un certain nombre de grands personnages après un certain temps ; et j'ai le sentiment que leur incapacité à conserver leur grandeur est due en grande partie à un égocentrisme. Ce qui est vrai de ces personnages que le monde a qualifiés de grands pendant un certain temps, l'est tout autant de la masse de l'humanité qui n'a pas atteint la grandeur. Beaucoup d'entre eux auraient probablement pu être sauvés en accordant à la psychophysiologie l'attention qu'elle mérite".

9. MATHEMATIQUES.

E. T. BELL, professeur de mathématiques, California Institute of Technology.

"Je pense qu'il est évident que Korzybski travaille dans une direction de la plus haute importance pour la science et la vie. Ceci est d'autant plus vrai qu'une sorte de correctif semble être nécessaire pour les annonces populaires bien intentionnées mais irréfléchies de certaines personnes de science de premier plan.

Un examen attentif des principes fondamentaux reconnus de la pensée scientifique et autre, tels que le livre de Korzybski vise à les exposer clairement, permettrait d'éviter de telles déclarations futiles de la part des prophètes de la science et rendrait le public plus prudent lorsqu'il s'agit d'avaler toutes les suppositions éphémères.

Korzybski, parmi ses contributions personnelles concernant la loi d'identité, a réussi incidemment à rendre actuelle la révolution fondamentale dans la pensée mathématique et d'autres pensées de base, qui va sous le nom d'une logique non-aristotélicienne, et à apporter aux gens instruits un compte-rendu du progrès le plus significatif dans la pensée abstraite du dernier millénaire. Les profondes modifications de la pensée rationnelle et mathématique qui ont commencé il y a une trentaine d'années avec les travaux de Brouwer ont, à ma connaissance, échappé à ceux qui entreprennent de rendre compte de la science et des mathématiques au grand public. Le lecteur du livre de Korzybski bénéficiera d'une perspective sur ces nouveaux domaines ainsi que d'un aperçu des contributions de l'auteur au problème de l'identité. Brouwer a remis en cause une des lois d'Aristote, Korzybski en remet une autre en cause".

Voir aussi P. W. BRIDGMAN, B, F. DOSTAL, R. J. KENNEDY, BERTRAND RUSSELL, M. TRAMER, C. 'L. WILLIAMS, H. B. WILLIAMS.

10. FONDEMENTS MATHÉMATIQUES ET LOGIQUE.

BERTRAND RUSSELL télégraphie de Londres à l'auteur :

"Votre travail est impressionnant et votre érudition extraordinaire. Je n'ai pas eu le temps de le lire en entier mais j'ai une bonne opinion des parties lues. Il ne fait aucun doute que vos théories méritent d'être sérieusement étudiées".

11. PHYSIQUE MATHÉMATIQUE.

B. F. DOSTAL, Professeur de mathématiques, Université de Floride.

"Nous enseignons toujours la science classique les lundis, mercredis et vendredis, et la science moderne les mardis, jeudis et samedis, comme l'a dit Sir William Bragg. Dans les limites du système aristotélicien, il ne semble pas y avoir d'espoir de trouver un jour le principe unificateur requis. Les mathématiciens ont rapidement dépassé les anciennes formes de ce qu'on appelle la logique, mais les physiciens mathématiciens ont en général été lents à apprécier la valeur de ces efforts ou à appliquer ces résultats à leurs propres problèmes. *Science et Sanité* de Korzybski sera d'une grande valeur pour la science parce qu'il contient les bases pour le développement d'une forme nouvelle, plus large et plus unificatrice de déterminisme scientifique, sans laquelle les perspectives de la science moderne seraient vraiment sombres. Non seulement Korzybski propose une base non-aristotélicienne et non-identité plus satisfaisante pour une nouvelle science en général que toutes celles qui ont été utilisées jusqu'à présent, mais il va plus loin en donnant plusieurs suggestions prometteuses pour de vastes développements et applications des résultats de la science *moderne*, y compris ceux de la nouvelle vague et de la mécanique quantique. Son travail ne manquera pas de stimuler les chercheurs en mathématiques, physique, chimie, biologie, 'psychologie' et médecine, ainsi que les éducateurs, économistes, sociologues, ingénieurs, juristes et profanes en sciences, dont la majorité a encore une 'philosophie de l'univers qui prend une forme les jours de semaine et une autre le dimanche".

12. NEUROLOGIE.

C. JUDSON HERRICK, professeur de neurologie à l'université de Chicago,

"Les perturbations de l'équilibre mental et de la stabilité sociale si répandues aujourd'hui semblent indiquer une incapacité générale à adapter notre esprit à notre travail. Il en résulte des conflits futiles et, trop souvent, un dérèglement mental et social. Les innombrables panacées proposées échouent parce qu'elles ne s'attaquent qu'à une seule phase d'une situation très complexe, et généralement à un symptôme particulier plutôt qu'à la cause du problème. Le comte Korzybski a diagnostiqué une source fondamentale de confusion dans la pensée et la conduite et il présente un plan de réorganisation radicale de notre théorie et de notre pratique qui semble mériter d'être testé dans une grande variété de domaines. Sa définition dynamique de la *structure* en termes de relations promet d'importantes applications à la fois dans la science et dans les affaires pratiques. Elle fournit un symbole généralement utile pour toutes sortes d'expériences et une technique permettant de refondre plus efficacement les idées et les pratiques traditionnelles. Les ajustements en termes d'un motif (ou d'une valeur) dominant sont remplacés par un schéma de motivation plus large (multiples-valuée) qui montre la voie vers la sanité personnelle et sociale - une voie que je crois fondamentalement correcte et praticable".

Voir aussi C. M, CHILD, R, S. LILLIE, M. TRAMER, W. M. WHEELER, H. B. WILLIAMS, W. H. WILMER,

13. PHYSIQUE.

P. W. BRIDGMAN, professeur de physique à l'université de Harvard.

"Ces dernières années, on s'est de plus en plus rendu compte que la source ultime d'une grande partie des difficultés de la société, de la civilisation et de la science est de nature verbale. Parmi les quelques tentatives sérieuses visant à éveiller la pleine conscience de la situation et, une fois la conscience éveillée, à fournir une *technique* permettant d'éviter les conséquences vicieuses des habitudes verbales, je crois que celle du comte Korzybski doit être considérée comme de la plus haute importance. Je connais ses travaux depuis un certain nombre d'années ; non seulement je les trouve fondamentalement solides, mais j'ai toujours trouvé ses points de vue très suggestifs et stimulants, tant sur le plan général que sur le plan technique, et j'ai été étonné de l'étendue de ses intérêts et de ses lectures, ainsi que de la diversité des domaines auxquels ils s'appliquent.".

ROY J. KENNEDY, Professeur de physique, Université de Washington, Seattle, Washington.

"Beaucoup des impasses dans lesquelles nous sommes impliqués dans ce monde lunatique sont le résultat de difficultés verbales, et c'est précisément à ces difficultés que la technique du comte Korzybski pour l'élimination de l'identité est principalement destinée. Il a fait preuve d'une versatilité frappante dans le développement de cette technique dont il est à l'origine ; il discute les défauts des sciences avec autant de facilité que ceux de la religion. Que l'étude attentive de ce livre améliore ou non la sanité du lecteur, il ne peut manquer d'élargir sa capacité à penser clairement. Paradoxalement, bien que *Science et Sanité* traite en grande partie de l'indicible, il peut être discuté dans les cercles les plus décents".

Voir aussi **B. F. DOSTAL**.

14. PHYSIOLOGIE.

RALPH S. LILLIE, professeur de physiologie à l'université de Chicago.

"La critique du comte Korzybski sur la structure et les usages actuels de la société humaine - qui ne parviennent pas à suivre le rythme des progrès des sciences physiques et biologiques - est opportune et fondée, et elle est exprimée avec clarté, vigueur et perspicacité dans ce livre intéressant. Il est certain que ces connaissances, si elles étaient largement diffusées et mises en pratique, permettraient d'atténuer considérablement, voire d'éliminer, bon nombre des maux qui affligent le monde moderne. Le principal obstacle à ce progrès n'est pas le manque de connaissances disponibles, mais la survivance anachronique de nombreuses habitudes et conceptions mentales qui sont incompatibles avec les faits de la réalité naturelle tels qu'ils sont révélés par la science. Ces conceptions sont fermement ancrées dans l'esprit général par le langage et la coutume. Ce qu'il faut, c'est une révision profonde des concepts, et ce livre montre la voie de cette révision. Puisque les conditions de l'existence nous obligent à penser et à agir en termes de symboles - concepts, mots, images, formules - il est de la plus haute importance que ceux-ci soient aussi étroitement conformes que possible aux réalités permanentes de la vie et de la nature. Le comte Korzybski décrit en détail la nature des symboles verbaux, mathématiques et scientifiques et discute clairement des conditions biologiques, neurologiques et autres qui leur confèrent leur valeur représentative. Il montre que les idées fausses concernant la nature du langage sont à la base de nombreuses confusions et erreurs courantes, en particulier les diverses erreurs d'identification (découlant principalement des verbalismes), comme lorsqu'on suppose que l'application d'une même étiquette à des faits différents les rend tous semblables et justifie la même action à l'égard de chacun. De graves conséquences découlent inévitablement des échecs de discrimination et d'évaluation qui en résultent ; et l'auteur plaide tout particulièrement en faveur du discernement et du traitement individuel des problèmes de la personnalité humaine. Ce n'est que sur cette base que de nombreux types d'inadaptation peuvent être évités ou corrigés. Ce ne sont là que quelques éléments d'un ouvrage remarquable par son exhaustivité, son érudition et son indépendance".

HORATIO B. WILLIAMS, professeur de physiologie à l'université de Columbia et mathématicien.

"Dans son ouvrage *Science et Sanité*, le comte Korzybski entreprend d'attirer l'attention de ses lecteurs sur l'importance de la "conscience d'abstraire", ou la conscience permanente et pleine que : (1) l'objet *n'est pas* l'événement ou le processus physico-chimique submicroscopique ; (2) le symbole ou l'étiquette *n'est pas* l'objet ; et, (3) une inférence *n'est pas* une description. Il est ainsi amené à formuler un système non-aristotélicien fondé sur le rejet complet de "l'identité". Pour faciliter la formation à la non-identité, il propose un simple diagramme structurel qu'il appelle le *Structurel Différentiel*. À l'aide de ce diagramme, le rejet *verbal* général de "l'identité" se traduit par un *ordonnancement* qui devient une méthode visuelle, kinesthésique et *neuro*-psycho-logique pour s'entraîner à la non-identité ou à la discrimination, et ainsi éliminer les identifications toujours dangereuses qui jouent un rôle si important dans toutes les inadaptations.

J'ai eu le privilège de lire une grande partie de ce livre à l'état de manuscrit et la plus grande partie à l'état d'épreuve. Il paraît à un moment où le *modus vivendi* s'est effondré. Les problèmes nationaux et internationaux exigent une pensée saine. Le comte Korzybski, en rejetant un principe invariablement faux quant aux faits (l'identité), qui empêche en principe l'ajustement, montre la voie vers un meilleur ajustement, et donc peut-être vers une solution plus saine des difficultés créées par l'être humain.

Il ne s'agit pas d'un livre à lire superficiellement, mais d'un livre qui récompensera amplement le lecteur réfléchi. Il ne doit pas être abordé comme un moyen de divertissement, bien qu'il puisse l'être, mais plutôt dans l'esprit indiqué par l'un de ses passages qui fait référence au 'travail conjoint de l'auteur et du lecteur".

Voir aussi **W. H. GANTT**.

15. PSYCHIATRIE.

DOCTEUR PHILIP S. GRAVEN, psychiatre, Washington, D.C.

"J'ai lu *Science et Sanité* en entier, certaines parties plusieurs fois, et je dois admettre que je n'ai jamais rencontré un ouvrage aussi riche en suggestions fondamentales. Il couvre clairement un domaine presque entièrement négligé dans notre enseignement universitaire. Du point de vue méthodologique, ce livre est donc indispensable à quiconque s'efforce de mener un travail scientifique sain et clair. Cela inclut bien sûr la médecine et, en particulier, la psychologie médicale, où une réflexion saine sur les personnes non saines et 'folles' est vitale à tout moment. Les déclarations, les principes, etc., qui affectent l'attitude mentale d'une personne face aux problèmes sont de la plus haute importance. Ceux-ci, *Science et Sanité* les fournissent en abondance.

En plus des scientifiques qui sont considérablement aidés par l'utilisation des principes non-aristotéliciens (aidés à mener une réflexion saine, créative, équilibrée et rigoureuse sur leurs observations et leurs données expérimentales), il y a aussi un autre groupe directement affecté : à savoir, les personnes souffrant de troubles mentaux. Par une application clinique directe, j'ai constaté que les principes non-aristotéliciens pouvaient être appliqués à cet énorme groupe. Mes observations couvrent une période d'environ six ans. J'aurai beaucoup à dire sur ces observations dans des contributions à des revues médicales et scientifiques.

En lisant attentivement ce livre, j'en ai retiré de nombreux avantages : personnels, culturels, professionnels, scientifiques. Ce livre m'apparaît comme celui qui fournira au moins à quelques générations de travailleurs scientifiques un moyen de maintenir une attitude psycho-logique productive, et non pas encombrante et obstructive, à l'égard des recherches nécessaires à la sécurité et au progrès de l'humanité. Et quoi de plus urgent en ces temps modernes qu'un moyen d'atteindre et de maintenir la sanité : la Théorie de la Sanité de Korzybski en fait déjà une possibilité".

DOCTEUR JOHN A. P. MILLET, psychiatre, New York City.

"Il me semble que le comte Korzybski, dans son livre *Science et Sanité*, attire l'attention sur une difficulté très importante dans le processus de la pensée, qu'il résume si bien par la 'confusion dans les ordres d'abstraction'. Notre travail analytique sur les névroses nous a permis de constater que de nombreuses difficultés d'attitude et d'orientation face à la vie découlent d'une identification inconsciente, une situation qui entraîne une réelle difficulté d'individuation et la rend parfois définitivement impossible.

Du point de vue psychiatrique, il me semble que ce seul point sur lequel Korzybski a mis l'accent donne la valeur principale à son travail. Je doute que les analystes, pour la plupart, aient jamais considéré le problème de l'identification exactement de ce point de vue. L'exposé de Korzybski devrait intéresser un tel groupe et pourrait bien conduire à d'autres activités expérimentales dans le domaine de l'éducation visant à compenser les dangers de telles identifications.

Korzybski a déjà commencé à travailler dans ce domaine en développant le 'Structurel Différentiel'. Il est trop tôt pour dire quelle valeur pratique ce diagramme structurel peut avoir, mais les principes de son développement sont basés sur la conception de "l'ordre" dans les processus neuro-psycho-logiques et fournissent ainsi ce que l'on pourrait décrire comme une technique neuro-physiologique pour l'élimination des fausses identifications".

DOCTEUR M. TRAMER, Priv.-Doz. (NdT : Privatdozent) en psychiatrie, Université de Berne, Suisse ; Directeur médical de l'asile d'Etat, Président de l'Association Suisse de Psychiatrie. Mathématicien, neurologue, ancien collaborateur de feu von Monakov, et psychiatre.

"Pendant près de trois ans, j'ai eu l'occasion de suivre les recherches du comte Korzybski. Dès la formulation de la notion de 'time-binding', j'ai compris que son travail portait sur quelque chose de fondamental. Les résultats ultérieurs de ses recherches ont justifié cette opinion. Ceux-ci affectent non seulement notre pensée scientifique, mais aussi notre vie quotidienne. Korzybski présente maintenant son travail sous une forme complète au public, son étude révèle que nous avons affaire à une structure aux fondements plus profonds, dont les prémices sont déjà apparues dans différents domaines scientifiques, et en particulier en physique. La structure générale du développement achevé de sa thèse conduit à la formulation du besoin urgent d'une analyse fondamentale (révision) de notre langage scientifique dont il ouvre la voie. Les moyens qu'il choisit pour surmonter les difficultés conséquentes d'une telle analyse, et pour mettre au premier plan la nécessité d'une pensée structurelle générale avant tout, sont, à mon avis, des résultats d'une importance fondamentale".

DOCTEUR WILLIAM A. WHITE, professeur de psychiatrie à l'école de médecine de l'université George Washington ; directeur de l'hôpital Sainte Elizabeth, Washington, D. C.

"Les concepts de Korzybski me sont très utiles, en particulier ceux de linéarité, de multiordinalité, de degrés d'abstraction et enfin de non-identité. J'ai toujours pensé que les questions incluses dans ces concepts sont d'une extrême importance pour l'équipement mental d'une personne. Je suis d'accord avec Korzybski à bien des égards. Je suis certain que la manière dont nous pensons aux choses est aussi importante que ce que nous pensons d'elles. Je félicite l'auteur pour la parution de son livre et je pense qu'il a apporté une réelle contribution à la méthodologie de la pensée."

16. SEMANTIQUE.

Voir B. MALINOWSKI.

INDEX

Dans le cas de termes fréquents, seules sont indexées les occurrences qui permettent d'élucider les 'significations. Pour certains mots, le contexte est donné une page avant l'occurence

11 septembre 2001, *xvii*
A, 14. *Voir aussi* Système aristotélicien, et Trilogies
Ā, 14. *Voir aussi* Système non-aristotélicien et trilogies
Abréviations des termes, 14 et suiv.
Absolu, 211 et suiv.
Absolu, théorie de, 611 et suiv.
Absolutiste, 388
Abstraire, 152 et suiv., 164, 218, 345 et suiv., 395, 468
    Conscience d', *xxxv*, 27, 34 et suiv., 97, 128, 181, 185, 257, 266, 276, 283, 288 et suiv., 303, 313, 315, 319, 329, 331, 334, 338, 367, 371, 375, 376 et suiv., 379 et suiv., 382 et suiv., 395, 398, 399, 402, 408, 410 et suiv., 412, 413, 423, 428, 434, 436, 439, 442, 443, 450 et suiv.; 451 453 et suiv., 455, 456, 461 et suiv., 462, 464 et suiv., 469 et suiv., 475, 485 et suiv., 486, 487 et suiv., 503, 505 et suiv., 718, 755, 760. *Voir aussi* Ordre naturel
    la fonction neurologique d'. *Voir* Neurologique
    pouvoir d', 364
    processus d', *xxvii, xxvii, xli, xliii*, 152, 165, 247, 260, 287, 350, 351, 353, 369, 385, 397, 438
Abstractions
    Ordre 'absolu', 330, 410
    confusion des ordres d', 34, 97, 123, 129, 153, 156, 162, 169 et suiv., 172, 185 et suiv., 199, 243 et suiv., 246, 257, 259, 268, 276, 278, 283, 284, 286, 296 et suiv., 334, 337, 346, 376, 386, 392, 397 et suiv., 399, 403 et suiv., 410, 412, 414 et suiv., 422, 423, 426, 434, 461 et suiv., 474 et suiv.
    différence entre les ordres d'. *Voir* Traduction
    Ordre 'final', 406
    de l'"être humain" et des animaux, 364 et suiv.., 462
    mathématique, 62 et suiv., 246, 247
    ordres de, *xli, xliii, lxxii*, 13, 34, 38, 59, 68, 86, 97, 98, 123 et suiv., 142, 153, 162, 168, 142, 185 et suiv., 204, 213, 244, 246, 257 et suiv., 273, 276, 278, 283, 284, 294, 296, 303, 310, 314, 331, 346, 362, 364, 368, 372, 376, 380, 386, 392, 393, 398, 399, 401, 403, 408, 411, 414 et suiv., 423, 430, 432, 436, 438 et suiv., 450, 461 et suiv., 468, 474, 507, 531 et suiv., 540, 572, 590, 595 et suiv., 611, 636 et suiv., 675, 677, 717 et suiv., 721, 723
    physique et quotidien, 61
Accord, *cxviii*, 3, 13, 48, 75, 131 et suiv., 185, 253, 255, 267, 402, 689, 691, 709, 723
    Théorie de l'accord universel, 255, 267, 338, 388, 577, 723
Achille et la tortue, 66, 231
Ackermann, W., 732, 739
Actiniens, expériences avec, 321
Action, 638 et suiv., 646
    par contact, 218 et suiv., 686 et suiv.
    moindre, 378, 639, 640
Actions compulsives, 314, 483
Adams, J. T., *xxvi*, 732
Adaptation, humaine, 463
Adaptation, 153
Adaptatif, ordre, 425
Additivité, 82, 208, 561, 565 et suiv., 568 et suiv.
    Voir aussi Non-additivité
Adéquation, 162
Ajustement, *xxiii, lxiv, lxxiii, cxiv*, 15, 27, 41, 54 et suiv., 58, 118, 136, 168, 177, 181, 184 et suiv., 208 et suiv., 222 et suiv., 248, 273, 293, 309, 315, 319, 323, 328, 331, 367, 377, 380, 404, 419 et suiv., 427, 429, 431, 440, 443, 445, 460, 474 et suiv., 492, 499, 505, 508, 569, 591, 605, 634, 651, 687, 721, 761
Adler, A., 732
Affects (affectif)
    Composants, 22, 74, 79, 129, 159, 168, 198, 260, 277, 286, 319, 296
    configurations, 21
    perturbations, 19, 273, 283, 471
    évaluation, 21, 286
    significations, 2
    réponses, 41, 279, 305, 463
Aleph, cantorien, 191
Alexander, J., 732 et suiv.

Algèbre des états et des observables, 64
'Âme', 60
Amibes, expériences avec, 321
Amour, 480, 481
Analyse, pouvoir d', 535
Analysis situs, 235, 236, 617
Ancêtres, 345
Anglais de base, 743
Animalistique, xxxv
Animaux
    copiage de. *Voir* Copiage
    expériences avec, 159. *Voir aussi* sous des noms d'animaux
    et l'être humain. *Voir* Être humain
    réactions des, 47
Anrep, G. V., 293, 732
Anthropocène, *xxi*
Anthropologie, anthropologue, xci, xcv, ciii, 35, 36, 371, 475, 711, 714, 728, et suiv.
    École britannique de, 371
    École française de, 371 et suiv.
    École polonaise de, 371 et suiv.
Anthropomètre, 368. *Voir* Structurel Différentiel
Anthropomorphisme, 184, 186, 320, 322, 326
Anton, C., *iv, vii, xxviii*
Anxiété, 251
Aphasie, 18 et suiv., 41, 121, 168, 169
    sémantique, 18, 19, 41
Apôtres, 37
Applications de l'apprentissage, *xxii et suiv., lix*, 118
    la sémantique générale pendant la Seconde Guerre mondiale, *lii*
    Proverbe persan, *lxxxiii*
Apprentissage, 310
Approximation, 158, 554 et suiv., 569 et suiv., 690
Archimède, 466
Argent, 70, 479, 507
Aristotélicien, *xix* et suiv., *lxx, lxxiii*, 8, 14
    orientation, *xliv, l* et suiv.
    révision de l'approche non-aristotélicienne, *lxxvi* et suiv.
    système, formulations, influences, *xix, lxvii, cxv*, 6 et suiv., 25, 41, 57, 85 et suiv., 118, 130, 134, 143, 152, 154, 168,172 et suiv., 177, 186, 216, 254 et suiv., 267, 281, 345, 372, 375,et suiv., 378, 381, 400 et suiv., 413, 418, 436, 444, 496 et suiv., 597, 679, 709
Aristote, *xviii, xxv, lxx, lxxiv, lxxv, lxxv, lxxxii, cxiv* et suiv., 40 et suiv., 78 et suiv., 83, 85, 184, 281, 341, 345, 347

Arithmétique, 236, 248
Ascidies, expériences avec, 321
Associations et le processus de mise en relation, 134, 264, 307, 471, 721
chemins, 16
Athée, 130
Atome, 1, 44, 246, 355, 572, 639, 644, 647, 648 et suiv., 654, 674
Atomique, processus, *cxix*, 91, 519, 682. *Voir aussi* Électrons
Attentes, chocs sémantiques d'injustifié, 436
Attitude (s), *xxii, xxiv* et suiv., *lxv* et suiv., *lxxxviii, lxxxix*, 18, 44, 67, 123, 137, 158, 168, 231, 280, 426
Attitude critique, 448
    rigueur verbale, 51
Attitude relationnelle, 356
Auschwitz, *xvii*
Auto-contradictions, 714, 721
Autoérotisme, 458, 471. *Voir aussi* Troubles sexuels
Auto-importance, 507
Autopoïèse, *xxix*
Auto-réflexivité, 53, 300, 698, 711, 712
Avocats, 71, 512 et suiv.
Avoir des visions,' 183

Babcock, E. B., 732
Bacon F., 499
Bacon, R., 732
Bagg, H. J., 732
'Bahnung' (canalisation), 278
Baker, H. F., 523
Baldwin, J. M., 31, 732
Bancroft, W. D., 472, 732
Banquiers, cxvi, 71, 497, 507
Barbier, paradoxe du, xc
Baron, M. A., 732
Barrow, 530
Bateson, G., xxix
Bateson, N., vii, xxviii
Bayliss, W. M., 732
Becker, O., 732
Begging the question, 412, voir pétition de principe
Béhaviourisme (Comportementalisme) (istes), 66, 68, 282, 293, 310, 334
Bell, E. T., *cxxii, cxxvi*, 526, 732, 735, 750, 753
Belles-lettres, 388
Bent, S., 732
Bentley, Arthur F., 18, 519, 732
Berger, E., iv, vii, xxviii, xxxi
Bergson, M., 236, 697, 704

Béribéri, 114, 115
Bernstein, B. A., 732
Berry, 703
Bertalanffy, Ludwig von, xxix
Biggs, H. F., cxxi, cxxvi, 526, 733
Biologie
    erreurs de. Voir Corpus Errorum Biologicorum, 5
    fausses analogies dans les, 281
    non aristotélicien, 9, 28, 112, 187, 320, 602
Bird, J. M., 732, 733
Birkhoff, G. D., 733
Birtwistle, G., cxxi, cxxv, 526, 685, 733
Bleuler, E., ix, cxxi, cxxv, 476, 483, 733
Bliss, G. A., 733
Blocage sémantique, 16, 26, 33, 136, 185, 232, 246, 259, 278, 304, 352, 407, 408, 410, 430, 440, 449, 452, 453, 491, 497, 498, 503, 511, 529, 635, 659, 679, 712, 722,
Blocages, sémantogènes, *lxv*
Boas, F., 733
Bôcher, M., 526, 733
Bohr, N., *xxxiv*, 263, 648 et suiv., 677, 683, 685 et suiv., 738
Bois, S., xviii, xlvi, xlvii
Bolton, J. S, 297, 299, 471, 733
Bolton, L., 733
Boltzmann, L, 194
Bolyai, W., 79, 466
Bolzano, R., 189
Bombe-A, *xvii*
Bonheur, 251, 253
Bonola, cxxi, cxxvi, 733
Bon sens, ci, cxvi, 26, et suiv., 395 et suiv., 432, 454
Boole, G., *xxv*, 78, 194, 288, 733,
Borel, E., 523
Born, M., *cvii, cxx, cxxi, cxxv*, 526, 595, 630, 632, 673, 677, 733
Bose, 684
Botcharsky, S., 733
Bousquet, G. H., 733, 744,
Bovie, W. T., *cxxvi*, 110, 733
Bradfield, G., *xxviii*
Bradley, 701
Bragg, W., 733, 758
Bréal, M., 18
Breitwieser, J. V., 733
Bridges, C. B., cxxii, 732; 733, 743, 750, 753, 754
Bridgman, cxxii, cxxv, 2, 3, 342, 500, 526, 606, 733, 753, 759

Brigham, C. C., 733
Brill, A. A., 733
Brillouin, L., 733
Broad, C. D., 733
Brochet et les vairons, expériences sur, 314. *Voir aussi* Poissons, expériences avec
Broglie, L. de, *xxxiv*, 678, 680, 681, 684, 734
Brouwer, L. E. J., 59, 73, 87, 188, 233, 708 et suiv., 734, 758
Bruits vs. Mots et symboles, 72 et suiv.
Brunot, F., 734
Brunschvicg, L., 734
Bûcher(s), 36, 260
Burridge, lxxxi et suiv.
Burroughs, W. S., xxviii
Burrow, T., 481, 485, 734

Cadre de référence, 224, 574, 576
Cajori, 734
Calcul, 452, 531
    absolu, 525
    avantages de, 266, 556
    différentiel, 196, 198, 267, 271 et suiv., 301, 501 et suiv., 530, 531, 534, 537, 542, 551, 572 et suiv., 598, 640
    extensionnel, 686
    infinitésimal, 198
    intégral, 196, 198, 546 et suiv., 565, 575 et suiv., 591, 640
    'Logique' de santé, 530
    matrice, 651 et suiv., 662
    non aristotélicien, réactions sémantiques de, 556
    notion de, 562
    operateur, 561
    sémantique de, 265, 530, 565
    structurel, 237, 238
    tenseur, 570 et suiv., 607
    vecteur, 328, 563 et suiv., 570 et suiv., 654 et suiv.
Campbell, J. W. Jr., *xxviii*
Campbell, N. R., 734
Cannon, W. B., 734
Cantor, G., *xxv*, 85, 189, 191, 192, 521, 718, 734
Capitalisme, 252 et suiv.
Caractéristiques, 58
Caractéristiques prédites-par-la-carte, 56
Carmichael, R. D., cxxii, cxxvi, 78, 133, 342, 689 et suiv., 734
Carnap, R., cvii, 734
Caro, I., *xxv*
Carrel, A., *lxix*, cvii, 734

Carroll, L., 70, 342, 418
Carte-langage, 56. *Voir aussi* Langage en tant que cartes
Carte / carte-territoire, *xvii*
Carte-Territoire, relations, *xcvi*, 1
Cartes, 10, 53 et suiv., 56, 231, 460, 711 et suiv.
Cassirer, E.,ix, xxv, cxxi, 734
Castillon, 140
Cataphorèse, 106
Cathodiques, rayons, 106, 108, 645
Catholique, Église, *xcvii*
Causalité, 198 et suiv., 571 et suiv. *Voir aussi* Déterminisme
Cause-effet, 85 et suiv., 115, 198 et suiv., 288 et suiv., 483
Cayley, 669
Cerveau. Voir aussi Cortex and Thalamus
Champ, 601, 602, 604
    couvert par cet ouvrage, 8 et suiv.
Chaise à bord du navire, 392
Chakotin, S., *xcvi* f.
Champ magnétique, expérience, 621
Changement, 248
Changement climatique, *xvii*
Chaos, xxix, 186, 187, 446, 512, 709
Chase, S., *xvii*, lv, cviii
Chats, 67, 261, 318, 472, 484
Chemins préférentiels (Bahnung), 278
Chenilles, 153, 154,
Chiens, expérimentations avec, 163, 168, 303, 303 et suiv., 306 et suiv., 333 et suiv., 472, 504 et suiv.
Child, C. M., *cxxi, cxxii, cxxv*, 28, 49, 91, 93 et suiv., 113, 173, 218, 317, 320, 321, 499, 602, 734, 753, 754
Chocs, 257
    sémantique, 386
Chomsky, N., *xxvi*
Chromosomes, 108
Church, A., cxxvi, 401, 734,
Chwistek, L., 18, 188, 500, 709, 776, 715, 735,
'Ciel', 379
Cinématique, tridimensionnel, 604
Ciona intestinalis, des expériences avec, 321
Circularité de la connaissance, 204 et suiv., 222, 284, 366 et suiv., 435 et suiv.
Citations, *xcvii*
'Civilisation', 36, 57, 185, 270, 319, 371, 436, 449, 469 475, 492, 510, 687, 697
    Étapes de, 179 et suiv.
    suggestions pour, 512 et suiv.
Clark, P., 735

Class, 52, 121, 191, 231, 238, 400, 702 et suiv.
Coghill, G. E., *cxiii*, 303, 317, 735
Cohen, E., 735
Cohen, M. R., 735
Colère, 24
Collection, 52, 58
Collins, J., cxxv, 477, 735
Collins, J. L., 732, 735
Combinaisons d'ordre supérieur, 315, 427
Commercialisme, 38, 76 et suiv., 251, 274 et suiv., 283, 469, 478, 479, 481, 507, 512 et suiv., 515, 697
Compacité, 103, 196, 233. *Voir* Densité
Comparer, mesurer, correspondre, 239
Comportement colloïdal, xliv, lxvi, lxviii, lxx, lxxvi, lxxviii, lxxxi, 8, 19, 102 et suiv., 178, 299 et suiv., 372, 469, 472 et suiv., 490 et suiv., 499 et suiv.
    perturbations et blessures, 184, 473
Complexe(s), 333, 464, 473, 486 et suiv., 493
    Jéhovah, *xcviii*, 71, 141
    Œdipe, 464
Compton, 226, 650, 660
    effet, 226
    théorie, 660
Comprendre, 185, 323, 420
'Concept', lxxxvii, *Voir* Formulation
Conditionnalité, 14
    Degré de, 34, 180, 303, 307 et suiv., 311, 313 et suiv., 317, 319 et suiv., 326, 410, 504 et suiv.
    infini-valué degré de, 311
    d'ordre supérieur, 30
Conditions auto-imposées, 7
Conflits avec nous-mêmes, 42
Conflits familiaux, 42
Conflit, nerveux, 488 et suiv.
Confucius, 35
Confusion, 42
Conklin, E. G., 735
Connaissances, 21, 119, 176, 445, 447
    contenu de. *Voir* Structure
    inférentiel. *Voir* Inférentiel
    stratification de, 405
    structure de, *Voir* Structure
Conservation de l'énergie, 215, 614, 638, 681, 685, 742
Conscience, *xxvii*, 3, 8, 382 et suiv., 407, 455 et suiv., 465
    d'abstraire, *xxxi*, li, 485 et suiv. *Voir aussi* Abstraire et Abstractions
Constructivisme, *xxiii*

Contact, action par. *Voir* Action
Continuité, 139, 195 et suiv., 232, 267, 533, 537, 565, 598, 685. *Voir aussi* Discontinuité
Cook, W. W., 735
Coolidge, E. G., 735
Coordonnées, 128, 224, 263, 529, 531, 538, 541, 543, 551, 569, 572 et suiv., 611, 602, 610 et suiv., 627, 661, 677 et suiv.
Copernic, l, 508, 649,
Copiage, 33
    des animaux dans les réaction nerveuses, 7 et suiv., 27, 33 et suiv., 57, 184, 185, 255, 308, 337, 352, 380, 444, 469, 488, 501, 612
    des animaux 33, 308, 444
    sans critique, 33
'Corps', 353
'Corps-esprit' problème, xxxvi, 8, 102, 109, 473, 491
'corps' et 'âme',' 60
Corpus Errorum Biologicorum, 5 et suiv.
Correspondance, biunivoque, 53, 192 et suiv., 241, 392, 419 et suiv., 427, 429.
    des unités, 690
Cortex, cérébral, 144, 145, 147, 148, 155, 163, 269, 293, 298, 310, 314, 325
Coulomb, 593, 604,
Courant, R., 735
Courbure, 547 et suiv., 601, 639 et suiv.
    de l'espace-temps, 216 et suiv., 226, 296, 356, 358
Coutumes, 251
Couturat, L., cxxv, 140, 341, 735
Covariance, principe de, 695
Créatif
    'sentiment', 448
    'pensée', 496
    travail, 21, 100, 279, 208, 304, 452, 489, 494, 504, 635
Crétins, 117, 270, 275, 288, 293, 448, 503, 635, 686
Crétinisme, 117, 483
Crile, G., 735
Crime, criminels, xciv, lxxi, 61, 260, 412, 484, 485, 513,
Crookshank, F. G., 454, 500, 735
Croyance(s), 38, 142, 251, 252, 323, 345
Croyances, xxvii, lxxii, 10, 74, 80, 116, 182, 183, 251, 252, 255, 283, 323, 345, 347, 371, 373, 376, 676
Croyance en la croyance, 408
Cullis, C. E., 735
Cultes, 183, 333, 501

Culture, degré de, 351, 406, 453, 510
Cummings, E. E., *xxviii*
Cunningham, F. G., 735
Curiosité, 407, 437, 448, 637
Cybernétique, *xxix*

Daltonisme, 348, 362
Dantzig, T., 240 et suiv., 736
Darrow, C. W., 736
Darrow, K. K., 736
Darwin, C., 253, 508
Darwin, C. G., 736
Date. *Voir* Espace-temps and 'Temps'
Davenport, C. B., 736
Davis, H. T., 736
Davis, T. L., 736
Day, C, 61
Déception, 251
Décision, prendre une, 410
Déclarations vraies et fausses, 126 et suiv.
Découverte, 523
    de l'évidence, 27, 250
Dedekind, R., 189, 736
Déduction, 63, 199, 236, 286
Définitions, *xxvi* et suiv., *lxxii, lxxxii*, 63, 384
    mécanismes neurologiques, *lvii*. *Voir aussi* Extension, Intension
Degré. *Voir* Genre
Déjerine, J., 736
Delacroix, H., 736
Délires, 57, 71, 72, 74, 79, 126, 182, 276, 378, 388, 390 et suiv., 397, 402, 407, 422, 426, 436, 439, 444 et suiv., 455 et suiv., 473, 508, 510, 595, 653, 658, 675, *Voir aussi* Hallucinations and Illusions
De Morgan, A., 3, 341, 711, 733, 743
    (Morgan, A. de)
Demande, offre et, 183, 481, 506,
Dementia praecox. *Voir* Schizophrénie
Démocratie, 449
Démocrite, 643
Démons(s), démoniaque, 81, 96, 322 et suiv.., 475
Dénombrable, 192
Densité, 196, 297, 566, 576, 639, 656, 681
Dépression, 251
Dercum, 736
Dérivé, 534, 537
Derrida, Jacques, *xxviii*
Désaccord, origine de, 76
Descartes, René, *xxv* 124, 235, 306
Descriptif, niveau, 186, 200, 260, 334 et suiv., 364 et suiv., 411, 442, 714, 716

Description et inférence, confusion de, 714, 716.
    Voir aussi Identification
Désespéré, Sans espoir, 7, 183, 251, 254
Désinhibition, 327. *Voir aussi* 'Inhibition'
Déterminants, 248, 665 et suiv.
Déterminisme, 86, 200, 204 et suiv., 287, 493,
    508_ et suiv., 722. *Voir aussi* Causalité
    infini-valué, 205, 306
Développement
    arrêté, 178, 184, 275, 283, 298, 308 et suiv.,
        313, 351, 457 et suiv., 463, 465, 469, 476
    de 'homme', 200 et suiv.
    Étapes de, 456
Développement arrêté, 57, 137, 184, 283, 308,
    313, 315, 465, 470, 482, 484, 505
Développements en sémantique générale,
    1933-1941, *c* et suiv.
    1941-1947, *lvii* et suiv.
    1948-1958. *Voir* Préface de la Quatrième
        Édition
    1958-1993. *Voir* Préface de la Cinquième
        Édition
Développement technique, 39
Devise, non aristotélicienne, 526
Dewey, J., *xxvi*, 736
Dick, P. K., *xxviii*
Dickson, L. E., 736
'Dictature du prolétariat', 252
Différé, Retardé
    action, 294, 296, 318, 323, 329, 331, 336,
        390, 392, 412, 432
    réaction, *lxxxiii*
    réflexes, 306, 332
    réactions signal-symbole, *xcvi*
Différences, 475, 477
    comme fondamental, 85, 152, 167
    entre les systèmes A et Ā, 84 et suiv., 404
    -similarités, *lxxxvii*, 152, 246. *Voir aussi*
        Similarités
    verticale et horizontale, 365 et suiv. *Voir
        aussi* Stratification
Différentiation, partielle, 548
    équations, 548
Différentiel
    activation, 325. *Voir aussi* "inhibition".
    calcul. Voir Calcul
    géométrie, 216, 530, 599, 617
    méthodes, 85, 556
    Structurel. *Voir* Structurel Différentiel
Difficultés, 167
    le fait de l'être humain, 287
Difficultés personnelles, 43, 487 et suiv.

Dimension, 585
Dimensionnalité, 85, 139, 217, 579 et suiv., 585,
    624 et suiv.. Voir aussi quadridimensionnel
Dinosaures, analogie avec les, 66, 67
Diplomatie, 481
Dirac, P. A. M., 300, 657, 673, 677, 729, 736
Dirigeants, 252
Discrimination à deux points, 220
Discours, évolution des, 172
    suppression, nuisible, 389
Discontinuité, 233, 685 et suiv. *Voir aussi*
    Continuité
Discours, univers du, 209 et suiv., 238
Discriminations, 719
    Pour éliminer l'identification, 720 et suiv.
Doctrine(s), 38, 54, 222, 251, 254
Dogmatisme, 408
Dogmatiste, 388
Dostal, B. F. 526
Doute, 407 et suiv.
Dresden, A., 736
Drobisch, M. W., 736
Drucker, S., vii, *xxviii, xxxi*
Du Bois, W. E. B., *xxvi*
Duncan, H. D., *xxvi*
Dynamique, 605
Dynamique-statique, *Voir* Statique-dynamique,
    Traduction

E, 14. *Voir aussi* Euclidien et Trilogies
Ē, 14. *Voir aussi* Non-euclidien and Trilogies
Eckart, C., cxxvi, 673, 736, 750.
Écologie des médias, *xxviii*
Économies, 38, 45, 70 et suiv., 77, 251 et suiv.,
    254 et suiv., 274 et suiv., 283, 469 et suiv.,
    478 et suiv., 506 et suiv., 511 et suiv., 697
Eddington, A. S., 49, 78, 139, 201, 207, 217, 229,
    342, 521, 526, 584, 612, 625, 628, 637, 639,
    641, 643, 736, 750
Edgerly, M., *xxviii*
Edinger, 144, 163
Éducation(nel), *xxviii* et suiv., 41, 43, 58, 81, 165,
    166, 169, 172, 183, 201, 225, 274 et suiv.,
    277, 283 et suiv., 297 et suiv., 303 et suiv.,
    310, 319, 330, 338, 352, 368, 381, 382 et
    suiv., 390, 398 et suiv., 407, 413, 424, 431
    et suiv., 444 et suiv., 451 et suiv., 462, 472,
    501, 506, 509, 511, 517, 523, 530, 557, 700
Égoïsme, Philosophie anglo-saxonne de, 481
Einstein, A., *xix, liii*, 1, 6, 9, 28, 52, 55, 59, 60,
    73, 79, 81, 83, 97, 136, 149, 197, 206, 225,
    247, 249, 266, 277, 295, 319, 322, 354, 358,

450, 474, 499, 511, 521, 527, 530 et suiv.,
572, 574, 588, 611, 599, 606 et suiv., 615
et suiv., 620 et suiv., 632 et suiv., 635, 644
et suiv.,679 et suiv., 684, 686
Einstein (théorie), 7, 9, 28, 59, 89, 97, 98, 149,
213, 232, 246, 248, 249, 257, 268, 450, 526,
532, 562, 565, 570, 576, 584, 585, 588,
598, 600, 601, 605, 606 et suiv., 616, 618,
622, 627, 630, 632 et suiv., 650, 653, 678,
680, 687
El, élémentalistique, 14. *Voir aussi* Élémentalisme
Électricité, 338
et comportement colloïdal,469
Électron, 99, 150, 299, 359, 565, 644 et suiv., 647
et suiv., 650, 680 et suiv., 684 et suiv.
Électrochimie, 644
Électro-colloïdal, comportement, *Voir*
Comportement colloïdal
Électro-colloïdale, structure, *lxxxi*
Électromagnétique
phénomènes, 358, 658
théorie de la structure de la 'matière', 634
ondes, 219 et suiv.
Électromagnétisme, Maxwell théorie de, 599,
601, 613, 622, 633, 641 et suiv.
Éléments chimiques, 632
Élémentalisme, 14, 29, 59, 79, 85, 98 et suiv.,
174, 177, 225, 247, 281, 345, 352, 364, 377
et suiv., 401, 421, 455, 497, 500, 508, 611,
657 et suiv., 709 et suiv., 710. *Voir aussi*
Non-élémentalisme
Élémentalistique, définition *xxxv*
Ellis, A., *xxv, xlvii*
Ellis, H., 736
'Émotion' et 'intellect', *l, lviii, lxxviii, lxxxvi,
lxxxvii*, 21, 25, 28, 30, 60, 85, 134, 144, 208,
277, 501, 503, 687, 712, 717
'Émotionnel', équilibre, 393
vie, 444
Empirisme, *xxv*, 80, 91, 476, 521
Encyclopedia of Unified Science, cvii, cviii
Endocrinienne
perturbations, 116, 372. *Voir aussi* sous les
noms des glandes
glandes, 307, 472. *Voir aussi* sous les noms
des glandes
Énergie, 626, 634 et suiv., 646, 660, 663. *Voir
aussi* Action
loi de conservation de, 195, 215, 614, 637,
680, 685
Énergie rayonnante des cellules, 109
Enfants, 11 et suiv., 41, 58, 116, 137
Entraînement des, 428 et suiv.

Enfance de l'humanité, 8
'Enfer', 186, 342, 464
Ennemis de la science, 36
Enriques, F., 737
Enseignants, 256
Ensemble, 614
Ensemble, Agrégats, théorie de, 52, 191, 262 et
suiv., 315, 375, 598, 626, 668
'Entendre des voix', 183
Entraînement, 12
spécial, 28
Entropie, *xix, xlvi,* 196, 215, 640, 722, 747,
Envie, 24
Environnement, 118, 154, 160, 182, 251, 321
verbal, 251. *Voir aussi* Neuro-linguistique,
Neuro-sémantique
Épilepsie, 109
Épiménides, 402, 403, 699, et suiv., 705 *Voir
aussi* Paradoxe
Épistémologie, 59, 72, 93 et suiv., 128, 158, 187,
201, 231, 240, 291, 303, 364, 407, 499, 501,
505, 511, 525, 529, 611, 644 et suiv.
Épistémologie appliquée, *xxv*
Éponges, expériences avec, 321
Équations
en tant que langue des relations,327
degrés de, 158, 249, 540, 549
différentielle, 247, 549 et suiv., 595, 604, 684
champ, 601
fonctionnelle, 562
hamiltonienne, 674 et suiv.
interpolation et généralisation, *lix*, 232
linéaire, 566
matrice, 666 et suiv.
non-linéaire, 165, 247, 566
tenseur, 657 et suiv.
Équivalence, 192
principe de, 678
Erreur, courbe de Gauss', 685
Erreurs, neurologie de, 488 et suiv.
'Essences', 633
'Espace', 52, 91, 97, 142, 168, 191, 176 et suiv.,
201, 205 et suiv., 267, 277, 293, 295, 356
et suiv., 529, 531, 548, 580, 585 et suiv.,
595, 597et suiv., 603 et suiv., 606 et suiv.,
610, 615, 623, 638, 651, 653, 658 et suiv.,
675, 678
Espace-temps, 52, 91, 97, 99, 118, 168, 176, 267,
293 et suiv., 356 et suiv., 377, 474, 499, 587
et suiv., 603, 626 et suiv., 628 et suiv., 638
et suiv., 675 et suiv., 678, 681, 685 et suiv.,
712, 718 et suiv.
courbure de, 216, 225, 295, 356, 358

'Esprit', 149, 352
Esprit de possession, 479, 481
'Esprit et corps'. *Voir* 'Corps-esprit'
Essais et erreurs, 253, 255, 283
États-Unis d'Amérique, *xxi*, 35, 251 et suiv., 280, 482, 485
Éther, 633
'Éthiques', *lxix* et suiv., 76 et suiv., 293, 508 et suiv. *Voir aussi* 'Morales'
Étiquettes, 203, 211, 233, 381, 358 et suiv., 393 et suiv., 435 et suiv., 440, 572, 716
Étoile de mer, expérience avec, 323
'Être', 771. *Voir aussi* 'Est,' types de
'Être humain', (Humanité), 17, 86, 515 et suiv.
Études non-aristotéliciennes, *xx*
Eucharis, expériences avec, 323
Euclide, *xxv*, 25, 82, 189, 408 et suiv., 466 et suiv., 599 et suiv., 603
Euclidien
    géométrie (système), *xix*, 8, 14, 25, 78 et suiv., 87, 215, 247, 376, 408, 564, 568, 574, 611, 616 et suiv., 634, 713
    'espace', 568
Euler, 546
Europe, confédérée, 482
Évaluation, 21, 29, 151, 156, 174, 177, 179 et suiv., 186 et suiv., 211, 231, 246, 257, 273, 276, 279, 283, 285 et suiv., 297, 305, 314, 329, 348, 351, 355, 368, 376 et suiv., 389, 393, 397, 402, 407 et suiv., 410, 414, 420, 422 et suiv., 426, 431 et suiv., 442, 443, 450, 455, 460, 462, 464, 467, 470 et suiv., 473, 478 et suiv., 487, 489, 491, 497, 503, 511 et suiv., 515 et suiv., 716 et suiv.
    l'acquisition de nouvelles, 27
    infantile. *Voir* Infantile
    propre, 429
    norme de, 179 et suiv., 183, 185, 297, 490, 492
    théorie de, *lx*
Évaluationnelle, *Voir* Sémantique
Événement(s), 202, 225, 367, 377, 618, 620 et suiv., 626, 715
    reconnaissance de, 358
    jamais simple, 294, 330
Événement -process, quadridimensionnel, 359, 429
Événements, langue de, 208, 225, 358. *Voir aussi* Point- événement and ligne-du-Monde
Éviter, 45, 402
Évolution, 153 et suiv., 252, 280. *Voir aussi* Procès du Tennessee; Darwin, C., au sein des systèmes, *lxxiv* et suiv.

Évoque, 23
Excitation
    degrés de, 325, 327, 332, 336
    négative, 326 et suiv., 329, 333, 338
Exhibitionnisme, 482 et suiv., *Voir aussi* Infantilisme and Troubles sexuels
Existence, 72 et suiv., 85, 130. *Voir aussi* 'Existence logique
Expérience, 259, 273, 277, 348 et suiv., 364, 422, 483, 615, 695
Expérience à trois seaux d'eau, 346
Expérimentations, 101
Extension, *lxxxii*, 14, 86, 124, 130, 140, 156 et suiv., 158, 162, 164 et suiv., 166, 191, 202, 266, 354, 590, 656, 683, 688. *Voir aussi* Intension
Extensionnel, *lxxxv* et suiv.
    définitions, *lxxxiii* et suiv.
    procédés, *lxxxv* et suiv.
    discipline et système, *lxiv*
    réactions vivantes, *lxvi* et suiv.
    méthode, 124 et suiv.
    mécanismes neurologiques, *lxxxii* et suiv.
    ponctuation. *Voir* Non- aristotélicien
Extroversion, 79 et suiv., 159 et suiv., 393, 426, 448. *Voir aussi* Introversion

Fabun, D., *xxviii*, *xlvii*
Fait(s), 52, 58, 79, 389
Fajans, K., 737
Falsification, *xxv*
Fanatisme, 277, 408, 596
Faraday, 601 et suiv., 658,
Fausses connaissances, *lxxiii*
Faux, fausses, neurologie de, 178, 488 et suiv.
'Félicité éternelle', 287
Ferenczi, S., 737
Fermat, 682
Fertilisation, artificielle, 107, 113
Finaliste, 388
Findlay, 102
Fini
    taille du monde, 211 et suiv.
    variable (Cantor), 85, 190, 718
Fischer, B., 163
Fischer, M. H., 1, 454, 737
Fisher, A., 737
FitzGerald, 633, 636
Fixation, 459, 460, 475, 486, 505
Flexibilité, 30, 163, 419, 426
Foeringer, A., 733
Foncteurs, 709, 719
Fonction (el), 242, 304 et suiv.

changement dans, 382
définition de l'être humain, 35, 497
dépendent de la structure, 299
différences, 382 et suiv.
doctrinale. *Voir* Fonction doctrinale
formes de représentation, 85, 176, 352
interchangeable avec 'substance', 150
invariance de, 265
langage, 382
théorie mathématique des, 121, 123 et suiv., 209, 242, 246, 249, 257, 262 et suiv., 530 et suiv., 549, 551 et suiv., 564 et suiv., 669, 695
définition approximative, 125
système nerveux. *Voir* Fonction nerveuse
analyser et synthétiser, 216
interchangeabilité of, 269
en termes de fonction mathématique, 589
physiologique, 293 et suiv., 306
propositionnelle. *Voir* Fonction propositionnelle
système. *Voir* Système-fonction
termes, 86, 164, 352
Fonction Doctrinale, 86, 133 et suiv., 266, 405, 492, 493
Fonctions périodiques, 213, 296, 551 et suiv., 581
Fonction propositionnelle, 86, 125 et suiv., 137, 257, 258, 266, 403 et suiv., 698
Formalisme, 190, 257, 404, 723
'Forme', 44, 264
Formulation(s), *lxxxvi*
invariant, 572
Fourier, 559, 674, 683
Fractionnement, 25, 28, 59, 137, 165, 168, 214, 447, 460
Fraenkel, A., 737
Fraude, 76
Frazer, J. G., 737
Freeman, W., 472, 737
Frege, G., xc, 121, 235, 238, 737
Freud, S., *xxiv*, 135, 454 et suiv., 464, 493, 494, 508, 737 et suiv.
Freundlich, E., 737
Freundlich, H., 106, 737
Fuller, Buckminster, *xxix*
Funk, 108, 114

Galilée, 1, lxi, 231, 530, 613, 690
Galiléenne, transformation, 613 et suiv.
Gantt, W. H., 112, 293, 737, 740, 756
Gauss, C. F., *xxv*, 79, 580, 581, 601, 604, 685, 708
Geddes, Sir A., lviii, 45
Gencarelli, T., *vii*

Généralisations, *lxx* et suiv.
nouveaux facteurs, *lxxv* et suiv.
injustifiées, 9
Génie(s), 28, 69, 279, 285, 286, 304, 420, 424, 443, 448, 524, 635
'Genre' et 'degré', 238
Géodésie, 583, 605, 622
Géométrie, 139, 224, 235, 249, 530, 538, 549, 597
analytique, 134, 235
coordonnée, 568 et suiv.
différentielle, 216, 530, 601, 617
euclidienne, 25, 78 et suiv., 87, 215, 247, 376, 408, 564, 568, 574, 611, 616 et suiv.
quadridimensionnelle, 301, 413, 531, 605, 617, 623 et suiv.
non-euclidienne, 25, 30, 59, 83, 216, 368, 557, 601 et suiv., 607, 628
des chemins (des graphes), 139
projective, 247
Riemannienne, 529, 568, 599, 604, 616
Gestalt, psychologie de la, 69
Gibbs, J. W., 733
Glandes
de sécrétion interne. *Voir* Endocrine et noms des glandes
salivaires, 109, 180, 306 et suiv., 311, 318, 327, 335, 336
Glandes endocrines Godefroy, 523
Glande pituitaire, hyper- et hypopituitarisme, 117
Glandes reproductrices, 482
Glandes surrénales, 116, 180, 307. *Voir aussi* Glandes endocrines
Goffman, E., *xxvi*
Goitre, 117, 483. *Voir aussi* Thyroïde
Goldberg, B., *xxviii*
Gomperz, H., 737
Gomperz, T., 737
Gonades, 482, 483
Gonseth, F., 737
Goodspeed, T. H., 737
Goudsmit, 650 et suiv.
Gouvernants, 38, 71, 253, 507, 516
Gradient, *Voir* Gradient dynamique
excitation-transmission, 95 et suiv.
physiologique, 93, 95, 300
Gradient dynamique, 93 et suiv., 99, 218, 320 et suiv., 499
Graham, T., 102, 103
Grande-Bretagne, 482
Grassmann, 576
Graven, P. S., 169, 367, 393, 499, 761

Gravitation, Loi de Newton de, 578, 581, 593, 611, 606, 639, 657, 695 et suiv.
Grégarité, 479
Grenouille
    décérébrée, 472
    parthénogénétique, 113
Groot, J. J. M., 738
Groupes, propriétés, 262
Groupes, théorie de, 64, 249 et suiv., 250, 256 et suiv., 561, 617
Guerres, 687. *Voir aussi* Militarisme et Guerre Mondiale
'Guerres commerciales', 42
Guerre Froide, *xvii*
Guye, C. E., 738

Haas, A., 526, 738
Habitudes, 35, 156, 251, 254, 310
    d'une évaluation correcte, 299
    d'expression, 12, 42
Hahn, V., 108
Haine, 407 et suiv.
Hall, D., *xxviii*
Hall, G. S., 738
Halliburton, W. D., 738
Hallucinations, lxxii, 57, 73, 74, 75, 108, 162, 170 et suiv., 183, 273, 277, 286, 391, 392, 397, 402, 422, 423, 425, 595, 658. *Voir aussi* Délires et illusions
Hamilton, 546, 576, 682, 683
Hamiltonien, principe, 546
Hammarberg, 471
Haney, W. V., *xxviii*
Hance, R. T., 738
Hanson, F. B., 738
Hayakawa, S. I., *xvii, xxviii*
Head, H., *cxxii*, 19, 21, 317, 343, 738
Heaviside, 123
Hedrick, E. R., 750
Heffer, D., vii, *xxvii*
Heilbrunn, L. V., 738
Heinlein, R., *xxviii*
Heisenberg, W., *xlv*, 91, 98, 198, 207, 288, 395, 500, 519, 561, 656, 673, 674, 675, 676, 677, 678, 685, 722, 738
Helmholtz, 602
Helson, H., 302, 738
Henderson, L. J., 738
Herbert, F., *xxvi, xxvii, xxviii*
Herrell, d', 738
Herrick, C. J., 146 et suiv., 219, 291, 297, 320, 325, 358, 496, 602, 738
Hertz, 219, 221, 602, 632, 633

'hétérologique-autologique', problèmes, 699 et suiv. Voir aussi Paradoxe
Heys, F., 738
Hickson, *cxiii*
Hilbert, D., 188, 466, 709, 738 et suiv.
Hinkle, B., 739
Historique, périodes, *xciii* et suiv.
Hitler, *xcvii* et suiv.
Hobbs, R., *xxviii*
Hobson, E. W., 739
Hollander, B., 739
Holmes, S. J., 739
Holocauste, *xxi*
Holt, E. B., 739
Holtzman, H., *xxvii*
Homosexualité, 474, 484, 485. *Voir aussi* Troubles sexuels
Hooton, E. A., *lxix, cviii*
Hôpitaux pour malades 'mentaux', 491 et suiv.
Householder, A. S., *lxxxi, lxxxviii*
Houseman, *xlix*
Humeurs, 276
Hunter, W. S., 739
Huntington, E. V., 139, 739
Hutchins, *xcii*
Huxley, Aldous, *xxvii*
Huygens, 680, 683
Hygiène
    sémantique, 15, 160, 452. *Voir aussi* sous Sémantique
    'mentale' et physique, 392
Hyperpituitarisme, 117
Hypnose, 454
Hypopituitarisme, 117
Hypothèses, 1, 142 et suiv.
Hypothèses (ou postulats), *xliii, lviii, lxxi, cxv*, 15, 38, 40, 59, 87, 100, 141, 177, 195, 251, 257, 401, 405, 408, 409, 466, 467, 599, 609, 618, 647, 649, 687, 690, 717
Hystérie, 117, 342, 461

Idéalisme, 79
'Idées préconçues, 393
Identification(s), *lxxi* et suiv., *lxxxv* et suiv., 97, 168, 172, 179 et suiv., 185 et suiv., 208, 211, 243 et suiv., 246, 247, 259, 273, 275 et suiv., 280, 283, 303, 314, 352, 356, 368 et suiv., 376 et suiv., 386 et suiv., 397, 402, 407, 418 et suiv., 422, 423, 426, 427, 434, 446, 454 et suiv., 467, 475, 477, 497 et suiv., 503 et suiv., 507 et suiv., 525, 559, 588, 590, 601, 614 et suiv., 622, 624, 630, 633, 651, 653, 657, 675, 686, 701 et suiv., 710 et suiv.

Exemples,
   foin, *lxxii*
   analogie avec les maladies infectieuses, *cxiv*
      et suiv.
   analogie de la mémoire, *cxiv*
   roses en papier, *lxxii*
   gifle, *lxxi* et suiv.
   mécanismes de, 714
   de descriptions et d'inférences, 386 et suiv.,
      414, 442
Identité, *lxvii*, 3, 85, 123, 179 et suiv., 185 et suiv.,
   273, 283, 345, 346, 352 et suiv., 358, 371 et
   suiv., 386 et suiv., 427, 434, 436, 444, 469,
   522 et suiv., 597 et suiv., 607, 614, 640, 679,
   692 et suiv., 709 et suiv. *Voir aussi* Non-
   identité
Idiotie, 112, 117, 270, 288, 470 et suiv., 477 et
   suiv., 503
Idiosyncrasies, 460
Ignorance, 350
   aucune excuse, 43
Illusions, 57, 72, 74, 273, 276, 390 et suiv., 397,
   402, 407, 422 et suiv., 426, 595, 644, 675.
   Voir aussi
Images, 169 et suiv.
Images animées, 213, 271, 533
Imbécillité, 117, 270, 288, 293, 298, 418, 440,
   457, 470 et suiv., 477, 479, 484
Implication, 24
   la théorie de Lewis sur, 166
Importance pour l'humanité, 55
Incertitude
   principe général d', 85, 287, 376, 499, 722
   principe restreint d', 98, 287, 499
Incompréhension, 42
Inconscient, 454 et suiv.
   hypothèses, 466
   structurel, 335, 467, 493
'Inconnaissable', 447, 715
Indéfinitésimal, 189, 201, 535 et suiv.
'Indéterminisme', déni de, 86, 204 et suiv., 287 et
   suiv., 508 et suiv. *Voir aussi* Incertitude
Individualisme versus socialisme, 252
Infantilisme, 9, 37, 283, 291, 372, 390, 393, 427,
   449, 454 et suiv., 469 et suiv., 476 et suiv.,
   483, 502, 508, 515 et suiv., 698
Inférences et descriptions, confusion de, 714, 716.
   Voir aussi Identification
'Infini'
   taille du monde, 211 et suiv.
   ∞-valué $\bar{A}$ système, 393
   ∞-valué déterminisme, 322
   ∞-valué processus quadridimensionnels, 429

∞-valuée sémantique générale, 427
∞-valué orientation des processus, *lxxvii*
∞-valué sémantiques, 254
'Infini' (s), 8, 85 et suiv., 130, 149, 188 et suiv.,
   197 et suiv., 231, 245, 522, 558, 689 et
   suiv., 708
'Infinitésimal', 191, 197 et suiv., 201, 522, 535
Influences, 24
Influence corticale, dynamogénique, 325, 327
Infusoires, expériences avec, 113
Ingénierie, application de, *xxii*
Ingénierie attitude, 67
Ingénierie humaine, *xxii*
'Inhibition', 143, 150, 155, 162, 165, 178, 293,
   304, 317 et suiv., 333 et suiv., 336, 407, 472
Inquiétude(s), 42, 251, 407, 445
'Inquisition, sainte', lxi, 36, 260, 424
'Insane', 'insanité', *xxiv*, 40 et suiv., 69, 79, 97,
   137 et suiv., 155 et suiv., 162, 169 et suiv.,
   179 et suiv., 183 et suiv., 208, 250, 266, 274,
   276 et suiv., 284 et suiv., 305, 311, 313, 336,
   367, 378, 388 et suiv., 427, 455 et suiv., 469
   et suiv., 474, 529, 691, 760
   Hôpitaux pour, 491 et suiv.
Insectes, étude de, 315
Instinct, maternel, 116
Institut de Sémantique Générale, *xxviii*
   fondation de, *xxviii*
Institutions, 54, 98, 250
Intégration, 173, 297, 259, 447, 465, 485,
   491, 529
'Intellect' and 'émotion', 276
Intelligence, 28, 152 et suiv., 155, 283, 309, 314,
   445 et suiv.
Intension, *lxxxii*, 84, 139, 156 et suiv., 158, 165,
   166, 191, 430. *Voir aussi* Extension
Intensionnel, *lxxxii* et suiv.
   définitions, *lxxxii* et suiv.
   réactions vivantes, *lxxxii*
   mécanismes neurologiques, *lxxxii* et suiv.
   Voir aussi Extensionnel
'Intentions', 20
Interconnexions, 28
Interdépendance, humaine, 251 et suiv., 514
International
   accord, 41
   Congrès de l'Hygiène Mentale, Premier, 294
   congrès
   Mathématiques, 217
   Non-aristotélicien, 512, 517
   Physique, 217
   Scientifique, 515
   langage, 48

Non- aristotélicien
Bibliothèque, 511 et suiv.
Révision, 512
Société, 511 et suiv., 517, 523, 523
problèmes sémantiques, 484 et suiv.
Interpolations, *lxxx*
Interprétation, 632, 657
Interrelation, 99
Intervalle, 30, 217, 577, 617
Introspection, 334 et suiv.
Introversion, 79 et suiv., 159 et suiv., 394, 426, 448
Intuition, 20
'Intuition(s)', *lviii*, 20, 677 et suiv.
Invariance, 136, 149, 245, 249, 261, 264 et suiv., 357, 492, 543, 577, 611, 616 et suiv., 627, 723
de relations, 267
théorie de, 267
Invariantes, formulations, 576, 577, 626
Irritabilité (excitabilité, susceptibilité), 93, 116, 324. *Voir aussi* Protoplasme
Irving J. L., *xvii*
Isotopes, 637

Jackins, H., *xxiv*
Jacobi, 683
James, W., *xxv*, 739
Jazz, 431, 489
Jeffreys, H., 739
'Jéhovah', Complexe de. *Voir* Complexe, Jéhovah
Jelliffe, S. E., 18, 342 et suiv., 456 et suiv., 471, 739
Jennings, H. S., 5, 6, 93, 281, 739
Jespersen, O., 739
Jevons, W. S., 316, 710, 739
Johnson, K. G., *xvii, xxviii*
Johnson, T. H., 739
Johnson, W., *xxviii, xvii*
Johnstone, J., 739
Jones, E., 739
Jordan, 673, 677, 684
Jørgensen, J. A., 739
Joie, 430, 486
Jugement, 410 et suiv.
Jung, C. G., 739
Just, E. E., 739

Kaufmann, F., 739
Kelley, D. M., *lv, lvii*
Kempf, E. J., 739
Kendig, M., *xliv, lv*

Kennedy, R. J., 526, 519, 739
Kepler, 649
Keynes, J. M., 739
Keyser, C. J., *xxv*, 18, 86, 121, 123, 133 et suiv., 173, 235, 250, 262, 266 et suiv., 405, 496, 683, 714, 739
Kinder, E. F., 739
Kinesthésie, 213, 248, 358, 439
Kipling, *xciv*
Kirchhoff, 231, 681 et suiv.
Klein, F., 750
Kline, 750
Klugh, A. B., 739
Knudson, A., 739
Kodish, B. I., *xviii*
Kodish, S. P., *xviii*
Koffka, K., 739
Köhler, K., *lxv*, 739
Kohlraush, 602
Kormes, M., 739
Korzybski, A., *xvii* et suiv., *xix* et suiv., *xxxi, xxxix* et suiv., *xliv* et suiv., *xlix* et suiv., *lv, lxxvi*, 91, 170, 295, 496, 689 et suiv., 739. *Voir aussi* Manhood of Humanity
Kretschmer, E., 740
Kronecker, 708
Kupalov, 740

Lagrange, 538, 546
Lahman, M. P., *xviii*
Lambert, 140
Lang, H. B., 472, 741
Langages, 692
Langage, *xxviii, xxvi*, 18, 81, 119, 207, 212, 233 et suiv., 257, 261, 279, 289, 298, 315, 382, 401, 426
actionnel, 597
additif (linéaire), 81, 158, 246
aristotélicien, 130, 247, 312, 345
structure de, 130
arithmétique, 247
comme des cartes, 10, 53 et suiv., 56, 460, 711
asymétrique, 607 et suiv.
caractéristiques de, 711 et suiv.
élémentalistique, 28, 32, 83, 97 et suiv., 101, 225, 381, 384, 395, 298, 442, 606, 621, 639, 693
environnement, 182
d'évènements, 225
théorie quadridimensionnelle de, 85 et suiv., 225, 304, 301, 355, 429

fonctionnel, 611
fonction humaine de, 303 et suiv.
idéal, 242
international, 48, 703
des mathématiques. *Voir* Mathématiques, langage de.
non additif (non linéaire), 158
non aristotélicien, 416, 447, 687
non-élémentalistique, 24, 28 et suiv., 97 et suiv., 125, 267, 283, 295 et suiv., 333, 355 et suiv., 423, 606
vieux, 254 et suiv.
opérationnel, 611
d'ordre, 148, 150, 356, 402
polysynthétique, 428
pouvoir du, 82
primitif, 38
de réactions, 309 et suiv.
de relations, 63, 242, 356
de la schizophrénie, 170
de la science, 51, 237
autoréflexivité du, 53
de 'sensations', 345 et suiv.
de similarité vs. différences, 236, 246 et suiv., 355 et suiv.
de structure similaire, 468, 611, 620, 624, 627, 651
de structure, 356
structure du, 10, 51, 82. *Voir aussi* Structure
de sujet-prédicat, 57, 356. *Voir aussi* Sujet-prédicat
de tenseurs, 134. *Voir aussi* Tenseurs
tridimensionnel, théorie de, 85 et suiv., 225, 295
de 'vrai' et de 'faux', 428
universel, 48, 703
vecteur, 224
Langages anciens, 207 et suiv.
Langages polysynthétiques, 428
Langdon-Davies, J., 741
Langworthy, O. R., 741
Lashley, K. S., 274, 741
Lasswell, H. D., 741
Learned, B., 741
Leathem, J. G., 523, 750
Lecture occasionnelle, 24
Leduc, S., 741
Lee, D., *xxvi*
Lee, I. J., *xvii, xxviii*
'Le' est d'identité, 85, 282
Leibni(t)z, G., *xxiv*, 48, 124, 140, 193, 210, 214, 235, 267, 530, 552, 593, 604, 652, 735
Lenzen, V. F., 741

Leśniewski, S., 709, 741
Levinson, M. H., *xviii, xxviii*
Lévy-Bruhl, L., 475, 741
Lewin, K., *lxvii*
Lewis, C. L., 139 et suiv., 167, 741
Lewis, G. N., 741
Lewis, N. D. C., 741
'Libre et indépendant', 252
'Licorne', la, 74, 126
Lie, S., 250
Ligne-du-monde, 585 et suiv., 626 et suiv., 629, 678, 694
de Minkowski, 615 et suiv., 623 et suiv., 628, 678, 681, 686
point, 624, 625, 628
Ligue (ou Société) des Nations, 482, 485, 496, 515, 517
Lillie, R. S., 105, 741, 759
Limite(s), théorie de, 522, 532, 534 et suiv., 539, 542, 545, 547, 550 et suiv.
Limites de ce travail, 9, 39 et suiv., 131 et suiv.
Limitations, 9
Linéarité, 81, 158, 246, 248, 250, 486, 541, 556 et suiv., 564 et suiv.
Lobatchevski, N., 79, 409 et suiv., 601, 604, 741
Localisation cérébrale, 588 et suiv. *Voir aussi* Cortex and Thalamus
Locke, J., *xxiv*, 304
Loeb, J., 28, 94, 113, 291, 321 et suiv., 499, 511, 741 et suiv.
'Logiciens', 257
'Logique, Existence', 72, 86, 130 et suiv., 204
'Logique', 64 et suiv., 81 et suiv., 85, 87, 130, 154, 184, 188, 193, 198 et suiv., 204, 227, 234, 236, 261, 283, 288, 345, 371, 375 et suiv., 422, 426 et suiv., 596 et suiv., 508, 516, 644, 686, 712 et suiv., 718, 722 et suiv.
non chrysippienne, 84
de la sanité, 529
école polonaise de, 709
Loi
de Coulomb, 604
du tiers exclu. *Voir* Tiers exclu
d'identité, 181, 711 et suiv.
de l'offre et de la demande, 183, 481, 506
de Weber, 220
'Lois'
de la 'nature', 250, 266 et suiv., 357, 689. *Voir aussi* 'Nature'
de la physique, 606
structurelles, 577
scientifiques, 351

de la 'pensée', 181, 193, 288, 375, 708 et suiv.
universelle, 267, 572, 578, 611, 635
Long, J. S., 741
Lorentz, H. Z., 522, 613, 615 et suiv., 622 et suiv., 626, 632, 633, 635, 636, 644, 693, 741
Lorentz-Einstein transformation, *lxxxviii*, 522, 613 et suiv., 619, 627, 638, 681
Lotka, A. J., 741
Loucks, R. B., 750
Lucas, K., 741
Lucretius, 188
Łukasiewicz, J., 85, 194, 262, 288, 427, 709, 741
Lumière, A., 741
Lumière
   théorie de, 664
   vitesse de, 602, 607 et suiv., 616 et suiv., 627, 633, 689
Lumières, projet des, *xxi*
Luria, A., *xxvi*

MacDougal, D. T., 742
Mach, E., 198, 231, 511, 593, 656, 742
Macht, D. I., 742
MacLaurin, C., 742
Magie, *lxxiii*
Magie des mots, 170, 172, 186, 210, 243, 322, 371, 378, 606
Mentalité de la ligne Maginot, *xciii* et suiv.
Maier, H., 803
Maillage, 577 et suiv.
Malinowski, 3, 18, 464 et suiv., 742
Manhood of Humanity, *xix, xx, xxii, xxvi*, 7, 35 et suiv., 67, 83, 98, 166, 222, 247, 351, 354, 497, 687
Marinesco, N., 500
Mariage, infantilisme dans, 478
Masse, 626
Mast, S. O., 741
Matérialisme, 481, 512 et suiv.
'Materiaux', 208, 210 et suiv., 212, 217 et suiv.
Mathématiciens, 289
Mathématiques
   abstractions, 61 et suiv.
   'logique', 396
   méthodes, 64, 119
   types, théorie des. *Voir* Types, théorie mathématique des.
Mathématiques, 8, 10, 188 et suiv., 524, 556
   et les valeurs humaines, 289
   comme comportement, 44, 65 et suiv., 123, 201, 231, 267, 283, 521

comme langage, 10, 233, 289, 327
principes centraux des (table), 234
définies, 233 et suiv.
évolution des, 240
fondements des, 396 et suiv.
langage des, 45, 61, 63, 237 et suiv., 266, 272, 277, 329, 371, 519, 585, 628, 710
caractère non-élémentalistique des, 266 et suiv.
École polonaise des, 87, 500, 709
écoles de, 708 et suiv.
structure des, 231 et suiv.
'Matière', 207 et suiv., 295, 355 et suiv., 529, 595, 601, 606, 610 et suiv., 638 et suiv., 641 et suiv., 643 et suiv., 710
Matrices, 248 et suiv., 664 et suiv., 673
Maturana, H., *xxix*
Maupertuis, 546
Mauthner, F., 742
Maxima and minima, 545 et suiv.
Maxwell, 600, 601, 602, 622, 632, 639, 647, 653 et suiv.
Mayer, C., *xviii*, 499, 617, 640, 736
McClendon, J. F., 742
McCollum, E., 115 et suiv., 742
McCracken, 114
McCrea, A., 742
McDougall, W., 742
McKenna, T., *xxvii*
McLuhan, M., *xxviii*
Mead, G. H., *xxvi, xxvii*
Mécanique, 627 et suiv., 640, 672 et suiv., 681
   quantique. *Voir* Quantique
Mécanismes
   de la multiordinalité. *Voir* Multiordinalité
   de l'ajustement, 7
'Mécanistique' vs. 'machinistique', 419 et suiv.
Médecine, 35 et suiv., 163, 454, 490, 500
Medes, G., 742
Mellon, 45
Membrane formation, 94
Mémoire, (souvenir), 271, 385 et suiv., 396, 422
Menger, K., 742
'Mentale'
   activité, 109 et suiv. *Voir aussi* Cortex et Thalamus
   déficiences, 298
   maladies, illustrations, 116. *Voir aussi* 'Insane'
   perturbations, deux groupes, 417
   hygiène, 8. *Voir aussi* Hygiène sémantique

maladie, *lxviii*, 73, 79, 257, 277 et suiv., 286, 315, 351, 376, 723
    processus, 51
Merz, J., 742
Mesures, 194, 234, 238, 240, 241, 271, 573, 606 et suiv.
Mesure, barre de, 622, 629
Métabolisme, 95, 96, 105, 116, 147, 372, 589.
    Voir aussi Nutrition
'Métaphysique', 55, 446
    structurelle, 81, 140
Méthodes d'évaluation, *lxvii*
Méthodologie, Méthodes, 59, 64, 84 et suiv., 119, 129, 130, 144, 161, 204, 224, 253 et suiv., 266, 266, 281, 285, 288, 353, 394, 412, 417, 498, 524, 546, 555, 564 et suiv., 588, 684
Meyer, A., 70, 282, 454, 496, 742
Michelson-Morley expérience, 610, 612, 632, 740
Migraine, 116
Mikami, Y., 742
Militarisme, 481, 515 et suiv. *Voir aussi* Guerres and Guerre Mondiale
Minima. *Voir* Maxima
Minkowski, Hermann, *xxv*, *lviii*, *lxxv*, 53, 83, 91, 98, 207, 217, 225 et suiv., 272, 296, 499, 531, 588 et suiv., 598, 605, 615 et suiv., 623, 624 et suiv., 629 et suiv., 636, 678, 681, 687, 741
Mnemiopsis, expériences avec, 323
m. o., 14. *Voir aussi* Multiordinal and Multiordinalité
Modalité, 426, 721
Molécule, 102, 299, 372, 500, 643, 644
Monakow, C. von., 743
Moore, 342
'Moral', 275. *Voir aussi* 'Éthique'
Morgan, T. H., 711, 733, 743
Moran, T. P., *xxviii*
'Morphologie', 44
Mouvement, 247
Mühl, A. M., 743
Muller, H. J., 107, 743
Multiordinal, *xlii*, 14
    mécanismes, 68, 322, 406 et suiv., 420
        termes, 8, 13 et suiv., 20, 58 et suiv., 68, 164, 231, 236, 256, 283 et suiv., 301, 360 et suiv., 385, 398 et suiv., 401 et suiv., 417, 430, 657, 670, 685, 709, 712, 714, 716, 720
Multiordinalité, 13 et suiv., 20, 53, 58, 68, 85, 125, 133, 284, 301, 358, 400 et suiv., 403, 409, 415, 420, 445, 461, 721

Multiples personnalités, 137
Multiplication, commutative and non-commutative, 676.
Mumford, L., *xxviii*
Murphy, D. P., 743
Murray, E., *xxviii*
Muscles, antagonistes, 324
'Mystères', 231
Mysticisme and mythologies, 372
Mythologies, 183, 185, 186, 251

N, 14. *Voir aussi* Newtonien et Trilogies
$\overline{N}$, 14. *Voir aussi* Non-newtonien et Trilogies
Napier, 530
Narcissique, période, 456, 458, 495. *Voir aussi* Perturbations sexuelles et Infantilisme
Nationalismes, 478, 515, 518
'Nature', 214, 351. *Voir aussi* 'Lois' de 'Nature'
'Nature humaine', *lviii*, *cxvii* et suiv., 42, 36, 41, 98, 165, 166, 211, 299, 305, 408, 412 et suiv., 431, 499, 505, 698
    changer, *lxi*, *cxvii*
Nazi, *xcv* et suiv.
Négative
    excitation. *Voir* Différentiel Activation, Excitation, 'Inhibition'
    facteurs, 338
    prémisses, non-identité, 9, 55 et suiv., 112, 231, 250, 339, 367, 368 et suiv., 385 et suiv., 395, 400, 408, 502 et suiv.
Nerveux
    dépression, 424
    conflit, 488 et suiv.
    maladie (illustrations), 116
    fonction, 17, 105, 108, 305, 339, 349 et suiv., 472, 487, 588 et suiv., 619, 647, 685.
        Voir aussi Copiage
    fonctions, ordre de, 156, 165 et suiv., 276, 283, 306 et suiv., 442, 677
    impulsions, vitesse de, 143, 148, 176 et suiv., 218, 390, 437, 697
    système, 37
comme mécanisme de protection, 305, 461 et suiv.
irritabilité de, 115, 324
maturation des, 80, 160, 182, 297 et suiv., 303 et suiv., 471
éducation sémantique de, 137, 330
    structure du, 33, 46, 95, 119, 139, 143 et suiv., 150, 155, 162 et suiv., 167 et suiv., 176 et suiv., 182, 207, 213, 218, 259, 266 et suiv., 271 et suiv., 274 et

suiv., 285, 297 et suiv., 303 et suiv., 316 et suiv., 334, 421, 488, 502, 510, 537, 557, 566 et suiv., 598, 614 et suiv., 619, 634, 674, 683 et suiv.
Neuro-Linguistique, *xxviii, xxiv* et suiv.
   environnements comme environnement, *xlii, lxviii*
   structure du langage, *xlii, lviii*
Neurologie
   des erreurs, 488 et suiv.
   non- aristotélicienne, 144, 320
Neurologique
   fonction d'abstraire, 218 et suiv., 259 et suiv., 272, 302, 319, 328, 330, 337, 356, 360 et suiv., 382 et suiv., 405. 531
   problèmes, 80, 137, 143 et suiv., 160 et suiv., 177, 218 et suiv., 266, 297 et suiv., 421, 430, 439, 489, 510
Neuro-sémantique, *xxviii, xlii, lx*
   environnements en tant qu' environnement, *xlii, xlviii*
   relaxation, *lxxxiv* et suiv.
   difficultés d'élocution ('bégaiement') et, *lxxxiv*
   structure du langage, *liii*
Névrose, 276, 310, 458, 464
Newton, I., *xxv*, 25, 53, 78 et suiv., 82, 142, 119, 207, 227, 322, 530, 552, 584, 687, 593, 599, 604, 630, 652, 680, 695, 696
Newton, lois de, *xix*
Newtonien, système, 8, 14, 25, 177, 215, 227, 322, 622, 626. *Voir aussi* Trilogies
Nicod, J., 743
Niveau, indicible. *Voir* Indicible
Niveaux indicibles, 31 et suiv., 57, 186, 209, 259, 284, 294, 300, 304, 356 et suiv., 376, 395, 400, 410, 413, 440 et suiv., 443, 447, 502, 522, 595 et suiv., 615 et suiv., 652, 712 et suiv., 716, 718, 721
   'lois' de, 181, 194, 287, 375, 708, 711
   processus, 172, 262
Niveaux, macroscopiques et sub-macroscopiques, 149
Nombre
   Et mesure, 43. *Voir aussi* Mesure
   en tant que classe de classes, 46, 191, 238
   aspects cardinaux et ordinaux, 239 et suiv.
   définition de, 8, 43, 191, 238 et suiv., 240 et suiv.
   évolution des, 44, 243, 405, 556
   imaginaire, 328
   irrationnel, 231, 232, 241, 245, 248, 552

   négatif, 328, 338
   définition non aristotélicienne de, 191, 238, 240
   notations pour, 15, 238 et suiv.
   comme operateurs, 329
   transfinis 190
Noms et substantifs, 345
Non-additif, 34, 81, 106, 157 et suiv., 173, 247, 291, 303, 329, 330, 487, 564 et suiv. *Voir aussi* Additivité
Non- aristotélicien, *xviii, xx, xxiv, xlii* et suiv., *lvi* et suiv., *xcv* et suiv., 14
   biologie. *Voir* Biologie
   méthodes générales, *lxxiv, lxxvi, lxxvii*
   Congrès internationaux, 512, 518
   Bibliothèque, 512 et suiv.
   neurologie, *Voir* Neurologie
   orientation, *lxxv et suiv.*
   prémisses, 9 et suiv., 55 et suiv.
   principe, fondamental, 168
   problèmes, de système, 41
   ponctuation, 14, 15
   Révision, 512
   révision, tableau récapitulatif, *lxxvii* et suiv.
   science de l'être humain, *xxxi*
   Société, 511 et suiv., 517
   système, 7 et suiv., 25 et suiv., 31, 38, 67, 83 et suiv., 98, 101, 121 et suiv., 128, 132 et suiv., 143, 168, 172 et suiv., 182, 187 et suiv., 209, 254 et suiv., 261, 266, 293 et suiv., 305 et suiv., 319, 339, 346, 351, 368, 373, 375, 381, 398 et suiv., 404 et suiv., 418, 436, 449, 474, 489, 491 et suiv., 496 et suiv., 500, 529, 555, 612, 671, 689 et suiv. *Voir aussi* Trilogies
   transition vers, *lii et suiv.*
   développements inattendus, 497 et suiv.
Non-élémentalisme, 19, 29, 84, 87 et suiv., 97 et suiv., 116 et suiv., 137, 142, 166, 173 et suiv., 176, 257, 265, 266 et suiv., 283, 352, 364, 375, 388, 394, 398 et suiv., 439, 461 et suiv., 473, 497 et suiv., 503, 524, 656, 687 et suiv., 689 et suiv., 697, 718. *Voir aussi* Élémentalisme
Non-*élémentalistique*, 14. *Voir aussi* Non-élémentalisme
Non- élémentalistique
   caractère des mathématiques, 266 et suiv.
   terme(s), *lxxxvi et suiv.*
Non euclidienne, géométries, *xix*, 7 et suiv., 14, 25, 29, 59, 83, 216, 315, 557, 600 et suiv., 628. *Voir aussi* Trilogies

Non-identité, 45, 367, 386, 389, 395, 398, 400, 408 et suiv., 498, 503
Non-linéaire, *Voir* Non-additif
Non- newtonien, système, 7 et suiv., 14, 25, 29, 83, 143, 187, 322, 351, 557, 625 et suiv., 646. *Voir aussi* Trilogies
Non-newtonien, physique, *xix*
Non-Sanité, 37, 97, 260 et suiv., 273 et suiv., 277, 283, 284, 305, 367, 377, 447, 454 et suiv., 530
'Non'-systèmes, 83
   hypothèses, 467
   difficulté pour remplacer l'ancien système, 82
Nordmann, C., 743
'Normal', 37, 181, 311 et suiv., 317, 337, 425, 470, 475, 524
   être humain, 11
Norme d'évaluation, 185, 297, 510, 723
Northrop, F. S. C., 743
Nunn, T. P., 743
Nutrition, expérience, 114 et suiv.
n-valués (schémas), un résumé schématique, 428

Objectification, 214 et suiv., 294 et suiv., 386, 409, 418 et suiv., 423, 433, 606 et suiv., 624, 632 et suiv., 634, 651
Objectique, définition, *xxxv*
Object(s), 51, 383
   en tant que processus dynamiques, 355, 355
Observateur(s)
   idéal, 410 et suiv., 412, 414
   diffèrent, 347
Observateur-observé, 98, 342
Œdipe, complexe, 463
Œil fait partie du cerveau, 425
Ogden, C. K., *xxv*, 31, 48, 500, 742, 743
Oiseaux, expériences avec, 33, 168, 270, 280
Onanisme, 484 et suiv., *Voir aussi* Autoérotisme and Troubles sexuels
Ondes, 248
   Longueur d', 676
   Plan de propagation, 559
   électromagnétique, 600
   hertzien, 219
   tableau des vibrations, 220
Ondes sinusoïdales, 559, 683
Ondulatoire, théorie, 99, 233, 555 et suiv. 679 et suiv.
On My Path, *xxviii*
Ontologie, 481
Opérateurs, chiffres interprétés comme, 249, 329, 530, 566

Opérationnel, méthodes, 2, 3
Opinions, 376,
Optique, 679 et suiv.
Ordre, *xli*, 40, 52, 55, 84, 121, 139 et suiv., 142 et suiv., 155, 164, 173 et suiv., 203 et suiv., 240, 293 et suiv., 347, 352 et suiv., 396, 414 et suiv., 434, 437, 443, 503 et suiv., 561, 611, 613, 614
   d'abstractions. *Voir* Abstractions
   intension and extension, 157 et suiv.
langage de, 613
   multi-dimensionnel, 27, 53, 87, 148 et suiv., 167 et suiv., 176, 187, 231, 293 et suiv., 296, 301, 323, 427, 433, 504, 596
   naturel. *Voir* Ordre naturel
   et le système nerveux, 54, 144 et suiv., 164 et suiv., 207, 306 et suiv.
   simplicité neurologique de, 54
   caractère psychophysiologique de la. *Voir* Psychophysiologie
   récurrent, cyclique, 164 et suiv.
   inversé, 40, 101, 150 et suiv., 155 et suiv., 164, 168 et suiv., 182, 305, 377, 396, 407, 414, 423, 443, 450, 693, 696
Ordre naturel, *lxxiii*, 100, 155 et suiv., 164 et suiv., 186, 202, 305, 412, 416 et suiv., 422, 434, 442 et suiv., 474, 695 et suiv. *Voir aussi* Abstraire, Évaluer
Orent, E. R., 743
Organisme-comme-un-tout, *xxix*
Organisme-comme-un-tout-dans-un-environnement, *xxix*, *lviii*, *cxvii*, 8, 93, 94 et suiv., 97 et suiv., 112 et suiv., 137, 143, 148 et suiv., 158, 182, 188, 176, 222, 266, 286 et suiv., 349, 382, et suiv., 395 et suiv., 421, 434, 439, 460 et suiv., 483, 490 et suiv., 503 et suiv., 509, 560, 589, 605
Organismale, évaluation, *lxxi*
Orientation-'particule', 658
Orientation processus, *lxxvii*
Orthological, Institute, 48, 725
Osborn, H. F., 743
Osgood, W. F., 522, 743
Ostwald, 102
Oubli, 454 et suiv.
Oursin, expériences avec, 113

Pace, R. W., *xviii*
Pace, T., *xxviii*
Pacifisme, 516
Packard, C., 743
Paget, Sir R., 743
Painter, T. S., 743

Paniques et mauvaises évaluations, 45, 314
Papillons, expériences avec, 113
Paradoxe, 699 et suiv.
    barbier, *xc*
    Épiménides, 402 et suiv.., 699 et suiv..
    hétérologique-autologique, 699 et suiv.
    'Je mens', 402 et suiv., 701
    Tristram Shandy, 193
Paranoia, 80, 160, 184
Pareto, V., 743
Parker, G. H., 743
'Parler à propos du parler', 9, 42
'Parler en langues', 183
Participation, loi de, 475
Pascal, 523
Passage à l'an 2000, *xvii*
Pas-tout, 348, 351, 386, 398, 434 et suiv., 439, 445, 503. *Voir aussi* Toutisme
Paterson, J. A., 472, 741, 744
Paton, S., 744
Pauli, 102
Pavlov, I. P., *xxv*, 16, 140, 168, 180, 293 et suiv., 303 et suiv., 307 et suiv., 317, 333 et suiv., 343, 418, 424, 434, 450, 473, 737, 744
Peano, G., *xxv*, 121, 142, 235, 401, 709, 744
Pearl, R., 743
Pearson, K., 743
'Péché', 36, 510
Pédophilie, 484. *Voir aussi* Troubles sexuels
Peirce, C. S., *xxv*, 4, 743
Pellagre, 114 et suiv.
'Pensée', 91, 382. *Voir aussi* Penser Thalamique
'Pensée' pré-logique, 475
'Penser', 450
    et 'ressentir,' 276
    processus, général, 255
Perception, *xxvii*, 61, 236, 422
Perls, F., *xxv*
Personnalités, multiples, 137
Personnes équilibrées, 138
Personne 'pratique', la, 476, 507
Pesticides, *xxii*
Petersen, W. F., *lxxxi*
Peterson, F., 744
Petitio Principii, 374, 412 et suiv. *Voir aussi* Question-begging epithets
Pétition de principe, 374, 412
Peur(s), 24, 251, 444
    de la peur, 407
Phénomènes électriques dans les tissus vivants, 105 et suiv.
'Philosophes', *lxv* et suiv., 70, 256

'Philosophie', 55, 70 et suiv., 79, 82, 128, 158 et suiv., 161, 165, 198, 210, 214, 223, 227, 272, 280, 288, 345, 418, 481, 519, 560, 641
Philosophie anglo-saxonne de l'égoïsme, 481
Phobies, 313, 342, 529
Physiologique
    fonctions, 11, 40, 246, 255, 283, 293, 296, 298 et suiv., 393, 438, 454
    gradients. *Voir* Gradients dynamiques
Physique
    préparation, 393
    subjectivité, 227
Physique, aspects sémantiques (évaluationnels), 8, 521, 588 et suiv., 606 et suiv., 625 et suiv., 708 et suiv.
Physique des hautes pressions, 232, 499 et suiv.
Piaget, J., 743
Piaggio, H. T. H., 743
Picard, C. E., 123
Piéron, H., 1, 2, 3, 18, 91, 121, 139, 140, 173, 250, 291, 343, 358, 418, 561, 572, 573, 744
Pierpont, J., 743
Piézochimie, 499 et suiv.
Pitkin, W. B., 743
Pitié, 407
Planaria torva, expériences avec, 112
Planck, M., 2, 519, 646, 658, 663, 664, 680, 744
Planck, constante, 664, 674, 681
Platon, *xxi, xxv, lxxv, cxv*, 79, 80, 81, 187, 686
Plauson, H., 744
Plenum, *xliv*, 94, 212 et suiv., 296 et suiv., 321, 444, 532, 584, 625, 634, 658, 678
Plugh, M., *xxviii*
'Plus' ressenti, 558 et suiv. *Voir aussi* Additivité
Poésie, 404
Poincaré, H., *ix, xxv*, 1, 2, 7, 70, 72, 78, 91, 98, 173, 188, 207, 341, 573, 708, 744
Point-évènement, 203, 356, 446
Poissons, expériences avec, 107, 163, 314 et suiv., 564
Polakov, W. N., 744
Politiciens, 71, 516
Pollution, *xxii*
Polygordius, expériences avec, 112
Pomme, 88, 129, 258, 357, 373, 422, 429, 430, 436, 437, 441, 711, 717, 719, 720
Ponctuation, non- aristotélicien, 14
Population, sur-, 222, 506, 512
Positivisme, *xxi*
Post-aristotélicien, *xx*
Post-humain, *xx*
Post-industriel, *xx*

Post-lettré, *xx*
Post-modernisme, *xx*
Post-structuralisme, *xx*
Postman, N., *xvii* et suiv., *xxvi*, *xxviii*
Postulats, systèmes, 133, 257, 258
Postulatoire, méthode, 405
Poulets, expériences avec, 564
Pouvoir d'observation, 11
Pragmatisme, 101
Prantl, C. V., 744
Prédicateurs, 36, 509
Prédictibilité, *xlvi*, *ciii*, 94, 301
Préférence, problèmes de, 409
Préjugés (s), 24
    religieux, 97
Première Guerre mondiale, 35, 41, 42, 251, 311, 385, 412, 481, 507
Prémisses, 9 et suiv., 26, 46, 55 et suiv., 236, 286 et suiv.
Prendre connaissance de, 52, 347 et suiv., 679, 695
'Présent', le, 198
Prêtres, 35, 66, 497, 512
Preuve, 258
Prévention, 160, 172, 406 et suiv., 410, 412, 416, 450, 453, 456, 463
Prince, M., 116, 744
"Prince Rupert" drops of glass, 335
Principia Mathematica, 52, 127, 379, 398 et suiv., 522, 697 et suiv.
Principe d'incertitude d'Heisenberg, *xix*
Probabilité, 84 et suiv., 194, 198 et suiv., 287, 376, 396, 426, 556, 639, 667 et suiv., 685
'Problème(s)', 59
    dans la vie et les sciences, 125
    résolution, 41, 253
Procédés, extensionnel, *lxxxv et suiv.*
    indexation du sexe, *lxxxiii et suiv.*
Processus, 87, 128, 189 et suiv., 201, 210, 325, 327, 337, 423, 429, 457
    d'abstraire, d'abstraction. *Voir* Abstraire
    nerveux, neural, 270, 276, 285, 294, 335. *Voir aussi* Nerveux
    et ordre, 176, 293, 431
    périodiques et rythmiques, 213, 296
    sémantique, 212, 262 et suiv., 264 et suiv., 280, 351, 372, 468
    et structure, 149
    de survie, 273, 372
    unité, 194 et suiv.
    monde-événement, dynamique, 245, 354, 358
Processus et tendances rythmiques, 104, 112, 213, 323

Proclus, 466
Programmation Neuro-Linguistique (PNL), *xxv*
Progrès, 47, 685
Projection, mécanisme de, 73 et suiv., 82, 156, 162, 294, 393, 428 et suiv.
Propagande, 412
Proportionnalité, 540, 556, 563 et suiv.
Propositions, 85 et suiv., 398 et suiv., 698 et suiv.
Propriété (propriétaire), 507
Prostitution, 251, 283, 484 et suiv.
Protection contre la surstimulation, 155, 462
Prothétique, 709
Protoplasme, 94 et suiv., 105 et suiv., 109, 152 et suiv., 218, 298, 300, 318, 320, 353, 456
Psychanalytique, théories, 455
'Psychiatres', 257
Psychiatrie, 28, 110, 116, 119, 127 et suiv., 137, 150, 165, 169, 172 et suiv., 210, 259, 266, 276, 281 et suiv., 313, 317, 323, 333 et suiv., 351, 406 et suiv., 416, 453, 455, 462, 464, 473, 481, 483, 499 et suiv., 524
Psychobiologie, 281
Psychogalvanomètre, 108, 181, 469
'Psychologie', 64 et suiv., 86, 176, 188, 227, 238, 261, 267, 281 suiv., 312, 319, 371, 427, 516, 644, 686, 690, 693
    gestalt, 68
Psycho-logique, blocages, 8
Psycho-logique, 9, 21 et suiv., 28, 32, 66, 86, 123, 149, 203, 191 et suiv., 266 et suiv., 275, 288, 317, 351, 407, 453, 497, 537
'Psychologues', 257
Psycho-neural, moyens, 275, 283, 284 et suiv., 393, 399
Psychonévroses, 117, 277, 310, 460, 464 et suiv.
    Voir aussi Névroses
Psychophysiologie, 7 et suiv., 16 et suiv., 21 et suiv., 84, 233, 261, 284, 291 et suiv., 394, 446, 415, 417, 464, 475, 495, 498, 503
    du langage, négligence de, 38 et suiv.
    Mécanisme des maladies «mentales, 37
Psychophysiologique de l'ordre, caractère, 296, 298 et suiv., 412, 413, 417, 503
Psychoses, 277, 458, 459, 461, 472
Psychosomatique, *lxv*, *lxxxvi*
Psychothérapie, 22, 31, 80, 95, 108, 135, 170, 181, 276, 333 et suiv., 338, 408, 409, 416, 431, 462 et suiv., 492 et suiv., 495
    théorie générale de la, 7
Ptolémée, 466
Pythagore, théorème, 573, 580 et suiv., 604, 609

Quadri-dimensionnel
    méthodes, 85, 128 et suiv., 246, 424, 494
    théorie de la langue, 86, 225, 474
    monde, 217, 272, 588 et suiv., 614 et suiv., 685
Qualité, 233, 246
Quanta, 124, 216, 358, 611, 646, 680
Quantité 639, 666
Quantités scalaires, 576
Querelle politique, 42
Question-begging epithets, 412, voir Pétition de Principe
'Questions' et 'réponses', 127

Rabaud, E., 744
Race, 'aryenne' ou 'blanche', *xxxvii*, civilisation occidentale 81, 280 et suiv.
Rachitisme, 108, 114
Racines
    'apprentissage' des, 109
    radiations des, 109
Radioactivité, 644, 647, 649
Rainich, G. Y., 263, 356, 526, 527, 624, 745
Raison, avoir, 389
Raisonnement, infini-valué, 402
Ramsey, F. P., 745
Rank, O., 745
Rashevsky, N. V., 745
Rationalité, 55 et suiv.
Rationalisation, 342, 413, 423, 430 et suiv., 463, 467, 484 et suiv., 485, 513, 522 et suiv.
Rats, 116, 269 et suiv., 281, 325
Rayons, 106 et suiv., 219 et suiv., 227, 644 et suiv., 676, 696
Rayons cosmiques, 107, 220
Rayons gamma, 226, 676
Réactions sur le champ de bataille, lvii
Réagit, 24
'Réalité', 58
Réchauffement global de la planète, *xvii*
Reconnaissance, 469
Réductibilité, axiome de, 401
Référence, cadres de, 225, 573 et suiv., 689 et suiv.
Réflexes, 18, 139, 293 et suiv., 303 et suiv., 317, 328, 334, 420 et suiv., 451, 473
Réflexes conditionnels, 9, 18, 293 et suiv., 303 et suiv., 327, 473
Régénération, 113
Règles exponentielles, 247, 329, 385
Régression, 177, 184, 275, 284, 298, 308 et suiv., 313, 351, 457 et suiv., 463, 465, 469 et suiv., 475
    représentation schématique, 459

Reiser, O. I., 745
Relation, mise en, processus de, et associations, 264, 267, 473, 566
Relation(s), 52, 55, 63, 85, 94, 121, 142, 148 et suiv., 159, 173 et suiv., 204 et suiv., 243, 266 et suiv., 418, 471 et suiv., 503, 579
    asymétrique, 51, 173 et suiv., 181 et suiv., 185 et suiv., 204, 240, 294, 347, 376, et suiv., 405, 418, 443, 575, 611, 617, 669
    invariante, 136
    similarité de, 52
    structure, ordre et, 148 et suiv., 236, 242 et suiv., 250, 264 et suiv., 277
    symétrique, 173, 175, 178, 240, 405
    deux-valuée, *xxxi*
Relations asymétriques, *lxix* et suiv., *lxxvii*, 52, 57, 174 et suiv., 176, 177 et suiv., 182, 186, 241, 242, 294, 443, 670, 716. *Voir aussi* Relations, asymétrique
Relations humaines, 22, 252
Relativité
    ancienne mécanique, 607, 609
    théorie de, *xix*, 2, 88, 217, 358, 378, 561, 616, 715 et suiv.
Religions, *xix*, *lxxix*, *xcvii*, 513
Religieuses, 'Philosophies', 82
    guerres, 260
Rendre l'inconscient conscient, 22
Répétitions, 15
Réponse, 155
Représentation, 573 et suiv., 576
    forme(s) de, 60, 64, 573 et suiv.
Répression 319, 332, 335, 389, 444, 488
Requins, expériences avec, 321
Respirer, respiration, 57, 117, 213, 297, 318, 443, 473
'Ressentis', 23, 29, 276 et suiv.
Révision, *xxiv*, *xlix*, *lxx* et suiv., *lxxiv*
    structurelle, *lxx* et suiv.
    tableau récapitulatif, non- aristotélicien, *xviii*, *lxxvii*
Révolutions, *l*, *lxxiii* et suiv., 26, 42
    de système à système, *lxxiv*
Rhume des foins, *lxxii*, 116, 307, 349
Richards, I. A., *xxv*, 31, 735, 742 et suiv.
Richter, G. H., 472, 732, 741, 745
Riemann, B., *xxv*, 79, 248, 529, 580, 600 et suiv., 605
Rietz, H. L., 745
Rinaldo, J., 745
Ritchie, A. D., 745
Ritter, W. E., 93, 745

Roback, A. A., 745
Robb, A. A., 745
Roberval, 530
Rømer, O., 602
Röntgen, rayons de, 107, 219 et suiv., 223, 226, 645
Rosett, J., *lxxii*
Royce, J., *xxiv*, 54, 121, 204 et suiv., 712, 745
Ruark, A. E., 745
Rueff, J., 745
Russe, révolution, (1905), 481
Russell, B., *xxiv* et suiv., *xxv*, 49, 52 et suiv., 61, 78, 86, 121, 126 et suiv., 139 et suiv., 142, 173, 193, 198, 200, 203, 207, 217, 235, 238, 289, 397 et suiv., 402, 454, 521, 593, 697 et suiv., 709, 715, 745, 749
Rutherford, 643, 645, 648 et suiv.
Rutzler, J. E., 732, 746

Saccheri, 467
'Sagesse', 501
'Sainte Inquisition', la, *lxi*, 36, 260, 424
Sanité, 42, 54, 77, 104, 119, 138, 148, 167, 176, 184 et suiv., 208, 215, 221, 266, 276 et suiv., 284, 288, 289, 293 et suiv., 304, 315, 329, 345, 398, 402, 405, 407, 409, 427, 437, 443, 447, 454 et suiv., 469, 490 et suiv., 503, 505, 529 et suiv., 571, 591, 611, 604, 613, 624, 651, 659, 671, 687, 688, 709, 716, 720
   logique de, 529
   théorie de, 10, 21, 42, 69, 137, 167, 267, 272, 293 et suiv., 315, 350, 382 et suiv., 402, 407, 434, 484, 503, 671, 687, 709, 760
Santayana, G., 1, 3, 4, 237, 496, 745
Sapir, E., *xxvi*
Sapir-Whorf, Hypothèse, *xxvi*
Saussure, Ferdinand de, *xxvi*
Savoir, 11, 55, 148, 349, 420, 425
Sceptique, imaginaire, 399
Schiller, F. C. S., 746
Schizophrénie, *lxxvi*, 25, 80, 160, 169 et suiv., 342, 476, 477, 479, 484, 514. Voir aussi Langage de
Schlick, M., 746
Schrödinger, E., *xxxiv*, 231, 561, 643, 656, 677 et suiv., 682, 683, 684, 746
Science, *xx*, *xxii*, 24, 26, 54, 58, 85, 98, 137, 187, 253, 301, 323, 349 et suiv., 367, 415, 443, 485, 510, 684 et suiv.
   et l'adaptation humaine, 15
   de l'être humain, *lix*, *xcix*, *civ*, *cxi*, 16 et suiv.
   et les mathématiques, 510, 688
   la vulgarisation de, 51 et suiv., 447, 512
   base structurelle de la, 300 et suiv.
Scientifique, *xx*
   critique, 407
   découvertes, 27
   ère, 17, 178
   'lois', 351
   'objet,' 358, 377, 442
Scott, 33
Scorbut, 114 et suiv.
Seconde Guerre mondiale, *xvii*, *xxi*
Sélectionner et abstraire, 468
Sémantiques, *xvii* et suiv., *xxvi*, *xlvi*, *li*, *lix* et suiv., *lxviii*
   mono-, deux-, trois-, et infini-valuées, 426 et suiv., 431
   restreintes, 708
Sémantique (évaluationnelle), 24
   aphasie, 18, 19, 41
   blocage. Voir Blocage
   compensation, 185
   considérations, 'matière', 'espace', etc., 223 et suiv.
   définie, 18
   description de, 22
   perturbations, 57, 75, 77, 79, 100, 127 et suiv., 167, 177, 182 et suiv., 186, 203, 207 et suiv., 210, 214 et suiv., 243 et suiv., 247, 250, 259 et suiv., 266, 273 et suiv., 276, 280, 283, 284, 289, 297 et suiv., 308 et suiv., 312, 354, 357, 377, 386 et suiv., 389, 402, 409, 421, 425, 442, 450 et suiv., 458 et suiv., 471, 487, 490, 504, 523 et suiv., 596, 598 et suiv., 606 et suiv., 611 et suiv., 614, 617, 624, 630 et suiv., 632 et suiv., 640, 655 et suiv., 657, 675, 687, 717
   épidémiques, 184
   évolution, 179
   flexibilité, 191, 314 et suiv., 409, 417, 426, 431, 505
   fuite de la 'réalité', 183
   hygiène, 16, 28, 160, 266, 451, 489, 517
   morbide, 407
   neurologie de, 194 et suiv.
   périodes de croissance, 456 et suiv.
   problèmes, internationaux, 251 et suiv., 484 et suiv.
   réactions, 14, 18 et suiv., 29 et suiv., 83, 87 et suiv., 94., 106 et suiv., 111, 123, 128, 150, 161, 216, 250 et suiv., 270, 312,

314, 330, 338, 352, 361 et suiv., 461, 465, 524
   entraînement à, 17 et suiv., 25, 29, 266
Sémantique(s) générale(s), *xxviii*, 8, 87, 233, 247, 353, 402, 426 et suiv., 438, 493, 499, 503, 693
   en tant que science empirique, *lxiv*
   en tant que discipline complémentaire, *lxiv*
   en tant que système non aristotélicien, *xvii*, *xx* et suiv., *cxiii*, *cxv* et suiv., *cxx*
   en tant que théorie de l'évaluation, *lxix*
   pour le troisième millénaire, *xxviii*
   choix du nom, *lxix*
   confusion avec la sémantique, *lix*,
   distinction de la sémantique, *lix* et suiv., *lxviii* et suiv.
   exemple, *lxix*
   en grand, *xxviii*
Sémantogènes, maladies, *lxxvi*
Sémasiologie, *lx*
Sémiotique, *xxv*, *xxvi*, *lx*
Sencourt, R., 746
'Sens', 219, 222, 353
   et 'esprit,' 28
   organes, 218 et suiv., 259 et suiv., 424
'Sensations', 218 et suiv., 259 et suiv, 456, 474
Sexe
   perturbations, 283, 484. Voir aussi Autoérotisme, Exhibitionnisme, Homosexualité, Infantilisme, Onanisme, Pédophilie
   glandes. Voir Gonades
Shannon, C., *xxix*
Shaw, J. B., 235 et suiv., 249, 264 et suiv., 746
Sheffer, H. M., 86, 134, 746
Sheppard, W. F., 746
Sherrington, C. S., 746
Sierpiński, W., 746
Signaux, réactions aux, *xc*
Signaux et symboles, 309 et suiv., 314
Signification, 31
'Signification', théories de, *lxviii* et suiv.
'Significations', *xxv*, *xxviii*, 8, 13, 18 et suiv., 30, 57, 68, 73 et suiv., 84, 126 et suiv., 130, 271 et suiv., 360 et suiv., 450
de 'significations', 21 et suiv.
Silberer, H., 746
Silberstein, L., 746
Silence au niveaux objectiques, 31 et suiv., 368, 375, 380, 385, 389 et suiv., 412, 433, 441, 444, 448, 596, 615. Voir aussi Niveaux indicibles

Similarité
   -différence, *lxxxvii*, 152 et suiv., 246, 353, 474
   dans les différences, 246
   de structure. Voir Structure
Simone, Antonio, *xxviii*
'Simplicité', 7, 295, 331
Simultanéité, 2, 606, 616 et suiv., 621, 623, 633, 655, 692 et suiv.
Singes, décortexés, 163. *Voir aussi* Cortex et Thalamus
Singes, expériences avec, 324
Skarzeñski, 709, 715
Smith, D. E., 742, 746
Smith, H. B., 750
Smith, W. B., 746
Socialisme, 252 et suiv., 449
Socrates, *xxiv*, *lxxv*
'Soit-soit relations, *lix*
Solipsisme, xxiii
Sommerfeld, A., 526, 593, 649 et suiv., 656, 680, 746
Sommerville, D. M. Y., 746
Souffrance, 42, 253
Souhaits, 20, 376
Souvenir, 335
Spalding, 33
Spaulding, E. C., 746
Spearman, C. E., 746
Spengler, O., liv, 44 et suiv., 746
r. s., 14. Voir aussi Réactions sémantiques
Starling, E. H., 746
Statique-dynamique, *lxxi*, 128 et suiv., 208, 222, 276 et suiv., 284, 301, 493, 529, 605, 630. Voir aussi
Statistiques
   lois, 675
   moyennes macroscopiques, 201, 643, 644, 675
   effet-masse, 349
Statistique, 287, 349, 675, 684
Stekel, W., 746
Stérilité chez les femelles, 116
Stewart, J. P., 746
Stieglitz, J., 746
Stiles, P. G., 746
Stimuli
   et inhibitions. Voir Inhibitions
   jamais simples, 294, 297
   sémantiques, 461
Storch, A., 746
St. Paul, 714

Strate, L., xxviii
Stratification, verticale and horizontale, 118, 367 et suiv., 380, 408, 432 et suiv., 438, 440, 465 et suiv., 468, 503, 665
Structurel
    hypothèses, 257, 446
    calcul, 242
    métaphysique, 346, 354, 446 et suiv.
    symbolisme, 439
    inconscient, 335, 467, 493
Structurel différentiel, xxvii, 12, 24, 305, 358 et suiv., 367, 368, 373, 380 et suiv., 385 et suiv., 392, 395 et suiv., 410 et suiv., 419 et suiv., 434 et suiv., 444, 448, 450, 463, 530, 720
Structure, 51 et suiv., 57 et suiv., 81, 85, 88, 93, 95, 100 et suiv., 103 et suiv., 110, 118, 129 et suiv., 142, 148 et suiv., 176, 179, 181, 184 et suiv., 200 et suiv., 204 et suiv., 208 et suiv., 215, 217 et suiv., 231, 249 et suiv., 257, 258, 261, 264 et suiv., 267, 283, 284 et suiv., 294 et suiv., 315, 323, 326, 377, 418, 432, 446, 489, 503, 508, 530, 546, 615 et suiv., 638, 640, 646, 657, 664, 712
    aristotélicien, 54, 84, 130, 280
    défini, 52
    des évènements, 489
    et fonction, 124, 299 et suiv., 308, 508
    de la connaissance, 30, 204 et suiv., 207, 222, 251, 401, 405 et suiv.
    du langage, xli, lx, lxix, lxxvi, lxxvii, lxxxiv et suiv., lxxxix, cxiv et suiv., 46, 52, 54
    élémentalistique, lxxvi
    non-élémentalistique, lxxvi
    langage de similaire, 38, 43, 53, 59, 223, 271, 325, 463, 464
    linguistique, 28, 38 et suiv., 51, 54 et suiv., 64, 98 et suiv., 117, 133, 176, 183 et suiv., 205, 223, 225, 234, 249 et suiv., 254, 257, 260, 274, 295, 301, 313, 319, 329, 337, 346 et suiv., 352, 356 et suiv., 371 et suiv., 393, 401, 429, 432, 436, 448, 467, 473, 502, 511, 564, 572, 606 et suiv., 611 et suiv., 634 et suiv., 644, 651, 653, 659, 685 et suiv.
    et système de postulats, 133
    comme lien entre le monde objectique et le monde verbal, 18, 54, 57, 339, 712
    des mathématiques, 39, 64, 257, 284 et suiv., 327
    et d'ordre multidimensionnel, 148 et suiv., 293, 597, 712
    multiordinal, 413
    comme seul contenu de la connaissance, 18, 21, 110, 179, 208, 243, 301, 303, 323, 502, 522, 611, 644 et suiv., 653, 657 et suiv., 675, 685 et suiv.
    similarité de, 52 et suiv., 55 et suiv., 94, 151, 208, 245, 251, 262 et suiv., 267 et suiv., 272, 274, 299 et suiv., 304 et suiv., 357, 382 et suiv., 408, 499, 522 et suiv., 657
    test de, 204
Structure du monde, 53
Strychnine, effet de, 324
Stupeur, émotionnelle, 200, 634, 640
Sturtevant, A. H., 743, 747
Subjectivisme radical, *xxiii*
Subjectivité, physique, 226
Sublimation, 165 et suiv.., 283, 406 et suiv.
Submicroscopique, lxx et suiv., lxxiv, lxxvi, lxxvi, cxviii, 105, 149 et suiv.
'Substance' et fonction, 150, 501, 521
Suggestions, non-aristotélicien, 512 et suiv.
    Au lecteur, 10
Sujet-prédicat, vl, lxix et suiv., lxxii, lxxvi, lxxxi, 57, 78, 84, 121, 174, 175, 208, 284, 345.
Sullivan, H. S., 746
Sullivan, J. W. N., 746
Suppression, 389, 444
Surfaces, théorie des, 224, 243, 525, 577 et suiv., 601 et suiv., 603, 626
Sur-stimulation, protection contre, 155, 444
Survie, 32, 40, 154 et suiv., 162 et suiv., 164 et suiv., 168, 172, 178, 181, 182, 222, 259, 272 et suiv., 275 et suiv., 283, 304, 312, 318, 319, 372, 424, 443, 535, 716, 759
Sylvester, *lxxxvii*, 246
Symboles, *xxviii*, 70 et suiv., 77, 127 et suiv., 186, 190, 275, 309 et suiv., 314, 359 et suiv., 439, 479, 507. Symbolisme, xxvii
Symboles, réactions aux, xcvi
    Voir aussi Symbolisme correct
Symboliques, valeurs, 443
Symbolisme correct, 73, 77, 176, 190, 202, 489
Symbolisme, structurel, 439
Symétrique, *lxx, lxxvi* et suiv.
Symptômes, 431
    de maladie, 108 et suiv.
Synapses, décrites, 144 et suiv.
Systèmes, *cxvi*
    Aristotéliciens, composites, *cxvi*
    présuppositions inconscientes, *cxv, cxvi*
Système-fonction, 137 et suiv., 492 et suiv.
Systèmes d'évaluation, *lv, lxvi*

général, *lv*
individuel, *lviii*
apprentissage, et, *lix, lxv, lxxxiii, xci, cxxi*
Système de référence, 576, 688 et suiv.
Système nerveux équilibré, 338
Système-structure, 134 et suiv.
Syz, H. C., 747

Tableaux, 189, 192 et suiv., 670
Talmud, *lix, cxiii*
Tarski, A., 85, 194, 262, 288, 427, 709, 742, 747
Tau, effet, 302
Taylor, E., *xlvii, ci, cix*
Téléologie, 481
'Temps', 52, 91, 97, 142, 168, 176 et suiv., 201, 205 et suiv., 213, 267, 277, 293, 328, 348, 356, 496, 546 et suiv., 597, 601, 603, 606 et suiv., 611 et suiv., 615 et suiv., 620 et suiv., 624 et suiv., 627 et suiv., 633 et suiv., 639, 646 et suiv., 660 et suiv., 692, 712
intrapersonnel, 364
mesure, 606
mécanisme du, 36, 47, 265, 270, 465, 497, 611, 653, 657
time-binding, *xvii, xix, xxvii,* 8, 35, 99, 167, 214, 222, 260, 265, 271, 273, 276, 295, 298, 328, 349, 351, 354, 364, 465, 485, 497, 503, 506, 515 et suiv., 517, 562, 657, 712
Tennessee, procès du, 36, 260, 281
Tenseurs, tensoriel, 64, 135, 225, 243, 250, 499, 521, 525, 527, 529, 576 et suiv., 583, 584, 614, 617, 657
Termes, 100. *Voir aussi* Termes sur/sous définis, Termes multiordinaux
élémentalistiques and non-élémentalistiques, 14
inférentiels, *lxxvii*
ancien, nouveau, 54, 59, 98
non-définis, lxix, lxxix, 9, 19, 20, 85, 140 et suiv., 174, 257 et suiv., 260, 272, 280, 301, 320, 341, 345, 347, 367, 383, 387, 405, 448, 467, 640, 722
Termes non définis. *Voir* Termes, indéfini
Termes (mots), 55
magie des, 170, 171, 186, 211, 243, 322, 371, 378, 387, 607
Termes sur/sous définis, *xc. Voir aussi* Extension(el), Intension(el)
exemples,
paradoxe du barbier, *xc*
'maison', *xc*

'épouse' et 'mari', 384
multiordinal, *xlii*
termes scientifiques, *xc et suiv.*
Tétanos, effet du bacille, 324
'Thalamique', pensée, 269 et suiv.
Thalamo-cortical méthodes, *lxxviii, lxxxiv, lxxxv, xcvi, c*
Thalamus, 144, 151, 155, 173, 177, 250, 270, 343, 391, 393, 422, 425, 720
Thalbitzer, S., 747
Thayer, L., *xxviii*
Théisme, 130, 481
Théories, 55, 101, 223, 226, 258 et suiv., 646 et suiv., 653, 658 et suiv., 676 et suiv., 684 et suiv., 706
de l'absolu, 378, 600
des ensembles, 64, 192, 232, 236, 256, 261 et suiv., 397, 500, 625, 626,
d'Einstein. *Voir* Einstein
de l'évolution. *Voir* Darwin, C., Évolution
de Freud, 454 et suiv., 463 et suiv.
de la fonction, 247 et suiv., 257, 262, 531, 611, 686, 723
des groupes, 64, 249 et suiv., 261 et suiv., 607, 617
preuve de Hilbert, 188
de l'implication, 166
intuitive, 677 et suiv.
de l'invariance, 249 et suiv., 267
de la connaissance, 511. *Voir aussi* Épistémologie
du langage, 285. *Voir aussi* Langage
des matrices, 249. *Voir aussi* Matrices
des 'significations', 285. *Voir aussi* 'Significations'
de l'évaluation naturelle. *Voir* Ordre naturel
nouvelle, *lxxxi*
des nombres, 249
des opérateurs, 249, 263 et suiv. *Voir aussi* Opérateurs
physique, 262
physiologique, 293. *Voir aussi* Physiologique
des probabilités, 194, 287. *Voir aussi* Probabilités
quantique. *Voir* Quantique
de la sanité, 10, 407. *Voir aussi* Sanité
scientifique, 142. *Voir aussi* Science
des statistiques, 287
des surfaces. *Voir* Surfaces
des types, 398 et suiv., 680 et suiv., 697 et suiv., 714, 721. *Voir aussi* Types
du champ unifié, 351, 358, 499

de l'"accord universel', 255, 267, 388. *Voir aussi* Accord
des valeurs, 419. *Voir aussi* Valeurs
visualisée, 419. *Voir aussi* Visualisation
Théorie de la spirale, 165
Théorie unifiée des champs, 351, 358, 499, 626, 715
Thérapie, 463
Thomas, T. Y., 747
Thompson, D. W., 747
Thompson, S. P., 527, 560, 747
Thomson, G. P., 751
Thomson, J. J., 644, 647
Thorndike, E. L., 747
Thorndike, E. M., 740
Thurstone, L. L., 747
Thymopathes, 483
Thymus, 482 f. *Voir aussi* Glandes endocrines
Thyroïde, 116 et suiv., 482 et suiv.. *Voir aussi* Glandes endocrines
Thysanozoon Brachii, expériences avec, 112
Tiers exclu, loi du, *cxix*, 84, 85, 262, 288, 375, 379, 399, 427, 708, 709, 710, 718
Tilney, F., 747
Time-binder, *xvii, xix, xxvii*
Tolérance, 478
Tolman, R. C., 722, 747, 751
Tortue, décérébrée, 472
Totalitarisme, *xcvii, c*
Mécanismes, *c*
Nazi, *xxi, xcv* et suiv.
Totalités, illégitimes, 398, 714
'Tout', 398
'Toutisme', *xxxv, xxxvi, xliii, lxxvii*, 152, 349, 353, 374, 380, 386, 398, 421, 434, 436, 437, 438, 439, 440, 445, 446, 455, 475, 504, 720
'Tout savoir', *cxviii*
Traduction
du dynamique en statique et vice versa, 208, 222, 266, 272, 276 et suiv., 278, 283, 284 et suiv., 301, 420, 529, 539, 590, 605, 630, 720
d'ordres supérieurs vers des ordres inférieurs et vice versa, 222, 283, 420, 426, 445, 505, 595, 603, 623
de nouveau langage dans de vieux, erreurs, 30, 223
Tragédies, 251
Tramer, M., 747
Transformation(s), 121, 248, 250, 262, 264, 266 et suiv., 574 et suiv.
Lorentz-Einstein. *Voir* Lorentz-Einstein

Trigonométrie, 554
Trigonométrique, fonctions, 556
Trilogies, *A E N* et, 6, 25, 83, 86, 89, 131, 216, 223, 352, 467, 486, 559, 626 et suiv., 717 et suiv.
Tristram Shandy, paradoxe, 193
Tropisme, 93 et suiv., 99, 110, 303, 499, 741
chambre, 110
Troubles de la perception des couleurs, 362
Trujillo-Liñán, L., *xxviii*
Tschuppik, K., 748
Turnbull, H. W., 748
Tyler, E. B., 748
Types
théorie mathématique des, 9, 288, 397 et suiv., 400, 683, 732
d'ordre, 139
Types auditifs, 424, 426 et suiv.
Types visuels, 425

Uhlenbeck, 650
Ultra-violet, rayons, 107 et suiv., 219 et suiv.
Unicité, 164
United Nations Educational, Scientific and Cultural Organization, *lvii*
Universel
Accord. *Voir* Accord
langages, 47, 725
lois, 267, 577, 584, 611
Univers du discours, 208 et suiv., 234
Univers, 'le' et 'un', 79
Urey, H. C., 745, 746
URSS, Républiques Soviétiques Socialistes Unies, 251 et suiv.

Vaihinger, H., 747
Valeurs, 444
esthétiques et symboliques, 443
délirantes, 32, 37, 179, 183, 211, 378
théorie générale des, 419, 512, 725
van Vogt, A. E., *xxviii*
Van Woerkom, 131
Varela, F., *xxix*
Variable(s), 85, 123 et suiv., 190, 266, 529 et suiv., 540, 556, 598 et suiv., 611, 630, 660, 664 et suiv., 669 et suiv., 694 et suiv., 711, 714, 718 et suiv., 720
Variation, principe d'Hamilton, 682
Vasiliev, A., 748
Veblen, O., *xxv*, 139, 229, 573, 748
Vecteurs, 134, 328, 457, 567 et suiv., 575 et suiv., 668, 684

Vendryès, J., 748
Ventilateur (pale), tournant, expérience avec, 355 et suiv., 437, 652, 654
Verbal
 approbation pas suffisante, 420
 niveaux, 385
 processus, 22
'Vérités éternelles', 129 et suiv.
Vers, expériences avec, 106, 113 et suiv., 321
Vers à soie, expérience avec, 114
Vers de terre, expériences avec, 113 et suiv.
Vibrations, 559
 harmonique, 559, 588, 663
 tableau des, 220
Vicieux, Sophismes du cercle vicieux, 252, 274, 399 et suiv., 697 et suiv.
'Vide (dépourvu) de signification ', 77
Vie, 93 et suiv., 102, 104 et suiv., 110 et suiv., 455
Vie sociale, 330
Vieillissement, 104, 505 et suiv.
Vision du monde, 100
Visualisation, 212, 259, 278, 283, 285, 358, 392, 412, 418 et suiv., 423 et suiv., 623, 652, 656, 674, 677, 683
Vitamines, 108, 114 et suiv.
Vitesse (s), 93, 143, 149, 176, 196, 218, 245, 547 et suiv., 584, 606 et suiv., 609 et suiv., 617 et suiv., 627 et suiv., 632 et suiv., 654, 660 et suiv., 670, 680 et suiv., 688. *Voir aussi* Lumière
 addition de, 737
 de propagation, 599 et suiv., 616 et suiv., 623, 628, 635 et suiv., 654, 679
'Vœux pieux', 428, 430
Voigt, 635
Vote, 517
Vulgarisation scientifique, 51 et suiv., 447, 512
Vulliamy, C. E., 748
Vygotsky Circle, *xxvi*
Vygotsky, L., *xxvi*

Wagner, N., 748
Wallis, 466
Washburn, M. F., 748
Watergate, *xvii*
Watson, G. A., 298
Watson, J. B., 487, 748
Watts, Alan, *xxvii*

Weatherburn, C. E., 748
Weber, 220, 602
Weierstrass, 198, 199, 202, 278
Weinberg, H. L., *xlvii*
Weingartner, C., *xxvi*
Weinstein, A., 748
Weiss, P., 697 et suiv., 748
Welby (Lady), *lix*, 31
Weyl, H., 1, 59, 73, 78, 87, 188, 216, 233, 263, 529, 561, 567, 573, 593, 600, 699, 702, 708, 709, 741, 748
Wheeler, W. M., 3, 35, 61, 315, 756
White, A. D., 749
Whitehead, A. N., *xxv, lix, cxiii*, 2, 3, 7, 61, 70, 78, 127, 142, 203, 231, 235, 241, 341 et suiv., 345, 358, 361, 382, 395, 398, 522, 532, 634, 697, 701, 709, 746, 749, 751
White, W. A., *cxxv*, 70, 96, 113, 116, 169, 739, 749
Whittaker, E. T., 523
Whorf, B. L., *xxvi*
Wiener, N., *xxix*, 673
Wilder, H. H., 749
Williams, F. E., 749
Williams, H. B., 229, 749
Wilson, E. B., 749
Wilson, photographies, 647
Wilson, R. A., *xxvii*
Windelband, W., 749
Wittgenstein, L., *xxv* ff., 49, 52, 342, 400, 523, 746, 749
Woodworth, R. S., 749
Wundt, W., 750
Wüst, J., 737, 750

X, rayons. *Voir* Röntgen (rayons)

Yealland, L. R., 750
Yerkes, A. W., 750
Yerkes, R. M., 113, 741, 750
Young, J. W., 750
Young, J. W. A., 750

Zaremba, S., 750
Zavadzki, 333, 334, 335
Zen Buddhism, *xxvii, xxxiii*
Zénon, 66
Zuckerman, S., *lxix, cix*

INDEX DES DIAGRAMMES

Abstraction, idéale ou distordue, 411
Abstractions mathématiques par rapport aux abstractions linguistiques, (Fig. 1), 63
Accélération centripète (Fig. 16), 587
Action par contact, sphères et ressorts, (Fig.1), 599
Angle d'une tangente, (Fig.10), 547
Approximation cercle polygone, (Fig. 8), 580
Approximation, méthodes, (Fig. 13), 554
Arcs réflexes, cinq relations entre les neurones, (Fig.1), 145
Atome, modèle de Bohr, (Fig. 3), 649
Atome, modèle de Sommerfeld, (Fig. 10), 651
Atomique, structure, Hélium, Hydrogène, Lithium, (Fig. 4 à 8), 650

Barre de mesure dans deux systèmes en translation, (Fig.4), 630

Carré survolé à la vitesse proche de la lumière, (Fig.5), 623
Carte-territoire, 53, 711
Champ magnétique montré par la limaille de fer, (Fig.2), 601
Concavité d'une courbe, (Fig.8), 546
Coordonnée X variant continuellement, (Fig.1), 645
Cortex, développement selon l'âge, (Fig.1), 298
Courbure tend vers une droite, (Fig. 9), 547
Croissance psychologique (selon Jelliffe), (Fig.1), 458, (Fig. 2), 458

Découpage d'un intervalle, nombre de pas vs. taille du pas, 534
Dessin d'un psychotique, (Fig. 4), 476
Déviation des particules alpha, photographies de Wilson, (Fig. 2), 648
Diagramme d'Eddington, comment les intervalles sont mesurés en relativité restreinte, (Fig.1), 627
Différenciation de la fonction sinus (Fig. 18), 558

Ellipse, théorie des surfaces, (Fig.7), 579
Équation quadratique de mouvement dans l'espace-temps, $x = 2t^2$ graphique (Fig. 14), 587

Fonction cosinus, $y = cos\, x$, graphique sur une période complète, (Fig.17), 557

Fronts d'ondes dans l'espace-temps, (Fig.2), 681
Fonctions périodiques, définition des sinus et cosinus (Fig. 14), 555
Fonction sinus, $y = sin\, x$, graphique partiel (Fig. 15), 555
Fonction sinus, $y = sin\, x$, graphique sur une période complète, (Fig.16), 557

Graphique cartésien plan, (Fig. 19), 589
Gradient physiologique d'"excitabilité", (Fig.1), 94

Impulsion nerveuse, normale (Fig.1), 178 et anormale (Fig.2), 178
Impulsion nerveuse, troubles sémantiques, (Fig.1), 422
Infinitésimal (indéfini)tésimal, représentation géométrique, (Fig. 1-A et 1-B), 538
Intégration, géométrique, (Fig. 11), 549, (Fig. 12), 551
Intelligence, 'basse' et 'haute', (Fig. 2), 447

Labyrinthe d'apprentissage du ver, (Fig. 1), 113
Lignes-du-monde dans des systèmes en translation, (Fig.3), 629
Localisation cartésienne d'un point dans une maille, (Fig. 10), 581

Maxima et minima d'une courbe, (Fig. 7), 545
Mathématiques comme produit de l'homme (relation triple), 124
Mouvement dans l'espace-temps, à une ou deux dimensions, (Fig. 11 et 12), 585
Mouvement dans l'espace-temps, accéléré, (Fig. 13), 586
Mouvement dans l'espace-temps en orbite circulaire; (Fig. 17), 588
Mouvement dans l'espace-temps, vibratoire, (Fig. 18), 588

Nouveaux facteurs modifiant les généralisations, (Fig. 2), lxxxi, (Fig.1), 232

Orientations une, quelques ou plusieurs valuées (Fig. 2, 3, 4), 428

'Paquet d'ondes', (Fig. 3), 685
Point se déplaçant dans un plan d'espace-temps, (Fig. 15), 587
Proportionnalité, (Fig.3), 569

Régressions et fixations chez un patient (selon Jelliffe), (Fig.3), 459
Représentation en coordonnées cartésiennes, (Fig.2), 540
Réseau de géomètres, (Fig. 9), 581

Signaux lumineux 'simultanés' et 'non simultanés', (Fig.2), 629
'Simultanéité' montrée par une caméra rapide à deux entrées, (Fig. 1), 618, (Fig. 2, 3, 4), 619
'Systèmes', $\bar{A}, \bar{E}, \bar{N}$, (Fig.1), 88
Systèmes de coordonnées cartésiens (Fig.4), 578, polaires (Fig.5), 578, sphériques (Fig. 6), 578
Systèmes de coordonnées, parallèles, en translation (Fig. 1), 608
Système de coordonnées, tridimensionnel (Fig. 2), 609
Structurel Différentiel, (Fig.1), 360, (Fig.2), 363, (Fig.3), 366, (Fig.4), 368, (Fig.5), 370, (Fig.1), 384, (Fig.1), 396, (Fig.1), 436
Systèmes, philosophies, aristotéliciens en poupées russes, (Fig. 1), lxvii

Tangente à une courbe, expression graphique (coordonnées cartésiennes), (Fig.6), 544
Tracé cartésien de la parabole $y = x^2 / 2$, (Fig.4), 542
Tracé cartésien de l'équation linéaire, $y = 2x$, (Fig.5), 543
Tracé de la droite $y = x–2$, (Fig. 3), 541
Tropisme des racines de plantes, (Fig. 1), 110

Théorème de Pythagore, en système cartésien, (Fig.2), 574
Théorème de Pythagore, invariance de la transformation, (Fig.3), 575
Théorème de Pythagore, signification géométrique, (Fig.1), 573
Théorie quantique, calage expérimental des données, (Fig.1), 660

Ventilateur, pales au repos, (Fig. 1a), 356, perception de 'disque' quand en rotation rapide, (Fig. 1b), 356
Vecteurs, représentation cartésienne, (Fig.2), 568
Vecteurs, somme graphique, (Fig. 1), 568

www.ingramcontent.com/pod-product-compliance
Lightning Source LLC
Chambersburg PA
CBHW060406300426
44111CB00018B/2841